NomosPraxis

Prof. Dr. Heribert Ostendorf [Hrsg.]
Universität Kiel, Generalstaatsanwalt a.D.

Jugendstrafvollzugsrecht

Kommentierende Darstellung der Landesgesetze zum Jugendstrafvollzug

Handbuch

3. Auflage

Dr. jur. Christian Bochmann, Referent Rechtsfragen, Dresden | **Marius Fiedler,** Dipl.-Psychologe, Dipl.-Soziologe, Lic. és sociologie (Paris); EU-Strafvollzugsexperte; vormals Leiter der Jugendstrafanstalt Berlin, Lehrbeauftragter an Berliner Hochschulen und der Universität Lüneburg | Staatsanwalt **Jochen Goerdeler,** Leiter des Referats für Maßregelvollzug, Psychiatrie u.a. im Sozialministerium Schleswig-Holstein, vormals Staatsanwalt und Referent für vollzugliche Gesetzgebung im Justizministerium Schleswig-Holstein | **Dr. phil. Anne Kaplan,** Dipl.-Rehabilitationspädagogin, Universität Köln sowie TU Dortmund | **Prof. Dr. jur. Heribert Ostendorf,** Professor für Strafrecht; vormals Leiter der Forschungsstelle für Jugendstrafrecht und Kriminalprävention, Universität Kiel; vormals Jugendrichter und später Generalstaatsanwalt in Schleswig-Holstein | **Dr. phil. Stefanie Roos,** Dipl.-Pädagogin; Oberstudienrätin im Hochschuldienst an der TU Dortmund; Vertretungsprofessur an der Universität zu Köln | **Prof. Dr. jur. Frank Guido Rose,** Direktor des Amtsgerichts Ratzeburg; Honorarprofessor an der Universität Kiel | **Susan Vogel,** Rechtsanwältin, Dipl.-Sozialpädagogin; Lehrbeauftragte an der Fachhochschule Potsdam | **Prof. Dr. päd. Philipp Walkenhorst,** Universität zu Köln | **Dr. jur. Joachim Walter,** Rechtsanwalt; vormals Leiter der Justizvollzugsanstalt Adelsheim | **Dr. jur. Natalie Willsch,** Staatliches Amt für Landwirtschaft und Umwelt Mecklenburgische Seenplatte, Neubrandenburg

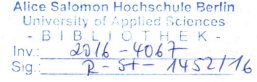

Die Deutsche Nationalbibliothek verzeichnet diese Publikation in
der Deutschen Nationalbibliografie; detaillierte bibliografische
Daten sind im Internet über http://dnb.d-nb.de abrufbar.

ISBN 978-3-8487-2011-8

3. Auflage 2016
© Nomos Verlagsgesellschaft, Baden-Baden 2016. Printed in Germany. Alle Rechte,
auch die des Nachdrucks von Auszügen, der fotomechanischen Wiedergabe und der
Übersetzung, vorbehalten.

Vorwort zur 3. Auflage

Seit dem Erscheinen der 2. Auflage im Frühjahr 2012 hat es eine Vielzahl von Gesetzesänderungen zum Jugendstrafvollzug gegeben. In den Ländern Brandenburg, Rheinland-Pfalz, Thüringen und Sachsen-Anhalt wurden gänzlich neue Gesetze verabschiedet, wobei die Regelungen zum Jugendstrafvollzug in Gesamt-Justizvollzugsgesetzen integriert sind. Die neue Gesetzeslage ist Grundlage der Erläuterungen in dieser 3. Auflage. Zugleich wurde der Entwurf des Berliner Jugendstrafvollzugsgesetzes mitberücksichtigt. Die zunehmende Zersplitterung der Rechtsmaterie in den Ländergesetzen macht die Zusammenfassung in einem Handbuch nicht einfacher, aber umso notwendiger, wenn man den Überblick behalten will. Die Erläuterungen von Gernot Kirchner hat Dr. Joachim Walter nunmehr in alleiniger Autorenschaft übernommen, ebenso Dr. Natalie Willsch von Johannes Sandmann sowie Jochen Goerdeler von Dr. Thilo Weichert. Die Religionsausübung erläutern Dr. Christian Bochmann und ich zusammen, die Erläuterungen zum Unmittelbaren Zwang habe ich allein übernommen. Für die redaktionelle Aufbereitung bedanke ich mich bei meiner Mitarbeiterin Dr. Carmen Lööck.

Kiel, im März 2016

Heribert Ostendorf

Vorwort zur 2. Auflage

Die Neuauflage des Handbuchs wurde notwendig, weil in Baden-Württemberg und Hamburg neue Gesetze zum Jugendstrafvollzug verabschiedet wurden und auch in anderen Ländergesetzen Novellierungen erfolgt sind. Ebenso haben sich die Daten zur Praxis des Jugendstrafvollzugs verändert. Hinzu kommen eine Reihe von Monographien und Einzelbeiträgen in Sammelwerken und Fachzeitschriften, die für die 2. Auflage ausgewertet wurden. Rechtsprechung zum Jugendstrafvollzug wurde nur ganz vereinzelt veröffentlicht, was angesichts der geringen Beschwerdemacht gerade junger Gefangener kein Beweis für korrekte Befolgung der Gesetze in der Praxis bedeutet. Umso mehr ist eine kritische wissenschaftliche Begleitung geboten. Aus dem Autorenteam sind die Kollegen Gernot Kirchner und Johannes Sandmann aus persönlichen Gründen ausgeschieden. Die Bearbeitung der Beiträge von Gernot Kirchner hat Dr. Joachim Walter, die Bearbeitung des Beitrages von Johannes Sandmann hat Dr. Natalie Willsch übernommen. Für die redaktionelle Aufbereitung bedanke ich mich bei meiner Mitarbeiterin Carmen Lööck.

Kiel, im April 2012

Heribert Ostendorf

Vorwort zur 1. Auflage

Seit vielen Jahren haben Fachleute das Fehlen eines Jugendstrafvollzugsgesetzes beklagt. Jugendrichter haben in Vorlagebeschlüssen zum Bundesverfassungsgericht auf den verfassungswidrigen Zustand hingewiesen. Erst mit der Entscheidung des Bundesverfassungsgerichts vom 31.5.2006 wurde der Gesetzgeber gezwungen zu reagieren. Gesetzgeber sind nach der so genannten Föderalismusreform die Bundesländer mit Ausnahme der Rechtsmittelregelung, für die der Bund weiterhin zuständig ist. Damit ist eine verwirrende Gesetzeslage entstanden. Die 16 Bundesländer haben zT erheblich voneinander abweichende Gesetze beschlossen, drei Bundesländer haben den Jugendstrafvollzug im Rahmen eines Gesamtstrafvollzugsgesetzes geregelt.

Auf diese Situation will das vorliegende Handbuch zum Jugendstrafvollzug für die Praxis eine Antwort geben und informativer Ratgeber sein. Es werden die Ländergesetze im Einzelnen dargestellt, miteinander verglichen und bewertet. Die wichtigsten Regelungen werden in synoptischer Form vorgestellt. Bei der Bewertung werden internationale und verfassungsrechtliche Vorgaben, die Rechtsprechung und Kommentierung zum bisherigen Jugendstrafvollzug und zum Erwachsenenstrafvollzug sowie die rechtstatsächlichen und kriminologischen Grundlagen beachtet. Zusätzlich werden Hinweise auf die Regelungen in Österreich und der Schweiz gegeben.

Das Handbuch wurde interdisziplinär von Wissenschaftlern und Praktikern aus dem Jugendstrafvollzug sowie der Strafjustiz erstellt. Wir wollen damit nicht nur die Rechte und Pflichten der Gefangenen und der Bediensteten im Jugendstrafvollzug sowie der Helfer und Therapeuten von außerhalb bestimmen, wir wollen damit auch die Praxis im Sinne eines Förder- und Resozialisierungsstrafvollzuges unterstützen und zu einem „Besten-Vollzug" beitragen. Ihn gilt es in der Praxis umzusetzen, um die Gesellschaft vor zukünftigen Straftaten der jungen Gefangenen am effektivsten zu schützen. Hierbei ist nach der Entscheidung des Bundesverfassungsgerichts „der Gesetzgeber zur Beobachtung und nach Maßgabe der Beobachtungsergebnisse zur Nachbesserung verpflichtet". Auch zur Nachbesserung wollen wir Anstöße geben.

Kiel, im Mai 2008

Heribert Ostendorf

Inhaltsübersicht

Vorwort		5
Inhaltsverzeichnis		9
Autorenverzeichnis		25
Abkürzungsverzeichnis		27
Literaturverzeichnis		31
Vorbemerkungen		67
Ostendorf		
§ 1	Grundlagen	119
	Ostendorf	
§ 2	Vollzugsplanung	145
	Ostendorf	
§ 3	Unterbringung und Versorgung	193
	Walter	
§ 4	Schule, Ausbildung, Arbeit	239
	Willsch	
§ 5	Freizeit, Medien, Sport	311
	Fiedler/Vogel	
§ 6	Religionsausübung	388
	Bochmann/Ostendorf	
§ 7	Außenkontakte	404
	Walkenhorst/Roos/Kaplan	
§ 8	Sicherheit und Ordnung	470
	Goerdeler	
§ 9	Unmittelbarer Zwang	534
	Ostendorf	
§ 10	Erzieherische Maßnahmen, Disziplinarmaßnahmen	558
	Rose	
§ 11	Rechtsmittel	616
	Rose	
§ 12	Datenschutz und kriminologische Forschung	636
	Goerdeler	
§ 13	Organisation	698
	Walter	
Stichwortverzeichnis		735

Inhaltsverzeichnis

Vorwort 5

Inhaltsübersicht 7

Autorenverzeichnis 25

Abkürzungsverzeichnis 27

Literaturverzeichnis 31

Vorbemerkungen 67
   I. Historische Entwicklung des Jugendstrafvollzugs 67
   II. Internationale und europäische Vorgaben 73
      1. Die Bedeutung für das Länderstrafvollzugsrecht 73
      2. Rechtsquellen 73
         a) Hard-law 73
         b) Soft-law 74
   III. Verfassungsrechtliche Vorgaben 77
   IV. Jugendstrafvollzug in der Praxis 79
      1. Gefangenenzahlen 79
      2. Gefangenenraten im Bund-Ländervergleich 83
      3. Geschlecht, Personenstand, Ausländeranteil 85
      4. Deliktsstruktur 87
      5. Gefangene im offenen Vollzug 88
         a) Absolute Zahlen 88
         b) Bund-Ländervergleich 88
      6. Belegungsfähigkeit und tatsächliche Belegung 89
         a) Geschlossener Vollzug 89
         b) Offener Vollzug 90
      7. Vollzugslockerungen und Hafturlaub 91
      8. Dauer der Haftzeit 91
      9. Die psycho-soziale Situation der Gefangenen 95
         a) Bildungsstand 95
         b) Arbeitserfahrung 97
         c) Drogenkonsum bzw Drogenabhängigkeit 98
         d) Psychische Störungen und Suizidhäufigkeit 103
      10. Behandlungsangebote und Personalsituation 105
      11. Anstaltsklima und Umgangston 107
      12. Rückfälligkeit 108
   V. Jugendvollzugseinrichtungen in Deutschland 110

§ 1   Grundlagen 119
   I. Gesetzliche Regelungen 119
   II. Begrifflichkeiten 122
   III. Anwendungsbereich 122

Inhaltsverzeichnis

IV. Ziel und Aufgaben	125
1. Die „Altregelung" in § 91 Abs. 1 JGG aF und ihre Vorläufer	125
2. Nicht realisierte Gesetzesentwürfe	125
3. Die neuen Definitionen	127
a) Bedeutung	127
b) Unterscheidung von Ziel und Aufgaben bzw Aufträgen	127
c) Die Gesetzeslage	128
d) Zukünftiges Legalverhalten	129
e) Schutz der Allgemeinheit	131
f) Erziehungsauftrag bzw Erziehungsziel	132
V. Mitwirkung der Gefangenen am Vollzugsziel	134
1. Die Gesetzeslage	134
2. Einzelverpflichtungen	135
3. Pädagogische Einwände	136
4. Rechtliche Einwände	136
a) Keine Abstriche am Resozialisierungsprogramm	136
b) Unbestimmte Generalverpflichtung	137
c) Verstoß gegen das Autonomieprinzip	137
5. Belohung anstatt Disziplinierung?	138
VI. Grundsätze der Vollzugsgestaltung	139
1. Rechtsqualität	139
2. Die Regelung im Strafvollzugsgesetz	139
3. Die neuen Grundsätze für den Jugendstrafvollzug	140
VII. Rechtsstellung der Gefangenen	141
1. Gesetzesvorbehalt	141
2. Mitwirkungsrechte des Gefangenen	142
VIII. Elternrechte	143
IX. Kooperationsverpflichtung	144
§ 2 Vollzugsplanung	**145**
I. Zeitlicher Ablauf des Vollzugs	146
II. Aufnahmeverfahren	147
1. Ladung zum Strafantritt	147
2. Aufnahme	148
III. Diagnoseverfahren	150
IV. Vollzugsplan	150
V. Geschlossener oder offener Vollzug	153
1. Definition	153
2. Die Regelung nach dem Strafvollzugsgesetz	153
3. Jugendstrafvollzug in freien Formen	154
4. Die Neuregelungen der Länder	155
VI. Sozialtherapie	163
1. Gesetzliche Regeln	163
2. Konzept	168
3. Vollzugspraxis	170

	4. Effizienzbewertung	174
VII.	Therapeutische Maßnahmen/Soziales Training	175
	1. Auftrag des Vollzugs	175
	2. Die Umsetzung in den Ländergesetzen	175
	3. Die Umsetzung in der Praxis	176
	a) Einzelbetreuung (Patenschaft)	176
	b) Gruppenbetreuung (Soziales Training)	176
	c) Allgemeine soziale Trainingskurse	176
	d) Spezielle soziale Trainingskurse	177
	aa) Sexualtätertherapie	177
	bb) Drogentätertherapie	178
	cc) Gewalttätertherapie	179
VIII.	Soziale Hilfen	181
IX.	Vollzugslockerungen	182
	1. Zielsetzung	182
	2. Definition	182
	3. Die Regelungen im Einzelnen	183
	4. Vollzugspraxis	186
X.	Entlassung	187
	1. Bedeutung	187
	2. Vorzeitige Entlassung und Vollverbüßung mit und ohne Führungsaufsicht	188
	3. Entlassungszeitpunkt	189
	4. Entlassungsvorbereitung	190
	5. Entlassungsnachbetreuung	191
	6. Entlassungsbeihilfe	192

§ 3 Unterbringung und Versorgung ... 193

I.	Vorbemerkung	193
II.	Die Versorgung der Gefangenen im Spiegelbild der gesellschaftlichen Diskussion	193
III.	Unterbringung der Gefangenen	195
	1. Unterbringung während der Ausbildung, Arbeit und Freizeit	195
	a) Die gesetzlichen Regelungen	195
	b) Gemeinsame Arbeit, schulische und berufliche Ausbildung	196
	c) Gemeinsame Freizeit	196
	d) Ausschluss aus der gemeinsamen Freizeit	197
	2. Einzelunterbringung während der Ruhezeit/Einschlusszeit	199
IV.	Der Haftraum	203
	1. Grundsatz	203
	2. Die Rechtsprechung	204
	3. Die Haftraumtür	204
	4. Toilettenbereich	204
	5. Haftraummobiliar und Haftraumgestaltung	205
	6. Der Gemeinschaftshaftraum	205

V. Ausstattung des Haftraums durch den Gefangenen; persönlicher Besitz 206
 1. Gesetzliche Regelung 206
 2. Überschaubarkeit und Kontrollierbarkeit des Haftraums 207
    a) Aus der Sicht der Gefangenen 208
    b) Aus der Sicht der Bediensteten 208
 3. Ausschluss von Gegenständen 209
    a) Ausschluss aus Gründen der Sicherheit oder Ordnung 209
    b) Ausschluss aus Gründen der Gefährdung des Vollzugsziels/Erziehungsauftrags 210
 4. Persönlicher Gewahrsam 210
    a) Allgemeine Wertgrenzen 211
    b) Besitzkarten 211
VI. Der Einkauf 211
 1. Die Gesetze der Bundesländer 211
 2. Durchführung des Einkaufs 212
 3. Erstversorgung bei der Aufnahme 214
 4. Ergänzende Regelungen 214
VII. Die Wohngruppe 215
 1. Gesetzliche Regelungen 215
 2. Die Wohngruppe als Gestaltungsprinzip 217
 3. Lernen in der Gruppe der Gleichaltrigen 218
 4. Größe der Wohngruppe 218
 5. Räumlichkeiten der Wohngruppe 219
 6. Wohnliche Ausgestaltung 220
 7. Gesetzliche Ausschlussgründe aus dem Wohngruppenvollzug 221
 8. Personal in der Wohngruppe 221
VIII. Kleidung der Gefangenen 222
 1. Die gesetzlichen Regelungen 222
 2. Die Praxis in den Jugendstrafvollzugsanstalten 225
 3. Allgemeine Zulassung eigener Kleidung 225
    a) Pädagogische Überlegungen 225
    b) Überlegungen zur Sicherheit 226
    c) Kauf von Kleidung durch Vermittlung der Anstalt 226
 4. Kosten der Kleidung 226
IX. Verpflegung der Gefangenen 227
 1. Die gesetzlichen Regelungen 227
 2. Ergänzende Verwaltungsvorschriften 228
 3. Die ärztliche Überwachung des Essens 229
 4. Essen und Anstaltsklima 229
 5. Das gemeinsame Essen 230
 6. Religiöse Speisegebote 231
 7. Besondere Kostformen aus medizinischen Gründen 231

X. Medizinische Versorgung	231
1. Grundsätze	231
2. Besondere gesetzliche Vorgaben für den Jugendstrafvollzug	232
3. Probleme der Praxis	233
a) Die Krankmeldung im Vollzugsalltag	233
b) Psychisch auffällige Gefangene	233
c) Substanzabhängigkeit	234
4. Gesundheitsprävention	234
5. Informations- und und Beteiligungspflichten gegenüber Personensorgeberechtigten	238
§ 4 Schule, Ausbildung, Arbeit	**239**
I. Überblick	240
II. Internationale Vorgaben	241
1. Mindestgrundsätze für die Behandlung der Gefangenen der Vereinten Nationen vom 13.5.1977	241
2. Mindestgrundsätze der Vereinten Nationen für die Jugendgerichtsbarkeit („Beijing-Rules") vom 29.11.1985	242
3. Regeln der Vereinten Nationen zum Schutz von Jugendlichen unter Freiheitsentzug vom 14.12.1990	243
4. Empfehlung des Europarates, Europäische Strafvollzugsgrundsätze 2006	244
III. Im Einzelnen: Schule, Ausbildung, Weiterbildung und Arbeit	246
1. Synopse	246
2. Grundaussagen	255
3. Weitere Regelungen	256
4. Staatliche Verpflichtung, Anspruch und Verpflichtung der Gefangenen	256
5. Aufarbeitung persönlicher Defizite	259
6. Besonderer Beschulungsbedarf	260
7. Differenziertes Schulangebot	262
8. Diagnoseverfahren	263
9. Organisation	264
10. Förderschule	264
11. Hauptschulabschluss	265
12. Berufliche Ausbildung	266
13. Berufsvorbereitende Maßnahmen	270
14. Arbeit, arbeitstherapeutische Beschäftigung, sonstige Beschäftigung	270
15. Fortführung der Maßnahmen nach der Entlassung	271
16. Finanzierung	271
17. Freies Beschäftigungsverhältnis, Selbstbeschäftigung	273
IV. Im Einzelnen: Gelder der Gefangenen, Freistellung von der Arbeit	274
1. Synopse	274
2. Grundaussagen	298

3. Arbeitsentgelt, Ausbildungsbeihilfe und Freistellung von der Arbeit 298
4. Überbrückungsgeld 301
5. Haftkostenbeitrag und sonstige Kostenbeteiligung 304
6. Taschengeld, Hausgeld, Eigengeld, Sondergeld 306
   a) Taschengeld 306
   b) Hausgeld 307
   c) Eigengeld 308
7. Sondergeld 308
8. Höhe der Vergütungsstufen 309
9. Sozialversicherung 310

§ 5 Freizeit, Medien, Sport 311

I. Überblick 315
II. Regelungen der einzelnen Bundesländer 318
III. Freizeit 323
   1. Der Begriff „Freizeit" 323
   2. Rechtsgrundlagen 324
   3. Rechtstatsächliche Situation 331
IV. Zeitungen und Zeitschriften 336
   1. Rechtsgrundlagen 336
   2. Rechtstatsächliche Situation 341
V. Hörfunk und Fernsehen 342
   1. Rechtsgrundlagen 342
   2. Rechtstatsächliche Situation 353
VI. Internet 354
   1. Elektronische Kommunikation im Jugendstrafvollzug 354
   2. Rechtsgrundlagen 355
   3. Rechtstatsächliche Situation 366
VII. Besitz von Gegenständen für die Freizeitbeschäftigung 366
   1. Rechtsgrundlagen 366
   2. Rechtstatsächliche Situation 374
VIII. Sport 378
   1. Bedeutung des Sports im Jugendstrafvollzug 378
   2. Rechtsgrundlagen 380
   3. Rechtstatsächliche Situation 385

§ 6 Religionsausübung 388

I. Zielsetzung 388
II. Grundaussagen 388
III. Verfassungsrechtliche Grundlagen 389
IV. Internationale Aussagen zur Religionsfreiheit 392
   1. Hard Law 392
   2. Soft Law 392

V.	Anspruch auf Betreuung durch einen Seelsorger	393
	1. Sachlicher Anwendungsbereich	394
	2. Anspruchsrichtung	394
	3. Persönlicher Anwendungsbereich	395
VI.	Recht zum Besitz religiöser Schriften und Gebrauchsgegenstände	395
	1. Religiöse Schriften	395
	2. Entzug	395
	3. Religiöse Gebrauchsgegenstände	396
	4. Angemessener Umfang	397
VII.	Recht auf Teilnahme an religiösen Veranstaltungen	398
VIII.	Ausschluss von religiösen Veranstaltungen	399
	1. Ausschluss aus überwiegenden Gründen der Sicherheit oder Ordnung	399
	2. Kein automatischer Ausschluss durch Disziplinarmaßnahmen	400
	3. Kein faktischer Ausschluss	400
IX.	Seelsorger	401
	1. Allgemeines	401
	2. Aufgaben	401
	3. Rechte und Pflichten	402
X.	Weltanschauungsgemeinschaften	403

§ 7 Außenkontakte 404

I.	Einleitung	405
II.	Zielsetzungen	409
III.	Kriminologische Aspekte	411
IV.	Rechtstatsächliche Befunde	414
V.	Regelungsinhalte	420
	1. Internationale und nationale Mindeststandards zur Förderung von Außenkontakten	420
	2. Besuche	421
	4. Besuchsverbot	430
	5. Besuche von Verteidigern, Rechtsanwälten und Notaren/Einbezug der JGH	433
	6. Überwachung der Besuche	437
	7. Schriftwechsel	447
	8. Telekommunikation	455
	9. Pakete	462
VI.	Rechtsmittel	467
VII.	Fazit	468

§ 8 Sicherheit und Ordnung 470

I.	Grundlagen	471
	1. Begriffsbestimmung „Sicherheit und Ordnung"	471
	2. Die Aufrechterhaltung von Sicherheit und Ordnung als ganzheitliche Aufgabe	472

Inhaltsverzeichnis

II. Regelungssystematik	474
III. Grundsätze	477
1. Grundlage für Erziehung und Förderung	477
2. Verhältnismäßigkeitsgrundsatz	479
IV. Verhaltensvorschriften	481
1. Mitverantwortung	481
2. Tageseinteilung	483
3. Gehorsampflicht	483
4. Bereichszuweisung, Aufenthaltspflicht	485
5. Pflegliche Behandlung des Haftraums und von Anstaltssachen	486
6. Meldepflicht	486
V. Absuchung, Durchsuchung	487
1. Begriff und Bedeutung	487
2. Durchsuchung ohne Anlass	488
3. Durchsuchungen des Haftraums	490
4. Durchsuchung mit Entkleidung im Einzelfall	492
5. Allgemeine Anordnungen von Entkleidungsdurchsuchungen	494
VI. Sichere Unterbringung	495
VII. Erkennungsdienstliche Maßnahmen	498
1. Die Ermächtigungsnorm	498
2. Erhebungszwecke	499
3. Maßnahmen der Datenerhebung	501
4. Kenntnis des Gefangenen, Ermessen, Verhältnismäßigkeit der Datenerhebung	503
5. Speicherung und Verarbeitung	504
6. Löschungsregelung	504
VIII. Lichtbildausweise	504
IX. Maßnahmen zur Feststellung des Suchtmittelkonsums	505
1. Die Ermächtigungsnorm	505
2. Begrifflichkeiten	507
3. Voraussetzungen und Durchführung von Drogenscreenings	509
4. Auferlegung der Kosten	511
X. Festnahmerecht	511
XI. Besondere Sicherungsmaßnahmen	512
1. Rechtsnatur	512
2. Gefahrentatbestände	514
a) Von dem Gefangenen ausgehende Gefahren	514
b) Gefahren, die nicht von dem Gefangenen selbst ausgehen	516
3. Ermessensausübung, Verhältnismäßigkeit	517
4. Anordnung und Verfahren	519
5. Die Maßnahmen im Einzelnen	522
a) Entzug oder Vorenthaltung von Gegenständen	522
b) Beobachtung der Gefangenen	523
c) Absonderung von anderen Gefangenen, Einzelhaft	524
d) Entzug oder Beschränkung des Aufenthalts im Freien	527

	e) Besonders gesicherter Haftraum ohne gefährdende Gegenstände	528
	f) Fesselung	528
XII.	Ersatz von Aufwendungen	530
XIII.	Rechtsschutz	532

§ 9 Unmittelbarer Zwang 534

I. Vorbemerkungen 534
   1. Rechtswirkung 534
   2. Zielsetzung 535
   3. Normgenese 535
II. Begriffsbestimmungen 535
   1. Unmittelbarer Zwang 536
   2. Körperliche Gewalt 536
   3. Hilfsmittel körperlicher Gewalt 536
   4. Waffen 538
III. Voraussetzungen 539
   1. Allgemeine Voraussetzungen 539
      a) Unmittelbarer Zwang gegen Gefangene 540
         aa) Vollzugs- oder Sicherungsmaßnahme 540
         bb) Akzessorietät 540
         cc) Subsidiarität 540
      b) Unmittelbarer Zwang gegen andere Personen 541
   2. Verhältnismäßigkeitsgrundsatz 541
      a) Geeignetheit 542
      b) Erforderlichkeit 542
      c) Angemessenheit 543
   3. Androhung 543
      a) Androhungsgrundsatz 543
      b) Ausnahmesituationen 544
IV. Handeln auf Anordnung 544
V. Unmittelbarer Zwang aufgrund anderer Regelungen 545
VI. Schusswaffengebrauch 546
   1. Schusswaffengebrauch durch Vollzugsbedienstete gegen Jugendstrafgefangene 546
      a) Die Regelungen im Ländervergleich 546
      b) Zielsetzung 547
      c) Spezialregelung des Verhältnismäßigkeitsgrundsatzes 547
      d) Spezialregelung der Androhung 548
      e) Potenzielle Anwendungsfälle 548
         aa) Nichtablegen einer Waffe oder eines anderen gefährlichen Werkzeugs 548
         bb) Unternehmen einer Meuterei 549
         cc) Fluchtvereitelung und Wiederergreifung 549

Inhaltsverzeichnis

    2. Schusswaffengebrauch durch Vollzugsbedienstete gegen andere Personen ... 550
    3. Rechtsstaatliche Erwägungen ... 550
VII. Zwangsmaßnahmen auf dem Gebiet der Gesundheitsfürsorge ... 551
    1. Spezialfall des unmittelbaren Zwangs ... 551
    2. Begriffsbestimmung ... 552
    3. Zielsetzung ... 552
    4. Voraussetzungen ... 553
        a) Maßnahmen ohne körperlichen Eingriff ... 553
        b) Maßnahmen mit körperlichem Eingriff ... 553
            aa) Lebensgefahr oder schwerwiegende Gesundheitsgefahr des Gefangenen ... 553
            bb) Alternativ: Gesundheitsgefahr für andere Personen ... 554
            cc) Zumutbarkeit für alle Beteiligten ... 554
            dd) Keine erhebliche Gefahr für den Gefangenen ... 554
            ee) Verhältnismäßigkeit ... 554
    5. Recht und Pflicht zur Vornahme medizinischer Zwangsmaßnahmen ... 555
    6. Einzelfälle ... 555
        a) Zwangsernährung bei Hungerstreik ... 555
        b) Suizidprophylaxe ... 556
        c) Aids-Test ... 556
        d) Beruhigungsmittel/Psychopharmaka ... 556
        e) Urintest/Rektoskopie ... 557
    7. Leitungs- und Anordnungskompetenz ... 557

§ 10 Erzieherische Maßnahmen, Disziplinarmaßnahmen ... 558

Erster Teil: Erzieherische Maßnahmen ... 558
    I. Regelungsinhalt ... 558
        1. Länder mit gesonderten Jugendstrafvollzugsgesetzen ... 558
        2. Länder mit kombinierten Gesetzen für Jugend- und Erwachsenenvollzug ... 559
        3. StVollzG ... 559
    II. Zielsetzung ... 559
    III. Rechtstatsachen ... 561
    IV. Rechtliche Charakterisierung ... 562
    V. Anordnungsvoraussetzungen ... 564
        1. Formell-gesetzliche Zuständigkeit und Verfahrensstandards ... 564
        2. Materiell ... 565
    VI. Anwendungsfolgen ... 566
        1. Beispielskataloge ... 566
        2. Konnex zwischen Pflichtverstoß und erzieherischer Maßnahme – „Spiegelung" ... 567
        3. Eingriffsintensität ... 568
    VII. Vollzug der Maßnahme ... 568

VIII. Grundlegende Bedenken gegen die Einführung von erzieherischen
 Maßnahmen 569
IX. Rechtsmittel 572

Zweiter Teil: Disziplinarmaßnahmen ....
 I. Regelungsinhalt 573
 II. Zielsetzung 575
 III. Kriminologische Erkenntnisse 575
  1. Untersuchung in Nordrhein-Westfalen 575
  2. Untersuchung in Sachsen 577
 IV. Rechtstatsachen 578
  1. Konstanz der bundesweiten Gesamtzahl der
   Disziplinarmaßnahmen 578
  2. Varianz der Disziplinarmaßnahmen nach Bundesländern, Anstalten
   und Jahreslängsschnitt 578
  3. Unterschiedliche Anwendung von Disziplinarmaßnahmen gegen
   Jugendliche und Erwachsene 580
  4. Neuere Forschung speziell zum Jugendstrafvollzug 582
  5. Geringe Rechtsmittelquote 582
 V. Verfassungsrechtliche Grundlegung 582
  1. Originäre Aussagen des BVerfG für den Jugendvollzug ... 582
  2. Auf den Jugendvollzug übertragbare Grundsätze des BVerfG für
   den Erwachsenenvollzug 583
   a) Verstoß gegen essenzielle Verhaltensregeln 583
   b) Strafähnliche Sanktion 583
    aa) Aufgabe 584
    bb) Zweck 584
    cc) Anknüpfungspunkt 585
     (1) Qualifizierung 585
     (2) Bestimmtheit 586
   c) Zwischenergebnis 586
  3. Konturierung von Disziplinarmaßnahmen im Jugendvollzug durch
   internationale Abkommen 587
 VI. Anordnungsvoraussetzungen 587
  1. Formell 587
   a) Zuständigkeit 587
   b) Verfahren 589
    aa) Allgemeine Verfahrensregeln 589
    bb) Besondere Verfahrensregeln 591
     (1) Verbreiterte Erkenntnisgrundlage bei schweren
      Pflichtverstößen 592
     (2) Konsultation eines Arztes 593
    cc) Eröffnung der Entscheidung 593
  2. Materiell 594
   a) Regelungstechnik 594
   b) Inhalt 596

aa) Überblick ... 596
bb) Einzelprobleme der Kataloge ... 597
(1) Akzessorietät zwischen Disziplinartatbestand und Straftaten bzw Ordnungswidrigkeiten ... 597
(2) Entweichen als disziplinarisch relevanter Verstoß ... 598
(3) Disziplinarmaßnahmen bei Verweigerung einer Urinkontrolle ... 601
(4) Kleine Generalklausel ... 602
(5) Heterogener Schweregrad der Verstöße ... 602
VII. Anwendungsfolgen ... 603
1. Opportunitätsprinzip ... 603
2. Arten der Disziplinarmaßnahmen ... 604
a) Überblick ... 604
b) Bewertung einzelner Disziplinarmaßnahmen ... 605
aa) Medienkonsum, Freizeitgestaltung in der Anstalt und Einkauf ... 605
bb) Verweis ... 605
cc) Hausgeld ... 606
dd) Schule und Beruf ... 606
ee) Aufenthalt während der Freizeit ... 607
ff) Verkehr mit Personen außerhalb der Anstalt ... 608
gg) Streichung von Belohnung oder Anerkennung bei fehlender Mitarbeitsbereitschaft an der Erreichung des Vollzugszieles ... 609
hh) Arrest ... 611
VIII. Vollstreckung und Vollzug ... 612
1. Regelfall der sofortigen Vollstreckung ... 613
2. Regelungen zur Vollstreckung des Arrestes ... 613
IX. Rechtsmittel ... 615

§ 11 Rechtsmittel ... 616

I. Vorbemerkung: Rechtsschutz und Rechtsmittel ... 616
II. Regelungsinhalt ... 617
III. Zielsetzung ... 617
IV. Kriminologische Erkenntnisse ... 619
V. Entsprechende Geltung von Normen des StVollzG ... 619
1. Rechtswegeröffnung ... 619
2. Antragsart ... 620
3. Antragsbefugnis ... 620
4. Verwaltungsvorverfahren als besondere Zulässigkeitsvoraussetzung ... 620
5. Zuständigkeit des angerufenen Gerichts ... 620
6. Form ... 620
7. Frist ... 621
8. Beteiligtenfähigkeit ... 621

Inhaltsverzeichnis

    9. Einstweiliger Rechtsschutz 621
  10. Verfahren des Gerichts 622
       a) Verfahrensart 622
       b) Verfahrensgrundsätze 622
  11. Rechtsmittel gegen die erstinstanzliche Entscheidung 622
VI. Abweichungen bei Rechtsbehelfen im Vollzug der Jugendstrafe 622
    1. Stellung des Erziehungsberechtigten und des gesetzlichen Vertreters 623
    2. Verfahren zur gütlichen Streitbeilegung vor dem Antrag auf gerichtliche Entscheidung 624
    3. Zuständigkeit der Jugendkammer 627
    4. Entscheidung durch Beschluss nach beantragter Anhörung oder fakultativer mündlicher Verhandlung von Amts wegen 629
    5. Einzelrichter 630
    6. Kosten 631
    7. Rechtsbeschwerde 633
    8. Vollstreckung der gerichtlichen Entscheidungen 634

§ 12 Datenschutz und kriminologische Forschung 636
I. Vorbemerkung 638
    1. Das Recht auf informationelle Selbstbestimmung im Jugendstrafvollzug 638
    2. Regelungssystematik und Begriffe 639
II. Allgemeine Ermächtigung zur Datenverarbeitung 645
    1. Generalklausel 645
    2. Einwilligung 647
III. Datenerhebung – Grundsätze und weitere Regelungen 648
    1. Der Grundsatz der Direkterhebung und Ausnahmen davon 648
    2. Belehrung und Aufklärung 650
    3. Daten von Nichtgefangenen 650
    4. Unterrichtungspflicht über Datenerhebung 651
IV. Grundsätze und Regelungen zur weiteren Datenverarbeitung 651
    1. Allgemeines 651
    2. Verarbeitung zu vollzugsähnlichen Zwecken – Fiktion der Zweckidentität 652
    3. Weitere Verarbeitung zur Gefahrenabwehr, Strafverfolgung und Strafvollstreckung 652
    4. Übermittlungsbefugnis für die Erfüllung anderer öffentlicher Aufgaben 653
    5. Übermittlungsbefugnisse an Geschädigte, Gläubiger und sonstige Dritte 654
    6. Aktenüberlassung 655
    7. Einschränkungen der Verarbeitung und Nutzung 655
    8. Verantwortung für die Übermittlung, Zweckbindung 655
    9. Allgemeine Kenntlichmachung 656

V. Videoüberwachung, Auslesen von Datenspeichern 657
　1. Außen-Sicherheitsanlagen 659
　2. Verkehrsflächen und Gemeinschafträume 659
　3. Besuchsüberwachung 660
　4. Überwachung von Haft- und Beobachtungsräumen 660
VI. Automatisierte Übermittlungs- und Abrufverfahren 662
VII. Schutz besonderer Daten 663
　1. Regelungssystematik 663
　2. Berufliche Schweigepflicht 663
　3. Einschränkung der beruflichen Schweigepflicht –
　　 Offenbarungspflicht 666
　　a) Einschränkung der Schweigepflicht durch eine
　　　 Offenbarungspflicht 666
　　b) Offenbarungspflicht zum Schutz höherrangiger Rechtsgüter 666
　　c) Offenbarungspflicht aus vollzuglichen Gründen 667
　　d) Erforderlichkeit der Offenbarung 668
　　e) Offenbarungsadressat 669
　　f) Eingeschränkte Offenbarungspflicht der Ärzte 669
　　g) Unterschiedliche Schutzniveaus in den Landesgesetzen ... 669
　4. Verfassungsverträglichkeit 670
　5. Sonstige Offenbarungsbefugnisse, Unterrichtungspflicht 671
　6. Zweckbindung beim Empfänger 672
　7. Externe Schweigepflichtige 672
VIII. Daten in Akten und Dateien 672
　1. Kenntnis der Bediensteten von personenbezogenen Daten 672
　2. Technisch-organisatorischer Schutz von Akten und Dateien 673
　　a) Technisch-organisatorische Schutzmaßnahmen 673
　　b) Schutz personenbezogener Daten vor unbefugten Zugriffen 673
　　c) Organisatorische und bauliche Schutzmaßnahmen 674
　　d) Aktenorganisation 675
IX. Benachrichtigung, Löschung und Sperrung 676
　1. Löschung und Sperrung nach Fristablauf 676
　2. Nachberichtspflicht, allgemeine Grundsätze der Datenkorrektur ... 677
X. Auskunft an den Betroffenen, Akteneinsicht 678
　1. Allgemeines 678
　2. Inhalt und Umfang des Auskunftsanspruchs 679
　3. Recht auf Akteneinsicht 681
　4. Ausnahmen der Auskunfts- und Akteneinsichtserteilung 681
　5. Akteneinsichtsrechte des Rechtsanwaltes 683
XI. Anwendung der Landesdatenschutzgesetze 683
　1. Allgemeines 683
　2. Datenschutzkontrolle 685
XII. Kriminologische Forschung 686
　1. Verpflichtung zur kriminologischen Forschung 686
　2. Kriminologischer Dienst und kriminologische Forschung 688

3. Übermittlung personenbezogener Daten zu wissenschaftlichen Zwecken ... 692
   a) Voraussetzungen der Übermittlungsbefugnis ... 692
   b) Übermittlungsmodalitäten ... 694
4. Umgang mit den Forschungsdaten (§ 476 Abs. 4-7 StPO) ... 695
5. Datenschutzkontrolle bei privaten Empfängern (§ 476 Abs. 8 StPO) ... 696
XIII. Rechtsschutz ... 696

§ 13 Organisation ... 698
I. Organisation und Vollzugsziel ... 698
II. Die Eigenständigkeit des Jugendstrafvollzuges ... 699
III. Die Organisation der Jugendstrafanstalt ... 700
   1. Organisatorische Selbstständigkeit ... 700
   2. Größe einer Jugendstrafvollzugsanstalt ... 704
   3. Bauliche Gestaltung und äußere Umgebung ... 704
   4. Belegungsfähigkeit und Verbot der Überbelegung ... 705
IV. Die innere Struktur ... 706
   1. Entwicklung aus militärischen Strukturen ... 706
   2. Die Gesamtverantwortung der Anstaltsleitung ... 706
   3. Die Leitungsprinzipien ... 709
   4. Führen mit Zielen ... 710
   5. Werkzeuge ... 710
   6. Controlling ... 712
   7. Die Kosten-Leistungsrechnung ... 712
   8. Das Budget der Anstalt ... 713
      a) Die Bedeutung der handelnden Personen ... 713
      b) Probleme des alten Haushaltsrechts ... 714
      c) Die Budgetvereinbarung ... 714
      d) Delegation von Budgetverantwortung innerhalb der Anstalt ... 715
      e) Kostenverantwortung auch für Gefangene ... 715
   9. Kritik der „Neuen Verwaltungssteuerung" ... 716
      a) Geschichte und Idee ... 716
      b) Vielfalt und Konkurrenz der Ziele ... 716
      c) Gefahren ... 717
      d) Mangelnde gesetzliche Fundierung ... 718
      e) Mangelnde Evaluation ... 718
V. Vollzugsbedienstete ... 718
   1. Gesetzliche Regelungen ... 718
   2. Das erforderliche Personal ... 721
   3. Eignung sowie Aus- und Fortbildung des Personals ... 722
   4. Die tägliche Arbeit – Anspruch und Wirklichkeit ... 722
   5. Unterstützende Strukturen ... 724
      a) Feste Zuordnung und dezentrale Dienstplangestaltung ... 724
      b) Gesetzliche Regelungen ... 725

　　　　c) Konferenzen 725
　　　　d) Die Abteilung als Strukturelement 726
　　6. Der Grundsatz der Zusammenarbeit 726
　　7. Übertragung von Aufgaben an Private 727
VI. Aufsichtsbehörde 728
VII. Gefangenenmitverantwortung und Selbstverwaltung 729
VIII. Anstaltsbeirat 730
IX. Vollzug an weiblichen Jugendstrafgefangenen 731
　　1. Ausbildungsmöglichkeiten 732
　　2. Differenzierung nach besonderem Hilfebedarf 733

Stichwortverzeichnis 735

Autorenverzeichnis

Bochmann, Dr. jur. Christian
Referent Rechtsfragen, Dresden

Fiedler, Marius
Dipl.-Psychologe, Dipl.-Soziologe, Lic. és sociologie (Paris); EU-Strafvollzugsexperte; vormals Leiter der Jugendstrafanstalt Berlin, Lehrbeauftragter an Berliner Hochschulen und der Universität Lüneburg

Goerdeler, Jochen
Leiter des Referats für Maßregelvollzug, Psychiatrie u.a. im Sozialministerium Schleswig-Holstein; vormals Staatsanwalt und Referent für vollzugliche Gesetzgebung im Justizministerium Schleswig-Holstein

Kaplan (geb. Bihs), Dr. phil. Anne
Diplom-Rehabilitationspädagogin; Wissenschaftliche Mitarbeiterin am Lehrstuhl Erziehungshilfe und Soziale Arbeit der Universität zu Köln sowie am Lehrstuhl Soziale und Emotionale Entwicklung in Rehabilitation und Pädagogik der Technischen Universität Dortmund

Ostendorf, Prof. Dr. jur. Heribert
Professor für Strafrecht; vormals Leiter der Forschungsstelle für Jugendstrafrecht und Kriminalprävention, Universität Kiel; vormals Jugendrichter und später Generalstaatsanwalt in Schleswig-Holstein

Roos, Dr. phil. Stefanie
Dipl.-Pädagogin; Oberstudienrätin im Hochschuldienst am Lehrstuhl Soziale und Emotionale Entwicklung in Rehabilitation und Pädagogik der Technischen Universität Dortmund sowie Vertretungsprofessorin am Lehrstuhl Erziehungshilfe und Soziale Arbeit der Universität zu Köln

Rose, Prof. Dr. jur. Frank Guido
Direktor des Amtsgerichts Ratzeburg; Honorarprofessor an der Universität Kiel

Vogel, Susan
Rechtsanwältin in Berlin, Dipl.-Sozialpädagogin; Lehrbeauftragte an der Fachhochschule Potsdam

Walkenhorst, Prof. Dr. päd. Philipp
Professor für Erziehungshilfe und Soziale Arbeit, Department Heilpädagogik und Rehabilitation der Humanwissenschaftlichen Fakultät, Universität zu Köln

Walter, Dr. jur. Joachim
Rechtsanwalt in Osterburken; vormals Leiter der Justizvollzugsanstalt Adelsheim

Autorenverzeichnis

Willsch, Dr. jur. Natalie
Staatliches Amt für Landwirtschaft und Umwelt Mecklenburgische Seenplatte, Neubrandenburg

Abkürzungsverzeichnis

aA	andere Ansicht
ABl.	Amtsblatt
aF	alte Fassung
AK	Alternativkommentar
aM	andere Meinung
AV	Ausführungsvorschriften
BAG-S	Bundesarbeitsgemeinschaft für Straffälligenhilfe
BayStVollzG	Gesetz über den Vollzug der Freiheitsstrafe, der Jugendstrafe und der Sicherungsverwahrung (Bayern)
BDSG	Bundesdatenschutzgesetz
BbgJVollzG	Gesetz über den Vollzug der Freiheitsstrafe, der Jugendstrafe und der Untersuchungshaft im Land Brandenburg
BewHi	Bewährungshilfe
BGBl.	Bundesgesetzblatt
BGH	Bundesgerichtshof
BGHSt	Entscheidungen des Bundesgerichtshofs in Strafsachen
BGHZ	Entscheidungen des Bundesgerichtshofs in Zivilsachen
BMJ	Bundesministerium der Justiz
BremJStVollzG	Gesetz über den Vollzug der Jugendstrafe im Land Bremen
BT-Drucks.	Bundestags-Drucksache
BVerfG	Bundesverfassungsgericht
BVerfGE	Entscheidungen des Bundesverfassungsgerichts
CPT	European Committee for the Prevention of Torture and Inhuman or Degrading Treatment or Punishment
CR	Computerrecht
DANA	Datenschutz Nachrichten
DJGT	Deutscher Jugendgerichtstag
DSB	Datenschutzbeauftragter
DuD	Datenschutz und Datensicherheit
DVJJ	Deutsche Vereinigung für Jugendgerichte und Jugendgerichtshilfen
ED-Behandlung	Erkennungsdienstliche Behandlung
EGGVG	Einführungsgesetz zum Gerichtsverfassungsgesetz
EGMR	Europäischer Gerichtshof für Menschenrechte
EMRK	Europäische Menschenrechtskonvention
ERJOSSM	Europäische Empfehlung für inhaftierte und ambulant sanktionierte jugendliche Straftäter („European Rules for Juvenile Offenders Subject to Sanctions and Measures")
Fn	Fußnote
FS	Festschrift
FSK	Freiwillige Selbstkontrolle der Filmwirtschaft GmbH
GA	Goltdammer's Archiv für Strafrecht
GBl.	Gesetzblatt
GG	Grundgesetz
GVBl./GVOBl.	Gesetz- und Verordnungsblatt
GewArch	Gewerbearchiv
HessJStVollzG	Hessisches Jugendstrafvollzugsgesetz
hM	herrschende Meinung
HmbJStVollzG	Gesetz über den Vollzug der Jugendstrafe (Hamburg)
HstKiR	Handbuch des Staatskirchenrechts
idS	in diesem Sinne
IPBPR	Internationaler Pakt über bürgerliche und politische Rechte
JGG	Jugendgerichtsgesetz
JR	Juristische Rundschau
JSA	Jugendstraf(vollzugs)anstalt
JStVollzG Bln	Gesetz über den Vollzug der Jugendstrafe in Berlin
JStVollzG B-W aF	Jugendstrafvollzugsgesetz Baden-Württemberg alte Fassung

Abkürzungsverzeichnis

JStVollzG LSA	Gesetz über den Vollzug der Jugendstrafe in Sachsen-Anhalt
JStVollzG M-V	Gesetz über den Vollzug der Jugendstrafe (Mecklenburg-Vorpommern)
JStVollzG NRW	Jugendstrafvollzugsgesetz Nordrhein-Westfalen
JStVollzG S-H	Gesetz über den Vollzug der Jugendstrafe in Schleswig-Holstein
JuS	Juristische Schulung
JVA	Justizvollzugsanstalt
JVollzGB B-W	Gesetzbuch über den Justizvollzug in Baden-Württemberg
JZ	Juristenzeitung
KfN	Kriminologisches Forschungsinstitut Niedersachsen
KG	Kammergericht
KrimJ	Kriminologisches Journal
KrimPäd	Kriminalpädagogische Zeitschrift
KritV	Kritische Vierteljahreszeitschrift für die Gesetzgebung und Rechtswissenschaft
LG	Landgericht
LJVollzG RP	Landesjustizvollzugsgesetz Rheinland-Pfalz
LS	Leitsatz
LT-Drucks.	Landtagsdrucksache
MedR	Medizinrecht
m.Anm.	mit Anmerkung
MschrKrim	Monatsschrift für Kriminologie und Strafrechtsreform
mwN	mit weiteren Nachweisen
NdsVBl	Niedersächsische Verwaltungsblätter
Neuner Gruppe	Gruppe von neun Bundesländern (Länder Brandenburg, Berlin, Bremen, Mecklenburg-Vorpommern, Rheinland-Pfalz, Saarland, Sachsen-Anhalt, Schleswig-Holstein und Thüringen), die sich für die Beratungen für spezielle Jugendstrafvollzugsgesetze zusammengeschlossen und einen Musterentwurf entwickelt haben
NJ	Neue Justiz
NJVollzG	Niedersächsisches Justizvollzugsgesetz
NJW	Neue Juristische Wochenschrift
NK	Neue Kriminalpolitik
NK StGB	Nomos-Kommentar zum StGB
NStZ	Neue Zeitschrift für Strafrecht
NStZ-RR	Rechtsprechungs-Report der Neuen Zeitschrift für Strafrecht
n.v.	nicht veröffentlicht
NVwZ	Neue Zeitschrift für Verwaltungsrecht
OLG	Oberlandesgericht
RDV	Recht der Datenverarbeitung
RegE	Regierungsentwurf
RIS	Recht auf informationelle Selbstbestimmung
RL	Richtlinie
Rn	Randnummer
Rspr	Rechtsprechung
RuP	Recht und Politik
SächsJStVollzG	Gesetz über den Vollzug der Jugendstrafe (Sachsen)
SchlHA	Schleswig-Holsteinische Anzeigen
SJStVollzG	Gesetz über den Vollzug der Jugendstrafe (Saarland)
SothA	Sozialtherapeutische Anstalt
StVollzG Hmb aF	Strafvollzugsgesetz Hamburg alte Fassung
StraFo	Strafverteidiger Forum
StV	Strafverteidiger
StVollzG	Strafvollzugsgesetz
TB LfD	Tätigkeitsbericht Landesbeauftragter für Datenschutz
ThürJVollzGB	Thüringer Justizvollzugsgesetzbuch
VerfGH	Verfassungsgerichtshof
VersR	Versicherungsrecht
VerwArch	Verwaltungsarchiv
VV	Verwaltungsvorschrift

VVJuG	Bundeseinheitliche Verwaltungsvorschriften zum Jugendstrafvollzug
WsFPP	Forensische Psychiatrie und Psychotherapie – Werkstattschriften
Zbl	Zentralblatt für Jugendrecht und Jugendwohlfahrt
ZevKR	Zeitschrift für evangelisches Kirchenrecht
ZfStrVo	Zeitschrift für Strafvollzug und Straffälligenhilfe
ZJJ	Zeitschrift für Jugendkriminalrecht und Jugendhilfe
ZRP	Zeitschrift für Rechtspolitik
ZStW	Zeitschrift für die gesamte Strafrechtswissenschaft

Literaturverzeichnis

Achenbach, J., Computergestützte Lese- und Schreibförderung von Jugendlichen, in: W. Stark/T. Fitzner/C. Schubert (Hrsg.), Wer schreibt, der bleibt! – Und wer nicht schreibt?, Stuttgart 1998, S. 195–207

Alex, M., Die Einflussnahme der Ministerialbürokratie auf die Entwicklung der Sozialtherapie am Beispiel der Zerschlagung der Sozialtherapeutischen Anstalt Halle/Saale, in: NK 2014, S. 380–392

Alisch, J., Weniger Sicherheit in den Justizvollzugsanstalten durch mehr Sicherheitstechnik, in: KrimPäd 1988, S. 14–21

Alisch, J., Sicherheit als Steuerungsproblem, in: C. Flügge/B. Maelicke/H. Preusker (Hrsg.), Das Gefängnis als lernende Organisation, Baden-Baden 2001, S. 105–116

Alternativkommentar – Strafvollzugsgesetz, Feest, J./Lesting, W. (Hrsg.), 6. Aufl., Köln 2012 bzw. Feest (Hrsg), 5. Aufl., Neuwied 2006

Amelung, K., Die Einwilligung des Unfreien. Das Problem der Freiwilligkeit bei der Einwilligung eingesperrter Personen, in: ZStW 1983, S. 1–31

Apel, E., Die Gaspistole – eine Schusswaffe?, in: GewArch 1985, S. 295–297

Arbeitsgemeinschaft Deutscher Bewährungshelferinnen und Bewährungshelfer, Lebenslagen Untersuchung. Bundesweite Befragung zur Erhebung der Lebenslagen der Klientinnen und Klienten der Bewährungshilfe, Aurich 2000

Arbeitsgruppe des Berufsfortbildungswerkes des DGB Düsseldorf, Berufliche Bildungsmaßnahmen im Jugendvollzug, in: ZfStrVo 1983, S. 99–104

Arloth, F., Statement (zur Zwangsbehandlung im Strafvollzug), in: T. Hillenkamp/B. Tag (Hrsg.), Intramurale Medizin – Gesundheitsfürsorge zwischen Heilauftrag und Strafvollzug, Berlin u.a. 2005, S. 239–246

Arloth, F., Stand der Gesetzgebung für den Jugendstrafvollzug und verfassungsrechtliche Rahmenbedingungen, in: Forum Strafvollzug 2007, S. 56

Arloth, F., Strafvollzugsgesetz, 3. Aufl., München 2011

Asselborn, G./Lützenkirchen, M., Sport als Medium in einer personenzentrierten Arbeit mit delinquenten Jugendlichen, in: ZfStrVo 1991, S. 269–274

Badura, P., Der Schutz von Religion und Weltanschauung durch das Grundgesetz: Verfassungsfragen zur Existenz und Tätigkeit der neuen „Jugendreligionen", Tübingen 1989

Bammann, K., Web-Cams im Knast, in: NK 2000, S. 4–6

Bammann, K., Kontakte nach draußen, in: Deutsche AIDS-Hilfe (Hrsg.), Betreuung im Strafvollzug. Ein Handbuch, Berlin 2003, S. 53–69

Bammann, K., Kunst und Kunsttherapie im Strafvollzug, in: ZfStrVo 2006, S. 150–154

Literaturverzeichnis

Bammann, K., Kunst im Jugendstrafvollzug – Ansätze aus der Arbeit der Projektgruppe „kunst.voll" in der JVA Bremen, in: ZJJ 2007, S. 206–211

Bammann, K./Feest, J., Kunst und Kreativität in Haft – Folgerungen aus einer Umfrage, in: NK 2007, S. 42–46

Barth, A., Interne und externe Psychotherapie, in: G. Rehn/R. Nanninga/A. Thiel (Hrsg.), Freiheit und Unfreiheit, Arbeit mit Straftätern innerhalb und außerhalb des Justizvollzugs, Herbolzheim 2004, S. 349–355

Bast, M., Die Schweigepflicht der Ärzte, Psychologen und Sozialarbeiter im Strafvollzug – Eine Untersuchung der innerbehördlichen Schweigepflicht nach §§ 182 StVollzG, 203 StGB, Hamburg 2003

Bauer, M., Boxen im Jugendstrafvollzug?, in: Forum Strafvollzug 2015, S. 153–154

Baulig, W., Das Neue Steuerungsmodell, in: KrimPäd 1997, S. 27–29

Baumann, J., Entwurf eines Jugendstrafvollzugsgesetzes, Heidelberg 1985

Baumann, J., Anmerkung: Art. 5 GG versus §§ 68 Abs. 2 S. 2 u. 70 Abs. 2 S. 2 StVollzG, in: StV 1992, S. 331–332

Beaucamp, G., Zeitungen im Gefängnis zwischen Pressefreiheit und Anstaltsordnung, in: ZfStrVo 1999, S. 206–210

Becker, D., Büchereiarbeit im Justizvollzug der Freien und Hansestadt Hamburg, in: B. Kaden/M. Kindling (Hrsg.), Zugang für alle – Soziale Bibliotheksarbeit in Deutschland, Berlin 2007, S. 193–196

Becker, K., Gefangenenchor in der Justizvollzugsanstalt St. Georgen-Bayreuth, in: ZfStrVo 1979, S. 241

Beckers, C., Vollzugslockerungen Urlaub – Erfahrungen und Erwartungen der Beteiligten, in: H. Kury (Hrsg.), Ambulante Maßnahmen zwischen Hilfe und Kontrolle, Köln u.a. 1984, S. 381–405

Beer, J., Schulische und berufliche Voraussetzungen von weiblichen Jugendstrafgefangenen im Kontext der Bildungsangebote in deutschen Justizvollzugsanstalten, in: Forum Strafvollzug 2014, S. 358–363

Behnke, B., Sport im Strafvollzug, in: ZfStrVo 1980, S. 25–29

Bemmann, G., Zur Frage der Arbeitspflicht des Strafgefangenen, in: E. Samson/F. Dencker/P. Frisch/H. Frister/W. Reiß (Hrsg.), Festschrift für Gerald Grünwald, Baden-Baden 1999, S. 69–73

Bennefeld-Kersten, K., Suizide in Justizvollzugsanstalten der Bundesrepublik Deutschland in den Jahren 2000 bis 2004, Kriminologischer Dienst im Bildungszentrum des niedersächsischen Justizvollzugs, Celle 2005

Bennefeld-Kersten, K., Ausgeschieden durch Suizid – Selbsttötungen im Gefängnis, Lengerich 2009

Berckhauer, F., Überbelegung, Rückfall, Prognose, Vollzugslockerungen, in: Niedersächsischer Minister der Justiz (Hrsg.), Rechtstatsächliche Untersuchungen aus Niedersachsen zu Strafvollzug und Bewährungshilfe, Hannover 1986

Bereswill, M., „Von der Welt abgeschlossen". Die einschneidende Erfahrung einer Inhaftierung im Jugendstrafvollzug, in: J. Goerdeler/P. Walkenhorst (Hrsg.), Jugendstrafvollzug in Deutschland. Neue Gesetze, neue Strukturen, neue Praxis?, Mönchengladbach 2007, S. 163–183

Bereswill, M./Döll, M./Koesling, A./Neuber, A., „Ich weiß gar nicht, warum die das mit mir machen" – Sozialtherapeutische Behandlungsmaßnahmen aus der Sicht inhaftierter junger Männer, in: ZJJ 2007, S. 48–55

Bereswill, M./Greve, W. (Hrsg.), Forschungsthema Strafvollzug, Baden-Baden 2001

Bereswill, M./Höynck, T. (Hrsg.), Jugendstrafvollzug in Deutschland. Grundlagen, Konzepte, Handlungsfelder, Mönchengladbach 2002

Bereswill, M./Koesling, A./Neuber, A., Brüchige Erfolge – Biographische Diskontinuität, Inhaftierung und Integration, in: J. Goerdeler/P. Walkenhorst (Hrsg.), Jugendstrafvollzug in Deutschland, Mönchengladbach 2007, S. 294–312

Bergemann, N./Hornung, G., Die DNA-Analyse nach den Änderungen der Strafprozessordnung – Speicherung bis auf Widerruf?, in: StV 2007, S. 164–168

Bertram, C., Wider den organisierten Beziehungsabbruch – Entlassungsvorbereitung als kontinuierliches Hilfeangebot in einem vernetzten System, in: G. Rehn/ R. Nanninga/A. Thiel (Hrsg.), Freiheit und Unfreiheit. Arbeit mit Straftätern innerhalb und außerhalb des Justizvollzugs, Herbolzheim 2004, S. 430–446

Bessler, C., Jugendliche Sexualstraftäter, in: Kriminalistik 2002, S. 263–268

Beyler, O., Das Recht des Strafgefangenen auf Besitz von Gegenständen nach § 70 (i.V.m. § 69 Abs. 2) StVollzG unter besonderer Berücksichtigung der allgemeinen technischen Entwicklung, in: ZfStrVo 2001, S. 142–151

Biendl, C., Jugendstrafvollzug in freier Form am Beispiel des „Projekts Chance", Konstanz 2005

Bieneck, S./Pfeiffer, C., Viktimisierungserfahrungen im Strafvollzug, Hannover 2012

Bierschwale, P., „Lernen ermöglichen", Die Ordnung des vollzuglichen Lernens, in: Forum Strafvollzug 2008, S. 199–204

Bierschwale, P./Detmer, B./Köhler, W./Kramer, J., Freizeitgestaltung im niedersächsischen Justizvollzug. 10 Punkte für ein „Projekt Freizeit", in: ZfStrVo 1995, S. 83–92

Bihs, A./Thanjan, J., Eltern- und Angehörigenarbeit im Jugendstrafvollzug, unveröffentlichte Diplomarbeit, Dortmund 2007

Bizer, J., Forschungsfreiheit und informationelle Selbstbestimmung, Baden-Baden 1992

Literaturverzeichnis

Blancke, S./Roth, C./Schmid, J., Employability („Beschäftigungsfähigkeit") als Herausforderung für den Arbeitsmarkt – Auf dem Weg zur flexiblen Erwerbsgesellschaft. Eine Konzept- und Literaturstudie, Arbeitsbericht Nr. 157, Akademie für Technikfolgenabschätzung in Baden-Württemberg, Stuttgart 2000

Bochnik, H. J., Bestehen Datenschützer auf Forschungsblockaden?, in: MedR 1996, S. 262–264

Bock, M., Kriminologie, 4. Aufl., München 2013

Bode, L., Freizeitgestaltung im Strafvollzug – Möglichkeiten der Freizeitgestaltung, in: H.-D. Schwind/G. Blau (Hrsg.), Strafvollzug in der Praxis. Eine Einführung in die Probleme und Realitäten des Strafvollzuges und der Entlassenenhilfe, 2. Aufl., Berlin u.a. 1988, S. 313–318

Boenisch, J. (Hrsg.), Unterstützte Kommunikation, Karlsruhe 2005

Boers, K./Schaerff, M., Abschied vom Primat der Resozialisierung im Jugendstrafvollzug?, in: ZJJ 2008, S. 316–324

Böhm, A., Strafvollzug, 3. Aufl., Neuwied u.a. 2003

Böhnke, J., Sport, Delinquenz und Lebensstil. Eine empirische Untersuchung als Voraussetzung für den Einsatz des Sports im Jugendstrafvollzug unter Berücksichtigung vorhandener Lebensstile, Münster u.a. 1992

Böllinger, L., Ein Schlag gegen das Resozialisierungsprinzip. Offenbarungspflicht der Therapeuten im Strafvollzug, in: ZfSexualforschung 1999, S. 140–159

Bondy, C., Pädagogische Probleme im Jugendstrafvollzug, Mannheim 1925

Borchert, M./Metternich, J./Hausar, S., Untersuchung zu den Auswirkungen von Langzeitbesuchen (LZB) und ihre Konsequenzen für die Wiedereingliederung von Strafgefangenen, in: ZfStrVo 1995, S. 259–265

Borg-Laufs, M., Verhaltenstherapie mit Kindern und Jugendlichen: Grundlagen, Methoden, Entwicklungen, in: H. Reinecker (Hrsg.), Lehrbuch der Verhaltenstherapie, Tübingen 1999, S. 455–484

Börke, R., Kunst im Knast. Projekt Kunst im Strafvollzug Butzbach seit 1981, in: BewHi 2014, S. 81–82

Bornhöfer, D., Jugendstrafvollzug in Deutschland und Frankreich, Baden-Baden 2010

Bosinski, H./Ponseti, J./Sakewitz, F., Therapie von Sexualstraftätern im Regelvollzug – Rahmenbedingungen, Möglichkeiten und Grenzen, in: Sexuologie 2002, S. 39–47

Bosold, C., Wirksamkeit des Trainings „Leben ohne Gewalt organisieren". Erste Ergebnisse, Vortrag auf dem wissenschaftlichen Kolloquium der Jugendanstalt in Hameln 5.10.2005

Bosold, C./Prasse, A./Lauterbach, O., Anti-Gewalt-Trainings im Jugendvollzug. Eine bundesweite Bestandsaufnahme, in: ZJJ 2006, S. 27–37

Brauer, J., Theaterprojekt in der JVA Rohrbach, in: Forum Strafvollzug 2015, S. 170–171

Braum, S./Varwig, M./Bader C., Die „Privatisierung des Strafvollzugs" zwischen fiskalischen Interessen und verfassungsrechtlichen Prinzipien, in: ZfStrVo 1999, S. 67–73

Brezinka, W., Tüchtigkeit, München u.a. 1987

Brezinka, W., Grundbegriffe der Erziehungswissenschaft, München u.a. 1990

Brunner, R., Strafrechtliche Rechtsfolgen und Therapie als Gesamtkonzeption für Drogenabhängige, in: Zbl 1980, S. 415–422

Brunner, R./Dölling, D., Jugendgerichtsgesetz, 11. Aufl., Berlin 2002 (zit. als 11. Aufl.) und 12. Aufl. Berlin 2011

Brüssel, G., Rap auf Ballett. Zwei Welten prallen aufeinander und vereinigen sich zu einem großartigen Projekt, in: BewHi 2014, S. 5–11

Bublies, U./Walkenhorst, P., Bildung, Bildung, Bildung!!!, in: Forum Strafvollzug 2008, S. 198–199

Bücking, K. D., Fernkursabitur im Strafvollzug – Modalitäten, Erfahrungen und Perspektiven, in: ZfStrVo 1992, S. 165–168

Budweg, P./Schins, M.-T., Ein Leseclub mit inhaftierten Jugendlichen und Jungerwachsenen, in: ZfStrVo 1992, S. 232–236

Bundesminister der Justiz (Hrsg.), Schlußbericht der Jugendstrafvollzugskommission, Köln 1980

Bundesministerium der Justiz (Hrsg.), Internationale Menschenrechtsstandards und das Jugendkriminalrecht, Berlin 2001

Bundesministerium der Justiz Berlin/Bundesministerium für Justiz Wien/Eidgenössisches Justiz- und Polizeidepartement Bern (Hrsg.), Europäische Strafvollzugsgrundsätze. Die Empfehlung des Europarates Rec(2006)2. Neufassung der Mindestgrundsätze für die Behandlung der Gefangenen, Mönchengladbach 2007

Bundesministerium der Justiz Berlin/Bundesministerium für Justiz Wien/Eidgenössisches Justiz- und Polizeidepartment Bern (Hrsg.): Die Empfehlungen des Europarates. Rec(2008)11 über die europäischen Grundsätze für die von Sanktionen und Maßnahmen betroffenen jugendlichen Straftäter und Straftäterinnen (zit. als ERJOSSM), Mönchengladbach 2009, S. 13–47

Bundesministerium des Innern/Bundesministerium der Justiz (Hrsg.), Zweiter Periodischer Sicherheitsbericht, Berlin 2006

Bündnis 90/Die Grünen Fraktion im Berliner Abgeordnetenhaus, Von Überbelegung und Gewalt, Berlin 2007, http://www.gruene-fraktion-berlin.de/cms/default/dok/20 5/205060.html

Bunk, G./Stentzel, M., Modelle der Berufserziehung straffälliger Jugendlicher und Heranwachsender, in: ZfStrVo 1995, S. 73–85

Busch, M., Das Strafvollzugsgesetz in sozialpädagogischer Sicht, in: ZfStrVo 1977, S. 63–73

Busch, M./Fülbier, P./Meyer, F. W., Zur Situation der Frauen von Inhaftierten, Schriftenreihe des BMfJFFuG, Bonn, Band 194/13, Stuttgart 1987

Busch, R., Datenschutz im Strafvollzug – Orientierungshilfe und Checklisten, in: Landesbeauftragter für den Datenschutz Niedersachsen (Hrsg.), Hannover 2000

Busch, R., Die Schweigepflicht des Anstaltsarztes gegenüber dem Anstaltsleiter und der Aufsichtsbehörde, in: ZfStrVo 2000, S. 344–351

Calliess, R.-P./Müller-Dietz, H., Strafvollzugsgesetz, 11. Aufl., München 2008

Campenhausen, A. von/Wall, H. de, Staatskirchenrecht, 4. Aufl., München 2006

Cannados Cannawurf, R., Trainings-Transfer. Eine Langzeitstudie der zugrunde liegenden Prozesse, Gießen 2005

Clemmer, D., The prison community, New York 1965

Clever, K./Ommerborn, R., Fernstudium deutscher Haftanstalten, in: ZfStrVo 1996, S. 80–86

Cornel, H., Geschichte des Jugendstrafvollzugs, Weinheim u.a. 1984

Cornel, H., Das Strafvollzugsgesetz darf weder zerstückelt noch ausgehöhlt werden, in: NK 2005, S. 135

Cornel, H., Schmieden hinter Gittern – ein Lernprojekt in der Jugendstrafanstalt Berlin, in: KrimPäd 2009, S. 52–57

Cottonaro, S./Suhling, S., Weichenstellungen im Betreuungskontinuum: Diagnose, Prognose, Indikation und Vollzugsplanung, in: J. Goerdeler/P. Walkenhorst (Hrsg.), Jugendstrafvollzug in Deutschland, Mönchengladbach 2007, S. 222–237

Dannebaum, W., Viel Sport für Viele und warum es in der JVA Oldenburg keinen Kraftsport gibt, in: Forum Strafvollzug 2015, S. 155–156

Dargel, H., Die rechtliche Zulässigkeit der Bekanntgabe von HTLV III-Infektionen oder AIDS-Erkrankungen der Gefangenen durch die Vollzugsbehörde, in: ZfStrVo 1987, S. 156–161

Däubler, W./Klebe, T./Wedde, P./Weichert, T., Bundesdatenschutzgesetz – Basiskommentar, 3. Aufl., Köln 2010

Deckwerth, S., Pressefreiheit hinter Gittern, in: Forum Strafvollzug 2010, S. 17–18

Dehn, M./Habersaat, S./Weinhold, S., Über literarische Figuren und Medienfiguren. Schreiben als kulturelle Tätigkeit, in: C. Osburg (Hrsg.), Textschreiben – Rechtschreiben – Alphabetisierung. Initiierung sprachlicher Lernprozesse im Bereich der Grundschule, Sonderschule und Erwachsenenbildung, Baltmannsweiler 1998, S. 9–37

Dessecker, A., Kriminalitätsbekämpfung durch Jugendstrafrecht?, in: StV 1999, S. 678–684

Dessecker, A./Spöhr, M., Entwicklung der Sozialtherapie in Deutschland und im Rahmen der sozialtherapeutischen Behandlung angewandte Diagnoseverfahren, in: Praxis der Rechtspsychologie 2007, S. 305–321

Deutsche Vereinigung für Jugendgerichte und Jugendgerichtshilfen (Hrsg.), Jugendstrafvollzugsgesetz-Entwurf der Arbeitsgemeinschaft der Leiter der Jugendstrafanstalten und Besonderen Vollstreckungsleiter, Mönchengladbach 1988

Diemer, H./Schatz, H./Sonnen, B.-R., Jugendgerichtsgesetz mit Jugendstrafvollzugsgesetzen, 6. Aufl., Heidelberg 2011

Döbert, M./Hubertus, P., Ihr Kreuz ist die Schrift, in: Bundesverband Alphabetisierung e. V. (Hrsg.), Analphabetismus und Alphabetisierung in Deutschland, Münster u.a. 2000

Dodge, K. A./Dishion, T. J./Lansford, J. E., Deviante Peer-Einflüsse in der Intervention und der Jugendpolitik, in: ZJJ 2007, S. 190–197

Dolde, G./Grübl, G., Jugendstrafvollzug in Baden-Württemberg – Untersuchungen zur Biographie, zum Vollzugsverlauf und zur Rückfälligkeit von ehemaligen Jugendstrafgefangenen, in: H.-J. Kerner (Hrsg.), Jugendstrafvollzug und Bewährung, Bonn 1996, S. 219–356

Dölling, D., Die resozialisierende Wirkung des Sports im Strafvollzug, in: W. Nickolai/H. Rieder/J. Walter (Hrsg.), Sport im Strafvollzug. Pädagogische und therapeutische Modelle, Freiburg i. Br. 1992, S. 67–76

Dölling, D., Das Nachsorgeprojekt Chance: Einige Ergebnisse der Evaluation, in: W. Stelly/J. Thomas (Hrsg.), Erziehung und Strafe, Godesberg 2011, S. 145–158

Dölling, D./Stelly, W., Befunde der Begleitforschung zu dem baden-württembergischen Projekt Chance, in: ZJJ 2009, S. 201–209

Döring, N., Sexualität im Gefängnis: Forschungsstand und Perspektiven, in: Zeitschrift für Sexualforschung 2006, S. 315–333

Dörlemann, M., Gesetzliche Regelungen und ihr Einfluss auf die erzieherische Gestaltung des Untersuchungshaftvollzuges bei Jugendlichen, in: M. Bereswill/T. Höynck (Hrsg.), Jugendstrafvollzug in Deutschland. Grundlagen, Konzepte, Handlungsfelder, Mönchengladbach 2003, S. 87–98

Dörner, C., Erziehung durch Strafe, Weinheim u.a. 1991

Driesch, D. von den, Frauenstrafvollzug – Entwicklung, Situation und Perspektiven, in: G. Kawamura/R. Reindl (Hrsg.), Wiedereingliederung Straffälliger. Eine Bilanz nach 20 Jahren Strafvollzugsgesetz, Freiburg i. Br. 1998, S. 119–135

Dünkel, F., Freiheitsentzug für junge Rechtsbrecher. Situation und Reform von Jugendstrafe, Jugendstrafvollzug, Jugendarrest und Untersuchungshaft in der Bundesrepublik Deutschland und im internationalen Vergleich, Mönchengladbach 1990

Dünkel, F., Die Reform des Jugendstrafvollzugs in Deutschland, in: T. Feltes/ C. Pfeiffer/M. Steinhilper (Hrsg.), Kriminalpolitik und ihre wissenschaftlichen Grundlagen, Festschrift für Hans-Dieter Schwind, Heidelberg 2006, S. 549–570

Dünkel, F., Gutachtliche Stellungnahme. Anhörung des Ausschusses für Recht und Verfassung des Landtags von Sachsen-Anhalt zum Gesetzentwurf der Landesregierung über den Vollzug der Jugendstrafe (JStVollzG LSA), LT-Drucks. 5/749, vom 12.9.2007

Dünkel, F., Gutachtliche Stellungnahme zum Gesetzentwurf über den Vollzug der Jugendstrafe (JStVollzG M-V) der Landesregierung, LT-Drucks. 5/807, und der Fraktion Die Linke, LT-Drucks. 5/811, vom 6.9.2007, http://www.dvjj.de/artikel.php?artikel=741

Dünkel, F., Die Europäischen Grundsätze für die Sanktionen oder Maßnahmen betroffenen jugendlichen Straftäter und Straftäterinnen, in: ZJJ 2011, S. 140–154

Dünkel, F./Drenkhahn, K., Behandlung im Strafvollzug, von „nothing works" zu „something works", in: M. Bereswill/W. Greve (Hrsg.), Forschungsthema Strafvollzug, Baden-Baden 2001, S. 387–417

Dünkel, F./Geng, B., Rückfall und Bewährung von Karrieretätern nach Entlassung aus dem sozialtherapeutischen Behandlungsvollzug und aus dem Regelvollzug, in: M. Steller/K.-P. Dahle/M. Basque (Hrsg.), Straftäterbehandlung – Argumente für eine Revitalisierung in Forschung und Praxis, Pfaffenweiler 1994, S. 35–59

Dünkel, F./Geng, B., Fakten zur Überbelegung im Strafvollzug und Wege zur Reduzierung von Gefangenenraten, in: NK 2003, S. 146–149

Dünkel, F./Geng, B., Aktuelle rechtstatsächliche Befunde zum Jugendstrafvollzug in Deutschland, in: ZJJ 2007, S. 143–152

Dünkel, F./Geng, B., Jugendstrafvollzug in Deutschland – aktuelle rechtstatsächliche Befunde, in: J. Goerdeler/P. Walkenhorst (Hrsg.), Jugendstrafvollzug in Deutschland, Mönchengladbach 2007, S. 15–54

Dünkel, F./Geng, B., Rechtstatsächliche Befunde zum Jugendstrafvollzug in Deutschland, in: Forum Strafvollzug 2007, S. 65–80

Dünkel, F./Geng, B., Neues aus der (Jugend-) Anstalt. Folgen des Urteils des BVerfG zur Verfassungsmäßigkeit des Jugendstrafvollzugs – 5 Jahre danach, Neue Kriminalpolitik 22 (2011), S. 137–143

Dünkel, F./Geng, B./Kirstein, W., Soziale Trainingskurse und andere neue ambulante Maßnahmen nach dem JGG in Deutschland, Bonn 1998

Dünkel, F./Geng, B./von der Wense, M., Entwicklungsdaten zur Belegung, Öffnung und Lockerungspraxis im Jugendstrafvollzug, ZJJ 2015, S. 232–241

Dünkel, F./Meyer-Velde, H., Bericht zur qualitativen Erfassung aller in hessischen Justizvollzugsanstalten einsitzenden Strafgefangenen, in: K.-H. Groß/W. Schädler (Hrsg.), Kriminalpolitischer Bericht für den Hessischen Minister der Justiz, Wiesbaden 1990, Anhang S. 1–132

Dünkel, F./Morgenstern, C./Zolondek, J., Europäische Strafvollzugsgrundsätze verabschiedet!, in: NK 2006, S. 86–89

Dünkel, F./Pörksen, A., Stand der Gesetzgebung zum Jugendstrafvollzug und erste Einschätzungen, in: NK 2007, S. 55–67

Dünkel, F./Rosner, A., Die Entwicklung des Strafvollzugs in der Bundesrepublik Deutschland seit 1970, 2. Aufl., Freiburg i. Br. 1982

Duttke, G., Anmerkung zu BGH, Urteil vom 24.7.1998 – 3 StR 78/98, Einsatz technischer Mittel zum Abhören und Aufzeichnen des nichtöffentlich gesprochenen Wortes im Besuchsraum einer Untersuchungshaftanstalt, in: JZ 1999, S. 261–263

Ebert, K. R., Das öffentliche Telefon im geschlossenen Vollzug. Ende oder Beginn einer Entwicklung?!, Hamburg 1999

Ebert, K. R., Kartentelefone im geschlossenen Vollzug – Kommunikationsmittel sui generis, in: ZfStrVo 2000, S. 213–226

Egerer, H., Das Justizvollzugsgesetzbuch Baden-Württemberg, in: Forum Strafvollzug 2010, S. 34–36

Eisenberg, U., Zum RefE eines JStVollzG des BMJ vom 28.4.2004, in: MschrKrim 2004, S. 353–360

Eisenberg, U., Kriminologie, 6. Aufl., München 2005

Eisenberg, U., Neue Gesetze – Kontinuitäten und Diskontinuitäten, in: ZJJ 2007, S. 152–157

Eisenberg, U., Jugendstrafvollzugsgesetze der Bundesländer – eine Übersicht, in: NStZ 2008, S. 250–262

Eisenberg, U., Tötung in staatlich organisierter Unentrinnbarkeit, in: ZJJ 2008, S. 381–385

Eisenberg, U., Jugendgerichtsgesetz, 18. Aufl., München 2015 bzw. 17. Aufl., München 2014 (zit. als 17. Aufl.) bzw. 12. Aufl., München 2007 (zit. als 12. Aufl.)

Eisenberg, U./Singelnstein, T., Zum Referentenentwurf eines Jugendstrafvollzugsgesetzes vom 19. Januar 2007, in: Kindschaftsrecht und Jugendhilfe 2007, S. 184–188

Enzmann, D., Alltag im Gefängnis: Belastungen, Befürchtungen und Erwartungen aus Sicht jugendlicher und heranwachsender Inhaftierter, in: M. Bereswill/T. Höynck (Hrsg.), Jugendstrafvollzug in Deutschland. Grundlagen, Konzepte, Handlungsfelder. Mönchengladbach 2002, S. 263–284

Enzmann, D./Greve, W., Strafhaft für Jugendliche: Soziale und individuelle Bedingungen von Delinquenz und Sanktionierung, in: M. Bereswill/W. Greve (Hrsg.), Forschungsthema Strafvollzug, Baden-Baden 2001, S. 109–145

Europarat (Hrsg.), Stellungnahme der Bundesregierung zu den Empfehlungen, Kommentaren und Auskunftsersuchen des Europäischen Ausschusses zur Verhütung von Folter und unmenschlicher oder erniedrigender Behandlung oder Strafe (CPT) anlässlich seines Besuches vom 20. November bis 2. Dezember 2005, Strasbourg 2007, http://www.cpt.coe.int/en/states/deu.htm

Feest, J., Chancen im Vollzug oder „Chancenvollzug"? Ein Kommentar zum Niedersächsischen Justizvollzugsgesetz, in: StV 2008, S. 553–558

Fend, H., Entwicklungspsychologie des Jugendalters, 3. Aufl., Opladen 2003

Fend, H., Entwicklungspsychologie des Jugendalters, Opladen, 2005

Feuerhelm, W./Schwind, H.-D./Bock, M. (Hrsg.), Festschrift für Alexander Böhm, Berlin u.a. 1999

Filipp, S.-H./Aymanns, P., Die Bedeutung sozialer und personaler Ressourcen in der Auseinandersetzung mit kritischen Lebensereignissen, in: Zeitschrift für Klinische Psychologie 1987, S. 383–396

Fischer, T., Strafgesetzbuch und Nebengesetze, 62. Aufl., München 2015

Fleck, V., Neue Verwaltungssteuerung und gesetzliche Regelung des Jugendstrafvollzuges, Mönchengladbach 2004

Flügge, C./Maelicke, B./Preusker, H. (Hrsg.), Das Gefängnis als lernende Institution, Baden-Baden 2001

Förster, A., Rationale Kriminalpolitik im Umgang mit stationärer Unterbringung von delinquenten Jugendlichen und Heranwachsenden, in: Informationsdienst Straffälligenhilfe 2/2007, S. 26–29

Freisler, R., Gedanken über Strafvollzug an jungen Gefangenen, in: R. Freisler (Hrsg.), 8 Beiträge zur Rechtserneuerung: Gemeinschaftsarbeiten aus der Rechtspflege, Berlin 1936

Freudenthal, B., Amerikanische Kriminalpolitik, in: ZStW 27 (1907), S. 121–134

Freudenthal, B., Denkschrift betreffend die Einrichtung eines Jugendgefängnisses, in: MschrKrim 1913, S. 577 ff

Füllkrug, M., Führungsaufsicht bei Vollverbüßern von Jugendstrafe, in: BewHi 1989, S. 145–148

Funck, Berücksichtigung der Schwere der Schuld bei der Entscheidung über Vollzugslockerungen im Jugendstrafvollzug?, in: NStZ 1987, S. 432

Gebhard, P., 40 Jahre „Theater hinter Gittern" in Hessen. Ein Rückblick auf bewegte Jahre, in: BewHi 2014, S. 30–34

Geissler, I., Stellenwert und Effektivität schulischer und beruflicher Bildungsmaßnahmen im Jugendstrafvollzug, in: DVJJ-Journal 1991, S. 211–218

Genazino, W., Einschluß, meine Herren! Literarische Arbeit mit Strafgefangenen, in: ders., Achtung Baustelle, München 2006, S. 129–157

Geraedts, C.-W., Zur Tötungsdelinquenz bei jugendlichen und heranwachsenden Straftätern. Eine Analyse jugendpsychiatrisch-forensischer Gutachten aus dem Zeitraum 1981 – 1990 in Kiel, Kiel 1998

Geretshauser, M./Leufert, T./Weidner, J., Konfrontiert rechtsorientierte Gewalttäter mit den Opferfolgen!, in: DVJJ-Journal 1993, S. 33–36

Literaturverzeichnis

Gerhard, A.-K., Autonomie und Nähe – Individuationsentwicklung Jugendlicher im Spiegel familiärer Interaktion, Weinheim 2005

Gericke, C., Zur Unzulässigkeit von Disziplinarmaßnahmen nach positiven Urinproben, in: StV 2003, S. 305–307

Gerken, T., Handball hinter Gittern – damit das Leben wieder lebenswert wird, TuS Versen: Ein ungewöhnlicher Verein in ungewöhnlicher Atmosphäre, in: ZfStrVo 1990, S. 33–34

Giehring, H., Das Absehen von der Strafvollstreckung bei Ausweisung und Auslieferung ausländischer Strafgefangener nach § 456 a StPO, in: H. Ostendorf (Hrsg.), Strafverfolgung und Strafverzicht, Festschrift zum 125-jährigen Bestehen der StA Schleswig-Holstein, Köln u.a. 1992, S. 469–509

Goderbauer, R., Der Einfluss neuer Strafvollzugsgesetze auf den weiteren Erfolg der Sozialtherapie, in: Forum Strafvollzug 2009, S. 307–312

Goeckenjan, I., Zum Umgang mit Gewalttaten im Strafvollzug – Reaktionen, Sanktionen, Verarbeitungsmechanismen, in: J. Puschke (Hrsg.), Strafvollzug in Deutschland, Strukturelle Defizite, Reformbedarf und Alternativen, Berlin 2011, S. 135–155

Goerdeler, J., Gewalt im Strafvollzug, in: J. Puschke (Hrsg.), Strafvollzug in Deutschland, Strukturelle Defizite, Reformbedarf und Alternativen, Berlin 2011, S. 105–134

Goerdeler, J./Walkenhorst, P. (Hrsg.), Jugendstrafvollzug in Deutschland. Neue Gesetze, neue Strukturen, neue Praxis?, Mönchengladbach 2007

Goffman, E., Asyle. Über die soziale Situation psychiatrischer Patienten und anderer Insassen, Frankfurt a. M. 1973

Gola, P./Schomerus, R., BDSG-Kommentar, 10. Aufl., München 2010

Goldberg, B. U., Freizeit und Kriminalität bei Jugendlichen. Zu den Zusammenhängen zwischen Freizeitverhalten und Kriminalität, Baden-Baden 2003

Göppinger, H., Der Täter in seinen sozialen Bezügen. Ergebnisse aus der Tübinger Jungtäter-Vergleichsuntersuchung, Berlin u.a. 1983

Göppinger, H., Kriminologie, 6. Aufl., München 2008

Gottfredson, M./Hirschi, T., A general theory of crime, Stanford 1990

Graalmann-Scheerer, K., Zur Zulässigkeit der Einwilligung in die Entnahme von Körperzellen (§§ 81 g Abs. 3, 81 a Abs. 2 StPO, § 2 DNA-Identitätsfeststellungsgesetz) und in die molekulargenetische Untersuchung (§§ 81 g Abs. 3, 81 f Abs. 1 StPO, § 2 DNA-Identitätsfeststellungsgesetz), in: JR 1999, S. 453–456

Graebsch, C./Burkhardt, S.-U., MIVEA – young care?, in: ZJJ 2006, S. 140–147

Graebsch, C./Burkhardt, S.-U., MIVEA – alles nur Kosmetik?, in: StV 2008, S. 327–331

Gramm, C., Schranken der Personalprivatisierung bei der inneren Sicherheit, in: VerwArch 1999, S. 329–360

Gramm, C., Privatisierung und notwendige Staatsaufgaben, Berlin 2001

Gratz, W./Held, A./Pilgram, A., Austria, in: D. van Zyl Smit/F. Dünkel (Hrsg.), Imprisonment Today and Tomorrow: International Perspectives on Prisoners' Rights and Prison Conditions, The Hague 2001, S. 3–31

Gräwe, S., Das XENOS Projekt „Sprach-Wa(h)l" in der JVA Neumünster, in: Forum Strafvollzug 2008, S. 216–218

Greve, W./Hosser, D./Pfeiffer, C., Gefängnis und die Folgen, in: KFN-Forschungsberichte Nr. 64, Hannover 1997

Grob, A./Jaschinski, U., Erwachsen werden. Entwicklungspsychologie des Jugendalters, Weinheim 2003

Grommek, S., Unmittelbarer Zwang im Strafvollzug, Köln u.a. 1982

Grosch, O., Lockerungen im Jugendstrafvollzug, Freiburg i. Br. 1995

Gröschner, R., Die Gaspistole – eine Schusswaffe?, in: GewArch 1984, S. 372–376

Gudel, J., Schule im Jugendstrafvollzug: Überlegungen und Untersuchungen zu ihrer Ausrichtung als Instrument im Rahmen der Prävention, in: NK 2013, S. 247–267

Gusy, C., Möglichkeit und Grenzen der Privatisierung des Jugendstrafvollzugs, in: JZ 2006, S. 651–661

Hadeler, H., Besondere Sicherungsmaßnahmen im Strafvollzug, Aachen 2004

Hammer, K., Kunsttherapie im Jugendstrafvollzug Rheinland-Pfalz, in: BewHi 2014, S. 43–45

Hammerich, K., Soziales Engagement und wissenschaftliche Legitimierung. Zum Fall „Strafvollzugsgesetz": Resozialisierung durch Sport, Köln 1991

Hammerschick, W., Berufliche Qualifizierung im Strafvollzug, in: Bundesinstitut für Berufsbildung/INBAS GmbH (Hrsg.), Labor-JVA – Innovation im Behandlungsvollzug, Bonn 2007, S. 32–38

Hartmann, A., „Bücher brechen Mauer" – Eine Justizvollzugsanstalt sucht neue Wege., in: Forum Strafvollzug 2015, S. 166–167

Hartmann, T., Paradigmenwechsel im Strafvollzug!?, in: ZfStrVo 2000, S. 204–213

Hartogh, T., Musik und soziales Training im Jungtäterstrafvollzug, in: KrimPäd 1998, S. 28–33

Haselbauer, T., „Sport fällt im Knast genauso oft aus wie in der Schule". Das Gruppenerlebnis hilft den Jugendlichen im Strafvollzug – doch es fehlt an Zeit, Platz und Ideen, in: FAZ v. 4.7.2007, S. 30 = Forum Strafvollzug 2007, S. 196–197

Hassemer, W., Kommunikationsfreiheit in der Haft, in: ZRP 1984, S. 292–296

Häufle, J./Schmidt, H./Neubacher, F., Gewaltopfer im Jugendstrafvollzug – Zu Viktimisierungs- und Tätererfahrungen junger Strafgefangener, in BewHi 2013, S. 20–38

Havighurst, R. J., Developmental tasks and education, New York 1964

Heckmann, D., LexisNexis Kommentar zum BDSG, Stand: 28.6.2005

Heekerens, H.-P., Die Multisystemische Therapie. Ein evidenz-basiertes Verfahren zur Rückfallprophylaxe bei Jugendlichendelinquenz, in: ZJJ 2006, S. 163–171

Heimerdinger, A., Alkoholabhängige Täter – justizielle Praxis und Strafvollzug: Argumente zur Zurückstellung der Strafvollstreckung bei Therapieteilnahme, in: Kriminologie und Praxis, Band 52, Wiesbaden 2006

Heinrich, W., Gewalt im Gefängnis – Eine Untersuchung der Entwicklung von Gewalt im hessischen Justizvollzug (1989 – 1998), in: BewHi 2002, S. 369–383

Heintzen, M./Lilie, H., Patientenakten und Rechnungshofkontrolle, in: NJW 1997, S. 1601–1604

Heinz, W., Die neue Rückfallstatistik – Legalbewährung junger Straftäter, in: ZJJ 2004, S. 35–48

Heinz, W., Was ist Strafe? Eine empirische Annäherung, in: H. Müller-Dietz/E. Müller/K.-L. Kunz/G. Britz/C. Mommsen/H. Koriath (Hrsg.), Festschrift für Heike Jung, Baden-Baden 2007, S. 273–297

Heischel, O., Einsicht in Vollzugsplan, in: StV 2003, S. 409–410

Hendricks, W., Lernen mit Neuen Medien im Strafvollzug. Evaluationsergebnisse aus dem Projekt e-LIS, Freiburg i.Br. 2005

Henschel, P., Ausbildung in der Haft ist nichts für Frauen, in: Forum Strafvollzug 2008, S. 214–216

Herkert, G./Nickolai, W., Freiheit – eine Belastung? – Therapeutische Reisen mit jugendlichen Delinquenten, in: ZfStrVo 1978, S. 81–85

Herrmann, W., Das Hamburgische Jugendgefängnis Hahnöfersand, in: M. Liepmann (Hrsg.), Hamburgische Schriften zur gesamten Strafrechtswissenschaft, Hamburg 1923

Heuer, G., Problem Sexualität im Strafvollzug, Stuttgart 1978

Hildebrandt, J., Schweigepflicht im Behandlungsvollzug – Zur Neuregelung des § 182 Abs. 2 StVollzG, Frankfurt a. M. 2004

Hillenkamp, T., Der Arzt im Strafvollzug – Rechtliche Stellung und medizinischer Auftrag, in: T. Hillenkamp/B. Tag (Hrsg.), Intramurale Medizin – Gesundheitsfürsorge zwischen Heilauftrag und Strafvollzug, Berlin u.a. 2005, S. 11–30

Hiller, G. G., (Über-) Lebenskunst als Gegenstand von Bildungsarbeit im Jugendstrafvollzug, in: J. Goerdeler/P. Walkenhorst (Hrsg.), Jugendstrafvollzug in Deutschland. Neue Gesetze, neue Strukturen, neue Praxis?, Mönchengladbach 2007, S. 313–330

Literaturverzeichnis

Hillgruber, C., Der Schutz des Menschen vor sich selbst, München 1992

Hinsch, R./Pfingsten, U., Gruppentraining Sozialer Kompetenzen (GSK), Weinheim 1998

Hinz, S./Hartenstein, S., Jugendgewalt im Strafvollzug, in: ZJJ 2010, S. 176–182

Hinz, S./Hartenstein, S., Studie: Gewalt unter Gefangenen, Kriminologischer Dienst des Freistaates Sachsen (Hrsg.), 2010

Hirsch, S. M., Die Kommunikationsmöglichkeiten des Strafgefangenen mit seiner Familie, Frankfurt a.M. 2003

Hirschi, T., Causes of delinquency, New Brunswick 2002

Hochmeyer, G., Elektronisch überwachter Hausarrest/Gegenwart und Zukunft in Deutschland und Österreich, in: NStZ 2013, S. 13 –19

Höflich, P./Schriever, W./Bartmeier, S., Grundriss Vollzugsrecht, 4. Aufl., Berlin u.a. 2013

Höger, H., Die Bedeutung der Zweckbestimmung in der Gesetzgebung der Bundesrepublik Deutschland, in: Schriften zur Rechtstheorie, Band 53, Berlin 1976

Hosser, D., Jugendstrafe im Spannungsfeld zwischen Integration und Desintegration. Soziale Beziehungen und Haftfolgen im Jugendstrafvollzug, in: M. Bereswill/ W. Greve (Hrsg.), Forschungsthema Strafvollzug, Baden-Baden 2001, S. 319–343

Hosser, D., Die Drogenproblematik im Jugendstrafvollzug, in: Sucht aktuell 2003, S. 57–62

Hosser, D./Bosold, C./Lauterbach, O., Sozialtherapeutische Behandlung von jungen Sexualstraftätern. Ergebnisse einer Evaluationsstudie, in: Recht und Psychiatrie 2006, S. 125–133

Hosser, D./Greve, W., Die Folgen einer Gefängnisstrafe bei Jugendlichen, in: W. E. Fthenakis/M. R. Texter (Hrsg.), Das Online-Familienhandbuch, München 2001

Hosser, D./Greve, W., Entwicklung junger Männer in Strafhaft, in: DVJJ-Journal 2002, S. 429–434

Hoster, M., Allgemeines Kraft- und Ausdauertraining mit Geräten, in: ZfStrVo 1970, S. 225–231

Höynck, T./Neubacher, F./Schüler-Springorum, H. (Hrsg.), Internationale Menschenrechtsstandards und das Jugendkriminalrecht. Dokumente der Vereinten Nationen und des Europarats, Berlin 2001

Höynck, T./Hagemann, N./Kapteina, B.-M./Klimaschewski, K./Lübke, V./Luu, N./ Riechey, F., Jugendstrafvollzugsgesetze der Länder, in: ZJJ 2008, S. 159–166

Huck, W., Kinder und Jugendliche als Intensivtäter. Anamnese, Früherkennung und dissoziales Verhalten, in: DVJJ-Journal 2002, S. 187–193

Hürlimann, M., Führer und Einflussfaktoren in der Subkultur des Strafvollzugs, Pfaffenweiler 1993

Institute für Kriminologie an den Universitäten Heidelberg und Tübingen, Zwischenbericht der wissenschaftlichen Begleitung des Projekts Chance Jugendstrafvollzug in freien Formen, 2006, www.projekt-chance.de

Institute für Kriminologie an den Universitäten Heidelberg und Tübingen, Abschlussbericht der wissenschaftlichen Begleitung des Projekts Chance der Jugendstrafvollzug in freien Formen, 2008, www.projekt-chance.de

Ipsen, J., Staatsrecht II Grundrechte, 10. Aufl., Köln 2007

Jansen, I., Mädchen in Haft, Opladen 1999

Jansen, I., Gender Mainstreaming im Jugendstrafvollzug, in: J. Goerdeler/P. Walkenhorst (Hrsg.), Jugendstrafvollzug in Deutschland. Neue Gesetze, neue Strukturen, neue Praxis?, Mönchengladbach 2007, S. 238–253

Jarass, H. D./Pieroth, B., Grundgesetz, 9. Aufl., München 2007

Jehle, J.-M., Arbeit und Entlohnung von Strafgefangenen, in: ZfStrVo 1994, S. 259–267

Jehle, J.-M., Wie wirkt die Neugestaltung der Sicherungsverwahrung auf den Normalvollzug zurück?, in: K. Höffler (Hrsg.) Brauchen wir eine Reform der freiheitsentziehenden Sanktionen?, Göttingen 2015, S. 65-74

Jesse, C., Gewalt im Jugendstrafvollzug. Gegenstrategien der Jugendstrafanstalt Hameln, in: Forum Strafvollzug 2007, 23–25

Jesse, C./Kuhlmann, W., Vollzugskonzept für den Jugendvollzug in der Jugendanstalt Hameln, in: ZJJ 2007, S. 376–382

Joester, E., Akteneinsicht in Gefangenenpersonalakten in Strafvollzugssachen durch den Verteidiger oder Gefangenen, in: StV 1981, S. 80–81

Jumpertz, S., Freizeitgestaltung als Behandlungsauftrag – eine empirische Bestandsaufnahme, in: WsFPP 2006, S. 57–73

Jürgensen, P./Rehn, G., Urlaub aus der Haft, in: MschrKrim 1980, S. 231–241

Justizministerium Baden-Württemberg, Kabinett beschließt Einsatz von Handy-Störsendern im Vollzug 2007, http://www.jum.baden-wuerttemberg.de/servlet/PB/menu/1213838/index.html?ROOT=1153239

Kaden, B./Kindling, M. (Hrsg.), Zugang für alle – Soziale Bibliotheksarbeit in Deutschland, Berlin 2007

Kaiser, G./Kerner, H.-J./Schöch, H., Strafvollzug, Eine Einführung in die Grundlagen, 4. Aufl., Heidelberg 1992

Kaiser, G./Schöch, H., Strafvollzug, 5. Aufl., Heidelberg 2002

Kallabis, O., Organisationskultur, Die Haltung und Gestaltung macht's – nicht einzig die Formalstruktur, in: KrimPäd 2000, S. 16–25

Kamann, U., Zur Zuständigkeit für Anordnungen der Entnahme und Untersuchung von Körperzellen zwecks Aufnahme der Daten in die DNA-Identifizierungsdatei bei Altfällen, in: StV 1999, S. 10–11

Kamann, U., Datenschutz im Strafvollzug – Verfassungsgebot und Wirklichkeit, in: ZfStrVo 2000, S. 84–87

Kamann, U., Handbuch für die Strafvollstreckung und den Strafvollzug, 2. Aufl., Münster 2008

Kamann U., Vollstreckung und Vollzug der Jugendstrafe, Münster 2009

Kanning, U. P., Soziale Kompetenz – Definition, Strukturen und Prozesse, in: Zeitschrift für Psychologie 2002, S. 154–163

Katz, H., Mauerblumen – 30 Jahre Fotokurse im Frauengefängnis, in: BewHi 2014, S. 35–42

Kaulitzki, R., Berufsausbildung im Jugendstrafvollzug, in: MschrKrim 1981, S. 240–251

Kawamura, G./Reindl, R. (Hrsg.), Wiedereingliederung Straffälliger. Eine Bilanz nach 20 Jahren Strafvollzugsgesetz, Freiburg i. Br. 1998

Kawamura-Reindl, G./Brendle, C./Joos, B., Inhaftierung betrifft alle in der Familie. Ein Ratgeber für Angehörige von Inhaftierten in Bayern, Nürnberg 2003

Keppler, H., Straftäterbehandlung im Justizvollzug und Psychotherapie: unterschiedliche Ziele – ähnliche Methoden, in: ZfStrVo 2003, S. 146–151

Kerner, H.-J., Erfolgsbeurteilung nach Strafvollzug, in: Jugendstrafvollzug und Bewährung. Analysen zum Vollzugsverlauf und zur Rückfallentwicklung, H.-J. Kerner/G. Dolde/H.-G. Mey (Hrsg.), Bonn 1996, S. 3–96

Kerner, H.-J./Dolde, G./Mey, H.-G. (Hrsg.), Jugendstrafvollzug und Bewährung, Mönchengladbach 1996

Kerner, H.-J./Stroezel, H./Wegel, M., Erziehung, Religion und Werteorientierungen bei jungen Gefangenen, in: ZJJ 2003, S. 233–240

Keßler, N., Schreiben, um zu überleben. Studien zur Gefangenenliteratur, Mönchengladbach 2001

Kindermann, W., Behandlung Drogenabhängiger im Justizvollzug, in: MschrKrim 1979, S. 218–227

Kirchner, G., Zwischen ambulant und stationär, in: DVJJ (Hrsg.), Kinder und Jugendliche als Opfer und Täter, Mönchengladbach, 1999, S. 510–523

Klein, U., Gefangenenpresse. Ihre Entstehung und Entwicklung in Deutschland, Bonn 1992

Klein, U./Koch, H. H. (Hrsg.), Gefangenenliteratur. Sprechen – Schreiben – Lesen in deutschen Gefängnissen, Hagen 1988

Klocke, G., Geschlossener Sprachvollzug?, in: ZfStrVo 2000, S. 21–27

Knauer, F., Strafvollzug und Internet. Rechtsprobleme der Nutzung elektronischer Kommunikationsmedien durch Strafgefangene, Berlin 2006

Kneifel, S., Grundlagen und Überlegungen zur Konstruktion des Konfliktlösetrainings in der JVA Adelsheim: „KontrA", in: M. Bereswill/T. Höynck (Hrsg.), Jugendstrafvollzug in Deutschland. Grundlagen, Konzepte, Handlungsfelder, Godesberg 2002, S. 249–262

Knoche, C., Besuchsverkehr im Strafvollzug, Frankfurt a. M. 1987

Koch, H. H./Keßler, N., Wenn Wände erzählen könnten. Stimmen von drinnen, in: KrimPäd 2002, S. 32–35

Koch, R., Zur Ausübung von Notwehrrechten im Rahmen der Anwendung unmittelbaren Zwangs gemäß §§ 94 ff StVollzG, in: ZfStrVo 1995, S. 27–32

Kofler, G., Sport und Resozialisierung. Sportpädagogische Untersuchungen im Jugendstrafvollzug, Schorndorf 1976

Kofler, G./Wulf, R., Im Falle eines Falles ... Erlebnispädagogik, Sport und Haftpflicht, in: ZfStrVo 1992, S. 358–361

Köhler, D., Psychische Störungen bei jungen Straftätern, Studienreihe Psychologische Forschungsergebnisse, Band 109, Hamburg 2004

Köhler, D./Hinrichs, G./Huchzermeier, C., Die Häufigkeit psychischer Störungen bei jugendlichen und heranwachsenden Häftlingen im Jugendvollzug, in: Praxis der Rechtspsychologie 2004, S. 114–125

Köhler, D./Hinrichs, G./Otto, T./Huchzermeier, C., Zur psychischen Belastung von jugendlichen und heranwachsenden Häftlingen, in: Recht und Psychiatrie 2004, S. 138–142

Köhne, M., Das Ende des „gesetzlosen" Jugendstrafvollzuges, in: ZRP 2007, S. 109–112

Köhne, M., 3 Landesstrafvollzugsgesetze – Beiträge zum „Wettbewerb der Schäbigkeit"?, in: NStZ 2009, S. 130–133

Köhne, M., Die Erhebung von Stromkosten im Strafvollzug, in: NStZ 2012, S. 16–18

Köhne, M., Strafverkürzung durch Lesen?, in: NK 2013, S. 3–7

Köhne, M./Feest, J., Die Stromkostenbeteiligung von Strafgefangenen, in: ZfStrVo 2006, S. 74–76

König, H., Weiblicher Jugendvollzug. Vollzugskonzeptionelle Grundlagen und Praxis des weiblichen Jugendvollzuges in der JVA Frauen Vechta, in: M. Bereswill/T. Höynck (Hrsg.), Jugendstrafvollzug in Deutschland. Grundlagen, Konzepte, Handlungsfelder, Mönchengladbach 2002, S. 143–152

Konrad, N., Vollzugspsychiatrie, in: W. Pecher (Hrsg.), Justizvollzugspsychologie in Schlüsselbegriffen, Stuttgart 2004, S. 321–334

Koop, G., Drogenabhängige im Gefängnis – Möglichkeiten und Grenzen der Betreuung, in: KrimPäd 1985, S. 20–25

Kreideweiß, T., Die Reform des Jugendstrafvollzugs, Frankfurt a. M. 1993

Literaturverzeichnis

Kretschmer, J., Das Phänomen des Tätowierens im Strafvollzug, in: T. Feltes/C. Pfeiffer/G. Steinhilper (Hrsg.), Festschrift für Hans-Dieter Schwind, Heidelberg 2006, S. 579–592

Kreuzer, A./Buckolt, O., Mit Entkleidung verbundene körperliche Durchsuchung Strafgefangener – Eine Übersicht über die an eine solche Durchsuchung zu stellenden Anforderungen – Zugleich Besprechung des Beschlusses des OLG Celle v. 19.5.2004, 1 Ws 144/04 (StV 2006, 153), StV 2006, 163-168

Kriminologische Zentralstelle e.V. (KrimZ), Manche haben nur Heimspiele: Erfahrungen mit sportlichen Aktivitäten in deutschen Justizvollzugsanstalten. Vorläufige Ergebnisse einer Bestandsaufnahme, Wiesbaden 2006

Kriminologischer Dienst im Bildungsinstitut des niedersächsischen Justizvollzuges, Drogenerfahrungen von Inhaftierten im niedersächsischen Justizvollzug, Celle 2006

Krüger, J., Systeme und Konzepte des progressiven Strafvollzugs, Baden-Baden 2011

Kruse, H.-J., Grundlehrgänge im Jugendstrafvollzug, in: Jugendwohl 1989, S. 406–411

Kubnik, M., Tätigkeitsbericht des Justizvollzugsbeauftragten des Landes Nordrhein-Westfalen 2013 – 2014, Köln 2015

Kühl, J., Die gesetzliche Reform des Jugendstrafvollzugs in Deutschland im Licht der European Rules for Juvenile Offenders Subject to Sanctions or Measures (ERJOSSM), Mönchengladbach 2012

Kühnel, W., Gruppen, Konflikte und Gewalt im Jugendstrafvollzug. In: Aus Politik und Zeitgeschichte 37/2007, S. 24-31

Kunze, R., Psychotherapie im Strafvollzug, in: ZStrVo 1983, S. 151–156

Kury, H./Brandenstein, M., Zur Viktimisierung (jugendlicher) Strafgefangener, in: ZfStrVo 2002, S. 22–33

Kury, H./Smartt, U., Gewalt an Strafgefangenen: Ergebnisse aus dem anglo-amerikanischen und deutschen Strafvollzug, in: ZfStrVo 2002, S. 323–339

Lamott, F./Schott, M., Destruktive Gruppenprozesse. Zur Psycho- und Soziodynamik von Gewalt, Gruppenpsychotherapie und Gruppendynamik 2007, S. 294–308

Landgraf, W./Weilandt, M./Galli, T., Guerilla Gardening und Schneckenzucht – Natur im Vollzug, in: Forum Strafvollzug 2015, S. 48–51

Lang, F., Vorbereitung der Haftentlassung und Nachsorge, in: Deutsche AIDS-Hilfe (Hrsg.), Betreuung im Strafvollzug, Ein Handbuch, Berlin 2003, S. 155–166

Laubenthal, K., Lexikon der Knastsprache, Berlin 2001

Laubenthal, K., Sucht- und Infektionsgefahren im Strafvollzug, in: T. Hillenkamp/B. Tag (Hrsg.), Intramurale Medizin – Gesundheitsfürsorge zwischen Heilauftrag und Strafvollzug, Berlin u.a. 2005, S. 195–212

Laubenthal, K., Strafvollzug, 4. Aufl., Berlin u.a. 2007 (zit. als 4. Aufl.) und 7. Aufl., Berlin u.a. 2015

Laubenthal, K., Der Vollzug der Sicherungsverwahrung im Lichte erster Erfahrungen mit dem neuen Recht in: T. Rotsch/J. Brüning/J. Schady (Hrsg.), Strafrecht, Jugendstrafrecht, Kriminalprävention in Wissenschaft und Praxis – Festschrift für Ostendorf, Baden-Baden 2015, S. 553-570

Laubenthal, K./Nestler, N./Neubacher, F./Verrel, T., Strafvollzugsgesetze, 12. Aufl. 2015

Laue, C., Zwangsbehandlung im Strafvollzug, in: T. Hillenkamp/B. Tag (Hrsg.), Intramurale Medizin – Gesundheitsfürsorge zwischen Heilauftrag und Strafvollzug, Berlin u.a. 2005, S. 217–238

Lehmann, A./Möller, S., Ehrenamtlich im Justizvollzug: Eine Befragung unter niedersächsischen Vollzugshelfern, KfN-Forschungsberichte Nr. 97, Hannover 2005

Lindhorst, A., Über die Zulässigkeit des Besitzes und der Nutzung einer Sony-Playstation 2 im Haftraum während der Verbüßung von Strafhaft, in: StV 2006, S. 274–278

Lindrath, A., Jugendstrafvollzug in freien Formen, Münster 2010

Linkhorst, A., Das Akteneinsichtsrecht des Strafgefangenen nach § 185 StVollzG, Aachen 2005

Linnartz, A./Sütterlin-Müsse, M., Jung, weiblich, schwanger, inhaftiert – und nun?, in: ZJJ 2013, S. 407–409

Lippert, H.-D./Strobel, E.-S., Ärztliche Schweigepflicht und Datenschutz in der medizinischen Forschung, in: VersR 1996, S. 428–430

Listl, J./Pirson, D. (Hrsg.), Handbuch des Staatskirchenrechts der Bundesrepublik Deutschland, Erster Band, 2. Aufl., Berlin 1994, und Zweiter Band, 2. Aufl., Berlin 1995

Lösel, F., Freizeitverhalten und Delinquenz – unter besonderer Berücksichtigung pädagogisch-psychologischer Aspekte, in: ZfStrVo 1983, S. 74–81

Lösel, F., Meta-analytische Beiträge zur wiederbelebten Diskussion des Behandlungsgedankens, in: M. v. Steller/K.-P. Dahle/M. Basqué (Hrsg.), Straftäterbehandlung – Argumente für die Revitalisierung in Forschung und Praxis, Pfaffenweiler 1994, S. 13–34

Lösel, F., Ist der Behandlungsgedanke gescheitert?, Eine empirische Bestandsaufnahme, in: ZfStrVo 1996, S. 259–267

Lösel, F., Behandlung und Rückfälligkeit von Sexualstraftätern, in: S. Höfling/D. Derwes/I. Epple-Waigel (Hrsg.), Auftrag Prävention, Offensive gegen sexuellen Kindesmissbrauch, Augsburg 1999, S. 279–304

Lösel, F., Behandlung oder Verwahrung? Ergebnisse und Perspektiven der Interventionen bei „psychopathischen" Straftätern, in: G. Rehn/B. Wischka/F. Lösel/

M. Walter (Hrsg.), Behandlung „gefährlicher Straftäter", Herbolzheim 2001, S. 36–53

Lösel, F./Bender, D., Straftäterbehandlung: Konzepte, Ergebnisse, Probleme, in: M. Steller/R. Vollbert (Hrsg.), Psychologie im Strafverfahren, Bern 1997, S. 171–204

Lübbe-Wolff, G./Geisler, C., Neuere Rechtsprechung des BVerfG zum Vollzug von Straf- und Untersuchungshaft, in: NStZ 2004, S. 478–486

Lübbe-Wolff, G./Lindemann, M., Neuere Rechtsprechung des BVerfG zum Vollzug von Straf- und Untersuchungshaft und zum Maßregelvollzug, in: NStZ 2007, S. 450–461

Lübke, U., Die Bedeutung des Schreibens im Rahmen des schulischen Erziehungs- und Bildungsauftrags, in: W. Stark/T. Fitzner/C. Schubert (Hrsg.), Wer schreibt, der bleibt! – Und wer nicht schreibt?, Stuttgart 1998, S. 13–21

Lüdtke, H., Freizeitsoziologie. Arbeiten über temporale Muster, Sport, Musik, Bildung und soziale Probleme, Münster 2001

Maelicke, B., Stellungnahme zum Entwurf eines Gesetzes über den Vollzug der Jugendstrafe in Sachsen-Anhalt – Jugendstrafvollzugsgesetz Sachsen-Anhalt – (JStVollzG LSA), Lüneburg 2007

Maetze, W., Berufseinstieg statt, Kriminelle Karriere, in: ZfStrVo 2001, S. 289–291

Malik, F., Führen, Leisten, Leben: Wirksames Management für eine neue Zeit, Frankfurt a. M. 2006

Mangoldt, H. von/Klein, F./Starck, C., Kommentar zum Grundgesetz, Bd. 1 Präambel, Artikel 1 bis 19, 6. Aufl., München 2010

Manteuffel, A. von, „Projekt Chance" – Jugendstrafvollzug in freier Form, in: Forum Strafvollzug 2007, S. 266–271

Marberth-Kubicki, A., Die Akteneinsicht in der Praxis, in: StraFo 2003, S. 366–372

Markert, S., Der bayrische Jugendstrafvollzug in Theorie und Praxis, Frankfurt a.M. u.a. 2012

Marx, M., Schweigepflicht und Schweigerecht der Angehörigen des Behandlungsstabs im Straf- und Maßregelvollzug, in: GA 1983, S. 160–179

Matt, E., Integrationsplanung und Übergangsmanagement, in: Forum Strafvollzug 2007, S. 26–31

Matt, E./Maul, K., Das Problem der Heterogenität der Klientel für Bildungsmaßnahmen einer Justizvollzugsanstalt, in: ZfStrVo 2005, S. 198–202

Mattes, R., Die Buchfernleihe für Gefangene, in: U. Klein/H. H. Koch (Hrsg.), Gefangenenliteratur. Sprechen – Schreiben – Lesen in deutschen Gefängnissen, Hagen 1988, S. 215–223

Matzke, M., Der Leistungsbereich bei Jugendstrafgefangenen, Ein Beitrag zur Funktion der Jugendstrafe, Diss. Berlin 1982

Maurer, H., Staatsrecht I. Grundlagen, Verfassungsorgane, Staatsfunktionen, 5. Aufl., München 2007

Meder, H., Musik im Strafvollzug, Regensburg 1981

Meier, A., Subkultur im Jugendstrafvollzug im Kontext von Jugendlichenbiografien, in: ZfStVo 2002, S. 139–146

Meier, B.-D., Kriminologie, 3. Aufl., München 2007

Meier, B.-D./Rössner, D./Schöch, H., Jugendstrafrecht, 2. Aufl., München 2007

Meier, B.-D./Rössner, D./Trüg, G./Wulff, R., (Hrsg.), Jugendgerichtsgesetz, 2. Aufl., Baden-Baden 2014

Mentz, M., Die JVA Rockenberg im Umbruch – Eine Jugendstrafanstalt auf dem Weg zur Lebensschule, in: J. Goerdeler/P. Walkenhorst (Hrsg.), Jugendstrafvollzug in Deutschland, Mönchengladbach 2007, S. 413–435

Merckle, T., Jugendstrafvollzug in freier Form am Beispiel vom Seehaus Leonberg, in: Forum Strafvollzug 2007, S. 271–274

Meyer-Goßner, L./Schmitt, B., Strafprozessordnung, 58. Aufl., München 2015

Michl, C., Das Anti-Aggressions-Training der JVA Iserlohn, in: M. Bereswill/ T. Höynck (Hrsg.), Jugendstrafvollzug in Deutschland. Grundlagen, Konzepte, Handlungsfelder, Mönchengladbach 2002, S. 235–248

Ministerium für Justiz, Arbeit und Europa des Landes Schleswig-Holstein (Hrsg.), Bericht der Expertenkommission Jugendstrafvollzug, Kiel 2007

Mörs, K.-J., Das Freizeitproblem im deutschen Erwachsenenstrafvollzug, Stuttgart 1969

Moers, W. von, Die vorzeitige Entlassung aus dem Jugendstrafvollzug, Bonn 1992

Mößle, T./Kleimann, M./Rehbein, F., Bildschirmmedien im Alltag von Kindern und Jugendlichen. Problematische Mediennutzungsmuster und ihr Zusammenhang mit Schulleistungen und Aggressivität, Baden-Baden 2007

Mößle, T./Kleimann, M./Rehbein, F./Pfeiffer, C., Mediennutzung, Schulerfolg, Jugendgewalt und die Krise der Jungen, in: ZJJ 2006, S. 295–309

Müller, M., Wege nach der Haft – Ergebnisse einer Längsschnittbefragung junger Inhaftierter kurz vor der Haftentlassung und bis zu einem Jahr nach der Haft, in: ZJJ 2015, S. 254–261

Müller, S., Fluchthelfer: Mediennutzung im Jugendgefängnis. Eine qualitative Studie zum Mediennutzungsverhalten von Inhaftierten der Haftanstalt Adelsheim, Hamburg 2006

Müller-Dietz, H., Strafvollzugsrecht, Berlin 1978

Müller-Dietz, H., Weiterbildung von Strafgefangenen, in: Handbuch Erwachsenenbildung/Weiterbildung, hrsg. von Tippelt, R./Hippel, A., 2. Aufl., Wiesbaden 1999, S. 610–617

Literaturverzeichnis

Müller-Fricke, C./Kraske, W., Zur Arbeit der Drogenabteilung in der Jugendanstalt Hameln, in: KrimPäd 1985, S. 32–34

Müller-Marsell, S., Subkultur im Strafvollzug, in: W. Pecher (Hrsg.), Justizvollzugspsychologie in Schlüsselbegriffen, Stuttgart 2004, S. 286–298

Nass, O., Kraftsport im Strafvollzug in der JVA Bremen, in: Forum Strafvollzug 2015, S. 154–155

Nebe, R./Heinrich, W., Behandlung und Ausbildung, in: ZfStrVo 1993, S. 276–278

Neubacher, F., Gewalt hinter Gittern, Möglichkeiten und Grenzen der Kriminalprävention im Strafvollzug, Stuttgart u.a. 2008

Neubacher, F., Gewalt unter Gefangenen, in: NStZ 2008, S. 361–366 *Neubacher, F.*, Jugendkriminalität und Jugendstrafvollzug in den neuen Bundesländern, in: Festschrift für Eisenberg, München 2009, S. 139–151

Neubacher, F., Verfassungs- und menschenrechtliche Grenzen der Strafvollzugsgestaltung, in: BewHi 2011, S. 82–97

Neubacher, F./Oelsner, J./Boxberg, V./Schmidt, H., Gewalt und Suizid im Strafvollzug – Ein längsschnittliches DFG-Projekt im thüringischen und nordrhein-westfälischen Jugendstrafvollzug, in: BewHi 2011, 133–146

Nickolai, W. (Hrsg.), Sport als Gemeinwesenarbeit, in: Sozialpädagogik im Jugendstrafvollzug, Freiburg i. Br. 1985, S. 119–133

Nickolai, W./Rieder, H./Walter, J. (Hrsg.), Sport im Strafvollzug. Pädagogische und therapeutische Modelle, Freiburg i. Br. 1992

Niemz, S., Sozialtherapie in Deutschland – Eine Zwischenbilanz, in: Forum Strafvollzug 2014, S. 212–217

N. N., Podknast – Filmberichte aus dem Jugendstrafvollzug, in: Forum Strafvollzug 2012, S. 4

N. N., „zukunftsmusik" in der JA Raßnitz, in: Forum Strafvollzug 2015, S. 35

Noll, J./U., J./Drechsler, I., Klappern gehört zum Handwerk – in der Justizvollzugsanstalt Tonna auch mit Stricknadeln, in: Forum Strafvollzug 2015, S. 168

Nolle, R., Spielfilmpädagogik mit jungen Strafgefangenen in der JVA Wiesbaden, in: BewHi 2014, S. 56–72

Nomos-Kommentar zum StGB, Kindhäuser, U./Neumann, U./Paeffgen, H.-U. (Hrsg.), 4. Aufl., Baden-Baden 2013

Oerter, R./Dreher, E., Jugendalter, in: R. Oerter/L. Montada (Hrsg.), Entwicklungspsychologie, 5. Aufl., Weinheim 2002, S. 258–318

Oetting, J., Das wahre Leben pocht zwischen den Idealtypen. Über die "Methode der idealtypisch-vergleichenden Einzelfallanalyse" (MIVEA) in der Praxis der Strafrechtspflege, in: Neue Kriminalpolitik 2008, S. 124–129

Ohle, K.-H., Grundgedanken des Neuen Steuerungsmodells: Überlegungen zur Praxis im Strafvollzug, in: G. Rehn (Hrsg.), Behandlung gefährlicher Straftäter. Grundlagen, Konzepte, Ergebnisse, Herbolzheim 2001, S. 276–293

Ohlemacher, T./Sögding, D./Höynck, T./Ethé, N./Welte, G., Anti-Aggressivitätstraining und Legalbewährung. Versuch einer Evaluation, KFN-Forschungsberichte Nr. 83, Hannover 2000

Ohlemacher, T./Sögding, D./Höynck, T./Ethé, N./Welte, G., Anti-Aggressivitäts-Training und Legalbewährung. Versuch einer Evaluation, in: M. Bereswill/W. Greve (Hrsg.), Forschungsthema Strafvollzug, Baden-Baden 2001, S. 345–386

Ohlemacher, T./Sögding, D./Höynck, T./Welte, G., „Nicht besser aber auch nicht schlechter": Anti-Aggressivitäts-Training und Legalbewährung, in: DVJJ-Journal 2001, S. 380–386

Ommerborn, R./Schuemer, R., Einige empirische Befunde und Empfehlungen zur Weiterentwicklung des Fernstudiums im Strafvollzug, in: ZfStrVo 1997, S. 195–206

Opaschowski, H. W., Pädagogik der freien Lebenszeit, 3. Aufl., Opladen 1996

Opaschowski, H. W., Einführung in die Freizeitwissenschaft, 4. Aufl., Wiesbaden 2006

Ortmann, R., Sozialtherapie im Strafvollzug. Eine experimentelle Längsschnittstudie zu den Wirkungen von Strafvollzugsmaßnahmen auf Legal- und Sozialbewährung, Freiburg i. Br. 2002

Ostendorf, H., Die strafrechtliche Rechtmäßigkeit rechtswidrigen hoheitlichen Handelns, in: JZ 1981, S. 165–175

Ostendorf, H., Das Recht zum Hungerstreik: Verfassungsmäßige Absicherung und strafrechtliche Konsequenzen, Frankfurt a.M. 1983

Ostendorf, H., Das Recht zum Hungerstreik, in: GA 1984, S. 308–329

Ostendorf, H., Das deutsche Jugendstrafrecht zwischen Erziehung und Repression, in: StV 1998, S. 297–303

Ostendorf, H., Konsequenzen aus dem Urteil des Bundesverfassungsgerichts vom 31.5.2006 für die gesetzliche Ausgestaltung des Jugendstrafvollzuges, in: NK 2006, S. 91–93

Ostendorf, H., Das Verbot einer strafrechtlichen und disziplinarrechtlichen Ahndung der Gefangenenselbstbefreiung, in: NStZ 2007, S. 313–317

Ostendorf, H., Das Ziel des Jugendstrafvollzugs nach zukünftigem Recht, in: J. Goerdeler/P. Walkenhorst (Hrsg.), Jugendstrafvollzug in Deutschland. Neue Gesetze, neue Strukturen, neue Praxis?, Mönchengladbach 2007, S. 100–113

Ostendorf, H. (Hrsg.), Kriminalität der Spätaussiedler – Bedrohung oder Mythos?, Baden-Baden 2007

Literaturverzeichnis

Ostendorf, H., Stellungnahme zum Gesetzentwurf der schleswig-holsteinischen Landesregierung Jugendstrafvollzugsgesetz, Kiel 2007

Ostendorf, H., Wie viel Privatisierung verträgt die Strafjustiz, in: Zeitschrift für soziale Strafrechtspflege (Nr. 43) 2007, S. 4–6

Ostendorf, H., Der Missbrauch von Opfern zum Zwecke der Strafverschärfung, Praxis der Rechtspsychologie, 2008, Heft 1, S. 82–96

Ostendorf, H., Jugendstrafvollzugsgesetz: Neue Gesetze – neue Perspektiven?, in: ZRP 2008, S. 14–18

Ostendorf, H., Jugendstrafrecht, 8. Aufl., Baden-Baden 2015

Ostendorf, H., Jugendgerichtsgesetz, 7. Aufl., Baden-Baden 2007 (zit. als 7. Aufl.) und 10. Aufl., Baden-Baden 2016 bzw. 9. Aufl., Baden-Baden 2013

Otto, M., Praxis des sozialen Trainings: Curriculum für die Anwendung im Strafvollzug, Hannover 1986

Otto, M./Pawlik-Mierzwa, K., Kriminalität und Subkultur inhaftierter Aussiedler, in: DVJJ-Journal 2001, S. 124–132

Pätzel, C., Einzelfernsehen im Strafvollzug, in: Blätter für Strafvollzugskunde, Heft 6/1993, S. 1–3

Paus, B./Remele, E., Die Gefängniskultur/Habitus und Haft in der Justizanstalt Graz-Karlan, in: MschrKrim 2013, S. 30–46

Pecher, W. (Hrsg.), Justizvollzugspsychologie in Schlüsselbegriffen, Stuttgart 2004

Pecher, W., Listener-Projekt in der JVA München, in: Forum Strafvollzug 2014, S. 285–291

Pendon, M., Die Rolle der berufsbildenden Maßnahmen im Vollzug – Bedeutung und Erfolg im Hinblick auf die Wiedereingliederung Straffälliger, in: ZfStrVo 1992, S. 31–34

Pendon, M., Europäische Dimensionen in der Berufsausbildung im Strafvollzug, in: ZfStrVo 1996, S. 337–339

Pendon, M., Flexibles, bedarfsgerechtes Berufsbildungsangebot im Jugendvollzug – dargestellt am Beispiel der JVA Schifferstadt, in: ZfStrVo 1996, S. 87–90

Perwein, S., Erteilung, Rücknahme und Widerruf der Dauertelefongenehmigung, in: ZfStrVo 1996, S. 16–21

Peschers, G., Bibliotheksarbeit im Justizvollzug in Deutschland am Beispiel Nordrhein-Westfalens, in: B. Kaden/M. Kindling (Hrsg.), Zugang für alle – Soziale Bibliotheksarbeit in Deutschland, Berlin 2007, S. 181–192

Petermann, F./Petermann, U., Training mit Jugendlichen, Förderung von Arbeits- und Sozialverhalten, 8. Aufl., Göttingen 2007

Petersen, M./Ptucha, J./Scharnowski, R., Aggressionslos planen, handeln, akzeptiert werden (A-l-p-h-a), in: ZfStrVo 2004, S. 21–26

Petran, W. Weber, J., Die Organisation von beruflicher und schulischer Bildung im Jugendstrafvollzug, in: Forum Strafvollzug 2008, S. 210–214

Pohlreich, E., Die Rechtsprechung des EGMR zum Vollzug von Straf- und Untersuchungshaft, in NStZ 2011, S. 560–570

Pfeiffer, C./Dworschak, B., Die ethnische Vielfalt in den Jugendvollzugsanstalten, in: DVJJ-Journal 1999, S. 184–188

Pieroth, B./Schlink, B., Grundrechte Staatsrecht II, 21. Aufl., Heidelberg 2005

Pilgram, A., Warum es von Interesse ist, sich mit dem Problem Angehöriger Gefangener zu beschäftigen, in: Kriminalsoziologische Bibliographie 1977, S. 44–54

Plewig, H.-J., Neue deutsche Härte – Die „konfrontative Pädagogik" auf dem Prüfstand, in: ZJJ 2007, S. 363–369

Pöge, A., „Freie Zeit gestalten" – Eine Untersuchung der Freizeitmaßnahmen und Behandlungsprogramme im Jugendstrafvollzug, in: BewHi 2014, S. 87–101

Pöge, A./Haertel, N., Freizeitgestaltung unter Vollzugsbedingungen. Kriminologisch aufbereitete Impulse aus der Freizeitwissenschaft, in: Forum Strafvollzug 2015, S. 157–165

Pöge, A./Haertel, N., Über das Potential der Freizeitgestaltung im Jugendstrafvollzug, in: ZJJ 2015, S. 140–147

Pollähne, H., Anmerkung zu OLG Oldenburg, Beschluss vom 14.6.2005 – 1 Ws 304/05, in: StV 2007, S. 88–91

Pollähne, H./Baumann, K./Feest, J. (Hrsg.), Wege aus der Gesetzlosigkeit, Mönchengladbach 2004

Pollähne, H./Schäfer-Eikermann, R., Soll man denn zu Verbrechen schweigen? Die Schweigepflicht im Maßregelvollzug im Verhältnis zu Strafverfolgungsinteressen, in: RuP 1988, S. 2–8

Pönitz, H., Kommunikation im Normalvollzug, in: T. Hofmann/H. Pönitz/R. Herz (Hrsg.), Jugend im Gefängnis, München 1975, S. 208–228

Pörksen, N., Therapie, in: Deutscher Verein für Öffentliche und private Fürsorge (Hrsg.), Fachlexikon der sozialen Arbeit, 6. Aufl., Baden-Baden 2007

Preusker, H., Angst essen Seele auf, in: Forum Strafvollzug 2011, S. 7–8

Preusker, H./Maelicke, B./Flügge, C. (Hrsg.), Das Gefängnis als Risikounternehmen, Baden-Baden 2010

Preusker, H./Rosemeier, D., Umfang und Grenzen der Schweigepflicht von Psychotherapeuten im Justizvollzug nach dem vierten Gesetz zur Änderung des Strafvollzugsgesetzes, in: ZfStrVo 1998, S. 329–38

Prahl, H.-W., Soziologie der Freizeit, Paderborn u.a. 2002

Radtke, H./Bitz, G., Zur Anwendbarkeit unmittelbaren Zwangs durch Vollzugsbeamte zur Vorbereitung der Entnahme einer Speichelprobe im Rahmen von § 2 DNA-Identitätsfeststellungsgesetz, in: ZfStrVo 2001, S. 134–138

Literaturverzeichnis

Rehder, U./Wischka, B., Behandlung von Sexualstraftätern, Meta-Evaluationsergebnisse und Folgerungen für die Entwicklung von Behandlungskonzepten, in: KrimPäd 2002, S. 70–76

Reinheckel, S., Schulische Bildung im deutschen Jugendstrafvollzug vom 19. Jh. bis in die Gegenwart – ein kurzer Rückblick, in: Forum Strafvollzug 2008, S. 205–210

Reinheckel, S., Geringqualifikation bei männlichen Strafgefangenen im geschlossenen Jugendstrafvollzug der Bundesrepublik Deutschland, Berlin 2013

Rehn, G., Ergebnisse und Probleme der Evaluation von Behandlung in Sozialtherapeutischen Einrichtungen, in: KrimPäd 2002, S. 47–53

Rehn, G., Sozialtherapie – Anspruch und Wirklichkeit, in: NK 2003, S. 66–69

Remschmidt, H., Möglichkeiten der Beeinflussung von jungen Gefangenen – Acht Thesen, in: ZJJ 2008, S. 336–342

Rhein, S., Jugendliche und das Internet: Soziologische Überlegungen und empirische Befunde, in: ZJJ 2011, S. 52–58

Riekenbrauck, W., Statement (zu: Der Arzt im Strafvollzug – Rechtliche Stellung und medizinischer Auftrag), in: T. Hillenkamp/B. Tag (Hrsg.), Intramurale Medizin – Gesundheitsfürsorge zwischen Heilauftrag und Strafvollzug, Berlin u.a. 2005, S. 31–34

Rixen, S., Neues Datenschutzrecht für den Strafvollzug, in: DuD 2000, S. 640–645

Rohlmann, J./Nerke, R., Konzept für ein Übergangsmanagement für Strafgefangene und Haftentlassene in Nordrhein-Westfalen, Kriminologischer Dienst des Landes NRW (Hrsg.), Düsseldorf 2007

Rohr, C., Anstoß für ein neues Leben – Wie gelingt das Projekt in der Praxis?, in: Forum Strafvollzug 2015, S. 150–152

Röhrbein, S./Berendt, F., Budo als Therapie. Grenzen und Möglichkeiten. Kritische Kommentare zum Budo-Aspekt im therapeutischen Intensivprogramm gegen Gewalt und Aggression T.I.G.A., in: DVJJ-Journal 2000, S. 31–35

Rohwedder, J., Thesen zur Didaktik der beruflichen Bildung männlicher Gefangener in Justizvollzugsanstalten, in: ZfStrVo 2003, S. 158–161

Roßnagel, A., Handbuch Datenschutzrecht – Die neuen Grundlagen für Wirtschaft und Verwaltung, München 2003

Rössner, D., Resozialisierung durch Sport im Jugendstrafvollzug, in: W. Feuerhelm/H.-D. Schwind/M. Bock (Hrsg.), Festschrift für Alexander Böhm, Berlin u.a. 1999, S. 453–459

Roth, K., Ingeborg-Drewitz-Literaturpreis für Gefangene: Gemeinsam einsam. Literatur aus dem deutschen Strafvollzug, in: Forum Strafvollzug 2015, S. 198–200

Röthel, J., Vorzeitige Entlassung aus dem Jugendstrafvollzug, Frankfurt a. M. 2007

Rotthaus, K. P., Wir brauchen einen Gefängnisführer!, in: ZfStrVo 1996, S. 357–360

Roxin, C., Strafrecht Allgemeiner Teil Band 1, 4. Aufl., München 2006

Roy, I., Podknast – Neue Medien im Strafvollzug, in: BewHi 2014, S. 50–55

Runow, V./Borchert, J., Effektive Interventionen im sonderpädagogischen Arbeitsfeld – ein Vergleich zwischen Forschungsbefunden und Lehrereinschätzungen, in: Heilpädagogische Forschung 2003, S. 189–203

Rusche, G./Kirchheimer, O., Sozialstruktur und Strafvollzug, Frankfurt a. M. 1981

Rüther, W., Internationale Erfahrungen bei der Behandlung von Sexualstraftätern, in: MschrKrim 1998, S. 246–262

Sachs, M. (Hrsg.), Grundgesetz, 6. Aufl., München 2011

Sächsisches Staatsministerium der Justiz (Hrsg.), Erstmals: Sächsisches Gesetz zum Jugendstrafvollzug 2007, http://www.justiz.sachsen.de/smj/content/1133.php

Sahlfeld, K., Aspekte der Religionsfreiheit im Lichte der Rechtsprechung der EMRK-Organe, des UNO-Menschenrechtsausschusses und nationaler Gerichte, Zürich u.a. 2004

Sampson, R. J./Laub, J. H., Crime in the making. Pathways and turning points through life, Cambridge 1993

Sandmann, J./Kilian-Georgus, J., Schleswig-Holstein: Verbundprojekte im Strafvollzug: e-LIS, BABE und der RESO-Nordverbund, in: F. Dünkel/K. Drenkhahn/C. Morgenstern (Hrsg.), Humanisierung des Strafvollzugs – Konzepte und Praxismodelle, Mönchengladbach 2008, S. 185–194

Schaede, S./Neubacher, F., Podknast.de – Ein Internetprojekt im Jugendstrafvollzug, in: Forum Strafvollzug 2010, S. 347–350

Scheiwe, K., Informationsrechte von Patienten hinsichtlich der medizinischen und psychiatrischen Dokumentation, in: KritV 1998, S. 313–335

Schlebusch, S., Drogenabhängige Ausländer im Jugendstrafvollzug – Psychosoziale Hintergründe, Therapiechancen und Folgerungen für die Suchtberatung, in: ZfStrVo 1999, S. 15–21

Schliermann, R./Kern, F., Sport im Strafvollzug: Eine repräsentative Bestandsaufnahme von Sport- und Bewegungsprogrammen in deutschen Justizvollzugsanstalten, in: Neue Praxis 2011, S. 243–257

Schneider, H., Telefonieren ohne Grenzen?, in: ZfStrVo 2001, S. 273–279

Schneider, R., Strafvollzug und Jugendstrafvollzug im Bayerischen Strafvollzugsgesetz, Baden-Baden 2010

Schöch, H., Zur Offenbarungspflicht der Therapeuten im Justizvollzug gemäß § 182 II StVollzG, in: R. Egg (Hrsg.), Behandlung von Sexualstraftätern im Justizvollzug: Folgerungen aus den Gesetzesänderungen, Wiesbaden 2000, S. 271–291

Schönberger, G., Anmerkung zu LG Berlin, in: NStZ 1999, S. 102–104

Schriever, W., Ist es zulässig, einen Strafgefangenen zwangsweise zur Teilnahme an einer gegen ihn gerichteten Disziplinarverhandlung vorzuführen?, in: NStZ 1993, S. 103–104

Literaturverzeichnis

Schröder, J., Zur Situation des Sports in den Niedersächsischen Justizvollzugsanstalten, in: ZfStrVo 1997, S. 143–150

Schröder, J., Vom Kraftsport zum Fitness- und Gesundheitssport im Justizvollzug, in: ZfStrVo 2001, S. 21–25

Schröder, J., Gesundheitsförderung durch Sport, in: Forum Strafvollzug 2008, S. 130–134

Schröder, J., Sport im Justizvollzug: Grundsätzliche Überlegungen und Empfehlungen, in: Forum Strafvollzug 2015, S. 140–146

Schroven, G., FORUM STRAFVOLLZUG besuchte die Lichtblick-Redaktion in der JVA Tegel, in: Forum Strafvollzug 2015, S. 86–87

Schuler, H./Barthelme, D., Soziale Kompetenz als berufliche Anforderung, in: B. Seyfried (Hrsg.), „Stolperstein" Sozialkompetenz, Was macht es so schwierig, sie zu erfassen, zu fördern und zu beurteilen?, Bielefeld 1995, S. 77–116

Schüler-Springorum, H., Berücksichtigung der Schwere der Schuld bei der Entscheidung über Vollzugslockerungen im Jugendstrafvollzug?, in: NStZ 1987, S. 431–432

Schüler-Springorum, H., Sexualstraftäter-Sozialtherapie, in: GA 2003, S. 575–594

Schumann, S., Anstoß für ein neues Leben: Fußball, Arbeit, Beruf und Soziales. DFB-Projekt der Sepp-Herberger-Stiftung in der JSA Regis-Breitingen, in: Forum Strafvollzug 2013, S. 48–49

Schwill, F./Schreiber, H.-L., Das Akteneinsichtsrecht der Aufsichtsbehörden im Maßregelvollzug, in: RuP 2004, S. 151–159

Schwind, H.-D., Hörfunk und Fernsehen im Strafvollzug (§ 69 StVollzG). Ergebnisse einer Wiederholungsbefragung in Niedersachsen, in: ZfStrVo 1990, S. 361–362

Schwind, H.-D., Kriminologie, 22. Aufl., Heidelberg 2013

Schwind, H.-D./Blau, G. (Hrsg.), Strafvollzug in der Praxis. Eine Einführung in die Probleme und Realitäten des Strafvollzuges und der Entlassenenhilfe, 2. Aufl., Berlin u.a. 1988

Schwind, H.-D./Böhm, A./Jehle, J.-M./Laubenthal, K. (Hrsg.), Strafvollzugsgesetz Bund und Länder, 6. Aufl., Berlin 2013

Schwirzer, S., Jugendstrafvollzug für das 21. Jahrhundert? Der Entwurf eines Gesetzes zur Regelung des Jugendstrafvollzuges (GJVollz), Frankfurt a. M. 2008

Seebode, M., Einsicht in Personalakten Strafgefangener, in: NJW 1997, S. 1754–1757

Seesemann, O., Erfahrungen mit besonderen Formen der Vollzugsgestaltung in Hessen, Familiengottesdienste und Gesprächsgruppen für Paare, in: K. H. Schäfer/U. O. Sievering (Hrsg.), Strafvollzug – Ende für Partnerschaft, Ehe und Familie? Perspektiven des Langstrafenvollzugs, Frankfurt a. M. 1994, S. 33–44

Seifert, S./Thyrolf, A., Das Klima im Strafvollzug – Eine Befragung von Gefangenen einer sozialtherapeutischen Einrichtung, in: NK 2010, S. 23–31.

Literaturverzeichnis

Seiffge-Krenke, I., Aggressionsentwicklung zwischen Normalität und Pathologie, Göttingen 2005

Seiffge-Krenke, I./Roth, M./Irmer, J. von, Prädiktoren von lebenslanger Delinquenz, Welche Bedeutung haben frühere familiäre Belastungen, kindliche Delinquenz und maladaptive Copingstile zur Unterscheidung von Gefängnisinsassen mit unterschiedlicher Schwere der Delinquenz?, in: Zeitschrift für Klinische Psychologie und Psychotherapie 2006, S. 178–187

Seitz, K./Specht, F., Legalbewährung nach Entlassung aus dem Rudolf-Sieverts-Haus (RSH) der Jugendanstalt Hameln, in: KrimPäd 2002, S. 54–67

Selling, P., Schutz der Daten, Freiheit der Forschung, in: KrimJ 1990, S. 41–49

Sieland, F./Drechsler, I., Vogelvoliere – Projektvorstellung, in: Forum Strafvollzug 2015, S. 168-169

Simitis, S., Kommentar zum Bundesdatenschutzgesetz, 6. Aufl., Baden-Baden 2006

Sohn, W., Auswahlbibliographie zum Themenschwerpunkt „Kunst und Strafvollzug", in: BewHi 2014, S. 83–86

Söhnchen, R., Der Ombudsmann für den Justizvollzug Nordrhein-Westfalen, Wuppertal 2008

Sonnen, B.-R., Gesetzliche Regelungen zum Jugendstrafvollzug auf dem Prüfstand, in: J. Goerdeler/P. Walkenhorst (Hrsg.), Jugendstrafvollzug in Deutschland, Mönchengladbach 2007, S. 77–99

Spöhr, M., Sozialtherapie von Sexualstraftätern im Justizvollzug: Praxis und Evaluation, Mönchengladbach 2009

Spöhr, M., Sozialtherapie von Sexualstraftätern im Justizvollzug – Ergebnisse zu den Rahmenbedingungen in sozialtherapeutischen

Sprenger, W./Fischer, T., Zur Erforderlichkeit der richterlichen Anordnung von DNA-Analysen, in: NJW 1999, S. 1830–1834

Steffen, U./Sieland, F., Es piept im Haftraum!, Forum Strafvollzug 2015, S. 169–170

Steindorff-Classen, C., Resozialisierung durch Bücher? Neue Perspektiven durch Literaturprojekte, in: BewHi 2014, S. 19–29

Steinhilper, M., Controlling im niedersächsischen Strafvollzug, in: ZfStrVo 2003, S. 143–145

Steller, M./Dahle, K. P./Basque, M., Straftäterbehandlung – Argumente für eine Revitalisierung in Forschung und Praxis, Pfaffenweiler 1994

Stelly, W., Die bessere Alternative zum geschlossenen Regelvollzug? 10 Jahre Jugendstrafvollzug in freien Formen, in: ZJJ 2014, S. 257–262

Stelly, W./Thomas, J., Wege aus schwerer Jugendkriminalität, Eine qualitative Studie zu Hintergründen und Bedingungen einer erfolgreichen Reintegration von mehrfachauffälligen Jungtätern, Tübingen 2004, http://w210.ub.uni-tuebingen.de/vollte xte/2004/1125/pdf/Wegegesamt.pdf

Stelly, W./Thomas, J., Die Reintegration jugendlicher Mehrfachtäter, in: ZJJ 2006, S. 45–51

Stelly, W./Thomas, J. Die sozialen Lebenslagen von Jugendstrafgefangenen in: W. Stelly/J. Thomas (Hrsg.), Erziehung und Strafe, Godesberg 2011, S. 127–144

Stelly, W./Thomas, J., Russlanddeutsche im Jugendstrafvollzug – was ist aus ihnen geworden? in: NK 2011, S. 50–54

Stern, K./Becker, F., Grundrechte-Kommentar, Köln 2010

Streng, F., Stellungnahme zum „Gesetz über den Vollzug der Freiheitsstrafe, der Jugendstrafe und der Sicherungsverwahrung – Bayerisches Strafvollzugsgesetz (BaySt-VollzG), Erlangen 2007

Strieker, K., 100 Jahre Jugendstrafanstalt Wittlich – 100 Jahre Jugendstrafvollzug 1912-2012, in: Forum Strafvollzug 2012, S. 168–170

Suhling, S., Sozialtherapie im Jugendstrafvollzug: Prinzipien wirksamer Behandlung, in: ZJJ 2008, S. 330–335

Sußner, C., Jugendstrafvollzug und Gesetzgebung, Hamburg 2009

Sutherland, E. H., Die Theorie der differentiellen Kontakte, in: F. Sack/R. König (Hrsg.), Kriminalsoziologie, Frankfurt a. M. 1968, S. 395–399

Swenson, C. C./Henggeler, S. W., Die multisystemische Therapie: Ein ökologisches Modell zur Behandlung schwerer Verhaltensstörungen bei Jugendlichen, in: Familiendynamik 2005, S. 128–144

Swierkowska, M., Malbuchprojekt der JVA Herford zur Aufklärung über gefährdete Meeresschildkröten, in: BewHi 2014, S. 78–80

Sykes, G. M./Matza, D., Techniken der Neutralisierung, Eine Theorie der Delinquenz, in: F. Sack/R. König (Hrsg.), Kriminalsoziologie, Frankfurt a. M. 1968, S. 360–371

Teschner, A., Schadenersatzpflicht nach Verletzung datenschutzrechtlicher Vorschriften, in: SchlHA 1999, S. 65–69

Theine, E., RESO-Nordverbund: Impulse des Transferprojektes für Diagnose und berufliche Qualifizierung von Inhaftierten, in: Bundesinstitut für Berufsbildung/ INBAS GmbH (Hrsg.), Labor-JVA – Innovation im Behandlungsvollzug, Bonn 2007, S. 18–20

Theine, E., Digitales Lernen im Justizvollzug, in: Forum Strafvollzug 2008, S. 218–221

Thiel, A., Krank oder kriminell? Für einen rationalen Umgang mit Drogenabhängigen im Justizvollzug, in: G. Rehn/R. Nanninga/A. Thiel (Hrsg.), Freiheit und Unfreiheit, Arbeit mit Straftätern innerhalb und außerhalb des Justizvollzugs, Herbolzheim 2004, S. 167–182

Thielicke, B./Winter, J., Motorrad-Trial im Knast, in: ZfStrVo 1991, S. 229–232

Thorwart, J., Juristische und ethische Grenzen der Offenbarung von Geheimnissen, in: RuP 1999, S. 10–16

Tierel, S., Vergleichende Studie zur Normierung des Jugendstrafvollzugs, Berlin 2008

Tinnefeld, M.-T./Schrempf, M., Probleme der Datenerhebung im Bereich der Forschung, in: RDV 1991, S. 241–245

Tippelt, R., Handbuch zur Erwachsenenbildung, Weiterbildung, 2. Aufl., Opladen 1999

Tolksdorf, K. J./Wischnewski, C., Bewegungs- und Sportangebote im Strafvollzug für Frauen: Das Beispiel der Justizvollzugsanstalt Frankfurt a. M./Preungesheim in: W. Nickolai/H. Rieder/J. Walter (Hrsg.), Sport im Strafvollzug. Pädagogische und therapeutische Modelle, Freiburg i. Br. 1992, S. 45–59

Tolzmann, G., Speicherung des Computerbildes eines Strafgefangenen, in: NStZ 2003, S. 55–56

Tondorf, G./Tondorf, B., Plädoyer für einen modernen Jugendstrafvollzug, in: ZJJ 2006, S. 241–248

Tondorf, G./Tondorf, B., Echternacher Springprozession – Gedanken zur Neuregelung des Jugendstrafvollzugs in Hamburg, in: ZJJ 2009, S. 257–259

Trenczek, T., Die Mitwirkung der Jugendhilfe im Strafverfahren, Konzeption und Praxis der Jugendgerichtshilfe, Weinheim 2003

Ulmer Echo, Tabu: Sexualität im Knast. Ist der Sexualentzug zwangsläufiges Übel oder gewollte Doktrin?, 2/2000, http://www.zakk.de/ulmerecho/

Vanistendael, S., Wachsen im Auf und Ab des Lebens, in: D. Sturzbecher/B. Schrul (Hrsg.), Kinder stark machen, Konzepte der Gewalt- und Kriminalitätsprävention sowie der Verkehrssicherheitsarbeit, Potsdam 2003, S. 5–25

Vogelgesang E., Kleintierhaltung im Strafvollzug. Das Ergebnis einer Umfrage, in: ZfStrVo 1994, S. 67–68

Voigt, B./Doppler, K., Transfer, in: Deutscher Verein für öffentliche und private Fürsorge (Hrsg.), Fachlexikon der Sozialen Arbeit, Frankfurt a. M. 1993, S. 963–964

Volckart, B., Auskünfte über untergebrachte Patienten in strafrechtlichen Ermittlungsverfahren, in: RuP 1996, S. 187–191

Volckart, B., Schweigen und Offenbaren der Therapeuten im Strafvollzug gesetzlich geregelt, in: RuP 1998, S. 192–194

Vollmer, F. M., Gefangenen-Zeitschriften. Eine Analyse ihrer Funktionen in nordrhein-westfälischen Haftanstalten, Bochum 1980

Vosgerau, U., Freiheit des Glaubens und Systematik des Grundgesetzes. Zum Gewährleistungsvorbehalt schrankenvorbehaltsloser Grundrechte am Beispiel der Glaubens- und Gewissensfreiheit, Berlin 2007

Voßkuhle, A., Grundwissen – Öffentliches Recht, Der Grundsatz der Verhältnismäßigkeit, in: JuS 2007, S. 429–431

Literaturverzeichnis

Vyver, J. van der/Witte, J. (Hrsg.), Religious Human Rights in Global Perspective, The Hague 1996

Walkenhorst, P., Sicherheit, Ordnung und Disziplin im Jugendstrafvollzug – einige pädagogische Überlegungen, in: DVJJ-Journal 1999, S. 241–260

Walkenhorst, P., Animative Freizeitgestaltung im Strafvollzug als pädagogische Herausforderung, in: DVJJ-Journal 2000, S. 265–277

Walkenhorst, P., Bestandsaufnahme und Perspektiven zur Schule im Strafvollzug, in: DVJJ-Journal 2002, S. 404–416

Walkenhorst, P., Leben in der „schwierigen Freiheit" (Teil I), Skizzen zum eigentlichen Fluchtpunkt pädagogischer Arbeit im Jugendstrafvollzug, in: ZJJ 2004, S. 250–259

Walkenhorst, P., Leben in der „schwierigen Freiheit" (Teil II), Skizzen zum eigentlichen Fluchtpunkt pädagogischer Arbeit im Jugendstrafvollzug, in: ZJJ 2004, S. 416–425

Walkenhorst, P., Gefängnis als Lernort? – Pädagogik im Strafvollzug als wirksames Mittel zur Rückfallvermeidung, in: Bundesinstitut für Berufsbildung/INBAS GmbH (Hrsg.), Labor-JVA – Innovation im Behandlungsvollzug, Bonn 2007, S. 20–30

Walkenhorst, P., Jugendstrafvollzug und Nachhaltigkeit, in: J. Goerdeler/P. Walkenhorst (Hrsg.), Jugendstrafvollzug in Deutschland. Neue Gesetze, neue Strukturen, neue Praxis?, Mönchengladbach 2007, S. 353–395

Walkenhorst, P., Strategien der Gewaltprävention im Jugendstrafvollzug, in: Arbeitsstelle Kinder- und Jugendkriminalprävention (Hrsg.), Strategien der Gewaltprävention im Kindes- und Jugendalter. Eine Zwischenbilanz in sechs Handlungsfeldern, München 2007

Walsh, M., Übergangsmanagement bei Haftentlassung aus dem bayrischen Jugendstrafvollzug, in: NK 2014, S. 273–284

Walter, J., Disziplinarmaßnahmen, besondere Sicherungsmaßnahmen und Selbstbeschädigung – Indikatoren für die Konfliktbelastung einer Vollzugsanstalt?, in: ZfStrVo 1988, S. 195–199

Walter, J., Jugendstrafvollzug – Die Situation junger Aussiedler, in: NK 1998, S. 5–6

Walter, J., Antigewalttraining im Jugendstrafvollzug – Tummelplatz für „crime fighter"?, in: ZfStrVo 1999, S. 23–28

Walter, J., „Einer flog übers Kuckucksnest" oder welche Interventionen erbringen im sonderpädagogischen Feld welche Effekte?, Ergebnisse ausgewählter US-amerikanischer Meta- und Megaanalysen, in: Zeitschrift für Heilpädagogik 2002, S. 442–450

Walter, J., Jugendstrafvollzug in der Krise?, in: DVJJ-Journal 2002, S. 127–143

Walter, J., „Apokryphe" Disziplinarmaßnahmen im Strafvollzug, in: NK 2005, S. 130–134

Walter, J., Bedingungen bestmöglicher Förderung im Jugendstrafvollzug, Teil 1, in: ZJJ 2006, S. 236–244 und Teil 2, in: ZJJ 2006, S. 249–257 (falsche Seitenangaben in der ZJJ; veröffentlicht in Heft 4/2006)

Walter, J., Optimale Förderung oder was sollte Jugendstrafvollzug leisten?, in: NK 2006, S. 93–98

Walter, J., Bedingungen bestmöglicher Förderung im Jugendstrafvollzug, in: J. Goerdeler/P. Walkenhorst (Hrsg.), Jugendstrafvollzug in Deutschland. Neue Gesetze, neue Strukturen, neue Praxis?, Mönchengladbach 2007, S. 184–221

Walter, J., Jugendstrafvollzug in freier Form, in: ZJJ 2009, S. 132-200

Walter, J., Jugendstrafvollzug heute und morgen, in: W. Stelly/J. Thomas (Hrsg.), Erziehung und Strafe, Godesberg 2011, S. 95–117

Walter, J./Waschek, U., Die Peergroup in ihr Recht setzen. Das Just Community-Projekt in der Justizvollzugsanstalt Adelsheim, in: M. Bereswill/T. Höynck (Hrsg.), Jugendstrafvollzug in Deutschland. Grundlagen, Konzepte, Handlungsfelder, Mönchengladbach 2002, S. 191–214

Walter, M., Strafvollzug, 2. Aufl., Stuttgart u.a. 1999

Walter, M., Der Häftlingsmord von Siegburg: Zu Formen seiner gesellschaftlichen Verarbeitung, in: ZJJ 2009, 149-153

Walter, M., Kriminalpolitik in der Mediengesellschaft. In: Das Jugendkriminalrecht vor neuen Herausforderungen? Jenaer Symposium. Herausgegeben vom Bundesministerium der Justiz, Mönchengladbach 2009

Walter, M., Tätigkeitsbericht des Justizvollzugsbeauftragten des Landes Nordrhein-Westfalen 2012, Köln 2013

Weber, H., Die Religionsfreiheit im nationalen und internationalen Verständnis, in: ZevKR 2000, S. 109–156

Weber, J., Berufliche Qualifizierung im Behandlungsvollzug als Grundlage für ein strategisches Übergangsmanagement, in: Bundesinstitut für Berufsbildung/INBAS GmbH (Hrsg.), Labor-JVA – Innovation im Behandlungsvollzug, Bonn 2007, S. 13–18

Weichert, T., Informelle Selbstbestimmung und strafrechtliche Ermittlung, Pfaffenwieler 1990

Weichert, T., Datenschutz und medizinische Forschung – Was nützt ein „medizinisches Forschungsgeheimnis"?, in: MedR 1996, S. 258–261

Weichert, T., Biometrie – Freund oder Feind des Datenschutzes?, in: CR 1997, S. 369

Weichert, T., Datenschutz behindert Forschung, in: DANA 4/1997, S. 4

Weichert, T., Medizinische Forschung und Datenschutz, in: NdsVBl 1998, S. 36–42

Weichert, T., Öffentliche Audio- und Videoüberwachung, in: DANA 1/1999, S. 4

Weichert, T., Akteneinsicht im Strafvollzug, in: ZfStrVo 2000, S. 88–89

Weichert, T., PatientInnen-Datenschutz, in: DANA 1/2003, S. 5

Weichert, T., Staatliche Identifizierung durch Biometrie, in: DANA 2/2004, S. 2

Weichert, T., Von der Datenschutzauskunft zum Akteneinsichtsrecht im Strafvollzug, in: S. U. Burkhardt/C. Graebsch/H. Pollähne (Hrsg.), Korrespondenzen – In Sachen: Strafvollzug, Rechtskulturen, Kriminalpolitik, Menschenrechte, Münster 2005, S. 117–124

Weichert, T., Datenschutz, in: W. Kilian/B. Heussen (Hrsg.), Computerrechts-Handbuch, Stand Februar 2010

Weidner, J., Anti-Aggressivitäts-Training für Gewalttäter, Bonn 1990

Weidner, J., Anti-Aggressivitäts-Training für Gewalttäter. Ein deliktspezifisches Behandlungsangebot im Jugendvollzug, 5. Aufl., Mönchengladbach 2001

Weidner, J./Kilb, R./Kreft, D. (Hrsg.), Gewalt im Griff. Neue Formen des Anti-Aggressivitäts-Trainings, Weinheim 1997

Weiß, M., Radrennsport im Rudolf-Sieverts-Haus der Jugendanstalt Hameln. Radsport als Teil eines sozialtherapeutischen Erziehungs- und Behandlungsangebotes im Jugendvollzug, in: ZfStrVo 1988, S. 211–212

Weiß, M., Sozialtherapie und Erlebnispädagogik. Eine Alpentour mit jugendlichen Strafgefangenen, in: ZfStrVo 1992, S. 177–178

Werner, J., Jugendstrafvollzug in Deutschland, Frankfurt a.M. 2012

Werthebach, E./Fluhr, H./Koepsel, K./Latz, J./Laubenthal, K., Ergebnis der Überprüfung der fünf Jugendstrafanstalten in Nordrhein-Westfalen, 1. Teilbericht der „Kommission: Gewalt im Strafvollzug – Nordrhein-Westfalen" vom 1.2.2007, Bonn 2007

Werthebach, E./Fluhr, H./Koepsel, K./Latz, J./Laubenthal, K., Ergebnis der Überprüfung des Jugend- und Erwachsenenstrafvollzugs, Schlussbericht der „Kommission: Gewalt im Strafvollzug – Nordrhein-Westfalen" vom 26.7.2007, Bonn 2007

Wessels, J./Beulke, W., Strafrecht Allgemeiner Teil, 41. Aufl., Heidelberg 2011

Wiedemann, H./Tasche, J., Arbeit und Konzeption der Drogenstation in der Berliner Jugendstrafanstalt Plötzensee, in: ZfStrVo 1978, S. 222–224

Winkler, S., Ausländer und Aussiedler im Strafvollzug, aus Bannenberg, in: H.-J. Kerner/E. Marks (Hrsg.), Migration – Kriminalität – Prävention, Gutachten zum 8. Deutschen Präventionstag, Internetdokumentation Deutscher Präventionstag, Hannover 2003, http://www.praeventionstag.de/content/8_praev/gutachten.html, Teil II, S. 211–302

Wirth, W., Ausländische Gefangene im Jugendstrafvollzug NRW, in: ZfStrVo 1998, S. 278–286

Wirth, W., Das Drogenproblem im Justizvollzug. Zahlen und Fakten, in: BewHi 2002, S. 104–122

Wirth, W., Arbeitsmarktorientierte Entlassungsvorbereitung im Strafvollzug: Ein Modellprojekt zeigt Wirkung, in: BewHi 2003, S. 307–318

Wirth, W., Gewalt unter Gefangenen, in: Kriminologischer Dienst des Landes Nordrhein-Westfalen (Hrsg.), Kernbefunde einer empirischen Studie im Strafvollzug des Landes Nordrhein-Westfalen, Düsseldorf 2006

Wirth, W., Aufgaben des Übergangsmanagements in der Praxis, in: M. Schweder (Hrsg.), Handbuch Jugendstrafvollzug, Weinheim 2015, S. 742–754

Wohlgemuth, R., Gibt es eine Knastsprache?, in: U. Klein/H. H. Koch (Hrsg.), Gefangenenliteratur, Sprechen – Schreiben – Lesen in deutschen Gefängnissen, Hagen 1988, S. 50–57

Wolf, N., Sport mit drogenabhängigen und drogengefährdeten Gefangenen. Ein Projekt der Badischen Sportjugend-Nord und der Württembergischen Sportjugend in Zusammenarbeit mit dem Justizministerium Baden-Württemberg, in: W. Nickolai/H. Rieder/J. Walter (Hrsg.), Sport im Strafvollzug. Pädagogische und therapeutische Modelle, Freiburg i. Br. 1992, S. 60–66

Wolf, N., Sportpädagogik und Selbstkonzept im Strafvollzug, Pfaffenweiler 1997

Wollweber, H., Datenschutz in der Untersuchungshaft, in: ZRP 1999, S. 405–408

Wollweber, H., Strafvollzug, in: H. Bäumler/A. Breinlinger/H. H. Schrader (Hrsg.), Datenschutz von A-Z, Neuwied 1999

Wolters, J.-M., Kampfkunst als Therapie. Die sozialpädagogische Relevanz asiatischer Kampfsportarten. Aufgezeigt am Beispiel des sporttherapeutischen „Shorinji-Ryu"(-Karatedo) zum Abbau der Gewaltbereitschaft und Aggressivität bei inhaftierten Jugendlichen, Frankfurt a. M. u.a. 1992

Wolters, J.-M., Sozialpädagogisches Modellprojekt zur Behandlung inhaftierter Gewaltstraftäter im Jugendstrafvollzug, in: Kriminologisches Bulletin 1993, S. 55–73

Wolters, J.-M., Kampfkunst als Therapie, Stade 1997

Wolters, J.-M., Das therapeutische Intensivprogramm gegen Gewalt und Aggression. Neue Wege im Hamburger Justizvollzug, in: DVJJ-Journal 1998, S. 361–370

Wolters, J.-M., Erlebnis – Erfahrung – Erkenntnis: „Körper-Seele-Geist"-Therapie für Schläger. Oder: Der Kampfkunst-Weg zum Friedvollen Krieger, in: MschrKrim 1998, S. 130–139

Wolters, J.-M., T.I.G.A. – Das Therapeutische Intensivprogramm gegen Gewalt und Aggression. Neue Wege der Behandlung von Gewalttätern im Hamburger Jugendvollzug, in: KrimPäd 1998, S. 19–28

Wolters, J.-M., Über die „pädagogische Provinz" – oder: doch keine neuen Wege im Hamburger Jugendvollzug, in: DVJJ-Journal 2000, S. 28–30

Wößner, G./Schwedler, A., Aufstieg und Fall der elektronischen Fußfessel in Baden-Württemberg: Analysen zum Modellversuch der elektronischen Aufsicht im Vollzug der Freiheitsstrafe, in: NK 2013, S. 60–77

Literaturverzeichnis

Wrzesinski, T., Anstoß für ein neues Leben – Mit Fußball zurück in die Gesellschaft. Gemeinsam mit starken Partnern gibt die Sepp-Herberger-Stiftung jugendlichen Strafgefangenen den „Anstoß für ein neues Leben" und lebt so das Vermächtnis Sepp Herbergers, in: Forum Strafvollzug 2015, S. 146–150

Wulf, R., Innerbehördliche Offenbarungs- und Schweigepflichten psychotherapeutischer Fachkräfte im Strafvollzug, in: RuP 1998, S. 185–192

Wulf, R., Einzelfall – Kriminologie in der Jugendstrafrechtspflege, in: ZJJ 2006, S. 147–155

Wulff, K., Die Gefängnisse der Justizverwaltung in Preußen, ihre Einrichtung und Verwaltung. Ein Handbuch für den praktischen Gebrauch, Hamburg 1890

Zieger, M., Zur Schweigepflicht des Anstaltsarztes, in: StV 1981, S. 559–563

Zieger, M., Wie frei darf eine Gefangenenzeitschrift sein?, in: StV 2007, S. 387–388

Zirker, O., Der Gefangene – Neuland der Erziehung in der Strafanstalt, Werther 1924

Zitzer, H.-G., Aspekte der Aus- und Weiterbildung der Gefangenen im niedersächsischen Justizvollzug, in: ZfStrVo 2000, S. 265–270

Vorbemerkungen

I. Historische Entwicklung des Jugendstrafvollzugs

Von den Anfängen der Freiheitsstrafe bis in das 19. Jahrhundert waren die Gefangenen weder nach dem Alter, sehr oft auch nicht nach dem Geschlecht getrennt untergebracht. Im letzten Quartal des 19. Jahrhunderts wurden erstmals Überlegungen für eine Trennung von Erwachsenen- und Jugendgefangenen laut. Die Gründe dafür waren die Entdeckung des Begriffs des Jugendlichen mit dem Einsetzen der Jugendbewegung sowie die soziologische Strafrechtsschule unter Federführung von *Franz v. Lizst*. Um 1890 setzte die **Jugendgerichtsbewegung** ein, sie forderte die Einrichtung von besonderen Jugendgerichten, die in Personalunion mit dem Vormundschaftsgericht von pädagogisch und psychologisch geschulten Richtern besetzt sein sollten. Erstmalig wurde über die Geschäftsverteilung im Jahr 1908 in Frankfurt ein deutsches Jugendgericht eingerichtet. Im Jahr 1912 wurden bereits 556 „Jugendgerichte" gezählt.[1] Der erste deutsche Jugendgerichtstag wurde im Jahre 1909 abgehalten.

Hinzu kamen Vorbilder aus dem angelsächsischen Rechtskreis.[2] So formulierte *Freudenthal* zum Schluss seines öffentlichen Vortrags über die amerikanische Kriminalpolitik am 8.9.1906 bei der Versammlung der deutschen Sektion der Internationalen Kriminalistischen Vereinigung in Frankfurt: „Warum erproben wir zB das Reformsystem nicht, wie man es in England getan, in ein oder zwei geeigneten Anstalten für Jugendliche, statt uns den Kopf zu zerbrechen, wie es wohl ausfallen könne? Alljährlich werden bei uns über 50.000 Jugendliche verurteilt. Ist es nicht erstaunlich, wie unser Staat die Juristen über Fragen von so unmittelbar praktischer Bedeutung streiten lässt – auf die Gefahr hin, dass indessen Geschlechter junger Menschen der Volkswirtschaft, der Wehrkraft des Landes verloren gehen?"[3] *Freudenthal* legte 1911 dem Preußischen Ministerium des Innern eine Denkschrift vor, die die Errichtung einer Jugendstrafanstalt forderte, allerdings nur für besserungsfähige Jugendliche. In dieser Denkschrift entwickelte er seine Vorstellung von einem pädagogisch orientierten Strafvollzug an Jugendlichen: „Diese Erziehung ist in umfassendem Sinne als Erziehung des Körpers, des Verstandes und des Charakters, wie der beruflichen Fähigkeit des jugendlichen Gefangenen zu verstehen. Die Erreichung des Erziehungszwecks setzt Folgendes voraus: 1. Völlige Trennung der Jugendlichen von erwachsenen Gefangenen, wie sie schon jetzt erstrebt, aber in bloßen Abteilungen, je nach den örtlichen Verhältnissen schwerer oder leichter, mehr oder minder vollkommen zu erreichen ist. 2. Überweisung nur von erziehungsfähigen Jugendlichen: Der Erziehung unzugängliche Elemente sind bereits vor Antritt der Strafe oder im Verlauf des Strafvollzuges ebenso auszuscheiden, wie Elemente, die durch ihre eigene Verdorbenheit den Erziehungszweck bei den Übrigen gefährden. 3. Überweisung nur von Jugendlichen mit einer für die Verwirklichung des Erziehungszweckes im Allgemeinen genügenden Strafdauer: Gefangene mit weniger als 1 Jahr Gefängnis erscheinen ungeeignet. Für

---

1 Siehe Anlagen zu den stenografischen Berichten des Reichstages 1912/13, S. 1820.
2 Siehe Cornel, Geschichte des Jugendstrafvollzugs, 1984, S. 84 ff.
3 Freudenthal ZStW 27 (1907), 141 ff.

die Erfüllung der Aufgabe einer Erziehung im oben festgestellten Sinne sind u.a. folgende Mittel gegeben:
1. Individualisierung auf allen Gebieten der Ausbildung, dh Bildung von Gruppen der für die Ausbildung in wesentlich gleicher Lage befindlichen Gefangenen.
2. Herstellung eines starken Vertrauensverhältnisses zwischen der Anstaltsleitung und dem Gefangenen. – Deshalb sollte der Leiter besonders pädagogisch befähigt sein und möglichst wenige Verwaltungsaufgaben wahrnehmen.
3. Seelsorge und Gottesdienst durch einen erzieherisch veranlagten Geistlichen.
4. Beeinflussung der jugendlichen Gefangenen durch Weckung eines gesunden Ehrgeizes. Hierfür dürfte sich empfehlen:
    a) Die Bildung von Klassen und Stufen mit wachsenden Freiheiten und demgemäß mit allmählicher Annäherung an die Freiheit.
    b) Regelmäßig in Aussicht stehende vorläufige Entlassung als Lohn guten Verhaltens in der Anstalt.
    c) Nichtanwendung der für Jugendliche ungeeigneten Disziplinarmittel, insbesondere von körperlicher Züchtigung, Dunkelarrest und Kostschmälerung. Ihren Ersatz kann, von anderen Disziplinarmitteln abgesehen, die Entziehung von Vergünstigungen bilden. Im Allgemeinen dürfte die Hoffnung mehr als die Furcht ein geeignetes Motiv zur Selbstumwandlung des jugendlichen Verbrechers in einen nützlichen Staatsbürger bilden.
5. Ausbildung des jugendlichen Körpers durch Turnen, militärische Übungen, Baden usw bei reichlicher Verpflegung.
6. Erzieherische Einwirkungen im Schulunterricht, dem eine größere Zahl von Stunden als bisher zu widmen sein würde. Unterweisung über die Grundlagen staatlichen Lebens, also eine Art Staatsbürgerkunde im Gefängnisse kann den Zusammenhang mit dem Staate herstellen und stärken. Eine gute Anstaltsbibliothek wird die Ausbildungsmöglichkeiten erhöhen. Auch der gewerbliche Unterricht wird das Ziel der Ermöglichung späteren ehrlichen Fortkommens zur Richtschnur nehmen.

Die vorläufige, wie die endgültige Entlassung wird sich, zur Vermeidung der Gefahren des Übergangs in die Freiheit, durch Beschaffung einer Stellung vor dem Austritt aus der Anstalt und durch gut organisierte Schutzaufsicht nachher sichern lassen."[4]

3   Die den Strafvollzug für Jugendliche betreffenden Forderungen der Jugendgerichtsbewegung wurden zwar in der Zeit des Kaiserreichs nicht gesetzlich umgesetzt, sie konnten aber versuchsweise durch die **Gründung des ersten deutschen Jugendgefängnisses** in Wittlich an der Mosel am 1.8.1912 realisiert werden. Das preußische Ministerium griff das Konzept Freudenthals auf und richtete im ehemaligen Frauengefängnis in Wittlich ein Jugendgefängnis ein.[5] Die Kosten der Versuchsanstalt, die über die des Regelvollzugs hinausgingen, hatte eine private Stiftung übernommen. Die Anstalt sollte 169 männliche Gefangene zwischen 18 und 21 Jahren aufnehmen, die in der

---

4   Freudenthal MschrKrim 1913, 579 f.
5   Siehe hierzu Striker Forum Strafvollzug 2012, 168.

damaligen preußischen Rheinprovinz zu einer Haftstrafe von einem Jahr und mehr verurteilt worden waren. Diese Aufnahmebedingungen und Altersbestimmungen zeigen, dass die Wittlicher Jugendstrafanstalt nicht nur keine Jugendlichen im heutigen gesetzlichen Sinn aufnahmen, sondern auch den diesbezüglichen Forderungen der Jugendgerichtsbewegung und der Denkschrift Freudenthals nicht entsprach. Die Gefängnisbezirke hatten nicht genügend zu einer Gefängnisstrafe von einem Jahr 12 bis 18-jährige Verurteilte. Die Lösung des Problems in der gemeinsamen Aufnahme von 12 bis 21-jährigen wurde durch § 57 Abs. 2 RStGB und § 4 der „Grundsätze, welche beim Vollzuge gerichtlich anerkannter Freiheitsstrafen bis zu weiterer gemeinsamer Regelung zur Anwendung kommen" von 1897, die eine Trennung von Strafgefangenen bis zur Vollendung des 18. Lebensjahres vorschrieb, ausgeschlossen. Erziehungsmethoden des ersten deutschen Jugendgefängnisses waren militärischer Drill und Exerzierunterricht.[6] Mit Erlass vom 29.7.1913 beendete der preußische Innenminister das Versuchsstadium für das Wittlicher Jugendgefängnis, das fortan als selbstständige Sonderanstalt existierte. Als der 1. Weltkrieg ausbrach, berichtete das preußische Ministerium, dass vier Jahre nach der Eröffnung der Wittlicher Anstalt etwa 300 ehemalige Insassen in das Heer eingetreten waren, ca. vierzehn davon bereits mit dem eisernen Kreuz ausgezeichnet wurden und fünf zu diesem Zeitpunkt gefallen waren.[7] Kennzeichnend für den Vollzug im Wittlicher Jugendgefängnis waren weiterhin der Progressionsvollzug und die Entlassungsfürsorge durch einen hauptamtlichen Fürsorger.[8]

Das Prinzip der **Trennung von jugendlichen und erwachsenen Strafgefangenen** wurde im § 16 JGG 1923 allgemeinverbindlich festgeschrieben, ebenso der Grundsatz, dass der Strafvollzug gegenüber Jugendlichen erzieherisch auszugestalten ist. Die politisch-fachliche Federführung dieses **ersten Jugendgerichtsgesetzes** lag bei Gustav Radbruch in seiner damaligen Funktion als Reichsjustizminister.

Gemäß § 16 JGG 1923 sollte „das Weitere" durch die Reichsregierung mit Zustimmung des Reichsrats bestimmt werden. Dies geschah mit den Reichsratsgrundsätzen aus dem Jahre 1923 (Reichsgesetzblatt II, 263). Diese „Grundsätze für den Vollzug von Freiheitsstrafen" galten für erwachsene und jugendliche Gefangene gemeinsam, allerdings mit Sonderbestimmungen zum Schutz jugendlicher und sog. minderjähriger Gefangener (§§ 196–212). Es sollte erzieherisch auf die Gefangenen zum Zwecke der Rückfallverhütung eingewirkt werden (§ 48). Dazu sollte ein so genannter Progressionsstrafvollzug eingeführt werden (§ 130 f), mit dem stufenweise der Haftzwang gelockert wurde und dem Gefangenen Vergünstigungen gewährt wurden.[9]

Die exekutive Umsetzung geschah jedoch sehr schleppend. So wurden bis zum Jahr 1928 neben Wittlich nur vier weitere Jugendgefängnisse eingerichtet: in Bayern (Niederschönenfeld), Thüringen (Eisenach), Hamburg (Hahnöfersand) und Schlesien. Konzeptionell hoben sich Hahnöfersand und Eisenach hervor, die unter der fachli-

---

6 Siehe Cornel, Geschichte des Jugendstrafvollzugs, 1984, S. 101.
7 Cornel aaO S. 101.
8 Siehe Dörner, Erziehung durch Strafe, 1991, S. 56.
9 Siehe hierzu umfassend Krüger, Systeme und Konzepte des progressiven Strafvollzugs, 2011.

chen Leitung von Sozialpädagogen standen.[10] Die Gründe waren politisch günstige Konstellationen und das persönliche Engagement leitender Personen in diesen Anstalten. So fußte nach dem Eisenacher Jugendgefängnisleiter Otto Zirker der Vollzug „auf sorgsamer psychologischer Beobachtung beruhenden pädagogischen Behandlung, die auf eine Erziehung zu reifer Persönlichkeit und fruchtbarer Gemeinschaft hinzielte."[11] Die auf einer Elbinsel gelegene Strafanstalt Hahnöfersand ist mit den Namen der Sozialpädagogen Curt Bondy und Walter Herrmann verbunden. Die Anstalt wurde 1920 mit zwei Baracken mit mehreren Gemeinschaftssälen neu errichtet. Auf Gefängnismauern konnte wegen der Einschließung durch die Elbe verzichtet werden. Es wurden vielfältige Möglichkeiten für Arbeit und Ausbildung angeboten, Tätigkeiten im Freien wurden dabei bevorzugt. Als eine der wichtigsten Voraussetzungen seines pädagogischen Wirkens im Jungengefängnis benannte *Walter Herrmann* das „Ungefängnismäßige".[12] Beide Reformer traten aber schon nach kurzer Zeit (1922) von ihren Ämtern zurück. Ihre Erfahrungen verwerteten sie später in grundlegenden wissenschaftlichen Abhandlungen.[13]

6   Ab 1933 wurde der Jugendstrafvollzug maßgeblich von der NS-Ideologie bestimmt. Erste Neuerungen wurden mit der Amtlichen Verfügung des Reichsjustizministers über den Jugendstrafvollzug vom 22.1.1937 (AV 1937) eingeführt. Diese AV stellte ein Vollzugsprogramm dar, wonach die jugendlichen Straftäter im Sinne des Nationalsozialismus erzogen werden sollten:

§ 9

„(1) Für den Jugendstrafvollzug gelten vor den allgemeinen Vorschriften des Strafvollzuges die Vorschriften dieses Abschnitts,

(2) Der Jugendstrafvollzug setzt alles daran, die künftige Haltung des jungen Gefangenen entscheidend zu beeinflussen. Der Gefangene soll nicht verloren gegeben, sondern auf den rechten Weg zurückgebracht und so gefestigt werden, dass er ein taugliches Glied der Volksgemeinschaft wird.

(3) Über diese Erziehung durch die Strafe hinaus wird dem Gefangenen, soweit es der Strafzweck gestattet, die Erziehung zuteil, die der Erziehungsberechtigte der Gefangenschaft wegen nicht ausüben kann.

(4) Der junge Gefangene wird im Jugendstrafvollzug mit gerechter Strenge in fester Zucht gehalten; er muss lernen, hart gegen sich selbst zu werden. Im einzelnen dienen den Zielen des Jugendstrafvollzugs die Erfassung der Wesensart des Gefangenen, die Wahl der Haftform, die Arbeit, der Unterricht, die Leibesübungen, die Gestaltung der Freizeit und der Verkehrs des Gefangenen mit der Außenwelt sowie die Fürsorge für die Zeit nach der Entlassung.

(5) Die Gefangenen des Jugendstrafvollzuges werden mit „Du" angeredet.

(6) Lässt die Führung des jungen Gefangenen auf seinen guten Willen schließen, so kann es erzieherisch wertvoll sein, ihm eine Anerkennung nicht zu versagen. Der Vorsteher kann dann Vergünstigungen, die in diesen Vorschriften vorgesehen sind, und andere Vergünstigungen gewähren, die mit dem Strafzweck und mit Ordnung und Sicherheit vereinbar sind; den Genuss geistiger Getränke und des Tabaks darf der Vorsteher nicht gestatten. Der Vorsteher kann sich der Formen des Strafvollzugs in Stufen bedienen, wenn er sich trotz der Aufstufung die Entschließung über jede einzelne Vergünstigung vorbehält."

---

10 Siehe Dörner aaO S. 138 ff.
11 Zirker, Der Gefangene. Neuland der Erziehung in der Strafanstalt, 1924, S. 67.
12 Herrmann, Das hamburgische Gefängnis Hahnöfersand in: Hamburgische Schriften zur gesamten Strafrechtswissenschaft, 1923, S. 63 ff.
13 Herrmann, Das Hamburgische Jugendgefängnis Hahnöfersand, 1923; Bondy, Pädagogische Probleme im Jugendstrafvollzug, 1925; s. hierzu Dörner aaO S. 92 ff.

Für die männlichen jungen Gefangenen wurden folgende Jugendgefängnisse bestimmt: Niederschönenfeld, Heilbronn, Wittlich, Bochum, Hahnöfersand, Neumünster, Bautzen, Breslau, Naugard, Stuhm; für die weiblichen jungen Gefangenen 6 Jugendgefängnisse: Aichach, Anrath, Lübeck-Lauerhof, Hohenleuben, Frauengefängnis Berlin, Allenstein. Neben dem nationalsozialistisch ausgelegten Erziehungsgedanken trat als zweites Leitprinzip des Jugendstrafvollzugs die Auslese. Dem Auslesesystem diente der kriminologische kriminalbiologische Dienst, der mit AV vom 30.11.1937 „reichseinheitlich" nach bayerischem Vorbild eingeführt wurde.[14] In der AV zur Änderung der Jugendstrafvollzugs-AV vom 16.7.1941 wurde der Jugendstrafvollzug auf Gefangene „deutschen oder artverwandten Blutes" begrenzt.

Das **Reichsjugendgerichtsgesetz 1943** begnügte sich in den §§ 64 und 65 mit Bestimmungen über die Aufgabe des Jugendstrafvollzugs sowie die Einrichtung von Jugendgefängnissen, ergänzt durch die Überweisung „unerziehbarer" Jugendlicher, die zu einer unbestimmten Jugendstrafe verurteilt wurden, an die Polizei zur Unterbringung in einem sog. Jugendschutzlager (§ 60). Einzelheiten wurden in der Jugendstrafvollzugsordnung vom 1.9.1944 geregelt. Die Bestimmungen der §§ 64 und 65 Reichsjugendgerichtsgesetz 1943 waren Grundlage für die §§ 91, 92 des JGG 1953. Bis zum 1.1.2008 waren diese die maßgebende gesetzliche Grundlage. Sie wurden lediglich ergänzt durch Regelungen aus dem Strafvollzugsgesetz vom 16.3.1976 für das Arbeitsentgelt und Taschengeld (§ 176 StVollzG) sowie für den unmittelbaren Zwang (§ 178 iVm den §§ 94–101 StVollzG). Daneben bestanden bundeseinheitliche Verwaltungsvorschriften zum Jugendstrafvollzug (VVJuG vom 1.1.1977), die sich weitgehend an das Strafvollzugsgesetz anlehnten. Entsprechend ihrem Vorwort sollten die Verwaltungsvorschriften „lediglich die Übergangszeit bis zum Erlass umfassender gesetzlicher Regelungen überbrücken". Vorausgegangen war die **Entscheidung des Bundesverfassungsgerichts vom 14.3.1972**,[15] in der festgestellt wurde, dass in die Grundrechte des Gefangenen nur durch oder aufgrund eines Gesetzes eingegriffen werden darf. Damit wurde die bis dahin herrschende Lehre vom „besonderen Gewaltverhältnis" ad acta gelegt. Bezeichnend für die herrschende Auffassung vom besonderen Gewaltverhältnis ist eine Entscheidung des Berliner Kammergerichts aus dem Jahre 1965:[16] „Mit dem Verlust der persönlichen Freiheit als Strafe wird denkgesetzlich ein vollständiger Gewahrsam des Inhabers der staatlichen Gewalt hinsichtlich des betroffenen Staatsbürgers begründet. Infolge dieses Machtverhältnisses verliert der Gefangene im Prinzip tatsächlich alle diejenigen Grundrechte, zu deren uneingeschränkter Ausübung er der persönlichen Freiheit bedarf. Er hat dementsprechend uneingeschränkt nur noch das Recht auf Leben und körperliche Unversehrtheit. Seine Gefangenenhaltung hat grundsätzlich die völlige Isolation von der Umwelt zur Folge. Jegliche Vergünstigung, insbesondere jeder Kontakt mit dem Gefangenen, ist naturgemäß nur nach dem Ermessen und durch die Vermittlung des Gewalthabers denkbar, dessen einzige Pflicht gegenüber dem Gefangenen darin besteht, das diesem uneinge-

---

14 Siehe Dörner, Erziehung durch Strafe, 1991, S. 254 ff.
15 BVerfGE 33, 1; s. auch BVerfGE 40, 276.
16 NJW 1966, 1088.

Vorbemerkungen

schränkt gebliebene Recht auf Leben und auf eine damit zusammenhängende gesunderhaltende Behandlung nach zeitgemäßen Erkenntnissen zu gewähren."

8   Für den Erwachsenenstrafvollzug hat der Gesetzgeber mit dem **Strafvollzugsgesetz vom 16.3.1976** reagiert. Für den Jugendstrafvollzug wurde am 29.9.1976 vom Bundesjustizminister aufgrund einer einstimmigen Entschließung des Deutschen Bundestages vom 5.6.1975 eine Jugendstrafvollzugskommission eingesetzt, die Grundlagen für eine gesetzliche Regelung des Jugendstrafvollzugs erarbeiten sollte. Diese Kommission legte im Jahr 1980 ihren Schlussbericht vor. Daraufhin wurde aus dem Bundesjustizministerium ein Arbeitsentwurf vom 30.6.1980 vorgestellt, wobei allerdings nur die Aufgabe des Jugendstrafvollzugs (§ 91), Grundsätze für den Vollzug der Jugendstrafe (§ 91 a) und Aufgaben des Bewährungshelfers während des Vollzuges (§ 91 b) formuliert wurde. Die weitere Konkretisierung sollte im Wege einer Rechtsverordnung erfolgen.[17] Auf Grund der hiergegen erhobenen Kritik folgte am 1.6.1984 ein neuer Arbeitsentwurf eines Jugendstrafvollzugsgesetzes, der inhaltlich sich an das Strafvollzugsgesetz für Erwachsene anlehnte. Als Reaktion hierauf wurde von der Arbeitsgemeinschaft der Leiter der Jugendstrafanstalten und der Besonderen Vollstreckungsleiter in der DVJJ im Jahre 1988 ein eigenständiger Entwurf zum Jugendstrafvollzugsgesetz vorgelegt, der auch Praktikerentwurf genannt wird. Der Rechtswissenschaftler und zeitweilige Justizsenator *Jürgen Baumann* stellte im Jahr 1985 einen selbstständigen Entwurf vor. Aus dem Bundesjustizministerium folgten Entwürfe vom 24.9.1991 sowie vom 19.4.1993. Ebenso legte *Kreideweiß* im Rahmen einer Dissertation einen eigenständigen Entwurf vor.[18] Trotz vielfacher Kritik an dem gesetzlosen Zustand mit Vorlagebeschlüssen der Amtsgerichte Herford und Rinteln[19] gelang es dem Bundesgesetzgeber nicht, ein Gesetz zu verabschieden. Letzte Entwürfe auf Bundesebene datieren vom 28.4.2004 sowie vom 7.6.2006. Erst mit der **Entscheidung des Bundesverfassungsgerichts vom 31.5.2006**[20] wurde der Gesetzgeber gezwungen, bis zum 1.1.2008 ein detailliertes Jugendstrafvollzugsgesetz zu verabschieden. Auf Grund der vom Gesetzgeber beschlossenen Föderalismusreform mit der Herausnahme des Strafvollzuges aus den Gebieten der konkurrierenden Gesetzgebung gem. Art. 74 Abs. 1 Nr. 1 GG ist die Gesetzgebungskompetenz auf die Länder übergegangen. Die Zuständigkeit für das gerichtliche Verfahren und damit für den gerichtlichen Rechtsschutz im Jugendstrafvollzug ist beim Bundesgesetzgeber geblieben. Es bleibt festzuhalten, dass spätestens seit der Entscheidung des Bundesverfassungsgerichts vom 14.3.1972 der Jugendstrafvollzug bis zum 31.5.2006 wegen Fehlens einer gesetzlichen Grundlage in verfassungswidriger Weise durchgeführt wurde: 34 Jahre lang! Der Zustand der gesetzlosen Zeit ist jetzt durch einen **Zustand des Gesetzeswirrwarrs** abgelöst worden, da nunmehr 16 unterschiedliche Landesregelungen zum Jugendstrafvollzug gelten (s. § 1 Rn 3).

---

17 Siehe § 115 JGG a.F.
18 Kreideweiß, Die Reform des Jugendstrafrechts, 1993.
19 Nachweise bei Ostendorf, JGG, 7. Aufl., §§ 91–92 Rn 3.
20 NJW 2006, 2093.

II. Internationale und europäische Vorgaben
1. Die Bedeutung für das Länderstrafvollzugsrecht

In der Entscheidung des Bundesverfassungsgerichts vom 31.5.2006 zum Erfordernis einer gesetzlichen Grundlage für den Jugendstrafvollzug wird die Bedeutung völkerrechtlicher Vorgaben sowie internationaler Standards ausdrücklich angesprochen: „Auf eine den grundrechtlichen Anforderungen nicht genügende Berücksichtigung vorhandener Kenntnisse oder auf eine den grundrechtlichen Anforderungen nicht entsprechende Gewichtung der Belange der Inhaftierten kann es hindeuten, wenn völkerrechtliche Vorgaben oder internationale Standards mit Menschenrechtsbezug, wie sie in den im Rahmen der Vereinten Nationen oder von Organen des Europarats beschlossenen einschlägigen Richtlinien und Empfehlungen enthalten sind, nicht beachtet bzw. unterschritten werden."[21] Damit wird einmal der gesetzgeberische Gestaltungsraum eingegrenzt, zum anderen folgt hieraus für die Gesetzesanwendung, im Rahmen der Auslegung Rücksicht zu nehmen. Dies ist für internationale Vorgaben, die durch ein Bundesgesetz in innerdeutsches Recht umgesetzt wurden, verbindlich („hard-law"). Abgesehen von der bundesstaatsfreundlichen Rechtspflicht, aus der eine Verpflichtung der Länder zur Beachtung von völkerrechtlichen Verträgen des Bundes resultiert,[22] folgt dies aus Art. 31 GG, da trotz der Abgabe der Gesetzgebungskompetenz für den Strafvollzug an die Länder der Bund zuständig ist für die auswärtigen Beziehungen (Art. 73 Nr. 1, Art. 32 GG). Für so einen Kollisionsfall beiderseitiger Kompetenzen bricht Bundesrecht Landesrecht. Soweit es sich „nur" um Empfehlungen handelt („soft-law"), drückt sich darin doch eine internationale Anerkennung aus, die auch für die nationale Anwendung eine richtungsweisende Bedeutung im Sinne eines rechts- und sozialstaatlichen Umgangs mit jungen Strafgefangenen erlangt. Im Rahmen einer teleologischen Norminterpretation ist die internationale Rechtsposition ein wichtiger Faktor. Hierbei ist zu beachten, dass es sich bei den internationalen Vorgaben allesamt um **Minima** handelt, also um den kleinsten gemeinsamen Nenner, auf den man sich unter sehr unterschiedlichen Staaten im Hinblick auf rechts- und sozialstaatliche Anforderungen hat einigen können.

2. Rechtsquellen
a) Hard-law

■ Erste Rechtsquelle mit Hard-law-Charakter ist die **Konvention zum Schutze der Menschenrechte und Grundfreiheiten** (EMRK) aus dem Jahre 1950, durch Bundesgesetz vom 7.8.1952 transformiert.[23] Verboten sind damit Folter und eine unmenschliche oder erniedrigende Behandlung im Strafvollzug (**Art. 3 EMRK**). Dieses Folterverbot ist durch das europäische Übereinkommen zur Verhütung von Folter und unmenschlicher und erniedrigender Behandlung und Strafe aus dem Jahre 1987, in Kraft gesetzt seit dem 1.2.1989[24] konkretisiert, vor allem durch die Kontrolle einer unabhängigen Expertenkommission in Ausübung eines jeder-

---

21 BVerfG NJW 2006, 2093, 2097 mit Fundstellenhinweisen.
22 BVerfGE 6, 309, 361 f.
23 BGBl. II, 685 ff; letzte Fassung vom 17.5.2002, BGBl. II, 1054.
24 BGBl. II, 946.

Vorbemerkungen

zeitigen Besuchsrechts der Anstalten. Strafvollzugsrechtliche Bedeutung haben weiterhin **Art. 8** (Recht auf Achtung des Privat- und Familienlebens), **Art. 13** (Recht auf wirksame Beschwerde) und **Art. 14** (Diskriminierungsverbot). Indizielle Auswirkungen auf den Vollzugsalltag hat auch die Pflicht, den Beschuldigten in einer verständlichen Sprache über die Gründe der Strafverfolgung zu informieren (**Art. 5 Abs. 2 EMRK**).

- Zweite verbindliche Rechtsquelle ist der **Internationale Pakt über bürgerliche und politische Rechte** aus dem Jahre 1966.[25] Neben der Wiederholung des Folterverbots in **Art. 7** mit dem zusätzlichen Verbot, medizinische oder wissenschaftliche Versuche ohne freiwillige Zustimmung durchzuführen, was selbstverständlich auch für Gefangene gilt, ist **Art. 10** unmittelbar einschlägig:

„Abs. 1

Jeder, dem seine Freiheit entzogen ist, muss menschlich und mit Achtung vor der dem Menschen innewohnenden Würde behandelt werden.

Abs. 2 a)

Beschuldigte sind, abgesehen von außergewöhnlichen Umständen, von Verurteilten getrennt unterzubringen und so zu behandeln, wie es ihrer Stellung als nicht Verurteilter entspricht.

Abs. 2 b)

Jugendliche Beschuldigte sind von Erwachsenen zu trennen und es hat so schnell wie möglich ein Urteil zu ergehen.

Abs. 3

Der Strafvollzug schließt eine Behandlung der Gefangenen ein, die vornehmlich auf ihre Besserung und gesellschaftliche Wiedereingliederung hinzielt. Jugendliche Straffällige sind von Erwachsenen zu trennen und ihrem Alter und ihrer Rechtsstellung entsprechend zu behandeln."

b) Soft-law

11 - Neben den Mindestgrundsätzen der Vereinten Nationen für die Jugendgerichtsbarkeit vom 29.11.1985, in denen im Teil 5 Regeln zur Ausbildung und Arbeit enthalten sind (zitiert im § 4 Rn 5), sind hier als erstes die **Regeln der Vereinten Nationen zum Schutz von Jugendlichen unter Freiheitsentzug**, verabschiedet mit der Resolution 45/113 der Generalversammlung vom 14.12.1990 zu nennen.[26] Diese Regeln haben mehr als einen Empfehlungscharakter, da sie als Soll-Vorschriften formuliert sind. Sie zeichnen sich weiterhin dadurch aus, dass nicht nur Grundsätze formuliert werden, sondern detaillierte Regeln für den Vollzugsalltag.

– „Jugendliche, die die Sprache des Personals der freiheitsentziehenden Einrichtung nicht beherrschen, müssen sich eines kostenfreien Dolmetschers bedienen

---

25 BGBl. II 1973, 1534.
26 Veröffentlicht in: Internationale Menschenrechtsstandards und das Jugendkriminalrecht, zusammengestellt von Höynck, Neubacher, Schüler-Springorum, hrsg. vom Bundesministerium der Justiz, 2001, S. 94 ff.

dürfen, wo immer dies nötig erscheint, vor allem während medizinischer Untersuchungen und im Verfahren über Disziplinarmaßnahmen." (Nr. 6)
- „Soweit möglich, soll jeder Jugendliche einzelne Tatsachen oder Wertungen in seiner Personalakte anfechten können, um eine Berichtigung unzutreffender, unbegründeter oder unsachlicher Feststellungen zu erreichen." (Nr. 19)
- „Die Eltern, Vormünder oder nächsten Angehörigen eines betroffenen Jugendlichen sind über Aufnahme, Ort der Unterbringung, Verlegung und Entlassung jeweils unverzüglich zu unterrichten." (Nr. 22)
- „Anlässlich der Aufnahme sind allen Jugendlichen ein Exemplar der Anstaltsordnung sowie eine schriftliche Information über ihre Rechte und Pflichten auszuhändigen, abgefasst in verständlicher Sprache." (Nr. 24)
- „In allen Hafteinrichtungen sind Jugendliche von Erwachsenen zu trennen, es sei denn, sie sind Mitglieder derselben Familie." (Nr. 29)
- „Offene Haftanstalten für Jugendliche sind einzurichten. Offene Anstalten sind solche mit keinen oder nur geringen Sicherheitsvorkehrungen. Die Anzahl der Plätze in ihnen sollte so klein wie möglich sein. In geschlossenen Anstalten ist die Zahl der Jugendlichen klein genug zu halten, um eine individualisierende Behandlung zu erlauben. Haftanstalten für Jugendliche sollten dezentralisiert und von ihrer Größe her geeignet sein, den Familien Zugang zu den Jugendlichen und Kontakte mit ihnen zu erleichtern. Kleine Haftanstalten besonderer Art sollten geschaffen und zugleich in die soziale, wirtschaftliche und kulturelle Umgebung der Gemeinde eingebettet werden." (Nr. 30)
- „Die sanitären Einrichtungen sind örtlich so anzubringen und müssen so beschaffen sein, dass jeder Jugendliche seinen natürlichen Bedürfnissen in Abgeschlossenheit, sauber und diskret nachkommen kann." (Nr. 34)
- „Soweit als möglich sollen die Jugendlichen ihre eigene Kleidung tragen dürfen." (Nr. 36)
- „Jeder Jugendliche hat das Recht, mindestens zweimal pro Woche mit einer Person seiner Wahl in briefliche oder fernmündliche Verbindung zu treten, soweit keine gesetzlichen Einschränkungen gelten; ihm muss geholfen werden, von diesem Recht auch tatsächlich Gebrauch zu machen. Jeder Jugendliche hat das Recht, Post zu empfangen." (Nr. 61)
- „In freiheitsentziehenden Einrichtungen für Jugendliche sind das Tragen und der Gebrauch von Waffen zu verbieten." (Nr. 65)
- „Es ist anzustreben, ein unabhängiges Amt (Ombudsmann) zu schaffen, das Beschwerden von Jugendlichen unter Freiheitsentzug entgegennimmt, überprüft und dazu beiträgt, sie befriedigenden Lösungen zuzuführen." (Nr. 77)
- „Allen Jugendlichen müssen besondere Vorkehrungen zugute kommen, die sie darin unterstützen, nach der Entlassung in die Gesellschaft, die Familie, die Schulausbildung oder eine Arbeitsstelle zurückzukehren. Zu diesem Zweck sind geeignete Verfahren einschließlich einer vorzeitigen Entlassung sowie Vorbereitungskurse vorzusehen." (Nr. 79)

Vorbemerkungen

Die Regeln sind Wegweiser für den Gesetzgeber und eine Fundgrube für den Gesetzesanwender!

12 ■ Auf europäischer Ebene hat das Ministerkomitee des Europarats die **Empfehlung „Rec (2006) 2 on the European Prison Rules"**[27] am 11.1.2006 verabschiedet. Obwohl diese Strafvollzugsgrundsätze nur für den Erwachsenen-Strafvollzug und die U-Haft gelten,[28] müssen sie als Mindeststandards auch für den Jugendstrafvollzug ihre Wirkung entfalten. So sollen nach der Empfehlung „Rec (1987) 20 über die gesellschaftlichen Reaktionen auf Jugendkriminalität" des Ministerkomitees des Europarats für die Verbüßung von Strafen Minderjähriger günstigere Bedingungen geschaffen werden, als sie für Erwachsene gesetzlich vorgesehen sind.[29] Folgende Grundprinzipien gelten demnach auch für den Jugendstrafvollzug:

- „Mittelknappheit kann keine Rechtfertigung sein für Vollzugsbedingungen, die gegen die Menschenrechte von Gefangenen verstoßen." (Nr. 4)
- „Das Leben in der Vollzugsanstalt ist den positiven Aspekten des Lebens in der Gesellschaft soweit wie möglich anzugleichen." (Nr. 5)
- „Jede Freiheitsentziehung ist so durchzuführen, dass sie Personen, denen die Freiheit entzogen ist, die Wiedereingliederung in die freie Gesellschaft erleichtert." (Nr. 6)
- „Die Zusammenarbeit mit externen sozialen Diensten und, soweit dies möglich ist, die Beteiligung der Zivilgesellschaft am Leben in der Vollzugsanstalt sind zu fördern." (Nr. 7)
- „Das Personal in den Vollzugsanstalten erbringt eine wichtige öffentliche Dienstleistung und ist durch die Einstellungspraxis, Ausbildung und Arbeitsbedingungen in die Lage zu versetzen, bei der Betreuung der Gefangenen hohe Standards einzuhalten." (Nr. 8)

Obwohl es sich hier nur um Empfehlungen handelt und somit der Vorrang des Gemeinschaftsrechts nicht einzuhalten ist, gewinne sie gerade als europäische Empfehlung für die Mitglieder des Europarates Bedeutung.

Am 5.11.2008 hat das Ministerkomitee des Europarats die Empfehlung Rec (2008) 11 zum Vollzug bzw zur Vollstreckung ambulanter und freiheitsentziehender Sanktionen gegenüber Jugendlichen (**„European Rules for Juvenile Offenders Subject to Sanctions or Measures"** – ERJOSSM) verabschiedet.[30]

■ Der Freiheitsentzug ist nur zu dem Zweck durchzuführen, zu dem er verhängt wurde, und in einer Weise, die die damit verbundenen Beeinträchtigungen nicht zusätzlich erhöht (Rule 49.1).

---

27 Fundstelle https://wcd.coe.int/ViewDoc.jsp?id=955747 (letzter Zugriff: 28.3.2012).
28 Siehe Nr. 10.1–4; siehe auch Dünkel/Morgenstern/Zolondek NK 2006, 87.
29 Veröffentlicht in: Internationale Menschenrechtsstandards und das Jugendkriminalrecht, zusammengestellt von Höynck/Neubacher/Schüler-Springorum, hrsg. vom Bundesministerium der Justiz, 2001, S. 197 ff.
30 Siehe hierzu im Einzelnen Dünkel ZJJ 2011, 140 ff; zur Vereinbarkeit der Landesregelungen – Stand 2011 – mit dem ERJOSSM s. Kühl, Die gesetzliche Reform des Jugendstrafvollzugs in Deutschland im Licht der European Rules for Juvenile Offenders Subject to Sanctions or Measures (ERJOSSM), 2012.

- Beim Freiheitsentzug von Jugendlichen sollte[31] die Möglichkeit einer vorzeitigen Entlassung vorgesehen sein (Rule 49.2).
- Jugendliche, denen die Freiheit entzogen ist, müssen Zugang zu einer Auswahl an sinnvollen Beschäftigungen und Programmen auf der Grundlage eines umfassenden individuellen Vollzugsplanes haben, der auf ihre Entwicklung durch eine weniger einschneidende Gestaltung des Vollzugs sowie die Vorbereitung ihrer Entlassung und Wiedereingliederung in die Gesellschaft gerichtet ist. Diese Beschäftigungen und Programme sollen körperliche und geistige Gesundheit der Jugendlichen, ihre Selbstachtung und ihr Verantwortungsgefühl ebenso fördern wie die Entwicklung von Einstellungen und Fertigkeiten, die sie vor einem Rückfall schützen (Rule 50.1).
- Die Jugendlichen sollen angeregt werden, an solchen Beschäftigungen und Programmen teilzunehmen (Rule 50.2).
- Jugendliche, denen die Freiheit entzogen ist, sind zu ermutigen, Fragen zu den Rahmenbedingungen und Vollzugsangeboten innerhalb der Einrichtung zu erörtern und hierüber einen persönlichen oder gegebenenfalls gemeinsamen Austausch mit den Behörden zu pflegen (Rule 50.3).
- Um eine durchgehende Behandlung sicherzustellen, sind die Jugendlichen von Beginn an und über die gesamte Dauer des Freiheitsentzugs von den Stellen zu betreuen, die auch nach ihrer Entlassung für sie verantwortlich sein könnten (Rule 51).
- Da Jugendliche, denen die Freiheit entzogen ist, in hohem Maße schutzbedürftig sind, haben die Behörden ihre körperliche und psychische Unversehrtheit zu schützen und ihr Wohlergehen zu fördern (Rule 52.1).
- Besondere Beachtung ist auf die Bedürfnisse von Jugendlichen zu richten, die körperliche oder seelische Misshandlungen oder sexuellen Missbrauch erfahren haben (Rule 52.2).

III. Verfassungsrechtliche Vorgaben

Mit dem Strafvollzug wird in eine Vielzahl von Grundrechten des gefangenen Bürgers eingegriffen, vornehmlich natürlich in das Grundrecht auf Freiheit (Art. 2 Abs. 2 S. 2 GG) und der Freizügigkeit gem. Art. 11 GG. Im Weiteren wird mit der Trennung vom Ehepartner und der Familie in Art. 6 GG, mit der Brief- und Paketkontrolle, mit der Regelung des Telefonverkehrs in Art. 10 GG, mit der Anstaltsordnung in Art. 2 Abs. 1 und Art. 8 GG eingegriffen. Mit der Anwendung unmittelbaren Zwangs ist die körperliche Unversehrtheit gem. Art. 2 Abs. 2 S. 1 GG betroffen. Dementsprechend wird in den Ländergesetzen entsprechend dem Zitiergebot gem. Art. 19 Abs. 1 GG die Einschränkung von Grundrechten benannt, allerdings begrenzt auf die Grundrechte aus

13

---

[31] Die offizielle deutsche Übersetzung ist nicht ganz adäquat, da das Wort „shall" als „Muss"- Vorschrift anzusehen ist. Richtigerweise müsste es heißen: „Beim Freiheitsentzug ... ist die Möglichkeit einer vorzeitigen Entlassung vorzusehen." Für den deutschen Leser ist diese Entscheidung essenziell, weil die Vollzugsbehörden damit verpflichtet werden, sich bei der Entlassungsvorbereitung am möglichen vorzeitigen Entlassungstermin zu orientieren, vgl in diesem Sinne auch Rule 79.3.

Art. 2 Abs. 2 S. 1 und 2 und Art. 10 Abs. 1 GG (s. beispielhaft § 196 StVollzG). Auch wenn nach der Rechtsprechung des Bundesverfassungsgerichts das Zitiergebot eng auszulegen ist, damit es „nicht zu einer leeren Förmlichkeit erstarrt und den die verfassungsmäßige Ordnung konkretisierenden Gesetzgeber in seiner Arbeit unnötig behindert",[32] erscheint diese Begrenzung äußerst bedenklich, weil die mit dem Zitiergebot bezweckte Warnfunktion für den Gesetzgeber hier besonders geboten ist, um nicht scheinbar Selbstverständliches im Umgang mit Gefangenen aus Tradition fortzuschreiben. **Der Gefangene bleibt Bürger mit grundrechtlichen Verbürgungen.** Dementsprechend ist seine Menschenwürde zu achten: „Der Täter darf nicht zum bloßen Objekt der Verbrechensbekämpfung unter Verletzung seines verfassungsrechtlich geschützten sozialen Wert- und Achtungsanspruchs gemacht werden. Die grundlegenden Voraussetzungen individueller und sozialer Existenz des Menschen müssen erhalten bleiben."[33] Gemäß der Grundsatzentscheidung zum Jugendstrafvollzug vom 31.5.2006 folgt aus Art. 1 Abs. 1 GG „den Menschen nie als bloßes Mittel zu gesellschaftlichen Zwecken, sondern stets auch selbst als Zweck – als Subjekt mit eigenen Rechten und zu berücksichtigenden eigenen Belangen – zu behandeln."[34] Diese Grundrechtsverbürgung gilt auch für gefangene Menschen. Die Beachtung der Menschenwürde ist im Alltag des Vollzugs fortwährende Verpflichtung, die konkret zB eine menschenunwürdige Unterbringung verbietet.[35] Eine grundrechtliche Abwehr von unverhältnismäßigen Eingriffen folgt weiterhin aus dem Grundsatz der Verhältnismäßigkeit, der aus dem Rechtsstaatsprinzip gem. Art. 20 Abs. 3 GG abgeleitet wird. Aus der Verfassung ergeben sich darüber hinaus Leistungsverpflichtungen: „Aus Art. 1 Abs. 1 GG iVm dem Sozialstaatsprinzip ist daher – und das gilt insbesondere für den Strafvollzug – die Verpflichtung des Staates herzuleiten, jenes Existenzminimum zu gewähren, das ein menschenwürdiges Dasein überhaupt erst möglich macht."[36] Über dieses Existenzminimum hinaus hat das BVerfG aus der Beachtung der Menschenwürde und dem Sozialstaatsprinzip eine staatliche Verpflichtung zu einem Resozialisierungsstrafvollzug abgeleitet: „... nach allgemeiner Auffassung wird die Resozialisierung oder Sozialisation als das herausragende Ziel namentlich des Vollzuges von Freiheitsstrafen angesehen.[37] Dem Gefangenen sollen Fähigkeiten und Willen zu verantwortlicher Lebensführung vermittelt werden, er soll lernen, sich unter den Bedingungen einer freien Gesellschaft ohne Rechtsbruch zu behaupten, ihre Chancen wahrzunehmen und ihre Risiken zu bestehen. [...] Nicht nur der Straffällige muss auf die Rückkehr in die freie menschliche Gesellschaft vorbereitet werden; diese muss ihrerseits bereit sein, ihn wieder aufzunehmen."

Verfassungsrechtlich entspricht diese Forderung dem Selbstverständnis einer Gemeinschaft, die die Menschenwürde in den Mittelpunkt ihrer Wertordnung stellt und dem Sozialstaatsprinzip verpflichtet ist. Als Träger der aus der Menschenwürde folgenden und ihren Schutz gewährleistenden Grundrechte muss der verurteilte Straftäter die

---

[32] BVerfGE 35, 185, 188.
[33] BVerfGE 45, 187, 228.
[34] BVerfG NJW 2006, 2093, 2095.
[35] BVerfG StV 2002, 661.
[36] BVerfGE 45, 187, 228.
[37] Vgl auch BVerfGE 33, 1, 7 f.

Chance erhalten, sich nach Verbüßung seiner Strafe wieder in die Gemeinschaft einzuordnen. Vom Täter aus gesehen erwächst dieses Interesse an der Resozialisierung aus seinem **Grundrecht aus Art. 2 Abs. 1 iVm Art. 1 GG**. Von der Gemeinschaft aus betrachtet verlangt das **Sozialstaatsprinzip** staatliche Vor- und Fürsorge für Gruppen der Gesellschaft, die aufgrund persönlicher Schwäche oder Schuld, Unfähigkeit oder gesellschaftlicher Benachteiligung in ihrer persönlichen und sozialen Entfaltung behindert sind; dazu gehören auch die Gefangenen und Entlassenen. Nicht zuletzt dient die Resozialisierung dem Schutz der Gemeinschaft selbst: diese hat ein unmittelbares eigenes Interesse daran, dass der Täter nicht wieder rückfällig wird und erneut seine Mitbürger oder die Gemeinschaft schädigt."[38] In seiner Grundsatzentscheidung zum Jugendstrafvollzug hat das BVerfG eine sozialstaatliche Profilierung des Jugendstrafvollzugs eingefordert und Qualitätsanforderungen formuliert: „Dies betrifft insbesondere die Bereitstellung ausreichender Bildungs- und Ausbildungsmöglichkeiten, Formen der Unterbringung und Betreuung, die soziales Lernen in Gemeinschaft, aber auch den Schutz der Inhaftierten vor wechselseitiger Gewalt ermöglichen (zur Gefährdung u.a. des zuletzt genannten Ziels durch Überbelegung *J. Walter* in: Pollähne/Bammann/Feest, S. 1, 5 f), ausreichende pädagogische und therapeutische Betreuung sowie eine mit angemessenen Hilfen für die Phase nach der Entlassung (vgl BVerfGE 35, 202, 236) verzahnte Entlassungsvorbereitung."[39] Nur mit einem solchen Resozialisierungsstrafvollzug wird der Staat gleichzeitig seiner Aufgabe gerecht, die Bürger vor Straftaten zu schützen.

IV. Jugendstrafvollzug in der Praxis

1. Gefangenenzahlen

Der Vollzug der Jugendstrafe steht in Korrelation zu den Verurteilungen einer Jugendstrafe, wobei sich aber das Bild durch die Anrechnung der U-Haft, durch zeitliche Verzögerungen zum Strafantritt, durch die Reststrafenbewährung, durch Widerrufe von Bewährungen, durch Strafunterbrechungen und Beurlaubungen, durch Strafverschonungen gem. § 456 a StPO und Strafverbüßungen im Ausland, durch Herausnahme aus dem Jugendstrafvollzug gem. § 89 b Abs. 1 JGG sowie umgekehrt durch Hereinnahme von Erwachsenen in den Jugendstrafvollzug gem. § 114 JGG sowie schließlich in Einzelfällen durch Begnadigungen erheblich verändert.

14

„Eingangstor" sind die Verurteilungen zu einer Jugendstrafe. Diese haben sich in den alten Bundesländern in den letzten Jahren wiederum deutlich erhöht. Zahlen für die neuen Bundesländer liegen immer noch nicht vor. Zwischenzeitlich waren die Verurteilungen zu einer Jugendstrafe deutlich gesunken. Dies entsprach sowohl der damaligen Abnahme der polizeilich-registrierten Jugendkriminalität[40] als auch der kriminalpolitischen Strömung, die den ambulanten Sanktionen einen Vorrang einräumte. Schlusspunkt dieser Reformbewegung war das Erste Änderungsgesetz zum Jugendgerichtsgesetz aus dem Jahr 1990.[41]

---

38 BVerfGE 35, 202, 235, 236.
39 BVerfG NJW 2006, 2093, 2096.
40 S. Polizeiliche Kriminalstatistik 2005, S. 78, 80.
41 BGBl. I, 1853.

Vorbemerkungen

Jahr	Verurteilte	Erziehungsmaßregeln (allein)		Zuchtmittel (allein u. zus. m. Erziehungsmaßregeln)		Jugendstrafe (allein u. zus. m. Erziehungsmaßregeln und/oder Zuchtmitteln)	
			%		%		%
1970	89 593	4 065	(4,5)	73 841	(82,4)	11 687	(13,0)
1980	132 649	16 577	(12,5)	98 090	(73,9)	17 982	(13,6)
1985	119 126	22 124	(18,6)	79 330	(66,6)	17 672	(14,8)
1990	77 274	14 978	(19,4)	50 193	(65,0)	12 103	(15,7)
1995	76 731	6 494	(8,5)	56 357	(73,4)	13 880	(18,1)
2000	93 840	6 195	(6,6)	69 892	(74,5)	17 753	(18,9)
2010	90 511	9 846	(9,1)	81 377	(75,0)	17 241	(15,9)
2013	81 737	9 421	(11,5)	59 129	(72,3)	13 187	(16,2)

(Quelle: Statistisches Bundesamt, Fachserie 10 Reihe 3, Strafverfolgung; Gebiet: bis 1990 altes Bundesgebiet, ab 1995 altes Bundesgebiet einschließlich Berlin-Ost)

Im Hinblick auf den realen Vollzug von Jugendstrafen sind aber die Dauer der Jugendstrafen sowie die Strafaussetzung zur Bewährung relativierend zu berücksichtigen.

Nach der Strafhöhe wurden folgende Jugendstrafen ausgesprochen:

Jahr*	6 Monate bis 1 Jahr	1 Jahr bis 2 Jahre	2 Jahre bis 5 Jahre	5 Jahre bis 10 Jahre
1960	8 253 (82,1 %)	1 445 (14,4 %)	333 (3,3 %)	21 (0,2 %)
1970	8 318 (76,1 %)	2 071 (18,9 %)	496 (4,5 %)	45 (0,4 %)
1980	12 771 (72,2 %)	3 607 (20,4 %)	1 186 (6,7 %)	121 (0,7 %)
1985	11 493 (65,8 %)	4 343 (24,9 %)	1 488 (8,5 %)	139 (0,8 %)
1990	7 524 (62,2 %)	3 393 (28,0 %)	1 066 (8,8 %)	67 (0,6 %)
1995	7 890 (56,8 %)	4 496 (32,4 %)	1 416 (10,2 %)	78 (0,6 %)
2000	9 744 (54,9 %)	5 993 (33,8 %)	1 923 (10,8 %)	93 (0,5 %)
2010	8 615 (50,0 %)	6 313 (36,6 %)	2 233 (12,9 %)	80 (0,5 %)
2013	6 465 (49,0 %)	4 811 (36,5 %)	1 845 (14,0 %)	66 (0,5 %)

* Bis 1990 wurden nur die »bestimmten« Jugendstrafen gezählt.
(Quelle: Statistisches Bundesamt, Fachserie 10 Reihe 3, Strafverfolgung; Gebiet: bis 1990 altes Bundesgebiet, ab 1995 alte Länder einschl. Berlin-Ost)

Es zeigt sich, dass die kurzen Jugendstrafen von sechs Monaten bis zu einem Jahr deutlich weniger verhängt werden und insgesamt eine Tendenz zu höheren Jugendstrafen besteht. Jugendstrafen bis zu zwei Jahren werden allerdings überwiegend zur Bewährung ausgesetzt. Die Aussetzungsquote liegt in den letzten Jahren bei 71 %. Hierbei ist die Aussetzungsquote bei den Jugendstrafen bis zu einem Jahr – naturgemäß – höher.

IV. Jugendstrafvollzug in der Praxis

Jahr	Jugendstrafe ½–1 Jahr	davon Aussetzung	Jugendstrafe 1–2 Jahre	davon Aussetzung
1960	8 253	4 553 (55,2 %)	0	0
1970	8 318	6 052 (72,8 %)	0	0
1980	12 771	10 161 (79,6 %)	3 607	1 031 (28,6 %)
1985	11 493	9 093 (79,1 %)	4 343	1 843 (42,7 %)
1990	7 542	5 961 (79,0 %)	3 393	1 823 (53,7 %)
1995	7 890	6 193 (78,5 %)	4 496	2 682 (59,7 %)
2000	9 744	7 649 (78,5 %)	5 993	3 379 (56,4 %)
2010	8 615	7 072 (82,1 %)	6 313	3 786 (60,0 %)
2013	6 465	5 229 (80,9 %)	4 811	2 762 (57,4 %)

(Quelle: Statistisches Bundesamt, Fachserie 10 Reihe 3, Strafverfolgung)

Ca. 42–44 % dieser Bewährungsstrafen werden widerrufen bzw durch Einbeziehung in ein neues Strafurteil, in der Mehrzahl mit einer unbedingten Jugendstrafe aufgehoben.

Jahr	insgesamt*	Erlass der Jugendstrafe		Ablauf der Unterstellungszeit (§ 24 Abs. 1 JGG)		Aufhebung der Unterstellung (§ 24 Abs. 2 JGG)		Einbeziehung in ein neues Urteil		Widerruf	
		n	%	n	%	n	%	n	%	n	%
2000	11 476	4 358	38,0	1 641	14,3	331	2,9	3 239	28,2	1 907	16,6
2005	16 905	6 341	37,5	2 973	17,6	476	2,8	4 203	24,9	2 775	16,4
2007	16 677	5 820	34,9	3 166	19,0	586	3,5	4 366	26,2	2 585	15,5
2009	16 769	5 982	35,7	2 860	17,1	478	2,9	4 678	27,9	2 620	15,6
2011	16 227	6 111	37,7	2 521	15,5	517	3,2	4325	26,7	2605	16,1

* Ohne Unterstellungen im Wege der Gnade und ohne Bewährungsaufsichten, die »aus anderen Gründen beendet« wurden.
(Quelle: Statistischen Bundesamt, Fachserie 10 Reihe 5, Bewährungshilfe; Gebiet alte Länder einschl. gesamt Berlin, ohne Hamburg; Ergebnisse für Schleswig-Holstein für das Jahr 2005 aus dem Jahr 2002)

Gefangenenzahlen und Altersstruktur (jeweils am 31.3. eines Jahres):[42]

Jahr	insgesamt	Anteil an Strafgefangenen u. Sicherungsverwahrten aller Altersgruppen	14–17 Jahre	18–20 Jahre	21 Jahre und mehr
1970	4 759	13,2 %	724 (15,2 %)	2 888 (60,7 %)	1 138 (23,9 %)
1980	6 490	15,4 %	760 (11,7 %)	3 494 (53,8 %)	2 236 (34,5 %)

Ostendorf

Vorbemerkungen

Jahr	insgesamt	Anteil an Strafgefangenen u. Sicherungsverwahrten aller Altersgruppen	14–17 Jahre	18–20 Jahre	21 Jahre und mehr
1985	6 360	13,1 %	631 (9,9 %)	3 238 (50,9 %)	2 491 (39,2 %)
1990	4 197	10,8 %	310 (7,4 %)	1 901 (45,3 %)	1 986 (47,3 %)
1995	4 980	10,7 %	545 (10,9 %)	2 354 (47,3 %)	2 081 (41,8 %)
2000	7 396	12,2 %	911 (12,3 %)	3 663 (50,0 %)	2 822 (38,2 %)
2005	7 061	11,1 %	727 (10,3 %)	3 422 (48,5 %)	2 912 (41,2 %)
2010	6 148	10,2 %	640 (10,4 %)	3 075 (50,0 %)	2 469 (40,2 %)
2014	4 910	9,0 %	500 (10,2 %)	2 178 (44,4 %)	2 232 (45,5 %)

(Quelle: Statistisches Bundesamt, Fachserie 10 Reihe 4.1, Strafvollzug; Gebiet: bis 1990 alte Bundesländer, ab 1995 Gesamtdeutschland)

Die Statistik zeigt, dass im Zeitraum 1980–1985, zurzeit der „alten" Bundesrepublik, die Gefangenenzahlen ihren absoluten Höchststand hatten, danach bis zur Wiedervereinigung deutlich zurückgegangen sind (von März 1983–Sept. 1989 um 46 %). Dem entspricht der prozentuale Anteil an der Gesamtpopulation der Strafgefangenen. Nach der Wiedervereinigung hat sich dieser Anteil wieder erhöht, was nur zum Teil dem Bevölkerungszuwachs entspricht. Seit 2005 sinken die Gefangenenzahlen, auch ein Zeichen dafür, dass schwere Jugendkriminalität nicht ansteigt, wie vielfach behauptet wird, sondern abnimmt.

In der Altersstruktur zeigt sich, dass sich der Jugendstrafvollzug mehr und mehr zu einem **Jungerwachsenenvollzug** entwickelt. Nur ca. 10 % der Gefangenen sind Jugendliche. Hierbei sind zusätzlich die Gefangenen zu berücksichtigen, die gem. § 89 b JGG aus dem Jugendstrafvollzug herausgenommen werden: 1 908 (31.3.2014).

---

42 Ostendorf, Jugendstrafrecht, Rn 352; Statistisches Bundesamt, Fachserie 10, Reihe 4.1.

IV. Jugendstrafvollzug in der Praxis

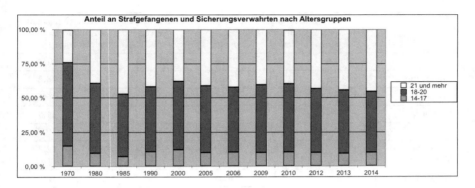

2. Gefangenenraten im Bund-Ländervergleich

Auffällig sind die extremen Unterschiede der Gefangenenraten und die zum Teil dramatischen Veränderungen in den einzelnen Bundesländern. Die geringsten Gefangenenraten weisen die Stadtstaaten Bremen und Hamburg auf sowie von den Flächenländern Schleswig-Holstein; die höchste Gefangenenrate hat Sachsen-Anhalt. Die neuen Bundesländer liegen insgesamt deutlich über dem durchschnittlichen Wert in den alten Bundesländern. Neben einer höheren Kriminalitätsbelastung in den neuen Bundesländern scheint hierfür eine härtere Sanktionierung durch die dortige Justiz mit Einschluss einer rigideren Entlassungspraxis ursächlich zu sein.[43] Insgesamt ist ein deutlicher Rückgang bei den Gefangenenraten festzustellen.

Auch die U-Haftzahlen sind rückläufig, wobei die Raten zT mit den Gefangenenraten korrelieren, zT der Eindruck einer Kompensation entsteht (zB Hamburg). Dies kann die These untermauern, dass mit Hilfe unechter (apokrypher) Haftgründe die Untersuchungshaft zur stationären Krisenintervention eingesetzt und damit Strafvollzug vorweggenommen wird.[44] Auf der anderen Seite scheinen kriminalpolitische Grundströmungen bis hin zu Vorgaben für die Strafrestaussetzung zur Bewährung sowie die Einrichtung von Haftentscheidungshilfen und Haftalternativen die Gefangenenraten maßgeblich zu beeinflussen.[45]

Gefangenenraten im Bund-Ländervergleich (jeweils am 31.3. eines Jahres):[46]

	Gefangenenrate im Jugendstrafvollzug (Verurteilte pro 100.000 der 15- bis 25-jährigen Altersgruppe)			Gefangenenrate in Untersuchungshaft (Verurteilte pro 100.000 der 14- bis 21-jährigen Altersgruppe)		
	2000	2010	2014	2000	2010	2014
Baden-Württemberg	69,4	64,5	59,9	44,3	26,9	27,8
Bayern	76,7	87,5	70,6	50,0	23,9	25,8
Berlin	92,9	127,1	99,1	59,8	49,8	50,9

---

43 Siehe hierzu Dünkel/Geng Forum Strafvollzug 2007, 65 ff.
44 Siehe hierzu Ostendorf/Sommerfeld, JGG, § 72 Rn 4 mwN.
45 Siehe auch Dünkel/Geng NK 2003, 148; Heinz in: FS für Jung, 2007, S. 285.

Vorbemerkungen

	Gefangenenrate im Jugendstrafvollzug (Verurteilte pro 100.000 der 15- bis 25-jährigen Altersgruppe)			Gefangenenrate in Untersuchungshaft (Verurteilte pro 100.000 der 14- bis 21-jährigen Altersgruppe)		
	2000	2010	2014	2000	2010	2014
Brandenburg	124,1	127,1	76,3	49,8	19,8	18,2
Bremen	134,4	60,9	27,8	59,3	23,7	26,6
Hamburg	52,4	62,2	37,3	69,5	41,4	41,9
Hessen	84,4	64,3	65,1	46,1	28,5	19,7
Mecklenburg-Vorpommern	148,4	119,0	128,9	53,4	35,3	22,3
Niedersachsen	92,1	86,8	62,9	34,7	15,7	12,4
Nordrhein-Westfalen	93,0	90,9	81,1	46,1	25,5	23,9
Rheinland-Pfalz	116,1	96,2	101,9	38,5	20,6	16,7
Saarland	114,2	67,5	85,4	46,0	25,7	24,6
Sachsen	145,0	108,1	97,2	61,6	14,7	19,6
Sachsen-Anhalt	132,8	135,8	139	58,1	27,7	16,1
Schleswig-Holstein	56,6	55,1	49,4	34,9	13,0	8,0
Thüringen	98,3	105,2	113,5	37,8	20,7	13,6
Alte Bundesländer insges.	85,2	80,5	71,5	45,6	25,0	23,5
Neue Bundesländer insges.	131,0	119,4	107,8	53,3	21,9	18,0
Deutschland insgesamt	94,3	86,0	75,6	47,3	24,6	22,9

(Quelle: Dünkel/Geng, NK 2011, 137 ff)

Gefangenenraten im Jugendstrafvollzug im Ländervergleich 2014:

Bundesland	Anzahl
Baden-Württemberg	489
Bayern	619
Berlin	227
Brandenburg	108
Bremen	14
Hamburg	55
Hessen	346
Mecklenburg-Vorpommern	118
Niedersachsen	466
Nordrhein-Westfalen	1 309
Rheinland-Pfalz	351

---

46 Dünkel/Geng NK 2011, 137 ff sowie Dünkel/Geng/von der Wense ZJJ 2015, 235.

Bundesland	Anzahl
Saarland	80
Sachsen	249
Sachsen-Anhalt	218
Schleswig-Holstein	118
Thüringen	143

(Quelle: Statistisches Bundesamt Fachserie 10 Reihe 4.1 Tab. 1.2)

3. Geschlecht, Personenstand, Ausländeranteil

Wie die Jugendkriminalität ganz **überwiegend männlich** ist, so sind auch die Gefangenen im Jugendstrafvollzug ganz überwiegend männlichen Geschlechts.

Aus den Zahlen ergibt sich weiterhin, dass der Ausländeranteil bis zur Jahrtausendwende deutlich zugenommen hat, seitdem gesunken ist. Die Hauptproblemgruppe im Jugendstrafvollzug sowie in der U-Haft sind weiterhin **ausländische Gefangene**, aber auch Deutsche mit ausländischen Wurzeln aufgrund fehlender oder mangelnder Sprachkenntnisse, kultureller Eigenarten bis hin zu besonderen Essensgewohnheiten sowie aufgrund gesellschaftlicher Ausgrenzungen und fehlender Perspektiven für die Zeit nach ihrer Entlassung.[47] Hinzu kommt der häufig nicht geklärte ausländerrechtliche Status. Dies führt zT zu einer subkulturellen Bandenbildung.[48] Die frühere Problemgruppe der sog. **Spätaussiedler** hat sich aufgrund des geringen Nachzugs reduziert.

Ein kleiner Teil der Gefangenen ist verheiratet, wenige schon geschieden, wobei zu berücksichtigen ist, das feste Partnerschaften heute zunehmend ohne Trauschein eingegangen werden. Die Problematik von schwangeren jungen Gefangenen scheint zuzunehmen.[49]

Strukturen im Jugendstrafvollzug (jeweils am 31.3. eines Jahres):[50]

Jahr	männlich	weiblich	verheiratet	geschieden	Ausländer
1990	4 087	110	164	15	777
1995	4 815	129	170	12	1 567
2000	7 192	204	178	19	1 605
2005	6 797	264	137	10	1 297
2010	5 979	205	77	11	1 276
2014	4 729	181	33	8	1 176

(Quelle: Statistisches Bundesamt, Fachserie 10 Reihe 4.1, Strafvollzug; Gebiet: bis 1990 alte Bundesländer, ab 1995 Gesamtdeutschland)

---

47 Siehe Walter DVJJ-Journal 2002, 133.
48 Siehe Walter NK 1998, 5 ff; zu Veränderungen in der „Szene" iS von Angleichung an die deutschen Jugendstrafgefangenen s. Stelly/Walter NK 2011, 50 ff.
49 Siehe Linnartz/Sütterlin-Müsse ZJJ 2013, 407 zur Situation in der JVA Köln.
50 Ostendorf, Jugendstrafrecht, Rn 353; Statistisches Bundesamt, Fachserie 10, Reihe 4.1.

Vorbemerkungen

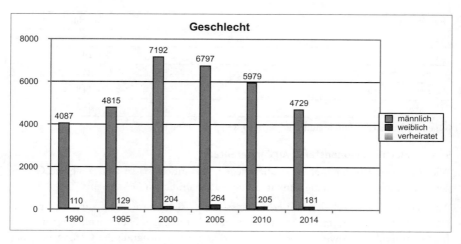

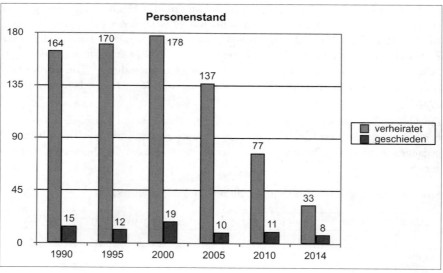

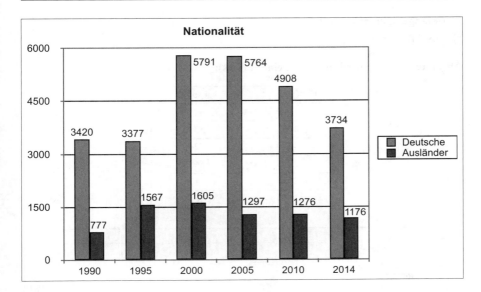

4. Deliktsstruktur

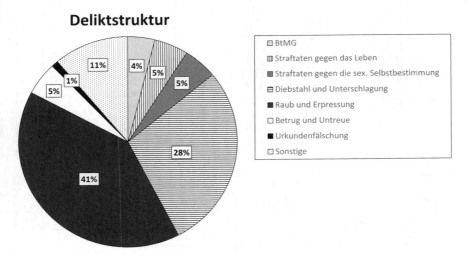

(Quelle: Statistisches Bundesamt Fachserie 10 Reihe 4.1 Tab. 5)

Die meisten Strafgefangenen im Jugendstrafvollzug „sitzen ein" wegen Eigentums- und Vermögensdelikten (30,9 %), gefolgt von Raub/Erpressung (25,3 %) und Körperverletzungsdelikten (22,2 %). Während der Anteil von Diebstahl und Unterschlagung in den letzten Jahren deutlich zurückgegangen ist, ist der Anteil der Gewaltdelikte deutlich gestiegen. Obwohl der Anteil der Gefangenen wegen Drogendelikten relativ gering und in den letzten Jahren weiter zurückgegangen ist, wird das Drogenproblem in den Anstalten als groß bezeichnet (Siehe hierzu Rn 24).

5. Gefangene im offenen Vollzug
a) Absolute Zahlen

18 Absolute Zahlen (jeweils am 31.3. eines Jahres):[51]

Jahr	absolut
1990	675
1995	534
2000	724
2005	549
2010	512
2014	484

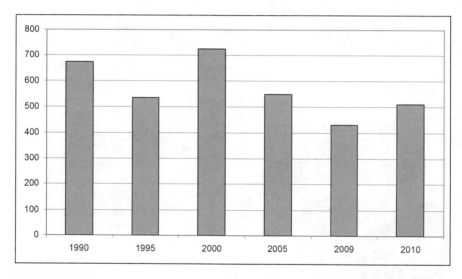

	Jugendstrafe	Offener Vollzug	%
Insgesamt	4 910	484	9,86
Jugendliche	500	11	2,20
Heranwachsende	2 178	177	8,13
Erwachsene	2 232	296	13,26

(Quelle: Statistisches Bundesamt Fachserie 10 Reihe 4.1 Tab. 3, 2014)

b) Bund-Ländervergleich[52]

19 In einigen Bundesländern wird der offene Vollzug nicht mehr durchgeführt. Insgesamt ist der Anteil mit 9,8 % marginal.

---

51 Ostendorf, Jugendstrafrecht, Rn 354; Statistisches Bundesamt, Fachserie 10, Reihe 4.1.
52 Dünkel/Geng/von der Wense ZJJ 2015, 237.

6. Belegungsfähigkeit und tatsächliche Belegung
a) Geschlossener Vollzug
Geschlossener Vollzug (Stichtag 31.3.2010):[53]

		Belegungsfähigkeit geschl. Jugendvollzug	Belegung geschl. Jugendvollzug	Belegungsquote geschl. Jugendvollzug
		Summe	Summe	%
Ba.-Wü.	Adelsheim	430	360	83,7
	Pforzheim	108	80	74,1
Bayern	Aichach	57	25	43,9
	Ebrach	338	300	88,8
	Laufen-Lebenau	174	178	102,3
	Neuburg-Herrenwörth	167	174	104,2
Berlin	Berlin	502	437	87,1
Brbg.	Cottbus-Dissenchen	144	108	75,0
	Wriezen	150	96	64,0
Bremen	Bremen	78	59	75,6
Hamb.	Hahnöfersand	212	138	65,1
Hessen	Rockenberg	211	186	88,2
	Wiesbaden	280	263	93,9
M.-V.	Neustrelitz	264	222	84,1
NS	Hameln/Göttingen	599	566	94,5
NRW*	Heinsberg	220	212	96,4
	Herford	376	337	89,6
	Iserlohn	248	168	67,7
	Siegburg	569	494	86,8
Rh.-Pf.	Schifferstadt	234	232	99,2
	Wittlich	170	167	98,2
	Zweibrücken	14	9	64,3
Saarl.	Ottweiler	134	109	81,3
Sachsen	Chemnitz	41	28	68,3
	Regis-Breitingen	326	299	91,7
Sa.-An.	Raßnitz	378	315	83,3
SH	Schleswig/Neumünster	73	67	91,8
Thü.	Ichtershausen/Weimar	288	240	83,3
Tabellen-Gesamtwert		6 785	5 869	86,5

---

53 Dünkel/Geng NK 2011, 139.

Vorbemerkungen

* Die Anstalt Hövelhof (NRW) ist in der vorliegenden Tabelle nicht ausgewiesen, da sie ausschließlich den offenen Vollzug betrifft.

Obwohl sich die Belegungssituation in den letzten Jahren entspannt hat, gibt es in einigen Anstalten eine zT deutliche Überbelegung, die weder den Anforderungen an eine menschenwürdige Unterbringung noch den Anforderungen an einen Behandlungsvollzug gerecht wird. Überbelegung begünstigt zudem eine Gewalteskalation unter den Gefangenen (s. den Foltermord vom 11.11.2006 in der JVA Siegburg).[54]

b) Offener Vollzug

21 Offener Vollzug (Stichtag 31.1.2006):[55]

		Belegungsfähigkeit offener Jugendvollzug	Belegung offener Jugendvollzug	Belegungsquote offener Jugendvollzug
		Summe	Summe	%
Ba.-Wü.	Adelsheim	16	12	75,0
Bayern	Aichach	6	4	66,7
	Neuburg-Herrenwörth	20	12	60,0
Berlin	Berlin	60	37	61,7
Brbg.	Wriezen	30	12	40,0
Bremen	Bremen	6		0,0
Hamb.	Hahnöfersand	22	6	27,3
Hessen	Rockenberg	14	9	64,3
M.-V.	Neustrelitz	40	19	47,5
NS	Göttingen/Rosdorf	125	95	76,0
	Hameln	32	21	65,6
NRW	Heinsberg	24	25	104,2
	Hövelhof	232	209	90,1
	Iserlohn	44	30	68,2
Sachsen	Zeithain	34	36	105,9
	Zwickau	13	13	100,0
Sa.-An.	Raßnitz	20	10	50,0
SH	Schleswig/Neumünster	10	5	50,0
Thü.	Ichtershausen/Weimar	15	7	46,7
Tabellen-Gesamtwert		**763**	**562**	**73,7**

Im Vergleich zum geschlossenen Vollzug „spielt" der offene Vollzug ein Schattendasein, wobei die Haftplätze nicht einmal ausgeschöpft werden.

---

54 Siehe hierzu § 8 Rn 13, 14.
55 Dünkel/Geng Forum Strafvollzug 2007, 74.

7. Vollzugslockerungen und Hafturlaub

Lockerungspraxis im Jugendstrafvollzug 2010[56]

Bundes-land/ Region	Jugend-straf-gefangene (31.3.2010)	Ausgang pro 100 Straf-gefangene	Erstmalig Ausgang* pro 100 Straf-gefangene	Beurlau-bung pro 100 Straf-gefangene	Erstmalig Urlaub* pro 100 Straf-gefangene	Freigang pro 100 Straf-gefangene	Erstmalig Freigang* pro 100 Straf-gefangene
BW	546	485,0	55,3	181,9	33,0	10,6	10,6
BY	666	95,5	53,3	94,4	44,0	1,4	1,4
BE	388	1 218,6	77,8	318,0	44,8	29,1	25,8
BB	206	747,1	17,5	32,5	3,9	5,8	3,4
HB	43	3.904,7	93,0	488,4	67,4	53,5	32,6
HH	85	882,4	37,6	164,7	22,4	11,8	11,8
HE	357	889,4	35,3	218,5	26,9	8,1	5,3
MV	172	247,1	50,6	88,4	19,8	11,6	10,5
NI	635	2 158,9	(15,4)	173,4	8,5	71,7	4,7
NW	1 451	432,5	18,6	471,5	21,4	10,9	7,4
RP	361	892,8	29,9	133,0	13,9	12,5	10,2
SL	87	649,4	41,4	357,5	25,3	48,3	11,5
SN	354	215,8	8,8	27,1	3,4	0,8	0,8
ST	291	147,1	19,2	6,5	2,1	1,7	1,7
SH	148	733,8	29,1	94,6	18,9	6,8	6,8
TH	218	187,2	30,7	63,3	15,6	0,0	0,0
alte BL	4 767	807,1	35,0	269,8	25,7	20,0	8,3
neue BL	1 241	287,2	22,3	38,0	7,6	3,2	2,7
D insg.	6 008	699,7	32,4	221,9	22,0	16,5	7,1

Die Vollzugslockerungen werden sehr unterschiedlich gewährt (zu früheren Zahlen und zur unterschiedlichen Praxis im geschlossenen und offenen Vollzug siehe 2. Auflage Rn 22, 23). Hier wirkt sich offensichtlich die „Anstaltspolitik" aus, die aus den Ministerien vorgegeben wird.

8. Dauer der Haftzeit

Die Dauer der Haftzeit ist naturgemäß entscheidend für die Dauer und Intensität von Ausbildung und therapeutischen Maßnahmen im Vollzug. Diese Haftdauer bestimmt sich aufgrund der Möglichkeit der **vorzeitigen Entlassung gem. § 88 JGG** nicht automatisch nach der Dauer der verurteilten Jugendstrafe. Nur ein Teil der Gefangenen sind so genannte Vollverbüßer. Zu berücksichtigen ist weiter, dass nicht wenige Ge-

---

56 Die Tabelle ist entnommen von Dünkel/Geng BewHi 2012, 131. Zur Lockerungspraxis in Berlin, Mecklenburg-Vorpommern, Niedersachsen und Nordrhein-Westfalen im Jahr 2013, s. Dünkel/Geng/von der Wense ZJJ 2015, 91.

fangene aus dem Vollzug gem. § 456 a StPO abgeschoben werden bzw aus dem Vollzug zur Durchführung einer **Drogentherapie gem.** § 35 BtmG entlassen werden.

Voraussichtliche Vollzugsdauer ohne vorzeitige Entlassung auf Bewährung (jeweils am 31.3. eines Jahres):[57]

Jahr	> 1 M.	1 M. bis > 3 M.	3 M. bis > 6 M.	6 M. bis ≥ 9 M.	< 9 M. bis ≥ 1 J.	< 1 J. bis ≥ 2 J.	< 2 J. bis ≥ 5 J.	< 5 J. bis ≥ 10 J.	< 10 J. bis ≥ 15 J.
1990	2	25	180	415	590	1574	1119	210	0
1995	5	43	237	425	561	1901	1611	196	0
2000	10	69	334	716	822	2913	2287	242	2
2005	7	39	292	626	827	2779	2220	271	0
2010	4	40	234	567	673	2244	2226	196	0
2014	4	38	151	470	531	1771	1804	141	0

Die Praxis der Entlassungen gem. § 88 (bis 1995 auch gem. § 89) ist schwer zu überprüfen; eine genaue statistische Erfassung erfolgt nicht. Veröffentlicht werden lediglich die jährlichen Entlassungen mit einer Reststrafenbewährung gem. §§ 88, 89.

Reststrafenbewährungen:

1985	4 327
1990	2 834
1995	2 909
2000	3 329
2005*	3 176
2010*	2 924

* Aufgrund einer Umstellung des Erhebungsverfahrens über die Belegung der Justizvollzugsanstalten handelt es sich bei diesen Zahlen um eine ganzjährliche Hochrechnung basierend auf Erhebungen eines Intervalls von drei Kalendermonaten.

(Quelle: Statistisches Bundesamt, Fachserie 10, Reihe 4.2, Strafvollzug)

(Gebiet: bis 1991 alte Länder, 1992 alte Länder einschl. Berlin-Ost, ab 1993 Gesamtdeutschland)

Auffällig sind die unterschiedlichen Entlassungsquoten in den einzelnen Bundesländern, wobei sogar innerhalb der Bundesländer von Anstalt zu Anstalt gravierende Unterschiede festgestellt wurden.[58]

Hierbei hat sich mit der Neuformulierung des § 88 JGG durch das Gesetz zur Bekämpfung von Sexualdelikten und anderen gefährlichen Straftaten vom 26.1.1998 eine deutlich restriktivere Entlassungspraxis entwickelt, obwohl sich eine Verschär-

---

57 Statistisches Bundesamt, Fachserie 10, Reihe 4.1.
58 Siehe Dünkel/Rosner, Die Entwicklung des Strafvollzugs in der Bundesrepublik Deutschland seit 1970, 1982, S. 79, 420; von Moers, Die vorzeitige Entlassung aus dem Jugendstrafvollzug, 1992, S. 163, 166.

fung der sachlich rechtlichen Voraussetzungen für eine vorzeitige Entlassung weder aus dem Wortlaut noch aus der Entstehungsgeschichte ableiten lässt.[59]

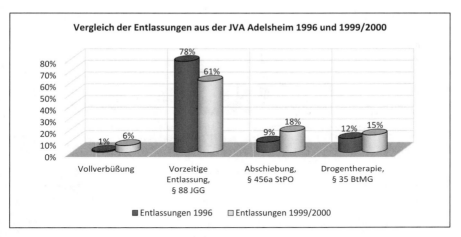

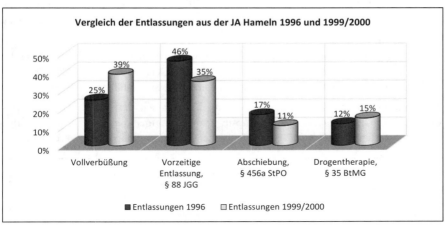

---

[59] OLG Frankfurt NStZ-RR 1999, 91; Schönberger NStZ 1999, 103; Dessecker StV 1999, 682; Ostendorf, JGG, § 88 Rn 6 mwN.

Vorbemerkungen

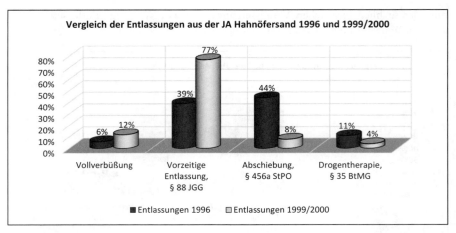

(Fundstelle: Röthel, Vorzeitige Entlassung aus dem Jugendstrafvollzug, 2007, S. 119, 126, 131).

Auch in Mecklenburg-Vorpommern ging der Anteil der bedingt Entlassenen aus dem Jugendstrafvollzug im Zeitraum 1996-2000 von knapp 60 % auf 39 % zurück.[60]

Hinzuweisen ist, dass bei kürzeren Jugendstrafen der Prozentsatz der Vollverbüßer deutlich höher liegt.[61]

Auch die Zeitpunkte für die vorzeitige Entlassung sind in den einzelnen Anstalten sehr unterschiedlich. Von Gesetzes wegen kann gem. § 88 JGG im Vergleich zu § 57 StGB im Jugendstrafvollzug deutlich früher entlassen werden (s. hierzu näher § 2 Rn 51).

Auch hinsichtlich des Entlassungszeitpunktes hat sich seit der Neuformulierung des § 88 JGG durch das Gesetz zur Bekämpfung von Sexualdelikten und anderen gefährlichen Straftaten vom 26.1.1998 eine deutliche Verlagerung nach hinten ergeben.

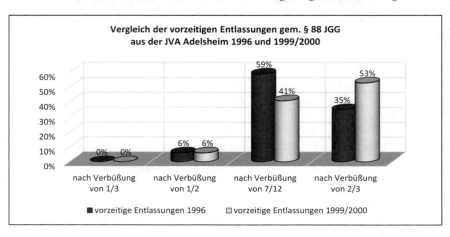

---

60 Dünkel/Geng Forum Strafvollzug 2007, 65.
61 Siehe Röthel, Vorzeitige Entlassung aus dem Jugendstrafvollzug 1992, S. 118.

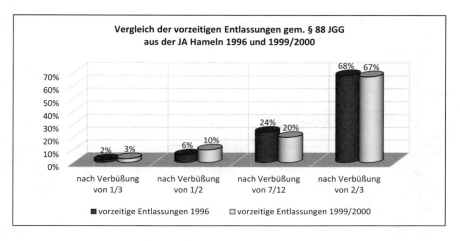

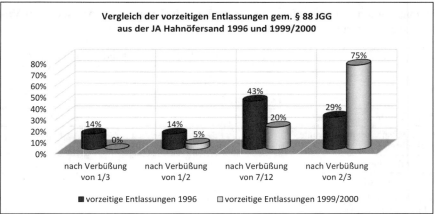

(Fundstelle: Röthel, Vorzeitige Entlassung aus dem Jugendstrafvollzug, 2007, S. 123, 128, 135)

Trotz der restriktiveren Entlassungspraxis ist der durchschnittliche Behandlungszeitraum im Jugendstrafvollzug relativ kurz und er beträgt in Schleswig-Holstein ca. 12 Monate (2006).

9. Die psycho-soziale Situation der Gefangenen
a) Bildungsstand

Die Gefangenen im Jugendstrafvollzug weisen im Durchschnitt **erhebliche Defizite in der Schulausbildung** auf. Nach einer repräsentativen Studie aus dem Jahr 1995 haben 60 % keinen Schulabschluss.

Im Jahr 2008 hatten von den männlichen Gefangenen im Jugendstrafvollzug ebenfalls nach einer repräsentativen Studie 48 % keinen Schulabschluss, 40 % den Hauptschulabschluss, 3 % den Förderschulabschuss, 8 % den Realschulabschluss und 1 %

das Abitur.[62] Im Jahr 2012 hatten von 149 befragten weiblichen Gefangenen 59 % keinen Schulabschluss, 29 % den Haupt-, 9 % den Realschulabschluss und 3 % die (Fach-)Hochschulreife.[63]

Bildungsstand straffälliger Jugendlicher und Heranwachsender aus 20 von 27 Jugendanstalten 1995:[64]

Schulabschluss	männlich absolut	%	weiblich absolut	%
Ohne Abschluss	2401	56,95	107	59,80
Sonderschule	409	9,70	4	2,40
Hauptschule	1300	30,85	58	32,20
Realschule	101	2,40	10	5,40
Abitur	4	0,10	1	0,20
Gesamt	4 215	100	180	100

Bildungsstand der Jugendgefangenen in der Jugendvollzugsanstalt Adelsheim im Vergleich zur Altersgruppe 16-21 Jahre:[65]

	Jugendstrafgefangene 2009/2010 Selbstangaben (N=420)	Repräsentative Jugendstudie des DJI 2003 (N=1990)
Noch Schüler	9 %	37 %
Ohne Abschluss von der Schule abgegangen	31 %	3 %
Förderabschluss	4 %	–
Hauptschulabschluss	50 %	19 %
Mittlere Reife, Realschulabschluss, Fachschulreife	5 %	27 %
Fachhochschulreife, Abitur	0 %	10 %
Anderer Schulabschluss	1 %	1 %
Keine Angaben	–	3 %

Bildungsbiographie und Ausbildungs- bzw. Arbeitserfahrungen von männlichen und weiblichen Gefangenen im Jugendstrafvollzug[66]

Der Vorbildungsstand bei Strafantritt scheint sich in den letzten Jahren verbessert zu haben.[67] Schulische Defizite sind insbesondere bei Ausländern festzustellen. Dies gilt

---

62 Reinheckel, Geringqualifiktion bei männlichen Strafgefangenen im geschlossenen Jugendstrafvollzug der Bundesrepublik Deutschland, 2013.
63 Beer Forum Strafvollzug 2014, 359.
64 Bunk/Stentzel ZfStrVo 95, 73, 74. Zu deutlich besseren Werten nach einer Befragung von Gefangenen aller Altersgruppen s. BAG-S Informationsdienst Straffälligenhilfe 2/2007, S. 5.
65 Stelly/Thomas in: Erziehung und Strafe, hrsg. von Stelly/Thomas 2011, S. 140. Siehe auch Köhler, Psychische Störungen bei jüngeren Straftätern, 2004, S. 129; s. 1. Aufl. dieses Handbuchs, 1. Abschnitt Rn 22.
66 Befragung durch das Deutsche Jugendinstitut 2013, s. *Müller* ZJJ 2015, 257.
67 So für die Jugendstrafanstalt Schifferstadt Gudel NK 2013, 253: siehe auch § 4 Rn 12.

naturgemäß insbesondere für Deutschkenntnisse. Obwohl Spätaussiedler häufig auch mangelnde Deutschkenntnisse aufweisen, sind ihre in den Herkunftsländern erreichten Schulabschlüsse nach einer empirischen Erhebung überdurchschnittlich:[68]

Erreichte Schulabschlüsse zum Tatzeitpunkt

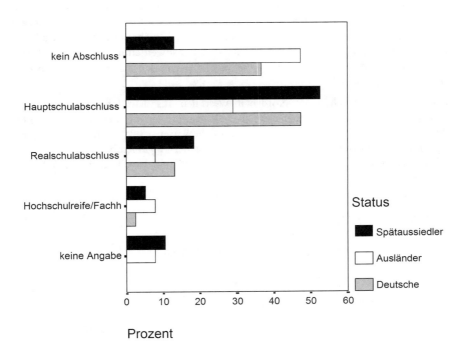

Ein Teil gehört darüber hinaus zu der Gruppe der funktionalen Analphabeten, dh die Betroffenen verfügen über eine so geringe Schriftsprachenkompetenz, dass sie diese im Alltag, insbesondere auch bei der Arbeit nicht funktional einsetzen können.[69]

b) Arbeitserfahrung

Viele junge Gefangene haben in der Arbeitswelt keine persönliche Befriedigung und Anerkennung erfahren. Auf Grund von Absagen bei der Arbeitssuche bzw von Angeboten mit geringen Qualifikationen und noch geringerer Entlohnung haben sich umgekehrt vielfach Frustrationen eingestellt, die zu einer negativen Einstellung zur Arbeit, zu Arbeitsunlust geführt haben. Die Folge davon ist eine Arbeitsentwöhnung und eine mangelnde Fähigkeit, sich in Arbeitsprozesse einzugliedern.

---

68 Ostendorf (Hrsg.), Kriminalität der Spätaussiedler – Bedrohung oder Mythos?, 2007, S. 58; untersucht wurden alle in der Justizvollzugsanstalt und in der Jugendanstalt Neumünster (Schleswig-Holstein) einsitzenden Gefangenen (n = 38) mit entsprechenden Vergleichsgruppen; ca. ⅓ waren hierbei im Jugendvollzug.
69 Siehe hierzu § 4 Rn 12.

c) Drogenkonsum bzw Drogenabhängigkeit

27 Gefangene mit Drogenerfahrung bzw mit einer Drogenabhängigkeit bedingen im Vollzug nicht nur besondere Anforderungen hinsichtlich der Drogenkontrolle und der medizinischen Betreuung, sie stellen auch im Hinblick auf ihre Sucht bzw im Hinblick auf Entzug ein besonderes Konfliktpotenzial dar. Im Hinblick auf das Resozialisierungsziel bedeutet die **Drogenabhängigkeit ein besonderes Rückfallrisiko**. Nach mehreren Untersuchungen hat sich die Drogenproblematik im Jugendstrafvollzug in den letzten Jahren verschärft, wobei zunehmend auch während der Haft legale wie illegale Drogen konsumiert werden, dh, dass auch insoweit ein Handel in den Anstalten stattfindet. Auch beginnen einige Gefangene erst in den Anstalten mit dem Konsum illegaler Drogen.

Nach einer Untersuchung in Nordrhein-Westfalen aus dem Jahr 1997 waren die Neuzugänge bis zum 21. Lebensjahr zu ¾ Konsumenten illegaler Drogen im Sinne des BtMG und zu 47,7 % abhängig. Jugendliche waren zu 28 % drogenabhängig.[70] Diese Drogenabhängigkeit lag deutlich über der der Allgemeinbevölkerung: 15–17-jährige waren in der Allgemeinbevölkerung zu 2,6 % und 18–24-jährige zu 5,2 % abhängig.

Eine in fünf Haftanstalten in Niedersachsen, Hamburg und Sachsen-Anhalt im Zeitraum 1998-2001 durchgeführte Untersuchung hatte folgendes Ergebnis:[71]

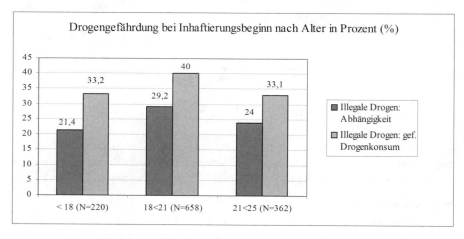

Eine Untersuchung der in der Jugendanstalt Schleswig neu aufgenommenen Gefangenen im Zeitraum 2001–2003 hatte folgendes Ergebnis:[72]

---

70 Wirth BewHi 2002, 104 ff.
71 Hosser Sucht Aktuell 2003, 57.
72 Köhler, Psychische Störungen bei jungen Straftätern, 2004, S. 157.

IV. Jugendstrafvollzug in der Praxis

Substanzmissbrauch nach DSM-IV in Prozent (N= 149):

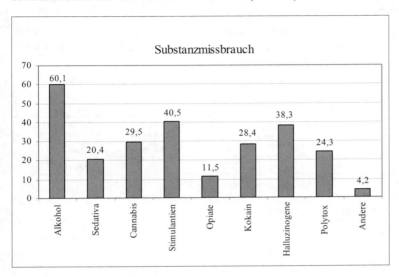

Substanzabhängigkeit nach DSM-IV in Prozent (N= 149):

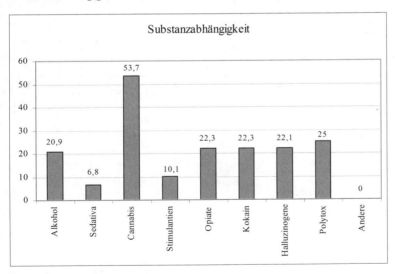

Eine Zugangsuntersuchung in 32 Justizvollzugsanstalten durch die Kriminologische Zentralstelle (n = 138 Jugendstrafgefangene) ergab, dass nach Einschätzung der anstaltsärztlichen Dienste 19 % der jungen Gefangenen mit an Sicherheit grenzender

Vorbemerkungen

Wahrscheinlichkeit psychisch und 13,8 % mit hoher oder sehr hoher Wahrscheinlichkeit körperlich alkoholabhängig waren.[73]

Eine Befragung durch den kriminologischen Dienst im Bildungsinstitut des niedersächsischen Jugendvollzuges im Jahr 2005 von Gefangenen im niedersächsischen Vollzug hatte folgendes Ergebnis:

Abhängigkeit von Drogen vor der Inhaftierung in verschiedenen Haftarten (Stichtagsuntersuchung, N = 461):

	Strafvollzug Frauen (N = 64)		Strafvollzug Männer (N = 321)		Jugendvollzug (N = 76)	
	n	%	n	%	n	%
Abhängigkeit vor der Inhaftierung	28	43,8	110	34,3	30	39,5
Abhängigkeit von ... vor der Inhaftierung						
Amphetamine	0	0,0	10	3,1	4	5,3
Bonzodiazepine	6	9,4	25	7,8	1	1,3
Marihuana / Haschisch	3	4,7	29	9,0	25	32,9
LSD/Mescalin/Pilze	0	0,0	5	1,6	1	1,3
Heroin / Codein / andere Opiate	18	28,1	68	21,1	3	3,9
Methadon / Subutex	15	23,4	24	7,5	2	2,6
Kokain	10	15,6	63	19,6	5	6,6
Crack	2	3,1	4	1,2	1	1,3
Antidepressiva	1	1,6	2	0,6	0	0,0

---

[73] Heimerdinger, Alkoholabhängige Täter: justizielle Praxis und Strafvollzug: Argumente zur Zurückstellung der Strafvollstreckung bei Therapieteilnahme, 2006, S. 48 und 75, 76; zu ähnlichen Ergebnissen s. Greve/Hosser/Pfeiffer, Gefängnis und die Folgen, KFN-Forschungsberichte Nr. 64, 1997. S. auch Wössner/Vogt MschrKrim 2010, 382 ff mit einer Sekundäranalyse und zu einem Gruppenangebot „Orientierungsgruppe Sucht" in der Jugendstrafanstalt Regis-Breitingen.

IV. Jugendstrafvollzug in der Praxis

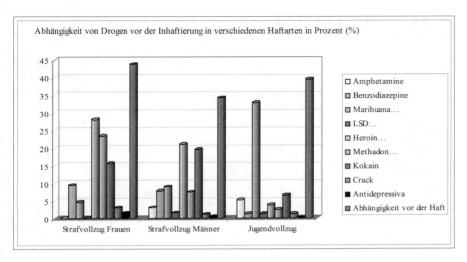

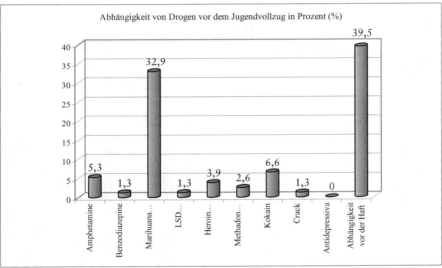

Im Jugendvollzug dominieren hiernach die sog. weichen Drogen. Dies setzt sich auch während der Haft fort.

Vorbemerkungen

Konsum von Drogen in Haft in verschiedenen Haftarten
(Stichtagsuntersuchung, N = 461):

	Strafvollzug Frauen (N = 64)		Strafvollzug Männer (N = 321)		Jugendvollzug (N = 76)	
	n	%	n	%	n	%
Irgendeine Droge illegal in Haft konsumiert	13	20,3	89	27,7	39	51,3
Diese Droge ... in Haft illegal konsumiert						
Amphetamine	1	1,6	2	0,6	3	3,9
Bonzodiazepine	1	1,6	18	5,6	1	1,3
Marihuana / Haschisch	9	14,1	82	25,5	39	51,3
LSD/Mescalin/Pilze	0	0,0	0	0,0	1	1,3
Heroin / Codein / andere Opiate	6	9,4	24	7,5	2	2,6
Methadon / Subutex	2	3,1	10	3,1	2	2,6
Kokain	3	4,7	6	1,9	3	3,9
Crack	0	0,0	0	0,0	1	1,3
Antidepressiva	1	1,6	3	0,9	0	0,0

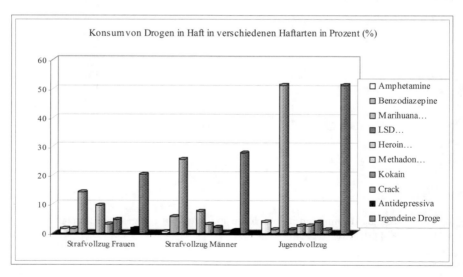

IV. Jugendstrafvollzug in der Praxis

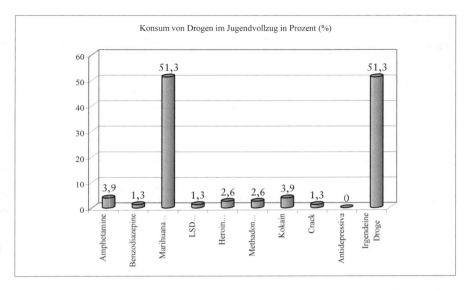

Nach einer Untersuchung im schleswig-holsteinischen Jugendstrafvollzug aus dem Jahr 2004 bekannten sich 71 % der einheimisch-deutschen Gefangenen zu einer Drogenabhängigkeit (legale wie illegale Drogen), von den Spätaussiedler-Gefangenen 73 %, während die ausländischen Gefangenen dies nur zu 44 % einräumten.[74] In einer Befragung in den Justizvollzugsanstalten der Länder Brandenburg, Bremen, Niedersachsen, Sachsen, Thüringen gab jeder vierte Gefangene aus dem Jugendstrafvollzug (N = 938) an, in den letzten vier Wochen vor der Befragung psychotrope Substanzen konsumiert oder damit gehandelt zu haben (Zeitraum der Befragung: April/Mai 2011–Jan.–Mai 2012).[75]

d) Psychische Störungen und Suizidhäufigkeit

Bei einem Großteil der jungen Gefangenen werden psychische Störungen diagnostiziert, wenn sie psychiatrisch-psychologisch untersucht werden. So wiesen nach einer Untersuchung im schleswig-holsteinischen Strafvollzug rund 81 % Störungen im Sozialverhalten auf und 77 % eine Persönlichkeitsstörung.

---

74 Ostendorf (Hrsg.), Kriminalität der Spätaussiedler – Bedrohung oder Mythos?, 2007, S. 51.
75 Bieneck/Pfeiffer, Viktimisierungserfahrungen im Justizvollzug, 2012, S. 11, 12.

Vorbemerkungen

Psychische Störungen bei Inhaftierten des Jugendvollzuges

Die häufigsten Persönlichkeitsstörungen (PS):	Prozent (%)
Störung Sozialverhalten	81,1 %
Antisoziale PS	62,8 %
Borderline PS	16,2 %
Narzistische PS	10,6 %
Paranoide PS	7,1 %
PS nicht näher bekannt	30,4 %
PS gesamt:	77,0 %

(Quelle: Köhler, Psychische Störungen bei jungen Straftätern, 2004, zusammenfassendes Ergebnis; s. auch Köhler/Hinrichs/Huchzermeier, Praxis der Rechtspsychologie 2004, 122)

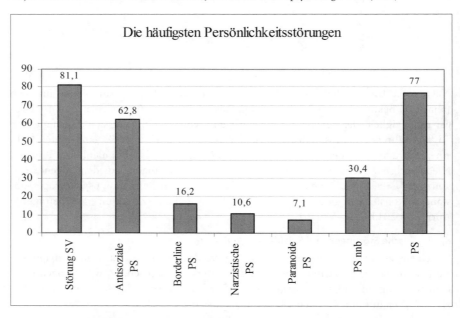

In vielen Fällen bleiben psychische Störungen unentdeckt,[76] hierzu gehören auch Angststörungen, die gerade auch durch den Vollzug hervorgerufen oder verstärkt werden.[77] Psychische Störungen können unter der Einwirkung des Strafvollzugs zu einem Suizid führen.

---

76 Siehe Remschmidt ZJJ 2008, 336, 339.
77 Siehe Preusker Forum Strafvollzug 2011, 7.

Strafgefangene bis 25 Jahre		
Insg.	Suizidenten	pro 1 000
13 402	19	1,42
13 512	17	1,26
13 273	17	1,28
12 913	13	1,01
12 821	13	1,01
11 862	12	1,01

* Die Nichteinbeziehung der 14-Jährigen ist der Festlegung der Altersgruppen in der Todesursachenstatistik geschuldet.

(Quelle: Statistisches Bundesamt, Fachserie 10 Reihe 4.1, Strafvollzug; Statistisches Bundesamt, Todesursachenstatistik; Statistisches Bundesamt, Fortschreibung des Bevölkerungsstandes; Kriminologischer Dienst im Bildungsinstitut des niedersächsischen Justizvollzuges. S. auch *Bennefeld-Kersten*, Ausgeschieden durch Suizid – Selbsttötungen im Gefängnis, 2009.)

Die im Vergleich zur Normalbevölkerung erhöhte Suizidrate zeigt die besondere Belastung, die der Strafvollzug mitsichbringt. Nach einer Untersuchung des kriminologischen Dienstes im Bildungsinstitut des niedersächsischen Justizvollzugs wurden 26,7 % der Suizide am Sonntag begangen.

10. Behandlungsangebote und Personalsituation

Eine Befragung durch den Lehrstuhl für Kriminologie an der Universität Greifswald aus dem Jahr 2010 hatte folgendes Ergebnis:[78]

Behandlungs- und Bildungsmaßnahmen im *geschlossenen* Jugendstrafvollzug (Stichtag 31.3.2010):

Art des Programms (geschlossener Jugendstrafvollzug, N = 28 Jugendstrafanstalten, 31.3.2010):	Angebot vorhanden (N)	Anteil in %
Soziales Training/Training sozialer Kompetenzen	22	78,6
Anti-Gewalt/Anti-Aggressivitäts-Training	23	82,1
Suchtberatung/Suchttherapievorbereitung	26	92,9
Sucht-/Drogentherapie	6	21,4
Spezielles Sexualstraftäter-Programm*	5	17,9
Andere Psychotherapeutische Behandlungsmaßnahmen	16	57,1
Kunst-/Musik-/Bewegungstherapie o.ä.	9	32,1
Sonstige Behandlungsmaßnahmen** (zB Opferempathie o.ä.)	13	46,4
Strukturierte freizeitpädagogische Maßnahmen	23	82,1
Sprach-/Integrationskurse für Ausländer und Gefangene mit Migrationshintergrund	18	64,3

---

78 Dünkel/Geng BewHi 2012, 115 (127).

Vorbemerkungen

Art des Programms (geschlossener Jugendstrafvollzug, N = 28 Jugendstrafanstalten, 31.3.2010):	Angebot vorhanden (N)	Anteil in %
Schulbildungsmaßnahmen (Voll- oder Teilzeitmaßnahmen während der Arbeitszeit)	28	100,0
Arbeitstherapeutische Angebote	24	85,7
Kurzfristige Berufsvorbereitungs- bzw Berufsausbildungsmaßnahmen (bis 12 Mon.)	28	100,0
Längerfristige Berufsausbildung (> 12 Mon.)	25	89,3
Spezielle Maßnahmen der Entlassungsvorbereitung (zB Bewerbungstraining etc.)	19	67,9
Schuldnerberatung/Schuldenregulierung	23	82,1
Durch die Anstalt organisierte Nachsorge für die Zeit nach der Entlassung (zB aufsuchende Sozialarbeit)	10	35,7
Sonstige Angebote***	15	53,6

* BPS-spezifischer Teil, BPS-Behandlungsprogramm, spez. Sexualstraftäterprogramm in Sozialtherapie, SOTP

** Entspannungsgruppe, Gesprächskreis, „Kurs Wie präsentiere ich mich richtig", „Kurs Partnerschaft und Sexualität", Stressbewältigungsgruppe, Workshop „soziale Beziehungen"

*** Alphabetisierungskurs, Fahrerlaubnis Flurförderfahrzeuge, Förderkurse Mathematik, Deutsch, Gitarrengruppe, Gruppenmaßnahme – Straftatbearbeitung: „Verantwortung übernehmen – Abschied von Hass und Gewalt", Kooperationstraining, MABIS, PMR-Entspannungsgruppe, Seelsorge (unterschiedliche Betreuungsmaßnahmen), Sportneigungsgruppen Unbeschäftigte, tiergestützte Maßnahmen, Übergangsmanagement, Vater-Kind-Gruppe, Berufsentwicklungsprojekte, EDV-Zertifizierungskurse, Erlebnispädagogische Aktionswoche/-tage, Gesprächskreis Jugend, Gruppenmaßnahme – Konfliktlösungsstrategien: „Leben ohne Gewalt", Krisenintervention, Maßnahme „junge Väter" zur Stärkung familiärer Bindungen.

30 Die Personalsituation stellt sich bei Sozialpädagogen/Sozialarbeitern sowie bei Psychologen im Jugendstrafvollzug wie folgt dar (Stichtag jeweils der 31.3.):[79]

Länder	Anzahl der Gefangenen pro Sozialpädagogen/Sozialarbeiter			Anzahl der Gefangenen pro Psychologe		
	2006	2010	Veränderung in %	2006	2010	Veränderung in %
Baden-Württemberg	47,2	32,0	-32,1	83,7	57,1	-31,8
Bayern	42,2	22,4	-46,8	87,5	43,1	-50,8
Berlin	26,4	17,3	-34,4	41,5	26,0	-37,4
Brandenburg	44,8	21,1	-52,8	38,4	44,4	+15,5
Bremen	21,3	14,8	-30,6	42,5	59,0	+38,8
Hamburg	24,2	5,7	-76,5	35,5	35,5	+0,2
Hessen	19,6	7,2	-63,0	130,4	68,2	-47,7
Meck.-Vorpom.	45,7	25,4	-44,3	137,0	45,8	-66,6
Niedersachsen	17,7	17,8	+0,5	56,0	67,5	+20,5

---

[79] Dünkel NK Heft 4, 2011.

Länder	Anzahl der Gefangenen pro Sozialpädagogen/Sozialarbeiter			Anzahl der Gefangenen pro Psychologe		
	2006	2010	Veränderung in %	2006	2010	Veränderung in %
Nordrhein-Westf.	35,9	22,2	-38,0	84,4	62,2	-26,3
Rheinland-Pfalz	28,8	11,3	-60,8	54,0	33,8	-37,4
Saarland	27,5	14,4	-47,7	110,0	76,7	-30,3
Sachsen	34,3	28,2	-17,9	49,6	51,7	+4,3
Sachsen-Anhalt	92,5	25,3	-72,6	123,3	109,7	-11,1
Schleswig-Holstein	26,1	37,0	+41,8	33,3	14,8	-55,6
Thüringen	73,5	30,6	-58,3	147,0	81,7	-44,4

Sowohl quantitativ als auch qualitativ stellt sich die Personalsituation in den einzelnen Anstalten als sehr unterschiedlich dar, die auch nicht mehr mit der unterschiedlichen Gefangenenstruktur erklärt werden kann. Bei den Personalangaben ist weiterhin zu berücksichtigen, dass der Krankenstand im Strafvollzug besonders hoch ist und dadurch eine angespannte Personalausstattung verschärft wird.

11. Anstaltsklima und Umgangston

Das Anstaltsklima wird maßgeblich durch den Umgangston bestimmt, wie die Anstaltsbediensteten mit den Gefangenen und die Gefangenen unter sich reden. Traditionell wird unter den Gefangenen eine subkulturelle „Knast-Sprache" gesprochen,[80] wobei gerade junge Gefangene aber auch versuchen, den „draußen" aktuellen Slang zu verwenden. Anstaltsbedienstete verstehen diese Sprache, übernehmen diese auch zum Teil. Damit kann Kommunikation erleichtert werden, auf der anderen Seite ist für das spätere Bestehen in Ausbildung und Beruf ein „korrektes Deutsch" häufig Grundvoraussetzung.

31

In diesem Zusammenhang ist das **„Duzen"** zu problematisieren. Ein wechselseitiges Duzen zwischen Anstaltsbediensteten und Gefangenen täuscht vertrauliche Gleichrangigkeit vor, sollte auch bei Übernahme einer Patenschaft für einzelne Gefangene vermieden werden. Im Ernstfall, bei der Regelung von Konflikten muss in jedem Fall förmlich reagiert werden. Das einseitige Duzen von Seiten der Anstaltsbediensteten wie auch umgekehrt von Seiten der Gefangenen ist ebenso zu unterlassen bzw zu untersagen. In beiden Fällen wird damit ein mangelnder Respekt vor dem anderen ausgedrückt bzw von Seiten der Anstaltsbediensteten unnötig ihre besondere Machtposition demonstriert. Im § 22 Abs. 1 des Österreichischen Strafvollzugsgesetzes heißt es dementsprechend: „Die Strafgefangenen sind mit Ruhe, Ernst und Festigkeit gerecht sowie unter Achtung ihres Ehrgefühls und der Menschenwürde zu behandeln. Sie sind mit „Sie" und, wenn ein einzelner Strafgefangener mit seinem Familiennamen

---

80 Siehe Wohlgemuth, Gefangenenliteratur. Sprechen-Schreiben-Lesen in deutschen Gefängnissen, hrsg. v. Klein/Koch, 1988, S. 51 ff; Klocke ZfStrVo 2000, 21 ff; Laubenthal, Lexikon der Knastsprache, 2001.

angesprochen wird, mit „Herr" oder „Frau" und mit diesem Namen anzureden."[81] Demgegenüber hieß es in den Richtlinien zum Reichsjugendgerichtsgesetz vom 15.1.1944 (S. 41): „Der Jugendliche wird im gesamten Verfahren, solange er das 18. Lebensjahr noch nicht vollendet hat, mit „Du" angeredet. Auch in der Anschrift ist die Bezeichnung „Herr" oder „Fräulein" zu vermeiden."

12. Rückfälligkeit

32 Auch wenn Verurteilte zu einer Jugendstrafe häufig eine „kriminelle Karriere" aufweisen, die Jugendstrafe insoweit den – vorläufigen – Schlusspunkt darstellt und von daher diese Verurteilten schon – mehrfache – Rückfalltäter sind, macht die hohe Rückfallquote deutlich, dass das Vollzugsziel nur für einen kleinen Teil der Gefangenen erreicht wird. Für die meisten Jugendstrafgefangenen bedeutet der Strafvollzug nur eine zeitweilige Sicherung der Gesellschaft. Dies muss ein permanenter Ansporn sein, den Jugendstrafvollzug mit Einschluss des Übergangs in die Freiheit im Sinne einer Effizienzsteigerung zu verbessern.

In der ersten groß angelegten Rückfalluntersuchung[82] in der Bundesrepublik Deutschland wurden alle Personen erfasst, die 1994 im Zentral- oder Erziehungsregister eingetragen waren. Da bei Verurteilungen zu einer unbedingten Freiheits-/Jugendstrafe bzw zu einer freiheitsentziehenden Maßregel für den anschließenden Zeitraum des Vollzuges keine echte Rückfälligkeitsprüfung erfolgen kann, wurden die in diesem Jahr aus dem Vollzug Entlassenen mit aufgenommen. Der Rückfallzeitraum betrug vier Jahre, dh im Jahr 1999 wurden das Bundeszentralregister und das Erziehungsregister erneut ausgewertet. Nach Verbüßung einer Jugendstrafe waren 77,8 % erneut registriert.

In der zweiten Rückfalluntersuchung[83] wurden alle im Jahr 2004 strafrechtlich Sanktionierten oder aus der Haft Entlassenen im Jahr 2007 nach einem dreijährigen Zeitraum im Hinblick auf neue Eintragungen in das Bundeszentralregister und das Erziehungsregister überprüft. Hiernach wurden 69 % erneut straffällig.

Eine Effizienzsteigerung kann offensichtlich mit dem offenen Vollzug erreicht werden. In vergleichenden Untersuchungen wurde wiederholt der Nachweis erbracht, dass hierfür keineswegs die Auswahl der Gefangenen ausschlaggebend ist.

---

81 Siehe auch Nr. 61 Abs. 1 der Dienst- und Vollzugsordnung in der Fassung vom 1.5.1971.
82 Jehle/Heinz/Sutterer, Legalbewährung nach strafrechtlichen Sanktionen, 2003, hrsg. vom BMJ.
83 Jehle/Albrecht/Hohmann-Fricke/Tetal, Legalbewährung nach strafrechtlichen Sanktionen, 2010, hrsg. vom BMJ.

Rückfall nach geschlossenem und offenem Vollzug:[84]

		Rückfälligkeit	
		nach geschlossenem Vollzug	nach offenem Vollzug (Freigang)
Gatz	Erfolg, Misserfolg und Rückfallprognose bei Straffälligen, die eine bestimmte Jugendstrafe verbüßten, 1967, S. 30	81,9 %	73,3 %
Nolting	Freigänger im Jugendstrafvollzug, 1985, S. 147	85 %	72 %
Frankenberg	Offener Jugendstrafvollzug, Vollzugsbedingungen und Legalbewährung von Freigängern aus der Jugendstrafvollzugsanstalt Rockenberg/Hessen, 1999, S. 133	73 %	67 %

Nach weiteren Differenzierungen haben sich folgende Rückfallquoten ergeben:

Rückfallquote im Jugendstrafvollzug Baden-Württemberg[85]	
Allgemeine Rückfallquote Geld- und Freiheitsstrafe	83 %
Allgemeine Rückfallquote nur Freiheitsstrafe	56 %
Spezielle Rückfallquoten	
beim gelockerten Vollzug	37 %
bei überwiegend geschlossenem Vollzug	63 %
bei Urlaub / Ausgang	52 %
kein Urlaub / Ausgang	64 %
bei Hauptschulabschluss im Vollzug	52 %
bei Schulbesuch ohne Abschluss	69 %
bei Berufsausbildung mit Abschluss	32 %
bei Berufsausbildung ohne Abschluss	51 %
bei Entlassung auf Bewährung	53 %
bei „Vollverbüßung"	62 %
bei intensiver Entlassungsvorbereitung	45 %
bei geringer Entlassungsvorbereitung	64 %
bei Entlassung in Arbeit	46 %
bei Entlassung ohne Arbeit	64 %

---

84 Ostendorf, Jugendstrafrecht, Rn 355.
85 Dolde/Grübl in: Jugendstrafvollzug und Bewährung, hrsg. von Kerner/Dolde/Mey, 1996, S. 221 ff, durchgeführt bei Jugendstrafgefangenen, die 1969 entlassen bzw 1976/1977 inhaftiert wurden, bei einem Rückfallzeitraum von mindestens vier Jahren bei den Zugängen 1976/1977 und von elf Jahren bei den Entlassenen 1969.

Vorbemerkungen

Die Rückfalluntersuchung im Hessischen Jugendvollzug, mit der die Auswirkungen der im Jahr 2004 eingeführten „Einheitlichen Vollzugskonzeption im hessischen Jugendstrafvollzug" überprüft wurden, hat ergeben, dass allein die Intensivierung von Behandlungs-, insbesondere Bildungsangeboten nicht erfolgversprechend sind:

„Viele junge Gefangene haben am Ende ihrer Haft eine schwierige Ausgangssituation zu bewältigen.

- Bei drei Viertel der Probanden (77 %) war eine hohe Gewaltbereitschaft zu erkennen. Bei fast der Hälfte der Probanden (46 %) war zusätzlich eine Impulsivität in Konfliktsituationen sichtbar, die zu unkontrollierbaren Handlungen führen kann.
- Die Hälfte der Probanden (50 %) hatte am Ende der Inhaftierung keinen Schulabschluss. Nur 44 % hatten einen Hauptschulabschluss und lediglich 6 % einen Realschulabschluss.
- Fast die Hälfte der Probanden (46 %) berichtete, in der Vergangenheit über einen mehrmonatigen Zeitraum regelmäßig Heroin, Kokain oder Crack konsumiert zu haben. Dies bedeutet, dass diese Probanden potenziell suchtgefährdet sind. Weitere 10 % berichteten darüber hinaus über regelmäßigen Konsum von synthetischen Drogen in der Vergangenheit.
- 71 % der Probanden hatten am Ende der Haft noch Schulden. In aller Regel waren diese nicht höher als 5.000 Euro. Bei 25 % der Probanden waren allerdings Schulden über 5.000 Euro am Ende der Haft vorhanden.
- Über die Hälfte der Probanden (56 %) hatte eine schwierige Familiensituation hinter sich, die durch Heimaufenthalte, häufige Wohnortswechsel, delinquente oder drogensüchtige Eltern oder ein frühzeitiges Verlassen des Elternhauses gekennzeichnet war. Am Ende der Haft waren nur bei 42 % der Probanden noch intakte Elternbindungen vorhanden."[86]

V. Jugendvollzugseinrichtungen in Deutschland

33 Spezielle Jugendvollzugseinrichtungen gibt es nur für männliche Gefangene, der weibliche Jugendvollzug findet in Anstalten des Frauenvollzugs statt. Eine Koedukation wird nicht praktiziert, anders zT im Jugendarrestvollzug.[87] Aufgrund der Abnahme der Gefangenenzahlen werden zT Umstrukturierungen vorgenommen.

Baden-Württemberg

JVA Adelsheim (sowie Jugend-U-Haft)

Postfach 1220, 74738 Adelsheim

Dr.-Traugott-Bender-Str. 2, 74740 Adelsheim

Telefon 06291–28 0, Telefax 06191–28123

E-Mail poststelle@jvaadelsheim.justiz.bwl.de

---

[86] Kerner/Stellmacher/Coester/Wagner,Systematische Rückfalluntersuchung im hessischen Jugendvollzug, 2011, S. 12, 13.
[87] Zu vereinzelten koedukativen Projekten – Stand 2005 – s. Werner, Jugendstrafvollzug in Deutschland, S. 234, 235, zur Forderung nach koedukativen Bildungsmaßnahmen S. 281.

V. Jugendvollzugseinrichtungen in Deutschland

JVA Freiburg (Jugend-U-Haft)
Hermann-Herder-Str. 8, 79104 Freiburg
Telefon 0761–21160, Telefax 0761–2116–4020
E-Mail poststelle@jvafreiburg.justiz.bwl.de

JVA Karlsruhe Außenstelle Bühl (Jugend-U-Haft)
Hauptstr. 94, 77815 Bühl
Telefon 07223–80859–50, Telefax 07223–80859–76
E-Mail poststelle@jvakarlsruhe.justiz.bwl.de

JVA Konstanz (Jugend-U-Haft)
Wallgutstr. 2, 78462 Konstanz
Telefon 07531–280–2600, Telefax 07531–280–2601
E-Mail poststelle@jva.konstanz.justiz.bwl.de

JVA Mannheim Außenstelle Heidelberg (Jugend-U-Haft)
Oberer Fauler Pelz 1, 69117 Heidelberg
Telefon 06221–984–3, Telefax 06221–181774
E-Mail poststelle@jvamannheim.justiz.bwl.de

Jugendstrafanstalt Pforzheim
Rohrstr. 17, 75175 Pforzheim
Telefon 07231–3830, Telefax 07231–383–230
E-Mail poststelle@pforzheimha.jva.bwl.de

JVA Ravensburg (Jugend-U-Haft)
Hinzistobel 34, 88212 Ravensburg
Telefon 0751–373–0, Telefax 0751–373–231
E-Mail poststelle@jvaravensburg.justiz.bwl.de

JVA Rottweil Außenstelle Oberndorf (Jugend-U-Haft)
Hintere Höllgasse 1, 78628 Rottweil
Telefon 0741–243–2676, Telefax 0741–243–2695
E-Mail poststelle@jvarottweil.justiz.bwl.de

JVA Schwäbisch Gmünd (sowie Jugend-U-Haft)
Herlikofer Str. 19, 73527 Schwäbisch Gmünd
Telefon 07171–9126–0, Telefax 07171–9126–135
E-Mail poststelle@jvaschwaebischgmuend.justiz.bwl.de

Vorbemerkungen

JVA Stuttgart (Jugend-U-Haft)
Postfach 400500, 70405 Stuttgart
Asperger Str, 60, 70439 Stuttgart
Telefon 0711–80200, Telefax 0711–8020–2149
E-Mail poststelle@jvastuttgart.justiz.bwl.de

JVA Ulm Außenstelle Frauengraben 4 (Jugend-U-Haft)
Telefon 0731–189–0, Telefax 0731–189–2851
E-Mail poststelle@jvaulm.justiz.bwl.de

JVA Waldshut-Tiengen Außenstelle Lörrach (Jugend U-Haft)
Bahnhofstr. 4, 79539 Lörrach
Telefon 07621–408–0, Telefax 07621–408–265
E-Mail poststelle@JVAWaldshut-Tiengen.justiz.bwl.de

Bayern

JVA Aichach (sowie Jugend-U-Haft)
Münchener Str. 33, 86551 Aichach
Telefon 08251–9070, Telefax 08251–907400
E-Mail poststelle@jva-aic.bayern.de

JVA Ebrach
Postfach 1, 96157 Eberach
Marktplatz 1, 96157 Ebrach
Telefon 09553–170, Telefax 09553–17200
E-Mail poststelle@jva-ebra.bayern.de

JVA Laufen-Lebenau (sowie Jugend-U-Haft)
Forstgarten 11, 83410 Laufn-Lebenau
Telefon 08682–8970, Telefax 08682–897–124
E-Mail poststelle@jva-lf.bayern.de

JVA Neuburg-Herrenwörth (sowie Jugend-U-Haft)
Postfach 1480, 86619 Neuburg/Donau
Sudetenlandstr. 200, 86633 Neuburg/Donau
Telefon 08431–596–0, Telefax 08431–596222
E-Mail poststelle@jva-nh.bayern.de

V. Jugendvollzugseinrichtungen in Deutschland

Berlin

Jugendstrafanstalt Berlin (sowie Jugend-U-Haft)
Friedrich-Olbricht-Damm 40, 13627 Berlin
Telefon 030–90144–0, Telefax 030–90144–2560
E-Mail poststelle@jsa.berlin.de

JVA für Frauen Berlin (sowie Jugend-U-Haft)
Alfredstr. 11, 10365 Berlin
Telefon 030–90253–0, Telefax 030–90253–677

Brandenburg

JVA Cottbus-Dissenchen
Oststraße 2, 03052 Cottbus
Telefon 0355–48880, Telefax 0355–4888222
E-Mail Poststelle.CB@justizvollzug.brandenburg.de

JVA Wriezen (sowie Jugend-U-Haft)
Schulzendorfer Straße 1, 16269 Wriezen
Telefon 033456–154–0, Telefax 033456–154–113
E-Mail Poststelle.WRI@justizvollzug.brandenburg.de

Bremen

Standort Oslebshausen (sowie Jugend-U-Haft)
Sonnemannstr. 2, 28239 Bremen
Telefon 0421–361–6279
E-Mail office@jva.bremen.de

Hamburg

JVA Hahnöfersand (sowie Jugend-U-Haft)
Hinterbrack 25, 21635 Hamburg
Telefon 040–42836–0, Telefax 040–42836–204
E-Mail poststelle.JVAHS@justiz.hamburg.de

Hessen

JVA Rockenberg (sowie Jugend-U-Haft)
Marienschloss 1, 35519 Rockenberg
Telefon 06033–998–0, Telefax 06033–998–229
E-Mail poststelle@jva-rockenberg.justiz.hessen.de

Vorbemerkungen

JVA Wiesbaden (sowie Jugend-U-Haft)
Holzstr. 29, 65197 Wiesbaden
Telefon 0611–414–0, Telefax 0611–414–1005
E-Mail poststelle@jva-wiesbaden.justiz.hessen.de
JVA Frankfurt III – Jugendabteilung Frauenanstalt
Obere Kreuzäckerstr. 4, 60435 Frankfurt
Telefon 069–13671310, Telefax 069–13671399
E-Mail poststelle@jva-frankfurt3.justiz.hessen.de

Mecklenburg-Vorpommern
Jugendanstalt Neustrelitz (sowie Jugend U-Haft)
Am Kaulksee 3, 17235 Neustrelitz
Telefon 03981–23960, Telefax 03981–2396–382
E-Mail poststelle@ja-neustrelitz.mv-justiz.de

Niedersachsen
JVA Braunschweig (Jugend-U-Haft)
Rennelbergstr. 10, 38114 Braunschweig
Telefon 0531–4881600, Telefax 0531–572115
Abteilung offener Vollzug Göttingen-Leineberg
Rosdorfer Weg 76, 37081 Göttingen
Telefon 0551–50726, Telefax 0551–5072727
Jugendanstalt Hameln (sowie Jugend-U-Haft)
Tündernsche Str. 50, 31789 Hameln
Telefon 05151–9040, Telefax 05151–904900
E-Mail JAHA-Poststelle@justiz.niedersachsen.de
Abteilung offener Vollzug Hameln
Eugen-Reintjes Str. 2–4, 31785 Hameln
Telefon 05151–106500, Telefax 05151–53348
JVA für Frauen Vechta (sowie Jugend-U-Haft)
An der Probstei 10, 49377 Vechta
Telefon 04441–8840, Telefax 04441–884–340
JFVEC-Poststelle@justiz.niedersachsen.de
JVA Vechta
Willohstr. 13, 49377 Vechta
Telefon 04441–8840, Telefax 04441–884205

Nordrhein-Westfalen

JVA mit Jugendhaus Düsseldorf
Postfach 300543, 40405 Düsseldorf
Ulmenstr. 95, 40476 Düsseldorf
Telefon 0211–94860, Telefax 0211–9486237
E-Mail poststelle@jva-duesseldorf.nrw.de

JVA Heinsberg
Wichernstr. 5, 52525 Heinsberg
Telefon 02452–9210, Telefax 02451–921270
E-Mail poststelle@jva-heinsberg.nrw.de

JVA Herford
Postfach 1955, 32049 Herford
Eimterstr. 15, 32049 Herford
Telefon 05221–8850, Telefax 05221–885303
E-Mail poststelle@jva-herford.nrw.de

JVA Hövelhof
Staumühler Str. 284, 33161 Hövelhof
Telefon 05257–9860, Telefax 05257–986–177
E-Mail poststelle@jva-hoevelhof.nrw.de

JVA Iserlohn
Heidestr. 41, 58640 Iserlohn
Telefon 02378–830, Telefax 02378–1807
E-Mail poststelle@jva-iserlohn.nrw.de

JVA Köln
Rochusstr. 350, 50827 Köln
Telefon 0221–59730, Telefax 0221–5973–446
E-Mail poststelle@jva-koeln.nrw.de

JVA Siegburg
Postfach 1463, 53704 Siegburg
Luisenstr. 90, 53721 Siegburg
Telefon 02241–3070, Telefax 02241–307201
E-Mail poststelle@jva-siegburg.nrw.de

In Nordrhein-Westfalen finden im Moment verschiedene Umbaumaßnahmen statt. Wenn diese abgeschlossen sind, ist die JVA Düsseldorf und die JVA Wuppertal nicht mehr für die Jugend-U-Haft zuständig.

Vorbemerkungen

Es wird eine neue JVA Wuppertal-Ronsdorf errichtet, die sowohl für Jugendstrafe als auch Jugend-U-Haft zuständig sein wird. Außerdem wird die JVA Siegburg dann nicht mehr für den Jugendvollzug zur Verfügung stehen.

Rheinland-Pfalz
Jugendstrafanstalt Wittlich (sowie Jugend-U-Haft)
Fallerweg 9, 54516 Wittlich
Telefon 06571–996–0, Telefax 06571–996–1511
E-Mail Poststelle.JSAWJ@vollzug.jm.rlp.de
Jugendstrafanstalt Schifferstadt (sowie Jugend-U-Haft)
Postfach 1250, 67100 Schifferstadt
Rudolf-Diesel-Str. 15, 67105 Schifferstadt
Telefon 06235–4990, Telefax 06235–499–110
E-Mail Poststelle.JSAF@Vollzug.jm.rlp.de
JVA Zweibrücken (sowie Jugend-U-Haft)
Johann-Schwebel-Str. 33, 66482 Zweibrücken
Telefon 06332–486–0, Telefax 06332–486–109
E-Mail jvazw@vollzug.jm.rlp.de

Saarland
JVA Ottweiler (sowie Jugend-U-Haft)
Gustav-Stresemann-Weg, 66564 Ottweiler
Telefon 06824–3060, Telefax 06824–306100
E-Mail poststelle@jvaotw.justiz.saarland.de

Sachsen
JVA Chemnitz (sowie Jugend-U-Haft)
Reichenhainer Str. 236, 09125 Chemnitz
Telefon 0371–52950, Telefax 0371–5295280
E-Mail poststelle@jvac.justiz.sachsen.de
JVA Dresden (Jugend-U-Haft)
Hammerweg 30, 01127 Dresden
Telefon 0351–21030, Telefax 0351–2103119
E-Mail poststelle@jvadd.justiz.sachsen.de

JVA Görlitz (Jugend-U-Haft)
Postfach 300261, 02807 Görlitz
Postplatz 18, 02826 Görlitz
Telefon 03581–462300, Telefax 03581–462417
E-Mail poststelle@jvagr.justiz.sachsen.de
JVA Leipzig (Jugend-U-Haft)
Leinestr. 111, 04279 Leipzig
Telefon 0341–86390, Telefax 0341–8639105
Jugendstrafvollzugsanstalt Regis-Breitingen
Deutzener Str. 80, 04565 Regis-Breitlingen
Telefon 034343–5550, Telefax 034343–5551102
E-Mail poststelle@jsarb.justiz.sachsen.de
JVA Zwickau (Jugend-U-Haft)
Postfach 200602, 08006 Zwickau
Schillerstr. 2, 08056 Zwickau
Telefon 0375–27230, Telefax 0375–2723103
E-Mail poststelle@jvaz.justiz.sachsen.de

Sachsen-Anhalt
Jugendanstalt Raßnitz (sowie Jugend-U-Haft)
Gröberssche Str. 1, 06258 Schkopau
Telefon 034605–4530, Telefax 034605–453161
E-Mail poststelle@ja-ra.mj.sachsen-anhalt.de

Schleswig-Holstein
Jugendanstalt Schleswig (sowie Jugend-U-Haft)
Königswiller Weg 26, 24837 Schleswig
Telefon 04621–8090, Telefax 04621–809221
E-Mail Poststelle@jasl.landsh.de
JVA Neumünster (sowie Jugend-U-Haft)
Boostedter Str. 30, 24534 Neumünster
Telefon 04321–49070, Telefax 04321–4907–214
E-Mail Poststelle@jvanm.landsh.de

Vorbemerkungen

Thüringen
Jugendstrafanstalt Ichtershausen
Postfach 5, 99332 Ichtershausen
Alexander-Puschkin Str. 7, 99334 Ichtershausen
Telefon 03628–7435, Telefax 03628–743611
E-Mail poststelle@jvaih.thueringen.de
Justizvollzugsanstalt Goldlauter (Jugend-U-Haft)
Zellaer Str. 154, 98528 Suhl
Telefon 03681–4930, Telefax 03681–493300
E-Mail poststelle@jvashl.thueringen.de

§ 1 Grundlagen

Spezielle Literatur: *Arloth, F.,* Stand der Gesetzgebung für den Jugendstrafvollzug und verfassungsrechtliche Rahmenbedingungen, in: Forum Strafvollzug 2007, S. 56; *Beaucamp, G.,* Zeitungen im Gefängnis zwischen Pressefreiheit und Anstaltsordnung, in: ZfStrVo 1999, S. 206–210; *Bemmann, G.,* Zur Frage der Arbeitspflicht des Strafgefangenen, in: E. Samson/F. Dencker/ P. Frisch/H. Frister/W. Reiß (Hrsg.), Festschrift für Gerald Grünwald, Baden-Baden 1999, S. 69–73; *Boers, K./Schaerff, M.,* Abschied vom Primat der Resozialisierung im Jugendstrafvollzug?, in: ZJJ 2008, S. 316-324; *Eisenberg, U.,* Zum RefE eines JStVollzG des BMJ vom 28.4.2004, in: MschrKrim 2004, S. 353–360; *Förster, A.,* Rationale Kriminalpolitik im Umgang mit stationärer Unterbringung von delinquenten Jugendlichen und Heranwachsenden, in: Informationsdienst Straffälligenhilfe 2/2007, S. 26–29; *Funck,* Berücksichtigung der Schwere der Schuld bei der Entscheidung über Vollzugslockerungen im Jugendstrafvollzug?, in: NStZ 1987, S. 432; *Giehring, H.,* Das Absehen von der Strafvollstreckung bei Ausweisung und Auslieferung ausländischer Strafgefangener nach § 456 a StPO, in: H. Ostendorf (Hrsg.), Strafverfolgung und Strafverzicht/Festschrift zum 125-jährigen Bestehen der StA Schleswig-Holstein, Köln u.a. 1992, S. 469–509; *Ostendorf, H.,* Das deutsche Jugendstrafrecht zwischen Erziehung und Repression, in: StV 1998, S. 297–303; *Ostendorf, H.,* Das Ziel des Jugendstrafrechts nach zukünftigem Recht, in: J. Goerdeler/P. Walkenhorst (Hrsg.), Jugendstrafvollzug in Deutschland. Neue Gesetze, neue Strukturen, neue Praxis?, Mönchengladbach 2007, S. 100–113; *Ostendorf, H.,* Jugendstrafvollzugsgesetz: Neue Gesetze – neue Perspektiven?, in: ZRP 2008, S. 14–18; *Schüler-Springorum, H.,* Berücksichtigung der Schwere der Schuld bei der Entscheidung über Vollzugslockerungen im Jugendstrafvollzug?, in: NStZ 1987, S. 431–432; *Walter, J.,* Jugendstrafvollzug heute und morgen, in: W.Stelly/J. Thomas, Erziehung und Strafe, Godesberg 2011, S. 95-117; *Zieger, M.,* Wie frei darf eine Gefangenenzeitschrift sein?, in: StV 2007, S. 387–388

I. Gesetzliche Regelungen

Das Bundesverfassungsgericht hat mit seinem Urteil vom 31.5.2006[1] **eine spezielle gesetzliche Regelung für den Jugendstrafvollzug** eingefordert. Gefordert ist nicht nur ein förmliches Jugendstrafvollzugsgesetz, sondern ein inhaltlich auf junge Gefangene ausgerichtetes Gesetz. Eine Abschreibe des Strafvollzugsgesetzes für Erwachsene ist nicht zulässig: „Erwachsenen- und Jugendstrafvollzug haben es im Gegenteil mit so unterschiedlichen Sachverhalten zu tun, dass das Strafvollzugsgesetz in seiner geltenden Fassung den verfassungsrechtlichen Anforderungen an eine gesetzliche Regelung des Jugendstrafvollzugs auch dann nicht entspräche, wenn seine Anwendung für den Jugendstrafvollzug ausdrücklich vorgesehen wäre. Für den Jugendstrafvollzug bedarf es gesetzlicher Grundlagen, die auf die besonderen Anforderungen des Vollzugs von Strafen an Jugendliche und ihnen gleichstehende Heranwachsende zugeschnitten sind."[2]

Die **Gesetzeskompetenz** für den Strafvollzug und damit auch für den Jugendstrafvollzug wurde im Rahmen der so genannten Föderalismusreform mit Wirkung vom 1.9.2006 vom Bund abgegeben und auf die Länder übertragen – entgegen vielfachen Stimmen in der Fachwelt.[3] Im Art. 74 Abs. 1 Nr. 1 GG wurde dementsprechend der

---

1 BVerfG NJW 2006, 2093.
2 BVerfG NJW 2006, 2093, 2095.
3 So die überwiegenden Sachverständigen bei der Anhörung des Rechtsausschusses des Deutschen Bundestages und des Ausschusses für innere Angelegenheiten im Bundesrat s. ZJJ 2006, 222; s. auch Cornel NK 2005,

Strafvollzug als ein Gebiet der konkurrierenden Gesetzgebung gestrichen.[4] Geblieben ist die Zuständigkeit des Bundes für die Gerichtsverfassung und damit für den gerichtlichen Rechtsschutz der Gefangenen. Dieser ist in § 92 JGG vom Bundesgesetzgeber neu geregelt. Hierin wird wiederum auf Regelungen des Strafvollzugsgesetzes verwiesen. Diese Aufsplittung des Regelungsbereichs in drei Gesetzen führt zur Unübersichtlichkeit und ist dementsprechend „benutzerunfreundlich". Vor allem die in erster Linie betroffenen Gefangenen werden sich schwer tun, sich hier zu Recht zu finden. Weiterhin verbleibt die Regelung für die Herausnahme aus dem Jugendstrafvollzug (§ 89 b Abs. 1 und 2 JGG) beim Bund als eine vollstreckungsrechtliche Maßnahme, für die, wie in den §§ 449 ff StPO geregelt, eine Annexkompetenz des Bundes zur Zuständigkeit für das Strafrecht zu begründen ist.

3   Die Bundesländer sind ihrer Verpflichtung, bis zum 1.1.2008 spezielle gesetzliche Grundlagen für den Jugendstrafvollzug zu schaffen, in unterschiedlicher Form nachgekommen. Die Länder Baden-Württemberg, Bayern und Niedersachsen haben den Jugendstrafvollzug als Teilgebiet innerhalb eines allgemeinen Strafvollzugsgesetzes geregelt, die übrigen Bundesländer haben – zunächst – spezielle Jugendstrafvollzugsgesetze vorgelegt. Hiervon hatten sich 9 Bundesländer, die Länder Brandenburg, Berlin, Bremen, Mecklenburg-Vorpommern, Rheinland-Pfalz, Saarland, Sachsen-Anhalt, Schleswig-Holstein und Thüringen in den Beratungen zusammengeschlossen und einen Musterentwurf entwickelt (sog. **Neuner-Entwurf**). Anfänglich war auch Sachsen beteiligt, das sich später wieder angelehnt hat. Deshalb wird zT auch von der „10er Gruppe" gesprochen. Hamburg hatte zunächst (2007) ein (Gesamt-)Strafvollzugsgesetz verabschiedet; mittlerweile (2009) wurde ein eigenständiges Jugendstrafvollzugsgesetz erlassen. Umgekehrt hatte Baden-Württemberg zunächst (2007) ein selbstständiges Jugendstrafvollzugsgesetz beschlossen, 2009 wurde der Jugendstrafvollzug im 4. Buch des Justizvollzugsgesetzbuchs geregelt. In Brandenburg, Rheinland-Pfalz, Sachsen-Anhalt und in Thüringen wurden mittlerweile Gesamt-Justizvollzugsgesetze verabschiedet, in denen der Jugendstrafvollzug integriert geregelt wird.

Baden-Württemberg – Gesetzbuch über den Justizvollzug in Baden-Württemberg (Justizvollzugsgesetzbuch – JVollzGB IV) vom 10.11.2009 (GBl. S. 545), Buch 4 – Jugendstrafvollzug, zuletzt geändert durch Gesetz vom 1.12.2015 (GBl. S. 1047)

Bayern – Gesetz über den Vollzug der Freiheitsstrafe, der Jugendstrafe und der Sicherungsverwahrung (Bayrisches Strafvollzugsgesetz – BayStVollzG) vom 10.12.2007 (GVBl. S. 866), zuletzt geändert durch Gesetz vom 22.7.2014 (GVBl. S. 286)

Berlin – Gesetz über den Vollzug der Jugendstrafe in Berlin (Berliner Jugendstrafvollzugsgesetz – JStVollzG Bln) vom 15.12.2007 (GVBl. S. 653), zuletzt geändert durch Gesetz vom 21.6.2011 (GVBl. S. 287)

Brandenburg – Gesetz über den Vollzug der Freiheitsstrafe, Jugendstrafe und der Untersuchungshaft im Land Brandenburg (Brandenburgisches Justizvollzugsgesetz) vom 24.4.2013 (GVBl. I Nr. 14), geändert durch Gesetz v. 10.7.2014 (GVBl. I Nr. 34)

---

135. Für die Kompetenzverlagerung Markert, Der bayrische Jugendstrafvollzug in Theorie und Praxis, 2012, S. 120 f.
4   BGBl. I, 2034.

I. Gesetzliche Regelungen

Bremen – Gesetz über den Vollzug der Jugendstrafe im Land Bremen (Bremisches Jugendstrafvollzugsgesetz – BremJStVollzG) vom 27.3.2007 (GBl. S. 233)
Hamburg – Gesetz über den Vollzug der Jugendstrafe (Hamburgisches Jugendstrafvollzugsgesetz – HmbJStVollzG) vom 14.7.2009 (HmbGVBl. S. 257), zuletzt geändert durch Gesetz vom 21.5.2013 (GVBl. S. 211)
Hessen – Hessisches Jugendstrafvollzugsgesetz (HessJStVollzG) vom 19.11.2007 (GVBl. I S. 758), zuletzt geändert durch Gesetz zur Änderung hessischer Vollzugsgesetze vom 30.11.2015 (GVBl. I, S. 498)
Mecklenburg-Vorpommern – Gesetz über den Vollzug der Jugendstrafe (Jugendstrafvollzugsgesetz Mecklenburg-Vorpommern – JStVollzG M-V) vom 14.12.2007 (GVOBl. M-V S. 427)
Niedersachsen – Niedersächsisches Justizvollzugsgesetz (NJVollzG) idF der Bekanntmachung vom 8.4.2014 (Nds. GVBl. S. 106)
Nordrhein-Westfalen – Gesetz zur Regelung des Jugendstrafverfahrens in Nordrhein-Westfalen (Jugendstrafvollzugsgesetz Nordrhein-Westfalen – JStVollzG NRW) vom 20.11.2007 (GVBl. NRW. S. 539), zuletzt geändert durch Gesetz vom 13.1.2015 (GVBl. NRW. S. 76)
Rheinland-Pfalz – Landesjustizvollzugsgesetz Rheinland-Pfalz (LJVollzG) vom 8.5.2013 (GVBl. S. 79), zuletzt geändert durch Gesetz vom 22.12.2015 (GVBl. S. 487)
Saarland – Gesetz über den Vollzug der Jugendstrafe (Saarländisches Jugendstrafvollzugsgesetz – SJStVollzG) vom 30.10.2007 (Amtsbl. S. 2370), zuletzt geändert durch Gesetz vom 24.4.2013 (Amtsbl. S. 116), das SJStVollzG tritt nach dessen § 113 Abs. 4 mit Ablauf des 31.12.2020 außer Kraft
Sachsen – Gesetz über den Vollzug der Jugendstrafe (Sächsisches Jugendstrafvollzugsgesetz – SächsJStVollzG) vom 12.12.2007 (SächsGVBl. S. 558)
Sachsen-Anhalt – Justizvollzugsgesetzbuch Sachsen-Anhalt (JVollzGB LSA) vom 18.12.2015 (GVBl. LSA 2015, S. 666)
Schleswig-Holstein – Gesetz über den Vollzug der Jugendstrafe in Schleswig-Holstein (Jugendstrafvollzugsgesetz – JStVollzG) vom 19.12.2007 (GVOBl. Schl.-H. S. 563), zuletzt geändert durch Gesetz vom 15.3.2013 (GVOBl. Schl.-H. S. 169)
Thüringen – Thüringer Justizvollzugsgesetzbuch vom 27.2.2014 (GVBl. S. 13)

In den fachlichen Stellungnahmen zu den Gesetzesentwürfen wurden ganz überwiegend Spezialgesetze für den Jugendstrafvollzug gefordert.[5] Dem ist beizupflichten. Mit **eigenständigen Jugendstrafvollzugsgesetzen** wird dem besonderen Regelungsbedarf, wie auch vom Bundesverfassungsgericht gefordert, am besten entsprochen. Hinzu kommt, dass bei einer Mitregelung des Jugendstrafvollzugs in einem gesonderten Buch eines einheitlichen Strafvollzugsgesetzes eine Verweisungstechnik einsetzt, die

---

5 Siehe Mindeststandards für den Jugendstrafvollzug ZJJ 2007, 94; Strafverteidigertag in Rostock 2007 ZJJ 2007, 223.

§ 1 Grundlagen

zu einer Unverständlichkeit der Bestimmungen sowohl bei den Gefangenen als auch bei den Anstaltsbediensteten führt: „Gesetzeswerke von Juristen für Juristen".

II. Begrifflichkeiten

5 Regelungsmaterie ist der Jugendstrafvollzug, anknüpfend an die Sanktion der Jugendstrafe gem. § 17 JGG. Dementsprechend heißen die speziellen Gesetze auch Jugendstrafvollzugsgesetze. Die Betroffenen sind infolgedessen Jugendstrafgefangene, wenngleich sie in den Gesetzen allgemein als Gefangene tituliert werden. In den Gesetzen von Bayern und Baden-Württemberg werden sie abweichend „junge Gefangene" genannt.

6 Die Jugendstrafe soll in speziellen Anstalten vollzogen werden, die gem. § 92 Abs. 1 JGG aF Jugendstrafanstalten genannt wurden. In den Ländergesetzen wird in unterschiedlicher Ausprägung erlaubt, die Jugendstrafe auch in Teilanstalten oder getrennten Abteilungen einer Anstalt des Erwachsenenvollzugs (Justizvollzugsanstalt gem. § 139 StVollzG) zu vollstrecken. Mit Rücksicht darauf, dass der Vollzug der Jugendstrafe auch in freier Form in Einrichtungen freier Träger möglich war (§ 91 Abs. 3 JGG aF) und zT auch in den Ländergesetzen in Zukunft in Form einer besonderen Vollzugslockerung ermöglicht wird, spricht der Bundesgesetzgeber nunmehr abstrakt von Einrichtungen für den Vollzug der Jugendstrafe (siehe zB § 17 Abs. 1 JGG). In den Ländergesetzen heißt es weiterhin Jugendstrafvollzugsanstalt, verkürzt Anstalt. Einige Jugendstrafanstalten heißen verkürzt Jugendanstalten (Jugendanstalt Neustrelitz; Jugendanstalt Hameln; Jugendanstalt Raßnitz; Jugendanstalt Schleswig), was auf der einen Seite einer stigmatisierenden Wirkung vorbeugt, auf der anderen Seite der tatsächlichen Bedeutung nicht entspricht.

7 Den Gefangenen gegenüber stehen neben der Anstaltsleitung die Bediensteten (Vollzugsbedienstete), wobei der allgemeine Vollzugsdienst (AVD) und spezielle Fachdienste (Seelsorger, Psychologen, Lehrer, Ausbilder) unterschieden werden und zusätzlich ehrenamtliche Mitarbeiter sowie externe Therapeuten, Helfer und Dienste eingebunden werden.

III. Anwendungsbereich

8 Die Jugendstrafvollzugsgesetze bzw die gesonderten Abschnitte für den Jugendstrafvollzug in den einheitlichen Strafvollzugsgesetzen (Baden-Württemberg, Bayern, Niedersachsen) regeln allein den Vollzug der Jugendstrafe. Für die freiheitsentziehenden Maßregeln der Besserung und Sicherung, Unterbringung in einem psychiatrischen Krankenhaus sowie in einer Entziehungsanstalt gelten die Maßregelvollzugsgesetze der Länder.[6] Für den Vollzug der Sicherungsverwahrung[7] gelten weiterhin die §§ 129 ff. StVollzG, sofern diese in den Ländern entsprechend Art. 125 a GG nicht durch Landesrecht ersetzt wurden. Die Jugendstrafvollzugsgesetze bzw die speziellen

---

6 Nachweise bei Ostendorf, JGG, § 7 Rn 9.
7 Zur Verfassungswidrigkeit aller früheren gesetzlichen Regelungen zur Sicherungsverwahrung siehe BVerfG vom 4.5.2011, NJW 2011, 1931. Zur heutigen gesetzlichen Regelung siehe § 7 Abs. 2-5 und § 106 Abs. 3-7 JGG.

III. Anwendungsbereich

Abschnitte für den Jugendstrafvollzug gelten somit für alle, die zu einer Jugendstrafe rechtskräftig verurteilt wurden, auch wenn sie mittlerweile im Erwachsenenalter stehen. Allerdings braucht die Jugendstrafe an einem Verurteilten, der das achtzehnte Lebensjahr vollendet hat und sich nicht für den Jugendstrafvollzug eignet, nicht nach den Vorschriften für den Jugendstrafvollzug vollzogen werden (§ 89 b Abs. 1 S. 1 JGG); hat der Verurteilte das vierundzwanzigste Lebensjahr vollendet, so soll er aus dem Jugendstrafvollzug herausgenommen werden (§ 89 b Abs. 1 S. 2 JGG).

Zusätzlich können gem. § 114 JGG auch Freiheitsstrafen in Einrichtungen für den Vollzug der Jugendstrafe vollzogen werden, wenn die Verurteilten das 24. Lebensjahr noch nicht vollendet haben und sich für den Jugendstrafvollzug eignen. Insofern können auch Ersatzfreiheitsstrafen im Jugendstrafvollzug vollzogen werden. Die Entscheidungskompetenz ist gesetzlich nicht geregelt. Da aber der zur Freiheitsstrafe Verurteilte ohne eine Entscheidung über § 114 JGG in den Erwachsenenvollzug gelangt, ist zunächst eine Entscheidung der Vollstreckungsinstanz für den Erwachsenenvollzug erforderlich, dh der StA.[8] Diese Entscheidung kann nicht der Justizvollzugsanstalt für Erwachsene überlassen werden,[9] da dies eine grundsätzliche Entscheidung darstellt und ansonsten die Gefahr besteht, dass vollzugsinterne Gründe maßgebend werden. Dementsprechend entscheidet im umgekehrten Fall über die Verlagerung gem. § 89 b Abs. 2 JGG auch der Jugendrichter als Vollstreckungsleiter.[10] Mit der Abgabebereitschaft muss eine Entscheidung des Jugendrichters als Vollstreckungsleiter für den Jugendstrafvollzug korrespondieren. Auch über die Annahme darf nicht vom Anstaltsleiter einer Jugendstrafanstalt entschieden werden,[11] auch wenn insoweit ein begründeter Vorschlag zu unterbreiten ist. Bei einer Verschiebung auf der Ebene der Anstaltsleiter würde die justizielle Entscheidungskompetenz ausgehöhlt. Wird die Übernahme vom Jugendrichter abgelehnt, verbleibt der Gefangene im Erwachsenenvollzug. Allerdings ist die Entscheidung keine jugendrichterliche Entscheidung gem. § 83 Abs. 1 JGG, da diese ausdrücklich vom Gesetzgeber als solche bestimmt sein muss.

Zuständig für eine Herausnahme aus dem Jugendstrafvollzug ist der Vollstreckungsleiter (§ 89 b Abs. 2 iVm § 82 Abs. 1 JGG); seine Entscheidung ist eine jugendrichterliche Entscheidung gem. § 83 Abs. 1 JGG, dh insoweit ist er nicht von den Justizbehörden weisungsabhängig. Inhaltlich handelt es sich um eine Ermessensentscheidung, wobei ab dem 24. Lebensjahr eine Präferenz für den Erwachsenenvollzug ausgesprochen wird („soll"). Ausnahmen sind insbesondere bei kurzzeitigem Vollzug über das 24. Lebensjahr hinaus begründet, aber auch, um eingeleitete Vollzugsmaßnahmen in der Ausbildung oder Therapie nicht abzubrechen. Die Voraussetzungen für die Zuständigkeitsabgabe an die Erwachsenenvollstreckungsbehörde gem. § 85 Abs. 6 JGG, „wenn der Straf- oder Maßregelvollzug voraussichtlich noch länger dauern wird und die besonderen Grundgedanken des Jugendstrafrechts unter Berücksichtigung der

---

8 Siehe § 451 StPO.
9 So aber RL Nr. 4 zu § 114 JGG, wobei nach der RL Nr. 7 die endgültige Entscheidung der Leiter der Jugendstrafanstalt trifft; zust. Eisenberg, JGG, § 114 Rn 9.
10 Wie hier Sonnen in: Diemer/Schatz/Sonnen, JGG, § 115 Rn 8; Meier/Rössner/Trüg/Wulff-Verrel/Linke, JGG, § 115 Rn 6.
11 S. RL Nr. 7 zu § 114.

Persönlichkeit des Verurteilten für die weitere Entscheidung nicht mehr maßgebend sind", gelten sinngemäß auch hier. Umgekehrt spricht die grundsätzliche Differenzierung zwischen dem Erwachsenen- und dem Jugendstrafvollzug dafür, regelmäßig die 18 bis 24-jährigen im Jugendstrafvollzug zu belassen.[12] Hierfür spricht auch, dass die Eignung für den Jugendstrafvollzug schwer zu verneinen ist, wenn dort individuellere und vermehrte Hilfen zur (Re-)Sozialisierung angeboten werden sollen. Bei „Vollzugsstörern" sind in der Regel andere Mittel als die Verlegung einzusetzen, zumal damit die Probleme häufig nur verlagert oder überdeckt würden.[13] Keineswegs darf die Verlegung als Strafmaßnahme missbraucht werden; ebenso dürfen ökonomische oder organisatorische Überlegungen keine Rolle spielen. Über die Eignung kann regelmäßig erst im Vollzug entschieden werden, der aber immer als Jugendstrafvollzug zu beginnen ist.[14] Erst danach kann eine Begutachtung durch die Anstalt erfolgen. Vor der Entscheidung, die potenziell Nachteile bewirkt, ist weiterhin der Verurteilte zu hören (§ 33 Abs. 3 StPO), sofern Kontakt mit der JGH besteht, auch diese (§ 38 Abs. 3 S. 1 JGG).[15]

11 Wichtig ist es, bei Ausländern die Bestimmung des § 456 a StPO zu beachten, was in der Praxis allzu selten geschieht. Hiernach kann von der Vollstreckung der Jugendstrafe oder einer Maßregel der Besserung und Sicherung abgesehen werden, „wenn der Verurteilte wegen einer anderen Tat einer ausländischen Regierung ausgeliefert oder wenn er aus dem Geltungsbereich dieses Bundesgesetzes ausgewiesen wird". Häufig kann damit das gerade bei Ausländern für eine (Re-)Sozialisierung fragliche Strafübel vermieden werden, wenn die Ausweisung beschlossene Sache ist. Eine Motivation zur Mitarbeit im Vollzug wird damit regelmäßig genommen.[16] Eine Rücksprache mit der Ausländerbehörde ist daher erforderlich. Zugleich können damit unnötige Haftkosten gespart werden. Allerdings darf dies nicht ein Anlass sein, die Ausweisungspraxis zu intensivieren. Soweit in verwaltungsinternen Regelungen zusätzlich auf die Erreichung des Erziehungsziels abgestellt wird, so darf dies nicht zu einer Benachteiligung von Jugendlichen/Heranwachsenden führen.[17] Wenn der ausländische Gefangene einen Antrag iSd § 88 JGG stellt und diesem nicht entsprochen wird, weil eine vollziehbare Ausweisungsverfügung vorliegt, kann hierin auch eine Anregung zum Absehen der Vollstreckung gem. § 456 a StPO gesehen werden.[18]

---

12 Ebenso BGHSt 29, 35; LG Berlin StV 2003, 462; Brunner/Dölling, JGG, § 92 Rn 5; Eisenberg, JGG, § 89 b Rn 3.
13 Siehe auch Sonnen in: Diemer/Schatz/Sonnen, JGG, § 89 b Rn 2.
14 Siehe auch RL Nr. VI.2 zu den §§ 82–85 JGG; Brunner/Dölling, JGG, § 92 Rn 6; Eisenberg, JGG, § 89 b Rn 4.
15 Zur Zuständigkeit nach einer Verlegung in den Erwachsenenvollzug sowie zu Rechtsmitteln im Erwachsenenvollzug s. Ostendorf/Rose, JGG, § 85 Rn 7, 8.
16 Siehe auch Kaiser/Schöch, Strafvollzug, 2002, § 10 Rn 23.
17 Ebenso Giehring in: Strafverfolgung und Strafverzicht, FS zum 125-jährigen Bestehen der StA Schleswig-Holstein, 1992, S. 507.
18 So die Vollstreckungsleiter gem. Tagungsprotokoll 1997 entgegen einem Beschluss des AG Heinzberg vom 8.4.1997, DVJJ-Journal 1998, 186.

IV. Ziel und Aufgaben
1. Die „Altregelung" in § 91 Abs. 1 JGG aF und ihre Vorläufer

Im § 91 Abs. 1 JGG aF hieß es unter der Überschrift „Aufgabe des Jugendstrafvollzugs": „Durch den Vollzug der Jugendstrafe soll der Verurteilte dazu erzogen werden, künftig einen rechtschaffenen und verantwortungsbewussten Lebenswandel zu führen." Schon nach dieser Bestimmung war nicht die Erziehung als solche Aufgabe des Jugendstrafvollzugs, sondern die Erziehung war Mittel zum Zweck. Zweck war der zukünftige rechtschaffene und verantwortungsbewusste Lebenswandel, der nach überwiegender Meinung auf ein künftiges Legalverhalten reduziert wurde.[19] Vorläufer des § 91 JGG aF war § 64 RJGG 1943:

„Aufgabe des Jugendstrafvollzugs

(1) Durch den Vollzug der Jugendgefängnisstrafe soll der Verurteilte dazu erzogen werden, sich verantwortungsbewusst in die Volksgemeinschaft einzuordnen.

(2) Zucht und Ordnung, Arbeit, Unterricht, Leibesübungen und sinnvolle Gestaltung der freien Zeit sind die Grundlagen dieser Erziehung. Wenn möglich, wird der Verurteilte für einen Beruf ausgebildet.

(3) Die Beamten müssen für die Erziehungsaufgabe des Vollzugs geeignet sein."

Auch wenn § 91 JGG aF von der nationalsozialistischen Erziehungsideologie entkleidet wurde, wurde diese Fassung im Großen und Ganzen 1953 übernommen. Demgegenüber war das Vollzugsziel im 1. JGG aus dem Jahre 1923 ausschließlich auf Erziehung ausgerichtet. Im § 16 Abs. 1 hieß es: „**Der Strafvollzug gegen einen Jugendlichen ist so zu bewirken, dass seine Erziehung gefördert wird.**"

2. Nicht realisierte Gesetzesentwürfe

Der Entscheidung des BVerfG vom 31.5.2006 zur Notwendigkeit eines speziellen Jugendstrafvollzugsgesetzes ging die Entscheidung des Gerichts vom 14.3.1972 voraus,[20] wonach das so genannte **besondere Gewaltverhältnis keine Legitimationsgrundlage** für den Strafvollzug darstellt und die Grundrechte des Gefangenen nur durch ein Gesetz eingeschränkt werden können. Im Hinblick hierauf wurde am 29.9.1976 durch den Bundesjustizminister eine Jugendstrafvollzugskommission eingesetzt. Der Schlussbericht wurde im Jahr 1980 vorgelegt. Hierin heißt es: „Der Jugendstrafvollzug soll dem jungen Gefangenen helfen, zu einem eigenverantwortlichen Leben in der Gemeinschaft unter Achtung der Rechte anderer zu finden. Hierbei ist die Mitarbeit des jungen Gefangenen unerlässlich. Dem jungen Gefangenen müssen vielfältige Hilfen angeboten werden."[21] Hieran angelehnt sollte nach dem Arbeitsentwurf eines Gesetzes zur Fortentwicklung des Jugendstrafvollzuges und zur Eingliederung junger Straffälliger aus dem Bundesjustizministerium vom 30.6.1980 § 91 Abs. 1 JGG folgende Fassung erhalten: „Der Vollzug der Jugendstrafe soll dem Verurteilten helfen, zu einem eigenverantwortlichen Leben unter Achtung der Rechte An-

---

19 Siehe Ostendorf, JGG, 7. Aufl., §§ 91–92 Rn 11 mwN.
20 BVerfGE 33, 1.
21 Schlussbericht der Jugendstrafvollzugskommission, 1980, S. 32.

derer zu finden. Die Erziehung wirkungsvoll zu gestalten, ist gemeinsame Aufgabe der Erziehungsberechtigten und aller den Verurteilten vor, während und nach dem Vollzug betreuenden Stellen, neben der Jugendvollzugsanstalt namentlich der Bewährungshilfe, der Jugendhilfe und der Sozialhilfe sowie der Träger der freien Jugendhilfe und der freien Sozialhilfe."

Aufgrund der Kritik an der marginalen gesetzlichen Detailregelung – Einzelheiten sollten in einer Rechtsverordnung geregelt werden – wurde im Juni 1984 ein neuer Arbeitsentwurf vorgestellt. Dort hieß es im § 2 unter der Überschrift „Aufgabe und Ziel des Vollzuges":

„(1) Aufgabe des Jugendstrafvollzuges ist die Erziehung junger Gefangener.

(2) Der Vollzug der Jugendstrafe soll dem Gefangenen helfen, zu einem eigenverantwortlichen Leben in der Gemeinschaft unter Achtung der Rechte anderer zu finden.

(3) Der Vollzug ist darauf auszurichten, dass er dem Gefangenen hilft, sich in das Leben in Freiheit einzugliedern."

Als Gegenentwurf hierzu formulierte der Strafrechtswissenschaftler und Rechtspolitiker *Jürgen Baumann* im Jahre 1985 einen eigenen Gesetzesentwurf. Unter der Überschrift „Vollzugsziel und Aufgaben des Vollzuges" heißt es hierin:

„Abs. 1 Ziel des Vollzuges ist die Erziehung junger Gefangener.

Abs. 2 Im Vollzug soll der Gefangene fähig werden, künftig in sozialer Verantwortung ein Leben ohne Straftaten zu führen. Berufsausbildung, Allgemeinbildung, Arbeits- und Sozialverhalten sind zu fördern."[22]

Gerade auch weil in der Gesetzgebung keine Fortschritte erzielt wurden, legte eine Arbeitsgemeinschaft von Jugendstrafvollzugspraktikern in der DVJJ im Jahre 1988 einen „Praktikerentwurf" vor. Im § 3 Abs. 1 wird wie im Entwurf *Baumann* ein Bekenntnis zum Erziehungsstrafvollzug abgegeben: „**Durch den Vollzug der Jugendstrafe soll der Gefangene erzogen werden. Der Vollzug soll ihm helfen, zu einem eigenverantwortlichen Leben in der Gemeinschaft unter Achtung der Rechte anderer zu finden.**"

Ein weiterer „privater" Gesetzesvorschlag erfolgte von *Kreideweiß* im Jahre 1993.[23]

Zwischenzeitlich hatte das Bundesministerium der Justiz am 24.9.1991 und am 19.4.1993 neue Referentenentwürfe vorgelegt. Während im Entwurf 1991 noch die Erziehung im Vordergrund stand, wurde diese im Entwurf 1993 abgemildert und das zukünftige Legalverhalten in den Vordergrund gerückt.

Entwurf eines Jugendstrafvollzugsgesetzes vom 24.9.1991:

„**§ 2 Ziel des Jugendstrafvollzugs**

Im Vollzug der Jugendstrafe sollen die jungen Gefangenen zu einem eigenverantwortlichen Leben in der Gemeinschaft unter Achtung der Rechte anderer erzogen werden."

---

22 Baumann, Entwurf eines Jugendstrafvollzugsgesetzes, 1985, S. 8.
23 Kreideweiß, Die Reform des Jugendstrafvollzugs, 1993.

IV. Ziel und Aufgaben

Entwurf eines Jugendstrafvollzugsgesetzes vom 19.4.1993:

„§ 2 Ziel des Jugendvollzuges

Abs. 1 Der Vollzug der Jugendstrafe soll durch eine erzieherische Ausgestaltung dazu beitragen, die jungen Gefangenen zu befähigen, künftig in sozialer Verantwortung ein Leben in der Gemeinschaft ohne Straftaten unter Achtung der Rechte anderer zu führen (Vollzugsziel)."

Ergänzend zum Vollzugsziel wurde in beiden Entwürfen die Mitwirkung der jungen Gefangenen angesprochen: „**Die jungen Gefangenen wirken an der Erreichung des Vollzugszieles mit. Die Bereitschaft hierzu ist zu wecken und zu fördern.**"[24]

Den Schlusspunkt der Bemühungen des Bundesgesetzgebers um ein Jugendstrafvollzugsgesetz bildet die Vorlage eines Referentenentwurfes des Bundesjustizministeriums vom 28.4.2004, der im Hinblick auf die Entscheidung des BVerfG vom 31.5.2006 am 7.6.2006 geringfügig modifiziert neu vorgelegt wurde. Im § 2 dieses Gesetzesentwurfs heißt es unter der Überschrift „Ziel des Vollzugs": „**Ziel des Vollzugs der Jugendstrafe ist eine Lebensführung der Gefangenen ohne Straftaten.**"

3. Die neuen Definitionen

a) Bedeutung

Die Vollzugszielbestimmung ist für den Strafvollzug von außerordentlicher Bedeutung. Darin drückt sich gleichsam die Vollzugsphilosophie aus. Das Vollzugsziel als Grundlage einer **Vollzugsphilosophie** hat keineswegs nur aus wissenschaftlich-theoretischer Sicht Bedeutung. Das Vollzugsziel gibt einmal den Ton in der kriminalpolitischen Diskussion an. So im Rahmen der alljährlichen Etatverhandlungen über den Personalschlüssel, über die Ausgaben für den Strafvollzug, erst recht nach Pannen im Strafvollzug. Das Vollzugsziel bestimmt zum anderen den Vollzugsalltag, bestimmt das Vollzugsklima, aber auch konkrete Entscheidungen zB über Vollzugslockerungen. Es ist Wegweiser für Einzelentscheidungen, kann auch einen Schutzschirm für das Anstaltspersonal vor unberechtigten Vorwürfen abgeben. 14

b) Unterscheidung von Ziel und Aufgaben bzw Aufträgen

In den Ländergesetzen werden überwiegend Ziele und Aufgaben in einem Paragraphen geregelt, zT werden nur Aufgaben bzw Aufträge formuliert. Mit der Zielsetzung erfolgt zunächst eine gesetzgeberische Selbstreflexion über das jeweilige Gesetzesvorhaben, so dann wird damit eine verbindliche Orientierung für die Gesetzesadressaten aufgestellt. Die Zieldefinition gibt sowohl für den aktiven Umsetzer wie für den passiv Betroffenen eine Vorgabe für die Anwendung der einzelnen Bestimmungen. Im Rahmen der juristischen Auslegungsmethoden ist die teleologische Norminterpretation die maßgebende. Von daher ist die Zielvorgabe maßgebend für die Normanwendung.[25] 15

---

24 Entwurf 1991: § 4; Entwurf 1993: § 2 Abs. 2.
25 Siehe hierzu Höger, Die Bedeutung von Zweckbestimmungen in der Gesetzgebung der Bundesrepublik Deutschland, 1976, S. 59 ff.

Die Aufgabenbeschreibung steht im Verhältnis zur Zieldefinition im Hintergrund. Sie gliedert sich ein in andere Aufgaben des öffentlichen Dienstes, wie sie in den §§ 52 ff. Bundesbeamtengesetz formuliert sind. Auch eine besondere Aufgabenzuweisung hat nicht die Rechtsqualität der Zieldefinition. Dies gilt insbesondere für die Aufgabenzuweisung, die Allgemeinheit vor weiteren Straftaten zu schützen. Diese Aufgabe ist der „Endzweck" des Strafrechts überhaupt. Hieraus folgt, dass Ziel und Aufgaben nicht auf derselben Ebene anzusiedeln sind, sich erst recht eine Verknüpfung im Sinne von Gleichrangigkeit verbietet. Damit wird nicht ein Wegweiser für die Gesetzesanwendung aufgestellt, vielmehr können dem zwei abweichende, ja entgegengesetzte Wegweiser entnommen werden. Damit wird die Funktion einer Zielsetzung aufgehoben.

Eine spezielle vollzugsrechtliche Aufgabe ist es, den Gefangenen vor Übergriffen anderer Gefangener zu schützen. Erniedrigungen, sexuelle und körperliche Gewalt sind mehr oder weniger Alltag im Strafvollzug.[26] Der Staat steht hier in einer besonderen Fürsorgepflicht, da er mit dem Strafvollzug die Voraussetzungen für derartige Übergriffe schafft. Der einzelne Gefangene ist vielfach machtlos, wenngleich viele Gefangene sowohl Täter als auch Opfer sind.[27] Diese **Schutzaufgabe** hat das BVerfG ausdrücklich benannt.[28] In den Ländergesetzen wird sie nur teilweise aufgenommen.[29] Eine Schutzpflicht für die jungen Gefangenen wird auch in der Rule 52.1 der Empfehlung des Europarates zum Vollzug bzw zur Vollstreckung ambulanter und freiheitsentziehender Sanktionen gegenüber Jugendlichen vom 5.11.2008 (Rec (2008) 11) proklamiert (siehe Vorbem. Rn 12). Im Fall des Foltermordes in der JVA Siegburg ist der Jugendstrafvollzug offensichtlich nicht dieser Schutzwirkung gerecht geworden.[30]

c) Die Gesetzeslage

16 Ganz überwiegend wird in den Gesetzen als **Ziel des Jugendstrafvollzugs** definiert, **den Gefangenen zu befähigen, künftig in sozialer Verantwortung ein Leben ohne Straftaten zu führen**. Gleichrangig wird als **Aufgabe der Schutz der Allgemeinheit vor weiteren Straftaten** benannt. Die Gleichrangigkeit wurde im Berliner Gesetz zwischenzeitlich ausdrücklich aufgehoben, im sächsischen Gesetz ist die Aufgabe, die Allgemeinheit vor weiteren Straftaten zu schützen, eher nachrangig („auch") formuliert. In Hessen wird das Ziel als Erziehungsziel definiert, in den anderen Ländern wird zusätzlich ein **Erziehungsauftrag** formuliert. Der Schutz der Allgemeinheit wird in Baden-Württemberg und Bayern (vormals auch in Hamburg) vorrangig benannt, in Hamburg und Schleswig-Holstein wird betont, dass zwischen dem Vollzugsziel für den Gefangenen und der Aufgabenstellung zum Schutz der Allgemeinheit kein Gegensatz besteht. Es werden somit **drei Wegweiser** für den Jugendstrafvollzug aufge-

---

26 Siehe hierzu Bieneck/Pfeiffer, Viktimisierungserfahrungen im Strafvollzug, 2012, mit einer Auswertung von 6 384 anonymen Fragebögen von Gefangenen; siehe näher § 8 Rn 13 ff.
27 Siehe Häufle/Schmidt/Neubacher BewHi 2013, 33, die insoweit von einer Mehrheit sprachen.
28 BVerfG NJW 2006, 2096; s. auch EGMR Urt. v. 23.9.1998 (A./Vereinigtes Königreich), Slg 2002-III, § 51.
29 Buch 4 § 2 Abs. 4 S. 2 JVollzGB B-W; § 44 Abs. 1 S. 3 HessJStVollzG; s. auch § 3 Abs. 3 S. 3 HmbJStVollzG sowie § 7 Abs. 3 Brandenburgisches JVollzG.
30 Wie hier Bornhöfer, Jugendstrafvollzug in Deutschland und Frankreich, 2010, S. 214.

stellt, deren Rangfolge letztlich unter verfassungsrechtlichen Gesichtspunkten zu bestimmen ist (s. Rn 18 ff).

Gesetzliche Fundstellen zu Zielen und Aufgaben:[31]

Baden-Württemberg – Buch 1 § 2; Buch 4 § 1

Bayern – Art. 121

Berlin, Bremen, Hamburg, Hessen, Mecklenburg-Vorpommern, Nordrhein-Westfalen, Saarland, Sachsen, Schleswig-Holstein – jeweils § 2

Brandenburg, Rheinland-Pfalz, Sachsen-Anhalt, Thüringen – jeweils §§ 8, 9

Niedersachsen – § 113

d) Zukünftiges Legalverhalten

„Der Vollzug der Freiheitsstrafe muss auf das Ziel ausgerichtet sein, dem Inhaftierten ein künftiges straffreies Leben in Freiheit zu ermöglichen" – so das Bundesverfassungsgericht in seiner maßgebenden Entscheidung vom 31.5.2006.[32] Der verurteilte Straftäter soll für die Zukunft in die Lage versetzt werden, Konflikte ohne Straftaten zu meistern und seine Lebensbedürfnisse in legaler Form zu befriedigen. Dem entsprechend wird dieses Vollzugsziel in den Gesetzen mit Ausnahme von Baden-Württemberg und Bayern an erster Stelle genannt. Die Zieldefinition muss auf den ausgerichtet sein, in dessen Grundrechte eingegriffen wird. Zusätzlich hat das Bundesverfassungsgericht einen grundrechtlichen Anspruch des Gefangenen auf Resozialisierung formuliert.[33] Dementsprechend muss das Vollzugsziel der **Resozialisierung** zumindest **an die erste Stelle** gerückt werden, muss Vorrang haben. In der Empfehlung des Europarats zum Vollzug bzw zur Vollstreckung ambulanter und freiheitsentziehender Sanktionen gegenüber Jugendlichen vom 5.11.2008 (Rec (2008) 11), siehe Vorbem. Rn 12, wird als alleiniges Ziel die Wiedereingliederung in die Gesellschaft und die Rückfallvermeidung aufgeführt (Rule 50.1).[34] Das Resozialisierungsziel erfordert vom Strafvollzug ein soziales Integrationskonzept, stellt eine Verpflichtung zu Hilfeangeboten dar. In diesem Sinne ist der Zusatz für das Legalverhalten „in sozialer Verantwortung" nicht nur als ein Appell an den Gefangenen zu verstehen, sondern auch als eine Aufgabe des Vollzugs, sich um eine solche soziale Verantwortung zu bemühen.

Mit der Zielsetzung „zukünftiges Legalverhalten" sowie der Aufgabenstellung „die Allgemeinheit vor weiteren Straftaten zu schützen" haben **Sühne und Vergeltung** für die Ausgestaltung des Vollzuges **keine Bedeutung** mehr, insbesondere dürfen mit Sühne und Vergeltung nicht Rechtseinschränkungen der Gefangenen begründet werden. Der Freiheitsentzug mit den weiteren damit verbundenen Rechtseinbußen als solcher ist die Tatvergeltung. Zusätzliche Übel dürfen nur nach Pflichtverstößen im Wege des

---

31 Zum Wortlaut s. die 2. Aufl. des Handbuchs; Neuregelungen gibt es in Brandenburg, Rheinland-Pfalz, Sachsen-Anhalt und Thüringen.
32 BVerfG NJW 2006, 2093, 2095.
33 BVerfGE 35, 202; 98, 167; s. Vorbem. Rn 13.
34 Siehe auch Dünkel ZJJ 2011, 140, 148 sowie Arbeitsgruppe 7 des Dt. Strafverteidigertages 2015 StV 2015, 330: „Die Formulierung „Schutz der Allgemeinheit" sollte deshalb aus sämtlichen Strafvollzugsgesetzen gestrichen werden".

Disziplinarverfahrens auferlegt werden. Ebenso wird mit der Verurteilung als solcher der positiven Generalprävention hinreichend gedient, um das durch die Tat beeinträchtigte Rechtsbewusstsein wieder zu stärken. Dies gilt auch, wenn Jugendstrafe wegen Schwere der Schuld verhängt wird. Ansonsten würde die Tatschuld zu einer Doppelbestrafung führen.[35] Im Vollzug ist „nur" die vom Gericht angeordnete Freiheitsstrafe (Jugendstrafe) zu vollstrecken mit dem Ziel der Resozialisierung. Hierfür sind die Aufarbeitung der Tat und die Verantwortungsübernahme Grundelemente. Tatumstände und Tatschuld dürfen aber nicht erneut zu Erschwerungen herangezogen werden, sie sind abschließend im Rahmen der Straffestsetzung berücksichtigt. Demgegenüber hat das OLG Stuttgart wie folgt entschieden: „Auch im Jugendstrafvollzug sind bei der Entscheidung über die Zulassung zum Freigang die Strafzwecke der Sühne und des gerechten Schuldausgleichs zu berücksichtigen. Bei der im Rahmen einer Ermessensentscheidung vorzunehmenden Abwägung kommt dem das Jugendstrafrecht beherrschenden Erziehungsgedanken besonderes Gewicht zu."[36] Hier zeigt sich ein unheilvoller Einsatz des Erziehungsbegriffs, der damit im Widerspruch zum Resozialisierungsziel gerät. Auch die Verteidigung der Rechtsordnung ist kein Entscheidungskriterium im Strafvollzug. Der im Erwachsenenstrafrecht verfassungsrechtlich zulässige[37] und im StGB formulierte Strafzweck „Verteidigung der Rechtsordnung" ist etwas anderes als das Vollzugsziel bzw. die Vollzugsaufgabe „Sicherung der Gesellschaft". Verteidigung der Rechtsordnung ist die generalpräventive Einwirkung auf das Rechtsbewusstsein der Bevölkerung. Sicherung der Gesellschaft meint den unmittelbaren Schutz vor Rechtsgutsverletzungen. So hat auch das BVerfG entschieden, indem der Schutz der Allgemeinheit vor weiteren Straftaten gem. § 2 S. 2 StVollzG als deckungsgleich mit dem – individualpräventiven – Strafzweck der Sicherung eingestuft wurde.[38] Darüber hinaus sind **generalpräventive Gesichtspunkte** im Rahmen der Strafzumessung nach dem JGG grundsätzlich **unzulässig**, kommen nur bei der Jugendstrafe wegen Schwere der Schuld zur Geltung.[39]

20 Gegen die Resozialisierung als Vollzugsziel spricht nicht, dass in der Praxis häufig, ja überwiegend dieses Vollzugsziel nicht erreicht wird.[40] Es müssen dem Gefangenen Angebote zur Resozialisierung gemacht werden, was er letztlich daraus macht, liegt nicht mehr in der Hand des Vollzuges. Die hohen Rückfallquoten (siehe Vorbem. Rn 28) weisen allerdings auf die Notwendigkeit hin, den (Jugend-)Strafvollzug im Hinblick auf Resozialisierungsangebote besser auszustatten, auch mit einer besseren Qualifizierung des Personals. Darüber hinaus, dh vorgreifend ist die relative Ungeeignetheit bei der richterlichen Entscheidung über die Freiheits-, Jugendstrafe zu berücksichtigen. Eine nur bedingte Eignung des Strafvollzugs für die Resozialisierung

---

35 Allerdings hat das BVerfG keine verfassungsrechtlichen Bedenken gegen eine Berücksichtigung der Schuldschwere bei Vollzugsentscheidungen im Erwachsenenstrafvollzug – hier Gewährung von Urlaub für einen zu lebenslanger Freiheitsstrafe verurteilten Gefangenen – erhoben, BVerfGE 64, 261.
36 OLG Stuttgart NStZ 1987, 430; s. auch OLG Frankfurt NStZ 1984, 382; abl. Schüler-Springorum sowie Funck NStZ 1987, 431, 432; ebenso Kreideweiß, Die Reform des Jugendstrafvollzuges, 1993, S. 56, 57; Walter, Strafvollzug, 1999, Rn 57.
37 BVerfGE 45, 187, 253 f.
38 BVerfG NJW 2004, 739, 745.
39 Siehe Ostendorf, JGG, § 17 Rn 4 ff.
40 Zu den Ergebnissen der Rückfallforschung s. Ostendorf, JGG, § 5 Rn 21; ders. Jugendstrafrecht, Rn 355; s. auch Vorbem. Rn 32.

schlägt auf die Prüfung der Notwendigkeit des Freiheitsentzuges durch, wenn die Bewährungshilfe, wenn ambulante, insbesondere pädagogische Maßnahmen eine größere Resozialisierungschance vermitteln. Man kann angesichts der begrenzten Resozialisierungserfolge im Strafvollzug nicht zum Zwecke der Resozialisierung zu einer Freiheits-, Jugendstrafe verurteilen, sondern wenn eine Freiheits-, **Jugendstrafe als ultima ratio** notwendig ist, um weitere Straftaten zu verhindern, ist eine Resozialisierung anzustreben. „Für das Jugendstrafrecht und den Jugendstrafvollzug gewinnt daher der Grundsatz, dass Strafe nur als letztes Mittel (vgl BVerfGE 90, 145, 201) und nur als ein in seinen negativen Auswirkungen auf die Persönlichkeit des Betroffenen nach Möglichkeit zu minimierendes Übel (vgl BVerfGE 45, 187, 238; BVerfGE 64, 261, 272 f) verhängt und vollzogen werden darf, eine besondere Bedeutung."[41]

e) Schutz der Allgemeinheit

In den Ländergesetzen wird als zusätzliche, gleichrangige oder primäre Vollzugsaufgabe der Schutz der Allgemeinheit genannt, wobei mit Allgemeinheit offensichtlich nur die Menschen außerhalb der Anstalt, nicht die Mitgefangenen und die Anstaltsbediensteten gemeint sind. Diese Ausgrenzung ist nicht berechtigt.[42] Das Bundesverfassungsgericht hat in seiner Entscheidung vom 31.5.2006 ausdrücklich auf die Pflicht des Staates hingewiesen, die Inhaftierten vor wechselseitiger Gewalt zu schützen.[43] Für die ausdrückliche Benennung einer Vollzugsaufgabe „Schutz der Allgemeinheit" stützt man sich fälschlicherweise auf das Urteil des Bundesverfassungsgerichts vom 31.5.2006. In dieser Entscheidung heißt es: „Zwischen dem Integrationsziel des Vollzugs und dem Anliegen, die Allgemeinheit vor weiteren Straftaten zu schützen, besteht insoweit kein Gegensatz."[44] Der davor stehende Satz lautet aber: „Zugleich folgt die Notwendigkeit, den Strafvollzug am Ziel der Resozialisierung auszurichten, auch aus der staatlichen Schutzpflicht für die Sicherheit aller Bürger." Damit wird noch einmal als Vollzugsziel die Resozialisierung der Gefangenen benannt, dieses Ziel jetzt zusätzlich begründet, aber es wird kein zweites Ziel formuliert.[45] Dies erschiene auch im Kontext der Entscheidung widersinnig. Das Bundesverfassungsgericht hat das Vollzugsziel auf die Zukunft ausgerichtet, „dem Inhaftierten ein künftiges straffreies Leben in Freiheit zu ermöglichen". Für die Zukunft, dh nach der Entlassung ist die **Resozialisierung des Straftäters** bekanntlich **der beste Opferschutz**. Für die Zukunft decken sich Resozialisierungsziel und das Anliegen „Schutz der Allgemeinheit". Zum Schutz der Allgemeinheit während des Vollzugs hat das Gericht keine Aussage getroffen.[46] Ein gleichrangiges, erst recht ein primäres Vollzugsziel „Schutz der Allgemeinheit" steht auch im Widerspruch zu § 2 Abs. 1 JGG: „Die Anwendung des Jugendstrafrechts soll vor allem erneuten Straftaten eines Jugendlichen oder Heranwachsenden entgegenwirken. Zur Erreichung dieses Ziels sind die Rechtsfolgen und, soweit möglich, auch das Verfahren vorrangig am Erziehungsgedanken auszurichten." Der Landesgesetzgeber hat gem. Art. 31 GG diese

---

41 BVerfG NJW 2006, 2093, 2095.
42 Ebenso AK-Feest/Lesting-Bung/Feest, § 2 Rn 14.
43 BVerfG NJW 2006, 2093, 2096; s. auch Rn 15.
44 BVerfG NJW 2006, 2093, 2095.
45 Wie hier Eisenberg/Singelstein, Kindschaftsrecht und Jugendhilfe 2007, 185; Eisenberg, JGG, § 92 Rn 26.
46 Ebenso Arloth Forum Strafvollzug 2007, 56.

Vorgabe für das Resozialisierungsziel zu beachten. Der Jugendstrafvollzug hat sich an diesem Ziel zu orientieren.[47]

22 Selbstständige Bedeutung erlangt der Schutz der Allgemeinheit nur für die Zeit der Inhaftierung. Dieser Schutz wird durch Mauern und Bewachungsmaßnahmen hergestellt. Nur im Rahmen von Vollzugslockerungen und Urlaub sowie bei vorzeitiger Entlassung auf Bewährung sind die Sicherheitsinteressen der Allgemeinheit betroffen. Diese sind bei den Entscheidungen im Hinblick auf mögliche Gefährdungen zu berücksichtigen. Diese Berücksichtigung bis hin zur Abwägung von Resozialisierungsanliegen und Sicherheitsanliegen führt aber nicht zu einem gleichrangigen oder gar vorrangigen Anliegen der Sicherheitsinteressen.[48] Wenn Vollzugslockerung und Urlaub sowie Entlassung auf Bewährung anerkanntermaßen wichtige Elemente der Resozialisierung sind, entsprechen diese Maßnahmen dem Vollzugsziel. Der Gefangene soll damit schrittweise auf die Freiheit vorbereitet werden. Dementsprechend heißt es im § 3 Abs. 3 StVollzG: „Der Vollzug ist darauf auszurichten, dass er dem Gefangenen hilft, sich in das Leben in Freiheit einzugliedern" – Integrationsgrundsatz. Das heißt, vertretbare, verantwortbare Risiken sind im Vollzugsziel einbegriffen, das Vollzugsziel fordert das Eingehen vertretbarer Risiken.[49] Die Formulierung eines eigenständigen Vollzugsziels „Schutz der Allgemeinheit" verwischt das eigentliche Ziel der Resozialisierung bzw stellt es hinten an. Es ist ein Schritt zurück in die Vergangenheit. In der Dienst- und Vollzugsordnung vom 1.12.1961 wurden als Zweck und Ziel des Strafvollzugs – in dieser Reihenfolge – der Schutz der Allgemeinheit, die Vermittlung der Unrechtseinsicht und die Wiedereingliederung in die Gemeinschaft genannt (Nr. 57). Dieses orientierungslose Nebeneinander hatte das StVollzG vom 16.3.1976 in § 2 aufgelöst, weil im Vollzugsalltag ansonsten sich der Sicherungsaspekt in den Vordergrund schiebt. Die Effizienz des Strafvollzugs gemessen am Resozialisierungserfolg ist schwer darstellbar, umgekehrt wird der scheinbare Misserfolg bei Verstößen gegen Vollzugslockerungen schnell sichtbar. Es ist von daher ein institutionelles Anliegen des Strafvollzugs, seine Arbeit zunächst im Sinne des Sicherheitsaspekts erfolgreich zu gestalten. Der langfristige Erfolg der Resozialisierung muss demgegenüber das Ziel des (Jugend-)Strafvollzugs sein.

f) Erziehungsauftrag bzw Erziehungsziel

23 Soweit in den Ländergesetzen gefordert wird, den Vollzug erzieherisch zu gestalten,[50] entspricht dies der **Tradition des „Erziehungsstrafrechts"**.[51] Infolgedessen wird ein

---

47 In diesem Sinne auch Schneider, Strafvollzug und Jugendstrafvollzug im Bayerischen Strafvollzugsgesetz, 2010, S. 75.
48 Wie hier die Mindeststandards für den Jugendstrafvollzug Forum Strafvollzug 2007, 51; ebenso These 10 des Arbeitskreises 1 des Jugendgerichtstages 2007 in Freiburg ZJJ 2007, 432; Boers/Schaerff ZJJ 2008, 316, 319; weiterhin Schwirzer, Jugendstrafvollzug für das 21. Jahrhundert?, 2008, S. 46; Kamann, Vollstreckung und Vollzug der Jugendstrafe, 2009, Rn 102; Sußner, Jugendstrafvollzug und Gesetzgebung, 2009, S. 77; Bornhöfer, Jugendstrafvollzug in Deutschland und Frankreich, 2010, S. 138; Kühl, Die gesetzliche Reform des Jugendstrafvollzugs in Deutschland im Licht der European Rules for Juvenile Offenders Subject to Sanctions or Measures (ERJOSSM), 2012, S. 65 im Hinblick auf Art. 10 Abs. 3 IPBPR.
49 Ebenso Laubenthal, Strafvollzug, 2011, Rn 174.
50 § 3 Abs. 1 S. 1 in den JStVollzG Berlin, Bremen, Hamburg, Mecklenburg-Vorpommern, Saarland, Sachsen, Sachsen-Anhalt, Schleswig-Holstein; § 9 Justizvollzugsgesetze Brandenburg, Rheinland-Pfalz, Thüringen; § 112 Abs. 1 S. 1 NJVollzG; § 3 Abs. 1 S. 1 JStVollzG NRW.
51 Zur Problematisierung s. Ostendorf StV 1998, 297 ff.

IV. Ziel und Aufgaben

Erziehungsauftrag formuliert, wenn zum Legalverhalten in sozialer Verantwortung erzogen werden soll.[52] Das Hessische JStVollzG spricht insoweit vom Erziehungsziel (§ 2 Abs. 1). Demgegenüber hatte sich das Bundesjustizministerium in seinem letzten Entwurf (Stand 7.6.2006) von einem Erziehungsziel bzw einem Erziehungsauftrag verabschiedet. Stattdessen wird eine Förderung der Gefangenen gefordert (§ 3 Abs. 1). In der Begründung (Seite 15) heißt es hierzu: „Vor dem Hintergrund der unterschiedlichen Auffassungen zum Inhalt des gesetzlich nicht definierten Begriffs der Erziehung hat der Entwurf den Begriff der Förderung gewählt. Dieser bringt präziser und positiver zum Ausdruck, dass die Gefangenen im Jugendstrafvollzug aktiv an dem Prozess der persönlichen Weiterentwicklung mit dem Ziel der Übernahme von Eigenverantwortung unter Beachtung der Rechtsordnung mitarbeiten und nicht lediglich vollzugliche Maßnahmen hinnehmen sollen. Der Förderbegriff dürfte zudem größere Akzeptanz bei der hiervon betroffenen, mehrheitlich volljährigen Klientel finden, deren Haltung der Verweigerung und Ablehnung staatlicher Autorität sich zu konstruktiver Mitarbeitsbereitschaft und Einsichtsfähigkeit entwickeln soll. Durch seine Verwendung wird der Auftrag des Jugendstrafvollzuges, nicht eine äußere Anpassung der Gefangenen an die Anstaltsordnung, sondern eine dauerhafte positive Einstellungs- und Verhaltensänderung herbeizuführen, verdeutlicht."

Dem ist zuzustimmen.[53] ZT wird in den Landesgesetzten dieser Ansatz aufgegriffen, indem Erziehung und Förderung gleichrangig verlangt werden.[54] **Fördern** setzt auf vorhandene, möglicherweise versteckte Entwicklungsmöglichkeiten beim Gefangenen, will nicht allein Fehlentwicklungen beseitigen. Zwar ist es richtig, dass fast alle jungen Gefangenen erhebliche Defizite in ihrer Sozialisation, in den Bereichen der Schule und Ausbildung aufweisen (siehe Vorbem. Rn 22, 23). Hier muss vieles nachgeholt werden. Ebenso wichtig ist es aber, vorhandene Fähigkeiten zu erkennen und auszubauen.[55] Der überkommene Erziehungsbegriff ist zudem „ausgefranst", es wird sehr Unterschiedliches darunter verstanden, er wurde im „Dritten Reich" im Sinne einer nationalsozialistischen Erziehungsideologie missbraucht. Vor diesem Hintergrund ist Zurückhaltung mit der Verwendung eines Erziehungspostulats im Jugendstrafvollzug geboten. Soweit mit den Begriffen „Erziehungsziel" und „Erziehungsauftrag" Erziehung als solche, dh ohne Zusatz zum Legalverhalten, verstanden wird, ist dies abzulehnen. Mit dieser Ablehnung eines isolierten Erziehungsziels stimmt die heute allgemein anerkannte Zielsetzung des Jugendstrafrechts überein. So hat der deutsche Juristentag im Jahre 2002 fast einstimmig formuliert: „Vorrangiges Ziel des Jugendstrafrechts ist es, den Jugendlichen zu einem Leben ohne Straftaten anzuhalten." Nach dem Zweiten Gesetz zur Änderung des Jugendgerichtsgesetzes und ande-

---

52 Art. 121 S. 2 BayStVollzG; Buch 4 § 1 JVollzGB B-W.
53 Ebenso Walter NK 2006, 95; ders. in: Stelly/Thomas (Hrsg.), Erziehung und Strafe, 2011, S. 98 ff; Dt. Richterbund in einer Stellungnahme zum Gesetzesentwurf, Juni 2004, http://www.drb.de/cms/index.php?id=320 (letzter Zugriff: 2.12.2015); Schwirzer, Jugendstrafvollzug für das 21. Jahrhundert?, 2008, S. 55, s. aber auch S. 45; Markert, Der bayrische Jugendstrafvollzug in Theorie und Praxis, 2012, S. 140; mit Einschränkungen ebenso die DVJJ, ZJJ 2004, 209 ff; ablehnend Tierel, Vergleichende Studie zur Normierung des Jugendstrafvollzugs, 2008, S. 153 ff.
54 In § 9 der Justizvollzugsgesetze von Brandenburg, Rheinland-Pfalz, Sachsen-Anhalt, Thüringen.
55 Demgegenüber betont Schneider, Strafvollzug und Jugendstrafvollzug im Bayerischen Strafvollzugsgesetz, 2010, S. 79 ff die „Orientierung an Defiziten".

Ostendorf

rer Gesetze vom 13.12.2007[56] heißt es jetzt im § 2 Abs. 1 JGG: „Die Anwendung des Jugendstrafrechts soll vor allem erneuten Straftaten eines Jugendlichen oder Heranwachsenden entgegenwirken. Um dieses Ziel zu erreichen, sind die Rechtsfolgen und unter Beachtung des elterlichen Erziehungsrechts auch das Verfahren vorrangig am Erziehungsgedanken auszurichten." Es sind erzieherische Methoden einzusetzen, ein allgemeines Erziehungsziel ist abzulehnen. Erziehung erhält einen selbstständigen Stellenwert, wenn – wie in den Gesetzen von Bayern und Sachsen – zu einem „rechtschaffenen Lebenswandel" erzogen werden soll. Dies gilt erst recht für das JVollzGB B-W. In Buch 4 § 2 Abs. 2 heißt es dort: „Die jungen Gefangenen sind in der Ehrfurcht vor Gott, im Geiste der christlichen Nächstenliebe, zur Brüderlichkeit aller Menschen und zur Friedensliebe, in der Liebe zu Volk und Heimat, zu sittlicher und politischer Verantwortlichkeit, zu beruflicher und sozialer Bewährung und zu freiheitlicher, demokratischer Gesinnung zu erziehen."[57] Diese Erziehungsvorgaben sind aus Art. 12 Abs. 1 der Baden-Württembergischen Landesverfassung übernommen. Abgesehen davon, dass diese Erziehungsformel mit ihren schon heroischen Ansprüchen für junge Menschen kaum akzeptabel ist, ja auf Ablehnung stoßen wird, verletzt damit der Staat seine Neutralitätspflicht im Hinblick auf die Religionsfreiheit, im Hinblick auf die Durchsetzung von Moral.[58] Wie soll auch einem ausländischen Gefangenen, dem die Bürgerrechte der Deutschen verweigert werden, die Liebe zum deutschen Volk und zur deutschen Heimat vermittelt werden? Die Strafvollzugsanstalt ist keine Moralanstalt,[59] wobei dann die herrschende Moral oder die Moral der Herrschenden nachzuvollziehen wäre; aus welcher Motivation sich der Bürger rechtskonform verhält, kann und muss dem Staat letztlich gleich sein, auch wenn die moralische Fundierung der Rechtsordnung beim einzelnen Bürger eine größere Gewähr für Rechtstreue liefert. Dieses zukünftige Legalverhalten ist entscheidend.

25 Dies gilt insbesondere für die volljährigen Gefangenen. Ab 18 Jahre ist selbst das elterliche Erziehungsrecht erloschen, die sekundäre staatliche Erziehungsaufgabe baut aber hierauf auf (Art. 6 Abs. 2 GG). Eine staatliche Erziehung von Erwachsenen würde einen Verstoß gegen das Selbstbestimmungsrecht und die Menschenwürde (Art. 2 Abs. 1, Art. 1 Abs. 1 GG) bedeuten.[60] Seit Jahren sind ca. 90 % der Gefangenen im Jugendstrafvollzug über 18 Jahre alt.[61]

V. Mitwirkung der Gefangenen am Vollzugsziel
1. Die Gesetzeslage

26 In Abweichung von § 4 Abs. 1 Strafvollzugsgesetz, auch im Unterschied zu den Ländergesetzen zum Erwachsenenstrafvollzug, wird in den Ländergesetzen zum Jugendstrafvollzug übereinstimmend eine **Pflicht des jungen Gefangenen** (in Sachsen zur Obliegenheit herabgestuft) aufgestellt, an der Erreichung des Vollzugsziels bzw zur Er-

---

56 BGBl. I, 2894.
57 Vgl auch § 3 Abs. 1 S. 3 SächsJStVollzG.
58 Wie hier Eisenberg, JGG, § 92 Rn 31 a: „über ... das verfassungsrechtlich zulässige Maß hinaus"; s. auch Sonnen in: Diemer/Schatz/Sonnen, JGG, Teil 2 § 3 Rn 5.
59 Siehe auch BVerfGE 22, 219.
60 So das Bundesverfassungsgericht BVerfGE 22, 180.
61 Siehe Ostendorf, Jugendstrafrecht, Rn 352; siehe auch Vorbem. Rn 14.

füllung des Erziehungsauftrags mitzuwirken. Ganz überwiegend wird gefordert, dass die Bereitschaft hierzu zu wecken und zu fördern ist. Diese Aufforderung wird in den Gesetzen Baden-Württemberg (Buch 4 § 2 Abs. 7), Bremen (§ 4 Abs. 2), Hamburg (§ 5 Abs. 2), Hessen (§ 4 Abs. 2) und Sachsen (§ 4 Abs. 2) positiv im Sinne eines Förderungsvollzugs konkretisiert. Negative Konsequenzen werden aus der Mitwirkungspflicht gezogen, wenn Vollzugslockerungen von ihrer Erfüllung abhängig gemacht werden.[62] Den Abbruch von gezielten Maßnahmen im Sinne eines Chancenvollzugs sieht auch das Justizvollzugsgesetz Niedersachsen vor (§ 6 Abs. 2). Wegweiser für diese Mitwirkungspflicht des Gefangenen war § 4 des Entwurfs eines Gesetzes zur Regelung des Jugendstrafvollzuges des Bundes vom 28.4.2004. Dem gegenüber heißt es im § 4 Abs. 1 S. 1 StVollzG nur, dass der Gefangene an der Gestaltung seiner Behandlung und an der Erreichung des Vollzugsziels mitwirkt. Da dies angesichts vielfacher Verweigerungen keine Beschreibung der Vollzugswirklichkeit sein kann, ist dies nur als eine **Aufforderung zur Mitwirkung** zu verstehen.[63] Hierauf weist auch § 4 Abs. 1 S. 2 StVollzG hin. Aussagekräftig für die bewusste Abweichung vom Erwachsenenstrafvollzugsrecht ist die Begründung im bayerischen Gesetzesentwurf (S. 96): „Während in Art. 6 Abs. 1 an erwachsene Strafgefangene lediglich ein Appell zur Mitwirkung an der Behandlung ergeht, wird dem jungen Gefangenen in Abs. 2 unmissverständlich klargemacht, dass das Gesetz ein bloßes Absitzen der Jugendstrafe nicht duldet." Diese Unduldsamkeit gegenüber jungen Strafgefangenen wird mit erzieherischer Notwendigkeit begründet. ZT wird in den Begründungen eine durch die Mitwirkungspflicht bedingte „zunächst nur äußere Anpassung" zwar erkannt, trotzdem zur Legitimation herangezogen.[64] Damit wird aber der gewünschten aktiven Mitarbeit an Fördermaßnahmen entgegengewirkt.

2. Einzelverpflichtungen

Die Gesamtmitwirkungspflicht des Gefangenen ist zu unterscheiden von Einzelverpflichtungen. Diese Einzelverpflichtungen sind in den Ländergesetzen ausdrücklich genannt, wie zB die Arbeitspflicht,[65] die Pflicht zum Gesundheitsschutz und die Pflicht, sich an die Hausordnung zu halten sowie Einzelanweisungen der Vollzugsbediensteten zu folgen. Zum Teil ergeben sich Verpflichtungen aus anderen Gesetzen, wie die Schulpflicht. Selbstverständlich gelten auch die strafbedrohten Verhaltensanweisungen aus dem StGB sowie aus den strafrechtlichen Nebengesetzen, wie insbesondere aus dem BtMG.

27

---

62 Buch 4 § 7 Abs. 2 (Verlegung in den offenen Vollzug) und § 83 Abs. 2 (Urlaub zur Entlassungsvorbereitung) JVollzG B-W; § 15 Abs. 2 (Vollzugslockerungen) und § 19 Abs. 3 (Urlaub zur Entlassungsvorbereitung) JStVollzG Bremen,Mecklenburg-Vorpommern, Schleswig-Holstein; §§ 46 Abs. 2 S. 2, 47 Abs. 3 (Vollzugslockerungen) Brandenburgisches JVollzG, Thüringer JVollzGB; §§ 45 Abs. 2 S. 2, 46 Abs. 3 (Vollzugslockerungen) LJVollzG Rheinland-Pfalz; § 45 Abs. 3 (Vollzugslockerungen) JVollzGB Sachsen-Anhalt; § 12 Abs. 3 (Vollzugslockerungen) und § 15 Abs. 2 (Urlaub zur Entlassungsvorbereitung) HmbJStVollzG; § 16 Abs. 3 (Vollzugslockerungen) und § 21 Abs. 3 (Urlaub zur Entlassungsvorbereitung) JStVollzG NRW; abl. hierzu Dünkel ZJJ 2011, 140, 148; Eisenberg, JGG, § 92 Rn 71; Sonnen in: Diemer/Schatz/Sonnen, JGG, Teil 2 § 4 Rn 2; s. auch § 2 Rn 45.
63 Siehe auch Laubenthal, Strafvollzug, Rn 238.
64 Begründung S. 11 Brandenburgisches JVollzG, Begründung S. 116 LJVollzG Rheinland-Pfalz.
65 Zur Zulässigkeit von Disziplinarmaßnahmen bei Arbeitsverweigerung s. OLG Hamburg NStZ 1992, 53; BVerfG ZfStrVo 1995, 53; gegen eine Arbeitspflicht von Strafgefangenen Bemmann in: FS für Grünwald, 1999, S. 69.

§ 1 Grundlagen

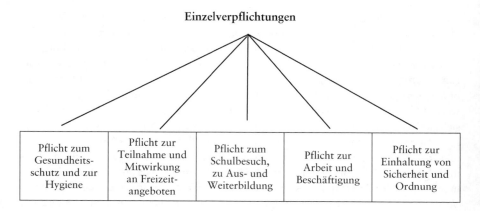

3. Pädagogische Einwände

28 Die Mitwirkung des Gefangenen am Vollzugsziel ist Grundvoraussetzung für einen Resozialisierungsvollzug. Gegen den Willen des Gefangenen müssen viele Bemühungen scheitern. Allerdings kann eine freiwillige Mitarbeit nicht von vornherein vorausgesetzt werden. Jeder Gefangene ist unfreiwillig im Strafvollzug. Von daher ist eine Anti-Einstellung nur verständlich. Hinzu kommt, dass viele Gefangene auf ihrem bisherigen Lebensweg nicht zu einer aktiven Mitarbeit angehalten wurden. Sie wurden vernachlässigt, „man ließ sie laufen", oder sie wurden angewiesen, zurechtgewiesen, bestraft. Darüber hinaus ist jugendliche Opposition gegenüber Instanzen der Erwachsenen, „die etwas zu sagen haben", eine verbreitete Erscheinung. Wird in dieser Situation eine neue Pflicht aufgestellt, deren Nichterfüllung zu Disziplinarmaßnahmen führen kann, so kann die innere Abblockung verstärkt werden. Die zu erwartende Folge ist eine scheinbare, dh äußere Mitarbeit bei weiter bestehender bzw sogar verstärkter innerer Ablehnung: **Scheinresozialisierung**. Zwar kann durch eine Einübung auf Dauer diese innere Ablehnung gelockert werden, kann weichen, wenn der Gefangene den eigenen Nutzen auf weitere Sicht erkennt. Diese Einsicht wird aber ohne eine formale Verpflichtung eher zu erreichen sein. Die zwangsweise Inpflichtnahme als Grundprinzip widerspricht den Erkenntnissen der Pädagogik, die auf erzieherische Angebote setzt. So lautet auch das Grundprinzip des KJHG (= SGB VIII).[66]

4. Rechtliche Einwände

a) Keine Abstriche am Resozialisierungsprogramm

29 Die Mitwirkungspflicht darf nicht zur Folge haben, dass am Resozialisierungsprogramm „gespart" wird. Resozialisierung heißt das Ziel, die Mitwirkung ist eine Methode. Das Ziel bleibt auch dann bestehen, wenn eine Methode versagt. Dies hat zur Folge, dass die vom Bundesverfassungsgericht aufgestellten **Qualitätsanforderungen an den Jugendstrafvollzug** abgeleitet aus der Verfassung eingehalten werden müssen (zu den verfassungsrechtlichen Vorgaben s. Vorbem. Rn 13). Dies hat zur Folge, dass

---

[66] IdS auch Walter NK 2006 96, 97 sowie Eisenberg/Singelstein, Kindschaftsrecht und Jugendhilfe 2007, S. 185.

V. Mitwirkung der Gefangenen am Vollzugsziel

immer wieder entsprechende Angebote gemacht werden müssen (Angebotsresozialisierung).[67] Dem widersprach tendenziell die frühere Hamburger Regelung (§ 5 Abs. 3). Auch der Niedersächsische Chancenvollzug droht zu einem Chancentod umzukippen, wenn, wie vom Antifolterkommitee des Europarates 2005 festgestellt, in der JVA Hameln „nicht mitarbeitsbereite" Gefangene abgesehen von einer Stunde Hofgang einem ständigen Einschluss unterworfen werden ohne Ausbildung, ohne Arbeit, ohne Gemeinschaft, ohne Fernsehen. Wenn zur Begründung des Chancenvollzugs im niedersächsischen Gesetzesentwurf die Gefangenen als „selbstbewusste, freie und zu eigenverantwortlicher Lebensgestaltung begabte Persönlichkeiten" eingestuft werden,[68] so geht dies an der Vollzugsrealität vorbei.

b) Unbestimmte Generalverpflichtung

Die Generalverpflichtung ist zu unbestimmt. Die Verhaltensanforderungen an Gefangene müssen so formuliert sein, dass sie wissen, was sie zu tun bzw zu unterlassen haben. Dies gilt erst recht, wenn hiermit negative Folgen zB für Vollzugslockerungen und erst recht im Wege von Disziplinarmaßnahmen verbunden sein können. Eine Generalverpflichtung zur Mitwirkung am Vollzugsziel bzw am Erziehungsauftrag erscheint im Hinblick hierauf zu unbestimmt. Eine Mitwirkungspflicht kann erst durch Einzelanweisungen konkretisiert werden. Ansonsten besteht die Gefahr des Missbrauchs, zB um kritische Gefangene ruhig zu stellen. Das Schwert der Versagung von Vergünstigungen bzw der Anordnung von Disziplinarmaßnahmen, das im Jugendstrafvollzug eh häufiger gezogen wird, schwebt mit einer solchen Generalverpflichtung permanent über den Köpfen der Gefangenen.[69]

30

c) Verstoß gegen das Autonomieprinzip

Darüber hinaus ist es aus verfassungsrechtlicher Sicht höchst bedenklich, den Gefangenen in dieser Weise in die Pflicht zu nehmen. Der Gefangene muss so an seiner eigenen Bestrafung mitwirken. Das widerspricht dem Menschenbild unserer Verfassung, der Menschenwürde. Dem Gefangenen muss es gestattet sein, die Strafe für sich abzulehnen.[70] Es gibt auch objektiv ungerechte Strafurteile. Zumindest kann man über die gerechte Strafe streiten, wie es Staatsanwaltschaft und Verteidigung tun, wie hierüber im Rechtsmittelverfahren von den Gerichten unterschiedlich entschieden wird. Wenn der Gefangene die Strafe als ungerecht, weil zu hart empfindet und er infolgedessen im Strafvollzug nicht „mitmacht", sollte dies respektiert werden, darf zumindest nicht zusätzlich geahndet werden. Der Respekt vor der Menschenwürde steht zuoberst. In den Mindeststandards für den Jugendstrafvollzug heißt es dementsprechend unter der Überschrift „Keine unbestimmte Pflicht zur Selbstresozialisierung": „Eine allgemeine Pflicht des Gefangenen, „an der Erreichung des Vollzugszieles" (seiner Resozialisierung) mitzuwirken, ist inhaltlich zu unbestimmt, praktisch

31

---

67 Tendenziell idS auch Laubenthal, Strafvollzug, Rn 240.
68 Begründung S. 69 unter Berufung auf BVerfGE 5, 85 (2004). In diesem so genannten KPD-Urteil wird allerdings mit keinem Wort auf die Persönlichkeitsstruktur von Gefangenen eingegangen.
69 Siehe auch Eisenberg/Singelstein Kindschaftsrecht und Jugendhilfe 2007, 185; gegen eine Disziplinierung bei einem Verstoß gegen die allgemeine Mitwirkungspflicht Schwirzer, Jugendstrafvollzug für das 21. Jahrhundert?, 2008, S. 79; ebenso Schneider, Strafvollzug und Jugendstrafvollzug im Bayerischen Strafvollzugsgesetz, 2010, S. 96.
70 Ebenso Eisenberg MschrKrim 2004, 355, 356; ders., JGG, § 92 Rn 44.

nicht handhabbar, nicht willkürfest (weil Pflichtverletzungen Disziplinarmaßnahmen oder den Ausschluss von Vergünstigungen zur Folge haben) und daher verfassungswidrig."[71] Beachtung des Autonomieprinzips bedeutet, den Gefangenen nicht zur Mitwirkung verpflichten, sondern ihm die Mitwirkung zu ermöglichen und dies rechtlich verbindlich zu gestalten (siehe Rn 42). Dies sehen auch die Rule 50.2 und 50.3 der Empfehlung des Europarats zum Vollzug bzw zur Vollstreckung ambulanter und freiheitsentziehender Sanktionen vom 5.11.2008 (Rec (2008) 11, siehe Vorbem. Rn 12) vor; eine Verpflichtung zur Mitwirkung widerspricht dieser Empfehlung des Europarats.[72]

5. Belohung anstatt Disziplinierung?

32   Im wissenschaftlichen Raum wird hinsichtlich der Mobilisierung der Gefangenen, am Vollzugsziel mitzuwirken, seit Längerem vorgeschlagen, ein Belohnungssystem einzuführen, anstelle mit Verboten zu operieren, die bei Nichtbefolgung zu einer Disziplinierung führen.[73] In der JVA Adelsheim wurde dies unter der Leitung von *Joachim Walter* bereits praktiziert. Auch in den Mindestgrundsätzen für die Behandlung der Gefangenen der UN aus dem Jahr 1977 heißt es in der Nr. 70 unter der Überschrift „Vergünstigungen": „In jeder Anstalt sind für die verschiedenen Gefangenenkategorien und die verschiedenen Behandlungsmethoden geeignete Vergünstigungen festzulegen, um einen Anreiz für gute Führung zu geben, das Verantwortungsbewußtsein zu entwickeln und das Interesse und die Mitarbeit der Gefangenen an ihrer Behandlung zu fördern." Diesem Ansatz sind die Länder Hessen (§ 4 Abs. 2 S. 2 HessJStVollzG), Hamburg (§ 5 Abs. 2 HmbJStVollzG) und Bremen (§ 4 Abs. 2 BremJStVollzG) mit einer Kann-Bestimmung[74], Baden-Württemberg (Buch 4 § 2 Abs. 7 JVollzGB B-W) mit einer Soll-Bestimmung gefolgt.

33   Der Grundsatz der Belohnung, das heißt mit Lob und Vergünstigungen die Gefangenen zur Mitarbeit bei Resozialisierungsbemühungen zu motivieren, ist zu unterstützen. Die Verknüpfung des Bonussystems mit einer Mitwirkungspflicht, die bei Nichterfüllung zu negativen informellen Reaktionen führt, torpediert aber diesen Ansatz.[75] Damit wird der Anreiz zur freiwilligen Mitarbeit wieder genommen. Dies gilt erst recht für negative formelle Reaktionen. Darüber hinaus stellen Vergünstigungen und Belohnungen nur die positive Kehrseite von Versagungen und Disziplinierungen dar, wenn die nicht zusätzlich gewährt werden. Die Resozialisierungsinstrumente von Vollzugslockerungen, von Besuchskontakten und aktiver Freizeitgestaltung dürfen den anderen, die nicht „freiwillig" kooperieren, nicht genommen werden – sonst wird wieder ein Stufenstrafvollzug eingerichtet, der mehr diszipliniert als fördert.[76]

---

71 Forum Strafvollzug 2007, 51; s. auch These 12 des Arbeitskreises 1 des Jugendgerichtstages 2007 in Freiburg, ZJJ 2007, 432.
72 Ebenso Dünkel ZJJ 2011, 140, 148.
73 Arbeitsgruppe der DVJJ ZJJ 2004, 211; Tondorf/Tondorf ZJJ 2006, 369; Walter in: Jugendstrafvollzug in Deutschland, hrsg. von Goerdeler/Walkenhorst, 2007, S. 209; Eisenberg NStZ 2008, 252.
74 Geplant in Berlin gem. § 5 S. 2.
75 So Tierel, Vergleichende Studie zur Normierung des Jugendstrafvollzugs, 2008, S. 170 f; Krüger, Systeme und Konzepte des progressiven Strafvollzugs, 2011, S. 340 ff.
76 Siehe auch Schneider, Strafvollzug und Jugendstrafvollzug im Bayerischen Strafvollzugsgesetz, 2010, S. 115; Walter ZJJ 2009, 199.

VI. Grundsätze der Vollzugsgestaltung

1. Rechtsqualität

Gestaltungsgrundsätze sind Wegweiser für den Vollzug, für die Vollzugsleitung und die Vollzugsbediensteten. Von Seiten der Gefangenen können unmittelbare Rechte hieraus nicht abgeleitet werden. Wohl aber sind sie für die Gestaltung des Vollzugs im Rahmen der Hausordnung sowie für die Einzelentscheidungen zu berücksichtigen. Die Konkretisierung unbestimmter Rechtsbegriffe hat im Hinblick auf diese Gestaltungsgrundsätze zu erfolgen; ebenso stellen sie Kriterien für Ermessensentscheidungen dar. 34

2. Die Regelung im Strafvollzugsgesetz

Der Bundesgesetzgeber hat im § 3 StVollzG drei Grundsätze für die Gestaltung des Vollzuges formuliert: 35
1. **Angleichungsgrundsatz** (Abs. 1: „Das Leben im Vollzug soll den allgemeinen Lebensverhältnissen soweit als möglich angeglichen werden.")
2. **Gegensteuerungsgrundsatz** (Abs. 2: „Schädlichen Folgen des Freiheitsentzuges ist entgegenzuwirken.")
3. **Integrationsgrundsatz** (Abs. 3: „Der Vollzug ist darauf auszurichten, dass er dem Gefangenen hilft, sich in das Leben in Freiheit einzugliedern.")

Mit diesen Grundsätzen soll den Folgen der totalen Institution der Strafvollzugsanstalt entgegengewirkt werden. Es geht darum, der Autonomie des Gefangenen, seiner Mitwirkung und Mitbestimmung entgegen den vollzugsimmanenten Tendenzen einer totalen Verwaltung bis hin zur Unmündigkeit einen möglichst großen Freiraum einzuräumen, um damit den Anforderungen an Menschenwürde zu entsprechen und zugleich die Resozialisierung zu fördern. Insbesondere gilt es, einer Deprivation sowie der Prisonisierung entgegenzuwirken. **Deprivation** im Strafvollzug bedeutet den Verlust von Privatheit mit Einschluss von privaten Beziehungen, von Freundschaft und Liebe. **Prisonisierung** bedeutet eine Anpassungsstrategie an die von der Anstalt, aber vor allem von Mitgefangenen, von dominanten Gefangenengruppen bestimmten Verhaltensregeln, die häufig in eine Subkultur, dh in eine von gesellschaftlichen Verhaltensnormen abweichende Anstaltskultur einmünden. Die Anpassung führt zwar nicht zwangsläufig in Richtung Kriminalität, behindert aber Resozialisierungsbemühungen.[77] Der Prisonisierungseffekt ist eine besondere Form der Hospitalisation.

Insgesamt sind die mit dem Strafvollzug verbundenen Übel zu minimieren. Dies folgt aus dem Ultima-ratio-Grundsatz.[78] Wenn Strafe, insbesondere Freiheitsstrafe nur das letzte Mittel sein darf, um den Rechtsgüterschutz zu gewährleisten, muss auch die ausgesprochene Strafe möglichst klein gehalten werden: Minimalisierungsprinzip.[79] 36

---

77 Siehe Pauls/Remele MschrKrim 2013, 45, die deshalb von einer „teritären Sozialisation" sprechen.
78 So BVerfG NJW 2006, 2093, 2095.
79 So auch Rule 50.1 der Empfehlung des Europarats zum Vollzug bzw zur Vollstreckung ambulanter und freiheitsentziehender Sanktionen gegenüber Jugendlichen vom 5.11.2008 (Rec (2008) 11), siehe Vorbem. Rn 12.

3. Die neuen Grundsätze für den Jugendstrafvollzug

37 Entsprechend dem Musterentwurf lauten in den Bundesländern Berlin, Bremen, Mecklenburg-Vorpommern, Saarland, Schleswig-Holstein die Gestaltungsgrundsätze wie folgt:

> § 3 Erziehungsauftrag, Vollzugsgestaltung
>
> (1) Der Vollzug ist erzieherisch zu gestalten. Die Gefangenen sind in der Entwicklung ihrer Fähigkeiten und Fertigkeiten so zu fördern, dass sie zu einer eigenverantwortlichen und gemeinschaftsfähigen Lebensführung in Achtung der Rechte Anderer befähigt werden. Die Einsicht in die beim Opfer verursachten Tatfolgen soll geweckt werden.
>
> (2) Personelle Ausstattung, sachliche Mittel und Organisation der Anstalt (§ 98 Abs. 1 Satz 1) werden an Zielsetzung und Aufgabe des Vollzugs sowie den besonderen Bedürfnissen der Gefangenen ausgerichtet.
>
> (3) Das Leben in der Anstalt ist den allgemeinen Lebensverhältnissen so weit wie möglich anzugleichen. Schädlichen Folgen der Freiheitsentziehung ist entgegenzuwirken. Der Vollzug wird von Beginn an darauf ausgerichtet, den Gefangenen bei der Eingliederung in ein Leben in Freiheit ohne Straftaten zu helfen. Die Belange von Sicherheit und Ordnung der Anstalt sowie die Belange der Allgemeinheit sind zu beachten.
>
> (4) Die unterschiedlichen Lebenslagen und Bedürfnisse von weiblichen und männlichen Gefangenen werden bei der Vollzugsgestaltung und bei Einzelmaßnahmen berücksichtigt.

Ähnliche Formulierungen finden sich in den anderen Ländergesetzen. Damit finden die anerkannten Grundsätze gem. § 3 StVollzG zT in wörtlicher Übereinstimmung, zT in abweichender, dh abgeschwächter Form ihre Bestätigung. So fehlt in Bayern und Niedersachsen der ausdrückliche Hinweis, dass die Integration von Anfang an anzustreben ist, was schon für die Vollzugsplanung Bedeutung erlangt. Ergänzend wird in § 6 Abs. 2 Buch 1 Justizvollzugsgesetzbuch B-W darauf hingewiesen, dass die besonderen Belange von Gefangenen mit Migrationshintergrund zu berücksichtigen und ihren soziokulturellen und religiösen Bedürfnissen Rechnung zu tragen ist.

38 Zu der Beachtung der drei Vollzugsgrundsätze kommt der Auftrag, den Vollzug erzieherisch zu gestalten, wobei Erziehung einen eigenständigen Stellenwert erhält, da der Erziehungsauftrag unabhängig von dem Integrationsgrundsatz vorangestellt wird. Diese Selbstständigkeit verliert aber im Hinblick auf das maßgebliche Vollzugsziel wiederum an Bedeutung, dh Erziehung ist auf dieses Vollzugsziel auszurichten. So heißt es auch in der Begründung des Neuner-Entwurfs: „Wesentliches Element des Vollzuges ist nach Abs. 1 die Erziehung der Gefangenen zu einer straffreien Lebensführung in sozialer Verantwortung." Abgesehen davon, dass eine individuelle positive Erziehung iSd § 1 Abs. 1 SGB VIII in einer Strafvollzugsanstalt kaum möglich erscheint, ist ein allgemeiner Erziehungsanspruch begrenzt auf die Ersetzung der Elternrolle, der Erziehungsberechtigten, dh bis zur Volljährigkeit mit 18 Jahren.

39 Positiv sind zwei weitere Ergänzungen. Einmal wird vorgegeben, dass die personelle und sachliche Ausstattung des Vollzugs sich an der Zielsetzung und Aufgabe des Vollzugs und den besonderen Bedürfnissen der Gefangenen auszurichten hat. Damit wird einem Diktat der Finanzminister vorgebeugt. Zum anderen werden die unterschiedlichen Lebenslagen und Bedürfnisse von weiblichen und männlichen Gefangenen betont, sie müssen bei der Vollzugsgestaltung und bei Einzelmaßnahmen berücksichtigt werden. Insbesondere die **Interessen der weiblichen Gefangenen** sind in der

Vergangenheit in der Vollzugsplanung und Vollzugsgestaltung häufig vernachlässigt worden.

VII. Rechtsstellung der Gefangenen
1. Gesetzesvorbehalt

Der Bürger bleibt auch in der Gefangenschaft Subjekt von Rechten. Insbesondere stehen ihm auch weiterhin grundsätzlich mit Ausnahme des Freiheitsrechts die Grundrechte zu. Seine Rechtsstellung wird nicht automatisch mit dem Gefangenenstatus aufgehoben – so die frühere Rechtsmeinung „Besonderes Gewaltverhältnis", siehe Vorbem. Rn 7. Grundrechtseinschränkungen durch die Exekutive stehen unter Gesetzesvorbehalt, dh der Gesetzgeber muss sie erlauben: „Eingriffe in Grundrechte bedürfen einer gesetzlichen Grundlage. Seit 1972 ist geklärt, dass von diesem Erfordernis auch Eingriffe in die Grundrechte von Strafgefangenen nicht ausgenommen sind (BVerfGE 33, 1, 9 f; vgl auch BVerfGE 58, 358, 367)."[80]

40

Grundrechtsrelevante Einschränkungen müssen darüber hinaus vom Gesetzgeber im Einzelnen bestimmt werden (**Enumerationsprinzip**): „Grundrechtseingriffe, die über den Freiheitsentzug als solche hinausgehen, bedürfen danach unabhängig von den guten oder sogar zwingenden sachlichen Gründen, die für sich sprechen mögen, einer eigenen gesetzlichen Grundlage, die die Eingriffsvoraussetzungen in hinreichend bestimmter Weise normiert (vgl BVerfGE 40, 276, 283)."[81] Da nicht alle Situationen, in denen Maßnahmen gegenüber Gefangenen getroffen werden müssen, vom Gesetzgeber vorweg erfasst werden können, erscheint eine **Öffnungsklausel**, auch „Angstklausel" genannt, notwendig und damit zulässig. Das Bundesverfassungsgericht verlangt „nur", dass „alle wesentlichen Entscheidungen" vom Gesetzgeber selbst zu treffen sind – Wesentlichkeitslehre.[82] Dies bedingt, dass auf eine Generalermächtigung nur ausnahmsweise zurückgegriffen werden darf. Dementsprechend heißt es in den Ländergesetzen überwiegend: „Die Gefangenen unterliegen den in diesem Gesetz vorgesehenen Beschränkungen ihrer Freiheit. Soweit das Gesetz eine besondere Regelung nicht enthält, dürfen ihnen nur Beschränkungen auferlegt werden, die zur Aufrechterhaltung der Sicherheit oder zur Abwendung einer schwerwiegenden Störung der Ordnung der Anstalt unerlässlich sind."[83] Diese Gesetzesfassung deckt sich mit der im § 4 Abs. 2 StVollzG. Für einen Rückgriff auf diese Generalklausel ist zunächst zu beachten, dass diese nur einen Notbehelf darstellt, dass hierauf nicht zurückgegriffen werden darf, wenn eine Spezialregelung erfolgt ist.[84] Die gesetzlichen Voraussetzungen für konkret geregelte Maßnahmen dürfen nicht mit der Generalklausel unterlaufen werden, auch nicht zusätzlich hiermit begründet werden.

Darüber hinaus steht der Rückgriff auf die Generalklausel unter der Voraussetzung, dass hierauf gestützte Beschränkungen „unerlässlich" sein müssen. „Unerlässlichkeit" geht über eine Notwendigkeit hinaus. Sie müssen gleichsam zwingend sein.

---

80 BVerfG NJW 2006, 2093, 2094.
81 BVerfG NJW 2006, 2093, 2094.
82 BVerfGE 61, 260, 275.
83 So § 6 Abs. 1 im Musterentwurf.
84 Siehe LG Augsburg ZfStrVo 1998, 113.

41 Weiterhin genügt nicht eine allgemeine Störung der Anstalt, es muss eine schwerwiegende Störung der Anstaltsordnung drohen. Hieraus folgt, dass die Öffnungsklausel nur einen Notbehelf darstellt, nur ausnahmsweise zur Anwendung kommen darf. Soweit in den Ländergesetzen diese einschränkenden Voraussetzungen fallengelassen wurden,[85] genügen diese Regelungen nicht den grundgesetzlichen Anforderungen. Der (Landes-)Gesetzgeber muss seine „Hausarbeit" für eine detaillierte Vollzugsregelung machen, darf der Vollzugsverwaltung keinen unbegrenzten Freiraum einräumen.

2. Mitwirkungsrechte des Gefangenen

42 Im § 6 Abs. 2 des Musterentwurfs heißt es: „Vollzugsmaßnahmen sollen den Gefangenen erläutert werden." Damit wird der Subjektstellung des Gefangenen entsprochen. Gefangene sollen in Vollzugsmaßnahmen einbezogen werden, ihr Verständnis für getroffene Maßnahmen ist zu wecken. Darüber hinaus stehen den Gefangenen Mitwirkungsrechte zu. Ein Mitwirkungsrecht folgt einmal aus der – hier abgelehnten, siehe Rn 28 ff – Mitwirkungspflicht. Wer verpflichtet wird zur Mitwirkung, hat erst recht ein Recht zur Mitwirkung. Ein **Mitwirkungsrecht** lässt sich darüber hinaus aus dem Strafvollzugsziel der Resozialisierung sowie aus dem Angleichungsgrundsatz ableiten.[86] Resozialisierungsbemühungen müssen den Gefangenen mit einbeziehen, ihn „mitnehmen", dh auch seine Autonomie im Sinne einer „gesetzestreuen" Lebensgestaltung achten und stärken. **Das fehlende Selbstbewusstsein**, sich im „Lebenskampf" legal zu behaupten, ist anerkanntermaßen ein Hauptproblem der Gefangenen. Konkretisiert wird das Mitwirkungsrecht insbesondere im Rahmen der Vollzugsplanung (s. § 10 Abs. 3 Musterentwurf), durch das Zustimmungserfordernis zur gemeinsamen Unterbringung (s. § 25 Abs. 1 Musterentwurf), bei der Religionsausübung (s. § 44 Abs. 1 Musterentwurf) sowie im Weiteren bei der Kommunikation mit Außenstehenden (Besuch, Schriftverkehr, Telefongespräche).

43 Ergänzt wird das Individualrecht des Gefangenen auf Mitwirkung durch ein **kollektives Mitwirkungsrecht**, auch wenn dies als Gefangenenmitverantwortung tituliert wird: „Den Gefangenen soll ermöglicht werden, an der Verantwortung für Angelegenheiten vom gemeinsamen Interesse teilzunehmen, die sich ihre Eigenart und der Aufgabe der Anstalt nach für ihre Mitwirkung eignen."[87] Damit wird zwar kein klassisches Mitbestimmungsrecht der Gefangenen eingeräumt,[88] wohl aber wird damit eine grundsätzliche Verpflichtung der Anstalt begründet, Gefangene an der Ausgestaltung des Vollzugsalltags zu beteiligen. Dazu gehört insbesondere auch die Freizeitgestaltung. Gefangenen sollten nicht nur Möglichkeiten der Mitwirkung insoweit eingeräumt werden, sie sollten aufgefordert werden, sich hierbei aktiv mit Vorschlägen einzubringen. Die Artikulierung von Eigeninteressen und die Abstimmung mit den Interessen der Mitgefangenen sowie den Notwendigkeiten des Anstaltsbetriebes sind wesentliche Elemente des Resozialisierungsprozesses. Ein Mittel zur Artikulie-

---

85 Siehe zB § 4 S. 2 NJVollzG.
86 Ausdrücklich geschehen in Buch 4 § 3 JVollzGB B-W. Wie hier Kühl, Die gesetzliche Reform des Jugendstrafvollzugs in Deutschland im Licht der European Rules for Juvenile Offenders Subject to Sanctions or Measures (ERJOSSM), 2012, S. 103, 104.
87 So § 107 Musterentwurf; s. auch § 160 StVollzG.
88 Siehe KG NStZ 1993, 427.

rung der Eigeninteressen ist die Herausgabe einer Gefangenenzeitung.[89] Das Recht auf eine umfassende Beteiligung der Gefangenen gehört zu den von Fachleuten und Fachverbänden formulierten Mindeststandards für den Jugendstrafvollzug.[90] „Weitgehende Mitwirkungsrechte des Gefangenen" wurden auch in der Resolution des 31. Strafverteidigertages aus dem Jahr 2007 eingefordert.[91]

VIII. Elternrechte

„Bei der Gruppe der im Rechtssinne jugendlichen Gefangenen sind zudem grundrechtlich geschützte Positionen der erziehungsberechtigten Eltern berührt."[92] Das Elternrecht auf Pflege und Erziehung der Kinder gem. Art. 6 Abs. 2 S. 1 GG wird durch den Strafvollzug nicht suspendiert. Auch das so genannte Erziehungsstrafrecht, der Erziehungsauftrag im Strafvollzug etabliert „kein staatliches Erziehungsprivileg."[93] Soweit Eltern bereit sind, ihre Erziehungsrechte auszuüben, muss ihnen **zur Mitwirkung Gelegenheit gegeben werden**. Dem entspricht die Formulierung: „Die Personensorgeberechtigten sind, soweit dies möglich ist und dem Vollzugsziel nicht zuwiderläuft, in die Planung und Gestaltung des Vollzugs einzubeziehen."[94] Konkretisiert wird dies mit der Unterrichtungsverpflichtung über die Aufnahme (§ 9 Abs. 4 Musterentwurf), die Verlegung der Gefangenen (§ 12 Abs. 2 Musterentwurf) sowie über schwere Erkrankungen und Tod (§ 32 Abs. 3 Musterentwurf). Auch in anderen Bestimmungen wird nur eine Unterrichtungsverpflichtung aufgestellt, keine Mitwirkung bei der Planung und Gestaltung des Vollzuges eingeräumt. So soll der Vollzugsplan nur auf Verlangen den Sorgeberechtigten mitgeteilt werden (§ 11 Abs. 5 Musterentwurf), über die Entlassungsvorbereitung werden die Personensorgeberechtigten nur unterrichtet (§ 19 Abs. 1 S. 3 Musterentwurf). Diese Unterrichtung genügt nicht den grundgesetzlichen wie internationalen Vorgaben.[95] Auch wenn aus der kriminologischen Forschung bekannt ist, dass sehr viele Gefangene aus desolaten Elternhäusern stammen und viele Eltern nicht fähig bzw. bereit sind, sich konstruktiv in die Vollzugsarbeit einzubringen, muss hier mehr geschehen, auch deshalb, weil ein Teil der Gefangenen nach der Entlassung wieder in die Elternhäuser zurückkehrt und die Fortwirkung der Resozialisierungsmaßnahmen vom Elternverhalten stark beeinflusst wird. So ist nicht nur eine Unterrichtung, sondern eine Mitwirkung in Form der Konsultation bei der Erstellung des Vollzugsplans, seiner späteren Abänderung sowie bei der Entlassungsvorbereitung geboten.[96]

44

---

89 Zum Konflikt zwischen Pressefreiheit und Eingriffen der Anstaltsleitung s. OLG Stuttgart ZfStrVo 1980, 60; Beaucamp ZfStrVo 1999, 206; Zieger StV 2007, 387. Eine Zusammenstellung der zurzeit herausgegebenen Gefangenenzeitungen findet sich im BAG-S Informationsdienst Straffälligenhilfe 3/2007, 29.
90 Forum Strafvollzug 2007, 51; siehe auch § 5 Rn 35.
91 ZJJ 2007, 222.
92 BVerfG NJW 2006, 2093, 2096.
93 BVerfGE 107, 104, 119; s. auch Köhler JZ 1988, 754.
94 So § 7 Abs. 4 Musterentwurf.
95 Siehe auch These 13 des Arbeitskreises 1 des Jugendgerichtstages 2007 in Freiburg, ZJJ 2007, 432.
96 Ebenso die Mindeststandards für den Jugendstrafvollzug Ziffer 4, Forum Strafvollzug 2007, 51.

IX. Kooperationsverpflichtung

45 In der Empfehlung „Rec (2006) 2 on the European Prison Rules" vom 11.1.2006 des Ministerkomitees des Europarats (Vorbem. Rn 12) heißt es u.a.: „Die Zusammenarbeit mit externen sozialen Diensten und, soweit dies möglich ist, die Beteiligung der Zivilgesellschaft am Leben in der Vollzugsanstalt sind zu fördern." Eine Zusammenarbeit des Vollzugs mit außervollzuglichen Einrichtungen und Organisationen sowie Privatpersonen wird in allen Ländergesetzen vorgeschrieben (Musterentwurf § 7 Abs. 2). Damit wird die Öffnung des Vollzugs gegenüber der Bürgergesellschaft betont. Es sind nicht nur Einrichtungen und Organisationen in öffentlicher und nichtöffentlicher Trägerschaft einzubeziehen, sondern auch ehrenamtliche Mitarbeiterinnen und Mitarbeiter (Musterentwurf § 7 Abs. 3). Diese Aufgabe verdichtet sich für die Entlassungsvorbereitung, für die das Bundesverfassungsgericht eine „verzahnte Entlassungsvorbereitung" gefordert hat.[97] Insofern ist ein Netzwerk zu organisieren, das im Neudeutsch Übergangsmanagement genannt wird.[98] Seit langem wird beklagt, dass insbesondere die Zusammenarbeit von Vollzug und Bewährungshilfe im Falle der Strafrestaussetzung zur Bewährung nicht hinreichend funktioniert. Es sollte möglich sein, dass der zuständige Bewährungshelfer so rechtzeitig bestimmt wird, dass er noch vor der Entlassung den Gefangenen aufsucht. Eine verbindliche Entlassungsvorbereitung spätestens 6 Monate vor dem voraussichtlichen Entlassungstermin unter Zuhilfenahme des sozialen Netzwerks sollte organisiert werden.[99] Näher hierzu 2. Abschnitt Rn 54, 55.

---

[97] BVerfG NJW 2006, 2096.
[98] Siehe Matt Forum Strafvollzug 2007, 26.
[99] So § 18 des Entwurfs eines Gesetzes zur Regelung des Jugendstrafvollzuges des Bundesjustizministeriums vom 7.6.2006.

§ 2 Vollzugsplanung

Spezielle Literatur: *Arbeitsgemeinschaft Deutscher Bewährungshelferinnen und Bewährungshelfer*, Lebenslagen-Untersuchung/Bundesweite Befragung zur Erhebung der Lebenslagen der Klientinnen und Klienten der Bewährungshilfe, Aurich 2000; *Beckers, C.*, Vollzugslockerungen Urlaub – Erfahrungen und Erwartungen der Beteiligten, in: H. Kury (Hrsg.), Ambulante Maßnahmen zwischen Hilfe und Kontrolle, Köln u.a. 1984, S. 381–405; *Berckhauer, F.*, Überbelegung, Rückfall, Prognose, Vollzugslockerungen, in: Niedersächsischer Minister der Justiz (Hrsg.), Rechtstatsächliche Untersuchungen aus Niedersachsen zu Strafvollzug und Bewährungshilfe, 1986, S. 73; *Bereswill, M./Döll, M./Koesling, A./Neuber, A.*, „Ich weiß gar nicht, warum die das mit mir machen" – Sozialtherapeutische Behandlungsmaßnahmen aus der Sicht inhaftierter junger Männer, in: ZJJ 2007, S. 48–55; *Bessler, C.*, Jugendliche Sexualstraftäter, in: Kriminalistik 2002, S. 263–268; *Biendl, G.*, Jugendstrafvollzug in freier Form am Beispiel des „Projekts Chance", Konstanz 2005; *Bosinski, H./Ponseti, J./Sakewitz, F.*, Therapie von Sexualstraftätern im Regelvollzug – Rahmenbedingungen, Möglichkeiten und Grenzen, in: Sexuologie 2002, S. 39–47; *Bosold, C./Prasse, A./Lauterbach, O.*, Anti-Gewalt-Trainings im Jugendvollzug. Eine bundesweite Bestandsaufnahme, in: ZJJ 2006, S. 27–37; *Brunner, R.*, Strafrechtliche Rechtsfolgen und Therapie als Gesamtkonzeption für Drogenabhängige, in: Zbl 1980, S. 415–422; *Dessecker, A./Spöhr, M.*, Entwicklung der Sozialtherapie in Deutschland und im Rahmen der sozialtherapeutischen Behandlung angewandte Diagnoseverfahren, in: Praxis der Rechtspsychologie 2007, S. 305–321; *Dölling, D.*, Das Nachsorgeprojekt Chance: Einige Ergebnisse der Evaluation, in: W. Stelly/J. Thomas (Hrsg.), Erziehung und Strafe, Godesberg 2011, S. 145-158; *Dünkel, F./Geng, B.*, Rückfall und Bewährung von Karrieretätern nach Entlassung aus dem sozialtherapeutischen Behandlungsvollzug und aus dem Regelvollzug, in: M. Steller/K.-P. Dahle/M. Basque (Hrsg.), Straftäterbehandlung – Argumente für eine Revitalisierung in Forschung und Praxis, 1994, S. 35–59; *Dünkel, F./Pörksen A.*, Zum Stand der Gesetzgebung zum Jugendstrafvollzug, in: NK 2007, S. 55–67; *Dünkel, F./Meyer-Velde, H.*, Bericht zur qualitativen Erfassung aller in hessischen Justizvollzugsanstalten einsitzenden Strafgefangenen, in: K.-H. Groß/W. Schädler (Hrsg.), Kriminalpolitischer Bericht für den Hessischen Minister der Justiz, Wiesbaden 1990, Anhang S. 1–132; *Füllkrug, M.*, Führungsaufsicht bei Vollverbüßern von Jugendstrafe, in: BewHi 1989, S. 145–148; *Geraedts, C.-W.*, Zur Tötungsdelinquenz bei jugendlichen und heranwachsenden Straftätern. Eine Analyse jugendpsychiatrisch-forensischer Gutachten aus dem Zeitraum 1981–1990 in Kiel, Kiel 1998; *Geretshauser, M./Leufert, T./Weidner, J.*, Konfrontiert rechtsorientierte Gewalttäter mit den Opferfolgen!, in: DVJJ-Journal 1993, S. 33–36; *Goderbauer, R.*, Der Einfluss neuer Strafvollzugsgesetze auf den weiteren Erfolg der Sozialtherapie, in: Forum Strafvollzug 2009, S. 307-312; *Grosch, O.*, Lockerungen im Jugendstrafvollzug, Freiburg i. Br. 1995; *Gusy, C.*, Möglichkeit und Grenzen der Privatisierung des Jugendstrafvollzugs, in: JZ 2006, S. 651–661; *Hinsch, R./Pfingsten, U.*, Gruppentraining Sozialer Kompetenzen (GSK), Weinheim 1998; *Hosser, D./Bosold, C./Lauterbach, O.*, Sozialtherapeutische Behandlung von jungen Sexualstraftätern. Ergebnisse einer Evaluationsstudie, in: Recht und Psychiatrie 2006, S. 125–133; *Jürgensen, P./Rehn, G.*, Urlaub aus der Haft, in: MschrKrim 1980, S. 231–241; *Kindermann, W.*, Behandlung Drogenabhängiger im Justizvollzug, in: MschrKrim 1979, S. 218–227; *Kneifel, S.*, Grundlagen und Überlegungen zur Konstruktion des Konfliktlösetrainings in der JVA Adelsheim: „KontrA", in: M. Bereswill/T. Höynck (Hrsg.), Jugendstrafvollzug in Deutschland. Grundlagen, Konzepte, Handlungsfelder, Mönchengladbach 2002, S. 249–262; *Koop, G.*, Drogenabhängige im Gefängnis – Möglichkeiten und Grenzen der Betreuung, in: KrimPäd 1985, S. 20–25; *Lösel, F.*, Meta-analytische Beiträge zur wiederbelebten Diskussion des Behandlungsgedankens, in: M. von Steller/K.-P. Dahle/M. Basqué (Hrsg.), Straftäterbehandlung – Argumente für eine Revitalisierung in Forschung und Praxis, Pfaffenweiler 1994, S. 13–34; *Lösel, F./Bender, D.*, Straftäterbehandlung: Konzepte, Ergebnisse, Probleme, in: M. Steller/R. Vollbert (Hrsg.), Psychologie im Strafverfahren, Bern 1997, S. 171–204; *Manteuffel, A. von*, „Projekt Chance" – Jugendstrafvollzug in freier Form, in: Forum Strafvollzug 2007, S. 266–271; *Matt, E.*, Integrationsplanung und Übergangsmanagement, in: Forum Strafvollzug

2007, S. 26–31; *Merckle, T.*, Jugendstrafvollzug in freier Form am Beispiel vom Seehaus Leonberg, in: Forum Strafvollzug 2007, S. 271–274; *Michl, C.*, Das Anti-Aggressions-Training der JVA Iserlohn, in: M. Bereswill/T. Höynck (Hrsg.), Jugendstrafvollzug in Deutschland. Grundlagen, Konzepte, Handlungsfelder, Mönchengladbach 2002, S. 235–248; *Müller-Fricke, C./ Kraske, W.*, Zur Arbeit der Drogenabteilung in der Jugendanstalt Hameln, in: KrimPäd 1985, S. 32–34; *Ohlemacher, T./Sögding, D./Höynck, T./Ethé, N./Welte, G.*, Anti-Aggressivitäts-Training und Legalbewährung, in: M. Bereswill/W. Greve (Hrsg.), Forschungsthema Strafvollzug, Baden-Baden 2001, S. 345–386; *Ohlemacher, T./Sögding, D./Höynck, T./Welte, G.*, „Nicht besser aber auch nicht schlechter": Anti-Aggressivitäts-Training und Legalbewährung, in: DVJJ-Journal 2001, S. 380–386; *Ortmann, R.*, Sozialtherapie im Strafvollzug. Eine experimentelle Längsschnittstudie zu den Wirkungen von Strafvollzugsmaßnahmen auf Legal- und Sozialbewährung, Freiburg i. Br. 2002; *Ostendorf, H.*, Das Verbot einer strafrechtlichen und disziplinarrechtlichen Ahndung der Gefangenenselbstbefreiung, in: NStZ 2007, S. 313–317; *Petersen, M./Ptucha, J./ Scharnowski, R.*, Aggressions-los planen, handeln, akzeptiert werden (A-l-p-h-a), in: ZfStrVo 2004, S. 21-26; *Plewig, H.-J.*, Neue deutsche Härte – Die „konfrontative Pädagogik" auf dem Prüfstand, in: ZJJ 2007, S. 363–369; *Rehder, U. /Wischka, B.*, Behandlung von Sexualstraftätern, Meta-Evaluationsergebnisse und Folgerungen für die Entwicklung von Behandlungskonzepten, in: KrimPäd 2002, S. 70–76; *Rehn, G.*, Ergebnisse und Probleme der Evaluation von Behandlung in Sozialtherapeutischen Einrichtungen, in: KrimPäd 2002, S. 47–53; *Rehn, G.*, Sozialtherapie – Anspruch und Wirklichkeit, in: NK 2003, S. 66–69; *Schüler-Springorum, H.*, Sexualstraftäter-Sozialtherapie, in: GA 2003, S. 575–594; *Seifert, S./Thyrolf, A.*, Das Klima im Strafvollzug – Eine Befragung von Gefangenen einer sozialtherapeutischen Einrichtung, in: NK 2010, S. 23-31; *Seitz, K./Specht, F.*, Legalbewährung nach Entlassung aus dem Rudolf-Sieverts-Haus (RSH) der Jugendanstalt Hameln, in: KrimPäd 2002, S. 54–67; *Spöhr, M.*, Sozialtherapie von Sexualstraftätern im Justizvollzug: Praxis und Evaluation, Mönchengladbach 2009; *Spöhr, M.*, Sozialtherapie von Sexualstraftätern im Justizvollzug – Ergebnisse zu den Rahmenbedingungen in sozialtherapeutischen Einrichtungen, in: Informationsdienst Straffälligenhilfe 2/2010, S. 4-8; *Steller, M. /Dahle, K. P./Basqué, M.*, Straftäterbehandlung – Argumente für eine Revitalisierung in Forschung und Praxis, Pfaffenweiler 1994; *Suhling, S.*, Sozialtherapie im Jugendstrafvollzug: Prinzipien wirksamer Behandlung, in: ZJJ 2008, S. 330-335; *Walter, J./Waschek, U.*, Die Peergroup in ihr Recht setzen. Das Just Community-Projekt in der Justizvollzugsanstalt Adelsheim, in: M. Bereswill/T. Höynck (Hrsg.), Jugendstrafvollzug in Deutschland. Grundlagen, Konzepte, Handlungsfelder, Mönchengladbach 2002, S. 191–214; *Walter, J.*, Antigewalttraining im Jugendstrafvollzug – Tummelplatz für „crime fighter"?, in: ZfStrVo 1999, S. 23–28; *Weidner, J./Kilb, R./Kreft, D.* (Hrsg.), Gewalt im Griff. Neue Formen des Anti-Aggressivitäts-Trainings, Weinheim 1997; *Wiedemann, H./Tasche, J.*, Arbeit und Konzeption der Drogenstation in der Berliner Jugendstrafanstalt Plötzensee, in: ZfStrVo 1978, S. 222–224

I. Zeitlicher Ablauf des Vollzugs

1   Der Titel des zweiten Abschnitts, wie er sowohl im Strafvollzugsgesetz als auch in dem Musterentwurf der neun Bundesländer formuliert ist, erfasst nur einen Teil der hierin getroffenen Regelungen:

die Erstellung des Vollzugsplans. Im zweiten Abschnitt dieser Gesetze geht es insgesamt um den zeitlichen Ablauf des Vollzuges in seinen wesentlichen Schritten. Vor der Erstellung des Vollzugsplans erfolgt notwendigerweise die Aufnahme, dieser geht die Ladung des Verurteilten zum Strafantritt voraus. Da die Aufnahme des Gefangenen und die Erstellung des Vollzugsplans in der Regel in besonderen Abteilungen erfolgt, wird der Gefangene anschließend entsprechend dem Vollzugsplan verlegt. Damit ist eine erste Weichenstellung verbunden: Verlegung in den offenen oder geschlossenen Vollzug oder – soweit angeboten – in eine sozialtherapeutische Abteilung. Im weiteren Verlauf der Gefangenschaft kommen neben Verlegungen, Überstellungen und Vorführungen („Ausantwortungen") Vollzugslockerungen zur Vorbereitung des Übergangs von der Unfreiheit in die Freiheit in Betracht. Dazu gehört auch der Urlaub. Diese Bemühungen konzentrieren sich zum Ende der Haftzeit im Rahmen der Entlassungsvorbereitung. Mit der Entlassung des Gefangenen ist die Anstalt aber noch nicht aus der Verantwortung entlassen. Zur Entlassung können eine Entlassungsbeihilfe gewährt werden und es kann eine nachgehende Betreuung erfolgen. Diese Betreuung kann auch in der Weise angeboten werden, dass im Vollzug begonnene Ausbildungs- und Behandlungsmaßnahmen fortgeführt werden.

II. Aufnahmeverfahren

1. Ladung zum Strafantritt

Nach Rechtskraft des Urteils (s. § 449 StPO), das auf eine – unbedingte – Jugendstrafe lautet, ist diese Jugendstrafe umgehend zu vollstrecken. Das im Jugendstrafrecht allgemein geltende **Beschleunigungsprinzip**[1] ist jetzt in besonderer Weise zu beachten, auch um strafrechtsrelevante Fehlreaktionen von Seiten des Verurteilten zu verhindern.[2] Zu beachten ist allerdings eine vom Gericht eingeräumte „Vorbewährung".[3] Auch kann gem. § 455 a StPO aus Gründen der Vollzugsorganisation (Überbelegung) sowie gem. § 456 StPO Vollstreckungsaufschub gewährt werden, wenn „durch die sofortige Vollstreckung dem Verurteilten oder seiner Familie erhebliche, außerhalb des Strafzwecks liegenden Nachteile erwachsen." Zum Absehen von der Vollstreckung bei Auslieferung und Ausweisung s. § 1 Rn 11.

Vollstreckungsleiter ist im Unterschied zum Erwachsenenstrafrecht, wo die Staatsanwaltschaft Vollstreckungsbehörde ist (§ 451 Abs. 1 StPO), der Jugendrichter (§ 82 Abs. 1 S. 1 JGG). Gem. § 84 Abs. 1 JGG ist der **Jugendrichter** zuständig, der die Strafsache allein oder als Vorsitzender des Jugendschöffengerichts im 1. Rechtszuge entschieden hat; er bleibt auch zuständig, wenn ein Rechtsmittelgericht die Sanktionierung festgesetzt hat. Hat erstinstanzlich eine Jugendkammer oder hat ein Erwachsenengericht entschieden, so ist gem. § 84 Abs. 2 S. 1 JGG der Jugendrichter des Amtsgerichts für die Einleitung zuständig, dem die familienrichterlichen Erziehungsaufgaben obliegen. Ist der Verurteilte volljährig geworden, so ist der Jugendrichter zuständig, der für die familienrichterlichen Erziehungsaufgaben im Falle der Nichtvolljährigkeit zuständig gewesen wäre (§ 84 Abs. 2 S. 2 JGG).

Zum weiteren Verfahren heißt es in den **Richtlinien zum Jugendgerichtsgesetz** zu §§ 82–85 VI. 3.–7.:

3. Der Vollstreckungsleiter weist den Verurteilten in die zuständige Justizvollzugsanstalt ein und führt die Vollstreckung so lange, bis der Verurteilte in die Jugendstrafanstalt aufgenommen worden ist. Dem Aufnahmeersuchen sind stets drei Abschriften des vollständigen Urteils beizufügen oder nachzusenden. War gegen den

---

1 Siehe Ostendorf, Jugendstrafrecht, Rn 62; das BVerfG hat die erst 22 Monate nach Eintritt der Rechtskraft erfolgte Ladung zum Haftantritt für verfassungswidrig erklärt, ZJJ 2013, 315.
2 Siehe auch Richtlinien zu den §§ 82–85 JGG VI. 1.
3 Zu diesem Rechtsinstitut s. Ostendorf, JGG, Kommentierung der §§ 61-61 b.

§ 2 Vollzugsplanung

Verurteilten früher Hilfe zur Erziehung nach § 12 angeordnet worden, so ist dies der Justizvollzugsanstalt unter Angabe der mit der Durchführung der Erziehungsmaßregel befassten Behörde mitzuteilen.

4. Zugleich mit der Ladung sind die Erziehungsberechtigten, in Fällen der Hilfe zur Erziehung nach § 34 SGB VIII das Jugendamt, von der Ladung zu benachrichtigen und zu ersuchen, für rechtzeitigen Antritt der Jugendstrafe zu sorgen. Auch der Leiter der Berufsausbildung bzw der Arbeitgeber des Jugendlichen und der Leiter der Schule oder Berufsschule, die der Jugendliche besucht, sollen davon unterrichtet werden, wo und in welcher Zeit der Jugendliche Jugendstrafe zu verbüßen hat. Dem Jugendlichen kann auch aufgegeben werden, die Ladung den bezeichneten Personen vorzulegen und von ihnen auf der Ladung die Kenntnisnahme bescheinigen zu lassen. Die Unterrichtung soll unterbleiben, wenn die Jugendstrafe in der Freizeit oder während des Urlaubs bzw der Ferien des Jugendlichen vollzogen wird und ihm aus der Mitteilung unerwünschte Nachteile für sein Fortkommen entstehen könnten.

5. Mittellosen Verurteilten, die sich auf freiem Fuße befinden und zum Vollzug einer Jugendstrafe in eine mehr als zehn Kilometer von ihrem Wohnort entfernt liegende Jugendstrafanstalt eingewiesen werden, kann der Vollstreckungsleiter für die Fahrt zur Jugendstrafanstalt eine Fahrkarte oder, soweit das Gutscheinverfahren üblich ist, einen Gutschein für die Fahrkarte aushändigen.

6. Sobald der Vollstreckungsleiter Nachricht von der Aufnahme von Verurteilten in die Jugendstrafanstalt erhält (Strafantrittsanzeige), übersendet er die Strafakten oder das Vollstreckungsheft an denjenigen Jugendrichter, auf den die Vollstreckung nach § 85 Abs. 2 oder 3 mit der Aufnahme übergegangen ist. Die Jugendstrafanstalt legt dem neuen Vollzugsleiter unverzüglich eine Durchschrift der Strafantrittsanzeige, das mit der Strafzeitberechnung versehene Zweitstück des Aufnahmeersuchens und zwei der ihm mit dem Aufnahmeersuchen übersandten Urteilsabschriften vor.

7. Der nach § 85 Abs. 2 oder 3 zuständige Vollstreckungsleiter macht sich mit der Wesensart der einzelnen Jugendlichen vertraut und verfolgt deren Entwicklung im Vollzug. Er hält mit der Anstaltsleitung und den Vollzugsbediensteten Fühlung und nimmt an Vollzugsangelegenheiten von größerer Bedeutung beratend teil.

Kommt der Verurteilte der Ladung nicht nach, ergeht Vollstreckungshaftbefehl gem. § 457 Abs. 2 StPO. Dieser wird von der Polizei in Amtshilfe ausgeführt.

Gem. § 26 Abs. 2 StVollstrO ist abweichend vom Strafvollstreckungsplan eine Ladung zum offenen Vollzug möglich und kann im Interesse der Resozialisierung, insbesondere zur Aufrechterhaltung eines bestehenden Arbeitsplatzes, geboten sein.[4]

2. Aufnahme

Die Formalitäten der Aufnahme des Gefangenen sind in der Vollzugsgeschäftsordnung (Nr. 16 ff) geregelt. Es geht um die Feststellung der Personalien, die Abgabe von

---

[4] BVerfG, 16.4.2007, 2 BvR 725/07 Nr. 52 mit einer Bestandsaufnahme, wie in den Bundesländern eine unmittelbare Ladung in den offenen Vollzug praktiziert wird; OLG München StV 2015, 708.

mitgeführten Gegenständen, die dem Gefangenen nicht überlassen bleiben, Einkleidung, Zellenzuweisung. Nach der Aufnahme muss mit dem Gefangenen „unverzüglich", dh innerhalb von 24 Stunden, ein so genanntes **Zugangsgespräch** geführt werden. Dieses verfolgt nach der Gesetzesbegründung im Musterentwurf zwei wesentliche Ziele: „Einerseits erhält die Anstalt die erforderlichen Erstinformationen über die aktuelle Lebenssituation, die psychische Verfassung und akute Probleme der Gefangenen, um ggfs. sogleich reagieren zu können. Hier ist besondere Sensibilität gefordert, da diese Zeitspanne – insbesondere bei Erstinhaftierten – eine Phase hoher Labilität ist. Anderseits haben die Gefangenen Gelegenheit, sich in dem Gespräch mit den Umständen des Wechsels von der Freiheit in die Inhaftierung auseinanderzusetzen. Ihnen werden die Regeln der Institution so ausführlich erläutert, dass sie einen Orientierungsrahmen erhalten. Die Hausordnung wird ihnen ausgehändigt. Daneben werden ihnen die einschlägigen Gesetze, Rechtsverordnungen und Verwaltungsvorschriften zugänglich gemacht, sofern sie dies wünschen.[5] Letzteres wird in dieser Phase des Vollzugs – gerade Jugendliche und Heranwachsende – jedoch häufig überfordern, es kann daher bei Bedarf jederzeit nachgeholt werden."

Hausordnung und einschlägige Rechtsvorschriften müssen **deutschunkundigen Gefangenen** in ihrer Sprache zur Verfügung gestellt werden.[6] Weiterhin sollen in diesem Zugangsgespräch – oder in einem alsbald nachfolgenden Gespräch – dem Gefangenen das Strafvollzugsziel und die Angebote an Unterricht, Aus- und Fortbildung, Arbeit, therapeutischer Behandlung und Freizeit erläutert werden (§ 10 Abs. 1 Musterentwurf). Das Zugangsgespräch ist mit dem neuen Gefangenen allein zu führen, dh andere Gefangene dürfen nicht anwesend sein (so § 5 Abs. 1 Strafvollzugsgesetz). Soweit in den Ländergesetzen eine Ausnahme gemacht wird, um sprachliche Verständigungsprobleme mit Hilfe entsprechend sprachkundiger Mitgefangener zu lösen, gebieten der Schutz der – verbliebenen – Privatsphäre sowie der Schutz vor späterer missbräuchlicher Ausnutzung der Kenntnis von privaten Lebensumständen von einer solchen Ausnahmeregelung keinen Gebrauch zu machen. Die mit der Aufnahme verbundenen notwendigen Eingriffe in die Persönlichkeitsrechte müssen so gering wie möglich gehalten werden – Minimalisierungsprinzip (s. § 1. Rn 36). Eine Entwürdigung des Gefangenen schafft keine Basis für die erstrebte Achtung der Würde anderer Menschen.

Es schließt sich eine **ärztliche Untersuchung** an, die „alsbald" zu erfolgen hat. Im Hinblick auf – eventuell ansteckende – Krankheiten und dementsprechend notwendige Behandlungsmaßnahmen sowie um psychische Belastungen, die in besonderen Situationen zum Suizid führen können (zur Suizidgefahr s. Vorbem. Rn 28), aufzufangen, darf diese ärztliche Untersuchung nicht hinausgezögert werden. In der Verwaltungsvorschrift zu § 5 StVollzG heißt es hierzu im Einzelnen: „Durch die ärztliche Untersuchung soll der Gesundheitszustand des Gefangenen einschließlich der Körpergröße, des Körpergewichts und des Zustands des Gebisses festgestellt werden; insbe-

---

[5] Zur Pflicht einen Gesetzestext zur Verfügung zu stellen s. OLG Naumburg Forum Strafvollzug 2014, 62 = NStZ 2014, 230.
[6] Siehe Vorbem. Rn 11; zur insoweit unzulänglichen Praxis – Stand 2005 – s. Werner, Jugendstrafvollzug in Deutschland, 2012, S. 181.

§ 2 Vollzugsplanung

sondere ist zu prüfen, ob der Gefangene vollzugstauglich, ob er ärztlicher Behandlung bedürftig, ob er seines Zustandes wegen anderen gefährlich, ob und in welchem Umfang er arbeitsfähig und zur Teilnahme am Sport tauglich ist und ob gesundheitliche Bedenken gegen die Einzelunterbringung bestehen. Das Ergebnis der Untersuchung ist schriftlich niederzulegen."

Von der Aufnahme sind unverzüglich die Personensorgeberechtigten und das Jugendamt zu unterrichten. Weiterhin hat die Anstalt die Pflicht, notwendige Maßnahmen für hilfsbedürftige Angehörige und die Sicherung ihrer Habe außerhalb der Anstalt zu veranlassen (s. § 72 Abs. 1 StVollzG; s. hierzu Rn 41). Soweit in den Ländergesetzen hiervon Abstriche gemacht werden und nur eine Sollensbestimmung formuliert wird, ist darauf hinzuweisen, dass die faktische Hilflosigkeit des Gefangenen eine Kompensation durch eine erhöhte Fürsorgepflicht der Anstalt erforderlich macht.

III. Diagnoseverfahren

8   Als nächstes ist abzuklären, welche Resozialisierungsmaßnahmen im Vollzug ergriffen werden sollen. Nach der Formulierung in den Ländergesetzen ist der Erziehungs- und Förderungsbedarf festzustellen. Hierzu bedarf es einer Diagnose der Persönlichkeit des Gefangenen, seiner Lebensgeschichte und seiner aktuellen Lebenssituation sowie der Ursachen und Umstände der Straftat. Das **Diagnoseverfahren** hat sich auf anerkannte wissenschaftliche Methoden zu gründen.[7] Unverzichtbar ist hierfür die Auswertung von Drittinformationen, wie insbesondere des Berichts der Jugendgerichtshilfe in der Hauptverhandlung sowie des Strafurteils mit seiner Begründung. Ebenso sollten Gutachten aus der Hauptverhandlung zu § 3 und § 105 JGG sowie zu den §§ 20, 21 StGB der Anstalt zur Verfügung gestellt werden. Abzufragen ist auch, wie der Gefangene jetzt zu der verurteilten Straftat steht und auf welchen Gebieten der Gefangene Defizite für sich sieht. Die Einbeziehung von Eltern und Partnern des Gefangenen ist zumindest wünschenswert.[8] Dieses Diagnoseverfahren kann nur von psychologisch und kriminologisch geschultem Fachpersonal durchgeführt werden, wenn es Aufschluss über die zu ergreifenden Maßnahmen geben soll.

Hinsichtlich des Umfangs ist die häufig kurze Haftdauer, die durch eine mögliche Entlassung auf Bewährung noch weiter verkürzt werden kann, zu bedenken. Jede Diagnose ist ein Persönlichkeitseingriff, der bei manchen Gefangenen im Rahmen der Strafverfolgung schon wiederholt durchgeführt wurde. Dementsprechend heißt es im § 6 Abs. 1 S. 2 StVollzG, dass von der Behandlungsuntersuchung mit Rücksicht auf die Vollzugsdauer abgesehen werden kann.

IV. Vollzugsplan

9   Auf der Grundlage des Diagnoseverfahrens ist ein Vollzugsplan zu erstellen, dh der Vollzugsplan muss auf die persönlichkeitsspezifischen Bedürfnisse des jeweiligen Gefangenen abgestellt werden. Dementsprechend heißt es in § 10 HessJVollzG richtigerweise „**Förderplan**". Sonst ist das Diagnoseverfahren ein bloßer Selbstbefriedigungs-

---

[7] These 15 des Arbeitskreises 1 des Jugendgerichtstages 2007 in Freiburg, ZJJ 2007, 432.
[8] Siehe Buch 4 § 5 Abs. 6, 7 JVollzGB B-W; s. auch § 1 Rn 44.

akt des Vollzuges. In den Ländergesetzen ist ein umfassender Katalog der notwendigen Angaben aufgestellt:
1. die dem Vollzugsplan zugrunde liegenden Annahmen zu Ursachen und Umständen der Straftaten sowie die Erläuterung der Ziele, Inhalte und Methoden der Erziehung und Förderung der Gefangenen,
2. Unterbringung im geschlossenen oder offenen Vollzug,
3. Zuweisung zu einer Wohngruppe oder einem anderen Unterkunftsbereich,
4. Unterbringung in einer sozialtherapeutischen Abteilung,
5. Teilnahme an schulischen, berufsorientierenden, qualifizierenden oder arbeitstherapeutischen Maßnahmen oder Zuweisung von Arbeit,
6. Teilnahme an therapeutischen Behandlungen oder anderen Hilfe- oder Fördermaßnahmen,
7. Teilnahme an Sport- und Freizeitangeboten,
8. Vollzugslockerungen und Urlaub,
9. Pflege der familiären Beziehungen und Gestaltung der Außenkontakte,
10. Maßnahmen und Angebote zum Ausgleich von Tatfolgen,
11. Schuldenregulierung,
12. Maßnahmen zur Vorbereitung von Entlassung, Eingliederung und Nachsorge und
13. Fristen zur Fortschreibung des Vollzugsplans.

Es erscheint nur vernünftig, den Gefangenen bei der Erstellung des Vollzugsplans einzubinden, ihm ein Mitspracherecht einzuräumen. Wenn zB die schulischen, berufsausbildenden Maßnahmen festgelegt werden, müssen seine Neigungen und Wünsche weichenstellend berücksichtigt werden. Eine solche Einbindung ist nicht nur vernünftig, sie ist auch rechtlich verpflichtend. Dies folgt aus dem grundrechtlichen Anspruch, den Gefangenen nicht als bloßes Objekt zu behandeln, sondern als Subjekt. Dies folgt drittens auch aus dem Resozialisierungsziel: Es gilt die Eigenverantwortlichkeit zu stärken. Der Gefangene muss lernen, seine Interessen zu formulieren und in einem gesetzmäßigen Verfahren ohne Gewalt durchzusetzen. Diesem Anspruch werden die Ländergesetze zum Jugendstrafvollzug nur teilweise gerecht.[9] Eine Erläuterung des fertig gestellten Vollzugsplans ist nicht ausreichend, es ist vorher eine **aktive Mitwirkung zu ermöglichen**.

Soweit es sich um Maßnahmen handelt, die wie die Schulausbildung, die Berufsausbildung und therapeutische Behandlung das elterliche Erziehungsrecht betreffen, sind **die Erziehungsberechtigten mit einzubinden**. Das heißt, vor Fertigstellung ist den Erziehungsberechtigten Gelegenheit zu geben, Stellung zu den beabsichtigten Maßnahmen zu nehmen (s. § 1 Rn 44). Auch sind außervollzugliche Behörden und Einrichtungen zu beteiligen, wenn es um die Umsetzung konkreter Maßnahmen geht. Ehren-

---

[9] Positiv insoweit Buch 4 § 5 Abs. 6, 7 JVollzGB B-W.

Ostendorf

§ 2 Vollzugsplanung

amtliche Mitarbeiter sind ebenso in die Vollzugsplanung einzubeziehen (s. auch Vorbem. Rn 12).

12 Trotz des damit verbundenen Mehraufwandes erscheint der in den Ländergesetzen vorgesehene Zeitraum von sechs Wochen eindeutig zu lang. Angesichts der angesprochenen häufig kurzen Dauer der Haftzeit – im Durchschnitt etwas mehr als ein Jahr – muss diese Eingangsphase der Haft auf maximal drei Wochen abgekürzt werden. Nach Fertigstellung ist der Vollzugsplan dem Gefangenen auszuhändigen und – über die gesetzlichen Vorgaben hinaus – mit ihm zu besprechen. Weiterhin erhält der Vollstreckungsleiter eine Ausfertigung, ebenso haben die Eltern einen Anspruch hierauf. Wenn es in den Ländergesetzen heißt, dass den Personensorgeberechtigten „auf Verlangen" der Vollzugsplan mitgeteilt wird, so genügt dies nicht der aus dem Elternrecht erwachsenen Informationspflicht der Anstalt (s. § 1 Rn 44).

13 Um die Wirkung der nach dem Vollzugsplan durchgeführten Maßnahmen, insbesondere auch Veränderungen im Verhalten des Gefangenen im Hinblick auf seine Resozialisierung aufzunehmen, ist eine **permanente Überprüfung des Vollzugsplans** geboten. In den Ländergesetzen werden hierfür vier bis sechs Monate je nach Dauer der Strafzeit festgelegt. Bei besonderen Vorkommnissen, die eine Neubewertung der Situation des Gefangenen bedingen, ist der Vollzugsplan unabhängig von diesen Fortschreibungsterminen abzuändern.

14 Ansonsten entfaltet der Vollzugsplan eine **Bindungswirkung für den Vollzug**.[10] Hiervon kann nur ausnahmsweise abgewichen werden, wobei die Abweichung im Einzelnen begründet werden muss.[11] Soll für die Zukunft generell vom Vollzugsplan abgewichen werden, muss dieser geändert werden.[12] Im Hinblick auf diese generelle Änderungsmöglichkeit erscheint der Streit, ob für eine Abweichung im Einzelfall die Voraussetzungen des § 14 Abs. 2 StVollzG – Widerruf von Vollzugslockerungen und Urlaub – gelten, unwichtig.[13]

15 Einzelangaben im Vollzugsplan, die Regelungscharakter haben wie die Unterbringung im geschlossenen oder offenen Vollzug, zeitliche Festlegungen für Vollzugslockerungen und Urlaub, können gerichtlich angefochten werden. Ebenso hat der Vollzugsplan als solcher Regelungscharakter und ist damit als ganzer anfechtbar,[14] weil mit ihm die Weichen für den weiteren Vollzug gestellt werden. Die einzelnen Angaben beruhen auf einer Gesamtbeurteilung und stehen somit in Abhängigkeit voneinander. Getilgte Vorstrafen im Bundeszentralregister dürfen nicht im Vollzugsplan Berücksichtigung finden (§ 51 Abs. 1 BZRG).[15]

---

10 OLG München StV 1992, 589; LG Bielefeld StV 2013, 448.
11 KG StV 2014, 350: „Die Entscheidung, einen Gefangenen in den offenen Vollzug einzuweisen, kann bei unveränderter Tatsachenlage nur ausnahmsweise widerrufen oder zurückgenommen werden, namentlich dann, wenn die Eingangsprognose offenkundig fehlerhaft war." (amt. Leitsatz).
12 Zur Einhaltung der Fortschreibungspflicht s. LG Bielefeld StV 2013, 460.
13 Für eine entsprechende Anwendung des § 14 Abs. 2 StVollzG OLG Celle ZfStrVo 1989, 310; AK-Feest/Lesting-Straube § 7 Rn 7; dagegen Arloth § 7 Rn 4; Calliess/Müller-Dietz § 14 Rn 2; Laubenthal, Strafvollzug, Rn 329. Zum Schmerzensgeldanspruch des Gefangenen für einen rechtswidrigen Lockerungswiderruf s. OLG Schleswig StV 2013, 456.
14 HM; s. BVerfG StV 1994, 94; AK-Feest/Lesting-Straube § 7 Rn 36; Callies/Müller-Dietz § 7 Rn 2; Laubenthal, Strafvollzug, Rn 327.
15 OLG Celle StV 2012, 171.

V. Geschlossener oder offener Vollzug

1. Definition

Gem. § 141 Abs. 2 StVollzG bedeutet geschlossener Vollzug die sichere Unterbringung, während beim offenen Vollzug keine oder nur verminderte Vorkehrungen gegen Entweichungen getroffen werden. In der VV Nr. 2 zu § 141 StVollzG heißt es:

„Abs. 1: Im offenen Vollzug können bauliche und technische Sicherungsvorkehrungen, insbesondere Umfassungsmauer, Fenstergitter und besonders gesicherte Türen entfallen. Innerhalb der Anstalt entfällt in der Regel die ständige und unmittelbare Aufsicht.

Abs. 2: Für die Gestaltung des offenen Vollzuges gelten folgende Grundsätze:
a) Dem Gefangenen wird ermöglicht, sich innerhalb der Anstalt nach Maßgabe der dafür getroffenen Regelungen frei zu bewegen.
b) Die Außentüren der Unterkunftsgebäude können zeitweise unverschlossen bleiben.
c) die Wohnräume der Gefangenen können auch während der Ruhezeit geöffnet bleiben."

Da in den Ländergesetzen keine bzw keine hiervon abweichende Definition enthalten ist, ist davon auszugehen, dass die Gesetzgeber diese Definition zugrunde gelegt haben.[16]

2. Die Regelung nach dem Strafvollzugsgesetz

Im § 10 StVollzG heißt es unter der Überschrift: „Offener und geschlossener Vollzug":

„Abs. 1: Ein Gefangener soll mit seiner Zustimmung in einer Anstalt oder Abteilung des offenen Vollzuges untergebracht werden, wenn er den besonderen Anforderungen des offenen Vollzuges genügt und namentlich nicht zu befürchten ist, dass er sich dem Vollzug der Freiheitsstrafe entziehen oder die Möglichkeiten des offenen Vollzuges zu Straftaten missbrauchen werde.

Abs. 2: Im Übrigen sind die Gefangenen im geschlossenen Vollzug unterzubringen. Ein Gefangener kann auch dann im geschlossenen Vollzug untergebracht oder dorthin zurückverlegt werden, wenn dies zu seiner Behandlung notwendig ist."

Der Gesetzgeber hat offensichtlich bewusst den offenen Vollzug als erste Vollzugsform benannt. Wortlaut und Gesetzessystematik sprechen für einen Vorrang des offenen Vollzuges.[17] Nur wenn die Ausschlussgründe wie im Gesetz formuliert vorliegen, ist der Gefangene im geschlossenen Vollzug unterzubringen. Allerdings hat der Gesetzgeber für Anstalten, mit deren Errichtung vor dem 1.1.1977 begonnen wurde, übergangsweise bestimmt, dass abweichend von § 10 StVollzG Gefangene ausschließlich im geschlossenen Vollzug untergebracht werden, solange die räumlichen, personellen und organisatorischen Anstaltsverhältnisse dies erfordern. Der Vorrang des of-

---

16 Siehe § 15 Abs. 2 JStVollzG NRW.
17 Über 20 Jahre lang im hessischen Erwachsenenvollzug mit dem sog. Direkteinweisungsverfahren praktiziert, s. Schäfer in: FS für Böhm, 1999, S. 171 ff.

fenen Vollzuges bedeutet allerdings nicht, wie vielfach formuliert wird,[18] dass der offene Vollzug die Regelvollzugsform darstellt.[19] Wenn Gefangene in ihrer Mehrzahl nicht die Voraussetzungen für den offenen Vollzug erfüllen, so wird der geschlossene Vollzug in der Praxis die regelmäßige Vollzugsform. Von Gesetzes wegen behält aber der offene Vollzug seine Vorrangstellung, dh diese Vollzugsform ist zur Erreichung des Vollzugsziels anzustreben. Allerdings sind die Verwaltungsvorschriften zu § 10 StVollzG so restriktiv formuliert, dass vom gesetzlichen Vorrang des offenen Vollzuges „wenig übrig bleibt". Dementsprechend wird die Vollzugspraxis dieser Vorrangstellung nicht gerecht (siehe Vorbem. Rn 20).

3. Jugendstrafvollzug in freien Formen

18 Im § 91 Abs. 3 JGG aF hieß es: „Um das angestrebte Erziehungsziel zu erreichen, kann der Vollzug aufgelockert und in geeigneten Fällen weitgehend in freien Formen durchgeführt werden." Die vom Gesetzgeber im Jahre 1953 gewählte Formulierung **„Jugendstrafvollzug in freien Formen"** geht über einen offenen Vollzug hinaus. Jugendstrafvollzug in freien Formen ermöglicht, den Vollzug außerhalb einer Anstalt in einem Heim der Jugendhilfe oder in einer Wohngemeinschaft mit Hauseltern durchzuführen. Das Konzept einer positiven Gruppenkultur mit dem Ziel, Verantwortung für sich und die Gruppe zu übernehmen, ist zu begrüßen (siehe auch § 3 Rn 41). Der Musterentwurf der neun Bundesländer hat diese Vollzugsform als Vollzugslockerung aufgenommen, Baden-Württemberg hat den Vollzug in freien Formen als eigenständige Vollzugsform geregelt, tendenziell ebenso Hessen, Niedersachsen, Nordrhein-Westfalen sowie Sachsen. Praktiziert wurde dieser Jugendstrafvollzug allerdings bislang nur in zwei Einrichtungen in Baden-Württemberg,[20] sowie in einem Modellprojekt in Brandenburg und Nordrhein-Westfalen, das allerdings nach „besonderen Vorkommnissen" im Feb. 2014 beendet wurde.[21] Demgegenüber erscheint das Projekt „Basis" in Niedersachsen als eine besondere Form der Entlassungsvorbereitung, wenn dem Gefangenen im Rahmen einer betreuenden Begleitung max. sechs Monate vor dem Vollzugsende Urlaub gewährt wird. Auch in solchen Einrichtungen bleibt der Status des Gefangenen erhalten.[22] Rückverlegungen sind möglich. Zu bedenken ist hinsichtlich der Eignung, dass viele der jungen Strafgefangenen schon eine Heimkarriere durchlaufen haben. Auch darf der Jugendstrafvollzug in freien Formen **nicht zu einer „Nettoausweitung" der Haftdauer führen**: Wenn eine Entlassung auf Bewäh-

---

18 Siehe stellvertretend Laubenthal, Strafvollzug, Rn 355; Schwind/Böhm/Jehle-Ittel/Freise § 10 Rn 2; so auch BVerfG, 2 BvR 725/07 vom 27.9.2007 Nr. 46.
19 Die Bezeichnung „Regelvollzug" für den offenen Vollzug provoziert „Abkanzlungen" wie zB durch den hessischen Justizminister: „Wer den offenen Vollzug im Jugendstrafrecht zur Regel erklären will, nimmt in Kauf, dass sich gewaltbereite Menschen bereits vom ersten Tag der Haft in der Öffentlichkeit bewegen können. Träumerische und realitätsferne Ansätze helfen nicht, sondern nehmen den Gefangenen die letzte Chance zum Umdenken." Pressemitteilung vom 24.8.2007.
20 Siehe hierzu Biendl, Jugendstrafvollzug in freier Form am Beispiel des „Projekts Chance", 2005; v. Manteuffel Forum Strafvollzug 2007, 266; Merckle Forum Strafvollzug 2007, 271; Walter ZJJ 2009, 192 ff; Lindrath, Jugendstrafvollzug in freien Formen, 2010; Krüger, Systeme und Konzepte des progressiven Strafvollzugs, 2011, S. 344 ff; Dölling, in: Erziehung und Strafe, hrsg. von Stelly/Thomas, 2011, S. 145 ff; Stelly ZJJ 2014, 257 ff; zu den verbleibenden staatlichen Kontrollpflichten s. Gusy JZ 2006, 654.
21 Siehe Pressemitteilung des Justizministeriums Nordrhein-Westfalen Forum Strafvollzug 2014, 41; siehe hierzu und zur „postiven Ressourcenentwicklung von kriminalpräventiv beachtlichen Schutzfaktoren" Kubink, Tätigkeitsbereich des Justizvollzugsbeauftragten des Landes Nordrhein-Westfalen 2013-2014, 2015, S. 173.
22 Siehe AG Mosbach, bestätigt durch OLG Karlsruhe ZJJ 2006, 232; s. auch Ostendorf, NStZ 2007, 313.

rung in Betracht kommt, hat diese Vorrang. Nach dem Musterentwurf sowie nach dem HessJStVollzG und SächsJStVollzG ist vor einer Verlegung der richterliche Vollstreckungsleiter anzuhören. Ihm wird insoweit ein Mitwirkungsrecht, aber keine Mitbestimmung eingeräumt. In der Tat ist mit einer solchen Verlegung die Vollstreckung der Jugendstrafe betroffen, so dass zumindest eine Anhörung geboten ist. Je mehr sich der Vollzug in freien Formen vom Freiheitsentzug entfernt, um so mehr wird in die richterliche Entscheidungskompetenz über die Freiheitsstrafe (Jugendstrafe) eingegriffen.

4. Die Neuregelungen der Länder

Länder	Offener oder geschlossener Vollzug	Vollzug „in freien Formen"
Baden-Württemberg	Buch 4 § 7 Formen des Jugendstrafvollzuges [...] (2) Junge Gefangene sollen in einer Jugendstrafanstalt oder einem Teil einer Jugendstrafanstalt ohne oder mit verminderten Vorkehrungen gegen Entweichung untergebracht werden, wenn sie ihre Mitwirkungspflicht erfüllen und nicht zu befürchten ist, dass sie sich dem Vollzug der Jugendstrafe entziehen oder die Möglichkeiten des offenen Vollzuges zu Straftaten missbrauchen werden. (3) Für den Jugendstrafvollzug in freier Form oder den offenen Vollzug nicht geeignete junge Gefangene werden in einer geschlossenen Jugendstrafanstalt oder einer Abteilung mit Vorkehrungen gegen Entweichung untergebracht.	Buch 4 § 7 Formen des Jugendstrafvollzuges (1) Bei Eignung können junge Gefangene in einer Einrichtung des Jugendstrafvollzugs in freier Form untergebracht werden. Hierzu gestattet die Anstaltsleiterin oder der Anstaltsleiter oder dem jungen Gefangenen, die Jugendstrafe in einer dazu zugelassenen Einrichtung der Jugendhilfe zu verbüßen. Die Eignung ist bei einem jungen Gefangenen unter 18 Jahren stets zu prüfen. [...] (4) Erweisen sich junge Gefangene für die Unterbringung in freier Form oder im offenen Vollzug während des Aufenthaltes dort als nicht geeignet, werden sie in den geschlossenen Jugendstrafvollzug verlegt.
Bayern	Art. 12 Geschlossener und offener Vollzug (1) Gefangene sind im geschlossenen Vollzug unterzubringen. (2) Gefangene sollen mit ihrer Zustimmung in einer Einrichtung des offenen Vollzugs untergebracht werden, wenn sie den besonderen Anforderungen des offenen Vollzugs genügen und insbesondere nicht zu befürchten ist, dass sie sich dem Vollzug der Freiheitsstrafe entziehen oder die Möglichkeiten des offenen Vollzugs zu Straftaten missbrauchen werden. (3) Gefangene sollen in den geschlossenen Vollzug zurückverlegt werden, wenn dies zu ihrer Behandlung notwendig ist; sie sind zurückzuverlegen, wenn sie den Anforderungen nach Abs. 2 nicht entsprechen.	nicht erwähnt

§ 2 Vollzugsplanung

Länder	Offener oder geschlossener Vollzug	Vollzug „in freien Formen"
	Art. 133 Geschlossener Vollzug und offener Vollzug Art. 12 gilt entsprechend mit der Maßgabe, dass zu einer Unterbringung in einer Einrichtung des offenen Vollzugs die Zustimmung der jungen Gefangenen nicht erforderlich ist.	
Berlin	**§ 13 Offener und geschlossener Vollzug** (1) Die Gefangenen werden im offenen oder geschlossenen Vollzug untergebracht. (2) Sie sollen im offenen Vollzug untergebracht werden, wenn sie dessen besonderen Anforderungen genügen, insbesondere verantwortet werden kann zu erproben, dass sie sich weder dem Vollzug entziehen noch die Möglichkeiten des offenen Vollzugs zur Begehung von Straftaten missbrauchen werden.[23]	**§ 15 Vollzugslockerungen** (1) Als Vollzugslockerungen kommen insbesondere in Betracht: [...] 3. Unterbringung in besonderen Erziehungseinrichtungen oder in Übergangseinrichtungen freier Träger. Vollzugslockerungen nach Satz 1 Nr. 3 werden nach Anhörung der Vollstreckungsleiterin oder des Vollstreckungsleiters gewährt.
Brandenburg	**§ 22 Geschlossener und offener Vollzug** (1) Die Straf- und Jugendstrafgefangenen werden im geschlossenen oder im offenen Vollzug untergebracht. Anstalten des offenen Vollzugs sehen keine oder nur verminderte Vorkehrungen gegen Entweichungen vor. [...] (3) Die Jugendstrafgefangenen sind im offenen Vollzug unterzubringen, wenn sie dessen Anforderungen genügen, insbesondere verantwortet werden kann zu erproben, dass sie sich dem Vollzug nicht entziehen oder die Möglichkeiten des offenen Vollzugs nicht zur Begehung von Straftaten missbrauchen werden. Sie können im geschlossenen Vollzug untergebracht werden oder verbleiben, wenn dies der Erreichung des Vollzugsziels dient.	**§ 46 Lockerungen zur Erreichung des Vollzugsziels** (1) Aufenthalte außerhalb der Anstalt ohne Aufsicht (Lockerungen) können den Straf- und Jugendstrafgefangenen zur Erreichung des Vollzugsziels gewährt werden, namentlich [...] 5. im Vollzug der Jugendstrafe die Unterbringung in besonderen Erziehungseinrichtungen. Vor Gewährung von Lockerungen nach Satz 1 Nummer 5 wird die Vollstreckungsleiterin oder der Vollstreckungsleiter gehört.
Bremen, Mecklenburg-Vorpommern, Schleswig-Holstein	**§ 13 Geschlossener und offener Vollzug** (1) Die Gefangenen werden im geschlossenen oder offenen Vollzug untergebracht. (2) Sie sollen im offenen Vollzug untergebracht werden, wenn sie dessen besonderen Anforderungen genügen,	**§ 15 Vollzugslockerungen** (1) Als Vollzugslockerungen kommen insbesondere in Betracht: [...] 3. Unterbringung in besonderen Erziehungseinrichtungen oder in Übergangseinrichtungen freier Träger.

---

23 Geplant ist im Entwurf eines neuen Jugendstrafvollzugsgesetzes (§ 18 Abs. 1) die Sollbestimmung in eine Pflichtbestimmung umzuändern.

V. Geschlossener oder offener Vollzug 2

Länder	Offener oder geschlossener Vollzug	Vollzug „in freien Formen"
	insbesondere verantwortet werden kann zu erproben, dass sie sich dem Vollzug nicht entziehen und die Möglichkeiten des offenen Vollzugs nicht zur Begehung von Straftaten missbrauchen werden.	Vollzugslockerungen nach Satz 1 Nummer 3 werden nach Anhörung des Vollstreckungsleiters gewährt.
Hamburg	§ 11 Geschlossener und offener Vollzug (1) Die Gefangenen werden im geschlossenen oder offenen Vollzug untergebracht. (2) Die Gefangenen sollen im offenen Vollzug untergebracht werden, wenn sie hierfür geeignet sind. Geeignet sind Gefangene, wenn sie den besonderen Anforderungen des offenen Vollzuges genügen, insbesondere, wenn nicht zu befürchten ist, dass sie sich dem Vollzug entziehen oder die Möglichkeiten des offenen Vollzuges zu Straftaten missbrauchen werden. (3) Ist gegen Gefangene eine Freiheitsstrafe wegen einer Straftat nach den §§ 174 bis 180, 182 des Strafgesetzbuchs, wegen grober Gewalttätigkeit gegen Personen oder, sofern diese Straftaten als Rauschtat begangen wurden, wegen Vollrausches (§ 323 a des Strafgesetzbuchs) zu vollziehen oder war dies während eines vorangegangenen Freiheitsentzuges der Fall, ist vor ihrer Verlegung in den offenen Vollzug eine schriftliche Stellungnahme einer psychologischen Fachkraft, die nicht mit den Gefangenen therapeutisch befasst ist oder war, oder ein psychiatrisches Gutachten einzuholen. Hiervon kann mit Zustimmung der Aufsichtsbehörde abgesehen werden, wenn die betroffene Freiheitsstrafe während eines vorangegangenen Freiheitsentzuges zu vollziehen war und die seither eingetretene Entwicklung der Gefangenen eine fachdienstliche Begutachtung nicht mehr erfordert.	nicht erwähnt
Hessen	§ 13 Geschlossener Vollzug und vollzugsöffnende Maßnahmen (1) Die Gefangenen werden grundsätzlich im geschlossenen Vollzug untergebracht. (2) Ob das Erziehungsziel durch vollzugsöffnende Maßnahmen besser erreicht werden kann, ist regelmäßig zu prüfen. Sie können gewährt werden, wenn die Gefangenen für die jeweilige	§ 13 Geschlossener Vollzug und vollzugsöffnende Maßnahmen [...] (3) Als vollzugsöffnende Maßnahmen kommen insbesondere in Betracht: 1. Vollzug in freien Formen, namentlich in besonderen Erziehungseinrichtungen oder in

Ostendorf

§ 2 Vollzugsplanung

Länder	Offener oder geschlossener Vollzug	Vollzug „in freien Formen"
	Maßnahme geeignet sind, namentlich ihre Persönlichkeit ausreichend gefestigt und nicht zu befürchten ist, dass sie sich dem Vollzug der Jugendstrafe entziehen oder die Maßnahmen zur Begehung von Straftaten oder auf andere Weise missbrauchen. [...] (4) Durch vollzugsöffnende Maßnahmen wird die Vollstreckung der Jugendstrafe nicht unterbrochen.	Übergangseinrichtungen freier Träger. [...] (5) Die Aufsichtsbehörde bestimmt, welche Einrichtungen für eine Unterbringung in freien Formen nach Abs. 3 Nr. 1 zugelassen sind. Vor einer Verlegung in eine solche Einrichtung ist die Vollstreckungsleitung anzuhören.
Niedersachsen	**§ 12 Geschlossener und offener Vollzug** (1) Die oder der Gefangene wird im geschlossenen Vollzug untergebracht, wenn nicht nach dem Vollstreckungsplan eine Einweisung in den offenen Vollzug oder in eine Einweisungsanstalt oder Einweisungsabteilung vorgesehen ist. (2) Die oder der Gefangene soll in eine Anstalt oder Abteilung des offenen Vollzuges verlegt werden, wenn sie oder er den besonderen Anforderungen des offenen Vollzuges genügt und namentlich nicht zu befürchten ist, dass sie oder er sich dem Vollzug der Freiheitsstrafe entzieht oder die Möglichkeiten des offenen Vollzuges zu Straftaten missbrauchen wird. (3) Befindet sich eine Gefangene oder ein Gefangener im offenen Vollzug, so soll sie oder er in eine Anstalt oder Abteilung des geschlossenen Vollzuges verlegt werden, wenn sie oder er es beantragt oder den Anforderungen nach Absatz 2 nicht genügt oder es zur Erreichung des Vollzugszieles nach § 5 Satz 1 erforderlich ist.	nicht erwähnt
Nordrhein-Westfalen	**§ 15 Offener und geschlossener Vollzug, Vollzug in freien Formen** (1) Der Jugendstrafvollzug wird in offenen oder geschlossenen Anstalten oder in Einrichtungen in freien Formen durchgeführt. (2) Gefangene werden in einer Anstalt oder Abteilung einer Anstalt ohne oder mit verminderten Vorkehrungen gegen Entweichungen untergebracht, wenn sie den besonderen Anforderungen des offenen Vollzuges genügen, namentlich nicht zu befürchten ist, dass sie sich dem Vollzug der Strafe entziehen oder die Möglichkeiten des	**§ 16 Lockerungen des Vollzuges** (1) Als Lockerungen des Vollzuges können namentlich gewährt werden [...] 3. Aufenthalt außerhalb der Anstalt ohne Aufsicht von Vollzugsbediensteten zur Durchführung von Förderungs- oder Erziehungsmaßnahmen ohne Beschränkung auf eine bestimmte Tageszeit. (2) Durch Lockerungen nach Absatz 1 wird die Vollstreckung der Strafe nicht unterbrochen.

V. Geschlossener oder offener Vollzug

Länder	Offener oder geschlossener Vollzug	Vollzug „in freien Formen"
	offenen Vollzuges zur Begehung von Straftaten missbraucht werden. (3) Für den offenen Vollzug geeignete Gefangene dürfen ausnahmsweise im geschlossenen Vollzug verbleiben, dorthin verlegt oder zurückverlegt werden, wenn dies für ihre Förderung oder Erziehung notwendig ist. (4) Gefangene, die sich für den offenen Vollzug oder den Vollzug in freien Formen nicht eignen, werden im geschlossenen Vollzug untergebracht.	
Rheinland-Pfalz	**§ 22 Geschlossener und offener Vollzug** (1) Die Strafgefangenen und Jugendstrafgefangenen werden im geschlossenen oder offenen Vollzug untergebracht. Anstalten und Abteilungen des offenen Vollzugs sehen keine oder nur verminderte Vorkehrungen gegen Entweichungen vor. [...] (3) Die Jugendstrafgefangenen sollen im offenen Vollzug untergebracht werden, wenn sie dessen besonderen Anforderungen genügen, insbesondere verantwortet werden kann zu erproben, dass sie sich dem Vollzug nicht entziehen und die Möglichkeiten des offenen Vollzugs nicht zur Begehung von Straftaten missbrauchen werden.	**§ 45 Lockerungen zur Erreichung des Vollzugsziels** (1) Aufenthalte außerhalb der Anstalt ohne Aufsicht (Lockerungen) können den Strafgefangenen und den Jugendstrafgefangenen zur Erreichung des Vollzugsziels gewährt werden, namentlich [...] 5. im Vollzug der Jugendstrafe die Unterbringung in besonderen Erziehungseinrichtungen. Vor Gewährung von Lockerungen nach Satz 1 Nr. 5 wird die Vollstreckungsleiterin oder der Vollstreckungsleiters gehört.
Saarland	**§ 13 Offener und geschlossener Vollzug** (1) Die Gefangenen werden im offenen oder geschlossenen Vollzug untergebracht. (2) Sie sollen im offenen Vollzug untergebracht werden, wenn sie dessen besonderen Anforderungen genügen, insbesondere verantwortet werden kann, zu erproben, dass sie sich dem Vollzug nicht entziehen und die Möglichkeiten des offenen Vollzugs nicht zur Begehung von Straftaten missbrauchen werden.	**§ 15 Vollzugslockerungen** (1) Als Vollzugslockerungen kommen insbesondere in Betracht: [...] 3. Unterbringung in besonderen Erziehungseinrichtungen oder in Übergangseinrichtungen freier Träger. Vollzugslockerungen nach Satz 1 Nummer 3 werden nach Anhörung der Vollstreckungsleiterin oder des Vollstreckungsleiters gewährt.
Sachsen	**§ 13 Geschlossener und offener Vollzug, Vollzug in freien Formen** (1) Die Gefangenen werden im geschlossenen oder offenen Vollzug untergebracht. (2) Ein Gefangener soll im offenen Vollzug untergebracht werden, wenn er dessen besonderen Anforderungen	**§ 13 Geschlossener und offener Vollzug, Vollzug in freien Formen** [...] (3) Der Vollzug kann nach Anhörung des Vollstreckungsleiters in geeigneten Fällen in freien Formen durchgeführt werden. Absatz 2 gilt entsprechend.

Ostendorf

Länder	Offener oder geschlossener Vollzug	Vollzug „in freien Formen"
	genügt, insbesondere verantwortet werden kann zu erproben, dass er sich dem Vollzug nicht entziehen und die Möglichkeiten des offenen Vollzugs nicht zur Begehung von Straftaten missbrauchen wird.	
Sachsen-Anhalt	§ 22 Geschlossener und offener Vollzug (1) Der Strafgefangene oder der Jugendstrafgefangene wird im geschlossenen oder offenen Vollzug untergebracht. Anstalten und Abteilungen des offenen Vollzugs sehen keine oder nur verminderte Vorkehrungen gegen Entweichungen vor. (2) Der Strafgefangene oder der Jugendstrafgefangene soll im offenen Vollzug untergebracht werden, wenn er dessen besonderen Anforderungen genügt und für die Maßnahme geeignet ist, insbesondere tatsächliche Anhaltspunkte nicht die abstrakte Gefahr begründen, dass er sich dem Vollzug der Freiheitsstrafe entziehen oder die Maßnahme zur Begehung von Straftaten oder auf andere Weise missbrauchen wird. Die Unterbringung im offenen Vollzug kann versagt werden, wenn der Strafgefangene oder der Jugendstrafgefangene seiner Mitwirkungspflicht nach § 15 Abs. 3 nicht nachkommt. Bei der Prüfung von vollzugöffnenden Maßnahmen sind der Schutz der Allgemeinheit und die Belange des Opferschutzes in angemessener Weise zu berücksichtigen. Bei der Entscheidung sind auch die Feststellungen im Urteil und die im Ermittlungs- oder Strafverfahren erstatteten Gutachten zu berücksichtigen.	nicht erwähnt
Thüringen	§ 13 Geschlossener und offener Vollzug (1) Die Straf- und Jugendstrafgefangenen werden im geschlossenen oder offenen Vollzug untergebracht. Anstalten des offenen Vollzugs oder Abteilungen des offenen Vollzugs sehen keine oder nur verminderte Vorkehrungen gegen Entweichungen vor. [...] (3) Die Jugendstrafgefangenen sollen im offenen Vollzug untergebracht werden, wenn sie dessen besonderen Anforderungen genügen, insbesondere verantwortet werden kann, zu erpro-	§ 46 Lockerungen zur Erreichung des Vollzugsziels (1) Aufenthalte außerhalb der Anstalt ohne Aufsicht (Lockerungen) können den Straf- und Jugendstrafgefangenen zur Erreichung des Vollzugsziels gewährt werden, namentlich [...] 5. im Vollzug der Jugendstrafe die Unterbringung in besonderen Erziehungseinrichtungen. Vor Gewährung von Lockerungen nach Satz 1 Nr. 3 und 5 wird der Vollstreckungsleiter gehört.

V. Geschlossener oder offener Vollzug

Länder	Offener oder geschlossener Vollzug	Vollzug „in freien Formen"
	ben, dass sie sich dem Vollzug nicht entziehen und die Möglichkeiten des offenen Vollzugs nicht zur Begehung von Straftaten missbrauchen werden.	

Eine Präferenz für den offenen Vollzug[24] wird in keinem Gesetz ausgesprochen. Umgekehrt gehen die Gesetze in Bayern, Hessen und Niedersachsen grundsätzlich bzw regelmäßig von dem geschlossenen Vollzug aus. Die Regelung in den Gesetzen der anderen Bundesländer ist scheinbar offen, immerhin haben Berlin und Saarland „kosmetisch" die Überschrift in „Offener und geschlossener Vollzug" umgestellt. Mit der Formulierung „wenn verantwortet werden kann zu erproben" (so in den Gesetzen Berlin, Bremen, Mecklenburg-Vorpommern, Rheinland-Pfalz, Saarland, Sachsen, Schleswig-Holstein und Thüringen) wird diese Offenheit aber eingeschränkt, immerhin genügt eine Erprobung. Die Regelung in Hamburg „wenn nicht zu befürchten ist" entsprechend § 10 Abs. 1 StVollzG verlangt konkrete Anhaltspunkte für eine solche Befürchtung. Widersprüchlich erscheint die Regelung in Sachsen-Anhalt (§ 22 Abs. 2 S. 1): „tatsächliche Anhaltspunkte nicht die abstrakte Gefahr begründen." Am aufgeschlossensten für den offenen Vollzug erscheint die Regelung in Nordrhein-Westfalen. Diese Restriktionen sichern den Status quo ab, sie widersprechen den besseren Erfahrungen im Hinblick auf die angestrebte Resozialisierung (siehe Vorbem. Rn 32). Soweit für den restriktiven Einsatz des offenen Vollzuges die jugendliche Unreife angeführt wird, so steht dem gleichsam ausgleichend die größere Beeinflussbarkeit gegenüber. Soweit der Forderung, den offenen Vollzug häufiger zu praktizieren, entgegengesetzt wird, die Gefangenen seien heute kaum noch für den offenen Vollzug geeignet, zumal die Jugendgerichte erst ganz am Ende einer kriminellen Karriere die unbedingte Jugendstrafe verhängen würden, so ist dem entgegenzuhalten, dass zumindest im Verlaufe des Vollzugs eine solche Verlagerung regelmäßig und offensiv geprüft werden muss (so auch § 13 Abs. 2 HessJStVollzG). Allerdings erscheint es plausibel, dass in den Bundesländern mit einer niedrigen Verurteilungsquote zu Jugendstrafen mehr „schwierige" Gefangene in den Jugendstrafvollzug gelangen, so dass hier die Möglichkeiten für einen offenen Vollzug eingeschränkt sind.[25] Es macht mehr Sinn, den Übergang in die Freiheit über den offenen Vollzug zu organisieren, als die Gefangenen abrupt in die Freiheit zu entlassen. Der offene Vollzug ist der bessere Vollzug für eine Resozialisierung. Er wird zwar damit **nicht der Regelvollzug** in quantitativer Hinsicht, qualitativ ist er aber der **Vorrangvollzug**.[26] In diesem Sinne hat auch das BVerfG entschieden, wonach die Einrichtung des offenen Vollzugs „in besonderer Weise" dem verfassungsrechtlich vorgegebenen Vollzugsziel der sozialen In-

20

---

24 So ausdrücklich Arbeitskreis 3 des 29. Dt. Jugendgerichtstags ZJJ 2013, 430: „Die Einweisung in den offenen Vollzug soll für Erstverbüßer die Regel sein: der Vorzug des geschlossenen Vollzugs muss gesondert begründet werden.".
25 Ebenso Dünkel/Geng Forum Strafvollzug 2007, 72.
26 So auch Nr. 9 der Mindeststandards für den Jugendstrafvollzug, Forum Strafvollzug 2007, 52; These 23 des Arbeitskreises 1 auf dem 27. Deutschen Jugendgerichtstag 2007 ZJJ 2007, 433; ebenso Schwirzer, Jugendstrafvollzug für das 21. Jahrhundert?, 2008, S. 132 ff; Kühl, Die gesetzliche Reform des Jugendstrafvollzugs in Deutschland im Licht der European Rules for Juvenile Offenders Subject to Sanctions or Measures (ERJOSSM), 2012, S. 131; Markert, Der bayrische Jugendstrafvollzug in Theorie und Praxis, 2012, S. 190 f.

tegration sowie der grundrechtlichen Verpflichtung, schädlichen Auswirkungen des Vollzugs nach Möglichkeit entgegenzuwirken, Rechnung trägt.[27]

21 Rechtlich haben die Gesetzgeber der Jugendstrafvollzugsgesetze mit Ausnahme Bayerns, auf die Zustimmungsvoraussetzung des Gefangenen für den offenen Vollzug im Unterschied zu § 10 Abs. 1 StVollzG verzichtet. Dies ist mit der notwendigen Stärkung von Eigenverantwortlichkeit und der Beachtung der Autonomie der Gefangenen (siehe § 1 Rn 31) schwer zu vereinbaren. In der Praxis sollte diese Zustimmung Voraussetzung für die Verlegung in den offenen Vollzug sein, zumal ansonsten eine Rückverlegung auf Grund von Fehlverhaltensweisen des Gefangenen zu erwarten ist.

Die in einigen Vollzugsgesetzen verlangte Eignung für den offenen Vollzug positiv festzustellen, erscheint schwer. Entscheidend sind insoweit die **Kooperationsbereitschaft** und die bisherige **Bewährung im Rahmen von Vollzugslockerungen**. Wenn eine größere Resozialisierungschance im offenen Vollzug zugrunde gelegt wird, ist lediglich – negativ – zu fragen, ob insoweit Gründe entgegenstehen. Diese sind das Entweichen aus dem offenen Vollzug sowie die Begehung von Straftaten. Bei akuter Drogenabhängigkeit sind diese Voraussetzungen gegeben. Allein das Leugnen der Tat, die trotz der gerichtlichen Feststellung so nicht abgelaufen sein muss, reicht nicht aus, um den offenen Vollzug zu versagen. Das Abstreiten kann eine psychische Selbstverteidigung sein. Es gibt keinen Erfahrungssatz, dass aus dem Leugnen auf die zukünftige Begehung von Straftaten geschlossen werden kann.[28]

22 Immer ist eine **Entscheidung im Einzelfall geboten**. Ein schematisierter Ausschluss vom offenen Vollzug (so die Verwaltungsvorschriften zu § 10 StVollzG) ist nicht zulässig. Der Gefangene hat auch bei einer Kann- oder Sollbestimmung einen Anspruch auf einen fehlerfreien Ermessensgebrauch, dh die Voraussetzungen müssen im Einzelnen geprüft werden. Geschieht dies ohne eine fehlerhafte Zugrundelegung von tatsächlichen Entscheidungsgründen sowie von gesetzeswidrigen Ermessenskriterien, so hat die Anstaltsleitung einen **Beurteilungsfreiraum**, der insoweit auch nicht justiziell überprüfbar ist.[29] Für einen Widerruf der Unterbringung im offenen Vollzug ist der Beurteilungsfreiraum eingeengt, da mit der Unterbringung für den Gefangenen ein **Vertrauensschutz** begründet wird.[30] Soweit wie in Nordrhein-Westfalen eine Verpflichtung zur Unterbringung in den offenen Vollzug unter bestimmten Voraussetzungen formuliert ist, so sind die **unbestimmten Rechtsbegriffe zu konkretisieren**, wobei der Anstalt im Hinblick auf eine justizielle Überprüfung ein Beurteilungsspielraum zukommt. Nach Auffassung der Gesetzesverfasser soll es auch erlaubt sein, „Gefangene im Einzelfall trotz ihrer Eignung für den offenen Vollzug gleichwohl im geschlossenen Vollzug unterzubringen, beispielsweise in Fällen, in denen dies aus Gründen der Verhandlung, wegen Aus- oder Weiterbildungsmaßnahmen oder therapeuti-

---

27 BVerfG, 16.4.2007, 2 BvR 725/07 Nr. 45.
28 BVerfG NStZ 1998, 375.
29 BGHSt 30, 320; KG NJW 1979, 2574 hinsichtlich der Entscheidung über einen Urlaub; s. auch Schwind/Böhm/Jehle/Laubenthal-Ullenbruch § 11 Rn 26; s. aber auch OLG Frankfurt NJW 1979, 1173; OLG Hamm NStZ 1981, 198.
30 LG Bielefeld StV 2015, 708.

scher Maßnahmen sinnvoll ist."[31] Mit dem Wortlaut dieser gesetzlichen Bestimmungen ist eine solche Ausnahmeregelung nicht vereinbar. Es darf auch nicht auf allgemeine Grundsätze wie Erziehungsauftrag zurückgegriffen werden, da die Voraussetzungen für den offenen Vollzug abschließend formuliert werden. Eine solche Ausnahme ist darüber hinaus auch sachlich nicht begründet. Therapeutische Maßnahmen sollten auch im offenen Vollzug angeboten werden bzw sollte eine Fortsetzung außerhalb des Vollzugs ermöglicht werden. Aus- und Weiterbildung müssen auch im offenen Vollzug organisiert werden, regelmäßig außerhalb. Würden Gefangene, die für den offenen Vollzug geeignet sind, mit einer solchen Begründung im geschlossenen Vollzug verbleiben, so hätte das die Konsequenz, dass ein besonders gutes Angebot an therapeutischen Maßnahmen sowie von Aus- und Weiterbildung im geschlossenen Vollzug die Vorteile des offenen Vollzuges verhindern würde. Erst recht dürfen Sühnegesichtspunkte oder generalpräventive Anliegen nicht berücksichtigt werden (s. § 1 Rn 19). Auch Erkrankungen erlauben nicht eine generelle Versagung des offenen Vollzugs.[32]

VI. Sozialtherapie

1. Gesetzliche Regeln

In allen Ländergesetzen ist die **Sozialtherapie im Jugendstrafvollzug** vorgesehen.[33] Die Regelungen sind jedoch sehr unbestimmt: „Gefangene können in einer sozialtherapeutischen Abteilung untergebracht werden, wenn deren besondere therapeutische Mittel und soziale Hilfen zum Erreichen des Vollzugsziels angezeigt sind" (so § 14 im Musterentwurf). Damit wird weder festgelegt, wie die Abteilungen zu organisieren sind, wie das Behandlungsangebot aussehen sollte, wer für die Entscheidung zuständig ist, noch wird die Gefangenenauswahl näher bestimmt. Auch öffnet die Kann-Bestimmung einen weiten Ermessensfreiraum. Im Jugendstrafvollzugsgesetz Sachsen ist insoweit eine Soll-Bestimmung formuliert. Negativ wird allein von einer Zustimmung des Gefangenen im Unterschied zu § 9 Abs. 2 StVollzG abgesehen, Ausnahme § 14 JStVollzG NRW. Damit bleiben diese Gesetze noch hinter den Bestimmungen des Strafvollzugsgesetzes zurück, die auch noch sehr allgemein gehalten sind (§§ 9, 123–126 StVollzG). Immerhin lässt sich aus dem Gesetzeswortlaut schließen, dass die Sozialtherapie nicht wie im Erwachsenenstrafvollzug (§ 9 Abs. 1 StVollzG) vornehmlich für Sexualstraftäter gedacht ist: „Eine dem Erwachsenenvollzug entsprechende Fokussierung auf Sexualstraftäter ist im Jugendstrafvollzug nicht sachgerecht, die Gewaltproblematik hingegen ist hier von besonderer Bedeutung" (Begründung zum Musterentwurf). Indirekt werden damit Gewalttäter angesprochen. Eine gewisse Orientierung erfolgt im Buch 4 § 8 Abs. 1 S. 2 JVollzGB B-W: „In Betracht kommen insbesondere junge Gefangene, bei denen erhebliche Entwicklungs-, Persönlichkeits- oder Verhaltensstörungen vorliegen, die in der Tat hervorgetreten sind." Auch soll die Sozialtherapie nicht in getrennten Anstalten (so § 123 Abs. 1 StVollzG), sondern

---

31 So zB die Begründung für den Gesetzesentwurf Schleswig-Holstein, S. 100; so auch Laubenthal, Strafvollzug, Rn 354 zur Handhabung des § 10 Abs. 1 StVollzG.
32 OLG Hamm StV 2015, 708 (hier Epilepsie).
33 Zur Rechtslage nach altem Recht s. Ostendorf, JGG, 7. Aufl., §§ 91–92 Rn 5 a; OLG Celle NStZ 2000, 167; Rehn NK 2003, 66.

in Abteilungen (so „aus besonderen Gründen" § 123 Abs. 2 StVollzG) durchgeführt werden. Für diese Regelung sprechen organisatorische Gründe, auch das Anliegen, eine Stigmatisierung zu vermeiden. Andererseits besteht die Gefahr, dass die Eigenständigkeit der sozialtherapeutischen Abteilung verloren geht und zB bei Personalengpässen auf die Mitarbeiter in der Sozialtherapie zurückgegriffen wird. Dem ist durch eine feste Zuweisung des Personals, durch eine konzeptionelle Autonomie und mit einem eigenen Budget zu begegnen.[34]

Länder	Sozialtherapie
Baden-Württemberg	**Buch 4 § 8 Sozialtherapie** (1) Junge Gefangene können in einer sozialtherapeutischen Abteilung untergebracht werden, soweit deren besondere therapeutische Mittel und soziale Hilfen zum Erreichen des Erziehungsziels angezeigt sind. In Betracht kommen insbesondere junge Gefangene, bei denen erhebliche Entwicklungs-, Persönlichkeits- oder Verhaltensstörungen vorliegen, die in der Tat hervorgetreten sind. (2) Ist eine Unterbringung in einer sozialtherapeutischen Abteilung aus Gründen, die nicht in der Person der oder des Gefangenen liegen, nicht möglich, sind anderweitige therapeutische Behandlungsmaßnahmen zu treffen. (3) Junge Gefangene werden aus der sozialtherapeutischen Einrichtung in den Regelvollzug zurückverlegt, wenn der Zweck der Sozialtherapie aus Gründen, die in der Person der oder des Gefangenen liegen, nicht erreicht werden kann.
Bayern	**Art. 132 Verlegung in eine sozialtherapeutische Einrichtung** (1) Junge Gefangene sind in eine sozialtherapeutische Einrichtung einer Jugendstrafvollzugsanstalt zu verlegen, wenn die Wiederholung einer Straftat nach den §§ 174 bis 180 oder § 182 StGB zu befürchten und die Behandlung in einer sozialtherapeutischen Einrichtung nach Art. 129 Abs. 2 Satz 2 oder Art. 130 Abs. 3 angezeigt ist. (2) Andere junge Gefangene, von denen schwerwiegende Straftaten gegen Leib oder Leben oder gegen die sexuelle Selbstbestimmung zu erwarten sind, sollen in eine sozialtherapeutische Einrichtung einer Jugendstrafvollzugsanstalt verlegt werden, wenn deren besondere therapeutische Mittel und soziale Hilfen zu ihrer Resozialisierung angezeigt sind. (3) Art. 11 Abs. 3 bis 5 und Art. 117 gelten entsprechend.
Berlin,[35] Bremen, Mecklenburg-Vorpommern, Saarland, Schleswig-Holstein	**§ 14 Sozialtherapie** Gefangene können in einer sozialtherapeutischen Abteilung untergebracht werden, wenn deren besondere therapeutische Mittel und soziale Hilfen zum Erreichen des Vollzugsziels angezeigt sind.
Brandenburg § 25, Rheinland-Pfalz § 24, Sachsen-Anhalt § 24 (mit geringen Abweichungen), Thüringen § 24	(1) Sozialtherapie dient der Verringerung einer erheblichen Gefährlichkeit der Straf- und Jugendstrafgefangenen. Auf der Grundlage einer therapeutischen Gemeinschaft bedient sie sich psychotherapeutischer, sozialpädagogischer und arbeitstherapeutischer Methoden, die in umfassenden Behandlungsprogrammen verbunden werden.

---

34 So auch die Mindestanforderungen an Organisationsform, räumliche Voraussetzungen und Personalausstattung sozialtherapeutischer Einrichtungen, Forum Strafvollzug 2007, 102.
35 Für Berlin ist eine konkretisierende Regelung in § 20 entsprechend den Regelungen in Brandenburg, Rheinland-Pfalz und Thüringen geplant.

VI. Sozialtherapie 2

Länder	Sozialtherapie
	Personen aus dem Lebensumfeld der Straf- und Jugendstrafgefangenen außerhalb des Vollzugs werden in die Behandlung einbezogen. (2) Straf- und Jugendstrafgefangene sind in einer sozialtherapeutischen Abteilung unterzubringen, wenn ihre Teilnahme an den dortigen Behandlungsprogrammen zur Verringerung ihrer erheblichen Gefährlichkeit angezeigt ist. Eine erhebliche Gefährlichkeit liegt vor, wenn schwerwiegende Straftaten gegen Leib oder Leben, die persönliche Freiheit oder die sexuelle Selbstbestimmung zu erwarten sind. (3) Im Übrigen können Straf- und Jugendstrafgefangene in einer sozialtherapeutischen Abteilung untergebracht werden, wenn die Teilnahme an den dortigen Behandlungsprogrammen zur Erreichung des Vollzugsziels angezeigt ist. (4) Die Unterbringung soll zu einem Zeitpunkt erfolgen, der entweder der Abschluss der Behandlung zum voraussichtlichen Entlassungszeitpunkt erwarten lässt oder die Fortsetzung der Behandlung nach der Entlassung ermöglicht. Hierzu arbeitet die sozialtherapeutische Abteilung eng mit forensischen Ambulanzen oder anderen ambulanten Nachsorgeeinrichtungen zusammen. Ist Sicherungsverwahrung angeordnet oder vorbehalten, soll die Unterbringung zu einem Zeitpunkt erfolgen, der den Abschluss der Behandlung noch während des Vollzugs der Freiheits- oder Jugendstrafe erwarten lässt. (5) Die Unterbringung wird beendet, wenn das Ziel der Behandlung aus Gründen, die in der Person des Straf- oder Jugendstrafgefangenen liegen, nicht erreicht werden kann.
Hamburg	**§ 10 Sozialtherapie** (1) Gefangene sind in eine sozialtherapeutische Einrichtung zu verlegen, wenn sie wegen einer Straftat nach den §§ 174 bis 180 oder 182 des Strafgesetzbuches zu einer Freiheitsstrafe von mehr als zwei Jahren oder zu einer Jugendstrafe verurteilt worden sind und die Behandlung oder Erziehung in einer sozialtherapeutischen Einrichtung angezeigt ist. (2) Andere Gefangene können mit ihrer Zustimmung in eine sozialtherapeutische Einrichtung verlegt werden, wenn die besonderen therapeutischen Mittel und sozialen Hilfen zu ihrer Behandlung oder Erziehung angezeigt sind und die Leitung der Einrichtung zustimmt. (3) Kann der Zweck der Behandlung aus Gründen, die in der Person von Gefangenen liegen, nicht erreicht werden, ist von einer Verlegung nach Absatz 1 oder 2 abzusehen oder der Gefangene ist zurückzuverlegen. Über die Verlegung von Gefangenen nach Absatz 1 ist jeweils spätestens nach Ablauf von sechs Monaten neu zu entscheiden. (4) § 9 bleibt unberührt.
Hessen	**§ 12 Sozialtherapie** (1) Gefangene können in einer sozialtherapeutischen Abteilung untergebracht werden, soweit deren besondere therapeutischen Mittel und sozialen Hilfen zum Erreichen des Erziehungsziels angezeigt sind. In Betracht kommen insbesondere Gefangene, bei denen eine erhebliche Störung der sozialen und persönlichen Entwicklung vorliegt. (2) Ist eine Unterbringung in einer sozialtherapeutischen Abteilung aus Gründen, die nicht in der Person der Gefangenen liegen, nicht möglich, sind anderweitige therapeutische Behandlungsmaßnahmen zu treffen.

§ 2 Vollzugsplanung

Länder	Sozialtherapie
Niedersachsen	**§ 104 Verlegung in eine sozialtherapeutische Anstalt** (1) Die oder der Gefangene, die oder der wegen 1. einer Straftat nach den §§ 174 bis 180 oder 182 StGB oder 2. eines Verbrechens gegen das Leben, die körperliche Unversehrtheit oder die persönliche Freiheit oder nach den §§ 250, 251, auch in Verbindung mit den §§ 252, 255 StGB verurteilt worden ist, wird in eine sozialtherapeutische Anstalt verlegt, wenn die dortige Behandlung zur Verringerung einer erheblichen Gefährlichkeit der oder des Gefangenen für die Allgemeinheit angezeigt ist. (2) Andere Gefangene können in eine sozialtherapeutische Anstalt verlegt werden, wenn der Einsatz der besonderen therapeutischen Mittel und sozialen Hilfen zur Erreichung des Vollzugszieles nach § 5 Satz 1 angezeigt ist. (3) Die Verlegung soll zu einem Zeitpunkt erfolgen, der den Abschluss der Behandlung zum voraussichtlichen Entlassungszeitpunkt erwarten lässt. (4) ^{1}Die oder der Gefangene ist zurückzuverlegen, wenn der Zweck der Behandlung aus Gründen, die in der Person der oder des Gefangenen liegen, nicht erreicht werden kann. ^{2}Die oder der Gefangene kann zurückverlegt werden, wenn sie oder er durch ihr oder sein Verhalten den Behandlungsverlauf anderer erheblich und nachhaltig stören. (5) Die §§ 10 und 11 bleiben unberührt.
Nordrhein-Westfalen	**§ 14 Sozialtherapie** (1) Geeignete und motivierte Gefangene, die wegen einer Straftat nach den §§ 174 bis 180 oder § 182 des Strafgesetzbuches oder wegen einer gefährlichen Gewalttat verurteilt worden sind, werden mit ihrer Zustimmung in einer sozialtherapeutischen Einrichtung des Jugendstrafvollzuges untergebracht, wenn Anlass zu der Annahme besteht, dass der Gefahr einer Wiederholung aufgrund einer Störung ihrer sozialen und persönlichen Entwicklung mit den Mitteln der Sozialtherapie entgegengewirkt werden kann. (2) Andere Gefangene sollen mit ihrer Zustimmung in einer sozialtherapeutischen Einrichtung des Jugendstrafvollzuges untergebracht werden, wenn die besonderen therapeutischen Mittel und sozialen Hilfen der Einrichtung zur Erreichung des Vollzugsziels angezeigt sind. (3) Die Gefangenen werden zurückverlegt, wenn a) nach einem angemessenen Zeitraum festgestellt wird, dass die Gefangenen therapeutisch nicht erreichbar sind oder b) sie die Sicherheit oder Ordnung in der sozialtherapeutischen Einrichtung schwerwiegend oder nachhaltig stören.

23a Ergänzend zu den fakultativen Regeln in den Länderjugendstrafvollzugsgesetzen zur Durchführung einer Sozialtherapie ist auf die **bedingt verbindliche bundesstaatliche Regelung** in § 7 Abs. 3 S. 1 sowie in § 106 Abs. 5 S. 1 JGG zu verweisen, wonach das Gericht den Vollzug der Jugendstrafe in einer sozialtherapeutischen Einrichtung **anordnet**, sofern neben der Jugendstrafe die Anordnung der Sicherungsverwahrung vorbehalten wurde und der Verurteilte das 27. Lebensjahr noch nicht vollendet hat, „es sei denn, dass die Resozialisierung des Verurteilten dadurch nicht besser gefördert werden kann." Ziel der Behandlung ist gem. § 7 Abs. 3 S. 5 sowie gem. § 106 Abs. 5 S. 5 JGG, wo u.a. auf § 66 c Abs. 2 StGB verwiesen wird, die Sicherungsverwahrung „möglichst entbehrlich zu machen." Dies gilt unabhängig davon, ob der Vollzug in einer sozialtherapeutischen Einrichtung angeordnet wird oder nicht. Also auch im „Normalvollzug" ist bei (Jugend-)Strafgefangenen mit drohender Sicherungsverwahrung eine umfassende „psychiatrische, psycho- oder sozialtherapeutische Behandlung, die auf den Untergebrachten zugeschnitten ist, soweit standardisierte Angebote nicht Erfolg versprechend sind", geboten (siehe § 7 Abs. 3 S. 5 sowie § 106 Abs. 5 S. 5 JGG jeweils i.V.m. § 66 c Abs. 2 und Abs. 1 Nr. 1 StGB).[36] Der Vollzug einer eventuell angeordneten Sicherungsverwahrung nach Vollzug einer Jugendstrafe erfolgt nach den Sicherungsverwahrungsvollzugsgesetzen der Länder in Umsetzung des vom Bundesverfassungsgericht geforderten „Abstandsgebots".[37]

Es erscheint **fraglich, ob die Ländergesetze damit dem Gebot des Bundesverfassungsgerichts für eine „gesetzliche Festlegung hinreichend konkretisierter Vorgaben"**[38] entsprechen. Problematisch erscheint der Verzicht auf ein Zustimmungserfordernis des Gefangenen. In der Begründung zum Musterentwurf heißt es hierzu: „Von einer Zustimmung der Gefangenen wird die Unterbringung in der Sozialtherapie nicht abhängig gemacht. Die Gefangenen würden eine solche Entscheidung vielfach nicht verantwortlich treffen können, da sie die Voraussetzungen und Konsequenzen nicht übersehen. Mithin ist ihre Bereitschaft zur Mitarbeit zu wecken und zu fördern (§ 5), die Entscheidung aber trifft die Anstalt. Die Gefangenen selbst werden häufig erst nach einer gewissen Zeit in der Sozialtherapie beurteilen können, was die dortige Unterbringung für sie bedeutet." Eine Sozialtherapie ohne Bereitschaft zur Mitwirkung ist nicht durchführbar. Soweit die Zustimmung nicht von vornherein gegeben wird, muss diese in der Eingangsphase nach entsprechender Eingewöhnung und Motivierung nachgeholt werden.[39] Bei Minderjährigen sind die gesetzlichen Vertreter bei der Entscheidung über die Unterbringung in die Sozialtherapie einzubinden. 24

Die **Zuständigkeit** über die Verlegung in die Sozialtherapie bzw über eine eventuelle Rückverlegung wird in den Ländergesetzen nicht geregelt. Nach der Begründung des Musterentwurfs soll die Anstalt entscheiden. Hierbei können Konflikte zwischen dem Normalvollzug und der Sozialtherapie entstehen. „Unbequeme" Gefangene könnten abgegeben werden, ohne dass ein besonderer Behandlungsbedarf besteht. Kapazitätsprobleme könnten wechselseitig verschoben werden. Mit der Rückverlegung könnte der Streit über die richtige Behandlung eines Gefangenen eskalieren. Zu lösen ist der Konflikt über eine enge Kooperation der Beteiligten. Letztlich entscheiden sollte die Sozialtherapie, da sie am besten über die Behandlungsmöglichkeiten Bescheid weiß und sie über die Sachkompetenz verfügt. Aus dem Wegfall des Zustimmungserforder- 25

---

36 Siehe bereits BVerfGE 128, 326, 379. Skeptisch zu Umsetzungserfolgen Jehle in: Brauchen wir eine Reform der freiheitsentziehenden Sanktionen?, hrsg. von Höffler, 2015, S. 67.
37 Hierzu Laubenthal in FS-Ostendorf, 2015, S. 553.
38 BVerfG NJW 2006, 2096.
39 Auch nach den Mindestanforderungen an sozialtherapeutische Einrichtungen ist die Zustimmung des Gefangenen Voraussetzung nach entsprechender Unterrichtung über die Behandlungsmöglichkeiten und Regelungen in der sozialtherapeutischen Einrichtung, Forum Strafvollzug 2007, 101.

Ostendorf

nisses des Leiters der sozialtherapeutischen Anstalt für Sexualstraftäter (§ 3 Abs. 1 StVollzG) lassen sich für die Sozialtherapie im Jugendstrafvollzug keine Rückschlüsse ziehen. Umgekehrt spricht mehr für das Zustimmungserfordernis des Leiters der sozialtherapeutischen Anstalt bzw Abteilung, wie dies im § 9 Abs. 2 StVollzG geregelt ist, da die Sozialtherapie im Jugendstrafvollzug nicht auf Sexualtäter begrenzt ist. Eine Zustimmung des richterlichen Vollstreckungsleiters ist nicht erforderlich, da hier keine vollstreckungsrechtliche, sondern eine vollzugsrechtliche Frage zu beantworten ist.

26 Dass eine **Rückverlegung in den Normalvollzug** möglich sein muss, erscheint als Selbstverständlichkeit. Im Buch 4 § 8 Abs. 3 JVollzGB B-W heißt es dementsprechend: „Junge Gefangene werden aus der sozialtherapeutischen Einrichtung in den Regelvollzug zurückverlegt, wenn der Zweck der Sozialtherapie aus Gründen, die in der Person der oder des Gefangenen liegen, nicht erreicht werden kann." Auch im § 9 Abs. 1 S. 2 StVollzG wird die Rückverlegung auf Gründe eingeengt, die in der Person des Gefangenen liegen. Diese Einengung ist zu begrüßen. Ansonsten besteht die Gefahr, dass anstaltsbedingte Konflikte zur Rückverlegung führen. Rückverlegung bedeutet nicht nur Abbruch einer Behandlung, Abbruch von Beziehungen, Rückverlegung bedeutet für den Gefangenen **ein weiteres Versagenserlebnis**. 65,5 % der SothAs ermöglichen deshalb eine „Aufnahme auf Probe".[40] Angesichts der Persönlichkeitsstruktur dieser Gefangenen sind im Übrigen Konflikte normal: „Schwankungen in Motivation und Mitarbeit gehören zur Entwicklung eines jeden Klienten in der Psychotherapie. Selbst schwere Verstöße gegen die Basisregeln können Anzeichen einer vorübergehenden Krise sein. Das Problem kann aber auch bei den Therapeuten liegen. Bei Behandlungskrisen projiziert das Personal bisweilen Störungen der Zusammenarbeit auf den Gefangenen und betreibt die Verlegung in der Hoffnung, auf diese Weise die eigenen Schwierigkeiten zu bewältigen."[41]

2. Konzept

27 Mit dem Zweiten Strafrechtsreformgesetz vom 4.7.1969 wurde die Sozialtherapie als eine Maßregel der Besserung und Sicherung gem. § 65 StGB eingeführt. Gefährliche Täter mit psychischen Störungen (§ 65 Abs. 1 Nr. 1), Sexualstraftäter mit einer ungünstigen Sozialprognose (§ 65 Abs. 1 Nr. 2) und junge Täter mit einer Neigung zu gefährlichen Straftaten (§ 65 Abs. 2) sollten in sozialtherapeutischen Anstalten untergebracht und betreut werden. Der Gesetzgeber ging davon aus, dass im normalen Strafvollzug dem Behandlungsbedarf nicht entsprochen werden könne. Zugleich sollte die Sicherungsverwahrung zurückgedrängt werden. Diese „Maßregellösung" ist aber niemals in Kraft getreten. Das Inkrafttreten wurde im Hinblick auf organisatorische und finanzielle Probleme der Umsetzung zunächst auf den 1.1.1978 und später auf den 1.1.1985 verschoben. Mit dem Gesetz zur Änderung des Strafvollzugsgesetzes wurde § 65 StGB schließlich ganz aufgehoben. Nach der heutigen Vollzugsregelung im § 9 StVollzG stellt die Sozialtherapie eine eigenständige behandlungsorientierte Spezialeinrichtung des Vollzugs von Freiheitsstrafen[42] dar. Hieran schließen die

---

40 Siehe Niemz Forum Strafvollzug 2014, 214.
41 Schwind/Böhm/Jehle/Laubenthal-Egg § 9 Rn 17.
42 Siehe Laubenthal, Strafvollzug, Rn 587; Arloth § 9 Rn 1.

Ländergesetze zum Jugendstrafvollzug an. Auch wenn der gesamte Jugendstrafvollzug sozialtherapeutisch iS eines Resozialisierungsstrafvollzugs auszurichten ist (siehe § 1 Rn 18), gibt es für bestimmte Straftäter einen besonderen Behandlungsbedarf. In diesem Sinne hat das Bundesverfassungsgericht eine „gesonderte Unterbringung von Gewalt- und Sexualtätern mit spezifischen Betreuungsmöglichkeiten" nach dem derzeitigen Erkenntnisstand für angezeigt erachtet.[43] Hierauf sollte sich die Sozialtherapie konzentrieren – aus Gründen der Verhältnismäßigkeit, aber auch aus ökonomischen Gründen.

Der im Jahr 1983 gegründete **Arbeitskreis „Sozialtherapeutische Anstalten im Justizvollzug"** e.V. bekennt sich zu einer integrativen Sozialtherapie:[44] „Integrative Sozialtherapie ist gekennzeichnet durch 1. Berücksichtigung und Einbeziehung des gesamten Lebensumfeldes in und außerhalb der Sozialtherapeutischen Einrichtung bis zur Entlassung. 2. Gestaltung der Handlungsmöglichkeiten und Beziehungsformen innerhalb der Sozialtherapeutischen Einrichtungen im Sinne einer therapeutischen Gemeinschaft. 3. Modifizierung und Verknüpfung psychotherapeutischer, pädagogischer und arbeitstherapeutischer Vorgehensweisen."

In den Mindestanforderungen an Sozialtherapeutische Einrichtungen heißt es u.a.:[45] „Sozialtherapeutische Einrichtungen müssen einerseits über methodische Möglichkeiten verfügen, mit deren Hilfe sich individuelle Einsichten in eigene Stärken und Schwächen, in Bedürfnisse und Beweggründe sowie in gegenwärtige und vergangene Beziehungen erarbeiten lassen. Andererseits müssen sie vielseitige, strukturierte und unstrukturierte Angebote zum Erlernen und Erproben neuer Verhaltensformen und Beziehungsgestaltungen, zur Erweiterung sozialer Fähigkeiten und zur Aneignung neuer Kenntnisse und Fertigkeiten entwickeln können.

Sozialtherapeutische Einrichtungen müssen dazu über Mitarbeiter des allgemeinen Vollzugsdienstes mit besonderen Befähigungen und Erfahrungen sowie über besondere Fachdienste mehrerer Fachrichtungen verfügen. Dabei müssen durch ständige Mitarbeiter – ggf ergänzt durch externe Fachkräfte – folgende Gebiete vertreten sein: Pädagogik, Sozialarbeit/Sozialpädagogik, Psychologie, Psychotherapie, Psychiatrie, Arbeitsanleitung. Eine Sozialtherapeutische Einrichtung muss von anderen Vollzugseinrichtungen so eindeutig abgegrenzt sein, dass ihr die eigene Gestaltung der für soziales Lernen notwendigen Bereiche möglich ist und dass Einrichtungen, die den einzelnen Gefangenen betreffen, nicht durch andere Vollzugsformen beeinflusst werden."

In den Mindestanforderungen an Organisationsform, räumliche Voraussetzungen und Personalausstattung Sozialtherapeutischer Einrichtungen heißt es u.a.:[46] „Die Sozialtherapeutische Einrichtung ist als vollzugsinternes Lebens- und Erfahrungsfeld gestaltet. Deswegen sollte sie nicht weniger als 20 und nicht mehr als 60 Haftplätze haben. Bei einer darüber hinausgehenden Zahl an Haftplätzen ist die Einrichtung ent-

---

43 BVerfG NJW 2006, 2096.
44 Forum Strafvollzug 2007, 101.
45 Forum Strafvollzug 2007, 101.
46 Forum Strafvollzug 2007, 102.

§ 2 Vollzugsplanung

sprechend untergliedert. Als Grundeinheit sind in der Sozialtherapeutischen Einrichtung Wohngruppen für 8–12 Gefangene vorhanden."

Diese Mindeststandards müssen im Hinblick auf besondere Anforderungen junger Gefangener modifiziert werden, dh die sozialtherapeutischen Abteilungen im Jugendstrafvollzug müssen ein „hauseigenes" Konzept entwickeln.[47] Hierzu gehören substantiell die Entlassungsvorbereitung und die Nachsorgemöglichkeit durch die Sozialtherapeutische Einrichtung in Vernetzung mit externen Nachsorgeeinrichtungen („Andockstellen").[48]

3. Vollzugspraxis

29 Die kriminologische Zentralstelle führt seit 1997 eine alljährliche Stichtagserhebung in sozialtherapeutischen Anstalten und Abteilungen des Justizvollzuges durch. Hieraus ergeben sich nach einer Stichtagserhebung zum 31.3.2014 folgende Informationen:[49]

Sozialtherapeutische Einrichtungen im Jugendstrafvollzug – Übersicht

Sozialtherapeutische Einrichtungen (geordnet nach Ländern)	Verfügbare Haftplätze		Belegung		Davon Deutsche	Belegung Deutsche in %	Belegung in %
	Männer	Frauen	Männer	Frauen			
Adelsheim (BW)	24	-	24	-	19	79,2	100,0
Crailsheim (BW)	24	-	13	-	9	69,2	54,2
Ebrach (BY)	10	-	8	-	5	62,5	80,0
Neuburg-Herrenwörth (BY) Sexualstraftäter	16	-	16	-	10	62,5	100,0
Neuburg-Herrenwörth (BY) Gewaltstraftäter	16	-	11	-	7	63,7	68,8
Berlin Jugendstrafanstalt (BE)	48	-	46	-	27	58,7	89,6
Wriezen (BB)	24	-	17	-	17	100,0	70,8
Hamburg Hahnhöfersand (HH)	18	-	10	-	7	70,0	55,6
Rockenberg (HE)	18	-	17	-	14	82,4	94,4
Neustrelitz (MV)	24	-	14	-	14	100,0	58,3
Hameln (NI)	62	-	45	-	39	86,7	72,6
Herford (NW)	26	-	25	-	21	84,0	96,2
Wuppertal-Ronsdorf (NW)	29	-	24	-	19	79,2	82,8

---

47 Zu den Prinzipien wirksamer sozialtherapeutischer Behandlung im Jugendstrafvollzug siehe Suhling ZJJ 2008, 330 ff.
48 Siehe hierzu Kubink, Tätigkeitsbericht des Justizvollzugsbeauftragten des Landes Nordrhein-Westfalen 2013-2014, 2015, S. 164; siehe auch Rn 54 ff.
49 Zusammenfassend Dessecker/Spöhr, Praxis der Rechtspsychologie 2007, 305 ff.

VI. Sozialtherapie

Sozialtherapeutische Einrichtungen (geordnet nach Ländern)	Verfügbare Haftplätze		Belegung		Davon Deutsche	Belegung Deutsche in %	Belegung in %
	Männer	Frauen	Männer	Frauen			
Schifferstadt (RP)	20	-	20	-	17	85,0	100,0
Wittlich (RP)	24	-	24	-	24	100,0	100,0
Ottweiler (SL)	10	-	13	-	11	85,0	100,0
Regis-Breitingen (SN)	37	-	33	-	33	100,0	89,2
Raßnitz (ST)	11	-	10	-	10	100,0	91,0
Schleswig (SH)	30	-	24	-	21	87,5	80,0
Ichtershausen (TH)	13	-	12	-	10	83,3	92,3
Alle Einrichtungen	484	-	406	-	327	80,54	83,88

(Quelle: KrimZ, Sozialtherapie im Strafvollzug 2014, Tabellen 1 und 2a)

Die Zahl der Haftplätze wie der jungen Gefangenen in der Sozialtherapie hat in den letzten Jahren deutlich zugenommen:

> 1997: 86 Plätze; 2010: 380 Plätze, 2014: 484 Plätze. Im Vergleich zu der Gesamtzahl der Gefangenen im Jugendstrafvollzug (s. Vorbem. Rn 14) ist der Anteil aber noch gering.

Es gibt offensichtlich einen gestiegenen Bedarf, wobei darauf zu achten ist, dass die Plätze zweckmäßig genutzt werden.[50]

Alterszusammensetzung der Gefangenen

Stichtagserhebung zum 31.3. des Jahres	Altersgruppen (jeweils von „..." bis unter „..." Jahren)							Σ
	< 18		18–21		21–25		25–30	
2000	13	10,5 %	70	56,5 %	41	33,1 %	0	0,0 %	124
2005	20	14,6 %	61	44,5 %	55	40,2 %	1	0,7 %	137
2010	30	8,5 %	182	51,4 %	141	39,8 %	1	0,3 %	354
2014	39	9,7 %	182	45,3 %	175	43,5 %	6	1,5 %	402

Im Vergleich zu der Altersstruktur der Gefangenen im Jugendstrafvollzug allgemein (siehe Vorbem. Rn 14) decken sich die Altersgruppen weitgehend, wobei bei den unter 18-Jährigen die geringe Zahl zu prozentualen Sprüngen führt.

---

50 Gem. Bericht der Anstaltsleitung Schleswig an die KrimZ wurden vom 1.4.2011 bis zum 31.3.2013 von 50 Aufnahmen 26 Gefangene ohne Sotha-Indikation aufgrund der Überbelegung der Jugendanstalt Schleswig aufgenommen.

§ 2 Vollzugsplanung

Gesamtdauer der in der jetzigen Haft zu verbüßenden Jugendstrafen

Stichtagser-hebung zum 31.03. des Jahres	Haftdauer (jeweils über „..." bis „..." Jahre)												Σ
	< 2		2–3		3–4		4–5		5–7		7–10		
2000	24	19,7%	34	27,9%	26	21,3%	11	9,0%	13	10,7%	14	11,5%	122
2005	19	13,8%	42	30,7%	27	19,7%	10	7,3%	13	9,5%	26	19,0%	137
2010	43	12,1%	124	35,0%	85	24,0%	42	11,9%	30	8,5%	30	8,5%	354
2014	69	17,0%	113	28,3%	96	24,0%	51	12,8%	31	7,8%	40	10,0%	400

Die Haftdauer liegt in ca. 45 % der Fälle unter drei Jahre. Dies ist im Hinblick auf den für eine Behandlung notwendigen Zeitraum von 18–24 Monaten[51] problematisch, zumal wenn eine Untersuchungshaft anzurechnen ist und weil eine Entlassung auf Bewährung nicht durch eine als notwendig erachtete Behandlungsdauer verhindert werden darf. Der Vollzug in der Sozialtherapie muss sich konzeptionell auf kürzere Behandlungszeiträume einstellen. Hierbei ist insbesondere ein Nachsorgekonzept zu entwickeln.

Vorstrafen der Gefangenen

Stichtags-erhebung zum 31.3. des Jahres	Anzahl der Vorstrafen																Σ
	0		1–2		3–4		5–6		7–8		9–10		11–15		> 15		
2000	57	46,0%	54	43,5%	9	7,3%	4	3,2%	0	0,0%	0	0,0%	0	0,0%	0	0,0%	124
2005	69	50,3%	42	30,7%	16	11,8%	7	5,1%	1	0,7%	0	0,0%	1	0,7%	1	0,7%	137
2010	168	47,5%	141	39,8%	36	10,2%	8	2,3%	0	0,0%	1	0,3%	0	0,0%	0	0,0%	354
2014	175	43,5%	152	37,8%	55	13,7%	14	3,5%	5	1,2%	1	0,2%	0	0,0%	0	0,0%	402

Bemerkenswert hinsichtlich der Vorstrafen ist, dass im Durchschnitt der letzten Jahre ca. 50 % der jungen Gefangenen keine Vorstrafen aufweisen. Auch im Hinblick auf die weiteren Angaben zu den Vorstrafen lässt sich damit feststellen, dass die Klientel ganz überwiegend keine Wiederholungs- oder gar Serientäter darstellt.

---

51 Schüler-Springorum GA 2003, 584.

VI. Sozialtherapie

Gefangene nach der für die derzeitige Strafverbüßung maßgeblichen Straftat (Deliktschwerpunkt)

Stichtags-erhebung zum 31.3. des Jahres	Deliktschwerpunkt (gruppiert)								Σ
	Sexualdelikte		Tötungsdelikte		Eigentums-/ Vermögens-delikte		sonstige Delikte		
	Anzahl	%	Anzahl	%	Anzahl	%	Anzahl	%	
2000	22	17,7	32	25,8	41	33,1	29	23,4	124
2005	24	17,5	40	29,2	33	24,1	40	29,2	137
2010	77	21,8	61	17,2	92	26,0	124	35,0	354
2014	95	23,8	79	19,8	120	30,0	106	26,5	400

Die festgestellte Deliktstruktur unterstützt die Öffnung der Sozialtherapie für alle Deliktsarten. Der Anteil der Gefangenen, die wegen eines Eigentums- bzw Vermögensdelikts verurteilt wurden, entspricht der Voraussetzung für eine Sozialtherapie, nämlich die Wiederholungsgefahr einer schweren Straftat. Allerdings lässt sich aus dieser Erhebung nicht ersehen, ob hierunter auch gewalthafte Eigentums- bzw Vermögensdelikte (Raub, Erpressung) fallen.

Hinsichtlich der Einhaltung der Mindestanforderungen in der Sozialtherapie kommt die Kriminologische Zentralstelle für alle Anstalten/Einrichtungen im Jahr 2014 zu folgendem Ergebnis: Die organisatorischen und strukturellen Mindestanforderungen werden zu 1,5 % nicht, zu 14,4 % teilweise und zu 84,1 % ganz erfüllt.[52] Die räumlichen Mindestanforderungen (Wohngruppengröße maximal 12 Gefangene) wird zu 36,8 % nicht eingehalten.[53] Die personellen Mindestanforderungen werden zu 42,3 % nicht, zu 24,5 % teilweise und zu 33,2 % ganz erfüllt.[54] Zu den Behandlungsprogrammen nach einer „Evaluation der sozialtherapeutischen Behandlung im Justizvollzug", im Auftrag des BMJV, für die Jahre 2011, 2012 s. Niemz Forum Strafvollzug 2014, 215, 216. Anzumerken ist, dass die inhaltliche Arbeit und das Anstaltsklima iS einer therapeutischen Gemeinschaft[55] gerade von dem qualitativen Personaleinsatz abhängig ist. Hinzuweisen ist weiterhin darauf, dass die Sozialtherapie ganz überwiegend in sozialtherapeutischen Abteilungen und nicht in selbständigen Anstalten durchgeführt wird. Damit wird die Eigenständigkeit hinsichtlich der konzeptionellen Planung sowie des Personalbestandes eingeschränkt (s. Rn 23). Kritischer fällt auch eine Evaluation von 39 sozialtherapeutischen Einrichtungen mit Behandlung von Sexualstraftätern aus, die im März 2008 abgeschlossen wurde.[56] Danach boten 17 Einrichtungen überhaupt keine Berufsausbildung an, ca. 54 % der Einrichtungen besaßen kein ausgearbeitetes Konzept zur Nachsorge (s. § 126 StVollzG).

---

52 Tabelle M5.
53 Tabelle M2.
54 Tabelle M5.
55 Siehe hierzu Seifert/Tyrolf NK 2010, 23 ff.
56 Spöhr, Sexualtherapie von Sexualstraftätern im Justizvollzug, 2009; dies. Informationsdienst Straffälligenhilfe 2/2010, 4.

Ostendorf

4. Effizienzbewertung

30 Die Effizienzbewertung des Strafvollzugs im Allgemeinen ist schwierig, da die erstrebte Einstellungs- und Verhaltensänderung im Sinne eines Legalverhaltens schon während der Haftzeit von anstaltsunabhängigen Faktoren wie Mitgefangenen und Angehörigen mitbestimmt wird; dies gilt erst recht nach der Haftzeit (zur Rückfälligkeit nach Entlassung aus dem Jugendstrafvollzug s. Vorbem. Rn 28). Eine Effizienzbewertung der Sozialtherapie im Strafvollzug ist zusätzlich erschwert, weil die einzelnen Einrichtungen unterschiedliche Tätergruppen aufnehmen und dementsprechend unterschiedliche Konzepte entwickelt werden. Die Sozialtherapie hat in der Praxis unterschiedliche Inhalte.[57] Soweit Erfolg an Nichtrückfälligkeit gemessen wird, schneidet die Sozialtherapie im Vergleich zu Gefangenen im Normalvollzug besser ab. Studien ergaben eine **geringere Rückfälligkeit** um durchschnittlich ca. 10 %.[58] Die Rückfälligkeit der Entlassungsjahrgänge 1999-2002 in der Sozialtherapeutischen Anstalt Baden-Württemberg betrug 50 %, ein erheblicher Rückfall (mehr als 90 Tagessätze Geldstrafe bzw mehr als 3 Monate Freiheitsstrafe) betrug 29 %.[59] Das gilt insbesondere für Sexualtäter in der Sozialtherapie.[60] Soweit eine Rückfälligkeit eintrat, wurden die Gefangenen weniger häufig und weniger schwer auffällig sowie erst zu einem späteren Zeitpunkt.[61] Zu weniger günstigen Ergebnissen (7,5 %) kommt eine Längsschnittstudie zur Sozialtherapie in Nordrhein-Westfalen.[62] Ebenso kommt eine Untersuchung der Sozialtherapeutischen Abteilung der JVA Halle zu einer nur ganz geringfügig niedrigeren Rückfallquote im Vergleich zu einer Rückfallquote der Gefangenen im Strafvollzug von Sachsen-Anhalt, wobei nicht ausreichendes Fachpersonal und das Fehlen von Vollzugslockerungen hierfür als hauptursächlich genannt werden.[63] Diese mehr oder weniger nachgewiesene Erfolgsquote wird durch die Abbrecher relativiert, die höhere Rückfallquoten als die Gefangenen im Normalvollzug aufweisen.[64] Rückverlegung verfestigt offensichtlich eine Versagenseinstellung.

31 Zur Effizienz der Sozialtherapie im Jugendstrafvollzug liegen nur Untersuchungen aus der Jugendanstalt Hameln vor. Für die Bewertung ist zunächst die hohe Rückverlegungsquote von 50,6 % zu berücksichtigen, die später eine hohe Rückfälligkeit aufwiesen. Von den aus der Sozialtherapie Entlassenen wurden 42,5 % zu einer Jugend- oder Freiheitsstrafe verurteilt, 21,3 % blieben ohne jede Verurteilung.[65] Diese Ergebnisse sind im Hinblick auf die Rückfallanfälligkeit dieser Tätergruppe als positiv zu bewerten. Zur intensiven Behandlung dieser Täter gibt es keine Alternative. Das gilt auch für junge Sexualstraftäter gerade auch im Hinblick darauf, dass 50 % der er-

---

57 Schwind/Böhm/Jehle/Laubenthal-Egg § 9 Rn 11; Rehn KrimPäd 2002, 47, 51.
58 Lösel in: Straftäterbehandlung – Argumente für eine Revitalisierung in Forschung und Praxis, hrsg. von Steller/Dahle/Basqué, 1994, S. 13 ff; AK-Feest/Lesting-Rehn Vor § 123 Rn 35.
59 Goderbauer Forum Strafvollzug 2009, 307.
60 Rehder/Wischka KrimPäd 2002, 70, 72.
61 Dünkel/Geng in: Straftäterbehandlung – Argumente für eine Revitalisierung in Forschung und Praxis, hrsg. von Steller/Dahle/Basqué, 1994, S. 35, 56.
62 Ortmann, Sozialtherapie im Strafvollzug, 2002, S. 332.
63 Wiedergegeben bei Alex NK 2014, 384 ff.
64 Lösel ZfStrVo 1996, 259 ff.
65 Seitz/Specht KrimPäd 2002, 54, 60, 67.

wachsenen Rückfalltäter bereits in ihrer Kindheit oder Jugend erste Sexualdelikte begangen haben.[66]

VII. Therapeutische Maßnahmen/Soziales Training
1. Auftrag des Vollzugs

Gerade junge Gefangene weisen regelmäßig individuelle Problemlagen und Sozialisationsdefizite auf. Sie kommen schwer mit sich selbst und den Mitmenschen zurecht (s. Vorbem. Rn 24, 25). Es ist daher Aufgabe des Vollzugs, derartige Problemlagen und Defizite aufzuarbeiten und Hilfen zur Bewältigung anzubieten. Da diese individuellen Problemlagen und Sozialisationsdefizite die Begehung von Straftaten begünstigen, wird so ein effektiver Beitrag zur Verhinderung zukünftiger Straftaten (Vollzugsziel) geleistet. Dementsprechend hat das Bundesverfassungsgericht den Gesetzgeber auf ein wirksames Resozialisierungskonzept verpflichtet: „Die gesetzlichen Vorgaben für die Ausgestaltung des Vollzugs müssen zudem auf sorgfältig ermittelten Annahmen und Prognosen über die Wirksamkeit unterschiedlicher Vollzugsgestaltungen und Behandlungsmaßnahmen beruhen."[67] Wissenschaftliche Erkenntnisse und Erfahrungswissen müssen insoweit eingehalten werden. Konkret verlangt das Gericht eine „ausreichende pädagogische und therapeutische Betreuung".[68] Für die Umsetzung des Vollzugskonzepts der sozialen Integration hat das Bundesverfassungsgericht „einen weiten Spielraum" eingeräumt. 32

Auch internationale Standards verlangen therapeutische Maßnahmen im Strafvollzug. Nach den Mindestgrundsätzen der UN für die Jugendgerichtsbarkeit (1985) sollen junge Gefangene „jede notwendige Hilfe" sozialer, pädagogischer und psychologischer Art erhalten, „derer sie aufgrund ihres Alters, ihres Geschlechts und ihrer Persönlichkeit im Interesse einer gesunden Entwicklung bedürfen" (Nr. 26.2). Nach den Europäischen Strafvollzugsgrundsätzen (1987) sind individuelle Behandlungsprogramme für die Gefangenen aufzustellen (Nr. 66 c).

Zur besonderen **Verpflichtung eines umfassenden therapeutischen Behandlungsvollzugs bei Gefangenen mit drohender Sicherungsverwahrung** siehe § 2 Rn. 23 a.

2. Die Umsetzung in den Ländergesetzen

Therapeutische Maßnahmen, die über die Einhaltung der gesetzlichen Verhaltensvorschriften sowie der Anstaltsordnung, über Ausbildung und Arbeitstherapie, über Sport- und Freizeitprogramme und Seelsorge hinausgehen, werden in den Ländergesetzen nur sehr unbestimmt angesprochen. Übereinstimmend müssen im Vollzugs-/Erziehungsplan Angaben zur Teilnahme an therapeutischer Behandlung und sozialem Training gemacht werden. Nach den Gesetzen auf der Grundlage des Neuner-Entwurfs sowie nach dem SächsJStVollzG müssen zuvor dem Gefangenen nach der Aufnahme die Angebote zur therapeutischen Behandlung mitgeteilt werden (§ 10 Abs. 1). Im JVollzGB B-W werden konkreter Suchtberatung und Suchttherapie (§ 57 Abs. 3) 33

---

66 Siehe hierzu sowie zu den Ergebnissen der Behandlung von Sexualstraftätern in der sozialtherapeutischen Abteilung II in Hameln Hosser/Bosold/Lauterbach Recht und Psychiatrie, 2006, 125 ff.
67 BVerfG NJW 2006, 2097.
68 BVerfG NJW 2006, 2096.

sowie soziales Training (§ 63 Abs. 1) angeboten. Im BayStVollzG wird eine psychotherapeutische Behandlung (Art. 76) angeboten. Ebenso im § 25 LJVollzG Rheinland-Pfalz, Thüringer JVollzGB und § 26 Brandenburgisches JVollzG.

3. Die Umsetzung in der Praxis[69]
a) Einzelbetreuung (Patenschaft)

34 Eine therapeutische Betreuung ist zunächst als Einzelbetreuung durch das Personal des allgemeinen Vollzugsdienstes sicherzustellen. Gefangene sollten einem Bediensteten als speziellen Betreuer zugewiesen werden, an den sich der Gefangene immer persönlich wenden kann. Diese Betreuung sollte als eine Form der **Patenschaft** für den Gefangenen ausgestaltet werden. Wenn die Beziehung zwischen Paten und Gefangenen nicht „funktioniert", ist ein Wechsel in der Patenschaftsrolle zu prüfen. Hierbei ist allerdings darauf zu achten, dass die Gefangenen diesen Wechsel nicht als eine Ausflucht vor den gestellten Anforderungen erstreben. Beliebte Paten müssen keine guten Paten sein.

b) Gruppenbetreuung (Soziales Training)

35 Neben der Einzelbetreuung sind vor allem organisierte therapeutische Gruppenmaßnahmen iS eines sozialen Trainings anzubieten. Da hierfür häufig ein fachlich ausgebildetes Anstaltspersonal fehlt, ist auf die Betreuung von außerhalb zurückzugreifen, auf bezahlte sowie ehrenamtlich tätige Kräfte. Zugleich werden damit Ansprechbarkeit und Motivationslage der Gefangenen verstärkt.

Ein Modellprojekt für soziales Lernen in einer Gefangenengruppe mit den Bediensteten des Vollzugs ist die so genannte demokratische Gemeinschaft („Just community") in der JVA Adelsheim. In einem Haus mit bis zu 16 Gefangenen wurde diese so genannte demokratische Gemeinschaft seit 1994 eingeführt, wobei sich diese Vollzugseinheit weitgehend selbst organisiert. Die Gefangenen sowie die 5 Mitarbeiter haben hierbei gleiches Stimmrecht bei den Gemeinschaftssitzungen, die mindestens einmal wöchentlich stattfinden. Weitere Organe der demokratischen Gemeinschaft sind das Leitungs- und Fairness-Komitee. Mit Hilfe des Fairness-Komitees sollen interne Konflikte zwischen den Gefangenen untereinander sowie mit den Mitarbeitern gelöst werden.[70]

c) Allgemeine soziale Trainingskurse

36 Allgemeine soziale Trainingskurse können in Form von Gesprächsgruppen, in Form einer Sozialtherapie mit praktischen Einübungen (Koch-, Nähgruppen) sowie in Form einer Sozialtherapie im Rahmen künstlerischer Betätigungen (Musiktherapie, Mal- und Keramikgruppen, „Schreibwerkstätten"/Literaturgruppen) angeboten werden. Wenn diese Angebote nicht zu einer bloßen Freizeitgestaltung „verkümmern" sollen, müssen die hierfür entwickelten Qualitätsstandards eingehalten werden. Grundvoraussetzungen sind, dass ein fachlich ausgebildetes Personal eingesetzt wird und dass ein wissenschaftlich erprobtes Konzept zugrunde gelegt wird.[71]

---

[69] Zu den derzeitigen Angeboten in der Praxis s. Vorbem. Rn 29.
[70] Walter/Waschek in: Jugendstrafvollzug in Deutschland, hrsg. von Bereswill/Höynck, 2002, S. 205 ff.
[71] Siehe zB das Gruppentraining Sozialer Kompetenzen (GSK) von Hinsch und Pfingsten, 1998.

Alle speziellen therapeutischen Maßnahmen müssen in ein Gesamtkonzept mit Einschluss der Nachsorge eingebunden sein. Das Gesamtkonzept kann „therapeutische Gemeinschaft" genannt werden, in der der einzelne Gefangene nicht als Betroffener, als Patient behandelt wird, sondern als mitverantwortliches Mitglied eingebunden ist. Dazu dienen insbesondere Gemeinschaftssitzungen in den Abteilungen der Gefangenen, Vollzugsbediensteten, ehrenamtlichen Betreuern und Therapeuten, in denen offene Problemlagen und positive Gestaltungsmöglichkeiten in der Abteilung sowie darüberhinausgehend in der Anstalt erörtert werden.

Es stellt sich allerdings das Problem des Transfers des im institutionellen Rahmen der Vollzugsanstalt Gelernten in den Alltag nach der Haftentlassung unter meist integrationswidrigen Umständen. Es wurde festgestellt, dass in isolierten Trainings erarbeitete Verhaltensänderungen nur geringe Stabilität aufwiesen, wenn sich nicht auch der Kontext änderte, der das Ausgangsverhalten prägte und förderte. So bleiben die in den Trainings vermittelten Selbstkontroll-, Kommunikations- und Problemlösefertigkeiten (social skills) letztlich ein individuelles Problem der Teilnehmer. Für das Gelingen von Transfer ist die sachliche und soziale Anwendbarkeit wichtig. Der eigentliche Transfer, mithin der Bildungswert des Gelernten, ist vor allem durch dessen lebenspraktischen Bezug gegeben.[72]

Zugleich wird damit die Notwendigkeit bestärkt, die Eltern und Angehörigen sowie Partner in die Vollzugsarbeit einzubeziehen und positive soziale Kontakte zu stärken sowie umgekehrt die Einbindung in sozial-ungünstige Netzwerke aufzulösen, wofür wiederum eine Nachbetreuung unverzichtbar ist.

d) Spezielle soziale Trainingskurse
aa) Sexualtätertherapie

Sexualtäter sind regelmäßig therapiebedürftig. Neben der im Vordergrund stehenden Behandlung in einer sozialtherapeutischen Anstalt (s. Rn 31) kommen auch spezielle Behandlungsprogramme, insbesondere verhaltenstherapeutische Maßnahmen verknüpft mit einer medikamentösen Behandlung im allgemeinen Vollzug in Betracht. Beispielhaft und vorbildhaft soll auf das **Kieler Modell** „Intramurale Therapie von Sexualstraftätern" hingewiesen werden, das seit 1987 von der sexualmedizinischen Forschungs- und Beratungsstelle der Kieler Universität durchgeführt wurde.[73] Jeder Gefangene mit einem Sexualdelikt wird bei seiner Aufnahme auf die Möglichkeit einer Therapie unter Nennung des Namens des Therapeuten (Psychologen) und der Sprechzeiten hingewiesen. Die Betreuung gliedert sich in Vorbereitung (sondierende Vorgespräche, Diagnostik, Therapieplanung), Beratung und Therapie, wobei der Behandlungsfortschritt mit dem Aufsteigen in eine „höhere Ebene" dokumentiert wird.

Um der Gefahr einer Instrumentalisierung vorzubeugen, wird ein Therapievertrag geschlossen:
Um psychotherapeutische Hilfestellung zu ermöglichen, ist der Aufbau einer offenen, ehrlichen und von gegenseitigem Vertrauen getragenen Beziehung notwendig. Dazu sollten die folgenden Punkte vertraglich geregelt werden:

---

72 Cannados Cannawurf, Trainings-Transfer, 2005, S. 143.
73 Siehe hierzu Bosinski/Ponseti/Sakewitz, Sexuologie 2002, 39 ff; zu einem gruppentherapeutischen Behandlungsprogramm für jugendliche Sexualstraftäter in der Schweiz s. Bessler Kriminalistik 2002, 263.

Schweigepflicht

Alle Informationen, die im Rahmen der psychotherapeutischen Gespräche offenbar werden, unterliegen einer gesetzlichen Schweigepflicht und werden daher streng vertraulich behandelt. Nur im Rahmen der therapeutischen Supervision, das ist die fachliche Beratung von Therapeuten, kann ohne Namensnennung über Therapieinhalte gesprochen werden. Allgemeine Informationen über die Einhaltung der Therapietermine und Therapiephasen können an die Leitung der JVA weitergegeben werden. Eine darüber hinausgehende Entbindung von der Schweigepflicht durch den Patienten ist vertragswidrig und führt zur Beendigung der Therapie.

Therapiestunden

Therapiestunden werden in gemeinsamer Absprache vereinbart. Das bedeutet, dass sich beide Seiten an die vereinbarten Termine zu halten haben. Sollten wichtige Gründe für eine Absage vorliegen, so ist die jeweils andere Seite möglichst frühzeitig darüber zu informieren und ein neuer Termin abzusprechen.

Beenden der Therapie

Falls wichtige Faktoren einen weiteren Therapiefortschritt wesentlich behindern oder unwahrscheinlich machen, kann die Therapie von beiden Seiten jederzeit beendet werden. Eine derartige Entscheidung ist dann der jeweils anderen Seite zu erläutern. Die oben geregelte Schweigepflicht gilt jedoch auch über das Therapieende hinaus.

Erklärung

Ich habe die oben dargestellte Vereinbarung gelesen, ihren Inhalt verstanden und erkläre mich mit allen Punkten einverstanden.

Unterschrift

...

Patient; Therapeut

Von der Sexualtätertherapie werden die Gefangenen ausgeschlossen, die auch nach der Beratung weiterhin die Tat leugnen.

bb) Drogentätertherapie

38 Eine besondere – objektive und zT auch subjektive – Therapiebedürftigkeit besteht für Drogenabhängige, wobei hierbei nicht nur an die kulturfremden Drogen, sondern auch an die Droge Alkohol sowie an Medikamenten-Abhängigkeit zu denken ist. Die Bedenken, dass in der Strafanstalt kein problemorientiertes Lernen möglich sei, werden nicht geteilt. Der Drogenmarkt findet auch in den Anstalten statt, trotz Überwachung und eingeschränkter finanzieller Mittel. So stimmt umgekehrt auch nur teilweise, dass die Abhängigen dem gewöhnten Milieu entzogen werden, womit ein positiver Ansatz gegeben sei.[74] Dagegen sprechen die Befunde zum Drogenkonsum in den Anstalten (s. Vorbem. Rn 24 ff). Dementsprechend müssen teilweise in den Vollzugs- und Eingliederungsplänen Angaben zur Teilnahme an Maßnahmen zur Behandlung von Suchtmittelabhängigkeit und –missbrauch enthalten sein.[75] Fraglich ist es allerdings, ob eine Behandlung in der Gesamtpopulation möglich ist, wenn Abstinenz Voraussetzung ist und das therapeutische Milieu fehlt.[76] Allerdings stellt die „verordnete" Regelmäßigkeit des Tagesablaufs (Wach- und Schlafrhythmus, regelmäßige und

---

[74] Siehe Brunner Zbl 1980, 417.
[75] § 15 Abs. 1 S. 1 Nr. 10 Brandenburgisches JVollzG und Thüringer JVollzGB; § 15 Abs. 1 S. 1 Nr. 9 LJVollzG Rheinland-Pfalz.
[76] Zu einem Gruppenangebot „Orientierungsgruppe Sucht" s. Wössner/Vogt MschrKrim 2010, 382, 386 ff.

ausreichende Mahlzeiten, Beschäftigung) das Mindestmaß zur physischen und psychischen Stabilisierung (nicht nur) drogenabhängiger Straftäter dar.[77] Auch können Wege, über eine zeitlich begrenzte Ersatzdroge die Abhängigkeit zu beseitigen, hier nur schwer gegangen werden; notwendig ist es allerdings, auch für drogenabhängige Gefangene ein „Methadon-Programm" anzubieten.[78] Erfolge können somit am ehesten noch in Sonderabteilungen sowie in der freien Form des Vollzugs erreicht werden.[79] In diesem Zusammenhang kommt auch die Vergabe von sterilen Einwegspritzen in Betracht, um Gesundheitsrisiken in Form von Hepatitis-Infektionen zu verringern. Dies sollte allerdings nicht über Spritzen-Automaten geschehen, sondern nur im Rahmen einer ärztlichen Betreuung.[80]

cc) Gewalttätertherapie

Der Gewalttätertherapie kommt im Hinblick auf die sozialschädlichen Folgen von Gewalttaten eine besondere Bedeutung zu. In der Praxis werden hierzu unterschiedliche Formen des **Anti-Aggressionstrainings** (**AAT**) angeboten. In dem Programm soll gelernt werden, mit eigenen Aggressionen in sozialakzeptierter, dh legaler Form umzugehen, insbesondere sollen deeskalierende Problemlösungen in provokativen Situationen geübt werden. Soziale Stresssituationen werden hierbei „durchgespielt."[81] Hierbei geht es auch darum, verzerrte Wahrnehmungen von Provokationen sowie der Wirkung der eigenen Person zu korrigieren und Rechtfertigungsstrategien zu hinterfragen.[82] Empfohlen wird, die Teilnehmer in einer Wohneinheit zusammenzufassen, um sie der gewalttätigen Gefangenensubkultur zu entziehen,[83] was allerdings wiederum eine negative Stigmatisierung durch Mitgefangene begünstigt.

39

Eine besonders ausgeprägte Form ist der **„Heiße Stuhl"**, auf dem die Gefangenen mit ihrer Tat von Trainern und Mitgefangenen und mit ihren Erklärungen verbal bis hin zu körperlichen Übergriffen „angemacht" werden.[84] Hierbei soll insbesondere auch die Opferperspektive erfahrbar gemacht werden. Das Mitgefühl für Opfer soll zukünftigen Aggressionstaten vorbeugen. Die Problematik, im Rahmen eines Anti-Gewalttrainings selbst gewaltsam-provokativ gegen Gefangene vorzugehen, liegt auf der

---

77 Thiel, in: Freiheit und Unfreiheit, hrsg. von Rehm/Nanninga/Thiel, 2004, S. 177.
78 Siehe hierzu Ostendorf, JGG, Grdl. z. § 93 a Rn 6.
79 Gem. Richtlinien des Schleswig-Holsteinischen Justizministers vom 13.7.1993, Az V 230/4550 – 141 SH, ist grundsätzlich auch in den Vollzugsanstalten die Substitutionsbehandlung intravenös opiatabhängiger Gefangener zulässig; in der Hamburger Untersuchungshaft werden bereits seit Februar 1991 inhaftierte Drogensüchtige im Rahmen eines psychosozialen Betreuungsprogramms mit der „Ersatzdroge" L-Polamidon versorgt; s. Kindermann MschrKrim 1979, 225; Wiedemann/Tasche ZfStrVo 1978, 222; Jugendstrafvollzugskommission S. 33; s. aber auch Kerner in: Strafvollzug, hrsg. von Kaiser/Kerner/Schöch, 1992, § 17 Rn 59; s. weiterhin Müller-Fricke/Kraske, sowie Koop KrimPäd 1985, 32 sowie 22.
80 Zu den unterschiedlichen Ergebnissen eines schweizerischen sowie eines Hamburger Modellversuchs s. Laubenthal, Strafvollzug, Rn 581.
81 Siehe hierzu beispielhaft Michl in: Jugendstrafvollzug in Deutschland, hrsg. von Bereswill/Höynck, 2002, S. 235 ff; zur bundesweiten Bestandsaufnahme s. Bosold/Prasse/Lauterbach ZJJ 2006, 27. Ein neues Projekt „Xenios" der JVA Neumünster wendet sich speziell an ausländische Gewalttäter mit einem Deeskalationstraining bei fremdenfeindlichen Angriffen.
82 Zu einem entsprechenden Konfliktlösetraining in der JVA Adelsheim s. Kneifel in: Jugendstrafvollzug in Deutschland, hrsg. von Bereswill/Höynck, 2002, S. 255 ff.
83 Petersen/Ptucha/Scharnowski, ZfStrVo 2004, 21, 26.
84 Siehe Geretshauser/Lenfert/Weidner, DVJJ-Journal 1993, 34 ff; Weidner/Kilb/Kreft (Hrsg.), Gewalt im Griff. Neue Formen des Anti-Aggressivitäts-Trainings, 1997.

Hand.[85] Eine konstruktive Auseinandersetzung mit dem Gewaltproblem muss „eingebaut" werden. Eigene Unsicherheiten und Unfähigkeiten müssen ab- und ein positives Selbstwertgefühl aufgebaut werden. Hierbei sollte auch ein – nachträglicher – Täter-Opfer-Ausgleich mit einbezogen werden, dh geprüft und bei Bereitschaft der Opfer aus dem Strafvollzug angestrebt werden. Das Motto heißt „**opferbezogene Vollzugsgestaltung**", dh neben der Tat- und Verantwortungsaufarbeitung mit Empathiebildung für das gewesene und für potenziell zukünftige Opfer Ausgleichs- und Schutzinteressen von Opfern in die Vollzugsgestaltung einzubringen.[86] In diesem Zusammenhang ist an den Mitteilungsanspruch des Verletzten („Auf Antrag") gem. § 406 d StPO sowie auf die Hinweispflichten gem. § 406 h StPO hinzuweisen, auch wenn diese Verpflichtungen nicht unmittelbar die Vollzugsbehörden treffen. Sehr weit geht die geplante Neuregelung in § 8 („Verletztenbezogene Vollzugsgestaltung") sowie in § 46 S. 3 im Berliner Jugendstrafvollzugsgesetz. Hiernach sind gem. § 8 Abs. 1 „die berechtigten Belange" der Verletzten bei der Gestaltung des Vollzugs, insbesondere bei der Erteilung von Weisungen für Lockerungen zu berücksichtigen, auch bei der Entlassung. Die Gefahr, dass damit Vollzugslockerungen eingeschränkt werden und der Vollzug insgesamt verschärft wird, wird zwar in der Begründung abwehrend aufgegriffen: „Die verletztenbezogene Vollzugsgestaltung muss sich nicht nur mit dem Vollzugsziel der Eingliederung der Jugendstrafgefangene vereinbaren lassen, sondern sie soll diese im Ergebnis sogar fördern." Das Einfallstor für eine populistische Vollzugsverschärfung wird aber eröffnet, eine kritische Beobachtung der Praxis ist geboten.[87]

40 Die hohen Erwartungen an Anti-Aggressions-Trainings haben sich im Hinblick auf die Rückfälligkeit nach einer Untersuchung zum Anti-Aggressions-Training in der JA Hameln nicht bestätigt: Die Trainingsteilnehmer wiesen eine Rückfallquote von 37 % auf, die Nichtteilnehmer eine Rückfallquote von 34,2 %.[88] Die Probleme aus der Sicht der Betroffenen hat eine Untersuchung mit 30 Interviews von männlichen heranwachsenden Gefangenen offen gelegt.[89] Ein zentrales Ergebnis lautet, dass die Gefangenen die sozialtherapeutischen Maßnahmen und ihre Zwecksetzungen schwer verstehen, Sozialtherapie bleibt ihnen fremd. Des Weiteren zeigten sich vielfach Ablehnungen und Abwertungen, auch weil man sich vor den Mitgefangenen und den Anstaltsbediensteten bloßgestellt fühlt. Sozialtherapie gilt vielfach als unmännlich. Die Vermittlung von Sozialtherapie muss offensichtlich über den Anreiz für Vollzugslockerungen und vorzeitige Entlassung hinaus verbessert werden; es geht um eine gefangenenadäquate Vermittlung, wozu auch Spaß im Rahmen von Sporterlebnissen und Rollenspielen gehört. Soweit auf asiatische Kampfkünste gesetzt wird, muss al-

---

85 Zu therapeutischen und gleichzeitig rechtsstaatlichen Anforderungen s. Walter, ZfStrVo 1999, 23 ff; zu einem „Verriss" aus pädagogischer Sicht Plewig, ZJJ 2007, 368.
86 Siehe hierzu Tätigkeitsbericht des Justizvollzugsbeauftragten des Landes Nordrhein-Westfalen (M. Walter), 2012, S. 13 ff, s. auch EU-Richtlinie über Mindeststandards für die Rechte, die Unterstützung und den Schutz von Opfern von Straftaten vom 25.10.2012, hier vor allem Art. 12; kritisch Eisenberg NK 2013, 13.
87 Siehe auch Ostendorf Praxis der Rechtspsychologie, 2008, Heft 1, S. 82-96.
88 Ohlemacher/Sögding/Höynck/Ethè/Welte in: Forschungsthema Strafvollzug, hrsg. von Bereswill/Grewe, 2001, S. 345 ff; dies. DVJJ-Journal 2001, 388 ff.
89 Bereswill/Döll/Koesling/Neuber ZJJ 2007, 48 ff.

lerdings die Gefahr gesehen werden, dass diese später zu illegalen Zwecken eingesetzt werden.

Zusätzlich ist zu beachten, dass schwer gestörte Täter („Antisoziale") nicht in eine solche Gruppentherapie „passen". Sozialtherapie kann hier zu einer Verschlimmerung führen.[90] Hierfür ist eine psychotherapeutische Einzeltherapie geboten.[91]

VIII. Soziale Hilfen

In allen Gesetzen zum Jugendstrafvollzug werden soziale Hilfen für die Gefangenen zur Pflicht gemacht. So heißt es beispielhaft in den Gesetzen auf der Grundlage des Neuner-Entwurfs (§ 8):

„Soziale Hilfe

(1) Die Gefangenen werden darin unterstützt, ihre persönlichen, wirtschaftlichen und sozialen Schwierigkeiten zu beheben. Sie sollen dazu angeregt und in die Lage versetzt werden, ihre Angelegenheiten selbst zu regeln, insbesondere den durch die Straftat verursachten materiellen und immateriellen Schaden wieder gutzumachen und eine Schuldenregulierung herbeizuführen.

(2) Die Gefangenen sind, soweit erforderlich, über die notwendigen Maßnahmen zur Aufrechterhaltung ihrer sozialversicherungsrechtlichen Ansprüche zu beraten."

Von besonderer Bedeutung ist **Schuldenregulierung**, da viele Gefangene nicht nur Schulden mit in die Strafhaft bringen,[92] sondern sich diese auch während der Strafhaft vermehren. Dies geschieht auf Grund von Zinsleistungen für Darlehen, auf Grund von laufenden Zahlungsverpflichtungen (Miete, Unterhalt) sowie von Ratenzahlungsverpflichtungen. Um die Schulden nicht anhäufen zu lassen, ist deshalb schnell eine Schuldenregulierung geboten. Da hierfür fachliche Kenntnisse Voraussetzung sind, die bei den Anstaltsbediensteten in der Regel nicht vorhanden sind, müssen hierfür Schuldnerberatungsstellen herangezogen werden. In der Begründung des Neunerentwurfs heißt es dementsprechend: „Die Hilfe hat möglichst früh einzusetzen, um effektiv zu sein, und soll nach dem Grundsatz der Betreuungskontinuität bis hin in die Zeit nach der Entlassung fortwirken. Die Gefangenen sind bei der Lösung ihrer Schwierigkeiten zu unterstützen, weil nicht angenommen werden kann, dass sie das, was sie außerhalb der Anstalt versäumt oder nicht geschafft haben, nunmehr eigenständig bewältigen. Die Gefangenen sollen lernen, Eigeninitiative zu entwickeln und Verantwortung für ihre Angelegenheiten zu übernehmen. Ihnen darf nicht der Eindruck vermittelt werden, dass sie sich nicht anzustrengen hätten, weil die Anstalt nunmehr die Schwierigkeiten an ihrer Stelle lösen würde. Es soll Hilfe zur Selbsthilfe angeboten werden, wie sie auch in § 71 StVollzG geregelt ist."

41

---

90 Siehe Lösel/Bender in: Psychologie im Strafverfahren, hrsg. von Stiller/Volbert, 1997, S. 171 ff.
91 Zur psychotherapeutischen Behandlung von jugendlichen und heranwachsenden Tötungsdelinquenten durch die Klinik für Kinder- und Jugendpsychiatrie in Kiel s. Geraedts, Zur Tötungsdelinquenz bei jugendlichen und heranwachsenden Straftätern, 1998, S. 59 f.
92 Nach einer bundesweiten Befragung der Bewährungshilfeprobanden haben 60 % Schulden, ¾ hiervon durchschnittliche Schulden von ca. 15.000 DM, 15 % Schulden in Höhe von 15.000 bis über 50.000 DM, s. Arbeitsgemeinschaft Deutscher Bewährungshelferinnen und Bewährungshelfer, Lebenslagen-Untersuchung, 2000, S. 58, 59.

IX. Vollzugslockerungen

1. Zielsetzung

42 Vollzugslockerungen sind für die Erreichung des Vollzugsziels besonders bedeutsam.[93] Damit können soziale Beziehungen aufrechterhalten bzw neu aufgebaut werden. Es können Ausbildungs- und Arbeitsmaßnahmen außerhalb der Anstalt aufgenommen werden, um sie möglichst nach der Entlassung fortzusetzen, sowie Eigenverantwortlichkeit gestärkt und so Deprivationswirkungen des Vollzugs gemildert werden. Vollzugslockerungen sind dementsprechend **Schritte zur Resozialisierung**, dh keine Belohnungen. Als Behandlungsmaßnahmen sind sie im Vollzugsplan aufzuführen. Umgekehrt darf die Versagung nicht als eine Bestrafungs- oder Disziplinierungsmaßnahme eingesetzt werden. Die Versagung von Vollzugslockerungen ist nicht im Katalog der Disziplinarmaßnahmen sowie Erziehungsmaßnahmen aufgenommen. Wenn Vollzugslockerungen ein effektives Mittel zur Resozialisierung darstellen, sind sie **offensiv und nicht restriktiv zu gewähren**. Gerade im Rahmen der Entlassungsvorbereitungen sind sie unentbehrlich.

2. Definition

43 Als Vollzugslockerungen werden sowohl nach § 11 StVollzG als auch nach den neuen Strafvollzugsgesetzen für den Jugendstrafvollzug definiert:

1. Regelmäßige Beschäftigung außerhalb der Anstalt unter Aufsicht (**Außenbeschäftigung**)
2. Regelmäßige Beschäftigung außerhalb der Anstalt ohne Aufsicht (**Freigang**)
3. Verlassen der Anstalt für eine bestimmte Tageszeit unter Aufsicht (**Ausführung**)
4. Verlassen der Anstalt für eine bestimmte Tageszeit ohne Aufsicht (**Ausgang**) oder in Begleitung (**Ausgang in Begleitung**).

Bei der Ausführung sollten die Bediensteten den Gefangenen regelmäßig unter dem Gesichtspunkt des Übermaßverbots nicht in Uniform begleiten.[94] ZT wird die Aufsicht beim Ausgang auch von der Anstalt zugelassenen externen Personen überlassen.[95] Nach dem Musterentwurf der neun Bundesländer ist zusätzlich der Vollzug in freien Formen als eine weitere Vollzugslockerung aufgeführt. Inhaltlich ist dieser Vollzug in freien Formen aber eine Abwandlung des offenen Vollzugs (s. Rn 18). Im Weiteren ist der Urlaub (Jahresurlaub, Urlaub aus wichtigem Anlass, Entlassungsvorbereitungsurlaub) eine Vollzugslockerung. ZT heißt dieser Urlaub „Langzeitausgang" (s. Rn 44). Darüber hinaus ist diese Benennung der Vollzugslockerungen nicht abschließend, da diese nur „insbesondere" aufgeführt werden. Alle Vollzugslockerungen führen nicht zur Unterbrechung der Strafvollstreckung. Das heißt, die Strafzeit „läuft weiter", der Gefangenenstatus bleibt erhalten. Von der Vollzugslockerung der Ausführung ist die Ausführung aus besonderen Gründen zu unterscheiden, da die Versagungsgründe für Vollzugslockerungen hier nicht gelten.[96] Weiterhin gibt es die

---

[93] BVerfG NStZ 1998, 430; BVerfG StV 2014, 350.
[94] OLG Hamburg Forum Strafvollzug 2014, 63.
[95] § 46 Abs. 1 S. 1 Nr. 1 Brandenburgisches JVollzG und Thüringer JVollzGB; § 45 Abs. 1 Nr. 1 LJVollzG Rheinland-Pfalz; § 45 Abs. 1 Nr. 2 JVollzGB Sachsen-Anhalt; § 13 Abs. 3 S. 1 Nr. 4 HessJStVollzG.
[96] KG StV 2014, 351.

Vorführung auf Ersuchen eines Gerichts und die sog. **Ausantwortung**, wenn Gefangene befristet dem Gewahrsam eines Gerichts[97], der Staatsanwaltschaft oder der Polizei überlassen werden. In der Praxis wird bei diesen Vorführungen das Trennungsgebot von Erwachsenen- und Jugendvollzug nicht selten durchbrochen und Behandlungsmaßnahmen für mehrere Tage unterbrochen. Dem ist mit der Forderung nach Einzeltransport und Reduzierung der Dauer auf ein absolutes Minimum entgegenzutreten.[98]

3. Die Regelungen im Einzelnen

In allen Gesetzen werden Vollzugslockerungen und Urlaub angeboten, insoweit wird auf die jeweilige Gesetzeslage in den Bundesländern verwiesen.[99] In den Bundesländern Brandenburg[100], Rheinland-Pfalz[101], Sachsen-Anhalt[102] und Thüringen[103] heißt der Urlaub jetzt „Langzeitausgang" – „im Interesse einer schlankeren und normklareren Regelung"[104]; der „Langzeiturlaub" ist nicht mehr auf eine bestimmte Anzahl von Kalendertagen beschränkt.[105]   44

In allen Gesetzen (mit Ausnahme Niedersachsens) wird von einem Zustimmungserfordernis des Gefangenen für die „klassischen" vier Vollzugslockerungen im Unterschied zu § 11 Abs. 2 StVollzG abgesehen. Hier zeigt sich, dass die Überbetonung des Erziehungsauftrages zur Unmündigkeit der Gefangenen führt.[106] So wird in den Begründungen eingeräumt, dass Gefangene nicht gegen ihren Willen zu Lockerungen „gezwungen" werden können. Darüber hinaus ist der Wille des Gefangenen ernst zu nehmen, der sich selbst noch nicht für Vollzugslockerungen gefestigt ansieht und im Falle eines Missbrauchs negative Folgen für die Entlassung auf Bewährung befürchtet.

Ebenfalls in Abweichung zu § 11 Abs. 2 StVollzG werden nach den Gesetzen für den Jugendstrafvollzug neben der Prognose des Entzugs sowie des Missbrauchs zu Straftaten weitere Entscheidungskriterien formuliert: Erfüllung von Mitwirkungspflichten,[107] Erreichung des Vollzugsziels, Schutz der Allgemeinheit sowie Opferbelange (s. § 2 Abs. 3 S. 3 HessJStVollzG). Damit wird in der Praxis ein Entscheidungsfreiraum eröffnet, dessen Ausfüllung nicht dem Vollzugsziel der sozialen Integration dient.[108] Die Konkretisierung dieser unbestimmten Rechtsbegriffe durch den Strafvollzug ist im Hinblick auf den ihr letztlich zukommenden Beurteilungsspielraum[109] justiziell schwer überprüfbar. Die notwendige Abwägung von Resozialisierungsvor-   45

---

97 Zu den Anforderungen für eine bei dieser Gelegenheit körperliche Durchsuchung mit Entkleidung sowie einer Fesselung siehe OLG Karlsruhe StV 2013, 651, s. auch § 8 Rn 85.
98 Ebenso Kubink, Tätigkeitsbericht des Justizvollzugsbeauftragten des Landes Nordrhein-Westfalen 2013-2014, 2015, S. 109.
99 Siehe auch die Darstellung der Gesetzeslage in der 2. Aufl., Stand April 2012.
100 § 46 Abs. 1 S. 1 Nr. 3 JVollzG.
101 § 45 Abs. 1 S. 1 Nr. 3 LJVollzG.
102 § 45 Abs. 1 Nr. 4 JVollzGB.
103 § 46 Abs. 1 S. 1 Nr. 3 JVollzGB.
104 Siehe Begründung zum Gesetzentwurf Rheinland-Pfalz, S. 133.
105 Geplant im Berliner Jugendstrafvollzugsgesetz (§ 44 Abs. 1 S. 1 Nr. 3).
106 Wie hier Eisenberg/Singelstein Kindschaftsrecht und Jugendhilfe 2007, 186.
107 Zur Ablehnung einer allgemeinen Mitwirkungspflicht s. § 1 Rn 26 ff.
108 Ebenso Dünkel/Pörksen NK 2007, 60.
109 BGHSt 30, 325; BVerfG NStZ 1998, 373.

teilen und Risiken wird damit tendenziell zulasten der Resozialisierungsvorteile verschoben, auch wenn immer eine Einzelfallentscheidung geboten ist. Der Gefangene hat einen **Anspruch auf eine fehlerfreie Ermessensentscheidung „seines Falls".**[110] Hierbei sind die Pro- und Contra-Argumente darzustellen und abzuwägen (s. Rn 21, 22). Auch muss auf die jeweils beantragte Lockerungsform abgestellt werden, sodass eine nicht differenzierte Feststellung einer Flucht- und Missbrauchsgefahr grundsätzlich nicht ausreichend ist.[111]

46 Die Entscheidung über Vollzugslockerungen trifft die Anstalt, sie hat die Entscheidungskompetenz; die Justiz hat auf Antrag des Gefangenen die – eingeschränkte – Kontrollkompetenz. Die Nichtgewährung von Vollzugslockerungen kann über die justizielle Kontrolle hinausgehend zu einem Konflikt mit der Justiz führen, wenn ein Antrag auf vorzeitige Entlassung gestellt wird und die Justiz für eine solche vorzeitige Entlassung Vollzugslockerungen, die bislang noch nicht gegeben wurden, zur Vorbedingung erklärt. Formal ist die Anstalt für Vollzugslockerungen zuständig, die Justiz für die Entlassungsbewährung. Beide Entscheidungen hängen aber voneinander ab. Vollzugslockerungen sollen gerade im Hinblick auf eine vorzeitige Entlassung gewährt werden, die vorzeitige Entlassung wird begünstigt, wenn Vollzugslockerungen erfolgreich durchgeführt wurden. Auch wenn die Anstaltsleitung einen Entscheidungsvorsprung hat und die Justiz die Entscheidung der Anstalt über Vollzugslockerungen nicht ersetzen darf, solange sie vertretbar ist, ist eine Kooperation zwischen Anstalt und Justiz geboten. Wenn eine Entlassung auf Bewährung von Seiten der Justiz „signalisiert" wird, sollten dementsprechend vorher Vollzugslockerungen gewährt werden. Nach einer Entscheidung des BVerfG vom 8.5.2008[112] dürfen sich die Gerichte nicht damit abfinden, dass die JVA die Prognosebasis durch eine möglicherweise rechtswidrige Versagung von Lockerungen schmälert.

47 Erleichtert wird die Gewährung von Vollzugslockerungen durch die Möglichkeit, hierfür Weisungen bzw Auflagen zu erteilen. Was hierunter erfasst wird, bleibt in den Gesetzen weitgehend offen, lediglich in § 47 JVollzGB Sachsen-Anhalt werden 10 Weisungen („insbesondere") benannt. Im Buch 4 § 11 Abs. 1 JVollzGB Baden-Württemberg heißt es: „Insbesondere Auflagen bezüglich des Aufenthaltsorts sowie der Freistellungsgestaltung". Nach dem Musterentwurf der neun Bundesländer erfolgt überhaupt keine Konkretisierung, ebenso wenig im Jugendstrafvollzugsgesetz Sachsen. Dies gilt auch für die Gesetze in Brandenburg[113], Rheinland-Pfalz[114] und Thüringen[115]: „Für Lockerungen sind die nach den Umständen des Einzelfalls erforderlichen Weisungen zu erteilen." Auch im § 14 Abs. 1 StVollzG ist keine Konkretisierung erfolgt. Eine solche Offenheit widerspricht tendenziell den Vorgaben des Bundesverfassungsgerichts vom 31.5.2006[116] für eine gesetzliche Regelung des Jugendstrafvollzugs

---

110 Sie auch Arbeitsgruppe 7 des Dt. Strafverteidigertages 2015 StV 2015, 330: „... muss der Gefangene einen Anspruch auf Vollzugslockerungen haben.".
111 OLG Koblenz Forum Strafvollzug 2014, 64 (hier Ausführung).
112 BVerfG, 2 BvR 2009/08, BAG-S Informationsdienst Straffälligenhilfe 3/2009, 28.
113 § 48 Abs. 1 S. 1 JVollzG.
114 § 47 S. 1 LJVollzG.
115 § 48 S. 1 JVollzGB.
116 NJW 2006, 2093.

im Einzelnen. Insoweit wirkt sich aus, dass Vollzugslockerungen nicht nur Vergünstigungen für den Gefangenen bedeuten, sondern Maßnahmen zur Resozialisierung sind. Werden erforderliche Maßnahmen zur Resozialisierung mit Weisungen oder Auflagen nach freiem Ermessen erschwert, so ist dieses Gesetzlichkeitsprinzip betroffen. Eine verfassungskonforme Anwendung der Befugnis zu Weisungen bzw Auflagen bedeutet, dass die Stärkung der Eigenverantwortlichkeit und Gewöhnung an Freiheitsrisiken durch Vollzugslockerungen nicht mit Weisungen bzw Auflagen unterlaufen werden darf. **Weisungen bzw Auflagen müssen dem Resozialisierungsziel dienen**, dürfen nicht das Ziel verfolgen, mit Erschwernissen die Vergünstigungen zu kompensieren. Unter Beachtung dieser Vorgabe sind die in Nr. 9 Abs. 2 Verwaltungsvorschriften zum Jugendstrafvollzug benannten Weisungen einsetzbar, wobei Selbstverständlichkeiten wie die Weisung, keine Straftaten zu begehen, nicht hilfreich sind.[117] Auch sind Weisungen zu unterlassen, die nur ein allgemeines Wohlverhalten einfordern, wie sich freundlich gegenüber den Eltern zu verhalten. Da über Vollzugslockerungen im Wege einer Einzelfallentscheidung zu befinden ist, gilt dies auch für Weisungen bzw Auflagen. Sie sind im Interesse der Resozialisierung möglichst restriktiv einzusetzen.

Ebenso wird die Gewährung von Vollzugslockerungen durch die **Möglichkeit des Widerrufs** erleichtert. Hierbei gilt es gerade beim Freigang, nicht jeden Verstoß zum Anlass für einen Widerruf zu nehmen. Die Gewöhnung an die Freiheit und die Entwöhnung eines kriminellen Verhaltens ist ein Prozess, keine einmal getroffene Entscheidung. Auch insoweit gilt es, zwischen den noch bestehenden Resozialisierungsvorteilen und Risiken abzuwägen. Eine Bestrafung für ein Fehlverhalten wegen nicht Befolgung einer Weisung als solche ist kein Entscheidungskriterium. **Der Widerruf muss dem Resozialisierungsziel dienen**. Unter dieser Vorgabe sind die Widerrufsgründe zu prüfen, die abschließend formuliert sind. Ein Widerruf aus anderen Gründen, weil Vollzugslockerungen jetzt aus kriminalpolitischen Gründen nicht mehr gewollt sind, ist unzulässig.[118] Nach dem Musterentwurf der neun Bundesländer ist nur der Widerruf rechtmäßiger Entscheidungen über Vollzugslockerungen erlaubt, wenn sich nachträglich Gründe herausstellen bzw ergeben, die zu einer Versagung der Vollzugslockerungen berechtigen. Der Widerruf, dh die Rücknahme rechtswidriger Entscheidungen, ist im Unterschied zu § 14 Abs. 2 S. 2 StVollzG nicht geregelt.[119] Bei andauernden Vollzugslockerungen insbesondere bei Freigang und Urlaub scheidet auch hiernach ein Widerruf aus. Damit wird noch stärker als im Erwachsenenstrafvollzugsgesetz ein **Vertrauensschutz**[120] aufgestellt. Der Vollzug ist an seine Entscheidungen gebunden, der Gefangene kann sich hierauf verlassen. Dies erscheint auch sinnvoll, solange kein Missbrauch erfolgt. Die ursprüngliche Falschprognose wird dann durch die Gegenwart korrigiert.

48

---

117 Weitergehend Schwind/Böhm/Jehle/Laubenthal-Ullenbruch § 14 Rn 5: „unter keinen denkbaren Umständen zulässig".
118 Siehe Schwind/Böhm/Jehle/Laubenthal-Ullenbruch § 14 Rn 9 unter Hinweis auf den rechtspolitischen Strategiewandel in Hessen; s. auch OLG Frankfurt StV 2001, 35.
119 So aber in Buch 4 § 11 Abs. 2 S. 2 JVollzGB B-W, in § 17 Abs. 2 SächsJStVollzG sowie § 104 Abs. 2 Brandenburgisches JVollzG, § 101 Abs. 2 LJVollzG Rheinland-Pfalz, § 102 Abs. 2 JVollzGB Sachsen-Anhalt und Thüringer JVollzGB.
120 Siehe hierzu KG StV 2007, 314.

4. Vollzugspraxis

49 Zur Praxis der Vollzugslockerungen s. Vorbem. Rn 22, 23. Diese restriktive Handhabung ist weder mit dem Gesetzesziel noch mit der Erfahrung zu vereinbaren, dass ein Missbrauch der Vollzugslockerungen sehr selten stattfindet.

Vollzugslockerungen im Jugendvollzug sowie im offenen und geschlossenen Vollzug einschließlich der Misserfolge[121] (Zeitraum: 1985–1995)

Art des Vollzugs		Jahr	Jahres-durch-schnitts-belegung	Ausgang				Beurlaubung				Freigang			
				gewährte Ausgänge		Misserfolge (1)		gewährte Beurlaubungen		Misserfolge (1)		gewährte Freigänge		Misserfolge (1)	
				insg.	Pro 100 Gef. (3)	insg.	in % (4)	insg. (2)	Pro 100 Gef. (3)	insg.	in % (4)	insg.	Pro 100 Gef. (3)	insg.	in % (4)
Jugend-vollzug	insgesamt	1985	6155	54698	888	346	0,63	23559	382	637	2,70	1334	21	48	3,59
		1989	4499	40579	283	283	0,69	17548	390	378	2,15	2936	65	64	2,17
		1994	5266 (6)	56171	1066 (6)	231 (6)	0,41	14572	276 (6)	240 (6)	1,64	858 (6)	16	37 (6)	4,31
		1995	4380 (5)	58423	1336 (6)	227 (6)	0,39	17631	405 (6)	245 (6)	1,38	825 (6)	19	29 (6)	3,52
	offen	1985	660	26331	3989	54	0,20	8766	1328	126	1,43	1086	164	40	3,68
			(12)		(12)	(12)			(12)	(12)			(12)	(12)	
		1989	526 (11)	21769	4138 (11)	59 (12)	0,27	7917	1505 (7)	83 (12)	1,04	2639	501 (12)	47 (12)	1,78
		1994	443 (9)	40423	9125 (9)	47 (9)	0,12	9603	2167 (9)	112 (9)	1,16	749 (9)	169	31 (9)	4,13
		1995	278 (11)	40089	14421 (9)	37,9	0,09	11912	4285 (6)	137 (6)	1,15	766 (9)	276	28 (9)	3,66
	geschlossen	1985	4598	27056	588 (12)	289 (12)	1,06	13345	290 (12)	468 (12)	3,50	165 (12)	3	8 (12)	4,87
		1989	3314	17520	528 (12)	241 (12)	1,22	8225	248 (12)	271 (12)	3,29	237 (12)	7	15 (12)	6,32
		1994	4127 (9)	15065	265 (9)	171 (9)	1,13	4367	105 (9)	112 (9)	2,56	75 (9)	2	6 (9)	8,00
		1995	3479 (11)	17627	507 (9)	189 (9)	1,07	5188	149 (6)	88 (6)	1,70	48 (9)	1	1 (9)	2,08

Die Angaben beziehen sich stets auf das gesamte Bundesgebiet.
Quelle: Tabellen St 8, 9 und 10 des Bundesministeriums der Justiz sowie eigene Berechnungen.
(1) Als Misserfolg zählt, wenn der Gefangene nicht oder nicht freiwillig zurückkehrt.
(2) Insofern handelt es sich um absolute Zahlen.
(3) Die Vollzugslockerungen pro 100 Gefangene sind auf die Jahresdurchschnittsbelegung bezogen.
(4) Die Misserfolgsrate in % ist bezogen auf die absolute Zahl der gewährten Lockerungen.

---

121 Entnommen von Walter, Strafvollzug, 2. Aufl., S. 426.

(5) Ohne Niedersachsen, Mecklenburg-Vorpommern, Sachsen, Sachsen-Anhalt, Thüringen.
(6) Ohne Mecklenburg-Vorpommern, Sachsen, Sachsen-Anhalt, Thüringen.
(7) Ohne Bayern und Schleswig-Holstein.
(8) Ohne Bayern, Niedersachsen, Schleswig-Holstein, Mecklenburg-Vorpommern, Sachsen, Sachsen-Anhalt, Thüringen.
(9) Ohne Bayern, Mecklenburg-Vorpommern, Sachsen, Sachsen-Anhalt, Thüringen.
(10) Ohne Bayern, Mecklenburg-Vorpommern, Sachsen.
(11) Ohne Bayern, Niedersachsen, Mecklenburg-Vorpommern, Sachsen, Sachsen-Anhalt, Thüringen.
(12) Ohne Bayern.

Eine damit noch nicht beantwortete Frage ist die nach Straftaten während der Vollzugslockerungen, die jedoch nach verschiedenen Untersuchungen auf wenige Fälle beschränkt bleiben,[122] die allerdings nicht selten Anlass für spektakuläre Darstellungen in den Medien geben.

Nichtsdestotrotz tendiert der Vollzug traditionell zu einer restriktiven Vollzugslockerungspraxis. Nach einem Missbrauch wird die Anstalt verantwortlich gemacht, bei wiederholten Missbräuchen der Justizminister. Dieser gibt letztlich auf Grund von Weisungen eine **Vollzugslockerungspolitik** vor. Hinzu kommt, dass im Fall eines Antrages auf Vollzugslockerungen die Anstalt nicht zum ersten Mal über den Gefangenen entscheidet. Im Verlauf der Gefangenenzeit hat es schon viele belastende bzw. begünstigende Entscheidungen gegeben. Die Anstaltsleitung ist über die jetzt anstehende Entscheidung Beteiligter an einem Konflikt mit dem Gefangenen. Anders die Justiz: Sie ist nicht eingebunden in den Alltag des Gefangenen, sie kann unbelastet ihre Entscheidungen treffen, sie ist weisungsunabhängig, mit dem Autonomieschild schutzbewaffnet. Korrigierende Entscheidungen der Justiz bei Versagung von Vollzugslockerungen sollten von Seiten der Anstalt nicht als Eingriffe in ihre Entscheidungskompetenz verstanden werden, sondern als Unterstützung im Rahmen eines Resozialisierungsstrafvollzugs.[123]

X. Entlassung

1. Bedeutung

Der Entlassungstag aus dem (Jugend-)Strafvollzug ist für den Gefangenen naturgemäß von zentraler Bedeutung. Hierauf hat man gewartet vom ersten Tag der Inhaftierung an, den Tag hat man herbeigesehnt. Bei nicht wenigen schleicht sich aber auch Unsicherheit ein, weil sie private und berufliche Enttäuschungen auf sich zukommen sehen, weil sie die – zT angehäufte – Schuldenlast mit sich tragen, weil sie um ihre Anfälligkeit für einen Rückfall wissen. Auch für den Vollzug ist die Entlassung von zentraler Bedeutung. Die Resozialisierungsbemühungen müssen vom ersten

50

---

122 Siehe Jürgensen/Rehn MschrKrim 1980, 232; Beckers in: Ambulante Maßnahmen zwischen Hilfe und Kontrolle, hrsg. von Kury, 1984, S. 388; Berckhauer in: Rechtstatsächliche Untersuchungen aus Niedersachsen zu Strafvollzug und Bewährungshilfe, hrsg. vom Niedersächsischen Minister der Justiz, 1986, S. 73; Dünkel/Meyer-Velde in: Kriminalpolitischer Bericht für den Hessischen Minister der Justiz, hrsg. von Groß/Schädler, 1990, Anhang S. 107.
123 Zur Pflicht, die Personallage nachvollziehbar darzustellen, wenn diese als Begründung für die Nichtgewährung einer Ausführung angegeben wurde, s. OLG München Forum Strafvollzug 2014, 65.

Ostendorf

Tag der Inhaftierung an auf die Entlassung in die Freiheit zusteuern. Hierauf muss der Gefangene vorbereitet werden, zum Schluss mit einem besonderen Vorbereitungsprogramm. Somit entsteht ein sog. „Entlassungsloch".

2. Vorzeitige Entlassung und Vollverbüßung mit und ohne Führungsaufsicht

51 Hinsichtlich der Entlassung ist zwischen den vorzeitig Entlassenen und den so genannten Vollverbüßern zu unterscheiden. Gemäß § 88 JGG können Jugendstrafgefangene vorzeitig zur Bewährung entlassen werden. Der Gesetzgeber hat im Vergleich zum Erwachsenenstrafrecht (§ 57 StGB) die Möglichkeiten der vorzeitigen Entlassung aus dem Jugendstrafvollzug ausgeweitet. Die im Erwachsenenstrafrecht praktizierte ⅔-Entlassung (§ 57 Abs. 1 StGB) gilt im Jugendstrafrecht nicht, wobei auch im Erwachsenenstrafrecht schon nach Verbüßung der Hälfte der Strafzeit die Reststrafe zur Bewährung ausgesetzt werden kann (§ 57 Abs. 2 StGB). Im Jugendstrafrecht kann gem. § 88 Abs. 2 JGG die Jugendstrafe von mehr als einem Jahr schon nach einem Drittel der Strafzeit zur Bewährung ausgesetzt werden, die Jugendstrafe von weniger als einem Jahr schon vorher. Vor Verbüßung von sechs Monaten darf dies jedoch nur aus besonders wichtigen Gründen geschehen. In der Praxis orientiert man sich allerdings nicht selten an den Regelungen im Erwachsenenstrafrecht (zur unterschiedlichen Praxis s. Vorbem. Rn 21). Immer kommt im Jugendstrafrecht ein Bewährungshelfer zum Einsatz, der die anschließende Betreuung und Begleitung übernehmen soll.

Im Unterschied zum Erwachsenenstrafrecht (§ 57 Abs. 1 Nr. 3 StGB) ist gem. § 88 JGG keine Einwilligung des jungen Gefangenen für die vorzeitige Entlassung gefordert. Nichtsdestotrotz sollte kein Gefangener gegen seinen Willen vorzeitig entlassen werden, zumal es ansonsten um die Bewährungschance schlecht steht. So lehnten nach einer Untersuchung in den Jahren 1999/2000 in der JVA Adelsheim 9 %, in der JA Hameln 22 % der jungen Gefangenen eine vorzeitige Entlassung ab, in erster Linie um die begonnene Ausbildung in der Anstalt zu beenden.[124] Zur Alternative, die Ausbildung „von draußen" fortzusetzen, s. Rn 56. Soweit Gefangene eine vorzeitige Entlassung ablehnen, weil sie nach der Strafverbüßung nichts mehr von einer Betreuung und Kontrolle durch einen Bewährungshelfer wissen wollen, müssen sie auf die Konsequenzen einer Vollverbüßung bei einer Jugendstrafe von zwei Jahren bzw von einem Jahr wegen Sexualstraftaten gem. § 181 b StGB[125] hingewiesen werden: Führungsaufsicht gem. § 7 Abs. 1 JGG iVm § 68 f StGB, dh Bewährungsaufsicht gem. § 68 a Abs. 1 StGB und eventuelle Weisungen gem. § 68 b StGB. Bei Verstößen gegen Weisungen droht eine erneute Bestrafung gem. § 145 a StGB. Andere „Vollverbüßer" werden ohne eine verbindliche Betreuung und Begleitung entlassen.

---

124 Siehe Röthel, Vorzeitige Entlassung aus dem Strafvollzug, 2007, S. 137 ff.
125 Insoweit genügt auch eine Einheitsstrafe gem. § 31 JGG. Wie hier die wohl hM, s. OLG München NStZ-RR 2002, 183 = ZJJ 2004 198 m. zust. Anm. von Ostendorf; OLG Schleswig bei Lorenzen/Schiemann SchlHA 1998, 167; Diemer in: Diemer/Schatz/Sonnen, JGG, § 7 Rn 11; Fischer § 68 f StGB Rn 3, 4 mwN; Füllkrug, BewHi 1989, 147; aM Brunner/Dölling, JGG, § 7 Rn 11; LG Hamburg StV 1990, 508; OLG Stuttgart Justiz 2003, 267; OLG Dresden NJ 2005, 280 = ZJJ 2004, 433.

X. Entlassung

Mindestverbüßungsdauer für die Entlassung auf Bewährung

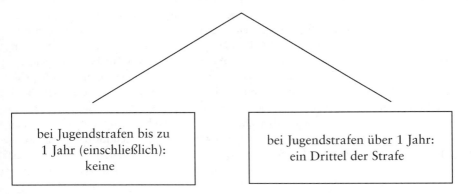

Damit erlangt die Entscheidung über die vorzeitige Entlassung auf Bewährung gem. § 88 JGG eine entscheidende Bedeutung sowohl für den Gefangenen als auch für die Entlassungsvorbereitung durch den Vollzug. Diese Entscheidung liegt nicht in den Händen des Vollzugs, sondern in den Händen der Justiz, dh des richterlichen Vollstreckungsleiters (§ 88 Abs. 1 iVm § 82 Abs. 1 JGG). Die Unsicherheit, ob und wann diese Entscheidung ergeht, kann den Vollzug lähmen. Gerade für die Entlassungsvorbereitung ist deshalb eine frühzeitige Entscheidung der Justiz geboten. Demgemäß heißt es in § 88 Abs. 3 S. 1 JGG: „Der Vollstreckungsleiter soll in den Fällen der Absätze 1 und 2 seine Entscheidung so frühzeitig treffen, dass die erforderlichen Maßnahmen zur Vorbereitung des Verurteilten auf sein Leben nach der Entlassung durchgeführt werden können." 52

3. Entlassungszeitpunkt

Da der Entlassungstag für den Gefangenen den wichtigsten Tag in der Strafzeit darstellt, dieser zugleich in der Anstalt Unruhe mit sich bringt, haben die Gesetzgeber den Entlassungszeitpunkt präzisiert: Die Entlassung soll möglichst frühzeitig, nach dem Musterentwurf der neuen Bundesländer sowie in Sachsen „jedenfalls noch am Vormittag" erfolgen.[126] Weiterhin wird im Musterentwurf sowie im SächsJStVollzG eine vorzeitige Entlassung ermöglicht, wenn das Strafende auf einen Sonnabend oder Sonntag, einen gesetzlichen Feiertag, den 1. Werktag nach Ostern oder Pfingsten oder in die Zeit vom 22.12. bis zum 6.1. fällt. Zusätzlich kann der Entlassungszeitpunkt aus wichtigen Gründen der Eingliederung vorverlegt werden, nach dem Musterentwurf und in Sachsen bis zu zwei Tage, nach dem JVollzGB B-W bis zu fünf Tage. Bei der Berechnung der Strafzeit sind die Anrechnung der Untersuchungshaft (§ 52 a JGG) sowie Arbeitsleistungen in der Haft zu berücksichtigen. 53

---

[126] § 20 Abs. 1 der Gesetze auf der Grundlage des Neuner-Entwurfs; so auch § 16 Abs. 1 StVollzG; ebenso § 51 Abs. 1 Brandenburgisches JVollzG und Thüringer JVollzGB, § 50 Abs. 1 LJVollzG Rheinland-Pfalz und Sachsen-Anhalt.

4. Entlassungsvorbereitung

54 In allen Gesetzen zum Jugendstrafvollzug wird großer Wert auf die Entlassungsvorbereitung gelegt. Diese Entlassungsvorbereitung ist eine **eigenständige Aufgabe der Anstalt**, die aber nur in Zusammenarbeit mit außervollzuglichen Einrichtungen und Personen, insbesondere mit der Bewährungshilfe und der Führungsaufsicht erfüllt werden kann. Es geht insbesondere um Wohnung, Arbeit bzw Ausbildungsstelle sowie um finanzielle Unterstützung in Form von Arbeitslosengeld und Wohngeld. Grundvoraussetzung hierfür ist ein gültiger Personalausweis. Soweit die Eltern und das Jugendamt nur unterrichtet werden sollen (so § 19 Abs. 1 S. 3 Musterentwurf), ist dies zu wenig. Die Personensorge-berechtigten müssen einbezogen werden, zumal ein Teil der Gefangenen bei ihnen wieder wohnen wird; dies gilt auch für das Jugendamt, zumal dann, wenn vor Strafantritt eine Betreuung erfolgt ist. Die Einschaltung des Jugendamtes ist nicht nur bei Jugendlichen sondern auch bei volljährigen Gefangenen geboten, da gem. § 41 SGB VIII auch Hilfe für junge Volljährige zu prüfen ist.

55 Die Entlassungsvorbereitung soll nach dem Musterentwurf sowie nach dem SächsJStVollzG „frühzeitig" erfolgen. In Baden-Württemberg und Hessen wird dieser Zeitpunkt konkretisiert: Nach Buch 4 § 83 Abs. 1 JVollzGB B-W soll „möglichst 6 Monate vor der voraussichtlichen Entlassung", nach § 17 Abs. 1 HessJStVollzG soll „spätestens 6 Monate vor dem voraussichtlichen Entlassungszeitpunkt" diese Entlassungsvorbereitung beginnen (so auch § 18 Abs. 1 Entwurf des BMJ). In der Tat ist eine so frühzeitige Entlassungsvorbereitung geboten. In der Praxis „klappt" der Übergang von der Unfreiheit in die Freiheit häufig nicht. Dies gilt insbesondere auch für den Einsatz der Bewährungshilfe.[127] Voraussetzung ist allerdings, dass die Entscheidung über die Entlassung auf Bewährung so rechtzeitig getroffen wird, dass sich die Anstalt und die Bewährungshilfe hierauf einstellen können. Der Kontakt zwischen dem Gefangenen und der Bewährungshilfe muss noch während der Haftzeit hergestellt werden. Voraussetzung ist weiterhin, dass sich die Anstalt organisatorisch auf diese Entlassungsvorbereitung einstellt. Das Modewort hierfür lautet „**Übergangsmanagement**".[128] Ein Teilgebiet ist die berufliche Integrationsbegleitung (so in Schleswig-Holstein). Berufliche Ausbildung in der Haft allein führt nicht zur beruflichen Einbindung nach der Haft.[129] In den Anstalten muss eine verantwortliche Stelle geschaffen werden, dh ein Vollzugsbediensteter für diese Entlassungsvorbereitung eingesetzt werden, um die vollzuglichen Bemühungen abzustimmen und um als Ansprechpartner für außervollzugliche Einrichtungen und Personen zur Verfügung zu stehen. Für die Entlassungsvorbereitung sind Vollzugslockerungen und Urlaub von großer Bedeutung. In allen Gesetzen sind entsprechende Regelungen getroffen. Soweit großzügig Entlassungsurlaub bis zu 6 Monaten angeboten wird, wird ein solcher Zeitraum kaum genutzt werden können. Wenn 6 Monate Entlassungsurlaub bei Vollverbüßern gewährt werden soll, spricht mehr dafür, die Entlassung auf Bewährung einzusetzen, da dann die Bewährungshilfe zum Einsatz kommt und der Gefangene

---

[127] Zur bayrischen Entlassungspraxis siehe Walsh NK 2014, 273 ff.
[128] Siehe hierzu Matt Forum Strafvollzug 2007, 26; Übergangsmanagement für junge Menschen zwischen Strafvollzug und Nachbetreuung – Handbuch für die Praxis, DBH-Materialien Nr. 68, 2012; Wirth in: Handbuch Jugendstrafvollzug, hrsg. von Schweder, 2015, S. 742 ff.
[129] Simonson/Werter/Lauterbach MschrKrim 2008, 443, 455.

nicht auf sich allein gestellt ist. Aus diesem Grunde birgt auch ein längerer Entlassungsurlaub vor der Entlassung auf Bewährung Gefahren, wenn nicht im Wege von Weisungen und Auflagen eine Betreuung sichergestellt wird.[130] Hierbei ist allerdings der Einsatz der elektronischen Fußfessel (so § 16 Abs. 3 S. 4 HessJStVollzG) keine Vorbereitung auf das Leben in Freiheit, abgesehen von sonstigen Einwänden.[131] Auch wenn der Einsatz von der Einwilligung des Gefangenen abhängig ist, handelt es sich nicht um eine Hilfestellung für den Gefangenen,[132] sondern um eine Kontrollmaßnahme, die den Übergang in die Freiheit eher erschwert als erleichtert.[133] Demgegenüber sind Vollzugslockerungen und kürzere Urlaubszeiten zur Vorbereitung auf die Entlassung unverzichtbar. Dem schrittweisen Übergang von der Unfreiheit in die Freiheit dient ebenso der offene Vollzug. Spätestens in der Vorbereitungsphase auf die Entlassung hat der offene Vollzug Vorrang vor dem geschlossenen Vollzug (s. Rn 20).

5. Entlassungsnachbetreuung

Das Bundesverfassungsgericht hat in seiner Grundsatzentscheidung zum Jugendstrafvollzug vom 31.5.2006 (NJW 2006, 2093) „eine mit angemessenen Hilfen für die Phase nach der Entlassung (vgl BVerfGE 35, 202, 236) verzahnte Entlassungsvorbereitung" verlangt. Der „Verzahnung" dient gerade auch die Entlassungsnachbetreuung durch Vollzugsbedienstete, was bislang kaum praktiziert wurde. In dem Musterentwurf der neun Bundesländer heißt es: „Nachgehende Betreuung kann unter Mitwirkung von Bediensteten erfolgen".[134] Auch wenn die Haftzeit zu Ende ist, fällt die Nachsorge in die Aufgabe des Strafvollzugs. Soweit ein Bedarf besteht, weil bei Vollverbüßung keine personelle Hilfe in Form eines Bewährungshelfers angeboten wird (Ausnahme im Rahmen von Führungsaufsicht, s. Rn 51) oder weil ein besonderes Vertrauensverhältnis zu einem Vollzugsbediensteten entwickelt worden ist, verdichtet sich das Ermessen in eine Verpflichtung.

56

Gleichzeitig sollte versucht werden, Betriebe und Firmen in die Nachbetreuung in Form von Ausbildungs- und Arbeitsangeboten einzubinden. Ein solches Angebot muss mit einer persönlichen Betreuung verbunden werden, um Eingewöhnungs- und Sozialisationsprobleme zu meistern. Eine solche betriebliche Patenschaft für entlassene Gefangene wäre ein Ausdruck der gesellschaftlichen Mitverantwortung für Kriminalität, eine Form der Bürgergesellschaft (s. auch Rn 58).

Neben diese vollzugsexterne Nachbetreuung tritt die vollzugsinterne Weiterbetreuung. In allen Ländergesetzen wird es unter allerdings engen Voraussetzungen ermöglicht, eine in der Anstalt begonnene Ausbildungs- oder Behandlungsmaßnahme fort-

---

130 So das Projekt „Basis" in Niedersachsen, siehe Rn 18; siehe auch Buch 4 § 83 Abs. 2 S. 3 JVollzGB B-W sowie § 50 Abs. 4 S. 2 Brandenburgisches JVollzG, § 49 Abs. 3 S. 3 LJVollzG Rheinland-Pfalz, § 49 Abs. 3 S. 2 JVollzGB Sachsen-Anhalt, § 50 Abs. 3 S. 1 Thüringer JVollzGB.
131 Siehe Ostendorf, JGG, § 10 Rn 7 mwN.
132 A.M. aber Hochmayer NStZ 2013, 18.
133 Mit Rücksicht auf negative Praxiserfahrungen wurde das baden-württembergische Gesetz über die elektronische Aufsicht im Vollzug der Freiheitsstrafe von 2009 im Jahr 2013 nicht verlängert, siehe hierzu Wößner/Schwedler NK 2013, 60.
134 § 21 Abs. 1 S. 2; ebenso SächsJStVollzG; § 18 Abs. 3 HessJStVollzG; § 22 Abs. 1 S. 2 JStVollzG NRW; enger § 18 Abs. 2 HmbJStVollzG, siehe auch § 52 Brandenburgisches JVollzG und Thüringer JVollzGB, § 51 LJ-VollzG Rheinland-Pfalz und JVollzGB Sachsen-Anhalt.

zusetzen und abzuschließen. Dies kann auf zwei Wegen erfolgen: Entweder kommt der Gefangene jetzt als umgekehrter Freigänger zu den Ausbildungs- bzw Behandlungsmaßnahmen jeweils in die Anstalt oder er wird in der Anstalt untergebracht. In beiden Fällen ist Grundvoraussetzung die Freiwilligkeit des Ex-Gefangenen, dh er muss einen entsprechenden Antrag stellen. Selbstverständlich kann er diese Maßnahme abbrechen. Zwangs- sowie Disziplinarmaßnahmen können gegen ihn nicht verhängt werden. Bei Konflikten hat die Anstalt die Möglichkeit, diese Nachbetreuung zu widerrufen. Da in der Regel gerade die berufliche Ausbildung im Vollzug nicht abgeschlossen wird und es häufig schwierig ist, diese „draußen" fortzusetzen, sollte diese Nachbetreuung gezielt angeboten werden. Darüber hinaus kann mit einer solchen Öffnung des Vollzugs das Resozialisierungsklima in den Anstalten verbessert werden. Bei minderjährigen Ex-Gefangenen ist für diese Maßnahme die Zustimmung der gesetzlichen Vertreter erforderlich.

6. Entlassungsbeihilfe

57 In allen Ländergesetzen ist vorgesehen, dass bedürftigen Gefangenen eine Entlassungsbeihilfe in Form eines Reisekostenzuschusses, der Gestellung angemessener Kleidung sowie einer sonstigen notwendigen Beihilfe gewährt werden kann. Nicht nur im Interesse des Selbstwertgefühles der Gefangenen, sondern auch um für die Wiedereingliederung hinderliche Stigmatisierungseffekte zu vermeiden, sollten die Entlassenen nach einer längeren Haftzeit neu eingekleidet werden.

§ 3 Unterbringung und Versorgung

I. Vorbemerkung

Die Art und Weise der Unterbringung wie auch die Umsetzung der Versorgungsaufgabe sind daran zu messen, ob sie dazu beitragen, die Jugendlichen in ihrer Entwicklung zu fördern. Der Begriff der Versorgung meint hier vor allem das Sichkümmern, die Personensorge und das Wertschätzen im Sinne der Pestalozzi'schen „allseitigen Besorgung", nicht jedoch eine entmündigende Totalversorgung. Ohne eine solche Bereitschaft, sich des Wohls der Jugendlichen anzunehmen, wird eine **Erziehung zur Verantwortlichkeit**, wie sie alle Jugendstrafvollzugsgesetze vorgeben, nicht gelingen.

Die Ausgestaltung der Versorgungsleistungen muss als ein integrierender Bestandteil der **kontinuierlich zu entwickelnden Erziehungs- und Behandlungskonzepte** verstanden werden. Gefangene erleben die Inhaftierung zunächst als Verlust ihrer persönlichen Autonomie.[1] Gerade im Bereich der Versorgung gibt es Chancen, den damit verbundenen Gefühlen der Hilflosigkeit und des Ausgeliefertseins entgegenzuwirken.

Außerdem geht es darum, die Versorgungsleistungen so zu organisieren, dass sie als Trainingsfeld für eine verantwortliche Gestaltung des alltäglichen Zusammenlebens genutzt werden können. Hierzu gehören beispielsweise die vielfältigen Ansätze des „**Wohnen-Lernens**".[2] Soll ein Gefangener aus der Haft später zB in eine Suchttherapie entlassen werden, so ist es hilfreich, wenn er sich bereits während der Haft auf die Therapiesituation vorbereiten kann. In den Therapieeinrichtungen für Suchtkranke gibt es regelmäßig verschiedene Formen der Selbstverwaltung, insbesondere was das Gruppenleben anbelangt, die im Vollzug schon vorgeübt werden können. Freizügige Regelungen für das Tragen von Kleidung können bei der Entlassgruppe, bei zur Abschiebung anstehenden ausländischen Gefangenen, in der Schulabteilung, genau genommen bei allen Gefangenen förderlich sein. Auch eine eigenverantwortliche Versorgung mit Essen kann ein sinnvolles Lern- und Übungsfeld darstellen.

II. Die Versorgung der Gefangenen im Spiegelbild der gesellschaftlichen Diskussion

Der demokratische Rechtsstaat hat zu garantieren, dass Unterbringung und Versorgung der Gefangenen **menschenwürdig** sind. Würde er dies nicht gewährleisten, käme die Freiheitsstrafe einer Körperstrafe gleich. Wie es mit der Versorgung der Gefangenen in den Gefängnissen bestellt ist, wurde immer aufmerksam in der Öffentlichkeit verfolgt. So hieß es in einem zu Anfang des 19. Jahrhunderts entstandenen Text: „Während sie im Gefängnis frei von Sorgen waren, leichte und angenehme Arbeit und ein Taschengeld bekamen, das sie nach Wunsch ausgeben oder sparen konnten, während sie in den Genuss täglicher Mahlzeiten und guter Kleidung kamen, waren sie draußen gezwungen, in Lumpen herumzulaufen, harte Arbeit tun zu müssen und die ewige Sorge zu ertragen, mit ihrem unzureichenden Verdienst nicht genug Nahrung bekommen zu können, niemals einen Notgroschen zu sparen und sich in vielen

---

1 Bereswill in: Jugendstrafvollzug in Deutschland, hrsg. von Goerdeler/Walkenhorst, 2007, S. 171.
2 Walkenhorst in: Jugendstrafvollzug in Deutschland, hrsg. von Goerdeler/Walkenhorst, 2007, S. 377 sowie Mentz in: Jugendstrafvollzug in Deutschland, hrsg. von Goerdeler/Walkenhorst, 2007, S. 416.

Fällen nicht einmal vor Kälte und Krankheit zu schützen. Das Ergebnis war, dass viele Menschen, die ein Verbrechen begangen hatten, sich keineswegs vor dem Gefängnis fürchteten und dass einige sogar die Gesetze brachen, um dorthin geschickt zu werden und dann darum bettelten, dass man sie nicht fortschicken möge. Verarmte Bürger und Gesellen sagten mit Berechtigung: ‚Die Züchtlinge haben es besser als wir – die werfen mehr Brot weg als wir verdienen können – die leben sorglos, schwelgen und prassen und wir müssen kümmerlich leben, können uns nichts zugute tun'."[3]

In der nationalsozialistischen Zeit war für die Propaganda das angebliche „Weimarer Gefängnisparadies" ein gerne demagogisch genutztes Thema. „Nach dem politischen Wechsel von 1933 wurde das „Weimarer Gefängnisparadies" zu einem der beliebtesten Gegenstände der neuen Ideologie, eine These, die in Büchern, Zeitschriften und Zeitungen endlos wiederholt wurde."[4] Der Blutrichter *Freisler* führte in einem Beitrag mit dem Titel „Grundzüge des künftigen Jugendstrafvollzugs" aus: „So haben wir uns auch abgewandt von den Hirngespinsten eines ‚modernen' Strafvollzugs, der die Strafe ihres Strafcharakters entkleidete, der dem Sträfling Lebensraum und Lebenshaltung gab, wie sie in den vergangenen Elendszeiten die Mehrzahl der anständigen Volksgenossen nicht besaß, der die Freiheitsstrafe vielfach als Pension empfinden ließ, der den braven tüchtigen Beamten des Strafvollzugs zum Diener des ‚Genossen' Gefangenen machte, der aus Gefängnissen nicht selten – mindestens in der Wirkung – eine Art Verbrecher-Asyle werden ließ."[5] In Kenntnis dieses finsteren Kapitels der deutschen Geschichte sollte man daher demagogischen Neiddebatten über die Versorgung der Gefangenen entschieden entgegentreten. Ausschlaggebend sollten vielmehr die Bedürfnisse der Gefangenen sein.

Inzwischen ist der Einfluss der Massenmedien auf die Kriminalpolitik womöglich noch gestiegen. Das Gefängnis kommt in ihrer Berichterstattung selten gut weg. Vorzugsweise begegnet man dem „fidelen Knast" mit „Hotelvollzug" oder dem Justizvollzug als einer finsteren „Folterstätte". Infolge des ständig wachsenden Konkurrenzdrucks im medialen Bereich werden verstärkt neue, möglichst besorgniserregende Phänomene präsentiert.[6] So wird derzeit gerne der angebliche „Kuschelvollzug" in den deutschen Jugendstrafanstalten skandalisiert.

---

[3] Warum werden so wenige Sträflinge im Zuchthaus gebessert? (1802) zitiert nach Rusche/Kirchheimer, Sozialstruktur und Strafvollzug, 1981, S. 148.
[4] Rusche/Kirchheimer, Sozialstruktur und Strafvollzug, 1981, S. 249.
[5] Freisler in: 8 Beiträge zu Rechtserneuerung, hrsg. von Freisler, 1936, S. 72.
[6] Eingehend mwN. Walter, Michael: Kriminalpolitik in der Mediengesellschaft in: Das Jugendkriminalrecht vor neuen Herausforderungen? Jenaer Symposium, hrsg. vom Bundesministerium der Justiz, 2009, S. 239.

III. Unterbringung der Gefangenen
1. Unterbringung während der Ausbildung, Arbeit und Freizeit
a) Die gesetzlichen Regelungen

Länder	Die Unterbringung während der Arbeitszeit und der Freizeit
Baden-Württemberg Hessen Nordrhein-Westfalen	Keine ausdrückliche Regelung
Bayern	Unterricht, Berufsausbildung, berufliche Fortbildung, Umschulung, Arbeit sowie arbeitstherapeutische und sonstige Beschäftigung während der Arbeitszeit finden in Gemeinschaft statt. (Art. 138 Abs. 1 S. 1) Während der Freizeit können sich die jungen Gefangenen in Gemeinschaft mit anderen aufhalten. Für die Teilnahme an gemeinschaftlichen Veranstaltungen kann der Anstaltleiter oder die Anstaltsleiterin mit Rücksicht auf die räumlichen, personellen und organisatorischen Verhältnisse der Anstalt besondere Regelungen treffen. (Art. 138 Abs. 2)
Bremen Mecklenburg-Vorpommern Saarland Schleswig-Holstein	Ausbildung und Arbeit finden grundsätzlich in Gemeinschaft statt. (§ 24 Abs. 1) Den Gefangenen kann gestattet werden, sich während der Freizeit in Gemeinschaft mit anderen Gefangenen aufzuhalten. Für die Teilnahme an gemeinschaftlichen Veranstaltungen kann die Anstaltsleiterin oder der Anstaltsleiter (oder der Anstaltsleiter oder die Anstaltsleitung) mit Rücksicht auf die räumlichen, personellen oder organisatorischen Verhältnisse der Anstalt besondere Regelungen treffen. (§ 24 Abs. 2)
Abweichend Berlin § 24 Abs. 2 Satz 1 (sonst textgleich)	Während der Freizeit können die Gefangenen sich in Gemeinschaft mit anderen Gefangenen aufhalten. (§ 24 Abs. 2 Satz 1)
Abweichende Formulierung Sachsen-Anhalt für § 24 Abs. 1 (sonst textgleich)	Die Gefangenen arbeiten gemeinsam. Dasselbe gilt für Unterricht, Berufsausbildung, berufliche Fort- und Weiterbildung, Umschulung sowie arbeitstherapeutische Beschäftigung und sonstige Beschäftigung während der Arbeitszeit. (§ 24 Abs. 1)
Hamburg	Ausbildung und Arbeit finden in Gemeinschaft statt, soweit dies mit Rücksicht auf die Anforderungen der verfügbaren Ausbildungs- und Arbeitsplätze möglich ist. Dasselbe gilt für arbeitstherapeutische und sonstige Beschäftigung während der Arbeitszeit. (§ 19 Abs. 2) Während der Freizeit können die Gefangenen sich in der Gemeinschaft mit anderen aufhalten. Für die Teilnahme an gemeinschaftlichen Veranstaltungen kann die Anstaltsleitung mit Rücksicht auf die räumlichen, personellen und organisatorischen Verhältnisse der Anstalt besondere Regelungen treffen. (§ 19 Abs. 3)
Niedersachsen	Gefangene arbeiten gemeinsam. Dasselbe gilt für schulische und berufliche Aus- und Weiterbildung sowie für arbeitstherapeutische Beschäftigung.

Länder	Die Unterbringung während der Arbeitszeit und der Freizeit
	(§ 19 Abs. 1) Während der Freizeit kann sich die oder der Gefangene in Gemeinschaft mit anderen aufhalten.
Sachsen	(19 Abs. 2) Außerhalb der Einschlusszeiten dürfen sich die Gefangenen in Gemeinschaft aufhalten.
Brandenburg Rheinland-Pfalz Thüringen	(§ 25 Abs. 1) (Wortgleich jeweils § 19 Abs. 1)

b) Gemeinsame Arbeit, schulische und berufliche Ausbildung

5 Die Gefangenen arbeiten grundsätzlich gemeinsam. Gleiches gilt für schulische und berufliche Aus- und Weiterbildung sowie für arbeitstherapeutische Beschäftigung (so § 19 Abs. 1 NJVollzG, vergleichbar mit § 17 Abs. 1 StVollzG und entsprechend Art. 138 Abs. 1 BayStVollzG). Die Bundesländer Baden-Württemberg, Nordrhein-Westfalen und Hessen verzichten auf eine ausdrückliche gesetzliche Regel, da diese Grundsätze zwischenzeitlich wohl als selbstverständlich angesehen werden.

Auch alle anderen Gesetze gehen davon aus, dass Arbeit und Ausbildung grundsätzlich in Gemeinschaft stattfindet; Sachsen formuliert, dass gemeinsames Arbeiten und Lernen die Regel sei. Eine deutliche Abschwächung des Grundsatzes der gemeinsamen Arbeit wird in § 19 des Hamburgischen Strafvollzugsgesetzes vorgenommen. Danach findet Arbeit in Gemeinschaft statt, soweit dies mit Rücksicht auf die Anforderungen der verfügbaren Arbeitsplätze möglich ist. Unter dem Einfluss neuer Technologien werde zunehmend die **Einrichtung von Einzelarbeitsplätzen** erforderlich und der Vollzug sollte auf diese Entwicklung reagieren.[7] In der Praxis wird es nie ganz vermeidbar sein, dass Gefangene in einzelnen Fällen alleine arbeiten. Dies kann bspw für Gefangene gelten, die zur Verwaltung der Gefangenenbücherei eingesetzt werden. Die grundsätzliche Bedeutung der gemeinsamen Arbeit für ein vielfältiges soziales Lernen wird jedoch von allen Bundesländern betont.

c) Gemeinsame Freizeit

6 Während der Freizeit können sich die Gefangenen in Gemeinschaft mit anderen aufhalten.[8] Über diesen Grundsatz besteht über alle Bundesländer hinweg Einigkeit. Die Mehrheit der Bundesländer hält es darüber hinaus für erforderlich, die bereits im Strafvollzugsgesetz vorgesehene Vorschrift, dass durch den Anstaltsleiter mit Rücksicht auf die räumlichen, personellen und organisatorischen Verhältnisse besondere Regelungen getroffen werden können, in den Gesetzestext aufzunehmen.[9] Dies soll klarstellen, dass die Ausgestaltung der Freizeit von den **vorhandenen Rahmenbedingungen der Anstalt** bestimmt werden kann.

---

7 Erläuterungen zu § 19 Abs. 1 HmbJStVollzG.
8 So zB § 19 Abs. 2 NJVollzG.
9 § 17 Abs. 2 S. 2 StVollzG; § 24 Abs. 2 S. 2 der Gesetze Bremen, Mecklenburg-Vorpommern, Saarland, Schleswig-Holstein; Art. 138 Abs. 2 S. 2 BayStVollzG; § 19 Abs. 3 S. 2 HmbJStVollzG.

Das StVollzG wollte mit der Vorschrift des § 17 Abs. 2 S. 2, wonach der Anstaltsleiter besondere Regelungen treffen kann, insbesondere Rücksicht auf die Gegebenheiten in älteren Vollzugsanstalten für Erwachsene nehmen. In diesen Anstalten ist auf Grund der Baulichkeiten die Einrichtung von kleinen, überschaubaren Wohngruppen, in denen sich die Gefangenen während der Freizeit aufhalten können, nicht realisierbar. Ein genereller Aufschluss in größeren Vollzugsabteilungen würde den einzelnen Gefangenen möglicherweise schutzlos subkulturellen Übergriffen aussetzen. Es ist aber fraglich, ob es einer entsprechenden Regel auch für den Jugendvollzug bedarf. Soweit Wohngruppen eingerichtet sind, bedarf es dieser einschränkenden Regelung nicht. Sie macht jedoch dann Sinn, wenn wie in einigen Gesetzen einschränkend von einer **regelmäßigen Unterbringung** der Gefangenen in einer Wohngruppe gesprochen wird. Noch weiter relativiert Bayern, dessen Art. 140 BayStVollzG lediglich die Möglichkeit vorsieht, die Gefangenen in einer Wohngruppe unterzubringen.

Generell einschränkende Regelungen der gemeinsamen Freizeit auf Grund räumlicher, personeller oder organisatorischer Verhältnisse sind im Jugendvollzug nicht angezeigt. Nach dem Urteil des Bundesverfassungsgerichts ist vom Staat dafür zu sorgen, dass die erforderliche Ausstattung mit personellen und finanziellen Mitteln kontinuierlich gesichert ist.[10] Dass zu den allgemein für einen erzieherisch ausgerichteten Jugendstrafvollzug notwendigen Rahmenbedingungen die Unterbringung in einer Wohngruppe sowie gemeinsame Freizeit gehört, ist aber unbestritten. Ist eine generell beschränkende Regelung für die Freizeit gesetzlich vorgesehen, kann dies als Indiz dafür gewertet werden, dass eine vollständige Umsetzung des Wohngruppenvollzuges in den Jugendanstalten zumindest in der nächsten Zeit nicht angestrebt wird.

Freizeit sollte nicht in unstrukturierter Form durchgeführt werden. Zumindest längere unbetreute Zeiten in Gemeinschaft widersprechen dem Erziehungsauftrag und erhöhen die Gefahr gegenseitiger Übergriffe und der Entwicklung subkultureller Strukturen.[11] In diesem Zusammenhang hat auch das BVerfG[12] eine besondere Schutzverpflichtung betont.

d) Ausschluss aus der gemeinsamen Freizeit

Subkulturelle Gefahren drohen nicht nur, wenn Gefangene in großen unüberschaubaren Gruppen zusammenkommen, sondern auch, wenn kleinere Gruppen unzureichend betreut werden. Hier sind die Gefahren manchmal noch größer, weil die Anonymität einer Großgruppe auch einen gewissen Schutz bieten kann. Gerade in Kleingruppen kann es einzelnen Gefangenen leichter gelingen, eine dominante Stellung in der Gruppe aufzubauen. Die Gefahr der Unterdrückung schwacher Gefangener ist dann besonders groß. Zunächst muss es **Aufgabe der Wohngruppe** sein, subkulturellen Entwicklungen entgegenzuwirken und sie ggf aufzuarbeiten. Dabei kann, soweit unerlässlich, auf besondere Sicherungsmaßnahmen und auf Disziplinarmaßnahmen zurückgegriffen werden. Diese Reaktionsmöglichkeiten reichen jedoch nicht in jedem Falle aus oder sind im Einzelfall aus tatsächlichen oder rechtlichen Gründen

---

10 BVerfG NJW 2006, 2093, 2096.
11 Erläuterungen zu § 24 Abs. 2 JStVollzG Bln.
12 BVerfG NJW 2006, 2093, 2096.

§ 3 Unterbringung und Versorgung

nicht angebracht. Daher sehen die gesetzlichen Regelungen der Bundesländer vor, dass ein Gefangener unter bestimmten Voraussetzungen aus der gemeinsamen Freizeit oder Arbeit ausgeschlossen werden kann.

8 Die **Gründe für einen Ausschluss** sind in den einzelnen Gesetzen unterschiedlich geregelt:

Länder	Ausschlussgründe
Baden-Württemberg § 12 Abs. 2 JVollzGB IV	■ aufgrund des Verhaltens nicht gruppenfähig, ■ Gefahr für Sicherheit und Ordnung der Anstalt oder ■ Gefahr für die jungen Mitgefangenen, ■ wiederholter Missbrauch der Freiräume der Wohngruppe Anmerkung: Der Ausschluss bezieht sich auf den Ausschluss aus der Wohngruppe.
Bayern Art. 138 Abs. 3 und 4	■ Befürchtung eines schädlichen Einflusses auf andere junge Gefangene, ■ Zugangsuntersuchung nach Art. 129, aber nicht länger als zwei Monate, ■ Sicherheit und Ordnung der Anstalt, ■ Zustimmung der jungen Gefangenen, ■ wenn es aus erzieherischen Gründen angezeigt ist
Berlin § 24 Abs. 3 ebenso Bremen Mecklenburg-Vorpommern Saarland Sachsen-Anhalt Schleswig-Holstein ebenso Brandenburg Rheinland-Pfalz Thüringen jeweils § 19 Abs. 2	■ Befürchtung eines schädlichen Einflusses auf andere Gefangene, ■ Sicherheit oder Ordnung der Anstalt, ■ aus erzieherischen Gründen angezeigt, ■ bis zur Erstellung des Vollzugsplans, jedoch nicht länger als zwei Monate
Hamburg § 19 Abs. 4	■ Zugangsuntersuchung nach § 7, aber nicht länger als zwei Monate, ■ Sicherheit oder Ordnung der Anstalt, ■ Befürchtung eines schädlichen Einflusses auf andere Gefangene, ■ aus erzieherischen Gründen angezeigt, ■ Zustimmung der Gefangenen
Hessen § 18 Abs. 2	■ aufgrund des Verhaltens nicht gruppenfähig, ■ Gefahr für Sicherheit oder Ordnung der Anstalt oder für Mitgefangene, ■ wiederholter Missbrauch der Freiräume der Wohngruppe

III. Unterbringung der Gefangenen

Länder	Ausschlussgründe
Niedersachsen § 19 Abs. 3 § 120 Abs. 2	■ Zugangsuntersuchung bis zu zwei Monaten, ■ Befürchtung eines schädlichen Einflusses auf Mitgefangene, ■ Sicherheit und Ordnung der Anstalt, ■ aus erzieherischen Gründen angezeigt
Nordrhein-Westfalen	■ Keine Regelung (Geeignete Gefangene werden regelmäßig in Wohngruppen untergebracht § 25 Abs. 4)
Sachsen § 25 Abs. 3	■ Befürchtung eines schädlichen Einflusses auf andere Gefangene, ■ Sicherheit und Ordnung der Anstalt, ■ aus erzieherischen Gründen angezeigt

Gesetzliche Regeln, die einen Ausschluss von der gemeinschaftlichen Freizeit und der Arbeit ermöglichen, erscheinen nur vertretbar, 9

■ wenn und solange ein Gefangener nicht gemeinschaftsunfähig ist,
■ wenn er einen schädlichen Einfluss auf Mitgefangene ausübt oder
■ aus schwerwiegenden Gründen der Sicherheit oder Ordnung der Anstalt.

Ist schon die letztgenannte Begründung – Sicherheit oder Ordnung der Anstalt – nahezu uferlos, so erscheint ein **Ausschluss** von der Arbeit und der Freizeit ausgerechnet **aus erzieherischen** Gründen, wie ihn einige Gesetze vorsehen, kaum begründbar. Es ist nicht zu erkennen, welcher konkrete erzieherische Zweck – von den vorgenannten Ausnahmefällen abgesehen – damit verfolgt werden könnte.[13] Auch die Möglichkeit des Ausschlusses von der Arbeit und der Freizeit auf Grund der durchzuführenden Zugangsuntersuchung bis zu zwei Monaten erscheint keineswegs notwendig. Es mag zwar richtig sein, die Gefangenen zu Beginn ihrer Haftzeit nicht sofort dem Einfluss erfahrener Mitgefangener auszusetzen. Gerade lange Zugangszeiten ohne die Möglichkeit, zur Arbeit gehen zu können, werden jedoch von jungen Gefangenen als sehr bedrückend erlebt und stellen darüber hinaus in der Regel einen nicht vertretbaren Leerlauf dar. Es muss versucht werden, die Aufenthaltsdauer und die damit verbundenen Einschränkungen in der Zugangsabteilung ungeachtet der Zeit für die erforderliche Diagnostik so kurz wie möglich zu halten. Vier Wochen sollten dafür ausreichend sein.

2. Einzelunterbringung während der Ruhezeit/Einschlusszeit

In einigen neueren Gesetzen (zB §§ 18, 19 BbGJVollzG, § 19 ThürJVollzGB, § 25 SächsJStVollzG) wird nicht mehr, wie herkömmlich, zwischen Ruhezeit auf der einen und Arbeitszeit/Freizeit auf der anderen Seite unterschieden, sondern zwischen der Unterbringung während der Einschlusszeiten und außerhalb der Einschlusszeiten im Haftraum. Dies ist eine insofern zutreffende Differenzierung, als die Gefangenen im Tagesverlauf immer wieder in ihrem Haftraum eingeschlossen werden, ohne dass es sich dabei zwingend um Ruhezeit oder Freizeit handelt. Vielmehr erfolgt der Ein- 10

---

13 Siehe § 1 Rn 23–25 sowie Stellungnahme der DVJJ zum Referentenentwurf eines Gesetzes zur Regelung des Jugendvollzugs 2.2.

§ 3 Unterbringung und Versorgung

schluss häufig auch zu Kontrollzwecken, beispielsweise um den Gefangenenstand in einer Abteilung oder in der ganzen Anstalt festzustellen, aus anderen organisatorischen Gründen, manchmal auch aus Sicherheitsgründen.

Zeitpunkt und Dauer der Einschlusszeiten, insbesondere aber der Ruhezeit, wird in der Hausordnung geregelt. Ruhezeit bedeutet nicht Nachtruhe oder gar Bettruhe; aber sehr wohl ruhige Zeit des Tages. Es ist sinnvoll, die Gefangenen in die Verantwortung zu nehmen, wie sie mit dieser Zeit umgehen. Zentrales Abschalten des Lichts oder des Stroms sind dabei nicht förderlich. Der einzelne Gefangene muss selbst erfahren, wie viel Fernsehen gut tut, um am nächsten Tag ausgeschlafen und fit am Arbeitsplatz zu erscheinen. Obwohl er bei der morgendlichen Kontrolle in der Regel ohnehin geweckt wird, ist es sinnvoll, ihm einen eigenen Wecker auszuhändigen. Damit wird die Erwartung an ihn gerichtet, sich selbst um ein rechtzeitiges Erscheinen am Arbeitsplatz zu kümmern.

11

Länder	Grundsatz	Ausnahmen für gemeinschaftliche Unterbringung
Baden-Württemberg	Einzelunterbringung § 12 Abs. 4 JVollzGB IV	a) schädliche Beeinflussung nicht zu befürchten (mit Einwilligung) b) bei Gefahr für Leben oder Gesundheit (ohne Zustimmung) (§ 12 Abs. 4 JVollzGB IV B-W)
Brandenburg	Einzelunterbringung § 18 Abs. 1	a) schädliche Einflüsse nicht zu befürchten (auf Antrag) b) bei Hilfsbedürftigkeit oder Gefahr für Leben oder Gesundheit (ohne Zustimmung der gefährdeten, jedoch mit Zustimmung der nicht gefährdeten oder hilfsbedürftigen Gefangenen) c) vorübergehend und aus zwingenden Gründen (ohne Zustimmung)
Bremen Mecklenburg-Vorpommern Rheinland-Pfalz Saarland Thüringen (Gleiche Gesetzestexte jedoch mit Einschränkungen bei der zugelassenen gemeinsamen Unterbringung)	Einzelunterbringung (§ 25 Abs. 1) (§ 18 Abs. 1)	a) schädliche Einflüsse nicht zu befürchten (mit Zustimmung) b) bei Hilfsbedürftigkeit oder Gefahr für Leben oder Gesundheit (ohne Zustimmung) c) vorübergehend und aus zwingenden Gründen (ohne Zustimmung) (§ 25 Abs. 1 und 2 bzw § 18 Abs. 2 und 3)
Sachsen-Anhalt Schleswig-Holstein		sollen nicht mehr als zwei Gefangene (§ 25 Abs. 1 Satz 3) dürfen nicht mehr als zwei Gefangene (§ 25 Abs. 1 Satz 3)

III. Unterbringung der Gefangenen

Länder	Grundsatz	Ausnahmen für gemeinschaftliche Unterbringung
Berlin		dürfen nicht mehr als zwei Gefangene (§ 25 Abs. 1 Satz 3)
Hamburg	Einzelunterbringung (§ 19 Abs. 1)	Bei Hilfsbedürftigkeit oder Gefahr für Leben oder Gesundheit, bei einer gemeinsamen Unterbringung mit nicht hilfsbedürftigen oder gefährdeten Gefangenen mit deren Zustimmung.
Hessen	Einzelunterbringung (§ 18 Abs. 4 Satz 1)	a) schädliche Einflüsse nicht zu befürchten (mit Einwilligung) b) bei Gefahr für Leben oder Gesundheit (ohne Zustimmung) (§ 18 Abs. 4 Satz 2 und 3)
Niedersachsen	Einzelunterbringung (§ 120 Abs. 3 Satz 1)	a) bei Hilfsbedürftigkeit oder bei Gefahr für Leben oder Gesundheit (ohne Zustimmung) b) schädliche Beeinflussung nicht zu befürchten (mit Zustimmung) c) vorübergehend und aus zwingenden Gründen (ohne Zustimmung) (§ 120 Abs. 3 Satz 2-4)
Nordrhein-Westfalen	Einzelunterbringung soweit sie sich im geschlossenen Vollzug befinden (§ 25 Abs. 1)	a) bei Gefahr für Leben oder Gesundheit (ohne Zustimmung des gefährdeten Gefangenen) b) bei Hilfsbedürftigkeit (mit Zustimmung) c) aus Gründen der Förderung oder der Erziehung (mit Zustimmung) d) unvorhersehbares Ereignis vorübergehend aus zwingenden Gründen. Ferner müssen die Gefangenen für die gemeinschaftliche Unterbringung geeignet sein, insbesondere dürfen weder körperliche Übergriffe noch Ausübung psychischen Zwangs zu befürchten sein. (ohne Zustimmung) (§ 25 Abs. 2 und 3)
Sachsen	Einzelunterbringung (§ 24 Abs. 1)	a) schädliche Einflüsse nicht zu befürchten (mit Zustimmung) b) bei Hilfsbedürftigkeit oder Gefahr für Leben oder Gesundheit (ohne Zustimmung) c) vorübergehend und aus zwingenden Gründen (ohne Zustimmung) (§ 24 Abs. 2 und 3)

Der Grundsatz der Einzelunterbringung in der Ruhezeit ist in allen Gesetzen aufgenommen worden. Jeder Gefangene sollte das Recht auf Unterbringung in einem Einzelhaftraum haben.[14] Dies entspricht auch den Empfehlungen des Europarats (Nr. 18.5 EPR, Nr. 63.2 ERJOSSM).

Das bayerische Gesetz schwächt den **Grundsatz der Einzelunterbringung** von vorneherein mit einer Sollvorschrift ab. Im Ergebnis sind jedoch die Gesetze der meisten anderen Länder von der bayerischen Lösung nicht weit entfernt, wenn überwiegend – wenn auch nur vorübergehend und aus zwingenden Gründen – eine gemeinschaftliche Unterbringung zugelassen wird. Das Jugendstrafvollzugsgesetz Nordrhein-Westfalen unterscheidet sich dadurch, dass ein unvorhersehbares Ereignis vorliegen muss (zB ein Brandschaden).[15] Damit wird deutlich gemacht, dass eine gemeinschaftliche Unterbringung auf Grund einer allgemeinen Überbelegung mit dieser Vorschrift nicht zu rechtfertigen ist. Demgegenüber wird in den Begründungen anderer Länder oft ausdrücklich darauf hingewiesen, dass die Regelung die gemeinschaftliche Unterbringung bei gelegentlichen **Belegungsspitzen** abdecken soll. Baden-Württemberg, Hamburg und Hessen sehen von einer Regelung ab, die gemeinschaftliche Unterbringung vorübergehend und aus zwingenden Gründen zulässt. Mit dem Hinweis auf die zahlreichen besonderen Vorkommnisse im Jugendstrafvollzug schließt das Hamburger Jugendstrafvollzugsgesetz die Möglichkeit der gemeinsamen Unterbringung sogar dann aus, wenn kein schädlicher Einfluss zu befürchten ist.

12 Es ist für die Gefangenen von zentraler Bedeutung, dass sie die Möglichkeit des Rückzugs in einen persönlichen Haftraum haben. Dies vermittelt ihnen Sicherheit und Schutz. Zum einen muss ein Rest von Privatsphäre erhalten werden, zum anderen wird durch die Einzelunterbringung auch Schutz vor Übergriffen gewährleistet. Grundsätzlich ist daher ein Anspruch der Gefangenen auf Einzelunterbringung zu fordern.[16] Allerdings darf nicht übersehen werden, dass der Umfang gemeinschaftlicher Haftraumbelegung, die immer eine begründete Ausnahme sein sollte, zunächst davon abhängig ist, wie viele Gemeinschaftshafträume in der Anstalt überhaupt vorhanden sind. Bestehen sie in größerer Anzahl und ist ein hoher Belegungsdruck gegeben, so werden diese Hafträume wohl auch gemeinschaftlich belegt werden. Die Zustimmung bei den Gefangenen dafür zu erhalten, ist kaum ein Problem.

13 Besteht Hilfsbedürftigkeit oder Gefahr für Leben oder Gesundheit, so kann ein Gefangener auch ohne seine Zustimmung gemeinschaftlich untergebracht werden. Dies ergibt sich ggf aus der **Fürsorgepflicht**. Hat eine Anstalt keine Gemeinschaftshafträume, sieht aber die Notwendigkeit, dass ein Gefangener über Nacht nicht allein bleiben sollte, so kann sie eine **Notgemeinschaft** („Schlafgänger"), dh die vorübergehende Unterbringung von zwei Gefangenen in einem Einzelhaftraum, zulassen.

Einige Gefangene äußern in Gesprächen, dass sie eine gemeinschaftliche Unterbringung bevorzugen würden.[17] Sie fühlen sich in gemeinschaftlicher Unterbringung

---

14 Sonnen in: Jugendstrafvollzug in Deutschland, hrsg. von Goerdeler/Walkenhorst, 2007, S. 91 sowie Walter in: Jugendstrafvollzug in Deutschland, hrsg. von Goerdeler/Walkenhorst, 2007, S. 199.
15 Erläuterungen zu § 25 S. 41 JStVollzG NRW.
16 Eckpunktepapier der DVJJ (2006) 5 Abs. 1.
17 Ullenbruch NStZ 1999, 431.

wohler, vor allem weniger einsam oder suchen Unterstützung bei Mitgefangenen. Allerdings sollte einem solchen Antrag ohne eingehende Prüfung auf keinen Fall stattgegeben werden. Nach sorgfältiger Prüfung sollte die gemeinsame Unterbringung nur genehmigt werden, wenn sie den gesetzlichen Voraussetzungen genügt sowie dem **wohlverstandenen Interesse** der beteiligten Gefangenen entspricht. Es ist natürlich schwierig, im Einzelfall dieses wohlverstandene Interesse sicher zu bestimmen. Der ausschlaggebende Beweggrund des Wunsches wird manchmal unerkannt bleiben. Hinzu kommt, dass nach einer Genehmigung von anderen Gefangenen oft gleichlautende Anträge gestellt werden und die Anstalt schnell unter Begründungsdruck geraten kann. Wenn man bedenkt, dass die Gefangenen tagsüber arbeiten, im Anschluss daran ein gutes Freizeitangebot bestehen sollte und somit die Einzelunterbringung zur Nachtzeit selten mehr als 10 Stunden andauert, sollte von gemeinschaftlichen Unterbringungen nur äußerst zurückhaltend Gebrauch gemacht werden. Auf keinen Fall dürfen lange Einschlusszeiten, die wegen schwachen Freizeitangebotes entstehen, mittels Gemeinschaftsunterbringungen kompensiert werden.

Verführerisch kann es auch sein, die Möglichkeit der gemeinschaftlichen Unterbringung zu nutzen, um Unzufriedenheit über fehlende Arbeitsangebote nicht aufkommen zu lassen. Die gemeinschaftliche Unterbringung, auch wenn sie nur vorübergehend und aus zwingenden Gründen angeordnet wird, kann auch als Rechtfertigungsgrund für fehlende Kapazitäten an Einzelhafträumen genutzt werden. Denn wie lange vorübergehend ist und was zwingende Gründe sind, ist nicht näher definiert, wenngleich es sich dabei um unbestimmte Rechtsbegriffe handelt, die gerichtlich voll überprüfbar sind. Jugendliche Gefangene sind jedoch nicht erfahren im Umgang mit Rechtsbehelfen. Politischer Druck, ausreichend Einzelhafträume zu schaffen, wird daher selten entstehen. Vielmehr besteht die Gefahr, dass notwendige Baumaßnahmen unterbleiben, weil die gesetzlichen Vorgaben nicht zwingend sind.

IV. Der Haftraum

1. Grundsatz

Der Haftraum ist **wohnlich** und seinem **Zweck entsprechend** auszugestalten. Er muss hinreichenden Luftinhalt haben und im Hinblick auf eine gesunde Lebensführung ausreichende Boden- und Fensterflächen aufweisen sowie mit Heizung und Lüftung ausgestattet sein, § 144 Abs. 1 StVollzG, Nrn. 18.1-18.3 EPR; Nr. 63.1 ERJOSSM. Der „Blick nach draußen" muss möglich sein; Lüftungsmöglichkeiten dürfen nicht übermäßig beeinträchtigt werden.[18] Nach dem StVollzG war der Bundesregierung die Ermächtigung erteilt, weitere Einzelheiten zu regeln. Sie hat davon jedoch keinen Gebrauch gemacht. Ebenso hat kaum ein Bundesland die Möglichkeit wahrgenommen, **Mindeststandards** im Gesetz genauer zu konkretisieren. Nur das Land Baden-Württemberg hat in Buch 1 § 7 Abs. 2 und 3 des JVollzGB für den Bau neuer Justizvollzugsanstalten konkrete Aussagen über die Mindestgröße eines Haftraums gemacht. Danach soll dieser in neu errichteten Anstalten eine Grundfläche von mindestens 9 Quadratmetern bei Einzelhafträumen und 7 Quadratmetern pro Gefangenen in Gemeinschaftshafträumen aufweisen.

---

18 Callies/Müller-Dietz § 144 Rn 1.

Die genannten Größenangaben verstehen sich ohne Sanitärbereich. Weitere konkretisierende Verwaltungsvorschriften der Bundesländern sind zu erwarten.

2. Die Rechtsprechung

15 Das BVerfG hat in den Entscheidungen, die sich mit der Unterbringung der Gefangenen im Haftraum befassen, keine bestimmte Größe vorgegeben, weder hinsichtlich der Grundfläche noch des Rauminhalts. Im Mittelpunkt der Überlegungen stand vielmehr die Frage, ob sich bei der konkreten Unterbringung im Einzelfall ein Verstoß gegen Art. 1 Abs. 1 GG ergebe. In diesem Zusammenhang wurde von der Rechtsprechung ein Mindestmaß von 7 Quadratmetern pro Gefangenen für erforderlich gehalten.[19] Nach einer Entscheidung des BVerfG[20] kann in einer zeitweiligen **Doppelbelegung einer Einzelzelle** von ca. 8 Quadratmetern ein Verstoß gegen die Menschenwürde begründet sein. Diese Rechtsprechung bezieht sich allerdings auf den Vollzug der Freiheitsstrafe. Daher ist die Entscheidung des Gesetzgebers von Baden-Württemberg zu begrüßen, die eine Mindestgröße des Haftraums von 9 Quadratmetern festlegt, auch wenn dies erst für den Bau künftiger Anstalten verbindlich ist. Immerhin ist damit festgeschrieben, welches im Hinblick auf die Grundfläche des Haftraums der Mindeststandard sein sollte.

3. Die Haftraumtür

16 Bei Neubauten von Jugendanstalten oder Umbauten wird heute meist darauf geachtet, dass neben dem **Zentralschloss** in der Haftraumtür eine weitere Schließung möglich ist, die von dem Bewohner selbst betätigt werden kann (selbstverständlich sind die zuständigen Bediensteten im Besitz eines Generalschlüssels). Er hat es dann selbst in der Hand, ob er seinen Haftraum offen halten will oder ob er sich zurückzieht und Mitgefangenen den Zugang in seinen Haftraum verwehrt. Die Grundsätze, die von der Rechtsprechung zum Strafvollzugsgesetz für **Türspione** (Türspione können verhängt werden)[21] aufgestellt wurden, gelten entsprechend für den Jugendvollzug. Nach der Erfahrung sind sie als Standardeinrichtung auch nicht erforderlich. Etwas anderes gilt ggf für besonders gesicherte Hafträume.

4. Toilettenbereich

17 Beim Bau neuer Jugendanstalten ist es heute Standard, dass die Nasszelle und der Toilettenbereich vom übrigen Haftraum **räumlich getrennt** sind.[22] Ohnehin müssen nach Nr. 19.3 EPR Häftlinge jederzeit Zugang zu sanitären Einrichtungen haben, die hygienisch sind und die Intimsphäre schützen. Die Achtung der Menschenwürde, aber auch die wohnliche Ausgestaltung des Haftraums gebieten es, Toiletten, die gleichwohl nicht räumlich abgetrennt sind, zumal in Gemeinschaftshafträumen, mittels einer **Schamwand** der ungehinderten Einsicht zu entziehen.[23] Da auch bei einem

---

19 BVerfG ZfStrVo 1994, 377; OLG Frankfurt NStZ 2003, 622; OLG Frankfurt NStZ-RR 2004.
20 BVerfG StV 2002, 661; siehe auch BGHSt 50, 234 = StV 2006, 48 = NK 2006, 183 (LS) und KG StV 2008, 366.
21 BGH JR 1992, 173.
22 Siehe auch Erläuterungen zu § 7 Abs. 2 JVollzGB I B-W.
23 BGH StV 2006, 149 mwN.

Einzelhaftraum der Gefangene jederzeit damit rechnen muss, dass Bedienstete eintreten, ist in einem solchen Fall jedenfalls dann eine Schamwand erforderlich, wenn die Toilette ansonsten im Sichtbereich liegt. Aus denselben Gründen ist es geboten, dass die Bediensteten ihr Eintreten durch Anklopfen oder entsprechende Schließgeräusche ankündigen.[24]

5. Haftraummobiliar und Haftraumgestaltung

Die übliche Haftraummöblierung besteht meist aus **Bett, Schrank, Tisch, Stuhl** und **Wandregal**. Schränke und Wandregale sind häufig zu klein und machen es damit den Gefangenen schwer, Ordnung im Haftraum zu halten. Auf eine ausreichende, eher großzügige Ausgestaltung mit Wohnmobiliar sollte gerade im Jugendvollzug geachtet werden, auch um die Jugendlichen anzuhalten, mit ihren Sachen ordentlich umzugehen. Auch die Qualität der für die Möbel verwendeten Materialien ist von erheblicher Bedeutung. Wird hier gespart, kann ein Haftraum sehr schnell einen ungepflegten Eindruck erwecken. 18

Fragen der Ästhetik dürfen bei der Gestaltung des Haftraums nicht unterschätzt werden. Dabei spielen **Farben** eine wichtige Rolle. Dies gilt für die Farbe der Wände in besonderem Maße. Es muss nicht immer ein steriles Weiß bei den Zellenwänden sein, welches zudem für Beschädigungen und Verschmutzungen sehr anfällig ist. Bei der Neueinrichtung eines Haftraums sollte auch der Einbau von Gardinenleisten nicht versäumt werden; denn **Gardinen** sind ein wichtiges Element der wohnlichen Gestaltung und bieten während der Nachtzeit Schutz vor störendem Lichteinfall durch die meist starke Außenbeleuchtung.

Die Gefangenen benötigen, um sich einen Kaffee oder ein anderes heißes Getränk zubereiten zu können, einen Tauchsieder, **Wasserkocher** oder Boiler. In einigen Anstalten wird auch ein kleiner **Kühlschrank** im Haftraum gestattet oder es werden in der Gemeinschaftsküche in einem großen Kühlschrank abschließbare Kühlzellen zur Verfügung gestellt. Die bisherigen Erfahrungen können als positiv bewertet werden. Die Bereitstellung solcher Kühlmöglichkeiten ist erforderlich, um den Gefangenen jederzeit frisches und appetitliches Essen zu ermöglichen und Hygiene und Sauberkeit zu fördern. 19

6. Der Gemeinschaftshaftraum

Soweit Gemeinschaftshafträume vorhanden sind, sollten sie mit **nicht mehr als zwei Gefangenen** belegt werden. Werden beispielsweise drei Gefangene gemeinschaftlich untergebracht, besteht die Gefahr, dass sich zwei von ihnen gegen den Dritten zusammenschließen. Denn insbesondere männliche Jugendstrafgefangene pflegen sehr schnell ein „Ranking" durchzuführen, welches unter diesen Bedingungen schon rein rechnerisch nur zu einem Verhältnis 2:1 führen kann. Dies ist unter dem Gesichtspunkt von Übergriffen gefährlich und sollte unbedingt vermieden werden. Noch höher belegte Gemeinschaftshafträume verbieten sich darüber hinaus wegen des im Jugendstrafvollzug immer zu beachtenden Prinzips der Individualisierung. Soweit frü- 20

---

24 BVerfG StV 1994, 432; Laubenthal, 6. Aufl., Rn 390 mwN.

her die gemeinsame Unterbringung von drei Gefangenen als Prävention gegen das Aufkommen homosexueller Beziehungen genannt wurde, erscheint dies heute zumindest antiquiert, jedenfalls wegen der damit verbundenen Unterdrückungsgefahr nicht vertretbar.

Die Regelung des § 201 Ziff. 3 StVollzG, wonach bis zu acht Personen gemeinschaftlich in einem Raum untergebracht werden können, darf im Jugendstrafvollzug auf keinen Fall als Maßstab herangezogen werden. Je weniger Gefangene in einem Gemeinschaftshaftraum untergebracht sind, um so eher kommt man dem **Grundsatz der Einzelbelegung** nahe. Daher haben einzelne Bundesländer richtigerweise die gemeinschaftliche Unterbringung auf zwei Gefangenen begrenzt.[25]

All dies macht außerdem deutlich, dass manche gemeinschaftliche Unterbringung hauptsächlich deshalb erfolgt, weil die raumnutzende Belegung der Anstalt im Vordergrund steht und nicht die an sich anzustrebende Einzelunterbringung (siehe Rn 13).

V. Ausstattung des Haftraums durch den Gefangenen; persönlicher Besitz
1. Gesetzliche Regelung

21 Die individuelle Ausstattung des Haftraums soll es den Gefangenen ermöglichen, ihre Persönlichkeit zum Ausdruck zu bringen und Privatsphäre zu gestalten. Dazu gehören zB Fotos und Erinnerungsstücke von Eltern, Verwandten und Freunden. Dieses Recht wurde den Gefangenen bereits durch eine gesetzliche Bestimmung im StVollzG garantiert, § 19 Abs. 1 StVollzG. Weiterhin räumt § 144 Abs. 1 StVollzG das Recht ein, den Haftraum angemessen auszustatten und ihn wohnlich zu gestalten. Diese für den Erwachsenenvollzug aufgestellten Grundsätze sind in gleicher Weise für den Jugendstrafvollzug bedeutend. Die **Grundregel** für die Ausstattung des Haftraums lautet:

Die Gefangenen dürfen ihren Haftraum in angemessenem Umfang mit eigenen Sachen ausstatten. Sachen, die geeignet sind, das Vollzugsziel oder die Sicherheit oder Ordnung der Anstalt zu gefährden, sind ausgeschlossen.[26]

Länder	Ausstattung des Haftraums – Grundregel
Alle Länder	Die Gefangenen dürfen ihren Haftraum in angemessenem Umfang mit eigenen Sachen ausstatten. Sachen, die geeignet sind, das Vollzugsziel oder die Sicherheit oder die Ordnung zu gefährden, sind ausgeschlossen. (Grundaussage aller gesetzlichen Regelungen)
Länder	Ergänzende Regelungen
Baden-Württemberg	Hierdurch darf die Übersichtlichkeit des Haftraums, die Sicherheit oder Ordnung der Jugendstrafanstalt oder die Erreichung des Erziehungsauftrages nicht beeinträchtigt werden. (§ 13 JVollzGB IV)

---

25 So jeweils § 25 Abs. 1 der JStVollzG von Sachsen-Anhalt, Schleswig-Holstein, Berlin.
26 So zB § 29 HmbJStVollzG.

V. Ausstattung des Haftraums durch den Gefangenen; persönlicher Besitz

Länder	Ausstattung des Haftraums – Grundregel
Bayern	Art. 21 gilt entsprechend mit der Maßgabe, dass auch Vorkehrungen und Gegenstände ausgeschlossen werden können, die die Erfüllung des Erziehungsauftrags gefährden. (Art. 141) Vorkehrungen und Gegenstände, die die Übersichtlichkeit des Haftraums behindern oder in anderer Weise Sicherheit oder Ordnung der Anstalt gefährden, können ausgeschlossen werden. (Art. 21 Abs. 2)
Hessen	Die Übersichtlichkeit des Haftraums darf nicht behindert und Kontrollen nach § 45 Abs. 1 dürfen nicht unzumutbar erschwert werden. (§ 19 Abs. 1 S. 2) Gegenstände, deren Besitz, Überlassung oder Benutzung mit Strafe oder Geldbuße bedroht ist oder die geeignet sind, das Erreichen des Erziehungsziels oder die Sicherheit oder die Ordnung der Anstalt zu gefährden, sind ausgeschlossen. (§ 19 Abs. 2)
Niedersachsen	Die Erlaubnis kann versagt oder widerrufen werden, soweit Sachen die Übersichtlichkeit des Haftraums oder die Sicherheit oder Ordnung der Anstalt beeinträchtigen. (§ 21 S. 2)
Sachsen-Anhalt	Vorkehrungen und Gegenstände, die die Übersichtlichkeit des Haftraums behindern oder in anderer Weise die Sicherheit oder Ordnung der Anstalt gefährden, können ausgeschlossen werden. (§ 29 Abs. 2)[27]

2. Überschaubarkeit und Kontrollierbarkeit des Haftraums

Ein Haftraum sollte überschaubar und damit kontrollierbar sein. Wann dies der Fall ist, ist einer der typischen Diskussionspunkte im Vollzugsalltag im **Spannungsfeld zwischen** dem **Erziehungsanspruch** auf der einen und **Sicherheit und Ordnung** auf der anderen Seite. Die Praxis ist hier oft sehr uneinheitlich. Wird der Aspekt der wohnlichen Gestaltung hervorgehoben, führt dies zu eher großzügiger Handhabung. Andererseits wird unter dem Aspekt der Sicherheit und der Bekämpfung subkultureller Gefahren die jederzeitige Kontrollierbarkeit des Haftraums gefordert. Es muss daher wohl eine ausgleichende Lösung gefunden werden.

Für die Gefangenen ist ihr Haftraum der einzige Rückzugsort, in dem sie Privatheit genießen, den sie für sich gestalten können. Für die Bediensteten geht es vor allem um ihre persönliche Verantwortlichkeit für die korrekte Durchführung der Haftraumkontrollen. Sie haben dafür einzustehen, dass diese nach den jeweiligen Vorgaben ordnungsgemäß erfolgen. Hinzu kommt, dass Kollegen, die für die pädagogische Arbeit verantwortlich sind, von ihnen gerne sehen, dass sie nicht zu kleinlich sind; andererseits erwartet der vorgesetzte Dienstleiter die strikte Einhaltung der Sicherheitsvorgaben. Es geht daher nicht nur darum, ob der Schwerpunkt der Erziehung oder derje-

---

[27] Sachsen-Anhalt erwähnt als Ausschlussgrund nicht die Gefährdung des Vollzugsziels. Im Hinblick auf § 28 Abs. 1 JStVollzG LSA (Überlassung von Gegenständen nach Zustimmung) ist jedoch keine eigentliche Abweichung zu den Regeln anderer Bundesländer zu sehen (vgl. auch § 49 Abs. 2 JStVollzG LSA).

nige der Sicherheit mehr betont wird, sondern auch darum, wie Mitarbeiter aus verschiedenen Berufsgruppen mit unterschiedlichen Verantwortungsbereichen ein gedeihliches Zusammenwirken bei der gemeinsamen Arbeit finden.

a) Aus der Sicht der Gefangenen

23 Durch die Hausordnung wird in den Anstalten sehr genau geregelt, welche Gegenstände in welcher Anzahl im Haftraum gestattet sind. Diese Regeln sind für die Gefangenen zwar manchmal nicht ohne weiteres einsichtig, werden jedoch in der Regel akzeptiert. Probleme haben die Gefangenen aber, wenn die Regeln von den Bediensteten nicht mit der notwendigen Einheitlichkeit praktiziert werden. Hinzu kommt, dass Hausordnungen häufig nicht auf aktuellem Stand sind und durch viele und unübersichtliche Einzelregelungen Unsicherheit darüber erzeugt wird, was gilt und was nicht.

Ein weiterer häufiger Grund für Beschwerden von Gefangenen ist die Art und Weise der Durchführung der **Haftraumkontrollen**. Sie erleben, um mit ihren Worten zu sprechen, die Kontrollen manchmal so, dass man ein „Schlachtfeld" in ihrem Haftraum hinterlassen habe.

b) Aus der Sicht der Bediensteten

24 Für die Bediensteten, die Haftraumkontrollen durchzuführen haben, stellt sich die Situation ebenfalls nicht einfach dar. Hier kommt es darauf an, die Erwartungshaltung der Vorgesetzten und das, was praktisch an Kontrolle vor Ort durch den Mitarbeiter leistbar ist, fair abzustimmen. Ein Mitarbeiter muss sich unwohl fühlen, wenn er durch Unterschrift die ordnungsgemäße Durchführung einer Kontrolle bestätigt, obwohl er weiß, dass diese unzulänglich war, weil der Raum überladen ist oder er keine ausreichende Zeit hatte. Deshalb müssen die dem Bediensteten für eine Zellenkontrolle zur Verfügung stehende **Zeit** und die von ihm **konkret geforderte Kontrollleistung** aufeinander abgestimmt sein. Über ministerielle Erlasse und Hausverfügungen nur den Umfang der Kontrollen festzulegen, reicht nicht aus.

25 Ein interessantes Modell ist in Rheinland-Pfalz entwickelt worden (REFA-System). Hier sind Gegenstände, die im Haftraum zulässig und zu kontrollieren sind, mit einem bestimmten **Punktwert** belegt. Der Punktwert jeden Gegenstandes bemisst sich nach dem Zeitanteil, der für dessen sorgfältige Kontrolle ermittelt wurde. Jedem Gefangenen steht eine gleichgroße Gesamtsumme an Punktwerten zu, um den Haftraum nach eigenem Gusto mit Gegenständen auszustatten. Wird der insgesamt zulässige Wert überschritten, entscheidet der Gefangene selbst, welche Gegenstände er aus dem Haftraum heraus und zu den Effekten gibt.

In Hessen wurde der **Inhalt eines Korbes** (Kasten) als Richtgröße für den Umfang der zugelassenen Gegenstände gewählt; in anderen Bundesländern und Anstalten gelten ähnliche Regelungen.

26 Da die im Haftraum zugelassenen Gegenstände somit nach Zahl und Größe begrenzt sind (beispielsweise nicht mehr als 20 CDs), gibt es den Wunsch nach Tausch von Sachen. Bei Kleidung und Wäsche erscheint es sinnvoll, weniger auszugeben und dafür häufigeren Tausch zu ermöglichen. Bei persönlichen Sachen, die üblicherweise in der

Effektenkammer aufbewahrt werden, ist zu überlegen, ob es möglich ist, den Teil der Habe, der wahrscheinlich immer wieder getauscht werden soll, vor Ort in der Abteilung zu verwahren (s. § 13 Rn 35).

3. Ausschluss von Gegenständen

Nach den gesetzlichen Regelungen der Länder können einzelne Gegenstände vom persönlichen Besitz ausgeschlossen werden, und zwar dann, wenn sie 27

a) gegen die Sicherheit oder Ordnung verstoßen
b) die Erreichung des Vollzugsziels gefährden.[28]

Einzelne Bundesländer ersetzen den Begriff Vollzugsziel durch Erziehungsauftrag.[29] § 19 Abs. 2 HessJStVollzG formuliert: Gegenstände, deren Besitz, Überlassung oder Benutzung mit Strafe oder Geldbuße bedroht ist oder die geeignet sind, das Erreichen des Erziehungsziels zu gefährden.

a) Ausschluss aus Gründen der Sicherheit oder Ordnung

Bereits die Formulierung des Entwurfs der Bundesregierung macht deutlich, dass die besonderen Aspekte des Jugendvollzuges auch hier zu beachten sind und im Vergleich zum Vollzug der Freiheitsstrafe andere Maßstäbe anzuwenden sind. Dieser Entwurf sieht einen Ausschluss von Gegenständen nur vor, wenn die Ordnung **in erheblichem Umfang** gefährdet wird, § 19 Abs. 5 Entwurf Bundesregierung. So ist es konsequent, wenn in verschiedenen Jugendanstalten großzügig zugelassen wird, dass Gefangene, die im Rahmen ihrer Ausbildung einzelne Gegenstände in den Werkbetrieben hergestellt haben, diese zumindest für eine Zeit mit in den Haftraum nehmen dürfen. Gleiches gilt, wenn sie im Rahmen von Sportwettkämpfen Auszeichnungen oder Erinnerungsstücke erhalten haben. Sicherheitsgesichtspunkte werden auch zurückgestellt, wenn man Gefangenen zB eine Gitarre im Haftraum gestattet. Auch bei der Überlassung von elektronischen Geräten sollte eine großzügigere Haltung als im Erwachsenenvollzug eingenommen werden. 28

In den Vollzugsanstalten werden zwischenzeitlich regelmäßig Computerkurse für Gefangene durchgeführt. Meist wird es jedoch unter Hinweis auf Sicherheitserwägungen nicht gestattet, dass Gefangene einen **Computer** im Haftraum nutzen können. Diese strikte Ablehnung erscheint nicht geboten, jedenfalls bei einem **Laptop** oder Notebook, welche durch die Anstalt zur Verfügung gestellt werden. Die Gefangenen könnten Daten und Informationen, die für Bewerbungen um einen Arbeitsplatz oder seine weitere Lebensplanung von Bedeutung sind, mit Hilfe eines Computers zusammenzutragen, um sie jederzeit verfügbar zu haben, also zB Lebenslauf, Bewerbungsschreiben, Schuldenliste, Anschriften wichtiger Anlaufstellen usw. Wenn ein Zugang zum **Internet** nicht gegeben ist und einzelne sicherheitsrelevante Funktionen des Computers außer Funktion gesetzt sind (zB das Brennen von CDs oder DVDs, USB-Port uÄ), dürfte nach Einzelfallprüfung eine Genehmigung erteilt werden können. So könnten Gefangene bei Entlassung all das, was von ihnen an wichtigen Daten zusam-

---

28 Z.B. § 119 NJVollzG; § 25 Abs. 6 JStVollzG NRW; § 29 SächsJStVollzG.
29 Art. 141 BayStVollzG; § 13 JVollzGB IV B-W.

§ 3 Unterbringung und Versorgung

mengetragen wurde, auf einem Datenträger mitnehmen. Dies könnte im Einzelfall eine wichtige Hilfe beim Übergang in die Freiheit sein. Ähnliches gilt für die Gestattung von Computern für die Herstellung der Gefangenenzeitung, die Speicherung von Bildern der Fotogruppe, Videos der Filmgruppe uä.

Sehr begehrt bei den jungen Gefangenen sind DVD-Player, CD-Player und Game-Boy. Entscheidend ist weniger das Gerät – für dessen technische Überprüfung gelten dieselben Grundsätze wie für Rundfunkgeräte, TV-Geräte oder Computer – als das Medium, das mit dem CD-Player, DVD-Player oder dem Game-Boy wiedergegeben werden soll. Es ist darauf zu achten, dass Spiele, Musik oder Filme, die als jugendgefährdend eingestuft sind, dem Gefangenen nicht zugänglich gemacht werden. Grundlage für die Überprüfung ist die Liste der Bundesprüfstelle für jugendgefährdende Medien. Gleichwohl stellen sich in der Praxis hier erhebliche Probleme: Welche Bediensteten sollen die Kontrolle durchführen, im Einzelfall nach welchen Maßstäben?

Oft wird vergessen, dass der richtige Umgang mit Medien von den Gefangenen erst noch erlernt werden muss. Dies bedeutet, dass eine Medienkultur innerhalb der Anstalt zu entwickeln ist. Zu diesem Zweck sollte den Gefangenen zunächst in möglichst vielen Zusammenhängen der Zugang zu Computern und anderen neuen Medien ermöglicht werden (Schule, Arbeit und Ausbildung, Freizeit und Haftraum). Es ist in diesem wichtigen Lernfeld deshalb die Forderung nach einer institutionalisierten **Medienerziehung** der Gefangenen durch speziell ausgebildete Lehrer, Sozialarbeiter oder auch Bedienstete des allgemeinen Vollzugsdienstes zu erheben.

b) Ausschluss aus Gründen der Gefährdung des Vollzugsziels/Erziehungsauftrags

29 Hier ist insbesondere auf politisch extremistische **Plakate** im Haftraum zu achten. Gegebenenfalls kann es erforderlich sein, bei fremdsprachigen Postern einen entsprechenden Sprachkundigen hinzuzuziehen. Auch nationalistische oder rassistische Werbematerialien sind kritisch zu sehen.

30 Werden Sex-Poster aufgehängt, so ist darin nicht ohne weiteres eine Gefährdung des Vollzugsziels zu sehen. Bilder, die außerhalb der Anstalt ohne Einschränkung (Jugendschutz) erworben werden können, sollten grundsätzlich zugelassen werden. Allerdings sollte über sexistische Darstellungen in Gesprächen aufgeklärt werden. Im Einzelfall kann aber auch ein Verbot erforderlich sein, falls ein konkreter Zusammenhang mit der Straffälligkeit besteht, wenn zB bei einem Sexualstraftäter ein entsprechendes, medizinisch/psychiatrisch diagnostiziertes Störungsbild vorliegt.

4. Persönlicher Gewahrsam

31 Gefangenen ist der Besitz von Gegenständen nur gestattet, wenn ihnen hierfür ausdrücklich die Erlaubnis von der Anstalt erteilt wurde. Von anderen Gefangenen dürfen sie ohne Erlaubnis nur Gegenstände von geringem Wert annehmen. Das Strafvollzugsgesetz regelt den persönlichen Gewahrsam im Abschnitt Sicherheit und Ordnung. Die meisten JStVollzG stellen diese Regelung jedoch in den Zusammenhang mit der Versorgung des Gefangenen (§ 28 JVollzG BE, HB, SL, SH, SN § 20 HessJStVollzG).

a) Allgemeine Wertgrenzen

Es ist Vollzugspraxis, dass für die Aushändigung von mitgebrachtem Schmuck und 32
Uhren Wertgrenzen gezogen werden (beispielsweise Höchstwert 100 Euro). Damit
soll illegalem Handel unter den Gefangenen entgegengewirkt werden. Gleichzeitig
schützt sich die Anstalt im Fall eines Rechtsstreites damit vor Schadensersatzansprüchen.

b) Besitzkarten

Auf einer Besitzkarte („Kleiderkarte") wird vermerkt, für welche Gegenstände von 33
einem gewissen Wert die **Erlaubnis zum Besitz** erteilt wurde (Radio, Fernsehgerät,
Uhr, Kleidung usw.). Dieser Besitznachweis sollte sorgfältig auf der Abteilung geführt
werden. Bei Haftraumkontrollen sollte die Besitzkarte hinzugezogen werden. Unstimmigkeiten
werden mit dem Gefangenen geklärt. Damit wird auch deutlich gemacht,
dass subkulturelle Geschäfte nicht gewünscht sind. Der Handel unter Gefangenen
kann insbesondere für schwächere Gefangene gefährlich werden. Es beginnt mit kleinen
Geschäften, dann kommen die Schulden und schließlich folgen Abhängigkeit und
Erpressung.

VI. Der Einkauf
1. Die Gesetze der Bundesländer

Die Gesetze der Länder lehnen sich im Wortlaut mehr oder weniger an die Vorschrift 34
des § 22 StVollzG an. Es werden daher im Folgenden nur wesentliche Abweichungen
und spezifische Aspekte des Jugendstrafvollzugs angesprochen.

Länder	Grundregel
Alle Bundesländer	Die Gefangenen können aus einem von der Anstalt vermittelten Angebot einkaufen. Die Anstalt soll für ein Angebot sorgen, das auf Wünsche und Bedürfnisse der Gefangenen Rücksicht nimmt.
	Gegenstände, die geeignet sind, das Vollzugsziel oder die Sicherheit oder die Ordnung der Anstalt zu gefährden, sind vom Einkauf ausgeschlossen.
	(Grundregel, zB § 31 der Gesetze der Länder Berlin, Bremen, Sachsen, Sachsen-Anhalt, Saarland, Schleswig-Holstein)
Länder	**Ergänzende Regelungen**
Baden-Württemberg	Der Jugendschutz ist zu beachten.
	(§ 16 Abs. 1 S. 4 JVollzGB IV)
Bayern Hamburg Nordrhein-Westfalen Schleswig-Holstein	Auf ärztliche Anordnung kann den Gefangenen der Einkauf einzelner Nahrungs- und Genussmittel ganz oder teilweise untersagt werden, wenn zu befürchten ist, dass sie ihre Gesundheit ernsthaft gefährden. In Krankenhäusern und Krankenabteilungen kann der Einkauf einzelner Nahrungs- und Genussmittel auf ärztliche Anordnung allgemein untersagt oder eingeschränkt werden.
	(Art. 24 Abs. 2 S. 2 und 3 BayStVollzG)
	(§ 28 Abs. 2 S. 2 und 3 JStVollzG NRW, § 31 Abs. 4 Satz 2 JStVollzG S-H, lediglich Satz 1 übernommen)

Länder	Grundregel
Ergänzende Regelung Hamburg	Für die Organisation des Einkaufs und den Inhalt des Warenangebots kann die Anstaltsleitung unter Würdigung der Wünsche und Bedürfnisse der Gefangenen besondere Regelungen treffen. (§ 25 Abs. 3 HmbJStVollzG)
Niedersachsen Hamburg	In Anstaltskrankenhäusern und Krankenabteilungen kann der Einkauf einzelner Nahrungs- und Genussmittel auf ärztliche Anordnung allgemein untersagt oder eingeschränkt werden. (§ 24 Abs. 2 S. 2 NJVollzG, § 25 Abs. 4 HmbJStVollzG)

Die im § 22 Abs. 1 StVollzG vorgesehene Beschränkung der Verwendung des Hausgeldes auf Nahrungs- und Genussmittel sowie Mittel zur Körperpflege ist zu Recht in den meisten Gesetzen zum Jugendstrafvollzug aufgegeben worden (Ausnahme Bayern Art. 24). Damit wird dem Umstand Rechnung getragen, dass das Angebot beim Einkauf weit über diese Konsumgüter hinausgeht und bspw auch Zeitschriften, Briefpapier oder Lernmittel beinhaltet.[30]

Wegen der von ihnen vorgenommenen einschränkenden Regelungen zum Paketempfang bzw dessen gänzlicher Abschaffung haben einzelne Bundesländer kompensatorisch zusätzliche Einkaufsmöglichkeiten für die Gefangenen im Gesetz aufgenommen.[31]

2. Durchführung des Einkaufs

35 Der Einkauf wird üblicherweise von einem **Privatunternehmen** durchgeführt, das nach einem von der Anstalt durchgeführten Ausschreibungsverfahren, an dem möglichst die Gefangenenmitverantwortung zu beteiligen ist, den **Zuschlag** erhält. Es gibt Einzelhandelsunternehmen, die sich auf die Durchführung solcher Gefangeneneinkäufe spezialisiert haben und in mehreren Anstalten tätig sind. Sie haben oft größere Erfahrung in der Organisation des Einkaufs. Sie wissen, welche Waren vom Gefangenen nicht erworben werden dürfen, und auch, wie sie sich mit den Mitarbeitern der Vollzugsanstalt organisatorisch am besten abstimmen können. Sie haben auch meistens einen Überblick darüber, was bei den Gefangenen besonders gefragt ist und richten ihr Angebot danach. In der Preisgestaltung sind sie geschickt. Dies ist schon deswegen geboten, weil ihre Verträge meist zeitlich begrenzt sind und sie sich nach Fristablauf erneut dem Ausschreibungsverfahren stellen müssen. Dennoch sehen Gefangene ihre Preisgestaltung in der Regel kritisch. Oft sind sie der Meinung, dass der Anstaltskaufmann sich mit bestimmten Lockangeboten zunächst beim Ausschreibungsverfahren durchsetzen will, um danach sukzessiv die Preise zu erhöhen.

Das Interesse der Unternehmen ist naturgemäß auf Gewinn gerichtet. Um diesen erzielen zu können, müssen vor allem die Personal- und Verwaltungskosten gering gehalten werden. Jugendanstalten sind im Vergleich zu großen Erwachsenenanstalten aber nicht umsatzstark. Man nimmt dieses Geschäft in der Regel mit, vor allem, wenn es sich gut mit anderen Anstaltsverkäufen verbinden lässt.

---

30 So Erläuterungen zu § 22 HessJStVollzG.
31 § 24 Abs. 1 S. 2 NJVollzG.

VI. Der Einkauf

Kleinere Jugendanstalten sind oft auf Kaufleute der unmittelbaren Umgebung angewiesen, die Erfahrung in diesem Geschäft häufig erst noch erwerben müssen. Für diese Unternehmen sind der Vollzug, seine Organisation und die Gefangenen vielfach fremd.

Üblich ist es, dass die Gefangenen einmal im Monat ihren normalen Einkauf tätigen können (**Haupteinkauf**); zu weiteren Terminen können die Sondereinkäufe (beispielsweise für neu zugegangene Gefangene oder besonders bestellte Waren) durchgeführt werden. Dies wird den speziellen Bedürfnissen des Jugendvollzuges nicht gerecht. Die Gefangenen sollten auch im Vollzug lernen können, mit ihrem Geld umzugehen, es einzuteilen. Der Einkauf ist dafür eigentlich das ideale Lernfeld. Die Gefangenen sollten deshalb in der Lage sein, mindestens einmal in der Woche, besser noch häufiger einzukaufen. Im Übrigen ist es ein nicht zutreffendes Vorurteil, dass Gefangene allgemein nicht in der Lage wären, ihr Geld einzuteilen. Möglicherweise ist der Anteil derjenigen, die mit der Einteilung ihres Geldes Schwierigkeiten haben, im Vollzug etwas größer als draußen, aber die meisten Gefangenen sind durchaus in der Lage, mit ihrem Geld planmäßig umzugehen. Dabei spielt auch das Alter eine Rolle. Die Organisation einer häufigen Einkaufsmöglichkeit ist aufwendig und für Unternehmen von außerhalb wegen der Personalkosten in der Regel nicht interessant. Es ist nicht einfach, hier den richtigen Partner zu finden. Eine Alternative kann darin bestehen, eine Beschäftigungsgesellschaft, die mit Mitteln der Bundesanstalt für Arbeit gefördert wird und die nicht auf Gewinnmaximierung ausgerichtet ist, als Partner zu gewinnen. Hierdurch war es zB in der JVA Wiesbaden möglich, täglich jeweils für eine Abteilung einen Einkaufstermin pro Woche durchzuführen. Der Nachteil war jedoch, dass ein relativ hoher Personalaufwand bei der Anstalt durch die Zuführung der Gefangenen entstand.

Die vorzugswürdigere Alternative besteht darin, dass die Anstalt die Aufgabe des Einkaufs als ihre eigene Organisationsaufgabe begreift und sie nicht an ein Unternehmen von außerhalb delegiert. Seit vielen Jahren wird in der JVA Schifferstadt dieser Weg mit Erfolg beschritten. Der Einsatz geeigneter Computerprogramme kann hier unterstützend wirken. Die Kosten bei einer Durchführung des Einkaufs durch die Anstalt erscheinen vertretbar. Die Vorteile liegen in einer jederzeit veränderbaren Organisation und einem hohen Maß an Flexibilität. Abstimmungsprobleme mit dem Kaufmann gibt es nicht mehr, Ausschreibungsverfahren entfallen. Die Preisgestaltung liegt in der Hand der Anstalt.

Es ist widersprüchlich, dass einerseits mit großem Aufwand Schuldnerberatung in den Anstalten organisiert wird, dass aber andererseits der Gefangeneneinkauf selten als Übungsfeld genutzt wird.[32] Hierbei sind auch Stadteinkäufe zu ermöglichen, wie sie als vollzugsöffnende Maßnahmen in Baden-Württemberg durchgeführt werden.[33]

---

32 Siehe Hiller in: Jugendstrafvollzug in Deutschland, hrsg. von Goerdeler/Walkenhorst, 2007, S. 325.
33 Erläuterungen zu § 37 Abs. 2 JStVollG aF B-W.

3. Erstversorgung bei der Aufnahme

37 Wichtig ist, dass ein Gefangener sich nach der Aufnahme zeitnah mit den üblichen Nahrungs- und Genussmitteln versorgen kann. Es sollte auf jeden Fall verhindert werden, dass er bereits zu Beginn seiner Haftzeit durch Anleihen in Abhängigkeit von Mitgefangenen gerät. Ein **Zugangseinkauf**, der erst nach einer Woche oder noch später durchgeführt wird, ist deshalb nicht vertretbar. In vielen Anstalten haben die Mitarbeiter diese Notwendigkeit erkannt und kümmern sich um eine schnelle Erstversorgung der Gefangenen. Fehlt es an Geld, werden manchmal die Vertreter der Kirchen oder der Gefangenenhilfsvereine gebeten, helfend einzuspringen. In den Jugendstrafvollzugsgesetzen ist hierzu keine Regelung enthalten. Durch Verwaltungsvorschriften könnte die notwendige Rechtsklarheit geschaffen werden.

4. Ergänzende Regelungen

38 Eine wachsende Bedeutung hat in der Praxis die Bestellung beim **Versandhandel** gewonnen. Die Gesetze vieler Bundesländer wie § 31 Abs. 3 des sächsischen Jugendstrafvollzugsgesetzes tragen dem Rechnung. Danach soll dem Gefangenen die Möglichkeit eröffnet werden, Gegenstände über den Versandhandel zu beziehen.

Ein praktisches Problem stellt jedoch die arbeitsaufwändige Kontrolle von Paketen dar, erst recht, wenn es sich um Nahrungs- und Genussmittel handelt. Nimmt man den Sicherheitsgedanken ernst, dann sind Kuchen, Würste und ähnliche Lebensmittel aufzuschneiden. Kaffee oder Tee sind auszuschütten, um den Inhalt prüfen zu können. Daher haben einige Bundesländer regelmäßige Paketsendungen an die Gefangenen nicht mehr vorgesehen und sind dazu übergegangen, an Stelle der früher üblichen Pakete zu Ostern, zu Weihnachten und zum Geburtstag ersatzweise Einkäufe zu gewähren.

Länder	Regeln zum Versandeinkauf und zu Jahressondereinkäufen
Baden-Württemberg	In begründeten Ausnahmefällen, insbesondere, wenn ein zugelassener Artikel sonst nicht beschafft werden kann, kann ein Einkauf über andere sichere Bezugsquellen gestattet werden. (§ 16 Abs. 2 JVollzGB VI)
Bayern	Sondereinkauf aus einem durch die Anstalt vermittelten Angebot von Nahrungs- und Genussmitteln ist zugelassen zu Weihnachten, Ostern und einem von dem Gefangenen zu wählenden weiteren Zeitpunkt. Gefangene, die nicht einer christlichen Religionsgemeinschaft angehören, kann an Stelle des Weihnachts- oder Ostereinkaufs je ein Sondereinkauf zu einem anderen Zeitpunkt gestattet werden. (Art. 25 Abs. 1 und 2)
Berlin Bremen Mecklenburg-Vorpommern Saarland Ebenso Sachsen	Den Gefangenen soll die Möglichkeit eröffnet werden, unmittelbar oder über Dritte Gegenstände über den Versandhandel zu beziehen. Zulassung und Verfahren des Einkaufs über den Versandhandel regelt die Anstaltsleiterin oder der Anstaltsleiter (oder die Anstaltsleitung). (§ 31 Abs. 3)

Länder	Regeln zum Versandeinkauf und zu Jahressondereinkäufen
ähnlich Brandenburg Rheinland-Pfalz Thüringen	(§ 63 Abs. 2) (§ 62 Abs. 2) (§ 63 Abs. 2)
Ergänzende Regelung Sachsen-Anhalt	Nahrungs- und Genussmittel sind vom Einkauf über den Versandhandel ausgeschlossen. (§ 31 Abs. 4 S. 1)
Hamburg	Keine besondere Regelung.

VII. Die Wohngruppe
1. Gesetzliche Regelungen

Jugendstrafgefangene sollten in Wohngruppen untergebracht werden, die eine überschaubare Größe haben. Derartige Wohngruppen sind für soziales Lernen, die Konstituierung funktionierender Gruppen und die Vermeidung von Subkultur unverzichtbar.[34] Die besondere Bedeutung des Wohngruppenvollzuges wird auch durch das BVerfG hervorgehoben.[35]

Die Bundesländer haben hierzu folgende gesetzliche Regelungen getroffen:

Länder	Gesetzliche Regelung
Baden-Württemberg	Die jungen Gefangenen werden regelmäßig in Wohngruppen untergebracht, die entsprechend dem individuellen Entwicklungsstand und Erziehungsbedarf zu bilden sind. (§ 13 Abs. 1 JVollzGB IV B-W) In der Wohngruppe sollen insbesondere Werte, die eine sozialverträgliches Zusammenleben ermöglichen, gewaltfreie Konfliktlösungen, gegenseitige Toleranz und Verantwortung für den eigenen Lebensbereich vermittelt und eingeübt werden. (§ 13 Abs. 3 JVollzGB IV B-W)
Bayern	Geeignete junge Gefangene können in Wohngruppen untergebracht werden, deren Größe sich nach dem Erziehungsbedarf richtet. (Art. 140 Abs. 1) Wohngruppenvollzug wird von pädagogisch ausgebildeten Bediensteten geleitet, verfügt über Räume für gemeinschaftliche Beschäftigung und bietet besondere Behandlungs- und Freizeitangebote. (Art. 140 Abs. 2)
Berlin	Geeignete Gefangene werden regelmäßig in Wohngruppen untergebracht, die entsprechend dem individuellen Entwicklungsstand und Förderbedarf zu bilden sind. (§ 26 Abs. 1 Satz 1) In der Wohngruppe sollen insbesondere Werte, die ein sozialverträgliches Zusammenleben ermöglichen, gewaltfreie Konfliktlösungen, ge-

---

34 So Eckpunktepapier der DVJJ 5 Abs. 2.
35 BVerfG NJW 2006, 2093, 2096.

§ 3 Unterbringung und Versorgung

Länder	Gesetzliche Regelung
	genseitige Toleranz und Verantwortung für den eigenen Lebensbereich vermittelt und eingeübt werden. (§ 26 Abs. 2)
Brandenburg	Geeignete junge Gefangene sind in Wohngruppen unterzubringen. Nicht geeignet sind in der Regel junge Gefangene, die aufgrund ihres Verhaltensgruppen fähig sind. (§ 20 Abs. 3)
Bremen Mecklenburg-Vorpommern Saarland Schleswig-Holstein	Geeignete Gefangene werden regelmäßig in Wohngruppen untergebracht. (§ 26 Abs. 1 S. 1) Die Abteilungen der Anstalt sollen in Wohngruppen gegliedert sein, zu denen neben den Haftäumen weitere Räume zur gemeinsamen Nutzung gehören. (§ 98 Abs. 3)
Hamburg	Geeignete Gefangene sollen in Wohngruppen untergebracht werden. Nicht geeignet sind in der Regel Gefangene, die auf Grund ihres Verhaltens nicht gruppenfähig sind. (§ 20 Abs. 1 HmbJStVollzG) Wohngruppen sollen in der Regel mindestens mit acht und höchstens mit zwölf Gefangenen belegt werden. Eine Belegung mit mehr als fünfzehn Gefangenen darf nicht erfolgen. Die Belegung soll sich an erzieherischen Grundsätzen, insbesondere an dem Alter der Gefangenen, an der Dauer der zu vollziehenden Jugendstrafen und an den diesen zu Grunde liegenden Straftaten, orientieren. (§ 20 Abs. 2 HmbJStVollzG) Wohngruppen werden von erzieherisch befähigten Bediensteten geleitet, verfügen über Gruppenräume für gemeinschaftliche Beschäftigung und bieten besondere Behandlungs- und Freizeitangebote. (§ 20 Abs. 3 HmbJStVollzG)
Hessen	Die Gefangenen werden regelmäßig in Wohngruppen untergebracht, die entsprechend dem individuellen Entwicklungsstand und Förderbedarf zu bilden sind. In der Wohngruppe sollen insbesondere Werte, die ein sozialverträgliches Zusammenleben ermöglichen, gewaltfreie Konfliktlösungen, gegenseitige Toleranz und Verantwortung für den eigenen Lebensbereich vermittelt und eingeübt werden. (§ 18 Abs. 1 und 3) Die Anstalten gliedern sich in Vollzugsabteilungen, in denen eine auf den unterschiedlichen Förderbedarf der Gefangenen abgestimmte Behandlung zu gewährleisten ist. Die Abteilungen bestehen aus Wohngruppen, zu denen neben den Haftäumen weitere Räume zur gemeinsamen Nutzung gehören und deren Größe und Ausgestaltung sich nach dem Erziehungsziel bemisst. Eine Wohngruppe sollte in der Regel aus nicht mehr als acht Gefangenen bestehen. Aus erzieherischen Gründen oder Gründen der Vollzugsorganisation können bis zu zwei weitere Gefangene aufgenommen werden. (§ 68 Abs. 4)

Länder	Gesetzliche Regelung
Niedersachsen	Wohngruppen dienen der Förderung sozialen Lernens. Sie sind so zu gestalten, dass die Gefangenen vor wechselseitigen Übergriffen geschützt werden. Die oder der Gefangene soll in einer Wohngruppe untergebracht werden, wenn sie oder er hierfür geeignet ist. (§ 120 Abs. 1)
Nordrhein-Westfalen	Geeignete Gefangene werden regelmäßig in Wohngruppen untergebracht. (§ 25 Abs. 4)
Rheinland-Pfalz	Geeignete junge Gefangene sollen in Wohngruppen untergebracht werden. Nicht geeignet sind in der Regel Gefangene, die auf Grund ihres Verhaltens nicht gruppenfähig sind. (§ 20 Abs. 3 LJVollzG RP)
Sachsen	Geeignete Gefangene werden regelmäßig in Wohngruppen untergebracht. In einer Wohngruppe sollen nicht mehr als zwölf Gefangene untergebracht werden. (§ 26)
Sachsen-Anhalt	Geeignete Gefangene werden in Wohngruppen untergebracht. (§ 26) Die Abteilungen der Anstalt sollen in Wohngruppen gegliedert sein, zu denen neben den Haftäumen weitere Räume zur gemeinsamen Nutzung gehören. (§ 108 Abs. 3)
Thüringen	Geeignete junge Gefangene werden grundsätzlich in Wohngruppen untergebracht. Nicht geeignet sind in der Regel Gefangene, die auf Grund ihres Verhaltens nicht gruppenfähig sind. Sie sollen durch gezielte Maßnahmen zum Wohngruppenvollzug befähigt werden. (§ 20 Abs. 3 ThürJVollzGB)

2. Die Wohngruppe als Gestaltungsprinzip

Die Bedeutung des Wohngruppenvollzuges als Gestaltungsprinzip ist unter den Bundesländern und in der Strafvollzugswissenschaft unstreitig.[36] In allen Erläuterungen zu den jeweiligen gesetzlichen Vorschriften wird die besondere Bedeutung der Wohngruppe für das **soziale Lernen** hervorgehoben. Der Wohngruppenvollzug dient der Einübung sozialadäquaten Verhaltens, weil die Gefangenen sich mit den Bedürfnissen und Erwartungen ihrer Mitgefangenen im Alltag auseinandersetzen und Probleme gemeinsam lösen müssen. Er ist besonders geeignet, soziales Lernen zu stimulieren. Hinzu kommt, dass in Wohngruppen die individuelle Ansprache, Förderung und Erziehung der Gefangenen besser möglich ist als in den früher üblichen größeren Abteilungen. Dem Erziehungsauftrag zuwiderlaufende subkulturelle Einflüsse und Strukturen können frühzeitig erkannt und zurückgedrängt werden.

Im Hinblick auf den Angleichungsgrundsatz sollten sich in den Wohngruppen namentlich die sozialen Normen und Werte, die ethnische, religiöse und kulturelle Vielfalt der Gesellschaft widerspiegeln. Diese Voraussetzungen sind geeignet, auch im

---

36 Siehe hierzu Ostendorf ZRP 2008, 17.

Vollzug ein weitgehend realistisches Übungsfeld mit seinen positiven wie auch negativen Lernfeldern und Merkmalen zu eröffnen.[37]

Das JVollzGB IV B-W konkretisiert die zu leistende Arbeit in § 13 wie folgt: „In der Wohngruppe sollen insbesondere Werte, die ein sozialverträgliches Zusammenleben ermöglichen, gewaltfreie Konfliktlösungen, gegenseitige Toleranz und Verantwortung für den eigenen Lebensbereich vermittelt und eingeübt werden".[38] Auch das BVerfG betont, dass innerhalb der Anstalt einerseits Kontakte, die sozialem Lernen dienen können, aufgebaut und nicht unnötig beschränkt werden sollten, andererseits aber die Gefangenen vor Übergriffen zu schützen sind. Nach derzeitigem Erkenntnisstand sei die Unterbringung in kleineren Wohngruppen dafür besonders geeignet.[39]

Um dem pädagogischen Auftrag Nachdruck zu verleihen, haben die Bundesländer Hamburg und Bayern gesetzlich festgelegt, dass die Leitung einer Wohngruppe erzieherisch befähigten oder pädagogisch ausgebildeten Mitarbeitern zu übertragen ist.[40]

3. Lernen in der Gruppe der Gleichaltrigen

41   Eine zentrale Rolle beim Erlernen von sozialen Kompetenzen nehmen die Mitgefangenen, die Gruppe der Gleichaltrigen, ein. Junge Menschen vergleichen sich, wollen erfolgreich sein und in der Gruppe akzeptiert werden. Ob ihnen und wie ihnen dies gelingt, messen sie vor allem an der Akzeptanz in ihrer Bezugsgruppe. Die Einrichtung von Wohngruppen ermöglicht das Lernen in der Gleichaltrigengruppe („peer group learning"). Die DVJJ verweist in ihrer Stellungnahme zum Entwurf der Bundesregierung zu einem Jugendstrafvollzugsgesetz nachdrücklich auf die Bedeutung der Gleichaltrigengruppe für die Entwicklung der Jugendlichen. Sie fordert, dass dieser Aspekt u.a. bei der inhaltlichen Ausgestaltung des Wohngruppenvollzuges Berücksichtigung finden sollte.[41]

4. Größe der Wohngruppe

42   Wie aus der Übersicht zu den gesetzlichen Regelungen ersichtlich, haben lediglich die Bundesländer Hessen, Hamburg und Sachsen gesetzliche Festlegungen über die Zahl der Haftplätze in einer Wohngruppe getroffen. Sachsen zieht die Obergrenze bei zwölf Plätzen. Hessen geht von einer Gruppengröße von acht aus, die aus erzieherischen oder aus Gründen der Organisation auf zehn erhöht werden kann. Hamburg sieht einen Spielraum zwischen acht und maximal fünfzehn Gefangenen. Das NJVollzG sieht eine gesetzliche Regelung über die Anzahl der Haftplätze in einer Wohngruppe zwar nicht vor, führt in den Erläuterungen zu § 118 jedoch aus, dass sich die Anzahl der Untergebrachten vor allem nach den vorliegenden Defiziten bestimmen müsse, jedoch nicht unter acht liegen dürfe.

Teilweise wird auch darauf hingewiesen, dass es zur optimalen Wohngruppengröße keine empirischen Belege gebe.[42] Entscheidend ist, was in einer Wohngruppe gelernt

---

37   Siehe Erläuterungen zu § 25 JStVollzG NRW.
38   Ebenso § 18 Abs. 3 HessJStVollzG; § 26 Abs. 2 JStVollzG Bln.
39   BVerfG NJW 2006, 2093, 2096.
40   Art. 140 Abs. 2 BayStVollzG; § 20 Abs. 3 HmbJStVollzG.
41   Stellungnahme zum Referentenentwurf eines Gesetzes zur Regelung des Jugendstrafvollzugs 5.2.
42   Erläuterungen zu Art. 140 BayStVollzG.

werden soll. Sollen soziale Kompetenzen intensiv trainiert werden, sollen Formen einer Selbstverwaltung aufgebaut werden, dann sind die gruppendynamischen Prozesse so komplex,[43] dass nicht mehr als acht bis zehn Gefangene in einer Wohngruppe sein sollten.[44] Allerdings weist Niedersachsen in den Erläuterungen zum Niedersächsischen Strafvollzugsgesetz darauf hin, dass es auch Gruppen gebe, bei denen kein so hoher Betreuungsbedarf bestehe, die Wohngruppe daher mehr als zwölf Mitglieder umfassen könne. Zu denken ist beispielsweise an eine Entlassungsgruppe, in der Gefangene untergebracht sind, die sich im Rahmen von umfangreichen Vollzugslockerungen auf die Entlassung vorbereiten.

Die überwiegende Anzahl der Bundesländer hat jedoch darauf verzichtet, die zulässige Anzahl von Haftplätzen für eine Wohngruppe gesetzlich festzulegen. Diese Zurückhaltung ist vornehmlich dadurch begründet, dass die flächendeckende Einrichtung von kleinen Wohngruppen in allen Jugendanstalten erheblichen finanziellen Aufwand erfordern würde. So führte der Vertreter des Landes Nordrhein-Westfalen in der Verhandlung vor dem BVerfG anlässlich der Entscheidung über die Notwendigkeit eines Jugendstrafvollzugsgesetzes aus, dass in den Jugendanstalten seines Bundeslandes die Gefangenen überwiegend in Wohngruppen mit bis zu 20 oder in Vollzugsabteilungen bis zu 50 Gefangenen untergebracht seien.[45] **43**

Da einerseits alle Länder sich für die Umsetzung des Wohngruppenvollzugs aussprechen, andererseits aber sehr unterschiedliche Sichtweisen bzgl der Größe einer Wohngruppe bestehen, bleibt der Begriff der Wohngruppe in den Gesetzen undeutlich und wenig konturiert. So ist zu erwarten, dass es viele Vollzugseinheiten geben wird, die das Etikett Wohngruppenvollzug tragen, in denen diese Vollzugsform inhaltlich aber nicht umgesetzt werden kann. Für die Mitarbeiter führt dies zu einer schwierigen Situation. Sie sehen, dass einerseits durch gesetzliche Vorschrift der Wohngruppenvollzug eingeführt worden ist, andererseits die erforderlichen baulichen und finanziellen Rahmenbedingungen nicht gegeben sind, um eine glaubwürdige Umsetzung des Konzepts zu realisieren. Sie befürchten, nach besonderen Vorkommnissen in die Verantwortung genommen zu werden, so zB wenn auf Grund einer zu großen Anzahl von Gefangenen in der Gruppe subkulturelle Entwicklungen nicht rechtzeitig erkannt werden konnten. Für die Umsetzung eines Wohngruppenvollzuges, der den Namen verdient, ist daher eine gesetzliche Größenfestsetzung notwendig. Zumindest sollte eine Präzisierung in Verwaltungsvorschriften erfolgen. **44**

5. Räumlichkeiten der Wohngruppe

Zu einer Wohngruppe gehören neben den Hafträumen weitere Räume zur **gemeinsamen Nutzung**.[46] Um von einem Wohngruppenvollzug sprechen zu können, muss ne- **45**

---

43 Siehe Stellungnahme der DVJJ zum Entwurf der Bundesregierung 5.3.
44 Zur Wohngruppengröße in einer sozialtherapeutischen Einrichtung s. § 2 Rn 28 sowie Sonnen in: Jugendstrafvollzug in Deutschland, hrsg. von Goerdeler/Walkenhorst, 2007, S. 91 sowie Walter in: Jugendstrafvollzug in Deutschland, hrsg. von Goerdeler/Walkenhorst, 2007, S. 212.
45 BVerfG v. 31.5.2006, www.Bundesverfassungsgericht.de, Rn 19, nicht abgedrukt in Veröffentlichungen der Fachzeitschriften.
46 Siehe § 98 Abs. 3 der Gesetze BE, MV, SH, SL, ST; § 64 Abs. 4 S. 2 HessJStVollzG; § 20 Abs. 3 HmbJStVollzG; Art. 140 Abs. 2 BayStVollzG.

ben der kleinen Zahl an Haftplätzen zunächst ein abgeschlossener, nur für diese Gruppe bestimmter großer Gemeinschaftsraum zur Verfügung stehen. Für die Gefangenen muss deutlich sein, dass dieser Raum ausschließlich von ihrer Wohngruppe genutzt wird und dass die Verantwortung für Pflege und Zustand bei ihnen liegt. Werden Räume zeitversetzt durch zwei oder gar mehrere Gruppen genutzt, so ist ein wesentlicher Aspekt, nämlich der der Identifikation und Verantwortung für den Gruppenraum, nicht mehr gegeben. Es handelt sich dann eigentlich um die gemeinsame Nutzung eines Freizeitraumes.

Zu einer Wohngruppe gehört grundsätzlich ein **Küchenraum**. Es ist wichtig, dass die Gefangenen nach der Arbeit die Möglichkeit haben, sich ein Essen nach ihrem Geschmack zuzubereiten. Besser ist jedoch eine gemeinsam zubereitete und eingenommene Mahlzeit. Dies fördert den Zusammenhalt der Gruppe (zur Bedeutung des gemeinsamen Essens s. Rn 61). Beim gemeinsamen Kochen und Essen können die Gefangenen ihre Gruppenfähigkeit unter Beweis stellen, soziale Kompetenzen trainieren, denn die Vorbereitung eines gemeinsamen Essens muss organisiert werden; außerdem muss die Küche sauber gehalten werden.

Um gemeinschaftliches Essen überhaupt zu ermöglichen, sollte auch ein **Speiseraum** vorhanden sein. Fehlt dieser, sollte wenigstens räumlich die Möglichkeit bestehen, durch Zusammenstellen von Einzeltischen im Gruppenraum oder auf dem Flur den Rahmen für gemeinschaftliches Essen zu organisieren. Von Vorteil ist es, wenn neben einem **Wohnflur** ein **weiterer Gemeinschaftsraum** vorhanden ist, der bspw für verschiedene Freizeitaktivitäten genutzt werden kann, in dem aber auch die verschiedensten Kleingruppenaktivitäten durchgeführt werden können. Im räumlichen Zusammenhang mit einer Wohngruppe sollten außerdem mindestens zwei Einzelduschen eingerichtet sein.

Ein **Büroraum** für einen oder mehrere feste Mitarbeiter der Wohngruppe muss vorhanden sein. Vorteilhaft ist es, wenn außerdem ein weiterer kleiner Büroraum, der von Praktikanten, ehrenamtlichen Mitarbeitern oder auch für Einzelgespräche oder Einzelunterrichte genutzt werden kann, vorhanden ist. Ferner wird ein Raum für die Lagerung der verschiedensten Materialien (Putzmittel uä) zur Versorgung der Wohngruppe benötigt, eventuell auch ein Lagerraum für Effekten.

6. Wohnliche Ausgestaltung

46 Bei der Gestaltung der Wohngruppe ist auf jugendgemäße Wohnlichkeit wie auf Übersichtlichkeit zu achten. Überschaubarkeit ist erforderlich, um die Kontrolle zu gewährleisten. Dabei müssen aber gewisse Sicherheitsrisiken, insbesondere was die Versteckmöglichkeiten angeht, in Kauf genommen werden. So gehören Aquarien für Fische, Terrarien für Reptilien ebenso wie Topfpflanzen oder auch Sofas in vielen Jugendanstalten zu Recht zur Ausstattung einer Wohngruppe.

Die wohnliche Gestaltung der Gruppenräume ist als ein **fortlaufender Gestaltungsprozess** zu verstehen, der Teil der pädagogischen Arbeit ist. Wenn möglich sollten kreative Kräfte von außen (Künstler oder andere Fachleute von Fachhochschulen oder Universitäten) dazu gewonnen werden, mit den Gefangenen und Bediensteten der Wohngruppe eine Konzeption zur äußeren (stilistischen, farblichen) Gestaltung zu entwickeln. Dies ermöglicht einen gewissen „Import von Normalität", was dem Angleichungsgrundsatz Rechnung trägt. Ein wilder unkontrollierter Individualismus in der Gestaltung der Wohngruppen ist ebenso problematisch wie es ängstlich einengende Vorgaben wären.

7. Gesetzliche Ausschlussgründe aus dem Wohngruppenvollzug

Einige Bundesländer benennen in ihren gesetzlichen Regelungen Ausschlussgründe für den Wohngruppenvollzug.[47] Diese sind:

- keine Gruppen- bzw Gemeinschaftsfähigkeit
- Gefahr für Sicherheit und Ordnung
- Missbrauch von Freiräumen

Problematischer als diese – als unbestimmte Rechtsbegriffe gerichtlich voll überprüfbaren – Ausschlussgründe sind diejenigen gesetzlichen Vorgaben, welche eine **Eignung** des Gefangenen als Voraussetzung für die Aufnahme in den Wohngruppenvollzug bestimmen.[48] Es wird hier darauf ankommen, wie Praxis und Rechtsprechung den enorm weiten Begriff der Eignung ausfüllen. Noch restriktiver ist die bayerische Regelung. Danach „können" geeignete Gefangene in den Wohngruppenvollzug aufgenommen werden. Der Wohngruppenvollzug wird wohl als eine Vergünstigung verstanden.[49]

8. Personal in der Wohngruppe

Zu Recht weist die Stellungnahme der DVJJ zum Referentenentwurf eines Gesetzes zur Regelung des Jugendvollzuges darauf hin „dass ein Wohngruppenvollzug nur sinnvoll ist, wenn Vollzugsbedienstete kontinuierlich präsent sind und eine Beziehungskontinuität durch eine feste Zuordnung der Bediensteten gewährleistet ist".[50] Diesen Forderungen sind einige Gesetze gefolgt und haben diese Grundsätze festgeschrieben.[51] Regelmäßig werden in den Jugendanstalten Teams gebildet, die für bestimmte Wohngruppen zuständig sind, Teambesprechungen durchführen, über Einzelfälle entscheiden und die Entwicklungsprozesse in der Wohngruppe begleiten. Ein besonderes Augenmerk ist dabei darauf zu richten, dass die in der Wohngruppe zum Einsatz kommenden Bediensteten des Allgemeinen Vollzugsdienstes auch tatsächlich Erziehungsarbeit und nicht bloß Aufsichtsdienste leisten, insbesondere auch in den Abendstunden und an den Wochenenden.

---

47 § 12 Abs. 2 JVollzGB IV B-W; Art. 140 Abs. 3 BayStVollzG; § 18 Abs. 2 HessJStVollzG.
48 § 26 Berlin, Bremen, Mecklenburg-Vorpommern, Saarland, Schleswig-Holstein, Sachsen und Sachsen-Anhalt, § 20 der Gesetze in Brandenburg, Rheinland-Pfalz, Thüringen und Hamburg.
49 Siehe Erläuterungen zu Art. 140 BayStVollzG S. 121.
50 Siehe § 13 Rn 46; Stellungnahme zum Referentenentwurf eines Gesetzes zur Regelung des Jugendstrafvollzugs 5.3.
51 ZB § 119 Abs. 3 JStVollzG NRW; s. hier auch § 13 Rn 47.

VIII. Kleidung der Gefangenen
1. Die gesetzlichen Regelungen

49

Länder	Regelung zur Kleidung
Baden-Württemberg	Dem jungen Gefangenen ist gestattet, angemessene eigene Kleidung zu tragen. (§ 14 Abs. 1 JVollzGB IV B-W) Der Anstaltsleiter kann aus Gründen der Sicherheit und Ordnung für die Jugendstrafanstalt für bestimmte Bereiche der Anstalt, einzelne Gruppen von jungen Gefangenen oder im Einzelfall das Tragen von Anstaltskleidung anordnen. (§ 14 Abs. 2)
Bayern	Gefangene tragen Anstaltskleidung. (Art. 22 Abs. 1) Art. 22 gilt entsprechend mit der Maßgabe, dass der Anstaltsleiter oder die Anstaltsleiterin in der Jugendstrafvollzugsanstalt oder in bestimmten Abteilungen mit Zustimmung der Aufsichtsbehörde das Tragen eigener Kleidung allgemein zulassen kann. Dies gilt insbesondere in Wohngruppen (Art. 140). (Art. 142)
Berlin	Die Gefangenen tragen Anstaltskleidung. (§ 30 Abs. 1) Die Anstaltsleiterin oder der Anstaltsleiter kann eine abweichende Regelung treffen. Für Reinigung, Instandsetzung und regelmäßigen Wechsel eigener Kleidung haben die Gefangenen selbst zu sorgen. (§ 30 Abs. 2)
Brandenburg	Im geschlossenen Vollzug tragen die Straf- und Jugendstrafgefangenen Anstaltskleidung. Die Anstaltsleiterin oder der Anstaltsleiter kann eine abweichende Regelung treffen. (§ 62 Abs. 1) Für Reinigung und Instandsetzung eigener Kleidung haben die Gefangenen auf ihre Kosten zu sorgen. Die Anstaltsleiterin oder der Anstaltsleiter kann anordnen, dass Reinigung und Instandhaltung nur durch Vermittlung der Anstalt erfolgen dürfen. (§ 62 Abs. 3)
Bremen	Die Gefangenen tragen eigene Kleidung, für deren Reinigung, Instandsetzung und regelmäßigen Wechsel sie selbst zu sorgen haben. (§ 30 Abs. 1) Der Anstaltsleiter kann das Tragen von Anstaltkleidung allgemein oder im Einzelfall anordnen. (§ 30 Abs. 2) Bei Bedürftigkeit und in den Fällen des Absatzes 2 wird Anstaltskleidung ausgehändigt. (§ 30 Abs. 3)
Hamburg	Die Gefangenen dürfen eigene Kleidung tragen, wenn sie für Reinigung und Instandsetzung auf eigene Kosten sorgen. (§ 23 Abs. 1 JStVollzG)

VIII. Kleidung der Gefangenen

Länder	Regelung zur Kleidung
	Die Anstaltsleitung kann das Tragen von Anstaltskleidung allgemein oder im Einzelfall anordnen, wenn dies aus Gründen der Sicherheit oder Ordnung der Anstalt erforderlich ist. (§ 23 Abs. 2 JStVollzG)
Hessen	Die Gefangenen tragen Anstaltskleidung. (§ 21 Abs. 1) Das Tragen eigener Kleidung kann durch die Anstaltsleitung gestattet werden. Für deren Reinigung, Instandsetzung und regelmäßigen Wechsel haben die Gefangenen selbst zu sorgen. § 19 Abs. 2 gilt entsprechend. (§ 21 Abs. 2) Gegenstände, deren Besitz, Überlassung oder Benutzung mit Strafe oder Geldbuße bedroht ist oder die geeignet sind, das Erreichen des Erziehungsziels oder die Sicherheit oder die Ordnung der Anstalt zu gefährden, sind ausgeschlossen. (§ 19 Abs. 2)
Mecklenburg-Vorpommern	Die Gefangenen tragen Anstaltskleidung. (§ 30 Abs. 1) Der Anstaltsleiter kann eine abweichende Regelung treffen. Für Reinigung, Instandsetzung und regelmäßigen Wechsel eigener Kleidung haben die Gefangenen selbst zu sorgen. (§ 30 Abs. 2)
Niedersachsen	Die oder der Gefangene trägt Anstaltskleidung. (§ 122 Abs. 1) Die Vollzugsbehörde kann der oder dem Gefangenen erlauben, eigene Kleidung zu tragen, wenn sie oder er für die Reinigung und Instandsetzung auf eigene Kosten sorgen und Belange der Sicherheit und Ordnung der Anstalt nicht entgegenstehen. (§ 122 Abs. 2)
Nordrhein-Westfalen	Die Gefangenen tragen Anstaltskleidung. Für die Freizeit erhalten sie besondere Oberbekleidung. (§ 26 Abs. 1) Abweichend von Abs. 1 kann die Anstaltsleiterin oder der Anstaltsleiter für die gesamte Anstalt oder für einzelne Abteilungen das Tragen eigener Kleidung zulassen. Dies gilt insbesondere in Wohngruppen. Für die Reinigung, Instandsetzung und regelmäßigen Wechsel der eigenen Kleidung haben die Gefangenen selbst zu sorgen. (§ 26 Abs. 2)
Rheinland-Pfalz	Die Strafgefangenen und die Jugendstrafgefangenen tragen Anstaltskleidung. Die Anstaltsleiterin oder der Anstaltsleiter kann eine abweichende Regelung treffen. (§ 61 Abs. 1) Für Reinigung und Instandsetzung eigener Kleidung haben die Gefangenen auf ihre Kosten zu sorgen. Die Anstaltsleiterin oder der Anstaltsleiter kann anordnen, dass Reinigung und Instandsetzung nur durch Vermittlung der Anstalt erfolgen dürfen. (§ 61 Abs. 3)

§ 3 Unterbringung und Versorgung

Länder	Regelung zur Kleidung
Thüringen	Thüringen wortgleich zu Rheinland-Pfalz (§ 62 Abs. 1 und 3)
Saarland	Die Gefangenen tragen Anstaltskleidung. (§ 30 Abs. 1) Die Anstaltsleitung kann eine abweichende Regelung treffen. Für Reinigung, Instandsetzung und regelmäßigen Wechsel eigener Kleidung haben die Gefangenen selbst zu sorgen. (§ 30 Abs. 2)
Sachsen	Die Gefangenen tragen Anstaltskleidung. Der Anstaltsleiter kann eine abweichende Regelung treffen. (§ 30 Abs. 1) Für Reinigung, Instandsetzung und regelmäßigen Wechsel eigener Kleidung hat der Gefangenen selbst zu sorgen. (§ 30 Abs. 2)
Sachsen-Anhalt	Die Gefangenen tragen Anstaltskleidung. (§ 30 Abs. 1) Der Anstaltsleiter kann eine abweichende Regelung treffen. Für Reinigung, Instandsetzung und regelmäßigen Wechsel eigener Kleidung hat der Gefangene selbst zu sorgen. (§ 30 Abs. 2)
Schleswig-Holstein	Die Gefangenen tragen Anstaltskleidung. (§ 30 Abs. 1) Die Anstaltsleitung kann eine abweichende Regelung treffen. Für Reinigung, Instandsetzung und regelmäßigen Wechsel eigener Kleidung hat der Gefangene selbst zu sorgen. (§ 30 Abs. 2)

Die Frage, ob Gefangenen grundsätzlich das Tragen eigener Kleidung zu gestatten ist oder **Anstaltskleidung** die Regel ist, wird in den Gesetzen der Bundesländer unterschiedlich beantwortet.

Dafür, dass die Gefangenen grundsätzlich **Privatkleidung** tragen, sprechen sich die Bundesländer Bremen, Niedersachsen, Baden-Württemberg und Hamburg aus. Damit folgen sie dem Entwurf der Bundesregierung. Für das grundsätzliche Tragen von Anstaltskleidung spricht sich dagegen die Mehrheit der Gesetze der Länder aus. Gleichzeitig lassen sie jedoch zu, dass Ausnahmeregelungen durch die Anstalt getroffen werden können.

In den Regeln der Vereinten Nationen zum Schutz von Jugendlichen unter Freiheitsentzug ist unter Nr. 36. festgelegt: „Soweit als möglich sollen die Jugendlichen ihre eigene Kleidung tragen dürfen" (s. auch Vorbem. Rn 11). Dieselbe Forderung stellt die Nr. 66.1 der ERJOSSM auf. Diesen Empfehlungen der UN bzw des Europarats widersprechen diejenigen Ländergesetze, die grundsätzlich Anstaltskleidung vorschreiben.

Nachdem das Land Baden-Württemberg neuerdings[52] unter dem Stichwort Gestaltung der Justizvollzugsanstalten in § 6 Abs. 2 JVollzGB I die Sätze „Die besonderen Belange von Gefangenen und Untergebrachten mit Migrationshintergrund sind zu berücksichtigen. Insbesondere ist soziokulturellen und religiösen Bedürfnissen Rechnung zu tragen" eingefügt hat, stellt sich die Frage, ob zu den soziokulturellen und religiösen Bedürfnissen gegebenenfalls auch das Tragen von durch die Religion vorgeschriebenen Kleidungsstücken gehört. Insbesondere für weibliche Jugendstrafgefangene könnte dies Bedeutung haben (Tschador, Burka), ebenso aber auch für männliche Jugendstrafgefangene, die sich aus religiösen Gründen verpflichtet sehen, eine bestimmte Kopfbedeckung (Kippa, Turban) zu tragen.

2. Die Praxis in den Jugendstrafvollzugsanstalten

In fast allen Jugendanstalten dürfen von den Gefangenen heute bestimmte Kleidungsstücke aus privatem Besitz getragen werden. Häufig sind dies Unterwäsche, T-Shirt, Trainingsanzug und Sportschuhe. Die Tendenz in den letzten Jahren ging dahin, immer mehr eigene Kleidungsstücke zuzulassen. Die Überlegung war, dass dort, wo die Sicherheitsrisiken es als vertretbar erscheinen lassen, zugunsten der individuellen Privatsphäre des Gefangenen entschieden werden sollte. Aber auch Gründe der Einsparung sonst erforderlicher Haushaltsmittel haben eine Rolle gespielt. Damit sind wesentliche Teile der Kleidung, welche die Gefangenen heute in einer Jugendanstalt tragen, eigene Kleidung. Diese Praxis ist auch durch jene gesetzlichen Regelungen gedeckt, die das regelmäßige Tragen von Anstaltskleidung vorsehen, weil abweichend davon das Tragen privater Kleidungsstücke gestattet werden kann. Darüber hinaus ist das Tragen eigener Kleidung bei Ausführung und Ausgang verbreitete Praxis. 50

Für die Arbeit in den Werkbetrieben ist es notwendig, dass Gefangene ebenso wie die Beschäftigten in Betrieben außerhalb geeignete **Arbeitskleidung** tragen, vom Schuhwerk bis zum Overall. Es ist dies ein Gebot der Arbeitssicherheit, das nicht zur Disposition gestellt werden kann, auch wenn Jugendstrafgefangene am liebsten mit Sportschuhen und T-Shirt zur Arbeit gehen würden. Diese Voraussetzungen in der Arbeitswelt draußen müssen auch im Vollzug gelten.[53] 51

3. Allgemeine Zulassung eigener Kleidung

Ungeachtet der deutlichen Vorgaben in den internationalen Empfehlungen geht es, bezogen auf die immer noch vorsichtig-zurückhaltende Praxis in den Jugendstrafanstalten, vor allem darum, ob neben Unterwäsche und Sportschuhen weitere eigene Kleidungsstücke wie Hemden, Pullover, Jeans, Jacken und Mützen zugelassen werden sollten. 52

a) Pädagogische Überlegungen

Wenn der Gefangene in seiner Persönlichkeitsentwicklung gefördert werden soll, dann müssen vor allem seine Eigenverantwortlichkeit und sein Selbstwertgefühl ge- 53

---

52 durch Gesetz zur Verbesserung von Chancengerechtigkeit und Teilhabe in Baden-Württemberg vom 1.12.2015
53 So auch § 20 Abs. 1 S. 2 des Entwurfs der Bundesregierung.

stärkt werden. Ein Mangel an Verantwortlichkeit ist ihm im Urteil vorgehalten worden. Das Zwingen in eine ungeliebte fremde Kleidung ist ein Akt der Macht, der dem Gefangenen demonstriert, dass nun die Anstalt sein Leben bestimmt. Selbstbestimmung und Eigenverantwortlichkeit können so gewiss nicht gestärkt werden. Letztlich wird das Tragen der Anstaltskleidung im Alltag von den Gefangenen meistens dennoch akzeptiert, weil dieser Zwang als ein Stück der verhängten Strafe begriffen wird.[54] Die Möglichkeit, Kleidung selbst zu kaufen und zu tragen bietet den Gefangenen ein Stück reales Lebenstraining während der Haftzeit. Dies lässt sich mit den Angeboten des sozialen Trainings, die in den Anstalten eingerichtet sind, gut verbinden.

54   Allerdings hat heute teuere **Markenkleidung** unter Jugendlichen einen hohen Statuswert. Bei schrankenloser Zulassung wird befürchtet, dass solche Kleidungsstücke zur begehrten Tausch- und Handelsware würden und dadurch problematische Subkulturen gestärkt würden. Erzieherisch sinnvoll wäre es ferner nicht, wenn diese teure Kleidung von Eltern oder Angehörigen für die Gefangenen finanziert bzw beschafft würde.

§ 14 Abs. 1 JVollzGB IV B-W versucht diese Bedenken mit der Formulierung „Dem Gefangenen ist es gestattet, angemessene eigene Kleidung zu tragen." auszuräumen. Damit könnte dem Tragen besonders teurer Markenkleidung entgegengewirkt werden.

b) Überlegungen zur Sicherheit

55   Sicherheitsbedenken ergeben sich zB, wenn ein Gefangener mit einer mehrfach gefütterten Winterjacke zum Strafantritt erscheint. Eine solche Jacke wird ohne Beschädigungen kaum sachgemäß zu kontrollieren sein; und der Aufwand dieser Kontrolle ist groß. Darüber hinaus könnte ein solches Kleidungsstück später als Versteck für unerlaubte Gegenstände genutzt werden.

c) Kauf von Kleidung durch Vermittlung der Anstalt

56   Wenn Gefangene lernen sollen, sich angemessen zu kleiden und ihre Kleidungsstücke in Ordnung zu halten, dann müssen auch Übungsfelder hierfür geschaffen werden. Will man nicht den nächstliegenden Weg völlig freier Beschaffung der Privatkleidung beschreiten, könnte die Kleidung durch Vermittlung eines von der Anstalt ausgewählten Anbieters erfolgen. Damit würde der Verwaltungs- und Kontrollaufwand gering gehalten werden. Zum Kauf würden nämlich nur solche Kleidungsstücke zugelassen, die keine unverhältnismäßigen Sicherheitsprobleme mit sich bringen. Weiterhin könnten etwa notwendige Vorgaben hinsichtlich der Waschbarkeit bzw Reinigung der Kleidungsstücke gemacht werden.

4. Kosten der Kleidung

57   Die Kosten für die den Gefangenen gestellte Anstaltskleidung trägt der Staat. Er kauft ein, lagert und verwaltet die Kleidung. Dabei schlummern manche Fehleinkäufe in großen ungenutzten Lagerbeständen. Kostenmäßig wäre es für die Anstalt sicherlich die günstigste Lösung, wenn die Gefangenen selbst die Kosten tragen oder Ange-

---

54 Siehe auch Schwirzer, Jugendstrafvollzug für das 21. Jahrhundert?, 2008, S. 184.

hörige zweckgebunden Gelder für den Kauf einzahlen. Dafür ist aber oft kein Geld vorhanden. Hauptsächlich aber ist der Staat in der Verpflichtung, die Grundversorgung sicherzustellen. Um unnötige Lagerkosten zu sparen und gleichzeitig die Selbstständigkeit und Eigenverantwortlichkeit der Gefangenen zu stärken, könnte ein **Kleidergeldkonto** für Gefangene eingerichtet werden, mit dem sie durch Vermittlung der Anstalt (s. Rn 56) eigene Kleidung einkaufen können.

IX. Verpflegung der Gefangenen

1. Die gesetzlichen Regelungen

Zusammensetzung und Nährwert der Anstaltsverpflegung müssen den besonderen Anforderungen an eine gesunde Ernährung junger Menschen entsprechen und ärztlich überwacht werden. Diese Formulierung findet man als zentrale Aussage in allen Ländergesetzen wieder. Sie entspricht der Vorschrift des § 21 StVollzG (Bund). 58

Ferner enthalten alle Ländergesetze den Hinweis, dass religiöse Speisegebote zu achten sind.

Länder	Verpflegung
Baden-Württemberg	Die Verpflegung wird in Übereinstimmung mit den jeweils gültigen Werten für eine ausreichende und ausgewogene Ernährung in Gemeinschaftsverpflegung angeboten. (§ 15 Abs. 1 JVollzGB IV B-W) Den jungen Gefangenen soll ermöglicht werden, religiöse Speisevorschriften zu befolgen. (§ 36 Abs. 2)
Bayern	Zusammensetzung und Nährwert der Anstaltsverpflegung werden ärztlich überwacht und entsprechen den besonderen Anforderungen an eine gesunde Ernährung junger Menschen. Auf ärztliche Anordnung wird besondere Verpflegung gewährt. Den jungen Gefangenen ist es zu ermöglichen, Speisevorschriften ihrer Religionsgemeinschaft zu befolgen. (Art. 143)
Berlin Bremen Mecklenburg-Vorpommern Saarland Schleswig-Holstein Thüringen Brandenburg Rheinland-Pfalz	Zusammensetzung und Nährwert der Anstaltsverpflegung entsprechen den besonderen Anforderungen an eine gesunde Ernährung junger Menschen und werden ärztlich überwacht. Auf ärztliche Anordnung wird besondere Verpflegung gewährt. Den Gefangenen ist zu ermöglichen, Speisevorschriften ihrer Religionsgemeinschaften zu befolgen. (§ 31 Abs. 1) (§ 63 Abs. 1 ThürJVollzGB) (§ 63 Abs. 1 BbgJVollzG) (§ 62 Abs. 1 LJVollzG)
Abweichende Formulierung Sachsen-Anhalt	Zusammensetzung und Nährwert der Anstaltsverpflegung müssen den besonderen Anforderungen an eine gesunde Ernährung junger Menschen entsprechen und werden ärztlich überwacht. (§ 31 Abs. 1 Satz 1 JStVollzG LSA)

§ 3 Unterbringung und Versorgung

Länder	Verpflegung
Hamburg	Die Gefangenen erhalten Anstaltsverpflegung. Zusammensetzung und Nährwert der Anstaltsverpflegung werden ärztlich überwacht. Religiöse Speisegebote werden beachtet. (§ 24 HmbJStVollzG)
Hessen	Zusammensetzung und Nährwert der Anstaltsverpflegung müssen den besonderen Anforderungen an eine gesunde Ernährung junger Menschen entsprechen und ärztlich überwacht werden. Auf ärztliche Anordnung wird besondere Verpflegung gewährt. Den Gefangenen ist zu ermöglichen, Speisevorschriften ihrer Religionsgemeinschaft zu befolgen. (§ 22 Abs. 1)
Niedersachsen	Gefangene sind gesund zu ernähren. Auf ärztliche Anordnung wird besondere Verpflegung gewährt. Der oder dem Gefangenen ist es zu ermöglichen, Speisevorschriften ihrer oder seiner Religionsgemeinschaft zu befolgen. (§ 23)
Nordrhein-Westfalen	Zusammensetzung und Nährwert der Anstaltsverpflegung entsprechen den Empfehlungen der Deutschen Gesellschaft für Ernährung e.V. und werden ärztlich überwacht. Ernährungsberatung ist Bestandteil der allgemeinen Angebote für Gefangene. Auf ärztliche Anordnung wird besondere Verpflegung gewährt. Den Gefangenen ist es zu ermöglichen, Speisevorschriften ihrer Religionsgemeinschaften zu befolgen. (§ 27)
Sachsen	Zusammensetzung und Nährwert der Anstaltsverpflegung hat den besonderen Anforderungen an eine gesunde Ernährung junger Menschen zu entsprechen. Auf ärztliche Anordnung wird besondere Verpflegung gewährt. Es soll den Gefangenen ermöglicht werden, Gebote ihrer jeweiligen Religionsgemeinschaft zu befolgen. (§ 32 Abs. 1)

Heben alle gesetzlichen Vorschriften hervor, dass die Zusammensetzung und der Nährwert der Anstaltsverpflegung den Anforderungen an eine gesunde Ernährung junger Menschen Rechnung tragen müssen, so wird dieser Anspruch in § 15 JVollzGB IV B-W konkretisiert. Danach wird die Verpflegung in Übereinstimmung mit den jeweils gültigen Werten für Gemeinschaftsverpflegung angeboten. § 27 JStVollzG NRW formuliert noch konkreter, dass die Zusammensetzung und der Nährwert der Verpflegung den Empfehlungen der Deutschen Gesellschaft für Ernährung e.V. entsprechen muss. Ähnliche Regelungen enthalten Verwaltungsvorschriften der Länder. Bemerkenswert ist, dass Nordrhein-Westfalen in § 27 S. 2 JStVollzG NRW aufgenommen hat, dass auch **Ernährungsberatung** Bestandteil der allgemeinen Behandlungsangebote für die Gefangenen ist.

2. Ergänzende Verwaltungsvorschriften

59 Die Gefangenen erhalten, soweit nichts anderes bestimmt ist, **Anstaltsverpflegung**.[55] Damit wird klargestellt, dass sie einerseits nicht zu den Kosten herangezogen werden,

---

[55] Vgl VV zu § 21 StVollzG und Nr. 16 VVJug.

andererseits sich auch nicht von außen versorgen lassen können, wie dies bspw Untersuchungsgefangenen möglich ist.

Ferner soll die Verpflegung für die Gefangenen gleich sein, dh eine Benachteiligung einzelner Gefangener oder Gefangenengruppen ist unzulässig.

Weiter betonen die Verwaltungsvorschriften, dass eine vollwertige Ernährung nach den Erkenntnissen der modernen Ernährungslehre zu gewährleisten ist. Vorgaben über die einzusetzenden Lebensmittel und die zu produzierenden Mahlzeiten werden meistens mit den Empfehlungen der Deutschen Gesellschaft für Ernährung abgestimmt.[56] Die für das Essen verwendeten Lebensmittel sollen von mittlerer Qualität und Güte sein. Eine Umsetzung dieser Vorgaben erfolgt in einzelnen Bundesländern durch weitere Verwaltungsvorschriften, die **Verpflegungs- oder Kostordnungen**. Hier werden zum Teil Mengenvorgaben für einzelne Lebensmittel wie Fleisch, Obst, Gemüse, Fett usw gemacht. Ob die Festlegung von bestimmten Mengen sinnvoll ist, erscheint jedoch fraglich, zumal die Gefangenen Lebensmittel beim Einkauf zusätzlich erwerben und die angestrebte mengenmäßige Ausgewogenheit dadurch ohnehin verhindern. Hinzu kommt, dass für die Mitarbeiter der Küche eine gute Speiseplangestaltung sehr schwierig wird, wenn sie sich nach Mengenvorgaben zu richten haben. Damit haben die Verpflegungsordnungen vor allem noch die Funktion, im Falle von Beschwerden ordnungsgemäßes Handeln der Verwaltung zu belegen.

Manche Bundesländer bestimmen **Verpflegungstagessätze**, andere vereinbaren mit der Anstalt ein **Budget** für die Verpflegungsausgaben. Es ist heute relativ leicht, die Entwicklung der Ausgaben für das Essen in einer Anstalt genau nachzuvollziehen. Es sollte aber vermieden werden, dass es zu einem Wettbewerb zwischen den Anstalten um den niedrigsten Verpflegungssatz kommt. Auch darf und sollte der Verpflegungssatz in den Jugendstrafvollzugsanstalten deutlich über dem Ansatz für Erwachsenenanstalten liegen. Junge Menschen essen nicht nur mehr, sondern sie benötigen auch eine besonders nährstoffreiche, ausgewogene Ernährung.

3. Die ärztliche Überwachung des Essens

Der Schwerpunkt der ärztlichen Überwachung liegt weniger auf der Gestaltung des Speiseplans. Hier gibt es selten Grund einzugreifen. Vielmehr ist die ärztliche Kontrolle vor allem bei der Einhaltung der Hygienevorschriften, bei der Essenszubereitung und der Ausgabe von praktischer Bedeutung. Auch die Küchen in den Wohngruppen bedürfen solcher Überwachung. Wichtig ist ferner, dass die vorgegebenen Gesundheitsüberprüfungen regelmäßig bei den Gefangenen und Bediensteten durchgeführt werden, die mit der Zubereitung und der Ausgabe des Essens befasst sind.

4. Essen und Anstaltsklima

Die Qualität des angebotenen Essens bestimmt maßgeblich die Zufriedenheit und damit die Stimmung unter den Gefangenen. Durch schlechtes Anstaltsessen kann kollektiver Unmut erzeugt werden, denn es trifft alle und man kann sich schnell über einen solchen Missstand einig werden. Daher betonen Vollzugspraktiker zu Recht,

---

56 § 27 JStVollzG NRW.

das Essen müsse „stimmen". Die Besorgnis, dass es wegen schlechter Anstaltsverpflegung zu Unruhen kommen könnte, ist heute jedoch viel geringer als früher. Obwohl die gesetzlichen Regelungen zur Verpflegung seit Inkrafttreten des Strafvollzugsgesetzes 1977 bis zu den heutigen Jugendstrafvollzugsgesetzen der Länder inhaltlich gleich geblieben sind, hat sich die Qualität des Essens in den Anstalten seitdem deutlich zum Besseren verändert. Neuere Erkenntnisse aus der Ernährungswissenschaft finden regelmäßig Berücksichtigung. Hinzu kommt, dass durch die Einrichtung von Wohngruppen mit Kochmöglichkeiten heute ein Ventil vorhanden ist, mögliche Unzufriedenheit über das Essen abzubauen. Auch die Veränderungen in der Esskultur außerhalb haben positiven Einfluss auf das Anstaltsessen gehabt.

Kochen mit ökologisch produzierten Lebensmitteln hat heute außerhalb der Mauern einen hohen Stellenwert. Die Nachfrage nach solchen Produkten ist stark angestiegen. Mit Verspätung wird auch der Vollzug diese allgemeine Entwicklung nachholen und **das ökologische Kochen** wird nicht auf einzelne Projekte in Anstalten beschränkt bleiben. Besondere Aufmerksamkeit hatte hier ein in der JVA Göttingen Leineberg durchgeführtes Projekt gewonnen.

5. Das gemeinsame Essen

62   Essen bedeutet nicht nur Zuführung von Nahrung; die Form des Essens ist auch von sozialer Bedeutung. Esskultur kann Sozialverhalten fördern. Der Ort, an dem das Essen eingenommen wird, ist auch ein Ort der Kommunikation. Daher sollten Jugendstrafgefangene ihr Essen nach Möglichkeit gemeinschaftlich einnehmen. Vor allem gehört auch zum Erziehungsauftrag, dass die Mitarbeiter der Anstalt hier eingebunden sind. Es passt nicht zusammen, dass einerseits anspruchsvolle Trainings und Therapien durchgeführt werden, andererseits die täglichen Mahlzeiten lieblos in den Haftraum geschoben werden, womöglich durch die in manchen Anstalten noch aus alten Zeiten vorhandene „Essenklappe".

Um sich beim gemeinsamen Essen wohlfühlen zu können, sollten die Räumlichkeiten, das Mobiliar und auch die Art und Weise, wie das Essen angeboten wird, dem Teilnehmer ein Gefühl vermitteln, dass man sich um ihn sorgt. So können glaubwürdig Respekt und Wertschätzung gegenüber den Gefangenen vermittelt werden, die für die Betreuungsarbeit unverzichtbar sind.

63   In der JVA Wiesbaden wurde ein Speisesaal in einem gemeinsamen **Projekt von Künstlern und Gefangenen** gestaltet. Der Saal erhielt einen Mosaikboden, der nach den Entwürfen eines Künstlers von Gefangenen gelegt wurde. Seine Raumstruktur erhielt er durch mehrere Pflanzbereiche und eine Kupferwand, die als Wasserfall gestaltet war. Auch die Farbgestaltung der Wände wurde in einem gemeinsamen Projekt von einem Künstler mit Gefangenen umgesetzt. Das Essen für die Gefangenen wurde von Mitgefangenen, der Servicegruppe, am Tisch serviert. Diese Tätigkeit war gleichzeitig ein Teil der Ausbildung zur Fachkraft im Gaststättengewerbe. Durch bewegliche Tischteile, die zu einem Kreis zusammengestellt werden konnten, wurde die Kommunikation in der Gruppe unterstützt. In der Regel hatte auch ein Mitarbeiter in dieser Gruppe seinen Platz. Bedienstete, die früher im Speisesaal eine reine Aufsichtsfunktion ausübten, saßen nun mit Gefangenen am Tisch und aßen gemeinsam in vier

Schichten mit jeweils ca. 40–50 Gefangenen. Erstaunlich waren die relativ große Ruhe und die angenehme Atmosphäre, die beim Betreten des vollbesetzten Speisesaals zu spüren war. Über zehn Jahre gab es kein nennenswertes besonderes Vorkommnis.

6. Religiöse Speisegebote

Die Möglichkeit für die Gefangenen, religiöse Speisegebote einzuhalten, folgt zwingend aus **Art. 4 GG**.[57] In der Praxis des Jugendvollzuges gilt dies besonders für die zahlreichen Muslime. Für sie kommt es vor allem darauf an, nichts Unreines vom Schwein essen oder Speisen annehmen zu müssen, welche in Behältnissen zubereitet wurden, in denen zuvor unreine Speisen zubereitet wurden. Unter den in der Küche beschäftigten Gefangenen sollten deshalb auch Muslime sein, die kritischen Nachfragen von Mitgefangenen gegenüber glaubhaft versichern können, dass bei der Zubereitung der Mahlzeiten die religiösen Gebote eingehalten werden. Für die Zeit des Ramadans muss es muslimischen Gefangenen freigestellt sein, am gemeinsamen Essen teilzunehmen. Auch sollte dafür gesorgt werden, dass sie ihre warme Mahlzeit nach Sonnenuntergang erhalten können.

64

7. Besondere Kostformen aus medizinischen Gründen

Auf Empfehlung des Anstaltsarztes werden besondere Kostformen angeordnet. Sie sollen einzelne Gefangene vor allergischen Reaktionen auf bestimmte Lebensmittel schützen oder sind anderweitig medizinisch indiziert (Diät, Aufbaunahrung etc.).

65

X. Medizinische Versorgung

1. Grundsätze

Allein § 60 JStVollzG NRW folgt dem Entwurf der Bundesregierung (§ 29) und führt den weiten Gesundheitsbegriff (körperliches, seelisches, geistiges und soziales Wohlergehen) der WHO in das Gesetz ein.[58] Die überwiegende Zahl der Jugendstrafvollzugsgesetze bleibt bei der Terminologie des StVollzG und nennt körperliche und geistige Gesundheit (§ 56 Abs. 1 StVollzG). Schleswig-Holstein fügt die seelische Gesundheit (§ 32 Abs. 1) hinzu. Teilweise wird auch ganz auf eine Umschreibung des Gesundheitsbegriffs verzichtet (so § 32 Abs. 1 SächsJStVollzG, § 56 NJVollzG, § 60 HessStVollzG).

66

Zu beachten ist ferner, dass in den Regeln der Vereinten Nationen zum Schutz von Jugendlichen unter Freiheitsentzug unter Nr. 49 bestimmt wird: „Alle medizinischen Leistungen sollten, wo dies möglich ist, den inhaftierten Jugendlichen durch geeignete Gesundheitsdienste der örtlichen Gemeinde erbracht werden, in der sich die freiheitsentziehende Einrichtung befindet, um so einerseits eine Stigmatisierung des Jugendlichen zu verhindern und andererseits seine Selbstachtung und Eingliederung in die Ge-

---

57 In Baden-Württemberg findet sich neuerdings in § 6 Abs. 2 S. 2 und 3 JVollzGB I eine Vorschrift, die sich auf die soziokulturellen und religiösen Bedürfnisse von Menschen mit Migrationshintergrund bezieht und verlangt, dass diesen besonders Rechnung zu tragen ist. Dazu gehört selbstverständlich die Rücksichtnahme auf religiöse Speisevorschriften.
58 Siehe hierzu Schwirzer, Jugendstrafvollzug für das 21. Jahrhundert?, 2008, S. 237 f.

meinschaft zu fördern." Ähnliche Regeln finden sich in Nr. 69.1-75 ERJOSSM. Diesen Empfehlungen werden die Ländergesetze nicht gerecht.

Die Vorschriften zur ärztlichen Versorgung in den Gesetzen der Länder werden vor allem durch folgende Grundsätze bestimmt:

- Der Umfang der Leistungen hat sich grundsätzlich am Leistungskatalog der gesetzlichen Krankenkassen auszurichten (Äquivalenzprinzip).
- Die notwendige, ausreichende und zweckmäßige medizinische Versorgung ist zu gewährleisten.
- Grundsätze der Wirtschaftlichkeit sind zu beachten – so auch die Beteiligung der Gefangenen an Kosten, wie dies für gesetzlich Versicherte gilt (Zahnersatz, Brillen etc.).
- Während der Haftzeit der Gefangenen – also auch im Urlaub oder bei anderen Vollzugslockerungen – wird die ärztliche Versorgung durch die JVA geleistet. Anderes gilt dann, wenn der Gefangene auf Grund eines freien Beschäftigungsverhältnisses (zB als Freigänger) krankenversichert ist.
- Gefangene können, wenn dies medizinisch notwendig ist, entweder in einem besonderen Anstaltskrankenhaus oder, soweit erforderlich, in einem Krankenhaus außerhalb behandelt werden.

Ob das Äquivalenzprinzip in der Praxis immer ausreichend beachtet wird und ob es auf Grund der besonderen Situation in Haft – Enge des Vollzuges, Reizarmut, fehlende Bewegung, Angst vor Subkultur – überhaupt als ausreichend angesehen werden kann, bedarf der fachlichen Diskussion. So kann ein Drogenabhängiger in Freiheit leichter Zugang zu Schwerpunkt- und Spezialpraxen finden als ein Gefangener in einer Justizvollzugsanstalt. Auch die Entlassungssituation wirft Probleme auf, weil die Kontinuität der Behandlung unterbrochen wird. Der zuletzt genannte Aspekt darf bei der Gestaltung des Übergangsmanagements nicht außer Acht gelassen werden.

Bezüglich der medizinischen Versorgung der Gefangenen nach der Entlassung gilt es, bereits während der Haftzeit tragfähige Netzwerke aufzubauen. Die gesetzlich vorgesehene ausschließliche ärztliche Versorgung durch die JVA während des Urlaubs und bei Vollzugslockerungen erscheint bei Unfällen und plötzlichen Erkrankungen nicht durchführbar. Hier müssen in Absprache mit den Anstalten Ausnahmen erfolgen.

2. Besondere gesetzliche Vorgaben für den Jugendstrafvollzug

67 Den Jugendlichen ist die Bedeutung einer gesunden Lebensführung zu vermitteln.[59] Einerseits sind junge Menschen generell gesünder als Erwachsene, andererseits sind Jugendstrafgefangene, vergleicht man sie mit einem Durchschnittsjugendlichen außerhalb der Mauern, häufiger von Gesundheitsschäden betroffen. In ihrem sozialen Umfeld sind sie oft nicht angehalten worden, ein gesundheitsbewusstes Leben zu führen. Rauchen, Alkohol, Drogen und die Bedingungen eines problematischen Milieus waren in vielen Fällen Lebensbegleiter. Bei Substanzabhängigen ist oft nicht nur ein Abbau der körperlichen Leistungsfähigkeit festzustellen; darüber hinaus erfolgten durch

---

[59] Siehe § 30 Abs. 1 JVollzGB IV B-W; § 23 Abs. 1 HessJStVollzG; § 60 Abs. 2 JStVollzG NRW.

intravenöse Applikation von Drogen häufig Infektionen mit Hepatitis, selten auch mit dem HIV-Virus. Viele der inhaftierten Jugendlichen zeigen psychiatrische Auffälligkeiten bis hin zu schweren psychischen Erkrankungen, siehe hierzu Vorbem. Rn 24 und 25.

Wegen der Rahmenbedingungen des Vollzugs, der vielfach geringen Möglichkeit, sich körperlich wie auch in seinen Handlungskompetenzen zu beweisen und der weitgehenden Abhängigkeit von der Institution ist es schwierig, Prozesse der Gesundung zu unterstützen. Dem widerspricht es nicht, dass die Inhaftierung für einzelne, bereits gesundheitlich schwer geschädigte Gefangene eine lebensrettende Maßnahme sein kann.

Ein Beitrag für eine gesunde Lebensführung wird durch die erweiterten Möglichkeiten des Aufenthalts im Freien geleistet. So ist abweichend von den bisher üblichen Regelungen in einzelnen Bundesländern die Dauer der Freistunde der Gefangenen an arbeitsfreien Tagen auf zwei Stunden festgelegt worden.[60] Die betreffenden Bundesländer sind damit den Vorschlägen der Bundesregierung gefolgt, § 29 Abs. 2 Entwurf Bundesregierung. Allerdings sollten bei längeren Freistunden strukturierte Sportangebote gemacht werden (so ausdrücklich § 53 Abs. 3 JVollzGB IV B-W).

3. Probleme der Praxis

a) Die Krankmeldung im Vollzugsalltag

Aussagen über den tatsächlichen Gesundheitszustand der Gefangenen sollten nicht auf einfache Statistiken über angefallene Arbeitsunfähigkeitstage gestützt werden. Viele Gefangene wären den Belastungen eines normalen Arbeitslebens nicht gewachsen. Im Schonraum einer Anstalt dient die Arbeit, die vielfach keine wirkliche Belastung darstellt, oft zuallererst dem Ziel, der Enge des Haftraums zu entfliehen. Andererseits sind manche Gefangenen, die sich arbeitsunfähig melden, nicht wirklich krank. Durch eine geeignete Ablauforganisation sollte vermieden werden, dass man über eine Vormeldung zum Arzt die Arbeit schwänzen und vielleicht außerdem längere gemeinschaftliche Unterhaltungszeiten im Warteraum des Krankenreviers erreichen kann. Schon wenn ein Krankenpfleger morgens vor Arbeitsbeginn mit den Gefangenen persönlich spricht, die sich krankgemeldet haben, sinkt die Anzahl der Krankmeldungen rapide.

b) Psychisch auffällige Gefangene

In den letzten Jahren ist festgestellt worden, dass der Anteil psychisch auffälliger Gefangener **deutlich zugenommen** hat, siehe Vorbem. Rn 25. Manche Jugendliche, die heute in Gefängnissen untergebracht sind, haben Voraufenthalte in psychiatrischen Einrichtungen gehabt. Manchmal ist zweifelhaft, ob ein Gefangener nicht richtigerweise in einer psychiatrischen Klinik unterzubringen oder haftunfähig ist. Ein psychisch hochgradig auffälliger Gefangener kann den Alltag einer Vollzugsanstalt erheblich beeinträchtigen. Auf Grund des hohen Anteils psychisch auffälliger Gefange-

---

60 § 30 Abs. 3 JVollzGB IV B-W; Art. 151 Abs. 4 BayStVollzG; § 23 Abs. 4 HessJStVollzG.

ner ist die Beschäftigung eines – ggf nebenamtlichen – Jugendpsychiaters daher unverzichtbar geworden. Hierfür sprechen vor allem auch folgende **Überlegungen:**

aa) Liegt eine psychische Erkrankung vor, so bedarf es einer kontinuierlichen ärztlichen Beobachtung und Betreuung, die durch einzelne ärztliche Konsultationen in der Anstalt nicht ersetzt werden kann. Insbesondere fehlen den Ärzten, die vom Anstaltsarzt lediglich konsiliar hinzugezogen werden, wichtige Informationen über das Verhalten des Gefangenen am Arbeitsplatz und in der Wohngruppe. Eine angemessene Beurteilung des Einzelfalles setzt einen Austausch aller relevanten vorhandenen Informationen voraus, die in regelmäßig durchgeführten Besprechungen unter Beteiligung der verschiedenen Bedienstetengruppen erhoben werden.

bb) Um eine Eigengefährdung des Gefangenen sowie eine Fremdgefährdung von Mitgefangenen und Mitarbeitern auszuschließen, müssen auf aktuelle Entwicklungen hin unverzüglich die erforderlichen medizinisch indizierten Entscheidungen getroffen werden. Bei der Zuziehung von Fachärzten von außen vergeht häufig zu viel Zeit.

cc) Die Jugendstrafvollzugsgesetze der Länder sehen die Einrichtung sozialtherapeutischer Abteilungen vor. Auch dort sind die Fachkenntnisse eines Jugendpsychiaters unverzichtbar.

dd) In einer Anzahl von Fällen wird bei der Eingangsdiagnostik neben einer psychologischen Einschätzung der Persönlichkeit des Verurteilten auch eine psychiatrische Beurteilung erforderlich sein, um den Vollzugsplan erstellen zu können.

c) Substanzabhängigkeit

71 Besondere ärztliche Fachkunde ist in der Behandlung von Suchtkranken (vor allem Drogen, aber auch Alkohol) gefordert. Der Anteil der betroffenen Gefangenen liegt in vielen Jugendanstalten seit Jahren bei ca. 40 % der Insassen und darüber, Vorbem. Rn 24. Nach der Aufnahme des Gefangenen geht es zunächst darum, eine angemessene Behandlung während des körperlichen Entzugs zu gewährleisten. Auf Grund fehlender Möglichkeiten auf der Krankenstation der Jugendanstalten werden die Gefangenen manchmal in ein Vollzugskrankenhaus verlegt, weil hier die notwendige kontinuierliche Beobachtung eher gewährleistet ist. Dies kann problematische Auswirkungen haben, weil die jugendlichen Gefangenen dort unter Umständen dem Einfluss erwachsener Gefangener ausgesetzt sind, die in der illegalen Beschaffung von Drogen besonders erfahren sind. Darüber hinaus ist der Transport der Gefangenen ohnehin eine bekannte Gelegenheit, an Drogen heranzukommen. Es wäre daher sinnvoll, mittelgroße und große Jugendstrafvollzugsanstalten im Bereich der Krankenabteilung sachlich und personell so auszustatten, dass eine Entzugsbehandlung, die ständiger ärztlicher Überwachung bedarf, in der Anstalt geleistet werden kann.

4. Gesundheitsprävention

72 In diesem Bereich werden zu Recht durch die Gesetzgebung spezifische Schwerpunkte für den Jugendvollzug gesetzt.

X. Medizinische Versorgung 3

Länder	Jugendspezifische Präventionsregelung in den Gesetzen
Baden-Württemberg	a) Vermittlung der Bedeutung einer gesunden Lebensführung (30 Abs. 1 S. 1 JVollzGB IV B-W) b) Aufklärung über schädliche Wirkungen des Suchtmittelkonsums (§ 30 Abs. 1 S. 2) c) zwei Stunden Aufenthalt im Freien an arbeitsfreien Tagen (§ 30 Abs. 3) d) Vorsorgeuntersuchungen und Vorsorgeleistungen (§ 31 Abs. 1 und 2) e) Rauch- und Alkoholverbot, wo überwiegend Jugendliche untergebracht sind (§ 26)
Bayern	a) Vorsorgeuntersuchung und Vorsorgeleistung, in der Regel bleibt ein Verschulden des Gefangenen bis 18 Jahren bei Versorgung mit Hilfsmitteln unbeachtlich, Vorsorge bei Zahnerkrankungen (Art. 151 Abs. 1 und 2) b) zwei Stunden Aufenthalt im Freien an arbeits- und ausbildungsfreien Tagen (Art. 151 Abs. 4) c) der Schutz der Nichtraucher ist, soweit es bauliche und organisatorische Maßnahmen ermöglichen, zu gewährleisten (Art. 58 Abs. 3)
Berlin Bremen Mecklenburg-Vorpommern Saarland Schleswig-Holstein Brandenburg Rheinland-Pfalz Thüringen	a) Unterstützung des Gefangenen bei Wiederherstellung und Erhaltung der Gesundheit (§ 32 Abs. 1 Satz 1) b) Vorsorgeuntersuchungen und Vorsorgeleistungen (§ 34 Abs. 2) (§ 77) (§ 75) (§ 76)
Abweichende Formulierung Sachsen-Anhalt	a) für die Gesundheit des Gefangenen ist zu sorgen (§ 32 Abs. 1) b) Vorsorge (Herz-, Kreislauf-, Nierenerkrankungen und Zuckerkrankheit) (§ 33 Abs. 1) c) Heranwachsende (Frauen) ab 20 Jahren: Früherkennung von Krebserkrankungen (§ 33 Abs. 2)

Walter

§ 3 Unterbringung und Versorgung

Länder	Jugendspezifische Präventionsregelung in den Gesetzen
	d) halbjährliche Zahnvorsorge (§ 33 Abs. 5) e) medizinische Hilfsmittel (§ 33 Abs. 6 und § 34 und § 35)
Hamburg	Vorsorgeuntersuchungen und Vorsorgeleistungen, Zahnvorsorge einmal pro Kalenderjahr (§ 57 Abs. 1 und 3 HmbJStVollzG)
Hessen	a) Vorsorgeuntersuchungen und Vorsorgeleistungen (§ 24 Abs. 1 S. 2) b) Rauchen in allen gemeinschaftlich genutzten Räumen ist untersagt (§ 23 Abs. 3) c) an arbeitsfreien Tagen mindestens zwei Stunden Aufenthalt im Freien (§ 23 Abs. 4)
Niedersachsen	Vorsorgeleistungen (§ 57 Abs. 1), Vorsorge vor Zahnerkrankungen (§ 162 Abs. 2), Verschulden von jungen Gefangenen kann unberücksichtigt bleiben bei Versorgung mit Hilfsmitteln (§ 162 Abs. 3)
Nordrhein-Westfalen	a) Bedeutung einer gesunden Lebensführung ist zu vermitteln (§ 60 Abs. 2 S. 1) b) Gefährdung durch Infektionsrisiken, illegale Drogen, aber auch Tabak und Alkohol (§ 60 Abs. 2 S. 2) c) Unterbreitung von Beratungs-, Behandlungs- und Betreuungsangeboten (§ 60 Abs. 2 S. 2) d) medizinische Vorsorgeuntersuchungen und Vorsorgeleistungen (§ 62)
Sachsen	Die Anstalt unterstützt die Gefangenen bei der Wiederherstellung und Erhaltung ihrer Gesundheit. (§ 32 Abs. 1 Satz 2) Der Nichtraucherschutz ist angemessen zu gewährleisten. (§ 32 Abs. 3)

73 Wichtige Aufklärung ist von den Anstaltsärzten und dem medizinischen Dienst insbesondere hinsichtlich der Übertragung ansteckender Krankheiten (wie Hepatitis, HIV) zu leisten. Diese Aufklärung richtet sich sowohl an Gefangene als auch an die Mitarbeiter der Anstalt. Gute Hilfen sind „**Parcours**"-**Stationen**, die anhand von Bildern und Modellen Infektionsgefahren nachvollziehbar darstellen. Der Vorteil solcher „Parcours" ist ihre jederzeitige Nutzbarkeit. So kann bereits während der Zugangs-

zeit jeder Gefangene erste Aufklärung über diese Gefahren erhalten. Auch Aufklärung über die Gefahren von Alkoholmissbrauch und Rauchen ist zu leisten.[61]

Einige Bundesländer haben entweder ein **Rauchverbot** für bestimmte Bereiche ausgesprochen oder einen besonderen Nichtraucherschutz vorgesehen.[62] Am weitesten geht das Land Baden-Württemberg. Hier wird in § 26 JVollzGB I B-W geregelt, dass in Einrichtungen des Jugendstrafvollzuges, in denen überwiegend Jugendliche untergebracht sind, aus Gründen des Gesundheitsschutzes nicht geraucht werden darf. Auf der anderen Seite werden in den Nichtraucherschutzgesetzen der Länder Berlin (§ 4 Abs. 1 Nr. 3), Brandenburg (§ 4 Abs. 1), Bremen (§ 3 Abs. 2), Mecklenburg-Vorpommern (§ 1 Abs. 2), Niedersachsen (§ 2 Abs. 1 Nr. 1), Nordrhein-Westfalen (§ 3 Abs. 5), Rheinland-Pfalz (§ 2 Abs. 2), Saarland (§ 3 Abs. 1), Sachsen (§ 3), Sachsen-Anhalt (§ 4 Nr. 3), Schleswig-Holstein (§ 2 Abs. 1), Thüringen (§ 2) Haftäume bzw. die Vollzugsanstalten insgesamt vom Rauchverbot in öffentlichen Gebäuden ausgenommen. In Bayern soll der Nichtraucherschutz gewährleistet werden (§ 58 Abs. 3 BayStVollzG), es kann aber das Rauchen in Gemeinschaftsräumen der Vollzugsanstalten nach dem dortigen Nichtraucherschutz (Art. 6 Abs. 2 S. 2 GSG) gestattet werden. 74

Im eigenen (Einzel-)Haftraum sowie in speziellen Raucherräumen sollte den Gefangenen das Rauchen gestattet sein. Damit wird die Eigenverantwortlichkeit der Gefangenen anerkannt. Dies ist, im Gegensatz zu einem totalen Rauchverbot, auch praktisch durchsetzbar und dient so eher dem Gesundheitsschutz, zumal bei jungen Menschen Verbote die Einsicht in Gesundheitsgefährdungen meist kaum fördern, sondern eher zur Übertretung anreizen.

Die Einstellung zu **Tätowierungen** unterliegt dem Zeitgeschmack. Im Gegensatz zu heute wurde früher das Tätowieren als Merkmal einer Außenseiterkultur verstanden und insbesondere dem „Knastmilieu" zugerechnet. Auch wenn sich das gesellschaftliche Verständnis hier stark geändert hat, gibt es immer wieder Gefangene, die ihre früher angebrachten Tätowierungen gerne entfernen lassen würden. Teils wollen sie damit das Signal eines Neuanfangs setzen und sich von ihrer subkulturellen Vergangenheit distanzieren, teils befürchten sie, dass der berufliche Einstieg durch auffällige Tätowierungen behindert werden könnte. Daher wird es Gefangenen teilweise ermöglicht, sich während der Haft solche Tätowierungen auf Kosten des Staates entfernen zu lassen. Unter dem Aspekt, dass die medizinische Versorgung in der Anstalt der Versorgung draußen entsprechen soll, werden solche Leistungen jedoch oft nicht gewährt. In Einzelfällen können solche Hilfen für junge Menschen aber so wichtig für die Wiedereingliederung sein, dass eine Übernahme der Kosten durch den Staat gerechtfertigt ist. 75

Früher wurden in den Anstalten häufig selbst gebastelte Tätowiermaschinen gefunden. Es gab Gefangene, die trotz Verbot gegen Entgelt, vor allem Tabak und Kaffee, Tätowierungen anbrachten. Dies ist zwar heute nicht mehr so häufig feststellbar, zumal die Gefangenen sich der Infektionsgefahren eher bewusst sind. Dennoch sollte

---

61 So ausdrücklich § 60 Abs. 2 S. 2 JStVollzG NRW.
62 § 23 Abs. 3 HessJStVollzG; § 32 Abs. 3 SächsJStVollzG; § 26 JVollzGB I B-W.

schon wegen der beträchtlichen Gesundheitsgefahren alles getan werden, um hier gegenzusteuern.

Keinesfalls sollten Tätowierungen, die während der Haftzeit angebracht wurden, Anlass für Disziplinarmaßnahmen sein. Eine Ausnahme davon könnte allenfalls gelten, wenn es sich um neonazistische oder ausländerfeindliche Zeichen handelt, die verboten sind. Natürlich kann in solchen Fällen nicht mit Zwang die Entfernung der Tätowierungen durchgesetzt werden, wohl aber kann ein Gefangener verpflichtet werden, diese durch entsprechende Kleidung zu verdecken.[63]

5. Informations- und und Beteiligungspflichten gegenüber Personensorgeberechtigten

76   Über eine schwere Erkrankung des Jugendlichen sind seine Personensorgeberechtigten zu informieren.[64] Bei medizinischen Eingriffen ist abzuklären, ob der Minderjährige die nötige Einsichtsfähigkeit besitzt, um die erforderliche Einwilligung erklären zu können. Bei schweren Eingriffen ist es geboten, zusätzlich die Zustimmung der Personensorgeberechtigten (notfalls des Vormundschaftsgerichts) einzuholen.

---

63 Siehe Kretschmer in: FS für Schwind, hrsg. von Feltes/Pfeiffer/Steinhilper, 2006, S. 589, 590.
64 So zB § 32 Abs. 3 der Gesetze der Länder Berlin, Bremen, Mecklenburg-Vorpommern, Saarland und Schleswig-Holstein, § 79 Brandenburg, § 70 Nordrhein-Westfalen.

§ 4 Schule, Ausbildung, Arbeit

Spezielle Literatur: *Arndt, S./Weber, M.*, winterREISE – HipHopOperFilmTheater im Jugendknast, in: Bewährungshilfe 2014, S. 258-266; *Arbeitsgruppe des Berufsfortbildungswerkes des DGB Düsseldorf*, Berufliche Bildungsmaßnahmen im Jugendvollzug, in: ZfStrVo 1983, S. 99-104; *Bammann, K./Bührs, R./Hansen, B./Matt, E.*, Bildung & Qualifizierung im Gefängnis: Lösungsbeispiele aus der Praxis, Oldenburg 2008; *Bierschwale, P.*, „Lernen ermöglichen", Die Ordnung des vollzuglichen Lernens, in: Forum Strafvollzug 2008, S. 199-204; *Böttcher, A.*, Erziehung und Bildung unter erschwerten Bedingungen, Perspektiven eines sonderpädagogisch orientierten Unterrichts im Jungendstrafvollzug, Hamburg 2014; *Bublies, U./Walkenhorst, P.*, Bildung, Bildung, Bildung!!!, in: Forum Strafvollzug 2008, S. 198; *Bücking, K. D.*, Fernkursabitur im Strafvollzug – Modalitäten, Erfahrungen und Perspektiven, in: ZfStrVo 1992, S. 165-168; *Bundesinstitut für Berufsbildung*, Labor JVA – Innovation im Behandlungsvollzug: Dokumentation der Fachtagung am 20. Juni 2007 in Wiesbaden; Kompetenzen fördern – Berufliche Qualifizierung für Zielgruppen mit besonderem Förderungsbedarf (BQF-Programm); *Bunk, G./Stentzel, M.*, Modelle der Berufserziehung straffälliger Jugendlicher und Heranwachsender, in: ZfStrVo 1995, S. 73–85; *Clever, C./Ommerborn, R.*, Fernstudium deutscher Haftanstalten, in: ZfStrVo 1996, S. 80-86; *Döbert, M./Hubertus, P.*, Ihr Kreuz ist die Schrift: Analphabetismus und Alphabetisierung in Deutschland, Münster u.a. 2000; *Geissler, I.*, Stellenwert und Effektivität schulischer und beruflicher Bildungsmaßnahmen im Jugendstrafvollzug, in: DVJJ-Journal 1991, S. 211–218; *Gräwe, S.*, Das XENOS Projekt „Sprach-Wa(h)l" in der JVA Neumünster, in: Forum Strafvollzug 2008, S. 216-218; *Gudel, J.*, Schule im Jugendstrafvollzug: Überlegungen und Untersuchungen zu ihrer Ausrichtung als Instrument im Rahmen der Prävention, in: NK 2013, S. 247-267; *Hammerschick, W.*, Berufliche Qualifizierung im Strafvollzug, in: Labor JVA – Innovation im Behandlungsvollzug, hrsg. vom Bundesinstitut für Berufsbildung/INBAS GmbH, Bonn 2007, S. 32–38; *Henschel, P.*, „Ausbildung in der Haft ist nichts für Frauen", in: Forum Strafvollzug 2008, S. 214-216; *Jehle, J.-M.*, Arbeit und Entlohnung von Strafgefangenen, in: ZfStrVo 1994, S. 259-267; *Kaulitzki, R.*, Berufsausbildung im Strafvollzug, in: MschrKrim 1981, S. 240-251; *Köhne, M.*, Die Erhebung von Stromkosten im Strafvollzug, in: NStZ 2012, S. 16-18; *Kruse, H.-J.*, Grundlehrgänge im Jugendstrafvollzug, in: Jugendwohl 1989, S. 406-411; *Maetze, W.*, Berufseinstieg statt ‚Kriminelle Karriere', in: ZfStrVo 2001, S. 289-291; *Matt, E.*, Step by Step, in: Bewährungshilfe 2014, S. 246-257; *Matt, E./Maul, K.*, Das Problem der Heterogenität der Klientel für Bildungsmaßnahmen einer Justizvollzugsanstalt, in: ZfStrVo 2005, S. 198–202; *Ministerium für Justiz, Arbeit und Europa des Landes Schleswig-Holstein (Hrsg.)*, Bericht der Expertenkommission Jugendstrafvollzug, Kiel 2007; *Matzke, M.*, Der Leistungsbereich bei Jugendstrafgefangenen, Ein Beitrag zur Funktion der Jugendstrafe, Diss. Berlin 1982; *Müller-Dietz, H.*, Weiterbildung von Strafgefangenen, in: Handbuch Erwachsenenbildung/Weiterbildung, hrsg. von Tippelt, R./von Hippel, A., 2. Aufl., Wiesbaden 1999, S. 610-617; *Nebe, R./Heinrich, W.*, Behandlung und Ausbildung, in: ZfStrVo 1993, S. 276-278; *Oetting, J.*, Das wahre Leben pocht zwischen den Idealtypen. Über die "Methode der idealtypisch-vergleichenden Einzelfallanalyse" (MIVEA) in der Praxis der Strafrechtspflege, in: NK 4/2008, S. 124-129; *Ommerborn, R./Schuemer, R.*, Einige empirische Befunde und Empfehlungen zur Weiterentwicklung des Fernstudiums im Strafvollzug, in: ZfStrVo 1997, S. 195–206; *Pendon, M.*, Die Rolle der berufsbildenden Maßnahmen im Vollzug – Bedeutung und Erfolg im Hinblick auf die Wiedereingliederung Straffälliger, in: ZfStrVo 1992, S. 31–34; *Pendon, M.*, Europäische Dimensionen in der Berufsausbildung im Strafvollzug, in: ZfStrVo 1996, S. 337–339; *Pendon, M.*, Flexibles, bedarfsgerechtes Berufsbildungsangebot im Jugendvollzug – dargestellt am Beispiel der JVA Schifferstadt, in: ZfStrVo 1996, S. 87–90; *Petran, W. / Weber, J.*, Die Organisation von beruflicher und schulischer Bildung im Jugendstrafvollzug, in: Forum Strafvollzug 2008, S. 210-214; *Reinheckel, S.*, Geringqualifikation bei männlichen Strafgefangenen im geschlossenen Jugendstrafvollzug der Bundesrepublik Deutschland – Ursachen und Handlungsmöglichkeiten, Berlin Humboldt-Univ. 2013; *Reinheckel, S.*, Schulische Bildung im deutschen Jugendstrafvollzug vom 19. Jh. bis in die Gegenwart – ein kurzer Rückblick, in: Forum Strafvollzug 2008, S. 205-210; *Rohlmann, J./Nerke, R.*, Konzept für ein Übergangsmanagement für Strafgefangene und Haftentlassene in Nordrhein-Westfalen, hrsg. vom Kriminologischen Dienst des Landes NRW, Düsseldorf 2007; *Rohwedder, J.*, Thesen zur Didaktik der beruflichen Bildung männlicher Gefangener in Justizvollzugsanstalten, in: ZfStrVo 2003, S. 158-161; *Sandmann, J./Kilian-Georgus, J.*, Schleswig-Holstein: Verbundprojekte im Strafvollzug: e-LIS, BABE und der RESO-Nordverbund, in: Humanisierung des Strafvollzugs – Konzepte und Praxismodelle, hrsg. von Dünkel F./Drenkhahn K./Morgenstern C., Mönchengladbach 2008, S. 185-194; *Schätz, R./Glander, A./Maltzahn, S.*, Fähigkeiten zur Integration ins Leben (FIL), in: *Bewährungshilfe 2014*, S. 229-234; *Seifert, S./Thyrolf, A.*, Das Klima im Strafvollzug, in: NK 2010, S. 23-31; *Theine, E.*, Digitales Lernen im Justizvollzug, in: Forum Strafvollzug 2008, S. 218-221; *Theine, E.*, RESO-Nordverbund: Impulse des Transferprojektes für Diagnose und berufliche Qualifizierung von Inhaftierten, in: Labor JVA – Innovation im Behandlungsvollzug, hrsg. vom Bundesinstitut für Berufsbildung/INBAS GmbH, Bonn 2007, S. 18–20; *Walkenhorst, P.*, Bestandsaufnahme und Perspektiven zur Schule im Strafvollzug, in: DVJJ-Journal 2002, S. 404–416; *Walkenhorst, P.*, Gefängnis als Lernort? – Pädagogik im Strafvollzug als wirksames Mittel zur Rückfallvermeidung, in: Labor JVA – Innovation im Behandlungsvollzug, hrsg. vom Bundesinstitut für Berufsbildung/INBAS GmbH, Bonn 2007, S. 20–30; *Weber, J.*, Berufliche Qualifizierung im Behandlungsvollzug als Grundlage für ein strategisches Übergangsmanagement, in: Labor JVA – Innovation im Behandlungsvollzug, hrsg. vom Bundesinstitut für Berufsbildung/ INBAS GmbH, Bonn 2007, S. 13–18; *Wendt, K./Zimmermann, J.*, Erprobung beruflicher und sozialer Orientierung im niedersächsischen Jugendstrafvollzug mit anschließender Integrationsbegleitung, in: Bewährungshilfe 2014, S. 235-245; *Wielpütz, R.*, Strategien zur Umsetzung von Gender Mainstreaming im Strafvollzug, in: Gemeinschaftsinitiative Equal, Themenheft 1, hrsg. vom Bundesministerium für Arbeit und Soziales, 2. Aufl., S. 52-57; *Wirth, W.*, Arbeitsmarktorientierte Entlassungsvorbereitung im Strafvollzug: Ein Modellprojekt zeigt Wirkung, in: BewHi 2003, S. 307–318; *Zitzer, H.-G.*, Aspekte der Aus- und Weiterbildung der Gefangenen im niedersächsischen Justizvollzug, in: ZfStrVo 2000, S. 265–270

I. Überblick

1   Die Jugendstrafvollzugsgesetze der Länder enthalten Vorschriften zu schulischen Maßnahmen, Aus- und Weiterbildungsmaßnahmen, der Ausübung von Arbeit, der Zahlung von Geldern sowie zur Sozialversicherung. Die Regelungen sind in einzelnen Normtexten getroffen oder in selbstständigen Abschnitten bzw Teilen oder einem eigenständigen Kapitel

Daneben existieren Vorschriften auch auf international- und europarechtlicher Ebene.

2   Art. 7 Abs. 1 GG regelt die Staatsaufsicht über das Schulwesen.[1] Das GG weist das Schulwesen der Kompetenz der Länder zu. Sie besitzen sowohl die ausschließliche Gesetzgebungskompetenz als auch die Verwaltungshoheit.[2] Das Grundgesetz enthält keine ausdrückliche Gewährung eines Rechts auf Bildung, sondern nur ein Recht auf gleichen Zugang zu vorhandenen Einrichtungen.[3] Demgegenüber verbürgen einige Verfassungen der Länder im weiten Umfang ein derartiges Recht auf Bildung (Art. 128 Abs. 1 BV; Art. 20 Abs. 1 ThV; Art. 8 Abs. 1 S. 1 NWV; Art. 11 Abs. 1 BWV; Art. 27 Abs. 1 BremV). Die Verfassung begründet keinen Anspruch auf einen nach Ausbildungsgang, Ausbildungsort und Ausbildungsstätte bestimmten Ausbildungs-

---

1   Robbers in: v. Mangoldt/Klein/Starck, GG, Art. 7 Rn 3, 61 ff; Stern/Becker Art. 7 Rn 16.
2   Robbers in: v. Mangoldt/Klein/Starck, GG, Art. 7 Rn 9; Sachs, GG, Art. 7 Rn 1.
3   Robbers in: v. Mangoldt/Klein/Starck, GG, Art. 7 Rn 31; Sachs, GG, Art. 7 Rn 11.

platz.[4] Auch ein subjektives Recht des Einzelnen auf Arbeit ist aus der objektiv-rechtlich-staatlichen Verpflichtung nicht ableitbar.[5]

II. Internationale Vorgaben

1. Mindestgrundsätze für die Behandlung der Gefangenen der Vereinten Nationen vom 13.5.1977

Arbeit

71. 1) Anstaltsarbeit darf nicht so geartet sein, dass der Gefangene leidet.

2) Alle Strafgefangenen sind entsprechend ihrer vom Anstaltsarzt festgestellten körperlichen und geistigen Eignung zur Arbeit verpflichtet.

3) Es ist für genügend nützliche Arbeit zu sorgen, um die Gefangenen für die Dauer eines normalen Arbeitstages zu beschäftigen.

4) Die Arbeit muss soweit wie möglich so beschaffen sein, dass sie die Fähigkeit der Gefangenen, nach der Entlassung ihren Unterhalt auf ehrliche Weise zu verdienen, erhält oder steigert.

5) Ausbildung in nützlichen Berufen ist für Gefangene vorzusehen, die daraus Nutzen ziehen können, insbesondere für junge Gefangene.

6) Innerhalb der Grenzen der Auswahl eines geeigneten Berufs und der Erfordernisse der Anstaltsverwaltung und Disziplin müssen die Gefangenen die Art der Arbeit, die sie verrichten wollen, wählen können.

72. 1) Die Organisation und die Methoden der Arbeit in den Anstalten müssen soweit wie möglich denen von ähnlicher Arbeit außerhalb der Anstalt gleichen, um die Gefangenen auf die Bedingungen des normalen Berufslebens vorzubereiten.

2) Die Interessen der Gefangenen und ihrer Berufsausbildung dürfen jedoch nicht dem Zweck der Erzielung eines finanziellen Gewinns aus den Arbeitsbetrieben in der Anstalt untergeordnet werden.

73. 1) Arbeitsbetriebe und landwirtschaftliche Betriebe von Anstalten sollen vorzugsweise unmittelbar durch die Verwaltung und nicht durch Privatunternehmen betrieben werden.

2) Werden Gefangene in einer Tätigkeit beschäftigt, die nicht von der Verwaltung kontrolliert wird, müssen sie stets unter der Aufsicht des Anstaltspersonals stehen. Sofern die Arbeit nicht für andere öffentliche Dienststellen geleistet wird, haben die Auftraggeber, für welche die Arbeit erbracht wird, der Verwaltung die üblichen Löhne zu zahlen, wobei die Leistung der Gefangenen zu berücksichtigen ist.

74. 1) Die Vorkehrungen, die zum Schutz der Sicherheit und Gesundheit der Arbeitnehmer in Freiheit vorgeschrieben sind, müssen in gleicher Weise auch in den Anstalten eingehalten werden.

---

[4] Manssen in: v. Mangoldt/Klein/Starck, GG, Art. 12 Rn 13.
[5] Manssen in: v. Mangoldt/Klein/Starck, GG, Art. 12 Rn 12; Sachs, GG, Art. 12 Rn 88; BVerfGE 84,133, 146; NJW 1998, 1475, 1475.

2) Es sind Vorkehrungen zu treffen, Gefangene bei Arbeitsunfall und Berufskrankheit zu entschädigen, wobei die Bedingungen nicht ungünstiger sein dürfen als diejenigen, die Arbeitnehmern in Freiheit nach dem Gesetz zustehen.

75. 1) Die Höchstzahl der täglichen und wöchentlichen Arbeitsstunden der Gefangenen ist durch Gesetz oder Verwaltungsvorschrift festzusetzen; dabei sind die örtlichen Bestimmungen oder Gewohnheiten für die Beschäftigung von Arbeitnehmern in Freiheit zu berücksichtigen.

2) Die so festgesetzte Arbeitszeit muss einen Ruhetag in der Woche enthalten sowie genügend Zeit für Weiterbildung und für andere Tätigkeiten, die als Teil der Behandlung und Wiedereingliederung der Gefangenen erforderlich sind.

76. 1) Die Gefangenenarbeit ist gerecht zu vergüten.

2) Den Gefangenen ist zu gestatten, wenigstens einen Teil ihres Verdienstes für zugelassene und zur eigenen Verwendung bestimmte Gegenstände auszugeben sowie einen Teil ihres Verdienstes ihren Familien zu senden.

3) Es soll auch vorgesehen werden, dass ein Teil dieses Verdienstes von der Verwaltung als Rücklage behandelt wird, die dem Gefangenen bei seiner Entlassung auszuhändigen ist.

Weiterbildung und Erholung

77. 1) Es sind Vorkehrungen zu treffen für die Weiterbildung aller Gefangenen, die daraus Nutzen ziehen können, einschließlich des Religionsunterrichts in den Ländern, in denen dies möglich ist. Der Unterricht für Analphabeten und junge Gefangene hat obligatorisch zu sein, und die Verwaltung hat ihm besondere Beachtung beizumessen.

2) Soweit durchführbar ist die Weiterbildung für Gefangene in das Bildungssystem des Landes einzubinden, damit die Gefangenen nach der Entlassung ihre Weiterbildung ohne Schwierigkeiten fortsetzen können.

78. Zur Förderung der geistigen und körperlichen Gesundheit der Gefangenen sind in allen Anstalten Möglichkeiten zur Erholung und kulturellen Betätigung vorzusehen.

2. Mindestgrundsätze der Vereinten Nationen für die Jugendgerichtsbarkeit („Beijing-Rules") vom 29.11.1985

4 Ziele des Anstaltsvollzugs

26.1 Ziel der Aus- und Weiterbildung sowie der Behandlung von Jugendlichen im Anstaltsvollzug ist es, ihnen Betreuung und Schutz angedeihen zu lassen und ihnen Möglichkeiten der Schul- und Berufsausbildung zu bieten, womit ihnen geholfen werden soll, eine konstruktive und produktive Rolle in der Gesellschaft zu spielen.

26.2 Jugendlichen im Anstaltsvollzug sind die Betreuung, der Schutz und alle Formen der sozialen, ausbildungsmäßigen, beruflichen, psychologischen, ärztlichen und physischen Unterstützung zu gewähren, derer sie aufgrund ihres Alters, ihres Geschlechts, ihrer Persönlichkeit und im Interesse ihrer gesunden Entwicklung bedürfen.

26.3 Jugendliche im Anstaltsvollzug sind von Erwachsenen zu trennen und in einer gesonderten Anstalt oder einer gesonderten Abteilung einer Anstalt, die auch Erwachsene beherbergt, unterzubringen.

26.4 Die persönlichen Bedürfnisse und Probleme von weiblichen Jugendstraftätern im Anstaltsvollzug verdienen besondere Aufmerksamkeit. Sie dürfen keinesfalls weniger Betreuung, Schutz, Hilfe, Behandlung und Ausbildung erfahren als männliche Jugendstraftäter. Ihre Gleichbehandlung ist zu gewährleisten.

26.5 Im Interesse des Jugendlichen im Anstaltsvollzug und zu seinem Wohl ist den Eltern bzw dem Vormund Besuchsrecht einzuräumen.

26.6 Die Zusammenarbeit auf Ressort- und Abteilungsebene ist zu fördern, damit Jugendliche im Anstaltsvollzug eine angemessene schulische oder gegebenenfalls berufliche Ausbildung erhalten und sich so beim Verlassen der Anstalt bezüglich ihrer Ausbildung nicht im Nachteil befinden.

3. Regeln der Vereinten Nationen zum Schutz von Jugendlichen unter Freiheitsentzug vom 14.12.1990

Bildung, Berufsausbildung und Arbeit

38. Jeder Jugendliche im schulpflichtigen Alter hat das Recht auf eine Bildung, die seinen Bedürfnissen und Fähigkeiten entspricht und die geeignet ist, ihn auf die Rückkehr in die Gesellschaft vorzubereiten. Der Unterricht sollte außerhalb der Haftanstalt soweit möglich in örtlichen Schulen und in jedem Falle durch ausgebildete Lehrkräfte im Rahmen von Programmen erfolgen, die in das Bildungssystem des Landes eingebunden sind, damit die Jugendlichen nach der Entlassung ihren Bildungsweg ohne Schwierigkeiten fortsetzen können. Besondere Beachtung sollte von den Anstaltsverwaltungen der Bildung Jugendlicher ausländischer Herkunft oder mit besonderen kulturellen oder ethnischen Bedürfnissen beigemessen werden. Jugendlichen, die Analphabeten sind oder die eine verminderte Auffassungsgabe oder Lernschwierigkeiten haben, sollte das Recht auf eine Sonderschulbildung gewährt werden.

39. Jugendlichen, die das schulpflichtige Alter überschritten haben und die ihren Bildungsweg fortzusetzen wünschen, sollte dies gestattet werden, und es sollte auch gefördert werden; alle Anstrengungen sollten unternommen werden, um ihnen Zugang zu geeigneten Weiterbildungsprogrammen zu verschaffen.

40. Zeugnisse oder Ausbildungsnachweise, die den Jugendlichen während der Haft ausgestellt werden, sollten keinen Hinweis darauf enthalten, dass sich der Jugendliche in Haft befunden hat.

41. Jede Haftanstalt sollte die Benutzung einer Bücherei ermöglichen, die über eine genügende Auswahl an Sachbüchern, Unterhaltungsliteratur und Zeitschriften verfügt, die für Jugendliche geeignet sind; die Jugendlichen sollten ermutigt und in die Lage versetzt werden, davon ausgiebig Gebrauch zu machen.

42. Jeder Jugendliche sollte das Recht auf eine Berufsausbildung haben, die geeignet ist, ihn auf eine künftige Beschäftigung vorzubereiten.

43. Unter gebührender Berücksichtigung einer geeigneten Berufswahl und der Erfordernisse der Anstaltsverwaltung sollten die Jugendlichen die Art der Arbeit, die sie verrichten wollen, wählen können.

44. Alle für Kinderarbeit und junge Arbeitnehmer anwendbaren einzelstaatlichen und internationalen Schutzbestimmungen sollten auf Jugendliche, denen die Freiheit entzogen ist, Anwendung finden.

45. Soweit möglich sollten die Jugendlichen Gelegenheit erhalten, in Ergänzung zu der ihnen gewährten Berufsausbildung, nach Möglichkeit innerhalb der örtlichen Gemeinschaft, Arbeit gegen Entgelt zu verrichten, um so ihre Aussichten zu verbessern, nach ihrer Rückkehr in die Gesellschaft eine geeignete Beschäftigung zu finden. Die Arbeit sollte so beschaffen sein, dass damit eine entsprechende Ausbildung verbunden ist, die den Jugendlichen nach ihrer Entlassung zum Nutzen gereicht. Die Arbeitsorganisation und -methoden in den Haftanstalten sollten soweit wie möglich denen einer ähnlichen Arbeit in der Gesellschaft gleichen, um die Jugendlichen auf die Bedingungen des normalen Berufslebens vorzubereiten.

46. Jeder Jugendliche, der eine Arbeit verrichtet, sollte das Recht auf eine gerechte Vergütung haben. Die Interessen der Jugendlichen und ihrer Berufsausbildung sollten nicht dem Ziel untergeordnet werden, für die Anstalt oder einen Dritten finanziellen Gewinn zu erzielen. Ein Teil des Verdienstes eines Jugendlichen sollte in der Regel als Rücklage behandelt werden, die dem Jugendlichen bei seiner Entlassung auszuhändigen ist. Der Jugendliche sollte das Recht haben, den verbleibenden Teil seines Verdienstes für den Kauf von zur eigenen Verwendung bestimmten Gegenständen oder für die Entschädigung des Opfers seiner Tat oder zur Übersendung an seine Familie oder an andere Personen außerhalb der Anstalt zu verwenden.

4. Empfehlung des Europarates, Europäische Strafvollzugsgrundsätze 2006

26.1 Gefangenenarbeit ist als ein positiver Bestandteil des Strafvollzugs zu betrachten und darf nie zur Bestrafung eingesetzt werden.

26.2 Die Vollzugsbehörden sind gehalten, für ausreichende, sinnvolle Arbeit zu sorgen.

26.3 Die Arbeit muss so weit wie möglich so beschaffen sein, dass sie die Fähigkeiten der Gefangenen, nach der Entlassung ihren Lebensunterhalt zu verdienen, aufrecht erhält oder steigert.

26.4 Entsprechend dem Grundsatz 13 darf es beim Arbeitsangebot keine Diskriminierung wegen des Geschlechts geben.

26.5 Für Gefangene, die daraus Nutzen ziehen können, insbesondere für junge Gefangene, ist eine Berufsausbildung umfassende Arbeit anzubieten.

26.6 Die Gefangenen müssen die Art der Tätigkeit, die sie verrichten wollen, im Rahmen des verfügbaren Angebots und vorbehaltlich der Erfordernisse von Eignung, Ordnung und Disziplin wählen können.

26.7 Die Organisation und die Methoden der Arbeit in den Anstalten müssen so weit wie möglich vergleichbarer Arbeit in Freiheit entsprechen, damit die Gefangenen auf die Bedingungen des normalen Berufslebens vorbereitet werden.

26.8 Die Erzielung eines finanziellen Gewinns aus den Arbeitsbetrieben in den Anstalten kann für die Hebung des Leistungsniveaus und für die Steigerung der Qualität und des Praxisbezugs der Ausbildung wertvoll sein; die Interessen der Gefangenen dürfen jedoch diesem Zweck nicht untergeordnet werden.

26.9 Von den Vollzugsbehörden ist Arbeit für Gefangene entweder eigenständig oder in Zusammenarbeit mit Privatunternehmen innerhalb oder außerhalb der Justizvollzugsanstalt anzubieten.

26.10 In allen Fällen ist die Gefangenenarbeit angemessen zu vergüten.

26.11 Den Gefangenen ist zu gestatten, zumindest einen Teil ihres Verdienstes für zugelassene und zur eigenen Verwendung bestimmte Gegenstände auszugeben sowie einen Teil ihren Familien zukommen zu lassen.

26.12 Die Gefangenen sind anzuregen, einen Teil ihres Verdienstes zu sparen; diese Ersparnisse sind den Gefangenen bei der Entlassung auszuhändigen oder für andere erlaubte Zwecke zu verwenden.

26.13 Die Sicherheits- und Gesundheitsschutzmaßnahmen für Gefangene müssen wirksam und genauso streng sein wie diejenigen, die für Arbeitnehmer außerhalb der Anstalt gelten.

26.14 Es sind Vorkehrungen zu treffen, dass Gefangene bei Arbeitsunfällen und Berufskrankheit entschädigt werden; dabei dürfen die Voraussetzungen nicht ungünstiger sein als diejenigen, die Arbeitnehmern außerhalb der Anstalt nach innerstaatlichem Recht zustehen.

26.15 Die tägliche und wöchentliche Höchstarbeitszeit der Gefangenen ist nach den örtlichen Bestimmungen oder üblichen Beschäftigungszeiten von Arbeitnehmern in Freiheit festzusetzen.

26.16 Gefangene müssen mindestens einen Ruhetag in der Woche sowie genügend Zeit für Ausbildung und andere Aktivitäten haben.

26.17 Arbeitende Gefangene sind so weit wie möglich in das staatliche Sozialversicherungssystem einzubeziehen.

Aus- und Weiterbildung

28.1 Jede Justizvollzugsanstalt soll allen Gefangenen Zugang zu möglichst umfassenden Bildungsprogrammen gewähren, die ihren individuellen Bedürfnissen entsprechen und gleichzeitig ihren Ambitionen Rechnung tragen.

28.2 Hierbei sind Gefangene mit Defiziten im Bereich Lesen, Schreiben und Rechnen sowie Gefangene mit unzureichender Grund- oder Berufsausbildung vorrangig zu berücksichtigen.

28.3 Besonderes Augenmerk ist auf die Aus- und Weiterbildung junger Gefangener und Gefangener mit spezifischen Bedürfnissen zu richten.

28.4 Aus- und Weiterbildung ist im Vollzug der gleiche Stellenwert wie der Arbeit einzuräumen. Gefangene dürfen durch die Teilnahme an Aus- und Weiterbildungsmaßnahmen nicht finanziell oder anderweitig benachteiligt werden.

28.5 Jede Anstalt hat eine angemessene ausgestattete Bibliothek einzurichten, die allen Gefangenen zur Verfügung steht. Sie soll über eine Vielfalt an Büchern und sonstigen Medien verfügen, die sowohl für Unterhaltungs- als auch für Bildungszwecke geeignet sind.

28.6 Die Anstaltsbibliothek soll wenn immer möglich in Zusammenarbeit mit öffentlichen Bibliotheken geführt werden.

28.7 So weit wie möglich ist die Aus- und Weiterbildung für Gefangene

a) in das Bildungs- und Berufsbildungssystem des Landes einzubinden, damit diese nach der Entlassung ohne Schwierigkeiten fortgesetzt werden kann;

b) unter der Federführung von Bildungseinrichtungen außerhalb der Anstalt vorzusehen.

III. Im Einzelnen: Schule, Ausbildung, Weiterbildung und Arbeit
1. Synopse[6]

Länder	Schule, Ausbildung, Weiterbildung und Arbeit
Berlin, Bremen, Mecklenburg-Vorpommern, Saarland, Sachsen, Schleswig-Holstein (6er-Gruppe)	§ 37 Schulische und berufliche Aus- und Weiterbildung, Arbeit (1)[7] Ausbildung, Weiterbildung, arbeitstherapeutische Beschäftigung[8] und Arbeit dienen insbesondere dem Ziel, die Fähigkeit der Gefangenen zur Aufnahme einer Erwerbstätigkeit nach der Entlassung zu vermitteln, zu erhalten oder zu fördern. Sofern den Gefangenen Arbeit zugewiesen wird, soll diese möglichst deren Fähigkeiten, Fertigkeiten und Neigungen entsprechen.[9] (2)[10] Die Gefangenen sind vorrangig zur Teilnahme an schulischen und beruflichen Orientierungs-, Aus- und Weiterbildungsmaßnahmen oder speziellen Maßnahmen zur Förderung ihrer schulischen, beruflichen oder persönlichen Entwicklung verpflichtet. Im Übrigen sind die Gefangenen zu Arbeit, arbeitstherapeutischer oder sonstiger Beschäftigung verpflichtet, wenn und soweit sie dazu in der Lage sind.[11] (3)[12] Das Zeugnis oder der Nachweis über eine Bildungsmaßnahme darf keinen Hinweis auf die Inhaftierung enthalten. (4) Den Gefangenen[13] soll gestattet werden, einer Berufsausbildung, beruflichen Weiterbildung, Umschulung oder Arbeit auf der Grundlage eines freien Beschäfti-

---

6 Die Gesetzesfassungen sind zT nicht wort-, aber inhaltsgleich. Die Regelungen sind nur insoweit wiedergegeben, wie sie sich auf den Jugendstrafvollzug beziehen.
7 Problematisch Saarland Abs. 1 (die oben genannten Absätze 1-4 sind Absätze 2-5): „Geeignete Gefangene haben nach ihren Fähigkeiten und Kenntnissen ein Recht auf Bildung und Ausbildung.".
8 Sachsen: Arbeitstherapeutische Maßnahmen und Arbeitstraining.
9 Im JStVollzG Berlin stattdessen: „Die Gefangenen werden darin unterstützt und beraten, ihren Fähigkeiten, Kenntnissen und Neigungen angemessene Maßnahmen zu finden. Sachsen: § 37 Abs. 3 S. 2 SächsJStVollzG, voran geht der Satz „Einem Gefangenen soll auf Antrag oder mit seiner Zustimmung Arbeit zugewiesen werden.", es schließt an „§ 11 a Abs. 2 bleibt unberührt. Nehmen sie eine Arbeit auf, gelten die von der Anstalt festgelegten Arbeitsbedingungen. Die Arbeit darf nicht zur Unzeit niedergelegt werden."
10 In Sachsen fehlt die Regelung des Absatzes 2.
11 Berlin: Zusätzlich Satz 3: „Zur Vorbereitung und Durchführung dieser Maßnahmen sind Gefangene, die nicht über ausreichende Kenntnisse der deutschen Sprache verfügen, zur Teilnahme an Deutschkursen verpflichtet."
12 Sachsen: § 37 Abs. 2.
13 Sachsen: „der zum Freigang nach § 15 Abs. 1 Nr. 4 zugelassen ist".

Länder	Schule, Ausbildung, Weiterbildung und Arbeit
	gungsverhältnisses außerhalb der Anstalt nachzugehen oder sich innerhalb oder außerhalb des Vollzugs selbst zu beschäftigen, wenn sie hierfür geeignet sind. § 13 Abs. 2, § 15 Abs. 2 und § 17 gelten entsprechend. Die Anstalt kann verlangen, dass ihr das Entgelt für das freie Beschäftigungsverhältnis zur Gutschrift für die Gefangenen überwiesen wird.[14]
Baden-Württemberg	**§ 40 JVollzGB IV BW Grundsatz** (1) Junge Gefangene haben ein Recht auf schulische und berufliche Bildung, sinnstiftende Arbeit und Training sozialer Kompetenzen. (2) Junge Gefangene sind verpflichtet, im Erziehungsplan vorgesehene schulische oder berufliche Bildungsmaßnahmen, eine zugewiesene Arbeit, arbeitstherapeutische oder sonstige Beschäftigung auszuüben, soweit sie hierzu körperlich in der Lage sind. (3) Die Jugendstrafanstalt soll jungen Gefangenen wirtschaftlich ergiebige Arbeit zuweisen und dabei ihre Fähigkeiten und Neigungen nach Möglichkeit berücksichtigen. (4) Junge Gefangene, die zu wirtschaftlich ergiebiger Arbeit nicht in der Lage sind oder im Leistungsbereich besonderer Erziehung bedürfen, sollen arbeitstherapeutisch beschäftigt werden oder ihre sozialen Kompetenzen trainieren. **§ 41 Unterricht und Weiterbildung** (1) Junge Gefangene erhalten Hauptschul-, Förderschul- und Berufsschulunterricht in Anlehnung an die für öffentliche Schulen geltenden Vorschriften. An dem Unterricht können auch nicht schulpflichtige junge Gefangene teilnehmen. (2) Daneben soll nach Möglichkeit Unterricht zur Erlangung anderer staatlich anerkannter Schulabschlüsse sowie lebenskundlicher Unterricht, Religionsunterricht oder Ethik und berufsbildender Unterricht auf Einzelgebieten erteilt werden. (3) Geeigneten jungen Gefangenen soll Gelegenheit zur Berufsausbildung, beruflichen Weiterbildung oder Teilnahme an anderen ausbildenden oder weiterbildenden Maßnahmen gegeben werden. **§ 42 Freies Beschäftigungsverhältnis** (1) Jungen Gefangenen kann gestattet werden, einer Arbeit oder beruflichen Aus- oder Weiterbildung auf der Grundlage eines freien Beschäftigungsverhältnisses außerhalb der Jugendstrafanstalt nachzugehen. Es soll vor allem der sozial erfolgreichen Eingliederung junger Gefangener dienen. (2) Das freie Beschäftigungsverhältnis darf nur angeordnet werden, wenn nicht zu befürchten ist, dass sich junge Gefangene dem Vollzug der Jugendstrafe entziehen oder das freie Beschäftigungsverhältnis zu Straftaten missbrauchen. (3) Jungen Gefangenen können für das freie Beschäftigungsverhältnis Weisungen erteilt werden. (4) Das freie Beschäftigungsverhältnis ist zu widerrufen, wenn junge Gefangene es missbrauchen oder Weisungen nicht nachkommen. (5) Das freie Beschäftigungsverhältnis kann vor Antritt widerrufen werden, wenn Umstände bekannt werden, die gegen die Durchführung sprechen. (6) Das Entgelt ist der Jugendstrafanstalt zur Gutschrift für die jungen Gefangenen zu überweisen. **§ 43 Soziales Training und Sprachkompetenz** (1) Soziales Training kann förmliche Bildungsmaßnahmen, Arbeit oder Beschäftigung ergänzen, wenn dies für die Erreichung des Erziehungsauftrages erforderlich ist.

---

[14] Sachsen: „Das Entgelt ist der Anstalt zur Gutschrift für die Gefangenen zu überweisen."

Länder	Schule, Ausbildung, Weiterbildung und Arbeit
	(2) Aus Gründen der Integration und zur Förderung der Sprachkompetenz sollen jungen Gefangenen, soweit erforderlich, Deutschkurse angeboten werden.
Bayern	**Art. 145 Unterricht, Ausbildung**
	(1) Dem Unterricht kommt im Jugendstrafvollzug besondere Bedeutung zu.
	(2) Schulpflichtige junge Gefangene erhalten Hauptschul-, Förderschul- und Berufsschulunterricht in Anlehnung an die für öffentliche Schulen geltenden Vorschriften. An dem Unterricht können auch nicht schulpflichtige junge Gefangene teilnehmen.
	(3) Daneben soll nach Möglichkeit Unterricht zur Erlangung anderer staatlich anerkannter Schulabschlüsse sowie lebenskundlicher Unterricht, soziales Training, berufsbildender Unterricht auf Einzelgebieten und Deutschunterricht erteilt werden.
	(4) Bei der beruflichen Ausbildung oder Umschulung ist berufsbildender Unterricht vorzusehen; dies gilt auch für die berufliche Weiterbildung, soweit die Art der Maßnahme es erfordert.
	(5) Art. 40 Abs. 2 und Art. 41 gelten entsprechend.
	Art. 40 Unterricht
	(2) Unterricht soll während der Arbeitszeit stattfinden.
	Art. 41 Zeugnisse über Bildungsmaßnahmen
	Aus dem Zeugnis über eine Bildungsmaßnahme darf die Inhaftierung eines Teilnehmers oder einer Teilnehmerin nicht erkennbar sein.
	Art. 146 Beschäftigung
	(1) Geeigneten jungen Gefangenen soll Gelegenheit zur Berufsausbildung, beruflichen Weiterbildung oder Teilnahme an anderen ausbildenden oder weiterbildenden Maßnahmen gegeben werden.
	(2) Die in den Einrichtungen des Vollzugs Auszubildenden sollen auf die Abschlussprüfungen nach dem Berufsbildungsgesetz oder der Handwerksordnung vorbereitet werden. Die für die Zulassung zur Prüfung erforderliche Bescheinigung wird von der Jugendstrafvollzugsanstalt ausgestellt, wenn der oder die Auszubildende die Voraussetzungen erfüllt.
	(3) Art. 39 Abs. 1, 2, 3 und 5, Art. 43 Sätze 2, 3 und 4 Alternative 2 (...) gelten für die Arbeit in den Jugendstrafvollzugsanstalten entsprechend.
	Art. 39 Beschäftigung
	(1) Arbeit, arbeitstherapeutische Beschäftigung, Ausbildung und Weiterbildung dienen insbesondere dem Ziel, Fähigkeiten für eine Erwerbstätigkeit nach der Entlassung zu vermitteln, zu erhalten oder zu fördern.
	(2) Die Anstalt soll den Gefangenen wirtschaftlich ergiebige Arbeit zuweisen und dabei ihre Fähigkeiten, Fertigkeiten und Neigungen berücksichtigen. Sie soll auch im Zusammenwirken mit den Vereinigungen und Stellen des Arbeits- und Wirtschaftslebens dazu beitragen, dass die Gefangenen beruflich gefördert, beraten und vermittelt werden. Die Arbeitsschutz- und Unfallverhütungsvorschriften sind zu beachten.
	(3) Sind Gefangene zu wirtschaftlich ergiebiger Arbeit nicht fähig, sollen sie arbeitstherapeutisch beschäftigt werden.
	(5) Maßnahmen nach Abs. 1 können in von privaten Unternehmen unterhaltenen Betrieben und sonstigen Einrichtungen durchgeführt werden. Hierbei kann die technische und fachliche Leitung Angehörigen dieser Unternehmen übertragen werden.

III. Im Einzelnen: Schule, Ausbildung, Weiterbildung und Arbeit 4

Länder	Schule, Ausbildung, Weiterbildung und Arbeit
	Art. 43 Arbeitspflicht
	²Gefangene können zu Hilfstätigkeiten in der Anstalt verpflichtet werden. ³Diese Tätigkeiten sollen in der Regel nicht über drei Monate jährlich hinausgehen. ⁴Die Sätze 1 und 2 gelten nicht für (...) werdende und stillende Mütter, soweit gesetzliche Beschäftigungsverbote zum Schutz erwerbstätiger Mütter bestehen.
	Art. 147 Freies Beschäftigungsverhältnis
	Art. 42 Abs. 1 und 3 gelten entsprechend mit der Maßgabe, dass an die Stelle des dort genannten Art. 13 Abs. 2 Art. 134 Abs. 2 tritt.
	Art. 42 Freies Beschäftigungsverhältnis, Selbstbeschäftigung
	(1) Gefangenen soll gestattet werden, einer Arbeit, Berufsausbildung oder beruflichen Weiterbildung auf der Grundlage eines freien Beschäftigungsverhältnisses außerhalb der Anstalt nachzugehen, wenn dies im Rahmen des Vollzugsplans dem Ziel dient, Fähigkeiten für eine Erwerbstätigkeit nach der Entlassung zu vermitteln, zu erhalten oder zu fördern und nicht überwiegende Gründe des Vollzugs entgegenstehen. Art. 13 Abs. 1 Nr. 1, Abs. 2, Art. 15 und 16 bleiben unberührt.
	(3) Die Anstalt kann verlangen, dass ihr das Entgelt zur Gutschrift für den Gefangenen oder die Gefangene überwiesen wird.
	Art. 134 Lockerungen des Vollzugs
	(2) Die Lockerungen dürfen zur Erfüllung des Erziehungsauftrags oder zur Förderung der Wiedereingliederung mit Zustimmung der jungen Gefangenen gewährt werden, wenn verantwortet werden kann zu erproben, dass sie sich nicht dem Vollzug der Jugendstrafe entziehen und die Lockerungen nicht zur Begehung von Straftaten missbrauchen werden.
	Art. 148 Ablösung
	Art. 44 gilt entsprechend mit der Maßgabe, dass eine Ablösung auch erfolgen kann, wenn dies aus erzieherischen Gründen angezeigt ist.
	Art. 44 Ablösung
	Gefangene können von einer Beschäftigung oder einem Unterricht nach Art. 39, 40, 42 oder 43 Satz 2 abgelöst werden, wenn dies aus Gründen der Sicherheit oder Ordnung der Anstalt oder aus Gründen der Behandlung erforderlich ist oder wenn sich herausstellt, dass sie den Anforderungen nicht genügen.
Brandenburg, Rheinland-Pfalz, Sachsen-Anhalt[15], Thüringen	**§ 27 Arbeitstherapeutische Maßnahmen**
	Arbeitstherapeutische Maßnahmen dienen dazu, dass die Gefangenen Eigenschaften wie Selbstvertrauen, Durchhaltevermögen und Konzentrationsfähigkeit einüben, um sie stufenweise an die Grundanforderungen des Arbeitslebens heranzuführen.
	§ 28 Arbeitstraining
	Arbeitstraining dient dazu, Gefangenen, die nicht in der Lage sind, einer regelmäßigen und erwerbsorientierten Beschäftigung nachzugehen, Fähigkeiten und Fertigkeiten zu vermitteln, die eine Eingliederung in das leistungsorientierte Arbeitsleben fördern. Die in der Anstalt dafür vorzuhaltenden Maßnahmen müssen den Anforderungen des Arbeitsmarktes Rechnung tragen[16].
	§ 29 Schulische und berufliche Qualifizierungsmaßnahmen
	(1) Schulische und berufliche Aus- und Weiterbildung und vorberufliche Qualifizierung (schulische und berufliche Qualifizierungsmaßnahmen) im Vollzug haben

---

15 Rheinland-Pfalz und Sachsen-Anhalt: §§ 26-30, zT nicht wort-, aber - soweit nicht anders kenntlich gemacht - inhaltsgleich. Die Gesetze werden verkürzt auf die Regelungen für Jugendstrafgefangene wiedergeben.
16 Sachsen-Anhalt: „... sind danach auszurichten, dem Gefangenen für den Arbeitsmarkt relevante Qualifikationen zu vermitteln."

§ 4 Schule, Ausbildung, Arbeit

Länder	Schule, Ausbildung, Weiterbildung und Arbeit
	das Ziel, die Fähigkeiten der Gefangenen zur Eingliederung und zur Aufnahme einer Erwerbstätigkeit nach der Haftentlassung zu vermitteln, zu verbessern oder zu erhalten. Bei der Festlegung von Inhalten, Methoden und Organisationsformen der Bildungsangebote werden die Besonderheiten der jeweiligen Zielgruppe berücksichtigt. Schulische und berufliche Aus- und Weiterbildung werden in der Regel als Vollzeitmaßnahmen durchgeführt.
	(2)[17] Schulpflichtige junge Gefangene nehmen in der Anstalt am allgemein- oder berufsbildenden Unterricht nach den für öffentliche Schulen geltenden Bestimmungen teil.
	(3) Die Jugendstrafgefangenen sind vorrangig zur Teilnahme an schulischen und beruflichen Orientierungs-, Berufsvorbereitungs-, Aus- und Weiterbildungsmaßnahmen oder speziellen Maßnahmen zur Förderung ihrer schulischen, beruflichen oder persönlichen Entwicklung verpflichtet.
	(4) Geeigneten Jugendstrafgefangenen soll die Teilnahme an einer schulischen oder beruflichen Ausbildung ermöglicht werden, die zu einem anerkannten Abschluss führt.
	(6) Berufliche Qualifizierungsmaßnahmen sind danach auszurichten, dass sie den Gefangenen für den Arbeitsmarkt relevante Qualifikationen vermitteln.
	(7) Bei der Vollzugsplanung[18] ist darauf zu achten, dass die Jugendstrafgefangenen Qualifizierungsmaßnahmen während ihrer Haftzeit abschließen oder sie nach der Inhaftierung fortsetzen können. Können Maßnahmen während der Haftzeit nicht abgeschlossen werden, trägt die Anstalt in Zusammenarbeit mit außervollzuglichen Einrichtungen dafür Sorge, dass die begonnene Qualifizierungsmaßnahme nach der Haft fortgesetzt werden kann.
	(8) Nachweise über schulische und berufliche Qualifizierungsmaßnahmen dürfen keinen Hinweis auf die Inhaftierung enthalten.
	§ 30 Arbeit
	(1) Den Gefangenen soll Arbeit angeboten und ihnen auf Antrag oder mit ihrer Zustimmung zugewiesen werden, soweit dadurch nach dem Vollzugs- und Eingliederungsplan vorrangige Maßnahmen nicht beeinträchtigt werden.[19]
	(2)[20] Nehmen die Gefangene eine Arbeit auf, gelten die von der Anstalt festgelegten Arbeitsbedingungen. Die Arbeit darf nicht zur Unzeit niedergelegt werden.
	§ 31 Freies Beschäftigungsverhältnis, Selbstbeschäftigung
	(1) Jugendstrafgefangenen, die zum Freigang zugelassen sind, soll gestattet werden, einer Arbeit oder einer schulischen oder beruflichen Qualifizierungsmaßnahme auf der Grundlage eines freien Beschäftigungsverhältnisses oder der Selbstbeschäftigung außerhalb der Anstalt nachzugehen, wenn die Beschäftigungsstelle ge-

---

17 Die Regelung fehlt in Sachsen-Anhalt.
18 Sachsen-Anhalt: Vollzugs- und Eingliederungsplanung.
19 Abweichend Sachsen-Anhalt: „Dem Gefangenen soll wirtschaftlich ergiebige Arbeit zugewiesen und dabei seine Fähigkeiten, Fertigkeiten und Neigungen berücksichtigt werden. Ist der Gefangene zu wirtschaftlich ergiebiger Arbeit nicht fähig, soll ihm eine Maßnahme nach den §§ 26 und 27 zugewiesen werden. Die Arbeitsschutz- und Unfallverhütungsvorschriften sind zu beachten." Ebenfalls abweichend Thüringen: „Die Jugendstrafgefangenen sind verpflichtet, eine ihnen zugewiesene, ihren körperlichen Fähigkeiten angemessene Arbeit oder sonstige Beschäftigung auszuüben, zu deren Verrichtung sie aufgrund ihres körperlichen Zustandes in der Lage sind. Sie können jährlich bis zu drei Monaten zu Hilfstätigkeiten in der Anstalt verpflichtet werden, mit ihrer Zustimmung auch darüber hinaus."
20 In Sachsen-Anhalt Abs. 3. Hier lautet Abs. 2: „Der Jugendstrafgefangene ist verpflichtet, eine ihm zugewiesene, seinen physischen und psychischen Fähigkeiten angemessene Arbeit oder Maßnahme nach den §§ 26 und 27 auszuüben, zu deren Verrichtung er aufgrund seines physischen und psychischen Zustandes in der Lage ist. Er kann jährlich bis zu drei Monaten zu Hilfstätigkeiten in der Anstalt verpflichtet werden, mit seiner Zustimmung auch darüber hinaus. Die Sätze 1 und 2 gelten nicht für 1. eine schwangere Gefangene oder 2. eine Gefangene, die entbunden hat, soweit gesetzliche Beschäftigungsverbote zum Schutz erwerbstätiger Mütter bestehen."

Länder	Schule, Ausbildung, Weiterbildung und Arbeit
	eignet ist und nicht überwiegende Gründe des Vollzugs entgegenstehen. § 48 gilt entsprechend. (2) Das Entgelt ist der Anstalt zur Gutschrift für die Jugendstrafgefangenen zu überweisen.
Hamburg	**§ 34 Grundsatz, Zuweisung** (1) Die Gefangenen haben ein Recht auf schulische und berufliche Aus- und Weiterbildung und auf Arbeit. (2) Die Vollzugsbehörden sollen 1. Gefangenen vorrangig die Teilnahme an schulischen und beruflichen Orientierungs-, Aus- und Weiterbildungsmaßnahmen oder speziellen Maßnahmen zur Förderung ihrer schulischen, beruflichen oder persönlichen Entwicklung ermöglichen. 2. im Übrigen im Zusammenwirken mit den Vereinigungen und Stellen des Arbeits- und Wirtschaftslebens dafür sorgen, dass den Gefangenen unter Berücksichtigung ihrer Fähigkeiten, Fertigkeiten und Neigungen wirtschaftlich ergiebige Arbeit zugewiesen werden kann, und dazu beitragen, dass sie beruflich gefördert, beraten und vermittelt werden, 3. die Gefangenen arbeitstherapeutisch beschäftigen, sofern sie zu wirtschaftlich ergiebiger Arbeit nicht fähig sind. (3) Die Maßnahmen nach Abs. 2 dienen insbesondere dem Ziel, Fähigkeiten für eine Erwerbstätigkeit nach der Entlassung zu vermitteln, zu erhalten oder zu fördern. **§ 35 Schulische Aus- und Weiterbildung** (1) Bei der schulischen Aus- und Weiterbildung wird der spezielle Förderungsbedarf der Gefangenen in angemessener Weise berücksichtigt. Insbesondere schulpflichtige Gefangene erhalten nach Möglichkeit Unterricht in Anlehnung an die für öffentliche Schulen geltenden Vorschriften. Daneben soll nach Möglichkeit Unterricht zur Erlangung anderer staatlich anerkannter Schulabschlüsse sowie lebenskundlicher Unterricht und berufsbildender Unterricht auf Einzelgebieten erteilt werden. Die schulische Aus- und Weiterbildung umfasst das Fach Sport. (2) Aus Gründen der Integration und zur Förderung der Sprachkompetenz sollen Gefangenen Deutschkurse angeboten werden. (3) Für Maßnahmen der beruflichen Aus- und Weiterbildung nach § 34 Abs. 2 Nr. 1 ist berufsbegleitender Unterricht vorzusehen, soweit die Art der Maßnahme es erfordert. (4) Unterricht soll während der Arbeitszeit stattfinden. **§ 35 a Abschluss im Vollzug begonnener Bildungsmaßnahmen** (1) Die Anstalt kann Gefangenen auf schriftlichen Antrag gestatten, nach der Entlassung eine im Vollzug begonnene Bildungsmaßnahme fortzuführen und abzuschließen, soweit 1. dies anderweitig nicht möglich oder nicht zumutbar ist, 2. dies zur Eingliederung erforderlich ist, 3. der Abschluss der Maßnahme in einem engen zeitlichen Zusammenhang zum Entlassungszeitpunkt steht und 4. Gründe der Sicherheit oder Ordnung der Anstalt dem nicht entgegenstehen. Hierzu können die Betroffenen, sofern sie es wünschen und es die Belegungssituation zulässt, über den Entlassungszeitpunkt hinaus in der Anstalt verbleiben oder vorübergehend wieder aufgenommen werden. Die Anträge auf Fortführung, Verbleib oder Wiederaufnahme sind jederzeit widerruflich. Erfolgt ein Widerruf, sind die verbliebenen oder aufgenommenen Personen unverzüglich zu entlassen.

§ 4 Schule, Ausbildung, Arbeit

Länder	Schule, Ausbildung, Weiterbildung und Arbeit
	(2) Für diese Personen gelten die Vorschriften dieses Gesetzes entsprechend mit der Maßgabe, dass Maßnahmen des Vollzuges nicht mit unmittelbarem Zwang durchgesetzt werden können. Das Hausrecht bleibt hiervon unberührt. (3) Bei Gefährdung der Sicherheit oder Ordnung der Anstalt kann die Gestattung jederzeit widerrufen werden. **§ 36 Freies Beschäftigungsverhältnis, Selbstbeschäftigung** (1) Den Gefangenen soll gestattet werden, einer Berufsausbildung, beruflichen Weiterbildung, Umschulung oder Arbeit auf der Grundlage eines freien Beschäftigungsverhältnisses außerhalb der Anstalt nachzugehen oder sich innerhalb oder außerhalb der Anstalt selbst zu beschäftigen, wenn sie hierfür geeignet sind und dies im Rahmen des Vollzugsplans dem Ziel dient, Fähigkeiten für eine Erwerbstätigkeit nach der Entlassung zu vermitteln, zu erhalten oder zu fördern. (2) § 12 Abs. 1 Satz 1 Nr. 5 und Sätze 2 und 3, Absätze 2 und 4 bleibt unberührt. (3) Die Anstalt kann verlangen, dass ihr das Entgelt zur Gutschrift für die Gefangenen überwiesen wird. **§ 37 Zeugnisse** Aus Zeugnissen oder Bescheinigungen über die Teilnahme an Bildungsmaßnahmen darf nicht erkennbar sein, dass sie während des Vollzuges einer Jugendstrafe erworben wurden. **§ 38 Teilnahme- und Arbeitspflicht** Die Gefangenen sind vorrangig zur Teilnahme an schulischen und beruflichen Maßnahmen nach § 34 Abs. 2 Nr. 1 verpflichtet, im Übrigen zur Arbeit oder arbeitstherapeutischen Beschäftigung nach § 34 Abs. 2 Nummern 2 und 3, soweit sie dazu in der Lage sind. Die gesetzlichen Beschäftigungsverbote zum Schutz erwerbstätiger Mütter finden Anwendung.
Hessen	**§ 27 Schulische und berufliche Aus- und Weiterbildung, Arbeit** (1) Maßnahmen der schulischen und beruflichen Aus- und Weiterbildung kommen im Jugendstrafvollzug besondere Bedeutung zu. Diese Maßnahmen sowie arbeitstherapeutische Beschäftigung und Arbeit dienen insbesondere dem Ziel, die Persönlichkeit der Gefangenen zu entwickeln und die Fähigkeit zur Aufnahme einer Erwerbstätigkeit zu vermitteln, zu erhalten oder zu fördern. (2) Die Gefangenen sind vorrangig zur Teilnahme an schulischen und beruflichen Orientierungs-, Aus- und Weiterbildungsmaßnahmen oder speziellen Maßnahmen zur Förderung ihrer schulischen, beruflichen und persönlichen Entwicklung verpflichtet. Im Übrigen sind sie zu Arbeit, arbeitstherapeutischer oder sonstiger Beschäftigung verpflichtet, wenn sie dazu in der Lage sind. Die Vorschriften des Mutterschutzgesetzes vom 20. Juni 2002 (BGBl. I S. 2318), zuletzt geändert durch Gesetz vom 23. Oktober 2012 (BGBl. I S. 2246), über die Gestaltung des Arbeitsplatzes und die Beschäftigungsverbote finden entsprechende Anwendung. (3) Die Maßnahmen zur schulischen und beruflichen Bildung haben sich an der voraussichtlichen Dauer der Inhaftierung sowie den außerhalb der Anstalt geltenden Anforderungen auszurichten. Die Gefangenen sollen nach der Entlassung auf den erworbenen Qualifikationen aufbauen können. Mit den zuständigen Stellen ist rechtzeitig zusammen zu arbeiten. (4) Zur Vorbereitung oder Durchführung von Maßnahmen nach Abs. 2 sind Gefangene, die nicht über ausreichende Kenntnisse der deutschen Sprache verfügen, zur Teilnahme an Deutschkursen verpflichtet. (5) Arbeitenden Gefangenen soll die Anstalt dem Erziehungsziel förderliche Arbeit zuweisen und dabei ihre Fähigkeiten, Fertigkeiten und Neigungen berücksichtigen. Kann arbeitsfähigen Gefangenen eine solche Arbeit nicht zugewiesen oder die Teilnahme an Ausbildungs- und Weiterbildungsmaßnahmen nicht ermöglicht werden, wird ihnen eine angemessene Beschäftigung zugeteilt.

III. Im Einzelnen: Schule, Ausbildung, Weiterbildung und Arbeit

Länder	Schule, Ausbildung, Weiterbildung und Arbeit
	(6) Den Gefangenen soll nach Maßgabe des § 13 Abs. 2 gestattet werden, einer schulischen oder beruflichen Aus- und Weiterbildung, Umschulung oder Arbeit außerhalb der Anstalt im Rahmen des Freigangs nach § 13 Abs. 3 Nr. 3 nachzugehen. Die Anstalt kann verlangen, dass ihr den Gefangenen zustehende Entgelte zur Gutschrift für diese überwiesen werden. (7) Die Zeugnisse oder Nachweise über eine Bildungsmaßnahme dürfen keinen Hinweis auf die Inhaftierung enthalten. **§ 27 a Ablösung** (1) Gefangene können von einer zugewiesenen Maßnahme nach § 27 Abs. 2 abgelöst werden, wenn 1. sie den Anforderungen nicht gewachsen sind, 2. sie die Aufnahme oder Ausübung der Beschäftigung verweigern, 3. dies zur Erreichung des Erziehungsziels unerlässlich ist oder 4. dies aus Gründen der Sicherheit oder Ordnung der Anstalt unerlässlich ist. (2) Werden Gefangene nach Abs. 1 Nr. 2 oder aufgrund ihres Verhaltens nach Abs. 1 Nr. 4 abgelöst, gelten sie für drei Monate als verschuldet ohne Beschäftigung. **§ 28 Abschluss im Vollzug begonnener Bildungsmaßnahmen** (1) Die Anstalt kann Gefangenen auf Antrag gestatten, nach Entlassung eine im Vollzug begonnene Bildungsmaßnahme fortzuführen und abzuschließen, soweit 1. dies anderweitig nicht möglich oder nicht zumutbar ist, 2. dies zum Erreichen des Erziehungsziels erforderlich ist, 3. der Abschluss der Maßnahme in einem engen zeitlichen Zusammenhang zum Entlassungszeitpunkt steht und 4. Gründe der Sicherheit oder Ordnung der Anstalt dem nicht entgegenstehen. Hierzu können sie ausnahmsweise freiwillig über den Entlassungszeitpunkt hinaus in einer Anstalt verbleiben oder wieder aufgenommen werden, sofern es die Belegungssituation zulässt. (2) Für diese Personen gelten die Vorschriften dieses Gesetzes entsprechend mit der Maßgabe, dass Maßnahmen des Vollzugs nicht mit unmittelbarem Zwang durchgesetzt werden können. Das Hausrecht bleibt hiervon unberührt. (3) Bei Gefährdung der Sicherheit oder Ordnung der Anstalt kann die Gestattung jederzeit widerrufen werden.
Niedersachsen	**§ 124 Zuweisung, Arbeitspflicht** (1) Aus- und Weiterbildung, Arbeit sowie arbeitstherapeutische Beschäftigung dienen insbesondere dem Ziel, Fähigkeiten für eine Erwerbstätigkeit nach der Entlassung zu vermitteln, zu erhalten oder zu fördern. (2) Die Vollzugsbehörde soll der oder dem Gefangenen unter besonderer Berücksichtigung des § 114 Abs. 1 Satz 3 vorrangig schulische und berufliche Orientierungs-, Aus- und Weiterbildungsmaßnahmen zuweisen. Soweit eine solche Zuweisung nach Maßgabe des Erziehungs- und Förderplans nicht vorgesehen ist, soll die Vollzugsbehörde ihr oder ihm statt einer Tätigkeit nach Satz 1 wirtschaftlich ergiebige Arbeit oder, wenn dies oder eine Tätigkeit nach Satz 1 wirtschaftlich nicht möglich ist, der Vollzugsbehörde eine Beschäftigung zuweisen und dabei ihre oder seine Fähigkeiten, Fertigkeiten und Neigungen berücksichtigen. Die Vollzugsbehörde kann der oder dem Gefangenen als Tätigkeit nach Satz 2 auch eine Hilfstätigkeit zuweisen. (3) Ist der Gefangene zu wirtschaftlich ergiebiger Arbeit nicht fähig, so soll ihr oder ihm eine geeignete arbeitstherapeutische Beschäftigung zugewiesen werden. (4) Der Gefangene ist verpflichtet, eine ihr oder ihm zugewiesene Tätigkeit auszuüben. Vollzugliche Maßnahmen, insbesondere Lockerungen, die der Ausübung

§ 4 Schule, Ausbildung, Arbeit

Länder	Schule, Ausbildung, Weiterbildung und Arbeit
	einer zugewiesenen Tätigkeit ganz oder teilweise entgegenstehen, sollen nur zugelassen werden, soweit dies im Rahmen des Erziehungs- und Förderplans zur Erreichung des Vollzugszieles nach § 113 Satz 1, im überwiegenden Interesse der oder des Gefangenen oder aus einem anderen wichtigen Grund erforderlich ist. **§ 125 Aus- und Weiterbildungsangebote** Schulische und berufliche Aus- und Weiterbildungsangebote sind von der Vollzugsbehörde in ausreichendem Umfang bereitzustellen und möglichst so zu gestalten, dass sie von Gefangenen auch dann sinnvoll genutzt werden können, wenn wegen der Kürze des Freiheitsentzuges ein Abschluss bis zur Entlassung nicht erreichbar ist. Im Rahmen der durchgängigen Betreuung ist darauf hinzuwirken, dass der oder dem Gefangenen die Fortsetzung der im Jugendstrafvollzug begonnenen Aus- oder Weiterbildungsmaßnahmen nach der Entlassung außerhalb der Anstalt ermöglicht wird. **§ 126 Freiwilliger Verbleib im Jugendstrafvollzug** (1) Nach der Entlassung kann der oder dem Gefangenen im Rahmen der durchgängigen Betreuung auf Antrag gestattet werden, eine im Jugendstrafvollzug begonnene Maßnahme des Erziehungs- und Förderplans abzuschließen. Hierfür oder aus fürsorgerischen Gründen kann sie oder er im Einzelfall höchstens drei Monate über den Entlassungszeitpunkt hinaus in der Anstalt verbleiben, sofern es deren Belegungssituation zulässt. Der Antrag und die Gestattung sind jederzeit widerruflich. (2) Maßnahmen nach Abs. 1 sind unzulässig, wenn sie nach allgemeinen Vorschriften der Zustimmung der Personensorgeberechtigten bedürften und diese nicht erteilt wird. (3) In den Fällen des Absatzes 1 dürfen Maßnahmen des Vollzuges nicht mit unmittelbarem Zwang durchgesetzt werden. Im Übrigen finden die sonstigen Vorschriften dieses Teils entsprechende Anwendung. (4) Wird der Antrag widerrufen oder eine notwendige Zustimmung der Personensorgeberechtigten nicht erteilt, so ist die betroffene Person unverzüglich zu entlassen. **§ 132 Entsprechende Anwendung von Vorschriften des Zweiten Teils** (1) Für den Vollzug der Jugendstrafe gelten die Vorschriften des Zweiten Teils entsprechend, soweit in den Vorschriften dieses Teils nichts anderes bestimmt ist. (2) Bei der Ausübung von Ermessen und der Ausfüllung von Beurteilungsspielräumen sind im Jugendstrafvollzug die Vollzugsziele nach § 113 sowie die Gestaltungsgrundsätze nach § 114 besonders zu beachten. **§ 36 Freies Beschäftigungsverhältnis, Selbstbeschäftigung** (1) Der oder dem Gefangenen soll gestattet werden, einer Arbeit oder einer beruflichen Aus- oder Weiterbildung auf der Grundlage eines freien Beschäftigungsverhältnisses außerhalb der Anstalt nachzugehen, wenn dies im Rahmen der Vollzugsplanung dem Ziel dient, Fähigkeiten für eine Erwerbstätigkeit nach der Entlassung zu vermitteln, zu erhalten oder zu fördern, und nicht überwiegende Gründe des Vollzuges entgegenstehen. § 13 Abs. 1 Nr. 1, Abs. 2 und § 15 bleiben unberührt. (2) Der oder dem Gefangenen kann anstelle einer zugewiesenen Tätigkeit gestattet werden, selbständig einer Beschäftigung (Selbstbeschäftigung) nachzugehen. Für eine Selbstbeschäftigung außerhalb der Anstalt bleiben § 13 Abs. 1 Nr. 1, Abs. 2 und § 15 unberührt. Die Gestattung der Selbstbeschäftigung kann davon abhängig gemacht werden, dass die Gefangenen den Kostenbeitrag nach § 52 Abs. 1 ganz oder teilweise monatlich im Voraus entrichten. (3) Die Vollzugsbehörde kann verlangen, dass ihr aus den Tätigkeiten nach Abs. 1 oder 2 erzielte Einkünfte der oder des Gefangenen zur Gutschrift überwiesen werden.

III. Im Einzelnen: Schule, Ausbildung, Weiterbildung und Arbeit 4

Länder	Schule, Ausbildung, Weiterbildung und Arbeit
	§ 37 Abschlusszeugnis Aus dem Abschlusszeugnis über eine aus- oder weiterbildende Maßnahme darf die Inhaftierung nicht erkennbar sein.
Nordrhein-Westfalen	**§ 40 Schulische und berufliche Aus- und Weiterbildung, Arbeit** (1) Der Förderungs- und Erziehungsauftrag des Jugendstrafvollzuges wird insbesondere durch Bildung, Ausbildung und eine zielgerichtet qualifizierende Beschäftigung der Gefangenen verwirklicht. (2) Die Gefangenen sind während der Arbeitszeit vorrangig zur Teilnahme an schulischen und beruflichen Orientierungs-, Aus- und Weiterbildungsmaßnahmen oder speziellen Maßnahmen zur Förderung ihrer schulischen, beruflichen oder persönlichen Entwicklung verpflichtet, im Übrigen zu Arbeit, arbeitstherapeutischer oder sonstiger Beschäftigung, wenn und soweit sie dazu in der Lage sind. Die Gefangenen können außerdem jährlich bis zu drei Monaten zu Hilfstätigkeiten in der Anstalt verpflichtet werden, mit ihrer Zustimmung auch darüber hinaus. Bei der Zuweisung einer Tätigkeit nach Satz 1 und 2 sind die jeweiligen Fähigkeiten, Fertigkeiten und Neigungen zu berücksichtigen. Die gesetzlichen Beschäftigungsverbote zum Schutz erwerbstätiger Mütter sowie die einschlägigen Regelungen des Jugendarbeitsschutzgesetzes finden Anwendung. (3) Die in den Einrichtungen des Vollzuges Ausgebildeten werden zu den Abschlussprüfungen nach dem Berufsbildungsgesetz oder der Handwerksordnung zugelassen, wenn durch eine Bescheinigung der Anstalt oder des Ausbildungsträgers nachgewiesen wird, dass die Zulassung zur Prüfung gerechtfertigt ist. Aus dem Zeugnis über eine Bildungsmaßnahme darf die Inhaftierung nicht erkennbar sein. (4) Den Gefangenen soll gestattet werden, einer Arbeit, Berufsausbildung, beruflichen Weiterbildung oder Umschulung auf der Grundlage eines freien Beschäftigungsverhältnisses außerhalb der Anstalt nachzugehen oder sich innerhalb oder außerhalb des Vollzuges selbst zu beschäftigen, wenn sie hierfür geeignet sind. § 16 Abs. 1 Nr. 1 und Abs. 3 sowie § 18 bleiben unberührt. Die Vollzugsbehörde kann verlangen, dass ihr das Entgelt zur Gutschrift für die Gefangenen überwiesen wird.

2. Grundaussagen

Brandenburg, Rheinland-Pfalz, Sachsen-Anhalt und Thüringen haben mittlerweile – wie BW, Bayern und Niedersachsen bereits zuvor – Justizvollzugsgesetze verabschiedet, die den Vollzug von Freiheitsstrafe, Jugendstrafe, Untersuchungshaft und Strafarrest gemeinsam regeln. 8

- In den ursprünglichen Jugendstrafvollzugsgesetzen der Länder wurde betont, dass schulische und berufliche Bildungsmaßnahmen im Jugendvollzug besondere Bedeutung haben. Die neuen Regelungen in Brandenburg, Rheinland-Pfalz, Thüringen und Sachsen stellen nunmehr Maßnahmen voran, die die Jugendstrafgefangenen insbesondere auf eine Eingliederung in den Arbeitsmarkt vorbereiten. Hierunter fallen sog. arbeitstherapeutische Maßnahmen und Arbeitstraining, die sich auch in den Gesetzen der anderen Länder finden.

- Daneben sind schulische und berufliche Bildungsmaßnahmen nach wie vor vorrangig gegenüber der Arbeit der Gefangenen.

- Die Gefangenen sind zur Teilnahme an schulischen oder beruflichen Maßnahmen verpflichtet (nicht im BayStVollzG).

§ 4 Schule, Ausbildung, Arbeit

- Die Gefangenen sind im Übrigen zur Ausübung von Arbeit, arbeitstherapeutischer oder sonstiger Beschäftigung verpflichtet (nicht in Bayern, Brandenburg, Rheinland-Pfalz und Thüringen; in Hamburg nicht zu sonstiger Beschäftigung).
- Die zugewiesene Arbeit muss den Fähigkeiten, Fertigkeiten und Neigungen der Gefangenen entsprechen.
- Den Gefangenen soll gestattet werden, eine Arbeit oder beruflichen Ausbildung oder Weiterbildung in einem freien Beschäftigungsverhältnis außerhalb der Anstalt nachzugehen.
- Für die Teilnahme an einer Bildungsmaßnahme erhalten die Gefangenen eine Ausbildungsbeihilfe, für geleistete Arbeit, arbeitstherapeutische oder sonstige Beschäftigung ein Arbeitsentgelt.
- Für die Teilnahme an einer Bildungsmaßnahme erhalten die Gefangenen einen Nachweis, für eine ausgeübte Tätigkeit ein Zeugnis. Nachweis und Zeugnis dürfen keinen Hinweis auf die Inhaftierung enthalten.

3. Weitere Regelungen

9   Neben den unmittelbaren Vorschriften zu den Bereichen Schule/Ausbildung/Weiterbildung und Arbeit ist in den Ländergesetzen in anderen Abschnitten ausdrücklich Folgendes geregelt:

- Ein Angebot von Deutschkursen zur Integration und Förderung der Sprachkompetenz (in BW und Hamburg als Soll-Regelung, in Hessen für die Gefangenen bei unzureichenden Deutschkenntnissen verpflichtend; in Bayern soll „Deutschunterricht" erteilt werden).
- Die Förderung der Entwicklung der Fähigkeiten und Fertigkeiten für eine eigenverantwortliche Lebensführung bzw für eine berufliche Integration.
- Die Berücksichtigung der unterschiedlichen Lebenslagen und Bedürfnisse.
- Die Fortführung von Ausbildungsmaßnahmen und Behandlungsmaßnahmen nach der Entlassung.
- Zusammenarbeit mit Schulen, Schulaufsichtsbehörden, Einrichtungen der beruflichen Bildung bzw öffentlichen Stellen.
- Die Vorhaltung von Einrichtungen zur schulischen und beruflichen Bildung und zur Arbeit (§§ 100 Gesetze der Länder Berlin, Bremen, Saarland, Sachsen und Schleswig-Holstein; §§ 99 HmbJStVollzG, 69 HessJStVollzG, 11 JVollzGB IV B-W; §§ 107 BbgJVollzG, 104 LJVollzG RP, 105 ThürJVollzG, 105 JVollzGB LSA, 112 JStVollzG NRW, 173 NJVollzG; Art. 24, 126, 131 BayStVollzG).
- Ausbildung und Arbeit findet in Gemeinschaft statt.

4. Staatliche Verpflichtung, Anspruch und Verpflichtung der Gefangenen

10 Der Staat muss den Strafvollzug so ausstatten, wie es zur Realisierung des Vollzugsziels erforderlich ist (BVerfGE 35, 202, 235). Dies bedingt zentral die Vorbereitung einer **künftigen beruflichen Integration in den ersten Arbeitsmarkt**. Hierfür sind ausreichende Bildungs- und Ausbildungsmöglichkeiten vorzuhalten. Zu begrüßen sind

III. Im Einzelnen: Schule, Ausbildung, Weiterbildung und Arbeit

die Gesetzesänderungen in Brandenburg, Rheinland-Pfalz, Sachsen, Sachsen-Anhalt und Thüringen, die der Tatsache Rechnung tragen, dass es vielen Jugendstrafgefangenen an Selbstvertrauen, Durchhaltevermögen und Konzentrationsfähigkeit als den Grundanforderungen des Arbeitslebens mangelt.

Bei den schulischen und beruflichen Ausbildungsangeboten ist darauf Bedacht zu nehmen, dass die Angebote auch dann sinnvoll genutzt werden können, wenn wegen der Kürze der Haftzeit ein Abschluss während der Dauer der Haft nicht erreichbar ist. Dafür sind entweder Angebote vorzusehen, die der Dauer des Aufenthalts in der Jugendstrafanstalt angepasst sind, oder die Möglichkeit der Fortsetzung nach Haftende außerhalb oder auch in der Anstalt. Hierbei ist Bedacht darauf zu nehmen, dass die Betroffenen dies nicht als Verlängerung der Haft empfinden sollen.

Im Hinblick auf das **(Re-)Sozialisierungsziel** ist die Bereitstellung von Lernangeboten wichtig, die nach der Haftentlassung fortwirken. Vor dem Hintergrund der positiven Wirkungen einer gelingenden Integration in den ersten Arbeitsmarkt ist die Chance einer schulischen bzw beruflichen Orientierung sowie von Aus- und Weiterbildung zu bieten. Die Maßnahmen sind – ggf unter Berücksichtigung geschlechterspezifischer Unterschiede – auf das Alter der jungen Gefangenen und ihre Bildungsdefizite abzustimmen. Ebenso sind ihre Lebensverhältnisse vor der Haft, also „in Freiheit", zu berücksichtigen, um zu gewährleisten, dass sie nach ihrer Entlassung nicht durch ihr soziales Umfeld in alte Gewohnheiten zurückverfallen.

Diejenigen Menschen, die nicht über einen Schulabschluss verfügen, laufen im besonderen Maße Gefahr, infolge von Arbeitslosigkeit, aber auch Ausgrenzung aus der Gesellschaft Straftaten zu begehen (Eigentums- bzw Vermögensdelikte und Delikte gegen das Leben und die körperliche Unversehrtheit).[21] Untersuchungen im Erwachsenenvollzug haben einen Nachweis dahingehend erbracht, dass der Abschluss einer beruflichen Ausbildung oder Förderung im Strafvollzug und eine entsprechende Tätigkeit im Anschluss an die Haft eine starke Absenkung der Rückfallquote bewirken.[22] Selbst wenn danach eine nicht der Ausbildung entsprechende Tätigkeit ausgeübt wird, ist die Rückfallquote bei Teilnehmern mit abgeschlossener Ausbildung geringer als bei solchen ohne abgeschlossene Ausbildung. Kann dem Haftentlassenen dagegen keine Arbeit vermittelt werden, ist seine Rückfallquote nahezu doppelt so hoch (80 %) und wenn er die Ausbildung nicht abgeschlossen hat, noch höher (90 %).[23]

Die Begründungen der Länder zu den Gesetzesentwürfen betonen damit übereinstimmend die hohe Bedeutung der schulischen und beruflichen Bildung in Hinblick auf die Chancen einer erfolgreichen Resozialisierung (Gesetzesbegründungen der 6er-Gruppe und Baden-Württemberg: „überragende Bedeutung", Bayern „besondere Bedeutung von Unterricht und Ausbildung"). In allen Gesetzen ist auch ausdrücklich geregelt, dass schulische Maßnahmen Vorrang haben vor Arbeit, arbeitstherapeutischen Maßnahmen und sonstiger Beschäftigung.

---

21 Arloth § 37 Rn 13.
22 Wirth, BewHi 2003, 312; Laubenthal, Strafvollzug, Rn 423.
23 Sonnen in: Diemer/Schatz/Sonnen, JGG, § 37 JStVollzG Rn 11; Wirth, BewHi 2003, 312.

§ 4 Schule, Ausbildung, Arbeit

Angesichts der Tatsache, dass in Deutschland nach wie vor eine Arbeitslosigkeit auch bei nicht straffällig gewordenen Jugendlichen vorhanden ist,[24] ist es für Jugendliche, die eine Jugendstrafe verbüßt haben, nicht einfach, mithilfe des im Vollzug Erlernten im Berufsleben einen entsprechenden Erfolg zu erzielen.[25] Es bleibt aber bedeutsam, dass ein Ausbildungsabschluss im Interesse künftiger Sozial- und Legalbewährung zur Förderung des Selbstwertgefühls beitragen kann[26] und die Gefangenen aus ihrer sozialen Randständigkeit herausgebracht werden können.[27]

Die Vorteile einer abgeschlossenen Berufsausbildung zeigen sich zunehmend deutlicher. Es werden immer weniger Arbeitsplätze für Ungelernte angeboten, Ungelernte werden zuerst arbeitslos und ihnen ist der berufliche Aufstieg erschwert. In allen Altersgruppen tragen Personen ohne Berufsabschluss ein vielfach höheres Risiko, arbeitslos zu werden oder keine Arbeit zu finden als Personen mit Berufs- oder sogar Hochschulabschluss. Je niedriger die berufliche Qualifikation, desto schlechter sind die Chancen am Arbeitsmarkt. Während die Arbeitslosenquote der Erwerbspersonen mit abgeschlossener Ausbildung in Gesamtdeutschland in den Jahren 2007 bis 2013 von 6 auf 4,5 % rückläufig war, betrug sie bei Erwerbspersonen ohne abgeschlossene Ausbildung zwischen 22 und knapp 20 % und es zeigte sich im Jahr 2013 wieder eine geringe Steigerung. Bei Erwerbspersonen mit Hochschulausbildung betrug die Quote demgegenüber durchgängig lediglich 2,5 %.[28]

Der Beschäftigungstrend ist bei Geringqualifizierten insgesamt rückläufig. Von 2006 bis 2010 ist die Erwerbstätigenzahl in diesem Segment von 5,7 Mio. auf 5,1 Mio. kontinuierlich gesunken. Prognosen zufolge wird sich die Beschäftigungssituation für Personen ohne Berufsausbildung weiter verschlechtern, da der Bedarf an geringqualifizierten Arbeitskräften – wenn auch moderat – zurückgeht.[29] Die Begründungen der Ländergesetze gehen dementsprechend davon aus, dass begonnene oder abgeschlossene schulische oder berufsbildende Maßnahmen die Chancen für eine soziale und berufliche Wiedereingliederung verbessern.

Die Ländergesetze stellen mit Ausnahme der Gesetze von Bayern und Hamburg auch klar, dass **der junge Gefangene verpflichtet ist**, an der im Vollzugs- bzw. Erziehungsplan vorgesehenen Bildungsmaßnahme teilzunehmen. Soweit ihm eine arbeitstherapeutische oder eine Arbeit angeboten wird, besteht die Verpflichtung unter der Einschränkung, dass er hierzu in der Lage ist. Bildungsarbeit bedeutet für die Justizvollzugsbediensteten vor allem Motivationsarbeit, damit der junge Gefangene den Wert von Bildung und Arbeit erkennt und dementsprechend danach handelt. Nachlässigkeit und Arbeitsverweigerung sind häufige Eigenschaften Jugendstrafgefangener.[30]

---

[24] Vgl hierzu die Monatsberichte der Bundesagentur für Arbeit http://statistik.arbeitsagentur.de/nn_598692/St atischer-Content/Arbeitsmarktberichte/Monatsbericht-Arbeits-Ausbildungsmarkt-Deutschland/Monatsberic hte/Monatsberichte-neu.htm
[25] Ostendorf, JGG, 7. Aufl., §§ 91–92 Rn 18.
[26] Brunner/Dölling, 11. Aufl., § 91 Rn 13; Laubenthal, Strafvollzug, Rn 423.
[27] Ostendorf, JGG, 7. Aufl., §§ 91–92 Rn 18; Schwind/Böhm/Jehle/Laubenthal-Laubenthal Vor § 37 Rn 1.
[28] Institut für Arbeitsmarkt- und Berufsforschung, Nürnberg, Kurzbericht, (http://doku.iab.de/kurzber/2015/k b1115_Anhang.pdf). Neuere Zahlen waren bei Drucklegung noch nicht verfügbar. Siehe auch den IAB-Kurzbericht 11/2015, der sich dem Thema „Bessere Chancen mit mehr Bildung" widmet (http://doku.iab.de /kurzber/2015/kb1115.pdf).
[29] IAB-Kurzbericht 4/2013, S. 2 (http://doku.iab.de/kurzber/2013/kb0413.pdf).
[30] Brunner/Dölling, 11. Aufl., § 91 Rn 13; Schwind/Böhm/Jehle/Laubenthal-Laubenthal § 38 Rn 4.

Bei sehr hartnäckigen Verweigerungen sehen die Gesetze den Einsatz disziplinarischer Mittel vor (erzieherische Maßnahmen bzw Disziplinarmaßnahmen, siehe zB §§ 82, 83 der Gesetze der 6er-Gruppe oder §§ 97, 98 ff. der Gesetze von Sachsen-Anhalt und Thüringen) bzw das Brandenburgische Justizvollzugsgesetz als erstes deutsches Jugendstrafvollzugsgesetz zur Abwendung derartiger Mittel auch die einvernehmliche Streitbeilegung (§ 99 BbgJVollzG)[31].

5. Aufarbeitung persönlicher Defizite

Grundsätzlich ist zu berücksichtigen, dass die jungen Gefangenen mit erheblichen persönlichen Defiziten in den Vollzug kommen. Sie sind nicht an körperliche und geistige Anstrengung gewöhnt und verfügen nicht über die notwendige Konzentration, Aufnahmefähigkeit und Ausdauer, um Fähigkeiten und Fertigkeiten zu erlernen und zu festigen. In Konfliktsituationen sind sie nur gering belastbar und bei Misserfolgen (wie zB Absagen bei der Arbeitssuche) zeigt sich eine niedrige Frustrationstoleranz.[32]

11

Die Bildungsangebote sollten daher die Aufmerksamkeit darauf richten, dass es insgesamt auch um Persönlichkeitsbildung geht und damit um einen Beitrag zur Stabilisierung des Lebens, dh um Lernen an sich, um soziales Lernen, den Aufbau von Durchhaltevermögen und Selbstdisziplin, die Entwicklung von Eigenverantwortung und Motivation und um die Verbesserung des Selbstwertgefühls.[33] Diese Aspekte sind im Zusammenhang mit Berufs-, Aus- und Fortbildungsmaßnahmen von grundlegender Bedeutung. Die fachliche Qualifikation allein genügt nicht zur Erlangung eines Arbeitsplatzes, wenn die persönlichen Probleme nicht gelöst sind. Weitere Maßnahmen müssen die Bildungsarbeit ergänzen, um Frustrationen und Misserfolge aufzuarbeiten und eine realistische Erwartungshaltung entstehen zu lassen.[34] Wenn es den Anstalten gelingt, die jungen Gefangenen „mitzunehmen", führt dies zum Teil zu überdurchschnittlichen Erfolgen bei Schulabschlüssen und Gesellenprüfungen.[35] Um dieses Ziel zu erreichen, sind die Gefangenen zunächst von der Bedeutung und dem Nutzen der angebotenen Maßnahmen zu überzeugen oder in ihrem Selbstvertrauen entsprechend zu stärken. Die Länder haben bereits derartige Projekte initiiert, etwa Nordrhein-Westfalen das Projekt ZUBILIS von 2006,[36] Mecklenburg-Vorpommern das Projekt XENOS- „PRO-FIL"[37] oder Bremen die Maßnahme „Step by Step".[38] Die Ausbilder sollten den Gefangenen behutsam und verständnisvoll gegenübertreten, um ihnen zunächst die vielfach vorhandenen Versagensängste zu nehmen. Häufig haben die jungen Gefangenen großes Interesse an schulischer und beruflicher Bildung, setzen dieses aber nicht in die Tat um, weil sie befürchten, sich vor den Mit-

---

31 Eine derartige einvernehmliche Konfliktregelung findet sich auch in § 96 des Entwurfes des Gesetzes zur Weiterentwicklung des Berliner Justizvollzugs, siehe die Vorlage des Senats von Berlin an das Abgeordnetenhaus zur Beschlussfassung vom 8.9.2015, S. 106,183 und 367 f.
32 Siehe Vorbem. Rn 26 sowie Arloth § 37 Rn 13.
33 Schwind/Böhm/Jehle/Laubenthal-Laubenthal Vor § 37 Rn 1; Brunner/Dölling § 91 Rn 13.
34 Hammerschick in: Labor JVA, 35.
35 Brunner/Dölling § 91 Rn 13.
36 Informationen hierzu beim Kriminologischen Dienst des Landes Nordrhein-Westfalen.
37 Hierzu Schätz/Glander/Maltzahn, BewHi 2014, 229-234.
38 Hierzu Matt, BewHi 2014, 246-257.

schülern oder den Lehrern zu blamieren. Ein barsches, niedermachendes Auftreten der Lehrkräfte oder eine Überforderung wecken nicht den Ehrgeiz der jungen Gefangenen, sondern erzeugen weitere negative Erfahrungen in Bezug auf Schule und Beruf.[39] Insofern können die Maßnahmen im günstigen Fall eine – mitunter steile – Aufwärtsspirale in Gang setzen, umgekehrt aber auch in einen Teufelskreis führen bzw diesen vergrößern, was regelmäßig zum Scheitern aller Erziehungs- und Resozialisierungsbemühungen führt. Letzteres ist nicht tragbar angesichts der durch die Maßnahmen entstehenden Kosten für die Länderjustizhaushalte.[40]

6. Besonderer Beschulungsbedarf

12   Viele junge Gefangene haben die Schule geschwänzt, sie abgebrochen oder ohne Abschluss verlassen. Einige können weder lesen noch schreiben, die wenigsten verfügen über Berufserfahrung. Nur Einzelne haben einen Realschulabschluss. Damit gehören die Gefangenen zu den sog. Bildungsverlierern. Für viele ist das traditionelle Bildungssystem mit Versagensängsten verbunden, so dass die Anforderungen an Bildungsmaßnahmen für diese Klientel relativ hoch sind, ebenso wie die schulische Nachholbedarf.[41]

Eine Erhebung im Jugendvollzug in Bremen im Jahre 2003 ergab eine Quote von 65 % Insassen ohne Schulabschluss. 22 % verfügten über einen Hauptschulabschluss, 2 % über einen höheren Abschluss. In Bezug auf die berufliche Qualifikation sah die Situation ähnlich aus. 85 % waren ohne Ausbildung, 14 % hatten eine Ausbildung abgebrochen und nur 15 % verfügten über eine Berufsausbildung.[42] Von den im Jahr 2012 in den bayerischen Vollzugsanstalten einsitzenden Jugendstrafgefangenen hatten lediglich 18 % eine abgeschlossene Berufsausbildung.[43] Im Jahr 2000 lag die Zahl noch bei 35 %.[44]

Für Ausländer sind besondere Angebote notwendig, da der überwiegende Teil sein weiteres Leben in Deutschland verlebt. Die Erhebung in Bremen ergab dort einen Ausländeranteil von 31 %.[45] Zum Teil handelt es sich um junge Menschen, die zu hohen Haftstrafen verurteilt worden sind. Das Erlernen der deutschen Sprache hat damit nicht nur für das Leben in der Gesellschaft eine große Bedeutung, sondern auch für die Sicherheit in den Anstalten. Im täglichen Vollzugsgeschehen ist die Kommunikation zwischen den Justizbediensteten und den Gefangenen entscheidend wichtig. Nur so kann gewährleistet werden, dass beide Seiten von den Belangen der anderen Seite Kenntnis erlangen, Missverständnisse vermieden oder geklärt werden. Aus diesem Grund sind im schleswig-holsteinischen Strafvollzug für Gefangene aus 16 Nationen Informationsbroschüren erstellt worden. Tatsächlich ist die Zahl der vertrete-

---

39 Vgl auch Ostendorf, JGG, 7. Aufl., §§ 91-92 Rn 18; Brunner/Dölling § 91 Rn 13.
40 Dazu auch Seifert/Thyrolf, NK 2010, 30.
41 Sonnen in: Diemer/Schatz/Sonnen, JGG, § 37 JStVollzG Rn 2; Hammerschick in: Labor JVA, 34; siehe für Einzelheiten Reinheckel, Geringqualifikation, S. 23 und Gudel, NK 2013, 247 ff.
42 Matt/Maul, ZfStrVo 2005, 198.
43 Laubenthal, Strafvollzug, Rn 423; Schwind/Böhm/Jehle/Laubenthal-Laubenthal § 37 Rn 16 nennt für das Jahr 2011 20 %.
44 Laubenthal, Strafvollzug, 4. Aufl., Rn 427; zu früheren Untersuchungen Pendon, ZfStrVo 1992, 31; zum Bildungsstand Jugendstrafgefangener siehe auch die Vorbem. Rn 25.
45 Matt/Maul, ZfStrVo 2005, 198.

III. Im Einzelnen: Schule, Ausbildung, Weiterbildung und Arbeit

nen Nationen höher, es finden sich Angehörige von bis zu 30 und mehr Nationen in den Vollzugsanstalten, im U-Haftbereich bis zu 60 Nationen.[46] Da Dolmetscher nur begrenzt zur Verfügung stehen, ist die Beherrschung der deutschen Sprache unerlässlich, auch um das aus Sprachbarrieren resultierende Konfliktpotenzial zu minimieren. Da eine vergleichbare Gefangenenpopulation mehr oder weniger in allen Jugendanstalten vorhanden ist, müssen hierfür besondere Bildungsmaßnahmen angeboten werden. Als besondere Bildungsmaßnahme werden Kurse „Deutsch als Zweitsprache" durchgeführt. Da die Gruppen relativ homogen sind, ist eine Gruppengröße von 10 bis 12 Gefangenen vertretbar.[47] Hierbei bietet es sich an, über Lehrkräfte mit einem entsprechenden Migrationshintergrund zu verfügen. Die Durchführung der Kurse für die Lehrkräfte erfolgt entweder durch Volkshochschulen oder private Träger und endet mit der Abnahme der Prüfung und mit einem internationalen Zertifikat. Bei Gefangenen, die nach Ablauf der Strafhaft abgeschoben werden, ist zu bedenken, dass während der Inhaftierung Defizite in der Muttersprache entstehen können, die sich auch auf die Zeit nach der Haftentlassung auswirken können.[48] Hier sollten im Vollzug Möglichkeiten angeboten werden, dem entgegenzuwirken, denn **Zweisprachigkeit** ist grundsätzlich ein Gewinn und kann zur späteren Resozialisierung beitragen.

Viele jugendliche Gefangene sind Analphabeten, sei es, dass sie aufgrund von Behinderungen die Schriftsprache nicht erlernen können, sei es, dass sie als nicht in Deutschland Geborene in ihrem Heimatland keine Schule besuchen konnten (totaler Analphabetismus).[49] Darüber hinaus gibt es diejenigen, die ihre Schulpflicht erfüllt haben und dennoch nicht lesen oder schreiben können (funktionaler Analphabetismus) und diejenigen, die zwar während ihrer Schulzeit die Schriftsprache mehr oder weniger erlernt, aber später wieder verlernt haben (sekundärer Analphabetismus).[50]

Die Zahl der funktionalen Analphabeten im gesamten Strafvollzug wird auf zwischen 8 %[51] und 20 %[52] geschätzt. Analphabeten unterliegen im Vollzug einem besonders großen Druck, da gängige Überspielungsstrategien („Ich habe meine Brille vergessen, können Sie mir kurz helfen?") nicht angewendet werden können. Wegen der in Bezug auf Alltagsangelegenheiten sowie Kontakte zur Außenwelt zu stellenden Anträge können so subkulturelle Abhängigkeiten entstehen.[53]

Funktionale oder sekundäre Analphabeten sind schwer auszumachen. Es ist eine spezielle Diagnostik erforderlich, für die die Anstalten mit den Volkshochschulen zusammenarbeiten oder sich entsprechender Computerprogramme bedienen können. Der Unterricht für diese Personengruppe findet optimalerweise in kleinen Gruppen mit maximal fünf bis sieben Teilnehmern statt. Die Motivierung der Betroffenen kann problematisch sein und erfordert daher besondere Anstrengungen. Zudem wird adäquates didaktisches Material benötigt. Nach dem Lesenlernen sollte ein gezieltes

---

46 Walkenhorst, DVJJ-Journal 2002, 407.
47 Zitzer für die JVA Hameln, ZfStrVo 2000, 270.
48 Walkenhorst in: Labor JVA, 24, sowie DVJJ-Journal 2002, 408.
49 Döbert/Hubertus, S. 20.
50 Döbert/Hubertus, S. 20-23.
51 Müller-Dietz, Weiterbildung von Strafgefangenen, S. 614.
52 Döbert/Hubertus, S. 69.
53 Döbert/Hubertus, S. 69 f.

kontinuierliches Training erfolgen mit dem Ziel, dass der junge Gefangene die Schriftsprache nicht nur erlernt, sondern in sein tägliches Leben integriert.

7. Differenziertes Schulangebot

13 Die Jugendstrafvollzugsgesetze Baden-Württemberg und Bayern konkretisieren, dass der Gefangene Hauptschul-, Förderschul-, und Berufsschulunterricht in Anlehnung an die für öffentliche Schulen geltenden Vorschriften erhält. Außerdem soll nach den dortigen Vorschriften auch Unterricht zur Erlangung anderer staatlich anerkannter Schulabschlüsse sowie lebenskundlicher Unterricht und berufsbildender Unterricht auf Einzelgebieten und zudem Religionsunterricht oder Ethik (§ 41 JVollzGB IV BW) bzw soziales Training oder Deutschunterricht (Art. 145 Abs. 3 BayStVollzG) erteilt werden. Die übrigen Ländergesetze sprechen von schulischen und beruflichen Orientierungs-, Aus- und Weiterbildungsmaßnahmen oder speziellen Maßnahmen zur Förderung der schulischen, beruflichen oder persönlichen Entwicklung und Hamburg zusätzlich von weiteren schulischen Maßnahmen, insbesondere Alphabetisierungskursen und Fördermaßnahmen für Ausländer (§ 35 Abs. 2 HmbJStVollzG).

Die Erteilung von Unterricht im Jugendstrafvollzug richtet sich nach den vollzugsrechtlichen Vorgaben und den Schulgesetzen der Länder, die insbesondere die Schulpflicht regeln.[54] Die Schulpflicht gliedert sich in die Pflicht zum Besuch einer Grundschule und einer Schule der Sekundarstufe I oder eines Förderzentrums von insgesamt neun Schuljahren (Vollzeitschulpflicht) und die Pflicht zum Besuch eines Bildungsganges der Berufsschule (Berufsschulpflicht), siehe etwa § 20 Abs. 2 SchulG SH oder § 34 Abs. 2 SchulG NRW.

Der schulische Unterricht zählt zur Aus- und Weiterbildung.[55] Die Vollzugsbehörden sind daher verpflichtet, für diese Schularten entsprechende Angebote bereitzustellen. In Hessen soll die Schule im Jugendstrafvollzug als Ganztagseinrichtung betrieben werden (§ 69 Abs. 3 HessJStVollzG).

Zu den schulischen Aus- und Weiterbildungsmaßnahmen gehören insbesondere Alphabetisierungskurse, Schulabschluss- bzw berufsvorbereitender Unterricht. In einigen Anstalten ist der Realschulabschluss möglich, zudem haben Gefangene die Möglichkeit, im Wege des Freigangs oder über das Telekolleg die Fachoberschul-, Fachhochschul- bzw Hochschulreife zu erwerben.[56] Auch ein Hochschulstudium ist möglich, etwa im Wege der Selbstbeschäftigung, bei genehmigtem Freigang oder als Fernstudium.[57] Derartige Möglichkeiten bieten die Fernuniversität Hagen und verschiedene andere Bildungsinstitute.[58] Eine erfolgreiche Durchführung dieser Bildungsmaßnahmen setzt jedoch große Arbeitsdisziplin voraus, an der es vielen Gefangenen mangelt. Zudem muss die Vollzugsanstalt geeignete Räumlichkeiten, EDV-Unterstützung

---

54 Walkenhorst, DVJJ-Journal 2002, 406.
55 Laubenthal, Strafvollzug, Rn 429.
56 Laubenthal, Strafvollzug, Rn 430; siehe auch Bücking, ZfStrVo 1992, 165.
57 Siehe dazu Clever/Ommerborn, ZfStrVo 1996, 80, 82, Ommerborn/Schuemer, ZfStrVo 1997, 195; Laubenthal, Strafvollzug, Rn 430; AK-Feest/Lesting – Däubler/Galli § 37 Rn 6.
58 Hinweise zu Lehr- und Studienangeboten, gesetzlichen Grundlagen und finanzieller Förderung im „Ratgeber für Fernunterricht", Staatliche Zentralstelle für Fernunterricht, Peter-Welter-Platz 2, 50676 Köln, www.zfu.de.

sowie den Zugang zu erforderlicher Literatur zur Verfügung stellen. Erforderlichenfalls muss der Gefangene für Urlaub oder Ausgang geeignet sein oder in eine andere Vollzugsanstalt verlegt werden. Für das Ablegen einer Prüfung kommt eine Überstellung in eine andere Anstalt in Betracht. Hafturlaub, Freistellung oder Langzeitausgang können aber nicht über die gesetzlich normierten Höchstgrenzen hinaus gewährt werden.[59]

8. Diagnoseverfahren

Unmittelbar nach der Aufnahme des Gefangenen werden seine persönlichen Daten festgestellt, insbesondere ob ein Schulabschluss vorliegt. Der pädagogische Dienst der Anstalt ist sofort zu beteiligen, um die häufig kurze Haftdauer auch unter Berücksichtigung einer vorzeitigen Entlassung umfassend zu nutzen. Häufig müssen ein bis zwei Schuljahre nachgeholt werden. Es muss – auch schon im Hinblick auf ein späteres Übergangsmanagement – eine Überprüfung der schulischen Qualifikation und der Fähigkeiten, Interessen und Neigungen des Gefangenen für eine berufsvorbereitende oder berufliche Maßnahme erfolgen. Letztere werden – in vielen Anstalten auch im Rahmen von **Modellprojekten** – durch **neue standardisierte Tests** durchgeführt, die allgemein im beruflichen Vorfeld als Diagnostik anerkannt sind.[60] Häufig führt das Berufsfortbildungswerk als Träger die Verfahren durch, beispielsweise das Verfahren „Profiling und Assessment"[61] sowie das HAMET 2-Verfahren[62] oder das Verfahren MIVEA.[63]

Profilings sind standardisierte Datenerhebungen, die Aufschluss über den bisherigen Werdegang der Zielpersonen liefern. Für die jeweiligen Ziele der Projekte werden individuelle Fokussierungen vorgenommen, zB bei den Projekten auf Ausbildung, schulische Bildung, Arbeit/Arbeitslosigkeit etc.

Assessments sind standardisierte und anerkannte Testverfahren, die Aufschluss über das Leistungspotential der Zielpersonen liefern, bei den Projekten wird die schwerpunktmäßige berufliche und schulische Eignung getestet. Beide Instrumente sind bisher im Strafvollzug nicht flächendeckend angewendet worden. Die Verzahnung mit vollzuglicher Diagnostik ist Bedingung für eine effektive Vollzugsplanung. In der Durchführung der Assessments gibt es Tests, die für alle verbindlich sind, dazu zählt der von der Bundesagentur für Arbeit empfohlene **HAMET 2-Test** (Handwerklich-motorischer Eignungstest). Daneben gibt es **weitere Testverfahren**, die zum Teil auch individuell eingesetzt werden (d2-Aufmerksamkeits-Belastungs-Test, ZVT-Zahlenverbindungstest, SPM – Standard-Progressive-Matrices, FRT – Figure-Reasoning-Test, LPS – Leistungs-Prüfungs-System, DPB – Drahtbiegeprobe, RT 9+ – Rechentest, WRT 6+ – Westermann Rechtschreibtest, ABAT –R – Revidierter Allgemeiner Büroarbeitstest, TMT – Trail-MAKING-Test). **MIVEA** steht für Methode der idealtypisch vergleichenden Einzelfallanalyse und beinhaltet eine Vergleichsuntersuchung, um Un-

---

59 Schwind/Böhm/Jehle/Laubenthal-Laubenthal § 38 Rn 8; Laubenthal, Strafvollzug, Rn 430.
60 Weber in: Labor JVA, 14.
61 Sandmann/Kilian-Georgus, Verbundprojekte im Strafvollzug, S. 189.
62 http://www.hamet.de/hamet-2.3103.0.html#c10916.
63 Zu dem Verfahren Oetting, NK 4/2008, 124-129.

terschiede im Sozialverhalten und Lebenszuschnitt zu erfassen und basiert auf der so genannten „Tübinger Jungtäter Vergleichsuntersuchung".[64] MIVEA erfasst den Täter in seinen sozialen Bezügen und macht die für Behandlung und Eingliederung relevanten Umstände aus dem Vergleich mit der Durchschnittspopulation der Gefangenen sichtbar. MIVEA kann durch psychische Diagnose und Kompetenzfeststellung Informationen für die spätere Integration gewinnen, die auch für den pädagogischen Dienst wichtig sind.[65]

9. Organisation

15 Der **Pädagogische Dienst** der Jugendanstalt und der Träger müssen eng zusammen arbeiten. Die Ergebnisse sollten in einen Kompetenzbericht einfließen. Sie müssen auf jeden Fall Grundlage der Entscheidung für die Vollzugsplankonferenz sein.

Entsprechend den meisten Ländergesetzen müssen Gefangene über vorhandene Bildungsangebote informiert und bei Bedarf beraten werden. Nicht selten kommt es vor, dass ein Gefangener zB einer Schlosserlehre zustimmt, aber nachdem er sich bei Mitgefangenen umgehört hat, Bäcker werden möchte. Für die Information der Gefangenen ist es notwendig, dass das damit befasste Personal sich regelmäßig vor Ort informiert (Ausbildungsanstalt, Werkstätten, Berufsschule) und über die wichtigen Detailkenntnisse verfügt. Ungenaue oder gar sich – auch in scheinbar unwichtigen Details – widersprechende Informationen verstärken die ohnehin oft schon vorhandene Orientierungslosigkeit. Es ist dazu auch unabdingbar, dass das mit der Auswahl, Planung und Durchführung vertraute Personal der Anstalt, der Arbeitsagentur und externer Bildungsträger in einem sorgfältig aufeinander abgestimmten Verfahren mit klarer Kompetenzverteilung und eindeutiger Zielvorgabe handelt. Organisationssicherheit hat aufgrund der labilen Motivationslage einen hohen Rang. Dementsprechend regelt etwa Art. 175 Abs. 3 BayStVollzG, dass die Anstalt durch geeignete organisatorische Maßnahmen sicherstellt, dass die Bundesagentur für Arbeit die ihr obliegenden Aufgaben wie Berufsberatung, Ausbildungsvermittlung und Arbeitsvermittlung durchführen kann. Lange Wartezeiten können durch die oben genannten Tests, berufsvorbereitende Maßnahmen oder anstaltsinterne Betriebspraktika vermieden werden.[66]

Die Neigungen des Jugendlichen müssen nach den Ländergesetzen zwingend berücksichtigt werden, während die Tests die spätere Entscheidung nur unterstützen können. Bei den unter 18-jährigen sind die Personensorgeberechtigten zu beteiligen.

10. Förderschule

16 Junge Gefangene, die eine Förderschule besuchen und noch keinen Abschluss haben, sind häufig stigmatisiert. Sie mussten aufgrund schlechter Schulleistung die Hauptschule als die in der Gesellschaft unterste anerkannte Schule verlassen und fühlen sich „abgeschoben". Der hohe Aufwand an Individualbetreuung für diese Schülergruppe

---

64 Siehe hierzu Bock, Kriminologie, Rn 295 ff; ders. in: Göppinger, Kriminologie § 15, und Reinheckel, Geringqualifikation.
65 Befürwortend Meier/Rössner/Schöch § 6 Rn 36 f; Wulf, ZJJ 2006, 147; ablehnend Graebsch/Burghardt, ZJJ 2006, 140 und StV 2008, 327; Meier, Kriminologie, § 7 Rn 37.
66 Rohwedder, ZfStrVo 2003, 158 f.

wird in der Hauptschule häufig nicht geleistet. Häufigste Ursache des Schulwechsels ist die mangelnde Konzentration auf den Unterrichtsstoff. Nach der Aufnahme eines Gefangenen ist daher sorgfältig zu prüfen, welches Lernpotential bei ihm vorhanden ist.

Der Unterricht sollte im **Modulsystem** erfolgen, um während der Haft bestimmte Teile abschließen zu können.[67] Der Förderschulabschluss ist auch deshalb von Bedeutung, weil damit eine positive Selbstwerterfahrung des jungen Gefangenen verbunden ist, die ihn weiter stabilisiert. Nach dem Abschluss muss festgestellt werden, ob und welches Potential für eine weitere Schule vorliegt oder ob der Einsatz in einer Werkstatt mit dem Ziel einer Ausbildung erfolgen sollte. Für Letzteres sollte der Betroffene entsprechend handwerklich geschickt sein, um keine erneuten Negativerlebnisse zu provozieren.

Im Rahmen der Qualifizierung von Gefangenen dienen schulische Maßnahmen in der Regel nicht der Integration in weiterführende Schulmaßnahmen nach der Entlassung, sondern der Schaffung einer ausreichenden Lernausgangsbasis für eine bessere Lebensbewältigung und für eine berufliche Integration. Es ist davon auszugehen, dass Lernfortschritte der Gefangenen seit der Entlassung aus einer Schule eher im instrumentellen, motorischen Bereich stattgefunden haben als im kognitiven Bereich. Es ist auch an dieser Stelle sorgfältig zu prüfen, ob durch Schulkurse die individuelle Problematik des Gefangenen zukunftsorientiert für eine Integration und Vermeidung von Rückfälligkeit gelöst wird. Wenn die Voraussetzungen für die Aufnahme einer qualifizierenden beruflichen Maßnahme auch ohne vorhandenen Schulabschluss gegeben sind oder im Laufe der Maßnahme hergestellt werden können, ist die Berufsausbildung vorzuziehen. Nach § 7 der Berufsschulordnung Schleswig-Holstein ist es zB möglich, die allgemein bildenden Abschlüsse Hauptschulabschluss und Realschulabschluss (jetzt „Mittlerer Schulabschluss") sowie die Fachholschulreife auch im Rahmen der Berufsausbildung zu erwerben.

11. Hauptschulabschluss

Soll der Hauptschulabschluss nachgeholt werden, so erfolgt der Unterricht entsprechend dem **Lehrplan des jeweiligen Landes**.[68] In der Regel handelt es sich um einen zehnmonatigen Kurs mit einer Klassenstärke von maximal 15 Gefangenen. Auch hier ist das Modulsystem wichtig für den nahtlosen Anschluss nach der Haftentlassung. Die Prüfung für den Hauptschulabschluss erfolgt durch externe Lehrkräfte, die vom jeweiligen Bildungsministerium bestimmt werden und zur Prüfungsabnahme befugt sind. Das Bildungsministerium legt einen bestimmten Tag als Prüfungstag fest. Bis dahin sind diesen Lehrkräften die Schüler und ihre Persönlichkeit nicht bekannt.

In Schleswig-Holstein ist deshalb eine Regelung in § 12 der Nichtschülerverordnung Schleswig-Holstein (ExternenPVO SH) eingefügt worden, wonach der pädagogische Dienst der Justizvollzugsanstalt Neumünster berechtigt ist, die Prüfungen für den Erwerb des Hauptschulabschlusses und des Realschulabschlusses abzunehmen. Den

---

67 Sonnen in: Diemer/Schatz/Sonnen § 37 JStVollzG Rn 1.
68 Walkenhorst, DVJJ 2002, 406.

Prüfern sind die Erfahrungen und Entwicklungen des jungen Gefangenen in der Haftzeit und der schulischen Ausbildung ebenso bekannt wie die Struktur der Persönlichkeit des Gefangenen und die Entstehung der schulischen Vornoten. Die gesamte Prüfungsatmosphäre und damit die Chance für den jungen Gefangenen auf ein Bestehen der Prüfung dürfte sich dadurch verbessern.

Kann der Hauptschulabschluss aufgrund einer vorzeitigen oder feststehenden Haftentlassung nicht erreicht werden, bietet das **Modulsystem** die Möglichkeit eines Zertifikates nach Abschluss eines jeden Moduls. Dieses Zeugnis sollte zu der Gefangenenpersonalakte genommen werden. Bei Rückkehr des Gefangenen kann darauf aufgebaut werden.

12. Berufliche Ausbildung

18 Hat der Gefangene einen Hauptschulabschluss, so sollte trotzdem die Qualität des Abschlusses für die spätere berufliche Bildungsmaßnahme bewertet werden. Dies gilt sowohl für die Benotung als auch für die jeweilige Schule. Die einzelnen handwerklichen Berufe besitzen ein unterschiedliches Anforderungsprofil. Beispielsweise stellt die Ausbildung zum Feinwerkmechaniker höhere Anforderungen an den Auszubildenden als die Fachrichtung Konstruktionstechnik oder die Ausbildung zum Elektroniker für Haus- und Gebäudesicherung.

Hat der Gefangene insgesamt gesehen einen schlechten Hauptschulabschluss, kann trotzdem in einem einzelnen Fach (zB Mathematik) eine gute Qualifikation vorliegen. Wertet er den Abschluss selbst als Misserfolg, ist er zu motivieren, eine Lehre anzufangen, durch die er Spaß an einem Beruf entwickeln kann. Der Übergang in eine betriebliche Ausbildung sollte zeitlich ohne Unterbrechung unter gleichzeitiger Teilnahme am Berufsschulunterricht erfolgen.

19 Ein **Rechtsanspruch auf Zulassung zu einer beruflichen Förderungsmaßnahme besteht nicht.** Es besteht nur ein Anspruch auf eine fehlerfreie Ermessensentscheidung.[69] Durch die Tatsache, dass die Haftzeit begrenzt und nicht deckungsgleich mit der Dauer einer Berufsausbildung sein kann, sind bestimmte Planungsvorgaben zu machen. Ein Berufsbildungsangebot muss inhaltlich berufsbezogen sowie zeitlich überschaubar sein und den Erwerb später verwertbarer Teilqualifikationen vorsehen.[70] Der Gefangene durchläuft in jedem Fall eine normale Berufsausbildung mit Zwischen- und Abschlussprüfung, hat aber eine verkürzte Ausbildungszeit durch Wegfall von Unterbrechungszeiten wie Ferien.

Während das Berufsbildungsgesetz (BBiG) und die Handwerksordnung (HandwO) bei der Ausbildung von einem frei vereinbarten Vertragsverhältnis zwischen den Auszubildenden und den Ausbildern ausgehen, kann eine Anstalt mit den Gefangenen keinen privatrechtlichen Vertrag abschließen.[71] Die Rechtsbeziehung zwischen den Anstalten und den Gefangenen ist bei der Durchführung von Berufsbildungsmaßnahmen öffentlich-rechtlicher Natur, daher finden die Vorschriften des Bürgerlichen Ge-

---

69 AK-Feest/Lesting-Däubler/Galli § 37 Rn 10, 15; Laubenthal, Strafvollzug, Rn 428.
70 Pendon, ZfStrVo 1996, 87.
71 BAG AP Nr. 5 zu § 2 ArbGG 1979.

III. Im Einzelnen: Schule, Ausbildung, Weiterbildung und Arbeit

setzbuches und des Arbeitsrechts mit den entsprechenden Ansprüchen der Arbeitnehmer keine Anwendung.[72] Darüber hinaus besteht die Möglichkeit des Abschlusses von Ausbildungsverträgen mit anderen Ausbildungsträgern innerhalb und außerhalb des Vollzuges.

Die **Gesellenprüfung** wird innerhalb oder außerhalb der Anstalt durch die Handwerkskammer oder Industrie- und Handelskammer abgenommen (§§ 37, 71 BBiG, §§ 31, 33 HandwO). Die schulische Prüfung erfolgt durch die Berufsschule. Um zu den Abschlussprüfungen gemäß §§ 45 BBiG, 37 HandwO zugelassen zu werden, stellen die Anstalten gemäß § 16 BBiG und § 31 Abs. 2 Satz 1 HandwO den vorgesehenen Gefangenen Zeugnisse aus. Dies findet sich auch in Art. 146 Abs. 2 BayStVollzG, wonach die in den Einrichtungen des Vollzugs Auszubildenden auf die Abschlussprüfungen nach dem Berufsbildungsgesetz oder der Handwerksordnung vorbereitet werden sollen und die für die Zulassung zur Prüfung erforderliche Bescheinigung von der Jugendstrafvollzugsanstalt ausgestellt wird, wenn der oder die Auszubildende die Voraussetzungen erfüllt.

20

Nach den Ländergesetzen zum Jugendstrafvollzug haben die Gefangenen einen Anspruch darauf, dass in Zeugnissen, Bescheinigungen und Nachweisen kein Hinweis auf die Inhaftierung erhalten ist. Da nach §§ 6, 28 HandwO, § 11 BBiG der ausbildende Betrieb anzugeben ist, wird der Name des Ausbilders/Meisters der Anstalt als Firma bezeichnet.

Darüber hinaus ist es sinnvoll, die berufliche Ausbildung in **Module** zu unterteilen.[73] Im Vollzug sind daher die „Bundeseinheitlichen Qualifizierungsbausteine im Handwerk" für die im Vollzug angebotenen Berufe übernommen worden (Herausgegeben vom Zentralverband des Deutschen Handwerks, zB Bäcker fünf Module, Maurer acht Module) ebenso die Qualifizierungsbausteine des Bundesinstitutes für Berufliche Bildung (zB Europäischer Computerführerschein, ECDL). Der Gefangene erhält nach jedem Modul entweder eine **Bescheinigung** über die Teilnahme oder eine qualifizierte Bescheinigung über den erfolgreichen Abschluss. Nach der Haftzeit kann er die Berufsausbildung nahtlos in dem Modulsystem fortführen. Die Ausbildungsberufe selbst sind durch eine entsprechende Ausbildungsverordnung staatlich anerkannt. Gesetzliche Grundlagen für die Berufsausbildung sind das Berufsbildungsgesetz und die Handwerksordnung.

Vollzeitausbildungen sollten möglichst nicht vollständig im Vollzug durchgeführt werden. Sinnvoll ist es, im geschlossenen Vollzug zu beginnen und dann im offenen Vollzug die Ausbildung in Betrieben der freien Wirtschaft fortzusetzen. Die Auszubildenden sollten die für ein Unternehmen teuren Ausbildungsbereiche bereits durchlaufen haben, um besser vermittelt werden zu können. Ein Auszubildender, der bereits in der Produktion eingesetzt werden kann, ist leichter zu vermitteln als jemand, der noch häufiger überbetriebliche Lehrgänge besuchen muss.[74]

---

72 Laubenthal, Strafvollzug, Rn 428; AK-Feest/Lesting-Däubler/Galli Vor § 37 Rn 30; Laubenthal/Nestler/Neubacher/Verrel, Abschn. F, Rn 16 mwN.
73 Weber in: Labor JVA, 14; Rohwedder, ZfStrVo 2003, 160.
74 Rohwedder, ZfStrVo 2003, 160.

Willsch

§ 4 Schule, Ausbildung, Arbeit

21 Ausbildung und Arbeitsplatz sind noch nicht gleichzusetzen mit beruflicher Integration. Deshalb müssen in der beruflichen Bildungsmaßnahme und am Arbeitsplatz gleichzeitig **soziale Kompetenzen** und die **Einstellung zum Beruf** vermittelt werden. Bei persönlichkeitsgestörten Insassen ist die Unterstützung durch die sozialtherapeutische Anstalt/Abteilung erforderlich.[75] Durchhaltevermögen und die Umsetzung von Arbeitsnormen wie Pünktlichkeit, Genauigkeit, Stetigkeit, Zuverlässigkeit können unter den Laborbedingungen des geschlossenen Vollzuges aber nur unvollständig vermittelt werden. Die Ausbildungen sind im Vollzug stark prüfungsorientiert, Methodenvielfalt und systematisches Training sind nur ansatzweise zu beobachten, übermäßiger Materialverbrauch hat für den Gefangenen nur geringe Konsequenzen. Konflikte am Arbeitsplatz werden für den Gefangenen „geregelt" und aus vollzugsorganisatorischen Gründen arbeitet kaum ein Gefangener 38,5 bzw 41 Stunden pro Woche.[76]

Anerkennung bekommt der Gefangene außerdem nicht nur vom Vollzugspersonal, er ist auch auf Anerkennung durch die Subkultur angewiesen. Kann er sich frei in der Anstalt bewegen, werden von ihm Botengänge und Auftragserledigungen verlangt, die er nur heimlich in der Werkstatt ausführen kann, zB die Anfertigung einer Tätowiermaschine. Er kann daher insgesamt gesehen nicht die notwendige Rückmeldung bekommen, um ein Verhalten für eine berufliche Integration aufzubauen.[77] Es muss also alles versucht werden, das Verhaltenstraining des jungen Gefangenen in angeglichenen Situationen durchzuführen.

22 Die Ländergesetze räumen den Gefangenen bei der Durchführung von Bildungsmaßnahmen oder bei der Ausübung von Arbeit die Möglichkeit eines freien Beschäftigungsverhältnisses ausdrücklich ein. Es muss alles getan werden, den Gefangenen vor Ende der Haftzeit in den offenen Vollzug zu verlegen, um das durch erfolgreiche Prüfungen im geschlossenen Vollzug aufgebaute Selbstbewusstsein nicht später am Ausbildungs- oder Arbeitsplatz in der freien Wirtschaft durch soziale Distanz der Kollegen und Inkompetenzerlebnisse zu gefährden.[78]

Durch die Verpflichtung der Anstalten zur Zusammenarbeit mit vollzuglichen Einrichtungen, Behörden und Organisationen ergibt sich insbesondere die Pflicht zur Beschaffung von Ausbildungsplätzen und Arbeitsplätzen in Handwerksbetrieben oder Unternehmen. Die Handwerksinnungen und Handwerkskammern sowie Industrie- und Handelskammern sollten hier einbezogen werden, um durch **„Unternehmenspatenschaften"** während der Haft und nach der Entlassung des Gefangenen entsprechende Ausbildungsplätze zur Verfügung zu stellen.[79] Auch die Auslobung von Stiftungspreisen durch die Landesstiftungen für Straffälligenhilfe können Betriebe motivieren, einen Gefangenen als Auszubildenden aufzunehmen.[80]

23 In den Anstalten können nicht alle beruflichen Qualifikationen angeboten werden, dieses ist abhängig von der Größe der Anstalt, der Zahl der Gefangenen und auch

---

75 Nebe/Heinrich, ZfStrVo 1993, 276.
76 Rohwedder, ZfStrVo 2003, 161.
77 Rohwedder, ZfStrVo 2003, 160 f.
78 Rohwedder, ZfStrVo 2003, 160.
79 Bericht der schleswig-holsteinischen Expertenkommission zum Jugendstrafvollzug, 2007.
80 Siehe Mitgliederzeitschrift des Paritätischen Schleswig-Holstein 2008, 9.

III. Im Einzelnen: Schule, Ausbildung, Weiterbildung und Arbeit 4

von der Fachrichtung der angestellten Meister. Die Vielfalt der angebotenen durchgeführten beruflichen Qualifikationen sind in Niedersachsen 1998 für den gesamten Vollzug erfasst worden. Dort erhielten 179 Teilnehmer in 28 beruflichen Qualifikationen einen Abschluss.[81]

Die Qualifizierungsangebote sind aber für eine erfolgreiche Integration zwingend den Entwicklungen des Arbeitsmarktes anzupassen.[82] Kritisch wird in diesem Zusammenhang angemerkt, dass dieses von den Anstalten und dem Werkdienst nur zögernd vollzogen wird. Die Entscheidungen über Anpassungsprozesse seien personalabhängig und darüber hinaus stünden Mittel für Investitionen und Fortbildung im Haushalt häufig nicht zur Verfügung. Externe Bildungsträger hätten bessere Möglichkeiten, weil deren enge Kontakte zur Wirtschaft und zu den Behörden der Bundesagentur für Arbeit Bestandteil ihrer Konzeption sei und der Träger die ständige Anpassung und die erfolgreiche Integration der Auszubildenden, Umschüler und Lehrgangsteilnehmer nachzuweisen habe.[83]

Die Zahl der qualifizierten Ausbildungsplätze ist ebenfalls unterschiedlich hoch (Bayern 300, Begründung zu Art. 145 StVollzG, Nordrhein-Westfalen 550 im Jahre 2002).[84] Die Länder sind nach den Strafvollzugsgesetzen verpflichtet, Einrichtungen für die schulische und berufliche Bildung vorzuhalten, dh dass die Zahl der Ausbildungsplätze an den Entscheidungen der Vollzugsplankonferenz bzw den Festlegungen in den Vollzugs- bzw Eingliederungsplänen gemessen werden muss. Umgekehrt sind die Werkstätten und die Schulen abhängig von einer ausreichenden Zahl von Gefangenen. Der Unterrichtsaufwand muss in einem vertretbaren Verhältnis zur Zahl der Schüler bzw Auszubildenden stehen. Hier haben große Jugendanstalten einen Vorteil gegenüber kleineren Einrichtungen.

Grundsätzlich muss jedoch jeder Inhaftierte die Möglichkeit haben, an einer allgemeinbildenden Maßnahme (Förderschule, Hauptschule, Realschule, Gymnasium) bzw an einer berufsbildenden (dh berufsvorbereitenden, berufsgrundbildenden, berufsausbildenden oder berufsfortbildenden) Maßnahme teilzunehmen. Bei einer Untersuchung für alle Jugendanstalten des alten Bundesgebietes ergab sich für männliche Inhaftierte, dass für alle Haftplätze im Verhältnis 12,4 % Bildungsplätze und 43 % Plätze für berufliche Bildungsmaßnahmen zur Verfügung standen. Die durchschnittliche Auslastung lag bei 86 % für die Bildungsplätze und bei 82 % für berufliche Bildungsmaßnahmen. Bei den Berufsbildungsplätzen lag die tatsächliche Quote für das Verhältnis zu den Haftplätzen bei 45 %, dh nur die Hälfte der männlichen Inhaftierten war in einer berufsbildenden Maßnahme.[85] Wichtig ist letztlich aber die Belegung und Auslastung jeder einzelnen Anstalt. Hier stellt sich die Frage, was mit den Inhaftierten geschieht, die wegen Platzmangels an einer allgemeinbildenden oder berufsbildenden Maßnahme nicht teilnehmen können.[86] Untersuchungen darüber liegen bisher nicht vor.

---

81 Zitzer, ZfStrVo 2000, 265.
82 Hammerschick in: Labor JVA, 35.
83 Rohwedder, ZfStrVo 2003, 159.
84 Walkenhorst, DVJJ-Journal 2002, 410.
85 Bunk/Stentzel, ZfStrVo 1995, 74–76.
86 Bunk/Stentzel, ZfStrVo 1995, 77.

13. Berufsvorbereitende Maßnahmen

24 Berufsvorbereitende Maßnahmen werden in den Anstalten in der Regel durch **private Träger** entsprechend den Konzeptvorgaben der Bundesagentur für Arbeit gem. § 61 SGB III durchgeführt. Zielgruppe sind **berufsschulpflichtige Gefangene**, die noch nicht berufsreif sind und/oder keine beruflichen Perspektiven und/oder keinen Schulabschluss haben. Durch die Maßnahme sollen sie unterschiedliche Berufe kennenlernen, berufliche Perspektive und Berufsreife entwickeln, berufsspezifische Schlüsselqualifikation erlernen und trainieren und sich auf das Berufsleben vorzubereiten. In der Jugendanstalt Schleswig werden die Berufsfelder Gastronomie, Farbe, Holz, Metall, Bau, Zimmerei, Gebäudereinigung sowie Maurer und Landschaftsgärtner angeboten. Ein Schwerpunkt liegt dabei auf der Vermittlung von EDV-Kenntnissen.

Die Maßnahme dauert zehn Monate und wird parallel durch Berufsschulunterricht begleitet. Das Zeugnis ist dem Hauptschulabschluss gleichwertig, so dass der Gefangen nahtlos in eine berufliche Ausbildung integriert werden kann.

14. Arbeit, arbeitstherapeutische Beschäftigung, sonstige Beschäftigung

25 Alle Ländergesetze regeln die Nachrangigkeit von sinnvoller Arbeit, arbeitstherapeutischer und sonstiger Beschäftigung. Die Arbeit dient dazu, das Integrationsziel zu erreichen. Der Gefangene soll regelmäßig einer Beschäftigung nachgehen und sich an die Bedingungen eines täglichen Arbeitsprozesses gewöhnen. Die Wirtschaftlichkeit darf nicht das entscheidende Kriterium sein und es darf keine abstumpfende oder unproduktive Arbeit zugewiesen werden. Die Fähigkeiten, Fertigkeiten und Neigungen des Gefangenen sind zu berücksichtigen. Der Gefangene darf weder unter- noch überfordert werden.[87] Die JStVollzGe der Bundesländer sehen mit Ausnahme von Hamburg, Brandenburg, Rheinland-Pfalz und Thüringen eine Arbeitspflicht der jungen Gefangenen für den Fall vor, dass sie nicht an Bildungsmaßnahmen teilnehmen.

Die arbeitstherapeutische Beschäftigung wird unterschieden in Arbeitstherapie und Beschäftigungstherapie. Die Arbeitstherapie soll generelles Arbeitsverhalten, wie etwa Durchhaltevermögen, einüben, die Beschäftigungstherapie als Vorstufe zur Arbeitstherapie soll durch wiederkehrende Tätigkeit einen zeitlichen Tagesablauf einüben.[88] In der Praxis geht es um die **Umsetzung der Erkenntnisse aus dem Profiling/Assessmentverfahren** und daher um die Förderung von Fein- und Grobmotorik, Koordinationsfähigkeit, Frustrationstoleranz, Konzentrationsfähigkeit, Gruppenfähigkeit, Aggressionsbewältigung und Kommunikationsfähigkeit. Daneben werden handwerkliche Übungen durchgeführt, um das kognitive und körperliche Potenzial zu erkennen. Die Maßnahme wird unterstützt durch den Aufbau der auditiven und visuellen Wahrnehmung sowie der Schreibmotorik, die Unterstützung der Sprech- und Blickmotorik, ein Gedächtnis- und Konzentrationstraining, die Verbesserung des Arbeitsstils sowie die Erstellung eines Planes, welche Ziele der Einzelne sich setzt und wie er sie zu erreichen gedenkt (Entwicklungs- und Umsetzungsplan eigener Ziele).

---

[87] Schwind/Böhm/Jehle/Laubenthal-Laubenthal § 37 Rn 13; Arloth § 37 Rn 10.
[88] Arloth § 37 Rn 17; Schwind/Böhm/Jehle/Laubenthal-Laubenthal § 37 Rn 9.

Die Maßnahme selbst muss in den Anstalten durch arbeitstherapeutisch ausgebildetes Personal durchgeführt werden. Bei der Durchführung ist es wichtig, dass so früh wie möglich der pädagogische Dienst eingeschaltet wird, um bei einer kurzen Haftdauer, zB von sechs Monaten, den Gefangenen sofort in die Maßnahme zu integrieren.

15. Fortführung der Maßnahmen nach der Entlassung

In allen Ländergesetzen ist vorgesehen, dass die Gefangenen auf Antrag nach ihrer Entlassung (ausnahmsweise) im Vollzug begonnene Ausbildungs- und Behandlungsmaßnahmen fortführen können, wenn dies nicht anderweitig durchgeführt werden kann. Grundlage ist ein entsprechender Vertrag mit dem Gefangenen, der aber bei Störungen jederzeit von der Anstalt gekündigt werden kann.

26

Diese Vorschrift ist im Jugendstrafvollzug neu und stellt einen wesentlichen Bestandteil im Zusammenhang mit dem Aufbau eines Übergangsmanagements dar.[89] Der **Zweck** besteht darin, wichtige Ausbildungs- und Behandlungsmaßnahmen nicht zu gefährden, da Ausbildungsdauer und Entlassungszeitpunkt häufig nicht übereinstimmen. Die Anstalt hat hier einen großen Ermessensspielraum, vorrangig sind hier die Zuständigkeiten für Ausbildungs- und Betreuungsmaßnahmen bei der Bewährungshilfe, Arbeitsagentur, Sozialbehörde und Trägern der Freien Straffälligenhilfe zu prüfen. Die Vorschriften zum Jugendstrafvollzug in Bayern (Art. 137), Hamburg (§ 18) und Nordrhein-Westfalen (§ 24) sind weit gefasst und beziehen die Gefährdung des Erziehungserfolges bzw eine Krisensituation des jungen Gefangenen mit ein. Gemeint sind damit Situationen, in denen der Haftentlassene in alte Verhaltensmuster zurückfallen kann oder der Kontakte zu früheren kriminellen „Kollegen" unvermeidbar ist. Kommt es zu einer fortdauernden Betreuung nach diesen Vorschriften, muss die Unterbringung des Haftentlassenen im offenen Vollzug erfolgen. Wichtig ist, dass der Jugendliche dies nicht als Verlängerung seiner Strafe empfindet, sondern als Chance für seine Zukunft.

16. Finanzierung

Das umfangreiche Angebot an Bildungs- und Ausbildungsmaßnahmen kann durch besondere finanzielle Anstrengungen in den Ländern gesichert werden. Die Schulgebäude müssen über moderne Einrichtungen verfügen, zB für die Ausbildung der Metall- und Elektronikerberufe müssen die notwendigen Metalllabore und Elektroniklabore auf dem gleichen Stand sein wie die Einrichtungen in privaten Ausbildungsbetrieben. Die technische Ausstattung der Eigen- und Unternehmerbetriebe der Landesbetriebe für das vollzugliche Arbeitswesen müssen laufend modernisiert werden, so dass der freien Wirtschaft angeglichene Produktions- und Qualifizierungsverhältnisse gewährleistet sind, die eine realistische integrationswirksame Lernsituation für Gefangene im Arbeitsprozess und in der Qualifizierung zulassen.

27

Schleswig-Holstein, Hamburg, Bremen, Berlin, Brandenburg und Mecklenburg-Vorpommern haben mit Förderung durch den Europäischen Sozialfonds für Deutschland

---

[89] Siehe dazu § 2 Rn 54–56.

§ 4 Schule, Ausbildung, Arbeit

(ESF)[90] und die EU-Gemeinschaftsinitiative **EQUAL**[91] mehrere Entwicklungspartnerschaften geführt, so etwa e-LiS (E-Learning im Strafvollzug) in der ersten Förderrunde (2002-2005) und in der 2. Förderrunde (2005-2007) MEMBER – Medienkompetenz und Qualifizierungsbausteine in der Berufsvorbereitung sowie BABE (Bildung, Arbeit und berufliche Eingliederung im norddeutschen Strafvollzug)[92]. BABE hatte ein Fördervolumen von 2,8 Millionen für 18 Teilprojekte. Hierbei ist in der JVA Neumünster/Teilanstalt Neumünster und der Jugendanstalt Schleswig das Teilprojekt „Anpassungsausbildung für Gebäudereiniger" durchgeführt worden. Ähnliche Lernplattformen fanden auch in anderen Bundesländern statt, etwa IMBIS (Innovative marktkonforme berufliche Bildung im Strafvollzug) in Niedersachsen[93] und ZuBiLis (Zukunft der Bildung im Strafvollzug) in Nordrhein-Westfalen[94].

Im Jahre 2005 haben sich die genannten norddeutschen Länder vertraglich zur **Entwicklung von Standards im Aus- und Weiterbildungsbereich** mit dem Ziel einer gemeinsamen Wiedereingliederungspolitik für Strafgefangene entschlossen.[95] Die Vertragspartnerländer prüfen als RESO-Nordverbund[96] gemeinsam die Möglichkeit der Förderung im Straffälligenbereich nach den Sozialgesetzbüchern II und III sowie durch Fördermittel aus Bundes-ESF (EQUAL, XENOS, Integration durch Austausch -IDA- und deren Nachfolger),[97] Landes-ESF und den Länderjustizhaushalten. Sie vertreten gegenüber dem Bund (Arbeitsmarktpolitik und Sozialgesetzgebung) und den Fördermittelgebern ihre gemeinsamen Interessen.

Die Bundesagentur hat sich Ende 2004 aus vielen Fördermaßnahmen für eine berufliche Qualifizierung von Strafgefangenen zurückgezogen, die nach den Vorschriften der Sozialgesetzbücher II und III nicht zwingend durchgeführt werden mussten. Die Bildungs- und Ausbildungsmaßnahmen im Strafvollzug müssen zukünftig durch die Länderhaushalte abgedeckt werden.

Auch die berufliche Beratung in den Jugend- und Erwachsenenanstalten wird nicht mehr durchgeführt. Bei der Finanzierung der berufsvorbereitenden Maßnahmen gem. § 61 SGB III werden nur dann Förderungsmaßnahmen genehmigt, wenn bei den jungen Gefangenen individuell eine Eignung durch die Regionaldirektionen festgestellt wird. Da dies mit dem Risiko einer Nichtförderung der Ausbildungsmaßnahme verbunden ist, sollte die Förderung durch die Bundesagentur institutionell für eine bestimmte Zahl von Gefangenen pro Förderkurs erfolgen.

Die Länderhaushalte müssen zukünftig die Ausfinanzierung von europäischen Standards im Jugend- und Erwachsenenstrafvollzug gewährleisten. Die Justizvollzugsver-

---

[90] http://www.esf.de/portal/DE/Ueber-den-ESF/inhalt.html.
[91] Gemeinschaftsinitiative EQUAL über die transnationale Zusammenarbeit bei der Förderung neuer Methoden zur Bekämpfung von Diskriminierungen und Ungleichheiten jeglicher Art im Zusammenhang mit dem Arbeitsmarkt. Siehe hierzu Amtsblatt der Europäischen Kommission Nr. C 127 vom 5/5/2000 S. 2-10.
[92] http://de.exocop.org/index.php/Entwicklungspartnerschaft_BABE. Siehe auch Bammann, K./Bührs, R./Hansen, B./Matt, E., Bildung & Qualifizierung im Gefängnis, Schriftenreihe „Gesundheitsförderung im Justizvollzug, hrsg. v. Stöver, H. und Jacob, J., Bd. 18.
[93] Näheres hierzu unter http://www.mj.niedersachsen.de/portal/live.php?navigation_id=3745&article_id=10065&_psmand=13.
[94] Näheres hierzu unter www.eu-ms.de/images/stories/pdf/zubilis.pdf.
[95] Theine in: Labor JVA, 18.
[96] http://www.reso-nordverbund.de/sixcms/detail.php?gsid=bremen82.c.1558.de.
[97] Siehe zu früheren Gemeinschaftsinitiativen der EU Pendon, ZfStrVo 1996, 337.

waltungen müssen daher darauf achten, dass nach Ablauf von EU-geförderten Projekten Anschlussfinanzierungen durch Nachfolgeprojekte in Anspruch genommen werden.

17. Freies Beschäftigungsverhältnis, Selbstbeschäftigung

Die Ländergesetze sehen die Möglichkeit eines freien Beschäftigungsverhältnisses 28 oder einer Selbstbeschäftigung für geeignete Gefangene vor. Gegenstand kann insoweit bei jungen Gefangenen vor allem ein Studium sein, das weitgehend weisungsunabhängig erfolgt. In Betracht kommen auch selbständige Tätigkeiten, demgegenüber anders als im Erwachsenenvollzug weniger freiberufliche Tätigkeiten.[98] Die Entscheidung über die Gestattung liegt im Ermessen der Vollzugsbehörde, das sie orientiert an den Beschäftigungsgrundsätzen im Vollzug auszuüben hat. Dabei hat sie die Interessen der Gefangenen und die entgegenstehenden Belange des Vollzugs gegeneinander abzuwägen, wobei sie einen strengen Maßstab anlegen darf.[99]

Als selbständige Tätigkeiten kommen auch das Entwerfen von Tattoo-Motiven oder das Zeichnen von Comics in Betracht. Die in der Anstalt tätigen Lehrkräfte sollten entsprechende Begabungen nicht von vornherein abwerten, sondern Ansatzpunkte für mögliche Ausbildungen oder Berufe oder eine entsprechende Freizeitgestaltung aufgreifen und mit den jungen Gefangenen erörtern (siehe insoweit die Aufgaben des pädagogischen Dienstes, dazu zB Art. 180 BayStVollzG).

---

98 Laubenthal/Neubacher/Nestler/Verrel, Abschnitt F Rn 70 f; AK-Däubler/Galli, § 39 Rn 24, 27, aA Arloth § 39 Rn 7.
99 Laubenthal/Neubacher/Nestler/Verrel, Abschnitt F Rn 74 f; BGH, NStZ 1990, 453; Arloth § 39 Rn 7.

IV. Im Einzelnen: Gelder der Gefangenen, Freistellung von der Arbeit

1. Synopse[100]

29

Länder	Gelder der Gefangenen, Freistellung von der Arbeit
Berlin, Bremen, Mecklenburg-Vorpommern, Saarland, Schleswig-Holstein[101] (5er-Gruppe)	**§ 57 Ausbildungsbeihilfe, Arbeitsentgelt** (1) Gefangene, die während der Arbeitszeit ganz oder teilweise an einer schulischen oder beruflichen Orientierungs-, Aus- oder Weiterbildungsmaßnahme oder an speziellen Maßnahmen zur Förderung ihrer schulischen, beruflichen oder persönlichen Entwicklung teilnehmen und die zu diesem Zweck von ihrer Arbeitspflicht freigestellt sind,[102] erhalten hierfür eine Ausbildungsbeihilfe, soweit kein Anspruch auf Leistungen zum Lebensunterhalt besteht, die freien Personen aus solchem Anlass zustehen. (2) Wer eine Arbeit, arbeitstherapeutische oder sonstige Beschäftigung ausübt, erhält Arbeitsentgelt. (3) Der Bemessung der Ausbildungsbeihilfe und des Arbeitsentgelts sind neun Prozent der Bezugsgröße nach § 18 SGB IV zugrunde zu legen (Eckvergütung). Ein Tagessatz ist der zweihundertfünfzigste Teil der Eckvergütung; die Ausbildungsbeihilfe und das Arbeitsentgelt können nach einem Stundensatz bemessen werden. (4) Die Ausbildungsbeihilfe und das Arbeitsentgelt können je nach Leistung der Gefangenen und der Art der Ausbildung oder Arbeit gestuft werden. 75 % der Eckvergütung dürfen nur dann unterschritten werden, wenn die Leistungen der Gefangenen den Mindestanforderungen nicht genügen. (5) Die Höhe der Ausbildungsbeihilfe und des Arbeitsentgeltes ist den Gefangenen schriftlich bekannt zu geben. (6) Das für den Justizvollzug zuständige Ministerium wird ermächtigt, durch Rechtsverordnung die Vergütungsstufen nach Abs. 4 zu regeln. (7) Soweit Beiträge zur Bundesagentur für Arbeit zu entrichten sind, kann vom Arbeitsentgelt oder der Ausbildungsbeihilfe ein Betrag einbehalten werden, der dem Anteil der Gefangenen am Beitrag entsprechen würde, wenn sie diese Bezüge als Arbeitnehmer erhielten. **§ 37 [... Freistellung von der Arbeit]** (5) Sind die Gefangenen ein Jahr lang ununterbrochen ihrer Verpflichtung nach Abs. 2 nachgekommen, können sie beanspruchen, im darauf folgenden Jahr für die Dauer von 18 Werktagen freigestellt zu werden. Zeiten, in denen die Gefangenen unverschuldet infolge Krankheit an der Teilnahme, Arbeit oder an der Beschäftigung gehindert waren, werden bis zur Dauer von sechs Wochen auf das Jahr angerechnet. Auf die Zeit der Freistellung wird der Urlaub nach § 16 Abs. 1 angerechnet, soweit er in die Arbeitszeit fällt. Die Gefangenen erhalten für die Zeit der Freistellung ihre zuletzt gezahlten Bezüge weiter. Urlaubsregelungen der Beschäftigungsverhältnisse außerhalb des Vollzugs bleiben unberührt. **§ 58 Freistellung von der Arbeit** (1) Die Arbeit der Gefangenen wird neben der Gewährung von Arbeitsentgelt (§ 57 Abs. 2),[103] durch Freistellung von der Arbeit (Freistellung) an-

---

100 Die Gesetzesfassungen sind zT nicht wort-, aber inhaltsgleich. Die Regelungen sind nur insoweit wiedergegeben, wie sie sich auf den Jugendstrafvollzug beziehen. Vom Abdruck der in den Gesetzen teilweise zusätzlich genannten weiblichen Formen wird aus Platzgründen abgesehen.
101 Regelung zum Eigengeld kombiniert mit Überbrückungsgeld in der zweiten Tabellenzeile.
102 Der Halbsatz fehlt im JStVollzG Bln.
103 Schleswig-Holstein: „Ausbildungsbeihilfe oder Arbeitsentgelt".

IV. Im Einzelnen: Gelder der Gefangenen, Freistellung von der Arbeit

Länder	Gelder der Gefangenen, Freistellung von der Arbeit
	erkannt, die auch als Arbeitsurlaub genutzt oder auf den Entlassungszeitpunkt angerechnet werden kann.
	(2) Haben die Gefangenen zwei Monate lang zusammenhängend eine Arbeit, arbeitstherapeutische oder sonstige Beschäftigung ausgeübt, so werden sie auf Antrag einen Werktag von der Arbeit freigestellt. § 37 Abs. 5 bleibt unberührt. Durch Zeiten, in denen die Gefangenen ohne ihr Verschulden durch Krankheit, Ausführung, Ausgang, Urlaub, Freistellung von der Arbeit oder sonstige nicht von ihnen zu vertretende Gründe an der Arbeitsleistung gehindert sind, wird die Frist nach Satz 1 gehemmt. Beschäftigungszeiträume von weniger als zwei Monaten bleiben unberücksichtigt.
	(3) Die Gefangenen können beantragen, dass die Freistellung nach Abs. 2 in Form von Arbeitsurlaub gewährt wird. § 15 Abs. 2, § 16 Abs. 4 und § 17 gelten entsprechend.
	(4) Die Gefangenen erhalten für die Zeit der Freistellung von der Arbeit ihre zuletzt gezahlten Bezüge weiter.
	(5) Stellen die Gefangenen keinen Antrag nach Abs. 2 Satz 1 oder Abs. 3 Satz 1 oder kann die Freistellung von der Arbeit nach Maßgabe der Regelung des Absatzes 3 Satz 2 nicht gewährt werden, so wird sie nach Abs. 2 Satz 1 von der Anstalt auf den Entlassungszeitpunkt der Gefangenen angerechnet.
	(6) Eine Anrechnung nach Abs. 5 ist ausgeschlossen
	1. bei einer Aussetzung der Vollstreckung des Restes einer Jugendstrafe zur Bewährung, soweit wegen des von der Entscheidung des Vollstreckungsleiters bis zur Entlassung verbleibenden Zeitraums eine Anrechnung nicht mehr möglich ist,
	2. wenn dies vom Vollstreckungsleiter angeordnet wird, weil bei einer Aussetzung der Vollstreckung des Restes einer Jugendstrafe zur Bewährung die Lebensverhältnisse der Gefangenen oder die Wirkungen, die von der Aussetzung für sie zu erwarten sind, die Vollstreckung bis zu einem bestimmten Zeitpunkt erfordern,
	3. wenn nach § 2 JGG in Verbindung mit § 456a Abs. 1 StPO von der Vollstreckung abgesehen wird oder
	4. wenn die Gefangenen im Gnadenwege aus der Haft entlassen werden.
	(7) Soweit eine Anrechnung nach Abs. 6 ausgeschlossen ist, erhalten die Gefangenen bei ihrer Entlassung für eine Tätigkeit nach § 57 Abs. 2 als Ausgleichsentschädigung zusätzlich 15 % des Entgelts oder der Ausbildungsbeihilfe nach § 57 Abs. 3 und 4. Der Anspruch entsteht erst mit der Entlassung.
	§ 59 Taschengeld
	(1) Erhalten Gefangene ohne ihr Verschulden weder Ausbildungsbeihilfe noch Arbeitsentgelt, wird ihnen bei Bedürftigkeit auf Antrag ein angemessenes Taschengeld gewährt. Bedürftig sind Gefangene, soweit ihnen im laufenden Monat aus Hausgeld (§ 60) und Eigengeld (§ 61) nicht ein Betrag bis zur Höhe des Taschengeldes zur Verfügung steht.
	(2) Das Taschengeld beträgt 14 % der Eckvergütung (§ 57 Abs. 3).[104]

---

[104] Saarland: Es folgt „Es wird zu Beginn des Monats im Voraus gewährt. Gehen den Gefangenen im Laufe des Monats Gelder zu, wird zum Ausgleich ein Betrag bis zur Höhe des gewährten Taschengeldes einbehalten."

Länder	Gelder der Gefangenen, Freistellung von der Arbeit
	§ 60 Hausgeld
	(1) Die Gefangenen dürfen von ihren in diesem Gesetz geregelten Bezügen drei Siebtel monatlich (Hausgeld) und das Taschengeld (§ 59) für den Einkauf (§ 31 Abs. 2) oder anderweitig verwenden.
	(2) Für Gefangene, die in einem freien Beschäftigungsverhältnis stehen oder denen gestattet ist, sich selbst zu beschäftigen (§ 37 Abs. 4), wird aus ihren Bezügen ein angemessenes Hausgeld festgesetzt.
	(3) Für Gefangene, die über Eigengeld (§ 61) verfügen und unverschuldet keine Bezüge nach diesem Gesetz erhalten, gilt Abs. 2 entsprechend.
	§ 61 Eigengeld[105]
	(1) Das Eigengeld besteht aus den Beträgen, die die Gefangenen bei Strafantritt in die Anstalt mitbringen, Geldern, die ihnen während der Haftzeit zugehen und Bezügen, die nicht als Hausgeld in Anspruch genommen werden.
	(2) Die Gefangenen können über das Eigengeld verfügen. § 31 Abs. 3 und 4 und § 60 bleiben unberührt.[106]
Schleswig-Holstein (zusätzlich)	**§ 61 Überbrückungsgeld, Eigengeld**
	(1) Aus den in diesem Gesetz geregelten Bezügen und aus den Bezügen der Gefangenen, die in einem freien Beschäftigungsverhältnis stehen, ist ein Überbrückungsgeld als Vermögen anzusparen.
	(2) Die Anstaltsleitung kann gestatten, dass das Überbrückungsgeld für Ausgaben in Anspruch genommen wird, die der Eingliederung der Gefangenen dienen.
	(3) Für die Pfändbarkeit des Überbrückungsgeldes gilt § 51 Abs. 4 und 5 in Verbindung mit § 176 Abs. 4 StVollzG entsprechend.
	(4) Das Überbrückungsgeld wird den Gefangenen bei der Entlassung in die Freiheit ausgezahlt. Die Anstalt kann es auch ganz oder teilweise der Bewährungshilfe oder einer mit der Entlassenenbetreuung befassten Stelle überweisen, die darüber entscheidet, wie das Geld nach der Entlassung an die Gefangenen ausgezahlt wird. Mit Zustimmung der Gefangenen kann das Überbrückungsgeld auch an eine andere Person überwiesen werden.
	(5) Das Eigengeld besteht aus den Beträgen, die die Gefangenen bei Strafantritt in die Anstalt mitbringen, Geldern, die ihnen während der Haftzeit zugehen und Bezügen, die nicht als Hausgeld oder Überbrückungsgeld in Anspruch genommen werden.
	(6) Die Gefangenen können über das Eigengeld verfügen, soweit dieses nicht als Überbrückungsgeld notwendig ist. § 31 Abs. 3 und 4 und § 60 bleiben unberührt.
Baden-Württemberg	**§ 44 JVollzGB IV BW Arbeitsentgelt, Freistellung von der Arbeit und Anrechnung der Freistellung auf den Entlassungszeitpunkt**
	(1) Die Arbeit wird anerkannt durch Arbeitsentgelt und Freistellung von der Arbeit, die auch als Freistellung aus der Haft genutzt oder auf den Entlassungszeitpunkt angerechnet werden kann.
	(2) *(Arbeitsentgelt nach Eckvergütung, Tagessatz, Stundensatz, siehe § 57 Abs. 3 der 5er-Gruppe)*

---

105 In Schleswig-Holstein ist die Regelung anders gestaltet, hier ist das Eigengeld kombiniert mit dem Überbrückungsgeld (siehe nächste Tabellenzeile).

106 Saarland: Es folgt Abs. 3 „Für Maßnahmen der Eingliederung, insbesondere Kosten der Gesundheitsfürsorge und der Aus- und Fortbildung, und für Maßnahmen der Pflege sozialer Beziehungen, insbesondere Telefonkosten und Fahrtkosten anlässlich Lockerungen, kann zweckgebunden Geld eingezahlt werden. Das Geld darf nur für diese Zwecke verwendet werden. Der Anspruch auf Auszahlung ist nicht übertragbar."

IV. Im Einzelnen: Gelder der Gefangenen, Freistellung von der Arbeit

Länder	Gelder der Gefangenen, Freistellung von der Arbeit
	(3) *(Stufung des Arbeitsentgeltes nach Leistung, siehe § 57 Abs. 4 der 5er-Gruppe)*
	(4) Üben junge Gefangene zugewiesene arbeitstherapeutische Beschäftigungen aus, erhalten sie ein Arbeitsentgelt, soweit dies der Art ihrer Beschäftigung und Arbeitsleistung entspricht.
	(5) *(Schriftliche Bekanntgabe der Höhe der Vergütung, siehe § 57 Abs. 5 der 5er-Gruppe)*
	(6) *(Freistellung für einen Werktag nach 2monatiger Ausübung einer zugewiesenen Tätigkeit oder Hilfstätigkeit, siehe § 58 Abs. 2 der 5er-Gruppe)*
	(7) *(Alternativ Freistellung von der Haft, siehe auch § 58 Abs. 3 der 5er-Gruppe)*
	(8) *(Weiterzahlung der Bezüge, siehe § 58 Abs. 4 der 5er-Gruppe)*
	(9) *(Anrechnung der Freistellung auf den Entlassungszeitpunkt, siehe § 58 Abs. 5 der 5er-Gruppe)*
	(10) *(Ausschluss der Anrechnung, siehe § 58 Abs. 6 der 5er-Gruppe)*, soweit wegen des von der Gnadenentscheidung bis zur Entlassung verbleibenden Zeitraums eine Anrechnung nicht mehr möglich ist.
	(11) *(Ausgleichsentschädigung, siehe § 58 Abs. 7 der 5er-Gruppe)*; vor der Entlassung ist der Anspruch nicht verzinslich, nicht abtretbar und nicht vererblich.
	§ 45 Ausbildungsbeihilfe
	(1) *(Voraussetzungen, siehe § 57 Abs. 1 der 5er-Gruppe, zusätzlich: bei Teilnahme an Deutschkursen)* Der Nachrang der Sozialhilfe nach § 2 Abs. 2 SGB XII wird nicht berührt.
	(2) Für die Bemessung der Ausbildungsbeihilfe gilt § 44 Abs. 2 und 3 entsprechend.
	(3) Werden die Maßnahmen nach Abs. 1 stunden- oder tageweise durchgeführt, erhalten die jungen Gefangenen eine Ausbildungsbeihilfe in Höhe des ihnen dadurch entgehenden Arbeitsentgelts.
	§ 46 Haftkostenbeitrag
	(1) *(Erhebung bei freien Beschäftigungsverhältnissen)*
	(2) Den jungen Gefangenen muss ein Betrag verbleiben, der dem mittleren Arbeitsentgelt in den Jugendstrafanstalten des Landes entspricht. Von der Geltendmachung des Anspruchs ist abzusehen, soweit dies notwendig ist, um die Wiedereingliederung der Gefangenen in die Gemeinschaft nicht zu gefährden.
	(3) Der Haftkostenbeitrag wird in Höhe des Betrages erhoben, der nach § 17 Abs. 1 Nr. 4 SGB IV durchschnittlich zum 1. Oktober des vorhergehenden Jahres zur Bewertung der Sachbezüge festgesetzt ist. Bei Selbstverpflegung entfallen die für die Verpflegung vorgesehenen Beträge. Für den Wert der Unterkunft ist die festgesetzte Belegungsfähigkeit maßgebend. Der Haftkostenbeitrag darf auch von dem unpfändbaren Teil der Bezüge, nicht aber zu Lasten des Hausgelds und der Ansprüche unterhaltsberechtigter Angehöriger angesetzt werden.
	§ 47 Überbrückungsgeld
	(1) Aus den in diesem Gesetz geregelten Bezügen und aus den Bezügen aus einem freien Beschäftigungsverhältnis ist ein Überbrückungsgeld zu bilden, das den notwendigen Lebensunterhalt der jungen Gefangenen und ihrer Unterhaltsberechtigten in den ersten vier Wochen nach der Entlassung sichern soll.

Länder	Gelder der Gefangenen, Freistellung von der Arbeit
	(2) Das Überbrückungsgeld wird den jungen Gefangenen bei der Entlassung in die Freiheit ausgezahlt. Die Jugendstrafanstalt kann es ganz oder zum Teil den Personensorgeberechtigten, der Bewährungshilfe oder einer mit der Entlassenenbetreuung befassten Stelle überweisen, die darüber entscheiden, wie das Geld innerhalb der ersten vier Wochen nach der Entlassung an die Entlassenen ausgezahlt wird. Die Bewährungshilfe und die mit der Entlassenenbetreuung befasste Stelle sind verpflichtet, das Überbrückungsgeld von ihrem Vermögen gesondert zu halten. Mit Zustimmung der jungen Gefangenen kann das Überbrückungsgeld auch an Unterhaltsberechtigte überwiesen werden.
	(3) *(siehe § 61 Abs. 2 JStVollzG SH in der vorangegangenen Zeile)*
	(4) Der Anspruch auf Auszahlung des Überbrückungsgelds ist unpfändbar. Erreicht es nicht die in Abs. 1 bestimmte Höhe, so ist in Höhe des Unterschiedsbetrags auch der Anspruch auf Auszahlung des Eigengelds unpfändbar. Bargeld entlassener junger Gefangener, an die wegen der nach Satz 1 oder Satz 2 unpfändbaren Ansprüche Geld ausgezahlt worden ist, ist für die Dauer von vier Wochen seit der Entlassung insoweit der Pfändung nicht unterworfen, als es dem Teil der Ansprüche für die Zeit von der Pfändung bis zum Ablauf der vier Wochen entspricht.
	(5) Abs. 4 gilt nicht bei einer Pfändung wegen der in § 850 d Abs. 1 Satz 1 ZPO bezeichneten Unterhaltsansprüche. Den entlassenen jungen Gefangenen ist jedoch so viel zu belassen, als sie für ihren notwendigen Unterhalt und zur Erfüllung ihrer sonstigen gesetzlichen Unterhaltspflichten für die Zeit von der Pfändung bis zum Ablauf von vier Wochen seit der Entlassung bedürfen.
	§ 48 Taschen-, Haus- und Eigengeld
	(1) Jungen Gefangenen, die ohne Verschulden kein Arbeitsentgelt und keine Ausbildungsbeihilfe erhalten, wird ein angemessenes Taschengeld gewährt, falls sie bedürftig sind. Nicht verbrauchtes Taschengeld ist bei der Bedürftigkeitsprüfung nicht zu berücksichtigen.
	(2) Junge Gefangene dürfen monatlich drei Siebtel von ihren in diesem Gesetz geregelten Bezügen und das Taschengeld nach Abs. 1 für den Einkauf oder anderweitig verwenden.
	(3) Bezüge junger Gefangener, die nicht als Hausgeld, Haftkostenbeitrag oder Überbrückungsgeld in Anspruch genommen werden, sind dem Eigengeld gutzuschreiben.
	(4) Für junge Gefangene, die in einem freien Beschäftigungsverhältnis stehen, wird aus ihren Bezügen ein angemessenes Hausgeld festgesetzt.
	§ 49 Sondergeld
	(1) Für junge Gefangene kann monatlich ein Betrag in angemessener Höhe einbezahlt werden, der als Sondergeld gutzuschreiben ist und wie Hausgeld genutzt werden kann.
	(2) Über Abs. 1 hinaus kann Sondergeld in angemessener Höhe für folgende Zwecke eingezahlt werden:
	1. Maßnahmen der Eingliederung, insbesondere Kosten der Gesundheitsfürsorge und der Aus- und Fortbildung, und
	2. Maßnahmen zur Pflege sozialer Beziehungen, insbesondere Telefonkosten und Fahrtkosten anlässlich vollzugsöffnender Maßnahmen.
	(3) Soweit das Guthaben des Sondergelds nach Abs. 1 die Summe von drei Monatseinzahlungen übersteigt, ist es dem Überbrückungsgeld zuzuführen. Ist bereits ein Überbrückungsgeld in angemessener Höhe gebildet, ist das Guthaben dem Eigengeld zuzuschreiben. Sondergeld im Sinne von Abs. 2 ist dem Eigengeld zuzuschreiben, wenn es zum bezeichneten Zweck

IV. Im Einzelnen: Gelder der Gefangenen, Freistellung von der Arbeit

Länder	Gelder der Gefangenen, Freistellung von der Arbeit
	nicht eingesetzt werden kann und eine Rückerstattung an den Einzahler nicht möglich ist. (4) Der Anspruch auf Auszahlung des Sondergelds nach Abs. 1 und 2 ist unpfändbar. **§ 50 Freistellung von der Arbeitspflicht** (1) *(Voraussetzungen wie § 37 Abs. 5 Satz 1+2 der 5er-Gruppe, Unterschied: nicht erst im folgenden Jahr)* (2) *(Anrechnung der Freistellung aus der Haft, wie § 37 Abs. 5 Satz 3 der 5er-Gruppe)*, und nicht wegen einer lebensgefährlichen Erkrankung oder des Todes eines Angehörigen erteilt worden ist. (3) *(Weiterzahlung der Bezüge, siehe § 58 Abs. 4 der 5er-Gruppe)* (4) Urlaubsregelungen der Beschäftigungsverhältnisse außerhalb des Jugendstrafvollzugs bleiben unberührt. **§ 51 Rechtsverordnung** *(Zu den Vergütungsstufen, siehe § 57 Abs. 6 der 5er-Gruppe)* **§ 52 Einbehaltung von Beitragsteilen** *(zur Bundesagentur für Arbeit, siehe § 57 Abs. 7 der 5er-Gruppe)*
Bayern	**Art. 149 Arbeitsentgelt, Arbeitsurlaub, Anrechnung der Freistellung auf den Entlassungszeitpunkt, Ausbildungsbeihilfe, Taschengeld** (1) *(Arbeitsentgelt bei zugewiesener Arbeit, zu bemessen nach Art. 46 Abs. 2 und 3, bei sonstiger zugewiesener Beschäftigung oder Hilfstätigkeit je nach Art ihrer Beschäftigung und ihrer Arbeitsleistung)* Art. 46 Abs. 5 bis 11 gelten entsprechend. (2) *(Ausbildungsbeihilfe auch bei Teilnahme an therapeutischen Maßnahmen möglich)* (3) Art. 54 gilt für das Taschengeld entsprechend. **Art. 46 Arbeitsentgelt, Arbeitsurlaub, Anrechnung der Freistellung auf den Entlassungszeitpunkt** (2) *(Eckvergütung, Tagessatz, Stundensatz, siehe § 57 Abs. 3 der 5er-Gruppe)* (3) *(Stufung der Höhe, siehe § 57 Abs. 4 der 5er-Gruppe)* (5) *(Schriftliche Bekanntgabe der Höhe der Vergütung, siehe § 57 Abs. 5 der 5er-Gruppe)* (6) *(Freistellung von der Arbeit für einen Werktag bei zugewiesener Beschäftigung oder Hilfstätigkeit, siehe § 58 Abs. 2 der 5er-Gruppe)* (7) *(Alternativ Arbeitsurlaub, siehe § 58 Abs. 3 der 5er-Gruppe)* (8) *(Weiterzahlung der Bezüge, siehe § 58 Abs. 4 der 5er-Gruppe)* (9) *(Anrechnung der Freistellung auf den Entlassungszeitpunkt, siehe § 58 Abs. 5 der 5er-Gruppe)* (10) *(Ausschluss der Anrechnung)*, 1. soweit eine lebenslange Freiheitsstrafe oder Sicherungsverwahrung verbüßt wird und ein Entlassungszeitpunkt noch nicht bestimmt ist, 2.-5. (wie § 58 Abs. 6 der 5er-Gruppe) (11) *(Ausgleichsentschädigung, siehe § 58 Abs. 7 der 5er-Gruppe, zusätzlich: bei Ausschluss der Anrechnung nach Abs. 10 Nr. 1 Gutschrift der Ausgleichszahlung nach Verbüßung von jeweils zehn Jahren zum Eigengeld, soweit nicht Entlassung vor diesem Zeitpunkt)*; § 57 Abs. 4 StGB gilt entsprechend.

§ 4 Schule, Ausbildung, Arbeit

Länder	Gelder der Gefangenen, Freistellung von der Arbeit
	Art. 47 Ausbildungsbeihilfe
	(1) *(Voraussetzungen, siehe § 57 Abs. 1 der 5er-Gruppe).* Der Nachrang der Sozialhilfe nach § 2 Abs. 2 SGB XII wird nicht berührt.
	(2) Für die Bemessung der Ausbildungsbeihilfe gelten Art. 46 Abs. 2 und 3 entsprechend.
	(3) Nehmen Gefangene während der Arbeitszeit stunden- oder tageweise am Unterricht oder an anderen zugewiesenen Maßnahmen gemäß Art. 39 Abs. 4 teil, so erhalten sie in Höhe des ihnen dadurch entgehenden Arbeitsentgelts eine Ausbildungsbeihilfe.
	Art. 54 Taschengeld
	Wenn Gefangene ohne Verschulden kein Arbeitsentgelt und keine Ausbildungsbeihilfe erhalten, wird ihnen auf Antrag ein angemessenes Taschengeld gewährt, falls sie bedürftig sind. Das Taschengeld darf für den Einkauf (Art. 24 Abs. 1) oder anderweitig verwendet werden.
	Art. 146 Beschäftigung
	(3) Art. 45 gilt für die Arbeit in den Jugendstrafvollzugsanstalten entsprechend.
	Art. 45 Freistellung von der Arbeitspflicht
	(1) *(Voraussetzungen wie § 37 Abs. 5 Satz 1+2 der 5er-Gruppe, Unterschied: nicht erst im folgenden Jahr)*
	(2) Auf die Zeit der Freistellung wird Urlaub aus der Haft (Art. 14, 37) angerechnet, soweit er in die Arbeitszeit fällt und nicht wegen einer lebensgefährlichen Erkrankung oder des Todes eines oder einer Angehörigen erteilt worden ist.
	(3) *(Weiterzahlung der Bezüge, siehe § 58 Abs. 4 der 5er-Gruppe)*
	(4) Urlaubsregelungen der Beschäftigungsverhältnisse außerhalb des Strafvollzugs bleiben unberührt.
	Art. 150 Haftkostenbeitrag, Gelder
	Art. 49 bis 53 gelten entsprechend mit der Maßgabe, dass
	1. aus besonderen Gründen, insbesondere zur Förderung von Unterhaltszahlungen, Schadenswiedergutmachung, sonstiger Schuldenregulierung oder für besondere Aufwendungen zur Wiedereingliederung, ganz oder teilweise von der Erhebung eines Haftkostenbeitrags abgesehen werden kann,
	2. die Jugendstrafvollzugsanstalt das Überbrückungsgeld ganz oder teilweise auch den Personensorgeberechtigten überweisen kann, die darüber entscheiden, wie das Geld innerhalb der ersten vier Wochen nach der Entlassung an die jungen Gefangenen ausgezahlt wird.
	Art. 49 Haftkostenbeitrag
	(1) Als Teil der Kosten der Vollstreckung der Rechtsfolgen einer Tat (§ 464 a Abs. 1 Satz 2 StPO) erhebt die Anstalt von den Gefangenen einen Haftkostenbeitrag. Ein Haftkostenbeitrag wird nicht erhoben, wenn der oder die Gefangene
	1. Bezüge nach diesem Gesetz erhält oder
	2. ohne Verschulden nicht arbeiten kann oder
	3. nicht arbeitet, weil er oder sie nicht zur Arbeit verpflichtet ist.
	Haben Gefangene, die ohne Verschulden während eines zusammenhängenden Zeitraums von mehr als einem Monat nicht arbeiten können oder nicht arbeiten, weil sie nicht zur Arbeit verpflichtet sind, auf diese Zeit entfallende Einkünfte, so haben sie den Haftkostenbeitrag für diese Zeit

IV. Im Einzelnen: Gelder der Gefangenen, Freistellung von der Arbeit

Länder	Gelder der Gefangenen, Freistellung von der Arbeit
	bis zur Höhe der auf sie entfallenden Einkünfte zu entrichten. Den Gefangenen muss ein Betrag verbleiben, der der Eckvergütung (Art. 46 Abs. 2 Satz 2) entspricht. Von der Geltendmachung des Anspruchs ist abzusehen, soweit dies notwendig ist, um die Wiedereingliederung der Gefangenen in die Gemeinschaft nicht zu gefährden. (2) Der Haftkostenbeitrag wird im Kalenderjahr in Höhe des Betrags erhoben, der nach § 17 Abs. 1 Nr. 4 SGB IV durchschnittlich zum 1. Oktober des vorhergehenden Jahres zur Bewertung der Sachbezüge festgesetzt ist. Bei Selbstverpflegung entfallen die für die Verpflegung vorgesehenen Beträge. Für den Wert der Unterkunft ist die festgesetzte Belegungsfähigkeit maßgebend. (3) Die Selbstbeschäftigung (Art. 42 Abs. 2) kann davon abhängig gemacht werden, dass der Gefangene einen Haftkostenbeitrag bis zur Höhe des in Abs. 2 genannten Satzes monatlich im Voraus entrichtet. **Art. 50 Hausgeld** (1) Gefangene dürfen von ihren in diesem Gesetz geregelten Bezügen drei Siebtel monatlich (Hausgeld) für den Einkauf (Art. 24 Abs. 1) oder anderweitig verwenden. (2) Für Gefangene, die in einem freien Beschäftigungsverhältnis stehen (Art. 42 Abs. 1) oder denen gestattet ist, sich selbst zu beschäftigen (Art. 42 Abs. 2), wird aus ihren Bezügen ein angemessenes Hausgeld festgesetzt. **Art. 51 Überbrückungsgeld** (1) *(wie § 47 Abs. 1 JVollzGB IV BW, zusätzlich Bildung aus Entgelten aus Selbstbeschäftigung)* (2) *(wie § 47 Abs. 2 JVollzGB IV BW, aber keine Auszahlung an Personensorgeberechtigte)* (3) *(Möglichkeit der Verwendung für Eingliederungszwecke, siehe § 47 Abs. 3 JVollzGB IV)* **Art. 52 Eigengeld** (1) Als Eigengeld wird gutgeschrieben 1. eingebrachtes Geld, 2. Bezüge der Gefangenen, die nicht als Hausgeld, Haftkostenbeitrag oder Überbrückungsgeld in Anspruch genommen werden, 3. Geld, das für die Gefangenen eingezahlt wird. Art. 53 bleibt unberührt. (2) Die Gefangenen können über ihr Eigengeld verfügen, soweit dieses nicht als Überbrückungsgeld notwendig ist. **Art. 53 Sondergeld** Für die Gefangenen kann zum Zwecke des Sondereinkaufs gemäß Art. 25 oder für die Kosten einer Krankenbehandlung Geld einbezahlt werden. Dieses ist als Sondergeld gutzuschreiben. Kann das Geld nicht oder nicht in vollem Umfang für den konkret zu bezeichnenden Zweck eingesetzt werden, ist es zum Eigengeld gutzuschreiben.

§ 4 Schule, Ausbildung, Arbeit

Länder	Gelder der Gefangenen, Freistellung von der Arbeit
Brandenburg, Rheinland-Pfalz[107], Sachsen-Anhalt[108], Thüringen	**§ 66 Vergütung**[109] (1) Die Gefangenen erhalten eine Vergütung in Form von 1. Arbeitsentgelt für Arbeit[110], 2. Ausbildungsbeihilfe für die Teilnahme an schulischen und beruflichen Qualifizierungsmaßnahmen, arbeitstherapeutischen Maßnahmen und Arbeitstraining[111] oder 3. finanzieller Anerkennung[112] für die Teilnahme an Maßnahmen nach § 15 Abs. 1 Satz 1 Nr. 8 bis 11,[113] soweit sie für die Jugendstrafgefangenen nach § 15 Abs. 3[114] als erforderlich erachtet wurden oder Teil des Behandlungsprogramms der sozialtherapeutischen Abteilung sind. (2)-(6) *(Bemessung der Vergütung nach Eckvergütung, Tagessatz, Stundensatz, siehe § 57 Abs. 3 der 5er-Gruppe, Vergütung gestuft, mindestens 75%*[115] *der Eckvergütung, hierfür Möglichkeit der Regelung durch Rechtsverordnung, siehe § 57 Abs. 4+6 der 5er-Gruppe*[116]*, Entrichtung von Beiträgen zur Bundesagentur für Arbeit: siehe § 57 Abs. 7 der 5er-Gruppe, schriftliche Bekanntgabe der Höhe an den Gefangenen, Ausbildungsbeihilfe für schulische oder berufliche Qualifizierungsmaßnahmen, siehe § 57 Abs. 1 der 5er-Gruppe)* **§ 32**[117]**Freistellung von der Arbeit**[118] (1) Haben die Gefangenen ein halbes Jahr lang gearbeitet[119], so können sie beanspruchen, zehn Arbeitstage von der Arbeit freigestellt zu werden. Zeiten, in denen die Gefangenen infolge Krankheit an der Arbeitsleistung gehindert waren, werden bis zu 15 Arbeitstagen auf das Halbjahr angerechnet. Der Anspruch verfällt, wenn die Freistellung nicht innerhalb eines Jahres nach seiner Entstehung erfolgt ist. (2) Auf die Zeit der Freistellung wird Langzeitausgang (§ 46 Abs. 1 Satz 1 Nr. 3) angerechnet, soweit er in die Arbeitszeit fällt. Gleiches gilt für einen Langzeitausgang nach § 47 Abs. 1, soweit er nicht wegen des Todes oder einer lebensgefährlichen Erkrankung naher Angehöriger erteilt worden ist.

---

107 §§ 65-72 LJVollzG.
108 §§ 64-72 JVollzGB LSA. Die Reihenfolge der einzelnen Regelungen weicht von der wiedergegebenen aus Brandenburg und Thüringen ab.
109 Rheinland-Pfalz: Abs. 1: Ziffer 1 ist Ziffer 3, Ziffer 3 ist Ziffer 1. In der dortigen Ziffer 1 sind arbeitstherapeutischen Maßnahmen und Arbeitstraining nicht aufgezählt. Abs. 3 S. 2: Die Vergütung beträgt mindestens 60%.
110 Sachsen-Anhalt: Arbeitsentgelt auch für arbeitstherapeutische Maßnahme, Arbeitstraining und Hilfstätigkeiten.
111 Sachsen-Anhalt: Ausbildungsbeihilfe nur für schulische und berufliche Qualifizierungsmaßnahmen und nur wenn kein Anspruch auf andere Leistungen besteht, die Personen außerhalb des Vollzugs aus solchem Anlass gewährt werden (§ 64 Abs. 1 Nr. 2 JVollzGB LSA).
112 Das Gesetz Sachsen-Anhalts kennt die finanzielle Anerkennung nicht.
113 Dort sind genannt: Einzel- oder gruppentherapeutische Maßnahmen, insb. Psychotherapie, psychiatrische Behandlung, Behandlung von Suchtmittelabhängigkeit, Verbesserung der sozialen Kompetenzen.
114 Zur Erreichung des Vollzugsziels.
115 Rheinland-Pfalz und Thüringen: 60%.
116 In Sachsen-Anhalt § 66 JVollzGB LSA. Bereits erlassen sind die Brandenburgische Verordnung über die Vergütungsstufen der Ausbildungsbeihilfe, des Arbeitsentgelts und der finanziellen Anerkennung nach dem Brandenburgischen Justizvollzugsgesetz und nach dem Brandenburgischen Sicherungsverwahrungsvollzugsgesetz (Brandenburgische Justizvollzugs- und Sicherungsverwahrungsvollzugsvergütungsordnung - BbgJVollzSVVergO) vom 22.5.2013 sowie in Rheinland-Pfalz die Landesverordnung über die Vergütungsstufen in Justizvollzug und Sicherungsverwahrung (LVergVollzVO) vom 24.5.2013.
117 Sachsen-Anhalt: § 31 JVollzGB LSA. Nach § 31 Abs. 2 JVollzGB LSA muss der Zeitraum der Freistellung mit den betrieblichen Belangen vereinbar sein.
118 Rheinland-Pfalz: Nur bei Arbeit und schulischen oder beruflichen Qualifizierungsmaßnahmen.
119 Sachsen-Anhalt: Ebenso bei arbeitstherapeutischen Maßnahmen und Hilfstätigkeiten.

IV. Im Einzelnen: Gelder der Gefangenen, Freistellung von der Arbeit 4

Länder	Gelder der Gefangenen, Freistellung von der Arbeit
	(3) Die Gefangenen erhalten für die Zeit der Freistellung ihr Arbeitsentgelt weiter.
	(4) Urlaubsregelungen freier Beschäftigungsverhältnisse bleiben unberührt.
	(5) Für Arbeitstraining, schulische und berufliche Qualifizierungsmaßnahmen gelten Absätze 1 bis 4 entsprechend, sofern diese den Umfang der regelmäßigen wöchentlichen Arbeitszeit erreichen.
	§ 67 Eigengeld
	(1) Das Eigengeld besteht aus den Beträgen, die die Gefangenen bei der Aufnahme in die Anstalt mitbringen und die sie während der Haftzeit erhalten, und der Vergütung, soweit diese nicht im Vollzug der Jugendstrafe als Hausgeld oder Eingliederungsgeld[120] in Anspruch genommen wird.
	(2) Die Gefangenen können über das Eigengeld verfügen. § 63 Abs. 2 sowie die §§ 70 und 71 bleiben unberührt.
	§ 68 Taschengeld
	(1) Bedürftigen Jugendstrafgefangenen wird auf Antrag Taschengeld gewährt. Bedürftig sind sie, soweit ihnen aus Hausgeld (§ 70) und Eigengeld (§ 67) monatlich ein Betrag bis zur Höhe des Taschengeldes voraussichtlich nicht zur Verfügung steht. Finanzielle Anerkennungen nach § 66 Abs. 1 Nr. 3 bleiben bis zur Höhe des Taschengeldbetrags unberücksichtigt.
	(2) *(Keine Bedürftigkeit bei Nichtannahme einer zumutbaren Arbeit oder verschuldetem Verlust der Arbeit)*
	(4) Das Taschengeld beträgt 14 % der Eckvergütung (§ 66 Abs. 2). Es wird zu Beginn des Monats im Voraus gewährt. Gehen den Gefangenen im Laufe des Monats Gelder zu, wird zum Ausgleich ein Betrag bis zur Höhe des gewährten Taschengeldes einbehalten.
	(5) Die Gefangenen dürfen über das Taschengeld im Rahmen der Bestimmungen dieses Gesetzes verfügen. Im Vollzug der Jugendstrafe wird es dem Hausgeldkonto gutgeschrieben.
	§ 69 Konten, Bargeld[121]
	(1) Für die Jugendstrafgefangenen werden Hausgeld- und Eigengeldkonten[122] in der Anstalt geführt.
	(2) Der Besitz von Bargeld in der Anstalt ist den Gefangenen nicht gestattet. Über Ausnahmen entscheidet der Anstaltsleiter.
	(3) Geld in Fremdwährung wird zur Habe genommen.
	§ 70 Hausgeld
	(1) Das Hausgeld wird aus drei Siebteln[123] der in diesem Gesetz geregelten Vergütung gebildet.
	(2) Für Jugendstrafgefangene, die aus einem freien Beschäftigungsverhältnis, aus einer Selbstbeschäftigung oder anderweitig regelmäßige Einkünfte haben, wird daraus ein angemessenes monatliches Hausgeld festgesetzt.
	(3) Für Jugendstrafgefangene, die über Eigengeld (§ 67) verfügen und keine hinreichende Vergütung nach diesem Gesetz erhalten, gilt Abs. 2 entsprechend.

---

120 Rheinland-Pfalz: Das Eingliederungsgeld ist nicht genannt.
121 Sachsen-Anhalt: Eigene Vorschrift mit Ergänzungen siehe nachfolgende Spalte.
122 Rheinland-Pfalz: „sowie Taschengeldkonten".
123 Thüringen: vier Siebteln.

Länder	Gelder der Gefangenen, Freistellung von der Arbeit
	(4) Die Jugendstrafgefangenen dürfen über das Hausgeld im Rahmen der Bestimmungen dieses Gesetzes verfügen. Der Anspruch auf Auszahlung ist nicht übertragbar. §71 Zweckgebundene Einzahlungen Für Maßnahmen der Eingliederung, insbesondere Kosten der Gesundheitsfürsorge und der Aus- und Fortbildung, und für Maßnahmen der Pflege sozialer Beziehungen, insbesondere Telefonkosten und Fahrtkosten anlässlich Lockerungen, kann zweckgebunden Geld eingezahlt werden. Das Geld darf nur für diese Zwecke verwendet werden. Der Anspruch auf Auszahlung ist nicht übertragbar. §72 Haftkostenbeitrag[124], Kostenbeteiligung[125] (1) Die Anstalt erhebt von dem Jugendstrafgefangenen, der sich in einem freien Beschäftigungsverhältnis befindet oder über anderweitige regelmäßige Einkünfte verfügt, für diese Zeit einen Haftkostenbeitrag. Vergütungen nach diesem Gesetz bleiben unberücksichtigt. Dem Jugendstrafgefangenen muss täglich ein Tagessatz gemäß § 64 Abs. 3 Satz 2 verbleiben. (2) Der Haftkostenbeitrag wird in Höhe des Betrages erhoben, der nach § 17 Abs. 1 Satz 1 Nr. 4 SGB IV durchschnittlich zur Bewertung der Sachbezüge festgesetzt ist. Bei Selbstverpflegung entfallen die für die Verpflegung vorgesehenen Beträge. Für den Wert der Unterkunft ist die festgesetzte Belegungsfähigkeit maßgebend. (3) Der Gefangene wird an den Betriebs- und Energiekosten für die in seinem Gewahrsam befindlichen Geräte und an den Kosten für die Überlassung von Hörfunk- und Fernsehgeräten sowie Geräten der Informations- und Unterhaltungselektronik beteiligt. (4) Das für Justizvollzug zuständige Ministerium wird ermächtigt, durch Verordnung näher zu regeln, unter welchen Voraussetzungen und in welcher Höhe Kostenbeiträge nach Abs. 3 erhoben werden können. Für die Bemessung können pauschale Sätze festgelegt werden. Für einzelne Kostenbeiträge kann vorgesehen werden, dass die tatsächlich entstandenen Kosten in voller Höhe von dem Gefangenen zu tragen sind. (5) Von der Erhebung von Kostenbeiträgen ist abzusehen, soweit dies notwendig ist, um die Erreichung des Vollzugsziels nicht zu gefährden. Für Zeiten, in denen der Gefangene unverschuldet bedürftig ist, soll von der Erhebung von Kostenbeiträgen abgesehen werden. (6) Zur Durchsetzung eines Anspruchs nach den Absätzen 1 bis 3 kann die Anstalt gegen den Anspruch auf Auszahlung des Hausgeldes aufrechnen, soweit der Anspruch auf Auszahlung des Hausgeldes den dreifachen Tagessatz der Eckvergütung nach § 64 Abs. 3 übersteigt. §73 Eingliederungsgeld[126] (1) Die Strafgefangenen dürfen für Zwecke der Eingliederung nach der Entlassung ein Guthaben in angemessener Höhe bilden (Eingliederungsgeld). Die Jugendstrafgefangenen sind hierzu verpflichtet. Der Anspruch auf Auszahlung ist nicht übertragbar. (2) Die Jugendstrafgefangenen dürfen bereits vor der Entlassung für Zwecke des Absatzes 1 Satz 1 über das Eingliederungsgeld verfügen. Der An-

---

[124] Nur in Sachsen-Anhalt. In Brandenburg, Rheinland-Pfalz sowie Thüringen wird ein Haftkostenbeitrag nur bei Strafgefangenen erhoben.
[125] In Brandenburg, Rheinland-Pfalz sowie Thüringen: „Die Gefangenen können an den Betriebskosten der in ihrem Gewahrsam befindlichen Geräte beteiligt werden."
[126] Nur in Brandenburg.

IV. Im Einzelnen: Gelder der Gefangenen, Freistellung von der Arbeit

Länder	Gelder der Gefangenen, Freistellung von der Arbeit
	staltsleiter kann ihnen gestatten, das Eingliederungsgeld zur Entschädigung der Opfer ihrer Straftaten in Anspruch zu nehmen.
Zusätzlich in Sachsen-Anhalt	**§ 67 Verwaltung der Gefangenengelder** (1) Die Ansprüche des Gefangenen gegen das Land auf Arbeitsentgelt, Ausbildungsbeihilfe und Taschengeld sowie die der Anstalt überwiesenen Ansprüche des Gefangenen gegen Dritte aus einem freien Beschäftigungsverhältnis oder einer Selbstbeschäftigung werden nach Maßgabe der folgenden Bestimmungen verwaltet, zu diesem Zweck auf gesonderten Konten als Hausgeld, Überbrückungsgeld oder Eigengeld gutgeschrieben und bestehen als Geldforderungen gegen das Land fort. Gleiches gilt für die Ansprüche des Gefangenen gegen das Land auf Auszahlung des von ihm in den Vollzug eingebrachten Bargeldes sowie für sonstige der Anstalt zur Gutschrift für den Gefangenen überwiesenen oder eingezahlten Gelder. (3) *(wie § 69 Abs. 2 BbgJVollzG")* (4) *(wie § 69 Abs. 3 BbgJVollzG)*
Zusätzlich in Thüringen	**§ 32 Freistellung von der Arbeit, Anrechnung der Freistellung auf den Entlassungszeitpunkt** *(wie § 58 der 5er-Gruppe, aber Nutzung nicht als Arbeitsurlaub, sondern Langzeitausgang)*

Hamburg	**§ 39 Freistellung von der Teilnahme- und Arbeitspflicht**
	
	(1) *(auf Antrag nach 6monatiger Tätigkeit für elf Arbeitstage; Anrechnung von Verhinderungszeiten infolge Krankheit bis zu drei Wochen halbjährlich, siehe auch § 37 Abs. 5 der 5er-Gruppe)* Auf die Zeit der Freistellung von der Teilnahme- und Arbeitspflicht werden Lockerungen nach § 12 Abs. 1 Satz 1 Nr. 4 angerechnet, soweit sie in die Freistellung fallen.
	
	(2) *(Verfallen des Anspruchs nach 6 Monaten nach Ablauf eines Berechnungszeitraumes; Gesamtdauer der Freistellung höchstens 22 Arbeitstage pro Jahr)*
	
	(3) *(Weiterzahlung der Bezüge, § 37 Abs. 5 Satz 4 der 5er-Gruppe)*
	
	(4) Urlaubsregelungen der Beschäftigungsverhältnisse außerhalb des Vollzuges bleiben unberührt.
	
	§ 40 Ausbildungsbeihilfe, Arbeitsentgelt
	
	(1) *(Ausbildungsbeihilfe, siehe § 57 Abs. 1 der 5er-Gruppe)* Der Nachrang der Sozialhilfe wird nicht berührt.
	
	(2) *(Arbeitsentgelt für Arbeit, arbeitstherapeutische Beschäftigung, wenn dies der Art der Beschäftigung und der Arbeitsleistung entspricht)*
	
	(3) *(Höhe von Ausbildungsbeihilfe und Arbeitsentgelt)*
	   1. *(Eckvergütung, siehe § 57 Abs. 3 Satz 1 der 5er-Gruppe)*; ein Stundensatz kann ermittelt werden,
	   2. *(Stufung der Höhe, siehe § 57 Abs. 4 der 5er-Gruppe)*,
	   3. *(Schriftliche Bekanntgabe der Vergütung, siehe § 57 Abs. 5 der 5er-Gruppe)*
	
	(4) Nehmen die Gefangenen stunden- oder tageweise an einzel- oder gruppentherapeutischen Maßnahmen, an Maßnahmen zur Behandlung von Suchtmittelabhängigkeit und -missbrauch, an Trainingsmaßnahmen zur Verbesserung der sozialen Kompetenz sowie sozialtherapeutischen Behandlungsmaßnahmen teil, so erhalten sie in Höhe der ihnen dadurch entgehenden Ausbildungsbeihilfe gemäß Abs. 1 oder des Arbeitsentgelts gemäß Abs. 2 eine Entgeltfortzahlung.

Länder	Gelder der Gefangenen, Freistellung von der Arbeit
	(5) Gefangene können auf Antrag einen Erlass von Verfahrenskosten erhalten. Sie erwerben einen Anspruch auf Erlass der von ihnen zu tragenden Kosten des Strafverfahrens im Sinne von § 464 a StPO, soweit diese der Freien und Hansestadt Hamburg zustehen, wenn sie 1. jeweils sechs Monate zusammenhängend eine Tätigkeit nach § 34 ausgeübt haben, in Höhe der von ihnen zuletzt erzielten monatlichen Vergütung, höchstens aber fünf vom Hundert der zu tragenden Kosten, oder 2. unter Vermittlung der Anstalt von ihrer Vergütung nach § 40 Absätze 1 und 2 Schadenswiedergutmachung leisten, in Höhe der Hälfte der geleisteten Zahlungen. **§ 41 Freistellung von der Aus- und Weiterbildung und der Arbeit** (1) *(Generelle Festlegung der zusätzlichen Vergütung durch Freistellung von der Tätigkeit oder der Haft, alternativ Anrechnung auf den Entlassungszeitpunkt)* (2) *(Nach 2monatiger Tätigkeit Freistellung für einen Kalendertag, siehe § 58 Abs. 2 der 5er-Gruppe)* (3) *(Alternativ Freistellung von der Haft, siehe § 58 Abs. 3 der 5er-Gruppe)* (4) *(Anrechnung der Freistellung auf den Entlassungszeitpunkt, siehe Tabellenzeile 1, dort § 58 Abs. 5; Ausschluss der Anrechnung, siehe § 58 Abs. 6 der 5er-Gruppe)* (5) *(Ausgleichsentschädigung bei Ausschluss der Anrechnung, siehe § 58 Abs. 7 der 5er-Gruppe; Anspruch nicht verzinslich, nicht abtretbar und nicht vererblich)* **§ 42 Arbeitslosenversicherung** *(Einbehaltung von zu entrichtenden Beträgen, siehe § 57 Abs. 7 der 5er-Gruppe)* **§ 43 Vergütungsordnung** *(Verordnungsermächtigung für den Senat, nähere Bestimmungen zur Vergütung zu erlassen; Möglichkeit der Weiterübertragung auf die zuständige Behörde)* **§ 44 Grundsatz** Die Gelder der Gefangenen werden auf Hausgeldkonten, Überbrückungsgeldkonten und Eigengeldkonten der Gefangenen in der Anstalt geführt. Für Freigänger (§ 36) sind Ausnahmen mit Zustimmung der Anstaltsleitung zulässig. Die Gelder dürfen nach Maßgabe der §§ 45 bis 48 verwendet werden. **§ 45 Hausgeld** *(wie § 60 Abs. 1+2 der 5er-Gruppe)* **§ 46 Taschengeld** *(siehe § 59 der 5er-Gruppe)* Es wird dem Hausgeldkonto gutgeschrieben und darf für den Einkauf (§ 25) oder anderweitig verwendet werden. **§ 47 Überbrückungsgeld** (1) *(siehe § 47 Abs. 1 JVollzGB IV BW, darüber hinaus zu bilden aus Bezügen aus Selbstbeschäftigung, soweit die Bezüge den Gefangenen nicht als Hausgeld zur Verfügung stehen und das Überbrückungsgeld noch nicht die angemessene Höhe erreicht hat)* Die angemessene Höhe wird von der Aufsichtsbehörde (§ 107) festgesetzt.

IV. Im Einzelnen: Gelder der Gefangenen, Freistellung von der Arbeit

Länder	Gelder der Gefangenen, Freistellung von der Arbeit
	(2) *(Zweck, Handhabung, siehe hierzu § 47 Abs. 2 JVollzGB IV BW)* (3) Die Gefangenen dürfen vor ihrer Entlassung nicht über das Überbrückungsgeld verfügen. Die Anstaltsleitung kann jedoch gestatten, dass das Überbrückungsgeld in Anspruch genommen wird 1. für notwendige Maßnahmen der Entlassungsvorbereitung, insbesondere zur Erlangung eines Arbeitsplatzes und einer Unterkunft, 2. bei Aufnahme eines freien Beschäftigungsverhältnisses oder einer Selbstbeschäftigung außerhalb der Anstalt in den ersten beiden Monaten zur Finanzierung der hierfür erforderlichen Mittel, insbesondere von Kleidung und Kosten zu benutzender Verkehrsmittel, 3. für Kosten der Krankenbehandlung nach § 60 Absätze 2 und 3, wenn die Maßnahmen ohne die Inanspruchnahme des Überbrückungsgeldes gefährdet wären. **§ 48 Eigengeld** (1) Das Eigengeld wird gebildet 1. aus Bargeld, das den Gefangenen gehört und ihnen als Eigengeld gutzuschreiben ist, 2. aus Geldern, die für die Gefangenen eingezahlt werden, und 3. aus Bezügen der Gefangenen, die nicht als Hausgeld, Haftkostenbeitrag oder Überbrückungsgeld in Anspruch genommen werden. (2) Hat das Überbrückungsgeld noch nicht die nach § 47 Abs. 1 bestimmte Höhe erreicht, so ist die Verfügung über das Eigengeld in Höhe des Unterschiedsbetrages ausgeschlossen. § 47 Abs. 3 Satz 2 gilt entsprechend. Daneben kann die Anstaltsleitung die Inanspruchnahme von Eigengeld für den Einkauf (§ 25) im ersten Monat nach der Aufnahme gestatten. (3) Hat das Überbrückungsgeld noch nicht die nach § 47 Abs. 1 bestimmte Höhe erreicht, dürfen die Gefangenen über das Eigengeld verfügen, für den Einkauf (§ 25) jedoch nur, wenn sie ohne ihr Verschulden nicht über Haus- oder Taschengeld in ausreichendem Umfang verfügen und nur in angemessener Höhe. (4) Wird für Gefangene Geld eingezahlt, das ausdrücklich für einen zusätzlichen Einkauf (§ 25 Abs. 2) bestimmt ist, ist es als zweckgebundenes Eigengeld gutzuschreiben. Zweckgebundenes Eigengeld, das nicht oder nicht in vollem Umfang für den folgenden zusätzlichen Einkauf verwendet wird, ist in Höhe des nicht verwendeten Betrages als Eigengeld nach Abs. 1 zu behandeln. (5) Wurde den Gefangenen Bargeld als Eigengeld gutgeschrieben, das sie unerlaubt in die Anstalt eingebracht oder einzubringen versucht haben oder das sie in der Anstalt aus anderen Gründen unerlaubt im Besitz hatten, dürfen sie über das Eigengeld in Höhe des gutgeschriebenen Betrages nicht verfügen. **§ 49 Kostenbeteiligung** Die Gefangenen können in angemessenem Umfang an den Stromkosten beteiligt werden, die durch die Nutzung der in ihrem Besitz befindlichen Gegenstände entstehen.
Hessen	**§ 27 [... Freistellung von der Arbeit]** (8) *(Voraussetzungen wie § 37 Abs. 5 Satz 1+2 der 5er-Gruppe, Unterschied: nicht erst im folgenden Jahr)* (8) *(Nach 6monatiger zusammenhängender Tätigkeiten auf Antrag für zehn Arbeitstage, Anrechnung von Verhinderungszeiten infolge Krankheit*

Länder	Gelder der Gefangenen, Freistellung von der Arbeit
	bis zu drei Wochen halbjährlich, siehe auch § 37 Abs. 5 der 5er-Gruppe) Sonstige Fehlzeiten hemmen den Ablauf des Zeitraums nach Satz 1. *(Weiterzahlung der Bezüge, siehe § 37 Abs. 5 Satz 4 der 5er-Gruppe, Verfallen des Anspruchs 6 Monate nach seiner Entstehung)* Auf die Zeit der Freistellung nach Satz 1 wird Freistellung aus der Haft nach § 13 Abs. 3 Nr. 5 angerechnet, soweit sie in die Arbeitszeit fällt. **§ 37 Vergütung von Ausbildung und Arbeit** (1) *(Ausbildungsbeihilfe bzw. Arbeitsentgelt, siehe § 57 Abs. 1+2 der 5er-Gruppe)* (2) *(Eckvergütung, siehe § 57 Abs. 3 Satz 1+2 der 5er-Gruppe)* (3) *(Stufung der Höhe durch Rechtsverordnung[127])* (4) *(Schriftliche Bekanntgabe der Vergütung, siehe § 57 Abs. 5 der 5er-Gruppe)* (5) Soweit Beiträge zur Arbeitslosenversicherung zu entrichten sind, kann vom Arbeitsentgelt oder der Ausbildungsbeihilfe ein Betrag einbehalten werden, der dem Anteil der Gefangenen am Beitrag entsprechen würde, wenn sie diese Bezüge als Arbeitnehmerin oder Arbeitnehmer erhielten. **§ 38 Zusätzliche Anerkennung von Ausbildung und Arbeit** (1) Als zusätzliche Anerkennung neben der Vergütung nach § 37 können Gefangene auf Antrag eine 1. weitere Freistellung nach Abs. 2 Satz 1, 2. Freistellung aus der Haft nach Abs. 2 Satz 2 oder 3. Vorverlegung des Entlassungszeitpunkts nach Abs. 2 Satz 3 erhalten. Stellen die Gefangenen keinen Antrag, findet Nr. 3 Anwendung. Darüber hinaus können sie auf Antrag einen Erlass von Verfahrenskosten 1. nach Abs. 5 Nr. 1 und 2. durch Schadenswiedergutmachung nach Abs. 5 Nr. 2 erhalten. (2) Unabhängig von einer Freistellung nach § 27 Abs. 8 erhalten Gefangene für jeweils drei Monate zusammenhängender Ausübung einer Tätigkeit nach § 27 Abs. 2 eine Freistellung von zwei Werktagen. Diese Freistellung kann in Form von Freistellung aus der Haft (§ 13 Abs. 3 Nr. 5) gewährt werden; § 13 Abs. 2 und 4 sowie § 14 gelten entsprechend. Nicht in Anspruch genommene Freistellungstage nach Abs. 1 werden auf den Entlassungszeitpunkt angerechnet. (3) *(Ausschluss einer Vorverlegung nach Abs. 1 Satz 1 gemäß Nr. 1+3 unter den Voraussetzungen wie § 58 Abs. 6 Nr. 1, 3+4 der 5er-Gruppe, zusätzlich Nr. 2:)* dies vom Gericht nach § 454 Abs. 1 Satz 5 StPO angeordnet wird, (4) *(Ausgleichsentschädigung bei Ausschluss der Vorverlegung in Höhe von 15 % der Bezüge für die geleistete Tätigkeit)* (5) Gefangene erwerben einen Anspruch auf Erlass der von ihnen zu tragenden Kosten des Strafverfahrens im Sinne von § 464 a StPO, soweit diese dem Land Hessen zustehen, wenn sie 1. jeweils sechs Monate zusammenhängend eine Tätigkeit nach § 27 Abs. 2 ausgeübt haben in Höhe der von ihnen in diesem Zeitraum erzielten Vergütung, höchstens aber fünf vom Hundert der zu tragenden Kosten, oder

---

[127] Siehe die Hessische Strafvollzugsvergütungsverordnung vom 23.11.2011.

IV. Im Einzelnen: Gelder der Gefangenen, Freistellung von der Arbeit

Länder	Gelder der Gefangenen, Freistellung von der Arbeit
	2. unter Vermittlung der Anstalt von ihrer Vergütung nach § 37 Schadenswiedergutmachung leisten in der Höhe der Hälfte der geleisteten Zahlungen. (6) Für Abs. 2 Satz 1 und Abs. 5 Nr. 1 gilt § 27 Abs. 8 Satz 3 und 4 entsprechend. **§ 39 Hausgeld** (1) Die Gefangenen erhalten von der ihnen nach § 37 zustehenden Vergütung drei Siebtel monatlich als Hausgeld. (2) Für Gefangene, die in einem freien Beschäftigungsverhältnis stehen, wird aus ihren Bezügen ein angemessenes Hausgeld festgesetzt. **§ 40 Taschengeld** (1) Gehen Gefangene ohne ihr Verschulden keiner Tätigkeit nach § 27 Abs. 2 nach, wird ihnen auf Antrag ein Taschengeld gewährt, soweit sie bedürftig sind. (2) Das Taschengeld beträgt bis zu 14 vom Hundert der Vergütung nach § 37 Abs. 2, soweit ihnen in dem Monat, für den das Taschengeld beantragt wurde, aus Hausgeld und Eigengeld nicht ein Betrag bis zu dieser Höhe zur Verfügung steht. **§ 41 Überbrückungsgeld** (1) *(einzubeziehende Bezüge, wie § 47 Abs. 1 JVollzGB IV BW)* (2) *(Auszahlungsempfänger: nur die Gefangenen oder die Bewährungshilfe)* (3) *(Verwendung für Eingliederungszwecke)* (4) *(Pfändbarkeit)* **§ 42 Haftkostenbeitrag** (1) Als Teil der Kosten der Vollstreckung der Rechtsfolgen einer Tat im Sinne des § 464 a Abs. 1 Satz 2 StPO erhebt die Anstalt von den Gefangenen einen Haftkostenbeitrag. (2) Ein Haftkostenbeitrag wird nicht erhoben, wenn Gefangene 1. eine Vergütung nach § 37 erhalten, 2. ohne Verschulden eine Tätigkeit nach § 27 Abs. 3 nicht ausüben oder hierzu nicht verpflichtet sind. (3) Im Übrigen kann von der Erhebung eines Haftkostenbeitrags ganz oder teilweise aus besonderen Gründen abgesehen werden, insbesondere zur Förderung von Unterhaltszahlungen, Schadenswiedergutmachung, sonstiger Schuldenregulierung oder für besondere Aufwendungen zur Eingliederung. (4) Der Haftkostenbeitrag wird in Höhe des Betrages erhoben, der nach § 17 Abs. 1 Satz 1 Nr. 4 SGB IV durchschnittlich zur Bewertung der Sachbezüge festgesetzt ist. Die Aufsichtsbehörde stellt den Betrag jährlich fest. (5) Gefangene können an den über die Grundversorgung der Anstalt hinausgehenden Kosten des Justizvollzugs angemessen beteiligt werden. Dies gilt insbesondere für die Betriebskosten der in ihrem Besitz befindlichen selbst genutzten Gegenstände und Geräte. Sie haben ferner die Kosten zu tragen, die durch die Inanspruchnahme gewünschter Leistungen der Anstalt oder von ihr vermittelter Leistungen Dritter entstehen. **§ 43 Eigengeld** Vergütung nach § 37 oder Bezüge aus einem freien Beschäftigungsverhältnis, die nicht als Hausgeld, Haftkostenbeitrag oder Überbrückungsgeld in Anspruch genommen werden, sowie Gelder, die Gefangene in die Anstalt

§ 4 Schule, Ausbildung, Arbeit

Länder	Gelder der Gefangenen, Freistellung von der Arbeit
	einbringen oder die für sie von Dritten eingebracht werden, sind als Eigengeld gutzuschreiben. Die Gefangenen können über ihr Eigengeld verfügen, soweit dieses nicht als Überbrückungsgeld notwendig ist. (2) Für die Gefangenen kann zweimal jährlich zu besonderen Anlässen mit Erlaubnis der Anstalt Geld zum Zweck eines Sondereinkaufs einbezahlt werden; darüber hinaus kann die Anstaltsleitung zweckgebundene Einzahlungen Dritter für Ausgaben gestatten, die dem Zugangseinkauf, der medizinischen Versorgung, der Gewährleistung der Informationsfreiheit oder der Erreichung des Erziehungsziels dienen (zweckgebundenes Eigengeld).
Niedersachsen	**§ 132 Entsprechende Anwendung von Vorschriften des Zweiten Teils** (1) Für den Vollzug der Jugendstrafe gelten die Vorschriften des Zweiten Teils entsprechend, soweit in den Vorschriften dieses Teils nichts anderes bestimmt ist. (3) Bei der Ausübung von Ermessen und der Ausfüllung von Beurteilungsspielräumen sind im Jugendstrafvollzug die Vollzugsziele nach § 113 sowie die Gestaltungsgrundsätze nach § 114 besonders zu beachten. **§ 39 Freistellung von der Arbeitspflicht** (1) *(nach einem Jahr Ausübung einer zugewiesenen Tätigkeit Möglichkeit der Freistellung von der Arbeitspflicht für die Dauer des jährlichen Mindesturlaubs nach § 3 Abs. 1 BUrlG innerhalb eines Jahres nach Entstehung des Freistellungsanspruchs)* Auf die Frist nach Satz 1 werden Zeiten, 1. in denen die Gefangenen infolge Krankheit an ihrer Arbeitsleistung gehindert waren, mit bis zu sechs Wochen jährlich, 2. in denen die Gefangenen Verletztengeld nach § 47 Abs. 6 SGB VII erhalten haben, 3. in denen die Gefangenen nach Satz 1 oder nach § 40 Abs. 5 von der Arbeitspflicht freigestellt waren und 4. die nach Abs. 3 auf die Freistellung angerechnet werden oder in denen die Gefangenen nach § 40 Abs. 6 beurlaubt waren, angerechnet. Zeiten, in denen die Gefangenen ihrer Arbeitspflicht aus anderen Gründen nicht nachgekommen ist, können in angemessenem Umfang angerechnet werden. Erfolgt keine Anrechnung nach Satz 3 oder 4, so wird die Frist für die Dauer der Fehlzeit gehemmt. Abweichend von Satz 5 wird die Frist durch eine Fehlzeit unterbrochen, die unter Berücksichtigung des Vollzugszieles nach § 5 Satz 1 außer Verhältnis zur bereits erbrachten Arbeitsleistung steht. (2) Der Zeitraum der Freistellung muss mit den betrieblichen Belangen vereinbar sein. (3) Auf die Zeit der Freistellung wird Urlaub nach § 13 oder 14 Abs. 1 angerechnet, soweit er in die Arbeitszeit fällt und nicht wegen einer lebensgefährlichen Erkrankung oder des Todes Angehöriger gewährt worden ist. (4) Den Gefangenen wird für die Zeit der Freistellung das Arbeitsentgelt oder die Ausbildungsbeihilfe fortgezahlt. Dabei ist der Durchschnitt der letzten drei abgerechneten Monate zugrunde zu legen. (5) Urlaubsregelungen der Beschäftigungsverhältnisse außerhalb des Strafvollzuges bleiben unberührt. **§ 40 Anerkennung von Arbeit und Beschäftigung** (1) *(Eckvergütung, siehe § 57 Abs. 3 Satz 1 der 5er-Gruppe).*

IV. Im Einzelnen: Gelder der Gefangenen, Freistellung von der Arbeit 4

Länder	Gelder der Gefangenen, Freistellung von der Arbeit
	(2) *(Stufung der Höhe, siehe § 57 Abs. 4 der 5er-Gruppe)*
	(3) *(Bei arbeitstherapeutischer Beschäftigung Arbeitsentgelt je nach der Art der Beschäftigung)*
	(4) *(Schriftliche Bekanntgabe der Vergütung, siehe § 57 Abs. 5 der 5er-Gruppe)*
	(5) *(Möglicher Freistellungstag nach zweimonatiger Ausübung einer Arbeit, angemessener oder arbeitstherapeutischer Beschäftigung, siehe § 58 Abs. 5 der 5er-Gruppe)* Die Freistellung nach § 39 bleibt unberührt. Fehlzeiten, die von der oder dem Gefangenen zu vertreten sind, unterbrechen die Frist.
	(6) *(Alternativ Urlaub aus der Haft, siehe § 58 Abs. 3 der 5er-Gruppe)*
	(7) § 39 Abs. 2 und 4 gilt entsprechend.
	(8) *(Anrechnung der Freistellung auf den Entlassungszeitpunkt, siehe § 58 Abs. 5 der 5er-Gruppe)*
	(9) Eine Anrechnung nach Abs. 8 ist ausgeschlossen,
	1. soweit eine lebenslange Freiheitsstrafe oder Sicherungsverwahrung verbüßt wird und ein Entlassungszeitpunkt noch nicht bestimmt ist,
	2.-5. *(wie § 58 Abs. 6 der 5er-Gruppe)*
	(10) *(Ausgleichsentschädigung wie Art. 46 Abs. 11 BaySt VollzG)*
	§ 41 Anerkennung von Aus- und Weiterbildung
	(Ausbildungsbeihilfe, siehe § 57 Abs. 1 der 5er-Gruppe; Nachrang der Sozialhilfe, § 2 Abs. 2 SGB XII) Für die Ausbildungsbeihilfe gilt im Übrigen § 40 mit Ausnahme des Abs. 3 entsprechend.
	§ 42 Einbehaltung von Beitragsteilen
	(an die Bundesagentur für Arbeit, siehe § 57 Abs. 7 der 5er-Gruppe; vorliegend aber „hat... einzubehalten.")
	§ 43 Taschengeld
	Den Gefangenen ist auf Antrag ein angemessenes Taschengeld zu gewähren, soweit sie unverschuldet bedürftig sind.
	§ 44 Verordnungsermächtigung
	(über die Vergütungsstufen sowie die Bemessung des Arbeitsentgeltes, der Ausbildungsbeihilfe und des Taschengeldes)
	§ 45 Verwaltung der Gefangenengelder
	(1) *(wie § 67 Abs. 1 JVollzGB LSA, oben Tabellenzeile 6)*
	(2) Die Befugnis der Gefangenen, über ihre Guthaben auf den jeweiligen Konten zu verfügen, unterliegt während des Vollzuges den in diesem Kapitel geregelten Beschränkungen; Verfügungsbeschränkungen nach anderen Vorschriften dieses Gesetzes bleiben unberührt.
	§ 46 Hausgeld
	(1) Als Hausgeld gutgeschrieben werden Ansprüche
	1. auf Arbeitsentgelt oder Ausbildungsbeihilfe zu drei Siebteln,
	2. auf Taschengeld in voller Höhe sowie
	3. aus einem freien Beschäftigungsverhältnis oder einer Selbstbeschäftigung, die der Vollzugsbehörde zur Gutschrift für die Gefangenen überwiesen worden sind (§ 36 Abs. 3), zu einem angemessenen Teil.
	(2) Für die Gefangenen darf bis zu drei Mal jährlich ein zusätzlicher Geldbetrag auf das Hausgeldkonto überwiesen oder eingezahlt werden. Der

Länder	Gelder der Gefangenen, Freistellung von der Arbeit
	Betrag darf den vierfachen Tagessatz der Eckvergütung nach § 40 Abs. 1 Satz 2 jeweils nicht übersteigen. (3) Die Verfügung über das Guthaben auf dem Hausgeldkonto unterliegt keiner Beschränkung; es kann insbesondere für den Einkauf (§ 24) verwendet werden. **§ 47 Überbrückungsgeld** (1) Als Überbrückungsgeld gutgeschrieben werden Ansprüche 1. auf Arbeitsentgelt oder Ausbildungsbeihilfe sowie 2. aus einem freien Beschäftigungsverhältnis oder einer Selbstbeschäftigung, die der Vollzugsbehörde zur Gutschrift für die Gefangenen überwiesen worden sind (§ 36 Abs. 3), zu einem angemessenen Teil, soweit sie nicht als Hausgeld gutgeschrieben werden und soweit die nach Abs. 2 Satz 2 festgesetzte Höhe noch nicht erreicht ist. Wird die Befugnis, über das Hausgeld zu verfügen, disziplinarisch beschränkt oder entzogen (§ 95 Abs. 1 Nr. 2), so ist das in dieser Zeit anfallende Hausgeld dem Überbrückungsgeld hinzuzurechnen, auch soweit dadurch die nach Abs. 2 Satz 2 festgesetzte Höhe überschritten wird. (2)-(3) *(Zweck sowie Auszahlungsempfänger, wie Art. 51 Abs. 2–3 BaySt-VollzG)* (4) *(Verwendung für Eingliederungszwecke wie § 47 Abs. 3 JVollzGB IV BW)* **§ 48 Eigengeld** (1) Soweit Ansprüche der in § 45 Abs. 1 bezeichneten Art nicht als Hausgeld oder Überbrückungsgeld gutgeschrieben werden, werden sie als Eigengeld gutgeschrieben. § 40 Abs. 10 Satz 4 bleibt unberührt. (2) Die Verwendung des Eigengeldes für den Einkauf (§ 24) ist ausgeschlossen. Verfügen die Gefangenen ohne Verschulden nicht über Hausgeld, so ist ihnen zu gestatten, in angemessenem Umfang vom Eigengeld einzukaufen. (3) Hat das Überbrückungsgeld noch nicht die nach § 47 Abs. 2 Satz 2 festgesetzte Höhe erreicht, so ist die Verfügung über das Guthaben auf dem Eigengeldkonto in Höhe des Unterschiedsbetrages ausgeschlossen. § 47 Abs. 4 gilt entsprechend. **§ 49 Ersatzleistungen** Leistungen, die die Gefangenen als Ersatz für Arbeitsentgelt, Ausbildungsbeihilfe oder Einkünfte aus einem freien Beschäftigungsverhältnis oder einer Selbstbeschäftigung erhalten, werden wie die Leistungen behandelt, an deren Stelle sie treten. **§ 50 Abtretbarkeit, Pfändungsschutz** (1) Der Anspruch auf das Hausgeld ist nicht übertragbar. (2)-(3) *(Pfändungsschutz, wie § 47 Abs. 4+5 JVollzGB IV BW)* **§ 51 Durchsetzung von Ansprüchen des Landes** (1) Zur Durchsetzung eines Anspruches des Landes nach § 93 Abs. 1 Satz 1 oder § 121 StVollzG kann die Vollzugsbehörde gegen den Anspruch auf Auszahlung des Hausgeldes aufrechnen, soweit dieser den dreifachen Tagessatz der Eckvergütung nach § 40 Abs. 1 Satz 2 übersteigt. (2) Die Durchsetzung von Ansprüchen des Landes hat zu unterbleiben, wenn dadurch die Erreichung des Vollzugszieles nach § 5 Satz 1 behindert würde.

IV. Im Einzelnen: Gelder der Gefangenen, Freistellung von der Arbeit

Länder	Gelder der Gefangenen, Freistellung von der Arbeit
	§ 52 Kostenbeteiligung der Gefangenen (1) Die Vollzugsbehörde beteiligt die Gefangenen an den Kosten für ihre Unterkunft und Verpflegung durch Erhebung eines Kostenbeitrages in Höhe des Betrages, der nach den Vorschriften des Vierten Buchs des Sozialgesetzbuchs durchschnittlich zur Bewertung der Sachbezüge festgesetzt ist. Bei Selbstverpflegung entfallen die für die Verpflegung vorgesehenen Beträge. Für den Wert der Unterkunft ist die festgesetzte Belegungsfähigkeit maßgebend. (2) Ein Kostenbeitrag nach Absatz 1 wird nicht erhoben, wenn der Gefangene 1. Arbeitsentgelt oder Ausbildungsbeihilfe erhält oder 2. ohne Verschulden nicht arbeiten kann oder 3. nicht arbeitet, weil sie oder er nicht zur Arbeit verpflichtet ist. Hat der Gefangene, der ohne sein Verschulden während eines zusammenhängenden Zeitraumes von mehr als einem Monat nicht arbeiten kann oder nicht arbeitet, weil er nicht zur Arbeit verpflichtet ist, auf diese Zeit entfallende Einkünfte, so hat er den Kostenbeitrag für diese Zeit bis zur Höhe der auf sie entfallenden Einkünfte zu entrichten. Dem Gefangenen muss ein Betrag verbleiben, der der Eckvergütung nach § 40 Abs. 1 Satz 2 entspricht. (3) An den Kosten des Landes für sonstige Leistungen kann die Vollzugsbehörde die Gefangenen durch Erhebung weiterer Kostenbeiträge in angemessener Höhe beteiligen. Dies gilt insbesondere 1. für Lockerungen nach § 14 Abs. 1 und 3, soweit die Teilnahme am gerichtlichen Termin im überwiegenden Interesse der Gefangenen liegt, 2. für Leistungen auf dem Gebiet der Gesundheitsfürsorge, soweit das SGB V, die Reichsversicherungsordnung und die aufgrund dieser Gesetze erlassenen Regelungen eine Kostenbeteiligung der Versicherten zulassen und die besonderen Verhältnisse des Strafvollzuges einer Übertragung nicht entgegenstehen, sowie für ärztliche Behandlungen nach § 61, 3. für die Aufbewahrung, Entfernung, Verwertung oder Vernichtung eingebrachter Sachen, 4. für die Versorgung des Haftraums mit Strom für das Betreiben von Elektrogeräten, soweit diese Kosten über das zur Sicherstellung einer angemessenen Grundversorgung erforderliche Maß hinausgehen, 5. für den Schriftwechsel, die Telekommunikation und den Paketverkehr der Gefangenen sowie 6. für die Überlassung von Geräten der Unterhaltungs- und Informationselektronik. Die Erhebung von Kostenbeiträgen nach Satz 2 Nr. 6 ist ausgeschlossen für die Überlassung von Hörfunk- und Fernsehgeräten, soweit die Gefangenen auf diese Geräte verwiesen wurden und soweit hierdurch eine angemessene Grundversorgung mit Hörfunk- und Fernsehempfang sichergestellt wird. Abweichend von den Sätzen 1 und 2 sind die Gefangenen an den Kosten des Landes zu beteiligen, soweit sie aus einem privatrechtlichen Versicherungsvertrag einen Anspruch gegen den Versicherer auf Ersatz der Kosten haben. (4) Das Fachministerium wird ermächtigt, durch Verordnung näher zu regeln, unter welchen Voraussetzungen und in welcher Höhe Kostenbeiträge nach Abs. 3 erhoben werden können. Für die Bemessung können pauschale Sätze festgelegt werden. Für einzelne Kostenbeiträge kann vorgesehen

Länder	Gelder der Gefangenen, Freistellung von der Arbeit
	werden, dass die tatsächlich entstandenen Kosten in voller Höhe von den Gefangenen zu tragen sind. (5) Von der Erhebung von Kostenbeiträgen ist abzusehen, soweit dies notwendig ist, um das Vollzugsziel nach § 5 Satz 1 nicht zu gefährden. Für Zeiten, in denen die Gefangenen unverschuldet bedürftig sind, soll von der Erhebung von Kostenbeiträgen abgesehen werden. Zur Durchsetzung eines Anspruchs nach Abs. 3 kann die Vollzugsbehörde gegen den Anspruch auf Hausgeld aufrechnen. Die Durchsetzung eines Beitragsanspruchs nach Abs. 1 zu Lasten der Ansprüche unterhaltsberechtigter Angehöriger ist unzulässig. (6) Der Kostenbeitrag ist eine Justizverwaltungsabgabe, die von der Vollzugsbehörde erhoben wird. Für das gerichtliche Verfahren gelten die §§ 109 bis 121 Abs. 4 StVollzG entsprechend.
Nordrhein-Westfalen	**§ 41 Freistellung von der Arbeitspflicht** (1) *(Voraussetzungen wie § 37 Abs. 5 Satz 1+2 der 5er-Gruppe, aber vorliegend nur 15 Arbeitstage)* (2) Auf die Zeit der Freistellung wird Urlaub aus der Haft (§§ 17, 19) angerechnet, soweit er in die Arbeitszeit fällt und nicht wegen einer lebensgefährlichen Erkrankung oder des Todes von Angehörigen erteilt worden ist. (3) *(Weiterzahlung der Bezüge, siehe § 37 Abs. 5 Satz 4 der 5er-Gruppe)* (4) Urlaubsregelungen der Beschäftigungsverhältnisse außerhalb des Vollzuges bleiben unberührt. **§ 42 Arbeitsentgelt, Arbeitsurlaub und Anrechnung der Freistellung auf den Entlassungszeitpunkt** (1) *(Eckvergütung, Tagessatz, Stundensatz, siehe § 57 Abs. 3 der 5er-Gruppe)* (2) *(Stufung der Höhe, siehe § 57 Abs. 4 der 5er-Gruppe)* (3) *(Schriftliche Bekanntgabe des Arbeitsentgeltes, siehe § 57 Abs. 5 der 5er-Gruppe)* (4) *(Freistellung von der Arbeit, Beschäftigung oder Hilfstätigkeit für einen Werktag nach 2monatiger Ausübung, siehe § 58 Abs. 2 der 5er-Gruppe)* (5) *(Freistellung als Arbeitsurlaub möglich, siehe § 58 Abs. 3 der 5er-Gruppe)* (6) Die Gefangenen erhalten für die Zeit der Freistellung ihre zuletzt gezahlten Bezüge weiter. (7)-(8) *(Anrechnung der Freistellung auf den Entlassungszeitpunkt, Ausschluss der Anrechnung, Ausgleichsentschädigung, siehe § 58 Abs. 5-7 der 5er-Gruppe)* **§ 43 Ausbildungsbeihilfe** (1) *(Voraussetzungen siehe § 57 Abs. 1 der 5er-Gruppe; der Nachrang der Sozialhilfe nach § 2 Abs. 2 SGB XII bleibt unberührt)* (2) *(Bemessung entsprechend § 42 Abs. 1 und 2, Freistellungsregelung wie bei Arbeit entsprechend §§ 41, 42 Abs. 4-9)* (3) *(Bei stunden- oder tageweiser Teilnahme an Bildungsmaßnahmen Ausbildungsbeihilfe in Höhe des dadurch entgehenden Arbeitsentgelts)* (4) *(schriftliche Bekanntgabe)*

Länder	Gelder der Gefangenen, Freistellung von der Arbeit
	§ 44 Ermächtigung zur Rechtsverordnung
	(über die Vergütungsstufen)
	§ 45 Taschengeld
	(1) Erhalten Gefangene ohne ihr Verschulden weder Arbeitsentgelt noch Ausbildungsbeihilfe, wird ihnen auf Antrag ein angemessenes Taschengeld gewährt, soweit ihnen für den Antragszeitraum aus Hausgeld (§ 46) und Eigengeld (§ 49) nicht ein Betrag bis zur Höhe des Taschengeldes zur Verfügung gestanden hat. Bei der Berechnung werden Hausgeld und Eigengeld berücksichtigt; Hausgeld bleibt jedoch insoweit unberücksichtigt, als es aus nicht verbrauchtem Taschengeld besteht.
	(2) Die Höhe des Taschengeldes beträgt pro Arbeitstag 14 % des Tagessatzes der Eckvergütung nach § 42 Abs. 1 Satz 2.
	(3) In Ausnahmefällen, namentlich zur Überbrückung des Zeitraums bis zu einer erstmaligen Gewährung von Arbeitsentgelt, Ausbildungsbeihilfe oder Taschengeld, kann die Anstaltsleitung auf Antrag vorschussweise ein Taschengeld in Höhe von bis zu 50 % des üblichen Taschengeldes gewähren. Der Vorschuss ist mit dem ersten Arbeitsentgelt, der ersten Ausbildungsbeihilfe oder der ersten nachfolgenden Gewährung von Taschengeld zu verrechnen.
	§ 46 Hausgeld
	(1)-(2) *(wie § 60 Abs. 1+2 der 5er-Gruppe)*
	§ 47 Haftkostenbeitrag
	(1) Als Teil der Kosten der Vollstreckung der Rechtsfolgen einer Tat (§ 464 a Abs. 1 Satz 2 StPO) erhebt die Anstalt von den Gefangenen einen Haftkostenbeitrag.
	(2) *(Keine Erhebung unter den Voraussetzungen wie Art. 49 Abs. 1 Satz 2 BayStVollzG)*
	(3) Von der Erhebung eines Haftkostenbeitrags kann ganz oder teilweise aus besonderen Gründen, insbesondere im Hinblick auf Unterhaltszahlungen, Schadenswiedergutmachung, sonstige Schuldenregulierung oder besondere Aufwendungen zur Wiedereingliederung, abgesehen werden.
	(4) *(Höhe: der Betrag, der nach § 17 Abs. 1 Nr. 3 SGB IV durchschnittlich zur Bewertung der Sachbezüge festgesetzt ist)* Das Justizministerium stellt den Betrag jährlich fest.
	(5) Die Selbstbeschäftigung (§ 40 Abs. 4 Satz 1 zweite Alternative) kann davon abhängig gemacht werden, dass die Gefangenen einen Haftkostenbeitrag bis zur Höhe des in Abs. 4 genannten Satzes monatlich im Voraus entrichten.
	§ 48 Ersatz von Aufwendungen
	(1) Die Gefangenen sind verpflichtet, der Anstalt Aufwendungen zu ersetzen, die sie durch eine vorsätzliche oder grob fahrlässige Selbstverletzung oder die Verletzung von anderen Gefangenen verursacht haben. Ansprüche aus sonstigen Rechtsvorschriften bleiben unberührt.
	(2) Die Aufrechnung wegen der in Abs. 1 genannten Forderungen kann sich auch auf einen den dreifachen Tagessatz der Eckvergütung nach § 42 Abs. 1 übersteigenden Teil des Hausgeldes (§ 46) erstrecken.
	(3) Von der Aufrechnung oder Vollstreckung wegen der in Abs. 1 genannten Forderungen ist abzusehen, soweit hierdurch die Förderung oder Erziehung der Gefangenen oder ihre Eingliederung behindert würde.

§ 4 Schule, Ausbildung, Arbeit

Länder	Gelder der Gefangenen, Freistellung von der Arbeit
	§ 49 Eigengeld
	(1) *(Bezüge der Gefangenen, die nicht als Hausgeld, Haftkostenbeitrag oder Überbrückungsgeld in Anspruch genommen werden, sind den Gefangenen zum Eigengeld gutzuschreiben)*
	(2) Von Gefangenen in die Anstalt eingebrachte Gelder und Gelder, die für sie überwiesen oder bei der Anstalt eingezahlt werden, sind ebenfalls dem Eigengeld gutzuschreiben.
	(3) Die Gefangenen können über ihr Eigengeld verfügen, soweit dieses nicht wie Überbrückungsgeld zu behandeln ist.
	§ 127 Satz 2 Verhältnis zum Bundesrecht
	²[...], § 176 Abs. 4 StVollzG in Verbindung mit § 51 StVollzG [...] bleiben unberührt.
	§ 176 Abs. 4 StVollzG
	(4) Im Übrigen gelten [...] die §§ 49 bis 52 entsprechend.
	§ 51 StVollzG Überbrückungsgeld
	(1)-(5) *(siehe § 47 Abs. 1-5 JVollzGB IV BW)*
	§ 50 Einbehaltung von Beitragsteilen
	(Einbehaltung von zu entrichtenden Beträgen, siehe § 57 Abs. 7 der 5er-Gruppe)
Sachsen	**§ 57 Vergütung**
	(1) Die Gefangenen erhalten eine Vergütung in Form von
	1. finanzieller Anerkennung für die Teilnahme an Maßnahmen nach § 11 a Abs. 1 Satz 1 Nr. 7 bis 10[128], soweit sie nach § 11 a Abs. 2[129] für zwingend erforderlich erachtet wurden und die Gefangenen wegen der Teilnahme an diesen Maßnahmen keine nach den Nummern 2 oder 3 vergütete Maßnahme oder Arbeit ausüben können,
	2. Ausbildungsbeihilfe für die Teilnahme an schulischen und beruflichen Qualifizierungsmaßnahmen nach § 11 a Abs. 1 Satz 1 Nr. 11 oder
	3. Arbeitsentgelt für arbeitstherapeutische Maßnahmen oder Arbeitstraining nach § 11 a Abs. 1 Satz 1 Nr. 12 oder für Arbeit nach § 11 a Abs. 1 Satz 1 Nr. 13.
	(2) *(Bemessung der Vergütung/Eckvergütung, siehe § 57 Abs. 3 der 5er-Gruppe)*
	(3) *(Stufung der Vergütung, mind. 60 %; Möglichkeit der näheren Regelung durch Rechtsverordnung, siehe § 57 Abs. 4+6 der 5er-Gruppe)*
	(4) *(Entrichtung von Beiträgen zur Bundesagentur für Arbeit: siehe § 57 Abs. 7 der 5er-Gruppe)*
	(5) *(Schriftliche Bekanntgabe der Höhe der Vergütung, siehe § 57 Abs. 5 der 5er-Gruppe)*
	(6) *(Ausbildungsbeihilfe wie § 57 Abs. 1 der 5er-Gruppe)*
	§ 37 (Freistellung)
	(5) *(nach einem halben Jahr Arbeit für 10 Arbeitstage; Anrechnung von krankheitsbedingt nicht gearbeiteten Zeiten; Anrechnung von Langzeitausgang, soweit er in die Arbeitszeit fällt; Verfallen des Anspruchs nach einem Jahr; Weitererhalt des Arbeitsentgelts)*

---

[128] Einzel- oder Gruppentherapie, insb. Psychotherapie, psychiatrische Behandlung, Behandlung von Suchtmittelabhängigkeit, Verbesserung der sozialen Kompetenzen.
[129] Zur Erreichung des Vollzugsziels.

IV. Im Einzelnen: Gelder der Gefangenen, Freistellung von der Arbeit 4

Länder	Gelder der Gefangenen, Freistellung von der Arbeit
	(6) *(Abs. 5 gilt für arbeitstherapeutische Maßnahmen, Arbeitstraining und Ausbildung von gleicher wöchentlicher Dauer entsprechend)*
	§ 59 Taschengeld
	(1) Gefangenen, die ohne eigenes Verschulden nicht über ausreichendes Arbeitsentgelt oder über ausreichende Ausbildungsbeihilfe verfügen, wird auf Antrag ein angemessenes Taschengeld gewährt, falls sie bedürftig sind. Bedürftig sind Gefangene, soweit ihnen im laufenden Monat aus Hausgeld nach § 60 und Eigengeld nach § 61 nicht ein Betrag bis zur Höhe des Taschengeldes zur Verfügung steht. Finanzielle Anerkennungen nach § 57 Abs. 1 Nr. 1 bleiben bis zur Höhe des Taschengeldbetrages unberücksichtigt.
	(2) *(Höhe: 14 % der Eckvergütung nach § 57 Abs. 2; Möglichkeit der Gewährung im Voraus, insbesondere im ersten Monat des Vollzugs; bei Eingang von Geldern im Laufe des Monats zum Ausgleich Einbehalt eines entsprechenden Betrages)*
	(3) *(Möglichkeit des Entfalls des Anspruches für die Dauer von bis zu drei Monaten bei Nichtannahme einer angebotenen zumutbaren Arbeit oder schuldhaftem Verlust der Arbeit)*
	(4) Die Gefangenen dürfen über das Taschengeld im Rahmen der Bestimmungen dieses Gesetzes verfügen. Es wird dem Hausgeldkonto gutgeschrieben.
	(5) Leistet ein Gefangener gemeinnützige Arbeit, kann das Taschengeld angemessen erhöht werden.
	§ 59a Konten, Bargeld
	(wie § 69 BbgJVollzG, siehe oben)
	§ 60 Hausgeld
	(1) Ein Gefangener darf von seinen in diesem Gesetz geregelten Bezügen sechs Zehntel monatlich (Hausgeld) und das Taschengeld für den Einkauf nach § 31 Abs. 2 oder anderweitig verwenden.
	(2) *(Festsetzung in angemessener Höhe aus den Bezügen aus freiem Beschäftigungsverhältnis oder gestatteter selbständiger Tätigkeit)*
	(3) Für Gefangene, die über Eigengeld verfügen und unverschuldet keine Bezüge nach diesem Gesetz erhalten, gilt Abs. 2 entsprechend.
	(4) *(wie § 70 Abs. 4 BbgJVollzG)*
	§ 61 Eigengeld
	(1) Das Eigengeld besteht aus den Beträgen, die die Gefangenen bei Strafantritt in die Anstalt mitbringen und die sie während der Haftzeit erhalten und den Teilen der Vergütung, die nicht als Hausgeld oder Überbrückungsgeld in Anspruch genommen werden.
	(2) Die Gefangenen können über das Eigengeld verfügen, soweit dieses nicht als Überbrückungsgeld notwendig ist. § 31 Abs. 2 bis 5, §§ 60 und 61a bleiben unberührt.
	§ 61a Zweckgebundene Einzahlungen
	(wie § 71 BbgJVollzG)
	§ 62 Überbrückungsgeld
	(1) Den Gefangenen kann gestattet werden, ein Überbrückungsgeld in der Höhe zu bilden, die zur Vorbereitung der Entlassung erforderlich ist. Über diese Möglichkeit sind die Gefangenen frühzeitig zu informieren. Einmal gebildetes Überbrückungsgeld darf nur gemäß den Absätzen 2 und 3 verwendet werden.

§ 4 Schule, Ausbildung, Arbeit

Länder	Gelder der Gefangenen, Freistellung von der Arbeit
	(2) Das Überbrückungsgeld wird den Gefangenen so zur Verfügung gestellt, dass sie darüber vor der Entlassung für Ausgaben zur Entlassungsvorbereitung verfügen können.
	(3) Der Anstaltsleiter soll gestatten, dass Gefangene das Überbrückungsgeld zur Entschädigung von Opfern ihrer Straftaten in Anspruch nehmen können.

2. Grundaussagen

30 Alle Gesetzestexte enthalten zu dem Bereich „Gelder der Gefangenen" folgende Grundaussagen:

- Der Gefangene kann eine Ausbildungsbeihilfe, ein Arbeitsentgelt, eine finanzielle Anerkennung oder ein Taschengeld erhalten.
- Der Gefangene erhält eine zeitliche Freistellung, wenn er eine bestimmte zusammenhängende Zeit an einer Bildungs- oder sonstigen Maßnahme teilgenommen oder gearbeitet hat.
- Aus den Bezügen des Gefangenen wird ein Hausgeld gebildet.
- Für den Gefangenen wird ein Eigengeld gebildet aus Geldern, die dem Gefangenen gehören, die für ihn eingezahlt werden und aus Bezügen, die nicht anderweitig verwendet werden.
- Ein Teil der Ländergesetze regelt die Bildung eines Überbrückungsgeldes aus den Bezügen des Gefangenen (Baden-Württemberg, Bayern, Hamburg, Hessen, Niedersachsen, Nordrhein-Westfalen, Sachsen, Sachsen-Anhalt, Schleswig-Holstein).
- Ein Teil der Ländergesetze regelt die Erhebung eines Haftkostenbeitrages, wenn der Gefangene in einem freien Beschäftigungsverhältnis steht (§ 46 JVollzGB IV BW; Art. 49 BayStVollzG; § 42 HessJStVollzG; § 52 NJVollzG; § 47 JStVollzG NRW; § 72 JVollzGB LSA).

Neben den unmittelbaren Vorschriften zu dem Bereich „Gelder der Gefangenen" ist in einigen Ländergesetzen in anderen Abschnitten ausdrücklich Folgendes geregelt:

Bedürftigen Gefangenen kann eine Entlassungsbeihilfe gewährt werden, dies ist insbesondere ein Reisekostenzuschuss (§ 21 Abs. 2 bzw 3 der Gesetze Bln, Brem, M-V, Saarland, Sachsen, SH; § 84 JVollzGB IV BW[130]; Art. 80 BayStVollzG; § 50 Abs. 5 LJVollzG RP, § 51 Abs. 4 BbgJVollzG, ThürJVollzGB; § 17 HessJStVollzG und HmbJStVollzG; § 70 NJVollzG; § 22 Abs. 2 JStVollzG NRW).

3. Arbeitsentgelt, Ausbildungsbeihilfe und Freistellung von der Arbeit

31 Hinsichtlich der Entlohnung der Gefangenen übernehmen die Ländergesetze im Wesentlichen die in §§ 43, 44 iVm § 176 StVollzG beschriebene Systematik, die vorsieht, dass die Anerkennung für geleistete Arbeit durch eine monetäre und eine nichtmonetäre Komponente erfolgen kann. Dazu gehört zunächst die Bemessung des Arbeitsentgeltes und der Ausbildungsbeihilfe in Höhe von 9 % der Bezugsgröße gem. § 18

---

130 Eine Beihilfe, die sie in die Lage versetzt, ohne Inanspruchnahme fremder Hilfe ihren notwendigen Lebensunterhalt zu bestreiten, bis sie ihn voraussichtlich anderweitig decken können.

IV. Im Einzelnen: Gelder der Gefangenen, Freistellung von der Arbeit

Länder	Gelder der Gefangenen, Freistellung von der Arbeit
	(6) *(Abs. 5 gilt für arbeitstherapeutische Maßnahmen, Arbeitstraining und Ausbildung von gleicher wöchentlicher Dauer entsprechend)*
	§ 59 Taschengeld
	(1) Gefangenen, die ohne eigenes Verschulden nicht über ausreichendes Arbeitsentgelt oder über ausreichende Ausbildungsbeihilfe verfügen, wird auf Antrag ein angemessenes Taschengeld gewährt, falls sie bedürftig sind. Bedürftig sind Gefangene, soweit ihnen im laufenden Monat aus Hausgeld nach § 60 und Eigengeld nach § 61 nicht ein Betrag bis zur Höhe des Taschengeldes zur Verfügung steht. Finanzielle Anerkennungen nach § 57 Abs. 1 Nr. 1 bleiben bis zur Höhe des Taschengeldbetrages unberücksichtigt.
	(2) *(Höhe: 14 % der Eckvergütung nach § 57 Abs. 2; Möglichkeit der Gewährung im Voraus, insbesondere im ersten Monat des Vollzugs; bei Eingang von Geldern im Laufe des Monats zum Ausgleich Einbehalt eines entsprechenden Betrages)*
	(3) *(Möglichkeit des Entfalls des Anspruches für die Dauer von bis zu drei Monaten bei Nichtannahme einer angebotenen zumutbaren Arbeit oder schuldhaftem Verlust der Arbeit)*
	(4) Die Gefangenen dürfen über das Taschengeld im Rahmen der Bestimmungen dieses Gesetzes verfügen. Es wird dem Hausgeldkonto gutgeschrieben.
	(5) Leistet ein Gefangener gemeinnützige Arbeit, kann das Taschengeld angemessen erhöht werden.
	§ 59 a Konten, Bargeld
	(wie § 69 BbgJVollzG, siehe oben)
	§ 60 Hausgeld
	(1) Ein Gefangener darf von seinen in diesem Gesetz geregelten Bezügen sechs Zehntel monatlich (Hausgeld) und das Taschengeld für den Einkauf nach § 31 Abs. 2 oder anderweitig verwenden.
	(2) *(Festsetzung in angemessener Höhe aus den Bezügen aus freiem Beschäftigungsverhältnis oder gestatteter selbständiger Tätigkeit)*
	(3) Für Gefangene, die über Eigengeld verfügen und unverschuldet keine Bezüge nach diesem Gesetz erhalten, gilt Abs. 2 entsprechend.
	(4) *(wie § 70 Abs. 4 BbgJVollzG)*
	§ 61 Eigengeld
	(1) Das Eigengeld besteht aus den Beträgen, die die Gefangenen bei Strafantritt in die Anstalt mitbringen und die sie während der Haftzeit erhalten und den Teilen der Vergütung, die nicht als Hausgeld oder Überbrückungsgeld in Anspruch genommen werden.
	(2) Die Gefangenen können über das Eigengeld verfügen, soweit dieses nicht als Überbrückungsgeld notwendig ist. § 31 Abs. 2 bis 5, §§ 60 und 61 a bleiben unberührt.
	§ 61 a Zweckgebundene Einzahlungen
	(wie § 71 BbgJVollzG)
	§ 62 Überbrückungsgeld
	(1) Den Gefangenen kann gestattet werden, ein Überbrückungsgeld in der Höhe zu bilden, die zur Vorbereitung der Entlassung erforderlich ist. Über diese Möglichkeit sind die Gefangenen frühzeitig zu informieren. Einmal gebildetes Überbrückungsgeld darf nur gemäß den Absätzen 2 und 3 verwendet werden.

Länder	Gelder der Gefangenen, Freistellung von der Arbeit
	(2) Das Überbrückungsgeld wird den Gefangenen so zur Verfügung gestellt, dass sie darüber vor der Entlassung für Ausgaben zur Entlassungsvorbereitung verfügen können. (3) Der Anstaltsleiter soll gestatten, dass Gefangene das Überbrückungsgeld zur Entschädigung von Opfern ihrer Straftaten in Anspruch nehmen können.

2. Grundaussagen

30 Alle Gesetzestexte enthalten zu dem Bereich „Gelder der Gefangenen" folgende Grundaussagen:

- Der Gefangene kann eine Ausbildungsbeihilfe, ein Arbeitsentgelt, eine finanzielle Anerkennung oder ein Taschengeld erhalten.
- Der Gefangene erhält eine zeitliche Freistellung, wenn er eine bestimmte zusammenhängende Zeit an einer Bildungs- oder sonstigen Maßnahme teilgenommen oder gearbeitet hat.
- Aus den Bezügen des Gefangenen wird ein Hausgeld gebildet.
- Für den Gefangenen wird ein Eigengeld gebildet aus Geldern, die dem Gefangenen gehören, die für ihn eingezahlt werden und aus Bezügen, die nicht anderweitig verwendet werden.
- Ein Teil der Ländergesetze regelt die Bildung eines Überbrückungsgeldes aus den Bezügen des Gefangenen (Baden-Württemberg, Bayern, Hamburg, Hessen, Niedersachen, Nordrhein-Westfalen, Sachsen, Sachsen-Anhalt, Schleswig-Holstein).
- Ein Teil der Ländergesetze regelt die Erhebung eines Haftkostenbeitrages, wenn der Gefangene in einem freien Beschäftigungsverhältnis steht (§ 46 JVollzGB IV BW; Art. 49 BayStVollzG; § 42 HessJStVollzG; § 52 NJVollzG; § 47 JStVollzG NRW; § 72 JVollzGB LSA).

Neben den unmittelbaren Vorschriften zu dem Bereich „Gelder der Gefangenen" ist in einigen Ländergesetzen in anderen Abschnitten ausdrücklich Folgendes geregelt:

Bedürftigen Gefangenen kann eine Entlassungsbeihilfe gewährt werden, dies ist insbesondere ein Reisekostenzuschuss (§ 21 Abs. 2 bzw 3 der Gesetze Bln, Brem, M-V, Saarland, Sachsen, SH; § 84 JVollzGB IV BW[130]; Art. 80 BayStVollzG; § 50 Abs. 5 LJVollzG RP, § 51 Abs. 4 BbgJVollzG, ThürJVollzGB; § 17 HessJStVollzG und HmbJStVollzG; § 70 NJVollzG; § 22 Abs. 2 JStVollzG NRW).

3. Arbeitsentgelt, Ausbildungsbeihilfe und Freistellung von der Arbeit

31 Hinsichtlich der Entlohnung der Gefangenen übernehmen die Ländergesetze im Wesentlichen die in §§ 43, 44 iVm § 176 StVollzG beschriebene Systematik, die vorsieht, dass die Anerkennung für geleistete Arbeit durch eine monetäre und eine nichtmonetäre Komponente erfolgen kann. Dazu gehört zunächst die Bemessung des Arbeitsentgeltes und der Ausbildungsbeihilfe in Höhe von 9 % der Bezugsgröße gem. § 18

---

130 Eine Beihilfe, die sie in die Lage versetzt, ohne Inanspruchnahme fremder Hilfe ihren notwendigen Lebensunterhalt zu bestreiten, bis sie ihn voraussichtlich anderweitig decken können.

IV. Im Einzelnen: Gelder der Gefangenen, Freistellung von der Arbeit

SGB IV (Durchschnittsentgelt der gesetzlichen Rentenversicherung im vorvergangenen Kalenderjahr = Eckvergütung). Der Tagessatz ist der 250. Teil der Eckvergütung. Das Arbeitsentgelt bzw die Ausbildungsbeihilfe kann auch nach einem Stundensatz bemessen werden. Die Bezüge können je nach Leistung der Gefangenen und Art der Arbeit abgestuft bemessen werden, wobei 75 % (in Sachsen und Rheinland-Pfalz 60 %) der Eckvergütung nicht unterschritten werden sollen. Die Bezugsgröße für das Jahr 2016 beträgt gemäß § 2 Abs. 1 SV-ReGrV 2016[131] auf das Jahr 34.860 EUR (Ost: 30.240 EUR). Die Eckvergütung als 9 % davon beträgt im Jahr 2016 also 3.137,40 EUR (Ost: 2.721,60 EUR). Bei 250 Werktagen ergibt sich ein Tagessatz in Höhe von 12,55 EUR (Ost: 10,89 EUR). Die Abstufung erfolgt durch die eigenen Vergütungsverordnungen der Länder[132] bzw die gemäß Art. 125 a Abs. 1 GG fortgeltende StVollzVergO des Bundes, die mehrere Vergütungsstufen enthalten. Gemäß § 1 Abs. 2 StVollzVergO beträgt der Grundlohn nach Vergütungsstufe III 100 % der Eckvergütung. Es werden damit Arbeiten vergütet, die eine Anlernzeit erfordern und durchschnittliche Anforderungen an die Leistungsfähigkeit und die Geschicklichkeit stellen. Die niedrigste Vergütung gewähren Rheinland-Pfalz und Sachsen mit 60 % der Eckvergütung, die höchste Stufe beträgt 125 % der Eckvergütung.

Nach § 4 Abs. 1 StVollzVergO wird die Ausbildungsbeihilfe grundsätzlich nach Vergütungsstufe III gewährt und kann gem. Abs. 2 bei einem gewissen Ausbildungsstand, zB bei Zwischenprüfungen oder Vollausbildung, auf Vergütungsstufe IV heraufgesetzt werden. 75 % (Rheinland-Pfalz und Sachsen: 60 %) der Eckvergütung, also der Grundlohn in der niedrigsten Vergütungsstufe, dürfen nur unterschritten werden, wenn die Leistung der Gefangenen den Mindestanforderungen nicht genügen (vgl etwa § 57 Abs. 4 S. 2 der 5er-Gruppe, § 44 Abs. 3 S. 2 JVollzGB IV BW).

Die in den Ländergesetzen festgeschriebene Verpflichtung der Anstalt (etwa § 57 Abs. 5 der 5er-Gruppe), dem Gefangenen die Höhe der Ausbildungsbeihilfe bzw des Arbeitsentgeltes schriftlich bekannt zu geben, dient nicht nur der Angleichung an die allgemeinen Lebensverhältnisse, sondern auch der Überprüfung der Ansprüche durch die Gefangenen.[133]

Ist die Beschäftigung zwei Monate lang ohne schuldhafte Unterbrechung ausgeübt worden, entsteht nach den Gesetzen (§ 57 Abs. 4 der 5er-Gruppe, § 44 Abs. 6 JVollzGB IV BW) ein Anspruch auf Freistellung von einem Werktag. Diese Freistellung ist eine besondere, nichtmonetäre Form des Arbeitslohns.[134] Die Freistellung kann auch auf Antrag in Form eines Arbeitsurlaubes bzw. Langzeitausgangs außerhalb der An-

32

---

[131] Verordnung über maßgebende Rechengrößen der Sozialversicherung für 2016 (Sozialversicherungs-Rechengrößenverordnung 2016) v. 30.11.2015, BGBl. I S. 2137. Die Verordnungsermächtigung findet sich in § 17 Abs. 2 S. 1 SGB IV.
[132] BW: JVollzVergO; BayStVollzVergVO; Brandenburg: BbgJVollzSVVergO; Hamburg: HmbStVollzVergO; Hessen: HStVollzVergVO; Mecklenbug-Vorpommern: JVollzVergVO M-V; Rheinland-Pfalz: LVergVollzVO.
[133] Siehe auch § 43 Abs. 5 StVollzG; Schwind/Böhm/Jehle/Laubenthal-Laubenthal § 43 Rn 14; zu einem Auskunftsanspruch eines Strafgefangenen gegen die Vollzugsanstalt über die Höhe des von einem Unternehmen der Gefangenen im Wege des „unechten Freigangs" in diesem Unternehmen ausgeübte Tätigkeit VG Minden, Urt. v. 5.8.2015, Az 7 K 2267/13.
[134] Zur Verfassungsmäßigkeit des Wegfalls der Freistellung als zusätzliche, nichtmonetäre Komponente der Entlohnung der Gefangenenarbeit in Rheinland-Pfalz BVerfG, Beschl. v. 16.12.2015, Az 2 BvR 1017/14, Pressemitt. des BVerfG Nr. 7/2016 vom 3.2.2016.

§ 4 Schule, Ausbildung, Arbeit

stalt verbracht werden (§ 58 Abs. 3 der 5er-Gruppe, § 44 Abs. 7 JVollzGB IV BW bzw. § 32 ThürJVollzGB), wenn der Gefangene hierfür geeignet ist. Während der Freistellung oder des Urlaubs erhält der Gefangene seine zuletzt gezahlten Bezüge weiter (vgl etwa § 58 Abs. 4 der 5er-Gruppe). Wenn der Gefangene keinen Antrag auf Gewährung einer Freistellung oder Urlaub stellt oder für die Gewährung in Form von Urlaub nicht geeignet ist, wird die Freistellung auf die Entlassung angerechnet (vgl § 58 Abs. 5 der 5er-Gruppe), es sei denn, es liegt einer der enumerativ aufgezählten Fälle vor, die eine Anrechnung ausschließen (vgl § 58 Abs. 6 der 5er-Gruppe). Im letzteren Fall ist eine Ausgleichszahlung in Höhe von 15 % des gewährten Geldes vorgesehen (etwa nach § 58 Abs. 7 der 5er-Gruppe).

Der Gefangene hat einen Rechtsanspruch auf Ausbildungsbeihilfe bzw Arbeitsentgelt. Es erfolgt keine Auszahlung, sondern eine **Gutschrift** auf das Anstaltskonto des Gefangenen.[135] Die Ausbildungsbeihilfe ist allerdings subsidiär, wenn dem Gefangen Leistungen zum Lebensunterhalt zustehen, die bei den durchgeführten Maßnahmen auf anderen Rechtsgrundlagen beruhen („soweit kein Anspruch auf Leistungen zum Lebensunterhalt besteht, die freien Personen aus solchem Anlass zustehen.", vgl etwa § 57 Abs. 1 letzter Halbsatz der 5er-Gruppe). Dieser Nachrang greift gegenüber Leistungen zur Förderung der Berufsausbildung und zur Förderung der beruflichen Weiterbildung als Leistungen der aktiven Arbeitsförderung nach dem SGB III (Näheres siehe §§ 22 Abs. 3, 56 ff SGB III). Diese Leistungen gehen der Ausbildungsbeihilfe nach § 44 StVollzG vor (§ 22 Abs. 3 SGB III ist noch der geänderten Gesetzeslage nach der Föderalismusreform anzupassen). Aus den gesetzlichen Regelungen über die Aus- und Weiterbildung ergibt sich kein Anspruch auf Übernahme von Kosten eines Fernlehrgangs oder -studiums.[136]

Die Ländergesetze gewähren dem Gefangenen bei einjähriger Ausübung der Tätigkeit einen Rechtsanspruch auf Freistellung von der Arbeitspflicht. Dieser Urlaub innerhalb der Anstalt entspricht dem Urlaub in der Arbeitswelt außerhalb der Anstalt. Der Strafgefangene bedarf der gleichen körperlichen, geistigen und seelischen Erholung und Regeneration wie ein Arbeitnehmer.[137] Die Ländergesetze gewähren zum Großteil einen Freistellungsanspruch von 18 Werktagen. Nordrhein-Westfalen sieht lediglich 15 Tage vor, § 41 Abs. 1 S. 1 JStVollzG NRW. Niedersachsen sieht „die Dauer des jährlichen Mindesturlaubs nach § 3 Abs. 1 des Bundesurlaubsgesetzes" vor, also 24 Werktage (§ 132 Abs. 1 iVm § 39 Abs. 1 S. 1 NJVollzG). Hamburg gewährt nach 6monatiger Tätigkeit 11 Arbeitstage, § 39 Abs. 1 S. 1 HmbJStVollzG, und Brandenburg, Rheinland-Pfalz, Sachsen-Anhalt und Thüringen 10 Arbeitstage.

Im Saarland können die Gefangenen, wenn sie nach ihrer Entlassung eine im Vollzug begonnene Bildungsmaßnahme fortführen, auch weiterhin eine Ausbildungsbeihilfe erhalten (§ 22 Abs. 1 Satz 3 SJStVollzG).

---

[135] Arloth § 43 Rn 10; Schwind/Böhm/Jehle/Laubenthal-Laubenthal § 43 Rn 15.
[136] Laubenthal Strafvollzug, Rn 430; Arloth § 37 Rn 13; Calliess/Müller-Dietz, § 37 Rn 4.
[137] Schwind/Böhm/Jehle/Laubenthal-Laubenthal § 42 Rn 2; Arloth § 42 Rn 1.

4. Überbrückungsgeld

Die Ländergesetze regeln die Bildung eines Überbrückungsgeldes **für die Zeit nach der Entlassung** uneinheitlich. Baden-Württemberg, Bayern, Hamburg, Hessen, Niedersachsen, Nordrhein-Westfalen, Sachsen und Sachsen-Anhalt haben hierfür eine Bestimmung vorgesehen, die sich im Wesentlichen an § 51 StVollzG anlehnt. Danach kann aus den im Gesetz geregelten Bezügen und aus Bezügen der Gefangenen, die in einem freien Beschäftigungsverhältnis stehen, ein Überbrückungsgeld gebildet werden. Die Mehrzahl der Länder aus dieser Gruppe sieht den Zweck darin, den notwendigen Lebensunterhalt der Gefangenen und der Unterhaltsberechtigten in den ersten vier Wochen zu sichern. Anders dagegen ist die Formulierung in § 61 Abs. 1 JStVollzG SH, wonach das Überbrückungsgeld als Vermögen anzusparen ist. 33

Die konkrete Höhe ist in den Gesetzen nicht bestimmt. Die Vollzugsbehörde bestimmt diese per Verwaltungsakt. Bei der Festlegung der Höhe sollten die persönlichen Verhältnisse des Gefangenen berücksichtigt werden.[138] Da das zu Beginn der Haft schwer möglich ist, kann pauschal als Anhaltspunkt für die Bestimmung der Höhe auf Nr. 1 Abs. 2 der bundeseinheitlichen Verwaltungsvorschriften zu § 51 StVollzG (VV StVollzG) zurückgegriffen werden. Danach wird die angemessene Höhe des Überbrückungsgeldes von der Landesjustizverwaltung festgesetzt. Sie soll das Vierfache der nach § 22 Bundessozialhilfegesetz jeweils festgesetzten monatlichen Mindestbeträge des Regelsatzes nicht unterschreiten (Nr. 1 Abs. 2 Satz 2 zu § 51 VV StVollzG). Der Anstaltsleiter kann unter Berücksichtigung der Umstände des Einzelfalles einen höheren Betrag festsetzen (Nr. 1 Abs. 2 Satz 3 zu § 51 VV StVollzG). An die Stelle von § 22 BSHG ist § 28 SGB XII getreten. Der berechnete Betrag des Regelbedarfs findet sich in der Anlage zu § 28 SGB XII, er beträgt seit 1. Januar 2016 für einen Erwachsenen 404 EUR und 306 EUR für einen 15-17jährigen Jugendlichen. Die Höhe des Überbrückungsgeldes soll demnach bei bereits volljährigen jungen Gefangenen 1.616 EUR und bei einem noch minderjährigen Gefangenen 1.224 EUR nicht unterschreiten. Über die Höhe kann gesteuert werden, in welchem Umfang der Pfändungsschutz im Sinne der Ziele des Überbrückungsgeldes greifen oder ob den Gläubigern ein besserer Zugriff auf das Einkommen des Gefangenen ermöglicht werden soll.

Die Anstalt sollte das Überbrückungsgeld verzinslich anlegen, jedenfalls dann, wenn der Betroffene einen entsprechenden Antrag stellt und der Verwaltungsaufwand nicht unverhältnismäßig hoch ist.[139] Solange die festgesetzte Höhe des Überbrückungsgeldes nicht erreicht ist, wird der Fehlbetrag durch vorhandenes Eigengeld aufgefüllt, indem dieses dann auch nicht pfändbar ist.[140] Das Konstrukt des Überbrückungsgeldes ist sinnvoll, um die Gefangenen zum Sparen anzuleiten und ihnen beizubringen, dass nicht alles vorhandene Geld sorglos ausgegeben, sondern ein Teil beiseite gelegt werden sollte, um eine Reserve für unvorhergesehene Ausgaben sowie für nur halbjährlich oder jährlich zu leistende Zahlungen, die leicht aus den Augen verloren werden

---

138 Arloth § 51 Rn 4; AK-Feest/Lesting-Däubler/Galli § 51 Rn 5.
139 Arloth § 51 Rn 8; Schwind/Böhm/Jehle/Laubenthal-Laubenthal § 51 Rn 10 verneinen einen Anspruch hierauf; AK-Feest/Lesting-Däubler/Galli § 51 Rn 6 gehen demgegenüber von einer zwingenden Regelung aus.
140 AK-Feest/Lesting-Däubler/Galli § 51 Rn 7; aA Arloth § 51 Rn 1.

können, zur Verfügung zu haben. Andernfalls wird ein Beitrag dazu geleistet, die Vorstellung zu bestätigen, der Staat springe im Zweifelsfall schon finanziell ein. Eine Benachteiligung der Gläubiger ist mit der Bildung eines Überbrückungsgeldes nicht verbunden, da es sich meist um Beträge handelt, die sich unterhalb der Pfändungsgrenzen bewegen.

Das Überbrückungsgeld stellt einen Zahlungsanspruch des Gefangenen gegen das Bundesland, vertreten durch die JVA, dar, der bei der Entlassung fällig ist und in der Regel bar ausgezahlt wird.[141] Der Anstaltsleiter kann es ganz oder teilweise der Bewährungshilfe, einer mit der Entlassungsbetreuung befassten Stelle oder mit Zustimmung des jungen Gefangenen dem Unterhaltsberechtigten überweisen. In einigen Ländergesetzen besteht die Möglichkeit der Überweisung an die Personensorgeberechtigten.[142] Damit wird einem Bedürfnis der Praxis und den Elternrechten Rechnung getragen.

Die Anstaltsleitung kann auch ausnahmsweise gestatten, dass das Überbrückungsgeld schon **während der Haftzeit** für Zwecke der Eingliederung des Gefangenen in Anspruch genommen wird, insbesondere für Aufwendungen zur Erlangung eines Arbeitsplatzes und einer Unterkunft nach der Entlassung.

34 Die Nichtregelung eines Überbrückungsgeldes wird damit begründet, dass der Zweck der Absicherung des Gefangenen nach der Entlassungsphase nicht erreicht werde und sich sogar zum Wiedereingliederungshindernis entwickele. Gem. § 7 Abs. 1 SGB II und § 19 Abs. 1 SGB XII besteht ein Anspruch auf Arbeitslosengeld II oder Sozialhilfe nur bei Hilfsbedürftigkeit. Diese ist dann gegeben, wenn der Lebensunterhalt nicht mit einem zu berücksichtigenden Einkommen oder Vermögen gesichert werden kann bzw – was bei minderjährigen Haftentlassenen wichtig ist – vorrangige Unterhaltsansprüche nicht realisiert werden (§§ 5, 33 SGB II).

Vom Einkommen können gem. § 11 SGB II im Wesentlichen nur Steuern, Sozialversicherungsbeiträge, Unterhaltsbeiträge etc. abgesetzt werden, während bei Vermögen gem. § 12 SGB II ein Grundfreibetrag von 3.100 EUR bis zu 10.050 EUR abgesetzt werden kann. Unter Einkommen fällt alles das, was jemand in der Bedarfszeit wertmäßig dazuerhält (sog. **Zuflusstheorie**) und unter Vermögen, was er zu Beginn der Bedarfszeit bereits hat.[143] Nach der Rspr des Bundessozialgerichtes beginnt die Bedarfszeit im Bereich des SGB II jedoch anders als im Sozialhilferecht nach dem SGB XII erst mit der Antragstellung.[144]

Da die Regelleistung gem. § 20 Abs. 2 S. 1 SGB II zum Lebensunterhalt höchstens 364 EUR beträgt, muss Überbrückungsgeld als Einkommen auch unterhalb dieser Summe angerechnet werden.

---

141 AK-Feest/Lesting-Däubler/Galli § 51 Rn 9; Schwind/Böhm/Jehle/Laubenthal-Laubenthal § 51 Rn 11; LG Koblenz, B. v. 27.6.2008, Az StVK (Vollz) 69/07, BeckRS 2010, 17700.
142 § 47 Abs. 2 S. 2 JVollzGB IV BW; § 47 Abs. 2 S. 3 HmbJStVollzG; § 69 Abs. 2 S. 2 JStVollzG LSA; § 61 Abs. 4 JStVollzG SH: mit Zustimmung des Gefangenen an „eine andere Person".
143 LSG Nds-Bremen, Urt. v. 18.5.2010, Az L 13 AS 105/09, juris, Rn 32; LSG NRW, Urt. v. 22.4.2010, Az L 7 AS 107/09, juris, Rn 31; LSG BW, Urt. v. 24.4.2009, Az L 12 AS 5623/08, juris, Rn 23, jeweils mit Verweis auf BSG, 30.7.2008, Az B 14/11 b AS 17/07, juris, Rn 20.
144 BSG, Urt. v. 30.7.2008, Az B 14/11 b AS 17/07 R, juris, Rn 20.

IV. Im Einzelnen: Gelder der Gefangenen, Freistellung von der Arbeit 4

Für die Annahme von Vermögen spricht, dass es sich beim Überbrückungsgeld um zwangsweise (anders § 62 SächsJStVollzG: Kann-Regelung) angesparte und bei der Entlassung ausgezahlte Geldbeträge handelt. Für Einkommen spricht der Zweck des Überbrückungsgeldes, dass für den Gefangenen und seine unterhaltsberechtigten Angehörigen in der Übergangszeit der ersten vier Wochen nach der Entlassung die notwendigen wirtschaftlichen Mittel zur Verfügung stehen. In letzterem Sinne ordnen die Obergerichte das Überbrückungsgeld dem Einkommen zu.[145]

Der Leistungsausschluss führt darüber hinaus dazu, dass für Haftentlassene gemäß dem GKV-Wettbewerbsstärkungsgesetz nur gegen einen eigenen Beitrag die Möglichkeit besteht, in die gesetzliche oder private **Krankenversicherung** aufgenommen zu werden. Die Versicherungspflicht ist für Arbeits- und Erwerbslose grundsätzlich an den Bezug von Arbeitslosengeld II gekoppelt. Ein freiwilliger Beitritt zur gesetzlichen Krankenversicherung wird in der Regel an den Fristen des § 9 SGB V scheitern. Die gleiche Problematik ergibt sich für diejenigen Entlassenen, die aufgrund der Auszahlung des Überbrückungsgelds von dem Leistungsbezug nach SGB XII (Sozialhilfe) ausgeschlossen werden.

Diese Problematiken werden zwar durch die Nichtregelung vermieden, jedoch werden die Bezüge des Gefangenen dann dem Eigengeldkonto gutgeschrieben. Die Gelder auf diesem Konto **unterliegen nicht dem Pfändungsschutz**.[146] Es ist daher fraglich, ob diese Regelung gerade bei jugendlichen Gefangenen sinnvoll ist, denn die eigentliche Bedeutung des Überbrückungsgeldes liegt in der Mitwirkung und stärkeren Eigenverantwortung des Gefangenen in Bezug auf seine materielle Entlassungsvorsorge, das heißt auch an der Entlastung der öffentlichen Haushalte einschließlich der Finanzierung der Entlassungsbeihilfe.[147]

Die Mehrzahl der Länder regeln zur Sicherung des Zweckes des Überbrückungsgeldes den Pfändungsschutz in Anlehnung an § 51 Abs. 4 StVollzG sowie die Ausnahme vom Pfändungsschutz zugunsten von Unterhaltsansprüchen gem. §§ 51 Abs. 5 StVollzG. 35

Soweit in den Ländergesetzen der Pfändungsschutz geregelt ist, wird entweder auf die Fortgeltung der §§ 51 Abs. 4 u. 5 StVollzG verwiesen (Art. 208 BayStVollzG; § 126 HmbJStVollzG; § 41 Abs. 4 HessJStVollzG; § 61 Abs. 3 JStVollzG SH) oder die Unpfändbarkeit des Anspruchs ist in der Vorschrift ausdrücklich erwähnt (§ 47 Abs. 4 JVollzGB IV BW; § 50 Abs. 2 NJVollzG).

Soweit auf Bundesrecht verwiesen wird, liegt dem die Rechtsauffassung zugrunde, dass dem Landesgesetzgeber die Gesetzgebungskompetenz fehle, weil die Regelung der Pfändbarkeit dem „Gerichtlichen Verfahren" im Sinne von Art. 74 Abs. 1 Nr. 1 GG und damit der konkurrierenden Gesetzgebungskompetenz des Bundes unterfalle. Auch eine Annexkompetenz könne nicht angenommen werden, weil sich nicht ein Sachgebiet in einem unlösbaren Zusammenhang mit einem anderen befinde und auch

---

145 LSG Nds-Bremen, Urt. v. 18.5.2010, Az L 13 AS 105/09; LSG NRW, Urt. v. 22.4.2010, Az L 7 AS 107/09; LSG BW, 24.4.2009, Az L 12 AS 5623/08.
146 Laubenthal, Strafvollzug, Rn 476; Schwind/Böhm/Jehle/Laubenthal-Laubenthal § 52 Rn 4.
147 Arloth § 51 Rn 1; Schwind/Böhm/Jehle/Laubenthal-Laubenthal § 51 Rn 1.

nicht nur mit diesen zusammen geregelt werden könne (siehe etwa die Begründung zu § 41 HessJStVollzG).

Demgegenüber wird die Berechtigung, den Pfändungsschutz ausdrücklich zu regeln, daraus abgeleitet, dass dieser nicht abschließend bundesgesetzlich geregelt sei (vgl § 54 SGB I iVm § 55 SGB I in der Fassung bis 31.12.2011). Die Rechtsnatur des Anspruchs, in den im Wege der Pfändung vollstreckt werden soll, sei ein landesgesetzlicher Anspruch. Wenn es daher eines besonderen Pfändungsschutzes bedürfe, um den Anspruchsinhaber die betreffende Leistung zu sichern, müsse dem Land auch die Gesetzgebungskompetenz für den Pfändungsschutz zustehen (so u.a. die Begründung zu § 201 NJVollzG).

Da die Haftentlassenen eines wirksamen Pfändungsschutzes für das Überbrückungsgeld bedürfen, sind die Landesgesetzgeber aufgefordert, eine Regelung in ihre Vollzugsgesetze aufzunehmen, auch wenn es lediglich der Verweis auf das Bundesrecht ist.

5. Haftkostenbeitrag und sonstige Kostenbeteiligung

36 In den Ländergesetzen haben Baden-Württemberg (§ 46 JVollzGB IV BW), Bayern (Art. 49 BayStVollzG), Hessen (§ 42 HessJStVollzG), Niedersachen (§ 52 NJVollzG), Nordrhein-Westfalen (§ 47 JStVollzG NRW) und Sachsen-Anhalt (§ 72 JVollzGB LSA) vorgesehen, dass die Anstalt einen Haftkostenbeitrag erhebt. Die Ländergesetze in Bayern, Hessen und Niedersachsen übernehmen im Wesentlichen die Vorschrift des § 50 StVollzG, wonach grundsätzlich gegenüber einem Gefangenen ein Haftkostenanspruch besteht. Es werden dann Ausnahmen definiert. Ein Haftkostenbeitrag wird nicht erhoben, wenn der Gefangene Bezüge nach diesem Gesetz erhält, ohne sein Verschulden nicht arbeiten kann oder wenn er nicht arbeitet, weil er nicht zur Arbeit verpflichtet ist. Einen Haftkostenbeitrag haben in der Praxis demnach die jungen Gefangenen zu zahlen, die in einem freien Beschäftigungsverhältnis stehen.[148] Baden-Württemberg und Sachsen-Anhalt haben diesen grundsätzlichen Anspruch nicht übernommen und auch keine Ausnahmen definiert, es wird positiv formuliert, dass nur diese Gruppe in Frage kommt.

Der Haftkostenbeitrag wird nach den Gesetzen der Länder in Höhe des Betrages erhoben, der nach § 17 Abs. 1 Nr. 4 SGB IV durchschnittlich zur Bewertung der Sachbezüge festgesetzt ist. Dabei handelt es sich um jenen Satz, den man in der Sozialversicherung als rechnerische Größe verwendet, um den Wert von Sachbezügen (vor allem Unterkunft und Verpflegung) für die Beiträge zur Sozialversicherung bewerten zu können. Der Satz für diese Sachbezüge wird von der Bundesregierung auf der Grundlage des statistisch ermittelten tatsächlichen Verkehrswertes für freie Kost und Wohnung durch die Sozialversicherungsentgeltverordnung (SvEV) im Voraus für jedes Kalenderjahr bestimmt. Die Bindung des Haftkostenbeitrages an die außerhalb des Vollzuges für den gleichen Sachverhalt geltende Rechengröße entspricht dem Angleichungsgrundsatz.[149] Die Höhe des Haftkostenbeitrages für die Unterbringung von

---

148 AK-Feest/Lesting-Däubler/Galli § 50 Rn 5; Schwind/Böhm/Jehle/Laubenthal-Laubenthal § 50 Rn 5.
149 Schwind/Böhm/Jehle/Laubenthal-Laubenthal § 50 Rn 7; BT-Drucks. 7/918, S. 70.

IV. Im Einzelnen: Gelder der Gefangenen, Freistellung von der Arbeit

Jugendlichen und Auszubildenden beträgt im Jahr 2016 bei Einzelunterbringung 189,55 EUR (§ 2 Abs. 3 S. 1, S. 2 Nr. 2 SvEV) und bei der Unterbringung von zwei jugendlichen Gefangenen in einem Haftraum 113,73 EUR (§ 2 Abs. 3 S. 1, S. 2 Nr. 2, 3 a SvEV). Die Kosten für die übrigen Gefangenen betragen bei Einzelunterbringung 223 EUR (§ 2 Abs. 3 Satz 1 SvEV), bei Doppelbelegung 133,80 EUR (§ 2 Abs. 3 Satz 1, Satz 2 Nr. 3 a SvEV). Die Kosten für die Verpflegung der Gefangenen betragen in allen Anstalten der Länder 229 EUR (§ 2 Abs. 1 SvEV). Die genannten Beträge sind Monatsbeträge.

Der Haftkostenbeitrag ist ein Pauschalbetrag, er wird auch erhoben, wenn sich der Gefangene zB wegen Urlaubs nicht in der Anstalt aufhält.[150]

Überwiegend begrenzen die Ländervorschriften den Haftkostenbeitrag. Entweder heißt es, dass dem Gefangenen ein Betrag verbleiben muss, der dem mittleren Arbeitsentgelt in Jugendstrafanstalten entspricht (§ 46 Abs. 2 JVollzGB IV BW; § 72 Abs. 1 S. 3 JVollzGB LSA), oder es heißt, es muss ein Betrag verbleiben, der der Eckvergütung entspricht (Art. 49 Abs. 1 S. 4 BayStVollzG; § 52 Abs. 2 S. 3 NJVollzG). Im Ergebnis muss damit derselbe Betrag verbleiben, also als Tagessatz 12,25 EUR (Ost: 10,43 EUR), da das mittlere Arbeitsentgelt nach den Vergütungsverordnungen 100 % der Eckvergütung beträgt.

Überwiegend ist den Ländervorschriften eine Resozialisierungsklausel aufgenommen, wonach von der Geltendmachung entweder zwingend abzusehen ist, soweit dies notwendig ist, um „das Vollzugsziel" bzw „die Wiedereingliederung" nicht zu gefährden (§ 52 Abs. 5 S. 1 NJVollzG; § 46 Abs. 2 S. 2 JVollzGB IV BW) oder „aus besonderen Gründen" abgesehen werden kann (§ 42 Abs. 3 Hess JStVollzG; § 47 Abs. 3 JStVollzG NRW).

Die Erhebung eines Haftkostenbeitrages im Jugendstrafvollzug ist grundsätzlich zu hinterfragen.[151] Zum einen sind die jungen Gefangenen oft verschuldet[152] und zum anderen stehen nur die wenigsten in einem freiem Beschäftigungsverhältnis mit einem privatrechtlichen Ausbildungs- oder Arbeitsvertrag.[153] Die Arbeit in der Jugendstrafanstalt erfolgt regelmäßig in einem öffentlich-rechtlichen Verhältnis.[154] Soweit ein freies Beschäftigungsverhältnis besteht, ist die Ausbildungsvergütung meist gering und es entstehen Nebenkosten für Fahrten zur Arbeitsstätte, Kleidung und Verpflegung.

Auch wenn der Staat ein berechtigtes Interesse daran hat, Gefangene an den Kosten des Vollzuges zu beteiligen, muss bezweifelt werden, dass die Erhebung eines Haftkostenbeitrages im Jugendstrafvollzug eine wirksame Kostensenkung bewirkt. Darüber hinaus ist es, gemessen am Integrationsauftrag, nicht sinnvoll, den Jugendstrafgefangenen die mit Anstrengung erzielte Vergütung zu kürzen. Dies kann den Betroffenen entmutigen und kontraproduktiv für das Selbstwertgefühl sein. Sinnvoller ist

---

[150] Schwind/Böhm/Jehle/Laubenthal-Laubenthal § 50 Rn 7; AK-Feest/Lesting-Däubler/Galli § 50 Rn 11.
[151] Dazu auch Köhne, NStZ 2012, 16 ff.
[152] Eisenberg, JGG, § 92 Rn 124 a.
[153] Arloth § 39 Rn 3; Laubenthal, Strafvollzug, Rn 414.
[154] Arloth § 37 Rn 6; Laubenthal, Strafvollzug, Rn 398, 414; Schwind/Böhm/Jehle/Laubenthal-Laubenthal Vor § 37 Rn 3.

es, die Ausnahmevorschrift zur Regulierung von Schulden, Schadenswiedergutmachung und zur Förderung von Unterhaltszahlungen in der Praxis zur Regel werden zu lassen.

Angemessen ist die Beteiligung der jungen Gefangenen an den Kosten für elektronische Geräte, etwa Spielekonsolen, da diese über die notwendigen Kosten für Strom hinausgehen und es erzieherisch durchaus sinnvoll ist, den Gefangenen die dadurch anfallenden Kosten aufzuzeigen. Unzulässig ist allerdings eine für alle Geräte einheitliche Regelung, die sich an den verbrauchsintensivsten Geräten orientiert.[155]

6. Taschengeld, Hausgeld, Eigengeld, Sondergeld

37 Die Ländervorschriften entsprechen im Wesentlichen den Vorschriften § 46 StVollzG (Taschengeld), § 47 StVollzG (Hausgeld) und § 52 in Verbindung mit § 83 StVollzG (Eigengeld).

a) Taschengeld

38 Die Zahlung eines Taschengeldes kommt nur in Betracht, wenn der Gefangene unverschuldet kein Arbeitsentgelt und keine Ausbildungsbeihilfe erhält. Die Nachrangigkeit verdeutlicht die Funktion als finanzielle Mindestausstattung und ähnelt damit dem Subsidiaritätsprinzip im Bereich der Sozialhilfe.[156]

Ein Verschulden des Gefangenen liegt nicht vor bei Auftragsmangel oder fehlenden Ausbildungsplätzen, sondern zB bei unberechtigter Arbeitsverweigerung.[157] Wegen der Folgen für das Leben des Gefangenen in der Anstalt reichen Verdachtsmomente (als hinreichende Grundlage für Sicherheitsmaßnahmen) nicht aus. Es bedarf einer hinreichenden Tatsachenfeststellung.[158]

Im Fall schuldhaften Arbeitsverlustes und nachfolgender Arbeitslosigkeit aufgrund Arbeitsmangels entsteht nicht sofort wieder ein Anspruch auf Taschengeld.[159] Richtigerweise sollte in entsprechender Anwendung der Sperrfristbestimmungen des § 159 SGB III erst nach einer gewissen Frist erneut ein Anspruch auf Zahlung von Taschengeld angenommen werden, im Regelfall nach 12 Wochen (vgl § 159 Abs. 3 S. 1 SGB III). Dies ist in Hessen in § 27 a Abs. 2 HessJStVollzG explizit geregelt, wonach Gefangene, wenn sie von ihrer Arbeit abgelöst werden, für drei Monate als verschuldet ohne Beschäftigung gelten.

Bedürftigkeit ist nach der Legaldefinition in einigen Gesetzen (die Gesetze von Hamburg, Hessen und NRW enthalten eine inzidente Regelung; § 48 Abs. 1 JVollzGB IV BW, Art. 149 Abs. 3, 54, BayStVollzG und das NJVollzG – §§ 132 Abs. 1, 43 – enthalten keine entsprechende Regelung) gegeben, wenn den Gefangenen im laufenden Monat aus Hausgeld und Eigengeld nicht wenigstens ein Betrag zur Verfügung steht,

---

155 Eisenberg, JGG, § 92 Rn 124 a; OLG Naumburg, B. v. 8.6.2012, 2 Ws 96/12 juris sowie NStZ-RR 2013, 62.
156 Schwind/Böhm/Jehle/Laubenthal-Laubenthal § 46 Rn 2.
157 Arloth § 46 Rn 2; Laubenthal, Strafvollzug Rn 460; Schwind/Böhm/Jehle/Laubenthal-Laubenthal § 46 Rn 3; eingehend AK-Feest/Lesting-Däubler/Galli § 46 Rn 6 ff.
158 BVerfG, Kammerbeschluss v. 4.9.1995, Az 2 BvR 1453/94, juris sowie ZfStrVo 1996, 314; Arloth § 46 Rn 2; Schwind/Böhm/Jehle/Laubenthal-Laubenthal § 46 Rn 4.
159 Näher Arloth § 46 Rn 3; Schwind/Böhm/Jehle/Laubenthal-Laubenthal § 46 Rn 5..

der der Höhe des Taschengeldes entspricht. Generell und nach der ausdrücklichen Regelung in § 45 Abs. 1 S. 2, 2. Halbsatz JStVollzG NRW gilt, dass aus den Vormonaten übrig gebliebenes Taschengeld für die Bedürftigkeit nicht mindernd berücksichtigt wird.[160] Gefangene können damit Taschengeld ansparen.

Das Taschengeld wird nur auf Antrag gewährt (§ 59 der 5er-Gruppe; § 65 JVollzGB LSA; Art. 54 BayStVollzG; § 46 HmbJStVollzG; § 40 HessJStVollzG; § 43 NJVollzG; § 45 JStVollzG NRW; ausschließlich in BW nicht, vgl § 48 Abs. 1 JVollzGB IV BW). Wenn die Voraussetzungen vorliegen, hat der Gefangene einen Rechtsanspruch auf die Gewährung.

Die Höhe des Taschengeldes beträgt in den meisten Ländern 14 % der Eckvergütung (siehe zur Eckvergütung oben Rn 31). In Baden-Württemberg, Bayern und Niedersachsen wird nach der jeweiligen Vorschrift ein „angemessenes" Taschengeld gewährt. Der Begriff wird nicht näher konkretisiert. In der bayerischen Gesetzesbegründung heißt es, die Höhe des Taschengeldes werde wie bisher durch Verwaltungsvorschrift geregelt (LT-Drucks. 15/8101, 62). In Hessen werden gemäß § 40 Abs. 2 HessJStVollzG bis zu 14 % gezahlt. In NRW können vorschussweise in besonderen Fällen auch bis zu 50 % gezahlt werden (§ 45 Abs. 3 JStVollzG NRW).

Betragsmäßig beläuft sich das Taschengeld in Höhe von 14 % der Eckvergütung im Jahr 2016 auf 439,24 EUR (Ost: 381,02 EUR), ein Tagessatz als 250. Teil wären 1,76 EUR (Ost: 1,52 EUR).

b) Hausgeld

Die Vorschriften der Länder zum Hausgeld entsprechen § 47 StVollzG. Das Hausgeld steht den Gefangenen für den Einkauf oder zu anderen Zwecken, zB zum Erwerb von Büchern durch Vermittlung der Anstalt, zur freien Verfügung. Es beträgt drei Siebtel der Bezüge der Gefangenen (§ 60 Abs. 1 der 5er-Gruppe; § 68 Abs. 1 Nr. 1 JVollzGB LSA; Art. 50 Abs. 1 BayStVollzG; § 45 Abs. 1 HmbJStVollzG; § 39 Abs. 1 HessJStVollzG; § 46 Abs. 1 JStVollzG NRW; § 46 Abs. 1 NJVollzG – hier umfasst das Hausgeld auch das Taschengeld; in § 48 Abs. 2 JVollzGB IV BW ist die Regelung ohne die Bezeichnung Hausgeld enthalten). Für Gefangene, die in einem freien Beschäftigungsverhältnis stehen oder denen gestattet ist, sich selbst zu beschäftigen, wird aus ihren Bezügen ein „angemessenes" Hausgeld festgesetzt (§ 60 Abs. 2 der 5er-Gruppe; § 68 Abs. 1 Nr. 3 JVollzGB LSA; Art. 50 Abs. 2 BayStVollzG; § 45 Abs. 2 HmbJStVollzG; § 39 Abs. 2 HessJStVollzG; § 46 Abs. 2 JStVollzG NRW; § 46 Abs. 1 Nr. 3 NJVollzG). Dies steht vor dem Hintergrund, dass diesen Gefangenen häufig mehr Geld für den Einkauf zur Verfügung steht als denjenigen, die ein Arbeitsentgelt oder eine Ausbildungsbeihilfe erhalten, und zu große Unterschiede bei den zum Einkauf zur Verfügung stehenden Beträgen zu subkulturellen Abhängigkeiten führen können.

Gemäß § 46 Abs. 2 NJVollzG darf für den Gefangenen bis zu dreimal jährlich ein zusätzlicher Geldbetrag auf das Hausgeldkonto überwiesen werden. Dieser darf jeweils den vierfachen Tagessatz der Eckvergütung nicht übersteigen.

---

160 BGH, B v. 6.11.1996, Az 5 AR Vollz 43/95, juris sowie NStZ 1997, 206 = ZfStrVo 1998, 305 f; Arloth § 46 Rn 4; Laubenthal, Strafvollzug, Rn 463; AK-Feest/Lesting-Däubler/Galli § 46 Rn 12.

Nach herrschender Auffassung ist das Hausgeldkonto unpfändbar.[161]

Nach allen Ländergesetzen kann eine Disziplinarmaßnahme verhängt werden, die den Einkauf oder auch die Verfügung über das Hausgeld einschränkt. Gemäß § 48 JStVollzG NRW kann die Anstalt mit Ansprüchen gegen die Gefangenen auf Aufwendungsersatz wegen vorsätzlicher oder grob fahrlässiger Selbstverletzung oder Verletzung anderer Gefangener gegen einen bestimmten Teil des Hausgeldes aufrechnen (vgl auch § 93 StVollzG).

c) Eigengeld

40 Die Vorschriften der Länder entsprechen insoweit im Wesentlichen § 52 StVollzG iVm § 83 StVollzG. In das Eigengeld fließen alle Gelder ein, die nicht als Hausgeld oder Überbrückungsgeld gutgeschrieben werden. Hierzu gehören Bezüge aus einem freien Beschäftigungsverhältnis, Arbeitsentgelt, Ausbildungsbeihilfe, das von den Gefangenen in die Anstalt eingebrachte Bargeld, gutgeschriebene Ausgleichsentschädigungen von erarbeiteten Freistellungstagen sowie Einzahlungen des Gefangenen oder Dritter. Das Eigengeld ist somit **subsidiär**. Bis zur Auszahlung wird es auf einem von der Anstalt verwalteten Konto zinsbringend angelegt.[162] Der Gefangene kann grundsätzlich darüber außerhalb der Anstalt Verfügungen treffen (zB als Geldanlage) und es können ihm bestimmte Beträge für Verwendungen innerhalb der Anstalt überlassen werden. Allerdings ist der Gefangen in seiner Verfügung in der Höhe eingeschränkt, soweit sein Überbrückungsgeld noch nicht voll angespart ist.

Das Eigengeld ist grundsätzlich pfändbar und steht dem Zugriff der Gläubiger offen, weil der spezifischen Situation des Gefangenen durch die besonderen Pfändungsbeschränkungen hinsichtlich des fehlenden Teils des Überbrückungsgeldes sowie hinsichtlich des notwendigen Lebensunterhalts nach der Entlassung bei Unterhaltspfändungen Rechnung getragen wird.

Nach § 70 Abs. 2 Satz 2 JVollzGB LSA können die Gefangenen ausnahmsweise vom Eigengeld einkaufen, wenn sie unverschuldet nicht über Hausgeld verfügen. Nach § 60 Abs. 3 der Gesetze der 5er-Gruppe wird für Gefangene, die über Eigengeld verfügen und unverschuldet keine Bezüge (Ausbildungsbeihilfe oder Arbeitsentgelt) erhalten, aus dem Eigengeld ein angemessenes Hausgeld festgesetzt mit dem Vorteil, dass insoweit keine Pfändung möglich ist.

7. Sondergeld

41 Gemäß Art. 53 BayStVollzG kann für die Gefangenen zum Zwecke des Sondereinkaufs gem. Art. 25 BayStVollzG oder für Kosten einer Krankenbehandlung Geld eingezahlt werden. Dieses spezielle, zweckgebundene Sondergeld wird nicht dem Hausgeldkonto gutgeschrieben, sondern einem Sonderkonto, um Pfändbarkeit zu vermeiden. Kann das Geld nicht oder nicht in vollem Umfang für den konkret zu bezeichnenden Zweck eingesetzt werden, ist es zum Eigengeld gutzuschreiben und ist damit pfändbar.

---

161 AK-Feest/Lesting-Däubler/Galli § 47 Rn 6; Arloth § 47 Rn 3; Schwind/Böhm/Jehle/Laubenthal-Laubenthal § 47 Rn 7.
162 Schwind/Böhm/Jehle/Laubenthal-Laubenthal § 52 Rn 2; AK-Feest/Lesting-Däubler/Galli § 52 Rn 2.

IV. Im Einzelnen: Gelder der Gefangenen, Freistellung von der Arbeit 4

Eine ähnliche Regelung findet sich in § 49 JVollzGB IV BW. Nach dessen Abs. 1 kann für die jungen Gefangenen monatlich ein Betrag in angemessener Höhe einbezahlt werden, der als Sondergeld gutzuschreiben ist und wie Hausgeld genutzt werden kann (allgemeines Sondergeld). Über Abs. 1 hinaus kann nach Abs. 2 Sondergeld in angemessener Höhe für Eingliederungsmaßnahmen und vollzugsöffnende Maßnahmen eingezahlt werden. Dieses Sondergeld ist damit zweckgebunden, also spezielles Sondergeld. Wenn das Sondergeld von den Gefangenen nicht verbraucht wird und mehr als drei Monatseinzahlungen vorliegen, ist der überschüssige Betrag gemäß § 49 Abs. 3 JVollzGB IV BW dem Eigengeld zuzuschreiben. In Art. 53 BayStVollzG findet sich keine derartige höhenmäßige Begrenzung.

In Hamburg (§ 48 Abs. 4 HmbJStVollzG) werden zum Zweck des Zusatzeinkaufs von Dritten eingezahlte Gelder zweckgebunden auf dem Eigengeldkonto gutgeschrieben, in Hessen werden alle Gelder, die für die Gefangenen von Dritten eingebracht werden, als Eigengeld gutgeschrieben (§ 43 HessJStVollzG). In Niedersachsen erfolgt die Gutschrift eines dreimal jährlich zulässig überwiesenen zusätzlichen Geldbetrages auf dem Hausgeldkonto (§ 46 Abs. 2 NJVollzG).

8. Höhe der Vergütungsstufen

Die Vergütungsstufen und die Höhe der Vergütungen für Arbeitsentgelt und Ausbildungsbeihilfe werden nach den Ländergesetzen durch Rechtsverordnung geregelt oder es gilt die Strafvollzugsvergütungsordnung des Bundesgesetzgebers (StVollzVergO) fort. Der Verordnungsgeber hat durch die Länderkompetenz für den Strafvollzug einen Spielraum für eine pädagogische und jugendadäquate Gestaltung im Jugendstrafvollzug geschaffen. Gemäß § 2 StVollzVergO konnten schon bisher unter besonderen Bedingungen Zulagen zum Arbeitsentgelt in Höhe von bis zu 25 % des Grundlohns gewährt werden. Die neuen Rechtsverordnungen sollten Zulagen für die Ausbildungsbeihilfe enthalten. Die Motivation zur persönlichen Leistung ist insbesondere für das Ziel, einen Beruf zu erlernen oder einen Arbeitsplatz zu bekommen, ein Teil des Vollzugsauftrags. Die Ausbildungsbeihilfe sollte anders als in einem freien Ausbildungsverhältnis gestaltet werden. Sie sollte durch die Errechnung von mehreren Zwischenzielen ein Erfolgserlebnis vermitteln. Die Ausbildung im Modulsystem könnte den jungen Gefangenen die Möglichkeit eröffnen, nach Abschluss eines Moduls in eine Zulagenstufe aufzusteigen. Wenn die Länder das Vergütungssystem der StVollzVergO übernehmen, sollte der Lohnabstand zwischen jungen Gefangenen, die arbeiten, und denjenigen, die eine schulische oder berufliche Ausbildung durchlaufen, geprüft werden. Hier sollten Anreize geschaffen werden, die gezielt eine Verbesserung im schulischen Bereich und der Ausbildung bewirken. Nur dadurch werden die Chancen des Gefangenen auf eine spätere Integration erhöht. Andererseits muss bei der Ausbildungsbeihilfe aus pädagogischen Gesichtspunkten die Möglichkeit eines Abzuges bestehen, wenn der junge Gefangene Hausaufgaben nicht macht oder Tätigkeiten verweigert. Bei der Gestaltung des Vergütungssystems sollte der Aspekt einer

42

tarifgerechten Entlohnung unter Berücksichtigung des Angleichungsgrundsatzes Berücksichtigung finden.[163]

9. Sozialversicherung

43 Die Einbeziehung der Gefangenen in die Sozialversicherung ist eine Jahrzehnte alte Strafvollzugsreformbestrebung. Obwohl Gefangene zu den einkommensschwachen Bevölkerungsgruppen zählen und besonderen Schwierigkeiten bei der gesellschaftlichen Eingliederung ausgesetzt sind, hat der Gesetzgeber wegen der finanziellen Auswirkung nur eine Minimallösung verabschiedet. Danach besteht für Gefangene nur die Unfall- und Arbeitslosenversicherung, es sei denn, sie sind im Wege eines freien Beschäftigungsverhältnisses in den Schutz der Kranken- und Rentenversicherung einbezogen.[164] Das Bundesverfassungsgericht hält den „vorläufige Ausschluss" der Gefangenen von der gesetzlichen Kranken- und Rentenversicherung für verfassungsgemäß, da der Gesetzgeber bei der allein ihm obliegenden Entscheidung darüber, welche Sozialisationsmaßnahmen möglich und finanzierbar seien, im Rahmen seiner haushaltspolitischen Gesamtverantwortung weitreichende Gestaltungsfreiheit habe.[165] Dies ist nicht nur vor dem Hintergrund des Resozialisierungs- und des allgemeinen Gleichheitsgrundsatzes problematisch, sondern auch im Hinblick auf die entstehenden Folgen für die Angehörigen (Familienkrankenversicherung, Hinterbliebenenrentenansprüche) überaus fragwürdig.[166]

Gefangene sind in der Arbeitslosenversicherung pflichtversichert, wenn sie in einem entsprechenden freien Beschäftigungsverhältnis stehen oder Empfänger von Arbeitsentgelt, Ausbildungsbeihilfe oder Ausfallentschädigung sind.[167] Sie sind unfallversichert, wenn sie im Vollzug wie Beschäftigte tätig werden.[168]

---

163 Jehle, ZfStrVo 1994, 262.
164 AK-Feest/Lesting-Brühl/Grühn Vor § 190 Rn 1 ff; Schwind/Böhm/Jehle/Laubenthal-Laubenthal §§ 190-193 Rn 1; siehe auch die Regelungen in den Landesgesetzen zur Einbehaltung von Beitragsteilen.
165 BVerfGE 98, 169 ff = Urt. v. 1.7.1998, Az 2 BvR 441/90 u.a., NJW 1998, 3337; kritisch insoweit AK-Feest/Lesting-Brühl/Grühn Vor § 190 Rn 2.
166 So auch AK-Feest/Lesting-Brühl/Grühn Vor § 190 Rn 1 f.
167 AK-Feest/Lesting-Brühl/Grühn Vor § 190 Rn 3; Arloth § 190 Rn 1 ff.
168 AK-Feest/Lesting-Brühl/Grühn Vor § 190 Rn 4.

§ 5 Freizeit, Medien, Sport

Spezielle Literatur: *Arndt, S./Weber, M.*, winterREISE – HipHopOperTheater im Jugendknast, in: BewHi 2014, S. 258–266; *Asselborn, G./Lützenkirchen, M.*, Sport als Medium in einer personenzentrierten Arbeit mit delinquenten Jugendlichen, in: ZfStrVo 1991, S. 269–274; *Bammann, K.*, Kunst und Kunsttherapie im Strafvollzug, in: ZfStrVo 2006, 150–154; *Bammann, K.*, Kunst im Jugendstrafvollzug – Ansätze aus der Arbeit der Projektgruppe „kunst.voll" in der JVA Bremen, in: ZJJ 2007, S. 206–211; *Bammann, K./Feest, J.*, Kunst und Kreativität in Haft – Folgerungen aus einer Umfrage, in: NK 2007, S. 42–46; *Bauer, M.*, Boxen im Jugendstrafvollzug?, in: Forum Strafvollzug 2015, S. 153–154; *Baumann, J.*, Anmerkung: Art. 5 GG versus §§ 68 II 2 u. 70 II 2 StVollzG, in: StV 1992, S. 331–332; *Beaucamp, G.*, Zeitungen im Gefängnis zwischen Pressefreiheit und Anstaltsordnung, in: ZfStrVo 1999, S. 206–210; *Becker, D.*, Büchereiarbeit im Justizvollzug der Freien Hansestadt Hamburg, in: B. Kaden/M. Kindling (Hrsg.), Zugang für alle – Soziale Bibliotheksarbeit in Deutschland, Berlin 2007, S. 193–196; *Becker, K.*, Gefangenenchor in der Justizvollzugsanstalt St. Georgen-Bayreuth, in: ZfStrVo 1979, S. 241; *Behnke, B.*, Sport im Jugendstrafvollzug, in: Bundesministerium der Justiz (Hrsg.), Tagungsberichte der Jugendstrafvollzugskommission. Vierte Arbeitssitzung vom 20. bis 24. Februar 1978 in Bremen, IV. Band, Bonn 1978, S. 23–39; *Behnke, B.*, Sport im Strafvollzug, in: ZfStrVo 1980, S. 25–29; *Beyler, O.*, Das Recht des Strafgefangenen auf Besitz von Gegenständen nach § 70 (i.V.m. § 69 II) StVollzG unter besonderer Berücksichtigung der allgemeinen technischen Entwicklung, in: ZfStrVo 2001, S. 142–151; *Bierschwale, P./Detmer, B./Köhler, W./Kramer, J.*, Freizeitgestaltung im niedersächsischen Justizvollzug. 10 Punkte für ein „Projekt Freizeit", in: ZfStrVo 1995, S. 83–92; *Bode, L.*, Freizeitgestaltung im Strafvollzug – Möglichkeiten der Freizeitgestaltung, in: H.-D. Schwind/G. Blau (Hrsg.), Strafvollzug in der Praxis. Eine Einführung in die Probleme und Realitäten des Strafvollzuges und der Entlassenenhilfe, 2. Aufl., Berlin u.a. 1988, S. 313–318; *Böhnke, J.*, Sport, Delinquenz und Lebensstil. Eine empirische Untersuchung als Voraussetzung für den Einsatz des Sports im Jugendstrafvollzug unter Berücksichtigung vorhandener Lebensstile, Münster u.a. 1992; *Börke, R.*, Kunst im Knast. Projekt Kunst im Strafvollzug Butzbach seit 1981, in: BewHi 2014, S. 81–82; *Brauer, J.*, Theaterprojekt in der JVA Rohrbach, in: Forum Strafvollzug 2015, S. 170–171; *Bruns, S.*, Gegendarstellung zum Beitrag „UMBRA Kunstfabrik e.V." – Übergangsmanagement mit Mitteln der Kunst", Forum Strafvollzug, Heft 1/2013, S. 44 ff., in: Forum Strafvollzug 2013, S. 128; *Brüssel, G.*, Rap auf Ballett. Zwei Welten prallen aufeinander und vereinigen sich zu einem großartigen Projekt, in: BewHi 2014, S. 5–11; *Budweg, P./Schins, M.-T.*, Ein Leseclub mit inhaftierten Jugendlichen und Jungerwachsenen, in: ZfStrVo 1992, S. 232–236; *Bührle, M.*, Sport im Strafvollzug, in: ZfStrVo 1969, S. 262–274; *Cremer-Schäfer, H.*, Biographie und Interaktion. Selbstdarstellungen von Straftätern und der gesellschaftliche Umgang mit ihnen, München 1985; *Cornel, H.*, Schmieden hinter Gittern – ein Lernprojekt in der Jugendstrafanstalt Berlin, in: KrimPäd 2009, S. 52–57; *Dannebaum, W.*, Viel Sport für Viele und warum es in der JVA Oldenburg keinen Kraftsport gibt, in: Forum Strafvollzug 2015, S. 155–156; *Deckwerth, S.*, Pressefreiheit hinter Gittern, in: Forum Strafvollzug 2010, S. 17–18; *Deu, A. L.*, Gefängnistheater. Theater zwischen Freizeitbeschäftigung, Kunstprojekt, Persönlichkeitsförderung und Resozialisierung, Saarbrücken 2008; *Dölling, D.*, Die resozialisierende Wirkung des Sports im Strafvollzug, in: W. Nickolai/H. Rieder/J. Walter (Hrsg.), Sport im Strafvollzug. Pädagogische und therapeutische Modelle, Freiburg i.Br. 1992, S. 67–76; *Driesch, D. von den*, Frauenstrafvollzug – Entwicklung, Situation und Perspektiven, in: G. Kawamura/R. Reindl (Hrsg.), Wiedereingliederung Straffälliger. Eine Bilanz nach 20 Jahren Strafvollzugsgesetz, Freiburg i.Br. 1998, S. 119–135; *Echtermeyer, P.*, „Ein halber Quadratmeter Freiheit" – Bilder aus der Haft. Der Verein Art and Prison e.V., in: BewHi 2014, S. 73–77; *Erler, L. G.*, Kunst und Kultur – ein Beitrag zur Resozialisierung, in: Forum Strafvollzug 2015, S. 189; *Gareis, B.*, Die Bedeutung des Sports im Strafvollzug. Sportliche Betätigung ist nicht nur austauschbare Freizeitbeschäftigung, in: ZfStrVo 1975, S. 41–49; *Gebhard, P.*, 40 Jahre „Theater hinter Gittern" in Hessen. Ein Rückblick auf bewegte Jahre, in: BewHi 2014, S. 30–34; *Genazino, W.*, Einschluß, meine Herren! Literarische Arbeit mit Strafgefangenen, in: ders., Ach-

§ 5 Freizeit, Medien, Sport

tung Baustelle, München 2006, S. 129–157; *Gerken, T.*, Handball hinter Gittern – damit das Leben wieder lebenswert wird. TuS Versen: Ein ungewöhnlicher Verein in ungewöhnlicher Atmosphäre, in: ZfStrVo 1990, S. 33–34; *Goldberg, B. U.*, Freizeit und Kriminalität bei Jugendlichen. Zu den Zusammenhängen zwischen Freizeitverhalten und Kriminalität, Baden-Baden 2003; *Hammer, K.*, Kunsttherapie im Jugendstrafvollzug Rheinland-Pfalz, in: BewHi 2014, S. 43–45; *Hammerich, K.*, Soziales Engagement und wissenschaftliche Legitimierung. Zum Fall „Strafvollzugsgesetz": Resozialisierung durch Sport, Köln 1991; *Hartmann, A.*, „Bücher brechen Mauer" – Eine Justizvollzugsanstalt sucht neue Wege., in: Forum Strafvollzug 2015, S. 166–167; *Hartogh, T.*, Musik und soziales Training im Jungtäterstrafvollzug, in: KrimPäd 1998, S. 28–33; *Haselbauer, T.*, „Sport fällt im Knast genauso oft aus wie in der Schule". Das Gruppenerlebnis hilft den Jugendlichen im Strafvollzug – doch es fehlt an Zeit, Platz und Ideen, in: FAZ v. 4.7.2007, S. 30 = Forum Strafvollzug 2007, S. 196–197; *Hassemer, W.*, Kommunikationsfreiheit in der Haft, in: ZRP 1984, S. 292–296; *Helmhold, H.*, Kunst im Knast, in: Forum Strafvollzug 2012, S. 242–243; *Hendricks, W.*, Lernen mit Neuen Medien im Strafvollzug. Evaluationsergebnisse aus dem Projekt e-LIS, Freiburg i.Br. 2005; *Herkert, G.*, Freizeitgestaltung im Jugendstrafvollzug, in: Bundesministerium der Justiz (Hrsg.), Tagungsberichte der Jugendstrafvollzugskommission. Vierte Arbeitssitzung vom 20. bis 24. Februar 1978 in Bremen, IV. Band, Bonn 1978, S. 1–22; *Herkert, G./Nickolai, W.*, Freiheit – eine Belastung? – Therapeutische Reisen mit jugendlichen Delinquenten, in: ZfStrVo 1978, S. 81–85; *Hesse, G.*, Die Wände im Knast ... und sie reden doch! Graffiti aus deutschen Gefängnissen, Band 1, Bremen 1984; *Hoffmann, E.*, Gefängnis – Kunst – Gesellschaft. Kunst und Pädagogik in Berliner Gefängnissen, in: BewHi 2014, S. 12–18; *Hoster, M.*, Allgemeines Kraft- und Ausdauertraining mit Geräten, in: ZfStrVo 1970, S. 225–231; *Jumpertz, S.*, Freizeitgestaltung als Behandlungsauftrag – eine empirische Bestandsaufnahme, in: WsFPP 2006, S. 57–73; *Katz, H.*, Mauerblumen – 30 Jahre Fotokurse im Frauengefängnis, in: BewHi 2014, S. 35–42; *Keßler, N.*, Schreiben, um zu überleben. Studien zur Gefangenenliteratur. Mönchengladbach 2001; *Klein, U.*, Gefangenenpresse. Ihre Entstehung und Entwicklung in Deutschland, Bonn 1992; *Klein, U./Koch, H. H.* (Hrsg.), Gefangenenliteratur. Sprechen – Schreiben – Lesen in deutschen Gefängnissen, Hagen 1988; *Knauer, F.*, Strafvollzug und Internet. Rechtsprobleme der Nutzung elektronischer Kommunikationsmedien durch Strafgefangene, Berlin 2006; *Knieß, B.*, Gefängnisliteratur von Frauen der Gegenwart, Marburg 1992; *Koch, H. H./Keßler, N.*, Wenn Wände erzählen könnten. Stimmen von drinnen, in: KrimPäd 2002, S. 32–35; *Koch, H. H./Vomberg, A.*, Gefangenenzeitungen – Was dem Zensor zum Opfer fällt, in: Grundrechte-Report 1997, S. 80–85; *Kofler, G.*, Sport und Resozialisierung. Sportpädagogische Untersuchungen im Jugendstrafvollzug, Schorndorf 1976; *Kofler, G./Wulf, R.*, Im Falle eines Falles ... Erlebnispädagogik, Sport und Haftpflicht, in: ZfStrVo 1992, S. 358–361; *Köhne, M.*, Die Erhebung von Stromkosten im Strafvollzug, in: NStZ 2012, S. 16–18; *Köhne, M.*, Strafverkürzung durch Lesen?, in: NK 2013, S. 3–7; *Köhne, M./ Feest, J.*, Die Stromkostenbeteiligung von Strafgefangenen, in: ZfStrVo 2006, S. 74–76; *Kreiler, K.* (Hrsg.), Innen-Welt. Verständigungstexte Gefangener, Frankfurt aM 1979; *Kriminologische Zentralstelle e.V.* (KrimZ), Manche haben nur Heimspiele: Erfahrungen mit sportlichen Aktivitäten in deutschen Justizvollzugsanstalten. Vorläufige Ergebnisse einer Bestandsaufnahme, Wiesbaden 2006; *Kullinat, M.*, Nikolausgrüße aus dem Knast. Inhaftierte lesen Geschichten für ihre Kinder, in: Forum Strafvollzug 2014, S. 158–159; *Landgraf, W./Weilandt, M./Galli, T.*, Guerilla Gardening und Schneckenzucht – Natur im Vollzug, in: Forum Strafvollzug 2015, S. 48–51; *Lau, A./Wirth, F.*, Sport als Mittel der Resozialisierung von jugendlichen Strafgefangenen, in: Die Kriminalprävention 2001, S. 6–11; *Lenk, J.*, Voraussetzungen für eine sinnvolle Umsetzung des Sports im Strafvollzug, in: ZfStrVo 2006, S. 76–80; *Lindhorst, A.*, Über die Zulässigkeit des Besitzes und der Nutzung einer Sony-Playstation 2 im Haftraum während der Verbüßung von Strafhaft, in: StV 2006, S. 274–278 (leider ohne Nachweise der herangezogenen Rechtsprechung); *Lösel, F.*, Freizeitverhalten und Delinquenz – unter besonderer Berücksichtigung pädagogisch-psychologischer Aspekte, in: ZfStrVo 1983, S. 74–81; *Lüderssen, K./ Seibert, T.-M.* (Hrsg.), Autor und Täter, Frankfurt aM 1978; *Lüdtke, H.*, Freizeitsoziologie. Arbeiten über temporale Muster, Sport, Musik, Bildung und soziale Probleme, Münster 2001; *Mattes, R.*, Die Buchfernleihe für Gefangene, in: U. Klein/H. H. Koch (Hrsg.), Gefangenenliteratur, Sprechen – Schreiben – Lesen in deutschen Gefängnissen, Hagen 1988, S. 215–223; *Meder, H.*, Musik im Strafvollzug, Regensburg 1981; *Maurer, M./Höner-Wysk, R.*, „Hundebande", in: Forum Strafvollzug 2014, S. 312–315; *Menke, V.*, Sport in Justizvollzugsanstalten. Gedanken und Anregungen für die weitere Entwicklung, in: ZfStrVo 1971, S. 231–233; *Mörs, K.-J.*, Das Freizeitproblem im deutschen Erwachsenenstrafvollzug, Stuttgart 1969; *Mößle, T./Kleimann, M./Rehbein, F.*, Bildschirmmedien im Alltag von Kindern und Jugendlichen. Problematische Mediennutzungsmuster und ihr Zusammenhang mit Schulleistungen und Aggressivität, Baden-Baden 2007; *Mößle, T./Kleimann, M./Rehbein, F./Pfeiffer, C.*, Mediennutzung, Schulerfolg, Jugendgewalt und die Krise der Jungen, in: ZJJ 2006, S. 295–309; *Müller, S.*, Fluchthelfer: Mediennutzung im Jugendgefängnis. Eine qualitative Studie zum Mediennutzungsverhalten von Inhaftierten der Haftanstalt Adelsheim, Hamburg 2006; *Muth, P./Schwämmlein, S./Bethge, A./Tietz, D.*, Haftraummediensystem in der neuen Thüringer JSA Arnstadt, in: Forum Strafvollzug 2014, S. 157–158; *Nass, O.*, Kraftsport im Strafvollzug in der JVA Bremen, in: Forum Strafvollzug 2015, S. 154–155; *Neufeld, R.*, „UMBRA kunstfabrik e.V." – Übergangsmanagement von Strafgefangenen mit Mitteln der Kunst, in: Forum Strafvollzug 2013, S. 44–47; *Nickolai, W./Rieder, H./Walter, J.* (Hrsg.), Sport im Strafvollzug. Pädagogische und therapeutische Modelle, Freiburg i.Br. 1992; *N. N.*, Podknast – Filmberichte aus dem Jugendstrafvollzug, in: Forum Strafvollzug 2012, S. 4; *N. N.*, „zukunftsmusik" in der JA Raßnitz, in: Forum Strafvollzug 2015, S. 35; *Noll, J./U., J./Drechsler, I.*, Klappern gehört zum Handwerk – in der Justizvollzugsanstalt Tonna auch mit Stricknadeln, in: Forum Strafvollzug 2015, S. 168; *Nolle, R.*, Spielfilmpädagogik mit jungen Strafgefangenen in der JVA Wiesbaden, in: BewHi 2014, S. 56–72; *Ohlemacher, T./Sögding, D./Höynck, T./Ethé, N./Welte, G.*, Anti-Aggressivitäts-Training und Legalbewährung. Versuch einer Evaluation, in: M. Bereswill/W. Greve (Hrsg.), Forschungsthema Strafvollzug, Baden-Baden 2001, S. 345–386; *Opaschowski, H. W.*, Pädagogik der freien Lebenszeit, 3. Aufl., Opladen 1996; *Opaschowski, H. W.*, Einführung in die Freizeitwissenschaft, 4. Aufl., Wiesbaden 2006; *Otto, M.*, Praxis des sozialen Trainings: Curriculum für die Anwendung im Strafvollzug, Hannover 1986; *Paluszak, M.*, Sportpädagogisches Projekt in der JVA Schwalmstadt (Hessen) – Ausbildung von Inhaftierten zum C-Trainer, in: Forum Strafvollzug 2014, S. 402–403; *Pätzel, C.*, Einzelfernsehen im Strafvollzug, in: Blätter für Strafvollzugskunde, Heft 6/1993, S. 1–3; *Peschers, G.*, Bibliotheksarbeit im Justizvollzug in Deutschland am Beispiel Nordrhein-Westfalens, in: B. Kaden/M. Kindling (Hrsg.), Zugang für alle – Soziale Bibliotheksarbeit in Deutschland, Berlin 2007, S. 181–192; *Pöge, A.*, „Freie Zeit gestalten" – Eine Untersuchung der Freizeitmaßnahmen und Behandlungsprogramme im Jugendstrafvollzug, in: BewHi 2014, S. 87–101; *Pöge, A./Haertel, N.*, Freizeitgestaltung unter Vollzugsbedingungen. Kriminologisch aufbereitete Impulse aus der Freizeitwissenschaft, in: Forum Strafvollzug 2015, S. 157–165; *Pöge, A./Haertel, N.*, Über das Potential der Freizeitgestaltung im Jugendstrafvollzug, in: ZJJ 2015, S. 140–147 (leider zu „Ostendorf, 2009" in den Fn. 4–7 falsche Quellenangabe im Literaturverzeichnis, hier ist nämlich nicht der JGG-Kommentar von Ostendorf gemeint, sondern das von Ostendorf herausgegebene Handbuch Jugendstrafvollzugsrecht); *Prahl, H.-W.*, Soziologie der Freizeit, Paderborn u.a. 2002; *Rhein, S.*, Jugendliche und das Internet: Soziologische Überlegungen und empirische Befunde, in: ZJJ 2011, S. 52–58; *Rohr, C.*, Anstoß für ein neues Leben – Wie gelingt das Projekt in der Praxis?, in: Forum Strafvollzug 2015, S. 150–152; *Röhrbein, S./Berendt, F.*, Budo als Therapie. Grenzen und Möglichkeiten. Kritische Kommentare zum Budo-Aspekt im therapeutischen Intensivprogramm gegen Gewalt und Aggression T.I.G.A., in: DVJJ-Journal 2000, S. 31–35; *Rössner, D.*, Resozialisierung durch Sport im Jugendstrafvollzug, in: W. Feuerhelm/H.-D. Schwind/M. Bock (Hrsg.), Festschrift für Alexander Böhm, Berlin u.a. 1999, S. 453–459; *Roth, K.*, Ingeborg-Drewitz-Literaturpreis für Gefangene: Gemeinsam einsam. Literatur aus dem deutschen Strafvollzug, in: Forum Strafvollzug 2015, S. 198–200; *Roy, I.*, Podknast – Neue Medien im Jugendstrafvollzug, in: BewHi 2014, S. 50–55; *Ruch, A./Mühl, J.*, Fortgeschrittenenklausur – Öffentliches Recht: Besonderes Verwaltungsrecht – Fußball im Strafvollzug, in: JuS 2013, S. 141–146; *Schaede, S./Neubacher, F.*, Podknast.de – Ein Internetprojekt im Jugendstrafvollzug, in: Forum Strafvollzug 2010, S. 347–350; *Schliermann, R./Kern, F.*, Sport im Strafvollzug: Eine repräsentative Bestandsaufnahme von Sport- und Bewegungsprogrammen in deutschen Justizvollzugsanstalten, in: Neue Praxis 2011, S. 243–257;

Schröder, J., Zur Situation des Sports in den Niedersächsischen Justizvollzugsanstalten, in: ZfStrVo 1997, S. 143–150; *Schröder, J.*, Vom Kraftsport zum Fitness- und Gesundheitssport im Justizvollzug, in: ZfStrVo 2001, S. 21–25; *Schröder, J.*, Gesundheitsförderung durch Sport, in: Forum Strafvollzug 2008, S. 130–134; *Schröder, J.*, Sport im Justizvollzug: Grundsätzliche Überlegungen und Empfehlungen, in: Forum Strafvollzug 2015, S. 140–146; *Schroven, G.*, Forum Strafvollzug besuchte die Lichtblick-Redaktion in der JVA Tegel, in: Forum Strafvollzug 2015, S. 86–87; *Schumann, S.*, Anstoß für ein neues Leben: Fußball, Arbeit, Beruf und Soziales. DFB-Projekt der Sepp-Herberger-Stiftung in der JSA Regis-Breitingen, in: Forum Strafvollzug 2013, S. 48–49; *Schwind, H.-D.*, Hörfunk und Fernsehen im Strafvollzug (§ 69 StVollzG). Ergebnisse einer Wiederholungsbefragung in Niedersachsen, in: ZfStrVo 1990, S. 361–362; *Sieland, F./Drechsler, I.*, Vogelvoliere – Projektvorstellung, in: Forum Strafvollzug 2015, S. 168-169; *Sklorz, M.*, Sport im Strafvollzug. Erfahrungen aus einer zweijährigen sportpraktischen Tätigkeit, in: ZfStrVo 1970, S. 214–224; *Sonnenbaum, N.*, Knastkultur. Ein kreativer Weg ..., in: BewHi 2014, S. 46–49; *Steindorff-Classen, C.*, Resozialisierung durch Bücher? Neue Perspektiven durch Literaturprojekte, in: BewHi 2014, S. 19–29; *Swierkowska, M.*, Malbuchprojekt der JVA Herford zur Aufklärung über gefährdete Meeresschildkröten, in: BewHi 2014, S. 78–80; *Thielicke, B./Winter, J.*, Motorrad-Trial im Knast, in: ZfStrVo 1991, S. 229–232; *Tolksdorf, K. J./Wischnewski, C.*, Bewegungs- und Sportangebote im Strafvollzug für Frauen: Das Beispiel der Justizvollzugsanstalt Frankfurt aM/Preungesheim, in: W. Nickolai/H. Rieder/J. Walter (Hrsg.), Sport im Strafvollzug. Pädagogische und therapeutische Modelle, Freiburg i.Br. 1992, S. 45–59; *U., S./Sieland, F.*, Es piept im Haftraum!, Forum Strafvollzug 2015, S. 169–170; *Vogelgesang, E.*, Kleintierhaltung im Strafvollzug. Das Ergebnis einer Umfrage, in: ZfStrVo 1994, S. 67–68; *Vollmer, F. M.*, Gefangenen-Zeitschriften. Eine Analyse ihrer Funktionen in nordrhein-westfälischen Haftanstalten, Bochum 1980; *Walkenhorst, P.*, Animative Freizeitgestaltung im Strafvollzug als pädagogische Herausforderung, in: DVJJ-Journal 2000, S. 265–277; *Walter, M.*, Das darstellende Spiel (Amateurtheater) als Mittel zur Resozialisierung, in: ZfStrVo 1969, S. 313–321; *Wattenberg, H.-H.*, Kunst im Strafvollzug. 16 Jahre Erfahrung in der Arbeits- und Beschäftigungstherapie, in: ZfStrVo 1994, S. 288–290; *Weidner, J.*, Anti-Aggressivitäts-Training für Gewalttäter. Ein deliktspezifisches Behandlungsangebot im Jugendvollzug, 5. Aufl., Mönchengladbach 2001; *Weigel, S.*, „Und selbst im Kerker frei ...!": Schreiben im Gefängnis. Zur Theorie und Gattungsgeschichte der Gefängnisliteratur (1750-1933), Marburg/Lahn 1982; *Weiß, M.*, Radrennsport im Rudolf-Sieverts-Haus der Jugendanstalt Hameln. Radsport als Teil eines sozialtherapeutischen Erziehungs- und Behandlungsangebotes im Jugendvollzug, in: ZfStrVo 1988, S. 211–212; *Weiß, M.*, Sozialtherapie und Erlebnispädagogik. Eine Alpentour mit jugendlichen Strafgefangenen, in: ZfStrVo 1992, S. 177–178; *Wolf, N.*, Sport mit drogenabhängigen und drogengefährdeten Gefangenen. Ein Projekt der Badischen Sportjugend-Nord und der Württembergischen Sportjugend in Zusammenarbeit mit dem Justizministerium Baden-Württemberg, in: W. Nickolai/H. Rieder/J. Walter (Hrsg.), Sport im Strafvollzug. Pädagogische und therapeutische Modelle, Freiburg i.Br. 1992, S. 60–66; *Wolf, N.*, Sportpädagogik und Selbstkonzept im Strafvollzug, Pfaffenweiler 1997; *Wolters, J.-M.*, Kampfkunst als Therapie. Die sozialpädagogische Relevanz asiatischer Kampfsportarten. Aufgezeigt am Beispiel des sporttherapeutischen „Shorinji-Ryu"(-Karatedo) zum Abbau der Gewaltbereitschaft und Aggressivität bei inhaftierten Jugendlichen, Frankfurt aM u.a. 1992; *Wolters, J.-M.*, Erlebnis – Erfahrung – Erkenntnis: „Körper-Seele-Geist"-Therapie für Schläger. Oder: Der Kampfkunst-Weg zum Friedvollen Krieger, in: MschrKrim 1998, S. 130–139; *Wolters, J.-M.*, Das therapeutische Intensivprogramm gegen Gewalt und Aggression. Neue Wege im Hamburger Justizvollzug, in: DVJJ-Journal 1998, S. 361–370; *Wolters, J.-M.*, Über die „pädagogische Provinz" – oder: doch keine neuen Wege im Hamburger Jugendvollzug, in: DVJJ-Journal 2000, S. 28–30; *Wrzesinski, T.*, Anstoß für ein neues Leben – Mit Fußball zurück in die Gesellschaft. Gemeinsam mit starken Partnern gibt die Sepp-Herberger-Stiftung jugendlichen Strafgefangenen den „Anstoß für ein neues Leben" und lebt so das Vermächtnis Sepp Herbergers, in: Forum Strafvollzug 2015, S. 146–150; *Zieger, M.*, Wie frei darf eine Gefangenenzeitschrift sein?, in: StV 2007, S. 387–388

I. Überblick

Die Regelungen zu Freizeit, Medien und Sport im Jugendstrafvollzug[1] finden sich derzeit[2] nur noch in neun[3] Bundesländern in einem eigenständigen Landesjugendstrafvollzugsgesetz,[4] in Bayern (früher auch in Hamburg)[5] in einem Landesstrafvollzugsgesetz,[6] in Niedersachsen und neuerdings[7] auch in Brandenburg und Rheinland-Pfalz in einem Landesjustizvollzugsgesetz[8] und nach Baden-Württemberg nunmehr[9] auch in Thüringen und neuerdings in Sachsen-Anhalt in einem Landesjustizvollzugsgesetzbuch.[10]

1

Nachdem ursprünglich neun Bundesländer (Berlin, Brandenburg, Bremen, Mecklenburg-Vorpommern, Rheinland-Pfalz, Saarland, Sachsen-Anhalt, Schleswig-Holstein

2

---

1 Zur ursprünglichen Rechtslage der im Wesentlichen (s. dazu Fn 23) erstmals im Jahr 2008 in Kraft getretenen Landesgesetze zum Jugendstrafvollzug vgl allgemein die Synopse zu wichtigen Regelungsbereichen (daher nicht zum Bereich „Freizeit, Medien, Sport") von Höynck/Hagemann/Kapteina/Klimaschweski/Lübke/Luu/Riechey, ZJJ 2008, 159 ff, die einen sehr guten Überblick der damaligen Landesregelungen im Vergleich zu den Vorgaben des BVerfG, 31.5.2006, 2 BvR 1673/04 und 2402/04, BVerfGE 116, 69, gibt.
2 Die vorliegenden Ausführungen zu „Freizeit, Medien, Sport" berücksichtigen den Gesetzesstand: 1.1.2016.
3 Ursprünglich waren es 13 Bundesländer: In *Baden-Württemberg* gab es zunächst ein eigenständiges Jugendstrafvollzugsgesetz (vgl JStVollzG B-W aF v. 3.7.2007, GBl. S. 298, aufgehoben mit Wirkung vom 1.1.2010 durch Gesetz v. 10.11.2009, GBl. S. 545), dessen Regelungen inhaltlich weitgehend unverändert (vgl Egerer, Forum Strafvollzug 2010, 34) in das 4. Buch des am 1.1.2010 in Kraft getretenen Justizvollzugsgesetzbuches (s. dazu Fn 10) integriert wurden. Weitere Länder haben zwischenzeitlich ebenfalls ihre eigenständigen Jugendstrafvollzugsgesetze wieder abgeschafft, nämlich im Jahr 2013 *Brandenburg* (vgl BbgJStVollzG aF v. 18.12.2007, GVBl. I S. 348, aufgehoben mit Wirkung vom 1.6.2013 durch Gesetz v. 24.4.2013, GVBl. I Nr. 14) und *Rheinland-Pfalz* (vgl LJStVollzG RP aF v. 3.12.2007, GVBl. S. 252, aufgehoben mit Wirkung vom 1.6.2013 durch Gesetz v. 8.5.2013, GVBl. S. 79), im Jahr 2014 *Thüringen* (vgl ThürJStVollzG aF v. 20.12.2007, GVBl. S. 221, aufgehoben mit Wirkung vom 7.3.2014 durch Gesetz v. 27.2.2014, GVBl. S. 13) sowie im Jahr 2015 *Sachsen-Anhalt* (vgl JStVollzG LSA aF v. 7.12.2007, GVBl. LSA S. 368, aufgehoben mit Wirkung vom 1.12.2016 durch Gesetz v. 18.12.2015, GVBl. LSA S. 666), wobei sie hierbei stattdessen den Jugendstrafvollzug nunmehr in einem Justizvollzugsgesetz(buch) (s. dazu Fn 8 bzw Fn 10) regeln. In *Hamburg* war es umgekehrt: Hier gab es zunächst nur besondere Vorschriften in einem Landesstrafvollzugsgesetz (vgl HmbStVollzG aF v. 14.12.2007, HmbGVBl. S. 471, aufgehoben mit Wirkung vom 1.9.2009 durch Gesetz v. 14.7.2009, HmbGVBl. S. 257). Am 1.9.2009 sind dort ein neues HmbStVollzG v. 14.7.2009 (HmbGVBl. S. 257) und das HmbJStVollzG v. 14.7.2009 (s. dazu Fn 4) in Kraft getreten. Vgl krit. zum HmbJStVollzG v. 14.7.2009 Tondorf/Tondorf, ZJJ 2009, 257 ff, die die Neuregelung mit der Echternacher Springprozession vergleichen und erhebliche Nachbesserungen einfordern. Dies dürfte aber nicht den Bereich „Freizeit, Medien, Sport" betreffen, da insoweit die Regelungen des HmbJStVollzG denen der sog. Neuner-Gruppe (s. dazu Rn 2) angelehnt sind.
4 JStVollzG Bln v. 15.12.2007 (GVBl. S. 653), zuletzt geändert durch Gesetz v. 21.6.2011 (GVBl. S. 287); BremJStVollzG v. 27.3.2007 (GBl. S. 233); HmbJStVollzG v. 14.7.2009 (HmbGVBl. S. 257), zuletzt geändert durch Gesetz v. 21.5.2013 (HmbGVBl. S. 211); HessJStVollzG v. 19.11.2007 (GVBl. S. 758), zuletzt geändert durch Gesetz v. 30.11.2015 (GVBl. S. 498), das HessJStVollzG tritt nach dessen § 79 Abs. 2 mit Ablauf des 31.12.2020 außer Kraft; JStVollzG M-V v. 14.12.2007 (GVOBl. M-V S. 427); JStVollzG NRW v. 20.11.2007 (GVBl. NRW. S. 539), zuletzt geändert durch Gesetz v. 13.1.2015 (GVBl. NRW. S. 76); SJStVollzG v. 30.10.2007 (ABl. S. 2370), zuletzt geändert durch Gesetz v. 24.4.2013 (ABl. I S. 116), das SJStVollzG tritt nach dessen § 113 Abs. 4 mit Ablauf des 31.12.2020 außer Kraft; SächsJStVollzG v. 12.12.2007 (SächsGVBl. S. 558), zuletzt geändert durch Gesetz v. 16.5.2013 (SächsGVBl. S. 250); JStVollzG SH v. 19.12.2007 (GVOBl. Schl.-H. S. 563), zuletzt geändert durch Gesetz v. 15.5.2013 (GVOBl. Schl.-H. S. 169).
5 Siehe dazu Fn 3.
6 BayStVollzG v. 10.12.2007 (GVBl. S. 866), zuletzt geändert durch Gesetz v. 22.7.2014 (GVBl. S. 286).
7 Siehe dazu Fn 3.
8 BbgJVollzG v. 24.4.2013 (GVBl. I Nr. 14), geändert durch Gesetz v. 10.7.2014 (GVBl. I Nr. 34); NJVollzG idF der Bekanntmachung v. 8.4.2014 (Nds. GVBl. S. 106); LJVollzG RP v. 8.5.2013, GVBl. S. 79, geändert durch Gesetz v. 22.12.2015 (GVBl. S. 487).
9 Siehe dazu Fn 3.
10 JVollzGB B-W v. 10.11.2009 (GBl. S. 545), zuletzt geändert durch Gesetz v. 1.12.2015 (GBl. S. 1047), dessen Buch 1 (Gemeinsame Regelungen und Organisation) im Folgenden JVollzGB I und dessen Buch 4 (Jugendstrafvollzug) im Folgenden JVollzGB IV zitiert wird; ThürJVollzGB v. 27.2.2014 (GVBl. S. 13); JVollzGB LSA v. 18.12.2015 (GVBl. LSA S. 666).

und Thüringen), sog. **Neuner-Gruppe,** einen gemeinsamen Gesetzentwurf erarbeitet haben, sind im Bereich „Freizeit, Medien und Sport" derzeit nur noch die Landesjugendstrafvollzugsgesetze in drei Bundesländern (Bremen, Mecklenburg-Vorpommern und Schleswig-Holstein) wortgleich. Zunächst hatten auch Brandenburg, Saarland und Thüringen wortgleiche Regelungen in diesem Bereich erlassen.

3   Den Regelungen wird in den Landesgesetzen noch überwiegend ein eigener Abschnitt gewidmet.[11] Im BayStVollzG und NJVollzG werden die Regelungen des Erwachsenenstrafvollzuges zur Freizeit, die dort auch jeweils in einem eigenen Abschnitt zusammengefasst sind, durch besondere Vorschriften für den Jugendstrafvollzug modifiziert.[12] Damit räumen die Landesgesetzgeber dem Bereich „Freizeit, Medien und Sport" grundsätzlich eine gleichwertige Stellung wie zB den Bereichen „Arbeit und Ausbildung" bzw „Sicherheit und Ordnung" ein. Brandenburg, Rheinland-Pfalz und Thüringen sowie neuerdings auch Sachsen-Anhalt regeln die Freizeit inzwischen zusammen mit der Grundversorgung in einem Abschnitt,[13] auch wenn es in Sachsen-Anhalt nicht unter der Überschrift „Grundversorgung und Freizeit", sondern „Persönlicher Besitz, Einkauf und Verpflegung, Freizeit" erfolgt. Diese Einordnung der Freizeit bei den Grundbedürfnissen reflektiert den Wandel in der Einstellung zur freien Zeit in der Gesellschaft. Sprach das Jugendgerichtsgesetz (JGG) in § 91 Abs. 2 S. 1 JGG aF[14] lediglich von sinnvoller Beschäftigung in der freien Zeit, wird die Freizeit zumindest vom BbgJVollzG, LJVollzG RP, JVollzGB LSA und ThürJVollzGB heute schon im Zusammenhang mit den Grundbedürfnissen eines Menschen geregelt. Allerdings wird der Freizeit dann doch nicht mehr so viel Bedeutung zugemessen, dass die Regelungen hierzu in einem eigenen Abschnitt erfolgen.

4   Die Ausgestaltung der Freizeit orientiert sich am **Vollzugs- bzw Erziehungsziel.** Allerdings erscheint die in einigen Bundesländern geforderte Pflicht zur Mitwirkung der Gefangenen an der Erreichung des Vollzugszieles gerade bei Freizeitangeboten besonders kontraproduktiv.[15] Die Freizeit und insbesondere auch die sportliche Betätigung haben für die Entwicklung des Jugendlichen bzw Heranwachsenden und damit für die Erreichung des Vollzugszieles einen wesentlichen, zeitlich dominanten Stellenwert, der im Allgemeinen als gleichrangig mit beruflicher und schulischer Bildung und Arbeit beurteilt wird.[16] In der Konzeption eines Behandlungsvollzuges kommt der Freizeitgestaltung eine wesentliche Bedeutung für die Sozialisation des Gefangenen zu:[17] Die Freizeit ist ein Feld des sozialen Lernens.[18] Schon § 91 Abs. 2 S. 1 JGG

---

11   Im JStVollzG NRW enthält der entsprechende Abschnitt auch die Regelung zur Mitverantwortung der Gefangenen, obwohl dies dogmatisch zur Organisation der Anstalt gehört.
12   Früher auch § 53 HmbStVollzG aF.
13   So auch der Entwurf JStVollzG Bln, vgl Abgeordnetenhaus Berlin Drucks. 7/2442 v. 9.9.2015.
14   § 91 Abs. 2 S. 1 JGG aF lautet: „Ordnung, Arbeit, Unterricht, Leibesübungen und sinnvolle Beschäftigung in der freien Zeit sind die Grundlagen dieser Erziehung." Bis zur Neuregelung des Jugendstrafvollzugs durch das am 1.1.2008 in Kraft getretene Gesetz v. 13.12.2007 (BGBl. I, 2894) war § 91 Abs. 2 JGG aF die für die Gestaltung des Jugendstrafvollzugs grundlegende Norm.
15   Siehe dazu § 1 Rn 26 ff; ferner Eisenberg, NStZ 2008, 250, 252; Walter, ZJJ 2006, 236, 240.
16   Eisenberg, JGG, 12. Aufl., § 91 Rn 96; vgl ferner Bundesminister der Justiz (Hrsg.), Schlußbericht der Jugendstrafvollzugskommission, 1980, S. 36.
17   Zur Funktion der Freizeit im Strafvollzug s. Mörs, Das Freizeitproblem im deutschen Erwachsenenstrafvollzug, 1969, S. 48 ff; Walkenhorst, DVJJ-Journal 2000, 265 ff.
18   Laubenthal, Strafvollzug, 2015, Rn 608.

aF[19] hat der „freien Zeit" und dem Sport als „Leibesübungen" durch explizite Erwähnung eine besondere Bedeutung als Erziehungsmethode für den Jugendstrafvollzug beigemessen. In den Landesgesetzen wird daher die Bedeutung sinnvoller Freizeitgestaltung hervorgehoben.

Bis zum 1.1.2008 war der Vollzug der Jugendstrafe gesetzlich nur rudimentär geregelt[20] und basierte insbesondere auf den von den Landesjustizverwaltungen im Jahre 1976 vereinbarten **bundeseinheitlichen Verwaltungsvorschriften zum Jugendstrafvollzug (VVJug)**,[21] die in den alten Bundesländern übereinstimmend 1977 in Kraft gesetzt und später auch in den neuen Ländern übernommen worden sind. Diese mehrfach geänderten Verwaltungsvorschriften lehnten sich weitgehend an die Regelungen des Strafvollzugsgesetzes (StVollzG)[22] an und enthielten u.a. auch Bestimmungen zu Freizeitbeschäftigung (Nr. 58 VVJug), Zeitungen und Zeitschriften (Nr. 59 VVJug), Hörfunk und Fernsehen (Nr. 60 VVJug) und zum Besitz von Gegenständen für die Freizeitbeschäftigung (Nr. 61 VVJug).

In den im Wesentlichen[23] am 1.1.2008 in Kraft getretenen Ländergesetzen zum Jugendstrafvollzug sind u.a. Regelungen über die Freizeit, den Zugang zu Printmedien, Radio- und Fernsehempfang sowie über den Besitz von Gegenständen für die Freizeitbeschäftigung enthalten. Hierbei haben sich die Landesgesetzgeber am StVollzG orientiert.

Das **StVollzG**, das im Wesentlichen bereits in 14 Bundesländern durch Landesgesetze abgelöst wurde und derzeit noch in Berlin und Schleswig-Holstein für den Bereich des Erwachsenenstrafvollzuges gem. Art. 125 a Abs. 1 GG als Bundesrecht fortgilt,[24] bis es durch Landesrecht ersetzt wird, regelt in einem eigenen Abschnitt unter dem Titel „Freizeit" (§§ 67 bis 70 StVollzG) drei Bereiche:[25]

- die Freizeitgestaltung (§ 67 StVollzG),
- die Information aus den Massenmedien: Zeitungen und Zeitschriften (§ 68 StVollzG), Hörfunk und Fernsehen (§ 69 StVollzG) sowie
- den Besitz von Gegenständen für Fortbildung und Freizeitbeschäftigung (§ 70 StVollzG).

In den Ländergesetzen zum Jugendstrafvollzug wird – anders als in den VVJug – die Bedeutung des **Sports** durch die Regelung in jeweils eigenständigen Paragrafen bzw

---

19 § 91 Abs. 2 S. 1 JGG aF lautet: „Ordnung, Arbeit, Unterricht, Leibesübungen und sinnvolle Beschäftigung in der freien Zeit sind die Grundlagen dieser Erziehung." § 91 JGG wurde erst durch das am 1.1.2008 in Kraft getretene 2. ÄndG v. 13.12.2007 (BGBl. I, 2894) geändert. Bis zur Neuregelung des Jugendstrafvollzugs war § 91 Abs. 2 JGG die für die Gestaltung des Jugendstrafvollzugs grundlegende Norm.
20 Ostendorf, JGG, 7. Aufl., §§ 91–92 Rn 3.
21 Abgedruckt bei Ostendorf, JGG, 7. Aufl., Anhang 3.
22 Vom 16.3.1976 (BGBl. I, 581, 2088; 1977 I, 436), zuletzt geändert durch Gesetz v. 31.8.2015 (BGBl. I, 1474).
23 Baden-Württemberg hatte seinerzeit als erstes Bundesland ein Landesgesetz zum Jugendstrafvollzug in Kraft gesetzt. Das JStVollzG B-W aF v. 3.7.2007, GBl. S. 298, war bereits am 1.8.2007 in Kraft getreten (s. dazu Fn 3).
24 Beachte aber Entwurf StVollzG Bln, vgl Abgeordnetenhaus Berlin Drucks. 7/2442 v. 9.9.2015, und Entwurf StVollzG SH, vgl LT-Drucks. 18/3153 v. 30.6.2015.
25 Laubenthal, Strafvollzug, 4. Aufl., Rn 608.

§ 5 Freizeit, Medien, Sport

zumindest Absätzen[26] betont, nachdem das BVerfG in seinem Urteil vom 31.5.2006[27] im Hinblick auf die physischen und psychischen Besonderheiten des Jugendalters einen speziellen Regelungsbedarf u.a. auch in Bezug auf die körperliche Bewegung festgestellt hat. So gibt es auch in den meisten Ländergesetzen (Ausnahmen:[28] Bayern und Niedersachsen) die Verpflichtung, ein Mindestmaß an sportlicher Betätigung für die jungen Gefangenen anzubieten, überwiegend mindestens zwei Stunden pro Woche, in Nordrhein-Westfalen mindestens drei Stunden pro Woche, in Sachsen und nunmehr auch in Brandenburg sogar mindestens vier Stunden pro Woche.

9 Im Gegensatz zum § 67 S. 2 StVollzG enthalten einige Ländergesetze[29] keine Konkretisierung der Beschäftigungsmöglichkeiten für die Freizeit. Regelungen zum Zugang zu verschiedenen Medien finden sich in allen Ländergesetzen. Der Bezug von Zeitungen und Zeitschriften ist dabei entsprechend dem StVollzG gestaltet. Über den Hörfunk und gemeinschaftlichen Fernsehempfang hinaus wird überall u.a. auch der Besitz von eigenen Fernsehgeräten geregelt. Den **elektronischen Medien** wird zunehmend weniger zurückhaltend begegnet (siehe dazu Rn 55, Rn 72 ff, Rn 88). Eine ausdrückliche Regelung zur Nutzung des **Internets** hat noch keinen Eingang in die Ländergesetze gefunden; dieser Bereich wird der Telekommunikation bzw. dem Besitz von Gegenständen für die Freizeitbeschäftigung zugeordnet, aber nicht expressis verbis erwähnt. Eine eigenständige Regelung, die die Besonderheiten von jungen Gefangenen im Umgang mit den Medien und den besonderen Erziehungs- und Förderungsbedarf zB durch medienpädagogische Überlegungen würdigt, findet sich in keinem der Ländergesetze.[30] Lediglich in § 38 S. 2 JStVollzG Bln heißt es: „Dazu sind geeignete Angebote, auch zum Erwerb von Medienkompetenz, vorzuhalten."[31] In einigen[32] Ländergesetzen wird zumindest der verantwortungsvolle Umgang mit neuen Medien problematisiert, was indes die Frage aufwirft, ob der Konsum altbekannter Medien keiner besonderen erzieherischen Aufmerksamkeit bedarf.

II. Regelungen der einzelnen Bundesländer

10 In Baden-Württemberg wird der Jugendstrafvollzug im **JVollzGB IV**[33] geregelt. Dort finden sich im 9. Abschnitt unter dem Titel „Freizeit" folgende Regelungen: Allgemeines (§ 53), Besitz von Gegenständen zur Freizeitbeschäftigung (§ 54),[34] Hörfunk und Fernsehen (§ 55) und Zeitungen und Zeitschriften (§ 56). Bei den Behandlungs- und Erziehungsgrundsätzen ist in § 2 Abs. 7 u.a. festgelegt, dass Bereitschaft, Mitwir-

---

26 Ausnahme früher Hamburg, vgl § 53 HmbStVollzG aF.
27 BVerfG, 31.5.2006, 2 BvR 1673/04 und 2402/04, BVerfGE 116, 69, 87.
28 Früher auch Hamburg, vgl § 53 HmbStVollzG aF.
29 Ausnahmen: § 53 Abs. 2 JVollzGB IV; Art. 152 Abs. 1 S. 2 BayStVollzG; § 128 Abs. 2 NJVollzG; § 55 Abs. 2 u. 3 JStVollzG NRW; § 38 S. 4 SächsJStVollzG (früher auch § 53 Abs. 1 S. 2 HmbStVollzG aF; § 39 S. 1 LJStVollzG RP aF).
30 Zur Mediennutzung Jugendlicher s. Rhein, ZJJ 2011, 52 ff.
31 Ähnlich auch § 62 Abs. 1 S. 1 Entwurf JStVollzG Bln, vgl Abgeordnetenhaus Berlin Drucks. 7/2442 v. 9.9.2015.
32 § 53 Abs. 2 JVollzGB IV; Art. 152 Abs. 1 S. 2 BayStVollzG; § 55 Abs. 3 S. 2 JStVollzG NRW; § 38 S. 4 SächsJStVollzG.
33 Zur Vorgängerregelung s. Fn 3.
34 § 54 Abs. 2 JVollzGB IV ist indes sprachlich verunglückt. Trotz der zwischenzeitlichen Änderung der Überschrift des § 54 JVollzGB IV mit Wirkung v. 1.6.2013 durch Gesetz v. 20.11.2012 (GBl. S. 581) hat der Landesgesetzgeber die Vorschrift bislang nicht redaktionell nachgebessert.

kung und Fortschritte der jungen Gefangenen bei der Freizeitgestaltung anerkannt und belohnt werden sollen, soweit die gesetzlichen und tatsächlichen Voraussetzungen dies zulassen. Angaben zur Freizeitbetätigung gehören nicht zu den Mindestvoraussetzungen des Erziehungsplans (vgl § 5).

Im **BayStVollzG** wird im Teil 3 der Vollzug der Jugendstrafe geregelt. Hier finden sich Regelungen zu Freizeit (Art. 152) und Sport (Art. 153). Im Teil 2 (Vollzug der Freiheitsstrafe) werden im 9. Abschnitt unter der Überschrift „Freizeit" folgende Regelungen getroffen: Allgemeines (Art. 69), Zeitungen und Zeitschriften (Art. 70), Hörfunk und Fernsehen (Art. 71), Besitz von Gegenständen für die Freizeitbeschäftigung (Art. 72) und Kostenbeteiligung (Art. 73). Gem. Art. 122 iVm Art. 152 Abs. 2 gelten für den Vollzug der Jugendstrafe die Art. 70, 72 und 73 entsprechend; Art. 71 gilt entsprechend mit der Maßgabe, dass der Anstaltsleiter festlegen kann, ob und unter welchen zusätzlichen Voraussetzungen eigene Fernsehgeräte zugelassen werden. Nach Art. 152 Abs. 1 S. 1 sind die jungen Gefangenen zur Teilnahme und Mitwirkung an Angeboten der Freizeitgestaltung zu motivieren und anzuleiten. Eine Pflicht zur Teilnahme und Mitwirkung besteht nicht. Dass die Freizeitgestaltung in den Vollzugsplan aufzunehmen ist, ergibt sich nicht ausdrücklich aus dem Gesetz. Nach Art. 130 Abs. 1 gelten für den Vollzugsplan Art. 9 Abs. 1 und 2 entsprechend mit der Maßgabe, dass bei den pädagogischen Maßnahmen auch aufzunehmen ist, welche schulischen, berufsorientierten, -qualifizierenden oder arbeitstherapeutischen Maßnahmen zu ergreifen sind. Nach Art. 9 Abs. 1 S. 2 enthält der Vollzugsplan insbesondere Angaben über vollzugliche, pädagogische und sozialpädagogische sowie therapeutische Maßnahmen. Allerdings kann der Gesetzesbegründung hierzu entnommen werden, dass die Freizeitgestaltung als vollzugliche Maßnahme[35] anzusehen ist und daher der Vollzugsplan hierzu Angaben enthalten soll.

Im **JStVollzG Bln** werden im 5. Abschnitt unter dem Titel „Freizeit, Sport" Regelungen zu Freizeit (§ 38), Sport (§ 39), Zeitungen und Zeitschriften (§ 40), Rundfunk (§ 41) und Besitz von Gegenständen für die Freizeitbeschäftigung (§ 42) getroffen.[36] Die §§ 39 bis 42 sind wortgleich mit den Regelungen in Brandenburg, Bremen, Mecklenburg-Vorpommern, Saarland, Schleswig-Holstein und Thüringen. Die Regelung zur Freizeit in § 38 weicht nur insofern ab, als hier im S. 2 noch zusätzlich die Förderung der Medienkompetenz festgeschrieben wurde. Der Gefangene ist nach § 38 S. 3 zur Teilnahme und Mitwirkung an Freizeitangeboten verpflichtet. Gem. § 11 Abs. 3 Nr. 7 enthält der Vollzugsplan insbesondere Angaben zur „Teilnahme an Sport- und Freizeitangeboten, Maßnahmen der Gesundheitsfürsorge und Gesundheitsvorsorge".

Im **BbgJVollzG**[37] finden sich im 9. Abschnitt unter der Überschrift „Grundversorgung und Freizeit" u.a. folgende Regelungen: Ausstattung des Haftraums (§ 57), Zeitungen und Zeitschriften (§ 60), Rundfunk, Informations- und Unterhaltungselektronik (§ 61) und Freizeit (§ 65). Der Besitz von Gegenständen zur Freizeitbeschäftigung bedarf keiner gesonderten Regelung, da sie von § 57 umfasst werden. Der Besitz von

---

35 Vgl Bayerischer Landtag LT-Drucks. 15/8101 v. 30.4.2007 S. 51.
36 So aber nicht mehr der Entwurf JStVollzG Bln, vgl Abgeordnetenhaus Berlin Drucks. 7/2442 v. 9.9.2015.
37 Zur Vorgängerregelung s. Fn 3.

Fiedler/Vogel

Radio- und Fernsehgeräten richtet sich nach § 61 Abs. 2. § 65 Abs. 2 S. 2 sieht als Mindeststundenzahl für Sport statt früher zwei Stunden nunmehr dem Beispiel Sachsens folgend vier Stunden vor. Die Gefangenen sind nicht mehr zur Teilnahme und Mitwirkung an Freizeitangeboten verpflichtet.[38] Gem. § 15 Abs. 1 S. 1 Nr. 16 enthält der Vollzugsplan insbesondere Angaben zur „Teilnahme an Sportangeboten und Maßnahmen zur strukturierten Gestaltung der Freizeit".[39]

14 Im BremJStVollzG, JStVollzG M-V und SJStVollzG finden sich jeweils im 5. Abschnitt und im JStVollzG S-H nunmehr[40] im 6. Abschnitt jeweils unter der Überschrift „Freizeit, Sport" wortgleiche Regelungen zu Freizeit (§ 38), Sport (§ 39), Zeitungen und Zeitschriften (§ 40), Rundfunk (§ 41) und Besitz von Gegenständen für die Freizeitbeschäftigung (§ 42). Allerdings wurde zwischenzeitlich § 41 Abs. 2 SJStVollzG hinsichtlich der Zulassung eigener Fernsehgeräte dahingehend ergänzt, dass die Gefangenen auf Mietgeräte oder auf ein Haftraummediensystem verwiesen werden können. Die Gefangenen sind jeweils nach § 38 S. 3 zur Teilnahme und Mitwirkung an Freizeitangeboten verpflichtet. Jeweils gem. § 11 Abs. 3 Nr. 7 enthält der Vollzugsplan insbesondere Angaben zur „Teilnahme an Sport- und Freizeitangeboten".

15 Im HmbJStVollzG[41] sind im Teil 2 (Vollzug der Freiheitsstrafe und der Jugendstrafe) im 7. Abschnitt unter dem Titel „Freizeit" folgende Regelungen zu finden: Allgemeines (§ 50), Zeitungen und Zeitschriften (§ 51), Rundfunk (§ 52) und Gegenstände der Freizeitbeschäftigung (§ 53). Gem. § 50 Abs. 2 sind die Gefangenen zur Teilnahme und Mitwirkung an Angeboten der Freizeitgestaltung verpflichtet. § 8 Abs. 2 S. 1 Nr. 10 sieht ausdrücklich vor, Angaben zur „Teilnahme an Sport- und Freizeitangeboten" in den Vollzugsplan aufzunehmen. Nur in Hamburg findet sich zudem die Regelung, dass die Angaben im Vollzugsplan in Grundzügen zu begründen sind.[42]

16 Im HessJStVollzG sind im 6. Abschnitt unter der Überschrift „Freizeit, Sport" Regelungen zur Gestaltung der freien Zeit (§ 29) und zum Sport (§ 30) vorgesehen. § 29 enthält in Abs. 2 Regelungen zur Bücherei sowie zu Zeitungen und Zeitschriften, und in Abs. 3 bis 5 wird das Recht der Gefangenen auf Teilhabe am Hörfunk- und Fernsehempfang sowie der Besitz von Gegenständen zur Freizeitgestaltung geregelt. Gem. § 29 Abs. 1 S. 2 sind die Gefangenen zur Teilnahme und Mitwirkung an Maßnahmen der Freizeitgestaltung zu motivieren und anzuleiten. § 5 stellt Leitlinien der Förderung auf und erwähnt in Abs. 3 den Sport und die verantwortliche Gestaltung der Freizeit ausdrücklich als Maßnahmen zur Förderung. § 10 Abs. 4 sieht als Inhalt des Förderplans insbesondere Angaben zu Art und Umfang der Teilnahme am Sportunterricht (Nr. 6) und zu Art und Umfang der Teilnahme an Freizeitmaßnahmen unter besonderer Berücksichtigung des Sports in der Freizeit (Nr. 7) vor.

---

38 Früher anders § 38 S. 3 BbgJStVollzG aF.
39 Früher anders § 11 Abs. 3 Nr. 7 BbgJStVollzG aF: Angaben zur „Teilnahme an Sport- und Freizeitangeboten".
40 Mit Wirkung v. 31.5.2013 durch Gesetz v. 15.5.2013 (GVOBl. S. 169); früher in Schleswig-Holstein auch im 5. Abschnitt.
41 Zur Vorgängerregelung s. Fn 3.
42 Vgl § 8 Abs. 2 S. 2 HmbJStVollzG (früher auch schon § 8 Abs. 2 S. 2 HmbStVollzG aF).

II. Regelungen der einzelnen Bundesländer

Im **NJVollzG**[43] findet sich im 4. Teil (Vollzug der Jugendstrafe) im 5. Kapitel unter der Überschrift „Aus- und Weiterbildung, Arbeit, Gesundheitsfürsorge und Freizeit" für den Jugendstrafvollzug die Regelung zu Freizeit, Sport (§ 128).[44] Im 2. Teil (Vollzug der Freiheitsstrafe) sind im 9. Kapitel unter dem Titel „Freizeit" Regelungen zu Sport (§ 64), Zeitungen und Zeitschriften (§ 65), Hörfunk und Fernsehen (§ 66) und Besitz von Gegenständen zur Fortbildung oder zur Freizeitbeschäftigung (§ 67) enthalten, die gem. § 132 Abs. 1 mit Ausnahme von § 64 für den Vollzug der Jugendstrafe entsprechend gelten. Während es bei dem im Jugendstrafvollzug nicht anwendbaren § 64 lediglich heißt, dass die oder der Gefangene Gelegenheit erhält, in der Freizeit Sport zu treiben,[45] werden in § 128, der lex specialis für den Jugendstrafvollzug ist, konkrete Freizeitangebote (u.a. Bücherei) benannt. Damit hat der Landesgesetzgeber der Freizeit im Jugendvollzug ganz bewusst eine besondere Bedeutung beigemessen. Nach § 128 Abs. 2 sind die Gefangenen zur Nutzung der Freizeitangebote aufzufordern; aus erzieherischen Gründen können sie auch dazu verpflichtet werden. Gem. § 117 Abs. 1 S. 2 Nr. 6 enthält der Erziehungs- und Förderplan u.a. auch Angaben zur „Teilnahme an Freizeit- und Sportangeboten". 17

Im **JStVollzG NRW** sind im 8. Abschnitt unter der Überschrift „Sport, Gestaltung der freien Zeit, Mitverantwortung der Gefangenen" Regelungen zu Sport (§ 54), Gestaltung der freien Zeit, Förderung der Kreativität (§ 55), Zeitungen, Zeitschriften (§ 56), Hörfunk, Fernsehen (§ 57), zum Besitz von Gegenständen für die Freizeitbeschäftigung (§ 58) und zur Mitverantwortung der Gefangenen (§ 59) enthalten. § 54 sieht anders als die meisten Ländergesetze ein Mindestmaß an Sportangeboten von drei (statt idR zwei) Stunden pro Woche vor. Nach § 55 Abs. 1 S. 2 sind ausreichende Freizeitangebote vorzuhalten, und zwar auch an den Wochenenden und Feiertagen sowie in den frühen Abendstunden. Nordrhein-Westfalen bietet gem. § 57 Abs. 1 den Gefangenen als einziges Bundesland noch ein Hörfunkprogramm der Anstalt. Nach § 55 Abs. 3 S. 1 sind die Gefangenen zur Teilnahme und Mitwirkung an Angeboten der Freizeitgestaltung, insbesondere auch an Gruppenveranstaltungen, zu motivieren und anzuleiten. Der Vollzugsplan muss sich gem. § 12 Abs. 3 Nr. 7 zu Art und Umfang der Teilnahme an Sport- und Freizeitangeboten äußern. 18

In Rheinland-Pfalz finden sich im **LJVollzG RP**[46] im 9. Abschnitt unter der Überschrift „Grundversorgung und Freizeit" u.a. folgende Regelungen: Ausstattung des Haftraums (§ 56), Zeitungen und Zeitschriften (§ 59), Rundfunk, Informations- und Unterhaltungselektronik (§ 60) und Freizeit (§ 64). Der Besitz von Gegenständen zur Freizeitbeschäftigung bedarf keiner gesonderten Regelung, da sie von § 56 umfasst werden. Der Besitz von Radio- und Fernsehgeräten richtet sich nach § 60 Abs. 2. Die Gefangenen sind nicht mehr zur Teilnahme und Mitwirkung an Freizeitangeboten 19

---

43 Das NJVollzG wurde zwischenzeitlich neu bekannt gemacht, vgl Bekanntmachung v. 8.4.2014 (Nds. GVBl. S. 106).
44 § 128 Abs. 2 NJVollzG ist indes sprachlich verunglückt. Trotz der zwischenzeitlichen Neubekanntmachung des Gesetzes vom 8.4.2014 (Nds. GVBl. S. 106) hat der Landesgesetzgeber die Vorschrift bislang nicht redaktionell nachgebessert.
45 Vgl krit. dazu Feest, StV 2008, 553, 556 mit Fn 44.
46 Zur Vorgängerregelung s. Fn 3. Rheinland-Pfalz war seinerzeit das einzige Bundesland, das nicht nur dem Sport, sondern auch der Kultur in § 39 LJStVollzG RP aF ausdrücklich eine besondere Bedeutung für die Erreichung des Vollzugszieles beigemessen hatte (s. dazu Fn 314).

verpflichtet.[47] Gem. § 15 Abs. 1 S. 1 Nr. 15 enthält der Vollzugsplan insbesondere Angaben zur „Teilnahme an Sportangeboten und Maßnahmen zur strukturierten Gestaltung der Freizeit".[48]

20 Im **SächsJStVollzG** sind im 5. Teil unter dem Titel „Freizeit, Sport" die Regelungen zu Freizeit (§ 38), Sport (§ 39), Zeitungen und Zeitschriften (§ 40), Rundfunk (§ 41) und Besitz von Gegenständen für die Freizeitbeschäftigung (§ 42) angesiedelt. § 39 gibt mit mindestens vier Stunden pro Woche im Vergleich zu den anderen Ländergesetzen die höchste Mindeststundenzahl für Sport vor, was inzwischen auch Brandenburg übernommen hat. § 40 ist inhaltsgleich mit den Regelungen in Berlin, Brandenburg, Bremen, Mecklenburg-Vorpommern, Saarland, Schleswig-Holstein und Thüringen. Gem. § 41 Abs. 2 sind Fernsehgeräte im Haftraum idR nicht gestattet; sie dürfen nur zugelassen werden, wenn dies der Erreichung des Vollzugszieles dient. In Sachsen wird beim Besitz von Gegenständen für die Freizeitbeschäftigung der Besitz von elektronischen Medien nicht geregelt. Nach § 38 S. 2 sind die Gefangenen zur Teilnahme und Mitwirkung an Angeboten der Freizeitgestaltung zu motivieren und anzuleiten. Gem. § 11 a Abs. 1 S. 1 Nr. 15 enthält der Vollzugsplan insbesondere auch Angaben zur „Teilnahme an Sportangeboten und Maßnahmen zur strukturierten Gestaltung der Freizeit".[49]

21 Im **JVollzGB LSA**[50] sind im 9. Abschnitt unter der Überschrift „Persönlicher Besitz, Einkauf und Verpflegung, Freizeit" u.a. Regelungen zur Ausstattung des Haftraums (§ 56), Zeitungen und Zeitschriften (§ 58), Rundfunk, Informations- und Unterhaltungselektronik (§ 59) und Freizeit (§ 63) enthalten. Der Besitz von Gegenständen zur Freizeitbeschäftigung bedarf keiner gesonderten Regelung, da sie von § 56 umfasst werden. Der Besitz von Hörfunk- und Fernsehgeräten richtet sich nach § 59 Abs. 2. Die Gefangenen sind nicht mehr zur Teilnahme und Mitwirkung an Freizeitangeboten verpflichtet,[51] sondern – was vorzugswürdig ist – nunmehr gem. § 63 Abs. 4 zur Teilnahme und Mitwirkung an Angeboten der Freizeitgestaltung zu motivieren und anzuleiten. Gem. § 15 Abs. 1 S. 1 Nr. 15 enthält der Vollzugsplan insbesondere Angaben zur „Teilnahme an Sportangeboten und Maßnahmen zur strukturierten Gestaltung der Freizeit".[52]

22 Im **ThürJVollzGB**[53] finden sich im 9. Abschnitt unter der Überschrift „Grundversorgung und Freizeit" u.a. folgende Regelungen: Ausstattung des Haftraums (§ 57), Zeitungen und Zeitschriften (§ 60), Rundfunk, Informations- und Unterhaltungselektronik (§ 61) und Freizeit (§ 65). Der Besitz von Gegenständen zur Freizeitbeschäftigung bedarf keiner gesonderten Regelung, da sie von § 57 umfasst werden. Der Besitz von Radio- und Fernsehgeräten richtet sich nach § 61 Abs. 2. Die Gefangenen sind nicht

---

47 Früher anders § 38 S. 3 LJStVollzG RP aF.
48 Früher anders § 11 Abs. 3 Nr. 7 LJStVollzG RP aF: Angaben zur „Teilnahme an Sport- und Freizeitangeboten".
49 Früher anders § 11 Abs. 3 Nr. 7 SächsJStVollzG aF: Angaben zur „Teilnahme an Sport- und Freizeitangeboten".
50 Zur Vorgängerregelung s. Fn 3.
51 Früher anders § 45 S. 3 JStVollzG LSA aF.
52 Früher anders § 11 Abs. 3 Nr. 7 JStVollzG LSA aF: Angaben zur „Teilnahme an Sport- und Freizeitangeboten".
53 Zur Vorgängerregelung s. Fn 3.

mehr zur Teilnahme und Mitwirkung an Freizeitangeboten verpflichtet,⁵⁴ sondern – was vorzugswürdig ist – nunmehr gem. § 65 Abs. 4 zur Teilnahme und Mitwirkung an Angeboten der Freizeitgestaltung zu motivieren und anzuleiten. Gem. § 15 Abs. 1 S. 1 Nr. 15 enthält der Vollzugsplan insbesondere Angaben zur „Teilnahme an Sportangeboten und Maßnahmen zur strukturierten Gestaltung der Freizeit".⁵⁵

III. Freizeit⁵⁶
1. Der Begriff „Freizeit"⁵⁷

„Freizeit ist nicht gleich Freisein."⁵⁸ Zwar beginnt mit dem Verlassen des Arbeitsplatzes die arbeitsfreie Zeit, aber noch lange nicht die frei verfügbare Zeit. 23

*Opaschowski*⁵⁹ unterscheidet je nach dem Grad der Verpflichtung drei **Arten von Zeit:**

- Dispositionszeit (frei verfügbare/selbstbestimmte Zeit, zB für Hobbys);
- Obligationszeit (zweckbestimmte Zeit, zB für Aufräumen, Einkaufen);
- Determinationszeit (fremdbestimmte Zeit, zB für Arbeit, Schule).

Im Strafvollzug bestimmt die **Dreiteilung** Arbeitszeit, Freizeit, Ruhezeit den Tagesrhythmus. In der Freizeit hat der Gefangene grundsätzlich die Wahl zwischen Alleinsein und Gemeinschaft. Damit soll ihm die Möglichkeit zur Teilnahme an den Freizeitaktivitäten gegeben werden.⁶⁰ 24

*Opaschowski*⁶¹ unterscheidet acht **Zielfunktionen der Freizeit:** 25

- Rekreation (Erholung, Entspannung, Wohlbefinden);
- Kompensation (Ausgleich, Zerstreuung, Vergnügen);
- Edukation (Kennenlernen, Lernanregung, Weiterlernen);
- Kontemplation (Ruhe, Muße, Selbstbesinnung);
- Kommunikation (Mitteilung, Kontakt, Geselligkeit);
- Integration (Zusammensein, Gemeinschaftsbezug, Gruppenbildung);
- Partizipation (Beteiligung, Engagement, soziale Selbstdarstellung);
- Enkulturation (kreative Entfaltung, produktive Betätigung, Teilnahme am kulturellen Leben).

---

54 Früher anders § 38 S. 3 ThürJStVollzG aF.
55 Früher anders § 11 Abs. 3 Nr. 7 ThürJStVollzG aF: Angaben zur „Teilnahme an Sport- und Freizeitangeboten".
56 Zur Freizeit s. die Bibliografie bei Schwind/Böhm/Jehle/Laubenthal-Koepsel/Goldberg Vor § 67 Rn 1.
57 Zu den verschiedenen Freizeitbegriffen s. Lüdtke, Freizeitsoziologie, 2001, S. 18 ff.; Prahl, Soziologie der Freizeit, 2002, S. 132 ff; Pöge/Haertel, Forum Strafvollzug 2015, 157.
58 Opaschowski, Einführung in die Freizeitwissenschaft, 2006, S. 27.
59 Opaschowski, Pädagogik der freien Lebenszeit, 1996, S. 86; vgl dazu auch Prahl, Soziologie der Freizeit, 2002, S. 140 f; Walkenhorst, DVJJ-Journal 2000, 265, 267; Pöge/Haertel, Forum Strafvollzug 2015, 157.
60 Zum großen Potenzial der Freizeitangebote im Strafvollzug s. Pöge/Haertel, ZJJ 2015, 140 ff; dies., Forum Strafvollzug 2015, 157 ff.
61 Opaschowski, Pädagogik der freien Lebenszeit, 1996, S. 94; vgl dazu auch Bierschwale/Detmer/Köhler/Kramer, ZfStrVo 1995, 83, 89.

Die Freizeit der Gefangenen, soweit es in einer „totalen Institution"[62] wie dem Gefängnis so etwas wie „freie Zeit" überhaupt geben kann, erfüllt überwiegend die ersten beiden Funktionen: Rekreation und Kompensation.[63] Sie dient also auch der zweckfreien Entspannung und Erholung,[64] allerdings kann dies im Jugendstrafvollzug nicht allein der Gegenstand der Freizeit sein.[65] Der Gefangene soll vielmehr lernen, seine frei verfügbare Zeit sinnvoll zu strukturieren und zu gestalten, damit Momente des Langweilens nicht in sinnloses Konsumieren münden. Vor diesem Hintergrund ist die Freizeitgestaltung im Jugendstrafvollzug daran auszurichten, spontan geäußerte Bedürfnisse und Ideen der jungen Gefangenen aufzugreifen, deren Interessen zu fördern sowie Neigungen und Begabungen zu wecken.[66]

26   Die **Kriminalität bei Jugendlichen** weist einen starken Freizeitbezug auf.[67] Zum Teil zeigen sich deutliche Unterschiede im Freizeitverhalten delinquenter und nichtdelinquenter Jugendlicher. *Göppinger*[68] spricht von einem für delinquente Jugendliche charakteristischen „**Freizeit-Syndrom**", dh, sie weiten ihre Freizeit überwiegend aus, und zwar zulasten des Leistungsbereichs, also nicht der Ruhe- und Schlafperiode, und gehen zusätzlich überwiegend Freizeittätigkeiten mit völlig offenen Abläufen nach. Delinquente Jugendliche nutzen also ihre Freizeit oft, um einfach nur die „Zeit totzuschlagen". Da die meisten Straftaten Jugendlicher in der Freizeit begangen werden,[69] hat das gezielte Erlernen des Umgangs mit Freizeit im Jugendstrafvollzug eine besondere Bedeutung. Es besteht daher ein unmittelbarer Zusammenhang zwischen der Ausgestaltung der Freizeit und dem Vollzugs- bzw Erziehungsziel.

2. Rechtsgrundlagen

27

Länder	Freizeit
Baden-Württemberg	**Buch 4 § 53 Allgemeines** (1) Die jungen Gefangenen sind zur Teilnahme und Mitwirkung an Angeboten der Freizeitgestaltung zu motivieren und anzuleiten. (2) Sie sollen insbesondere an Unterricht, einschließlich Fernunterricht, Lehrgängen und sonstigen Veranstaltungen der Weiterbildung, Freizeitgruppen und Gruppengesprächen teilnehmen und ermutigt werden, den verantwortungsvollen Umgang mit neuen Medien

---

62 Zum Begriff der „totalen Institution" s. Goffmann, Asyle, 1973, S. 13 ff.
63 Bierschwale/Detmer/Köhler/Kramer, ZfStrVo 1995, 83, 89.
64 Vgl zB Abgeordnetenhaus Berlin Drucks. 16/0677 v. 26.6.2007 S. 115.
65 Zur Untersuchung der Inhalte von Freizeitmaßnahmen im Jugendstrafvollzug durch das Forschungsprojekt „Freie Zeit gestalten" s. Pöge, BewHi 2014, 87 ff; dies., ZJJ 2015, 140 ff.
66 Bundesminister der Justiz (Hrsg.), Schlußbericht der Jugendstrafvollzugskommission, 1980, S. 36.
67 Zu den Zusammenhängen zwischen Freizeitverhalten und Kriminalität s. Goldberg, Freizeit und Kriminalität bei Jugendlichen, 2003, S. 99 ff; Lösel, ZfStrVo 1983, 74 ff.
68 Göppinger, Der Täter in seinen sozialen Bezügen, 1983, S. 105 f; vgl dazu auch Walkenhorst, DVJJ-Journal 2000, 265, 274.
69 Goldberg, Freizeit und Kriminalität bei Jugendlichen, 2003, S. 97; so auch bereits Böhnke, Sport, Delinquenz und Lebensstil, 1992, S. 196; Lösel, ZfStrVo 1983, 74.

III. Freizeit

Länder	Freizeit
	zu erlernen und zu praktizieren sowie eine Bücherei zu benutzen. […]
Bayern	**Art. 152 Freizeit** (1) Junge Gefangene sind zur Teilnahme und Mitwirkung an Angeboten der Freizeitgestaltung zu motivieren und anzuleiten. Sie sollen insbesondere am Unterricht, am Fernunterricht, an Lehrgängen und sonstigen Veranstaltungen der Fortbildung, an Freizeitgruppen und Gruppengesprächen teilnehmen und ermutigt werden, eine Bücherei zu benutzen sowie den verantwortungsvollen Umgang mit neuen Medien zu erlernen, soweit dies mit der Sicherheit in der Jugendstrafvollzugsanstalt vereinbar ist. […]
Berlin	**§ 38 Freizeit** Die Ausgestaltung der Freizeit orientiert sich am Vollzugsziel. Dazu sind geeignete Angebote, auch zum Erwerb von Medienkompetenz, vorzuhalten. Die Gefangenen sind zur Teilnahme und Mitwirkung an Freizeitangeboten verpflichtet.
Brandenburg	**§ 65 Freizeit** (1) Zur Ausgestaltung der Freizeit hat die Anstalt insbesondere Angebote zur sportlichen und kulturellen Betätigung und Bildungsangebote vorzuhalten. Die Anstalt stellt eine angemessen ausgestattete Mediathek zur Verfügung. […]
Bremen, Mecklenburg-Vorpommern, Saarland, Schleswig-Holstein	**§ 38 Freizeit** Die Ausgestaltung der Freizeit orientiert sich am Vollzugsziel. Dazu sind geeignete Angebote vorzuhalten. Die Gefangenen sind zur Teilnahme und Mitwirkung an Freizeitangeboten verpflichtet.
Hamburg	**§ 50 Allgemeines** (1) Die Ausgestaltung der Freizeit orientiert sich am Vollzugsziel. Dazu sind geeignete Angebote vorzuhalten. (2) Die Gefangenen sind zur Teilnahme und Mitwirkung an Angeboten der Freizeitgestaltung verpflichtet. […]
Hessen	**§ 29 Gestaltung der freien Zeit** (1) Die Ausgestaltung der Freizeit orientiert sich am Erziehungsziel und dient zugleich der Vorbereitung der eigenverantwortlichen und sinnvollen Freizeitgestaltung nach der Entlassung. Die Gefangenen sind zur Teilnahme und Mitwirkung an Maßnahmen der Freizeitgestaltung zu motivieren und anzuleiten. (2) Die Anstalt hat eine angemessen ausgestattete Bücherei vorzuhalten. Die Gefangenen dürfen auf eigene Kosten Zeitungen und Zeitschriften in angemessenem

Länder	Freizeit
	Umfang durch Vermittlung der Anstalt beziehen. § 19 Abs. 1 Satz 2 gilt entsprechend. Ausgeschlossen sind Zeitungen und Zeitschriften, deren Verbreitung mit Strafe oder Geldbuße bedroht ist. Einzelne Ausgaben oder Teile von Zeitungen oder Zeitschriften können den Gefangenen vorenthalten werden, wenn sie das Erziehungsziel oder die Sicherheit oder Ordnung der Anstalt erheblich gefährden. [...]
Niedersachsen[70]	**§ 128 Freizeit, Sport** (1) Die Vollzugsbehörde hat für ein ausreichendes Freizeit- und Sportangebot zu sorgen. (2) Die oder der Gefangenen [sic[71]] ist zur Nutzung der Freizeitangebote aufzufordern; aus erzieherischen Gründen kann sie oder er dazu verpflichtet werden. Sie oder er soll insbesondere an Veranstaltungen der Fortbildung, an Freizeitgruppen und Gruppengesprächen teilnehmen. Sie oder er soll dazu angehalten werden, eine Bücherei zu nutzen sowie den verantwortungsvollen Umgang mit neuen Medien zu erlernen, soweit dies mit der Sicherheit der Anstalt vereinbar ist. [...]
Nordrhein-Westfalen	**§ 55 Gestaltung der freien Zeit, Förderung der Kreativität** (1) Die Ausgestaltung der Freizeit orientiert sich am Vollzugsziel. Ausreichende Freizeitangebote sind vorzuhalten, und zwar auch an den Wochenenden und Feiertagen sowie in den frühen Abendstunden. (2) Angebote zur Förderung der Kreativität im Rahmen kultureller Formen sind zu entwickeln. Hierfür können Freizeitgruppen in ästhetischen Bereichen, namentlich in denen der Literatur, des Theaters, der Musik und des Malens, eingerichtet werden. (3) Die Gefangenen sind zur Teilnahme und Mitwirkung an Angeboten der Freizeitgestaltung, insbesondere auch an Gruppenveranstaltungen, zu motivieren und anzuleiten. Sie sollen auch Gelegenheit erhalten, den verantwortungsvollen Umgang mit neuen Medien zu erlernen und auszuüben sowie eine Bücherei zu benutzen.
Rheinland-Pfalz	**§ 64 Freizeit** (1) Zur Ausgestaltung der Freizeit hat die Anstalt insbesondere Angebote zur sportlichen und kulturellen Betätigung sowie Bildungsangebote vorzuhalten. Auch an Wochenenden und gesetzlichen Feiertagen sind geeignete Angebote bereitzustellen. Die Anstalt stellt

---

70 Die Regelung zur Freizeit in § 153 NJVollzG betrifft den Vollzug der Untersuchungshaft.
71 Trotz dieses Hinweises der Autoren schon in der 1. Auflage hat der Landesgesetzgeber diesen grammatikalischen Fehler in den bisherigen Änderungsgesetzen nicht korrigiert.

Länder	Freizeit
	eine angemessen ausgestattete Mediathek zur Verfügung. [...]
Sachsen	§ 38 Freizeit Die Ausgestaltung der Freizeit orientiert sich am Vollzugsziel. Dazu sind geeignete Angebote vorzuhalten. Gefangene sind zur Teilnahme und Mitwirkung an Angeboten der Freizeitgestaltung zu motivieren und anzuleiten. Sie sollen insbesondere am Unterricht, am Fernunterricht, an Lehrgängen und sonstigen Veranstaltungen der Fortbildung, an Freizeitgruppen und Gruppengesprächen teilnehmen und ermutigt werden, eine Bücherei zu benutzen sowie den verantwortungsvollen Umgang mit neuen Medien zu erlernen, soweit dies mit der Sicherheit in der Anstalt vereinbar ist.
Sachsen-Anhalt	§ 63 Freizeit (1) Zur Ausgestaltung der Freizeit hat die Anstalt insbesondere Angebote zur sportlichen und kulturellen Betätigung sowie Bildungsangebote vorzuhalten. Die Anstalt stellt eine angemessen ausgestattete Mediathek zur Verfügung. [...] (4) Der Gefangene ist zur Teilnahme und Mitwirkung an Angeboten der Freizeitgestaltung zu motivieren und anzuleiten.
Thüringen	§ 65 Freizeit (1) Zur Ausgestaltung der Freizeit hat die Anstalt insbesondere Angebote zur sportlichen und kulturellen Betätigung und Bildungsangebote vorzuhalten. Die Anstalt stellt eine angemessen ausgestattete Bücherei zur Verfügung. [...] (4) Die Gefangenen sind zur Teilnahme und Mitwirkung an Angeboten der Freizeitgestaltung zu motivieren und anzuleiten.

Wortgleich sind die Regelungen zur Freizeit in Bremen, Mecklenburg-Vorpommern, Saarland und Schleswig-Holstein.[72] Dort heißt es jeweils in § 38:[73] „Die Ausgestaltung der Freizeit orientiert sich am Vollzugsziel. Dazu sind geeignete Angebote vorzuhalten. Die Gefangenen sind zur Teilnahme und Mitwirkung an Freizeitangeboten verpflichtet." In § 38 JStVollzG Bln findet sich dieser Wortlaut auch, allerdings hier mit dem Zusatz, dass „geeignete Angebote, auch zum Erwerb von Medienkompetenz, vorzuhalten" sind.[74] In Rheinland-Pfalz sind auch an Wochenenden und gesetzlichen Feiertagen geeignete Angebote vorzuhalten. Neben Rheinland-Pfalz hat lediglich noch Nordrhein-Westfalen ausdrücklich Freizeitveranstaltungen für Wochenen-

---

[72] Früher auch Brandenburg und Thüringen.
[73] Früher inhaltsgleich § 45 JStVollzG LSA aF.
[74] Ähnlich auch § 62 Abs. 1 S. 2 Entwurf JStVollzG Bln, vgl Abgeordnetenhaus Berlin Drucks. 7/2442 v. 9.9.2015.

den und Feiertage gesetzlich normiert[75] und darüber hinaus als einziges Bundesland in § 55 Abs. 1 S. 2 JStVollzG NRW vorgesehen, dass die Maßnahmen auch an Werktagen in den frühen Abendstunden ermöglicht werden müssen.

29 Auch wenn nicht alle Ländergesetze ausdrücklich und insoweit lediglich klarstellend regeln, dass sich die Ausgestaltung der Freizeit am **Vollzugs-**[76] bzw **Erziehungsziel**[77] orientiert,[78] kann dies auch bei Fehlen einer solchen Regelung unterstellt werden. Eine sinnvolle und an den individuellen Möglichkeiten orientierte Gestaltung der Freizeit ist eine wesentliche Voraussetzung für eine Befähigung zu einem straffreien Leben in sozialer Verantwortung, denn sie bietet die Chance für wichtige Lernerfahrungen, den Erwerb sozialer Kompetenzen und den Erhalt körperlicher sowie psychischer Gesundheit und kann daher eine wichtige Quelle für schulische und berufliche Erfolge sein.

30 Im **Erwachsenenstrafvollzug** gibt § 67 S. 1 StVollzG, soweit die Länder noch kein Landesgesetz für den Erwachsenenstrafvollzug geschaffen haben (siehe dazu Rn 7), dem einzelnen Gefangenen das Recht, sich in seiner Freizeit individuell nach seinen Wünschen und Neigungen zu beschäftigen.[79] Dort heißt es: „Der Gefangene erhält Gelegenheit, sich in seiner Freizeit zu beschäftigen." Ergänzend hierzu verpflichtet § 67 S. 2 StVollzG die Vollzugsbehörde, für ein möglichst umfassendes und differenziertes Angebot für die Gestaltung der Freizeit Sorge zu tragen.[80] Der Gefangene „soll Gelegenheit erhalten, am Unterricht einschließlich Sport, an Fernunterricht, Lehrgängen und sonstigen Veranstaltungen der Weiterbildung, an Freizeitgruppen, Gruppengesprächen sowie an Sportveranstaltungen teilzunehmen und eine Bücherei zu benutzen." Der Begriff der Gelegenheit, der sich in § 67 StVollzG in beiden Sätzen findet, betont den Angebotscharakter der Freizeitgestaltungsmaßnahmen.[81] Dem Gefangenen muss es unbenommen bleiben, die Freizeit lesend,[82] fernsehend, Karten spielend oder schlafend zu verbringen, ohne dass ihm daraus Rechtsnachteile erwachsen dürfen.[83]

31 Demgegenüber bleiben die Ländergesetze zum Jugendstrafvollzug hinsichtlich der ausdrücklichen Normierung der Möglichkeit zur **individuellen Freizeitgestaltung** hinter § 67 S. 1 StVollzG zurück. Von Gelegenheit zur sinnvollen Freizeitbeschäftigung ging lediglich § 53 Abs. 1 HmbStVollzG aF aus. § 29 Abs. 1 S. 1 HessJStVollzG betont die Bedeutung der Vorbereitung zur eigenverantwortlichen und sinnvollen Freizeitge-

---

75 So auch § 62 Abs. 1 S. 2 Entwurf JStVollzG Bln, vgl Abgeordnetenhaus Berlin Drucks. 7/2442 v. 9.9.2015.
76 Vgl jeweils § 38 S. 1 JStVollzG Bln/BremJStVollzG/JStVollzG M-V/SJStVollzG/SächsJStVollzG/JStVollzG SH; § 55 Abs. 1 S. 1 JStVollzG NRW und § 50 Abs. 1 S. 1 HmbJStVollzG (früher auch jeweils § 38 S. 1 BbgJStVollzG aF/LJStVollzG RP aF/ThürJStVollzG; § 45 S. 1 JStVollzG LSA aF); so auch § 62 Abs. 1 S. 1 Entwurf JStVollzG Bln, vgl Abgeordnetenhaus Berlin Drucks. 7/2442 v. 9.9.2015.
77 Vgl § 29 Abs. 1 S. 1 HessJStVollzG.
78 In Baden-Württemberg, Bayern und Niedersachsen und neuerdings auch in Brandenburg, Rheinland-Pfalz, Sachsen-Anhalt und Thüringen fehlt eine solche Regelung. In § 53 Abs. 1 S. 1 HmbStVollzG aF hieß es früher: „Die Gefangenen erhalten im Rahmen des Behandlungs- beziehungsweise des Erziehungsauftrags Gelegenheit, sich in ihrer Freizeit sinnvoll zu beschäftigen."
79 Laubenthal, Strafvollzug, 2015, Rn 609; Laubenthal/Nestler/Neubacher/Verrel-Laubenthal Abschn. G Rn 3.
80 Laubenthal/Nestler/Neubacher/Verrel-Laubenthal Abschn. G Rn 5.
81 Vgl Arloth § 67 Rn 3.
82 Zur Frage der Resozialisierung durch Lesen und der Idee einer Strafverkürzung s. Köhne, NK 2013, 3 ff; Steindorff-Classen, BewHi 2014, 19 ff.
83 Siehe Arloth § 67 Rn 3; Schwind/Böhm/Jehle/Laubenthal-Koepsel/Goldberg § 67 Rn 14.

staltung nach der Entlassung. Damit trägt nunmehr nur noch Hessen der Angleichung an die normalen Lebensverhältnisse am ehesten Rechnung. Freizeitangebote im Strafvollzug sollten vorrangig die Möglichkeit bieten, Hobbys einzuüben, die aller Voraussicht nach auch nach der Entlassung für den Gefangenen bedeutsam sein könnten.[84]

In den anderen Ländergesetzen wird entweder nur allgemein von „geeigneten Angeboten"[85] gesprochen oder es erfolgt eine einseitige Betonung von Angeboten, die fast ausschließlich in Form von organisierten **Freizeitgruppen** stattfinden, was allerdings nur einen Ausschnitt aus den Möglichkeiten sinnvoller Freizeitgestaltung darstellt. Im Gegensatz zum Erwachsenenstrafvollzug wird für den Jugendstrafvollzug nicht in allen Bundesländern ausdrücklich eine – indes ohnehin aus den verfassungsrechtlichen Vorgaben folgende[86] – Verpflichtung der Anstalten festgelegt, entsprechende Angebote der Freizeitgestaltung vorzuhalten. Sieht man von der besonderen Betonung des Sports in den Ländergesetzen einmal ab, werden entsprechend § 67 S. 2 StVollzG konkrete Beschäftigungsmöglichkeiten für die Freizeit ausdrücklich nur in Baden-Württemberg, Bayern, Hessen (Bücherei), Niedersachsen, Nordrhein-Westfalen, Rheinland-Pfalz, Sachsen und nunmehr[87] auch in Brandenburg, Sachsen-Anhalt und Thüringen benannt.[88] Es werden hier im Wesentlichen Weiterbildung, Gruppenaktivitäten, Bücherei und neue Medien erwähnt. In Nordrhein-Westfalen und früher auch in Rheinland-Pfalz wurde dabei der Freizeitgestaltung sogar eine wesentlich bedeutendere Rolle beigemessen, als dies im Erwachsenenstrafvollzug der Fall ist. Gem. § 55 Abs. 2 JStVollzG NRW sind Angebote zur Förderung der Kreativität im Rahmen kultureller Formen zu entwickeln. Hierfür können Freizeitgruppen in ästhetischen Bereichen, namentlich in denen der Literatur, des Theaters, der Musik und des Malens, eingerichtet werden. § 39 LJStVollzG RP aF gab nicht nur dem Sport, sondern auch der Kultur, namentlich der Malerei, dem kreativen Schaffen, dem Schreiben und der Musik, eine besondere Bedeutung. Rheinland-Pfalz, Brandenburg, Sachsen-Anhalt und Thüringen regeln nunmehr inhaltsgleich, dass die Anstalt zur Ausgestaltung der Freizeit insbesondere Angebote zur sportlichen und kulturellen Betätigung sowie Bildungsangebote vorzuhalten hat.[89]

Eine **Gefangenenbücherei** ist inzwischen in zehn Bundesländern gesetzlich vorgesehen. Berlin,[90] Bremen, Hamburg,[91] Mecklenburg-Vorpommern, Saarland und Schles-

---

84 Bierschwale/Detmer/Köhler/Kramer, ZfStrVo 1995, 83, 90.
85 Vgl jeweils § 38 S. 2 BremJStVollzG/JStVollzG M-V/SJStVollzG/JStVollzG SH; § 50 Abs. 1 S. 2 HmbJStVollzG (früher auch jeweils § 38 S. 2 BbgJStVollzG aF/ThürJStVollzG aF; § 45 S. 2 JStVollzG LSA aF). In § 38 S. 2 JStVollzG Bln heißt es lediglich noch zusätzlich, dass „geeignete Angebote, auch zum Erwerb von Medienkompetenz, vorzuhalten" sind. Hessen spricht nicht einmal allgemein von geeigneten Angeboten, nennt aber in § 29 Abs. 2 S. 1 HessJStVollzG als notwendiges Angebot immerhin eine angemessen ausgestattete Bücherei.
86 Eisenberg, JGG, 12. Aufl., § 91 Rn 97.
87 Vgl früher anders jeweils § 38 BbgJStVollzG aF/ThürJStVollzG aF; § 45 JStVollzG LSA aF.
88 Vgl § 53 Abs. 2 JVollzGB IV; Art. 152 Abs. 2 S. 2 BayStVollzG; § 128 Abs. 2 NJVollzG; § 55 Abs. 2 u. 3 JStVollzG NRW; § 38 S. 4 SächsJStVollzG; jeweils § 65 Abs. 1 S. 1 BbgJVollzG/ThürJVollzGB; § 63 Abs. 1 S. 1 JVollzGB LSA (früher auch § 53 Abs. 1 S. 2 HmbJStVollzG aF; § 39 S. 1 LJStVollzG RP aF).
89 Vgl jeweils § 65 Abs. 1 S. 1 BbgJVollzG/ThürJVollzGB; § 63 Abs. 1 S. 1 JVollzGB LSA.
90 Anders § 62 Abs. 1 S. 3 Entwurf JStVollzG Bln, vgl Abgeordnetenhaus Berlin Drucks. 7/2442 v. 9.9.2015.
91 Früher anders § 53 Abs. 1 S. 2 HmbJStVollzG aF.

wig-Holstein verzichten auf eine solche Regelung.[92] Allein die Regelungen, nach der die Anstalt eine angemessen ausgestattete Bücherei vorzuhalten hat (Hessen)[93] bzw eine angemessen ausgestattete Bücherei (Thüringen)[94] bzw Mediathek (Brandenburg, Rheinland-Pfalz und Sachsen-Anhalt)[95] zur Verfügung stellt, orientieren sich an der Empfehlung des Europarates, Rec(2006)2 im Strafvollzugsbereich, den sog. Europäischen Strafvollzugsgrundsätzen 2006,[96] die allerdings die Anstaltsbücherei primär nicht unter dem Aspekt der Freizeitgestaltung sehen, sondern dem Bereich Aus- und Weiterbildung zuordnen. Die Empfehlung unter Punkt 28.5 lautet: „Jede Anstalt hat eine angemessen ausgestattete Bibliothek einzurichten, die allen Gefangenen zur Verfügung steht. Sie soll über eine Vielfalt an Büchern und sonstigen Medien verfügen, die sowohl für Unterhaltungs- als auch für Bildungszwecke geeignet sind." Ferner heißt es unter Punkt 28.6: „Die Anstaltsbibliothek soll wenn immer möglich in Zusammenarbeit mit öffentlichen Bibliotheken geführt werden." Die nachfolgenden fünf Bundesländer sehen zwar ein Büchereiangebot vor, bleiben aber mit ihren Regelungen hinter den Europäischen Strafvollzugsgrundsätzen 2006 zurück. § 53 Abs. 2 JVollzGB IV,[97] Art. 152 Abs. 1 S. 2 BayStVollzG und § 38 S. 4 SächsJStVollzG regeln, dass die Gefangenen ermutigt werden sollen, eine Bücherei zu benutzen. Nach § 128 Abs. 2 S. 3 NJVollzG sollen die Gefangenen dazu angehalten werden. Entsprechend § 67 S. 2 StVollzG sollen nach § 55 Abs. 3 S. 2 JStVollzG NRW die Gefangenen Gelegenheit erhalten, eine Bücherei zu benutzen.

34   Wie schon gem. Nr. 3 Abs. 2 Ziff. 8 VVJug sind nach den Ländergesetzen (siehe zu den einzelnen Regelungen Rn 10 ff) Angaben zur Teilnahme an Sport- und Freizeitangeboten obligatorischer Bestandteil des **Vollzugs-, Erziehungs- bzw Förderplans**.[98] Lediglich in Baden-Württemberg[99] gehören Angaben zur Freizeitbetätigung nicht zu den Mindestvoraussetzungen des Erziehungsplans. Einzigartig schreibt Hamburg[100] ausdrücklich im Gesetz fest, dass die Angaben im Vollzugsplan in Grundzügen zu begründen sind.

35   Obwohl eine **Pflicht zur Teilnahme an Freizeitangeboten** im Allgemeinen nur besteht, wenn Einzelmaßnahmen aus individualtherapeutischen Gründen im Erziehungsplan

---

92   Früher auch Brandenburg, Rheinland-Pfalz, Sachsen-Anhalt Thüringen; vgl insoweit den bemerkenswerten § 39 S. 1 LJStVollzG RP aF, der allerdings von einer ausdrücklichen Erwähnung des Lesens und der Bücherei abgesehen hatte (s. dazu Fn 314).
93   Vgl § 29 Abs. 2 S. 1 HessJStVollzG.
94   Vgl § 65 Abs. 1 S. 2 ThürJVollzGB.
95   Vgl § 65 Abs. 1 S. 2 BbgJVollzG; § 64 Abs. 1 S. 3 LJVollzG RP; § 63 Abs. 1 S. 2 JVollzGB LSA.
96   Die Empfehlung Rec(2006)2 ist eine überarbeitete Version der „Europäischen Strafvollzugsgrundsätze" des Jahres 1987. Sie ist als Grundsatzempfehlung des Europarates im Strafvollzugsbereich von herausragender Bedeutung. Die Europäischen Strafvollzugsgrundsätze 2006 sind abrufbar unter http://www.bmjv.de/SharedDocs/Downloads/DE/StudienUntersuchungenFachbuecher/Freiheitsentzug_Empfehlung_des_Europarates_europaeische_Strafvollzugsgrundsaetze2006.pdf;jsessionid=6A-EB38EE6E5D8774F4CABD48CAA311CD.1_cid289?__blob=publicationFile (Stand der Abfrage: 21.2.2016).
97   Früher auch schon § 71 Abs. 2 JStVollzG B-W aF.
98   In Bayern wurde dies nicht ausdrücklich normiert (s. dazu Rn 11; zum Vollzugsplan s. § 2 Rn 9 ff.
99   Vgl § 5 JVollzGB IV (früher auch schon § 25 JStVollzG B-W aF).
100 Vgl § 8 Abs. 2 S. 2 HmbJStVollzG (früher auch schon § 8 Abs. 2 S. 2 HmbStVollzG aF).

vorgesehen sind,[101] werden die Gefangenen in Berlin,[102] Bremen, Hamburg, Mecklenburg-Vorpommern, dem Saarland und Schleswig-Holstein zur Teilnahme und Mitwirkung an den Freizeitangeboten verpflichtet.[103] Dies entspreche ihrer Verpflichtung, an der Erreichung des Vollzugszieles mitzuwirken.[104] Demgegenüber sind in Niedersachsen nach § 128 Abs. 2 S. 1 NJVollzG die Gefangenen zur Nutzung der Freizeitangebote aufzufordern und können aus erzieherischen Gründen dazu verpflichtet werden.[105] Damit wird in Niedersachsen keine generelle Pflicht zur Teilnahme an den Angeboten der Freizeitgestaltung begründet, sondern der Anstalt lediglich die Möglichkeit eröffnet, nach pflichtgemäßem Ermessen eine Verpflichtung auszusprechen. In Baden-Württemberg, Bayern, Hessen, Nordrhein-Westfalen, Sachsen und nunmehr auch in Sachsen-Anhalt und Thüringen sind die Gefangenen zur Teilnahme und Mitwirkung an den Angeboten der Freizeitgestaltung zu motivieren und anzuleiten, was pädagogisch vorzugswürdig ist.[106]

3. Rechtstatsächliche Situation

Die **individuelle Freizeitgestaltung** stellt den überwiegenden Teil der Freizeit der Gefangenen dar. Es sind nicht etwa die Gruppen- und Sportangebote, die im Rahmen des Freizeit-Zeitbudgets eines Gefangenen die größte Rolle spielen. Die individuelle Freizeitgestaltung von Gefangenen im Jugendstrafvollzug unterscheidet sich nicht wesentlich von der von in Freiheit befindlichen jungen Menschen mit der Ausnahme, dass ihnen das für junge Menschen typische Ausgehen oder Unterwegssein unmöglich ist. Im Einzelnen nehmen das Fernsehen und Radiohören einen nicht unerheblichen Teil des Zeitbudgets der individuell verbrachten Freizeit von jungen Gefangenen ein. Gleiches gilt für die typischen Haushaltsdinge, dh das Aufräumen und Reinigen des Haftraums, aber auch das individuelle Kochen und Backen in den Wohngruppen, in denen kleine Küchen vorhanden sind. Gerade Kochen und Backen findet häufig in kleinen Gruppen statt, die sich oft auch ganz spontan bilden. Zudem werden Karten oder Tischtennis gespielt. Auch wird – falls vorhanden – gern der Kicker benutzt. Die Gefangenen widmen auch einen Teil ihrer Freizeit dem Bereich Weiterbildung und Fortbildung. Sie machen ihre Schularbeiten für die Schule bzw Berufsschule und führen ihre Berichtshefte. Nach den Ausleihzahlen zu urteilen, werden die Bibliotheken genutzt, und es wird dann wohl auch individuell gelesen. Anders als in Freiheit hat das Schreiben von Briefen eine große Bedeutung für die individuelle Freizeitgestaltung. Einige Gefangene basteln oder malen in ihren Haftäumen. Auch individuelle sportliche Betätigung, legal oder illegal,[107] findet statt, wobei hier häufig ein einfa-

---

[101] Eisenberg, JGG, 12. Aufl., § 91 Rn 97; krit. dazu Ostendorf, 7. Aufl., §§ 91–92 Rn 22; s. dazu auch § 1 Rn 27 f.
[102] So auch § 62 Abs. 2 Entwurf JStVollzG Bln, vgl Abgeordnetenhaus Berlin Drucks. 7/2442 v. 9.9.2015.
[103] Früher auch Brandenburg, Rheinland-Pfalz, Sachsen-Anhalt und Thüringen.
[104] Vgl Abgeordnetenhaus Berlin Drucks. 16/0677 v. 26.6.2007 S. 116.
[105] Vgl Nr. 58 Abs. 1 S. 3 VVJug: „Der Gefangene soll zur Teilnahme angehalten werden; aus erzieherischen Gründen kann er hierzu verpflichtet werden."
[106] Rössner in: FS für Böhm, 1999, S. 453, 458, kritisiert im Hinblick auf den Sport eine Verpflichtung aus erzieherischen Gründen als rechtlich fragwürdig: „Die zwangsweise Verordnung des Sports steht im Widerspruch zu sportpädagogischen Prinzipien." Das Gleiche muss wohl auch für die Freizeitpädagogik gelten.
[107] Gefangene sind sehr einfallsreich und stellen sich zB notfalls auch aus einem Besenstil und zwei gefüllten Wassereimern ein Kraftsportgerät her.

ches Krafttraining, teilweise mit improvisierten Materialien, ausgeübt wird. Aber auch das Zusammensitzen und Reden mit anderen Gefangenen bestimmt die Freizeit zu einem nicht unerheblichen Teil. Die Bedeutung der individuellen Freizeit kann nicht hoch genug eingeschätzt werden, denn einerseits braucht der Gefangene natürlich Anleitung zur Freizeitgestaltung, andererseits muss er sich erproben in Selbststrukturierung, um mit dem Gefühl von Langeweile umgehen zu können. Eventuell anfallende **Kostenbeiträge** für die persönliche Freizeitgestaltung sind vom Haus- bzw Taschengeld zu bestreiten.[108]

37 Die Freizeitveranstaltungen im Strafvollzug lassen sich nur sehr schwer abgrenzen von den sozial- und psychotherapeutischen Maßnahmen[109] einerseits und den eher dem rein persönlichen Vergnügen zuzurechnenden Tätigkeiten andererseits. Bei den Freizeitangeboten handelt es sich zumeist um Aktivitäten in **Freizeitgruppen**. Der Sinn der sozialen Gruppenarbeit, die nicht spezifisch sozialpädagogische oder sozialtherapeutische Zwecke erfüllt, liegt darin, dass die Gefangenen über ein Medium, das in der Freizeit gewählt wird, lernen, sich in Gruppen zielgerichtet zu beschäftigen, sich sozial zu integrieren, sich verlässlich zu verhalten, Konflikte besser auszuhalten, vielleicht ein gemeinsames Arbeitsergebnis und Erfolge zu erleben und ihre Gedanken nicht immer nur um den Strafvollzug und ihre individuelle Befindlichkeit kreisen zu lassen.

38 *Walkenhorst*[110] teilt die Inhalte von **Freizeitangeboten** im Strafvollzug nach folgendem Raster ein:
- selbstreflexive und therapeutische Angebote;
- sportliche Angebote;
- handwerklich-kreative Angebote;
- musisch-kreative Angebote;
- Möglichkeiten „offener Angebote";
- punktuelle Angebote.

Ergänzt werden sollte hier noch die Kategorie:
- lebenspraktische Angebote.

Zu den **selbstreflexiven und therapeutischen Angeboten** gehören u.a. verschiedene Gesprächsgruppen (religiöse, themenzentrierte, politische bzw für verschiedene Nationalitäten), Selbsthilfegruppen (zB Anonyme Alkoholiker), Therapiegruppen (zB Kunsttherapie[111] oder garten- und tiertherapeutische Angebote[112]), Selbsterfahrungsgruppen, Gruppen für Suchtgefährdete, Antiaggressionstraining,[113] Soziales Trai-

---

108 Zu den Kosten für die Freizeitgestaltung (hier: Teilnahme an einem Sportfest) s. OLG Koblenz, 19.9.2013, 2 Ws 483/13 (Vollz), NStZ-RR 2014, 191 = Forum Strafvollzug 2015, 63 (LS).
109 Siehe zu den therapeutischen Maßnahmen § 2 Rn 32 ff.
110 Walkenhorst, DVJJ-Journal 2000, 265, 269.
111 Siehe dazu zB Bammann, ZfStrVo 2006, 150 ff; Hammer, BewHi 2014, 43 ff.
112 Siehe dazu Landgraf/Weilandt/Galli, Forum Strafvollzug 2015, 48 ff.
113 Siehe dazu zB Weidner, Anti-Aggressivitäts-Training für Gewalttäter, 2001; krit. dazu Ohlemacher/Sögding/Höynck/Ethé/Welte in: Forschungsthema Strafvollzug, hrsg. von Bereswill/Greve, 2001, S. 345 ff.

ning,[114] Stressbewältigung, Wahrnehmung und Bewegung, Meditationsgruppen und Entspannungsübungen (zB Tai-Chi).

Sportliche Angebote im Strafvollzug sind zB Fußball (siehe dazu Rn 114, Rn 119), Handball,[115] Volleyball, Leichtathletik, Lauftraining, Tischtennis, Boxen,[116] Kampfsport,[117] Kraftsport,[118] Skat, Schach, andere Brettspiele, Fitnesstraining und Badminton.

Handwerklich-kreative Angebote umfassen u.a. Back- und Kochkurse, Strickkurse,[119] Computerkurse, Internetprojekte (zB Podknast[120]), Fotokurse,[121] Werk- und Bastelgruppen, Schmiedekurse,[122] (Fahrrad-)Werkstätten und Töpferkurse.

Zu den **musisch-kreativen Angeboten** zählen zB Radiogruppen, die Gefangenenpresse,[123] Gitarrenkurse,[124] Zeichnen und Malen,[125] Leseclubs,[126] Schreibwerkstätten,[127]

---

114 Siehe dazu zB Otto, Praxis des sozialen Trainings, 1986; s. auch § 2 Rn 32 ff.
115 Siehe dazu zB Gerken, ZfStrVo 1990, 33 f.
116 Siehe dazu zB Bauer, Forum Strafvollzug 2015, 153 f.
117 Siehe dazu zB Wolters, Kampfkunst als Therapie, 1992; ders., MschrKrim 1998, 130 ff; ders., DVJJ-Journal 1998, 361 ff; ders., DVJJ-Journal 2000, 28 ff; vgl krit. dazu Röhrbein/Berendt, DVJJ-Journal 2000, 31 ff.
118 Siehe dazu zB Hoster, ZfStrVo 1970, 225 ff; Nass, Forum Strafvollzug 2015, 154 f; vgl krit. dazu Schröder, ZfStrVo 2001, 21 ff; Dannebaum, Forum Strafvollzug 2015, 155 f.
119 Siehe dazu zB Noll/U./Drechsler, Forum Strafvollzug 2015, 168.
120 Bei dem Internetprojekt Podknast, vgl unter www.podknast.de (Stand der Abfrage: 21.2.2016), geht es darum, mit selbst produzierten Podcasts aus dem Gefängnis heraus an die Öffentlichkeit zu treten; s. dazu Schaede/Neubacher, Forum Strafvollzug 2010, 347 ff; N. N., Forum Strafvollzug 2012, 4; Roy, BewHi 2014, 50 ff.
121 Siehe dazu zB Katz, BewHi 2014, 35 ff.
122 Siehe dazu zB Cornel, KrimPäd 2009, 52 ff.
123 Bei den Zeitungen, die durch Gefangene in Justizvollzugsanstalten entstehen, ist im Hinblick auf die Herausgeber zwischen Gefängniszeitungen und Gefangenenzeitungen zu differenzieren. Die Gefängniszeitungen werden von den Anstalten herausgegeben, während die Gefangenenzeitungen von den Insassen selbst verantwortet werden. Obwohl sie sich alle so bezeichnen, sind es von der Art her keine Zeitungen, sondern Zeitschriften. Die Gefangenenzeitung „Lichtblick" der JVA Tegel, vgl unter http://www.lichtblick-zeitung.de (Stand der Abfrage: 21.2.2016), ist die auflagenstärkste der insgesamt 60 Gefangenenzeitungen in Deutschland, vgl Schroven, Forum Strafvollzug 2015, 86 f. Zur Pressefreiheit im Gefängnis vgl OLG Stuttgart, 18.9.1979, 4 VAs 3/79, ZfStrVo 1980, 60; Koch/Vomberg, Grundrechte-Report 1997, 80 ff; Beaucamp, ZfStrVo 1999, 206 ff; Zieger, StV 2007, 387 f; Deckwerth, Forum Strafvollzug 2010, 17 f; s. auch § 1 Rn 43. Zu den Funktionen der Gefangenenzeitungen s. Vollmer, Gefangenen-Zeitschriften, 1980. Zur Entstehung und Entwicklung der Gefangenenpresse in Deutschland s. Klein, Gefangenenpresse, 1992. Die Dokumentationsstelle für Gefangenenliteratur der Universität Münster archiviert eine annähernd vollständige Sammlung von deutschen Gefangenenzeitungen, vgl unter http://www.nrw-literatur-im-netz.de/datenbank/institutionen/696-dokumentationsstelle-gefangenenliteratur.html (Stand der Abfrage: 21.2.2016).
124 Zur Aushändigung einer Gitarre mit Stahlsaiten s. OLG Schleswig, 29.7.2011, 1 Vollz Ws 275/11, Forum Strafvollzug 2012, 115 (LS).
125 Siehe dazu zB Bammann, ZJJ 2007, 206 ff; Swierkowska, BewHi 2014, 78 ff. Zur Kunst im Strafvollzug s. auch Bammann/Feest, NK 2007, 42 ff; Börke, BewHi 2014, 81 f, sowie die umfangreiche Bibliografie bei Sohn, BewHi 2014, 83 ff.
126 Siehe dazu zB Budweg/Schins, ZfStrVo 1992, 232; Steindorff-Classen, BewHi 2014, 19 ff.
127 Siehe dazu zB Genazino in: ders., Achtung Baustelle, 2006, S. 129 ff; Knieß, Gefängnisliteratur von Frauen der Gegenwart, Marburg 1992; Koch/Keßler, KrimPäd 2002, 32 ff. Zur Gefangenenliteratur s. die umfangreichen Bibliografien bei Klein/Koch (Hrsg.), Gefangenenliteratur, 1988, S. 269 ff; Keßler, Schreiben, um zu überleben, 2001, S. 539 ff. Die Dokumentationsstelle für Gefangenenliteratur der Universität Münster existiert seit 1986 und archiviert eine annähernd vollständige Sammlung von deutschen Gefangenenzeitungen auch literarische Veröffentlichungen von Inhaftierten und wissenschaftliche Literatur zu einzelnen Aspekten und gibt außerdem Hinweise zur Verleihung des Ingeborg-Drewitz-Preises für Gefangenenliteratur, vgl unter http://www.nrw-literatur-im-netz.de/datenbank/institutionen/696-dokumentationsstelle-gefangenenliteratur.html (Stand der Abfrage: 21.2.2016). Zum Ingeborg-Drewitz-Literaturpreis für Gefangene s. auch Roth, Forum Strafvollzug 2015, 198 ff.

Fiedler/Vogel

Musikgruppen,[128] Chöre,[129] Bildhauergruppen,[130] Kino- und Theatergruppen[131] sowie Filmworkshops.[132]

Möglichkeiten „offener Angebote" betreffen die Bereitstellung von Geräten und Räumen, zB Kicker, Tischtennisplatten, Gesellschaftsspiele, die Gefangenenbücherei[133] und die Kleintierhaltung.[134]

Als **punktuelle Angebote** seien zB angeführt: Sportturniere (siehe dazu Rn 118), Ausgänge zur Freizeitgestaltung, der Besuch von Konzerten und Theateraufführungen in und außerhalb der Anstalt, Musikkonzerte in der Anstalt und therapeutische Reisen.[135]

Zu den **lebenspraktischen Angeboten** zählen u.a. Erste-Hilfe-Kurse, Führerschein-Vorbereitungskurse, Bewerbungstraining und Entlassungsvorbereitung.

39   Diese Aufzählung deutet auf ein beachtliches Angebot hin, allerdings ist sie nur eine Übersicht der Möglichkeiten und entspricht nicht der **alltäglichen Realität** im Strafvollzug.[136] Es wird wohl nie all diese Angebote in einer Anstalt und schon gar nicht zur gleichen Zeit geben. Oftmals finden die Freizeitangebote in den Anstalten eher zufällig und sporadisch statt.

40   Hinzu kommt, dass die Freizeitangebote bei Weitem nicht alle **Gefangenen erreichen**.[137] *Bierschwale u.a.*[138] stellen in ihrer Untersuchung zur Freizeitgestaltung im gesamten niedersächsischen Justizvollzug fest, dass das dort bestehende Sport- und Freizeitangebot nur von einem kleinen Teil der Gefangenen angenommen werde. Pädagogisch engagierte Angebote würden im Durchschnitt sogar zwischen 80% und 95% der Gefangenen nicht erreichen. Besonders ungünstig sehe es in den kleinen Abteilungen, im offenen Vollzug und hinsichtlich betreuter Angebote aus. Im geschlossenen Jugendstrafvollzug sehe es günstiger aus, da das gesamte Freizeitprogramm fast 50% der Gefangenen erreicht hätte; die engagierten Angebote etwa 25%. Es gibt keinen Grund zu der Annahme, dass sich dies zwischenzeitlich geändert haben sollte oder diese Daten nicht auch auf andere Bundesländer übertragbar sein sollten. Nach *Bierschwale u.a.*[139] spreche einiges dafür, dass es sich nicht um ein spezifisch niedersächsisches Problem handele, sondern um ein allgemeines Problem des Vollzuges.

---

128 Siehe dazu zB *Meder,* Musik im Strafvollzug, 1981; *Hartogh,* KrimPäd 1998, 28 ff. Zu Projekten u.a. mit Hip-Hop s. *Brüssel,* BewHi 2014, 5 ff; *Arndt/Weber,* BewHi 2014, 258 ff.
129 Siehe dazu zB *K. Becker,* ZfStrVo 1979, 241.
130 Siehe dazu zB *Bammann/Feest,* NK 2007, 42, 43 f.
131 Siehe dazu zB *Gebhard,* BewHi 2014, 30 ff; *N. N.,* Forum Strafvollzug 2015, 35; *Brauer,* Forum Strafvollzug 2015, 170 f. Zu Projekten u.a. mit Hip-Hop s. *Brüssel,* BewHi 2014, 5 ff; *Arndt/Weber,* BewHi 2014, 258 ff.
132 Siehe dazu zB *Nolle,* BewHi 2014, 56 ff.
133 *Peschers* in: Zugang für alle – Soziale Bibliotheksarbeit in Deutschland, hrsg. von Kaden/Kindling, 2007, S. 181 ff; *D. Becker* in: Zugang für alle – Soziale Bibliotheksarbeit in Deutschland, hrsg. von Kaden/Kindling, 2007, S. 193 ff; s. dazu auch Rn 33, Rn 42.
134 Siehe dazu zB *Vogelgesang,* ZfStrVo 1994, 67 f. Zur Vogelhaltung s. *Sieland/Drechsler,* Forum Strafvollzug 2015, 168 f; *U./Sieland,* Forum Strafvollzug 2015, 169 f.
135 Siehe dazu zB *Herkert/Nickolai,* ZfStrVo 1978, 81 ff.
136 Vgl dazu *Kamann,* Handbuch für die Strafvollstreckung und den Strafvollzug, 2008, Rn 698.
137 Vgl dazu auch die empirische Bestandsaufnahme von *Jumpertz,* WsFPP 2006, 57 ff.
138 *Bierschwale/Detmer/Köhler/Kramer,* ZfStrVo 1995, 83, 91.
139 *Bierschwale/Detmer/Köhler/Kramer,* ZfStrVo 1995, 83, 92.

Ein weiterer neuralgischer Punkt sind die **Zeitpunkte der Angebote**.[140] Hauptsächlich finden die Freizeitveranstaltungen an den Werktagen in den Nachmittagsstunden statt, die Abende und vor allem die Wochenenden bleiben praktisch „angebotsfrei". Diese Situation hat immerhin dazu geführt, dass in Nordrhein-Westfalen und Rheinland-Pfalz ausdrücklich das Angebot von Freizeitveranstaltungen für die Wochenenden und Feiertage gesetzlich vorgeschrieben ist.[141] In allen Bundesländern gibt es jedenfalls Bemühungen um Wochenendangebote. 41

In allen deutschen Jugendstrafanstalten bestehen **Gefangenenbüchereien**.[142] Eine Zusammenarbeit mit den öffentlichen Bibliotheken gibt es traditionell seit Mitte der 1960er-Jahre nur in Hamburg mit den Bücherhallen;[143] teilweise besteht eine Zusammenarbeit mit den öffentlichen Bibliotheken auch noch in Nordrhein-Westfalen[144] und neuerdings auch in Thüringen.[145] Die Stadtbibliothek Bremen[146] hat das Hamburger Modell ausgebaut und eine Zweigstelle in der JVA Bremen eingerichtet. In Thüringen wurde im Jahr 2011 das Projekt „Lesefluchten – Literatur für die Thüringer Gefängnisbibliotheken"[147] des Thüringer Literaturrats, das vom Thüringer Justizministerium finanziell unterstützt wird, gestartet. Es umfasst neben Lesungen auch die Unterstützung der Bibliotheken der Thüringer Justizvollzugseinrichtungen mit Buchempfehlungen und Buchspenden von Förderern. Zudem sollen Partnerschaften zwischen je einer Justizvollzugsanstalt und einer öffentlichen Bibliothek in Thüringen entstehen.[148] Der Friedrich-Bödecker-Kreis für Thüringen e.V. veranstaltete 2014/2015 eine 10-tägige Schreibwerkstatt für jugendliche Strafgefangene in der Jugendstrafanstalt Arnstadt.[149] In den meisten Bundesländern wird die Bibliotheksarbeit im Justizvollzug ohne bibliothekarisches Fachpersonal durchgeführt.[150] Häufig werden die Gefangenenbüchereien von Lehrkräften betreut. Regelmäßig werden in den Gefangenenbüchereien auch Gefangene als Hilfskräfte beschäftigt. Aus Sicherheits- und räumlichen Gründen wird meist auf eine Freihand-Aufstellung der Bücher 42

---

140 Vgl dazu auch LG Hildesheim, 27.7.2011, 23 StVK 502/11, juris, das eine Differenzierung der täglichen Aufschlusszeiten von arbeitenden und nicht arbeitenden Gefangenen für zulässig erachtet. Damit haben die Justizvollzugsanstalten die Möglichkeit, besondere Freizeiträume (zB Freizeit- und Fitnessraum, Küche) gleichmäßiger und effizienter zu nutzen.
141 So auch § 62 Abs. 1 S. 2 Entwurf JStVollzG Bln, vgl Abgeordnetenhaus Berlin Drucks. 7/2442 v. 9.9.2015. Nach § 55 Abs. 1 S. 2 JStVollzG NRW sind darüber hinaus ausreichende Freizeitangebote in den frühen Abendstunden vorzuhalten.
142 Einen Überblick über die Anstaltsbüchereien einzelner Bundesländer gibt die Arbeitsgemeinschaft der Gefangenenbüchereien im Deutschen Bibliotheksverband, vgl unter www.bibliotheksverband.de/fachgruppen/arbeitsgruppen/gefangenenbuechereien.html (Stand der Abfrage: 21.2.2016); dort sind unter „Aktivitäten" als „Arbeitsdokumente" auch Richtlinien für Gefangenenbüchereien abrufbar.
143 Weitere Informationen sind abrufbar unter www.buecherhallen.de (Stand der Abfrage: 21.2.2016).
144 D. Becker in: Zugang für alle – Soziale Bibliotheksarbeit in Deutschland, hrsg. von Kaden/Kindling, 2007, S. 193 ff; Peschers in: Zugang für alle – Soziale Bibliotheksarbeit in Deutschland, hrsg. von Kaden/Kindling, 2007, S. 181, 186.
145 Hartmann, Forum Strafvollzug 2015, 166 f.
146 Weitere Informationen sind abrufbar unter www.stadtbibliothek-bremen.de (Stand der Abfrage: 21.2.2016).
147 Weitere Informationen sind abrufbar unter www.thueringer-literaturrat.de/index.php?p=lesefluchten&PHPSESSID=3gj3agjd4tqtmdq4o66rgrmbk1 (Stand der Abfrage: 21.2.2016).
148 Zur seit 2012 bestehenden Kooperation der JVA Hohenleuben mit der Stadt- und Kreisbibliothek Greiz s. Hartmann, Forum Strafvollzug 2015, 166 f.
149 Vgl unter www.thueringer-literaturrat.de/index.php?p=lesefluchten&PHPSESSID=3gj3agjd4tqtmdq4o66rgrmbk1 (Stand der Abfrage: 21.2.2016).
150 Peschers in: Zugang für alle – Soziale Bibliotheksarbeit in Deutschland, hrsg. von Kaden/Kindling, 2007, S. 181 ff; so auch bereits Mattes in: Gefangenenliteratur, hrsg. von Klein/Koch, 1988, S. 215, 216.

und Medieneinheiten zugunsten der Magazinausleihe verzichtet. Aus medienpädagogischen Gründen wäre einem Freihandzugang der Vorzug zu geben, denn damit ist der regelmäßig buchunerfahrene Gefangene eher zum Lesen zu animieren. Es sollte zunehmend auch den Gefangenen die Möglichkeit eröffnet werden, Online-Kataloge öffentlicher Bibliotheken über vorhandene Haftraummediensysteme mittels getunnelter Online-Zugänge abzurufen.[151] Ein weiteres Problem stellen die in aller Regel knappen Anschaffungsetats dar, so dass die Gefangenenbüchereien auf Bücherspenden angewiesen sind, was wiederum einem systematischen Bestandsaufbau entgegensteht, aber gewiss besser ist als gar nichts. Die „Buch- und Medienfernleihe für Gefangene und Patienten" in Dortmund, deren Träger der Kunst- und Literaturverein für Gefangene e.V. ist, ist eine Ergänzungsbibliothek zu Haftanstaltsbüchereien und die einzige Bibliothek dieser Art in Deutschland. Sie verfügt über einen Bestand von 25.000 Medieneinheiten und stellt eine Ergänzung der oft beschränkten Angebote in den Anstalten dar.[152]

43 Bei den **jungen Frauen** werden häufig mangelnde frauenspezifische Freizeitmöglichkeiten beklagt, insbesondere in den Frauenabteilungen, die nur ein „Anhängsel" des Männerstrafvollzuges sind.[153] Bei den Freizeitangeboten für die jungen Frauen sind nach Möglichkeit deren Bedürfnisse und Wünsche zu berücksichtigen.[154]

IV. Zeitungen und Zeitschriften
1. Rechtsgrundlagen

44

Länder	Zeitungen und Zeitschriften
Baden-Württemberg	Buch 4 § 56 Zeitungen und Zeitschriften
	Junge Gefangene dürfen Zeitungen und Zeitschriften in angemessenem Umfang durch Vermittlung der Jugendstrafanstalt beziehen. § 54 Abs. 1 Satz 2, Abs. 2 und 4 gilt entsprechend.
	iVm
	Buch 4 § 54 Besitz von Gegenständen zur Freizeitbeschäftigung
	(1) Junge Gefangene dürfen in angemessenem Umfang Bücher und andere Gegenstände zur Freizeitbeschäftigung besitzen. Die Angemessenheit des Umfangs kann auch an der in der Jugendstrafanstalt verfügbaren Kapazität für Haftraumkontrollen und am Wert eines Gegenstands ausgerichtet werden.
	(2) Absatz 1 Satz 1 gilt nicht, wenn der Besitz, die Überlassung oder die Benutzung des Gegenstands
	1. mit Strafe oder Geldbuße bedroht wäre,
	2. das Erreichen des Erziehungsziels oder die Sicherheit oder Ordnung der Jugendstrafanstalt gefährdet [sic] würde oder

---

151 Seit November 2013 ist dies in der JVA Hohenleuben möglich, vgl Hartmann, Forum Strafvollzug 2015, 166 f.
152 Weitere Informationen sind abrufbar unter www.buch-und-medienfernleihe.de (Stand der Abfrage: 21.2.2016).
153 Vgl dazu von den Driesch in: Wiedereingliederung Straffälliger, hrsg. von Kawamura/Reindl, 1998, S. 119, 120.
154 Vgl dazu König in: Jugendstrafvollzug in Deutschland, hrsg. von Bereswill/Höynck, 2002, S. 143, 150 f.

IV. Zeitungen und Zeitschriften

Länder	Zeitungen und Zeitschriften
	3. [sic] die Überprüfung des Gegenstands auf eine mögliche missbräuchliche Verwendung mit vertretbarem Aufwand von der Jugendstrafanstalt nicht leistbar ist. […] (4) Die Erlaubnis kann unter den Voraussetzungen des Absatzes 2 widerrufen werden.
Bayern	**Art. 152 Freizeit** […] (2) Art. 70, 72 und 73 gelten entsprechend. Art. 71 gilt entsprechend mit der Maßgabe, dass der Anstaltsleiter oder die Anstaltsleiterin festlegen kann, ob und unter welchen zusätzlichen Voraussetzungen eigene Fernsehgeräte zugelassen werden. Elektronische Unterhaltungsmedien, die keinen pädagogischen Wert haben, sind nicht zugelassen. iVm **Art. 70 Zeitungen und Zeitschriften** (1) Gefangene dürfen Zeitungen und Zeitschriften in angemessenem Umfang durch Vermittlung der Anstalt beziehen. (2) Ausgeschlossen sind Zeitungen und Zeitschriften, deren Verbreitung mit Strafe oder Geldbuße bedroht ist. Einzelne Ausgaben oder Teile von Zeitungen oder Zeitschriften können den Gefangenen vorenthalten werden, wenn sie die Erfüllung des Behandlungsauftrags oder die Sicherheit oder Ordnung der Anstalt erheblich gefährden würden.
Berlin, Bremen, Mecklenburg-Vorpommern, Saarland, Schleswig-Holstein	**§ 40 Zeitungen und Zeitschriften** (1) Die Gefangenen dürfen auf eigene Kosten Zeitungen und Zeitschriften in angemessenem Umfang durch Vermittlung der Anstalt beziehen. Ausgeschlossen sind Zeitungen und Zeitschriften, deren Verbreitung mit Strafe oder Geldbuße bedroht ist. (2) Einzelne Ausgaben einer Zeitung oder Zeitschrift können den Gefangenen auch vorenthalten werden, wenn deren Inhalte das Vollzugsziel oder die Sicherheit oder Ordnung der Anstalt erheblich gefährden würden.
Brandenburg, Thüringen	**§ 60 Zeitungen und Zeitschriften** (1) Die Gefangenen dürfen auf eigene Kosten Zeitungen und Zeitschriften in angemessenem Umfang durch Vermittlung der Anstalt beziehen. Ausgeschlossen sind lediglich Zeitungen und Zeitschriften, deren Verbreitung mit Strafe oder Geldbuße bedroht ist. (2) Den Straf- und Jugendstrafgefangenen können einzelne Ausgaben vorenthalten oder entzogen werden, wenn deren Inhalte die Erreichung des Vollzugsziels oder die Sicherheit oder Ordnung der Anstalt erheblich gefährden würden. […]
Hamburg	**§ 51 Zeitungen und Zeitschriften** (1) Die Gefangenen dürfen auf eigene Kosten Zeitungen und Zeitschriften in angemessenem Umfang durch Vermittlung der Anstalt beziehen. (2) Ausgeschlossen sind Zeitungen und Zeitschriften, deren Verbreitung mit Strafe oder Geldbuße bedroht ist. Einzelne Ausgaben oder Teile von Zeitungen oder Zeitschriften können den Gefangenen vor-

§ 5 Freizeit, Medien, Sport

Länder	Zeitungen und Zeitschriften
	enthalten werden, wenn sie das Vollzugsziel oder die Sicherheit oder Ordnung der Anstalt erheblich gefährden würden.
Hessen	**§ 29 Gestaltung der freien Zeit** [...] (2) Die Anstalt hat eine angemessen ausgestattete Bücherei vorzuhalten. Die Gefangenen dürfen auf eigene Kosten Zeitungen und Zeitschriften in angemessenem Umfang durch Vermittlung der Anstalt beziehen. § 19 Abs. 1 Satz 2 gilt entsprechend. Ausgeschlossen sind Zeitungen und Zeitschriften, deren Verbreitung mit Strafe oder Geldbuße bedroht ist. Einzelne Ausgaben oder Teile von Zeitungen oder Zeitschriften können den Gefangenen vorenthalten werden, wenn sie das Erziehungsziel oder die Sicherheit oder Ordnung der Anstalt erheblich gefährden. [...] iVm **§ 19 Ausstattung des Haftraums** (1) Die Gefangenen dürfen ihren Haftraum in angemessenem Umfang mit eigenen Gegenständen ausstatten. Die Übersichtlichkeit des Haftraums darf nicht behindert und Kontrollen nach § 45 Abs. 1 dürfen nicht unzumutbar erschwert werden. [...]
Niedersachsen	**§ 132 Entsprechende Anwendung von Vorschriften des Zweiten und Dritten Teils** (1) Für den Vollzug der Jugendstrafe gelten die Vorschriften des Zweiten Teils entsprechend, soweit in den Vorschriften dieses Teils nichts anderes bestimmt ist. [...] (3) Bei der Ausübung von Ermessen und der Ausfüllung von Beurteilungsspielräumen sind im Jugendstrafvollzug die Vollzugsziele nach § 113 sowie die Gestaltungsgrundsätze nach § 114 besonders zu beachten. iVm **§ 65 Zeitungen und Zeitschriften** (1) Die oder der Gefangene darf Zeitungen und Zeitschriften in angemessenem Umfang durch Vermittlung der Vollzugsbehörde beziehen. (2) Ausgeschlossen sind Zeitungen und Zeitschriften, deren Verbreitung mit Strafe oder Geldbuße bedroht ist. Einzelne Ausgaben oder Teile von Zeitungen oder Zeitschriften können der oder dem Gefangenen vorenthalten werden, wenn sie das Vollzugsziel nach § 5 Satz 1 oder die Sicherheit oder Ordnung der Anstalt erheblich gefährdeten.
Nordrhein-Westfalen	**§ 56 Zeitungen, Zeitschriften** (1) Gefangene dürfen auf eigene Kosten Zeitungen und Zeitschriften in angemessenem Umfang durch Vermittlung der Anstalt beziehen. (2) Ausgeschlossen sind Zeitungen und Zeitschriften, deren Verbreitung mit Strafe oder Geldbuße bedroht ist. Soweit einzelne Ausgaben oder Teile von Zeitungen oder Zeitschriften das Ziel des Vollzuges oder die Sicherheit oder Ordnung der Anstalt erheblich gefährden würden, können sie den Gefangenen vorenthalten werden.

IV. Zeitungen und Zeitschriften

Länder	Zeitungen und Zeitschriften
Rheinland-Pfalz	**§ 59 Zeitungen und Zeitschriften** (1) Die Gefangenen dürfen auf eigene Kosten Zeitungen und Zeitschriften in angemessenem Umfang durch Vermittlung der Anstalt beziehen. Ausgeschlossen sind lediglich Zeitungen und Zeitschriften, deren Verbreitung mit Strafe oder Geldbuße bedroht ist. (2) Den Strafgefangenen und den Jugendstrafgefangenen können einzelne Ausgabe vorenthalten oder entzogen werden, wenn deren Inhalte die Erreichung des Vollzugsziels oder die Sicherheit oder Ordnung der Anstalt erheblich gefährden würden. [...]
Sachsen	**§ 40 Zeitungen und Zeitschriften** (1) Die Gefangenen dürfen auf eigene Kosten Zeitungen und Zeitschriften in angemessenem Umfang durch Vermittlung der Anstalt beziehen. Ausgeschlossen sind Zeitungen und Zeitschriften, deren Verbreitung mit Strafe oder Geldbuße bedroht ist. (2) Einzelne Ausgaben einer Zeitung oder Zeitschrift können einem Gefangenen auch vorenthalten werden, wenn deren Inhalte das Vollzugsziel oder die Sicherheit oder Ordnung in der Anstalt erheblich gefährden würden.
Sachsen-Anhalt	**§ 58 Zeitungen und Zeitschriften** (1) Der Gefangene darf auf eigene Kosten Zeitungen und Zeitschriften in angemessenem Umfang durch Vermittlung der Anstalt beziehen. Ausgeschlossen sind lediglich Zeitungen und Zeitschriften, deren Verbreitung mit Strafe oder Geldbuße bedroht ist. (2) Dem Strafgefangenen oder dem Jugendstrafgefangenen können einzelne Ausgaben vorenthalten oder entzogen werden, wenn deren Inhalte die Erreichung des Vollzugsziels oder die Sicherheit oder Ordnung der Anstalt erheblich gefährden würden. [...]

Der Bezug von Zeitungen und Zeitschriften ist in allen Landesgesetzen zum Jugendstrafvollzug weitestgehend **entsprechend** § 68 StVollzG geregelt. Bei den Ausschlussgründen für die Aushändigung wird sprachlich in den einzelnen Ländergesetzen zwischen der (erheblichen) Gefährdung des Vollzugs- oder Erziehungszieles bzw der Erfüllung des Behandlungsauftrags unterschieden.

Die Regelungen zu Zeitungen und Zeitschriften wie auch zu Hörfunk und Fernsehen (siehe dazu Rn 54 ff) enthalten die Konkretisierung eines Anspruchs des Gefangenen auf individuelle Freizeitbeschäftigung für den Bereich der Informationsgewinnung aus den Massenmedien. Sie regeln die Ausübung des **Grundrechts auf Informationsfreiheit** (Art. 5 Abs. 1 S. 1 GG) im Jugendstrafvollzug.

Alle Ländergesetze[155] geben dem Gefangenen einen Rechtsanspruch auf den Bezug von Zeitungen und Zeitschriften. Danach kann der Inhaftierte Presseerzeugnisse

---

[155] Vgl § 56 S. 1 JVollzGB IV; Art. 152 iVm Art. 70 Abs. 1 BayStVollzG; jeweils § 40 Abs. 1 S. 1 JStVollzG Bln/BremJStVollzG/JStVollzG M-V/SJVollzG/JStVollzG SH; jeweils § 60 Abs. 1 S. 1 BbgJVollzG/ThürJVollzGB; § 51 Abs. 1 HmbJStVollzG; § 29 Abs. 2 S. 2 HessJStVollzG; § 132 iVm § 65 Abs. 1 NJVollzG; § 56 Abs. 1 JStVollzG NRW; § 59 Abs. 1 LJVollzG RP; § 40 Abs. 1 S. 1 SächsJStVollzG; § 58 Abs. 1 JVollzGB LSA (früher auch schon § 74 S. 1 JStVollzG B-W aF; § 40 Abs. 1 S. 1 BbgJStVollzG aF/LJStVollzG

durch **Vermittlung der Anstalt** beziehen.¹⁵⁶ Er ist in der Auswahl grundsätzlich frei.¹⁵⁷ In allen Gesetzen wird der Bezug von Zeitungen und Zeitschriften jedoch auf einen **angemessenen Umfang** beschränkt. Der Bezug darf also die räumlichen, organisatorischen und personellen Anstaltsverhältnisse nicht über Gebühr belasten, weshalb eine Reduzierung auf insgesamt fünf Zeitungen und Zeitschriften nach freier Wahl des Gefangenen zulässig sein soll.¹⁵⁸

48 Das Grundrecht auf Informationsfreiheit des Gefangenen erfährt eine **Beschränkung** in den jeweiligen Regelungen der Ländergesetze als allgemeinen Vorschriften iSv Art. 5 Abs. 2 GG, wonach der Bezug von Zeitungen oder Zeitschriften ausgeschlossen ist, deren Verbreitung mit Strafe oder Geldbuße bedroht ist. Ein solches generelles Verbot gilt etwa für pornografische Magazine, soweit deren Bezug den Tatbestand des § 184 StGB erfüllt.¹⁵⁹

49 Eine weitere Grundlage für den Ausschluss von Presseerzeugnissen bieten die an § 68 Abs. 2 S. 2 StVollzG angelehnten Regelungen der Ländergesetze, nach denen den Gefangenen einzelne Ausgaben von Zeitungen oder Zeitschriften vorenthalten werden können, wenn sie das Vollzugsziel oder die Sicherheit oder Ordnung der Anstalt (erheblich)¹⁶⁰ gefährden würden. Stets ist bei einer Entscheidung darüber allerdings zunächst zu prüfen, ob nicht im Hinblick auf den **Verhältnismäßigkeitsgrundsatz** ein milderes Vorgehen ausreicht.¹⁶¹ Mit Rücksicht auf die Bedeutung des Grundrechts auf Informationsfreiheit wird die Anstalt also nur die unerlässlichen Einschränkungen vornehmen dürfen.¹⁶² Unerlässlich sind solche Maßnahmen, „ohne die der Strafvollzug als Institution zusammenbrechen würde oder durch die der Zweck des Strafvollzuges", insbesondere „das Bemühen um die Wiedereingliederung des Gefangenen in die Gesellschaft", ernsthaft gefährdet würde.¹⁶³ So kann die Anstalt einem Gefangenen eine Zeitschrift oder Teile davon vorenthalten, „wenn wegen der darin hervortretenden verunglimpfenden, agitatorischen und zersetzenden Tendenz die Sicherheit und Ordnung der Anstalt durch Erzeugung von Verweigerungshaltung und Abwehrhaltung sowie Hinwirken auf eine Solidarisierung erheblich gefährdet und die Erreichung des Vollzugsziels in Frage gestellt wird".¹⁶⁴ Das soll bereits dann der Fall sein,

---

RP aF/ThürJStVollzG aF; § 47 Abs. 1 JStVollzG LSA aF); so auch § 62 Abs. 1 S. 2 Entwurf JStVollzG Bln, vgl Abgeordnetenhaus Berlin Drucks. 7/2442 v. 9.9.2015.
156 Zum Bezug ausländischer Zeitschriften vgl LG Gießen, 18.8.2010, 2 StVK-Vollz. 477/10, NStZ-RR 2011, 190 (LS), wonach die in § 69 StVollzG erfolgte Anordnung des Bezuges „durch Vermittlung der Anstalt" lediglich der Verminderung des Kontrollaufwandes dienen soll; sofern die Anstalt im Einzelfall faktisch nicht in der Lage ist, dem Gefangenen in einem angemessenen Umfang Zeitschriften zu vermitteln, kann im Hinblick auf das Grundrecht der Informationsfreiheit auch ein anderer Bezugsweg (hier: private Paketübersendung aus dem Ausland) zuzulassen sein.
157 Vgl OLG Jena, 17.6.2004, 1 Ws 118/04, NStZ-RR 2004, 317 = ZfStrVo 2005, 179.
158 OLG Hamm, 17.11.1986, 1 Vollz (Ws) 213/86, NStZ 1987, 248; vgl Laubenthal, Strafvollzug, 2015, Rn 612; Beschränkung des Zeitungs- und Zeitschriftenbezugs auf jeweils vier Wochen- und Monatsschriften billigend BVerfG, 17.12.1981, 2 BvR 1366/81, ZfStrVo 1982, 316 (LS).
159 Vgl LG Freiburg i.Br., 10.11.1993, XIII StVK 177/93, ZfStrVo 1994, 375.
160 Keine „erhebliche" Gefahr wird vorausgesetzt in § 56 S. 2 iVm § 54 Abs. 2 Nr. 2 JVollzGB IV (früher auch schon § 74 S. 2 iVm § 72 Abs. 2 Nr. 2 JVollzGB B-W aF; § 47 JStVollzG LSA aF).
161 Vgl OLG Jena, 17.6.2004, 1 Ws 118/04, NStZ-RR 2004, 317 = ZfStrVo 2005, 179; Laubenthal, Strafvollzug, 2015, Rn 612.
162 Laubenthal/Nestler/Neubacher/Verrel-Laubenthal Abschn. G Rn 8.
163 BVerfG, 29.10.1975, 2 BvR 812/73, BVerfGE 40, 276, 284.
164 OLG Hamm, 22.10.1991, 1 Vollz (Ws) 47/91, StV 1992, 329, s. dazu die krit. Anm. von Baumann, StV 1992, 331 f.

wenn es sich um eine Darstellung von Dachbesteigungen, Arbeitsverweigerung und Hungerstreiks als nachahmenswerte Verhaltensweisen im Strafvollzug handelt.[165] Als milderes Mittel gegenüber der Vorenthaltung kommt auch eine Schwärzung von einzelnen Artikeln in Betracht.[166]

Die **Beschränkungen** des Rechts auf Informationserlangung sind in den Ländergesetzen **abschließend normiert.** Ausschluss oder Vorenthaltung darüber hinaus sind unzulässig.[167] Nicht zulässig ist daher auch ein Ausschluss, weil eine Lektüre keiner sinnvollen Freizeitbeschäftigung dient.[168]

50

Die Ausschlussgründe erfassen auch die **ohne Vermittlung der Anstalt** erfolgte Zusendung eines Einzelexemplars von allgemein zugänglichen Zeitungen oder Zeitschriften.[169] Daher unterfallen einmalig oder nur gelegentlich zugesandte Exemplare allgemein zugänglicher Zeitschriften, die per Brief oder sonstiger Postsendung in die Justizvollzugsanstalt geschickt werden, den Regelungen über den Zeitschriftenbezug. Etwas anderes gilt, wenn Teile von Zeitschriften (Zeitungsausschnitte, Fotokopien einzelner Zeitungsartikel) mit dem individuellen Gedankenaustausch im Rahmen eines Briefverkehrs in Verbindung stehen.[170] Dann gelten die „privilegierenden" Regelungen zum Schriftwechsel (siehe dazu § 7 Rn 43 ff). Soweit Postsendungen ihrem Inhalt nach nicht als schriftlicher Gedankenaustausch oder als Periodika anzusehen sind, sind sie als Paket (siehe dazu § 7 Rn 58 ff) zu behandeln. Dies ist bei Postsendungen von Internetausdrucken (zB mit Gerichtsentscheidungen) der Fall.[171]

51

2. Rechtstatsächliche Situation

Im Einzelnen sind von der **Rechtsprechung** in der Praxis Publikationen u.a. aus folgenden Gründen vom Bezug ausgeschlossen oder Teile davon einbehalten worden:[172]

52

- einzelne Ausgaben einer homophilen Zeitschrift, die dann eine erhebliche Gefährdung für die Sicherheit und Ordnung der Anstalt darstellen, wenn in ihnen u.a. homosexuelle Praktiken beschrieben werden, Annoncen zur Anbahnung gleichgeschlechtlicher Freundschaften oder Darstellungen unbekleideter Männer enthalten sind;[173]
- „HNG-Nachrichten" dürfen an keinen Gefangenen ausgehändigt werden, da diese geeignet sind, den Zielen des Vollzuges zuwiderzulaufen; auf die Möglichkeit

---

165 Vgl OLG Hamm, 22.10.1991, 1 Vollz (Ws) 47/91, StV 1992, 329, s. dazu die krit. Anm. von Baumann, StV 1992, 331 f.
166 Laubenthal, Strafvollzug, 2015, Rn 613; Schwind/Böhm/Jehle/Laubenthal-Schwind/Goldberg § 68 Rn 15.
167 Vgl OLG Jena, 17.6.2004, 1 Ws 118/04, NStZ-RR 2004, 317 = ZfVollzVo 2005, 179; OLG Celle, 31.8.2010, 1 Ws 387/10 (StrVollz), NStZ-RR 2011, 31 (LS) = Forum Strafvollzug 2011, 55 (LS).
168 Vgl OLG Koblenz, 9.1.1991, 2 Vollz (Ws) 43/90, NStZ 1991, 304 (betreffend Druckwerk „Yacht-Charter").
169 Vgl Laubenthal, Strafvollzug, 2015, Rn 613.
170 Vgl OLG Brandenburg, 21.7.2004, 1 Ws (Vollz) 6/04, bei Matzke, NStZ 2006, 20; s. auch OLG Brandenburg, 22.3.2004, 1 Ws (Vollz) 22/03, NStZ 2005, 290.
171 Vgl OLG Nürnberg, 16.9.2008, 2 Ws 433/08, NStZ 2009, 216 = Forum Strafvollzug 2009, 42 (LS) = bei Roth, NStZ 2010, 439.
172 Vgl Laubenthal/Nestler/Neubacher/Verrel-Laubenthal Abschn. G Rn 13 mwN.
173 OLG Nürnberg, 15.8.1983, Ws 552/83, NStZ 1983, 574.

des Schwärzens muss die Anstalt hier wegen des erheblichen Verwaltungsaufwandes nicht verwiesen werden;[174]
- wenn einzelne Ausgaben von Zeitschriften zum Widerstand gegen Vollzugsbeamte aufrufen;
- wenn Richter, Staatsanwälte oder Polizeibeamte beleidigt werden;
- wenn eine unmäßig überzogene und böswillige Kritik an der Vollzugsanstalt geübt[175] oder der Eindruck hervorgerufen wird, dass die Justiz grundsätzlich rechtsstaatliche Prinzipien verletze.

53 In der **Jugendstrafvollzugspraxis** spielt der Bezug von Zeitungen und Zeitschriften **keine große Rolle**. Die meisten Jugendlichen sind weder innerhalb noch außerhalb des Vollzuges Leser von Tageszeitungen.[176] Gleichwohl gibt es aber im Jugendstrafvollzug auch einige Zeitungsabonnenten. Darüber hinaus stellt die Organisation „Freiabonnements für Gefangene e.V."[177] Zeitungen zur Verfügung, und einige Tageszeitungen liefern den Anstalten auch kostenlose Mehrfachexemplare. Einige Anstalten haben zudem Tageszeitungen für die Benutzung in den Gefangenenbüchereien oder zur Verteilung auf den Wohngruppen abonniert. All dies sind Maßnahmen, um die Jugendstrafgefangenen an die Lektüre von Tageszeitungen heranzuführen. Konflikte um die Aushändigung entstehen in der Praxis weniger in Bezug auf Zeitungen, sondern eher bei Zeitschriften. Einige Zeitschriften werden einzelfallbezogen nicht ausgehändigt, weil sie das individuelle Erziehungs- oder Vollzugsziel gefährden könnten. Beispielsweise wird man einem Gefangenen, der andere immer wieder zum Tätowieren[178] anregt, keine Tattoo-Zeitschrift für mögliche Vorlagen aushändigen oder einem in Waffen vernarrten Gefangenen, der auch entsprechende Straftaten begangen hat, keine Waffen-Zeitschrift. Wichtig für den Jugendstrafvollzug ist dabei aber, dass neben der formalen Anhalteverfügung vor allem das pädagogische Gespräch mit dem Gefangenen zu seiner „Zeitschriftenauswahl" gesucht wird.

V. Hörfunk und Fernsehen
1. Rechtsgrundlagen

54

Länder	Hörfunk und Fernsehen
Baden-Württemberg	Buch 4 § 55 Hörfunk und Fernsehen (1) Der Besitz von Hörfunk- und Fernsehgeräten ist nach Maßgabe des § 54 zulässig. (2) Die Jugendstrafanstalt kann den Betrieb von Empfangsanlagen und die Ausgabe von Hörfunk- und Fernsehgeräten einem Dritten übertragen. Sofern sie hiervon Gebrauch macht, können junge Gefangene nicht den Besitz von eigenen Geräten verlangen. (3) Die Anstaltsleiterin oder der Anstaltsleiter entscheidet über die Einspeisung der Programme in die Empfangsanlage der Jugendstrafanstalt.

---
174 KG, 9.5.2006, 5 Ws 140/06 Vollz; s. auch BVerfG, 29.6.1995, 2 BvR 2631/94, NStZ 1995, 613 = ZfStrVo 1996, 175.
175 BVerfG, 27.9.1995, 2 BvR 636/95, ZfStrVo 1996, 244.
176 So auch Müller, Fluchthelfer: Mediennutzung im Jugendgefängnis, 2006, S. 45.
177 Weitere Informationen sind abrufbar unter www.freiabos.de (Stand der Abfrage: 21.2.2016).
178 Zu Tätowierungen s. § 3 Rn 75.

Länder	Hörfunk und Fernsehen
	Vor der Entscheidung soll die Gefangenenmitverantwortung gehört werden.
	(4) Der Empfang von Bezahlfernsehen und der Einsatz von zusätzlichen Empfangseinrichtungen im Haftraum sind nicht statthaft. **iVm** **Buch 4 § 54 Besitz von Gegenständen zur Freizeitbeschäftigung** (1) Junge Gefangene dürfen in angemessenem Umfang Bücher und andere Gegenstände zur Freizeitbeschäftigung besitzen. Die Angemessenheit des Umfangs kann auch an der in der Jugendstrafanstalt verfügbaren Kapazität für Haftraumkontrollen und am Wert eines Gegenstands ausgerichtet werden. (2) Absatz 1 Satz 1 gilt nicht, wenn der Besitz, die Überlassung oder die Benutzung des Gegenstands 1. mit Strafe oder Geldbuße bedroht wäre, 2. das Erreichen des Erziehungsziels oder die Sicherheit oder Ordnung der Jugendstrafanstalt gefährdet [sic] würde oder 3. [sic] die Überprüfung des Gegenstands auf eine mögliche missbräuchliche Verwendung mit vertretbarem Aufwand von der Jugendstrafanstalt nicht leistbar ist. (3) Die Zulassung von bestimmten Gerätetypen, insbesondere der elektronischen Unterhaltungsmedien, durch die Jugendstrafanstalt kann der Zustimmung der Aufsichtsbehörde vorbehalten sein. Die Aufsichtsbehörde kann allgemeine Richtlinien für die Gerätebeschaffenheit erlassen. Eine ohne Zustimmung nach Satz 1 erfolgte Zulassung kann zurückgenommen werden. (4) Die Erlaubnis kann unter den Voraussetzungen des Absatzes 2 widerrufen werden.
Bayern	**Art. 152 Freizeit** [...] (2) Art. 70, 72 und 73 gelten entsprechend. Art. 71 gilt entsprechend mit der Maßgabe, dass der Anstaltsleiter oder die Anstaltsleiterin festlegen kann, ob und unter welchen zusätzlichen Voraussetzungen eigene Fernsehgeräte zugelassen werden. Elektronische Unterhaltungsmedien, die keinen pädagogischen Wert haben, sind nicht zugelassen. **iVm** **Art. 71 Hörfunk und Fernsehen** (1) Eigene Hörfunk- und Fernsehgeräte werden unter den Voraussetzungen des Art. 72 zugelassen. Die Betriebskosten können den Gefangenen auferlegt werden. (2) Der Hörfunk- und Fernsehempfang kann vorübergehend ausgesetzt oder einzelnen Gefangenen untersagt werden, wenn dies zur Aufrechterhaltung der Sicherheit oder Ordnung der Anstalt unerlässlich ist. **Art. 72 Besitz von Gegenständen für die Freizeitbeschäftigung** (1) Gefangene dürfen in angemessenem Umfang Bücher und andere Gegenstände zur Fortbildung oder zur Freizeitbeschäftigung besitzen. (2) Dies gilt nicht, wenn der Besitz, die Überlassung oder die Benutzung des Gegenstands

§ 5 Freizeit, Medien, Sport

Länder	Hörfunk und Fernsehen
	1. mit Strafe oder Geldbuße bedroht wäre oder
	2. die Erfüllung des Behandlungsauftrags oder die Sicherheit oder Ordnung der Anstalt gefährden würde; eine solche Gefährdung liegt in der Regel bei elektronischen Unterhaltungsmedien vor.
	(3) Die Erlaubnis kann unter den Voraussetzungen des Abs. 2 widerrufen werden.
	Art. 73 Kostenbeteiligung
	Die Gefangenen können in angemessenem Umfang an den Stromkosten, die durch die Nutzung der in ihrem Besitz befindlichen Gegenstände entstehen, beteiligt werden.
Berlin, Bremen, Mecklenburg-Vorpommern, Schleswig-Holstein	**§ 41 Rundfunk**
	(1) Die Gefangenen können am Hörfunkempfang sowie am gemeinschaftlichen Fernsehempfang teilnehmen. Der Rundfunkempfang kann vorübergehend ausgesetzt oder einzelnen Gefangenen untersagt werden, wenn dies zur Aufrechterhaltung der Sicherheit oder Ordnung der Anstalt unerlässlich ist.
	(2) Eigene Fernsehgeräte können zugelassen werden, wenn erzieherische Gründe nicht entgegenstehen.
Brandenburg	**§ 61 Rundfunk, Informations- und Unterhaltungselektronik**
	(1) Der Zugang zum Rundfunk ist zu ermöglichen.
	(2) Eigene Hörfunk- und Fernsehgeräte werden zugelassen, wenn nicht Gründe des § 57 Satz 2 oder bei jungen Gefangenen erzieherische Gründe entgegenstehen. Andere Geräte der Informations- und Unterhaltungselektronik können unter diesen Voraussetzungen zugelassen werden. Die Gefangenen können auf Mietgeräte oder auf ein Haftraummediensystem verwiesen werden. § 44 bleibt unberührt.
	(3) Der Rundfunkempfang kann vorübergehend ausgesetzt oder einzelnen Gefangenen untersagt werden, wenn dies zur Aufrechterhaltung der Sicherheit oder Ordnung der Anstalt, bei einzelnen Untersuchungsgefangenen auch zur Umsetzung einer Anordnung nach § 119 Absatz 1 der Strafprozessordnung unerlässlich ist.
	iVm
	§ 57 Ausstattung des Haftraums
	Die Gefangenen dürfen ihren Haftraum in angemessenem Umfang mit eigenen Gegenständen ausstatten oder diese dort aufbewahren. Gegenstände dürfen nicht in den Haftraum eingebracht werden oder werden aus dem Haftraum entfernt, wenn sie geeignet sind,
	1. die Sicherheit oder Ordnung der Anstalt, insbesondere die Übersichtlichkeit des Haftraums, zu gefährden oder
	2. bei den Straf- und Jugendstrafgefangenen die Erreichung des Vollzugsziels zu gefährden.
Hamburg	**§ 52 Rundfunk**
	(1) Die Gefangenen können am Hörfunkempfang sowie am Fernsehempfang teilnehmen. Sie dürfen eigene Rundfunkgeräte unter den Voraussetzungen des § 53 besitzen, soweit ihnen nicht von der Anstalt Geräte überlassen werden. Der Besitz eigener Fernsehgeräte kann zugelassen werden, wenn erzieherische Gründe nicht entgegenstehen. Andere Geräte der Informations- und Unterhaltungselektronik können unter diesen Voraussetzungen zugelassen werden. Die Betriebskosten können den Gefangenen auferlegt werden.

Länder	Hörfunk und Fernsehen
	(2) Der Rundfunkempfang kann vorübergehend ausgesetzt oder einzelnen Gefangenen untersagt werden, wenn dies zur Aufrechterhaltung der Sicherheit oder Ordnung der Anstalt unerlässlich ist. iVm **§ 53 Gegenstände der Freizeitbeschäftigung** (1) Die Gefangenen dürfen in angemessenem Umfang Bücher und andere Gegenstände zur Fortbildung oder zur Freizeitbeschäftigung besitzen. (2) Dies gilt nicht, wenn der Besitz, die Überlassung oder die Benutzung des Gegenstands das Vollzugsziel oder die Sicherheit oder Ordnung der Anstalt gefährden würde. (3) Elektronische Unterhaltungsmedien können zugelassen werden, wenn erzieherische Gründe nicht entgegenstehen. Absatz 2 gilt entsprechend.
Hessen	**§ 29 Gestaltung der freien Zeit** [...] (3) Den Gefangenen ist Gelegenheit zu geben, am Fernseh- und Hörfunkempfang teilzunehmen. (4) Die Gefangenen dürfen eigene Hörfunkgeräte sowie in angemessenem Umfang Bücher und andere Gegenstände zur Fortbildung oder zur Freizeitbeschäftigung besitzen. Fernsehgeräte in den Hafträumen können unter Vermittlung der Anstalt zugelassen werden. Andere elektronische Medien können im Einzelfall zugelassen werden, wenn ihre Nutzung dem Erziehungsziel dient. § 19 gilt entsprechend. (5) Der Hörfunk- und Fernsehempfang kann vorübergehend ausgesetzt oder einzelnen Gefangenen untersagt werden, wenn dies zur Aufrechterhaltung der Sicherheit oder Ordnung der Anstalt unerlässlich ist. iVm **§ 19 Ausstattung des Haftraums** (1) Die Gefangenen dürfen ihren Haftraum in angemessenem Umfang mit eigenen Gegenständen ausstatten. Die Übersichtlichkeit des Haftraums darf nicht behindert und Kontrollen nach § 45 Abs. 1 dürfen nicht unzumutbar erschwert werden. (2) Gegenstände, deren Besitz, Überlassung oder Benutzung mit Strafe oder Geldbuße bedroht ist oder die geeignet sind, das Erreichen des Erziehungsziels oder die Sicherheit oder die Ordnung der Anstalt zu gefährden, sind ausgeschlossen.
Niedersachsen	**§ 132 Entsprechende Anwendung von Vorschriften des Zweiten und Dritten Teils** (1) Für den Vollzug der Jugendstrafe gelten die Vorschriften des Zweiten Teils entsprechend, soweit in den Vorschriften dieses Teils nichts anderes bestimmt ist. [...] (3) Bei der Ausübung von Ermessen und der Ausfüllung von Beurteilungsspielräumen sind im Jugendstrafvollzug die Vollzugsziele nach § 113 sowie die Gestaltungsgrundsätze nach § 114 besonders zu beachten. iVm

Länder	Hörfunk und Fernsehen
	§ 66 Hörfunk und Fernsehen
	(1) Der oder dem Gefangenen wird nach Maßgabe der folgenden Absätze ermöglicht, am Hörfunk- und Fernsehempfang teilzunehmen.
	(2) Die Vollzugsbehörde hat den Besitz eines Hörfunk- und Fernsehgerätes im Haftraum zu erlauben, wenn dadurch die Erreichung des Vollzugszieles nach § 5 Satz 1 oder die Sicherheit oder Ordnung der Anstalt nicht gefährdet wird. In der Erlaubnis kann die oder der Gefangene darauf verwiesen werden, anstelle eigener von der Vollzugsbehörde überlassene Geräte zu verwenden; eine solche Bestimmung kann auch nachträglich getroffen werden. Die Erlaubnis kann zur Erreichung des Vollzugszieles nach § 5 Satz 1 oder zur Abwehr einer Gefahr für die Sicherheit oder Ordnung der Anstalt widerrufen werden.
	(3) Soweit der oder dem Gefangenen ein Gerät im Haftraum nicht zur Verfügung steht, kann sie oder er am gemeinschaftlichen Hörfunk- und Fernsehempfang der Anstalt teilnehmen. Die Sendungen sind so auszuwählen, dass Wünsche und Bedürfnisse nach staatsbürgerlicher Information, Bildung und Unterhaltung angemessen berücksichtigt werden. Der Hörfunk- und Fernsehempfang soll vorübergehend ausgesetzt oder einzelnen Gefangenen vorübergehend untersagt werden, wenn dies zur Aufrechterhaltung der Sicherheit oder Ordnung der Anstalt unerlässlich ist.
Nordrhein-Westfalen	**§ 57 Hörfunk, Fernsehen**
	(1) Gefangene können am Hörfunkprogramm der Anstalt sowie am gemeinschaftlichen Fernsehempfang teilnehmen. Der Hörfunk- und Fernsehempfang kann vorübergehend ausgesetzt oder einzelnen Gefangenen untersagt werden, wenn dies zur Aufrechterhaltung der Sicherheit oder Ordnung der Anstalt unerlässlich ist.
	(2) Eigene Hörfunk- und Fernsehgeräte werden unter den Voraussetzungen des § 58 zugelassen.
	iVm
	§ 58 Besitz von Gegenständen für die Freizeitbeschäftigung
	(1) Gefangene dürfen in angemessenem Umfang Bücher, andere Gegenstände zur Fortbildung oder zur Freizeitbeschäftigung sowie Geräte der Unterhaltungselektronik besitzen.
	(2) Dies gilt nicht, wenn der Besitz, die Überlassung oder die Benutzung des Gegenstandes
	a) mit Strafe oder Geldbuße bedroht wäre,
	b) die Sicherheit oder Ordnung der Anstalt gefährden oder
	c) dem Ziel des Vollzuges zuwiderlaufen würde.
	(3) Die Erlaubnis kann unter den Voraussetzungen des Absatzes 2 widerrufen werden.
Rheinland-Pfalz	**§ 60 Rundfunk, Informations- und Unterhaltungselektronik**
	(1) Der Zugang zum Rundfunk ist zu ermöglichen.
	(2) Eigene Hörfunk- und Fernsehgeräte werden zugelassen, wenn nicht Gründe des § 56 Satz 2 oder bei jungen Gefangenen erzieherische Gründe entgegenstehen. Andere Geräte der Informations- und Unterhaltungselektronik können unter diesen Voraussetzungen zugelassen werden. Die Gefangenen können auf Mietgeräte oder auf ein Mediensystem verwiesen werden. § 43 bleibt unberührt.
	(3) Der Rundfunkempfang kann vorübergehend ausgesetzt oder einzelnen Gefangenen untersagt werden, wenn dies zur Aufrechterhaltung

Länder	Hörfunk und Fernsehen
	der Sicherheit oder Ordnung der Anstalt, bei einzelnen Untersuchungsgefangenen auch zur Umsetzung einer Anordnung nach § 119 Abs. 1 StPO unerlässlich ist. iVm **§ 56 Ausstattung des Haftraums** Die Gefangenen dürfen ihren Haftraum in angemessenem Umfang mit eigenen Gegenständen ausstatten oder diese dort aufbewahren. Gegenstände dürfen nicht in den Haftraum eingebracht werden oder werden aus dem Haftraum entfernt, wenn sie geeignet sind, 1. die Sicherheit oder Ordnung der Anstalt, insbesondere die Übersichtlichkeit des Haftraums, zu gefährden oder 2. bei den Strafgefangenen und den Jugendstrafgefangenen die Erreichung des Vollzugsziels zu gefährden.
Saarland	**§ 41 Rundfunk** (1) Die Gefangenen können am Hörfunkempfang sowie am gemeinschaftlichen Fernsehempfang teilnehmen. Der Rundfunkempfang kann vorübergehend ausgesetzt oder einzelnen Gefangenen untersagt werden, wenn dies zur Aufrechterhaltung der Sicherheit oder Ordnung der Anstalt unerlässlich ist. (2) Eigene Fernsehgeräte können zugelassen werden, wenn erzieherische Gründe nicht entgegenstehen. Die Gefangenen können auf Mietgeräte oder auf ein Haftraummediensystem verwiesen werden.
Sachsen	**§ 41 Rundfunk** (1) Die Gefangenen können am Hörfunkempfang sowie am gemeinschaftlichen Fernsehempfang teilnehmen. Der Rundfunkempfang kann vorübergehend ausgesetzt oder einzelnen Gefangenen untersagt werden, wenn dies zur Aufrechterhaltung der Sicherheit oder Ordnung in der Anstalt unerlässlich ist. (2) Fernsehgeräte werden im Haftraum in der Regel nicht zugelassen. Diese dürfen nur zugelassen werden, wenn dies der Erreichung des Vollzugsziels dient.
Sachsen-Anhalt	**§ 59 Rundfunk, Informations- und Unterhaltungselektronik** (1) Der Hörfunk- und Fernsehempfang ist zu ermöglichen. Er kann vorübergehend ausgesetzt oder dem Gefangenen untersagt werden, wenn dies zur Aufrechterhaltung der Sicherheit oder Ordnung der Anstalt, bei dem Untersuchungsgefangenen auch zur Umsetzung einer Anordnung nach § 119 Abs. 1 der Strafprozessordnung, unerlässlich ist. (2) Der Anstaltsleiter erlaubt den Besitz eines Hörfunk- und Fernsehgerätes im Haftraum, wenn nicht Gründe des § 56 Abs. 1 Satz 2 oder bei dem jungen Gefangenen erzieherische Gründe entgegenstehen. In der Erlaubnis kann der Gefangene darauf verwiesen werden, anstelle eigener von der Anstalt überlassene Geräte zu verwenden. Eine solche Bestimmung kann auch nachträglich getroffen werden. Andere Geräte der Informations- und Unterhaltungselektronik können unter diesen Voraussetzungen zugelassen werden. Wird der Gefangene auf überlassene Geräte verwiesen, kann er nicht den Besitz eigener Geräte verlangen. (3) Der Anstaltsleiter kann den Betrieb von Empfangsanlagen mit Zustimmung der Aufsichtsbehörde einem Dritten übertragen. (4) Die Zulassung von anderen Geräten der Informations- und Unterhaltungselektronik nach Absatz 2 Satz 4 bedarf der Zustimmung der Aufsichtsbehörde. Diese kann allgemeine Richtlinien für die Gerätebe-

Länder	Hörfunk und Fernsehen
	schaffenheit erlassen. Eine ohne Zustimmung nach Satz 1 erteilte Zulassung kann zurückgenommen werden.
	iVm
	§ 56 Ausstattung des Haftraums
	(1) Der Gefangene darf seinen Haftraum in angemessenem Umfang mit eigenen Gegenständen ausstatten oder diese dort aufbewahren. Gegenstände dürfen nicht in den Haftraum eingebracht werden oder werden aus dem Haftraum entfernt, wenn sie geeignet sind,
	1. die Sicherheit oder Ordnung der Anstalt, insbesondere die Übersichtlichkeit des **Haftraums, zu gefährden** oder
	2. bei dem Strafgefangenen oder dem Jugendstrafgefangenen die Erreichung des **Vollzugsziels zu gefährden.**
	[...]
Thüringen	**§ 61 Rundfunk, Informations- und Unterhaltungselektronik**
	(1) Der Zugang zum Rundfunk ist zu ermöglichen.
	(2) Eigene Hörfunk- und Fernsehgeräte werden zugelassen, wenn nicht Gründe des § 57 Satz 2 oder bei jungen Gefangenen erzieherische Gründe entgegenstehen. Andere Geräte der Informations- und Unterhaltungselektronik können unter diesen Voraussetzungen zugelassen werden. Die Gefangenen können auf Mietgeräte oder auf ein Haftraummediensystem verwiesen werden. § 44 bleibt unberührt.
	(3) Der Rundfunkempfang kann vorübergehend ausgesetzt oder einzelnen Gefangenen untersagt werden, wenn dies zur Aufrechterhaltung der Sicherheit oder Ordnung der Anstalt, bei einzelnen Untersuchungsgefangenen auch zur Umsetzung einer Anordnung nach § 119 Abs. 1 StPO unerlässlich ist.
	iVm
	§ 57 Ausstattung des Haftraums
	Die Gefangenen dürfen ihren Haftraum in angemessenem Umfang mit eigenen Gegenständen ausstatten oder diese dort aufbewahren. Gegenstände dürfen nicht in den Haftraum eingebracht werden oder werden aus dem Haftraum entfernt, wenn
	1. sie geeignet sind, die Sicherheit oder Ordnung der Anstalt, insbesondere die Übersichtlichkeit des Haftraumes zu gefährden oder
	2. sie geeignet sind, bei den Straf- und Jugendstrafgefangenen die Erreichung des Vollzugsziels zu gefährden.

55 Der von den Ländergesetzen überwiegend verwendete (Ober-)Begriff „Rundfunk" umfasst Hörfunk und Fernsehen.[179] Angesichts der fortgeschrittenen technischen Entwicklung spiegelt sich die zunehmende Bedeutung der **Informations- und Unterhaltungselektronik** besonders in den neuen Landesgesetzen in Brandenburg, Rheinland-Pfalz, Sachsen-Anhalt und Thüringen wider, indem die Landesgesetzgeber für die Norm nicht die Überschrift „Rundfunk" (bzw in Sachsen-Anhalt: „Radio und Fernsehen") der jeweiligen Vorgängerregelung übernommen haben,[180] sondern die

---

[179] Früher war in § 73 Abs. 2 S. 1 JStVollzG B-W aF insoweit fälschlicherweise von Rundfunk und Fernsehen die Rede.
[180] Vgl früher jeweils § 41 BbgJStVollzG aF/LJStVollzG RP aF/ThürJStVollzG aF; § 48 JStVollzG LSA aF.

Überschrift „Rundfunk, Informations- und Unterhaltungselektronik"[181] gewählt haben und in den Normen neben dem Hörfunk und Fernsehen jetzt auch die Informations- und Unterhaltungselektronik mitregeln, was vorzugswürdig erscheint. Da die Mehrheit der Bundesländer die Zulassung von Geräten der Unterhaltungselektronik in den Landesgesetzen unter Besitz von Gegenständen regelt, werden hier die Regelungen der Landesgesetze zu den **elektronischen Medien** unter Internet (siehe dazu Rn 72 ff) bzw Besitz von Gegenständen (siehe dazu Rn 88) näher betrachtet. Zur Beteiligung der Gefangenen an den Strom- bzw Betriebskosten für die Überlassung von Hörfunk- und Fernsehgeräten sowie Geräten der Informations- und Unterhaltungselektronik siehe Rn 63.

Der Gefangene hat im Jugendstrafvollzug ein **Recht auf Teilnahme am Hörfunk- und gemeinschaftlichen Fernsehempfang.** Die Regelungen zu Hörfunk und Fernsehen dienen wie die Regelungen zum Bezug von Zeitungen und Zeitschriften (siehe dazu Rn 44 ff) der Verwirklichung des **Grundrechts auf Informationsfreiheit** (Art. 5 Abs. 1 S. 1 GG) im Jugendstrafvollzug. **56**

Ein **Hörfunkprogramm der Anstalt** wird den Gefangenen im Jugendstrafvollzug im Gegensatz zu § 69 Abs. 1 S. 1 StVollzG – mit Ausnahme von Nordrhein-Westfalen[182] – nicht mehr angeboten. Das soll den geänderten Hörgewohnheiten und dem Umstand Rechnung tragen, dass die Gefangenen in aller Regel über ein eigenes Rundfunkgerät verfügen oder ein solches Gerät durch die Anstalt erhalten.[183] Allein in § 57 Abs. 1 S. 1 JStVollzG NRW findet sich noch die § 69 Abs. 1 S. 1 StVollzG entsprechende Regelung, dass die Gefangenen am Hörfunkprogramm der Anstalt sowie am gemeinschaftlichen Fernsehempfang teilnehmen können.[184] **57**

Fernsehen ist in weiten Kreisen der Bevölkerung zentraler Teil der Freizeitgestaltung.[185] Es dient neben der Unterhaltung der Bildung und der Information. Insbesondere in Bezug auf seine Informationsfunktion unterfällt das Fernsehen dem Schutzbereich des Grundrechts aus Art. 5 Abs. 1 S. 1 GG. Dem wird in den Ländergesetzen Rechnung getragen. Sie regeln über den Hörfunk- und gemeinschaftlichen Fernsehempfang hinaus u.a. auch die Zulassung von eigenen[186] Fernsehgeräten in den Hafträumen. **58**

Sachsen geht dabei einen außergewöhnlichen Weg. Nach § 41 Abs. 2 SächsJStVollzG werden Fernsehgeräte im Haftraum regelmäßig nicht zugelassen; eine Ausnahme ist nur vorgesehen, wenn sie der Erreichung des Vollzugszieles dient. **59**

---

181 Vgl jeweils § 61 BbgJVollzG/ThürJVollzGB; § 60 LJVollzG RP; § 59 JVollzGB LSA; so auch § 58 Entwurf JStVollzG Bln, vgl Abgeordnetenhaus Berlin Drucks. 7/2442 v. 9.9.2015.
182 Vgl § 57 Abs. 1 S. 1 JStVollzG NRW.
183 Vgl u.a. Abgeordnetenhaus Berlin Drucks. 16/0677 v. 26.6.2007 S. 118.
184 Ein Gefangener, der über ein eigenes Fernsehgerät verfügt, hat allerdings keinen Anspruch auf ein nicht (mehr) angebotenes gemeinschaftliches Hörfunkprogramm, vgl OLG Koblenz, 15.10.1993, 3 Ws 494/93, NStZ 1994, 103.
185 OLG Dresden, 27.6.2007, 2 Ws 38/07, StV 2008, 89 = NStZ 2008, 222 (LS) = bei Roth, NStZ 2008, 682.
186 Sachsen spricht nicht ausdrücklich von eigenen Fernsehgeräten. In Hessen vgl zu eigenen Gegenständen § 19 HessJStVollzG.

60 Inzwischen[187] regeln nur noch sechs Bundesländer (Berlin, Bremen, Mecklenburg-Vorpommern, Saarland, Sachsen und Schleswig-Holstein) jeweils in § 41 Abs. 1 und Nordrhein-Westfalen inhaltsgleich in § 57 Abs. 1 JStVollzG NRW – **entsprechend § 69 Abs. 1 S. 1 StVollzG**[188] –, dass die Gefangenen am Hörfunkempfang sowie am gemeinschaftlichen Fernsehempfang teilnehmen können. Hessen hatte zunächst in § 29 Abs. 3 HessJStVollzG aF auch eine inhaltsgleiche Regelung; nunmehr regelt § 29 Abs. 3 HessJStVollzG zugunsten der Gefangenen, weil verpflichtend gegenüber der Anstalt, und daher vorzugswürdig, dass den Gefangenen Gelegenheit zu geben ist, am Fernseh- und Hörfunkempfang teilzunehmen. Brandenburg, Rheinland-Pfalz, Sachsen-Anhalt und Thüringen gehen inzwischen[189] in dieselbe Richtung, indem sie regeln, dass der Zugang zum Rundfunk zu ermöglichen ist. Wenn es aus Gründen der Aufrechterhaltung der Sicherheit oder Ordnung der Anstalt unerlässlich ist, kann entsprechend § 69 Abs. 1 S. 3 StVollzG (bzw in Niedersachsen: soll) der Empfang vorübergehend oder im Einzelfall ganz untersagt werden.[190]

61 Im Gegensatz zu § 69 Abs. 2 StVollzG, wonach im Erwachsenenstrafvollzug, soweit die Länder noch kein Landesgesetz für den Erwachsenenstrafvollzug geschaffen haben (siehe dazu Rn 7), eigene Hörfunk- und Fernsehgeräte unter den Voraussetzungen des § 70 StVollzG (Besitz von Gegenständen für die Freizeitbeschäftigung) zugelassen werden, also nur dann, wenn nicht das Vollzugsziel oder die Sicherheit oder Ordnung der Anstalt gefährdet wird, können in Berlin, Bremen, Mecklenburg-Vorpommern, Saarland und Schleswig-Holstein **eigene Fernsehgeräte** zugelassen werden, wenn erzieherische Gründe nicht entgegenstehen.[191] In den übrigen Bundesländern – mit Ausnahme von Sachsen (siehe dazu Rn 59) – dürfen weder erzieherische Gründe entgegenstehen noch das Vollzugsziel oder die Sicherheit oder Ordnung der Anstalt gefährdet werden.

62 Mit Ausnahme von Berlin, Bremen, Mecklenburg-Vorpommern, Nordrhein-Westfalen und Schleswig-Holstein regeln neben Sachsen (siehe dazu Rn 59) folgende Bundesländer den **Ausschluss von eigenen Fernsehgeräten**.[192] § 55 Abs. 2 JVollzGB IV sieht vor, dass die Jugendstrafanstalt den Betrieb von Empfangsanlagen und die Ausgabe von Hörfunk- und Fernsehgeräten einem Dritten übertragen kann. Sofern sie hiervon Gebrauch macht, können die jungen Gefangenen nicht den Besitz von eigenen Geräten verlangen. Gem. Art. 152 Abs. 2 S. 2 BayStVollzG ist Art. 71 BaySt-

---

187 Früher auch Brandenburg, Rheinland-Pfalz und Thüringen; früher inhaltsgleich auch Sachsen-Anhalt, vgl § 48 Abs. 1 JStVollzG LSA aF.
188 Wobei statt von „Hörfunkprogramm der Anstalt" entsprechend § 69 Abs. 1 S. 1 StVollzG hier mit Ausnahme von Nordrhein-Westfalen nur von „Hörfunkempfang" die Rede ist.
189 Vgl jeweils § 61 Abs. 1 BbgJVollzG/ThürJVollzGB; § 60 Abs. 1 LJVollzG RP; § 59 Abs. 1 S. 1 JVollzGB LSA (früher anders jeweils § 41 Abs. 1 S. 1 BbgJStVollzG aF/LJStVollzG RP aF/ThürJStVollzG aF; § 48 Abs. 1 JStVollzG LSA aF); so auch § 58 Abs. 1 S. 1 Entwurf JStVollzG Bln, vgl Abgeordnetenhaus Berlin Drucks. 7/2442 v. 9.9.2015.
190 In Baden-Württemberg fehlt eine solche Regelung.
191 Vgl jeweils § 41 Abs. 2 JStVollzG Bln/BremJStVollzG/JVollzG M-V/JStVollzG SH; § 41 Abs. 2 S. 1 SJStVollzG (früher auch jeweils § 41 Abs. 2 BbgJStVollzG aF/LJStVollzG RP aF/ThürJStVollzG aF; § 48 Abs. 2 JStVollzG LSA aF).
192 Siehe dazu OLG Dresden, 27.6.2007, 2 Ws 38/07, StV 2008, 89 = NStZ 2008, 222 (LS) = bei Roth, NStZ 2008, 682: Im StVollzG gibt es keine Rechtsgrundlage dafür, einen Strafgefangenen, der in seinem Haftraum ein selbst genutztes Fernsehgerät betreiben will, ausschließlich auf die Anmietung eines solchen Gerätes bei einem bestimmten anstaltsexternen Vermieter zu verweisen.

VollzG mit der Maßgabe anzuwenden, dass der Anstaltsleiter festlegen kann, ob und unter welchen Voraussetzungen eigene Fernsehgeräte zugelassen werden. Gem. § 52 Abs. 1 S. 2 HmbJStVollzG werden eigene Rundfunkgeräte nicht zugelassen, wenn von der Anstalt Geräte überlassen werden. § 29 Abs. 4 S. 2 HessJStVollzG, wonach Fernsehgeräte in den Hafträumen unter Vermittlung der Anstalt zugelassen werden können, ermöglicht es ebenfalls, eigene Fernsehgeräte zu verweigern. Nach § 132 iVm § 66 Abs. 2 NJVollzG, § 59 Abs. 2 JVollzGB LSA kann der Gefangene darauf verwiesen werden, anstelle eigener von der Vollzugsbehörde überlassene Geräte zu verwenden; eine solche Bestimmung kann auch nachträglich getroffen werden. Nach jeweils § 61 Abs. 2 S. 3 BbgJVollzG/ThürJVollzGB, § 41 Abs. 2 S. 2 SJStVollzG und § 60 Abs. 2 S. 3 LJVollzG RP können die Gefangenen ebenfalls auf Mietgeräte oder auf ein **Haftraummediensystem** verwiesen werden. Dies vereinheitlicht und erweitert die den Gefangenen zur Verfügung stehenden Nutzungsmöglichkeiten; zudem verringert sich der Kontrollaufwand.[193]

In Berlin[194] und Nordrhein-Westfalen[195] finden sich bislang keine Regelungen zur Beteiligung der Gefangenen an den **Strom- bzw Betriebskosten** für die Überlassung von Hörfunk- und Fernsehgeräten sowie Geräten der Informations- und Unterhaltungselektronik. Allerdings hält es die Rechtsprechung trotz Fehlens einer gesetzlichen Grundlage für rechtmäßig, die Gefangenen an den Stromkosten zu beteiligen, die durch das Betreiben von Elektrogeräten in den Hafträumen entstehen.[196]

In Sachsen-Anhalt ist die Kostenbeteiligung gesetzlich inzwischen[197] als gebundene Entscheidung ausgestaltet und fällt damit deutlich strenger aus als in den übrigen Bundesländern. Nach § 72 Abs. 3 JVollzGB LSA wird der Gefangene an den Betriebs- und Energiekosten für die in seinem Gewahrsam befindlichen Geräte und an den Kosten für die Überlassung von Hörfunk- und Fernsehgeräten sowie Geräten der Informations- und Unterhaltungselektronik beteiligt. Nach § 72 Abs. 4 JVollzGB LSA wird das für Justizvollzug zuständige Ministerium ermächtigt, durch Verordnung näher zu regeln, unter welchen Voraussetzungen und in welcher Höhe Kostenbeiträge nach Abs. 3 erhoben werden können. Für die Bemessung können pauschale Sätze festgelegt werden. Für einzelne Kostenbeiträge kann vorgesehen werden, dass die tatsächlich entstandenen Kosten in voller Höhe von dem Gefangenen zu tragen sind. Nach § 72 Abs. 5 JVollzGB LSA ist von der Erhebung von Kostenbeiträgen abzusehen, soweit dies notwendig ist, um die Erreichung des Vollzugsziels nicht zu gefähr-

---

193 Vgl die Gesetzesbegründung zu § 60 LJVollzG RP, Landtag Rheinland-Pfalz LT-Drucks. 16/1910 v. 18.12.2012 S. 138.
194 So aber nicht mehr § 58 Abs. 4 Entwurf JStVollzG Bln, vgl Abgeordnetenhaus Berlin Drucks. 7/2442 v. 9.9.2015.
195 Früher auch Baden-Württemberg, vgl JStVollzG B-W aF, und Hessen, vgl HessJStVollzG aF v. 19.11.2007, GVBl. I S. 758.
196 OLG Celle, 25.5.2004, 1 Ws 69/04 (StrVollz), NStZ 2005, 288 = ZfStrVo 2005, 178. Zur Stromkostenbeteiligung s. auch OLG Koblenz, 22.2.2006, 2 Ws 840/05, ZfStrVO 2006, 177; OLG Koblenz, 1.3.2006, 2 Ws 794/05, ZfStrVO 2006, 179; OLG Nürnberg, 1.3.2007, 2 Ws 73/07, Forum Strafvollzug 2009, 40 (LS); OLG München, 15.10.2008, 4 Ws 118/08, Forum Strafvollzug 2009, 43 (LS); OLG Hamburg, 4.2.2011, 3 Vollz (Ws) 3/11, juris = NStZ-RR 2011, 156 (LS) = Forum Strafvollzug 2012, 120 (LS); OLG Naumburg, 8.6.2012, 2 Ws 96/12, juris = NStZ-RR 2013, 62 (LS) = Forum Strafvollzug 2013, 58 (LS); OLG Naumburg, 30.1.2015, 1 Ws (RB) 36/14, juris; OLG Stuttgart, 20.7.2015, 4 Ws 298/14, juris; vgl krit. dazu Köhne/Feest, ZfStrVo 2006, 74 ff; Köhne, NStZ 2009, 130, 133; ders., NStZ 2012, 16 ff.
197 Früher Ermessensentscheidung, vgl § 28 Abs. 6 JStVollzG LSA aF.

den. Für Zeiten, in denen der Gefangene unverschuldet bedürftig ist, soll von der Erhebung von Kostenbeiträgen abgesehen werden.

In neun Bundesländern (Baden-Württemberg, Brandenburg, Bremen, Mecklenburg-Vorpommern, Saarland, Sachsen, Schleswig-Holstein, Rheinland-Pfalz und Thüringen)[198] können die Gefangenen an den Betriebskosten der in ihrem Gewahrsam (bzw in Baden-Württemberg: Besitz) befindlichen Geräte beteiligt werden.[199] Ebenfalls eine Kann-Regelung findet sich in Art. 152 Abs. 2 S. 2 iVm Art. 71 Abs. 1 S. 2 BayStVollzG für die Betriebskosten für eigene Hörfunk- und Fernsehgeräte.

Bei den Stromkosten für die Nutzung der im Besitz der Gefangenen befindlichen Gegenstände wird in Bayern und Hamburg die Möglichkeit einer Kostenbeteiligung auf einen angemessenen Umfang gem. Art. 152 Abs. 2 S. 1 iVm Art. 73 BayStVollzG und § 49 HmbJStVollzG[200] beschränkt.

Darüber hinaus wird die Möglichkeit einer Kostenbeteiligung auch in Hessen und Niedersachsen nur in bestimmten Fällen eröffnet: Nach § 42 Abs. 5 HessJStVollzG können Gefangene an den über die Grundversorgung der Anstalt hinausgehenden Kosten des Justizvollzugs angemessen beteiligt werden. Dies gilt insbesondere für die Betriebskosten der in ihrem Besitz befindlichen selbst genutzten Gegenstände und Geräte. Die Gefangenen haben in Hessen ferner die Kosten zu tragen, die durch die Inanspruchnahme gewünschter Leistungen der Anstalt oder von ihr vermittelter Leistungen Dritter entstehen.

In Niedersachsen kann die Vollzugsbehörde gem. § 52 Abs. 3 NJVollzG die Gefangenen an den Kosten des Landes für sonstige Leistungen durch Erhebung weiterer Kostenbeiträge in angemessener Höhe beteiligen. Dies gilt insbesondere u.a. für die Versorgung des Haftraums mit Strom für das Betreiben von Elektrogeräten, soweit diese Kosten über das zur Sicherstellung einer angemessenen Grundversorgung erforderliche Maß hinausgehen (Satz 2 Nr. 4), und für die Überlassung von Geräten der Unterhaltungs- und Informationselektronik (Satz 2 Nr. 6). Die Erhebung von Kostenbeiträgen nach Satz 2 Nr. 6 ist ausgeschlossen für die Überlassung von Hörfunk- und Fernsehgeräten, wenn die oder der Gefangene auf diese Geräte verwiesen wurde und soweit hierdurch eine angemessene Grundversorgung mit Hörfunk- und Fernsehempfang sichergestellt wird. § 52 Abs. 4 NJVollzG enthält eine mit § 72 Abs. 4 JVollzGB LSA inhaltsgleiche Verordnungsermächtigung. Danach wird das Fachministerium ermächtigt, durch Verordnung näher zu regeln, unter welchen Voraussetzungen und in welcher Höhe Kostenbeiträge nach Abs. 3 erhoben werden können. Für die Bemessung können pauschale Sätze festgelegt werden. Für einzelne Kostenbeiträge kann vorgesehen werden, dass die tatsächlich entstandenen Kosten in voller Höhe von den Gefangenen zu tragen sind. § 52 Abs. 5 S. 1 und S. 2 NJVollzG sieht inhaltsgleich mit § 72 Abs. 5 JVollzGB LSA Ausschlussgründe vor. Danach ist von der Erhebung von Kostenbeiträgen abzusehen, soweit dies notwendig ist, um das Vollzugsziel nicht zu

---

[198] Früher auch Sachsen-Anhalt, vgl § 28 Abs. 6 JStVollzG LSA aF.
[199] Vgl § 9 Abs. 2 JVollzGB I; jeweils § 72 Abs. 3 BbgJVollzG/ThürJVollzGB; jeweils § 28 Abs. 6 BremJStVollzG/JStVollzG M-V/SJStVollzG/SächsJStVollzG/JStVollzG SH; § 71 Abs. 3 LJVollzG RP (früher auch jeweils § 28 Abs. 6 BbgJStVollzG aF/JStVollzG LSA aF/LJStVollzG RP aF/ThürJStVollzG aF).
[200] Früher auch schon § 52 HmbStVollzG aF.

gefährden. Für Zeiten, in denen der Gefangene unverschuldet bedürftig ist, soll von der Erhebung von Kostenbeiträgen abgesehen werden. § 52 Abs. 5 S. 3 NJVollzG, wonach die Vollzugsbehörde zur Durchsetzung eines Anspruchs nach Abs. 3 gegen den Anspruch auf Hausgeld aufrechnen kann, geht insoweit über die Regelung in Sachsen-Anhalt hinaus.

Ein Anspruch auf **Einspeisung bestimmter Fernsehprogramme** besteht nicht. Nach § 55 Abs. 3 JVollzGB IV entscheidet der Anstaltsleiter über die Einspeisung der Programme in die Empfangsanlage der Jugendstrafanstalt. Vor der Entscheidung soll die Gefangenenmitverantwortung nicht mehr beteiligt,[201] sondern nur noch gehört werden.   64

Nach § 55 Abs. 4 JVollzGB IV sind der Empfang von **Bezahlfernsehen** und der Einsatz von zusätzlichen Empfangseinrichtungen im Haftraum nicht statthaft. Der Landesgesetzgeber in Baden-Württemberg wollte mit dieser Regelung u.a. klarstellen, dass das Bezahlfernsehen im Jugendstrafvollzug nicht in Betracht kommt.[202] Der Gesetzestext lässt allerdings eine Auslegung dahingehend zu, dass zB im Gemeinschaftsraum Bezahlfernsehen gestattet werden könnte, was wegen der Abrechnung in der Praxis allerdings eher unzweckmäßig sein dürfte.   65

2. Rechtstatsächliche Situation

Die **Rechtsprechung** hat in Bezug auf das Fernsehen u.a. zu folgenden Punkten Stellung genommen: 66

- Größe eines Fernsehers im Haftraum;[203]
- Besitz und Nutzung eines Flachbildschirmgerätes im Haftraum;[204]
- Aushändigung eines Fernsehgerätes mit Anschlüssen für externe Speichermedien;[205]
- Bestandsschutz für einen genehmigten Fernseher;[206]
- Zulässigkeit der Erhebung von Nutzungsentgelten für den Anschluss des eigenen Fernsehgerätes an die anstaltseigene Satellitenempfangsanlage;[207]
- Höhe der Kabelgebühr.[208]

In der **Jugendstrafvollzugspraxis** wird man sich künftig bei der Entscheidung über die Zulassung von Einzelfernsehgeräten mit zwei Aspekten auseinandersetzen müssen: ei-   67

---

201 Vgl früher § 73 Abs. 3 JStVollzG B-W aF.
202 Vgl die Gesetzesbegründung zur Vorgängerregelung in § 73 Abs. 4 JStVollzG B-W aF, Landtag Baden-Württemberg LT-Drucks. 14/1240 v. 15.5.2007 S. 105.
203 OLG Koblenz, 21.7.2005, 1 Ws 331/05, ZfStrVo 2005, 298; OLG Frankfurt aM, 26.7.2006, 3 Ws 539/06 und 540/06 (StVollz), NStZ-RR 2007, 388 (LS); s. auch OLG Rostock, 23.6.2004, I Vollz (Ws) 20/03, 24/03 und 25/03, ZfStrVo 2005, 117. Vgl ferner BVerfG, 15.7.2010, 2 BvR 2518/08, Forum Strafvollzug 2011, 114.
204 OLG Karlsruhe, 25.1.2006, 1 Ws 500/04, NStZ-RR 2006, 155 (s. dazu Rn 94).
205 OLG Frankfurt aM, 19.4.2013, 3 Ws 87/13 (StVollz), NStZ-RR 2013, 325 (s. dazu Rn 94).
206 OLG Dresden, 29.6.2006, 2 Ws 127/06, NStZ 2007, 175; OLG Frankfurt aM, 19.4.2013, 3 Ws 87/13 (StVollz), NStZ-RR 2013, 325 (s. dazu Rn 94); vgl auch Beyler, ZfStrVo 2001, 142 ff.
207 OLG Jena, 11.7.2005, 1 Ws 111/05, NStZ 2006, 697 = StV 2006, 593 m.Anm. Walter. Zur Stromkostenbeteiligung s. Fn 196.
208 OLG Frankfurt aM, 9.12.2003, 3 Ws 1140/03 (StVollz), NStZ-RR 2004, 127 = ZfStrVo 2004, 180. Zur Regelung der Zahlungsmodalitäten für die Gebühren für einen Kabelanschluss s. OLG Frankfurt aM, 30.12.2003, 3 Ws 1205/03 (StVollz), NStZ-RR 2004, 128 (LS).

nerseits mit der Tatsache einer (vermeintlichen) **Schlechterstellung jugendlicher Strafgefangener** gegenüber den Erwachsenen, bei denen die Einzelfernsehgenehmigung in der Praxis schon fast die Regel geworden ist. Andererseits kann die Studie von *Mößle u.a.*[209] nicht unberücksichtigt bleiben, die eine hohe Korrelation zwischen dem eigenen Fernseher im Kinderzimmer, **Schulmisserfolg und Gewaltkriminalität** konstatiert. Die negativen Ergebnisse sollen sich nach der Studie umso sicherer einstellen, je mehr die Betroffenen durch ihre Familien sozial und bildungsmäßig benachteiligt sind. Hohe Mediennutzungszeiten (die Studie von *Mößle u.a.* bezieht auch Computerspiele mit ein) verhindern andere „sinnvolle" Freizeitbeschäftigungen. Dies muss dann allerdings wieder vor dem Hintergrund oft nicht ausreichender Freizeit- und Sportangebote in den Jugendstrafanstalten gesehen werden. Bei mangelnden personellen und finanziellen Ressourcen bleibt dann doch der eigene Fernsehapparat der billigste „Babysitter".[210] Damit gerät der Jugendstrafvollzug aber leicht in die Rolle der desinteressierten oder überforderten Eltern, die der Gefangene schon zu Hause hatte. Unter dem Angleichungsgrundsatz könnte das im Hinblick auf die anzunehmende weit verbreitete exzessive Mediennutzung[211] dann zwar fast resignativ hingenommen werden, dem Erziehungs- bzw Förderungsauftrag wird so aber nur schwer zu entsprechen sein.

VI. Internet
1. Elektronische Kommunikation im Jugendstrafvollzug

68 Historisch war der Freiheitsentzug aus rein technischen Gründen für den Gefangenen insbesondere auch mit einer erheblichen Einschränkung der Kommunikation verbunden. Das zunehmende Vorhandensein technischer Kommunikationsmittel stellt die Frage nach dem **begrifflichen Verständnis der Freiheitsstrafe** bzw hier der Jugendstrafe neu. Ist damit lediglich eine Einschränkung der körperlichen Bewegungsfreiheit des Gefangenen gemeint oder sollen dem Gefangenen durch die Freiheitsstrafe auch andere Freiheiten entzogen werden?[212] Das BVerfG hat in seinem Urteil vom 31.5.2006[213] einen speziellen Regelungsbedarf in Bezug auf Kontakte mit der Außenwelt festgestellt.

69 Bei der Frage, ob die elektronische Kommunikation im Jugendstrafvollzug zulässig ist, kann allerdings nicht allgemein vom Internet als Einheit ausgegangen werden, sondern es ist hier zu berücksichtigen, dass das Internet seinen Nutzern viele Möglichkeiten bietet.

---

209 Mößle/Kleimann/Rehbein, Bildschirmmedien im Alltag von Kindern und Jugendlichen, 2007, S. 12 ff; Mößle/Kleimann/Rehbein/Pfeiffer, ZJJ 2006, 295 ff – jeweils mit Hinweisen auf entsprechende ausländische Forschungsergebnisse.
210 Diese Möglichkeit legt Nr. 3 Abs. 2 des Entwurfs der AV zum § 41 JStVollzG Bln v. 18.1.2008 nahe. Dort heißt es: „Bei der Prüfung, ob erzieherische Gründe der Zulassung von eigenen Fernsehgeräten entgegenstehen, sind insbesondere der persönliche Entwicklungsstand der Gefangenen, das Maß ihrer Bereitschaft zur Mitwirkung am Vollzugsziel und die Möglichkeit ihrer Teilnahme an Gemeinschaftsveranstaltungen, soweit die Nichtteilnahme nicht durch die Gefangenen selbst verschuldet ist, zu berücksichtigen." Kurz gefasst bedeutet dies, dass im Berliner Jugendstrafvollzug, wo es bis zur Neuregelung keine Einzelfernsehgenehmigung gab, nunmehr bereits bei personeller Unterausstattung eine solche erteilt wird.
211 So auch Pätzel, Blätter für Strafvollzugskunde Heft 6/1993, 1 ff.
212 Siehe dazu im Einzelnen Knauer, Strafvollzug und Internet, 2006, S. 32 ff.
213 BVerfG, 31.5.2006, 2 BvR 1673/04 und 2402/04, BVerfGE 116, 69, 87 f.

Knauer[214] hat hinsichtlich der unterschiedlichen **Internetdienste und -anwendungen** wie folgt differenziert: 70

- E-Mail;
- Mailinglisten;
- Usenet-Newsgruppen;
- Internet Relay Chat;
- Telefonieren über das Internet;
- Faxen über das Internet;
- Videokonferenzen über das Internet;
- Audioübertragungen über das Internet;
- audiovisuelle Angebote über das Internet;
- World Wide Web (WWW).

Diese unterschiedlichen Internetdienste können nicht unter eine einheitliche Rechtsgrundlage subsumiert werden, sondern unterfallen jeweils unterschiedlichen Rechtsgrundlagen.[215] 71

2. Rechtsgrundlagen

Länder	Internet
Baden-Württemberg	**Buch 4 § 54 Besitz von Gegenständen zur Freizeitbeschäftigung** [...] (2) Absatz 1 Satz 1 gilt nicht, wenn der Besitz, die Überlassung oder die Benutzung des Gegenstands 1. mit Strafe oder Geldbuße bedroht wäre, 2. das Erreichen des Erziehungsziels oder die Sicherheit oder Ordnung der Jugendstrafanstalt gefährdet [sic] würde oder 3. [sic] die Überprüfung des Gegenstands auf eine mögliche missbräuchliche Verwendung mit vertretbarem Aufwand von der Jugendstrafanstalt nicht leistbar ist. (3) Die Zulassung von bestimmten Gerätetypen, insbesondere der elektronischen Unterhaltungsmedien, durch die Jugendstrafanstalt kann der Zustimmung der Aufsichtsbehörde vorbehalten sein. Die Aufsichtsbehörde kann allgemeine Richtlinien für die Gerätebeschaffenheit erlassen. Eine ohne Zustimmung nach Satz 1 erfolgte Zulassung kann zurückgenommen werden. (4) Die Erlaubnis kann unter den Voraussetzungen des Absatzes 2 widerrufen werden.
Bayern	**Art. 152 Freizeit** (1) Junge Gefangene sind zur Teilnahme und Mitwirkung an Angeboten der Freizeitgestaltung zu motivieren und anzuleiten. Sie sollen insbesondere am Unterricht, am Fernunterricht, an Lehrgängen und sonstigen Veranstaltungen der Fortbildung, an Freizeitgruppen und Gruppengesprächen teilnehmen und ermutigt werden, eine Bücherei zu benutzen sowie den verant-

72

---

214 Knauer, Strafvollzug und Internet, 2006, S. 24.
215 Zur rechtlichen Behandlung der elektronischen Kommunikation von Strafgefangenen nach dem StVollzG s. Knauer, Strafvollzug und Internet, 2006, S. 111 ff.

§ 5 Freizeit, Medien, Sport

Länder	Internet
	wortungsvollen Umgang mit neuen Medien zu erlernen, soweit dies mit der Sicherheit in der Jugendstrafvollzugsanstalt vereinbar ist. (2) Art. 70, 72 und 73 gelten entsprechend. Art. 71 gilt entsprechend mit der Maßgabe, dass der Anstaltsleiter oder die Anstaltsleiterin festlegen kann, ob und unter welchen zusätzlichen Voraussetzungen eigene Fernsehgeräte zugelassen werden. Elektronische Unterhaltungsmedien, die keinen pädagogischen Wert haben, sind nicht zugelassen. iVm **Art. 72 Besitz von Gegenständen für die Freizeitbeschäftigung** (1) Gefangene dürfen in angemessenem Umfang Bücher und andere Gegenstände zur Fortbildung oder zur Freizeitbeschäftigung besitzen. (2) Dies gilt nicht, wenn der Besitz, die Überlassung oder die Benutzung des Gegenstands 1. mit Strafe oder Geldbuße bedroht wäre oder 2. die Erfüllung des Behandlungsauftrags oder die Sicherheit oder Ordnung der Anstalt gefährden würde; eine solche Gefährdung liegt in der Regel bei elektronischen Unterhaltungsmedien vor. (3) Die Erlaubnis kann unter den Voraussetzungen des Abs. 2 widerrufen werden.
Berlin	**§ 38 Freizeit** Die Ausgestaltung der Freizeit orientiert sich am Vollzugsziel. Dazu sind geeignete Angebote, auch zum Erwerb von Medienkompetenz, vorzuhalten. Die Gefangenen sind zur Teilnahme und Mitwirkung an Freizeitangeboten verpflichtet. **§ 42 Besitz von Gegenständen für die Freizeitbeschäftigung** [...] (2) Dies gilt nicht, wenn deren Besitz, Überlassung oder Benutzung das Vollzugsziel oder die Sicherheit oder Ordnung der Anstalt gefährden würde. (3) Elektronische Medien können zugelassen werden, wenn erzieherische Gründe nicht entgegenstehen. Absatz 2 gilt entsprechend.
Bremen, Mecklenburg-Vorpommern, Schleswig-Holstein	**§ 42 Besitz von Gegenständen für die Freizeitbeschäftigung** [...] (2) Dies gilt nicht, wenn deren Besitz, Überlassung oder Benutzung das Vollzugsziel oder die Sicherheit oder Ordnung der Anstalt gefährden würde. (3) Elektronische Medien können zugelassen werden, wenn erzieherische Gründe nicht entgegenstehen. Absatz 2 gilt entsprechend.
Brandenburg	**§ 44 Andere Formen der Telekommunikation** Nach Zulassung anderer Formen der Telekommunikation im Sinne des Telekommunikationsgesetzes durch die Aufsichtsbehörde (§ 115 Absatz 1) kann die Anstaltsleiterin oder der Anstaltsleiter den Gefangenen gestatten, diese Formen auf ihre Kosten zu nutzen. Die Bestimmungen dieses Abschnitts gelten entsprechend. **§ 61 Rundfunk, Informations- und Unterhaltungselektronik** [...] (2) Eigene Hörfunk- und Fernsehgeräte werden zugelassen, wenn nicht Gründe des § 57 Satz 2 oder bei jungen Gefangenen erzieherische Gründe entgegenstehen. Andere Geräte der Informations- und Unterhaltungselek-

VI. Internet

Länder	Internet
	tronik können unter diesen Voraussetzungen zugelassen werden. Die Gefangenen können auf Mietgeräte oder auf ein Haftraummediensystem verwiesen werden. § 44 bleibt unberührt. [...] **iVm** **§ 57 Ausstattung des Haftraums** Die Gefangenen dürfen ihren Haftraum in angemessenem Umfang mit eigenen Gegenständen ausstatten oder diese dort aufbewahren. Gegenstände dürfen nicht in den Haftraum eingebracht werden oder werden aus dem Haftraum entfernt, wenn sie geeignet sind, 1. die Sicherheit oder Ordnung der Anstalt, insbesondere die Übersichtlichkeit des Haftraums, zu gefährden oder 2. bei den Straf- und Jugendstrafgefangenen die Erreichung des Vollzugsziels zu gefährden.
Hamburg	**§ 32 Telekommunikation** [...] (2) Nach Zulassung anderer Formen der Telekommunikation im Sinne des Telekommunikationsgesetzes vom 22. Juni 2004 (BGBl. I S. 1190), zuletzt geändert am 3. Mai 2012 (BGBl. I S. 958), in der jeweils geltenden Fassung durch die Aufsichtsbehörde kann die Anstaltsleitung den Gefangenen gestatten, diese Formen auf ihre Kosten zu nutzen. Die Bestimmungen dieses Abschnitts gelten entsprechend. [...] **§ 52 Rundfunk** (1) Die Gefangenen können am Hörfunkempfang sowie am Fernsehempfang teilnehmen. Sie dürfen eigene Rundfunkgeräte unter den Voraussetzungen des § 53 besitzen, soweit ihnen nicht von der Anstalt Geräte überlassen werden. Der Besitz eigener Fernsehgeräte kann zugelassen werden, wenn erzieherische Gründe nicht entgegenstehen. Andere Geräte der Informations- und Unterhaltungselektronik können unter diesen Voraussetzungen zugelassen werden. Die Betriebskosten können den Gefangenen auferlegt werden. [...] **§ 53 Gegenstände der Freizeitbeschäftigung** [...] (2) Dies gilt nicht, wenn der Besitz, die Überlassung oder die Benutzung des Gegenstands das Vollzugsziel oder die Sicherheit oder Ordnung der Anstalt gefährden würde. (3) Elektronische Unterhaltungsmedien können zugelassen werden, wenn erzieherische Gründe nicht entgegenstehen. Absatz 2 gilt entsprechend.
Hessen	**§ 29 Gestaltung der freien Zeit** [...] (4) Die Gefangenen dürfen eigene Hörfunkgeräte sowie in angemessenem Umfang Bücher und andere Gegenstände zur Fortbildung oder zur Freizeitbeschäftigung besitzen. Fernsehgeräte in den Hafträumen können unter Vermittlung der Anstalt zugelassen werden. Andere elektronische Medien können im Einzelfall zugelassen werden, wenn ihre Nutzung dem Erziehungsziel dient. § 19 gilt entsprechend. [...]

§ 5 Freizeit, Medien, Sport

Länder	Internet
	iVm **§ 19 Ausstattung des Haftraums** (1) Die Gefangenen dürfen ihren Haftraum in angemessenem Umfang mit eigenen Gegenständen ausstatten. Die Übersichtlichkeit des Haftraums darf nicht behindert und Kontrollen nach § 45 Abs. 1 dürfen nicht unzumutbar erschwert werden. (2) Gegenstände, deren Besitz, Überlassung oder Benutzung mit Strafe oder Geldbuße bedroht ist oder die geeignet sind, das Erreichen des Erziehungsziels oder die Sicherheit oder die Ordnung der Anstalt zu gefährden, sind ausgeschlossen. **§ 35 Telekommunikation** (1) Den Gefangenen kann gestattet werden, Telefongespräche zu führen. Aus wichtigen Gründen können sie andere Kommunikationsmittel durch Vermittlung und unter Aufsicht der Anstalt nutzen. (2) Für Telefongespräche und sonstige mündliche Kommunikation gilt § 33 Abs. 4 entsprechend. Findet danach eine Überwachung statt, so sind die Gefangenen und die anderen Gesprächsbeteiligten vor Beginn der Überwachung hierauf hinzuweisen. Für schriftliche Kommunikation gelten die Vorschriften über den Schriftwechsel entsprechend. [...]
Niedersachsen	**§ 123 Besuche, Schriftwechsel, Telekommunikation und Pakete** [...] (4) Besuche von bestimmten Personen können außer in den Fällen des § 26 auch untersagt werden, wenn die Personensorgeberechtigten es beantragen oder wenn es aus erzieherischen Gründen erforderlich ist. Satz 1 gilt für den Schriftwechsel, die Telekommunikation und den Paketverkehr entsprechend. (5) Besuche können außer in den Fällen des § 28 Abs. 3 auch abgebrochen werden, wenn von Besucherinnen oder Besuchern ein schädlicher Einfluss auf die oder den Gefangenen ausgeübt wird. Satz 1 gilt für die Telekommunikation entsprechend. [...] **§ 128 Freizeit, Sport** [...] (2) Die oder der Gefangenen [sic[216]] ist zur Nutzung der Freizeitangebote aufzufordern; aus erzieherischen Gründen kann sie oder er dazu verpflichtet werden. Sie oder er soll insbesondere an Veranstaltungen der Fortbildung, an Freizeitgruppen und Gruppengesprächen teilnehmen. Sie oder er soll dazu angehalten werden, eine Bücherei zu nutzen sowie den verantwortungsvollen Umgang mit neuen Medien zu erlernen, soweit dies mit der Sicherheit der Anstalt vereinbar ist. [...] **§ 132 Entsprechende Anwendung von Vorschriften des Zweiten und Dritten Teils** (1) Für den Vollzug der Jugendstrafe gelten die Vorschriften des Zweiten Teils entsprechend, soweit in den Vorschriften dieses Teils nichts anderes bestimmt ist. [...]

---

216 Siehe dazu Fn 71.

VI. Internet

Länder	Internet
	(3) Bei der Ausübung von Ermessen und der Ausfüllung von Beurteilungsspielräumen sind im Jugendstrafvollzug die Vollzugsziele nach § 113 sowie die Gestaltungsgrundsätze nach § 114 besonders zu beachten. iVm **§ 33 Telekommunikation** [...] (3) Die Zulassung einer anderen Form der Telekommunikation in der Anstalt bedarf der Zustimmung des Fachministeriums; die oder der Gefangene hat keinen Anspruch auf Erteilung der Zustimmung. Hat das Fachministerium die Zustimmung erteilt, so kann die Vollzugsbehörde der oder dem Gefangenen allgemein oder im Einzelfall die Nutzung der zugelassenen Telekommunikationsform gestatten, wenn sichergestellt ist, dass hierdurch nicht die Sicherheit oder Ordnung der Anstalt gefährdet wird und sich die oder der Gefangene mit den von der Vollzugsbehörde zu diesem Zweck erlassenen Nutzungsbedingungen einverstanden erklärt. Soweit die Nutzungsbedingungen keine abweichenden Regelungen enthalten, gelten für Telekommunikationsformen, 1. die einem Besuch vergleichbar sind, Absatz 1 Sätze 2 bis 5, 2. die einem Schriftwechsel vergleichbar sind, § 29 Abs. 2 sowie die §§ 30 bis 32 entsprechend. [...] **§ 67 Besitz von Gegenständen zur Fortbildung oder zur Freizeitbeschäftigung** (1) Die oder der Gefangene darf mit Erlaubnis der Vollzugsbehörde in angemessenem Umfang sonstige Geräte der Informations- und Unterhaltungselektronik, Bücher sowie andere Gegenstände zur Fortbildung oder zur Freizeitbeschäftigung besitzen. Die Erlaubnis ist zu versagen, wenn die Erreichung des Vollzugszieles nach § 5 Satz 1 oder die Sicherheit oder Ordnung der Anstalt gefährdet würde. Die Erlaubnis kann unter den Voraussetzungen des Satzes 2 widerrufen werden. (2) Im Übrigen gilt § 66 Abs. 2 Satz 2 für Geräte der Informations- und Unterhaltungselektronik entsprechend. iVm **§ 66 Hörfunk und Fernsehen** [...] (2) Die Vollzugsbehörde hat den Besitz eines Hörfunk- und Fernsehgerätes im Haftraum zu erlauben, wenn dadurch die Erreichung des Vollzugszieles nach § 5 Satz 1 oder die Sicherheit oder Ordnung der Anstalt nicht gefährdet wird. In der Erlaubnis kann die oder der Gefangene darauf verwiesen werden, anstelle eigener von der Vollzugsbehörde überlassene Geräte zu verwenden; eine solche Bestimmung kann auch nachträglich getroffen werden. Die Erlaubnis kann zur Erreichung des Vollzugszieles nach § 5 Satz 1 oder zur Abwehr einer Gefahr für die Sicherheit oder Ordnung der Anstalt widerrufen werden. [...]
Nordrhein-Westfalen	**§ 38 Telekommunikation** Gefangenen können Kontakte im Wege der Telekommunikation gestattet werden. Im Übrigen gelten für die mündliche Telekommunikation die Vorschriften über den Besuch und für die schriftliche Telekommunikation die Vorschriften über den Schriftwechsel entsprechend. Ist die Überwachung

Länder	Internet
	der fernmündlichen Unterhaltung erforderlich, ist die beabsichtigte Überwachung der Gesprächspartnerin oder dem Gesprächspartner von Gefangenen unmittelbar nach Herstellung der Verbindung durch die Vollzugsbehörde oder die Gefangenen mitzuteilen. Gefangene sind rechtzeitig vor Beginn der fernmündlichen Unterhaltung über die beabsichtigte Überwachung und die Mitteilungspflicht nach Satz 3 zu unterrichten. **§ 55 Gestaltung der freien Zeit, Förderung der Kreativität** [...] (3) Die Gefangenen sind zur Teilnahme und Mitwirkung an Angeboten der Freizeitgestaltung, insbesondere auch an Gruppenveranstaltungen, zu motivieren und anzuleiten. Sie sollen auch Gelegenheit erhalten, den verantwortungsvollen Umgang mit neuen Medien zu erlernen und auszuüben sowie eine Bücherei zu benutzen. **§ 58 Besitz von Gegenständen für die Freizeitbeschäftigung** (1) Gefangene dürfen in angemessenem Umfang Bücher, andere Gegenstände zur Fortbildung oder zur Freizeitbeschäftigung sowie Geräte der Unterhaltungselektronik besitzen. [...]
Rheinland-Pfalz	**§ 43 Andere Formen der Telekommunikation** Nach Zulassung anderer Formen der Telekommunikation im Sinne des Telekommunikationsgesetzes vom 22. Juni 2004 (BGBl. I S. 1190) in der jeweils geltenden Fassung durch die Aufsichtsbehörde (§ 112 Abs. 1) kann die Anstaltsleiterin oder der Anstaltsleiter den Gefangenen gestatten, diese Formen auf ihre Kosten zu nutzen. Die Bestimmungen dieses Abschnitts gelten entsprechend. **§ 60 Rundfunk, Informations- und Unterhaltungselektronik** [...] (2) Eigene Hörfunk- und Fernsehgeräte werden zugelassen, wenn nicht Gründe des § 56 Satz 2 oder bei jungen Gefangenen erzieherische Gründe entgegenstehen. Andere Geräte der Informations- und Unterhaltungselektronik können unter diesen Voraussetzungen zugelassen werden. Die Gefangenen können auf Mietgeräte oder auf ein Mediensystem verwiesen werden. § 43 bleibt unberührt. [...] iVm **§ 56 Ausstattung des Haftraums** Die Gefangenen dürfen ihren Haftraum in angemessenem Umfang mit eigenen Gegenständen ausstatten oder diese dort aufbewahren. Gegenstände dürfen nicht in den Haftraum eingebracht werden oder werden aus dem Haftraum entfernt, wenn sie geeignet sind, 1. die Sicherheit oder Ordnung der Anstalt, insbesondere die Übersichtlichkeit des Haftraums, zu gefährden oder 2. bei den Strafgefangenen und den Jugendstrafgefangenen die Erreichung des Vollzugsziels zu gefährden.
Saarland	**§ 42 Besitz von Gegenständen für die Freizeitbeschäftigung** [...] (2) Dies gilt nicht, wenn deren Besitz, Überlassung oder Benutzung das Vollzugsziel oder die Sicherheit oder Ordnung der Anstalt gefährden würde.

VI. Internet

Länder	Internet
	(3) Elektronische Medien können zugelassen werden, wenn erzieherische Gründe nicht entgegenstehen. Absatz 2 gilt entsprechend. § 55 Telefongespräche, andere Formen der Telekommunikation [...] (2) Nach Zulassung anderer Formen der Telekommunikation im Sinne des Telekommunikationsgesetzes durch die Aufsichtsbehörde kann die Anstaltsleitung den Gefangenen gestatten, diese Formen auf ihre Kosten zu nutzen. Die Bestimmungen dieses Abschnitts gelten entsprechend.
Sachsen	§ 38 Freizeit Die Ausgestaltung der Freizeit orientiert sich am Vollzugsziel. Dazu sind geeignete Angebote vorzuhalten. Gefangene sind zur Teilnahme und Mitwirkung an Angeboten der Freizeitgestaltung zu motivieren und anzuleiten. Sie sollen insbesondere am Unterricht, am Fernunterricht, an Lehrgängen und sonstigen Veranstaltungen der Fortbildung, an Freizeitgruppen und Gruppengesprächen teilnehmen und ermutigt werden, eine Bücherei zu benutzen sowie den verantwortungsvollen Umgang mit neuen Medien zu erlernen, soweit dies mit der Sicherheit in der Anstalt vereinbar ist. § 55 b Andere Formen der Telekommunikation Nach Zulassung anderer Formen der Telekommunikation im Sinne des Telekommunikationsgesetzes durch die Aufsichtsbehörde kann der Anstaltsleiter den Gefangenen gestatten, diese Formen auf ihre Kosten zu nutzen. Die Bestimmungen dieses Abschnitts gelten entsprechend.
Sachsen-Anhalt	§ 43 Andere Formen der Telekommunikation (1) Die Zulassung anderer Formen der Telekommunikation nach dem Telekommunikationsgesetz in der Anstalt bedarf der Zustimmung der Aufsichtsbehörde. Der Gefangene hat keinen Anspruch auf Erteilung der Zustimmung. (2) Hat die Aufsichtsbehörde die Zustimmung erteilt, so kann die Anstalt dem Gefangenen die Nutzung der zugelassenen Telekommunikationsform gestatten, wenn sichergestellt ist, dass hierdurch nicht die Sicherheit oder Ordnung der Anstalt gefährdet wird und sich der Gefangene mit den von der Anstalt zu diesem Zweck erlassenen Nutzungsbedingungen einverstanden erklärt. Die Nutzungsbedingungen dürfen keine Regelungen enthalten, die den Vorschriften dieses Gesetzes über den Schriftwechsel, den Besuch und über Telefongespräche entgegenstehen. § 59 Rundfunk, Informations- und Unterhaltungselektronik [...] (2) Der Anstaltsleiter erlaubt den Besitz eines Hörfunk- und Fernsehgerätes im Haftraum, wenn nicht Gründe des § 56 Abs. 1 Satz 2 oder bei dem jungen Gefangenen erzieherische Gründe entgegenstehen. In der Erlaubnis kann der Gefangene darauf verwiesen werden, anstelle eigener von der Anstalt überlassene Geräte zu verwenden. Eine solche Bestimmung kann auch nachträglich getroffen werden. Andere Geräte der Informations- und Unterhaltungselektronik können unter diesen Voraussetzungen zugelassen werden. Wird der Gefangene auf überlassene Geräte verwiesen, kann er nicht den Besitz eigener Geräte verlangen. [...] (4) Die Zulassung von anderen Geräten der Informations- und Unterhaltungselektronik nach Absatz 2 Satz 4 bedarf der Zustimmung der Aufsichtsbehörde. Diese kann allgemeine Richtlinien für die Gerätebeschaffenheit erlassen. Eine ohne Zustimmung nach Satz 1 erteilte Zulassung kann zurückgenommen werden.

§ 5 Freizeit, Medien, Sport

Länder	Internet
	iVm
	§ 56 Ausstattung des Haftraums
	(1) Der Gefangene darf seinen Haftraum in angemessenem Umfang mit eigenen Gegenständen ausstatten oder diese dort aufbewahren. Gegenstände dürfen nicht in den Haftraum eingebracht werden oder werden aus dem Haftraum entfernt, wenn sie geeignet sind,
	1. die Sicherheit oder Ordnung der Anstalt, insbesondere die Übersichtlichkeit des Haftraums, zu gefährden oder
	2. bei dem Strafgefangenen oder dem Jugendstrafgefangenen die Erreichung des Vollzugsziels zu gefährden.
	[...]
	§ 54 Einbringen von Gegenständen
	[...]
	(2) Das Einbringen von Nahrungsmitteln, Genussmitteln, Kameras, Computern und technischen Geräten, insbesondere solchen mit der Möglichkeit zur Speicherung und Übertragung von Daten, ist nicht gestattet.
	§ 55 Gewahrsam an Gegenständen
	[...]
	(3) Der Besitz, die Annahme und Abgabe von Kameras, Computern sowie von technischen Geräten, insbesondere solchen mit der Möglichkeit zur Speicherung und Übertragung von Daten, ist nicht gestattet.
Thüringen	**§ 44 Andere Formen der Telekommunikation**
	Nach Zulassung anderer Formen der Telekommunikation im Sinne des Telekommunikationsgesetzes durch die Aufsichtsbehörde (§ 113 Abs. 1) kann der Anstaltsleiter den Gefangenen gestatten, diese Formen auf ihre Kosten zu nutzen. Die Bestimmungen dieses Abschnitts gelten entsprechend.
	§ 61 Rundfunk, Informations- und Unterhaltungselektronik
	[...]
	(2) Eigene Hörfunk- und Fernsehgeräte werden zugelassen, wenn nicht Gründe des § 57 Satz 2 oder bei jungen Gefangenen erzieherische Gründe entgegenstehen. Andere Geräte der Informations- und Unterhaltungselektronik können unter diesen Voraussetzungen zugelassen werden. Die Gefangenen können auf Mietgeräte oder auf ein Haftraummediensystem verwiesen werden. § 44 bleibt unberührt.
	[...]
	iVm
	§ 57 Ausstattung des Haftraums
	Die Gefangenen dürfen ihren Haftraum in angemessenem Umfang mit eigenen Gegenständen ausstatten oder diese dort aufbewahren. Gegenstände dürfen nicht in den Haftraum eingebracht werden oder werden aus dem Haftraum entfernt, wenn
	1. sie geeignet sind, die Sicherheit oder Ordnung der Anstalt, insbesondere die Übersichtlichkeit des Haftraumes zu gefährden oder
	2. sie geeignet sind, bei den Straf- und Jugendstrafgefangenen die Erreichung des Vollzugsziels zu gefährden.

73 Die Ländergesetze zum Jugendstrafvollzug enthalten **keine ausdrückliche Regelung zur Internetnutzung** im Jugendstrafvollzug. An ganz verschiedenen Stellen zeigt sich

VI. Internet

in den Gesetzen aber, dass die Landesgesetzgeber zumindest auch an das Internet als neues Kommunikationsmittel gedacht haben, um der fortschreitenden Entwicklung der Kommunikationsmedien und dem sich verändernden Kommunikations- und Informationsverhalten der Bevölkerung Rechnung zu tragen. Durch die in den Landesgesetzen vermehrt anzutreffenden Regelungen zu **anderen Formen der Telekommunikation**[217] halten sich die Landesgesetzgeber die Möglichkeit der Nutzung von derzeit noch nicht verbreiteten Telekommunikationsformen für die Zukunft offen. Nach derzeitigem Stand der technischen Entwicklung ist dabei auch vor dem Hintergrund des Angleichungsgrundsatzes insbesondere an E-Mail, E-Learning, Internet und Intranet zu denken.[218] In **Niedersachsen** und mittlerweile auch in **Brandenburg, Hamburg, Rheinland-Pfalz, dem Saarland, Sachsen, Sachsen-Anhalt und Thüringen** finden sich dafür die meisten Anhaltspunkte im Gesetz. Die Zulassung anderer Formen der Telekommunikation wird hier entweder in einem eigenständigen Paragrafen[219] oder zumindest in einem eigenen Absatz[220] geregelt. Sie ist allerdings stets von der generellen Zustimmung des Fachministeriums bzw der Aufsichtsbehörde abhängig. Erst bei Vorliegen der Zustimmung kann die Vollzugsbehörde dem Gefangenen die Nutzung der zugelassenen Telekommunikationsform gestatten, wenn sichergestellt ist, dass hierdurch nicht die Sicherheit oder Ordnung der Anstalt gefährdet wird. Die Anstalt ist – abhängig von der Form der Telekommunikation – zu den für Besuche, Telefongespräche und Schriftwechsel vorgesehenen Beschränkungen der Kommunikation ermächtigt. So sind beim Versand und Empfang eines Telefax oder einer E-Mail zunächst die Vorschriften für den Schriftwechsel anzuwenden, während bei der Videotelefonie zunächst die Vorschriften über Telefongespräche Anwendung finden werden.[221] Die Kosten für die anderen Formen der Telekommunikation haben die Gefangenen grundsätzlich selbst zu tragen.[222] Lediglich in begründeten Ausnahmefällen kann die Anstalt die Kosten in angemessenem Umfang übernehmen, wenn die Gefangenen dazu nicht in der Lage sind.[223]

Zusätzlich gewinnt auch die **Informations- und Unterhaltungselektronik** an Bedeutung in den Landesgesetzen. Aufgrund der technischen Entwicklung wird die Möglichkeit, Fernseher mit dem Netzwerk oder dem Internet zu verbinden, zunehmend wichtiger, während die klassische Unterhaltungselektronik ohne Online-Zugang zurückgeht. In **Brandenburg, Rheinland-Pfalz, Sachsen-Anhalt und Thüringen** hat da-

---

217 Vgl jeweils § 44 BbgJVollzG/ThürJVollzGB; § 32 Abs. 2 HmbJStVollzG; § 132 iVm § 33 Abs. 3 NJVollzG; § 43 LJVollzG RP; § 55 Abs. 2 SJStVollzG; § 55 b SächsJStVollzG; § 43 JVollzGB LSA.
218 Vgl die Gesetzesbegründung zu § 43 LJVollzG RP, Landtag Rheinland-Pfalz LT-Drucks. 16/1910 v. 18.12.2012 S. 132.
219 Vgl jeweils § 44 BbgJVollzG/ThürJVollzGB; § 43 LJVollzG RP; § 55 b SächsJStVollzG; § 43 JVollzGB LSA.
220 Vgl § 32 Abs. 2 HmbJStVollzG; § 132 iVm § 33 Abs. 3 NJVollzG (zur Telekommunikation s. auch die Regelung in § 123 Abs. 4 und Abs. 5 NJVollzG); § 55 Abs. 2 SJStVollzG.
221 Vgl die Gesetzesbegründung zu § 43 LJVollzG RP, Landtag Rheinland-Pfalz LT-Drucks. 16/1910 v. 18.12.2012 S. 132.
222 Vgl jeweils § 44 S. 1 BbgJVollzG/ThürJVollzGB; § 32 Abs. 2 S. 1 HmbJStVollzG; § 43 S. 1 LJVollzG RP; § 55 Abs. 2 S. 1 SJStVollzG; § 55 b S. 1 SächsJStVollzG. In Niedersachsen und Sachsen-Anhalt fehlt die Kostenregelung für die anderen Formen der Telekommunikation im Gesetz; allerdings ist dort als weitere Voraussetzung für die Zulassung geregelt, dass sich der Gefangene mit den von der Vollzugsbehörde zu diesem Zweck erlassenen Nutzungsbedingungen einverstanden erklärt, vgl § 33 Abs. 3 NJVollzG; § 43 Abs. 2 JVollzGB LSA.
223 Vgl die Gesetzesbegründung zu § 43 LJVollzG RP, Landtag Rheinland-Pfalz LT-Drucks. 16/1910 v. 18.12.2012 S. 132.

Fiedler/Vogel

her die Informations- und Unterhaltungselektronik sogar Eingang in die Überschrift der Norm[224] gefunden, die Hörfunk und Fernsehen zusammen mit der Informations- und Unterhaltungselektronik (siehe dazu auch Rn 55, Rn 88) regeln. In **Sachsen-Anhalt** bedarf die Zulassung von anderen Geräten der Informations- und Unterhaltungselektronik nach § 59 Abs. 4 JVollzGB LSA der Zustimmung der Aufsichtsbehörde. Diese kann allgemeine Richtlinien für die Gerätebeschaffenheit erlassen. Eine ohne Zustimmung der Aufsichtsbehörde erteilte Zulassung kann zurückgenommen werden. Einzigartig in den Landesgesetzen ist bislang die Erwähnung von **Kameras, Computern** sowie von technischen Geräten, insbesondere solchen mit der Möglichkeit zur Speicherung und Übertragung von Daten, in den §§ 54 Abs. 2, 55 Abs. 3 JVollzGB LSA, die das Einbringen solcher Geräte und den Gewahrsam an solchen Geräten nicht gestatten. In **Niedersachsen** darf der Gefangene nach § 132 iVm § 67 NJVollzG mit Erlaubnis der Vollzugsbehörde in angemessenem Umfang u.a. sonstige Geräte der Informations- und Unterhaltungselektronik besitzen. In § 128 Abs. 2 S. 3 NJVollzG ist geregelt, dass der Gefangene dazu angehalten werden soll, u.a. den verantwortungsvollen Umgang mit neuen Medien zu erlernen, soweit dies mit der Sicherheit der Anstalt vereinbar ist.

75 In **Nordrhein-Westfalen** wird unter Telekommunikation (§ 38 JStVollzG NRW) geregelt, dass den Gefangenen Kontakte im Wege der Telekommunikation gestattet werden können. Im Übrigen gelten für die mündliche Telekommunikation die Vorschriften über den Besuch und für die schriftliche Telekommunikation die Vorschriften über den Schriftwechsel entsprechend. Unter Gestaltung der freien Zeit, Förderung der Kreativität (§ 55 Abs. 3 JStVollzG NRW) wird geregelt, dass die Gefangenen auch Gelegenheit erhalten sollen, den verantwortungsvollen Umgang mit neuen Medien zu erlernen und auszuüben. Unter Besitz von Gegenständen für die Freizeitbeschäftigung (§ 58 Abs. 1 JStVollzG NRW) findet sich zudem noch die Regelung, dass Gefangene in angemessenem Umfang u.a. Geräte der Unterhaltungselektronik besitzen dürfen.

76 **Hessen** regelt unter Gestaltung der freien Zeit (§ 29 Abs. 4 S. 3 HessJStVollzG), dass andere elektronische Medien im Einzelfall zugelassen werden können, wenn ihre Nutzung dem Erziehungsziel dient. Zur Telekommunikation regelt Hessen, dass die Gefangenen aus wichtigen Gründen andere Kommunikationsmittel durch Vermittlung und unter Aufsicht der Anstalt nutzen können (§ 35 Abs. 1 S. 2 HessJStVollzG). Darüber hinaus enthält § 35 Abs. 2 HessJStVollzG eine Regelung für Telefongespräche und sonstige mündliche Kommunikation. Gem. § 35 Abs. 2 S. 3 HessJStVollzG gelten für die schriftliche Kommunikation die Vorschriften über den Schriftwechsel entsprechend.

77 **Bayern** regelt unter Freizeit speziell für den Jugendstrafvollzug (Art. 152 Abs. 2 S. 3 BayStVollzG), dass elektronische Unterhaltungsmedien, die keinen pädagogischen Wert haben, nicht zugelassen sind. Unter Besitz von Gegenständen für die Freizeitbeschäftigung (Art. 152 Abs. 2 S. 1 iVm Art. 72 Abs. 2 Nr. 2 BayStVollzG) wird davon ausgegangen, dass eine Gefährdung der Erfüllung des Behandlungsauftrags oder der

---

[224] Vgl die Überschriften von jeweils § 61 BbgJVollzG/ThürJVollzGB; § 60 LJVollzG RP; § 59 JVollzGB LSA: „Rundfunk, Informations- und Unterhaltungselektronik".

Sicherheit oder Ordnung der Anstalt idR bei elektronischen Unterhaltungsmedien vorliegt. Darüber hinaus sollen die Gefangenen den verantwortungsvollen Umgang mit neuen Medien erlernen, soweit dies mit der Sicherheit der Jugendstrafvollzugsanstalt vereinbar ist (Art. 152 Abs. 1 S. 2 BayStVollzG).

Fünf Bundesländer (Berlin, Bremen, Mecklenburg-Vorpommern, Saarland und Schleswig-Holstein)[225] regeln sinngemäß unter Besitz von Gegenständen für die Freizeitbeschäftigung,[226] dass elektronische Medien zugelassen werden können, wenn erzieherische Gründe nicht entgegenstehen und deren Besitz, Überlassung oder Benutzung das Vollzugsziel oder die Sicherheit oder Ordnung der Anstalt nicht gefährden würde. **Berlin** hat unter Freizeit (§ 38 S. 2 JStVollzG Bln) darüber hinaus noch aufgenommen, dass geeignete Freizeitangebote auch zum Erwerb von Medienkompetenz[227] vorzuhalten sind.[228] Zur Zulassung anderer Formen der Telekommunikation neuerdings in § 55 Abs. 2 SJStVollzG siehe Rn 73. 78

Hamburg regelt unter Gegenständen der Freizeitbeschäftigung (§ 53 Abs. 3 iVm Abs. 2 HmbJStVollzG) auf elektronische Unterhaltungsmedien beschränkt und damit enger, dass diese zugelassen werden können, wenn erzieherische Gründe nicht entgegenstehen und der Besitz, die Überlassung oder die Benutzung des Gegenstands das Vollzugsziel oder die Sicherheit oder Ordnung der Anstalt nicht gefährden würde. Unter Rundfunk findet sich in § 52 Abs. 1 S. 4 HmbJStVollzG die nachträglich[229] eingefügte Regelung, wonach andere Geräte der Informations- und Unterhaltungselektronik zugelassen werden können, wenn erzieherische Gründe nicht entgegenstehen. Zur Zulassung anderer Formen der Telekommunikation neuerdings in § 32 Abs. 2 HmbJStVollzG siehe Rn 73. 79

In **Baden-Württemberg** wird unter Besitz von Gegenständen zur Freizeitbeschäftigung (§ 54 Abs. 3 S. 1 JVollzGB IV)[230] normiert, dass die Zulassung von bestimmten Gerätetypen, insbesondere der elektronischen Unterhaltungsmedien, durch die Jugendstrafanstalt der Zustimmung der Aufsichtsbehörde vorbehalten sein kann. Zu den Ausschlussgründen in Baden-Württemberg siehe Rn 90. 80

In **Sachsen** heißt es unter Freizeit (§ 38 S. 4 SächsJStVollzG), dass die Gefangenen ermutigt werden sollen, u.a. den verantwortungsvollen Umgang mit neuen Medien zu erlernen, soweit dies mit der Sicherheit in der Anstalt vereinbar ist. Zur Zulassung anderer Formen der Telekommunikation neuerdings in § 55 b SächsJStVollzG siehe Rn 73. 81

---

225 Früher auch Brandenburg, Rheinland-Pfalz, Sachsen-Anhalt und Thüringen, vgl jeweils § 42 Abs. 3 iVm Abs. 2 BbgJStVollzG aF/ThürJStVollzG aF; § 42 Abs. 2 iVm Abs. 1 S. 2 LJStVollzG RP aF; § 49 Abs. 3 JStVollzG LSA aF.
226 Vgl jeweils § 42 Abs. 3 iVm Abs. 2 JStVollzG Bln/BremJStVollzG/JStVollzG M-V/SJStVollzG/JStVollzG SH; so aber nicht mehr der Entwurf JStVollzG Bln, vgl Abgeordnetenhaus Berlin Drucks. 7/2442 v. 9.9.2015.
227 Siehe dazu zB Müller, Fluchthelfer: Mediennutzung im Jugendgefängnis, 2006.
228 So auch § 62 Abs. 1 S. 2 Entwurf JStVollzG Bln, vgl Abgeordnetenhaus Berlin Drucks. 7/2442 v. 9.9.2015.
229 Mit Wirkung v. 1.6.2013 durch Gesetz v. 21.5.2013 (HmbGVBl. S. 211).
230 Früher auch schon § 72 Abs. 3 S. 1 JStVollzG B-W aF.

3. Rechtstatsächliche Situation

82 Einen **freien Internetzugang** gibt es bislang in keiner Jugendstrafanstalt. Kontakte mit der Außenwelt sind immer durch Vermittlung der Anstalt herzustellen. Ein freier und durch die Anstalt nicht zu kontrollierender Internetzugang würde dem widersprechen. Trotzdem ist unter Berücksichtigung des Angleichungsgrundsatzes zB bei der beruflichen Bildung das Internet aus dem Anstaltsleben nicht mehr wegzudenken. Die Jugendstrafanstalten haben Computerkurse (EQUAL,[231] Computer-Führerschein) eingerichtet, die einen begrenzten, kontrollierten Zugang zum Internet und zu bestimmten internetbasierten Lernplattformen („e-Lis")[232] ermöglichen. Technisch wird dies idR dergestalt gelöst, dass bestimmte Teile des Internets auf einem Server in der Anstalt „gespiegelt" werden, aber von diesem Server aus keine Verbindung nach „außen" besteht. Die Rechtsprechung hat sich mit dem Thema Internet im Strafvollzug noch nicht intensiv befasst, sondern lediglich vereinzelt die Problematik eines Internetzugangs angesprochen, wie zB bei der Frage der Zulässigkeit der Spielkonsole „**Sony Playstation 2**" (siehe dazu Rn 94), da diese unter Zuhilfenahme eines Mobiltelefons und eines Modems internetfähig ist.

83 Zur **Internetnutzung im Bereich Medien** gilt im Hinblick auf das Grundrecht der Informationsfreiheit (Art. 5 Abs. 1 S. 1 GG) für den Jugendstrafvollzug Folgendes: Online-Zeitungen und -Zeitschriften sind unter die Regelungen zu Zeitungen und Zeitschriften (siehe dazu Rn 44 ff) zu subsumieren. Für das Internetradio und im Internet gesendete Fernsehprogramme sind die Regelungen zu Hörfunk und Fernsehen (siehe dazu Rn 54 ff) einschlägig. Für das Surfen im WWW fehlt eine Rechtsgrundlage in den Ländergesetzen.

84 Hinsichtlich der **sonstigen Internet- bzw Computernutzung** im Strafvollzug wird hier auf die Ausführungen im Abschnitt „Schule, Ausbildung, Arbeit" und im Abschnitt „Außenkontakte" verwiesen (siehe dazu § 4 Rn 20, Rn 27 und § 7 Rn 26, Rn 46).

VII. Besitz von Gegenständen für die Freizeitbeschäftigung
1. Rechtsgrundlagen

85

Länder	Besitz von Gegenständen für die Freizeitbeschäftigung
Baden-Württemberg	**Buch 4 § 54 Besitz von Gegenständen zur Freizeitbeschäftigung** (1) Junge Gefangene dürfen in angemessenem Umfang Bücher und andere Gegenstände zur Freizeitbeschäftigung besitzen. Die Angemessenheit des Umfangs kann auch an der in der Jugendstrafanstalt verfügbaren Kapazität für Haftraumkontrollen und am Wert eines Gegenstands ausgerichtet werden. (2) Absatz 1 Satz 1 gilt nicht, wenn der Besitz, die Überlassung oder die Benutzung des Gegenstands

---

[231] Die aus dem Europäischen Sozialfonds geförderte Gemeinschaftsinitiative EQUAL zielte darauf ab, neue Wege der Bekämpfung von Diskriminierung und Ungleichheiten von Arbeitenden und Arbeitsuchenden auf dem Arbeitsmarkt zu erproben. Das Bundesprogramm EQUAL, in dem auch computergestützte, vernetzte Lernplattformen für Gefangene entwickelt wurden, endete zum 31.12.2007.
[232] Siehe dazu zB Hendricks, Lernen mit Neuen Medien im Strafvollzug. Evaluationsergebnisse aus dem Projekt e-LIS, 2005.

VII. Besitz von Gegenständen für die Freizeitbeschäftigung

Länder	Besitz von Gegenständen für die Freizeitbeschäftigung
	1. mit Strafe oder Geldbuße bedroht wäre,
	2. das Erreichen des Erziehungsziels oder die Sicherheit oder Ordnung der Jugendstrafanstalt gefährdet [sic] würde oder
	3. [sic] die Überprüfung des Gegenstands auf eine mögliche missbräuchliche Verwendung mit vertretbarem Aufwand von der Jugendstrafanstalt nicht leistbar ist.
	(3) Die Zulassung von bestimmten Gerätetypen, insbesondere der elektronischen Unterhaltungsmedien, durch die Jugendstrafanstalt kann der Zustimmung der Aufsichtsbehörde vorbehalten sein. Die Aufsichtsbehörde kann allgemeine Richtlinien für die Gerätebeschaffenheit erlassen. Eine ohne Zustimmung nach Satz 1 erfolgte Zulassung kann zurückgenommen werden.
	(4) Die Erlaubnis kann unter den Voraussetzungen des Absatzes 2 widerrufen werden.
Bayern	**Art. 152 Freizeit**
	[...]
	(2) Art. 70, 72 und 73 gelten entsprechend. Art. 71 gilt entsprechend mit der Maßgabe, dass der Anstaltsleiter oder die Anstaltsleiterin festlegen kann, ob und unter welchen zusätzlichen Voraussetzungen eigene Fernsehgeräte zugelassen werden. Elektronische Unterhaltungsmedien, die keinen pädagogischen Wert haben, sind nicht zugelassen.
	iVm
	Art. 72 Besitz von Gegenständen für die Freizeitbeschäftigung
	(1) Gefangene dürfen in angemessenem Umfang Bücher und andere Gegenstände zur Fortbildung oder zur Freizeitbeschäftigung besitzen.
	(2) Dies gilt nicht, wenn der Besitz, die Überlassung oder die Benutzung des Gegenstands
	1. mit Strafe oder Geldbuße bedroht wäre oder
	2. die Erfüllung des Behandlungsauftrags oder die Sicherheit oder Ordnung der Anstalt gefährden würde; eine solche Gefährdung liegt in der Regel bei elektronischen Unterhaltungsmedien vor.
	(3) Die Erlaubnis kann unter den Voraussetzungen des Abs. 2 widerrufen werden.
	Art. 73 Kostenbeteiligung
	Die Gefangenen können in angemessenem Umfang an den Stromkosten, die durch die Nutzung der in ihrem Besitz befindlichen Gegenstände entstehen, beteiligt werden.
Berlin, Bremen, Mecklenburg-Vorpommern, Saarland, Schleswig-Holstein	**§ 42 Besitz von Gegenständen für die Freizeitbeschäftigung**
	(1) Die Gefangenen dürfen in angemessenem Umfang Gegenstände zur Freizeitbeschäftigung besitzen.
	(2) Dies gilt nicht, wenn deren Besitz, Überlassung oder Benutzung das Vollzugsziel oder die Sicherheit oder Ordnung der Anstalt gefährden würde.
	(3) Elektronische Medien können zugelassen werden, wenn erzieherische Gründe nicht entgegenstehen. Absatz 2 gilt entsprechend.
Brandenburg	**§ 57 Ausstattung des Haftraums**
	Die Gefangenen dürfen ihren Haftraum in angemessenem Umfang mit eigenen Gegenständen ausstatten oder diese dort aufbewahren. Gegenstände dürfen nicht in den Haftraum eingebracht werden oder werden aus dem Haftraum entfernt, wenn sie geeignet sind,

Fiedler/Vogel

§ 5 Freizeit, Medien, Sport

Länder	Besitz von Gegenständen für die Freizeitbeschäftigung
	1. die Sicherheit oder Ordnung der Anstalt, insbesondere die Übersichtlichkeit des Haftraums, zu gefährden oder 2. bei den Straf- und Jugendstrafgefangenen die Erreichung des Vollzugsziels zu gefährden. **§ 61 Rundfunk, Informations- und Unterhaltungselektronik** [...] (2) Eigene Hörfunk- und Fernsehgeräte werden zugelassen, wenn nicht Gründe des § 57 Satz 2 oder bei jungen Gefangenen erzieherische Gründe entgegenstehen. Andere Geräte der Informations- und Unterhaltungselektronik können unter diesen Voraussetzungen zugelassen werden. Die Gefangenen können auf Mietgeräte oder auf ein Haftraummediensystem verwiesen werden. § 44 bleibt unberührt. [...]
Hamburg	**§ 53 Gegenstände der Freizeitbeschäftigung** (1) Die Gefangenen dürfen in angemessenem Umfang Bücher und andere Gegenstände zur Fortbildung oder zur Freizeitbeschäftigung besitzen. (2) Dies gilt nicht, wenn der Besitz, die Überlassung oder die Benutzung des Gegenstands das Vollzugsziel oder die Sicherheit oder Ordnung der Anstalt gefährden würde. (3) Elektronische Unterhaltungsmedien können zugelassen werden, wenn erzieherische Gründe nicht entgegenstehen. Absatz 2 gilt entsprechend.
Hessen	**§ 29 Gestaltung der freien Zeit** [...] (4) Die Gefangenen dürfen eigene Hörfunkgeräte sowie in angemessenem Umfang Bücher und andere Gegenstände zur Fortbildung oder zur Freizeitbeschäftigung besitzen. Fernsehgeräte in den Galerie für die Anstalt zugelassen werden. Andere elektronische Medien können im Einzelfall zugelassen werden, wenn ihre Nutzung dem Erziehungsziel dient. § 19 gilt entsprechend. [...] iVm **§ 19 Ausstattung des Haftraums** (1) Die Gefangenen dürfen ihren Haftraum in angemessenem Umfang mit eigenen Gegenständen ausstatten. Die Übersichtlichkeit des Haftraums darf nicht behindert und Kontrollen nach § 45 Abs. 1 dürfen nicht unzumutbar erschwert werden. (2) Gegenstände, deren Besitz, Überlassung oder Benutzung mit Strafe oder Geldbuße bedroht ist oder die geeignet sind, das Erreichen des Erziehungsziels oder die Sicherheit oder die Ordnung der Anstalt zu gefährden, sind ausgeschlossen.
Niedersachsen	**§ 132 Entsprechende Anwendung von Vorschriften des Zweiten und Dritten Teils** (1) Für den Vollzug der Jugendstrafe gelten die Vorschriften des Zweiten Teils entsprechend, soweit in den Vorschriften dieses Teils nichts anderes bestimmt ist. [...] (3) Bei der Ausübung von Ermessen und der Ausfüllung von Beurteilungsspielräumen sind im Jugendstrafvollzug die Vollzugsziele nach § 113 sowie die Gestaltungsgrundsätze nach § 114 besonders zu beachten.

VII. Besitz von Gegenständen für die Freizeitbeschäftigung

Länder	Besitz von Gegenständen für die Freizeitbeschäftigung
	iVm **§ 67 Besitz von Gegenständen zur Fortbildung oder zur Freizeitbeschäftigung** (1) Die oder der Gefangene darf mit Erlaubnis der Vollzugsbehörde in angemessenem Umfang sonstige Geräte der Informations- und Unterhaltungselektronik, Bücher sowie andere Gegenstände zur Fortbildung oder zur Freizeitbeschäftigung besitzen. Die Erlaubnis ist zu versagen, wenn die Erreichung des Vollzugszieles nach § 5 Satz 1 oder die Sicherheit oder Ordnung der Anstalt gefährdet würde. Die Erlaubnis kann unter den Voraussetzungen des Satzes 2 widerrufen werden. (2) Im Übrigen gilt § 66 Abs. 2 Satz 2 für Geräte der Informations- und Unterhaltungselektronik entsprechend. iVm **§ 66 Hörfunk und Fernsehen** [...] (2) Die Vollzugsbehörde hat den Besitz eines Hörfunk- und Fernsehgerätes im Haftraum zu erlauben, wenn dadurch die Erreichung des Vollzugszieles nach § 5 Satz 1 oder die Sicherheit oder Ordnung der Anstalt nicht gefährdet wird. In der Erlaubnis kann die oder der Gefangene darauf verwiesen werden, anstelle eigener von der Vollzugsbehörde überlassene Geräte zu verwenden; eine solche Bestimmung kann auch nachträglich getroffen werden. Die Erlaubnis kann zur Erreichung des Vollzugszieles nach § 5 Satz 1 oder zur Abwehr einer Gefahr für die Sicherheit oder Ordnung der Anstalt widerrufen werden. [...]
Nordrhein-Westfalen	**§ 58 Besitz von Gegenständen für die Freizeitbeschäftigung** (1) Gefangene dürfen in angemessenem Umfang Bücher, andere Gegenstände zur Fortbildung oder zur Freizeitbeschäftigung sowie Geräte der Unterhaltungselektronik besitzen. (2) Dies gilt nicht, wenn der Besitz, die Überlassung oder die Benutzung des Gegenstandes a) mit Strafe oder Geldbuße bedroht wäre, b) die Sicherheit oder Ordnung der Anstalt gefährden oder c) dem Ziel des Vollzuges zuwiderlaufen würde. (3) Die Erlaubnis kann unter den Voraussetzungen des Absatzes 2 widerrufen werden.
Rheinland-Pfalz	**§ 56 Ausstattung des Haftraums** Die Gefangenen dürfen ihren Haftraum in angemessenem Umfang mit eigenen Gegenständen ausstatten oder diese dort aufbewahren. Gegenstände dürfen nicht in den Haftraum eingebracht werden oder werden aus dem Haftraum entfernt, wenn sie geeignet sind, 1. die Sicherheit oder Ordnung der Anstalt, insbesondere die Übersichtlichkeit des Haftraums, zu gefährden oder 2. bei den Strafgefangenen und den Jugendstrafgefangenen die Erreichung des Vollzugsziels zu gefährden. **§ 60 Rundfunk, Informations- und Unterhaltungselektronik** [...] (2) Eigene Hörfunk- und Fernsehgeräte werden zugelassen, wenn nicht Gründe des § 56 Satz 2 oder bei jungen Gefangenen erzieherische Gründe entgegenstehen. Andere Geräte der Informations- und Unterhaltungs-

Länder	Besitz von Gegenständen für die Freizeitbeschäftigung
	elektronik können unter diesen Voraussetzungen zugelassen werden. Die Gefangenen können auf Mietgeräte oder auf ein Mediensystem verwiesen werden. § 43 bleibt unberührt. [...]
Sachsen	**§ 42 Besitz von Gegenständen für die Freizeitbeschäftigung** (1) Die Gefangenen dürfen in angemessenem Umfang Gegenstände zur Freizeitbeschäftigung besitzen. (2) Dies gilt nicht, wenn deren Besitz, Überlassung oder Benutzung das Vollzugsziel oder die Sicherheit oder Ordnung in der Anstalt gefährden würde.
Sachsen-Anhalt	**§ 56 Ausstattung des Haftraums** (1) Der Gefangene darf seinen Haftraum in angemessenem Umfang mit eigenen Gegenständen ausstatten oder diese dort aufbewahren. Gegenstände dürfen nicht in den Haftraum eingebracht werden oder werden aus dem Haftraum entfernt, wenn sie geeignet sind, 1. die Sicherheit oder Ordnung der Anstalt, insbesondere die Übersichtlichkeit des Haftraums, zu gefährden oder 2. bei dem Strafgefangenen oder dem Jugendstrafgefangenen die Erreichung des Vollzugsziels zu gefährden. (2) Die §§ 54 und 55 Abs. 3 gelten entsprechend. iVm **§ 54 Einbringen von Gegenständen** (1) Gegenstände dürfen durch oder für den Gefangenen nur mit Zustimmung der Anstalt eingebracht werden. Die Anstalt kann die Zustimmung verweigern, wenn die Gegenstände geeignet sind, die Sicherheit oder Ordnung der Anstalt oder die Erreichung des Vollzugsziels zu gefährden, oder ihre Aufbewahrung nach Art oder Umfang offensichtlich nicht möglich ist. (2) Das Einbringen von Nahrungsmitteln, Genussmitteln, Kameras, Computern und technischen Geräten, insbesondere solchen mit der Möglichkeit zur Speicherung und Übertragung von Daten, ist nicht gestattet. iVm **§ 55 Gewahrsam an Gegenständen** [...] (3) Der Besitz, die Annahme und Abgabe von Kameras, Computern sowie von technischen Geräten, insbesondere solchen mit der Möglichkeit zur Speicherung und Übertragung von Daten, ist nicht gestattet. **§ 59 Rundfunk, Informations- und Unterhaltungselektronik** [...] (2) Der Anstaltsleiter erlaubt den Besitz eines Hörfunk- und Fernsehgerätes im Haftraum, wenn nicht Gründe des § 56 Abs. 1 Satz 2 oder bei dem jungen Gefangenen erzieherische Gründe entgegenstehen. In der Erlaubnis kann der Gefangene darauf verwiesen werden, anstelle eigener von der Anstalt überlassene Geräte zu verwenden. Eine solche Bestimmung kann auch nachträglich getroffen werden. Andere Geräte der Informations- und Unterhaltungselektronik können unter diesen Voraussetzungen zugelassen werden. Wird der Gefangene auf überlassene Geräte verwiesen, kann er nicht den Besitz eigener Geräte verlangen. [...]

VII. Besitz von Gegenständen für die Freizeitbeschäftigung

Länder	Besitz von Gegenständen für die Freizeitbeschäftigung
	(4) Die Zulassung von anderen Geräten der Informations- und Unterhaltungselektronik nach Absatz 2 Satz 4 bedarf der Zustimmung der Aufsichtsbehörde. Diese kann allgemeine Richtlinien für die Gerätebeschaffenheit erlassen. Eine ohne Zustimmung nach Satz 1 erteilte Zulassung kann zurückgenommen werden.
Thüringen	**§ 57 Ausstattung des Haftraums** Die Gefangenen dürfen ihren Haftraum in angemessenem Umfang mit eigenen Gegenständen ausstatten oder diese dort aufbewahren. Gegenstände dürfen nicht in den Haftraum eingebracht werden oder werden aus dem Haftraum entfernt, wenn 1. sie geeignet sind, die Sicherheit oder Ordnung der Anstalt, insbesondere die Übersichtlichkeit des Haftraumes zu gefährden oder 2. sie geeignet sind, bei den Straf- und Jugendstrafgefangenen die Erreichung des Vollzugsziels zu gefährden. **§ 61 Rundfunk, Informations- und Unterhaltungselektronik** […] (2) Eigene Hörfunk- und Fernsehgeräte werden zugelassen, wenn nicht Gründe des § 57 Satz 2 oder bei jungen Gefangenen erzieherische Gründe entgegenstehen. Andere Geräte der Informations- und Unterhaltungselektronik können unter diesen Voraussetzungen zugelassen werden. Die Gefangenen können auf Mietgeräte oder auf ein Haftraummediensystem verwiesen werden. § 44 bleibt unberührt. […]

Wortgleich regeln fünf Bundesländer (Berlin, Bremen, Mecklenburg-Vorpommern, Saarland, Schleswig-Holstein)[233] jeweils in § 42 den Besitz von Gegenständen für die Freizeitbeschäftigung. In Brandenburg, Rheinland-Pfalz, Sachsen-Anhalt und Thüringen bedarf der Besitz von Gegenständen für die Freizeitbeschäftigung keiner gesonderten Regelung mehr, da sie jetzt von der jeweiligen Regelung zur Ausstattung des Haftraums umfasst werden.[234]

86

Alle Ländergesetze[235] geben dem Gefangenen ein **Recht zum Besitz von Gegenständen für die Freizeitbeschäftigung** in angemessenem Umfang. Darüber hinaus erwähnen einige Bundesländer (Bayern, Hamburg, Hessen, Niedersachsen, Nordrhein-Westfalen und neuerdings auch Baden-Württemberg)[236] in Anlehnung an § 70 Abs. 1 StVollzG hierbei auch namentlich Bücher und (außer Baden-Württemberg) auch andere Gegenstände zur Fortbildung, also nicht nur zur Freizeitbeschäftigung.

87

Mit Ausnahme von Sachsen wird auch der Besitz **elektronischer Medien** in den Ländergesetzen zum Jugendstrafvollzug ausdrücklich geregelt. Die Erlaubnis zur Nut-

88

---

233 Früher auch Brandenburg und Thüringen.
234 Früher gab es in Brandenburg, Rheinland-Pfalz, Sachsen-Anhalt und Thüringen auch eigenständige Normen zu Besitz von Gegenständen für die Freizeitbeschäftigung, vgl jeweils § 42 BbgJStVollzG aF/LJStVollzG RP aF/ThürJStVollzG aF; § 49 JStVollzG LSA aF.
235 Vgl § 54 Abs. 1 S. 1 JVollzGB IV; Art. 152 Abs. 2 iVm Art. 72 Abs. 1 BayStVollzG; jeweils § 42 Abs. 1 JStVollzG Bln/BremJStVollzG/JStVollzG M-V/SJStVollzG/JStVollzG SH; jeweils § 57 BbgJStVollzG/ThürJVollzGB; § 53 Abs. 1 HmbJStVollzG; § 29 Abs. 4 S. 1 HessJStVollzG; § 132 iVm § 67 Abs. 1 S. 1 NJVollzG; § 58 Abs. 1 JStVollzG NRW; jeweils § 56 LJVollzG RP/JVollzGB LSA; § 42 Abs. 1 SächsJStVollzG (früher auch jeweils § 42 Abs. 1 BbgJStVollzG aF/ThürJStVollzG aF; § 42 Abs. 1 S. 1 LJStVollzG RP aF; § 49 Abs. 1 JStVollzG LSA aF).
236 Früher auch § 49 Abs. 1 JStVollzG LSA aF; früher anders § 72 Abs. 1 S. 1 JStVollzG B-W aF.

zung elektronischer Geräte ist überwiegend als Ermessensentscheidung ausgestaltet, allerdings geknüpft an ein Spektrum von Versagungs- bzw Bedingungsklauseln, die sich (wertend) auf durch die Geräte vermittelbare Inhalte beziehen.[237] Im Einzelnen: In § 132 iVm § 67 Abs. 1 S. 1 NJVollzG werden bei den Gegenständen zur Fortbildung oder zur Freizeitbeschäftigung auch Geräte der Informations- und Unterhaltungselektronik erwähnt, in § 58 Abs. 1 JStVollzG NRW Geräte der Unterhaltungselektronik. Niedersachsen und Nordrhein-Westfalen normieren dabei ein grundsätzliches Recht der Gefangenen zum Besitz von Geräten der Unterhaltungselektronik und schränken dieses zugleich aber auch ein. Im Ermessen der Anstalt steht in Berlin, Bremen, Hamburg, Mecklenburg-Vorpommern, Saarland und Schleswig-Holstein die Zulassung elektronischer (Unterhaltungs-)Medien, in Brandenburg, Rheinland-Pfalz, Sachsen-Anhalt und Thüringen nunmehr[238] die Zulassung von anderen Geräten der Informations- und Unterhaltungselektronik. Diese Länder lassen den Besitz zu, wenn erzieherische Gründe und Gründe der Sicherheit bzw Ordnung der Anstalt nicht entgegenstehen und darüber hinaus die Erreichung des Vollzugsziels nicht gefährdet wird.[239] Bayern und Hessen erheben dagegen einen positiv bewerteten Inhalt zur Bedingung, womit sie sich nach *Eisenberg*[240] ggf in gewissem Widerspruch zu Wesen und Sinn der Freizeit befinden: § 29 Abs. 4 S. 3 HessJStVollzG gestattet die Zulassung von anderen elektronischen Medien, wenn ihre Nutzung dem Erziehungsziel dient. Nach Art. 152 Abs. 2 S. 3 BayStVollzG sind elektronische Unterhaltungsmedien, die keinen pädagogischen Wert haben, nicht zugelassen. Gem. Art. 152 Abs. 2 S. 1 iVm Art. 72 Abs. 2 Nr. 2 BayStVollzG wird davon ausgegangen, dass eine Gefährdung der Erfüllung des Behandlungsauftrags oder der Sicherheit oder Ordnung der Anstalt idR bei elektronischen Unterhaltungsmedien vorliegt. § 54 Abs. 3 S. 1 JVollzGB IV[241] besagt, dass die Zulassung von bestimmten Gerätetypen, insbesondere der elektronischen Unterhaltungsmedien, durch die Jugendstrafanstalt der Zustimmung der Aufsichtsbehörde vorbehalten sein kann. Einzigartig in den Landesgesetzen ist bislang die Erwähnung von **Kameras, Computern** sowie von technischen Geräten, insbesondere solchen mit der Möglichkeit zur Speicherung und Übertragung von Daten, in den §§ 54 Abs. 2, 55 Abs. 3 JVollzGB LSA, die das Einbringen solcher Geräte und den Gewahrsam an solchen Geräten nicht gestatten. Zur Zulassung von Geräten der Unterhaltungselektronik siehe auch Rn 74 ff. Zur Beteiligung der Gefangenen an den Strom- bzw Betriebskosten für die Überlassung von Hörfunk- und Fernsehgeräten sowie Geräten der Informations- und Unterhaltungselektronik siehe Rn 63.

89 **Besitz** meint nicht nur die Verfügungsmöglichkeit über die Gegenstände im Haftraum, sondern im ganzen Anstaltsbereich (zB Lesen eines Buches beim Aufenthalt im Freien). Der Besitz muss dem **Zweck der Freizeitbeschäftigung** (oder der Fortbildung) dienen. Eine elektrische Kaffeemaschine ist zB kein Gegenstand der Freizeitbeschäfti-

---

237 Eisenberg, NStZ 2008, 250, 258.
238 Vgl jeweils § 61 Abs. 2 BbgJVollzG/ThürJVollzG; § 60 Abs. 2 LJVollzG RP; § 59 Abs. 2 und Abs. 4 JVollzGB LSA.
239 Früher anders § 49 Abs. 3 JStVollzG LSA aF.
240 Eisenberg, NStZ 2008, 250, 258 mit Fn 137.
241 Früher auch schon § 72 Abs. 3 S. 1 JStVollzG B-W aF.

gung, denn sie dient der Verbesserung des allgemeinen Lebenskomforts.[242] Die Auswahl der Gegenstände zur Freizeitbeschäftigung ist in das Belieben des Gefangenen gestellt.[243] Gem. § 54 Abs. 1 S. 2 JVollzGB IV kann die **Angemessenheit** des Umfangs auch an der in der Jugendstrafanstalt verfügbaren Kapazität für Haftraumkontrollen sowie neuerdings am Wert eines Gegenstandes[244] ausgerichtet werden. Nach § 29 Abs. 4 S. 4 iVm § 19 Abs. 1 S. 2 HessJStVollzG darf die Übersichtlichkeit des Haftraums nicht behindert und Kontrollen nach § 45 Abs. 1 HessJStVollzG dürfen nicht unzumutbar erschwert werden.

In allen Ländergesetzen sind **Gegenstände ausgeschlossen**, wenn deren Besitz, Überlassung oder Benutzung das Vollzugs- bzw Erziehungsziel oder die Sicherheit oder Ordnung der Anstalt gefährden würde. In Anlehnung an § 70 Abs. 2 Nr. 1 StVollzG werden darüber hinaus von § 54 Abs. 2 JVollzGB IV,[245] Art. 152 iVm Art. 72 Abs. 2 BayStVollzG und § 58 Abs. 2 JStVollzG NRW Gegenstände ausgeschlossen, wenn deren Besitz, Überlassung oder Benutzung mit Strafe oder Geldbuße bedroht wäre. Ferner benennt allein § 54 Abs. 2 JVollzGB IV[246] ausdrücklich als weiteren Ausschlussgrund, dass die Überprüfung des Gegenstandes auf eine mögliche missbräuchliche Verwendung mit vertretbarem Aufwand von der Jugendstrafanstalt nicht leistbar ist. 90

Die **Gefährdung des Vollzugs- bzw Erziehungszieles** setzt eine konkrete Gefahr von einigem Gewicht und eine persönlichkeitsbezogene Prognose voraus.[247] Für den Versagungsgrund der **Gefährdung von Sicherheit oder Ordnung** reicht es dagegen nach der Rechtsprechung des BVerfG[248] aus, wenn der fragliche Gegenstand generell-abstrakt geeignet ist, die Sicherheit oder Ordnung der Anstalt zu gefährden und diese Gefährdung nur mit einem der Anstalt nicht mehr zumutbaren Kontrollaufwand ausgeschlossen werden kann.[249] Lässt sich der erforderliche Kontrollaufwand durch technische Vorkehrungen (zB Verplombung oder Versiegelung des Gerätes) auf ein leistbares Maß reduzieren, so dass dem Gefangenen der Besitz des betreffenden Gegenstandes ohne Gefahr für die Sicherheit oder Ordnung der Anstalt ermöglicht werden kann, gebietet es der Grundsatz der Verhältnismäßigkeit, diese Möglichkeit zu nutzen. Darüber hinaus können besondere Gründe in der Person des Gefangenen seinem Interesse am Besitz eines bestimmten Gegenstandes ein erhöhtes Gewicht verschaffen, das nach dem Grundsatz der Verhältnismäßigkeit etwa bei der Bestimmung des für die Anstalt zumutbaren Kontrollaufwandes zu berücksichtigen ist.[250] 91

Die Begrenzung des Besitzes von Gegenständen für die Freizeitbeschäftigung auf einen angemessenen Umfang und die gesetzlich normierten Ausschlussgründe geben der Vollzugsbehörde die Befugnis, die insoweit notwendigen Regelungen zu treffen. 92

---

242 Vgl OLG Hamm, 7.11.1989, 1 Vollz (Ws) 173/89, ZfStrVo 1990, 304.
243 OLG Celle, 28.7.1998, 1 Ws 154/98 (StrVollz), bei Matzke, NStZ 1999, 446.
244 Früher anders § 72 Abs. 1 S. 2 JStVollzG B-W aF.
245 Früher auch schon § 72 Abs. 2 JStVollzG B-W aF.
246 Früher auch schon § 72 Abs. 2 JStVollzG B-W aF.
247 Vgl AK-Feest/Boetticher § 70 Rn 14; Schwind/Böhm/Jehle/Laubenthal-Schwind/Goldberg § 70 Rn 11.
248 BVerfG, 28.2.1994, 2 BvR 2731/93, NStZ 1994, 453 = ZfStrVo 1994, 369; BVerfG, 24.3.1996, 2 BvR 222/96, NStZ-RR 1996, 252 = ZfStrVo 1997, 367; BVerfG, 31.3.2003, 2 BvR 1848/02, NStZ 2003, 621.
249 Vgl AK-Feest/Boetticher § 70 Rn 18; Schwind/Böhm/Jehle/Laubenthal-Schwind/Goldberg § 70 Rn 7; aA Laubenthal/Nestler/Neubacher/Verrel-Laubenthal Abschn. G Rn 34.
250 Vgl BVerfG, 28.2.1994, 2 BvR 2731/93, NStZ 1994, 453 = ZfStrVo 1994, 369; BVerfG, 24.3.1996, 2 BvR 222/96, NStZ-RR 1996, 252 = ZfStrVo 1997, 367; BVerfG, 31.3.2003, 2 BvR 1848/02, NStZ 2003, 621.

Für den Fall, dass Gefangene bestimmte Gegenstände schon eine Zeit lang in Besitz hatten und nachträglich Anhaltspunkte für einen Versagungsgrund auftreten, regeln § 54 Abs. 4 JVollzGB IV,[251] Art. 152 iVm Art. 72 Abs. 3 BayStVollzG, § 132 iVm § 67 Abs. 1 S. 3 NJVollzG und § 58 Abs. 3 JStVollzG NRW, dass die Vollzugsbehörde die einmal erteilte Erlaubnis **widerrufen** kann, aber nicht widerrufen muss. Im Rahmen des schon laufenden Behandlungsprozesses soll es dem Ermessen der Vollzugsbehörde überlassen bleiben, ob sie nach Abwägung aller Umstände des Einzelfalls und unter Beachtung der Grundsätze der Angemessenheit und Notwendigkeit überhaupt reagiert und welches Reaktionsmittel sie ggf als das zweckmäßigste einsetzt.[252] Kommt ein Widerruf der Erlaubnis zum Besitz von Gegenständen für die Fortbildung und Freizeitbeschäftigung in Betracht, muss die Vollzugsbehörde das verfassungsrechtliche Gebot des Vertrauensschutzes beachten.[253]

2. Rechtstatsächliche Situation

93 Ein Gefangener darf also nur Gegenstände besitzen, die ihm von der Anstalt zur Verfügung gestellt worden sind oder deren Besitz ihm von der Anstalt genehmigt worden ist.[254] In allen Gesetzen erfährt das Recht zum Besitz von Gegenständen für die Freizeitbeschäftigung eine erste Begrenzung durch den Begriff des **angemessenen Umfangs**. Strittig ist, ob bei der Bestimmung des angemessenen Umfangs auch der **Wert** eines Gegenstandes mit zu berücksichtigen ist.[255] Allein Baden-Württemberg hat den Wert eines Gegenstandes als maßgebliches Bewertungskriterium mit § 54 Abs. 1 S. 2, 2. Halbsatz JVollzGB IV[256] ausdrücklich ins Gesetz aufgenommen. Das OLG Karlsruhe[257] hat zu dem Begriff der Angemessenheit in § 70 StVollzG u.a. Folgendes ausgeführt: Bei dem Merkmal der Angemessenheit handelt es sich um einen unbestimmten Rechtsbegriff, dessen Vorliegen der vollen gerichtlichen Nachprüfung obliegt. Überschreitet der Gefangene diese Grenze, so ist es grundsätzlich nicht zu beanstanden, wenn die Anstalt nach zuvor erfolgter vergeblicher Aufforderung Gegenstände aus dem Haftraum entnimmt und so dem vorhandenen Sicherheitsbedürfnis Rechnung trägt. Zur Ausfüllung des Begriffs der Angemessenheit genügt laut OLG Karlsruhe[258] der bloße Hinweis, der Gefangene lagere „zu viel diverse Schriftstücke und andere Gegenstände in seinem Haftraum", nicht. Vielmehr bedürfe es konkreter Dar-

---

251 Früher auch schon § 72 Abs. 4 JStVollzG B-W aF.
252 Siehe dazu OLG Rostock, 9.1.1996, I Vollz (Ws) 8/95, ZfStrVo 1997, 172 = bei Matzke, NStZ 1997, 427.
253 OLG Rostock, 9.1.1996, I Vollz (Ws) 8/95, ZfStrVo 1997, 172 = bei Matzke, NStZ 1997, 427.
254 Zur wirksamen zeitlichen Beschränkung einer Erlaubnis zum Besitz von Gegenständen auf den Zeitpunkt der Verlegung des Gefangenen vgl OLG Frankfurt aM, 29.1.2009, 3 Ws 990/08 (StVollzG), NStZ-RR 2009, 359 = bei Roth, NStZ 2010, 441.
255 Nach OLG Nürnberg, 24.5.2007, 2 Ws 299/07, NStZ 2008, 345 = Forum Strafvollzug 2009, 40 (LS) = bei Roth, NStZ 2008, 682, ist im Rahmen der Angemessenheit zu prüfen, ob der Gegenstand, der in den Haftraum gelangen soll, aus Gründen sozialer Gleichbehandlung hinsichtlich seines Wertes noch in einem vertretbaren Verhältnis zu dem Besitzstand des Durchschnittsinsassen steht; ebenso OLG Hamm, 18.11.1982, 7 Vollz (Ws) 149/82, ZfStrVo 1983, 251; KG, 9.9.1983, 5 Ws 294/83 Vollz, NStZ 1984, 92; OLG Hamm, 22.10.1987, 1 Vollz (Ws) 233/87, NStZ 1988, 200 = ZfStrVo 1988, 373; Arloth § 70 Rn 2; Laubenthal, Strafvollzug, 2015, Rn 617; Laubenthal/Nestler/Neubacher/Verrel-Laubenthal Abschn. G Rn 30; Schwind/Böhm/Jehle/Laubenthal-Schwind/Goldberg § 70 Rn 5; Wertgrenze von 300 DM (ca. 150 Euro) im Strafvollzug billigend BVerfG, 30.10.2000, 2 BvR 736/00, StV 2001, 38; aA AK-Feest/Boetticher § 70 Rn 4.
256 Früher anders § 72 Abs. 1 S. 2 JStVollzG B-W aF.
257 OLG Karlsruhe, 14.1.2004, 1 Ws 392/03, NStZ-RR 2004, 189.
258 OLG Karlsruhe, 14.1.2004, 1 Ws 392/03, NStZ-RR 2004, 189.

VII. Besitz von Gegenständen für die Freizeitbeschäftigung

legungen zur Größe und Ausstattung des Haftraums und zur Frage, inwieweit durch die von der Anstalt beanstandeten Gegenstände die Übersichtlichkeit und Durchsuchbarkeit des Haftraums über das übliche Maß hinaus erschwert werden würden.

Zu der Frage, ob der Besitz, die Überlassung oder Benutzung eines Gegenstandes für die Fortbildung oder Freizeitbeschäftigung eine Gefahr für das Vollzugsziel oder die Sicherheit oder Ordnung der Anstalt darstellen, hat sich naturgemäß eine **umfangreiche Kasuistik in der Rechtsprechung** entwickelt. Hier soll nachfolgend nur exemplarisch auf einige Gegenstände hingewiesen werden: 94

- Wird ein Gefangener in sachlicher, vollständiger und juristisch vertretbarer Weise in einer **Informationsbroschüre** über seine Rechte belehrt, begründet dies allein keine zum Anhalten der Schrift berechtigende Gefahr iSv § 70 Abs. 2 Nr. 2 StVollzG. Erst wenn die Broschüre darüber hinaus eine vollzugshindernde Tendenz aufweist und insgesamt geeignet erscheint, bei dem Gefangenen eine aggressive Oppositionshaltung hervorzurufen, darf die Anstalt intervenieren.[259]

- Eine Sicherheitsgefährdung der Anstalt ist durch die Empfangnahme jedenfalls bei einem in Folie verschweißten **Versandhauskatalog** nicht erkennbar.[260]

- Die bei **Flachbildschirmfernsehgeräten** aufgrund vorhandener Multimediafunktionen bestehende abstrakte Missbrauchsmöglichkeit führt nicht zum generellen Verbot der Benutzung solcher Modelle, sondern die Justizvollzugsanstalt hat zu prüfen, ob dieser Gefahr mit den im Rahmen einer ordnungsgemäßen Aufsicht anzuwendenden Kontrollmitteln (zB durch Versiegelung bzw Verplombung) begegnet werden kann.[261]

- Ebenfalls eine abstrakt-generelle Gefährdung der Sicherheit besteht beim **Empfang von Videotext** darin, dass die von Mobilfunkanbietern betriebenen Chatrooms es ermöglichen, jederzeit und anonym von Mobiltelefonen SMS-Nachrichten direkt auf den Bildschirm eines Fernsehgerätes eines Gefangenen zu versenden.[262] Da die Benutzung von **Digital-Analog-Umwandlern** (**DVBT-Decoder** oder **Set-Top-Box**) es ermöglicht, Videotext zu empfangen und Chatrooms zu besuchen, stellen diese eine Gefahr für die Sicherheit der Anstalt dar.[263]

- Der Besitz eines **Fernsehgerätes mit Anschlüssen für externe Speichermedien** (USB- und/oder SD-Memory-Card-Anschlüssen) durch einen Gefangenen in seinem Haftraum gefährdet Sicherheit und Ordnung der Anstalt; der Gefahr eines unkontrollierten Datenaustausches kann mit zumutbarem Kontrollaufwand (zB

---

259 BVerfG, 15.12.2004, 2 BvR 2219/01, NStZ 2005, 286 = StV 2007, 317.
260 OLG Karlsruhe, 4.7.2002, 1 Ws 171/02, NStZ-RR 2002, 315.
261 OLG Karlsruhe, 25.1.2006, 1 Ws 500/04, NStZ-RR 2006, 155. Zur Berücksichtigung des Wertes bei der Genehmigung eines Flachbildschirmfernsehgerätes s. OLG Nürnberg, 24.3.2007, 2 Ws 299/07, NStZ 2008, 345 = Forum Strafvollzug 2009, 40 (LS) = bei Roth, NStZ 2008, 682.
262 OLG Frankfurt aM, 4.9.2007, 3 Ws 773/07 (StVollz), NStZ-RR 2008, 29; ebenso OLG Celle, 14.8.2001, 3 Ws 318/01 (StrVollz), NStZ 2002, 111.
263 KG, 19.4.2007, 2/5 Ws 342/06 Vollz, juris = NStZ-RR 2007, 327 (LS); ebenso KG, 25.2.2004, 5 Ws 684/03 Vollz, NStZ-RR 2004, 255; OLG Frankfurt aM, 22.11.2006, 3 Ws 1071/06 und 1072/06, n.v.; OLG Frankfurt aM, 5.4.2007, 3 Ws 162/07 (StVollz), n.v.; OLG Celle, 12.2.2009, 1 Ws 42/09, StraFo 2009, 172 = NStZ-RR 2009, 190 (LS); LG Gießen, 12.11.2009, 2 StVK-Vollz 1904/04, ZfStrVo 2006, 174. Zur Zulässigkeit der Erhebung von Nutzungsentgelten für den Anschluss digitaler Fernsehgeräte an die Satellitenanlage s. OLG Jena, 11.7.2005, 1 Ws 111/05, NStZ 2006, 697 = StV 2006, 593 m.Anm. Walter.

§ 5 Freizeit, Medien, Sport

Versiegelung oder Verplombung der Anschlüsse) seitens der Anstalt nicht begegnet werden. Sie darf die Genehmigung vom Ausbau der Anschlüsse abhängig machen.[264]

- Keine Gefahr für Sicherheit und Ordnung der Anstalt liegt in dem Betrieb eines batteriebetriebenen plombierten **Schachcomputers**,[265] eines Videospielgerätes „**Gameboy**"[266] und einer **Sony-Playstation**.[267]

- Die obergerichtliche Rechtsprechung ist sich nunmehr – soweit ersichtlich – einig, dass der **Spielkonsole „Sony Playstation 2"** eine allgemeine Gefährlichkeit für die Sicherheit der Anstalt innewohnt, der mit zumutbaren Vorkehrungen und Kontrollen nicht begegnet werden kann, so dass die Justizvollzugsanstalt ihren Besitz untersagen darf.[268] Die Sony-Playstation 2 ist hinsichtlich ihrer Möglichkeiten der **Spielkonsole „Nitendo Game Cube"**[269] vergleichbar.[270] Die **Microsoft X Box**, die die Möglichkeiten eines Missbrauchs einer Sony-Playstation 2 bei Weitem übertrifft, gefährdet daher ebenfalls die Sicherheit und Ordnung der Anstalt.[271]

- Der Besitz und die Benutzung eines einfachen **DVD-Players** (Abspielgerät ohne Aufzeichnungs- und Speicherungsfunktion) gefährden nicht die Sicherheit und Ordnung der Justizvollzugsanstalt.[272]

- Der Besitz von **DVDs mit pornografischen Inhalten** führt zu einer Gefährdung der Sicherheit und Ordnung der Anstalt; dies gilt gleichermaßen für den geschlossenen wie für den offenen Vollzug.[273] Bereits das Fehlen der „FSK 18"-Freigabe reicht als Grund aus, den Bezug einer DVD zu versagen.[274] Die Frage, ob die Überlassung von Medien mit der Kennzeichnung „FSK 18" (oder „keine Jugendfreigabe") im Hinblick auf eine generell-abstrakte Gefährdung der Sicherheit und

---

264 OLG Frankfurt aM, 19.4.2013, 3 Ws 87/13 (StVollz), NStZ-RR 2013, 325.
265 OLG Nürnberg, 26.1.1983, Ws 65/83, ZfStrVo 1983, 253.
266 OLG Koblenz, 5.11.1998, 2 Ws 588/98, bei Matzke, NStZ 1999, 446.
267 OLG Dresden, 16.9.1999, 2 Ws 637/99, NStZ-RR 2000, 222 = StV 2001, 41; vgl aber in Abgrenzung dazu OLG Nürnberg, 1.3.2002, Ws 210/02, ZfStrVo 2002, 188; s. auch BVerfG, 9.11.2001, 2 BvR 609/01, NStZ-RR 2002, 128.
268 OLG Karlsruhe, 18.1.2007, 1 Ws 203/05, StV 2007, 316 = NStZ-RR 2007, 192 (LS) = Forum Strafvollzug 2009, 40 (LS) unter Aufgabe der bisherigen Senatsrechtsprechung v. 10.3.2003, 1 Ws 230/02, StV 2003, 407 = NStZ 2003, 622 = ZfStrVo 2003, 244 m. krit. Anm. Rösch; ebenso OLG Rostock, 30.4.2002, I Vollz (Ws) 16/01 und 17/01, ZfStrVo 2003, 56; OLG Jena, 25.3.2003, 1 Ws 24/03, NStZ-RR 2003, 221 = ZfStrVo 2003, 304; OLG Brandenburg, 25.8.2003, 1 Ws (Vollz) 14/03, ZfStrVo 2004, 115; OLG Hamm, 11.11.2003, 1 Vollz (Ws) 194/03, ZfStrVo 2005, 119; OLG Frankfurt aM, 2.1.2004, 3 Ws 1384/02 (StVollz), ZfStrVo 2004, 248; KG, 8.1.2004, 5 Ws 641/03 Vollz, ZfStrVo 2004, 241; OLG Saarbrücken, 16.11.2004, Vollz 19/04, ZfStrVo 2005, 122; KG, 22.7.2005, 5 Ws 178/05 Vollz, ZfStrVo 2005, 306; OLG Frankfurt aM, 26.1.2006, 3 Ws 950/05 (StVollz), NStZ-RR 2006, 125; LG Bochum, 27.7.2004, Vollz M 960/03, NStZ-RR 2005, 124.
269 OLG Brandenburg, 26.1.2007, 2 Ws 103/06 (Vollz), Forum Strafvollzug 2009, 40 (LS) = bei Roth, NStZ 2008, 682; OLG Karlsruhe, 21.3.2007, 3 Ws 66/07, Forum Strafvollzug 2009, 40 (LS).
270 OLG Frankfurt aM, 29.1.2009, 3 Ws 990/08 (StVollzG), NStZ-RR 2009, 359 = bei Roth, NStZ 2010, 441. Zur Untersagung des Besitzes der Spielkonsole „Nitendo DS Lite" vgl OLG Celle, 13.10.2010, 1 Ws 488/10 (StrVollz), NStZ-RR 2011, 31 (LS) = Forum Strafvollzug 2011, 55 (LS).
271 OLG Frankfurt aM, 28.4.2008, 3 Ws 279/08, bei Roth, NStZ 2010, 441. Zur Aushändigung von Spielen für die Playstation 2 vgl OLG Naumburg, 17.2.2015, 1 Ws (RB) 99/14, Forum Strafvollzug 2015, 201.
272 KG, 22.8.2005, 5 Ws 283/05 Vollz, StV 2006, 259 = NStZ-RR 2006, 61 (LS); ebenso OLG Frankfurt aM, 16.3.2005, 3 Ws 1224/04 und 1225/04 (StVollz), NStZ-RR 2005, 191 = ZfStrVo 2005, 185.
273 OLG Brandenburg, 26.2.2008, 1 Ws (Vollz) 1/08, NJ 2008, 274 = NStZ-RR 2008, 262 (LS).
274 OLG Frankfurt aM, 1.4.2008, 3 Ws 72/08, NStZ 2009, 220; OLG Frankfurt aM, 21.1.2010, 3 Ws 1072/09, juris; OLG Koblenz, 15.9.2010, 5 Ws 359/10, NStZ-RR 2011, 190 (LS); OLG Koblenz, 7.1.2011, 2 Ws 531/10, NStZ 2011, 350.

Ordnung der Anstalt versagt werden darf, wird in der obergerichtlichen Rechtsprechung unterschiedlich behandelt.[275]

- Die generelle Überlassung von **Kassettenrecordern** und Tonbändern – auch zu Zwecken der Weiterbildung – ist grundsätzlich geeignet, die Sicherheit und Ordnung zu gefährden.[276]
- Ein **Taschencomputer** mit hoher Speicherkapazität soll hingegen eine Gefahr darstellen.[277]
- Gleiches gilt für eine **elektronische Speicherschreibmaschine**[278] und einen **Personalcomputer**, denen schon als Gegenstand generell und losgelöst von einem bestimmten Gefangenen eine besondere Gefährlichkeit innewohne, da er die Möglichkeit eines extensiven Informationsaustausches der Gefangenen untereinander oder mit der Außenwelt ermögliche, der von der Anstalt nicht kontrollierbar sei,[279] sowie wegen der Missbrauchsmöglichkeiten jedenfalls in einer Anstalt der Sicherheitsstufe I der Besitz eines **Notebooks**, selbst wenn dieses über kein Diskettenlaufwerk verfügt bzw das Laufwerk dauerhaft versiegelt wurde.[280]

---

275 Eine Gefährdung der Sicherheit und Ordnung bejahend: OLG Celle, 9.5.2006, 1 Ws 157/06 (StrVollz), NStZ 2006, 702 (LS); OLG Schleswig, 25.1.2008, 2 Vollz Ws 533/07, bei Roth, NStZ 2008, 682; OLG Koblenz, 7.1.2011, 2 Ws 531/10, NStZ 2011, 350; OLG Naumburg, 17.2.2015, 1 Ws (RB) 99/14, Forum Strafvollzug 2015, 201; verneinend: OLG Hamburg, 25.6.2008, 3 Vollz (Ws) 43/08, Forum Strafvollzug 2009, 43 (LS) = bei Roth, NStZ 2008, 682. Nach OLG Frankfurt aM, 16.3.2005, 3 Ws 1224/04 und 1225/04 (StVollz), NStZ-RR 2005, 191 = ZfStrVo 2005, 185; OLG Frankfurt aM, 15.3.2007, 3 Ws 44/07 (StVollz), juris; OLG Frankfurt aM, 21.1.2010, 3 Ws 1072/09, juris, kann den Gefahren für die Sicherheit und Ordnung durch – der JVA zumutbare – Maßnahmen begegnet werden, nämlich den ausschließlichen Bezug von DVDs, die von der FSK ab 18 Jahren freigegeben worden sind, über ausgewählte Versandhandelsunternehmen, die Siegelung der DVDs und deren nur zeitlich begrenzte Überlassung an den Gefangenen.
276 OLG Zweibrücken, 27.10.1980, 1 Vollz (Ws) 168/80, ZfStrVo 1981, 124; OLG München, 6.7.1983, 1 Ws 475/83, ZfStrVo 1984, 127.
277 OLG Hamm, 5.11.1989, 1 Vollz (Ws) 156/89, NStZ 1990, 304 u.a. mit der Begründung, dass Vollzugsbedienstete den Speicherinhalt nicht abrufen und kontrollieren können. Das BVerfG hat allerdings entschieden, dass diese Begründung für sich genommen verfassungsrechtlich nicht tragfähig ist, vgl BVerfG, 31.3.2003, 2 BvR 1848/02, NStZ 2003, 621.
278 OLG Hamm, 13.7.1993, 1 Vollz (Ws) 130/93, bei Bungert, NStZ 1994, 379; OLG Rostock, 9.1.1996, I Vollz (Ws) 8/95, ZfStrVo 1997, 172 = bei Matzke, NStZ 1997, 427, s. dazu nachfolgend BVerfG, 24.3.1996, 2 BvR 222/96, NStZ-RR 1996, 252 = ZfStrVo 1997, 367.
279 BVerfG, 28.2.1994, 2 BvR 2731/93, NStZ 1994, 453 = ZfStrVo 1994, 369 (betreffend Personalcomputer); BVerfG, 24.3.1996, 2 BvR 222/96, NStZ-RR 1996, 252 = ZfStrVo 1997, 367 (betreffend elektronische Schreibmaschine mit Speicher).
280 OLG Frankfurt aM, 12.2.1999, 3 Ws 1108/98, NStZ-RR 1999, 156 = bei Matzke, NStZ 2000, 466; relativierend aber OLG Celle, 12.1.1999, 1 Ws 288/98 (StrVollz), bei Matzke, NStZ 2000, 466: Versagung des Besitzes einer elektronischen Schreibmaschine mit Speicher und Diskettenlaufwerk nur, wenn keine milderen Mittel wie etwa Versiegelung des Diskettenlaufwerks in Betracht kommen; s. auch BVerfG, 31.3.2003, 2 BvR 1848/02, NStZ 2003, 621.

§ 5 Freizeit, Medien, Sport

- Videorecorder,[281] Walkman,[282] CD-Player,[283] externe Lautsprecherboxen,[284] Hörfunkgeräte mit Weckeinrichtung[285] und elektrische Schreibmaschinen[286] sollen wegen ihrer Eignung als Versteck eine Sicherheitsgefahr darstellen.
- Die Stahlsaiten einer **Gitarre** können leicht zweckentfremdet und zu einer Waffe umfunktioniert werden und dadurch grundsätzlich die Sicherheit der Anstalt gefährden.[287]

95 In der **Jugendstrafvollzugspraxis** sind bei den Gefangenen unter den Gegenständen für die Freizeitbeschäftigung eigene Fernsehgeräte am beliebtesten, gefolgt von Radiogeräten und CD-Playern. Die Kosten für die sicherheitstechnische Überprüfung von in die Justizvollzugsanstalt eingebrachten Geräten der Unterhaltungselektronik kann die Anstalt dem Gefangenen auferlegen.[288] Häufig gibt es in der Praxis vor allem Probleme hinsichtlich der Anzahl der zu besitzenden Gegenstände (Anzahl der CDs, Bücher etc.) und der Größe der Radiogeräte bzw. ob diese einen integrierten CD-Player haben dürfen. Um bei den CDs bzw DVDs den notwendigen Kontrollaufwand so gering wie möglich zu halten, dürfen diese häufig nur über den Versandhandel bezogen werden. Damit wird vermieden, dass selbst gebrannte Datenträger, die schwer von Original-Datenträgern zu unterscheiden sind und verbotene Inhalte haben können, in die Anstalten gelangen. In Berlin werden Decoder in den Haftraumen nicht zugelassen, sondern durch ein Serviceunternehmen Fernsehprogramme in das Anstaltsnetz eingespeist, die mit von diesem Serviceunternehmen gemieteten Geräten empfangen werden können. In den Gemeinschaftsfernsehräumen gibt es Decoder.

VIII. Sport
1. Bedeutung des Sports im Jugendstrafvollzug[289]

96 „Sport hat bei jungen Menschen einen hohen Freizeitwert. Er ist geeignet, Geschicklichkeit und Körperbeherrschung zu schulen und das Erlernen sozialer Regeln und

---

281 OLG Hamm, 6.10.1994, 1 Vollz (Ws) 181/94, NStZ 1995, 102 = bei Bungert, NStZ 1995, 434.
282 OLG Koblenz, 20.4.1988, 2 Vollz (Ws) 23/88, ZfStrVo 1988, 372 = bei Bungert, NStZ 1989, 426.
283 BVerfG, 28.2.1994, 2 BvR 2766/93, ZfStrVo 1994, 376; einschränkend OLG München, 28.6.1996, 3 Ws 358/96, NStZ-RR 1996, 352: Ablehnung eines Antrags auf Aushändigung eines nicht näher bestimmten CD-Players ist nur zulässig, wenn feststeht, dass sämtliche auf dem Markt befindliche Geräte eine Verplombung der Geräteverschraubung und damit der Hohlräume nicht zulassen; BGH, 14.12.1999, 5 AR (VS) 2/99, NStZ 2000, 222: keine abweichende Rspr, die Vorlage an BGH rechtfertigt. Nach dem Europäischen Gerichtshof für Menschenrechte, 22.5.2008, Nr. 20579/04, Forum Strafvollzug 2011, 52 (LS), ist das Verbot, einen CD-Player nebst CDs sowie eine Spielekonsole zu besitzen, mit der EMRK vereinbar.
284 OLG Zweibrücken, 28.2.1986, 1 Vollz (Ws) 74/85, ZfStrVo 1986, 383 (LS); OLG Hamm, 9.3.1993, 1 Vollz (Ws) 215/92, NStZ 1993, 360 = bei Bungert, NStZ 1994, 379; OLG Hamm, 24.3.1995, 1 Vollz (Ws) 226/94, NStZ 1996, 253 m.Anm. Rotthaus; s. dazu auch BVerfG, 29.10.1993, 2 BvR 672/93, NStZ 1994, 100 = StV 1994, 147 = ZfStrVo 1994, 115.
285 OLG Nürnberg, 29.7.1988, Ws 823/88, bei Bungert, NStZ 1989, 425.
286 OLG Hamm, 22.10.1987, 1 Vollz (Ws) 233/87, NStZ 1988, 200 = ZfStrVo 1988, 373; OLG Hamm, 13.7.1993, 1 Vollz (Ws) 130/93, bei Bungert, NStZ 1994, 379; OLG Rostock, 9.1.1996, I Vollz (Ws) 8/95, ZfStrVo 1997, 172 = bei Matzke, NStZ 1997, 427, s. dazu nachfolgend BVerfG, 24.3.1996, 2 BvR 222/96, NStZ-RR 1996, 252 = ZfStrVo 1997, 367.
287 OLG Schleswig, 29.7.2011, 1 Vollz Ws 275/11, Forum Strafvollzug 2012, 115 (LS).
288 OLG Brandenburg, 3.1.2005, 1 Ws (Vollz) 18/04, NStZ-RR 2005, 284 (betreffend CD-Player).
289 Zum Sport im Strafvollzug s. die umfangreichen Bibliografien von 1950 bis 1976 bei Hammerich, Soziales Engagement und wissenschaftliche Legitimierung. Zum Fall „Strafvollzugsgesetz": Resozialisierung durch Sport, 1991, S. 51 ff, sowie von 1970 bis 2005 bei KrimZ, Manche haben nur Heimspiele: Erfahrungen mit sportlichen Aktivitäten in deutschen Justizvollzugsanstalten, 2006, S. 18 ff.

sozialen Verhaltens zu fördern. Unter den besonderen Bedingungen des Freiheitsentzugs dient er zusätzlich dem notwendigen Bewegungsausgleich."[290]

Dölling[291] hat vier Gruppen von **Zielen** zusammengestellt, die üblicherweise mit sportlichen Aktivitäten im Strafvollzug verbunden werden:

- Ausgleich von Bewegungsarmut, Förderung der Gesundheit,[292] Abbau psychischer Spannungen und Steigerung des persönlichen Wohlbefindens;
- Erlernen sinnvoller Freizeitgestaltung;
- Stärkung des Selbstwertgefühls und der Belastungsfähigkeit;
- Einübung von sozialem Verhalten.

Die Ziele der zweiten bis vierten Gruppe stehen – so Dölling – in einem unmittelbaren Zusammenhang mit der Resozialisierung, da sie persönliche Voraussetzungen für ein Leben ohne Straftaten betreffen. Bei den Zielen der ersten Gruppe geht es zunächst darum, den negativen Folgen des Freiheitsentzuges entgegenzuwirken und den Vollzug subjektiv erträglicher zu gestalten. Darüber hinaus besteht auch bei diesen Zielen ein Zusammenhang mit der Resozialisierung, weil die Verhinderung oder zumindest Begrenzung schädlicher Vollzugsfolgen eine Voraussetzung für die positive Resozialisierungsarbeit darstellt und körperlich-seelisches Wohlbefinden die Ansprechbarkeit für Resozialisierungsmaßnahmen verbessern dürfte.[293]

Ergänzt werden müssen hier weitere (Teil-)Funktionen des Sports im Strafvollzug:

- die positive Wirkung auf das Anstaltsklima;[294]
- die antizipatorische und zeitstrukturierende Funktion des Sports;
- Erlernen des Umgangs mit Erfolg und Misserfolg;[295]
- Diagnostik und gezielte Behandlung von Persönlichkeitsdefiziten[296] bzw. gezielte Persönlichkeitsförderung.[297]

Dölling[298] konstatiert weiterhin, dass es ein hohes Maß an Plausibilität für die **resozialisierende Wirkung des Sports** gibt, aber ein empirischer Nachweis dafür bislang fehlt, da in der Literatur überwiegend lediglich Erfahrungsberichte über einzelne Maßnahmen vorliegen oder die empirischen Daten nur über sehr kurze Zeiträume erhoben wurden. Allerdings teilt der Sport diesen nicht vorhandenen Nachweis seiner

---

290 Bundesminister der Justiz (Hrsg.), Schlußbericht der Jugendstrafvollzugskommission, 1980, S. 37.
291 Dölling in: Sport im Strafvollzug, hrsg. von Nickolai/Rieder/Walter, 1992, S. 67, 69.
292 Zur Gesundheitsförderung durch Sport s. Schröder, Forum Strafvollzug 2008, 130 ff.
293 Dölling in: Sport im Strafvollzug, hrsg. von Nickolai/Rieder/Walter, 1992, S. 67, 69.
294 KrimZ, Manche haben nur Heimspiele: Erfahrungen mit sportlichen Aktivitäten in deutschen Justizvollzugsanstalten, 2006, S. 8 mwN.
295 Siehe dazu zB Abgeordnetenhaus Berlin Drucks. 16/0677 v. 26.6.2007 S. 116.
296 Vgl jeweils § 39 S. 2 JStVollzG Bln/BremJStVollzG/JStVollzG M-V/SJStVollzG/JStVollzG SH (früher auch jeweils § 39 S. 2. BbgJStVollzG aF/ThürJStVollzG aF). § 39 S. 2 LJStVollzG RP aF schrieb darüber hinaus diese Funktion auch der Kultur zu (s. dazu Fn 314).
297 Vgl § 30 S. 2 HessJStVollzG.
298 Dölling in: Sport im Strafvollzug, hrsg. von Nickolai/Rieder/Walter, 1992, S. 67, 71, 73. Der Forschungsstand hat sich bislang nicht verbessert; vgl KrimZ, Manche haben nur Heimspiele: Erfahrungen mit sportlichen Aktivitäten in deutschen Justizvollzugsanstalten, 2006, S. 6.

§ 5 Freizeit, Medien, Sport

resozialisierungsfördernden Wirkung mit anderen stationären und ambulanten Maßnahmen.[299]

100 Rechtstatsächlich wird relativ viel Geld für den Sport im Strafvollzug ausgegeben (zB Sportplätze, Sporthallen, Sportlehrer und Sportbeamte), obwohl nur ein relativ kleiner Teil der Gefangenen diese Angebote nutzt. Man kommt damit zwar auf beachtliche Teilnehmerzahlen, aber es sind immer die gleichen Gefangenen, die alle Möglichkeiten nutzen. Dies erfolgt alles vor dem Hintergrund des fehlenden wissenschaftlichen Beweises für die Wirksamkeit des Sports im Hinblick auf eine künftige Straffreiheit.

101 **Warum dennoch Sport?**[300] Ob Sport für den Resozialisierungsgrundsatz förderlich ist, bleibt wohl unbewiesen. Das Gleiche gilt für den Gegenwirkungsgrundsatz. Ob Sport hilfreich ist, den schädlichen Wirkungen des Vollzuges gegenzusteuern, ist genauso unbewiesen, insbesondere wenn man berücksichtigt, dass die Mehrzahl der Gefangenen „sportabstinent" ist. Nur unter dem Angleichungsgrundsatz ist Sport, genauso wie kulturelle Veranstaltungen, zu rechtfertigen. In der Auffassung der Gesellschaft genießt der Sport eine hohe Akzeptanz. Gefangene können unter diesem Grundsatz also nicht vom Sport ausgeschlossen werden, nur weil es nicht bewiesen ist, dass Sport resozialisierungsförderlich ist. Und vor allem international gesehen, ist in vielen schlecht organisierten Strafvollzugssystemen Sport manchmal das einzige Angebot, das es überhaupt gibt. „Besser als gar nichts" wäre dann das Motto, allerdings gilt dies auch eingedenk der Gefahr subkultureller Verfestigungen durch eine überzogene Beschäftigung mit dem eigenen Körper (zB Kraftsport zum „Muskelaufbau"). Therapeutisch gesehen kann man insoweit auch von einer „Abpanzerung der Seele" durch ausschließliche Konzentration auf den Muskelaufbau als psychologische Abwehrform sprechen.

102 Fazit: „Der Wert des Sports im Strafvollzug hängt nicht allein vom empirischen Nachweis seiner resozialisierenden Wirkung ab. Auch wenn sich seine Wirkung darauf beschränken sollte, das Leben im Vollzug erträglicher zu gestalten, ein Stück mehr ‚Normalität' in die Anstalt hineinzubringen und schädliche Folgen des Vollzugs zu mindern, kommt ihm erhebliche Bedeutung zu."[301]

2. Rechtsgrundlagen

103

Länder	Sport
Baden-Württemberg	Buch 4 § 53 Allgemeines [...] (3) Jugendgemäße Angebote zur sportlichen Betätigung, insbesondere während des Aufenthalts im Freien sind vorzuhalten, um den jungen Gefangenen eine sportliche Betätigung von mindestens zwei Stunden wö-

---

299 Dölling in: Sport im Strafvollzug, hrsg. von Nickolai/Rieder/Walter, 1992, S. 67, 73.
300 Zur Existenzberechtigung von Sport im Justizvollzug s. Schröder, Forum Strafvollzug 2015, 140 ff.
301 Dölling in: Sport im Strafvollzug, hrsg. von Nickolai/Rieder/Walter, 1992, S. 67, 74.

VIII. Sport

Länder	Sport
	chentlich zu ermöglichen. Die jungen Gefangenen sind zur Teilnahme am Sport zu motivieren und sportpädagogisch anzuleiten.
Bayern	**Art. 153 Sport** (1) Der sportlichen Betätigung kommt im Jugendstrafvollzug besondere Bedeutung zu. Hierfür sind ausreichende Angebote vorzuhalten. (2) Junge Gefangene sind, soweit sie dazu körperlich in der Lage sind, zur Teilnahme an Sportveranstaltungen anzuhalten. (3) Insbesondere während des Aufenthalts im Freien (Art. 151 Abs. 4) ist den jungen Gefangenen Gelegenheit zur sportlichen Betätigung zu geben.
Berlin, Bremen, Mecklenburg-Vorpommern, Saarland, Schleswig-Holstein	**§ 39 Sport** Dem Sport kommt bei der Erreichung des Vollzugsziels besondere Bedeutung zu. Er kann neben der sinnvollen Freizeitgestaltung auch zur Diagnostik und gezielten Behandlung eingesetzt werden. Es sind ausreichende und geeignete Angebote vorzuhalten, um den Gefangenen eine sportliche Betätigung von mindestens zwei Stunden wöchentlich zu ermöglichen.
Brandenburg	**§ 65 Freizeit** (1) Zur Ausgestaltung der Freizeit hat die Anstalt insbesondere Angebote zur sportlichen und kulturellen Betätigung und Bildungsangebote vorzuhalten. Die Anstalt stellt eine angemessen ausgestattete Mediathek zur Verfügung. (2) Dem Sport kommt bei der Gestaltung des Vollzugs der Jugendstrafe und der Untersuchungshaft an jungen Untersuchungsgefangenen besondere Bedeutung zu. Für die jungen Gefangenen sind ausreichende und geeignete Angebote vorzuhalten, um ihnen eine sportliche Betätigung von mindestens vier Stunden wöchentlich zu ermöglichen. (3) Im Vollzug der Jugendstrafe dient der Sport auch der Erreichung des Vollzugsziels und kann zur Diagnostik und gezielten Behandlung eingesetzt werden.
Hamburg	**§ 50 Allgemeines** [...] (3) Sportlicher Betätigung kommt bei der Erreichung des Vollzugsziels eine besondere Bedeutung zu. Es sind ausreichende und geeignete Angebote vorzuhalten, um den Gefangenen eine sportliche Betätigung von mindestens zwei Stunden wöchentlich zu ermöglichen.
Hessen	**§ 30 Sport** Der sportlichen Betätigung kommt im Jugendstrafvollzug besondere Bedeutung zu. Sie kann neben der sinnvollen Freizeitgestaltung auch zur gezielten Persönlichkeitsförderung eingesetzt werden. Hierfür sind ausreichende Maßnahmen vorzuhalten, die den Gefangenen zumindest die Teilnahme an Sporteinheiten von insgesamt zwei Stunden Dauer wöchentlich ermöglichen. Sportmöglichkeiten im Rahmen der Freistunde nach § 23 Abs. 4 bleiben davon unberührt.
Niedersachsen	**§ 128 Freizeit, Sport** (1) Die Vollzugsbehörde hat für ein ausreichendes Freizeit- und Sportangebot zu sorgen. [...] (3) Dem Sport kommt im Jugendstrafvollzug besondere Bedeutung zu. Die oder der Gefangene erhält Gelegenheit, das Sportangebot zu nutzen. Ihre oder seine Bereitschaft hierzu ist zu wecken und zu fördern.

§ 5 Freizeit, Medien, Sport

Länder	Sport
Nordrhein-Westfalen	**§ 54 Sport** Der sportlichen Betätigung kommt besondere Bedeutung zu. Es sind ausreichende und namentlich unter freizeitpädagogischen Aspekten gezielte Sportangebote vorzuhalten, und zwar auch an den Wochenenden und Feiertagen. Den Gefangenen ist mindestens drei Stunden wöchentlich eine Teilnahme an diesen Angeboten zu ermöglichen.
Rheinland-Pfalz	**§ 64 Freizeit** (1) Zur Ausgestaltung der Freizeit hat die Anstalt insbesondere Angebote zur sportlichen und kulturellen Betätigung sowie Bildungsangebote vorzuhalten. Auch an Wochenenden und gesetzlichen Feiertagen sind geeignete Angebote bereitzustellen. Die Anstalt stellt eine angemessen ausgestattete Mediathek zur Verfügung. (2) Dem Sport kommt bei der Gestaltung des Vollzugs der Jugendstrafe und der Untersuchungshaft an jungen Untersuchungsgefangenen besondere Bedeutung zu. Für die jungen Gefangenen sind ausreichende und geeignete Angebote vorzuhalten, um ihnen eine sportliche Betätigung von mindestens zwei Stunden wöchentlich zu ermöglichen. (3) Im Vollzug der Jugendstrafe dient der Sport auch der Erreichung des Vollzugsziels und kann zur Diagnostik und gezielten Behandlung eingesetzt werden.
Sachsen	**§ 39 Sport** Es sind ausreichende und geeignete Angebote vorzuhalten, um den Gefangenen eine sportliche Betätigung von mindestens vier Stunden wöchentlich zu ermöglichen.
Sachsen-Anhalt	**§ 63 Freizeit** (1) Zur Ausgestaltung der Freizeit hat die Anstalt insbesondere Angebote zur sportlichen und kulturellen Betätigung sowie Bildungsangebote vorzuhalten. Die Anstalt stellt eine angemessen ausgestattete Mediathek zur Verfügung. (2) Dem Sport kommt bei der Gestaltung des Vollzugs der Jugendstrafe und der Untersuchungshaft an jungen Untersuchungsgefangenen besondere Bedeutung zu. Für den jungen Gefangenen sind ausreichende und geeignete Angebote vorzuhalten, um ihm eine sportliche Betätigung von mindestens zwei Stunden wöchentlich zu ermöglichen. (3) Im Vollzug der Jugendstrafe dient der Sport auch der Erreichung des Vollzugsziels und kann zur Diagnostik und gezielten Behandlung eingesetzt werden. (4) Der Gefangene ist zur Teilnahme und Mitwirkung an Angeboten der Freizeitgestaltung zu motivieren und anzuleiten.
Thüringen	**§ 65 Freizeit** (1) Zur Ausgestaltung der Freizeit hat die Anstalt insbesondere Angebote zur sportlichen und kulturellen Betätigung und Bildungsangebote vorzuhalten. Die Anstalt stellt eine angemessen ausgestattete Bücherei zur Verfügung. (2) Dem Sport kommt bei der Gestaltung des Vollzugs der Jugendstrafe und der Untersuchungshaft an jungen Untersuchungsgefangenen besondere Bedeutung zu. Für die jungen Gefangenen sind ausreichende und geeignete Angebote vorzuhalten, um ihnen eine sportliche Betätigung von mindestens zwei Stunden wöchentlich zu ermöglichen.

Länder	Sport
	(3) Im Vollzug der Jugendstrafe dient der Sport auch der Erreichung des Vollzugsziels und kann zur Diagnostik und gezielten Behandlung eingesetzt werden.
	(4) Die Gefangenen sind zur Teilnahme und Mitwirkung an Angeboten der Freizeitgestaltung zu motivieren und anzuleiten.

104 Sport ist seit vielen Jahren fester Bestandteil der Vollzugsgestaltung. Daher wurde schon seit Langem eine eigenständige rechtliche Regelung des Sports im Strafvollzug gefordert.[302]

105 Im **StVollzG** (siehe dazu Rn 7) finden sich Regelungen zum Sport unter dem Titel „Freizeit". Das StVollzG gibt dem Sport kein eigenes Gewicht, sondern behandelt ihn als eine von mehreren Formen der Freizeitgestaltung. § 67 StVollzG lautet: „Der Gefangene erhält Gelegenheit, sich in seiner Freizeit zu beschäftigen. Er soll Gelegenheit erhalten, am Unterricht einschließlich Sport, an Fernunterricht, Lehrgängen und sonstigen Veranstaltungen der Weiterbildung, an Freizeitgruppen, Gruppengesprächen sowie an Sportveranstaltungen teilzunehmen und eine Bücherei zu benutzen."

106 Anders als das StVollzG hob die vor dem Inkrafttreten der Ländergesetze zum Jugendstrafvollzug für die Gestaltung des Jugendstrafvollzugs grundlegende Norm des § 91 Abs. 2 JGG aF den Sport als eigenständiges Erziehungselement gegenüber Unterricht und Freizeitgestaltung hervor. § 91 Abs. 2 S. 1 JGG aF[303] lautet: „Ordnung, Arbeit, Unterricht, Leibesübungen und sinnvolle Beschäftigung in der freien Zeit sind die Grundlagen dieser Erziehung." „Leibesübungen" wurden hier also immerhin als eine der Grundlagen der Erziehung bezeichnet, die den Straffälligen dazu bringen soll, künftig einen rechtschaffenen und verantwortungsbewussten Lebenswandel zu führen. Der Sport ist im Jugendstrafvollzug daher grundsätzlich als Erziehungsmittel anerkannt.[304] Für eine Unterordnung des Sports unter andere Behandlungselemente gibt es keine Anhaltspunkte.

107 Angaben zur Teilnahme an Sport und Freizeit sind im Jugendstrafvollzug schon nach Nr. 3 Abs. 2 Ziff. 8 VVJug obligatorischer **Bestandteil des Vollzugsplans** gewesen. Lediglich Baden-Württemberg[305] hat von Angaben zur Freizeitbetätigung bei den Mindestvoraussetzungen des Erziehungsplans abgesehen. In den übrigen Ländergesetzen (siehe zu den einzelnen Regelungen Rn 10 ff) muss der Vollzugs-, Erziehungs- bzw Förderplan Angaben zur Teilnahme an Sport- und Freizeitangeboten enthalten.[306] Allein in Hamburg findet sich zudem die Regelung, dass die Angaben im Vollzugsplan in Grundzügen zu begründen sind.[307]

108 Nachdem nun auch das BVerfG in seinem Urteil vom 31.5.2006[308] im Hinblick auf die physischen und psychischen Besonderheiten des Jugendalters einen speziellen Re-

---

302 Siehe dazu zB Rössner in: FS für Böhm, 1999, S. 453, 457 f.
303 § 91 JGG wurde durch das am 1.1.2008 in Kraft getretene 2. ÄndG v. 13.12.2007 (BGBl. I, 2894) geändert.
304 Vgl Rössner in: FS für Böhm, 1999, S. 453, 458.
305 Vgl § 5 JVollzGB IV (früher auch schon § 25 JStVollzG B-W aF).
306 In Bayern wurde dies nicht ausdrücklich normiert (s. dazu Rn 11); zum Vollzugsplan s. § 2 Rn 9 ff.
307 Vgl § 8 Abs. 2 S. 2 HmbJStVollzG (früher auch schon § 8 Abs. 2 S. 2 HmbStVollzG aF).
308 BVerfG, 31.5.2006, 2 BvR 1673/04 und 2402/04, BVerfGE 116, 69, 87.

gelungsbedarf u.a. in Bezug auf körperliche Bewegung gesehen hat, wird dem in den Ländergesetzen nun überwiegend Rechnung getragen. Die Regelungen zum Sport sind wie im StVollzG im Bereich der Freizeit angesiedelt. Die meisten[309] Gesetze werden der herausragenden Rolle des Sports durch die Schaffung einer eigenen Bestimmung gerecht. Darüber hinaus ist überwiegend[310] ausdrücklich festgeschrieben, dass dem Sport im Jugendstrafvollzug **besondere Bedeutung** zukommt.

109 Der Sport wird zum einen in Bayern, Hessen, Nordrhein-Westfalen und Sachsen in **eigenständigen Paragrafen** geregelt. Zum anderen regeln fünf Bundesländer (Berlin, Bremen, Mecklenburg-Vorpommern, Saarland und Schleswig-Holstein)[311] jeweils in § 39 eigenständig den Sport. Dort heißt es: „Dem Sport kommt bei der Erreichung des Vollzugsziels besondere Bedeutung zu. Er kann neben der sinnvollen Freizeitgestaltung auch zur Diagnostik und gezielten Behandlung eingesetzt werden. Es sind ausreichende und geeignete Angebote vorzuhalten, um den Gefangenen eine sportliche Betätigung von mindestens zwei Stunden wöchentlich zu ermöglichen." Die neuen Regelungen in Brandenburg, Rheinland-Pfalz, Sachsen-Anhalt und Thüringen sehen vor, dass im Vollzug der Jugendstrafe der Sport auch der Erreichung des Vollzugsziels dient und zur Diagnostik und gezielten Behandlung eingesetzt werden kann.[312] § 39 S. 2 LJStVollzG RP aF sah nicht nur vor, den Sport, sondern auch die Kultur neben der sinnvollen Freizeitgestaltung auch zur Diagnostik und gezielten Behandlung einzusetzen. § 30 S. 2 HessJStVollzG regelt, dass die sportliche Betätigung neben der sinnvollen Freizeitgestaltung auch zur gezielten Persönlichkeitsförderung eingesetzt werden kann.

110 In allen Ländergesetzen zum Jugendstrafvollzug ist vorgeschrieben, dass **Angebote zur sportlichen Betätigung vorzuhalten** sind. § 53 Abs. 3 S. 1 JVollzGB IV[313] verpflichtet die Anstalt zu jugendgemäßen Angeboten zur sportlichen Betätigung. Nach § 54 S. 2 JStVollzG NRW sind „ausreichende und namentlich unter freizeitpädagogischen Aspekten gezielte Sportangebote vorzuhalten, und zwar auch an den Wochenenden und Feiertagen".

111 Abweichend und bemerkenswert war früher die Regelung in § 39 S. 3 LJStVollzG RP aF.[314] Dort war die Schaffung von ausreichenden und geeigneten Angeboten vorgeschrieben, um den Gefangenen eine sportliche oder kulturelle Betätigung von mindestens zwei Stunden pro Woche zu ermöglichen. Inzwischen sieht Rheinland-Pfalz leider wie auch die anderen Bundesländer, wenn sie eine Regelung zur Mindeststundenanzahl für Freizeitangebote überhaupt treffen, lediglich eine **Mindeststundenanzahl**

---

309 Ausnahmen: Baden-Württemberg, Hamburg, Niedersachsen und nunmehr auch Brandenburg, Rheinland-Pfalz, Sachsen-Anhalt und Thüringen. Brandenburg, Sachsen-Anhalt und Thüringen hatten früher den Sport in einem eigenständigen Paragrafen, Rheinland-Pfalz Sport und Kultur zusammen (s. dazu Fn 314) in einem eigenständigen Paragrafen geregelt.
310 Ausnahmen: Baden-Württemberg und Sachsen (früher auch Sachsen-Anhalt).
311 Früher auch Brandenburg und Thüringen.
312 Vgl jeweils § 65 Abs. 3 BbgJVollzG/ThürJVollzG; § 64 Abs. 3 LJVollzG RP; § 63 Abs. 3 JVollzGB LSA.
313 Früher auch schon § 71 Abs. 3 JStVollzG B-W aF.
314 § 39 JStVollzG RP aF lautet: „Dem Sport und der Kultur wie der Malerei, dem kreativen Schaffen, dem Schreiben und der Musik kommen bei der Erreichung des Vollzugsziels besondere Bedeutung zu. Sie können neben der sinnvollen Freizeitgestaltung auch zur Diagnostik und gezielten Behandlung eingesetzt werden. Es sind ausreichende und geeignete Angebote vorzuhalten, um den Gefangenen eine sportliche oder kulturelle Betätigung von mindestens zwei Stunden wöchentlich zu ermöglichen."

für den Sport vor. In den meisten Bundesländern haben die Gefangenen einen Anspruch auf sportliche Betätigung von mindestens zwei Stunden pro Woche, in Nordrhein-Westfalen mindestens drei Stunden pro Woche sowie in Sachsen und neuerdings auch in Brandenburg[315] sogar mindestens vier Stunden pro Woche. Bayern und Niedersachsen[316] haben keine Mindestdauer von Sporteinheiten festgelegt, sondern normieren lediglich allgemein, dass der sportlichen Betätigung im Jugendstrafvollzug eine besondere Bedeutung zukommt und hierfür ausreichende[317] Angebote vorzuhalten sind.

Nach § 53 Abs. 3 S. 2 JVollzGB IV[318] sind die Gefangenen zur Teilnahme am Sport zu motivieren und sportpädagogisch anzuleiten. Gem. § 63 Abs. 4 JVollzGB LSA und § 65 Abs. 4 ThürJVollzGB sind die Gefangenen zur Teilnahme an Angeboten der Freizeitgestaltung, dh auch zur Teilnahme am Sport, da der Sport in der Freizeitnorm mitgeregelt wird, zu motivieren und anzuleiten. Nach § 128 Abs. 3 S. 2 und S. 3 NJVollzG sollen die Gefangenen nicht nur Gelegenheit erhalten, das Sportangebot zu nutzen, sondern ihre Bereitschaft hierzu soll geweckt und gefördert werden. Gem. Art. 153 Abs. 2 BayStVollzG sind die jungen Gefangenen, soweit sie dazu körperlich in der Lage sind, zur Teilnahme an Sportveranstaltungen anzuhalten. In den übrigen Bundesländern ist geregelt, dass eine sportliche Betätigung lediglich zu ermöglichen ist. **112**

3. Rechtstatsächliche Situation

Die **Rechtsprechung** hat in Bezug auf Sport u.a. zu folgenden Punkten Stellung genommen: **113**

- Zulassung der Teilnahme an einer Sportveranstaltung in einer anderen JVA des Landes;[319]
- Zulässigkeit der Erhebung von Nutzungsentgelten für die Benutzung eines Kraftsportraumes im Strafvollzug;[320]
- Amtshaftung wegen Verweigerung von Kraftsporttraining im Strafvollzug;[321]
- Kosten für die Teilnahme an einem Sportfest.[322]

Die Sportangebote in der **Jugendstrafvollzugspraxis** sind vielfältig. Sie beziehen die Bereiche Freizeit, Wettkampf sowie zielgruppenorientierten[323] und therapeutischen Sport mit ein. Die Angebote umfassen Kraftsport,[324] Fußball[325] und Tischtennis als **114**

---

315 Vgl § 65 Abs. 2 S. 2 BbgJVollzG (früher anders § 39 S. 3 BbgJStVollzG aF).
316 Früher auch Hamburg.
317 § 50 Abs. 3 S. 2 HmbJStVollzG (früher auch schon § 53 Abs. 2 S. 3 HmbStVollzG aF) spricht von ausreichenden und geeigneten Angeboten.
318 Früher auch schon § 71 Abs. 3 S. 2 JStVollzG B-W aF.
319 OLG Karlsruhe, 4.7.2002, 1 Ws 171/02, NStZ-RR 2002, 315.
320 OLG Jena, 11.7.2005, 1 Ws 111/05, NStZ 2006, 697 = StV 2006, 593 m.Anm. Walter.
321 OLG Naumburg, 11.6.2013, 10 W 2/13, juris = NStZ-RR 2014, 124 (LS).
322 OLG Koblenz, 19.9.2013, 2 Ws 483/13 (Vollz), NStZ-RR 2014, 191 = Forum Strafvollzug 2015, 63 (LS) (s. dazu Rn 130).
323 Siehe dazu zB Wolf in: Sport im Strafvollzug, hrsg. von Nickolai/Rieder/Walter, 1992, S. 60 ff.
324 Siehe dazu zB Hoster, ZfStrVo 1970, 225 ff; Nass, Forum Strafvollzug 2015, 154 f; vgl krit. dazu Schröder, ZfStrVo 2001, 21 ff; Dannebaum, Forum Strafvollzug 2015, 155 f.
325 Siehe dazu zB Schumann, Forum Strafvollzug 2013, 48 f; Wrzesinski, Forum Strafvollzug 2015, 146 ff; Rohr, Forum Strafvollzug 2015, 150 ff.

die charakteristischsten Sportarten, aber auch Volleyball, Handball und Leichtathletik. Moderne Sportentwicklungen wie Laufen, Streetball, Beachvolleyball, Gesundheitssport[326] und Fitnesstraining sowie teilweise wohl auch Boxen[327] kommen hinzu.

115 Die **Motive der Gefangenen**, Sport zu treiben, sind oft vielfältig. Die Gesundheit zu verbessern ist nur ein mögliches Motiv, es kann auch einfach nur um Geselligkeit, Anerkennung, Dokumentieren eines bestimmten „Lifestyles"[328] oder um die Darstellung vermeintlicher männlicher, körperlicher Überlegenheit (Bodybuilding) gehen.

116 Die meisten Anstalten verfügen über gute **Sportanlagen**. Die Sportangebote werden von ausgebildeten Übungsleitern und teilweise auch von Sportlehrern durchgeführt. Die Übungsleiter sind Vollzugsbedienstete, die je nach Größe der Anstalt vollständig oder teilweise als sog. Sport- und Freizeitbeamte tätig sind.

117 Während einige Anstalten den Sport vollständig in Eigenregie durchführen, haben andere einen **Anstaltssportverein** gegründet, der dann auch Mitglied im Landessportbund ist. Eine andere Möglichkeit ist die Kooperation mit einem Verein am Ort auf Patenschaftsebene.[329] Dieser nimmt dann mit den Anstaltsmannschaften auch am regulären Spielbetrieb in den Ligen der jeweiligen Sportfachverbände teil, meist mit der Sonderregelung, dass diese Mannschaften ihre Pflichtspiele immer als Heimspiele austragen dürfen.[330] Die Gefangenen sind dann Mitglieder im Anstaltssportverein und müssen auch einen meist geringen Mitgliedsbeitrag zahlen. Die Landessportbünde bieten dafür auch für die Anstaltssportvereine die Übungsleiter-, Trainer- und Schiedsrichterausbildungen sowie Fortbildungen an.

118 Typisch ist auch die Durchführung von **Sportfesten** und Sportturnieren, die regelmäßig in allen Jugendstrafanstalten zumindest einmal jährlich stattfinden. Neben der Durchführung eines traditionellen Sportbetriebs gibt es immer wieder einmalige und eher ungewöhnliche Sportprojekte, die teilweise auch der Abenteuer- und Erlebnispädagogik zuzurechnen sind (zB Segeltörns, Kanufahrten, Klettertouren,[331] Radrennsport,[332] Motorrad-Trial im Knast,[333] Skifreizeiten,[334] Teilnahme an Marathonläufen). Aus den Erfahrungsberichten zu solchen, manchmal einmaligen Maßnahmen kann als wichtiges Element herauskristallisiert werden, dass dabei die Teilnehmer sehr stark mit in die Planung einbezogen wurden. Darüber hinaus wird festgestellt, dass es für die Teilnehmer immer wichtig war, ihre unrealistischen Größenfantasien durch das Erleben in der Realität zu überprüfen.

119 Im Strafvollzug engagieren sich auch **Stiftungen**, insbesondere die Sepp-Herberger-Stiftung.[335] Sie animiert berühmte Fußballspieler, Justizvollzugsanstalten zu besu-

---

326 Zur Gesundheitsförderung durch Sport s. Schröder, Forum Strafvollzug 2008, 130 ff.
327 Siehe dazu zB Bauer, Forum Strafvollzug 2015, 153 f.
328 Siehe dazu ausführlich Böhnke (Sport, Delinquenz und Lebensstil, 1992), der darauf hinweist, dass verschiedene Lebensstile Art, Umfang und Motive sportlicher Betätigung bestimmen und dies bei der Sportplanung im Strafvollzug zu berücksichtigen sei.
329 Vgl Behnke, ZfStrVo 1980, 25, 28.
330 Vgl Schröder, ZfStrVo 1997, 143, 147; s. dazu aber auch Gerken, ZfStrVo 1990, 33.
331 Siehe dazu zB Weiß, ZfStrVo 1992, 177 f.
332 Siehe dazu zB Weiß, ZfStrVo 1988, 211 f.
333 Siehe dazu zB Thielicke/Winter, ZfStrVo 1991, 229 ff.
334 Siehe dazu zB Kofler/Wulf, ZfStrVo 1992, 358 ff.
335 Weitere Informationen sind abrufbar unter http://sepp-herberger.de (Stand der Abfrage: 21.2.2016).

chen, um Gespräche mit Gefangenen zu führen. Außerdem unterstützt die Stiftung die Ausbildung von Trainern, Übungsleitern und die Anschaffung von technischen Geräten für den Fußballsport in den Anstalten. Das Projekt „Anstoß für ein neues Leben"[336] steht unter dem Motto: „Mit Fußball zurück in die Gesellschaft". Dabei handelt es sich um eine bundesweit einzigartige Initiative der Sepp-Herberger-Stiftung zur Resozialisierung jugendlicher Strafgefangener. Es wurde von April bis September 2011 in den sechs Jugendstrafanstalten Nordrhein-Westfalens in Heinsberg, Herford, Hövelhof, Siegburg, Köln und Iserlohn erprobt und nach der Pilotphase auf weitere Bundesländer ausgedehnt. Derzeit beteiligen sich am Projekt „Anstoß für ein neues Leben" die folgenden Justizvollzugsanstalten (JVA) und Jugend(straf)anstalten (JA bzw JSA):[337]

Baden-Württemberg: JVA Adelsheim;

Bayern: JVA Laufen-Lebenau, JVA Neuburg-Herrenwörth;

Berlin: JSA Berlin;

Mecklenburg-Vorpommern: JA Neustrelitz;

Niedersachsen: JA Hameln, JA Göttingen, JVA Vechta;

Nordrhein-Westfalen: JVA Heinsberg, JVA Herford, JVA Hövelhof, JVA Köln (Frauen), JVA Wuppertal-Ronsdorf;

Rheinland-Pfalz: JSA Schifferstadt, JSA Wittlich, JVA Zweibrücken (Männer- und Frauen-Teams);

Sachsen: JSA Regis-Breitingen;

Schleswig-Holstein: JA Schleswig.

Für den Sport im **Frauenvollzug** ist in der Praxis die besondere Situation von jungen Frauen zu berücksichtigen. Insbesondere deren physische Verfassung und die häufig negative Körpererfahrung, aber auch zB die ethnisch-religiösen Hintergründe müssen bei der Erstellung von Sportkonzepten, bei der Planung wie Durchführung der Sportstunden beachtet werden.[338] Konzepte, die mit männlichen jungen Gefangenen erfolgversprechend sind, können nicht ohne Weiteres übertragen werden. Eine weitere Spezifik des Sports im Frauenvollzug sind Schwangerschaftsgymnastik und Mutter-Kind-Gruppen.[339]

Doch die Wirklichkeit in den Anstalten zeigt auch: „**Sport fällt im Knast genauso oft aus wie in der Schule**".[340] Der Grund dafür ist oftmals vorherrschender Personalmangel.

---

336 Siehe dazu zB Schumann, Forum Strafvollzug 2013, 48 f; Wrzesinski, Forum Strafvollzug 2015, 146 ff; Rohr, Forum Strafvollzug 2015, 150 ff. Weitere Informationen sind abrufbar unter http://sepp-herberger.de/resozialisierung/ (Stand der Abfrage: 21.2.2016).
337 Vgl unter http://sepp-herberger.de/resozialisierung/ (Stand der Abfrage: 21.2.2016).
338 Tolksdorf/Wischnewski in: Sport im Strafvollzug, hrsg. von Nickolai/Rieder/Walter, 1992, S. 45, 53, 58.
339 Vgl dazu KrimZ, Manche haben nur Heimspiele: Erfahrungen mit sportlichen Aktivitäten in deutschen Justizvollzugsanstalten, 2006, S. 55 f.
340 Haselbauer, „Sport fällt im Knast genauso oft aus wie in der Schule", FAZ v. 4.7.2007, S. 30 = Forum Strafvollzug 2007, 196 f.

§ 6 Religionsausübung

Spezielle Literatur: *Badura, P.*, Der Schutz von Religion und Weltanschauung durch das Grundgesetz: Verfassungsfragen zur Existenz und Tätigkeit der neuen „Jugendreligionen", Tübingen 1989; *Campenhausen, A. von/Wall, H de*, Staatskirchenrecht, 4. Aufl., München 2006; *Kerner, H.-J./Stroezel, H./Wegel, M.*, Erziehung, Religion und Werteorientierungen bei jungen Gefangenen, in: ZJJ 2003, S. 233–240; *Listl, J./Pirson, D.* (Hrsg.), Handbuch des Staatskirchenrechts der Bundesrepublik Deutschland, Erster Band, 2. Aufl., Berlin 1994 (zit. als HStKiR I); *Listl, J./Pirson, D.* (Hrsg.), Handbuch des Staatskirchenrechts der Bundesrepublik Deutschland, Zweiter Band, 2. Aufl., Berlin 1995 (zit. als HStKiR II); *Sahlfeld, K.*, Aspekte der Religionsfreiheit im Lichte der Rechtsprechung der EMRK-Organe, des UNO-Menschenrechtsausschusses und nationaler Gerichte, Zürich u.a. 2004; *Vosgerau, U.*, Freiheit des Glaubens und Systematik des Grundgesetzes. Zum Gewährleistungsvorbehalt schrankenvorbehaltsloser Grundrechte am Beispiel der Glaubens- und Gewissensfreiheit, Berlin 2007; *Vyver, J. van der/Witte, J.* (Hrsg.), Religious Human Rights in Global Perspective, Den Haag 1996; *Weber, H.*, Die Religionsfreiheit im nationalen und internationalen Verständnis, in: Zeitschrift für evangelisches Kirchenrecht (ZevKR) 2000, S. 109–156

I. Zielsetzung

1 Alle Jugendstrafvollzugsgesetze der Länder enthalten Vorschriften über die „Religionsausübung". Der Begriff dient in jedem Gesetz als Überschrift für einen selbstständigen Abschnitt bzw Teil oder für ein eigenständiges Kapitel.[1] Damit tragen die Landesgesetzgeber dem hohen Rang der Religionsfreiheit Rechnung, die durch Art. 4 GG verfassungsrechtlich gewährleistet ist. Die Vorschriften haben das **Ziel**, die praktische Ausübung des **Grundrechts der Religionsfreiheit unter den besonderen Bedingungen des Freiheitsentzugs** zu regeln. Sie sollen die faktischen Nebenwirkungen des Freiheitsentzugs so verringern, dass die Ausübung des Grundrechts möglichst wenig beeinträchtigt wird.

II. Grundaussagen

2 Die Ländergesetze halten jeweils drei Paragrafen bzw Artikel zur Religionsausübung bereit. Sie sind mit „Seelsorge", „religiöse Veranstaltungen" und „Weltanschauungsgemeinschaften" überschrieben. Nur in Hessen werden die Vorgaben in einem Paragrafen getroffen. Er ist mit „Religionsausübung" betitelt. Die Normen weisen **eher redaktionelle, weniger materielle Abweichungen** auf. Redaktionelle Abweichungen haben keine entscheidenden Auswirkungen etwa auf die Gleichbehandlung von Jugendstrafgefangenen in der BRD als Bundesstaat (Art. 3, 20 Abs. 1 GG). Zum Beispiel ist Normadressat teils der einzelne Gefangene, teils sind es die Gefangenen in der Mehrzahl. Auch eine anderslautende Wortwahl fällt hier nicht ins Gewicht. So muss nach dem Gros der Gesetze der jeweilige Seelsorger „zustimmen", wenn ein Gefangener ohne oder mit einem anderen Bekenntnis an seiner Veranstaltung teilnehmen möchte. In Hessen dagegen muss er „einwilligen". § 183 S. 1 BGB definiert die

---

[1] Buch 4 Abschnitt 5 JVollzGB Baden-Württemberg; Abschnitt 6 JStVollzG Berlin/Brandenburg/Bremen/Mecklenburg-Vorpommern/Saarland/Sachsen-Anhalt/Schleswig-Holstein; Abschnitt 12 Brandenburgisches JVollzG; LJVollzG Rheinland-Pfalz, Thüringer JVollzG; Abschnitt 7 (J)StVollzG Bayern/Hessen/Nordrhein-Westfalen; Abschnitt 8 HmbJStVollzG; Teil 6 SächsJStVollzG; Kapitel 7 NJVollzG.

III. Verfassungsrechtliche Grundlagen 6

Einwilligung als vorherige Zustimmung. Wegen der Einheitlichkeit der Rechtsordnung gilt das auch für den Jugendstrafvollzug.

Aus den Jugendstrafvollzugsgesetzen lassen sich folgende **Grundaussagen** zur Religionsausübung herausfiltern: 3

- Die Jugendstrafgefangenen haben **Anspruch auf Betreuung durch einen Seelsorger und auf Kontakt** mit diesem.
- Die Anstalt hat diesbezüglich eine **Vermittlungspflicht**.
- Die Jugendstrafgefangenen haben ein **Recht zum Besitz religiöser Schriften und Gebrauchsgegenstände**.
- Die Jugendstrafgefangenen haben ein **Recht auf Teilnahme an religiösen Veranstaltungen**.
- **Die gewährten Rechte sind privilegiert** und können nur in besonderen Umständen ausgeschlossen oder eingeschränkt werden.
- Die Regelungen gelten für **Weltanschauungsgemeinschaften** gleichermaßen.

Die Regelungen entsprechen zum Großteil den §§ 53–55 des Strafvollzugsgesetzes für 4
Erwachsene. Die dazu ergangene Rechtsprechung und die Kommentierungen lassen sich auf den Jugendstrafvollzug übertragen, sofern jugendtypischen Besonderheiten keine abweichende Beurteilung erfordern.

III. Verfassungsrechtliche Grundlagen

Für die Auslegung der Vorschriften zur Religionsausübung im Jugendstrafvollzug 5
sind deren verfassungsrechtliche Grundlagen fundamental.

Die Religionsfreiheit ist in Art. 4 GG verbürgt. Sie wurzelt in der Menschenwürde (Art. 1 GG) und ist Ausprägung des Persönlichkeitsrechts (Art. 2 GG).[2] Art. 4 GG gewährleistet in Absatz 1 die Freiheit des Glaubens, des Gewissens und des religiösen und weltanschaulichen Bekenntnisses, in Absatz 2 das Recht der ungestörten Religionsausübung. Nach dem BVerfG handelt es sich bei den Garantien um ein einheitliches Grundrecht.[3] Religionsfreiheit ist der Oberbegriff.[4] Über Art. 140 GG sind auch die Art. 136-139 und 141 der Weimarer Reichsverfassung (WRV) relevant. Sie sind Bestandteil des Grundgesetzes und „vollgültiges Verfassungsrecht der Bundesrepublik Deutschland".[5]

Der **persönliche Schutzbereich** erstreckt sich auf alle Menschen, weil das Grundrecht 6
der Religionsfreiheit ein Menschenrecht ist. Grundrechtsträger ist Jedermann, Ausländer, Kinder und Jugendliche eingeschlossen. Bei den besonders jungen 14- bis 17-jährigen Gefangenen kommt nach hL die sogenannte **Grundrechtsmündigkeit** ins Spiel.[6] Sie bezeichnet die Fähigkeit, Grundrechte selbstständig auszuüben. Der Begriff

---

2 Vgl BVerfGE 32, 98, 106; 33, 23, 28 f; 35, 366, 376; 108, 282, 305; s. auch Jarass/Pieroth, GG, Art. 4 Rn 4 mwN.
3 St. Rspr, s. BVerfGE 24, 236, 245 f; 83, 341, 354; 108, 282, 297.
4 Wie hier BVerfGE 83, 341, 354 und Listl in: HStKiR I, S. 454.
5 Siehe BVerfGE 19, 206, 219.
6 Ausführlich dazu Pieroth/Schlink, Grundrechte Staatsrecht II, S. 33 f mwN.

ist verfassungsrechtlich bedenklich.[7] Das BVerfG verwendet ihn nicht. Es stellt nur auf die Prozessfähigkeit ab.[8] Der Zeitpunkt solch einer „**Religionsmündigkeit**" ergibt sich aus dem **Gesetz über die religiöse Kindererziehung** von 1921.[9] Es regelt bundeseinheitlich die Personensorge der Eltern bei der religiösen Erziehung ihrer Kinder. Gemäß **§ 5 RelKErzG** steht einem Kind „nach der Vollendung des vierzehnten Lebensjahrs die Entscheidung darüber zu, zu welchem religiösen Bekenntnis es sich halten will." Es kann „nicht gegen seinen Willen in einem anderen Bekenntnis als bisher erzogen werden." Also gilt die Religionsfreiheit in vollem Umfang auch für die besonders jungen 14- bis 17-jährigen Gefangenen. Es ergeben sich **keine Kollisionen mit Elternrechten** (s. dazu § 1 Rn 42). Manche Ländergesetze stellen das mit der Formulierung klar, dass Jugendstrafgefangenen „auf *ihren* Wunsch" zu helfen ist, einen Seelsorger zu kontaktieren. Ein Wunsch der Eltern, der Anstaltsleitung oder eines Seelsorgers ist unbeachtlich.

7   Der **sachliche Schutzbereich** der Religionsfreiheit beinhaltet das Recht des Einzelnen, unbeeinflusst vom Staat eine Religion oder Weltanschauung anzunehmen, abzulehnen oder zu wechseln, sich privat und öffentlich zu ihr zu bekennen oder über die Religionszugehörigkeit zu schweigen. Mit Blick auf das „**Schweigerecht**" dürfen Behörden gemäß Art. 140 GG iVm Art. 136 WRV (nur) dann nach der Religionszugehörigkeit fragen, wenn davon Rechte und Pflichten abhängen. Bei inhaftierten Personen ist diese Frage zulässig, weil davon die religiöse Betreuung abhängt. Nur so kann die Anstalt auf die religiösen Bedürfnisse der Gefangenen – etwa zu Speisevorschriften – Rücksicht nehmen. Das muss im Aufnahmegespräch speziell bei einem „trotzigen" Gefangenen behutsam erklärt werden. Schweigt er trotzdem, ist es allein ihm anzulasten, wenn Besonderheiten seiner Religion unberücksichtigt bleiben. Mit Blick auf das „**Wechselrecht**" sollte die Anstalt zwar prüfen, dass der Religionswechsel ernsthaft und nicht nur zur Erlangung einer Vergünstigung vorgetäuscht ist. Die Anerkennung des Religionswechsels darf aber nicht von harten Fakten, etwa dem *äußeren* Beweismittel einer schriftlichen Bescheinigung des Religionsbeauftragten, abhängig gemacht werden.[10] Es geht hier nämlich um *innere* Überzeugungen.

Der Schutzbereich des Art. 4 GG umfasst auch die „**negative Religionsfreiheit**", also das staatsgerichtete Abwehrrecht, „nicht zu glauben".[11] Für den Jugendstrafvollzug bedeutet das, dass einem Gefangenen keinerlei Nachteile entstehen dürfen, wenn er Religion, Kirche oder Gott ablehnt. Das ist speziell in Baden-Württemberg zu beachten, weil dort die jungen Gefangenen nach dem „Erziehungsgrundsatz" zuvörderst „in der Ehrfurcht vor Gott ... zu erziehen" sind (§ 2 Abs. 2 JVollzGB IV B-W). Und die jungen Gefangenen sind „verpflichtet, an den Maßnahmen zur Erfüllung des Erziehungsauftrags mitzuwirken" (§ 3 Abs. 1 JVollzGB IV B-W). Die ursprüngliche Gesetzesbegründung lässt sich so dazu ein, dass dies beispielhaft zeige, dass die Föderalismusreform im Jugendstrafvollzugsrecht sinnvolle landesrechtliche Besonderheiten

---

7   Sachs in: Sachs, GG, vor Art. 1 Rn 75: „im GG keine Grundlage"; ebenso Jarass/Pieroth, GG, Art. 19 Rn 13.
8   Siehe nur BVerfGE 1, 87, 89.
9   Zuletzt geändert am 12.9.1990, BGBl. I, 2002.
10 OLG Köln NStZ 1994, 207.
11 BVerfGE 24, 236, 245; 33, 23, 28; 41, 29, 49; 93, 1, 15.

ermögliche.[12] Im Gegenteil zeigt das beispielhaft, wie leicht das Schlagwort der Erziehung bei straffällig gewordenen jungen Menschen überstrapaziert werden kann. Das Strafgeschehen – Jugendstrafe ist echte Kriminalstrafe – wird theologisch überhöht. Die Erziehung in Ehrfurcht vor Gott kann als Missionierung der Jugendstrafgefangenen und als Mittel des Strafrechts missverstanden werden. Die **Zwangsanwendungsverbote** aus Art. 140 GG iVm Art. 136 und 141 WRV stellen klar, dass auf einen Gefangenen keinerlei Druck ausgeübt werden darf, um ihn gegen seinen Willen zur Teilnahme an Seelsorge, an religiösen Veranstaltungen und Übungen zu bewegen.

Schutzpflichten des Staates erwachsen aus seiner Verpflichtung, die Religionsfreiheit des Einzelnen ohne jede Diskriminierung (Art. 3 GG) zu achten und zu gewährleisten. Eine besondere Schutzpflicht besteht selbstverständlich bei Gefangenen, weil deren Lebensführung besonderen Regelungen und Zwängen unterworfen ist. Daraus resultiert die Pflicht der Anstalt, dem Gefangenen durch **positive Maßnahmen** zu ermöglichen, seine Religionsfreiheitsrechte wahrzunehmen. Grundrechte gelten für Gefangene gleichermaßen. Einschränkungen aufgrund eines „besonderen Gewaltverhältnisses" sind unzulässig.[13]

Eingriffe bzw Einschränkungen müssen bei der Religionsfreiheit stets unmittelbar verfassungsrechtlich legitimiert sein. Art. 4 GG gewährleistet die Religionsfreiheit ohne jeden Vorbehalt, quasi „schrankenlos".[14] Daher setzen ihr „nur Grundrechte Dritter und andere **mit Verfassungsrang ausgestattete Rechtswerte**" Schranken.[15] Die Aufgabenstellung des Strafvollzugs kann grundrechtsbeschränkende Maßnahmen rechtfertigen, weil erst ein funktionierendes Strafvollzugssystem die Bürger vor Straftaten schützen kann.[16] Zudem ist eine funktionstüchtige Strafrechtspflege Ausfluss des Rechtsstaatsprinzips nach Art. 20 Abs. 3 GG.[17] Insofern ist ein geordneter Jugendstrafvollzug eine Institution, die Einschränkungen gestattet. Die Einschränkungen haben sich an der Funktion des Jugendstrafvollzugs zu orientieren (s. dazu § 1 Rn 18 f). Sie unterliegen zudem dem Verhältnismäßigkeitsgrundsatz, der sich auch aus dem Rechtsstaatsprinzip des Art. 20 Abs. 3 GG ableitet.[18] Das beeinflusst die Auslegung unbestimmter Rechtsbegriffe, welche die Jugendstrafvollzugsgesetze etwa beim „groben Missbrauch" religiöser Schriften oder beim „angemessenen Umfang" religiöser Gegenstände verwenden.

Für die Begriffsinterpretation der „Seelsorge" oder der „religiösen Veranstaltung" innerhalb der Jugendstrafvollzugsgesetze ist das **Selbstbestimmungsrecht der Religionsgemeinschaften** aus Art. 140 GG iVm 137 Abs. 3 WRV von Bedeutung. Dieses gibt den Religionsgemeinschaften die primäre Definitionsmacht dafür, was eine religiöse Handlung ist. Das folgt auch aus der **Pflicht des Staates** bzw der Anstalten **zur weltanschaulich-religiösen Neutralität**.[19]

---

12 Landtag von Baden-Württemberg, Drucks. 14/1240, S. 74.
13 BVerfGE 33, 1 ff.
14 Siehe nur Vosgerau, Freiheit des Glaubens und Systematik des Grundgesetzes, S. 21 ff.
15 BVerfGE 28, 243 ff.
16 Siehe dazu BVerfGE 33, 1, 13; 40, 276, 283 f.
17 Dazu Sachs in: Sachs, GG, Art. 20 Rn 162.
18 Zum Rechtsstaatsprinzip als Rechtsgrundlage des Verhältnismäßigkeitsgrundsatzes s. nur BVerfGE 23, 127, 133; 86, 288, 347; 90, 145, 173 und Sachs in: Sachs, GG, Art. 20 Rn 146.
19 BVerfGE 19, 206 (216).

§ 6 Religionsausübung

11   Für die Anspruchsrichtung auf Seelsorge innerhalb der Jugendstrafvollzugsgesetze ist das verfassungsrechtliche Beziehungsgefüge „Staat – Kirche" von Bedeutung. **Religionsgemeinschaften und ihre Seelsorger haben** gemäß Art. 140 GG iVm Art. 141 WRV **ein Recht auf Betätigung in Strafanstalten.** Hintergrund dieser Zulassungsgarantie ist, dass die Gefangenen allein mit der formellen Position der Religionsfreiheit wenig anfangen können. Zwar können sie ihren inneren Glauben unbeeinträchtigt auch im Gefängnis haben. Hingegen können sie die zumeist auf Gemeinschaft mit anderen gestützte Religionsausübung und die seelsorgerliche Betreuung rein praktisch nicht selbst realisieren. Mithin steht die Anstalt in Schutzpflicht (s. oben Rn 8). Sie muss positive Maßnahmen ergreifen, um das zu ermöglichen. Dem kommt enormes Gewicht zu, weil Gefangene allein schon wegen der Situation des Eingesperrtseins in besonderem Maße auf Seelsorge angewiesen sind.[20]

IV. Internationale Aussagen zur Religionsfreiheit

12   Die menschen- und kinderrechtliche Dimension der Religionsfreiheit wird durch internationale Instrumente verstärkt.[21] Sie beziehen sich zum Teil explizit auf den Jugendstrafvollzug.

1. Hard Law

13   Als „hartes", dh rechtsverbindliches Menschenrecht ist die Religionsfreiheit in **Art. 9 der Europäischen Konvention zum Schutze der Menschenrechte und Grundfreiheiten (EMRK)**, in **Art. 18 des Internationalen Pakts über bürgerliche und politische Rechte (IPBPR)** und in Art. 14 des Übereinkommens der Vereinten Nationen über die Rechte des Kindes (KRK) verankert. Art. 1 KRK definiert „Kind" als jeden Menschen, der das 18. Lebensjahr noch nicht vollendet hat. Die Konventionen übernehmen im Wesentlichen den Art. 18 der Allgemeinen Erklärung der Menschenrechte vom 10.12.1948. Auch die Grundrechts-Charta der Europäischen Union anerkennt mit Art. 10 die Religionsfreiheit.

2. Soft Law

14   Europarats-Empfehlung Rec(2006)2   Europarats-Empfehlung Rec(2008)11
     Ziff. 29.1 – 3   Ziff. 87.1 – 3 (=)

(1) Die Gedanken-, Gewissens- und Religionsfreiheit der (Jugendlichen) Gefangenen ist zu respektieren.

(2) Das Vollzugssystem (Der Vollzugsalltag) ist so weit wie möglich so zu organisieren, dass den (Jugendlichen) Gefangenen gestattet ist, ihre Religion auszuüben und ihrem Glauben zu folgen, Gottesdienste oder Zusammenkünfte, die von zugelassenen Vertretern/Vertreterinnen dieser Religions- oder Glaubensgemeinschaft geleitet werden, zu besuchen, (persönliche) Einzelbesuche von solchen Vertretern/Vertreterinnen

---

20 Siehe auch v. Campenhausen/de Wall, Staatskirchenrecht, S. 197 ff; Eick-Wildgans in: HStKiR II, S. 995 f.
21 Umfassend van der Vyver/Witte, Religious Human Rights in: Global Perspective, 1996; s. auch Weber ZevKR 2000, 109 ff; zu Gefangenenrechten Sahlfeld, Aspekte der Religionsfreiheit, 2004, S. 372 ff.

ihrer Religions- oder Glaubensgemeinschaft zu erhalten und Bücher oder Schriften ihrer Religions- oder Glaubensgemeinschaft zu besitzen.

(3) (Jugendliche) Gefangene dürfen nicht gezwungen werden, eine Religion oder einen Glauben auszuüben, Gottesdienste oder religiöse Zusammenkünfte zu besuchen, an religiösen Handlungen teilzunehmen oder den Besuch eines/einer Vertreters/ Vertreterin einer Religions- oder Glaubensgemeinschaft zu empfangen.

Regeln der Vereinten Nationen zum Schutz von Jugendlichen unter Freiheitsentzug Nr. 48

„Jedem Jugendlichen ist zu gestatten, seinen religiösen und geistlichen Lebensbedürfnissen nachzukommen, vor allem durch Besuch von Gottesdiensten oder Zusammenkünften in der Einrichtung oder durch Vornahme eigener gottesdienstlicher Handlungen, wofür er die nötigen Bücher, rituellen Gegenstände und Anweisungen seines Bekenntnisses muss besitzen dürfen. Befinden sich in der Einrichtung genügend viele jugendliche Angehörige derselben Religionsgemeinschaft, müssen ein oder mehrere anerkannte Vertreter dieser Religion eingestellt oder zugelassen werden und die Erlaubnis erhalten, regelmäßige Gottesdienste abzuhalten und den Jugendlichen, die dies wünschen, private seelsorgerliche Besuche abzustatten. Jeder Jugendliche hat ein Recht darauf, Besuche von anerkannten Vertretern jeder Religion seiner Wahl zu empfangen, ebenso wie auch das Recht, an religiösen Veranstaltungen nicht teilzunehmen und religiöse Unterweisung, Beratung oder Indoktrination zu verweigern."

Konkrete Vorgaben zur **Religionsfreiheit im Strafvollzug** machen die „**Europäischen Strafvollzugsgrundsätze**", Rec(2006)2. Die Europarats-Empfehlung Rec(2008)11 „Europäischen Grundsätzen für die von Sanktionen und Maßnahmen betroffenen jugendlichen Straftäter" übernimmt die Vorgaben inhaltlich. Sie tauscht redaktionell die „Gefangenen" mit dem Wort „Jugendlichen" aus. Jugendliche sind gemäß Ziff. 21.1 Personen unter 18 Jahren. Auch die **Regeln der Vereinten Nationen zum Schutz von Jugendlichen unter Freiheitsentzug** behandeln in Nr. 48 die „Religion".

Zwar sind die Europarats-Empfehlungen und UN-Regeln als „**weiches**" Recht für die Mitgliedstaaten nicht bindend. Für den Jugendstrafvollzug und dessen Gesetzgebung besteht aber ein **politischer und grundrechtlicher Druck**, die Vorgaben der Vereinten Nationen und des Europarats zu achten. Denn das BVerfG hat zum Erfordernis einer Gesetzesgrundlage im Jugendstrafvollzug geurteilt, dass es auf eine Grundrechtsverletzung hindeuten kann, wenn Vorgaben der Vereinten Nationen oder Empfehlungen des Europarats nicht beachtet oder unterschritten werden.[22]

V. Anspruch auf Betreuung durch einen Seelsorger

Nach allen Jugendstrafvollzugsgesetzen haben Gefangene Anspruch auf religiöse Betreuung durch einen Seelsorger ihrer Religionsgemeinschaft. „Religiösen Betreuung" und „Religionsgemeinschaft" sind ausfüllungsbedürftige Rechtsbegriffe.

---

22 BVerfG NJW 2006, 2097.

§ 6 Religionsausübung

1. Sachlicher Anwendungsbereich

17 **Religiöse Betreuung** ist ein weiter Oberbegriff.[23] Er beinhaltet nicht nur Gottesdienste, sondern auch den Dienst am ganzen Menschen zur Lebenshilfe, Lebensorientierung und Lebensgestaltung.[24]

18 Zu den **Religionsgemeinschaften** zählen zum Beispiel die christlich katholischen, evangelischen und orthodoxen Kirchen, die Zeugen Jehovas, das Judentum, Buddhismus, Hinduismus und der Islam. Das BVerfG fordert, dass es sich „tatsächlich, nach geistigem Gehalt und äußerem Erscheinungsbild, um eine Religionsgemeinschaft handeln" muss.[25] Deshalb scheiden solche Organisationen aus, die zwar den Kirchenstatus als Deckmantel benutzen, die aber letztlich rein wirtschaftliche Ziele verfolgen, ihre Mitglieder ausbeuten oder die Gesellschaft mit totalitärem Gedankengut durchdringen wollen. Das sind die sogenannten „Jugendreligionen"[26] wie die „Kinder Gottes" oder „Devine light Mission" und insbesondere die „Scientology Church".[27] Mitglieder derartiger Organisationen können die Rechtsstellung von Seelsorgern nicht beanspruchen.

2. Anspruchsrichtung

19 Die Jugendstrafvollzugsgesetze formulieren den Seelsorgeanspruch „negativ": Religiöse Betreuung „darf nicht versagt werden". Damit wird klargestellt, dass die Gefangenen **kein Recht auf Seelsorge gegenüber der Anstalt, sondern nur gegenüber ihrer Religionsgemeinschaf** haben. Das liegt an der Verpflichtung des Staates zur weltanschaulich-religiösen Neutralität, weshalb Seelsorge keine Aufgabe der Vollzugsbehörden sein kann (s. oben Rn 10, 11).

Gegen die Anstalt haben die Gefangenen **aber den Anspruch auf Schaffung der personellen und organisatorischen Voraussetzungen** für eine hinreichende Seelsorge.[28]

Damit verknüpft ist der **Anspruch** der Gefangenen gegenüber der Anstalt **auf Hilfe bei der Kontaktaufnahme** zu Seelsorgern, der in allen Jugendstrafvollzugsgesetzen verankert ist. Die Anstalt hat eine **Vermittlungspflicht**. Das ist die Konsequenz aus der Abgeschlossenheit des Gefängnisses, die es den Insassen verwehrt, solche Kontakte selbst zu knüpfen. Wegen der jugendtypisch hilflosen Lage junger Gefangener kommt der Vermittlungspflicht der Anstalt im Jugendstrafvollzug größere Bedeutung zu als im Erwachsenenvollzug. Die Jugendstrafanstalt genügt dem Anspruch nicht schon dann, wenn sie Seelsorgerlisten auslegt.[29] Vielmehr müssen Gesprächswünsche an den Seelsorger übermittelt werden.

20 Die Religionsgemeinschaften haben spiegelbildlich einen Anspruch auf Zulassung zur seelsorgerischen Betreuung im Strafvollzug gemäß Art. 140 GG iVm 141 WRV. Ihnen

---

23 Laubenthal, Strafvollzug, Rn 624; s. auch BVerfGE 24, 236, 245.
24 Schwind/Böhm/Jehle/Laubenthal-Rassow/Schäfer § 53 Rn 2; Laubenthal, Strafvollzug, Rn 624; Arloth § 53 Rn 2; s. auch OLG Hamm NStZ 1999, 591; OLG Koblenz ZfStrVo 1988, 57.
25 BVerfGE 83, 341, 353.
26 Ausführlich zu den Jugendreligionen Badura, Der Schutz von Religion und Weltanschauung durch das Grundgesetz, 1989, S. 58 ff.
27 Arloth § 53 Rn 2; AK-Feest/Lesting-Huchting/Koch § 55 Rn 2; zur Sciontology Church VG Köln, 11.11.2004, 20 K 1882/03.
28 Ebenso Schwind/Böhm/Jehle/Laubenthal-Rassow/Schäfer § 53 Rn 8; Laubenthal, Strafvollzug, Rn 623.
29 So aber für den Erwachsenenvollzug Arloth § 53 Rn 2.

obliegt die Auswahl des Seelsorgers. Die Anstalt kann so einen Seelsorger nur unter dem Gesichtspunkt der Aufrechterhaltung eines geordneten Strafvollzugs zurückweisen. Das heißt, bei Sicherheitsbedenken, die sich auf Tatsachen stützen. Die Religionsgemeinschaft trägt hier die Beweislast für die Seelsorgereigenschaft der Person, die sie schickt. Bedeutsam wird das vor allem bei nicht verfassten Religionsgemeinschaften wie dem Islam.

3. Persönlicher Anwendungsbereich

Alle Gefangenen haben Anspruch auf Betreuung durch einen Seelsorger und auf Kontakt mit diesem. Zwar sprechen die Landesgesetze von „Seelsorger *ihrer* Religionsgemeinschaft". So scheint es, dass den Anspruch nur Gefangene mit einer Konfession haben. Die Normen sind aber im Lichte der Religionsfreiheit so zu lesen, dass jeder Gefangene irgendeinen Seelsorger kontaktieren darf und sich von diesem betreuen lassen kann.[30] Glaubensfreiheit schließt die Möglichkeit ein, sich einem (anderen) Glauben suchend zuzuwenden.[31] Daher muss jedem, auch einem religionslosen Gefangenen erlaubt werden, Kontakt mit einem Seelsorger aufzunehmen und sich seelsorgerisch betreuen zu lassen.

21

VI. Recht zum Besitz religiöser Schriften und Gebrauchsgegenstände

Nach allen Jugendstrafvollzugsgesetzen dürfen Gefangene grundlegende religiöse Schriften besitzen; daneben sind ihnen Gegenstände des religiösen Gebrauchs zu belassen.

22

1. Religiöse Schriften

Religiöse Schriften sind auf jeden Fall solche Offenbarungsquellen, die für eine Religionsgemeinschaft und ihren Glauben konstitutiv, sprich „grundlegend" sind. Beispiele dafür sind: **Bibel**, **Koran**, Buch Mormon, etc. Auch zählen solche Schriften dazu, mit denen der Gefangene seinen täglichen Glauben aus- und erleben kann, etwa **Gebets-** und **Gesangbücher**.[32] Zum Teil kann auch **sozialethische Literatur** hinzugerechnet werden.[33] Zeitschriften zu wohlfahrtlichen Themen fallen aber nicht unter das Besitzprivileg.[34] Die sind nämlich nicht mehr „grundlegend", wie in den Gesetzen verlangt. Aus der Informationsfreiheit gemäß Art. 5 Abs. 1 GG folgt zudem, dass das Besitzrecht des Gefangenen nicht auf Schriften allein (s.)einer Glaubensrichtung beschränkt ist.

23

2. Entzug

Wegen der besonderen Bedeutung der religiösen Schriften für das Grundrecht der Religionsausübung darf ein Entzug nach allen Jugendstrafvollzugsgesetzen nur bei grobem Missbrauch erfolgen.

24

---

30 Im Ergebnis ebenso Schwind/Böhm/Jehle/Laubenthal-Rassow/Schäfer § 53 Rn 13; AK-Feest/Lesting-Huchting/Koch § 53 Rn 8 f.
31 BVerfGE 24, 236, 245; OLG Saarbrücken NJW 1966, 1083, 1088.
32 Ebenso Schwind/Böhm/Jehle/Laubenthal-Rassow/Schäfer § 53 Rn 15; Arloth § 53 Rn 3.
33 Im Ergebnis ebenso: Calliess/Müller-Dietz § 53 Rn 2; AK-Feest/Lesting-Huchting/Koch § 53 Rn 11.
34 So aber AK-Feest/Lesting-Huchting/Koch § 53 Rn 11.

Wie ein grober Missbrauch mit und von religiösen Schriften aussehen kann und wer das bestimmt, bleibt fraglich. Fest steht, dass nicht jeder schuldhafte Pflichtverstoß im Sinne der Disziplinarvorschriften ausreicht; erst recht kein einfaches Fehlverhalten, an das erzieherische Maßnahmen anknüpfen können. Grober Missbrauch kann nur vorliegen, wenn die Sicherheit oder Ordnung der Anstalt offensichtlich konkret gefährdet oder gestört ist. Das ist denkbar, wenn die Schriften als Versteck für verbotene Gegenstände wie Fluchtpläne, Drogen oder Waffen benutzt werden.[35] Gleiches gilt, wenn etwa der Koran zur „Hasspredigt"[36] missbraucht wird, um religiös fundierte Gewalt gegenüber „ungläubigen" Nichtmuslimen zu rechtfertigen.

25 Es empfiehlt sich grundsätzlich, den Seelsorger vor einem Entzug religiöser Schriften anzuhören. Das ist vom Gesetz zwar nicht vorgesehen. Die Situation ist aber vergleichbar mit dem Teilnahmeausschluss eines Gefangenen von religiösen Veranstaltungen. Hier bestimmen alle Landesgesetze, dass der Seelsorger zuvor gehört werden soll. Einer entsprechenden Anwendung dieser „Soll-Vorschrift" steht beim Entzug religiöser Schriften nichts im Wege.

3. Religiöse Gebrauchsgegenstände

26 Den Gefangenen sind nach allen Jugendstrafvollzugsgesetzen Gegenstände des religiösen Gebrauchs in angemessenem Umfang zu belassen. Religiöse Gebrauchsgegenstände sind – über die religiösen Schriften hinausgehend – solche Sachen, die zur persönlichen Glaubenspraktizierung wichtig sind. Dazu gehören zum Beispiel: **Kreuz, Heiligenfigur** oder **Schutzpatron, Rosenkranz, Gebetsriemen, Heiligenbild, Ikone, Buddhafigur, Gebetsteppich.**

27 Zu unterscheiden ist zwischen Gebrauch und Bezug eines Gegenstands zur Religion: **Weihnachtsbäume** kann die Anstalt ablehnen, weil ihr religiöser Gebrauch nicht zwingend ist.[37] Andererseits muss ein Gegenstand keinen direkten religiösen Bezug haben, so dass eine Ablehnung wegen fehlendem Religionsbezug scheitern würde. Paradebeispiel dafür sind **Kerzen.** Sie können als profane Lichtquelle – in der Abgeschlossenheit des Strafvollzugs sogar als Kochstelle – benutzt werden; gleichzeitig steht ihre religiöse Symbolkraft außer Frage. Trotz dieser Doppelfunktion muss eine Kerze mit der ganz hM unter das Besitzprivileg religiöser Gebrauchsgegenstände fallen.[38] Für gläubige Menschen sind Kerzen beim Gebet und gerade in der Adventszeit sehr wichtig. Zu Recht wird auf die Problematik der Brandgefahr aufmerksam gemacht; der Gefangene könnte bei brennender Kerze einschlafen.[39] Als „praktische Lösung" wird „die Verminderung der Brandlast durch Reduzierung des sonstigen Besitzes" vorgeschlagen, „wenn der Gefangene auf den Besitz einer Kerze beharrt".[40] Diese Lösung funktioniert nicht, weil sie im Endeffekt den Kerzenbesitz unterdrückt.

---

[35] Arloth § 53 Rn 3.
[36] Dazu Schwind, Kriminologie, § 24 Rn 15 g.
[37] KG, 20.1.2005, 5 Ws 654(04); AK-Feest/Lesting-Huchting/Müller-Monning § 53 Rn 14.
[38] LG Zweibrücken NStZ 1985, 142 = ZfStrVo 1985, 186; Calliess/Müller-Dietz § 53 Rn 3; AK-Feest/Lesting-Huchting/Müller-Monning § 53 Rn 14; Höflich/Schriever/Bartmeier, Grundriss Vollzugsrecht, Ziff. 11.7; aA OLG Hamm BlStVK 1995, 5.
[39] Siehe Arloth § 53 Rn 4.
[40] Arloth § 53 Rn 4.

Gefangene dürfen Feuerzeuge und Zigaretten besitzen, obwohl die Gefahrenlage vergleichbar ist: ein Gefangener könnte mit glimmender Zigarette einschlafen. Das Besitzprivileg kann nur entfallen, wenn im Einzelfall der Gefangene, der aus religiösen Gründen eine Kerze haben möchte, ein Pyromane ist oder schon durch „Zündeln" auffällig geworden ist.

4. Angemessener Umfang

Das Merkmal des angemessenen Umfangs bezieht sich allein auf sonstige religiöse 28 Gebrauchsgegenstände, nicht auf religiöse Schriften. Es handelt sich um einen unbestimmten Rechtsbegriff, dessen Auslegung voll gerichtlich überprüfbar ist.

Bei der Auslegung des angemessenen Umfangs für religiöse Gebrauchsgegenstände ist 29 in jedem Einzelfall die Bedeutung des Grundrechts aus Art. 4 GG gegenüber Grundrechten anderer und den Aufgaben des Jugendstrafvollzugs abzuwägen. Es muss konkret nachgewiesen werden, dass bei Benutzung des Gegenstands Grundrechte anderer verletzt werden bzw die für den Vollzug der Jugendstrafe notwendige Anstaltsfunktion der Sicherheit und Ordnung infrage gestellt ist. **Keine ausreichenden Versagungsgründe sind** eine allgemeine Feststellung **schwerer Kontrollierbarkeit** eines Gegenstandes[41] oder eine bloße Beeinträchtigung der **Übersichtlichkeit der Zelle**, die einen **erhöhten Kontrollaufwand** erfordern würde.[42] Besonders deutlich geht das aus dem baden-württembergischen JVollzGB B-W hervor: Dort wird bei Gegenständen zur Freizeitbeschäftigung zur Interpretation des angemessenen Umfangs die Anstaltskapazität für Haftraumkontrollen genannt (§ 54 Abs. 1 JVollzGB IV B-W). Demgegenüber ist sie bei Gegenständen des religiösen Gebrauchs richtigerweise weggelassen und damit kein gesetzliches Auslegungsmerkmal für den angemessenen Umfang (§ 27 Abs. 3 JVollzGB IV B-W). Bevor die Anstalt einen zur Religionsausübung begehrten Gegenstand als „unangemessen zuviel" ansieht, sind **Austauschmöglichkeiten als mildere Mittel** zu bedenken. Das gebietet der Verhältnismäßigkeitsgrundsatz (Art. 20 Abs. 3 GG). In Betracht kommt, dass andere Gegenstände aus dem Haftraum in Kooperation mit dem Gefangenen zur Habe genommen werden und bei Bedarf im Austausch ausgehändigt werden. Das setzt einen reibungslosen Ablauf voraus, wofür die Anstalt in der Pflicht steht.

Allein im hessischen Jugendstrafvollzugsgesetz findet sich eine „quasi-rechtsbegriffli- 30 che Bestimmung" zum angemessenen Umfang religiöser Gebrauchsgegenstände, und zwar mittels Entsprechungsverweis auf § 19 Abs. 1 S. 2 HessJStVollzG. Dieser Paragraf besagt unter der Überschrift „Ausstattung des Haftraums", dass dessen Übersichtlichkeit durch eigene Gegenstände des Gefangenen nicht behindert und Haftraumkontrollen nicht unzumutbar erschwert werden dürfen. Wie eben dargelegt (Rn 27), ist dieser Pauschalverweis bei religiösen Gebrauchsgegenständen fehlerhaft. Er ist verfassungsrechtlich nicht haltbar, weil er den Garantien des Art. 4 GG und den Anforderungen des Verhältnismäßigkeitsgrundsatzes aus Art. 20 Abs. 3 GG nicht gerecht wird. Lehnt die Anstalt einen vom Gefangenen gewünschten religiösen Gegen-

---

41 OLG Frankfurt aM, 16.10.1985, 3 Ws 1078/85.
42 LG Zweibrücken ZfStrVo 1985, 186.

stand mit den pauschalierten Auslegungsmerkmalen der Entsprechungsklausel ab („Unübersichtlichkeit des Haftraums"/„unzumutbarer Kontrollaufwand"), wird der Ablehnungsbescheid vor Gericht voraussichtlich keinen Bestand haben.

VII. Recht auf Teilnahme an religiösen Veranstaltungen

31 Alle Jugendstrafvollzugsgesetze geben den Gefangenen das Recht auf Teilnahme am Gottesdienst und an anderen religiösen Veranstaltungen ihres Bekenntnisses. Dieses Recht darf in seinem Wesensgehalt nicht angetastet werden.[43]

Der Anspruch auf Teilnahme richtet sich gegen die Anstalt. Sie besitzt die Entscheidungskompetenz darüber, ob der Gefangene das Recht hat oder nicht. Das Teilnahmerecht besteht natürlich nur für diejenigen Gottesdienste und anderen religiösen Veranstaltungen, die innerhalb der Anstalt angeboten werden.[44] Bei religiösen Veranstaltungen außerhalb der Anstalt müssen die Regelungen über den offenen Vollzug, Vollzugslockerungen oder Urlaub erfüllt sein.[45]

32 Was „Gottesdienst" ist, erklärt sich aus der Tradition heraus gemeinhin von selbst.[46] Strittig ist dagegen der Begriff der „anderen religiösen Veranstaltung". Der Streit dreht sich um die Frage, ob der Begriff eng nach inhaltlichen, am Gottesdienst angelehnten Kriterien zu interpretieren ist,[47] oder weit an formalen Kriterien,[48] die Bereiche einer Freizeitveranstaltung kreuzen können. Zu denken ist an vom Seelsorger geleitete Theater- und Musikgruppen. Die Lösung der Streitfrage hat Auswirkungen auf die Rechtsstellung des Gefangenen. An religiösen Veranstaltungen hat er ein Recht auf Teilnahme, an Freizeitveranstaltungen dagegen nur einen Rechtsanspruch auf ermessensfehlerfreie Entscheidung über die Teilnahme.

Nur eine weite Auslegung macht Sinn. Dafür spricht schon der Gesetzeswortlaut. Denn es heißt nicht Gottesdienst und *ähnliche* religiöse Veranstaltungen, sondern „Gottesdienst und *andere* religiöse Veranstaltungen". Auch teleologisch widerspräche eine Verengung auf gottesdienstähnliche Veranstaltungen dem heutigen weiten Zweckverständnis der Seelsorge. Es reicht aus, wenn Elemente religiöser Erfahrung erlebt werden können.[49] Dabei spricht eine Vermutung für den religiösen Charakter der Veranstaltungen von Seelsorgern.[50]

33 Das **Teilnahmerecht** der Gefangenen ist zunächst auf religiöse Veranstaltungen „ihres Bekenntnisses" beschränkt. Alle Jugendstrafvollzugsgesetze erweitern das Recht ausdrücklich auf religiöse Veranstaltungen anderer Glaubensrichtungen. Voraussetzung ist, dass der „andere" Seelsorger vorher zustimmt. So muss der katholische Seelsorger zustimmen, damit ein evangelischer Gefangener am katholischen Gottesdienst teil-

---

43 So auch Laubenthal, Strafvollzug, Rn 626.
44 Arloth § 54 Rn 1; in § 53 Abs. 1 NJVollzG ist das ausdrücklich klargestellt.
45 OLG Stuttgart ZfStrVo 1990, 184.
46 Ausführlich zu den Inhalten Schwind/Böhm/Jehle/Lauenthal-Rassow § 54 Rn 5 und AK-Feest/Lesting-Huchting/Müller-Monning § 54 Rn 2.
47 So OLG Koblenz NStZ 1987, 525; s. auch OLG Koblenz ZfStrVo 1987, 250; s. auch OLG Koblenz ZfStrVo 1988, 57.
48 So im Ergebnis OLG Hamm ZfStrVo 1999, 306 unter Berufung auf BVerfGE 24, 236, 245 f.
49 Ähnlich Schwind/Böhm/Jehle/Laubenthal-Rassow § 54 Rn 14.
50 Arloth § 54 Rn 3; Schwind/Böhm/Jehle/Laubenthal-Rassow § 54 Rn 17.

nehmen kann. Entsprechendes gilt für Gefangene ohne Religion. Diese Regelung respektiert die Eigenständigkeit der Religionsgemeinschaften, die damit selbst über den zu betreuenden Personenkreis entscheiden (Art. 140 GG iVm 137 Abs. 3 WRV). Hierbei ist zu fordern, dass religiöse Veranstaltungen im Jugendstrafvollzug so „ökumenisch" offen wie möglich sind. Die Gefängnisforschung zeigt nämlich, dass sich vor allem junge Gefangene zu subkulturellen Gruppen zusammenschließen, die durch die Nationalität oder ein spezifisches Wertesystem vorbestimmt werden.[51] Religion und Konfession nehmen hier einen gleichbedeutenden Status ein.[52] Religiöse Veranstaltungen, die alle Jugendstrafgefangenen willkommen heißen, wirken Abgrenzungsmechanismen entgegen. Sie fördern Gemeinschaft und leisten einen Beitrag zur Integration. Dementsprechend heißt es in § 6 Abs. 2 JvollzG IB B-W, dass bei Gefangenen mit Migrationshintergrund deren religiösen Bedürfnissen Rechnung zu tragen ist.

VIII. Ausschluss von religiösen Veranstaltungen
1. Ausschluss aus überwiegenden Gründen der Sicherheit oder Ordnung

Alle Jugendstrafvollzugsgesetze sehen vor, dass Gefangene von der Teilnahme am Gottesdienst und anderen religiösen Veranstaltungen aus überwiegenden Gründen der Sicherheit oder Ordnung ausgeschlossen werden können. Das ist eine Ermessensentscheidung der Anstalt. Weil das Grundrecht der Religionsausübung in Art. 4 Abs. 2 GG schrankenlos gewährleistet ist, muss ein **Ausschluss letztes Mittel** sein.[53] Er darf nur in ganz schwerwiegenden und offensichtlichen Fällen vorgenommen werden.[54] Deshalb sprechen die Gesetze von „überwiegenden Gründen", was die verfassungsimmanente Schranke kollidierenden Verfassungsrechts zeigt. **Die Ausschlussgründe müssen in der Person oder individuellen Situation des einzelnen Gefangenen selbst liegen.**[55] Vollzugsorganisatorische Gründe wie ein erhöhter Aufsichtsaufwand oder ein verminderter Personaleinsatz an Sonn- und Feiertagen können keine ausreichende Begründung sein.[56] Eine einfache Störung, etwa in Form von heftigen Auseinandersetzungen über das jeweilige Veranstaltungsthema, genügt ebenfalls nicht.[57] Der Kreis möglicher Ausschlussgründe ist somit eng. 34

Beispiele zulässiger Ausschlussgründe sind: Fluchtversuche bzw. Fluchtvorbereitungen, die bei Gelegenheit religiöser Veranstaltungen getroffen werden sollen; konkrete Hinweise auf eine Geiselnahme während einer religiösen Veranstaltung; akute Krankheiten eines Gefangenen, die andere Teilnehmer einem hohen Infektionsrisiko aussetzen; aggressives Verhalten gegenüber dem Seelsorger. 35

Teilweise wird auch aggressives Verhalten gegenüber Mitgefangenen oder Vollzugsbediensteten für ausreichend erachtet.[58] Dem ist nicht beizupflichten, weil der Ausschluss von religiösen Veranstaltungen **keine versteckte Disziplinarmaßnahme** 36

---

51 Beispielhaft Otto/Pawlik-Mierzwa DVJJ-Journal 2001, 124 ff.
52 Siehe Kerner/Stroezel/Wegel ZJJ 2003, 233.
53 Arloth § 54 Rn 7.
54 AK-Feest/Lesting-Huchting/Müller-Monning § 54 Rn 7.
55 Calliess/Müller-Dietz § 54 Rn 8; Arloth § 54 Rn 7; Laubenthal, Strafvollzug, Rn 628.
56 Dazu OLG Koblenz ZfStrVo 1987, 250 f; Schwind/Böhm/Jehle/Laubenthal-Rassow § 54 Rn 21.
57 Ebenso AK-Feest/Lesting-Huchting/Müller-Monning § 54 Rn 7.
58 So etwa Arloth § 54 Rn 7.

sein darf. Wenn überhaupt, muss sich die Aggression gegen Mitgefangene oder Vollzugsbedienstete richten, die ebenfalls an der religiösen Veranstaltung teilnehmen. Nur dann kann eine Sicherheitsgefahr begründet sein. Zu bedenken ist, dass die getrennte Platzierung der Kontrahenten bei der Veranstaltung ein milderes Mittel gegenüber dem Ausschluss darstellt. Oftmals ist die getrennte Platzierung sogar das bessere Mittel. Denn gerade religiöse Veranstaltungen bieten die Chance, dass die Gefangenen ihren inneren Frieden mit sich und anderen finden.

37 Nach allen Jugendstrafvollzugsgesetzen soll der Seelsorger vor einem Ausschluss gehört werden. Das dient der Sicherung des Art. 140 GG iVm Art. 141 WRV. Aufgrund des „Soll-Charakters" darf von der Anhörung nur ausnahmsweise abgesehen werden,[59] etwa aus Zeitmangel, wenn ein Gefangener direkt vor Beginn des Gottesdienstes randaliert.

2. Kein automatischer Ausschluss durch Disziplinarmaßnahmen

38 Die Teilnahme an religiösen Veranstaltungen darf nicht automatisch durch erzieherische Maßnahmen oder Disziplinarmaßnahmen ausgeschlossen werden. Das ergibt sich speziell für den Arrest aus einem Umkehrschluss zu den landesrechtlichen Bestimmungen, wonach gewisse Befugnisse des Arrestanten ruhen. Die Religionsausübung ist hier unter den ruhenden Befugnissen nicht aufgeführt. **Gefangene dürfen also an religiösen Veranstaltungen teilnehmen, auch wenn sie sich im Arrest befinden.** Das gilt erst recht, wenn im Wege einer Disziplinar- oder erzieherischen Maßnahme der Ausschluss von Freizeitveranstaltungen angeordnet ist. Denn religiöse Veranstaltungen haben eine stärkere Grundrechtsbedeutung (Art. 4 GG). Zwar kann im Einzelfall der Disziplinierungsanlass, der für den Ausschluss von Freizeitveranstaltungen herangezogen wurde, auch beim Ausschluss von religiösen Veranstaltungen eine Rolle spielen. Allerdings kann nach den Jugendstrafvollzugsgesetzen ein solches Teilnahmeverbot bis zu zwei oder drei Monate dauern. Je länger der Disziplinierungsanlass zurückliegt, desto gegenstandsloser wird er für einen Ausschluss von religiösen Veranstaltungen.

3. Kein faktischer Ausschluss

39 Das Teilnahmerecht des Gefangenen an religiösen Veranstaltungen darf nicht rein faktisch unterlaufen werden. Andere wichtige Veranstaltungen dürfen nicht gleichzeitig stattfinden. An Sonn- und Feiertagen darf es trotz weniger Aufsichtspersonal nicht dazu kommen, dass der Gefangene etwa vor die Alternative zwischen Gottesdienst oder „Hofgang" gestellt wird.[60] Auf beides haben die Gefangenen ein Recht, wobei sich der Hofgang als täglicher Mindestaufenthalt im Freien aus dem Grundrecht auf Leben und körperlicher Unversehrtheit gemäß Art. 2 Abs. 2 GG ergibt. Werden die Gefangenen vor die Wahl zwischen Gottesdienst und Hofgang gestellt, werden die Grundrechte aus Art. 4 Abs. 2 GG und Art. 2 Abs. 2 GG in Auswahlkonkurrenz gebracht. Das ist als alternative Grundrechtsbeeinträchtigung unzulässig.[61] Die Anstalt

---

59 Siehe OLG Celle ZfStrVo 1990, 187.
60 Siehe OLG Celle ZfStrVo 1991, 247 f.
61 Wie hier AK-Feest/Lesting-Huchting/Müller-Monning § 54 Rn 1 mwN.

muss religiöse Veranstaltungen so im Programm berücksichtigen, dass den Gefangenen eine freie Entscheidung zur Teilnahme bleibt.

IX. Seelsorger
1. Allgemeines

Die Jugendstrafvollzugsgesetze ergänzen die Bestimmungen zur Religionsausübung in vollzugsorganisatorischer Hinsicht um eine **Rahmenregelung über den Seelsorger**. Eine gewisse Ausnahme bildet das JVollzGB B-W. Dort ist Buch 1 § 16 heranzuziehen, der sich mit der „Zusammenarbeit und Einbeziehung Dritter" beschäftigt. 40

Die Rahmenregelung vervollständigt den Anspruch der Gefangenen gegenüber der Anstalt, die personellen und vollzugsorganisatorischen Voraussetzungen für eine ausreichende religiöse Betreuung zu schaffen (s. oben Rn 18). Die Jugendstrafvollzugsgesetze sehen dafür die **Bestellung von Seelsorgern** vor. Das geschieht „im Einvernehmen mit der jeweiligen Religionsgemeinschaft", weil Seelsorge deren Angelegenheit ist, Art. 140 GG iVm Art. 137 Abs. 3 WRV. Die (Be-)Stellung des Seelsorgers hängt von den Vereinbarungen ab, die die Länder über Staatskirchenverträge oder Konkordate mit den Kirchen getroffen haben. Die Gesetze lassen hier Spielraum: Seelsorger werden im Hauptamt bestellt oder vertraglich verpflichtet. Hauptamt bedeutet Vollzeitbeschäftigung im Vollzug; vertragliche Verpflichtung meint Nebenamt. Eine Teilzeitbeschäftigung kann zum Beispiel der Pfarrer der Gemeinde ausüben, in deren Bezirk die Jugendstrafvollzugsanstalt liegt. 41

Gehört in einer Anstalt nur eine so kleine Gruppe von Gefangenen einem Bekenntnis an, dass dies die Bestellung eines Seelsorgers nicht rechtfertigt, ist die seelsorgerische Betreuung auf andere Weise zuzulassen. Zu denken ist hier an ehrenamtliche Betreuung, die persönlich, telefonisch oder schriftlich erfolgen kann. 42

2. Aufgaben

Ein **Aufgabenschwerpunkt** des Seelsorgers liegt neben der Abhaltung religiöser Gemeinschaftsveranstaltungen im **persönlichen Gespräch** mit dem einzelnen Gefangenen. Die vielen Beschwernisse der Haft, Ängste und Depressionen bis hin zu Selbstmordgedanken liefern Gesprächsstoff. Solche Gespräche unterliegen der Schweigepflicht. Der Seelsorger findet oft raschen Zugang zu den Gefangenen. Im Vergleich zu den Vollzugsbeamten kann er die nötige „Distanz zum staatlichen Sanktionsgeschehen" leichter aufbringen.[62] Bei den Gefangenen genießt er einen „Vertrauensbonus".[63] Ein ganzheitlicher seelsorgerischer Ansatz eröffnet viele Handlungsmöglichkeiten im Sinne **umfassender Lebenshilfe**: Der Seelsorger kann Kontakt zur Familie des Gefangenen vermitteln oder sich für Vollzugslockerungen einsetzen. Im Wege der Entlassungshilfe kann er bei der Suche nach einer Wohnung und Arbeit behilflich sein. 43

Richtschnur für die seelsorgerliche Aufgabenerfüllung kann weder sein, die abstumpfende und oft brutalisierende Gefängniswirklichkeit zu verschleiern, noch den Gefan- 44

---

[62] Walter, Strafvollzug, 1999, Rn 220.
[63] Schwind/Böhm/Jehle/Laubenthal-Rassow/Schäfer § 157 Rn 20.

genen dazu zu bringen, dass er sich blindlings in sein Schicksal fügt. Gerade im Jugendstrafvollzug muss sich der Seelsorger jugendtypischen Problemen annehmen. Junge Gefangene verspüren ein starkes Verlangen, ihre eigenen und die Grenzen anderer auszuloten; Grenzüberschreitungen gehören dazu. Mit Autoritätspersonen stehen junge Menschen häufig „auf Kriegsfuß". Während das in Freiheit vor allem Eltern und Lehrer betrifft, konzentriert sich das Autoritätsproblem im Gefängnis auf die Vollzugsbeamten als erzwungenem Eltern- und Lehrerersatz. Hier bietet sich dem Seelsorger die Möglichkeit, „zwischen den Fronten Frieden zu stiften" und die jungen Gefangenen mit spezieller Zuwendung aufzufangen.

3. Rechte und Pflichten

45 Die Rahmenregelung gibt dem Anstaltsseelsorger das Recht, freie Seelsorgehelfer für Gottesdienste und andere religiöse Veranstaltungen von außen hinzu zu ziehen. Dafür ist immer die Zustimmung des Anstaltsleiters notwendig, weil er die umfassende Verantwortung für den gesamten Vollzug trägt. Damit ist auch klar, dass der Seelsorger nicht der Fachaufsicht, sondern allein der **Rechtsaufsicht des Anstaltsleiters** unterliegt,[64] und zwar hinsichtlich der Dienstführung bei der Einhaltung der Sicherheits- und Ordnungsvorschriften.[65] Freie Seelsorgehelfer stehen nicht in einem Dienstverhältnis mit der Justizbehörde. Sie können in der Seelsorge ausgebildet oder auch Laien sein.

46 Der **Seelsorger hat Anspruch** darauf, dass ihm die Anstalt **geeignete Räume** für Gottesdienste und für seine anderen Gemeinschaftsveranstaltungen zuteilt. Das folgt meistens direkt aus dem Jugendstrafvollzugsgesetz, nämlich in Berlin, Bremen, Saarland, Sachsen, Schleswig-Holstein aus § 99 Abs. 1 S. 2, in Brandenburg aus § 107 Abs. 2, in Rheinland-Pfalz aus § 104 Abs. 2 S. 2, in Thüringen aus § 105 Abs. 2 S. 2, in Hamburg aus § 102 S. 2, in Hessen aus § 68 Abs. 7 S. 2, in Nordrhein-Westfalen aus § 114 S. 2, in Sachsen-Anhalt aus § 108 Abs. 1 S. 2 und in Bayern aus Art. 171 S. 2. Für Baden-Württemberg und Niedersachsen ergibt sich das aus dem Sinnzusammenhang der Anstaltsseelsorge. Der Seelsorger hat auch Anspruch darauf, dass ihm ein **Dienstzimmer** zur Verfügung gestellt wird.[66] Nur so kann er seelsorgerliche Einzelgespräche ungehindert führen. Selbstverständlich darf er die Gefangenen in ihren Zellen besuchen.

47 Seelsorger unterliegen der **Schweigepflicht**. Sie müssen nach kirchenrechtlichen Vorschriften das Beicht- und Seelsorgegeheimnis wahren. Das unterscheidet sie maßgeblich vom übrigen Vollzugspersonal. Die seelsorgerliche Verschwiegenheit hat **im Jugendstrafvollzug besondere Bedeutung**. Sie hilft, sich auszusprechen und zu vertrauen. Das kann die Beziehungs- und Kommunikationsfähigkeit fördern und der Deprivation des Strafvollzugs entgegenwirken.

48 Die Verletzung des Seelsorgegeheimnisses ist originär kirchlich-disziplinarrechtlich sanktioniert. Im Einzelfall kommt auch eine Strafbarkeit nach §§ 203 Abs. 2 Nr. 1, 11

---

[64] Siehe Arloth § 157 Rn 1.
[65] Schwind/Böhm/Jehle/Laubenthal-Rassow/Schäfer § 157 Rn 13.
[66] Ebenso AK-Feest/Lesting-Huchting/Müller-Monning § 157 Rn 14; Schwind/Böhm/Jehle/Laubenthal-Rassow/Schäfer § 157 Rn 5.

Abs. 1 Nr. 2 StGB in Betracht. Das ist dann der Fall, wenn der Seelsorger ein Privatgeheimnis preisgibt, das ihm in seiner Eigenschaft als staatlicher Amtsträger anvertraut wurde. Wie überhaupt kein Bürger braucht auch ein Seelsorger ihm bekannt gewordene Straftaten nicht bei der Polizei oder der Staatsanwaltschaft anzuzeigen. Darüber hinaus sind Seelsorger – im Gegensatz zu „Normalbürgern" – auch nicht zur Anzeige der in § 138 StGB genannten geplanten schweren Straftaten verpflichtet, wenn ihnen diese in ihrer „Eigenschaft als Seelsorger anvertraut worden" sind, § 139 Abs. 2 StGB.

Spiegelbildlich zur Schweigepflicht gibt die Strafprozessordnung, die auch für das Jugendstrafverfahren gilt, Geistlichen ein **Zeugnisverweigerungsrecht** gemäß § 53 Abs. 1 S. 1 Nr. 1 StPO, wenn ihnen etwas in ihrer Eigenschaft als Seelsorger anvertraut oder bekannt geworden ist. „Geistliche" sind die Amtsträger aller staatlich anerkannten öffentlich-rechtlichen Religionsgemeinschaften.[67] Die Frage, ob einem Geistlichen Tatsachen in seiner Eigenschaft als Seelsorger anvertraut oder bekannt geworden sind, ist objektiv und in Zweifelsfällen unter Berücksichtigung der Gewissensentscheidung des Geistlichen zu beurteilen.[68] Das Vertrauen der Gefangenen muss das Richtmaß sein, weil nur so eine persönliche Beziehung aufgebaut werden kann.[69] Im Prinzip haben Seelsorgehelfer als Berufshelfer das gleiche Recht, § 53 a Abs. 1 S. 1 StPO. Ihr Zeugnisverweigerungsrecht ist aber nur ein abgeleitetes. Der Hauptberufsträger entscheidet nach § 53 Abs. 1 S. 2 StPO bindend über die Aussagepflicht seiner Hilfspersonen. Ehrenamtliche Mitarbeiter haben kein Zeugnisverweigerungsrecht.

49

X. Weltanschauungsgemeinschaften

Nach allen Jugendstrafvollzugsgesetzen gelten die Regeln zur Religionsausübung für Angehörige „weltanschaulicher Bekenntnisse" entsprechend. Das erfüllt das Gleichbehandlungsgebot von Religionsgemeinschaften und Weltanschauungsgemeinschaften nach Art. 140 GG iVm Art. 137 Abs. 7 WRV. Die Wortwahl des „weltanschaulichen Bekenntnisses" entspricht Art. 4 GG. Damit sind Gemeinschaften ausgeschlossen, deren Hauptziel auf eine wirtschaftliche oder politische Tätigkeit gerichtet ist. Anspruch auf die religiös-weltanschauliche Betreuung eines Gefangenen haben nur Vereinigungen, die sich mit den letzten Fragen nach Ursprung, Sinn und Ziel der Welt und des menschlichen Lebens befassen.[70] Weltanschauungsgemeinschaften sind zum Beispiel die Heilsarmee und die Freidenker.

50

---

67 Siehe Meyer-Goßner/Schmitt § 53 Rn 12.
68 BVerfG, 25.1.2007, 2 BvR 26/07 Rn 14.
69 Ebenso AK-Feest/Lesting-Huchting/Koch § 157 Rn 16.
70 Schwind/Böhm/Jehle/Laubenthal-Rassow/Schäfer § 55 Rn 4.

§ 7 Außenkontakte

Spezielle Literatur: *Achenbach, J.*, Computergestützte Lese- und Schreibförderung von Jugendlichen, in: W. Stark/T. Fitzner/C. Schubert (Hrsg.), Wer schreibt, der bleibt! – Und wer nicht schreibt?, Stuttgart 1998, S. 195–207; *Arloth, F.*, Strafvollzugsgesetz, München 2011; *Bach, A.*, Die vergessenen Kinder. Zur Mitbetroffenheit der Familienangehörigen von Strafgefangenen, in: Sozial Extra 4 2014, S. 20-23; *Bammann, K.*, Kontakte nach draußen, in: Deutsche AIDS-Hilfe (Hrsg.), Betreuung im Strafvollzug. Ein Handbuch, Berlin 2003, S. 53–69; *Bihs, A./Thanjan, J.*, Eltern- und Angehörigenarbeit im Jugendstrafvollzug, unveröffentlichte Diplomarbeit, Dortmund 2007; *Boenisch, J.* (Hrsg.), Leben im Dialog: unterstützte Kommunikation über die gesamte Lebensspanne, Karlsruhe 2005; *Borchert, M./Metternich, J./Hausar, S.*, Untersuchung zu den Auswirkungen von Langzeitbesuchen (LZB) und ihre Konsequenzen für die Wiedereingliederung von Strafgefangenen, in: ZfStrVo 1995, S. 259–265; *Brezinka, W.*, Tüchtigkeit, München u.a. 1987; *Brezinka, W.*, Grundbegriffe der Erziehungswissenschaft, München u.a. 1990; *Bundesministerium der Justiz Berlin/Bundesministerium für Justiz Wien/Eidgenössisches Justiz- und Polizeidepartment Bern (Hrsg.)*: Die Empfehlungen des Europarates. Rec(2008)11 über die europäischen Grundsätze für die von Sanktionen und Maßnahmen betroffenen jugendlichen Straftäter und Straftäterinnen, Mönchengladbach 2009, S. 13–47 (zit. als ERJOSSM); *Busch, M.*, Das Strafvollzugsgesetz in sozialpädagogischer Sicht, in: ZfStrVo 1977, S. 63–73; *Clemmer, D.*, The prison community, New York 1965; *Dehn, M./Habersaat, S./Weinhold, S.*, Über literarische Figuren und Medienfiguren. Schreiben als kulturelle Tätigkeit, in: C. Osburg (Hrsg.), Textschreiben – Rechtschreiben – Alphabetisierung. Initiierung sprachlicher Lernprozesse im Bereich der Grundschule, Sonderschule und Erwachsenenbildung, Baltmannsweiler 1998, S. 9-37; *Der Justizvollzugsbeauftragte des Landes Nordrhein-Westfalen*, Tätigkeitsbericht des Justizvollzugsbeauftragten des Landes Nordrhein-Westfalen 2012, Düsseldorf, 2013; *Döring, N.*, Sexualität im Gefängnis: Forschungsstand und Perspektiven, in: Zeitschrift für Sexualforschung 2006, S. 315–333; *Dörlemann, M.*, Gesetzliche Regelungen und ihr Einfluss auf die erzieherische Gestaltung des Untersuchungshaftvollzuges bei Jugendlichen, in: M. Bereswill/T. Höynck (Hrsg.), Jugendstrafvollzug in Deutschland. Grundlagen, Konzepte, Handlungsfelder, Mönchengladbach 2002, S. 87–98; *Dünkel, F./Morgenstern, C./Zolondek, J.*, Europäische Strafvollzugsgrundsätze verabschiedet!, in: NK 2006, S. 86–89; *Ebert, K. R.*, Das öffentliche Telefon im geschlossenen Vollzug. Ende oder Beginn einer Entwicklung?!, Hamburg 1999; *Ebert, K. R.*, Kartentelefone im geschlossenen Vollzug – Kommunikationsmittel sui generis, in: ZfStrVo 2000, S. 213–226; *Fend, H.*, Entwicklungspsychologie des Jugendalters, Opladen 2005; *Filipp, S.-H./Aymanns, P.*, Die Bedeutung sozialer und personaler Ressourcen in der Auseinandersetzung mit kritischen Lebensereignissen, in: Zeitschrift für Klinische Psychologie 1987, S. 383–396; *Gerhard, A.-K.*, Autonomie und Nähe – Individuationsentwicklung Jugendlicher im Spiegel familiärer Interaktion, Weinheim 2005; *Greve, W./Hosser, D./Pfeiffer, C.*, Gefängnis und die Folgen, in: KFN-Forschungsberichte Nr. 64, Hannover 1997; *Grob, A./Jaschinski, U.*, Erwachsen werden. Entwicklungspsychologie des Jugendalters, Weinheim 2003; *Havighurst, R. J.*, Developmental tasks and education, New York 1964; *Heberling, A.*, Die Situation der Angehörigen Inhaftierter, in: FS 2012, S. 8-14; *Heuer, G.*, Problem Sexualität im Strafvollzug, Stuttgart 1978; *Hirsch, S. M.*, Die Kommunikationsmöglichkeiten des Strafgefangenen mit seiner Familie, Frankfurt aM 2003; *Hirschi, T.*, Causes of delinquency, New Brunswick 2002; *Jesse, E.*, Formen des politischen Extremismus, in: Bundesministerium des Inneren (Hrsg.), Extremismus in Deutschland, Berlin 2004, S. 7-24; *Joesten, E./Wegner, E.*, Vierter Titel: Besuche, Schriftwechsel sowie Urlaub, Ausgang und Ausführung aus besonderem Anlass, in: J. Feest/W. Lesting (Hrsg.), StVollzG. Kommentar zum Strafvollzugsgesetz (AK-StVollzG), Köln 2012, S. 189–263; *Kawamura-Reindl, G./Brendle, C./Joos, B.*, Inhaftierung betrifft alle in der Familie. Ein Ratgeber für Angehörige von Inhaftierten in Bayern, Nürnberg 2003; *Knauer, F.*, Strafvollzug und Internet. Rechtsprobleme der Nutzung elektronischer Kommunikationsmedien durch Strafgefangene, Berlin 2006; *Knoche, C.*, Besuchsverkehr im Strafvollzug, Frankfurt aM 1987; *Laubenthal, K.*, Strafvollzug, Berlin/Heidelberg 2015; *Laubenthal, K., Nestler, N., Neubacher, F., Verrel, T.,*

Strafvollzugsgesetze, München 2015; *Lübke, U.*, Die Bedeutung des Schreibens im Rahmen des schulischen Erziehungs- und Bildungsauftrags, in: W. Stark/T. Fitzner/C. Schubert, Wer schreibt, der bleibt! – Und wer nicht schreibt?, Stuttgart 1998, S. 13–21; *Perwein, S.*, Erteilung, Rücknahme und Widerruf der Dauertelefongenehmigung, in: ZfStrVo 1996, S. 16–21; *Pilgram, A.*, Warum es von Interesse ist, sich mit dem Problem Angehöriger Gefangener zu beschäftigen, in: Kriminalsoziologische Bibliographie 1977, S. 44–54; *Pönitz, H.*, Kommunikation im Normalvollzug, in: T. Hofmann/H. Pönitz/R. Herz (Hrsg.), Jugend im Gefängnis, München 1975, S. 208–228; *Schneider, H.*, Telefonieren ohne Grenzen?, in: ZfStrVo 2001, S. 273–279; *Seesemann, O.*, Erfahrungen mit besonderen Formen der Vollzugsgestaltung in Hessen, Familiengottesdienste und Gesprächsgruppen für Paare, in: K. H. Schäfer/U. O. Sievering (Hrsg.), Strafvollzug – Ende für Partnerschaft, Ehe und Familie? Perspektiven des Langstrafenvollzugs, Frankfurt aM 1994, S. 33–44; *Sonnen, B.-R.*, Kommentar zu den Jugendstrafvollzugsgesetzen der Länder, in: Diemer, H./Schoreit, H./Sonnen, B-R, Jugendgerichtsgesetz mit Jugendstrafvollzugsgesetzen, 2011, 773–925; *Ulmer Echo*, Tabu: Sexualität im Knast. Ist der Sexualentzug zwangsläufiges Übel oder gewollte Doktrin? 2/2000, www.ulmerecho.de/themen/Sozialkontakte/Tabu.htm (zuletzt besucht am 12.3.2012)

I. Einleitung

Die Regeln der Vereinten Nationen zum Schutz von Jugendlichen unter Freiheitsentzug bewerten Außenkontakte als wesentlichen Bestandteil des Anspruchs auf eine gerechte und menschliche Behandlung und als unverzichtbar für die Vorbereitung der Jugendlichen auf ihre Rückkehr in die Gesellschaft: „...deshalb ist mit allen Mitteln sicherzustellen, dass die Jugendlichen angemessene Außenkontakte haben".[1] Hier wird auch ein **Recht auf** „regelmäßige und häufige" **Besuche** formuliert, die „im Prinzip einmal in der Woche und nicht seltener als einmal im Monat stattfinden sollen; dies unter Bedingungen, die dem Bedarf des Jugendlichen an einer Privatsphäre und an Kontakt und unbeeinträchtigter Kommunikation mit seiner Familie und seinem Verteidiger Rechnung tragen".[2]

Auf nationaler Ebene stellte das Bundesverfassungsgericht in seinem Urteil vom 31.5.2006 fest: „Die Bedeutung der **Familienbeziehungen** und der Möglichkeit, sie auch aus der Haft heraus zu pflegen, ist für Gefangene im Jugendstrafvollzug altersbedingt besonders groß. Bei der Gruppe der im Rechtssinne jugendlichen Gefangenen sind zudem grundrechtlich geschützte Positionen der erziehungsberechtigten Eltern berührt."[3] Und: „Ein der Achtung der Menschenwürde und dem Grundsatz der Verhältnismäßigkeit staatlichen Strafens verpflichteter Strafvollzug muss diesen Besonderheiten, die jedenfalls bei einem noch jugendhaften Entwicklungsstand größtenteils auch auf Heranwachsende zutreffen, Rechnung tragen."[4] Zwar übernehmen staatli-

---

1 Regeln der Vereinten Nationen zum Schutz von Jugendlichen unter Freiheitsentzug, Nr. 59, veröffentlicht in: Internationale Menschenrechtsstandards und das Jugendkriminalrecht, zusammengestellt von Höynck/Neubacher/Schüler-Springorum, hrsg. vom Bundesministerium der Justiz, S. 103; s. auch Vorbem. Rn 11.
2 Regeln der Vereinten Nationen zum Schutz von Jugendlichen unter Freiheitsentzug, Nr. 60; s. auch die Empfehlung Nr. R (87) 3 über die Europäischen Strafvollzugsgrundsätze, Nr. 43.1, veröffentlicht in: Internationale Menschenrechtsstandards und das Jugendkriminalrecht, zusammengestellt von Höynck/Neubacher/Schüler-Springorum, hrsg. vom Bundesministerium der Justiz.
3 BVerfG NJW 2006, 2093, 2096.
4 BVerfG NJW 2006, 2093, 2096.

che Instanzen die Erziehungsfunktion, den Eltern kommt dennoch eine „versorgende und stützende Funktion"[5] zu.

3 Die Wiedereingliederung in die Gesellschaft impliziert die Befähigung und Unterstützung zum Leben in der Gemeinschaft. Stabile und tragfähige soziale und familiäre Bindungen „können nicht theoretisch erlernt werden, sondern müssen im konkreten Kontakt miteinander entwickelt [, geübt] und gefestigt werden"[6]. Sowohl die Rechtsvorschriften der Länder zu den Grundsätzen der Außenkontakte als auch § 23 S. 2 StVollzG begründen das Gebot, nicht nur die gesetzliche Mindestgarantie des Verkehrs der Gefangenen mit der Außenwelt zu respektieren, sondern als Anstalt auch auf eine **proaktive Förderung** auf die Aufrechterhaltung und Entwicklung solcher Kontakte hinzuarbeiten. Diese „**Förderungspflicht**"[7] beinhaltet die Aufforderung an alle Bediensteten der Vollzugsanstalten, die Inhaftierten bei allen Außenkontakten zu ermutigen, zu unterstützen, zu fördern und ggf berechtigte Bedenken hinsichtlich bestimmter Kontaktformen und Inhalte den jungen Inhaftierten mitzuteilen.[8] Hinsichtlich der Kontrolle, Überwachung sowie Reaktionen auf mögliche Missbrauchsversuche und Konfliktsituationen im Zusammenhang mit Außenkontakten ist auf die erzieherisch förderliche, zukunftsorientierte Gestaltung entsprechender institutioneller Reaktionen, die Betonung des Sozialen Lernens sowie weitestmögliche Unterstützung sozial konformen und erlaubten Verhaltens anstatt allein der repressiven Sanktionierung unerlaubten Verhaltens hinzuweisen.[9] Im Hinblick auf die dem Fördergedanken inhärente Notwendigkeit flexiblen und situationsangemessenen pädagogischen Handelns ist hinsichtlich des Umgangs mit Außenkontakten auch auf das seltsame Missverhältnis von innovativen menschenrechtlichen Leitnormen einerseits und der Produktion vieler neuer Verwaltungsvorschriften unterhalb der gesetzlichen Ebene und seitens der Vollzugsverwaltungen andererseits aufmerksam zu machen, welche in dysfunktionaler Weise zur Bürokratisierung und Einschränkung von Handlungsabläufen beitragen und damit die notwendige pädagogische Handlungsfreiheit konterkarieren.[10] Beschrieben ist damit das Grundproblem des geschlossenen Vollzuges, jeden Außenkontakt prinzipiell als Gefährdung der von ihm vermeintlich zu garantierenden Geschlossenheit anzusehen und gerade in seinen Ausführungsbestimmungen diese Außenkontakte so gefahrlos und damit eben auch so restriktiv wie eben möglich zu organisieren.

4 In Anbetracht ihrer strafrechtlichen Sanktionierung wird die einfache Tatsache, dass junge Inhaftierte auch „soziale Wesen mit menschlichen Beziehungen und Bindungen"[11] sind, weitgehend vernachlässigt. Mit Antritt der Haftstrafe werden junge

---

5 Bundesarbeitsgemeinschaft für Straffälligenhilfe e.V. (zit. als „BAGS") (Hrsg.): Arbeit mit Angehörigen Inhaftierter, S. 17.
6 BAGS, Arbeit mit Angehörigen Inhaftierter, S. 37.
7 Siehe Hirsch, Die Kommunikationsmöglichkeiten des Strafgefangenen mit seiner Familie,S. 107; Arloth StVollzG, 2011, Rn 1; Joester, Wegner in Feest und Lesting S. 17, Rn 3ff.
8 Siehe auch Calliess/Müller-Dietz § 23 Rn 2.
9 Siehe Walter ZJJ 2006, S. 252 f.
10 Siehe Walter, Strafvollzug, S. 52 f.
11 Siehe Walter, Strafvollzug, S. 129.

Straftäter[12] aus bisherigen, wie auch immer gearteten sozialen Bezügen herausgerissen. Gewohnte **Sozialkontakte** werden eingeschränkt, zT völlig unter- oder abgebrochen.[13] Im Kontext der Haft werden Kontakte auf direktem Wege zu den Bediensteten wie Mitinhaftierten ermöglicht, indirekt auch durch Medien wie Radio, Fernsehen oder Zeitungen. Diese ersetzen nicht die aktive personale Begegnung mit konkreten Menschen außerhalb der Haftanstalten. Selbst dann, wenn eine intensivere Beziehung zur Familie bzw zu Angehörigen vor der Inhaftierung kaum bestand, ist ein gesteigertes Verlangen, mit den Verwandten in Kontakt zu treten, zu beobachten.[14] So ist der Besuchsverkehr nicht zuletzt für die noch nicht gelockerten inhaftierten Menschen fast die einzige Möglichkeit, in unmittelbaren Kontakt mit Menschen außerhalb der Haftanstalt zu treten.[15] Unter günstigen Bedingungen externer sozialer Einbindung kann die ständige **Kommunikation mit der Außenwelt** einer dauerhaften Übernahme eher dissozialer Normorientierungen Mitinhaftierter entgegenwirken wie auch Zerrbilder und Wunschvorstellungen hinsichtlich des Lebens außerhalb korrigiert werden können. Die unvermittelte, unmittelbare **Kommunikation mit der Außenwelt** und damit auch die weitestmögliche **Öffnung der Anstalt** wird als Feld des Trainings bzw des Neuerwerbs sozialer Kompetenzen zu einer Notwendigkeit, welche sich schon aus der Grundforderung nach einer humanen und menschenwürdigen Ausgestaltung des Strafvollzugs ergibt.[16] Die, wenn vorhanden, festen Strukturen der Familie wie auch tragfähige Beziehungen zu anderen bedeutsamen **Bezugspersonen** mit günstigem Einfluss im Sinne des Vollzugszieles bieten zudem einen wesentlichen Ankerpunkt zur Verarbeitung des Freiheitsentzuges, ganz im Gegensatz zur unruhigen Situation des Haftalltages. Für die Vorbereitung auf die Rückkehr in die Freiheit sind sie unverzichtbar, da stabile persönliche Bindungen das Verantwortungsgefühl der Gefangenen für andere Menschen wecken können und damit dazu beitragen, Rückfälligkeit zu verhindern und (soziale) Eingliederung zu begünstigen.[17] Zusammenfassend geht es darum, dem Vollzugsziel entsprechende soziale Bindungen aufrechtzuerhalten bzw neu zu entwickeln und den Kontakt mit sozial integrierten Personen zu fördern, um insbesondere auch für die Zeit nach der Haftentlassung stabilisierende Beziehungen aufzubauen, die rückfallpräventiv wirksam werden.[18]

Gerade im Hinblick auf die hohe Zahl (ehemals) drogenabhängiger junger Inhaftierter ist darauf hinzuweisen, dass diese in der Regel außerhalb der „Szene" oftmals keinerlei sozialen Bezüge mehr haben. Die Gefahr, dass Haftentlassene dorthin zurückkehren und erneut in den Drogenkonsum einsteigen, ist groß. So ist schon während der Haft seitens der Anstalt intensiv die Möglichkeit zu nutzen, sie mit Adressen von Hilfseinrichtungen und Selbsthilfegruppen zu versorgen und auch aktiv konkrete Kontakte noch während der Inhaftierung zu vermitteln. Ausdrücklich zu unterstützen

---

12 Aus Gründen der besseren Lesbarkeit wird in dieser Arbeit stets das generische Maskulinum verwendet. Gemeint ist dennoch immer sowohl die weibliche als auch die männliche Form.
13 Siehe hierzu auch Pilgram, Warum es von Interesse ist, sich mit den Problemen Angehöriger Gefangener zu beschäftigen, S. 44. Er formuliert vier Thesen, warum Angehörige von Inhaftierten ausgeblendet werden.
14 Siehe Dörlemann in: Jugendstrafvollzug in Deutschland, hrsg. von Bereswill/Höynck, S. 96 f.
15 Siehe Laubenthal in: Laubenthal, Nestler, Neubacher, Verrel, Rn 13.
16 Siehe Müller-Dietz, Strafvollzugsrecht, S. 131.
17 Siehe auch Hirsch, Die Kommunikationsmöglichkeiten des Strafgefangenen mit seiner Familie, S. 102.
18 Siehe Sonnen, Kommentar zu den Jugendstrafvollzugsgesetzen der Länder, Rn 1.

§ 7 Außenkontakte

und ggf auch zu begleiten ist die Aufnahme von Kontakten zu Menschen, die keine Drogen konsumieren und günstige Modelle im Sinne des Vollzugsziels darstellen.[19]

6 Zu den Außenkontakten zählen als Personen einerseits **Angehörige** der jungen Inhaftierten im Sinne des § 11 Abs. 1 StGB. Dies sind:

a) Verwandte und Verschwägerte gerader Linie, der Ehegatte, der bzw die Lebenspartnerin oder der Lebenspartner, der bzw die Verlobte, auch im Sinne des Lebenspartnerschaftsgesetzes, Geschwister, Ehegatten oder Lebenspartner der Geschwister, Geschwister der Ehegatten oder Lebenspartner, und zwar auch dann, wenn die Ehe oder die Lebenspartnerschaft, welche die Beziehung begründet hat, nicht mehr besteht oder wenn die Verwandtschaft oder Schwägerschaft erloschen ist sowie

b) Pflegeeltern und Pflegekinder.[20]

Allerdings schließt eine verwandtschaftliche Beziehung nicht automatisch eine gewünschte, innige und vertrauensvolle Bindung ein, weshalb der Begriff „Angehörige" weiter gefasst werden muss.[21] Deshalb sind an dieser Stelle andererseits auch individuell motivierte **Bezugspersonen** zu nennen, wie zB Lehrer, Erzieher, Patienten, Mentoren, Freunde und Bekannte, aber auch „Kumpel" aus Cliquen vor der Inhaftierung, Gelegenheitsbekannte etc. Verwiesen werden muss auf die in diesem Zusammenhang relevante „Einbeziehung Dritter" (zB § 7 JStrVzg NRW), mit denen die Anstalten zusammenarbeiten (sollen), sofern ihre Tätigkeit geeignet ist, die Erreichung des Vollzugsziels zu fördern. Zu ergänzen, wenn auch nicht abschließend aufzuführen, sind die in der Literatur nur sporadisch erwähnten studentischen und ehrenamtlichen Projekt- und Freizeitgruppen, kirchliche Kontaktgruppen, mit den Anstalten kooperierende Sport- und sonstige Vereine und zivilgesellschaftliche Gruppierungen, aus denen sich **entwicklungsfördernde Kontakte** ergeben können.[22] Hinzu kommen seitens entsprechender Einrichtungen die Mitarbeiter der **JGH**, Verteidiger, **Beistände nach § 69 JGG** und **ehrenamtliche Betreuer**.

7 Hinsichtlich der Kontexte der Kontakte sind zu unterscheiden **intramurale**, dh von außen in die Anstalt hineingehende sowie **extramurale**, dh von der Anstalt nach außen gehende **Kontakte**[23]. In diesem Beitrag geht es hinsichtlich der Außenkontakte um **intramurale** Kontakte. Die Thematik der Ausgänge und Ausführungen findet sich im § 2 dieses Handbuchs. Die **intramuralen Außenkontakte** realisieren sich durch unterschiedliche Formen: unmittelbar als Besuche und ein- bzw ausgehende Telefonate, mittelbar als Schriftwechsel sowie über den Erhalt und Versand von Paketen.

---

19 Siehe Lang in: Betreuung im Strafvollzug, hrsg. von Deutsche AIDS-Hilfe, S. 161; zum beraterischen Umgang mit Familienangehörigen nichtdeutscher drogenabhängiger Inhaftierter Schlebusch ZfStrVo 1999, 19 f.
20 Siehe Kamann, Handbuch für die Strafvollstreckung und den Strafvollzug, S. 386; Laubenthal in: Laubenthal, Nestler, Neubacher, Verrel, Rn 15.
21 Siehe BAGS, Arbeit mit Angehörigen Inhaftierter, S. 9.
22 Einen Überblick über einige Angehörigenprojekte findet sich in BAGS, Arbeit mit Angehörigen Inhaftierter, S. 21 ff.
23 Siehe Laubenthal in: Laubenthal, Nestler, Neubacher, Verrel, Rn 1 f.

II. Zielsetzungen

Im Hinblick auf die Gestaltungsgrundsätze der Ländervollzugsgesetze wie auch des § 3 StVollzG sind der Gewährleistung und Förderung der Außenkontakte drei Zielfunktionen zuzuordnen.[24]

1. Sie dienen hinsichtlich der Wahrnehmung vielfältiger Sozialbeziehungen der Angleichung des Daseins in der Haftanstalt an die allgemeinen Lebensverhältnisse. Es besteht die Möglichkeit, existierende Sozialbeziehungen aufrechterhalten und pflegen zu können, besonders zu (Ehe-)Partnern und Familienangehörigen, die unter dem verfassungsmäßig normierten Schutz des Art. 6 Abs. 1 GG stehen. Dies gilt insbesondere für die jungen inhaftierten Väter bzw Mütter, auch im Hinblick auf die förderliche Entwicklung ihrer **Kinder**.[25] Eine weitere Zielsetzung besteht in der Schaffung der Möglichkeit, neue Beziehungen herzustellen und **Bindungsfähigkeit** zu entwickeln.[26] Ausdrücklich zu erwähnen ist hier ein differenzierter Umgang mit dem Kontakt zu den im Jugend- und Heranwachsendenalter zentralen und entwicklungsbedeutsamen Gleichaltrigengruppen, welche zum Teil begünstigende Faktoren für die Straftatbegehung darstellen, andererseits aber korrigierende Funktionen hinsichtlich der Lebensführung ohne Straftaten erfüllen können. Den jungen Inhaftierten kann, sofern eine gewisse Arbeits- oder Vertrauensbeziehung zu den Mitarbeitern des Vollzugs aufgebaut wird, Hilfestellung dabei geleistet werden, eine Auswahl seiner künftig zu pflegenden, eher förderlichen Kontakte vorzunehmen.

2. Den schädlichen Wirkungen der Inhaftierung soll entgegengewirkt werden. Solche Gefahren bestehen in der inhaftierungsbedingten **Entfremdung** von nahen **Bezugspersonen** und Angehörigen wie auch in einer mit der Strafdauer zunehmenden grundsätzlichen **Entfremdung** vom (sozialen) Leben in Freiheit. Gegenwirkung in Form regelmäßiger Außenkontakte gibt den jungen Inhaftierten die Möglichkeit der Teilhabe am sozialen Geschehen, der Aufnahme neuer Sozialbeziehungen (zB im Zusammenhang mit organisierten Freizeit- und Sportaktivitäten Externer), der Stabilisierung vorhandener Beziehungen, auch des konstruktiven Umgangs mit Konflikten und Auseinandersetzungen wie sie in allen Sozialbeziehungen normal sind und bewältigt werden müssen. Häufige Kontakte mit Menschen außerhalb der Anstalten ergänzen die einseitige drastische Einengung sozialer Kontakte auf Mitinhaftierte sowie das Personal. Neue Kommunikationsthemen können angesprochen, neue und andere Sichtweisen der Dinge vermittelt, von den Anstaltsroutinen abweichende positive Aktivitäten und Umgangsformen von Ehrenamtlichen eingebracht werden.

3. Die Anbahnung neuer, die Wiederbelebung zeitweise beeinträchtigter wie auch die Pflege vorhandener Außenkontakte eröffnet Perspektiven einer **Reintegration** der jungen Inhaftierten in im Sinne des Vollzugsziels möglicherweise entwicklungsfördernde, verhaltensstabilisierende **soziale Netze** und (soziale) Aktivitäten.

---

24 Auch BVerfG NJW 2006, 2093, 2096.
25 Auch Walter, Strafvollzug, S. 131 f; zur kindlichen Belastung durch Inhaftierung des Vaters siehe Bach Sozial Extra, 2014, S. 21.
26 Siehe auch Laubenthal, Strafvollzug, Rn 483.

§ 7 Außenkontakte

Die Rückkehr in die Familie oder in die unterbrochene Partnerschaft, die Aussicht auf eine Arbeitstätigkeit, die Fortsetzung einer im Vollzug begonnenen Lehre, die Möglichkeit, in einen wohnortnahen Sportverein, in eine Kirchengemeinde oder eine andere förderliche Sozialstruktur aufgenommen zu werden, können verhaltensstabilisierende Zielperspektiven der Haftzeit sein. Alle diese Möglichkeiten sind eng verbunden mit der frühen Aufnahme bzw Pflege von Außenkontakten, welche zumindest o.g. Möglichkeiten beinhalten.[27]

9   Vor der Haftentlassung stehen im Vordergrund der vollzuglichen Bemühungen die frühzeitige Vermeidung der Isolation und Ablehnung der jungen Inhaftierten, die Vorbereitung eines **helfenden Netzes** als Anknüpfung an bestehende im Sinne des Vollzugsziels positiv zu bewertende soziale Netzwerke bzw die Anbahnung neuer, die Erreichung des Vollzugsziels begünstigende Kontakte und Sozialbeziehungen wie auch die Vermittlung von Anlaufstellen zur Unterhaltssicherung im Falle von Beschäftigungs- und Mittellosigkeit.

Nach der Haftentlassung geht es vor allem um die Bereitstellung von **Stabilisierungshilfen** zur **Reintegration** in vorhandene oder neu geknüpfte förderliche Netzwerke wie auch die Vermittlung von Hilfen der Erziehungs- und Partnerschaftsberatung im gegebenen Fall.[28]

10 Auf einen Nenner gebracht: Die in den Bereichen der Eltern, Angehörigen und weiterer bedeutsamer **Bezugspersonen** noch vorhandenen Kontakte und Ressourcen begünstigen für die Zeit nach der Haftentlassung die Integration in ein Leben ohne Straftaten. Damit wird eine **proaktive**, von der Anstalt ausgehende **Eltern- und Angehörigen-** bzw **Bezugspersonenarbeit** zur Verpflichtung[29]. Der Jugendstrafvollzug wird hier – so *Walter* – „von den Schulen lernen können und müssen: Es sollten also **Elternabende** und **Elternsprechstunden** durchgeführt werden und die Personensorgeberechtigten möglichst weitgehend in die Vollzugsarbeit einbezogen werden".[30] Die durch die Straffälligkeit des Kindes stark belastete Eltern-Kind-Beziehung revitalisiert sich regelmäßig, wenn die Eltern beim Besuch erleben und erfahren, dass das Kind Fähigkeiten erworben hat, die die Erwartung stärken, dass es die Herausforderungen des Lebens in Freiheit wird bewältigen können. Wenn trotz gebotener sozialpädagogischer und familientherapeutischer Unterstützung die Familienverhältnisse und Beziehungen zwischen Eltern und jungen Inhaftierten unverändert als problematisch oder auch weitgehend zerrüttet zu bewerten sind, muss im Sinne des Vollzugsziels der Wiedereingliederung Kontakt zu externen Betreuungseinrichtungen oder Erziehungsberatungsstellen vermittelt (ggf noch während der Haft eine **Familientherapie** initiiert) werden.[31] Insgesamt kommen zumindest im geschützten Raum der Jugendanstalt Konzepte sozialpädagogisch vor- und nachbereiteter Besuche, Schriftwechsel

---

27 Auch Stelly/Thomas, Wege aus schwerer Jugendkriminalität, S. 50.
28 Praxisnahe Hilfestellungen und Adressen für Angehörige Inhaftierter und Haftentlassene finden sich bei Frank, Mitgefangen – Hilfe für Angehörige von Inhaftierten.
29 Zur aktuellen (emotionalen) Situation weiblicher Angehöriger bezogen auf österreichische JVAs siehe Hundsbichler 2015.
30 Walter ZJJ 2006, 242.
31 Walter ZJJ 2006, 242; auch Heberling FS 2012, 13.

und Telefonate, begleiteter **Angehörigen- und Bezugspersonenseminare**, vollzugliche **Gemeinwesenarbeit**[32] und anderes in den Blick.

III. Kriminologische Aspekte

Das Jugend- und Heranwachsendenalter kann in den entwickelten westlichen Industriegesellschaften als Entwicklungsphase angesehen werden, in der bestimmte altersspezifische **Entwicklungsaufgaben** bewältigt werden müssen, um zu einer ausreichenden „Lebenstüchtigkeit" zu gelangen.[33] Zu benennen sind u.a. Berufsfindung, Übernahme sozialer Verantwortlichkeiten, Zukunftsplanung sowie Umbau sozialer Beziehungen, Entwicklung eines eigenen, gesellschaftlich akzeptablen Wertesystems, aber auch die Ablösung im Sinne einer Verselbstständigung vom Elternhaus. Dies beinhaltet den Aufbau neuer und reiferer Beziehungen zu Gleichaltrigen beiderlei Geschlechts, Auswahl eines Partners bzw einer Partnerin und mit ihm/ihr leben lernen, Haushalt und Heim gestalten als auch angemessene soziale Bezugsgruppen und Einbindungen aufbauen und erhalten. Eine eigenständige Lebensführung (Individuation) ist anzustreben, ohne dabei jedoch die Verbundenheit zur Herkunftsfamilie zu verlieren oder zu negieren.[34] Der aktive Aushandlungsprozess mit dem „Elternhaus" kann als „zu bewältigender Interessenkonflikt" verstanden werden, der ein „Neuverhandeln" der Erwartungen auf Seiten des jungen Menschen als auch auf Seiten der Erziehungsberechtigten notwendig macht. Es geht dabei nicht um eine fraglose Übernahme von gesellschaftlich vorgegebenen Normen, sondern um eine bewusste Auseinandersetzung und willentliche Akzeptanz sowie Übernahme in das eigene Selbstkonzept.[35] Hier wird deutlich, dass trotz alterstypischer Autonomiebestrebungen die Bindung an **Bezugspersonen** für den jungen Menschen von zentraler Bedeutung ist.[36]

Quellen der Bewältigung sind die physische Reifung seitens des Organismus, gesellschaftliche Erwartungen (vermittelt über Angehörige, Freunde, Gemeinde etc.) und die individuelle Zielsetzung des Jugendlichen.[37] Diese Einflüsse bedingen sich wechselseitig.

Allerdings zeichnen sich gerade junge Inhaftierte durch eine mangelnde Entwicklung konstruktiver Abgrenzungs- und Unabhängigkeitsbestrebungen aus.[38] Die Bewältigung zentraler **Entwicklungsaufgaben** wird häufig durch das Umfeld behindert. Auch die Jugendlichen und Heranwachsenden sind selbst zum Teil noch nicht bereit oder in der Lage, sich den Herausforderungen aktiv zu stellen. Gelingt die Bewältigung nicht dauerhaft, kann es durch den „Hunger nach Zuwendung und Bestätigung"[39]

---

32 ZB Nickolai in: Sozialpädagogik im Jugendstrafvollzug, hrsg. von Nickolai u.a., S. 119 ff; als gutes Beispiel mögen die „Eheseminare" der Ev. Kirche Westfalen dienen; Internet: http://www.kircheundgesellschaft.de/fileadmin/Dateien/Fachbereich_IV/Dokumente/Broschuere_Ehesminare.pdf.
33 Siehe Havighurst, Developmental tasks and education, S. 2; Oerter/Dreher in: Entwicklungspsychologie, hrsg. von Oerter/Montada, S. 258 ff; Brezinka, Tüchtigkeit.
34 Siehe Fend, Entwicklungspsychologie des Jugendalters, S. 274.
35 Siehe Hosser/Greve in: Das Online-Familienhandbuch, hrsg. von Fthenakis/Textor.
36 Siehe Gerhard, Autonomie und Nähe.
37 Siehe Grob/Jaschinski, Erwachsen werden. Entwicklungspsychologie des Jugendalters.
38 Siehe Huck DVJJ-Journal 2002, 189.
39 Siehe Huck DVJJ-Journal 2002, 189.

zur Entwicklung von sogenannten scheinbaren Handlungskompetenzen kommen.[40] Die Bestätigung des Selbstwerts wird in diesem Fall in anderen Bereichen, wie zB delinquentem Verhalten, übermäßigem Gebrauch von Sucht- oder Rauschmitteln gesucht bzw drückt sich in psychischen Störungen aus.

13 Sozialstatistische Kennwerte weisen auf Entwicklungs- und Sozialisationsdefizite bei jungen Inhaftierten hin. Allerdings muss hier zwischen Folgen und Erklärungszusammenhängen der Devianz unterschieden werden.[41] Unter vergleichbaren Bedingungen aufgewachsene **Kinder** und Jugendliche schlagen nicht zwingend denselben Entwicklungsweg ein. Von zentraler Bedeutung sind positive Eltern-Kind-Beziehungen, ein Netzwerk sozialer Unterstützung sowie ein angemessenes Maß an sozialer Kompetenz bei den Jugendlichen, die ihn gegenüber negativen Einflüssen resilient (widerstandsfähig) machen.[42] Aktiven Bewältigungsstrategien im Sinne effektiven „Copings" kommen protektive Funktionen zu.[43] In dieser Perspektive gewinnen auch problematische Sozial- und Außenkontakte bzw ihre aktive Bearbeitung eine erhebliche pädagogische Bedeutung nicht zuletzt für die Entlassungsvorbereitung und die Nachsorge.

14 Die Prisonisierungsforschung, ursprünglich begründet von *Clemmer*,[44] zeigt **soziale und personale Folgen der Haftsituation** auf. Diese Effekte können sich, bezogen auf die soziale Beziehungsebene, einerseits positiv auswirken, indem der Einfluss devianter Cliquen von außerhalb durch die Inhaftierung reduziert wird. Negative Wirkungen liegen wesentlich in den kriminalitätsfördernden Kontakten innerhalb der Haftanstalt.[45]

15 Für die positive Bewältigung der Zeit nach der Haft konnten integrationsstabilisierende Faktoren nachgewiesen werden. Neben einem festen Arbeitsverhältnis stehen Faktoren, die mit der Gestaltung von Außenkontakten im Bezug zu setzen sind: zB die Einbindung in feste Partner- und **Familienbeziehungen** sowie eine langfristige Betreuung durch professionelle Helfer Entlassung,[46] die im Sinne einer **Nachhaltigkeit** bereits zu Zeiten der Inhaftierung aufgebaut und gefördert werden sollte.[47]

16 Auch kriminologische Theorien erweisen sich hinsichtlich der Bewertung und Gestaltung der Außenkontakte als aufschlussreich. Das **Konzept der sozialen Bindung** thematisiert u.a. die Bedeutung der engen persönlichen Bindung an andere Menschen („attachment"), das Verpflichtungsgefühl gegenüber dem bisher Erreichten („commitment"), die Einbindung in konventionelle Aktivitäten („involvement") und den Glauben an die Verbindlichkeit moralischer Wertvorstellungen („belief").[48] Gesell-

---

40 Siehe Petermann/Petermann, Training mit Jugendlichen„, S. 19 f.
41 Siehe Hosser/Greve in: Das Online-Familienhandbuch, hrsg. von Fthenakis/Textor, S. 5.
42 Siehe zB Vanistendael in: Kinder stark machen. Konzepte der Gewalt- und Kriminalitätsprävention sowie der Verkehrssicherheitsarbeit, S. 5 ff.
43 Siehe Seiffge-Krenke, Aggressionsentwicklung zwischen Normalität und Pathologie ; Seiffge-Krenke/Roth/v. Irmer Zeitschrift für Klinische Psychologie und Psychotherapie 2006, 178 ff.
44 Siehe Clemmer, The prison community.
45 Siehe Greve/Hosser/Pfeiffer, Gefängnis und die Folgen.
46 Siehe Hosser/Greve in: Das Online-Familienhandbuch, hrsg. von Fthenakis/Textor.
47 Siehe Walkenhorst ZJJ 2004, 250 ff; Walkenhorst ZJJ 2004, 416 ff; Walkenhorst in: Jugendstrafvollzug in Deutschland, S. 353 ff; siehe hierzu auch Ebbers in: Psychologie helfender Institutionen, hrsg. von Kaiser, S. 53, der Angehörige als „primäre Katalysatoren einer Resozialisierung" bezeichnet.
48 Siehe Hirschi, Causes of delinquency.

schaftliche Normen werden nur in dem Maße internalisiert, in dem durch ein emotionales Band eine Verbindung („attachment") des Individuums mit wichtigen **Bezugspersonen** besteht.

Nach der „Theorie der **Neutralisierungstechniken**"[49] lehnen Straftäter die Verantwortung für ihre Tat ab, verneinen das ihnen unterstellte Unrecht, lehnen das Opfer ab, setzen die an der Strafverfolgung beteiligten Personen herab und berufen sich auf Anforderungen höherer Instanzen, wie zB der Jugendgang, der sie angehören. Die Kontaktmöglichkeiten innerhalb der Anstalt, zB in der Gefangenensubkultur, fördern die beschriebenen **Neutralisierungstechniken** unter Umständen zusätzlich.

Aus der Perspektive der „Theorie der differentiellen Kontakte" nehmen die Kontakte des bzw der Einzelnen entscheidenden Einfluss auf das Erlernen von Kriminalität. Wenn vorwiegend Kontakte zu Personen vorherrschen, die geltenden Norm- und Wertvorstellungen gegenüber negativ eingestellt sind, erfolgt eine Übernahme dieser Einstellungen und auch bestimmter Techniken sowie Fertigkeiten illegalen Verhaltens. Im Gegensatz dazu kommt es zu einer Übernahme nicht krimineller Motive, Triebe, Rationalisierungen und Einstellungen, wenn sowohl quantitativ als auch qualitativ bedeutende Beziehungen zu Nicht-Kriminellen bestehen.[50]

Nach der „Theorie der altersabhängigen informellen sozialen Kontrolle"[51] bestimmt die Qualität der Bindungen zu den im jeweiligen Lebensabschnitt zentralen Institutionen der informellen sozialen Kontrolle, ob ein Individuum abweichendes Verhalten zeigt oder nicht. Schwache Bindungen erhöhen die Wahrscheinlichkeit delinquenten Verhaltens. Gute Einbindungen in Arbeit, Familie oder Partnerschaft hingegen wirken delinquenzvermeidend. Es konnte gezeigt werden, dass es nicht die frühen Belastungen sind, die für das Legalverhalten in späteren Lebensabschnitten entscheidend sind, sondern die jeweils aktuellen Integrationsbedingungen. Welche subjektiven Voraussetzungen allerdings für den Aufbau stabiler sozialer Bindungen verantwortlich gemacht werden können, wird durch diese Theorie nicht thematisiert.

Die der Desistance-Forschung zuzuordnende Tübinger-Jungtäter-Untersuchung[52] fokussiert die subjektiven Veränderungs- und Verarbeitungsprozesse junger Straftäter. Für den Abbruch der kriminellen Karriere scheinen jeweils bestimmte Bedingungsfaktoren (=„**Reintegrationstypen**") ausschlaggebend zu sein: Integration durch Arbeit, Einbindung in den Familienverband samt materieller und emotionaler Unterstützung, Integration durch Partnerschaft,[53] Wegfall problematischer Familienkonstellationen, Beendigung der Drogenabhängigkeit sowie bei drohendem Verlust eines relativ hohen sozialen Kapitals (zB Freundin, **Sozialkontakte**) Beendigung des delinquenten „Doppellebens" der jungen Straftäter. Ob ein Faktor Unterstützungs- oder Risikocharakter aufweist, lässt sich nicht allgemeingültig festmachen, da dessen Wirkung ambivalent ist und von Vorhandensein bzw Stärke anderer Einflussfaktoren abhängig ist. Enge Familienkontakte können zum Beispiel zur Resozialisierung beitragen und spielen ge-

---

49 Siehe Sykes/Matza in: Kriminalsoziologie, hrsg. von Sack/König, S. 360 ff.
50 Siehe Sutherland in: Kriminalsoziologie, hrsg. von Sack/König, S. 395 ff.
51 Siehe Sampson/Laub, Crime in the making.
52 Siehe Stelly/Thomas, Wege aus schwerer Jugendkriminalität; Stelly/Thomas ZJJ 2006, 45 ff.
53 Siehe auch Walter ZJJ 2006, 252.

rade bei Inhaftierten mit Migrationshintergrund aufgrund der hohen von der Familie ausgehenden sozialen Unterstützung eine zentrale Rolle. Sie können aber auch einer Resozialisierung entgegenstehen, wenn beispielsweise das Ehrgefühl im Hinblick auf die Familie angegriffen wird oder aber der bzw die Heranwachsende straffällig wird, da er bzw sie meint, sich finanziell um die Familie kümmern zu müssen.

17 *Schneider* formuliert zusammenfassend: „Kontakte zu Dritten sind danach für einen sozial unauffälligen Lebensstil nicht etwa grundsätzlich vorteilhaft oder nachteilig, sondern es kommt entscheidend auf die Art des Kontaktes und die Persönlichkeit des Gegenübers an."⁵⁴ Konkret besteht die Förderaufgabe in der Befähigung der jungen Inhaftierten zu einem differentiellen Umgang mit vorhandenen und ggf neu zu knüpfenden Beziehungen entsprechend den **Entwicklungsaufgaben** des Jugend- und Heranwachsendenalters. Auch im Lichte der hier vorgestellten Erkenntnisse sind zusätzliche **extramurale Kontaktmöglichkeiten** von großer integrativer Bedeutung und können den jungen Inhaftierten als soziale Korrektive ihrer Selbstwahrnehmung, Selbsteinschätzung und Handlungskompetenzen dienen.⁵⁵

IV. Rechtstatsächliche Befunde

18 Im Folgenden wird auf Sozialbeziehungen junger Inhaftierter vor, während und nach der Haft eingegangen. Hier sind im Hinblick auf den **Angleichungsgrundsatz** (siehe § 1 Rn 33) zunächst die Wohn-, Lebens- als auch Familienverhältnisse der jungen Menschen vor Haftantritt von Bedeutung. Die Untersuchung von 1.310 männlichen, deutschen und deutschsprachigen 14- bis 24-jährigen Erstinhaftierten aus fünf norddeutschen Jugendstrafanstalten⁵⁶ zeigte, dass 92,5 % der Jugendlichen und Heranwachsenden zum Zeitpunkt der Erstinhaftierung ledig, 7,2 % verheiratet und 0,4 % geschieden waren (siehe auch Vorbem. Rn 16). Bereits 11,6 % hatten eigene **Kinder**. Diese werden auch, wie *Walter*⁵⁷ es formuliert, als „**mitbestrafte Dritte**" bezeichnet.⁵⁸ Gemeint sind damit Folgen für die Kinder der Inhaftierten wie fehlende elterliche Identifikationsfiguren, Diskriminierung, Stigmatisierung, Schuldgefühle sowie Einschnitte in die ökonomische und soziale Situation.⁵⁹ Allerdings lebten von den Jugendlichen und Heranwachsenden vor Haftantritt nur 22,2 % in einer festen Partnerschaft oder waren verheiratet. Zurzeit ist nicht genauer bekannt, wie viele **Kinder** alle im Jugendvollzug einsitzenden Männer und Frauen haben, ebenso wenig, wie viele **Kinder** im Vorschulalter die im Vollzug befindlichen Frauen haben (vermutet werden Größenordnungen deutlich über 1.000 **Kinder** bei allen inhaftierten Frauen).⁶⁰ *Dün-*

---

54 Schneider ZfStrVo 2001, 276.
55 Siehe auch die ehrenamtlichen Helfer in Weidner, Anti-Aggressivitäts-Training für Gewalttäter.
56 Siehe Enzmann/Greve in: Forschungsthema Strafvollzug, hrsg. von Bereswill/Greve, S. 109 ff; aber auch Hosser/Greve in: Das Online-Familienhandbuch, in Teilen auch von Fthenakis/Textor, S. 6 ff; Hosser in: Forschungsthema Strafvollzug, hrsg. von Bereswill/Greve, S. 324 f.
57 Walter, Strafvollzug, S. 128.
58 Siehe hierzu auch Götte, Die Mitbetroffenheit der Kinder und Ehepartner von Strafgefangenen – Eine Analyse aus Sicht unterhaltsrechtlicher Interessen, 2000. Insbesondere wird hier die materielle Mitbetroffenheit Angehöriger thematisiert.
59 BAGS, Arbeit mit Angehörigen Inhaftierter, S. 15 f.
60 Walter, Strafvollzug, S. 130, S. 133.

kel et al. (2005) weisen zumindest nach, dass 67,8 % der inhaftierten Frauen Mütter sind.[61]

Bezogen auf die **Peer-Kontakte** stellte u.a. die Tübinger-Jungtäter-Vergleichsuntersuchung heraus, dass junge männliche Straffällige eher lockere Kontakte zu einem Kreis von „Kumpels" (ohne Vertrauensbasis, mit wechselseitiger Übervorteilung) pflegten und weniger langjährige tragende Freundschaften unterhielten bzw. bevorzugten.[62] Insgesamt waren 25,1 % der jungen Erstinhaftierten vor der Haft allein lebend, 45,5 % lebten in einem gemeinsamen Haushalt mit einem Sorgeberechtigten und 14,9 % gemeinsam mit ihrer Partnerin.[63] Ein hoher Prozentsatz der Eltern war geschieden (55,4 %). Die Jugendlichen wuchsen in strukturell unvollständigen Familien auf. So sind nur etwas mehr als die Hälfte der Erstinhaftierten hauptsächlich bei beiden leiblichen Eltern aufgewachsen, knapp ein Viertel wurde von seiner (allein stehenden) Mutter aufgezogen.[64] Andere Untersuchungen kommen zu vergleichbaren Ergebnissen: 50 % der jungen Inhaftierten lebten bis zum 18. Lebensjahr nicht durchgängig bei ihrer leiblichen Mutter, 20 % nicht einmal bis zum 7. Lebensjahr.[65] 45,5 % der Jugendlichen hatte schon mindestens einen Heimaufenthalt hinter sich, davon waren 45 % in mehr als einer Einrichtung untergebracht.[66] Hinsichtlich junger ausländischer Gefangener (14-25 Jahre) im Jugendstrafvollzug betrug deren Anteil nach einer Untersuchung von *Wirth* (1998) in Nordrhein-Westfalen etwa 37 %.[67] Insgesamt waren 36 unterschiedliche Nationalitäten vertreten, führend die türkischen Junginhaftierten mit 49,8 %. 30 unterschiedliche Geburtsländer waren zu verzeichnen, wobei nahezu die Hälfte der jungen Ausländer in Deutschland geboren wurde (48,8 %), gefolgt von der Türkei (15,2 %). Von den in Deutschland Geborenen besaßen etwa 70 % die türkische Staatsangehörigkeit. Bezüglich der Aufenthaltsdauer der jungen ausländischen Gefangenen waren etwa drei Viertel von ihnen weitgehend in Deutschland aufgewachsen. In Aufenthaltsjahren ausgedrückt, haben sie vor ihrer Inhaftierung im Schnitt fast 14 Jahre in der Bundesrepublik gelebt. Drei Viertel der ausländischen Gefangenen hatten sich legal in Deutschland aufgehalten und zählen somit statistisch zur sogenannten „Wohnbevölkerung". Vor Haftantritt waren 72 % von ihnen noch bei den Eltern gemeldet, bei weiteren 15 % lebten die Angehörigen am Wohnort. Aus zerbrochenen Familien, sogenannten „Broken Homes" (Trennung der Eltern, Tod eines Elternteils oder beider Eltern), entstammte ein Drittel (33,5 %).

Für einen nicht geringen Teil der Jugendlichen kann die soziale, wirtschaftliche und persönliche Situation der Herkunftsfamilie als schwierig beschrieben werden (hohe Arbeitslosenquoten der Eltern, schwierige finanzielle Situation, deutlich erhöhte Alkohol- und Drogenproblematiken sowie Straftaten und Gefängnisaufenthalte von Fa-

---

61 Dünkel, F., Kestermann C., Zolondek, J., Internationale Studie zum Frauenvollzug. Bestandsaufnahme, Bedarfsanalyse und "best practice", Universität Greifswald, 2005.
62 Siehe Schneider ZfStrVo 2001, 273 ff.
63 Siehe Enzmann/Greve in: Forschungsthema Strafvollzug, hrsg. von Bereswill/Greve, S. 115.
64 Siehe Enzmann/Greve in: Forschungsthema Strafvollzug, hrsg. von Bereswill/Greve, S. 115 f.
65 Siehe Kirchner in: Kinder und Jugendliche als Opfer und Täter, hrsg. von DVJJ, S. 521 (für die JVA Wiesbaden); Dolde/Grübl in: Jugendstrafvollzug und Bewährung, hrsg. von Kerner/Dolde/Mey, S. 238 f.
66 Siehe Enzmann/Greve in: Forschungsthema Strafvollzug, hrsg. von Bereswill/Greve, S. 116.
67 Wirth ZfStrVo 1998, 278 ff.

milienmitgliedern).[68] Die Rate körperlicher Misshandlungen durch Eltern in der Kindheit wird zudem als 4-fach erhöht angegeben.[69] Eine undifferenzierte Einbeziehung solcher Eltern bzw Väter oder Mütter ist sehr problematisch und muss, wenn überhaupt, betreuerisch intensiv begleitet werden. Schul- und Ausbildungsstand sowie materielle Lage der jungen Ersttäter vor der Inhaftierung sind gekennzeichnet durch niedrige oder mangelnde Schulabschlüsse, fehlende berufliche Ausbildungen und Überschuldungen.[70] Die **Analphabetenquote** bei Strafgefangenen wird auf mind. 10 % geschätzt.[71] Inhaftierte Mädchen sind darüber hinaus zudem oftmals von frühen sexuellen Missbrauchserfahrungen, Drogenkonsum, Anschaffungsprostitution, Weglaufen von Zuhause sowie früher Kriminalisierung betroffen.[72]

19 Während der Haftzeit wurden viele der vorhandenen **Sozialkontakte** bereits kurze Zeit nach der Inhaftierung abgebrochen. Auch bei Partnerschaften handelt es sich überwiegend um lockere Beziehungen, wenngleich diese zT nach außen hin formal durch Verlobungen oder Eheschließungen als tragend und langfristig angelegt erscheinen können. ¾ der Befragten gaben an, vor der Inhaftierung eine „feste" Beziehung mit einer Partnerin zu haben, die aber schon in den ersten Wochen nach Haftantritt von mehr als ⅓ beendet wurde.[73] Dies ging, da zT aus den Partnerschaften bereits eigene **Kinder** hervorgegangen waren, auch mit einem Verlust der Kontakte zu diesen einher, womit auch ein Wegfall sozialer Verantwortlichkeit und damit eines Schutzfaktors sowohl für die Entwicklung des Inhaftierten als auch des Kindes verbunden sein kann. Im Zusammenhang mit den Partnerschaften ist ferner eine Erhebung aus dem Jahre 1978[74] zu erwähnen, für die 48 weibliche und männliche Inhaftierte zwischen 14 und über 40 Jahren in drei Haftanstalten in Schleswig-Holstein zum Erleben ihrer Sexualität während der Haft befragt wurden. 34 Befragte (70 %) gaben dabei an, den Mangel an **sexuellen Kontakten** als sehr belastend zu erleben. Allerdings beurteilten 25 (52 %) der befragten Inhaftierten die eigens für **sexuelle Kontakte** mit Partnern eingerichteten Besuchsräume als negativ, da die entsprechenden Nutzungsregelungen unzumutbar seien. Aktuelle und größer angelegte empirische Studien über **Sexualkontakte** in deutschen Haftanstalten waren nicht zu ermitteln.[75] Allerdings kann Erfahrungsberichten von Inhaftierten entnommen werden, dass der Mangel an sexuellen Kontakten während der Haft immer noch als stark belastend empfunden wird und das Zustandekommen derselben an große bürokratische Hürden und Hemmnisse gebunden ist, die den – wenn überhaupt stattfindenden –

---

68 Siehe zB Seiffge-Krenke/Roth/von Irmer Zeitschrift für Klinische Psychologie und Psychotherapie 2006, 185; Enzmann/Greve in: Forschungsthema Strafvollzug, hrsg. von Bereswill/Greve, S. 116 ff.
69 Siehe Enzmann/Greve in: Forschungsthema Strafvollzug, hrsg. von Bereswill/Greve, S. 118.
70 Siehe Hosser/Greve DVJJ-Journal 2002, 430; Enzmann/Greve in: Forschungsthema Strafvollzug, hrsg. von Bereswill/Greve, S. 119 ff; Wirth ZfStrVo 1998, 278 ff; ähnliche Befunde auch bei Kerner in: Jugendstrafvollzug und Bewährung, hrsg. von Kerner/Dolde/Mey, S. 3 ff; s. auch Vorbem. Rn 22.
71 Siehe Ebert, Das öffentliche Telefon im geschlossenen Vollzug, S. 108.
72 Siehe Jansen, Mädchen in Haft, S. 68 ff; König in: Jugendstrafvollzug in Deutschland, hrsg. von Bereswill/Höynck, S. 143 ff.
73 Siehe Hosser/Greve DVJJ-Journal 2002, 432; s. auch Enzmann in: Jugendstrafvollzug in Deutschland, hrsg. von Bereswill/Höynck, S. 263 ff.
74 Siehe Heuer, Problem Sexualität im Strafvollzug.
75 Siehe zB Döring Zeitschrift für Sexualforschung 2006, 315 ff.

Kontakt erheblich „enterotisieren" und sich somit negativ auf die Partnerschaft auswirken.[76]

Auch Kontakte zur Herkunftsfamilie sind für viele junge Inhaftierte eher die Ausnahme als die Regel. So sahen im ersten Haftdrittel mehr als $\frac{1}{3}$ noch nicht einmal ihre Mutter und 15,4 % hatten gar keinen Kontakt zu ihr. $\frac{1}{4}$ hatte zudem keinerlei Kontakt, also weder persönlich, telefonisch noch brieflicher Art zu ihrem Vater und/oder den Geschwistern. Die Angaben beziehen sich nur auf diejenigen Inhaftierten, die überhaupt über die entsprechenden **Bezugspersonen** verfügten. Neben die räumliche Trennung zu den **Bezugspersonen** tritt zudem eine emotionale **Entfremdung**.[77] Die **soziale Isolation**, insbesondere die Trennung von Familie, Freundin bzw Freund und Freunden wird als besonders belastend erlebt.[78] Einige Inhaftierte beklagten auch die Trennung von den eigenen **Kindern**. Die fehlende Möglichkeit einer direkten Einflussnahme auf das Leben außerhalb der Haft kann zu Ohnmachtsgefühlen, Angst vor Kontrollverlust sowie Misstrauen gegenüber den Angehörigen bis hin zur Entfremdung führen.[79]

Insgesamt scheint es, dass zumindest bei den jungen Inhaftierten nur $\frac{1}{5}$ mehr als 2-mal pro Monat und etwas mehr als $\frac{1}{3}$ höchstens alle zwei Monate besucht wird.[80] Andererseits jedoch scheint die Bedeutung der Familie, insbesondere der Mutter, für die jungen Inhaftierten während Haft deutlich zuzunehmen. Wie gering der Kontakt vor der Inhaftierung auch gewesen sein mag, „so selbstverständlich wird aus der Haft heraus häufig die Solidarität und Unterstützung des familiären Systems nachgefragt".[81]

Schon in den 70er-Jahren berichtete *Busch*[82] von einer Untersuchung in der Jugendanstalt Wiesbaden, welche zu ähnlichen Ergebnissen kam. So erwarteten ca. 30 % der 250 untersuchten 18- bis 21-jährigen Inhaftierten überhaupt keinen Besuch während der Strafzeit. Etwa 15 % beantragten Besuch in der Hoffnung, dass irgendwelche Angehörigen kämen. Niemand jedoch ließ sich während ihrer Haftzeit „blicken". Lediglich 23 % erhielten regelmäßig Besuch, weitere 30 % zumindest unregelmäßig. Auch bezüglich des Briefwechsels als weiterem Indikator sozialer Einbindung zeigt sich, dass etwa 30 % aller jungen Untersuchten keinen Kontakt zur Außenwelt hatten. Abgesehen von den relativ seltenen und zeitlich begrenzten Besuchen stellt aber der Briefverkehr die zentrale und häufigste Kommunikationsmöglichkeit dar.[83] So berichtet eine frühe Untersuchung von *Pönitz*[84] von immerhin 70 % junger Inhaftierter mit zumindest einem festen Briefpartner, der auch regelmäßig antwortet, während 10 % niemals schrieben. Diese Zahlen dürften sich zugunsten der telefonischen Kommuni-

---

76 Siehe Ulmer Echo, Tabu: Sexualität im Knast.
77 Siehe Hosser/Greve in: Das Online-Familienhandbuch, hrsg. von Fthenakis/Textor, S. 7.
78 Siehe Hosser/Greve DVJJ-Journal 2002, 432; s. auch Enzmann in: Jugendstrafvollzug in Deutschland, hrsg. von Bereswill/Höynck, S. 263 ff; für Frauen s. Busch/Fülbier/Meyer, Zur Situation der Frauen von Inhaftierten, S. 309.
79 Siehe BAGS, Arbeit mit Angehörigen Inhaftierter, S. 11 ff.
80 Siehe Hosser/Greve in: Das Online-Familienhandbuch, hrsg. von Fthenakis/Textor, S. 7; so schon Pönitz in: Jugend im Gefängnis, hrsg. von Hofmann/Pönitz/Herz, S. 224 f.
81 BAGS, Arbeit mit Angehörigen Inhaftierter, S. 18.
82 Siehe Busch ZfStrVo 1977, 267 f.
83 Siehe BAGS, Arbeit mit Angehörigen Inhaftierter, S. 13.
84 Siehe Pönitz in: Jugend im Gefängnis, hrsg. von Hofmann/Pönitz/Herz, S. 222 ff.

kation zumindest im offenen Vollzug mittlerweile verringert haben. Allerdings wird eine in der Regel „trostlose Eintönigkeit der Korrespondenz" beschrieben. Ebenso wird von stereotypen Antwortbriefen berichtet, welche über die Tatsache des Haftaufenthalts des Empfängers hinweggehen, gemeinsame positive Erlebnisse der Vergangenheit und eine gute Zukunft ausmalen oder den gegenwärtigen Zustand der Inhaftierten und sein Wohlergehen thematisieren.[85] Inwieweit solche Aussagen generalisierbar sind, steht dahin. Unter pädagogischer Perspektive sind die geschilderten Sachverhalte jedoch immer Lerngelegenheiten und -anlässe, auch diesen Weg der Kommunikation kreativ zu gestalten und anzureichern.

21 Die Ausgestaltung der telefonischen Kontakte zumindest im Erwachsenenvollzug scheint nach Dauer und Zeitpunkt der Gespräche sowie Auswahl der Gesprächspartner je nach Anstalt und Hausordnung erheblich zu differieren.[86] Hinsichtlich der Aus- und Verbreitung von **Mobiltelefonen** nennt ein Wortprotokoll des Abgeordnetenhauses Berlin vom 10. September 2007 die Zahl von 400 in der Berliner Jugendanstalt gefundenen **Handys**.[87] Aus Sachsen wird ebenfalls das Einschmuggeln von **Handys** über Paketsendungen in die Haftanstalten berichtet.[88] Aus Baden-Württemberg wird eine Zunahme der in den 18 Anstalten des Landes gefundenen **Handys** von 26 in 2003 auf 171 in 2006 berichtet.[89]

22 Hinsichtlich faktisch praktizierter **Eltern- und Angehörigenarbeit** während der Haft ergab eine explorative Befragung von Mitarbeitern deutscher Jugendstrafanstalten, dass Eltern und Angehörige von jungen Inhaftierten nur sehr unregelmäßig von Seiten der Anstalt kontaktiert wurden (keiner der Befragten in den Anstalten gab an, häufig oder regelmäßig mit den Eltern/Angehörigen zu kommunizieren) und dies zumeist nur in Form von sog. „Tür-und-Angel-Gesprächen", telefonisch oder zum Zwecke des allgemeinen Informationsaustausches. Vereinzelt erfolgt eine Einbindung von Angehörigen im Rahmen von **Familientherapien**.[90] Eine „**proaktive**" soziale Arbeit konnte nicht beobachtet werden. Wohl aber würde sich die bedeutende Mehrheit (93 %) der Befragten die Implementierung einer konzeptionell fundierten **Eltern- und Angehörigenarbeit** wünschen.[91]

Nachdem in den neuen Jugendstrafvollzugsgesetzen das Übergangsmanagement fester Bestandteil der Vollzugsgestaltung geworden ist, dürften in diesem Zusammenhang zumindest der Versuch einer Kontaktaufnahme mit den Eltern sowie weitere Ansätze einer vollzuglichen Eltern- und Angehörigenarbeit zu den etablierten fachlichen Standards des Jugendstrafvollzuges gehören.

---

85 Siehe Pönitz in: Jugend im Gefängnis, hrsg. von Hofmann/Pönitz/Herz, S. 222 ff.
86 Siehe Hirsch, Die Kommunikationsmöglichkeiten des Strafgefangenen mit seiner Familie, S. 217 ff.
87 Siehe Abgeordnetenhaus Berlin, 2007; die Zahl sank jedoch in 2011 auf 289 (http://www.parlament-berlin.de/ados/16/ InnSichO/protokoll/iso16-014-wp.pdf am 15.3.2012; http://www.svenrissmann.de/downloads/ka/ka17-10397-1.pdf am 1.7.2015.).
88 Siehe Sächsisches Staatsministerium der Justiz, 2007 (http://www.justiz.sachsen.de/smj/content/1037.php am 18.3.2012).
89 Siehe Justizministerium Baden-Württemberg, 2007 (http://www.jum.baden-wuerttemberg.de/ servlet/PB/menu/1213838/index.html?ROOT=1153239 am 15.3.2012.).
90 Siehe Bihs/Thanjan, Eltern- und Angehörigenarbeit im Jugendstrafvollzug, S. 174 f.
91 Siehe Bihs/Thanjan, Eltern- und Angehörigenarbeit im Jugendstrafvollzug, S. 175; Walter ZJJ 2006, 241 f.

IV. Rechtstatsächliche Befunde

Im Hinblick auf die situativen Bedingungen nach der Haftentlassung ist ebenso bedeutsam, dass es nach den vorliegenden Untersuchungen für einen erheblichen Anteil der jungen Haftentlassenen kaum eine Rückkehrmöglichkeit in eine intakte Familie und/oder einen nicht delinquenten Freundeskreis gibt. Allerdings gingen laut einer Untersuchung im baden-württembergischen Jugendstrafvollzug trotz mancher Belastungen zwei von drei aus dem Jugendstrafvollzug Entlassenen zu den Eltern oder anderen Familienangehörigen zurück; nur 14 % zogen in eine eigene Wohnung bzw in ein eigenes Zimmer und 15 % in ein Heim oder eine betreute Wohngemeinschaft.[92] Während der Haft werden bestimmte Beziehungsprobleme auch gar nicht sichtbar. Während der kurzen Besuche, beim Hafturlaub und anderen Gelegenheiten werden latente Konflikte bagatellisiert und treten in den Hintergrund. Massive Beziehungsstörungen, selbst wenn sie scheinbar an Bedeutung verloren hatten, werden nach der Haftentlassung durch das tagtägliche Zusammenleben aktualisiert und führen zum Rückfall in längst überwunden geglaubtes Problemverhalten.[93] So ist Reintegrationserfolg nicht nur und in erster Linie als direkte Konsequenz vorangegangener Qualifizierung sowie daraus geweckter und resultierender Leistungsfähigkeit und Motivation zu betrachten, sondern auch als Ergebnis weiterer zusätzlicher Unterstützungs- und Vermittlungsleistungen. Geleistet werden diese insbesondere von Familien, Erziehungsberechtigten, mittels sonstiger Unterstützung aus der sozialen Umgebung des jungen Haftentlassenen sowie der qualifizierten **Begleitung** durch Fachbehörden wie Arbeits-, Sozial- und Jugendämter.[94] Des Weiteren lässt sich im Hinblick auf ausländische Inhaftierte bzw Inhaftierte mit Migrationshintergrund über die Zusammenarbeit mit gemeinnützigen Vereinen und Verbänden das Engagement qualifizierter ehrenamtlicher Mitarbeiter für zusätzliche Sprach- und Freizeitangebote, religiöse Betreuungswünsche, Dolmeschertätigkeiten und Hilfestellungen bei behördlichen oder familiären Angelegenheiten nutzen. Die stärkere Einbindung solcher externen Kräfte würde nicht nur gesellschaftliche Kontakte zur Außenwelt fördern, sondern auch die Ausnutzung Rat suchender ausländischer Inhaftierter durch illoyale Mitgefangene unterbinden. Zudem kommt externen Mitarbeitern oftmals ein Vertrauensbonus zugute, da ihre Tätigkeit als justiz- und staatsunabhängig erlebt wird.[95]

Bezogen auf die schon erwähnten „**Reintegrationstypen**" ist realistischer Weise zu beachten, dass eine Rückkehr in die Familie bzw zu den Erziehungsberechtigten nicht in jedem Fall prognostisch günstig und wünschenswert ist. Risikofaktoren liegen bei diesen jungen Menschen im Versuch, um jeden Preis das materielle Überleben der Familie zu sichern. Zum anderen wird von massiven Konflikten mit den meist temporären Lebenspartnern der Mutter berichtet. Bei manchen jungen Inhaftierten kann es erst mit der Loslösung von der Herkunftsfamilie zu einer stabilen strafrechtlichen Unauffälligkeit kommen. Voraussetzung dazu ist ein regelmäßiges Einkommen durch

---

92 Siehe Dolde/Grübl in: Jugendstrafvollzug und Bewährung, hrsg. von Kerner/Dolde/Mey, S. 291.
93 Siehe Kunze ZfStrVo 1983, 155.
94 Siehe zur Bedeutung einer dynamischen Sichtweise der aktuellen sozialen Einbindung des Individuums Sampson/Laub, Crime in the making ; zum kontrolltheoretischen Hintergrund dieser Annahmen Gottfredson/Hirschi, A general theory of crime.
95 Winkler in: Gutachten zum 8. Deutschen Präventionstag, hrsg. von Kerner/Marks, S. 131.

Arbeit oder Ausbildung, das die solide Finanzierung eines selbstständigen Haushalts ermöglichen kann.[96]

25 Hinsichtlich der mittelbaren Kommunikationsformen ist darauf hinzuweisen, dass es heute in vielen Haftanstalten **Kartentelefone** gibt, die für die Gefangenen frei zugänglich sind. Ob, wie lange und zu welchen Tageszeiten telefoniert werden kann, wird sehr unterschiedlich gehandhabt. Die Anstalten selbst legen entsprechende Regelungen fest, welche sich in den jeweiligen Hausordnungen finden. Münztelefone sind selten, da der Besitz von Bargeld untersagt ist.

26 Mit Computern sind heute die meisten Haftanstalten ausgestattet, welche zB für den Unterricht, die berufliche Qualifizierung oder die Herstellung der Gefangenenzeitung verwendet werden. In der Regel bieten sie jedoch keinen Internet-Zugang und damit auch nicht die Möglichkeit, **E-Mails** zu empfangen oder zu versenden.[97] Jedoch plädiert *Knauer*[98] dafür, im Sinne des Angleichungsgrundsatzes den Inhaftierten eine Nutzung des World Wide Web neben den konventionellen Kommunikationsformen zu erlauben. Dies nicht zuletzt vor dem Hintergrund, dass das World Wide Web Inhalte bietet, auf die durch andere Medien nicht zugegriffen werden kann, zB Informationen über Hilfsangebote für die Zeit nach der Haftentlassung, die Einsichtnahme von Stellenangeboten oder Wohnungsangeboten. Damit wird das Informationsrecht der Inhaftierten gemäß Art. 5 Abs. 1 GG gewahrt wie auch schädlichen Haftfolgen entgegengewirkt und Wiedereingliederung begünstigt.[99]

V. Regelungsinhalte

27 Im Folgenden werden die Regelungsinhalte für den Jugendstrafvollzug in Tabellenform zusammengefasst. Als Bezugsgesetz dient hierbei das JStVollzG Bln.[100] Diese sowie die übrigen Regelungen werden sodann im Fließtext erläutert. Zugeordnet werden die Bestimmungen den übergeordneten Themenkomplexen „Besuch", „Schriftwechsel" und „Telekommunikation" sowie „Pakete".

1. Internationale und nationale Mindeststandards zur Förderung von Außenkontakten

28 Die Regelungen der Ländergesetze über die Außenkontakte genügen größtenteils internationalen (Europäische Grundsätze für die von Sanktionen und Maßnahmen betroffenen jugendlichen Straftäter und Straftäterinnen (ERJOSSM), 2008; Standard Minimum Rules for the Treatment of Prisoners, 1955; Internationaler Pakt über bürgerliche und politische Rechte (IPBPR), United Nations Rules for the Protection of Juveniles Deprived of their Liberty, 1990; European Prison Rules, 1987; Europäische Abkommen zur Verhütung von Folter und unmenschlicher oder erniedrigender Be-

---

96 Siehe Stelly/Thomas ZJJ 2006, 48 f.
97 Siehe Bammann in: Betreuung im Strafvollzug, hrsg. von Deutsche AIDS-Hilfe, S. 65.
98 Siehe Knauer, Strafvollzug und Internet, S. 157 ff.
99 Hinsichtlich der praktischen Umsetzung unter Gesichtspunkten der Kostenträgerschaft sowie des räumlichen und zeitlichen Rahmens einer Internetnutzung s. Knauer, Strafvollzug und Internet, S. 161 f.
100 Als Bezugsgesetz wird das JVollzG Bln in seiner Fassung vom 15.12.2007 (zuletzt geändert 21.6.2011) genutzt. Die Entwurfsfassung zur Änderung dieses Gesetzes vom 8.9.2015 wird jeweils in den Fußnoten aufgegriffen.

handlung oder Strafe, 1987; Charta der Grundrechte der Europäischen Union, 2000) und nationalen Standards (Mindeststandards der DVJJ, mit Ausnahme der Nr. 15 zum Empfang von Paketen), gehen aber auch nicht deutlich darüber hinaus.

2. Besuche

Länder	
Berlin (§ 46[101] Grundsatz; § 47[102] Abs. 1-4 Recht auf Besuch)	**§ 46 Grundsatz** Die Gefangenen[103] haben das Recht, mit Personen außerhalb der Anstalt im Rahmen der Bestimmungen dieses Gesetzes zu verkehren. Der Kontakt mit Personen, von denen ein günstiger Einfluss erwartet werden kann, wird gefördert[104]. **§ 47 Recht auf Besuch** (1) Die Gefangenen dürfen regelmäßig Besuch empfangen. Die Gesamtdauer beträgt mindestens vier Stunden im Monat.[105] (2) Kontakte der Gefangenen zu ihren Kindern werden besonders gefördert. Deren Besuche werden nicht auf die Regelbesuchszeiten angerechnet.[106] (3) Besuche sollen darüber hinaus zugelassen werden, wenn sie die Erziehung oder Eingliederung der Gefangenen fördern oder persönlichen, rechtlichen oder geschäftlichen Angelegenheiten dienen, die nicht von den Gefangenen schriftlich erledigt, durch Dritte wahrgenommen oder bis zur Entlassung aufgeschoben werden können. (4) Aus Gründen der Sicherheit können Besuche davon abhängig gemacht werden, dass sich die Besucherinnen und Besucher mit technischen Hilfsmitteln absuchen oder durchsuchen lassen.
Baden Württemberg (Buch 4 § 17 Abs. 1-4 Pflege sozialer Beziehungen)	(1) inhaltlich wie § 46 JStVollzG Bln (2) wie § 47 Abs. 1 JStVollzG Bln (3) wie § 47 Abs. 3 JStVollzG Bln (4) wie § 47 Abs. 4 JStVollzG Bln, aber Zusatz: Aus den gleichen Gründen kann die Anzahl der gleichzeitig zu einem Besuch zugelassenen Personen beschränkt werden.
Bayern (Art. 26 Grundsatz; Art. 27 Abs. 1-3 Recht auf Besuch; Art. 144 Abs. 2-3 Besuch, Schriftwechsel, Pakete, Urlaub, Ausgang und Ausführungen aus wichtigem Anlass)	**Art. 26 Grundsatz** inhaltlich wie § 46 JStVollzG Bln, aber Verzicht auf den Zusatz, dass nur Kontakt zu Personen, von denen günstiger Einfluss erwartet werden kann, gefördert wird. **Art. 27 Recht auf Besuch** (1) wie § 47 Abs. 1 JStVollzG Bln, aber Zusatz: Das Weitere regelt die Hausordnung. (2) inhaltlich wie § 47 Abs. 2 JStVollzG Bln, aber statt des Begriffs Erziehung wird Behandlung genutzt

---

101 Entwurfsfassung: § 30.
102 Entwurfsfassung: § 31.
103 Entwurfsfassung: Jugendstrafgefangenen statt Gefangenen.
104 Entwurfsfassung: die Anstalt fördert.
105 Die Entwurfsfassung sieht folgende weitere Sätze unter Abs. 1 vor: Kontakte der Jugendstrafgefangenen zu ihren Kindern werden besonders gefördert. Bei Besuchen von ihren Kindern erhöht sich die Gesamtdauer der Besuchszeit des Satzes 2 um zwei weitere Stunden. Besuchsmöglichkeiten sind auch an den Wochenenden und Feiertagen vorzusehen. Näheres zum Verfahren und zum Ablauf der Besuche regelt die Anstalt.
106 Entwurfsfassung: in Satz 1 statt Begrenzung auf Kinder Verweis auf Angehörige im Sinne von § 11 Absatz 1 Nummer 1 des Strafgesetzbuchs, Satz 2 entfällt.

Länder	
	(3) inhaltlich wie § 47 Abs. 3 JStVollzG Bln iVm **Art. 144 Besuch, Schriftwechsel, Pakete, Urlaub, Ausgang und Ausführung aus wichtigem Anlass** (2) Abweichend von Art. 27 Abs. 1 Satz 2 beträgt die Gesamtdauer des Besuchs mindestens vier Stunden im Monat. Hierauf können Ausführungen oder Ausgänge, die den jungen Gefangenen gewährt wurden, angerechnet werden. Abweichend von Art. 28 kann der Anstaltsleiter oder die Anstaltsleiterin Besuche auch untersagen, wenn bei minderjährigen Gefangenen Personensorgeberechtigte nicht einverstanden sind. (3) Für Kinder junger Gefangener können Sonderbesuche vorgesehen werden, die auf die Regelbesuchszeiten nicht angerechnet werden, wenn dies mit dem Erziehungsauftrag und dem Kindeswohl vereinbar ist. Durch eine Bescheinigung des Jugendamts muss nachgewiesen werden, dass der Sonderbesuch dem Kindeswohl entspricht.
Brandenburg (§ 34 Abs. 1-3; 5 Besuch)	**§ 34 Besuch** (1) Die Gefangenen dürfen regelmäßig Besuch empfangen. Die Gesamtdauer beträgt im Vollzug der Freiheitsstrafe und der Untersuchungshaft mindestens vier, im Vollzug der Jugendstrafe und der Untersuchungshaft an jungen Untersuchungsgefangenen mindestens sechs Stunden im Monat. (2) Besuche von Angehörigen im Sinne von § 11 Absatz 1 Nummer 1 des Strafgesetzbuches werden besonders unterstützt. (3) Besuche sollen darüber hinaus zugelassen werden, wenn sie 1. persönlichen, rechtlichen oder geschäftlichen Angelegenheiten der Gefangenen dienen, die von diesen nicht schriftlich erledigt, durch Dritte wahrgenommen oder bis zur voraussichtlichen Entlassung aufgeschoben werden können, 2. die Eingliederung der Straf- und Jugendstrafgefangenen fördern oder 3. die Erziehung der jungen Gefangenen fördern. (5) Besuche von Verteidigerinnen oder Verteidigern sowie von Rechtsanwältinnen oder Rechtsanwälten und Notarinnen oder Notaren in einer die Gefangenen betreffenden Rechtssache sind zu gestatten. Dies gilt auch für Besuche von Beiständen nach § 69 des Jugendgerichtsgesetzes.
Bremen (§ 47 Abs. 1-4 Recht auf Besuch)	wie § 47 JStVollzG Bln
Hamburg (§ 26 Abs. 1-4 Besuch)	(1) wie § 47 Abs. 1 JStVollzG Bln (2) wie § 47 Abs. 2 JStVollzG Bln (3) wie § 47 Abs. 3 JStVollzG Bln (4) Aus Gründen der Sicherheit und Ordnung der Anstalt können die Besuche davon abhängig gemacht werden, dass Besucherinnen und Besucher sich durchsuchen lassen. Für Art und Umfang der Durchsuchungen, insbesondere für den Einsatz technischer Hilfsmittel, und für den für Durchsuchungen in Betracht kommenden Personenkreis kann die Anstaltsleitung mit Rücksicht auf die Sicherheitsbedürfnisse der Anstalt besondere Regelungen treffen.
Hessen (§ 32 Abs. 1 Grundsätze; § 33 Abs. 1-3 Besuch)	**§ 32 Grundsätze** (1) inhaltlich wie § 46 JStVollzG Bln

V. Regelungsinhalte

Länder	
	§ 33 Besuch
	(1) wie § 47 Abs. 1 JStVollzG Bln
	(2) Besuche sollen darüber hinaus ermöglicht werden, wenn sie dem Erreichen des Erziehungsziels dienen oder zur Wahrnehmung wichtiger persönlicher, familiärer, rechtlicher oder sonstiger Angelegenheiten erforderlich sind. Kontakte der Gefangenen zu ihren Kindern werden besonders gefördert.
	(3) inhaltlich wie § 47 Abs. 3 JStVollzG Bln
Mecklenburg-Vorpommern (§ 46 Grundsatz; § 47 Abs. 1-4 Recht auf Besuch)	wie § 47 JStVollzG Bln
Niedersachsen (§ 25 Recht auf Besuch; § 123 Abs. 1-3 Besuche, Schriftwechsel, Telekommunikation und Pakete)	**§ 25 Recht auf Besuch**
	(1) Die oder der Gefangene darf nach vorheriger Anmeldung regelmäßig Besuch empfangen. Die Gesamtdauer beträgt mindestens eine Stunde im Monat. Die Dauer und Häufigkeit der Besuche sowie die Besuchszeiten regelt die Hausordnung.
	(2) inhaltlich wie § 47 Abs. 3 JStVollzG Bln
	(3) Zur Aufrechterhaltung der Sicherheit oder Ordnung der Anstalt kann der Besuch einer Person von ihrer Durchsuchung abhängig gemacht und die Anzahl der gleichzeitig zu einem Besuch zugelassenen Personen beschränkt werden.
	§ 123 Besuche, Schriftwechsel, Telekommunikation und Pakete
	(1) Familiäre und sonstige der Erreichung des Vollzugszieles nach § 113 Satz 1 dienliche Kontakte der oder des Gefangenen sind zu fördern, soweit eine schädliche Beeinflussung der oder des Gefangenen nicht zu befürchten ist.
	(2) Abweichend von § 25 Abs. 1 Satz 2 beträgt die Gesamtdauer des Besuchs mindestens vier Stunden im Monat.
	(3) Besuche sollen darüber hinaus zugelassen werden, wenn sie die Erreichung des Vollzugszieles nach § 113 Satz 1 fördern oder persönlichen, rechtlichen oder geschäftlichen Angelegenheiten dienen, die nicht von der oder dem Gefangenen schriftlich erledigt, durch Dritte wahrgenommen oder bis zur Entlassung aufgeschoben werden können. Nach Satz 1 sollen auch Langzeitbesuche von Familienangehörigen sowie von Personen, die einen günstigen Einfluss erwarten lassen, zugelassen werden, soweit dies nach den Verhältnissen der Anstalt möglich ist.
Nordrhein-Westfalen (§ 29 Kontakte mit der Außenwelt; § 30 Abs. 1-4 Recht auf Besuch)	**§ 29 Kontakte mit der Außenwelt**
	inhaltlich wie § 46 JStVollzG Bln; aber Zusatz: Im geschlossenen Vollzug sind nach Möglichkeit Langzeitbesuchsräume vorzusehen
	§ 30 Recht auf Besuch
	(1) inhaltlich wie § 47 Abs. 1 JStVollzG Bln, aber folgender Zusatz: Besuchsmöglichkeiten sind auch an den Wochenenden vorzusehen. Das Weitere regelt die Hausordnung.
	(2) wie § 47 Abs. 2 JStVollzG Bln
	(3) wie § 47 Abs. 3 JStVollzG Bln
	(4) inhaltlich wie § 47 Abs. 4 JStVollzG Bln, aber technische Hilfsmittel zur Untersuchung nicht genannt

§ 7 Außenkontakte

Länder	
Rheinland-Pfalz (§ 33 Abs. 1-4 Besuch)	(1) inhaltlich wie § 47 Abs. 1 JStVollzG Bln (2) Kontakte der Gefangenen zu ihren Kindern unter 18 Jahren werden besonders gefördert. Deren Besuche werden im Umfang von bis zu zwei Stunden nicht auf die Regelbesuchszeiten angerechnet. (3) Besuche von Angehörigen im Sinne des § 11 Abs. 1 Nr. 1 des Strafgesetzbuchs (StGB) werden besonders unterstützt. (4) Besuche sollen darüber hinaus zugelassen werden, wenn sie 1. persönlichen, rechtlichen oder geschäftlichen Angelegenheiten der Gefangenen dienen, die von diesen nicht schriftlich erledigt, durch Dritte wahrgenommen oder bis zur voraussichtlichen Entlassung aufgeschoben werden können, 2. die Eingliederung der Strafgefangenen und der Jugendstrafgefangenen fördern oder 3. die Erziehung der jungen Gefangenen fördern.
Saarland (§ 46 Grundsatz; § 47 Abs. 1-4 Recht auf Besuch)	wie § 47 JStVollzG Bln
Sachsen (§ 46 Grundsatz; § 47 Abs. 1-2, 4 Recht auf Besuch; § 49 Abs. 1 Durchführung der Besuche)	§ 46 Grundsatz inhaltlich wie § 46 JStVollzG Bln § 47 Recht auf Besuch (1) Die Gefangenen dürfen im Monat vier Stunden Besuch empfangen, darüber hinaus zwei weitere Stunden von Angehörigen im Sinne von § 11 Abs. 1 Nr. 1 StGB. Der Anstaltsleiter kann längere Besuchszeiten vorsehen. Ausführungen oder Ausgänge, die der Pflege von Kontakten mit Angehörigen und Bezugspersonen dienen, können angerechnet werden. (2) Besuche, insbesondere die Besuche der Kinder des Gefangenen, sollen darüber hinaus zugelassen werden, wenn sie die Erziehung des Gefangenen oder seine Eingliederung fördern oder persönlichen, rechtlichen oder geschäftlichen Angelegenheiten dienen, die nicht vom Gefangenen schriftlich erledigt, durch Dritte wahrgenommen oder bis zur Entlassung aufgeschoben werden können. (4) Besuche von Verteidigern, Rechtsanwälten, Notaren und Beiständen nach § 69 JGG in einer die Gefangenen betreffenden Rechtssache und Besuche von Mitgliedern der Volksvertretungen des Bundes und der Länder sowie des Europäischen Parlaments sind zu gestatten § 49 Durchführung der Besuche (1) Die Durchsuchung von Verteidigern setzt voraus, dass konkrete Anhaltspunkte für die Gefährdung der Sicherheit vorliegen. Aus Gründen der Sicherheit in der Anstalt können Besuche davon abhängig gemacht werden, dass sich die Besucher durchsuchen lassen.
Sachsen-Anhalt (§ 32 Grundsatz; § 33 Abs. 1-4; 6 Besuch)	§ 32 inhaltlich wie § 46 Satz 1 JStVollzG Bln § 33 Besuch (1) inhaltlich wie § 47 Abs. 1 JStVollzG Bln (2) Kontakte des Gefangenen zu seinen Kindern unter 14 Jahren werden besonders gefördert. Ihre Besuche werden im Umfang von bis zu zwei Stunden nicht auf die Regelbesuchszeiten angerechnet. Bei dem jungen Gefangenen erfolgt keine Anrechnung.

Länder	
	(3) wie § 34 Abs. 2 BbgJVollzG
	(4) wie § 34 Abs. 3 BbgJVollzG
	(6) wie § 34 Abs. 5 BbgJVollzG
Schleswig-Holstein § 46 Grundsatz; § 47 Abs. 1-4 Recht auf Besuch)	wie § 47 JStVollzG Bln
Thüringen (§ 33 Grundsatz; § 34 Abs. 1-4, 6 Besuch)	(1) inhaltlich wie § 47 Abs. 1 JStVollzG Bln
	(2) Kontakte der Gefangenen zu ihren leiblichen Kindern und ihren Adoptivkindern unter 14 Jahren werden besonders gefördert. Deren Besuche werden im Umfang von bis zu zwei Stunden bei Straf- und Untersuchungsgefangenen nicht auf die Regelbesuchszeiten angerechnet. Bei jungen Gefangenen erfolgt keine Anrechnung.
	(3) wie § 33 Abs. 3 LJVollzG RP
	(4) wie § 33 Abs. 4 LJVollzG RP
	(6) Besuche von Verteidigern sowie von Rechtsanwälten und Notaren in einer die Gefangenen betreffenden Rechtssache sind zu gestatten. Dies gilt auch für Besuche von Beiständen nach § 69 JGG.

Die Bedeutung der Außenkontakte und ihrer Pflege, insbesondere zu den Angehörigen, wird in allen Ländergesetzen entsprechend Art. 6 GG anerkannt. Formal regeln die einzelnen Länder dies durchaus unterschiedlich. Mehrheitlich wird der Rechtsanspruch der jungen Inhaftierten auf Besuch in einem zusätzlichen Paragrafen geregelt, der zumeist als „Grundsätze" betitelt ist. Im JVollzGB IV B-W, HmbJStVollzG sowie NJVollzG ist dieser zwar nicht vorhanden, die Formulierung des Rechts auf Besuch geht aber in den weiteren Bestimmungen dazu auf.[107] Der Konflikt zwischen den Individualrechten und den notwendigen Erfordernissen eines geordneten Vollzugs kann angesichts der Vollzugsgrundsätze nicht allein zugunsten der Sicherheits- und Ordnungsinteressen der Anstalt gelöst werden. Hier ist auf die eindeutig formulierende Regel **Nr. 4 der Europäischen Strafvollzugsgrundsätze** zu verweisen: „Mittelknappheit kann keine Rechtfertigung sein für Vollzugsbedingungen, die gegen die Menschenrechte von Gefangenen verstoßen."[108] Ferner bestimmt der **Grundsatz 84 der ERJOSSM**, dass „Besuchsregelungen ... so gestaltet sein [müssen, Anm. d. Verf.], dass die die jungen Inhaftierten Familienbeziehungen so normal wie möglich pflegen und entwickeln und die Möglichkeiten der sozialen Wiedereingliederung nutzen können". Grundsätzlich ist jeder Besucher zuzulassen. Dazu gehören neben Familienangehörigen mit ihrer besonderen Rechtsstellung auch Freunde, entfernte Bekannte, Briefpartner und ehrenamtliche Mitarbeiter.[109] Faktisch sind hier gewisse Risiken in Kauf zu nehmen.[110] Dies wird jedoch in den Grundsätzen der Ländergesetze zu den Außenkontakten unterschiedlich akzentuiert. Bayern legt hier bezüglich der Kontaktpersonen erfreulicherweise die offenste Regelung entsprechend § 23 S. 2 StVollzG zu-

---

107 Explizit geregelt wird das Recht auf Besuch nun auch in § 46 SächsJStVollzG.
108 Siehe Dünkel/Morgenstern/Zolondek NK 2006, 86 ff.
109 Siehe Joester, Wegner in Feest und Lesting, Rn 15, S. 17.
110 Siehe auch Hirsch, Die Kommunikationsmöglichkeiten des Strafgefangenen mit seiner Familie, S. 107; Knoche, Besuchsverkehr im Strafvollzug, S. 65.

grunde (Art. 26 S. 2 BayStVollzG; ähnlich auch BbgJVollzG). Die übrigen Ländergesetze begrenzen die Förderung des Kontakts auf Personen mit „günstigem" Einfluss (§ 17 Abs. 1 JVollzGB IV B-W; § 32 Abs. 1 HessJStVollzG; § 29 S. 2 JStVollzG NRW; § 46 SächsJStVollzG; JStVollzG Bln; BremJStVollzG; JStVollzG M-V; SJStVollzG; JStVollzG LSA; JStVollzG SH oder auf zur Erreichung des Vollzugsziels bzw. der Eingliederung dienliche Kontakte (§ 123 Abs. 1 NJVollzG; neuerdings auch in § 34 Abs. 3 BbgJVollzG; neuerdings auch LJVollzG RP; ThürJVollzGB) bzw. auf Angehörige (§ 17 Abs. 1 JVollzGB IV B-W; § 123 Abs. 1 NJVollzG; § 26 Abs. 2 HmbJStVollzG; LJVollzG RP; ThürJVollzGB). Neu aufgenommen ins BbgJVollzG wurde die Bestimmung, dass die Schaffung eines sozialen Empfangsraumes zu fördern ist (§ 33). Dies ist zu begrüßen, bildet sie doch die Bemühungen um einen Jugendstrafvollzug ab, der in erster Linie human gestaltet ist.[111] Erfreulicherweise nimmt das hamburgische Gesetz den Passus auf, dass Kontakte der Gefangenen zu ihren Angehörigen im Sinne des Strafgesetzbuches besonders gefördert werden und Besuche von Kindern der Gefangenen nicht auf die Besuchszeiten von mindestens vier Stunden pro Monat angerechnet werden, nachdem bis zur Gesetzesänderung vom 14.7.2009 keinerlei Grundsätze hierzu formuliert worden waren. Dem folgen auch alle Ländergesetze der ehemaligen sog. Neuner-Gruppe[112], neuerdings auch Sachsen-Anhalt. Diese Neuerung im JStVollzG LSA ist zu begrüßen, da das zuvor aus Art. 6 GG resultierende „**Angehörigenprivileg**" somit nicht mehr ausgeschaltet wird. [113]Positiv hervorzuheben ist hier das HessJStVollzG, das in § 33 Abs. 2 bestimmt, die Kontakte der Gefangenen zu ihren Kindern besonders zu fördern.

Wenngleich nicht zwingend relevant für den Jugendstrafvollzug, aber dennoch scharf zu kritisieren ist die neu ins ThürJVollzGB aufgenommene Regelung, dass Kontakte von Inhaftierten zu ihren leiblichen Kindern und ihren Adoptivkindern unter 14 Jahren gefördert werden. Diese Limitierung auf ein Alter der Kinder von unter 14 Jahren findet sich ebenfalls neu im JStVollzG LSA. Es drängt sich hier die Frage auf, auf welcher Grundlage diese Bestimmung der zeitlichen Begrenzung fußt.

Unterschieden wird zwischen dem Recht auf Kontakte und der Förderung von bestimmten Kontakten. Inwieweit hier die unter den kriminologischen Ausführungen dargelegten ambivalenten Sozialbeziehungen einer pädagogischen Bearbeitung und Klärung zugänglich gemacht werden können, erscheint unter diesen begrenzenden Vorgaben zumindest offen. Die Art der Förderung wird an dieser Stelle nicht näher erläutert, dennoch ist – dem Inhalt der sich anschließenden Bestimmungen über die Außenkontakte folgend – anzunehmen, dass hier auf zusätzliche und längere **Besuchszeiten**, auf weniger restriktiven Umgang im Zusammenhang mit dem Schriftwechsel und dem Paketempfang/ -versand und im Einzelfall auf erweiterte Telekom-

---

111 Siehe die oben zitierte vierte Regel der Europäischen Strafvollzugsgrundsätze.
112 Die Entwurfsfassung zum Berliner Gesetz bleibt hinter der aktuellen Regelung insofern zurück, als dass die Besuche von Kindern, die bislang nicht auf die Regelbesuchszeiten angerechnet werden (§ 47 Abs. 2) dort auf eine maximale Erhöhung der Gesamtdauer der Besuchszeit um zwei weitere Stunden festgeschrieben wird (§ 31 Abs. 1), was faktisch im Vergleich also für die jungen Inhaftierten eine Reduktion der Besuchszeit durch die eigenen Kinder bedeuten kann, wobei darüber hinaus weitere Kontakte zugelassen werden können, sofern sie förderlich erscheinen (§ 31 Abs. 3).
113 Siehe dazu Joester, Wegner in Feest und Lesting, Rn 8.

munikationsmöglichkeiten abgestellt wird. Bezüglich der Besuchszeiten gewähren alle Mitglieder der ehemaligen sog. Neuner-Gruppe nunmehr im Einklang mit allen anderen Ländergesetzen eine **Mindestbesuchszeit** von vier Stunden monatlich unabhängig vom Angehörigenstatus. Es bleibt angesichts der vorhergehenden Überlegungen dennoch zu hoffen, dass die **Förderungspflicht** des § 23 S. 2 StVollzG, den Gefangenen bei sämtlichen Außenkontakten zu unterstützen und zu fördern,[114] in der Praxis weiterhin Anwendung findet. Damit würden die Bestimmungen und deren Ausgestaltung auch den ERJOSSM genügen, die nicht nur den Einbezug der Eltern und Erziehungsberechtigten „in die Verfahren und beim Vollzug der Sanktionen und Maßnahmen" empfehlen, sondern darüber hinaus auch einen Einbezug des „erweiterte[n] Familienkreis[es]" sowie des sozialen Umfeldes vorsehen, „wenn dies angemessen erscheint" (Grundsatz 14).

Darauf hinzuweisen ist auch, dass dem Recht des inhaftierten Menschen auf Besuch keine Pflicht entspricht, einen Besucher auch zu empfangen. Der Gefangene muss gefragt werden, ob er den Besuch empfangen will. So kann ein Gespräch mit Beamten der Kriminalpolizei abgelehnt werden. Ausnahmen bestehen nur in den Fällen, in denen auch Bürger in Freiheit zu einem Kontakt mit Behörden gezwungen werden können, zB im Rahmen richterlicher oder staatsanwaltschaftlicher Vernehmungen.[115]

Durchgehend in allen Ländergesetzen fehlt die Bestimmung, dass die jungen Inhaftierten bei Todesfällen oder schweren Erkrankungen in der Familie sofort zu benachrichtigen sind, wie dies in den ERJOSSM geregelt ist (Grundsatz 85.3).

31

Länder	
Berlin	--
Baden Württemberg (Buch 4 § 17 Abs. 5 Pflege sozialer Beziehungen)	(5) Für Kinder junger Gefangener werden Langzeitbesuche vorgesehen, die auf die Regelbesuchszeiten nicht angerechnet werden. Der Langzeitbesuch muss nach Auffassung des Jugendamts dem Kindeswohl entsprechen.
Bayern	--
Brandenburg (§ 34 Abs. 4 Besuch)	(4) Mehrstündige, unbeaufsichtigte Besuche (Langzeitbesuche) sind zuzulassen, wenn dies zur Pflege der familiären, partnerschaftlichen oder ihnen gleichzusetzender Kontakte der Straf- und Jugendstrafgefangenen geboten erscheint und die Straf- und Jugendstrafgefangenen hierfür geeignet sind. Die Entscheidung trifft die Anstaltsleiterin oder der Anstaltsleiter.
Bremen	--
Hamburg	--
Hessen	--
Mecklenburg-Vorpommern	--
Niedersachsen § 123 Abs. 3 Besuche, Schrift-	(3) Besuche sollen darüber hinaus zugelassen werden, wenn sie die Erreichung des Vollzugszieles nach § 113 Satz 1 fördern oder persönlichen, rechtlichen oder geschäftlichen Angelegenheiten dienen, die nicht

---

114 Siehe Hirsch, Die Kommunikationsmöglichkeiten des Strafgefangenen mit seiner Familie, S. 107 f; Calliess/Müller-Dietz § 23 Rn 2; Laubenthal in: Laubenthal, Nestler, Neubacher, Verrel, Rn 21.
115 Siehe Joester, Wegner in Feest und Lesting, S. 194, Rn 2.

Länder	
wechsel, Telekommunikation und Pakete)	von der oder dem Gefangenen schriftlich erledigt, durch Dritte wahrgenommen oder bis zur Entlassung aufgeschoben werden können. Nach Satz 1 sollen auch Langzeitbesuche von Familienangehörigen sowie von Personen, die einen günstigen Einfluss erwarten lassen, zugelassen werden, soweit dies nach den Verhältnissen der Anstalt möglich ist.
Nordrhein-Westfalen (§ 29 Kontakte mit der Außenwelt)	Die Gefangenen haben im Rahmen der Vorschriften dieses Gesetzes das Recht auf Kontakte mit der Außenwelt. Kontakte mit Personen, von denen ein günstiger Einfluss erwartet werden kann, werden gefördert. Im geschlossenen Vollzug sind nach Möglichkeit Langzeitbesuchsräume vorzusehen.
Rheinland-Pfalz	--
Saarland	--
Sachsen (§ 47 Abs. 3 Recht auf Besuch)	(3) Der Anstaltsleiter kann über Absatz 1 hinausgehend mehrstündige, unbeaufsichtigte Besuche (Langzeitbesuche) zulassen, wenn dies zur Pflege der familiären, partnerschaftlichen oder ihnen gleichzusetzender Kontakte der Gefangenen geboten erscheint und die Gefangenen hierfür geeignet sind.
Sachsen-Anhalt (§ 33 Abs. 5 Besuch)	(5) Der Anstaltsleiter kann mehrstündige, unbeaufsichtigte Besuche (Langzeitbesuche) zulassen, wenn dies der Eingliederung des Strafgefangenen oder des Jugendstrafgefangenen dient und er hierfür geeignet ist.
Schleswig-Holstein	--
Thüringen (§ 34 Abs. 5 Besuch)	(5) Der Anstaltsleiter kann mehrstündige, unbeaufsichtigte Besuche (Langzeitbesuche) zulassen, wenn dies der Eingliederung der Straf- und Jugendstrafgefangenen dient und sie hierfür geeignet sind.

32 Zu begrüßen ist, dass immerhin sechs Gesetze das Institut der „**Langzeitbesuche**" in ihre Regelungen aufnehmen (JVollzGB IV B-W, BbgJVollzG, NJVollzG, JStVollzG NRW, SächsJStVollzG, ThürJVollzG). In den übrigen Regelungsinhalten werden jedoch weitere Besuche über die regulären **Besuchszeiten** hinaus gewährt. Auf diese Besuche besteht kein Rechtsanspruch. Es sind Ermessensentscheidungen, bei denen allein ein Rechtsanspruch auf fehlerfreie Ermessensausübung besteht[116]. **Langzeitbesuche** können verhindern, dass die **Besuchssituation** zum „Event" stilisiert wird, bei dem lediglich die wichtigsten Neuigkeiten ausgetauscht und eventuell persönliche Dinge aus Angst vor Streitigkeiten, die in kurzer Zeit nicht bereinigt werden können, vermieden werden. Sie ermöglichen den Beteiligten daher Raum für längere Gespräche, Auseinandersetzungen oder auch für Phasen, in denen nicht geredet wird. Alltägliche Dinge können besprochen und geregelt werden, ohne dass sich stets der Gedanke aufdrängt, dies sei zu banal, um damit die kurze und möglicherweise als „wertvoll" angesehene Besuchszeit zu belasten.[117] Es besteht damit die Möglichkeit, dass, je extensiver die Besuche sind, sich die **Besuchssituation** umso „normaler" und auch entspannter gestaltet, was wiederum eine Angleichung an die Außenwelt beinhaltet.[118] Dieser Begründungszusammenhang findet sich jedoch nicht in den drei genannten Jugendstrafvollzugsgesetzen. Es wird dort – und auch in den übrigen Ge-

---

116 Siehe Laubenthal in: Laubenthal, Nestler, Neubacher, Verrel, Rn 23.
117 Siehe dazu Borchert/Metternich/Hausar ZfStrVo 1995, 259 ff.
118 Siehe Joester, Wegner in Feest und Lesting, Rn 5.

setzen – eher die Intention verfolgt, den Kontakt der Inhaftierten zu ihren **Kindern** zu intensivieren.[119] Die o.g. Ergebnisse der Resilienzforschung stützen die Annahme, dass dieser (positive) Angehörigeneinbezug als ein Schutzfaktor für das psychische Befinden des jungen Inhaftierten beschrieben werden kann. (Langzeit-)Besuche zwischen dem Inhaftierten und seinem Kind können nicht nur die **emotionale Bindung** des inhaftierten Elternteils zu seinem Kind fördern und sein Verantwortungsgefühl stärken, sondern, ggf im Rahmen sozialpädagogischer Begleitung, auch durch Elternseminare für junge inhaftierte Väter oder Mütter, einen Schutzfaktor für die weitere Entwicklung des Kindes darstellen.[120]

Die ERJOSSM bestimmen in Grundsatz 86.2, dass „zusätzliche oder längere Besuche von Familienangehörigen oder anderen Personen, die die Entwicklung der Jugendlichen positiv beeinflussen können", zu ermöglichen sind. Allerdings sollen diese nur dann eingerichtet werden, wenn der junge Inhaftierte nicht ohnehin regelmäßig (mit oder ohne Begleitung bzw Aufsicht) die Anstalt verlässt (Grundsatz 86.1). Jedoch ist diese Möglichkeit der Förderung der Außenkontakte in den Jugendstrafvollzugsgesetzen der Länder – zumindest in direkter Verbindung mit den Bestimmungen zu den Außenkontakten – nicht vorgesehen.

33 Regelungen bzw Hinweise über **sexuelle Kontakte** fehlen in den Bestimmungen sowie in den Begründungen zu den **Langzeitbesuchen** in allen Gesetzen. Im Sinne einer Angleichung an die Außenwelt ist dies schwer verständlich. Diese Ansicht wird auch von *Döring* unter Hinweis auf die zahlreichen Probleme im Umgang mit Sexualität in den JVAs vertreten.[121] Diese reichen von sexueller Deprivation über die Bedrohung der sexuellen Identität bis hin zur Ausübung sexueller Gewalt. An dieser Stelle wird für die Ermöglichung von **Sexualkontakten** junger Inhaftierter zu ihren Partnern plädiert, die in einem dafür angemessenen Rahmen stattfinden. Im Sinne einer der Außenwelt angepassten Gestaltung des Jugendstrafvollzuges, der Reduzierung schädlicher Haftfolgen und der Förderung von Außenkontakten zum Ziele der (Re-)Integration der Inhaftierten ist dies unumgänglich und auch nicht durch Argumente, die auf mangelnde organisatorische und personelle Mittel sowie auf das Bild des Jugendstrafvollzuges in der Öffentlichkeit abzielen, von der Hand zu weisen.

34 Das JStVollzG NRW gestattet als einziges ausdrücklich **Besuche am Wochenende**.[122] § 33 HessJStVollzG enthält lediglich eine Regelung der Besuchsdauer. Der Besuch kann also auch an Sonn-und Feiertagen stattfinden. Es ist erstaunlich, dass dies in den übrigen Gesetzen nicht erwähnt und nach wie vor auch nicht anderes geregelt wird, da die Vorteile und die Notwendigkeit einer solchen Besuchsregelung auf der Hand liegen: Es werden zum einen Personen, die in der Woche aufgrund ihrer Berufstätigkeit oder sonstigen Verpflichtungen die **Besuchszeiten** nicht wahrnehmen können, sowie weite Anfahrtswege berücksichtigt.[123] Eine Befragung von 51 Besuchern, die 1993 in der Erwachsenenanstalt Geldern durchgeführt wurde, ergab, dass 41 %

---

119 Ebd., Rn 6.
120 Siehe Kawamura-Reindl/Brendle/Joos, Inhaftierung betrifft alle in der Familie.
121 Siehe Döring Zeitschrift für Sexualforschung 2006, 319; auch Joester, Wegner in Feest und Lesting, Rn 26.
122 In der aktuellen Entwurfsfassung des JVollzG Bln sind auch Besuchsmöglichkeiten an den Wochenenden und Feiertagen vorzusehen (§ 31 Abs. 1).
123 Siehe Joester, Wegner in Feest und Lesting, Rn 11.

der Besucher den Zeitpunkt des Besuchstermins als belastend erleben.[124] Die Hauptgründe dafür lagen in der Versorgung der **Kinder** und in der Abstimmung einer Fahrgelegenheit mit Fahrtzeiten von durchschnittlich ca. zwei Stunden.[125] Auch in diesem Zusammenhang ist das Gestatten von **Langzeitbesuchen** zu begrüßen, da die reine Besuchszeit mindestens die An- und Abreisezeiten decken sollte, um die Wahrnehmung von Besuchsmöglichkeiten seitens der Besucher zu fördern. Hinzu kommt, dass die Wochenenden in den Haftanstalten nach wie vor durch gähnende Langeweile und fehlende Freizeitangebote gekennzeichnet sein können,[126] so dass Besuche hier eine aktivierende und zeitstrukturierende Wirkung entfalten.

4. Besuchsverbot

35

Länder	
Berlin (§ 48[127] Besuchsverbot)	Die Anstaltsleiterin oder der Anstaltsleiter kann Besuche untersagen, 1. wenn die Sicherheit oder Ordnung der Anstalt gefährdet würde, 2. bei Besuchern, die nicht Angehörige (§ 11 Abs. 1 Nr. 1 des Strafgesetzbuchs) der Gefangenen sind, wenn zu befürchten ist, dass sie einen schädlichen Einfluss auf die Gefangenen haben oder ihre Eingliederung behindern, oder 3. wenn Personensorgeberechtigte nicht einverstanden sind.[128]
Baden-Württemberg (§ 18 Verbot von Besuchen)	wie § 48 JStVollzG Bln, aber Grund der Befürchtung eines schädlichen Einflusses durch Grund der Behinderung des Erreichen des Erziehungsauftrags; Nr. 3 zum Nicht-Einverstandensein Personenberechtigter nicht vorhanden
Bayern (Art. 28 Besuchsverbot)	wie § 48 JStVollzG Bln, aber Nr. 3 zum Nicht-Einverstandensein Personenberechtigter nicht vorhanden
Brandenburg (§ 35 Untersagung der Besuche)	wie § 48 JStVollzG Bln, aber Grund der Befürchtung einer Behinderung der Eingliederung durch Grund einer Behinderung der Erreichung des Vollzugsziels ersetzt. Ergänzung der möglichen Besuchsuntersagung um folgenden Aspekt: bei Personen, die Opfer der Straftat waren oder im Haftbefehl als Opfer benannt werden, zu befürchten ist, dass die Begegnung mit den Gefangenen einen schädlichen Einfluss auf sie hat
Bremen (§ 48 Besuchsverbot)	wie § 48 JStVollzG Bln
Hamburg (§ 26 Abs. 5 Besuchsverbot)	wie § 48 JStVollzG Bln
Hessen (§ 32 Abs. 2 Grundsätze/Besuchsverbot)	wie § 48 JStVollzG Bln; als zusätzlicher Grund für das Aussprechen eines Besuchsverbots wird genannt, wenn der Kontakt geeignet ist, auf eine extremistische Verhaltensweise hinzuwirken
Mecklenburg-Vorpommern (§ 48 Besuchsverbot)	wie § 48 JStVollzG Bln

---

124 Siehe zur Terminierung von Gesprächs- und Besuchskontakten auch Seesemann in: Strafvollzug – Ende für die Partnerschaft, Ehe und Familie?, hrsg. von Schäfer/Sievering, S. 43.
125 Siehe Borchert/Metternich/Hausar ZfStrVo 1995, 259 ff.
126 Siehe Walkenhorst DVJJ-Journal 2000, 265 ff; Walter ZJJ 2006, 253 f.
127 Entwurfsfassung: § 32.
128 Entwurfsfassung: 3. wird zu 4.; als 3. wird ergänzt: „wenn zu befürchten ist, dass die Begegnung mit den Jugendstrafgefangenen Personen, die Verletzte der Straftat waren, schadet" (§ 32)

Länder	
Niedersachsen (§ 26 Besuchsverbot; iVm § 123 Abs. 4)	§ 26 wie § 48 Nr. 1 und 2 JStVollzG Bln § 123 Abs. 4 inhaltlich wie § 48 Nr. 3 JVollG Bln; als zusätzlicher Grund wird genannt, wenn es aus erzieherischen Gründen erforderlich ist
Nordrhein-Westfalen (§ 31 Besuchsverbot)	wie § 48 JStVollzG Bln, aber Zusatz, dass Nr. 4 auf minderjährige Gefangene bei nachvollziehbaren Gründen der Personenberechtigten anzuwenden ist
Rheinland-Pfalz (§ 34 Besuchsverbot)	wie § 35 BbgJVollzG
Saarland (§ 48 Besuchsverbot)	wie § 48 JStVollzG Bln
Sachsen (§ 48 Besuchsverbot)	wie § 48 JStVollzG Bln
Sachsen-Anhalt (§ 34 Untersagung der Besuche)	(1) wie Abs. 1 § 48 JStVollzG Bln (2) wie Abs. 2 § 48 JStVollzG Bln (3) Der Anstaltsleiter kann Besuche untersagen, wenn bei Personen, die Opfer der Straftat sind oder im Haftbefehl als Opfer benannt werden, zu befürchten ist, dass die Begegnung mit dem Gefangenen einen schädlichen Einfluss auf sie hat. (4) wie Abs. 3 § 48 JStVollzG Bln
Schleswig-Holstein (§ 48 Besuchsverbot)	wie § 48 JStVollzG Bln
Thüringen (§ 35 Besuchsverbot)	wie § 35 BbgJVollzG

Besuche können aus vier unterschiedlichen Gründen verboten werden, so aus Gründen der Sicherheit und Ordnung der Anstalt, zum Schutze der jungen Inhaftierten, im Falle des Nicht-Einverstandenseins der Personensorgeberechtigten sowie aus Gründen des Opferschutzes. Da ein Besuchsverbot in jedem Fall einen schwerwiegenden Eingriff darstellt, sind in Hinblick auf das Prinzip der Verhältnismäßigkeit zunächst mildere Mittel zu prüfen[129].

Das Besuchsverbot aus Gründen der anstaltsinternen **Sicherheit und Ordnung** ist in allen Jugendstrafvollzugsgesetzen verankert. Untersagt werden kann ein einzelner Besuch oder auch jeder Besuch junger Inhaftierter ebenso wie ein absolutes Besuchsverbot für eine Person verhängt werden kann, welches sich auf die gesamte Population einer Haftanstalt bezieht.[130] Wie oben erläutert, ist die Gewährleistung von **Sicherheit und Ordnung** kein Selbstzweck, sondern dient der angemessenen Umsetzung des Förderauftrags des Jugendvollzugs. Ein straff geregelter und konfliktarmer (Jugend-)Strafvollzug bildet jedoch nicht die Realität außerhalb der Anstalt ab, weshalb das Eingehen der genannten „vertretbaren Risiken" ein Mittel darstellt, um die (jugendspezifischen) Konflikte und Entscheidungsspielräume auch im Vollzug widerspiegeln und begleitet ausleben zu können.[131] So dürfen die Regelungen über den Be-

---
129 Siehe Arloth, Strafvollzugsgesetz, Rn 1; Laubenthal in: Laubenthal, Nestler, Neubacher, Verrel, Rn 30 f.
130 Siehe Sonnen, Kommentar zu den Jugendstrafvollzugsgesetzen der Länder, Rn 2.
131 Siehe Walter ZJJ 2006, 251.

§ 7 Außenkontakte

such nicht nur unter dem Aspekt der **Sicherheit und Ordnung** angewendet werden, sondern müssen die individuellen Gegebenheiten der einzelnen Inhaftierten berücksichtigen, auch wenn dies Konfliktpotenzial für die Beteiligten in sich birgt. In jedem Fall müssen konkrete und unmittelbare Gefahren für die Sicherheit und Ordnung der Anstalt vorliegen, die konkret und genau zu beschreiben und zu begründen sind. Die einzelnen Ablehnungsgründe sind vollständig gerichtlich überprüfbar.[132]

Nr. 2 der Vorschriften über das Besuchsverbot in allen Gesetzen versucht, diese Perspektive einzunehmen. Besuche von Personen, die nicht Angehörige der Inhaftierten sind und einen schädlichen Einfluss auf sie ausüben, werden untersagt. Auch hier müssen dem Besuchsverbot objektiv fassbare, durch Tatsachen belegbare Anhaltspunkte zugrunde liegen. Die Beweislast liegt auf Seiten der Anstalt.[133] Ein schädlicher Einfluss ist vor allem dann anzunehmen, wenn der Besuch die Inhaftierten zu erneuter Straftatbegehung motiviert oder sie in ihrer verfassungs- und vollzugsfeindlichen Grundhaltung bestärkt.[134] Hier stellt sich die Frage, ob das Zulassen der lediglich positiven Kontakte für die Inhaftierten im Sinne des Förderauftrags und des Resozialisierungsziels günstig ist und dem Angleichungsprinzip folgt. Die Gruppe der Angehörigen genießt das Privileg aus Art. 6 GG. Somit werden auch Angehörige mit potenziell „schädlichem Einfluss" zum Besuch zugelassen. Der Hinweis in den Begründungen von Hessen und Sachsen[135] darauf, dass die Inhaftierten sich spätestens nach der Haftentlassung mit ihrem **familiären Umfeld** auseinandersetzen müssen (wie auch mit dem sozialen Umfeld außerhalb der Familie!), weshalb auch Angehörige mit negativem Einfluss in den Vollzug einbeziehen sind, entspricht der Lebenswirklichkeit und ist als vollzuglich – pädagogische Aufgabenstellung zu begreifen. Jedoch lässt einzig die hessische Begründung explizit Raum für eine im Ansatz begleitete **Eltern- und Angehörigenarbeit**. Hier heißt es, dass gerade ungünstige familiäre Beziehungen in der Förderplanung zu berücksichtigen seien.[136] Eine Untersuchung aus dem Jahre 2007 ergab, dass keine Jugendvollzugsanstalt das oben skizzierte Angebot einer systematisch pädagogisch begleiteten **Eltern- und Angehörigenarbeit** vorhielt.[137] Zu plädieren ist hier für eine konsequente differenzierte Förderpraxis, mittels derer jugend- und heranwachsendenspezifische Fördermaßnahmen wie **Eltern-, Angehörigen- und Bezugspersonenarbeit** umgesetzt werden.[138] So formuliert das BVerfG: „Zudem steht der Jugendliche noch in einem Alter, in dem nicht nur er selbst, sondern auch andere für seine Entwicklung verantwortlich sind. Die Fehlentwicklung, die sich in gravierenden Straftaten eines Jugendlichen äußert, steht in besonders dichtem und oft auch besonders offensichtlichem Zusammenhang mit einem Umfeld und Umständen, die ihn geprägt haben."[139] In den Gesetzen von Brandenburg und Thüringen (jeweils § 35 Abs. 2) sowie Rheinland-Pfalz (§ 34 Abs. 2) wurde der bisherige Untersagungs-

---

[132] Siehe Joester, Wegner in Feest und Lesting, Rn 3.
[133] Ebd, Rn 4.
[134] Siehe Arloth, Strafvollzugsgesetz, Rn 4; auch Laubenthal in: Laubenthal, Nestler, Neubacher, Verrel, Rn 34 f.
[135] Siehe JStVollzG Hessen, Begründungen, S. 75; JStVollzG Sachsen, Begründungen, S. 78.
[136] Siehe JStVollzG Hessen, Begründungen, S. 75.
[137] Siehe Bihs/Thanjan, Eltern- und Angehörigenarbeit im Jugendstrafvollzug.
[138] Siehe auch Walter ZJJ 2006, 241 f.
[139] BVerfG NJW 2006, 2093, 2095.

grund der Behinderung der Eingliederung durch den der Behinderung der Erreichung des Vollzugsziels ersetzt. Diese Änderung schafft insofern mehr Klarheit, als dass das Vollzugsziel allen im Vollzug Tätigen bekannt und in seinen Konkretionen deutlich sein dürfte und damit die Versagungsgründe präziser als im Hinblick das Teilziel der „Eingliederung" benannt werden können.[140] Jedoch ist die Gefahr zu benennen, das Vollzugsziel als Grundlage einer sehr weiten Interpretation möglicher Versagungsgründe zu nutzen und damit die potentiell positiven Einflüsse von Besuchen selbst in kritischen Grenzbereichen nicht zum Tragen kommen zu lassen. So kann ein Besuch, gerade wenn er pädagogisch begleitet wird, nicht allein die Beziehung festigen, sondern ggf auch zu einer bewussten Distanzierung bzw zum Kontaktabbruch führen und damit dem Vollzugs- bzw Erziehungsziel langfristig zuträglich sein.

Die Bestimmungen von Brandenburg und Thüringen (jeweils § 35 Abs. 3), Rheinland-Pfalz (§ 34 Abs. 3), Sachsen-Anhalt (§ 34 Abs. 3) sowie Sachsen (§ 48 Abs. 3, hier bezogen allein auf Minderjährige, die Opfer von Straftaten waren)[141], untersagen auch den Besuch von Personen, die Opfer einer Straftat waren oder im Haftbefehl als Opfer benannt werden, wenn zu befürchten ist, dass die Begegnung mit den Gefangenen einen schädlichen Einfluss auf sie hat.[142] Diese Regelungen erscheinen unter dem Gesichtspunkt des Opferschutzes sinnvoll, wenn hier erpresserische Zusammenhänge oder missbrauchbare psychische Abhängigkeiten des Opfers vom Täter vorliegen. Ansonsten ist nicht davon auszugehen, dass ein Opfer einen Täter freiwillig besucht, ohne dies tatsächlich zu wollen. In dieser Hinsicht erscheint die Entscheidungsübername der Verantwortlichkeit durch die Behörde angesichts der Entscheidungsfreiheit von Menschen doch eher übertrieben. Im Einzelfall ist über eine behutsame Vorbereitung und Begleitung eines solches Gesprächs durch eine dem Opfer vertraute und akzeptierte Person nachzudenken, wenn das Opfer das Gespräch aktiv sucht.

Ins HessJStVollzG ist mit aufgenommen worden (§ 32 Abs. 2), dass ein Besuchsverbot ausgesprochen werden kann, wenn der Kontakt geeignet ist, auf eine extremistische Verhaltensweise hinzuwirken. Die ist als begrüßenswerte Neuerung anzusehen, die aktuellen gesellschaftlichen Entwicklungen Rechnung trägt und ein klares Signal sendet, dass Positionen, die den Verfassungsstaat direkt oder indirekt ablehnen,[143] nicht geduldet werden.

5. Besuche von Verteidigern, Rechtsanwälten und Notaren/Einbezug der JGH

Länder	
Berlin (§ 49[144] Besuche von Verteidigern, Rechtsanwäl-	Besuche von Verteidigern sowie von Rechtsanwälten und Notaren in einer die Gefangenen betreffenden Rechtssache sind zu gestatten. Dasselbe gilt für Besuche von Beiständen nach § 69 des Jugendgerichtsgesetzes. § 47 Abs. 4 gilt entsprechend. Eine inhaltliche Über-

---

140 Siehe dazu auch Joester, Wegner in Feest und Lesting, S. 204, Rn 4.
141 In der Entwurfsfassung zum neuen JStVollzG Bln ebenfalls enthalten (§ 32).
142 Siehe Laubenthal in: Laubenthal, Nestler, Neubacher, Verrel, 242, Rn 37; auch Joester, Wegner in Feest und Lesting, S. 206, Rn 8.
143 Siehe Jesse in: Bundesministerium des Inneren (Hrsg.), S. 11.
144 Entwurfsfassung: § 31 Abs. 4; nicht zulässige inhaltliche Überprüfung der mitgeführten Schriftstücke und sonstigen Unterlagen von Verteidigerinnen und Verteidigern, Beiständen nach § 69 JGG, Rechtsanwältinnen und Rechtsanwälten, Notarinnen und Notaren geregelt in § 33 Abs. 2.

§ 7 Außenkontakte

Länder	
ten, Notaren und Beiständen)	prüfung der von Verteidigern mitgeführten Schriftstücke und sonstigen Unterlagen ist nicht zulässig. § 52 Abs. 1 Satz 2 und 3 bleibt unberührt.
Baden Württemberg (Buch 4 § 20 Abs. 1-3 Besuche bestimmter Personen)	(1) Besuche von Verteidigern sowie von Rechtsanwälten und Notaren in einer die junge Gefangene oder den jungen Gefangenen betreffenden Rechtssache sind zu gestatten. Die Jugendstrafanstalt kann die Modalitäten der Besuche entsprechend ihren organisatorischen Möglichkeiten regeln. Der Besuch kann davon abhängig gemacht werden, dass sich die Besucher vorher aus Gründen der Sicherheit oder Ordnung der Jugendstrafanstalt durchsuchen oder mit technischen Mitteln oder sonstigen Hilfsmitteln auf verbotene Gegenstände absuchen lassen. Eine Kenntnisnahme vom gedanklichen Inhalt der von Verteidigern mitgeführten Schriftstücke und sonstigen Unterlagen ist unzulässig. (2) Besuche von Verteidigern werden nicht überwacht. Zur Übergabe von Schriftstücken und sonstigen Unterlagen bedürfen Verteidiger, Rechtsanwälte und Notare keiner Erlaubnis, sofern diese unmittelbar der Vorbereitung oder Durchführung der Verteidigung oder der Erledigung einer die junge Gefangene oder den jungen Gefangenen betreffenden Rechtssache dienen. Beim Besuch von Rechtsanwälten und Notaren kann die Übergabe aus Gründen der Sicherheit oder Ordnung der Jugendstrafanstalt von der Erlaubnis abhängig gemacht werden. (3) § 22 Abs. 2 Satz 3 und 4 bleibt unberührt.
Bayern (Art. 29 Besuche bestimmter Personen; Art. 144 Abs. 4 Besuch, Schriftwechsel, Pakete, Urlaub, Ausgang und Ausführung aus wichtigem Anlass)	Art. 29 und Abs. 4 Art. 144: inhaltlich wie § 49 JStVollzG Bln
Brandenburg (§ 34 Abs. 5 Besuch; § 36 Abs. 1 Durchführung der Besuche)	§ 34 Abs. 5 und § 36 Abs. 1: inhaltlich wie § 49 JStVollzG Bln
Bremen (§ 49 Besuche von Verteidigern, Rechtsanwälten, Notaren und Beiständen)	wie § 49 JStVollzG Bln
Hamburg (§ 28 Abs. 1-4 Besuche von Rechtsanwältinnen und Rechtsanwälten und Notarinnen und Notaren)	(1) in Kombination mit (3) inhaltlich wie § 49 JStVollzG Bln (2) Besuche von Rechtsanwältinnen, Rechtsanwälten, Notarinnen und Notaren und von Beiständen nach § 69 des Jugendgerichtsgesetzes werden nicht überwacht. (4) Liegt dem Vollzug eine Straftat nach § 129 a, auch in Verbindung mit § 129 b Absatz 1, des Strafgesetzbuchs zugrunde oder ist eine solche Freiheits- oder Jugendstrafe im Anschluss an den Vollzug einer wegen einer anderen Straftat verhängten Jugendstrafe zu vollziehen, gelten § 148 Absatz 2 und § 148 a der Strafprozessordnung entsprechend, es sei denn, die Gefangenen befinden sich im offenen Vollzug (§ 11) oder ihnen werden Lockerungen gewährt (§ 12) und Gründe für einen Widerruf oder eine Zurücknahme der Lockerungen (§ 92 Absätze 2 und 3) liegen nicht vor.
Hessen (§ 32 Abs. 3 Grundsätze)	(3) inhaltlich wie § 49 JStVollzG Bln; Zusatz: § 148 Abs. 2 und § 148 a der Strafprozessordnung bleiben unberührt.

V. Regelungsinhalte

Länder	
Mecklenburg-Vorpommern (§ 49 Besuche von Verteidigern, Rechtsanwälten, Notaren und Beiständen)	wie § 49 JStVollzG Bln
Niedersachsen (§ 27 Besuche von Verteidigerinnen und Verteidigern, Rechtsanwältinnen und Rechtsanwälten, Notarinnen und Notaren; iVm § 123 Abs. 6 Besuche, Schriftwechsel, Telekommunikation und Pakete)	Besuche von Verteidigerinnen und Verteidigern sowie von Rechtsanwältinnen, Rechtsanwälten, Notarinnen und Notaren in einer die Gefangene oder den Gefangenen betreffenden Rechtssache sind ohne Beschränkungen hinsichtlich ihrer Dauer oder Häufigkeit zulässig. Die regelmäßigen Besuchszeiten legt die Vollzugsbehörde im Benehmen mit der Rechtsanwaltskammer in der Hausordnung fest. § 25 Abs. 3 gilt entsprechend. Eine inhaltliche Überprüfung der von der Verteidigerin oder dem Verteidiger mitgeführten Schriftstücke und sonstigen Unterlagen ist nicht zulässig. Abweichend von Satz 4 gilt § 30 Abs. 2 Sätze 2 bis 4 in den dort genannten Fällen entsprechend. iVm § 123 Besuche, Schriftwechsel, Telekommunikation und Pakete [...] (6) Für Beistände nach § 69 des Jugendgerichtsgesetzes sind die für Verteidigerinnen und Verteidiger geltenden Vorschriften dieses Gesetzes über Besuche und Schriftwechsel entsprechend anzuwenden. Für Besuche von Angehörigen der Gerichtshilfe, der Jugendgerichtshilfe, der Bewährungshilfe und der Führungsaufsichtsstellen gilt § 27 Sätze 1 bis 3 entsprechend.
Nordrhein-Westfalen (§ 32 Besuche von Verteidigerinnen oder Verteidigern, Rechtsanwältinnen oder Rechtsanwälten, Notarinnen oder Notaren und Beiständen nach § 69 JGG)	(1) inhaltlich wie § 49 JStVollzG Bln (2) Auf Besuche von Beiständen nach § 69 des Jugendgerichtsgesetzes findet Absatz 1 entsprechend Anwendung. Für Angehörige der Jugendgerichtshilfe, der Gerichtshilfe, der Führungsaufsichtsstellen und der Bewährungshilfe gelten Absatz 1 Satz 1 und § 30 Absatz 4 entsprechend.
Rheinland-Pfalz (§ 33 Abs. 6 Besuche von Rechtsbeiständen)	(6) Besuche von 1. Verteidigerinnen und Verteidigern, 2. Rechtsanwältinnen und Rechtsanwälten sowie 3. Notarinnen und Notaren in einer die Gefangenen betreffenden Rechtssache sind zu gestatten. Dies gilt auch für Besuche von Beiständen nach § 69 des Jugendgerichtsgesetzes (JGG). Besuche nach den Sätzen 1 und 2 werden nicht auf die Regelbesuchszeiten angerechnet.
Saarland (§ 49 Besuche von Verteidigern, Rechtsanwälten, Notaren und Beiständen)	inhaltlich wie § 49 JStVollzG Bln
Sachsen (§ 47 Recht auf Besuch Abs. 4)	(4) Besuche von Verteidigern, Rechtsanwälten, Notaren und Beiständen nach § 69 JGG in einer die Gefangenen betreffenden Rechtssache und Besuche von Mitgliedern der Volksvertretungen des Bundes und der Länder sowie des Europäischen Parlaments sind zu gestatten.
Sachsen-Anhalt (§ 33 Besuch Abs. 6; § 35 Durchführung der Besuche Abs. 1 und 3; § 36 Überwachung der Besuche Abs. 4)	inhaltlich wie § 49 JStVollzG Bln

Länder	
Schleswig-Holstein (§ 49 Besuche von Verteidigerinnen und Verteidigern, Rechtsanwältinnen und Rechtsanwälten, Notarinnen und Notaren sowie Beiständen)	wie § 49 JStVollzG Bln
Thüringen (§ 34 Abs. 6 Besuch)	inhaltlich wie § 49 JStVollzG Bln

38 Die Besuche von Verteidigern, Rechtsanwälten und Notaren sind in den Ländergesetzen recht einheitlich geregelt. Die Regelungen entsprechen § 26 StVollzG, werden jedoch um Besuche von Beiständen nach § 69 JGG erweitert (mit Ausnahme Bayerns und Baden-Württembergs). Sie sind durchgängig zu gestatten, die Besuchszeit darf nicht auf die monatliche Besuchszeit angerechnet werden. Dies entspricht dem legitimen Bedürfnis der jungen Inhaftierten, für die Regelung ihrer Rechtsangelegenheiten einen entsprechenden Rechtsbeistand hinzuzuziehen.[145] Im Niedersächsischen Justizvollzugsgesetz wird eine Regelung und Aufnahme der entsprechenden Besuchszeiten nach Abstimmung mit der Rechtsanwaltskammer sowie die Aufnahme in die Hausordnung vorgeschrieben, wenngleich Häufigkeit und Dauer nicht beschränkt werden dürfen.[146] Die baden-württembergische Regelung überlässt die Besuchsmodalitäten den Jugendanstalten entsprechend ihren organisatorischen Möglichkeiten, was als rechtlich problematisch einzuschätzen ist. So dürfen Ausnahmen lediglich für die Zeit des Nachtverschlusses gelten. Auch die Einführung von Regelbesuchszeiten ist möglich, jedoch nur unter Einräumung von Besuchsmöglichkeiten zu anderen Zeiten in begründeten Ausnahmefällen.[147] Inwieweit die letzteren Bestimmungen im Sinne einer unbeschränkten Besuchsmöglichkeit durch Verteidiger, Rechtsanwälte und Notare sich als hilfreich erweisen, wird die Praxis zeigen.

Die Besuche unterliegen durchweg keiner Überwachung.[148] Dies ist entweder unmittelbar in den Vorschriften zu Besuchen von Verteidigern, Rechtsanwälten und Notaren geregelt oder in den Vorschriften zur Überwachung von Besuchen. Eine inhaltliche bzw gedankliche Überprüfung der mitgeführten Schriftstücke ist nicht zulässig.[149] Nach einem Erlass des Justizministeriums NRW (Az 4434-IV.172 vom 24.2.2011) dürfen Verteidiger und Rechtsanwälte unter bestimmten Bedingungen auch Notebooks als zeitgemäße Arbeitsmittel zu den Besuchsterminen mitführen. Im hamburgischen Gesetz entfällt die Bestimmung, nach der die Übergabe von Schriftstücken und sonstigen Unterlagen, die in einer die Gefangenen betreffenden Rechtssache mitgeführt werden, aus Gründen der Sicherheit oder Ordnung der Anstalt von ihrer Erlaubnis abhängig gemacht werden kann. Diese Annäherung an die Bestimmungen der anderen Bundesländer ist positiv festzuhalten. Jedoch können Besuche dieses Perso-

---

145 Siehe Laubenthal in: Laubenthal, Nestler, Neubacher, Verrel, Rn 7.
146 Siehe dazu Joester, Wegner in Feest und Lesting, Rn 1.
147 Ebd.
148 Ebd., Rn 54, Rn 58.
149 Ebd., Rn 8.

nenkreises von einer Absuchung mit technischen Hilfsmitteln oder einer Durchsuchung abhängig gemacht werden.[150]

Nur Niedersachsen (§ 123 Abs. 6), Bayern (Art. 29) sowie Nordrhein-Westfalen (§ 32 Abs. 2) haben die Jugendgerichtshilfe in ihre Vorschriften aufgenommen. Dabei ist die JGH die „Schnittstelle" zwischen Gerichtsverfahren und Jugendhilfe (KJHG/SGB VIII § 52). Auch für den Jugendstrafvollzug ist die **Durchgängigkeit der Hilfen** nicht zuletzt im Hinblick auf die Bedeutung stabiler positiver Bindungen auch Fachpersonen zu wahren. Gem. § 38 Abs. 2 S. 9 JGG „bleibt während der gesamten Dauer des Vollzuges der Jugendstrafe die Jugendgerichtshilfe mit dem Jugendlichen in Verbindung ... und nimmt sich seiner Wiedereingliederung in die Gemeinschaft an."

39

Die JGH verfügt über verteidigerähnliche Rechte. Dies beinhaltet Verkehrs- und Kontaktrechte mit den Inhaftierten während des Vollzuges einer Jugendstrafe sowie mit den Beschuldigten in der Untersuchungshaft. Gespräche und Briefwechsel der JGH mit den Inhaftierten dürfen nicht überwacht werden.[151]

Die JGH ist für den Aufbau und die Unterhaltung eines Netzwerkes mit anderen Trägern, Beratungsstellen sowie den Kooperationspartnern aus Polizei, Justiz und Sozialarbeit zuständig. Schließlich fällt die verstärkte Öffentlichkeits- und Präventionsarbeit in ihr Aufgabenressort.[152] Durch diese Netzwerkarbeit ist die JGH in der Lage, eine kontinuierliche (sozialpädagogische) Begleitung der Inhaftierten zu organisieren und auch selbst durchzuführen. Die Kooperation mit externen Beratungs- und Unterstützungssystemen sichert dabei zudem dem Vollzug **nachgehende Maßnahmen** wie Wiedereingliederungshilfen durch Sozialarbeiter, Berufsberater, Hilfestellungen bei behördlichen Angelegenheiten etc..[153]

Als problematisch erweist sich bei der Ausrichtung der JGH auf das Gerichtsverfahren einerseits und auf die sozialpädagogischen Betreuungsleistungen andererseits, dass Letztere häufig zu kurz kommen. Aufgrund ihrer dargelegten hohen fachlichen Bedeutung bleibt unverständlich, dass die JGH außer in den o.g. Bestimmungen nicht in die Vorschriften über die **Besuche von Verteidigern, Rechtsanwälten und Notaren** aufgenommen wurde.

6. Überwachung der Besuche

40

Länder	
Berlin (§ 50[154] Abs. 1-4 Überwachung der Besuche)	(1) Besuche dürfen aus Gründen der Sicherheit oder Ordnung der Anstalt oder bei Besorgnis der Gefährdung des Vollzugsziels überwacht werden. Die Unterhaltung darf nur überwacht werden, soweit dies im Einzelfall aus den in Satz 1 genannten Gründen erforderlich ist.
	(2) Besuche dürfen abgebrochen werden, wenn Besucher oder Gefangene gegen dieses Gesetz oder auf Grund dieses Gesetzes getroffene An-

---

150 Siehe Sonnen, Kommentar zu den Jugendstrafvollzugsgesetzen der Länder, Rn 1; Arloth, Strafvollzugsgesetz, Rn 4; Joester, Wegner in Feest und Lesting, Rn 8.
151 Siehe Trenczek, Die Mitwirkung der Jugendhilfe im Strafverfahren, S. 24 f.
152 Siehe Trenczek, Die Mitwirkung der Jugendhilfe im Strafverfahren, , S. 31 f.
153 Siehe Ostendorf, Die gesetzlichen Grundlagen für den Jugendstrafvollzug, 2015, in: ZJJ 26, 117.
154 Entwurfsfassung: § 34 Überwachung von Gesprächen.

Länder	
	ordnungen trotz Abmahnung verstoßen. Die Abmahnung unterbleibt, wenn es unerlässlich ist, den Besuch sofort abzubrechen.[155] (3) Besuche dürfen auch abgebrochen werden, wenn von Besuchern ein schädlicher Einfluss ausgeht. (4) Besuche von Verteidigern und Beiständen nach § 69 des Jugendgerichtsgesetzes werden nicht überwacht.
Baden-Württemberg (Buch 4 § 19 Abs. 1-4 Überwachung von Besuchen)	(1) inhaltlich wie § 50 Abs. 1 JStVollzG Bln, aber der Grund der Besorgnis der Gefährdung des Vollzugsziels wird durch erzieherische Gründe ersetzt. (2) Die optische Überwachung eines Besuches kann auch durch technische Hilfsmittel erfolgen. Auf eine Überwachung nach Satz 1 sind die jungen Gefangenen und ihre Besucher vorher hinzuweisen. Zur Verhinderung der Übergabe von Gegenständen können besondere Vorkehrungen, insbesondere durch Tischaufsätze oder Trennscheiben, getroffen werden, wenn bei der oder dem jungen Gefangenen verbotene Gegenstände gefunden wurden oder konkrete Anhaltspunkte vorliegen, dass es zu einer verbotenen Übergabe von Gegenständen kommt. (3) Gegenstände dürfen beim Besuch nur mit Erlaubnis der Jugendstrafanstalt übergeben werden. Jungen Gefangenen dürfen Nahrungs- und Genussmittel in geringer Menge übergeben werden. Die Jugendstrafanstalt kann anordnen, dass die Nahrungs- und Genussmittel durch ihre Vermittlung beschafft werden. (4) inhaltlich wie § 50 Abs. 2 und Abs. 3 JStVollzG Bln
Bayern (Art. 30 Abs. 1-6 Überwachung der Besuche; iVm Art. 144 Abs. 5 Besuch, Schriftwechsel, Pakete, Urlaub, Ausgang und Ausführung aus wichtigem Anlass)	(1) Die Besuche dürfen aus Gründen der Behandlung oder der Sicherheit oder Ordnung der Anstalt überwacht werden, es sei denn, es liegen im Einzelfall Erkenntnisse dafür vor, dass es der Überwachung nicht bedarf. Die Überwachung und Aufzeichnung mit technischen Mitteln ist zulässig, wenn die Besucher und die Gefangenen vor dem Besuch darauf hingewiesen werden. Die Aufzeichnungen sind spätestens mit Ablauf eines Monats zu löschen. (2) Die Unterhaltung darf nur überwacht werden, soweit dies im Einzelfall aus den in Abs. 1 genannten Gründen erforderlich ist. Abs. 1 Sätze 2 und 3 sind nicht anwendbar. (3) Zur Verhinderung der Übergabe von unerlaubten Gegenständen kann im Einzelfall angeordnet werden, dass der Besuch unter Verwendung einer Trennvorrichtung abzuwickeln ist. (4) inhaltlich wie § 50 Abs. 2 JStVollzG Bln iVm Art. 144 Besuch, Schriftwechsel, Pakete, Urlaub, Ausgang und Ausführung aus wichtigem Anlass (5) Abweichend von Art. 30 Abs. 4 darf ein Besuch auch abgebrochen werden, wenn von der besuchenden Person ein schädlicher Einfluss auf die jungen Gefangenen ausgeübt wird (inhaltlich wie § 50 Abs. 3 JStVollzG Bln)(5) inhaltlich wie § 50 Abs. 4 JStVollzG Bln, aber Beistände nach § 69 nicht benannt (6) Gegenstände dürfen beim Besuch nur mit Erlaubnis übergeben werden. Dies gilt nicht für die bei dem Besuch von Verteidigern übergebenen Schriftstücke und sonstigen Unterlagen sowie für die bei dem Besuch von Rechtsanwälten oder Notaren zur Erledigung einer den Gefangenen oder die Gefangene betreffenden Rechtssache übergebenen

---

155 Entwurfsfassung: Abs. 2 und 3 in § 33 Abs. 5 Durchführung der Besuche geregelt.

V. Regelungsinhalte

Länder	
	Schriftstücke und sonstigen Unterlagen; bei dem Besuch von Rechtsanwälten oder Notaren kann die Übergabe aus Gründen der Sicherheit oder Ordnung der Anstalt von der Erlaubnis abhängig gemacht werden. Art. 32 Abs. 1 Sätze 2 und 3 bleiben unberührt.
Brandenburg (§ 37 Abs. 1-2 Überwachung der Gespräche)	(1) Gespräche dürfen überwacht werden, soweit es im Einzelfall 1. aus Gründen der Sicherheit, 2. bei den Straf- und Jugendstrafgefangenen wegen einer Gefährdung der Erreichung des Vollzugsziels oder 3. bei jungen Gefangenen aus Gründen der Erziehung erforderlich ist. (2) wie § 50 Abs. 4 JStVollzG Bln, aber Nutzung des Begriffs Gespräch statt Besuch
Bremen (§ 50 Abs. 1-4 Überwachung der Besuche)	wie § 50 JStVollzG Bln
Hamburg (§ 27 Überwachung der Besuche)	(1) inhaltlich wie Art. 30 Abs. 1 BayStVollzG, aber Satz zur Löschung der Aufzeichnungen entfällt (2) inhaltlich wie Art. 30 Abs. 2 BayStVollzG (3) inhaltlich wie § 50 Abs. 2 und Abs. 3 JStVollzG Bln
Hessen (§ 33 Abs. 4 und 5 Besuch / Überwachung)	(4) Abgesehen von den Fällen des § 32 Abs. 3 und 4 dürfen Besuche aus erzieherischen Gründen oder aus Gründen der Sicherheit oder Ordnung der Anstalt offen überwacht werden. Die Unterhaltung darf nur überwacht werden, soweit dies im Einzelfall aus den in Satz 1 genannten Gründen erforderlich ist. Ein Besuch darf abgebrochen werden, wenn Beteiligte gegen die Vorschriften dieses Gesetzes oder die aufgrund dieses Gesetzes getroffenen Anordnungen trotz Ermahnung verstoßen. Dies gilt auch, wenn Verhaltensweisen von Besuchspersonen geeignet sind, einen schädlichen Einfluss auf die Gefangenen auszuüben. Einer Ermahnung bedarf es nicht, wenn es unerlässlich ist, den Besuch sofort abzubrechen. Gegenstände dürfen beim Besuch nur mit Erlaubnis übergeben werden. Dies gilt nicht für die bei dem Besuch von Verteidigerinnen und Verteidigern und Beiständen nach § 69 des Jugendgerichtsgesetzes sowie Personen nach § 32 Abs. 4 übergebenen Schriftstücke und sonstigen Unterlagen. (5) Die optische Überwachung eines Besuches kann auch durch technische Hilfsmittel erfolgen. Aufzeichnungen sind zulässig, soweit dies für die Sicherheit und Ordnung der Anstalt erforderlich ist. Die betroffenen Personen sind auf Maßnahmen nach Satz 1 und 2 vorher hinzuweisen. Zur Verhinderung der Übergabe von Gegenständen können besondere Vorkehrungen, insbesondere durch Tischaufsätze oder Trennscheiben, getroffen werden, wenn bei den betreffenden Gefangenen verbotene Gegenstände gefunden wurden oder konkrete Anhaltspunkte vorliegen, dass es zu einer verbotenen Übergabe von Gegenständen kommt. § 44 Abs. 2 gilt entsprechend.
Mecklenburg-Vorpommern (§ 50 Abs. 1-4 Überwachung der Besuche)	wie § 50 JStVollzG Bln
Niedersachsen (§ 28 Überwachung der Besuche)	(1) Besuche dürfen offen überwacht werden. Die akustische Überwachung ist nur zulässig, wenn dies im Einzelfall zur Erreichung des Vollzugszieles nach § 5 Satz 1 oder zur Aufrechterhaltung der Sicherheit oder Ordnung der Anstalt erforderlich ist.

§ 7 Außenkontakte

Länder	
	(2) Die Vollzugsbehörde kann anordnen, dass für das Gespräch zwischen der oder dem Gefangenen und den Besucherinnen und Besuchern Vorrichtungen vorzusehen sind, die die körperliche Kontaktaufnahme sowie die Übergabe von Schriftstücken und anderen Gegenständen ausschließen, wenn dies zur Aufrechterhaltung der Sicherheit oder zur Abwendung einer schwer wiegenden Störung der Ordnung der Anstalt unerlässlich ist. (3) Ein Besuch darf nach vorheriger Androhung abgebrochen werden, wenn Besucherinnen oder Besucher oder die oder der Gefangene gegen die Vorschriften dieses Gesetzes oder die aufgrund dieses Gesetzes getroffenen Anordnungen verstoßen. Der Besuch kann sofort abgebrochen werden, wenn dies unerlässlich ist, um eine Gefahr für die Sicherheit der Anstalt oder einen schwer wiegenden Verstoß gegen die Ordnung der Anstalt abzuwehren. iVm **§ 123 Besuche, Schriftwechsel, Telekommunikation und Pakete** (5) Besuche können außer in den Fällen des § 28 Abs. 3 auch abgebrochen werden, wenn von Besucherinnen oder Besuchern ein schädlicher Einfluss auf die oder den Gefangenen ausgeübt wird. Satz 1 gilt für die Telekommunikation entsprechend. (inhaltlich wie § 50 Abs. 3 JStVollzG Bln) (4) inhaltlich wie § 50 Abs. 4 JStVollzG Bln, aber Beistände nach § 69 nicht benannt (5) Gegenstände dürfen beim Besuch nur mit Erlaubnis übergeben werden. Dies gilt nicht für die bei dem Besuch 1. einer Verteidigerin oder eines Verteidigers oder 2. einer Rechtsanwältin, eines Rechtsanwalts, einer Notarin oder eines Notars zur Erledigung einer die Gefangenen betreffenden Rechtssache übergebenen Schriftstücke und sonstigen Unterlagen. In den Fällen des Satzes 2 Nr. 2 kann die Übergabe aus Gründen der Sicherheit oder Ordnung der Anstalt von der Erlaubnis abhängig gemacht werden. (6) Abweichend von den Absätzen 4 und 5 Satz 2 Nr. 1 gilt § 30 Abs. 2 Sätze 2 bis 4 in den dort genannten Fällen entsprechend.
Nordrhein-Westfalen (§ 33 Überwachung der Besuche)	(1) Die Besuche dürfen aus Gründen der Behandlung oder der Sicherheit oder Ordnung der Anstalt überwacht werden. Dies gilt nicht, wenn im Einzelfall Erkenntnisse dafür vorliegen, dass es der Überwachung nicht bedarf. Die Unterhaltung darf nur überwacht werden, soweit dies im Einzelfall aus den in Satz 1 genannten Gründen erforderlich ist. (2) inhaltlich wie § 50 Abs. 4 JStVollzG Bln, aber Beistände nach § 69 nicht benannt (3) inhaltlich wie § 50 Abs. 2 und Abs. 3 JStVollzG Bln
Rheinland-Pfalz (§ 35 Abs. 1-3 Durchführung der Besuche; § 36 Überwachung der Gespräche)	(1) Aus Gründen der Sicherheit können Besuche davon abhängig gemacht werden, dass die Besucherinnen und Besucher sich und ihre mitgeführten Sachen mit technischen Hilfsmitteln durchsuchen oder durchsuchen lassen und Anordnungen zur Identitätsfeststellung nach § 24 des Landesjustizvollzugsdatenschutzgesetzes (LJVollzDSG) Folge leisten. Eine inhaltliche Überprüfung der von Verteidigerinnen, Verteidigern oder Beiständen nach § 69 JGG mitgeführten Schriftstücke und sonstigen Unterlagen ist nicht zulässig. § 41 Abs. 2 Satz 2 und 3 bleibt unberührt. (2) Besuche werden regelmäßig beaufsichtigt. Über Ausnahmen entscheidet die Anstaltsleiterin oder der Anstaltsleiter. Die Beaufsichtigung

V. Regelungsinhalte

Länder	
	kann mit technischen Hilfsmitteln durchgeführt werden; die betroffenen Personen sind vorher durch sprachliche und nicht sprachliche Zeichen darauf hinzuweisen. Eine Aufzeichnung findet nicht statt. (3) wie § 50 Abs. 4 JStVollzG Bln (6) Die Anstaltsleiterin oder der Anstaltsleiter kann im Einzelfall die Nutzung einer Trennvorrichtung anordnen, wenn dies zum Schutz von Personen oder zur Verhinderung einer Übergabe von Gegenständen erforderlich ist. § 36 Überwachung der Gespräche (1) wie § 37 Abs. 1 BbgJVollzG, aber folgender Zusatz: Die Überwachung kann mit technischen Hilfsmitteln durchgeführt werden; die betroffenen Personen sind vorher durch sprachliche und nicht sprachliche Zeichen darauf hinzuweisen. (2) inhaltlich wie § 50 Abs. 4 JStVollzG Bln, aber Nutzung des Begriffs Gespräch statt Besuch
Saarland (§ 50 Überwachung der Besuche)	wie § 50 JStVollzG Bln
Sachsen (§ 50 Überwachung der Gespräche; (§ 49 Abs. 1, 4, 5 und 7 Durchführung der Besuche)	Gespräche dürfen nur überwacht werden, soweit es im Einzelfall aus Gründen der Erziehung oder der Sicherheit oder Ordnung in der Anstalt erforderlich ist. § 49 Abs. 5 gilt entsprechend. § 111 Abs. 3 Satz 4 bleibt unberührt. § 49 Durchführung der Besuche (1) Aus Gründen der Sicherheit in der Anstalt können Besuche davon abhängig gemacht werden, dass sich die Besucher durchsuchen lassen. Die Durchsuchung von Verteidigern setzt voraus, dass konkrete Anhaltspunkte für die Gefährdung der Sicherheit vorliegen. (4) Gegenstände dürfen beim Besuch nicht übergeben werden. (5) Besuche von Verteidigern und Beiständen nach § 69 JGG sowie von Rechtsanwälten und Notaren in einer die Gefangenen betreffenden Rechtssache werden nicht beaufsichtigt. Nicht beaufsichtigt werden ferner Besuche von Mitgliedern der Volksvertretungen des Bundes und der Länder, des Europäischen Parlaments, des Europäischen Gerichtshofs für Menschenrechte, des Europäischen Komitees zur Verhütung von Folter und unmenschlicher oder erniedrigender Behandlung oder Strafe, der Parlamentarischen Versammlung des Europarates, der Agentur der Europäischen Union für Grundrechte und der weiteren Einrichtungen, mit denen der Kontakt aufgrund völkerrechtlicher Verpflichtungen der Bundesrepublik Deutschland geschützt ist. Satz 2 gilt auch für den Bundesbeauftragten für den Datenschutz und die Informationsfreiheit, den Sächsischen Datenschutzbeauftragten und andere Landesdatenschutzbeauftragte. (7) Der Anstaltsleiter kann im Einzelfall die Nutzung einer Trennvorrichtung anordnen, wenn dies zum Schutz von Personen oder zur Verhinderung einer Übergabe von Gegenständen erforderlich ist.
Sachsen-Anhalt (§ 36 Überwachung der Besuche)	(1) Besuche werden regelmäßig optisch überwacht. Über Ausnahmen entscheidet der Anstaltsleiter. Die optische Überwachung kann mit technischen Hilfsmitteln durchgeführt werden; die betroffenen Personen sind vorher sprachlich und durch Zeichen darauf hinzuweisen. (2) Besuche werden akustisch nur überwacht, soweit es im Einzelfall 1. aus Gründen der Sicherheit, 2. bei dem Strafgefangenen oder dem Jugendstrafgefangenen wegen einer Gefährdung der Erreichung des Vollzugsziels,

§ 7 Außenkontakte

Länder	
	3. bei dem jungen Gefangenen aus Gründen der Erziehung oder
	4. zur Umsetzung einer Anordnung nach § 119 der Strafprozessordnung
	erforderlich ist. Die akustische Überwachung kann mit technischen Hilfsmitteln durchgeführt werden; die betroffenen Personen sind vorher sprachlich und durch Zeichen darauf hinzuweisen.
	(3) Eine Aufzeichnung der optischen und akustischen Überwachung findet nur nach Maßgabe des § 145 statt.
	(4) Besuche von Verteidigern oder Beiständen nach § 69 des Jugendgerichtsgesetzes werden nicht überwacht.
Schleswig-Holstein (§ 50 Überwachung der Besuche)	(1) Besuche dürfen aus Gründen der Erziehung oder der Sicherheit oder Ordnung der Anstalt überwacht werden, es sei denn, es liegen im Einzelfall Erkenntnisse dafür vor, dass es der Überwachung nicht bedarf.
	Die Videoüberwachung ist abweichend von § 67 Abs. 2 zulässig, wenn die Besucherinnen und Besucher und die Gefangenen vor dem Besuch darauf hingewiesen werden. Das Gespräch darf nur mit nicht-technischen Mitteln überwacht werden, soweit dies im Einzelfall aus Gründen der Erziehung oder der Sicherheit oder Ordnung der Anstalt erforderlich ist. Gefangenen ist die Möglichkeit zu belassen, auch nicht überwachte Gespräche mit Familienangehörigen und engsten Vertrauten zu führen. Eine Aufzeichnung von Gesprächen ist unzulässig.
	(2) wie § 50 Abs. 2 JStVollzG Bln
	(3) wie § 50 Abs. 3 JStVollzG Bln
	(4) wie § 50 Abs. 4 JStVollzG Bln
Thüringen (§ 37 Abs. 1-2 Überwachung der Gespräche; § 36 Abs. 1-6 Durchführung der Besuche)	(1) wie § 37 Abs. 1 BbgJVollzG, aber Ergänzung um vierten Überwachungsgrund wie folgt:
	4. zur Umsetzung einer Anordnung nach § 119 Abs. 1 StPO
	erforderlich ist.
	(2) inhaltlich wie § 50 Abs. 4 JStVollzG Bln, aber Begriff Gespräch statt Besuch
	§ 36 Durchführung der Besuche
	(1) Aus Gründen der Sicherheit können Besuche davon abhängig gemacht werden, dass sich die Besucher mit technischen oder sonstigen Hilfsmitteln absuchen oder durchsuchen lassen. Eine inhaltliche Überprüfung der von Verteidigern oder von Beiständen nach § 69 JGG mitgeführten Schriftstücke und sonstigen Unterlagen ist nicht zulässig. § 42 Abs. 2 Satz 2 und 3 bleibt unberührt.
	(2) Besuche werden regelmäßig beaufsichtigt. Über Ausnahmen entscheidet der Anstaltsleiter. Die Beaufsichtigung kann mit technischen Hilfsmitteln durchgeführt werden; die betroffenen Personen sind vorher darauf hinzuweisen. Eine Aufzeichnung findet nicht statt.
	(3) Besuche von Verteidigern und von Beiständen nach § 69 JGG werden nicht beaufsichtigt.
	(4) Besuche dürfen abgebrochen werden, wenn Besucher oder Gefangene gegen dieses Gesetz oder gegen aufgrund dieses Gesetzes getroffene Anordnungen trotz Abmahnung verstoßen oder von den Besuchern ein schädlicher Einfluss auf junge Gefangene ausgeht. Dies gilt auch bei einem Verstoß gegen eine Anordnung nach § 119 Abs. 1 StPO. Die Abmahnung unterbleibt, wenn es unerlässlich ist, den Besuch sofort abzubrechen.

Länder	
	(5) Gegenstände dürfen beim Besuch nicht übergeben werden. Dies gilt nicht für die bei dem Besuch der Verteidiger oder der Beistände nach § 69 JGG übergebenen Schriftstücke und sonstigen Unterlagen sowie für die bei dem Besuch von Rechtsanwälten oder Notaren zur Erledigung einer die Gefangenen betreffenden Rechtssache übergebenen Schriftstücke und sonstigen Unterlagen. Bei dem Besuch von Rechtsanwälten oder Notaren kann die Übergabe aus Gründen der Sicherheit oder Ordnung der Anstalt von der Erlaubnis des Anstaltsleiters abhängig gemacht werden. § 42 Abs. 2 Satz 2 und 3 bleibt unberührt. (6) Der Anstaltsleiter kann im Einzelfall die Nutzung einer Trennvorrichtung anordnen, wenn dies zur Verhinderung einer Übergabe von Gegenständen erforderlich ist.

In den Bestimmungen zur Überwachung der Besuche findet sich in allen Gesetzen zunächst wieder die Zweispurigkeit der Argumentationslinien von **Sicherheit und Ordnung** der Anstalt auf der einen und potentieller Gefährdung der Erreichung des Vollzugsziels auf der anderen Seite. Besuche dürfen aus diesen beiden Gründen überwacht werden.[156] Hinsichtlich der Arten der Überwachung werden die Sichtkontrolle als optische Überwachung sowie die akustische Kontrolle als Überwachung der Unterhaltung bzw Gespräche unterschieden.[157] Explizit benannt wird die Überwachung der Besuche mit technischen Hilfsmitteln[158] in den Vorschriften Baden-Württembergs (§ 19 Abs. 2), Bayerns (Art. 30 Abs. 1), Brandenburgs (§ 36 Abs. 1), Hamburgs (§ 27 Abs. 1), Hessens (§ 33 Abs. 5), Sachsens (§ 49 Abs. 2), Sachsen-Anhalts (§ 36 Abs. 1 und 2), Rheinland-Pfalz (§ 35 Abs. 2), Schleswig-Holsteins (§ 50 Abs. 1) sowie Thüringens (§ 36 Abs. 2).[159] Die (optische) Überwachung der Besuche stellt den Regelfall dar. Sofern die Vorschriften zwischen der Überwachung von Besuch und Gespräch/Unterhaltung unterscheiden, wird die (akustische) Überwachung des Gesprächs bzw der Unterhaltung als Maßnahme im Einzelfall bei Vorliegen spezifischer Gründe benannt.[160]

Sofern die Vorschriften Trennscheiben oder andere Vorrichtungen zur Verhinderung körperlichen Kontaktes oder der Übergabe von unerlaubten Gegenständen vorsehen, handelt es sich um Kann-Bestimmungen bei Vorliegen von unerlässlichen Gründen der Aufrechterhaltung der Sicherheit oder Abwendung einer schwerwiegenden Störung der Ordnung der Anstalt.[161]

Bezüglich der **Überwachung aus „erzieherischen Gründen"** bleibt in den Regelungsinhalten offen, was tatsächlich damit erreicht werden soll. Eine **Überwachung aus „erzieherischen Gründen"** muss einer konkreten Intention folgen, da Erziehung immer absichtsvolles Handeln desjenigen ist, der sie ausübt.[162] Eine **Überwachung aus „er-**

---

156 Siehe dazu Joester, Wegner in Feest und Lesting, Rn 4, Rn 5, Rn 7.
157 Ebd, Rn 1.
158 Dazu Laubenthal in: Laubenthal, Nestler, Neubacher, Verrel, Rn 43.
159 In die Entwurfsfassung zum neuen JStVollzG Bln wird in § 33 Abs. 3 eine Beaufsichtigungsoption mittels optisch-elektronischer Einrichtungen aufgenommen.
160 Siehe Joester, Wegner in Feest und Lesting, Rn 3.
161 Zur Trennscheibenregelung siehe Laubenthal in: Laubenthal, Nestler, Neubacher, Verrel, Rn 59.
162 Siehe Brezinka, Grundbegriffe der Erziehungswissenschaft, S. 70 f; vgl auch Sonnen, Kommentar zu den Jugendstrafvollzugsgesetzen der Länder, Rn 1.

zieherischen Gründen" kann keinesfalls Anlass für repressive Maßnahmen sein und Sanktionen legitimieren.[163] Eine solche Auslegung des Erziehungsbegriffes ist bei weitem zu eng, da Erziehung immer auch Förderung bedeutet, von der bei Überwachung aus repressiven Gründen nicht die Rede sein kann. Somit muss also eine **Überwachung aus „erzieherischen Gründen"** mit dem Ziel der Umsetzung der hier definierten Erziehung stattfinden. Dies erscheint paradox, da das reine Beobachten einer Person (zumal – wenn mit technischen Hilfsmitteln durchgeführt – nicht einmal in demselben Raum zu derselben Zeit) niemals dem Begriff der Erziehung gerecht wird. Der andere Aspekt sind die Gründe selbst, die eine Überwachung erfordern sollen: Die Wahrung der **Sicherheit und Ordnung** muss hier ausgeschlossen werden, da sie gesondert genannt wird. Als erzieherische Gründe kommen daher nur noch belastete Beziehungen in Betracht, die Konfliktpotenzial bei den Inhaftierten und seinen Besuchern bergen. Dies umfasst auch akute Krisensituationen. Auch hier bleibt offen, was die Überwachung solcher Konstellationen nun konkret leistet. Grundsätzlich müssten die aus erzieherischen Gründen überwachten Besuche eher als sozialpädagogisch begleitete Besuche verstanden und umgesetzt werden, um dem Erziehungsbegriff sowie dem Erziehungsauftrag des Jugendstrafvollzuges gerecht zu werden. Hinzuweisen ist ausdrücklich auf die Gefahr einer schleichenden Ausweitung der Sicherheits- und Ordnungsüberwachung der Außenkontakte, welche durchaus in Konflikt mit den vollzugspädagogischen Prämissen und Vertrauensgrundlagen gerät. Zwar sehen auch die ERJOSSM in Grundsatz 85.2 eine Einschränkung bzw Überwachung der Besuche vor. Hinsichtlich der Begründung bzw der Ziele dieser Überwachung werden sie jedoch etwas konkreter als die Jugendstrafvollzugsgesetze der Länder und stellen zudem nicht auf eine Überwachung aus erzieherischen Gründen ab. Anlässe der Überwachung können demnach sein: eine noch laufende strafrechtliche Ermittlung, die Aufrechterhaltung von Sicherheit und Ordnung, Verhütung von Straftaten und Schutz der Opfer von Straftaten. Trotz möglicherweise notwendiger Einschränkungen oder Überwachung der Besuche regelt der Grundsatz 85.2, dass „ein Mindestmaß an Kontakten" zugelassen werden muss. Diese Entschärfung der Besuchsrestriktionen bildet sich nunmehr in den oben bezeichneten Jugendstrafvollzugsgesetzen der Länder ab.

Die in den Vorschriften getroffene Unterscheidung zwischen „Besuch" und „Unterhaltung" bzw „Gespräch" bezieht sich auf die Intensität der vorgesehenen Überwachung. Eine optische Überwachung bezieht sich auf die allgemeine Situation des Besuchs, bei der die Übergabe von unerlaubten Gegenständen, Dokumenten durch eine optische Überwachung, zB durch anwesende Beamte oder Videoüberwachung. Hinsichtlich der Gespräche bzw Unterhaltung kann wiederum zwischen „Überwachung" und „Begleitung" der Unterhaltung bzw Gespräche unterschieden werden. In jedem Fall geht es hier um eine akustische Überwachung, die dann vorliegt, wenn Gesprächsinhalte systematisch und gezielt überwacht werden. So sind die Voraussetzungen einer akustischen Überwachung wesentlich höher anzusetzen als bei einer optischen Überwachung. Bei Angehörigen ist noch einmal gesondert die Verhältnismäßig-

---

[163] Siehe Joester, Wegner in Feest und Lesting, Rn 4.

keit der akustischen Überwachung zu prüfen, insbesondere bei Familienangehörigen, zu denen auch die Lebensgefährtin bzw der Lebensgefährte und die gemeinsamen Kinder gehören.[164] Es müssen konkrete, auf den Einzelfall bezogene Anhaltspunkte für die Notwendigkeit einer akustischen Überwachung vorliegen.[165] Somit kommt es wesentlich auf die besuchende Person sowie den Zweck des Besuchs an.[166] Beide beziehen sich auf die spezifische Situation wie auf die Inhalte der Gespräche zwischen den jungen Inhaftierten und den besuchenden Personen. Die „Überwachung" zielt hier vor allem auf die Unterbindung der Weitergabe von Informationen, die der Erreichung des Vollzugsziels entgegenstehen, zB die Verhinderung und Verabredung neuer Straftaten oder die Beeinflussung von Zeugen. Die „Begleitung" hingegen bezieht sich auf die fachpsychologische bzw fachpädagogische Beobachtung der Kommunikationsstrukturen und Interaktionsqualität zwischen den jungen Inhaftierten und den Angehörigen.[167] Hier geht es vor allem um die Analyse der aktuellen bzw künftig möglichen, insbesondere familialen Beziehungszusammenhänge sowie, im Hinblick auf die Entlassung und Nachsorge, die Auslotung der Möglichkeiten der Rückkehr in die Herkunftsfamilie oder die entlassungsbezogene Vorbereitung alternativer Wohnmöglichkeiten.[168] In jedem Fall wird die Anstalt im Hinblick auf die Gefahr, dass die akustische Überwachung aus Erziehungs- bzw Behandlungsgründen auch zu Schädigungen führen können, zu begründen haben, warum zB aus pädagogischer Sicht eine Überwachung unvermeidbar erscheint.[169]

Kritisch zu bewerten ist, dass nur die Vorschriften von Schleswig-Holstein (§ 50 Abs. 1) die Möglichkeit nicht-überwachter Gespräche der jungen Inhaftierten mit Familienangehörigen und engsten Vertrauten vorsehen. Da es in Gesprächen mit Angehörigen und engsten Vertrauten durchaus um sehr persönliche und intime Sachverhalte gehen kann und die Besprechung derselben auch entwicklungsförderlich verlaufen kann, sollte die Option der Nicht-Überwachung zur Ermöglichung eher die Regel denn die Ausnahme darstellen.

Die Vollzugsbehörde bzw die mit der Überwachung beauftragten Bediensteten müssen, sofern Besuche überwacht werden, in der Lage sein, auf Verstöße gegen jeweilige Rechtsbestimmungen oder gegen die auf den entsprechenden Grundlagen beruhenden Anordnungen in angemessener und erforderlicher Weise zu reagieren. Der Abbruch eines Besuchs ist hier das schärfste Mittel. Besuchsabbrüche setzen grundsätzlich eine vorherige Abmahnung voraus.[170] Ist eine erste Abmahnung erfolglos, kann der Besuch abgebrochen werden, er muss es aber nicht. Möglich sind auch eine zweite und dritte Abmahnung ebenso wie auch eine Änderung der Besuchsbedingungen.[171] Nur in extremen Ausnahmefällen, zB einem eskalierenden Konflikt zwischen jungen Inhaftierten und deren Besuch mit der Gefahr einer körperlichen Auseinandersetzung,

42

---

164 Siehe Joester, Wegner in Feest und Lesting, Rn 3.
165 Siehe Laubenthal in: Laubenthal, Nestler, Neubacher, Verrel, Rn 44.
166 Siehe Arloth, Strafvollzugsgesetz, Rn 6.
167 Ablehnend jedoch Joester, Wegner in Feest und Lesting, Rn 7.
168 Eebd, Rn 4.
169 Siehe Joester, Wegner in Feest und Lesting, S. 214, Rn 7.
170 Siehe Laubenthal in: Laubenthal, Nestler, Neubacher, Verrel, Rn 47.
171 Siehe Joester, Wegner in Feest und Lesting, Rn 10.

kann es erforderlich sein, den Besuch sofort abzubrechen.[172] Hinsichtlich der Gründe für einen Besuchsabbruch empfiehlt es sich mit Blick auf eine allseitige Transparenz, den Besuchern regelmäßig eine entsprechende Besuchsordnung auszuhändigen.[173] Der in einigen Vorschriften genannte Grund des schädlichen Einflusses von Besuchern auf Inhaftierte unterliegt letztlich der subjektiven Beurteilung durch die Bediensteten. Es geht hier zB um den angenommenen schädlichen Einfluss früherer Mittäter. Voraussetzung ist jedoch ein konkreter negativer Einfluss, nicht jedoch eine bloße Gefahr.[174] Im Hinblick auf Familienangehörige, bei denen das Grundrecht aus Art. 6 Abs. 1 und Abs. 2 GG im Vordergrund der Abwägungen steht, kann ein Grenzfall vorliegen, wenn zB Eltern ihrem rechtskräftig einsitzenden Sohn bzw ihrer Tochter einzureden versuchen, eine schwere Gewalttat nicht begangen zu haben und der bzw die junge Inhaftierte sich in der Folge spezifischen Förder- und Therapieangeboten verschließt.[175] In jedem Fall zu begrüßen ist die Vorschrift einer regelhafte Abmahnung bzw Ankündigung eines drohenden Besuchsabbruchs, um den Besuchern die Möglichkeit einer Verhaltenskorrektur in situ zu geben. Dennoch behalten sich alle Ländergesetze die Möglichkeit eines sofortigen Besuchsabbruchs ohne vorherige Ankündigung bzw Abmahnung vor.[176] Zu begrüßen ist der Ansatz Niedersachsens, auch für diese Situation operationale Kriterien zu benennen (zB „Gefährdung von Sicherheit und Ordnung", „schwerwiegende Verstöße gegen die Ordnung der Anstalt"), auch wenn diese Kriterien immer noch sehr interpretationsoffen sind. Die Verweise in den Ländergesetzen von Brandenburg und Thüringen auf § 119 Abs. 1 StPO beziehen allein auf die Untersuchungshaft.

Die Regelungen Baden-Württembergs (§ 19 Abs. 3), Bayerns (Art. 30 Abs. 6), Hamburgs (§ 27 Abs. 4) sowie Hessens (§ 33 Abs. 4) erlauben die **Übergabe von Gegenständen** bzw von Nahrungs- und Genussmitteln mit Erlaubnis der Jugendhaftanstalt zumindest in geringen Mengen. In der Regel wird damit weniger eine angenommene Unterversorgung durch die Anstalt kompensiert als vielmehr eine soziale Verbundenheit zwischen Besuchern und jungen Inhaftierten symbolisiert und ermöglicht. Eine missbräuchliche Ausnutzung dieser Regelung zur Einfuhr von Drogen und unerlaubten Gegenständen wird gegen den resozialisierenden Nutzen dieser Regelung im Einzelfall abzuwägen sein. In jedem Fall verstößt ein uneingeschränktes Verbot der **Übergabe von Gegenständen** ohne Einräumung der Möglichkeit einer Einzelfallerlaubnis gegen den Grundsatz der Verhältnismäßigkeit.[177]

Das Verbot der **Übergabe von Gegenständen** ist ansonsten durchgängig in allen Ländergesetzen festgeschrieben.

---

172 Siehe Sonnen, Kommentar zu den Jugendstrafvollzugsgesetzen der Länder, 2011, Rn 4; Laubenthal in: Laubenthal, Nestler, Neubacher, Verrel, Rn 47.
173 Siehe Arloth, Strafvollzugsgesetz, Rn 7.
174 Siehe Sonnen, Kommentar zu den Jugendstrafvollzugsgesetzen der Länder, Rn 5.
175 Siehe Sonnen, ebd.
176 Siehe dazu Joester, Wegner in Feest und Lesting, Rn 10.
177 Siehe Sonnen, Kommentar zu den Jugendstrafvollzugsgesetzen der Länder, Rn 7.

V. Regelungsinhalte 7

7. Schriftwechsel

Länder		43
Berlin (§ 51[178] Abs. 1-3 Recht auf Schriftwechsel)	(1) Die Gefangenen haben das Recht, auf eigene Kosten Schreiben abzusenden und zu empfangen.[179] (2) Die Anstaltsleiterin oder der Anstaltsleiter kann den Schriftwechsel mit bestimmten Personen untersagen, 1. wenn die Sicherheit oder Ordnung der Anstalt gefährdet würde, 2. bei Personen, die nicht Angehörige (§ 11 Abs. 1 Nr. 1 des Strafgesetzbuchs) der Gefangenen sind, wenn zu befürchten ist, dass der Schriftwechsel einen schädlichen Einfluss auf die Gefangenen hat oder ihre Eingliederung behindert, oder 3. wenn Personensorgeberechtigte nicht einverstanden sind.	
Baden Württemberg (Buch 4 § 21 Abs. 1-3 Recht auf Schriftwechsel)	(1) wie § 51 Abs. 1 JStVollzG Bln, aber Zusatz Schreiben unbeschränkt absenden und empfangen zu können; gesonderte Regelung der Kosten in Abs. 3 (2) inhaltlich wie § 51 Abs. 2 JStVollzG Bln, aber statt schädlichem Einfluss Befürchtung einer Behinderung des Erreichens des Erziehungsauftrags benannt; das Nichteinverständnis der Personensorgeberechtigten als Grund entfällt (3) Die Kosten des Schriftwechsels tragen die jungen Gefangenen. Sind dazu nicht in der Lage, kann die Jugendstrafanstalt die Kosten in begründeten Fällen in angemessenem Umfang übernehmen.	
Bayern (Art. 31 Abs. 1-3 Recht auf Schriftwechsel)	(1) wie § 51 Abs. 1 JStVollzG Bln, aber Zusatz Schreiben unbeschränkt absenden und empfangen zu können; gesonderte Regelung der Kosten in Abs. 3 (2) inhaltlich wie § 51 Abs. 2 JStVollzG Bln, Nichteinverständnis der Personensorgeberechtigten gesondert in Art. 144 Abs. 6 benannt und auf minderjährige Gefangene beschränkt (3) wie § 21 Abs. 3 JVollzGB IV B-W	
Brandenburg (§ 39 Abs. 1-2 Schriftwechsel; § 40 Untersagung des Schriftwechsels)	(1) wie § 51 Abs. 1 JStVollzG Bln; gesonderte Regelung der Kosten in Abs. 2 (2) wie § 21 Abs. 3 JVollzGB IV B-W § 40 Untersagung des Schriftwechsels inhaltlich wie § 51 Abs. 2, Zusatz unter 3. bei Personen, die Opfer der Straftat waren oder im Haftbefehl als Opfer benannt werden, zu befürchten ist, dass der Schriftwechsel mit den Gefangenen einen schädlichen Einfluss auf sie hätte.	
Bremen (§ 51 Abs. 1-3 Recht auf Schriftwechsel)	wie § 51 JStVollzG Bln	
Hamburg (§ 29 Abs. 1-3 Schriftwechsel)	(1) wie § 51 Abs. 1 JStVollzG Bln, aber Zusatz Schreiben unbeschränkt absenden und empfangen zu können sowie Zusatz der un-	

---

178 Entwurfsfassung: § 36 Schriftwechsel.
179 Entwurfsfassung: Übernahme der Kosten durch Jugendstrafgefangene wird gesondert in § 36 Abs. 2 geregelt und auf die Möglichkeit der Übernahme der Kosten in begründeten Fällen und angemessenem Umfang durch die Anstalt hingewiesen; in Abs. 1 wird in Satz 2 ergänzt: „Sie sind frühzeitig zu einem Schriftwechsel mit ihren Angehörigen und mit Einrichtungen außerhalb des Vollzugs, die sie bei ihrer Eingliederung unterstützen können, zu motivieren und anzuleiten."

§ 7 Außenkontakte

Länder	
	verzüglichen Weiterleitung eingehender und ausgehender Schreiben; gesonderte Regelung der Kosten in Abs. 3 (2) inhaltlich wie § 51 Abs. 2 JStVollzG Bln (3) wie § 21 Abs. 3 JVollzGB IV B-W
Hessen (§ 34 Schriftwechsel)	(1) wie § 51 Abs. 1 JStVollzG Bln, aber Kosten nicht geregelt und Anhalten von Schreiben auch möglich, wenn durch Kontakt auf extremistische Verhaltensweise hingewirkt werden könnte, Zusatz: Sie haben Absendung und Empfang ihrer Schreiben durch die Anstalt vermitteln zu lassen, soweit nichts anderes gestattet ist
Mecklenburg-Vorpommern (§ 51 Abs. 1-3 Recht auf Schriftwechsel)	wie § 51 JStVollzG Bln
Niedersachsen § 29 Recht auf Schriftwechsel)	(1) Die oder der Gefangene hat das Recht, Schreiben abzusenden und zu empfangen. In dringenden Fällen kann der oder dem Gefangenen gestattet werden, Schreiben als Telefaxe aufzugeben. (2) inhaltlich wie § 51 Abs. 2 JStVollzG Bln, aber das Nichteinverständnis der Personensorgeberechtigten als Grund entfällt
Nordrhein-Westfalen (§ 34 Abs. 1-2 Recht auf Schriftwechsel)	(1) wie § 51 Abs. 1 JStVollzG Bln, aber Zusatz Schreiben unbeschränkt absenden und empfangen zu können (2) inhaltlich wie § 51 Abs. 2 JStVollzG Bln, aber Zusatz zur Beschränkung des Grundes des Nicht-Einverstandenseins der Personensorgeberechtigten auf minderjährige Gefangenen und nur wenn diese dies aus nachvollziehbaren Gründen wünschen
Rheinland-Pfalz (§ 38 Schriftwechsel; § 39 Untersagung des Schriftwechsels)	(1) wie § 51 Abs. 1 JStVollzG Bln; gesonderte Regelung der Kosten in Abs. 2 (2) wie § 21 Abs. 3 JVollzGB IV B-W § 39 Untersagung des Schriftwechsels inhaltlich wie § 51 Abs. 2, Zusatz unter 3. bei Personen, die Opfer der Straftat waren oder im Haftbefehl als Opfer benannt werden, zu befürchten ist, dass der Schriftwechsel mit den Gefangenen einen schädlichen Einfluss auf sie hätte
Saarland (§ 51 Abs. 1-3 Recht auf Schriftwechsel)	wie § 51 JStVollzG Bln
Sachsen (§ 52 Abs. 1-2 Schriftwechsel; § 53 Untersagung des Schriftwechsels)	(1) wie § 51 Abs. 1 JStVollzG Bln; gesonderte Regelung der Kosten in Abs. 2 (2) wie § 21 Abs. 3 JVollzGB IV B-W § 53 Untersagung des Schriftwechsels inhaltlich wie § 51 Abs. 2, Zusatz unter 3. bei minderjährigen Personen, die Opfer der Straftaten waren, wenn zu befürchten ist, dass der Schriftwechsel mit den Gefangenen einen schädlichen Einfluss auf sie hat
Sachsen-Anhalt (§ 38- Schriftwechsel; § 39 Untersagung des Schriftwechsels)	(1) inhaltlich wie § 51 Abs. 1 JStVollzG Bln; gesonderte Regelung der Kosten in Abs. 2 (2) Die Kosten des Schriftwechsels trägt der Gefangene. Ist er dazu nicht in der Lage, kann die Anstalt die Kosten in begründeten Fällen in angemessenem Umfang übernehmen, soweit nicht ein Dritter leistungspflichtig ist.

Länder	
	§ 39 Untersagung des Schriftwechsels inhaltlich wie § 51 JStVollzG Bln Abs. 2; unter 3. Ergänzung einer Untersagungsoptionbei Personen, die Opfer der Straftat waren oder im Haftbefehl als Opfer benannt werden, zu befürchten ist, dass der Schriftwechsel mit dem Gefangenen einen schädlichen Einfluss auf sie hat
Schleswig-Holstein (§ 51 Recht auf Schriftwechsel)	wie § 51 JStVollzG Bln
Thüringen (§ 39 Schriftwechsel; § 40 Untersagung des Schriftwechsels)	(1) wie § 51 Abs. 1 JStVollzG Bln; gesonderte Regelung der Kosten in Abs. 2 (2) wie § 21 Abs. 3 JVollzGB IV B-W **§ 40 Untersagung des Schriftwechsels** inhaltlich wie § 51 Abs. 2, Zusatz unter 3. bei Personen, die Opfer der Straftat waren oder im Haftbefehl als Opfer benannt werden, zu befürchten ist, dass der Schriftwechsel mit den Gefangenen einen schädlichen Einfluss auf sie hätte

Der inhaftierte Mensch hat grundsätzlich einen Rechtsanspruch auf schriftliche Kommunikation, welcher unter dem Schutz der Art. 2 Abs. 1 GG (Allgemeines Persönlichkeitsrecht), Art. 5 GG (Recht der freien Meinungsäußerung), Art. 6 GG (Schutz von Ehe und Familie) und Art. 10 GG (Schutz des Brief- und Postgeheimnisses) steht. Zu berücksichtigen sind jedoch ebenso die entsprechenden Vorbehalte nach Art. 5 Abs. 2 GG, Art. 10 Abs. 2 S. 1 GG.[180] Aktuell wird lediglich in den Gesetzen Bayerns, Hamburgs, Nordrhein-Westfalens sowie Baden-Württembergs (mit der Gesetzesänderung vom 1.1.2011) ein **unbeschränktes Recht auf Schriftwechsel** formuliert, was somit auch dem Grundsatz 83 der ERJOSSM folgt, den Kontakt mit der Außenwelt „ohne zahlenmäßige Begrenzung brieflich" zu fördern.[181] Der Schriftwechsel kann zur Aufrechterhaltung bestehender und Anbahnung neuer, insbesondere entwicklungsförderlicher Kontakte genutzt werden. Solche Kontakte erlangen im Lichte der Theorie der **Neutralisierungstechniken** von *Sykes* und *Matza* sowie der Theorie der differentiellen Kontakte von *Sutherland* eine entscheidende Bedeutung, weil sie korrigierende und Selbst- und Fremdwahrnehmung erweiternde Erfahrungen mit sich in einer anderen Lebenssituation befindlichen Gleichaltrigen wie auch Eltern, Angehörigen und weiteren **Bezugspersonen** ermöglichen. Der Schriftwechsel kann darüber hinaus prinzipiell als wichtige Förderung kommunikativer Fähigkeiten angesehen werden, die für die jungen Heranwachsenden in ihrem weiteren Leben vorteilhaft für gesellschaftliche Partizipation in vielen Handlungsfeldern sind.[182] Auch wenn im Vergleich zu Besuch und Ausgang der Schriftverkehr nur begrenzt geeignet erscheint, Außenkontakte über längere Zeit mit Leben zu füllen, so erhält dieser seine erhebliche Bedeutung gerade in den Haftzeiträumen, in denen der Inhaftierte keine Lockerungen erhält und die nur eingeschränkt möglichen Telefonkontakte nicht ausreichen, ebenso dann, wenn

---

180 Siehe Joester, Wegner in Feest und Lesting, Rn 1.
181 Siehe Laubenthal in: Laubenthal, Nestler, Neubacher, Verrel, Rn 61.
182 Zur Untersagung von Schriftwechseln, Überwachung und Anhalten von Schreiben siehe Laubenthal, Strafvollzug, Rn 490 ff mit Nachweisen zur Rechtsprechung.

sich die Haftanstalt weit entfernt vom Wohnort befindet und der Schriftverkehr als einzige regelmäßige Kontaktmöglichkeit verbleibt.[183] Dass nicht alle Bundesländer den Schriftwechsel unbeschränkt zulassen, kann nach wie vor als deutlicher Rückschritt hinter die Bestimmungen des StVollzG von 1977 gewertet werden.

Um den jungen Inhaftierten, der nur über Taschengeld verfügt, auch tatsächlich die uneingeschränkte Kommunikation per Brief zu ermöglichen, ist es im Rahmen der **Fürsorgepflicht** geboten, ihnen unentgeltlich Schreibmaterial zur Verfügung zu stellen. Dies ergibt sich auch aus verschiedenen Regelungen im strafvollzugsrechtlichen Bereich. So regelt die Nr. 2 der Verwaltungsvorschrift zu § 28 StVollzG, dass die Kosten des Schriftverkehrs die Gefangenen tragen. Damit sind aber nur die Portokosten gemeint.[184] Schreibmaterial – zumindest im angemessenen Umfang – hat ihnen dagegen nach einhelliger Auffassung der Literatur die Anstalt kostenlos zur Verfügung zu stellen.[185] Dafür spricht auch die „Information zum Strafvollzugsgesetz" (für Gefangene) vom 1.9.1980. Dort heißt es unter Nr. 5.4 im 2. Absatz, dass die Anstalt Schreibbedarf in angemessenem Umfang zur Verfügung stellt, sofern der Gefangene nicht eigenes Schreibmaterial und Briefpapier verwenden will. Dazu müsste er gegebenenfalls sein Taschengeld verwenden. Nur wenn er das Taschengeld vorrangig zum Erwerb von anderen Genussmitteln – wie Tabak – ausgeben möchte, ist er insoweit nicht als bedürftig anzusehen[186] und verliert ausnahmsweise seinen Anspruch auf kostenlose Überlassung des Materials. Zu begrüßen ist es, dass inzwischen die **Kostenübernahme** im Bedarfsfall fast die Regel darstellt (Bayern, Hamburg und Baden-Württemberg; neuerdings: § 53 Abs. 2 SächsJStVollzG, § 39 Abs. 2 BbgJVollzG, § 38 Abs. 2 LJVollzG RP, § 38 Abs. 2 JStVollzG LSA, § 39 Abs. 2 ThürJVollzGB; bei JStVollzG Bln nur in den AV zu § 52[187]) – zum Zeitpunkt der zweiten Auflage dieses Handbuchs war dies in nur drei Gesetzestexten der Fall. In den restlichen Gesetzen besteht die Regelung fort, dass der Schriftwechsel ausschließlich „auf eigene Kosten" erfolgt (SJStVollzG, JStVollzG SH, JStVollzG M-V, BremJStVollzG). Es ist im Sinne der **Förderungspflicht** anzuregen, dass die Anstalten in ausreichendem Maße kostenlos Briefpapier für alle jugendlichen und heranwachsenden Inhaftierten zur Verfügung stellen. In der Praxis ist dies sicherzustellen, insbesondere da die Förderung des Schriftwechsels als probates Mittel der positiven (Sozial-)Kompetenzerweiterung anzusehen ist und damit ein zentrales Anliegen eines erzieherisch ausgestalteten Jugendvollzuges darstellt.[188]

45 Positiv ist herauszustellen, dass alle Länder die unverzügliche **Weiterleitung von Schreiben** gesetzlich festlegen. Allerdings dürfen die Anstaltsleiter aus spezifisch auf-

---

183 Siehe Joester, Wegner in Feest und Lesting, Rn 2.
184 Siehe Calliess/Müller-Dietz § 28 Rn 4.
185 Siehe Calliess/Müller-Dietz § 28 Rn 4.
186 StVK Lüneburg, 12.8.1999, 17 StVK 196/99, zitiert nach Nx GE Info, Gerichtsentscheide für den Strafvollzug, Januar 2004.
187 In Entwurfsfassung zum neuen JVollzG Bln wird die Option auf Kostenübernahme in § 36 Abs. 2 aufgenommen.
188 Einer proaktiven Förderung des Schriftwechsels wird die Entwurfsfassung des neuen JVollzG Bln in § 36 Abs. 1 Satz 2 gerecht.

geführten Gründen Schreiben anhalten. Auch diese Regelungen fallen länderübergreifend weitgehend einheitlich aus.[189]

Nur das NJVollzG erlaubt es den jungen Inhaftierten, in dringenden Fällen **Telefaxe** aufzugeben. Dies ist mit der Rechtsprechung des BVerfG begründet, wonach besondere Kommunikationsformen, insbesondere zur Gewährleistung des effektiven Rechtschutzes in Eilfällen, erforderlich sind. Ob dieser Kommunikationsweg noch zeitgemäß ist und nicht eher durch den E-Mail-Verkehr zu ersetzen wäre, ist eine andere Frage.

46

Weiterhin ist unter Bezugnahme auf die Gestaltungsgrundsätze zu überlegen, inwieweit junge Inhaftierte mit **Lese-Rechtschreib-Störungen** (LRS) oder sonstigen Einschränkungen bzw besonderen Förderbedarfen zu unterstützen sind und inwieweit ihnen im Sinne der Gleichbehandlung gewisse Schreibhilfen zur Verfügung gestellt werden sollten. Im Rahmen der Umsetzung der Jugendstrafvollzugsgesetze wurde deshalb in einzelnen Jugendanstalten das diesbezügliche Förderangebot mehr als verdoppelt. Grundsätzlich ist im Sinne des **Angleichungsgrundsatzes** in einer hoch technologisierten Gesellschaft einzufordern, dass das elektronisch unterstützte Schreiben von Texten im Vollzug ohne unverhältnismäßig größeren Kosten- und Sicherheitsaufwand zu realisieren ist. Hier könnten dann auch Jugendliche und Heranwachsende mit eingeschränkten sprachlichen oder kognitiven Fähigkeiten durch gezielten Einsatz gestützter Kommunikation[190] anderen Inhaftierten in ihren Möglichkeiten an Außenkontakten gleichgestellt werden. Der Umgang mit dem PC und Textverarbeitungsprogrammen kann im Sinne der **Förderungspflicht** die Motivation der Jugendlichen und Heranwachsenden zum Schriftwechsel positiv stärken.[191] Auch werden zentrale Schlüsselkompetenzen erworben, die dem Integrationsgedanken entsprechen, wenn man beispielsweise an die berufliche Integration nach Haftentlassung denkt. Unstreitig stellt der Briefkontakt ein wünschenswertes Übungsfeld dar, in dem sich der junge Gefangene in der unverzichtbaren Kulturtechnik des Schreibens und Lesens üben und vervollkommnen kann.

Die Bestimmungen des StVollzG sind bezüglich des Rechts auf Schriftwechsel größtenteils konform mit den Jugendstrafvollzugsgesetzen. Dies ist auch in den Begründungen zu den Jugendstrafvollzugsgesetzen so nachzulesen. Es sei „die bewährte Regelung von § 28 StVollzG übernommen" worden (Bayern). Auf welcher Datenbasis sich diese Bewährung begründet, wird nicht erläutert. Auch im StVollzG besteht das unbeschränkte Recht auf den Empfang und die Versendung von Schreiben.

47

Länder	
Berlin (§ 52[192] Abs. 1-3 Überwachung des Schriftwechsels)	(1) Der Schriftwechsel des Gefangenen mit seinem Verteidiger oder Beistand nach § 69 des Jugendgerichtsgesetzes wird nicht überwacht. Liegt dem Jugendstrafvollzug eine Straftat nach § 129 a, auch in Verbindung

48

---

189 Vgl dazu Laubenthal in: Laubenthal, Nestler, Neubacher, Verrel, Rn 81.
190 Siehe zB Boenisch, Leben im Dialog: unterstützte Kommunikation über die gesamte Lebensspanne.
191 Siehe Lübke in: Wer schreibt, der bleibt! – und wer nicht schreibt?, hrsg. von Stark/Fitzner/Schubert, S. 18; Achenbach in: Wer schreibt, der bleibt! – und wer nicht schreibt?, hrsg. von Stark/Fitzner/Schubert, S. 195 ff.
192 Entwurfsfassung: § 39.

Länder	
	mit § 129 b Abs. 1, des Strafgesetzbuchs zugrunde, gelten § 148 Abs. 2 und § 148 a der Strafprozessordnung entsprechend; dies gilt nicht, wenn der Gefangene sich in einer Einrichtung des offenen Jugendstrafvollzugs befindet oder wenn ihm Vollzugslockerungen nach § 15 oder Urlaub nach § 16 Abs. 1 gewährt worden ist und ein Grund, der den Anstaltsleiter nach § 17 Abs. 2 oder 3 zum Widerruf oder zur Rücknahme von Vollzugslockerungen und Urlaub ermächtigt, nicht vorliegt. Satz 2 gilt auch, wenn eine Jugendstrafe oder Freiheitsstrafe wegen einer Straftat nach § 129 a, auch in Verbindung mit § 129 b Abs. 1, des Strafgesetzbuchs erst im Anschluss an den Vollzug der Jugendstrafe, der eine andere Verurteilung zugrunde liegt, zu vollstrecken ist.[193]
	(2) Nicht überwacht werden ferner Schreiben des Gefangenen an Volksvertretungen des Bundes und der Länder sowie an deren Mitglieder, soweit die Schreiben an die Anschriften dieser Volksvertretungen gerichtet sind und den Absender zutreffend angeben. Entsprechendes gilt für Schreiben an das Europäische Parlament und dessen Mitglieder, den Europäischen Gerichtshof für Menschenrechte, den Europäischen Ausschuss zur Verhütung von Folter und unmenschlicher oder erniedrigender Behandlung oder Strafe und weitere Einrichtungen, mit denen der Schriftverkehr aufgrund völkerrechtlicher Verpflichtungen der Bundesrepublik Deutschland geschützt ist. Satz 1 gilt auch für den Schriftverkehr mit den Bürgerbeauftragten der Länder und den Datenschutzbeauftragten des Bundes und der Länder. Schreiben der in den Sätzen 1 bis 3 genannten Stellen, die an den Gefangenen gerichtet sind, werden nicht überwacht, sofern die Identität des Absenders zweifelsfrei feststeht.[194]
	(3) Der übrige Schriftwechsel darf überwacht werden, es sei denn, dass dies aus Gründen der Erziehung und Behandlung oder der Sicherheit oder Ordnung der Anstalt nicht erforderlich erscheint.[195]
Baden Württemberg (Buch 4 § 22 Abs. 1-3 Überwachung des Schriftwechsels)	(1) Der Schriftwechsel der jungen Gefangenen darf überwacht werden, soweit dies zur Erfüllung des Erziehungsauftrags oder aus Gründen der Sicherheit oder Ordnung der Jugendstrafanstalt erforderlich ist.
	(2) inhaltlich wie § 52 Abs. 1 JStVollzG Bln, aber folgender Zusatz: Die Schreiben dürfen, ohne sie zu öffnen, auf verbotene Gegenstände untersucht werden.
	(3) inhaltlich wie § 52 Abs. 2 JStVollzG Bln
Bayern (Art. 32 Abs. 1-3 Überwachung des Schriftwechsels)	Abs. 1 und Abs. 2 inhaltlich wie § 52 Abs. 1 und Abs. 2 JStVollzG Bln
	(3) Der übrige Schriftwechsel darf überwacht werden, soweit es aus Gründen der Behandlung oder der Sicherheit oder Ordnung der Anstalt erforderlich ist.
Brandenburg (§ 42 Abs. 1-3 Überwachung des Schriftwechsels)	(1) Der Schriftwechsel darf überwacht werden, soweit es im Einzelfall 1. aus Gründen der Sicherheit, 2. bei den Straf- und Jugendstrafgefangenen wegen einer Gefährdung der Erreichung des Vollzugsziels oder 3. bei jungen Gefangenen aus Gründen der Erziehung erforderlich ist.
	(2) inhaltlich wie § 52 Abs. 1 JStVollzG Bln
	(3) inhaltlich wie § 52 Abs. 2 JStVollzG Bln

---

[193] Inhaltlich wie in Entwurfsfassung § 39 Abs. 2.
[194] In Entwurfsfassung gesondert geregelt in § 41 Kontakte mit bestimmten Institutionen und Personen.
[195] Inhaltlich wie Entwurfsfassung § 39 Abs. 1.

V. Regelungsinhalte

Länder	
Bremen (§ 59 Abs. 1-3 Überwachung des Schriftwechsels)	wie § 52 JStVollzG Bln
Hamburg (§ 30 Abs. 1-4 Überwachung des Schriftwechsels)	(1) Der Schriftwechsel darf aus Gründen der Erziehung oder der Sicherheit oder Ordnung der Anstalt überwacht werden. (2) inhaltlich wie § 52 Abs. 1 JStVollzG Bln, aber Zusatz soweit sie von den Gefangenen mit der Vertretung einer Rechtsangelegenheit nachweislich beauftragt wurden (3) inhaltlich wie § 52 Abs. 2 JStVollzG Bln, aber als zusätzliche Gruppe benannt unter 8.: nicht in der Anstalt tätige Ärztinnen oder Ärzte, die nachweislich mit der Untersuchung oder Behandlung der Gefangenen befasst sind (4) Schreiben der in Absatz 3 genannten Stellen, die an die Gefangenen gerichtet sind, werden nicht überwacht, sofern die Identität der Absender zweifelsfrei feststeht.
Hessen (§ 34 Abs. 2 Schriftwechsel)	(2) Abgesehen von den Fällen des § 32 Abs. 3 und 4 darf der Schriftwechsel überwacht werden, soweit es aus erzieherischen Gründen oder aus Gründen der Sicherheit oder Ordnung der Anstalt erforderlich ist. Besteht der Verdacht, dass ein Schreiben, das nach § 32 Abs. 3 und 4 keiner Überwachung unterliegt, unzulässige Einlagen enthält, so wird dieses mit dem Einverständnis und im Beisein der Gefangenen einer Sichtkontrolle ohne Kenntnisnahme des gedanklichen Inhalts unterzogen, andernfalls an den Absender zurückgesandt oder den Gefangenen zurückgegeben.
Mecklenburg-Vorpommern (§ 59 Abs. 1-3 Überwachung des Schriftwechsels)	wie § 52 JStVollzG Bln
Niedersachsen (§ 30 Abs. 1-3 Überwachung des Schriftwechsels)	(1) Der Schriftwechsel darf überwacht werden, soweit es zur Erreichung des Vollzugszieles nach § 5 Satz 1 oder aus Gründen der Sicherheit oder Ordnung der Anstalt erforderlich ist. (2) inhaltlich wie § 52 Abs. 1 JStVollzG Bln (3) inhaltlich wie § 52 Abs. 2 JStVollzG Bln, aber nicht explizit benannt sind weitere Einrichtungen, mit denen der Schriftverkehr aufgrund völkerrechtlicher Verpflichtungen der Bundesrepublik Deutschland geschützt ist
Nordrhein-Westfalen (§ 35 Abs. 1-3 Überwachung des Schriftwechsels)	Abs. 1 und 2 inhaltlich wie § 52 Abs. 1 und Abs. 2 JStVollzG Bln (3) Der übrige Schriftwechsel darf überwacht werden, soweit es aus Gründen der Behandlung oder der Sicherheit oder Ordnung der Anstalt erforderlich ist. § 97 Abs. 2 Satz 4 und § 110 Abs. 2 Satz 2 bleiben unberührt.
Rheinland-Pfalz (§ 41 Absatz 1-3 Überwachung des Schriftwechsels)	(1) Der Schriftwechsel darf überwacht werden, soweit es im Einzelfall 1. aus Gründen der Sicherheit, 2. bei Strafgefangenen und Jugendstrafgefangenen wegen einer Gefährdung der Erreichung des Vollzugsziels oder 3. bei jungen Gefangenen aus Gründen der Erziehung erforderlich ist. Abs. 2 und 3 inhaltlich wie § 52 Abs. 1 und Abs. 2 JStVollzG Bln
Saarland (§ 59 Abs. 1-3 Überwachung des Schriftwechsels)	wie § 52 JStVollzG Bln

§ 7 Außenkontakte

Länder	
Sachsen (§ 55 Überwachung des Schriftwechsels; § 54 Abs. 3 und 4 § 54 Sichtkontrolle, Weiterleitung und Aufbewahrung von Schreiben)	Der Schriftwechsel darf nur überwacht werden, soweit es im Einzelfall aus Gründen der Erziehung oder der Sicherheit oder Ordnung in der Anstalt erforderlich ist. § 54 Abs. 3 und 4 gilt entsprechend. § 54 Sichtkontrolle, Weiterleitung und Aufbewahrung von Schreiben (3) Der Schriftwechsel der Gefangenen mit ihren Verteidigern sowie mit Rechtsanwälten und Notaren in einer die Gefangenen betreffenden Rechtssache wird nicht nach Absatz 2 kontrolliert. § 49 Abs. 6 Satz 4 und 5 gilt entsprechend. (4) Nicht nach Absatz 2 kontrolliert werden ferner Schreiben der Gefangenen an Volksvertretungen des Bundes und der Länder sowie an deren Mitglieder, soweit die Schreiben an die Anschriften dieser Volksvertretungen gerichtet sind und den Absender zutreffend angeben. Entsprechendes gilt für Schreiben an das Europäische Parlament und dessen Mitglieder, den Europäischen Gerichtshof für Menschenrechte, das Europäische Komitee zur Verhütung von Folter und unmenschlicher oder erniedrigender Behandlung oder Strafe, den Ausschuss der Vereinten Nationen gegen Folter, den zugehörigen Unterausschuss zur Verhütung von Folter und die entsprechenden Nationalen Präventionsmechanismen, die Parlamentarische Versammlung des Europarates, die Agentur der Europäischen Union für Grundrechte, die konsularische Vertretung ihres Heimatlandes und weitere Einrichtungen, mit denen der Schriftverkehr aufgrund völkerrechtlicher Verpflichtungen der Bundesrepublik Deutschland geschützt ist. Satz 1 gilt auch für den Schriftverkehr mit dem Bundesbeauftragten für den Datenschutz und die Informationsfreiheit, dem Sächsischen Datenschutzbeauftragten und anderen Landesdatenschutzbeauftragten. Nicht kontrolliert werden ferner Schreiben der Gefangenen an Gerichte, Staatsanwaltschaften und die Aufsichtsbehörde. Schreiben der in den Sätzen 1 bis 3 genannten Stellen, die an die Gefangenen gerichtet sind, werden nicht nach Absatz 2 kontrolliert, sofern die Identität des Absenders zweifelsfrei feststeht. § 111 Abs. 3 Satz 4 bleibt unberührt.
Sachsen-Anhalt (§ 41 Abs. 1-2 Überwachung des Schriftwechsels)	(1) wie § 42 Abs. 1 BbgJVollzG; Ergänzung um Überwachungsgrund unter 4. zur Umsetzung einer Anordnung nach § 119 Abs. 1 der Strafprozessordnung (2) inhaltlich wie § 52 Abs. 1 und Abs. 2 JStVollzG Bln; Ergänzung um Nichtüberwachung des Schriftverkehrs mit der konsularischen oder diplomatischen Vertretung des Heimatlandes bei ausländischen Staatsangehörigen
Schleswig-Holstein (§ 52 Abs. 1-3 Überwachung des Schriftwechsels)	wie § 52 JStVollzG Bln
Thüringen (§ 42 Abs. 1-3 Überwachung des Schriftwechsels)	(1) wie § 41 Abs. 1 LJVollzG RP, Ergänzung um 4. zur Umsetzung einer Anordnung nach § 119 Abs. 1 StPO erforderlich ist. Abs. 2 und 3 inhaltlich wie § 52 Abs. 1 und Abs. 2 JStVollzG Bln

49 Die Bestimmungen zur Überwachung des Schriftwechsels sind in den Gesetzen sehr ähnlich. Alle Gesetze erlauben die Überwachung zur Wahrung der **Sicherheit und Ordnung** der Anstalt und aus Gründen der Erziehung bzw Behandlung. Zwar bedeutet eine Überwachung des Schriftwechsels immer auch einen Grundrechtseingriff für den jungen Inhaftierten, positiv scheint aber, dass in allen Gesetzestexten formuliert

wird, nur dann den Schriftverkehr zu überwachen, wenn entsprechende Gründe vorliegen.[196] Alle Gesetze formulieren, dass zusätzlich der **Schriftverkehr** der Inhaftierten mit den Volksvertretungen des Bundes und der Länder sowie deren Mitgliedern, dem Europäischen Parlament und dessen Mitgliedern, dem **Europäischen Gerichtshof für Menschenrechte**, dem **Europäischen Ausschuss zur Verhütung von Folter und unmenschlicher oder erniedrigender Behandlung oder Strafe** und den **Datenschutzbeauftragten des Bundes und der Länder** nicht überwacht wird.[197] Dies wird allerdings davon abhängig gemacht, dass der Absender in jedem Falle zweifelsfrei feststeht. Das HmbJStVollzG nennt zusätzlich „sonstige Organisationen oder Einrichtungen, mit denen der Schriftverkehr aufgrund völkerrechtlicher Verpflichtungen der Bundesrepublik Deutschland geschützt ist". Im hessischen Gesetz findet sich zudem die Regelung, dass Schreiben dann überwacht werden, wenn der Verdacht besteht, „dass ein Schreiben unzulässige Einlagen enthält". Positiv ist an dieser Stelle hervorzuheben, dass das HmbJStVollzG seit der zweiten Auflage dieses Handbuchs als einziges gesondert auf Schreiben von Gefangenen an nicht in der Anstalt tätige Ärzte und Schreiben dieser Ärzte an die Gefangenen eingeht. Diese dürfen nur von in der Anstalt tätigen Ärzten überwacht werden.

Mit Ausnahme des HmbJStVollzG enthalten alle Gesetze in Anlehnung an § 30 StVollzG bezüglich der Weiterleitung von Schreiben und der Aufbewahrung den gleichen Wortlaut: Es wird geregelt, dass die Inhaftierten die Absendung und den Empfang ihrer Schreiben durch die Anstalt zu vermitteln haben, soweit nichts anderes gestattet ist. Ferner sind ausgehende und eingehende Schreiben unverzüglich weiterzuleiten. Weiterhin haben die Inhaftierten eingehende Schreiben unverschlossen zu verwahren, sofern nichts anderes gestattet ist. Sie können sie zudem verschlossen zur Habe geben. Das HmbJStVollzG verzichtet auf eine eigene Vorschrift zur Weiterleitung und Aufbewahrung von Schreiben. Es findet sich in § 29 Abs. 1 nur die Regelung, dass die Absendung und der Empfang von Schreiben durch die Anstalt vermittelt und eingehende und ausgehende Schreiben unverzüglich weitergeleitet werden.

50

8. Telekommunikation

51

Länder	
Berlin (§ 55[198] Telefongespräche)	Den Gefangenen kann gestattet werden, auf eigene Kosten[199] Telefongespräche zu führen. Die Bestimmungen über den Besuch gelten entsprechend. Ist die Überwachung des Telefongesprächs erforderlich, ist die beabsichtigte Überwachung den Gesprächspartnern der Gefangenen unmittelbar nach Herstellung der Verbindung durch die Anstalt oder die Gefangenen mitzuteilen. Die Gefangenen sind rechtzeitig vor Beginn des Te-

---

196 Dazu Laubenthal in: Laubenthal, Nestler, Neubacher, Verrel, Rn 68 f; auch Joester, Wegner in Feest und Lesting, Rn 4.
197 Siehe Joester, Wegner in Feest und Lesting, S. 232, Rn 13 f.
198 Entwurfsfassung: § 35.
199 In Entwurfsfassung wird Übernahme der Kosten gesondert in § 35 Abs. 2 geregelt, was eine Übernahmemöglichkeit der Kosten durch die Anstalt in begründeten Fällen in angemessenem Umfang einschließt.

§ 7 Außenkontakte

Länder	
	lefongesprächs über die beabsichtigte Überwachung und die Mitteilungspflicht nach Satz 3 zu unterrichten.
Baden Württemberg (Buch 4 § 25 Abs. 1-3 Telefongespräche)	(1) inhaltlich wie § 55 Satz 1 JStVollzG Bln, Regelung der Kosten erfolgt jedoch gesondert in Abs. 3 (2) inhaltlich wie § 55 Satz 2-4 JStVollzG Bln (3) Die Kosten der Telefongespräche tragen die jungen Gefangenen. Sind sie dazu nicht in der Lage, kann die Jugendstrafanstalt die Kosten in begründeten Fällen in angemessenem Umfang übernehmen.
Bayern (Art. 35 Ferngespräche)	(1) inhaltlich wie § 55 Satz 1-4 JStVollzG Bln, jedoch Reduktion der Telefonate auf dringende Fälle; Regelung der Kosten erfolgt gesondert in Abs. 2 (2) inhaltlich wie § 25 Abs. 3 JVollzGB IV (3) Die Anstalt darf technische Geräte zur Störung von Frequenzen betreiben, die der Herstellung unerlaubter Mobilfunkverbindungen auf dem Anstaltsgelände dienen. Sie hat hierbei die von der Bundesnetzagentur gemäß § 55 Abs. 1 Satz 5 des Telekommunikationsgesetzes festgelegten Rahmenbedingungen zu beachten. Der Mobilfunkverkehr außerhalb des Geländes der Anstalt darf nicht beeinträchtigt werden.
Brandenburg (§ 38 Abs. 1-2 Telefongespräche)	(1) inhaltlich wie § 55 Satz 1-4 JStVollzG Bln; Regelung der Kosten erfolgt gesondert in Abs. 2 (2) wie § 25 Abs. 3 JVollzGB IV B-W
Bremen (§ 55 Telefongespräche)	wie § 55 JStVollzG Bln
Hamburg (§ 32 Telekommunikation Abs. 1-3)	(1) wie § 55 JStVollzG Bln, aber Konkretisierung der Überwachungsgründe: aus Gründen der Erziehung oder der Sicherheit oder Ordnung der Anstalt (2) Nach Zulassung anderer Formen der Telekommunikation im Sinne des Telekommunikationsgesetzes vom 22. Juni 2004 (BGBl. I S. 1190), zuletzt geändert am 3. Mai 2012 (BGBl. I S. 958), in der jeweils geltenden Fassung durch die Aufsichtsbehörde kann die Anstaltsleitung den Gefangenen gestatten, diese Formen auf ihre Kosten zu nutzen. Die Bestimmungen dieses Abschnitts gelten entsprechend. (3) inhaltlich wie Art. 35 Abs. 3 BayStVollzG
Hessen (§ 35 Telekommunikation)	(1) Den Gefangenen kann gestattet werden, Telefongespräche zu führen. Aus wichtigen Gründen können sie andere Kommunikationsmittel durch Vermittlung und unter Aufsicht der Anstalt nutzen. (2) Für Telefongespräche und sonstige mündliche Kommunikation gilt § 33 Abs. 4 entsprechend. Findet danach eine Überwachung statt, so sind die Gefangenen und die anderen Gesprächsbeteiligten vor Beginn der Überwachung hierauf hinzuweisen. Für schriftliche Kommunikation gelten die Vorschriften über den Schriftwechsel entsprechend. (3) Ist ein Telekommunikationssystem eingerichtet, kann außer in Fällen des § 32 Abs. 3 und 4 die Teilnahme daran davon abhängig gemacht werden, dass die Gefangenen und die anderen Gesprächsbeteiligten in eine mögliche stichprobenartige Überwachung der Telekommunikation einwilligen. Die Gesprächsbeteiligten sind auf die mögliche Überwachung unmittelbar nach Herstellung der Verbindung hinzuweisen. (4) Gefangenen ist der Besitz und Betrieb von Mobilfunkendgeräten und sonstigen Telekommunikationsanlagen auf dem Gelände der Anstalt untersagt.

V. Regelungsinhalte

Länder	
	Ansonsten inhaltlich wie Art. 35 Abs. 3 BayStVollzG, aber Zusatz dass technische Geräte auch zur Feststellung von Frequenzen genutzt werden können
Mecklenburg-Vorpommern (§ 55 Telefongespräche)	(1) wie § 55 JStVollzG Bln (2) inhaltlich wie Art. 35 Abs. 3 BayStVollzG
Niedersachsen (§ 33 Telekommunikation)	(1) In dringenden Fällen soll der oder dem Gefangenen gestattet werden, Telefongespräche zu führen. Die §§ 26 und 28 Abs. 1 Satz 2, Abs. 3 und 4 gelten entsprechend. Ist eine akustische Überwachung beabsichtigt, so ist dies der Gesprächspartnerin oder dem Gesprächspartner unmittelbar nach Herstellung der Verbindung durch die Vollzugsbehörde oder die Gefangene oder den Gefangenen mitzuteilen. Die oder der Gefangene ist rechtzeitig vor Beginn der Unterhaltung über die beabsichtigte Überwachung und die Mitteilungspflicht nach Satz 3 zu unterrichten. Die Unterhaltung kann zeitversetzt überwacht und zu diesem Zweck gespeichert werden. (2) Der oder dem Gefangenen kann allgemein gestattet werden, Telefongespräche zu führen, wenn sie oder er sich mit zur Gewährleistung der Sicherheit und Ordnung der Anstalt von der Vollzugsbehörde erlassenen Nutzungsbedingungen einverstanden erklärt. Soweit die Nutzungsbedingungen keine abweichenden Regelungen enthalten, gilt Absatz 1 Sätze 2 bis 5 entsprechend. (3) Die Zulassung einer anderen Form der Telekommunikation in der Anstalt bedarf der Zustimmung des Fachministeriums; die oder der Gefangene hat keinen Anspruch auf Erteilung der Zustimmung. Hat das Fachministerium die Zustimmung erteilt, so kann die Vollzugsbehörde der oder dem Gefangenen allgemein oder im Einzelfall die Nutzung der zugelassenen Telekommunikationsform gestatten, wenn sichergestellt ist, dass hierdurch nicht die Sicherheit oder Ordnung der Anstalt gefährdet wird und sich die oder der Gefangene mit den von der Vollzugsbehörde zu diesem Zweck erlassenen Nutzungsbedingungen einverstanden erklärt. Soweit die Nutzungsbedingungen keine abweichenden Regelungen enthalten, gelten für Telekommunikationsformen, 1. die einem Besuch vergleichbar sind, Absatz 1 Sätze 2 bis 5, 2. die einem Schriftwechsel vergleichbar sind, § 29 Abs. 2 sowie die §§ 30 bis 32 entsprechend. (4) inhaltlich wie Art. 35 Abs. 3 BayStVollzG
Nordrhein-Westfalen (§ 38 Telekommunikation)	inhaltlich wie § 55 JStVollzG Bln
Rheinland-Pfalz (§ 43 Andere Formen der Telekommunikation)	Nach Zulassung anderer Formen der Telekommunikation im Sinne des Telekommunikationsgesetzes vom 22. Juni 2004 (BGBl. I S. 1190) in der jeweils geltenden Fassung durch die Aufsichtsbehörde (§ 112 Abs. 1) kann die Anstaltsleiterin oder der Anstaltsleiter den Gefangenen gestatten, diese Formen auf ihre Kosten zu nutzen. Die Bestimmungen dieses Abschnitts gelten entsprechend. **§ 115 Störung des Mobilfunkverkehrs** (1) Der Besitz und die Benutzung von Geräten zur funkbasierten Übertragung von Informationen sind auf dem Anstaltsgelände verboten, soweit diese nicht dienstlich zugelassen sind. Die Anstaltsleiterin oder der Anstaltsleiter kann abweichende Regelungen treffen.

§ 7 Außenkontakte

Länder	
	(2) Die Anstalt darf technische Geräte betreiben, die 1. das Auffinden von Geräten zur Funkübertragung ermöglichen, 2. Geräte zur Funkübertragung zum Zwecke des Auffindens aktivieren können oder 3. Frequenzen stören oder unterdrücken, die der Herstellung oder Aufrechterhaltung unerlaubter Funkverbindungen auf dem Anstaltsgelände dienen. Sie hat die von der Bundesnetzagentur gemäß § 55 Abs. 1 Satz 5 des Telekommunikationsgesetzes festgelegten Rahmenbedingungen zu beachten. Frequenznutzungen außerhalb des Anstaltsgeländes dürfen nicht erheblich gestört werden.
Saarland (§ 55 Telefongespräche)	wie § 55 JStVollzG Bln
Sachsen (§ 51 Telefongespräche Abs. 1-5)	(1) inhaltlich wie § 55 JStVollzG Bln, aber Zusatz, dass Telefongespräche mit Personen, die Opfer der Straftaten waren, versagt werden können; Regelung der Kosten gesondert in Abs. 2 (2) wie § 25 Abs. 3 JVollzGB IV B-W (3) Die Anstalt kann die Bereitstellung und den Betrieb von Telekommunikationsanlagen, die Bereitstellung, Vermietung oder Ausgabe von Telekommunikationsgeräten sowie von anderen Geräten der Telekommunikation einem Dritten gestatten oder übertragen. (4) Innerhalb des Geländes der Anstalten sind der Besitz und die Benutzung von Mobilfunkendgeräten verboten. Für den offenen Vollzug kann der Anstaltsleiter abweichende Regelungen treffen. (5) inhaltlich wie § 115 Abs. 2 LJVollzG RP
Sachsen-Anhalt (§ 37 Telefongespräche; § 43 Andere Formen der Telekommunikation)	(1) wie § 33 Abs. 1 NJVollzG (2) wie § 33 Abs. 2 NJVollzG (3) Die Kosten der Telefongespräche trägt der Gefangene. Ist er dazu nicht in der Lage, kann die Anstalt die Kosten in begründeten Fällen in angemessenem Umfang übernehmen, soweit nicht ein Dritter leistungspflichtig ist. § 43 Andere Formen der Telekommunikation (1) wie § 33 Abs. 3 Satz 1 NJVollzG, aber hier Aufsichtsbehörde statt Fachministerium (2) inhaltlich wie § 33 Abs. 3 Satz 3 ff NJVollzG, aber hier Aufsichtsbehörde statt Fachministerium
Schleswig-Holstein (§ 55 Telefongespräche)	wie § 55 JStVollzG Bln
Thüringen (§ 44 Andere Formen der Telekommunikation)	wie § 43 LJVollzG RP § 116 Störung des Mobilfunkverkehrs wie § 115 LJVollzG RP

52 Das Telefon wie auch das Internet sind Kommunikationsmittel, die im Sinne des Angleichungsgrundsatzes in die Grundlagen normaler Verständigung unter Menschen einzubeziehen sind. Telefonkontakte dienen zudem der Aufrechterhaltung und Pflege sozialer Beziehungen. Sie bieten den jungen Inhaftierten die Möglichkeit, sich trotz der Inhaftierung in das soziale Leben einzubringen und am Leben der Angehörigen oder nahestehender Personen teilhaben zu können.[200] Ebenso gehört es zu den Lehrzielen des Vollzuges, die jungen Inhaftierten dazu zu befähigen, ihre Angelegenheiten selbständig zu regeln, wozu wiederum auch telefonische Kommunikation unerlässlich ist.[201] Gerade im Hinblick auf den **Angleichungsgrundsatz** müssen die Anstalten der gesamtgesellschaftlich gestiegenen Bedeutung telefonischer Kontaktaufnahme und Kommunikation Rechnung tragen, ebenso der Entwicklung, dass das Telefon mittlerweile in vielen gesellschaftlichen Bereichen den Brief als Kommunikationsmedium abgelöst hat. Auch im Hinblick auf die Vermeidung schädlicher Folgen des Vollzugs (Gegenwirkungsgrundsatz) gehört es zu den vollzuglichen Aufgaben, den Inhaftierten zu ermöglichen, tragende menschliche Bindungen zu erhalten und zu pflegen. Angesichts der in den Jugendstrafvollzugsgesetzen zwar erweiterten, insgesamt jedoch begrenzten und zT auch durch lange Anfahrwege eingeschränkten Besuchsmöglichkeiten kommt hier dem regelmäßigen, auch ausführlichen Gedankenaustausch über das Telefon eine große Bedeutung zu.[202] Die Anbahnung bzw Aufrechterhaltung dieser Bindungen kann im Hinblick auf die Sicherung einer nachhaltigen Vollzugswirkung eine bedeutsame Eingliederungshilfe nach dem Ende der Haftzeit darstellen.[203] Eine den Gestaltungsgrundsätzen der Ländergesetze sowie Art. 6 GG entsprechende Sichtweise des Telefonkontaktes wird in den Ländergesetzen bedauerlicherweise kaum abgebildet. Das Führen von **Ferngesprächen** oder **Telefongesprächen** ist durchgängig und auch nach diversen Gesetzesänderungen als Kann-Bestimmung angelegt (Ausnahme: Niedersachsen: hier „soll" in dringenden Fällen dem Gefangenen ein Telefonat gestattet werden; in § 33 Abs. 2 jedoch wird eine allgemeine Gestattung formuliert, wenn sich Inhaftierte mit zur Gewährleistung der **Sicherheit und Ordnung** der Anstalt von der Vollzugsbehörde erlassenen Nutzungsbedingungen einverstanden erklären). Allerdings erlauben auch die Bestimmungen Bayerns (Art. 35 Abs. 1) dies nur in dringenden Fällen. Auf Besuchskontakte haben die Inhaftierten ein Recht. Bezüglich der telefonischen Kontaktaufnahme wird dieses im Vollzug jedoch eingeschränkt, so dass ein organisatorisch leicht zu bewältigender Telefonkontakt, wie er dem Leben außerhalb der Anstalt entsprechen würde, in der Regel nicht ermöglicht wird. Der telefonische Kontakt im Kontext der Anstaltsorganisation ist weit weniger aufwändig als ein Besuch,[204] in seiner Intensität diesem jedoch annähernd vergleichbar.[205] Beschränkungen auf eine bestimmte Anzahl von Telefongesprächen allein aus Sicherheitsgründen sind nicht zu rechtfertigen. Im Sinne der Reflexwirkung können vollzugsorganisatorische Aspekte (Verfügbarkeit der Geräte, reibungsloser Ablauf des Telefonierens) zwar den Grundrechtsgebrauch einschränken, allerdings ist dieser Gesichtspunkt nicht tragfähig, „(...) wenn den vollzuglichen Belangen auf andere Weise leicht Rechnung getragen werden kann".[206]

---

200 Siehe Joester, Wegner in Feest und Lesting, Rn 1, Rn 2.
201 Ebd., Rn 3, Rn 4.
202 Siehe Schneider ZfStrVo 2001, 276.
203 Siehe auch Hirsch, Die Kommunikationsmöglichkeiten des Strafgefangenen mit seiner Familie, S. 175.
204 Siehe Achenbach in: Wer schreibt, der bleibt! – und wer nicht schreibt?, hrsg. von Stark/Fitzner/Schubert, S. 195 ff.
205 Siehe Ebert ZfStrVo 2000, 213, 218.
206 Siehe Schneider ZfStrVo 2001, 276.

Jedoch bleiben bezüglich der Telefonkontakte die Jugendstrafvollzugsgesetze hinter den ERJOSSM zurück, die in Grundsatz 83 bestimmen, jene „so oft wie möglich" zuzulassen. Hinsichtlich der Praxis ist jedoch die Vielzahl der Telefonate zu berücksichtigen, die durch den Sozialdienst, aber auch die Anstaltsseelsorge ermöglicht wird.

53 Das HmbJStVollzG, das SächsJStVollzG, die Gesetze der ehemaligen sog. Neuner-Gruppe sowie die Regelungen Bayerns und Baden-Württembergs verweisen darauf, dass die Inhaftierten die **Kosten für die Gespräche** zu übernehmen haben.[207] Die beiden Letztgenannten wie auch das BbgJVollzG sowie das JStVollzG LSA bestimmen jedoch, dass die Anstalt die Kosten dafür in begründeten Fällen in angemessenem Umfang übernimmt, wenn die Inhaftierten dazu nicht in der Lage sind;[208] die Regelung Sachsen-Anhalts schränkt dies durch den Zusatz „soweit nicht ein Dritter leistungspflichtig ist" noch ein. Im BayStVollzG, im JVollzGB IV B-W, im HessJStVollzG und im Gesetz der ehemaligen sog. Neuner-Gruppe gelten für **Ferngespräche** entsprechend die Vorschriften über den Besuch.

Unnötige und vermeidbare Belastungen durch ungerechtfertigt hohe Telefongebühren sind zu kritisieren. Bereits das BVerfG (2BvR 328/07) stellte dazu fest, dass die Anstalten eine Fürsorgepflicht zur Wahrung der finanziellen Interessen der Inhaftierten haben. Dies entspräche dem verfassungsrechtlichen Resozialisierungsgrundsatz. Ebenso müssen Kosten für Telekommunikation verhältnismäßig sein, was bedeutet, dass die Leistung zu marktgerechten Preisen – bezogen auf den Markt außerhalb der Anstalten[209] – angeboten werden muss. Auch eine regelmäßige Kostenübernahme durch die Anstalt erscheint denkbar, sofern die telefonische Kommunikation zur Förderung bzw Eingliederung des jungen Inhaftierten erforderlich ist und der Inhaftierte die Kosten nicht tragen kann.[210]

54 Das HessJStVollzG, das NJVollzG und das JStVollzG LSA gestatten ferner „aus wichtigen Gründen" (§ 35 Abs. 1 HessJStVollzG) bzw „mit Zustimmung des Fachministeriums" (§ 33 Abs. 3 NJVollzG) bzw „mit Zustimmung der Aufsichtsbehörde" (§ 43 Abs. 1 und 2 JStVollzG LSA)[211] die **Benutzung anderer Kommunikationsmittel**. Darüber hinaus enthalten das NJVollzG und das JStVollzG LSA die Regelung, dass „den Gefangenen (kann) allgemein gestattet werden [kann], Telefongespräche zu führen, wenn sie sich mit den Nutzungsbedingungen der Vollzugsbehörde einverstanden erklären".

55 Das Gesetz Baden-Württembergs (Buch 1 § 22 Abs. 1 JVollzGB IV B-W verbietet **Mobiltelefone**. Das BayStVollzG, das HmbJStVollzG, das NJVollzG, das JVollzGB IV B-W (Buch 1 § 22 Abs. 2), das JStVollzG M-V, das LJVollzG RP (§ 115 Störung des Mobilfunkverkehrs) sowie das ThürJVollzG (§ 116) verweisen zusätzlich darauf, dass auf dem Gelände der Anstalt technische Geräte zur Störung von Frequenzen/

---

207 Dazu im Einzelnen auch Laubenthal in: Laubenthal, Nestler, Neubacher, Verrel, Rn 109.
208 In die Entwurfsfassung zum JVollzG Bln ist die Möglichkeit der Kostenübernahme durch die Anstalt ebenfalls eingeflossen (§ 35 Abs. 2).
209 Urteil des Landgerichts Stendal (Beschluss vom 30.12.2014; 509 StVK 179/13 in Forum Strafvollzug 2015, 7.).
210 Siehe Joester, Wegner in Feest und Lesting, Rn 11, ebenso Rn 12.
211 Ebenso § 42 Entwurfsfassung zum neuen JVollzG Bln.

Störsender betrieben werden können, die der Herstellung unerlaubter Mobilfunkverbindungen dienen.[212] Nordrhein-Westfalen startete solche Störeinrichtungen als Modellversuch im Jahre 2011.[213] Entfallen ist diese Bestimmung in Berlin, Brandenburg, Bremen, Saarland, Sachsen-Anhalt und Schleswig-Holstein. Neu aufgenommen wurde diese Regelung in das SächsJStVollzG und im HessJStVollzG und aktuell um den Zusatz erweitert, dass technische Hilfsmittel nicht nur zur Störung und Unterdrückung, sondern auch zur Feststellung von Frequenzen genutzt werden dürfen.. Es ist sicherzustellen, dass der Mobilfunkverkehr außerhalb des Anstaltsgeländes nicht beeinträchtigt wird. Jedoch erwähnen nur die Gesetze Bayerns, Berlins und Hamburgs, Rheinland-Pfalz sowie Thüringens, dass die Rahmenbedingungen gemäß § 55 Abs. 1 S. 5[214] des Telekommunikationsgesetzes (TKG) zu beachten sind. Positiv hervorzuheben ist die Regelung in § 51 Abs. 4 SächsJStVollzG, das grundsätzliche Verbot von Mobilfunkgeräten im offenen Vollzug aussetzen zu können. In den übrigen Regelungsinhalten wird die Mobiltelefonnutzung nicht erwähnt. Im offenen Vollzug ist die Benutzung von Handys schon deshalb empfehlenswert, damit die Inhaftierten jederzeit der Anstalt mitteilen können, wenn sich ihre Rückkehr verzögert. Die Handys können an der Pforte aufbewahrt und bei Verlassen der offenen Abteilung ausgehändigt werden. Insgesamt zu bedenken ist der Hinweis, dass in der Realität die Handys längst die Anstalten erobert haben und es künftig eher um die Regelung der Kontrolle gehen muss.[215]

In der Summe der bisher angestellten Überlegungen entspricht es dem Fördergedanken, den einzelnen jungen Inhaftierten einen regelmäßigen telefonischen Kontakt zu seinen Angehörigen wie auch engen **Bezugspersonen** zu ermöglichen und diesen im Rahmen einer großzügigen Handhabung der Kann-Bestimmungen auch zu fördern. Umgesetzt werden kann dies durch die Erteilung einer Dauertelefongenehmigung wie auch die Einrichtung dazu notwendiger technischer Voraussetzungen in den Anstalten.[216] Eine besondere Kommunikationserleichterung ist für diejenigen Inhaftierten gegeben, welche Schwierigkeiten haben, sich schriftlich auszudrücken oder die Grundlagen schriftlicher Kommunikation nicht beherrschen.[217] Problematische Aspekte liegen u.a. in den Kommunikationsinhalten. Neben erfreuliche und für die Förderung der Inhaftierten günstige Gesprächsinhalte tritt die Möglichkeit, dass Beziehungen auf diese Weise abrupt beendet werden, Gespräche scheitern und durch Tastendruck abgebrochen werden, neue Straftaten verabredet werden, negative Einflusspersonen über das Telefon Inhaftierte unter Druck setzen oder erpressen und den

56

---

212 Siehe Laubenthal in: Laubenthal, Nestler, Neubacher, Verrel, Rn 108.
213 Siehe: http://ikt.nrw.de/iktnrw-staerken-sichtbar-machen/news/einzelmeldung/article/it-fuer-sicherheit-und-ordnung/.
214 § 55 Abs. 1 Satz 5 TKG (Frequenzzuteilung): „Sofern für Behörden zur Ausübung gesetzlicher Befugnisse die Nutzung bereits anderen zugeteilter Frequenzen erforderlich ist und durch diese Nutzung keine erheblichen Störungen dieser Frequenznutzungen zu erwarten sind, ist die Nutzung unter Einhaltung der von der Bundesnetzagentur im Benehmen mit den Bedarfsträgern festgelegten Rahmenbedingungen gestattet, ohne dass dies eine Frequenzzuteilung bedarf.".
215 Siehe Joester, Wegner in Feest und Lesting, Rn 1.
216 Siehe dazu Perwein ZfStrVo 1996, 20.
217 Siehe dazu auch Hirsch, Die Kommunikationsmöglichkeiten des Strafgefangenen mit seiner Familie, S. 174.

§ 7 Außenkontakte

Förderprozess beeinträchtigen.[218] Zeitweise psychische Destabilisierungen durch unerfreuliche, belastende oder emotional aufwühlende Telefongespräche sind ebenso denkbar und möglich. Solche Auswirkungen sind jedoch Bestandteile täglichen Lebens auch außerhalb der Anstalten und entsprechen in ihrer Bandbreite ebenso dem Wesen des **Angleichungsgrundsatz**es wie die schon geschilderten positiven Funktionen der Telefonnutzung. Allerdings besteht in der Jugendanstalt die Möglichkeit und das Angebot, diesbezügliche Gespräche mit den Fachdiensten zu suchen und Neuorientierungen zu ermöglichen.

57 Insgesamt wäre es zu wünschen und auch sachlich naheliegend, dem telefonischen Kontakt neben vielen anderen pädagogischen Instrumentarien des Jugendvollzugs einen eigenen Stellenwert zuzuweisen, diesen auch aktiv seitens der Anstalt zu begleiten und im Sinne der Angleichung wie auch der Wiedereingliederung zu nutzen und nicht nur zu gestatten. Ebenso dürfen überhöhte Kosten dafür keine Hürden darstellen. Insofern sind die Regelungen einiger Bundesländer (siehe Rn 52), (Teil-)Kosten bei Bedürftigkeit zu übernehmen, vorbildlich.

9. Pakete

58

Länder	
Berlin (§ 56[219] Pakete Abs. 1-4)	(1) Der Empfang von Paketen mit Nahrungs- und Genussmitteln ist den Gefangenen nicht gestattet.[220] Der Empfang von Paketen mit anderem Inhalt bedarf der Erlaubnis der Anstalt, welche Zeitpunkt und Höchstmenge für die Sendung und für einzelne Gegenstände festsetzen kann. Für den Ausschluss von Gegenständen gilt § 31 Abs. 4 entsprechend.[221]
	(2) Pakete sind in Gegenwart der Gefangenen zu öffnen, an die sie adressiert sind. Ausgeschlossene Gegenstände können zu ihrer Habe genommen oder den Absendern zurückgesandt werden. Nicht ausgehändigte Gegenstände, durch die bei der Versendung oder Aufbewahrung Personen verletzt oder Sachschäden verursacht werden können, dürfen vernichtet werden. Die hiernach getroffenen Maßnahmen werden den Gefangenen eröffnet.[222]
	(3) Der Empfang von Paketen kann vorübergehend versagt werden, wenn dies wegen der Gefährdung der Sicherheit oder Ordnung der Anstalt unerlässlich ist.[223]
	(4) Den Gefangenen kann gestattet werden, Pakete zu versenden. Die Anstalt kann ihren Inhalt aus Gründen der Sicherheit oder Ordnung der Anstalt überprüfen.[224]
Baden-Württemberg (Buch 4 § 26 Abs. 1-4 Pakete)	(1) inhaltlich wie § 56 Abs. 2 JStVollzG Bln
	(2) wie § 56 Abs. 2 JStVollzG Bln

---

218 Siehe Schneider ZfStrVo 2001, 275.
219 Entwurfsfassung: § 43 Abs. 1-6
220 Satz fehlt im JStVollzG Brandenburg.
221 Inhaltlich wie § 41 Abs. 1 Satz 1 Entwurfsfassung; Ergänzung dort um Satz 2: „Über § 52 Absatz 1 Satz 2 hinaus kann sie Gegenstände und Verpackungsformen ausschließen, die einen unverhältnismäßigen Kontrollaufwand verursachen würden."
222 Inhaltlich in etwa wie § 43 Abs. 2-3 der Entwurfsfassung.
223 Inhaltlich wie § 43 Abs. 4 der Entwurfsfassung. In JStVollzG Sachsen-Anhalt: „[...] geboten erscheint."
224 Inhaltlich wie § 43 Abs. 5 der Entwurfsfassung; Ergänzung um Kostenregelung in § 43 Abs. 6 der Entwurfsfassung: „Die Kosten des Paketversandes tragen die Jugendstrafgefangenen. Sind sie dazu nicht in der Lage, kann die Anstalt die Kosten in begründeten Fällen in angemessenem Umfang übernehmen."

V. Regelungsinhalte

Länder	
	(3) wie § 56 Abs. 4 JStVollzG Bln
	(4) Die Kosten des Paketverkehrs tragen die jungen Gefangenen. Sind sie dazu nicht in der Lage, kann die Jugendstrafanstalt die Kosten in begründeten Fällen in angemessenem Umfang übernehmen.
Bayern (Art. 36 Abs. 1-4 Pakete)	(1) wie § 26 Abs. 1 JVollzGB IV B-W
	(2) wie § 56 Abs. 2 JStVollzG Bln
	(3) wie § 26 Abs. 3 JVollzGB IV B-W
	(4) wie § 26 Abs. 4 JVollzGB IV B-W
Brandenburg (§ 45 Abs. 1-6 Pakete)	(1) wie § 56 Abs. 1 JStVollzG Bln; zusätzlich: Die Anstalt kann darüber hinaus Gegenstände und Verpackungsformen ausschließen, die einen unverhältnismäßigen Kontrollaufwand bedingen.
	(2) Die Anstalt kann die Annahme von Paketen, deren Einbringung nicht gestattet ist oder die die Voraussetzungen des Absatzes 1 nicht erfüllen, ablehnen oder solche Pakete an die Absenderin oder den Absender zurücksenden.
	(3) inhaltlich wie § 56 Abs. 2 JStVollzG Bln; Zusatz: Rücksendung an Absender auf Kosten des Gefangenen möglich
	(4) wie § 56 Abs. 3 JStVollzG Bln
	(5) wie § 26 Abs. 3 JVollzGB IV B-W
	(6) wie § 26 Abs. 4 JVollzGB IV B-W
Bremen (§ 56 Abs. 1-4 Pakete)	wie § 56 Abs. 1-4 JStVollzG Bln
Hamburg (§ 33 Abs. 1-4)	(1) wie § 45 Abs. 1 BbgJVollzG[225]
	(2) wie § 56 Abs. 2 JStVollzG Bln
	(3) wie § 56 Abs. 4 JStVollzG Bln
	(4) wie Buch 4 § 26 Abs. 4 JVollzGB IV B-W
Hessen (§ 36 Pakete)	(1) Satz 1-3 wie § 56 Abs. 1 Satz 1-3 JStVollzG Bln; Satz 4 wie § 56 Abs. 4 JStVollzG Bln
	(2) wie § 56 Abs. 2 JStVollzG Bln; Zusatz Satz 3: wenn sie leicht verderblich sind
	(3) wie § 56 Abs. 3 JStVollzG Bln
Mecklenburg-Vorpommern (§ 56 Abs. 1-4 Pakete)	wie § 56 Abs. 1-4 JStVollzG Bln
Niedersachsen (§ 34 Abs. 1-4 Pakete)	inhaltlich wie § 56 Abs. 1-4 JStVollzG Bln
Nordrhein-Westfalen (§ 39 Abs. 1-3 Pakete)	(1) inhaltlich wie § 56 Abs. 1 & 3 JStVollzG Bln
	(2) wie § 56 Abs. 2 JStVollzG Bln
	(3) wie § 56 Abs. 4 JStVollzG Bln
Rheinland-Pfalz (§ 44 Pakete)	(1) inhaltlich wie § 45 Abs. 1 BbgJVollzG
	(2) wie § 45 Abs. 2 BbgJVollzG
	(3) wie § 45 Abs. 3 BbgJVollzG

---

225 Nahrungsmittel werden also nicht explizit ausgeschlossen.

§ 7 Außenkontakte

Länder	
	(4) wie § 56 Abs. 3 JStVollzG Bln
	(5) wie § 56 Abs. 4 JStVollzG Bln
	(6) wie § 26 Abs. 4 JVollzGB IV B-W
Saarland (§ 56 Abs. 1-4 Pakete)	wie § 56 Abs. 1-4 JStVollzG Bln
Sachsen (§ 56 Abs. 1-4 Pakete)	(1) wie § 56 Abs. 1 JStVollzG Bln, aber zusätzlich ist der Empfang von Paketen mit Körperpflegemitteln nicht gestattet.
	(2) inhaltlich wie § 56 Abs. 2 JStVollzG Bln; als Ausschlussgrund zur Aushändigkeit Gefährdung der Sicherheit und Ordnung in der Anstalt benannt
	(3) wie § 56 Abs. 3 JStVollzG Bln
	(4) Satz 1 und 2 wie JStVollzG Bln, aber Zusatz: auf eigene Kosten. Ergänzend folgender Satz 3: Der Versand kann untersagt werden, wenn die Sicherheit oder Ordnung in der Anstalt gefährdet würde oder ein schädlicher Einfluss auf Opfer der Straftaten zu befürchten wäre.
Sachsen-Anhalt (§ 44 Pakete)	Abs. 1-5 Inhaltlich wie § 56 Abs. 1-4 JStVollzG Bln, aber in Abs. 1 zusätzlich möglicher Ausschluss von Gegenständen und Verpackungsformen mit unverhältnismäßigem Kontrollaufwand
	(6) Die Kosten des Paketversandes trägt der Gefangene. Ist er dazu nicht in der Lage, kann die Anstalt die Kosten in begründeten Fällen in angemessenem Umfang übernehmen, soweit nicht ein Dritter leistungspflichtig ist.
Schleswig-Holstein (§ 56 Abs. 1-4 Pakete)	wie § 56 Abs. 1-4 JStVollzG Bln
Thüringen (§ 45 Pakete)	wie § 44 LJVollzG RP

59 **Pakete** sind dem sonstigen postalischen Verkehr zuzuordnen. Ihr Empfang stellt eine gewisse Annäherung an die Lebensverhältnisse in Freiheit dar und kann als Beitrag zur Kommunikation mit Personen, insbesondere Angehörigen, außerhalb der Einrichtung und damit als Annäherung an den Angleichungsgrundsatz betrachtet werden.[226] Sie haben als eine Form indirekter sozialer Zuwendung und Kommunikation immer noch eine hohe emotionale Bedeutung für ihre inhaftierten Empfänger und Absender. Die Absender dokumentieren im günstigen Fall ihre Verbundenheit mit den Inhaftierten. Diese wiederum erfahren, dass sie von ihren Angehörigen nicht vergessen wurden. Geschenkpakete bedeuten das Sich-Gedanken-Machen um den anderen und stellen eine gute Übung sozialer Kompetenz dar. Denkbar ist jedoch ebenso, dass Eltern durch die Inhaftierung ihres Kindes zunächst erleichtert sind, bevor sie das schlechte Gewissen überkommt, sie könnten mit ursächlich für die Inhaftierung sein. Damit entsteht uU eine emotionale Situation, die jugendliche Inhaftierte intuitiv erfassen und in der Folge den Eltern die Zusendung von Gegenständen abnötigen. Auch Pakete mit **Nahrungs- und Genussmitteln** – zumeist von Verwandten gesandt – gehören während des Freiheitsentzugs zu den emotional hoch besetzten Zeichen sozialer Nähe. So ist die symbolische Bedeutung der „selbstgebackenen Plätzchen" subjektiv si-

---

[226] Siehe Laubenthal in: Laubenthal, Nestler, Neubacher, Verrel, Rn 110; auch Joester, Wegner in Feest und Lesting, Rn 3.

cher wesentlich höher einzuschätzen als das in der Regel gut sortierte Angebot beim Einkauf oder Besuch. Aus dieser Perspektive können Pakete weder durch unpersönliche Geldüberweisungen noch durch den Versandhandel ersetzt werden.[227] Im Sinne des Wiedereingliederungsgrundsatzes stellen Paketsendungen eine weitere Form der Aufrechterhaltung von Beziehungen zur Außenwelt dar und können sehr wohl als Dokumentation einer noch intakten Beziehung zwischen Inhaftierten und Absender interpretiert werden. Dieser Beitrag zur Aufrechterhaltung sozialer Bezüge ist damit auch eine Teilvoraussetzung zur **Reintegration** des jungen Inhaftierten.

Andererseits können Paketsendungen missbraucht werden und werden dies auch in der Praxis. Nicht zuletzt Nahrungsmittel lassen sich für den Drogenschmuggel und -konsum gut präparieren. Auch die „Feile im Kuchen" stellt bis heute ein klassisches Sicherheitsrisiko dar. Dieser Umstand rechtfertigt jedoch nicht die völlige Untersagung von Paketen oder zumindest das Verbot von Nahrungsmittelpaketen, wie sie in oben bezeichneten Ländergesetzen unter Hinweis auf den hohen Kontrollaufwand festgelegt sind. Das Argument trifft insofern nicht, als Pakete ohnehin in jedem Fall geöffnet und kontrolliert werden müssen und mit einer Rücksendung zusätzliche Arbeit anfällt.[228] Hier ist nochmals auf die schon zitierte Regel Nr. 4 der Europäischen Strafvollzugsgrundsätze zu verweisen.[229] Üblicherweise legt die jeweilige Anstalt fest, was ein Paket an Inhaftierte enthalten darf oder nicht.[230] Pakete dürfen in der Regel nicht zu jedem beliebigen Zeitpunkt in die Anstalt geschickt werden. Die Länderbestimmungen überlassen die Häufigkeit der Sendungen den Anstalten. Übliche Anlässe sind Weihnachten, Ostern oder Geburtstage. Dies kann bei Inhaftierten aus anderen Kulturkreisen auch anders gehandhabt werden. Hinsichtlich der **Nahrungs- und Genussmittel** wird u.a. die Lösung vorgeschlagen, im Rahmen der Förder- bzw Vollzugsplanung die nahestehenden **Bezugspersonen** zu benennen, von denen der junge Inhaftierte auch Pakete mit solchem Inhalt erhalten darf.[231] Der Rechtsprechung des OLG Saarbrücken,[232] welche das Verbot des Empfangs von Nahrungs- und Genussmittelpaketen nach § 56 Abs. 1 S 1 SJStVollzG bestätigt, kann insoweit nur teilweise gefolgt werden. Zweifellos ist die im Begründungszusammenhang angeführte Veränderung der Lebensverhältnisse junger Menschen, die die Zeichenhaftigkeit des „selbstgebackenen Kuchens" der Mutter relativieren, in begrenztem Umfang zu bestätigen. Inwieweit jedoch aus den angeführten individuellen utilitaristischen Beweggründen des Beschwerdeführers hinsichtlich des Paketempfangs ein völliges Verbot abgeleitet werden und auf die emotionalen Bedürfnisse junger Menschen insgesamt geschlossen werden kann, ist zumindest fraglich. Die Shell-Jugendstudie 2010 belegte eine ausgesprochene Familienorientierung und eine Abwendung von materieller Wertorientierung, hier im Sinne einer anonymisierten Bestellmentalität.[233]

---

227 Ebenso Streng, Stellungnahme zum Bayerischen Strafvollzugsgesetz, S. 2.
228 Siehe auch Ostendorf, Stellungnahme zum Gesetzesentwurf der schleswig-holsteinischen Landesregierung, 2007, S. 8.
229 Siehe Dünkel/Morgenstern/Zolondek NK 2006, 86 ff.
230 Siehe Bammann in: Betreuung im Strafvollzug, hrsg. von Deutsche AIDS-Hilfe, S. 66.
231 Siehe Ostendorf, Stellungnahme zum Gesetzesentwurf der schleswig-holsteinischen Landesregierung,, Fn 119.
232 OLG Saarbrücken, 1.7.2010, Vollz (Ws) 26/09, ZJJ 3/2011, 328.
233 Siehe Shell Deutschland Holding (Hrsg.), 16. Shell-Jugendstudie: Jugend 2010. Frankfurt/M, S. 43 ff.

§ 7 Außenkontakte

61 Alle Gesetze (seit der Gesetzesänderung vom 1.1.2010 auch das JVollzGB IV B-W) bestimmen, dass Pakete nur mit Erlaubnis der Anstalt empfangen werden dürfen. Ferner ist fast allen gemeinsam, dass sie den Empfang von Paketen, die **Nahrungs- und Genussmittel** enthalten, ausschließen. Das brandenburgische Gesetz bildet hier die Ausnahme und enthält dieses Verbot nicht; ebenso wird im hamburgischen Gesetz der Empfang von Paketen mit Nahrungs- und Genussmittel nicht explizit ausgeschlossen. Das SächsJStVollzG schließt als einziges zudem den Empfang von Körperpflegemitteln aus. Weiterhin ausgeschlossen ist in allen Gesetzestexten der Empfang von Paketen, deren Inhalt die **Sicherheit und Ordnung** der Anstalt gefährden würde. Das HmbJStVollzG nahm in seinen Neuerungen zudem die Kann-Regelung auf, dass Gegenstände und Verpackungsformen, die einen unverhältnismäßigen Kontrollaufwand bedingen, von der Anstalt ausgeschlossen werden können. Diese Regelung ist nun auch in § 45 Abs. 1 BbgJVollzG, in § 44 Abs. 1 LJVollzG RP, in § 44 Abs. 1 JVollzG LSA sowie in § 45 Abs. 1 ThürJVollzGB enthalten.[234]

Alle Jugendstrafvollzugsgesetze sehen vor, dass Pakete in Gegenwart der Inhaftierten zu öffnen sind und vom Empfang ausgeschlossene Gegenstände zur Habe genommen oder dem Absender zurückgesandt werden.[235] Sie können auch vernichtet werden, falls dies erforderlich ist. Neuerdings bilden hier das BbgJVolllzG (§ 45 Abs. 2), das LJVollzG RP (§ 44 Abs. 2), das JVollzG LSA (§ 44 Abs. 1) und das ThürJVollzGB (§ 45 Abs. 2) eine Ausnahme, da hier diese Pakete zurückgesandt werden können[236] (in Brandenburg auch auf Kosten der Gefangenen). Außer in den Jugendstrafvollzugsgesetzen Nordrhein-Westfalens, Niedersachsens, Rheinland-Pfalz', Sachsens und Thüringens werden die Gründe für die Vernichtung von Gegenständen näher erläutert: „Gegenstände, durch die bei der Versendung oder Aufbewahrung Personen verletzt oder Sachschäden verursacht werden können, dürfen vernichtet werden" (zB Art. 36 Abs. 2 BayStVollzG).

62 In allen Gesetzen kann es Inhaftierten gestattet werden, Pakete nicht nur zu empfangen, sondern auch zu versenden. Für die Gleichgewichtigkeit sozialer Beziehungen wird es als bedeutsam angesehen, dass auch der gefangene Mensch die Möglichkeit erhält, seinen Bezugspersonen Geschenke zukommen zu lassen und nur immer die Rolle des Empfängers spielen zu müssen.[237] Aus Gründen der **Sicherheit und Ordnung** der Anstalt kann der Inhalt der Pakete überprüft werden. Die sächsischen Vorschriften bestimmen, dass der Paketversand auch wegen möglichen schädlichen Einflusses auf Opfer der Straftaten untersagt werden kann. Das StVollzG Bayern, das StVollzG Hamburg, das JStVollzG Sachsen, das JStVollzG LSA und das JVollzGB IV B-W[238] bestimmen, dass der **Paketverkehr** auf Kosten der Inhaftierten zu erfolgen hat. Das bayerische, das hamburgische, das baden-württembergische, das rheinlandpfälzische, das Gesetz aus Sachsen-Anhalt sowie das thüringische Gesetz regeln aber, dass die Anstalt die Kosten in begründeten Fällen in angemessenem Umfang über-

---

234 Ebenso in § 43 Abs. 1 der Entwurfsfassung zum neuen JVollzG Bln enthalten.
235 Dazu Laubenthal in: Laubenthal, Nestler, Neubacher, Verrel, Rn 120.
236 Ebenso in Entwurfsfassung zum neuen JVollzG Bln (§ 43 Abs. 2) enthalten.
237 Siehe Joester, Wegner in Feest und Lesting, Rn 14.
238 Ebenso in Entwurfsfassung zum neuen JVollzG Bln (§ 43 Abs. 6) enthalten.

nimmt, wenn die Inhaftierten dazu nicht in der Lage sind[239], in Sachsen-Anhalt mit dem Zusatz „soweit nicht ein Dritter leistungspflichtig ist" (§ 44 Abs. 6). Die Länderbestimmungen bleiben insgesamt deutlich hinter den Mindeststandards der DVJJ zurück, die grundsätzlich den Empfang und Versand von Paketen vorsehen und auch hinsichtlich der Inhalte der Pakete **Nahrungs- und Genussmittel** zulassen. In Bezug auf den Erhalt von Paketen mit **Nahrungs- und Genussmitteln** zeigt sich § 33 StVollzG liberaler als die Ländergesetze.[240] Dies ist im Lichte o.g. Überlegungen zu bedauern.

Ausdrücklich zu begrüßen ist im Hinblick auf die **Kostenübernahme** der Ansatz Bayerns (Art. 36 Abs. 4, S. 2 BayStVollzG), Hamburgs (§ 33 Abs. 4, S. 2 HmbJStVollzG), Baden-Württembergs (§ 26 Abs. 4, S. 2 JVollzGB IV) sowie neuerdings auch Brandenburgs (§ 45 Abs. 6 BbgJVollzG), Rheinland-Pfalz' (§ 44 Abs. 6) Sachsen-Anhalts (§ 44 Abs. 6) und Thüringens (§ 45 Abs. 6)[241] im Einzelfall die Kosten des Paketversands durch Inhaftierte bei vorliegender Bedürftigkeit zu übernehmen und damit auch in schwierigen Fällen diese Möglichkeit der Kommunikation zu unterstützen.

VI. Rechtsmittel

Hinsichtlich der Gewährung, Beschränkung bzw Untersagung von Außenkontakten stehen den jungen Inhaftierten neben dem justiziellen Rechtsweg mehrere Möglichkeiten zur Verfügung. So kann er bzw sie sich mit einer **Beschwerde** an den Anstaltsleiter bzw die Anstaltsleiterin wenden (§ 86 Abs. 1 JVollzGB IV B-W, Art. 115 Abs. 1 BayStVollzG, § 87 Abs. 1 JStVollzG Bln,[242] § 105 Abs. 1 BbgJVollzG, § 87 Abs. 1 BremJStVollzG, § 87 Abs. 1 JStVollzG M-V, § 102 Abs. 1 LJVollzG RP, § 87 Abs. 1 SJStVollzG, § 87 Abs. 1 JStVollzG SH, § 103 Abs. 1 ThürJVollzGB, § 91 Abs. 1 HmbJStVollzG, § 57 Abs. 1 HessJStVollzG, § 101 Abs. 1 NJVollzG § 97 Abs. 1 JStVollzG NRW, § 87 Abs. 1 SächsJStVollzG, § 103 Abs. 1 JStVollzG LSA). Von diesem bzw dieser sind zur Ermöglichung von Aussprachen regelmäßige **Sprechstunden** einzurichten, die durch die Hausordnung der jeweiligen Anstalt geregelt werden.

Alle Jugendstrafvollzugsgesetze geben den Inhaftierten zudem das Recht, sich mit seinen Angelegenheiten und Einwänden an einen Vertreter der Aufsichtsbehörde zu wenden, wenn sich dieser zu einem Besichtigungstermin in der Anstalt aufhält (§ 86 Abs. 2 JVollzGB IV, Art. 115 Abs. 2 BayStVollzG, § 87 Abs. 2 JStVollzG Bln[243], § 105 Abs. 2 BbgJVollzG, § 87 Abs. 2 BremJStVollzG, § 87 Abs. 2 JStVollzG M-V, § 102 Abs. 2 LJVollzG RP, § 87 Abs. 2 SJStVollzG, § 87 Abs. 2 JStVollzG SH, § 103 Abs. 2 ThürJVollzGB, § 91 Abs. 3 HmbJStVollzG, § 57 Abs. 2 HessJStVollzG, § 101 Abs. 2 NJVollzG, § 97 Abs. 3 JStVollzG NRW, § 87 Abs. 2 SächsJStVollzG, § 103 Abs. 2 JStVollzG LSA). Seitens der Anstalten ist diesbezüglich eine Liste zu führen, in welcher sich Inhaftierte für die **Anhörung** vormerken lassen können.

---

239 Ebenso in Entwurfsfassung zum neuen JVollzG Bln (§ 43 Abs. 6) geregelt.
240 Zur Übersicht vgl auch Laubenthal in: Laubenthal, Nestler, Neubacher, Verrel, Rn 121 f
241 Ebenso in Entwurfsfassung zum neuen JVollzG Bln (§ 43 Abs. 6) geregelt.
242 Entwurfsfassung: § 102 Abs. 1.
243 Entwurfsfassung: § 102 Abs. 2.

65 Ebenso bleibt in allen Jugendstrafvollzugsgesetzen, mit Ausnahme der Regelungen Niedersachsens, die Möglichkeit einer **Dienstaufsichtsbeschwerde** unberührt (§ 86 Abs. 3 JVollzGB IV, Art. 115 Abs. 3 BayStVollzG, § 87 Abs. 3 JStVollzG Bln[244], § 105 Abs. 3 BbgJVollzG, § 87 Abs. 3 BremJStVollzG, § 87 Abs. 3 JStVollzG M-V, § 102 Abs. 3 LJVollzG RP, § 87 Abs. 3 SJStVollzG, § 87 Abs. 3 JStVollzG SH, § 103 Abs. 3 ThürJVollzGB, § 91 Abs. 4 HmbJStVollzG, § 57 Abs. 3 HessJStVollzG, § 97 Abs. 4 JStVollzG NRW, § 87 Abs. 3 SächsJStVollzG, § 103 Abs. 3 JStVollzG LSA).

66 Schließlich können in allen Jugendstrafvollzugsgesetzen die Mitglieder des Anstaltsbeirats als weitere vollzugliche Kontrollinstanz Wünsche, Anregungen und Beanstandungen auch zur Regelung der Außenkontakte entgegennehmen (§ 18 Abs. 3 JVollzGB I B-W, Art. 187 Abs. 1 BayStVollzG, § 111 Abs. 3 JStVollzG Bln[245], § 117 Abs. 3 BbgJVollzG § 111 Abs. 3 BremJStVollzG, § 111 Abs. 3 JStVollzG M-V, § 114 Abs. § LJVollzG RP, § 111 Abs. 3 SJStVollzG, § 111 Abs. 3 JStVollzG SH, § 115 Abs. 3 ThürJVollzGB, § 112 Abs. 1 HmbJStVollzG, § 77 Abs. 3 HessJStVollzG, § 187 Abs. 2 NJVollzG, § 110 Abs. 1 JStVollzG NRW, § 111 Abs. 3 SächsJStVollzG, § 116 Abs. 3 JStVollzG LSA).

Zum formellen Rechtsweg s. § 11.

VII. Fazit

67 Junge inhaftierte Menschen sind soziale Wesen, eingebunden in vielerlei förderliche, zT jedoch auch konflikthafte und kriminogene Beziehungen zu anderen Menschen. Sie bedürfen grundsätzlich sozialer Beziehungen auf ihrem Weg zu einer straffreien und verantwortlichen Lebensführung. Der erzieherische Auftrag besteht in der Annahme o.g. Ambivalenzen und ihrer pädagogischen Bearbeitung. Das faktische Leben in der Freiheit verlangt vom jungen Menschen als altersspezifische **Entwicklungsaufgabe** eine aktive Auseinandersetzung mit Gestaltungsaufgaben im sozialen Kontext von Eltern, Gleichaltrigen, Freunden und weiteren **Bezugspersonen**.[246]

68 Die Förderung von Sozialbeziehungen Inhaftierter wird sowohl in den internationalen als auch nationalen Konventionen zum (Jugend-)Strafvollzug betont und eingefordert. Das Bundesverfassungsgericht unterstreicht ebenfalls die besondere Bedeutung von Außenkontakten im Jugendstrafvollzug und weist darüber hinaus auf die Notwendigkeit der Bereitstellung ausreichender pädagogischer und therapeutischer Betreuung hin.[247] In den Ländergesetzen spiegelt sich diese Bedeutung in durchaus unterschiedlicher Ausprägung wieder. Dem **Recht auf Besuche** wird durchgängig Rechnung getragen, andere Formen der Kontaktpflege werden zT eher zurückhaltend behandelt. Dagegen erscheint die reale Ausgestaltung der intramuralen Außenkontakte nach wie vor als eine immer noch zu gestaltende und auszubauende Herausforderung. Werden Familienangehörige „vom Vollzug teilweise als lästig betrachtet" sowie nicht selten „als Störfaktor im Kampf für ein drogenfreies Gefängnis", weniger „als

---

244 Entwurfsfassung: § 102 Abs. 3.
245 Entwurfsfassung: § 114 Abs. 3.
246 Siehe Fend, Entwicklungspsychologie des Jugendalters, S. 210.
247 BVerfG, 31.5.2006, 2 BvR 1673/04, Nr. 61.

Bündnispartner in dem Bemühen um eine soziale Integration", so zeigen diese Feststellungen des Justizvollzugsbeauftragten des Landes Nordrhein-Westfalen deutlich einige Schwachstellen der Umsetzung reintegrationsförderlicher Außenkontakte.[248]

Aus fachwissenschaftlicher Perspektive und dem Förder- bzw Erziehungsauftrag des Jugendstrafvollzugs folgend sind abschließend nachstehende Leitlinien hinsichtlich der Gestaltung der Außenkontakte zu beachten:

1. die **proaktive** und pädagogische **Begleitung** anstelle passiven Zulassens und Überwachens der Außenkontakte in Kooperation mit Dritten,
2. die differenzierte Förderung zusätzlicher **extramuraler Kontakte** über die Angehörigen im Sinne des StGB hinaus sowie
3. die differenzierende Bearbeitung und Begleitung der Außenkontakte unter dem Blickwinkel der **Entwicklungsförderung** statt alleiniger Dichotomisierung hinsichtlich „günstiger" und „schädlicher" Kontakte sowie
4. die **Nachsorge** und begleitende Reintegration in die bestehenden oder auch neu zu knüpfenden sozialen Netzwerke und Strukturen.

---

248 Der Justizvollzugsbeauftragte des Landes Nordrhein-Westfalen, S. 273.

§ 8 Sicherheit und Ordnung

Gesetze:

	Land	Vom	In Kraft	Fundstelle	Letzte Änderung
BB	BbgJVollzG	24.4.2013	1.6.2013	GVBl. I 2013, Nr. 14	10.7.2014 (GVBl. I Nr. 34)
BE	JStVollzG Bln	15.12.2007	1.1.2007	GVBl. 2007, 653	21.6.2011 (GVBl. S. 287)
BW	JVollzGB IV B-W	10.11.2009	1.1.2010	GBl. 2009, 545	1.12.2015 (GBl. S. 1047)
BY	BayStVollzG	10.12.2007	1.1.2008	GVBl 2007, 866	22.7.2014 (GVBl. S. 286)
HB	BremJStVollzG	23.7.2007	1.1.2008	Brem.GBl. 2007, 233	
HE	HessJStVollzG	19.11.2007	1.1.2008	GVBl. I 2007, 758	30.11.2015 (GVBl. S. 501)
HH	HmbJStVollzG	14.7.2009	1.9.2009	HmbGVBl. 2009, 257, 280	21.5.2013 (HmbGVBl. S. 211, 238)
MV	JStVollzG M-V	14.12.2007	1.1.2008	GVOBl. M-V 2007, 427	
NI	NJVollzG	ngf: 8.4.2014		Nds. GVBl. 2014, 106	
NW	JStVollzG NRW	20.11.2007	1.1.2008	GV. NRW. 2007, 539	13.1.2015 (GV. NRW. S. 76)
RP	LJVollzG RP	8.5.2013	1.6.2013	GVBl. 2013, 79	22.12.2015 (GVBl. S. 487)
SH	JStVollzG S-H	19.12.2007	1.1.2008	GVOBl. 2007, 563	15.5.2013, GVOBl. S. 169
SL	SJStVollzG	30.10.2007	1.1.2008	Amtsblatt 2007, 2370	24.4.2013 (Amtsbl. I S. 116)
SN	SächsJStVollzG	12.12.2007	1.1.2008	SächsGVBl. 2007, 558	16.5.2013 (SächsGVBl. S. 250, 274)
ST	JVollzGB LSA	18.12.2015	1.1.2016	GVBl. LSA 2015, 666	
TH	ThürJVollzGB	27.2.2014	7.3.2014	GVBl. 2014, 13	

Spezielle Literatur: *Alisch, J.*, Weniger Sicherheit in den Justizvollzugsanstalten durch mehr Sicherheitstechnik, in: KrimPäd 1988, S. 14-21; *Alisch, J.*, Sicherheit als Steuerungsproblem, in: C. Flügge/B. Maelicke/H. Preusker (Hrsg.), Das Gefängnis als lernende Organisation, Baden-Baden 2001, S. 105-116; *Europarat* (Hrsg.), Bericht an die Deutsche Regierung über den Besuch des Europäischen Ausschusses zur Verhütung von Folter und unmenschlicher oder erniedrigender Behandlung oder Strafe in Deutschland vom 25. November bis 7. Dezember 2010, Strasbourg 2011, www.cpt.coe.int/en/states/deu.htm (letzter Zugriff am 9.2.2016); *ders.* (Hrsg.), Bericht an die Deutsche Regierung über den Besuch des Europäischen Ausschusses zur Verhütung von Folter und unmenschlicher oder erniedrigender Behandlung oder Strafe in Deutschland vom 20. November bis 2. Dezember 2005 Strasbourg 2007, www.cpt.coe.int/en/states/deu.htm (letzter Zugriff am 9.2.2016); *ders.* (Hrsg.), Stellungnahme der Bundesregierung zu den Empfehlungen, Kommentaren und Auskunftsersuchen des Europäischen Ausschusses zur Verhütung von Folter und unmenschlicher oder erniedrigender Behandlung oder Strafe (CPT) anlässlich seines Besuches vom 25. November bis 7. Dezember 2010, Strasbourg 2012, www.cpt.coe.int/en/states/deu.htm (letzter Zugriff am 9.2.2016); *ders.* (Hrsg.), Stellungnahme der Bundesregierung zu den Empfehlungen, Kommentaren und Auskunftsersuchen des Europäischen Ausschusses zur Verhütung von Folter und unmenschlicher oder erniedrigender Behandlung oder Strafe (CPT) anlässlich seines Besuches vom 20. November bis 2. Dezember 2005, Strasbourg 2007, www.cpt.coe.int/en/states/deu.htm (letzter Zugriff am 9.2.2016); *Gericke, C.*, Zur Unzulässigkeit von Disziplinarmaßnahmen nach positiven Urinproben, in: StV 2003, S. 305-307; *Goerdeler, J.*, Anmerkung zu OLG Celle Beschluss 1 Ws 115/13 (StrVollz) v. 23.4.2013, in: StV 2014, S. 355-359; *Hadeler, H.*, Besondere Sicherungsmaßnahmen im Strafvollzug, Aachen 2004; *Kreuzer, A./Buckolt, O.*, Mit Entkleidung verbundene körperliche Durchsuchung Strafgefangener – Eine Übersicht über die an eine solche Durchsuchung zu stellenden Anforderungen – Zugleich Besprechung des Beschlusses des OLG Celle v. 19.5.2004, 1 Ws 144/04 (StV 2006, 153), in: StV 2006, 163-168; *Neubacher, F.*, Verfassungs- und menschenrechtliche Grenzen der Strafvollzugsgestaltung, in: BewHi 2011, S. 82-97; *Pohlreich, E.*, Gewalt gegen Häftlinge und Unterbringen in besonders gesicherten Hafträumen – Der Fall Hellig vor dem EGMR, in: JZ 2011, S. 1058-1063; *Pollähne, H.*, Anmerkung zu OLG Oldenburg Beschluss 1 Ws 304/05 v. 14.6.2005, in: StV 2007, S. 88-91

I. Grundlagen

Ziel des Jugendstrafvollzuges ist es, durch fördernd-erzieherische Arbeit mit dem jungen Gefangenen diesen zu befähigen, nach Beendigung des Vollzuges ein Leben ohne erneute Straftaten führen zu können. Erziehungsvollzug setzt ein Mindestmaß persönlicher Sicherheit für alle Beteiligten sowie ein geordnetes Zusammenleben voraus. Die Aufrechterhaltung von Sicherheit und Ordnung ist daher eine zentrale Aufgabe des Vollzuges. Zugleich ist die Institution (Jugend-)Strafvollzug durch ihre spezifischen Bedingungen einer Zwangsgemeinschaft in Geschlossenheit sowie durch die Konzentration multipel vorbelasteter Menschen in besonderem Maße anfällig für gewalttätige Auseinandersetzungen und die Entstehung von Subkulturen.

1. Begriffsbestimmung „Sicherheit und Ordnung"

Sicherheit und Ordnung bilden die Grundlage für ein halbwegs gedeihliches Zusammenleben unter den Bedingungen des Strafvollzugs und damit auch für jeden Ansatz von Resozialisierungs- und Erziehungsvollzug. Nur wenn ein geordnetes Zusammenleben in der Anstalt gewährleistet ist, die Gefangenen sicher untergebracht und Gefangene wie Bedienstete sich halbwegs angstfrei ohne beständige Furcht vor An- und Übergriffen bewegen können, können die Ziele der Förderung und (Re-)Integration erfolgversprechend verfolgt werden. Sicherheit und Ordnung erfüllen eine dienende Funktion.[1] Ihre Bedeutung, der Begriffsinhalt von „Sicherheit und Ordnung", ihr Stellenwert in der Abwägung mit anderen vollzuglichen Prinzipien und vor allem den Grundrechten der Gefangenen sowie die Auswahl und Gewichtung der ihrer Aufrechterhaltung dienende Maßnahmen sind daher stets im Zusammenhang mit dem Vollzugsziel zu sehen.[2] Das gilt schon für den Vollzug der Freiheitsstrafe, umso mehr aber für den Vollzug der Jugendstrafe, für den das BVerfG dem Ziel, den Gefangenen zu einem straffreien Leben in Freiheit zu befähigen, einen besonders hohen Stellenwert einräumt.

Es können **drei Konstellationen von Gefahrensachverhalten** unterschieden werden, die unter dem Aspekt von Sicherheit und Ordnung behandelt werden:[3]

Unter den Begriff der Sicherheit fällt einerseits die **Sicherung des staatlichen Gewahrsams** an den Gefangenen. Es geht also darum Flucht, Ausbrüche, Gefangenenbefreiungen zu verhindern (sog. „äußere Sicherheit").

Andererseits gehört zur Gewährleistung der Sicherheit auch der **Schutz vor Verletzungen von Personen und vor Beschädigungen von Sachen** innerhalb des Vollzuges („innere Sicherheit"). Zu schützen sind Bedienstete, Gefangene, Besucher und andere Personen, die sich in der Anstalt aufhalten; abzuwenden bzw vorzubeugen sind unfallbedingte Schädigungen ebenso wie vorsätzliche Selbst- oder Fremdschädigungen. Das BVerfG hat die Verpflichtung des Vollzuges, Gefangene vor wechselseitigen Übergrif-

---

1 Vgl schon die Begründung des BMJ-Referentenentwurf eines GJVollz (Stand der Begründung: 28.4.2004) zu § 31; Schwirzer, S. 245 f.
2 AK-Feest/Lesting-Feest/Köhne, Vor § 81 Rn 3 ff; Laubenthal/Nestler/Neubacher/Verrel-Verrel, Abschn. M Rn 6.
3 AK-Feest/Lesting-Feest/Köhne, Vor § 81 Rn 8 ff; Schwind/Böhm/Jehle/Laubenthal-Ullenbruch, § 81 Rn 7.

fen zu schützen, in seiner Jugendstrafvollzugsentscheidung besonders hervorgehoben.[4]

4 Eine exakte Definition dessen, was unter „**Ordnung**" zu verstehen ist, ist wegen der Unbestimmtheit des Begriffes schwierig – was kritisch zu bewerten ist, da eine Gefahr für „die Ordnung" Rechtfertigungsgrundlage für Grundrechtseingriffe ist.[5] Insofern ist von einer Gefährdung der Ordnung als Rechtfertigung für Grundrechtseingriffe zurückhaltend Gebrauch zu machen. „Ordnung" kann in diesem Kontext nicht gleichbedeutend sein mit dem polizeirechtlichen Schutzgut der „öffentlichen Ordnung",[6] vielmehr geht es um die Anstaltsordnung, um das geordnete Zusammenleben in der Vollzugsanstalt in dem Sinne, dass die zentralen Funktionen der Anstalt gewährleistet sein müssen.[7] In diesem Rahmen gehört auch das Austragen von Konflikten zu einem „normalen" Zusammenleben im Vollzug; auch die Übertretung von technisch-organisatorischen Anstaltsvorschriften rechtfertigt es nicht, von einer Gefährdung der Anstaltsordnung auszugehen.[8]

5 „Sicherheit" und „Ordnung" sind somit **keine Synonyme**, sondern begrifflich und inhaltlich voneinander zu trennen.[9] Dies wird zutreffend wiedergegeben, wenn in den Vorschriften der (Jugend-)Strafvollzugsgesetze von einzelnen Maßnahmen zur Aufrechterhaltung von „Sicherheit oder Ordnung" gesprochen wird.

6 Bei den Begriffen der „Sicherheit" und der „Ordnung" handelt es sich um **unbestimmte Rechtsbegriffe**, die gerichtlich voll überprüfbar sind. Ein von gerichtlicher Überprüfung freier Beurteilungsspielraum steht der Vollzugsbehörde bei der Frage, ob eine Gefährdung der Sicherheit oder Ordnung besteht, nicht zu.[10] Allerdings steht auf der Rechtsfolgenseite die Entscheidung, welche Mittel sie zur Abwehr der Gefahr ergreift (und ob sie überhaupt ein Tätigwerden für erforderlich hält) im pflichtgemäßen Ermessen der Anstalt.[11]

7 Wenn zum Schutze der Sicherheit oder der Ordnung den Gefangenen Beschränkungen oder Pflichten auferlegt werden sollen, muss es um tatsächliche Gefahrenlagen gehen – bloße allgemeine **Befürchtungen reichen nicht**.[12]

2. Die Aufrechterhaltung von Sicherheit und Ordnung als ganzheitliche Aufgabe

8 Die Aufrechterhaltung von Sicherheit und Ordnung ist eine **zentrale und ganzheitliche Aufgabe**, die alle Bereiche des Vollzugslebens und der Vollzugsorganisation durchzieht, auch über die im Abschnitt „Sicherheit und Ordnung" angesprochenen Maßnahmen hinaus.[13] Mit *Alisch* kann die Aufrechterhaltung von der Sicherheit und

---

4 BVerfGE 1106, 69, 87f = ZJJ 2006, 193, 196 = NJW 2006, 2093, 2096.
5 Ebenso AK-Feest/Lesting-Feest/Köhne, Vor § 81 Rn 10.
6 Calliess/Müller-Dietz, § 81 Rn 1.
7 Calliess/Müller-Dietz, § 81 Rn 4.
8 OLG Hamm, Forum Strafvollzug 2011, 53.
9 AK-Feest/Lesting-Feest/Köhne, Vor § 81 Rn 10.
10 OLG Hamm, Forum Strafvollzug 2011, 43; OLG Celle, 9.5.2006, 1 Ws 157/06 (StrVollz); KG Berlin, 20.1.2005, 5 Ws 654/04 Vollz; OLG Zweibrücken, 27.1.2003, 1 VAs 5/02 1 VAs 5/02; OLG Karlsruhe, NStZ 2002, 529 = NStZ-RR 2001, 349-351 = StraFo 2001, 288-290 = StV 2002, 269; Schwind/Böhm/Jehle/Laubenthal-Ullenhoth, § 81 Rn 4; Calliess/Müller-Dietz, § 81 Rn 4.
11 OLG Hamm NStZ 1996, 253.
12 Calliess/Müller-Dietz, § 81 Rn 4.
13 Ebenso Hadeler in: Ostendorf, Untersuchungshaft und Abschiebehaft, § 7 Rn 8.

I. Grundlagen

der Anstaltsordnung auch als Steuerungsproblem beschrieben werden.[14] Er unterscheidet dabei drei Arten von Sicherheit bzw drei Ansätze, über die Sicherheit hergestellt bzw aufrechterhalten wird: die instrumentelle, die administrative und die soziale Sicherheit.[15]

- Mit instrumenteller Sicherheit bezeichnet *Alisch* technische Sicherheitslösungen wie bauliche Gegebenheiten (Gebäude mit ihrer spezifischen Haftraumanordnung, Türen, vergitterte Fenster, Zäune, Mauern usw), Überwachungstechnologie, Alarmanlagen, auch Fesseln, Waffen usw.

- Mit administrativer Sicherheit sind alle verwaltungsmäßigen Sicherheitsmaßnahmen gemeint, etwa Sicherungs-, Alarm- und Dienstplan, Nachtdienstordnung, Vollzugspläne, Abteilungskonzepte, Hausordnung usw.

- Die soziale Sicherheit bezeichnet hingegen die Gestaltung des sozialen Miteinanders aller in der Anstalt lebenden und tätigen Personen. Es geht hier bspw um Mitarbeiterführung durch die Anstaltsleitung, die kooperative oder hierarchische Zusammenarbeit der verschiedenen Dienstgruppen, die Streitkultur mit den jeweils praktizierten Instrumenten der Konfliktbewältigung, den Grad der Mitwirkung von Gefangenen an ihrer Alltagsgestaltung usw.

Wenn die Aufrechterhaltung der Sicherheit und Ordnung als **ganzheitliche Aufgabe** beschrieben wird, so bedeutet das, dass Sicherheitsstrategien auf allen drei beschriebenen Ebenen erforderlich sind und optimal aufeinander abgestimmt sein sollten. Zwischen den drei Ebenen ergeben sich zwangsläufige, zum Teil gegeneinander gerichtete Interdependenzen. So können enge Vorgaben auf der Ebene der administrativen Sicherheit, die die Handlungs- und verantwortlichen Entscheidungsspielräume der Gefangenen über Gebühr einengen, als Gängelung empfunden werden und ebenso wie zu massive instrumentelle Sicherheitsmaßnahmen Aggressionen erhöhen und das Entstehen einer tragfähigen Beziehung erschweren können.[16]

Soziale Sicherheit kann erheblich dazu beitragen, die Entstehung und Eskalation von Konflikten zu vermeiden, ihr Ausmaß zu begrenzen, ihre Lösung zu erleichtern. Hier geht es um die „Herstellung eines Klimas, das gegenseitige Akzeptanz und Vertrauen erzeugt. In diesem Klima werden durch den aufmerksamen Beamten und den Verantwortung übernehmenden Gefangenen entscheidende und aktuelle Daten [iSv Mitteilungen über kritische Situationen, Anm. Autor] offenbar."[17]

Konflikte sind wichtiger Bestandteil von Sozialisierungsarbeit. Sie können – gerade in geschlossenen Institutionen – nicht aus der Welt geschaffen werden. Deshalb kann es nicht darum gehen Friedhofsruhe herzustellen.[18] Nach Möglichkeit müssen **Konflikte produktiv bearbeitet** werden.

---

14 Alisch in: Das Gefängnis als lernende Organisation, hrsg. von Flügge/Maelicke/Preusker, 2001, S. 105 ff.
15 Alisch in: Das Gefängnis als lernende Organisation, hrsg. von Flügge/Maelicke/Preusker, 2001, S. 106 f; AK-Feest/Lesting-Feest/Köhne, Vor § 81 Rn 13 ff.
16 Alisch in: Das Gefängnis als lernende Organisation, hrsg. von Flügge/Maelicke/Preusker, 2001, S. 107 f.
17 Alisch in: Das Gefängnis als lernende Organisation, hrsg. von Flügge/Maelicke/Preusker, 2001, S. 107.
18 Vgl OLG Hamm Forum Strafvollzug 2011, 53: Aushängung einer Petition zum Austausch des Anstaltskaufmanns und dazugehörigen Unterschriftenlisten gefährdet nicht das geordnete Zusammenleben in der Anstalt.

12 Wichtig ist, sich stets das Bewusstsein zu behalten, dass die Bedingungen des Vollzugs für alle Beteiligten, insbesondere die Gefangenen, aber natürlich auch die Bediensteten eine Zumutung darstellen. Ein **positives, anerkennungsorientiertes Anstaltsklima** ist daher die wichtigste Grundvoraussetzung, um einen guten Sozialisationsvollzug realisieren zu können. Gutes, stabiles, verlässliches, aber auch liberales Anstaltsklima kann viele Disziplinar- und Sicherungsmaßnahmen überflüssig machen. Insofern ist Sicherheit auch immer ein Thema der Personalführung in der Anstalt.

II. Regelungssystematik

13 Aspekte von Sicherheit und Ordnung **durchziehen** – über den danach benannten Abschnitt hinaus – **alle Lebensbereiche des Strafvollzugs**. Einen bestimmten Teilbereich der Sicherheit – die Gewährleistung des Gewahrsams an dem Gefangenen insbesondere durch sichere Unterbringung („äußere Sicherheit") – spricht bereits die in den (Jugend-)Strafvollzugsgesetzen meist exponiert platzierte Aufgabe an, die **Allgemeinheit vor weiteren Straftaten zu schützen**.[19] Und ganz allgemein heißt es als Grundsatz der Vollzugsgestaltung, dass „Belange von Sicherheit und Ordnung der Anstalt und der Allgemeinheit zu beachten sind".[20] Es handelt sich bei beiden Vorschriften um allgemeine Aufgabenzuweisungsnormen, jedoch nicht um Ermächtigungsnormen, die als Rechtsgrundlage für Grundrechtseingriffe dienen können.

14 Maßnahmen, die mit Beschränkungen verbunden sind, die über den bloßen Entzug der Freiheit hinausgehen, bedürfen einer **gesetzlichen Ermächtigungsgrundlage**, die Ziel, Art, Umfang und Durchführung, Voraussetzungen und Grenzen der Maßnahme hinreichend bestimmt regeln. Nach der Rechtsprechung des Bundesverfassungsgerichts sind Maßnahmen zur Aufrechterhaltung der Sicherheit oder Ordnung und die damit einhergehenden Eingriffe in die Grundrechte der Gefangenen nicht bereits mit der Verurteilung zu einer Jugend- bzw Freiheitsstrafe legitimiert. Vielmehr unterliegen alle über die bloße Freiheitsentziehung hinausgehenden Freiheitsbeschränkungen dem Vorbehalt des Gesetzes sowie dem Verhältnismäßigkeitsprinzip. Derartige Maßnahmen bedürfen mithin einer gesetzlichen Ermächtigungsgrundlage. Das BVerfG hatte sich bereits mit seinem ersten Urteil zum Strafvollzug vom 14.3.1972[21] von der früheren Rechtfertigungsfigur zur Legitimierung von Grundrechtseingriffen im Rahmen eines „besonderen Gewaltverhältnisses" expressis verbis abgewendet. Diese Aussage hat das Gericht auch seinem Urteil zur Notwendigkeit einer gesetzlichen Regelung des Jugendstrafvollzugs[22] zugrunde gelegt.

15 Auf den **Vorbehalt des Gesetzes** wird bereits im Rahmen der allgemeinen Regelungen verwiesen, in denen es heißt, dass der Gefangene nur den im Gesetz vorgesehenen Be-

---

19 § 2 S. 2 BB, BE, HB, HH, MV, RP, SH, SN; § 2 Abs. 1 JVollzGB I B-W; Art. 121 S. 1 BY; § 2 Abs. 2 HE, NW, SL; § 2 Abs. 1 S. 2 ST, TH; § 113 S. 2 NI; dass der Schutz der Allgemeinheit Teil der „Sicherheit der Anstalt" ist, spricht ausdrücklich § 3 S. 3 NI an. Zur Problematik der Vollzugsziele siehe § 1 Rn 18 ff.
20 § 3 Abs. 3 BE, HB, HH, MV, SH, SL, § 3 Abs. 2 HE, NW; § 3 Abs. 4 SN; Art. 4 iVm 122 BY: Definition, wie „Schutz der Allgemeinheit" erreicht wird.
21 BVerfGE 33, 1.
22 BVerfGE 116, 69 = ZJJ 2006, 191, 193.

schränkungen seiner Freiheit unterliegt.[23] Die Gesetze zum (Jugend-)Strafvollzug enthalten an zahlreichen Stellen **Ermächtigungsnormen** als Rechtsgrundlage für Grundrechtseingriffe zur Aufrechterhaltung der Sicherheit oder der Ordnung der Anstalt. Zu erwähnen sind:

Die sog. „**Angstklausel**": Eine subsidiäre Generalklausel, nach der dem Gefangenen neben den im Gesetz ausdrücklich vorgesehenen Beschränkungen auch solche auferlegt werden können, die zur Aufrechterhaltung der Sicherheit oder zur Abwendung einer schwerwiegenden Störung der Ordnung der Anstalt unerlässlich sind.[24] Diese Generalklausel kann nur dort zum Zuge kommen, wo der Gesetzgeber nicht bereits bereichsspezifisch abschließende Regelungen getroffen hat.[25] Ob es überhaupt einer derartigen Generalklausel bedarf, war bereits beim Strafvollzugsgesetz umstritten. Nichts anderes kann hier gelten. 16

Außerhalb des Abschnitts „Sicherheit und Ordnung" gibt es an zahlreichen Stellen **Einzelermächtigungen** zu Grundrechtseingriffen bzw Vorschriften, die die Gewährung eines Vorteils von Belangen der Sicherheit oder Ordnung abhängig machen oder diese bei entsprechender Notwendigkeit einschränken oder versagen. Ausdrücklich erwähnt werden Belange der Sicherheit und der Anstaltsordnung in folgenden Kontexten: 17

- Verlegung in den offenen Vollzug, Gewährung von Vollzugslockerungen sowie Widerruf von Vollzugslockerungen und Urlaub;
- Einschränkung der gemeinschaftlichen Unterbringung während Ausbildung, Arbeit und Freizeit, unfreiwillige gemeinschaftliche Unterbringung zur Suizidprophylaxe, Unterbringung eines Kindes in der Anstalt;
- persönlicher Gewahrsam an Sachen und Ausstattung des Haftraums, Ausschluss von Gegenständen vom Einkauf, Beschränkungen des Bezugs von Zeitschriften, beim Rundfunkempfang, beim Besitz von Gegenständen zur Freizeitbeschäftigung;
- Beschränkungen bei der Teilnahme an Gottesdiensten;
- Durchsuchung des Besuchs, Untersagung von Besuchen sowie deren Überwachung, Untersagung und Überwachung des Schriftwechsels und von Telefonaten sowie das Anhalten von Schreiben sowie die Regelungen über den Versand und das Empfangen von Paketen.

Der Abschnitt „Sicherheit und Ordnung" enthält schließlich neben allgemeinen Grundsätzen und den grundlegenden Verhaltenspflichten der Gefangenen Regelungen über die **allgemeinen und die besonderen Sicherungsmaßnahmen**. Die allgemeinen Sicherungsmaßnahmen sind Maßnahmen zur Abwendung, Eindämmung und Vorsorge 18

---

23 § 6 Abs. 1 S. 1 BE, HB, HE, MV, SH, SL, SN, ST; § 4 Abs. 3 S. 1 BB, RP, TH; § 5 Abs. 3 S. 1 HH; § 4 Abs. 2 S. 1 NW; Art. 125 Abs. 1 S. 1 BY; § 3 S. 1 NI.
24 § 6 Abs. 1 S. 2 BE, HB, HE, MV, SH, SL, SN; § 4 Abs. 3 S. 1 BB, RP, ST, TH; § 5 Abs. 3 S. 1 HH; § 4 Abs. 2 S. 1 NW; Art. 125 Abs. 1 S. 1 BY; nach § 3 S. 2 NI reicht bereits, dass die Maßnahme zur „Aufrechterhaltung von Sicherheit oder Ordnung der Anstalt *erforderlich*" ist; das ist zu weitgehend, da die Generalklausel dadurch ihren subsidiären Charakter einbüßt.
25 AK-Feest/Lesting-Bung/Feest, § 4 Rn 10; aA Schwind/Böhm/Jehle/Laubenthal-Böhm/Jehle, § 4 Rn 23; OLG Koblenz NStZ 1989, 342 m.Anm. Rotthaus; s. § 1 Rn 38.

latenter, im Strafvollzug allgemein drohender Gefahren (Gefahrenabwehrmaßnahmen).[26] Es kommt also nicht unbedingt darauf an, dass der betroffene Gefangene selbst eine Gefahrenlage geschaffen oder konkrete Anhaltspunkte für deren Vorliegen gegeben hat. Zu den allgemeinen Sicherungsmaßnahmen in den (Jugend-)Strafvollzugsgesetzen gehören:

- **Durchsuchung** (einschließlich Absuchung);[27]
- Sicherheitsverlegung („Sichere Unterbringung")
- **Erkennungsdienstliche Maßnahmen**[28],
- die Verpflichtung zum Tragen von **Lichtbildausweise** (teilweise in den Datenschutzvorschriften geregelt);[29]
- Maßnahmen zur **Feststellung des Suchtmittelkonsums**;[30]
- das vollzugliche **Festnahmerecht**.[31]
- Teilweise enthalten die (Jugend-)Strafvollzugsgesetze bzw die Justizvollzugsdatenschutzgesetze auch Ermächtigungen zum Einsatz von **Videoüberwachung**.[32] Diese Regelungen werden im Rahmen des Datenschutzteils behandelt (s.u. § 12 Datenschutz Rn 42 ff)

19 **Besondere Sicherungsmaßnahmen** erlauben der Anstalt auf konkrete Gefahren zu reagieren.[33] Wegen der mit ihnen verbundenen schweren Eingriffe in die Grundrechte der Gefangenen sind sie stets nur in Einzelfällen und unter besonderen Voraussetzungen zulässig. Die besonderen Sicherungsmaßnahmen werden abschließend aufgezählt[34]:

- Entzug und Vorenthaltung von Gegenständen
- Beobachtung des Gefangenen
- Absonderung von anderen Gefangenen (einschließlich der Einzelhaft)
- Entzug oder Beschränkung des Aufenthalts im Freien
- Unterbringung in einem besonders gesicherten Haftraum ohne gefährdende Gegenstände und
- Fesselung.

---

26 Hadeler, Besondere Sicherungsmaßnahmen im Strafvollzug, 2004, S. 135 f.
27 § 64 BE, HB, MV, NW, SH, SL; § 86 BB; § 60 Abs. 1–3 BW; Art. 91 BY; § 45 HE; § 70 HH; § 77 NI; § 84 RP; § 65 SN; § 85 ST, TH.
28 § 66 HB, MV, SH, SL; § 126 BB; § 17 JVollzDSG BE; § 31 Abs. 1 S. 2 JVollzGB I B-W; Art. 93 BY; § 71 HH; § 58 Abs. 2 HE; § 76 NW; §§ 78 NI; § 17 JVollzDSG RP; § 67 SN; § 140 ST; § 124 TH.
29 § 67 HB, MV, SH, SL; § 132 Abs. 2 BB; § 26 JVollzDSG BE; § 34 Abs. 3 und 5 JVollzGB I B-W; Art. 197 Abs. 1 S. 2 BY; § 116 Abs. 1 S. 2 HH; § 47 HE; § 99 Abs. 1 S. 2 NW; § 79 NI; § 25 JVollzDSG RP; § 68 SN; § 148 ST.
30 § 68 BE, HB, MV, SH, SL; § 88 BB; § 60 Abs. 4 BW; Art. 94 BY; § 72 HH; § 46 HE; § 16 Abs. 3 NI; § 77 NW; § 86 SN, § 69 RP, § 87 ST, TH.
31 § 69 BE, HB, MV, SH, SL; § 89 BB; § 62 BW; Art. 95 BY; § 73 HH; § 48 HE; § 80 NI; § 78 NW; § 87 RP; § 70 SN; § 88 ST, TH.
32 § 126 Abs. 2 BB; §§ 18-23 JVollzDSG BE; § 32 JVollzGB I B-W; Art. 21 a DSG BY iVm Art. 205 BY; § 44 Abs. 1 HE; § 115 HH; § 18 ff JVollzDSG RP; § 94 b SL; § 68 a SN; § 67 SH; §§ 141, 142 ST; § 124 Abs. 2 TH. Keine Regelung in HB, MV, NI, NW.
33 Hadeler, Besondere Sicherungsmaßnahmen im Strafvollzug, 2004, S. 136.
34 § 70 BE, HB, MV, SH, SL; § 90 BB; § 63 BW; Art. 96 iVm 154 BY; § 74 HH; § 49 HE; § 81 NI; § 79 NW; § 88 RP; § 71 SN; § 89 ST, TH.

Eine Zwischenstellung nehmen die Verlegung in eine sichere Anstalt[35] sowie das vollzugliche Festnahmerecht[36] ein,[37] da es sich in beiden Fällen um Reaktionen auf Störungen im Einzelfall handelt.

Neben den tatbestandlichen Zulässigkeitsvoraussetzungen, die in den genannten Rechtsgrundlagen definiert sind, ist bei allen Sicherungsmaßnahmen der **Grundsatz der Verhältnismäßigkeit** von grundlegender Bedeutung. Demnach muss die jeweilige Maßnahme zur Erreichung des vorgegebenen Zweckes geeignet sein, sie muss erforderlich (es darf keine weniger belastende Maßnahme mit gleicher Wirksamkeit geben) und sie muss zudem konkret angemessen sein, dh die Bedeutung des verfolgten Ziels in einem angemessenen Verhältnis zu den mit der Maßnahme verbundenen Belastungen und Grundrechtseingriffen stehen. Das Verhältnismäßigkeitsprinzip wird ebenfalls zu Beginn des Abschnitts „Sicherheit und Ordnung" als Grundsatz angesprochen,[38] es gilt aber über den Abschnitt hinaus für alle Maßnahmen zur Aufrechterhaltung der Sicherheit oder Ordnung. 20

Der **Abschnitt „Sicherheit und Ordnung"** ist in seiner Regelungssystematik in allen neuen Landes-Strafvollzugs- bzw Jugendstrafvollzugsgesetzen an die Systematik des Strafvollzugsgesetzes angelehnt. Die Strafvollzugsgesetze in Bayern und Niedersachsen regeln den Abschnitt „Sicherheit und Ordnung" im Rahmen des Vollzuges der Freiheitsstrafe: Das BayStVollzG und das NJVollzG verweisen in ihrem Abschnitt über den Vollzug der Jugendstrafe auf die Vorschriften zum Vollzug der Freiheitsstrafe.[39] 21

Sicherungsmaßnahmen sind strickt von Maßnahmen der Förderung/Erziehung und Behandlung sowie von den Disziplinarmaßnahmen zu unterscheiden. Sie sind präventive Maßnahmen der Gefahrenabwehr und dienen der Aufrechterhaltung von Sicherheit und Ordnung. Insbesondere ist es unzulässig, Sicherungsmaßnahmen als Disziplinierungsinstrument einzusetzen.[40] 22

III. Grundsätze

1. Grundlage für Erziehung und Förderung

Die auf dem Neuner-Entwurf basierenden Gesetze stellen dem Abschnitt zur Sicherheit und Ordnung den **Grundsatz** voran, nachdem „Sicherheit und Ordnung [...] die Grundlage des auf die Erziehung und Förderung aller Gefangenen ausgerichteten Anstaltslebens [bilden] und [...] dazu bei[tragen], dass in der Anstalt ein gewaltfreies Klima herrscht".[41] Dass das Verantwortungsbewusstsein der Gefangenen für ein ge- 23

---

[35] § 65 BE, HB, MV, SH, SL, SN; § 87 BB; § 61 BW; Art. 92 BY; § 9 HH; § 11 Abs. 1 Nr. 3 HE; § 75 NW; § 85 RP; § 66 SN; § 86 ST, TH; in NI im Rahmen der Verlegung geregelt, § 10 Abs. 1 Nr. 2.
[36] § 69 BE, HB, MV, SH, SL; § 89 BB; § 62 BW; Art. 95 BY; § 73 HH; § 48 HE; § 78 NW; § 80 NI; § 87 RP; § 70 SN; § 88 ST, TH.
[37] Schwind/Böhm/Jehle/Laubenthal-Ullenbruch, § 88 Rn 1.
[38] § 62 Abs. 2 BE, HB, MV, SH, SL; § 84 Abs. 2 BB; § 57 Abs. 2 BW; Art. 87 Abs. 2 BY; § 68 Abs. 1 HH; § 44 Abs. 2 HE; § 71 Abs. 2 NW; § 83 Abs. 2 RP; § 64 Abs. 2 SN; § 83 Abs. 2 TH; im NI nicht im Abschnitt „Sicherheit und Ordnung", sondern nur in § 4.
[39] Art. 154 BY; § 132 NI.
[40] Schwind/Böhm/Jehle/Laubenthal-Ullenbruch, § 81 Rn 8.
[41] § 62 Abs. 1 BE, HB, MV, SH; § 84 Abs. 1 BB; § 82 Abs. 1 RP; § 63 Abs. 1 SN; § 83 Abs. 1 ST, TH. Ebenso § 44 HE (das darüber hinaus ausdrücklich die an den Vollzug gerichtete Verpflichtung enthält, Ge-

ordnetes Zusammenleben zu wecken und zu fördern ist, wie dies noch § 81 Abs. 1 StVollzG zu Eingang des Abschnitts formuliert, ist nun Teil der ersten Verhaltensvorschrift geworden.[42]

24 Hingegen haben **Baden-Württemberg, Bayern und Niedersachsen** sich an der Formulierung des § 81 Abs. 1 StVollzG orientiert, nachdem „das Verantwortungsbewusstsein der Gefangenen für ein geordnetes Zusammenleben in der Anstalt [...] zu wecken und zu fördern [ist]."[43]

25 Der Grundsatz in der modernen Fassung der Neuner-Gruppe spiegelt das eingangs geschilderte, **am Vollzugsziel auszurichtende Verständnis von Sicherheit und Ordnung** ausdrücklich wieder. Er stellt damit deutlicher noch als § 81 Abs. 1 StVollzG heraus, dass sich Ausrichtung und Inhalt von Sicherheit und Ordnung am Vollzugsziel zu orientieren haben und von diesem bestimmt werden. Sehr zu begrüßen ist, dass die Herstellung eines „gewaltfreien Klimas" angesprochen und damit zu einem Bestandteil von Sicherheit und Ordnung gemacht wird. Damit wird der Erkenntnis entsprochen, dass Sicherheit und Ordnung ein ganzheitliches Anliegen sind, dessen Erreichung sich nicht auf die im Abschnitt folgenden, repressiv-instrumentellen Maßnahmen beschränkt, sondern dass vielmehr auch „weiche" Faktoren iSd o.g. sozialen Sicherheit maßgebliche Bedeutung für die Vorbeugung von Konflikten und Gewalthandlungen entfalten können.

26 Der Grundsatz in der Fassung der Neuner-Gruppe enthält (noch) keinen bestimmten Adressaten, der als Primärverantwortlicher für die Herstellung und Aufrechterhaltung von Sicherheit und Ordnung angesprochen wird, sondern ist insofern **neutral formuliert**. Diese Fassung ist zu begrüßen, denn sie fokussiert nicht auf einen bestimmten Aspekt als Gefahr für die Sicherheit und das geordnete Zusammenleben in der Anstalt und lenkt damit auch nicht von dem Zusammenspiel der verschiedenen Faktoren und Verantwortungsbereiche ab. Insbesondere wird die Verantwortung für das geordnete Zusammenleben und die Sicherheit nicht ausschließlich oder in erster Linie den Gefangenen zugeschoben. Zwar wird mit der ersten Verhaltensvorschrift die Mitverantwortung der Gefangenen für das geordnete Zusammenleben ausdrücklich benannt und eingefordert, bewusst ist in dieser aber von „Mitverantwortung" die Rede, so dass der Einfluss anderer Faktoren und die Mitverantwortung von Bediensteten und Vollzugsleitung ohne ausdrückliche Erwähnung ebenfalls angesprochen sind.

27 Mit seinem Bezug auf Erziehung und Förderung bringt der Grundsatz außerdem zur Geltung, dass dieses nur in einer **angstfreien Atmosphäre** erfolgversprechend stattfinden kann. Wer sich beständig vor Übergriffen fürchten muss und seine physische, seelische und personale Integrität bedroht sieht, kann sich gegenüber Förderangeboten nicht öffnen und ist für Lerninhalte kaum aufnahmefähig.

---

fangene vor wechselseitigen Übergriffen zu schützen", § 63 SN; ähnlich: § 71 NW; § 44 HE, das eine Kombination beider Varianten voranstellt.
42 § 63 Abs. 1 BE, HB, MV, SH, SL; § 85 Abs. 1 BB; § 83 Abs. 1 RP; § 64 Abs. 1 SN; § 84 Abs. 1 ST, TH.
43 § 57 Abs. 1 BW; Art. 87 Abs. 1 iVm Art. 154 BY; § 74 NI. Ähnlich § § 72 Abs. 1 NW.

Auch soweit andere Bundesländer sich an § 81 Abs. 1 StVollzG orientieren oder keinen Grundsatz zur Sicherheit und Ordnung formulieren, kann sich die Rechtslage vor dem Hintergrund der verfassungsrechtlichen Rechtsprechung nicht anders darstellen.

2. Verhältnismäßigkeitsgrundsatz

Weiterhin wird dem Abschnitt „Sicherheit und Ordnung" eine besondere Ausformulierung des **Verhältnismäßigkeitsgrundsatzes** vorangestellt. Demnach sind die den Gefangenen zur Aufrechterhaltung von Sicherheit und Ordnung auferlegten Pflichten so zu wählen, dass sie in einem angemessenem Verhältnis zu ihrem Zweck stehen und den Gefangenen nicht mehr und nicht länger als notwendig beeinträchtigen (entspricht § 81 Abs. 2 StVollzG)[44]. 28

Nach dem Verhältnismäßigkeitsgrundsatz muss die Maßnahme zunächst überhaupt geeignet sein, die betreffende Gefahr abzuwenden, sie zu verringern oder ihr vorzubeugen oder die Folgen einer schon eingetretenen Störung zu begrenzen.[45] Maßnahmen, die eigentlich andere Ziele als die Abwehr einer Gefahr oder als die Gefahrenvorsorge verfolgen, sind schon deshalb nicht als Sicherungsmaßnahme zu rechtfertigen und rechtswidrig, wenn sie auf keine andere Rechtsgrundlage gestützt werden können.

Die Maßnahme muss weiterhin **erforderlich** sein, dh es darf keine – nach Einschätzung der Anstalt – gleich wirksame und erreichbare Maßnahme geben, die mit weniger Belastungen für die Betroffenen verbunden ist. Gibt es derartige mildere Maßnahmen, sind diese zu ergreifen. Ebenso ist stets zu überprüfen, ob Umfang, Dauer und die Art und Weise der Durchführung der Maßnahme erforderlich sind. So kann es bspw unverhältnismäßig sein, regelmäßige Drogenkontrollen bei allen Gefangenen anzuordnen, wenn die Anstalt nicht unter einer besonders gravierenden Drogenproblematik leidet. Ebenso ist es unverhältnismäßig, weil nicht erforderlich, wenn der Gefangene seine Urinprobe unbekleidet unter Aufsicht eines Bediensteten abgeben soll, weil es in der Regel für den Ausschluss von Manipulationen ausreicht, dass der Gefangene die Probe bspw unbekleidet, aber ohne direkte Aufsicht in einem leeren Raum abgibt (siehe u. Rn 133). 29

Bei der Entscheidung, wem die Anstalt eine Maßnahme zur Abwehr einer Gefahr für die Sicherheit oder zur Aufrechterhaltung der Ordnung auferlegt, steht ihr zwar ein Auswahlermessen zu, doch muss sich diese regelmäßig **gegen den Störer** richten. Die Erforderlichkeit der Maßnahme ist nicht gegeben, wenn die Maßnahme gegen einen Nichtstörer gerichtet wird, obwohl auch eine gegen diesen gerichtete Maßnahme erfolgversprechend gewesen wäre.[46]

Schließlich ist zu prüfen, ob die als erforderliche erachtete Maßnahme **in einem angemessenen Verhältnis** zu den von ihr ausgelösten Belastungen steht (Verhältnismäßigkeit im engeren Sinne). Die Verhältnismäßigkeit ieS ist verletzt, wenn die mit der 30

---

44 § 62 Abs. 2 BE, HB, MV, SH, SL; § 84 Abs. 2 BB; § 57 Abs. 2 BW; Art. 87 Abs. 2 BY; § 68 Abs. 1 HH; § 44 Abs. 2 HE; § 71 Abs. 2 NW; § 82 Abs. 2 RP; § 64 Abs. 2 SN; § 83 Abs. 2 ST, TH; im NI nicht im Abschnitt „Sicherheit und Ordnung", sondern nur in § 4.
45 Laubenthal/Nester/Neubacher/Verrel-Verrel, Abschn. M Rn 8.
46 BVerfG StV 2011, 35; OLG Hamm NStZ 2013, 359 Rn 8.

Maßnahme verbundenen Belastungen so schwerwiegend sind, dass auch eine Erreichung des Ziels diese nicht mehr rechtfertigen kann. In die Abwägung ist demnach auf der einen Seite die Bedeutung des zu erreichenden Ziels und die Erfolgswahrscheinlichkeit einzustellen, auf der anderen Seite sind die Belastungen zu berücksichtigen, die dem einzelnen Gefangenen aufgebürdet werden. Dabei ist stets auf die individuelle Bedeutung der Belastungen für den Einzelnen abzustellen. So ist bspw die besondere Strafempfindlichkeit und Verletzlichkeit junger Gefangener zu beachten. Diese kann dazu führen, dass Maßnahmen, die bei älteren Gefangenen zulässig sind, bei jüngeren Gefangenen rechtswidrig sind oder schon nach kürzerer Dauer rechtswidrig werden.

31 Bei der Prüfung ist auch **das rechtlich geschützte Vertrauen** in einmal erworbene Rechtspositionen zu berücksichtigen, etwa wenn Gefangenen aufgrund einer allgemeinen Neubewertung der Sicherheitslage Gegenstände oder vorteilhafte Positionen wieder entzogen werden sollen, ohne dass diese selbst dazu durch Missbrauch Anlass gegeben hätten.[47]

32 Aus dem Verhältnismäßigkeitsprinzip ergibt sich auch ein **Subsidiaritätsverhältnis** zwischen Behandlungsmaßnahmen und Maßnahmen der Bewusstseinsbildung einerseits und der Auferlegung von Pflichten und Beschränkungen andererseits. Beim StVollzG wurde dieses auch aus der Regelungsreihenfolge des § 81 abgeleitet (in Abs. 1 werden zunächst das Wecken und Fördern des Bewusstseins der Gefangenen für das geordnete Zusammenleben angesprochen und erst im 2. Absatz die Auferlegung von Pflichten und Beschränkungen): Bevor den Gefangenen Pflichten und Beschränkungen auferlegt werden und damit in ihre Grundrechte eingegriffen wird, muss versucht werden, ob das Anliegen nicht auf der Ebene der Bewusstseinsbildung und durch Behandlungsmaßnahmen erreicht werden kann. Nur wenn dies nicht möglich ist, gibt es eine Zulässigkeit für die Auferlegung von Pflichten und Beschränkungen.[48]

33 Auch wenn die Regelungssystematik der auf dem Neuner-Entwurf basierenden Gesetze hier abweicht, besteht dieses Subsidiaritätsverhältnis gleichwohl, da es selbstverständliche Folge des Verhältnismäßigkeitsgrundsatzes ist. Es gilt im Übrigen nicht nur für Maßnahmen, die auf eine entsprechende Bewusstseinsausbildung abzielen, sondern für alle Arten von Maßnahmen, die die Sicherheit in der Anstalt zu verbessern oder das geordnete Zusammenleben zu erreichen suchen.

34 Das **Niedersächsische Justizvollzugsgesetz** enthält eine Ausformulierung des Verhältnismäßigkeitsgrundsatzes bei den allgemeinen Vorschriften (§ 4), der natürlich auch für die Sicherungsmaßnahmen gilt. Wegen der Hinweisfunktion wäre es wünschenswert, diesen Grundsatz auch im Rahmen der Sicherungsmaßnahmen hervorzuheben.

35 Voraussetzung für die Anordnung einer allgemeinen oder besonderen Sicherungsmaßnahme ist das Vorliegen einer **konkreten Gefahr oder eine tatsächliche Gefahrenlage** für die sog. innere oder äußere Sicherheit oder für das geordnete Zusammenle-

---

[47] BVerfG NStZ 1996, 252; 1994, 100; ZfStrVo 1995, 50; dagegen OLG Hamm NStZ 96, 253.
[48] Schwind/Böhm/Jehle/Laubenthal-Ullenbruch, § 81 Rn 7.

ben in der Anstalt.⁴⁹ Dementsprechend müssen Tatsachen vorliegen, die befürchten lassen, dass es zu Beeinträchtigungen der Sicherheit oder Ordnung kommt. Allgemeine Befürchtungen genügen hierzu nicht.⁵⁰

Pflichten der Gefangenen können sich entweder unmittelbar aus dem Gesetz ergeben (bspw durch die in diesem Abschnitt geregelten Handlungspflichten) oder aufgrund des Gesetzes auferlegt werden (bspw durch die Hausordnung).⁵¹ Schuldhafte Pflichtverletzungen können durch erzieherische Maßnahmen oder Disziplinarmaßnahmen sanktioniert werden. 36

Mit Beschränkungen sind die allgemeinen und besonderen Sicherungsmaßnahmen gemeint.⁵²

IV. Verhaltensvorschriften

In den Gesetzen zum Jugendstrafvollzug werden sechs allgemeine Verhaltenspflichten statuiert: 37

1. Mitverantwortung

Als erstes wird in den Verhaltensvorschriften festgestellt, dass die Gefangenen für das geordnete Zusammenleben in der Anstalt mitverantwortlich sind und mit ihrem Verhalten **zu einem geordneten Zusammenleben beitragen** müssen.⁵³ Ihr Bewusstsein für diese Tatsache soll entwickelt und gestärkt werden.⁵⁴ Diese Vorschrift beinhaltet drei Aussagen: 1. die deklaratorische Feststellung der Mitverantwortung der Gefangenen für das geordnete Zusammenleben, 2. die an den Gefangenen adressierte Verhaltensvorschrift, durch das eigene Verhalten zu einem geordneten Zusammenleben beizutragen und 3. der an den Vollzug gerichtete Auftrag, das Verantwortungsbewusstsein der Gefangenen für ein geordnetes Zusammenleben zu entwickeln und zu stärken. 38

a) Die Feststellung, dass auch die Gefangenen Verantwortung für das geordnete Zusammenleben in der Anstalt tragen, ist deklaratorischer Natur. Hier ist zunächst eine Selbstverständlichkeit formuliert worden. Denn auch das StVollzG, das ein solches Postulat nicht expressis verbis enthält, und der bisherige Jugendstrafvollzug gingen davon aus, dass Gefangene (mit-)verantwortlich für ein geordnetes Leben in der Anstalt sind und sich entsprechend zu verhalten haben. Nur deshalb ist es ja möglich und zulässig, die Gefangenen bspw mit Disziplinarmaßnahmen bei Verstößen gegen entsprechende Verhaltensregeln zu belegen. Dass aber dennoch die Notwendigkeit gesehen wurde, die Verantwortung der Gefangenen ausdrücklich zu erwähnen, ent- 39

---

49 OLG Hamm Forum Strafvollzug 2011, 53; Laubenthal/Nestler/Neubacher/Verrel-Verrel, Abschn. M Rn 2.
50 Schwind/Böhm/Jehle/Laubenthal-Ullenbruch, § 81 Rn 7.
51 Schwind/Böhm/Jehle/Laubenthal-Ullenbruch, § 81 Rn 8.
52 Schwind/Böhm/Jehle/Laubenthal-Ullenbruch, § 81 Rn 8.
53 Die Formulierung, dass der Gefangene „mit seinem Verhalten das geordnete Zusammenlegen nicht stören darf", wird verwendet in § 58 Abs. 1 S. 2 BW; Art. 88 Abs. 1 S. 2 BY; § 45 Abs. 3 S. 2 HE; § 75 Abs. 2 S. 3 NI; § 72 Abs. 1 S. 2 NW mit unangebracht überschießender Tendenz, wenn in dem folgenden S. 4 gefordert wird, dass den Gefangenen deutlich gemacht werden soll, dass Verstöße gegen Verhaltensvorschriften nicht geduldet und auf strafbares Verhalten entschieden reagiert würde; derartige Direktiven erschweren eine sachliche Auseinandersetzung mit den für Gefängnisse typischen Konflikten.
54 § 63 Abs. 1 BE, HB, MV, SH, SL; § 85 Abs. 1 BB; § 57 BW; Art. 87 Abs. 1 BY; § 44 Abs. 1 HE; § 74 Abs. 1 NI; § 83 Abs. 1 RP; § 64 Abs. 1 SN; § 84 Abs. 1 ST, TH.

spricht dem kriminalpolitischen Zeitgeist. Offensichtlich soll hier auch eine deklaratorische Entlastung für die Bediensteten bzw das Vollzugssystem geschaffen werden, wenn in der Begründung formuliert wird: „Damit wird klargestellt, dass [...] ein geordnetes Zusammenleben nicht allein von außen durch die Bediensteten hergestellt werden kann."

40 Zu warnen ist vor einem Verständnis, das hierüber die vollzuglichen Determinanten und damit auch die Verantwortlichkeit der Vollzugsbehörden, der Anstaltsleitung und der Bediensteten ausblendet. Angesichts der real existierenden Machtverhältnisse im Vollzug hat es durchaus etwas irreal anmutendes, wenn gesetzlich vor allem die Verantwortung der Gefangenen für ein geordnetes Zusammenleben herausgestellt wird. Immerhin spricht der Satz von *Mitverantwortung* und zeigt damit, dass auf Seiten der Anstalt die primäre Verantwortlichkeit für die für ein geordnetes Zusammenleben förderlichen Rahmenbedingungen besteht.

41 b) Die Gefangenen müssen mit ihrem Verhalten zu einem geordneten Zusammenleben beitragen. Dieser Satzteil entspricht § 82 Abs. 1 S. 2 StVollzG, ist aber unbestimmter formuliert: heißt es dort, dass der Gefangene durch sein Verhalten gegenüber Bediensteten, Mitgefangenen und anderen Personen das geordnete Zusammenleben nicht stören darf, wird hier sprachlich die Gesamtheit der Gefangenen angesprochen, die durch ihr Verhalten zum geordneten Zusammenleben beitragen soll.

42 Inhaltlich kann nur gemeint sein, dass der Gefangene **Störungen zu unterlassen hat**. Eine darüber hinausgehende Auslegung, die von ihm etwa positive Beiträge zu einem geordneten Zusammenleben im Sinne atmosphärischer Verbesserungen usw verlangt, wäre zu unbestimmt und verstieße gegen das – verfassungsrechtliche begründete – Bestimmtheitsgebot. Denn aus der Vorschrift selbst könnte für den Gefangenen nicht erkennbar herausgelesen werden, was von ihm im Einzelnen verlangt wird. So kann es hier nur darum gehen, Handlungen zu unterlassen, die Persönlichkeitsbereiche anderer und die Abläufe in der Anstalt nachhaltig stören.

43 Die Vorgabe bezieht sich – nun im Wortlaut deutlicher zur Geltung gebracht – auf Störungen des geordneten Zusammenlebens in der Anstalt. Schutzgut ist demnach ausdrücklich nicht das Zusammenleben an anderen Stellen oder in anderen Anstalten als der, in der der Gefangene einsitzt.[55] Für Störungen des geordneten Zusammenlebens kann der Gefangene nur verantwortlich gemacht werden, wenn die Störung von ihm ausgeht.[56]

44 **Beispiele aus der Rechtsprechung:** Störung alltäglicher Vollzugsabläufe durch mangelhafte/ unhygienische Kleidung bei der Essensausgabe,[57] Störung durch parteipolitische Tätigkeit,[58] Störung durch geschäftsmäßige Rechtsberatung,[59] jedoch keine Störung bei durch eine gefälligkeitshalber von einem Mitgefangenen aufgesetzte Strafanzeige,[60] keine Störung durch einfache, auch im Leben in Freiheit vorkommende verbale Auseinandersetzungen,[61] zur Störung

---

55 Schwind/Böhm/Jehle/Laubenthal-Ullenbruch, § 82 Rn 3.
56 Schwind/Böhm/Jehle/Laubenthal-Ullenbruch, § 82 Rn 3 mwN.
57 OLG Frankfurt aM, LS BlStV 2/1984, 6.
58 LG Regensburg NStZ 1986, 478.
59 BVerfG NStZ 1998, 103.
60 BVerfG NJW 2011, 2348.
61 OLG Hamm, Beschl. v. 9.9.2014, III-1 Vollz (Ws) 356/14, 1 Vollz (Ws) 356/14.

durch Drogenkonsum s.u. Rn 146 ff; Störung durch beleidigende Äußerungen und Berücksichtigung des Grundrechts auf freie Meinungsäußerung.[62]

c) Wieder an den Vollzug adressiert ist der Satz, nach dem das Verantwortungsbewusstsein der Gefangenen für ein geordnetes Zusammenleben zu entwickeln und zu stärken ist. Die hiermit gemeinte erzieherisch-fördernde Arbeit mit den Gefangenen hat im Sinne des Subsidiaritätsprinzips Vorrang vor repressiven Beschränkungen oder Disziplinierungen. Der vom StVollzG leicht abweichende Wortlaut (dort ist das Bewusstsein „zu wecken und zu fördern", hier „zu entwickeln und zu stärken") deutet darauf hin, dass hier eher ein pädagogisch-prozesshaftes Verständnis zugrunde liegt sowie offensichtlich davon ausgegangen wird, dass ein derartiges Selbstbewusstsein den Gefangenen prinzipiell gegeben ist, es aber weiter entwickelt und – gerade unter den besonderen Bedingungen des Vollzugs – gestärkt werden soll. 45

2. Tageseinteilung

Die Gefangenen haben sich nach der **vorgegebenen Tageseinteilung der Anstalt** zu richten.[63] Die Einteilung erfolgt üblicherweise in die Zeitphasen der Arbeitszeit, der Freizeit und der Ruhezeit. Die Einteilung der Tageszeiten muss durch die Hausordnung festgesetzt werden.[64] Für den Gefangenen entstehen dadurch insbesondere die Pflichten, die Arbeitszeit einzuhalten, also pünktlich zum Arbeitsbeginn zu erscheinen und sich nicht vorzeitig von der Arbeit zu entfernen, sowie die Beachtung der Ruhezeit. Während der Ruhezeit hat er Störungen insbesondere durch Lärm zu unterlassen. Ein Verbot, ohne Störung anderer in der Ruhezeit zu lesen oder fernzusehen, lässt sich aus der Tageseinteilung nicht ableiten.[65] 46

Beispiele aus der Rechtsprechung: Gefangene darf in seinem (Einzel-)Haftraum Licht anhaben und Lesen.[66]

3. Gehorsampflicht

Die Gefangenen **müssen die Anordnungen der Bediensteten befolgen**, auch wenn sie sich durch diese beschwert fühlen.[67] 47

Die Gehorsamspflicht ist keine eigenständige Rechtsgrundlage für Anordnungen, sie schafft also keine rechtliche Legitimation für Anordnungen, sondern setzt die Rechtmäßigkeit der Anordnung vielmehr voraus:[68] Die Pflicht zum Gehorsam besteht nur gegenüber rechtmäßigen Anordnungen; gegenüber rechtswidrigen Anordnungen besteht sie nicht. Die Voraussetzungen der Rechtmäßigkeit ergeben sich aus den allgemeinen Regelungen (tatsächliche Gefahrenlage, Verhältnismäßigkeit; s.o. Rn 28) so-

---

62 BVerfG NJW 1995, 383 und NJW 1995, 1016.
63 § 63 Abs. 2 BE, HB, MV, SL, SH; § 58 Abs. 1 S. 1 BW; Art. 88 Abs. 1 S. 1 BY; § 44 Abs. 3 HE; § 68 Abs. 2 Nr. 1 HH; § 75 Abs. 2 NI; § 72 Abs. 1 NW; § 84 Abs. 2 ST; nicht normiert: BB, RP, SN, TH.
64 Schwind/Böhm/Jehle/Laubenthal-Ullenbruch, § 82 Rn 2; Laubenthal/Nester/Neubacher/Verrel-Verrel, Abschn. M Rn 10.
65 Laubenthal/Nester/Neubacher/Verrel-Verrel, Abschn. M Rn 10.
66 OLG Celle NStZ 1981, 238.
67 § 63 Abs. 3 BE, HB, MV, SH, SL; § 85 Abs. 2 BB; § 58 Abs. 2 BW; Art. 88 Abs. 2 BY; § 68 Abs. 2 Nr. 3 HH; § 44 Abs. 4 HE; § 75 Abs. 1 NI; § 72 Abs. 2 NW; § 83 Abs. 2 RP; § 64 Abs. 2 SN; § 84 Abs. 2 ST, TH.
68 OLG Frankfurt aM NStZ-RR 2014, 30; NStZ-RR 2004, 157; NStZ 1992, 377; Schwind/Böhm/Jehle/Laubenthal-Ullenbruch, § 82 Rn 4; AK-Feest/Lesting-Feest/Köhne, § 82 Rn 8; Laubenthal/Nester/Neubacher/Verrel-Verrel, Abschn. M Rn 13.

wie aus den besonderen Regelungen der Ländergesetze – jede Anordnung muss sich also unter eine der Ermächtigungsvorschriften subsumieren lassen.[69] Findet sich keine ausdrückliche Rechtsgrundlage, kommt allenfalls eine Rechtfertigung über die allgemeine Generalklausel („Angstklausel", s.o. Rn 16) infrage:[70] die Anordnung muss also unerlässlich zur Aufrechterhaltung der Sicherheit oder zur Abwendung einer schwerwiegenden Störung der Anstaltsordnung sein.[71]

48 Für die Wirkung der Anordnung hat **Inhalt, Ton und Begründung** eine große Bedeutung. So zitiert der 1. Teilbericht der *Werthebach-Kommission* Aussagen von Gefangenen auf die Frage, welche Faktoren Gewalttätigkeiten auslösen oder begünstigen, u.a. dass es „sauberer, eindeutiger Entscheidungen" bedürfe, sonst entstehe „Hass".[72] Aber es kommt nicht nur auf eine „klare Ansage" im Sinne einer inhaltlich präzisen Vorgabe an, sondern mindestens ebenso auf den Ton („Wie man in den Wald hereinruft, so schallt es heraus."). Deshalb sollten Aufforderungen den allgemeinen Umgangsformen entsprechend zwar bestimmt, aber freundlich und unter Beachtung der im Leben außerhalb üblichen und zu erwartenden Höflichkeitsformen als Bitte formuliert werden. Eine durch Befehle und unangebrachtes Autoritätsgehabe geprägte Atmosphäre ist zu vermeiden(siehe Vorbem. Rn 27).

49 Entsprechend den Allgemeinen Vorschriften („Vollzugsmaßnahmen sollen den Gefangenen erläutert werden"[73]) müssen Anordnungen **in der Regel immer begründet** werden. Dabei geht es nicht nur um Erläuterungen, welche die ausgesprochenen Erwartungen präzisieren, sondern vor allem auch um Begründungen über den Sinn und die Erforderlichkeit der Anordnung.

50 **Beispiele aus der Rechtsprechung:**[74] Anordnung sich wiegen zu lassen;[75] zur Abgabe von Urinproben zwecks Drogenkontrollen s.u. Rn 153; Urinkontrolle bei Lockerung;[76] Gefangener muss zur Belehrung über gesundheitliche Folgen des Medikamentenmissbrauchs beim Arzt erscheinen;[77] rechtswidrig ist die Anordnung zur Vorbereitung einer Vorführung vor Gericht im Rahmen einer Entscheidung über die Aussetzung der Vollstreckung eines Strafrestes, wenn der Gefangene an der Verhandlung nicht teilnehmen will. Er ist nicht verpflichtet, sondern hat nach § 454 Abs. 1 S. 3 StPO ein Recht zur Teilnahme.[78] Die Gehorsamspflicht ist keine Rechtsgrundlage für eine zwangsweise Vorführung zur Anstaltsleitung, um ein Gespräch über die außerhalb der Anstalt gelagerte Habe des Gefangenen zu führen.[79] Verweigerung einer Zustimmung (hier: zur Verlegung) ist keine Verletzung der Gehorsamspflicht.[80]

---

69 Schwind/Böhm/Jehle/Laubenthal-Ullenbruch, § 82 Rn 4; AK-Feest/Lesting-Feest/Köhne, § 82 Rn 8.
70 AK-Feest/Lesting-Feest/Köhne, § 82 Rn 8.
71 Nach § 3 S. 2 NI reicht bereits, dass die Maßnahme zur „Aufrechterhaltung von Sicherheit und Ordnung der Anstalt erforderlich" ist; das ist zu weitgehend, da die Generalklausel dadurch ihren subsidiären Charakter einbüßt.
72 Werthebach et.al., 1. TB, S. 25.
73 § 6 Abs. 2 BE, HB, HE, MV, SH, SL SN; § 4 Abs. 2 BB, RP, ST, TH; Art. 125 Abs. 2 BY; § 5 Abs. 4 HH; § 2 Abs. 3 NW; keine Regelung: BW, NI.
74 Weitere Beispiele bei Schwind/Böhm/Jehle/Laubenthal-Ullenbruch, § 82 Rn 4.
75 LG Regensburg ZfStrVo 1992, 70,71.
76 LG Freiburg NStZ 1988, 151 = ZfStrVo 1988, 365 und LG Kleve NStZ 1989, 48.
77 OLG Nürnberg NStZ 2002, 530 = ZfStrVo 2002, 179.
78 OLG Celle NStZ 1994, 205 = StV 1994, 442.
79 OLG Frankfurt aM NStZ-RR 2014, 30.
80 BVerfG StV 2014, 351 Rn 4.

4. Bereichszuweisung, Aufenthaltspflicht

Gefangene dürfen **räumliche Bereiche nicht ohne Erlaubnis verlassen**, die ihnen zugewiesen worden sind.[81] Die Vorschrift dient dazu, die innere Sicherheit in der Anstalt bzw im Vollzug zu gewährleisten, indem den Bediensteten die Möglichkeit verschafft wird, einen Überblick über die Anwesenheit zu behalten. Es handelt sich mithin um ein wichtiges Instrument zur Ausübung der Kontrolle in der Anstalt.[82] Die Pflicht zur Platzgebundenheit ist insbesondere in Anstalten mit herabgesetzten baulichen Sicherungen von Bedeutung, da dort die Anwesenheit oft nicht alleine durch technische Vorkehrungen sichergestellt werden kann. 51

Die Pflicht, die Platzgebundenheit einzuhalten, erstreckt sich nicht nur auf die Vollzugsanstalt, sondern **kann sich auch auf andere Orte beziehen**, in denen sich der Gefangene im Rahmen des Strafvollzuges aufhält,[83] bspw ein zugewiesener Arbeitsplatz außerhalb der Anstalt.[84] Der zum StVollzG geführte Streit,[85] ob durch die Aufenthaltspflicht auch das Entweichen aus der Anstalt bzw dem Vollzug verboten wird und damit mit Disziplinarmaßnahmen sanktionierbar ist, hat dadurch an Bedeutung verloren, dass Flucht und Fluchtversuch nun ausdrücklich als Disziplinartatbestand aufgeführt werden (vgl § 10 Rn 69). Aus der Zielrichtung dieser Verhaltensregel, nämlich dass die Sicherheit *in* der Anstalt gewährleistet werden soll, folgt zugleich, dass das **gewaltlose Entweichen aus der Anstalt kein Verstoß** gegen diese Vorschrift darstellt und mithin auch nicht aus *diesem* Grunde disziplinarrechtlich geahndet werden kann.[86] 52

Der dem Gefangenen zugewiesene Bereich kann **unterschiedlich groß** sein. Dies richtet sich nach den baulichen Gegebenheiten der Anstalt sowie dem Bewegungsradius, der dem Gefangenen im Rahmen des Vollzugskonzeptes zugebilligt werden soll, und variiert je nach Tageszeiteinteilung und Tätigkeit. 53

Schon wegen des Verhältnismäßigkeitsgrundsatzes, aber auch wegen des Angleichungsgrundsatzes[87] gilt, dass die dem Gefangenen zugebilligten Bewegungsräume **so groß wie möglich** sein sollten. Je kleinteiliger die Räume gemacht werden, desto höher sind die Anforderungen an die Notwendigkeit dieser Beschränkung. Eine sehr kleinteilige Platzzuweisung kann leicht als Gängelung empfunden werden und entsprechenden Widerstand erzeugen. Ein Verstoß liegt bspw vor, wenn der Gefangene entgegen einer ausdrücklichen Weisung sich in der Zelle eines Mithäftlings aufhält.[88] 54

---

81 § 63 Abs. 3 BE, HB, MV, SH, SL; § 58 Abs. 2 BW; Art. 88 Abs. 2 BY; § 68 Abs. 2 Nr. 4 HH; § 45 Abs. 4 HE; § 72 Abs. 2 NW; § 64 Abs. 3 SN. Nicht geregelt: BB, RP, ST, TH, da die Zuweisung eines Bereiches aber auch unter dem Begriff der Anordnung subsumiert werden kann, ergibt sich insofern keine Regelungslücke.
82 Schwind/Böhm/Jehle/Laubenthal-Ullenbruch, § 82 Rn 5.
83 AK-Feest/Lesting-Feest/Köhne, § 82 Rn 9.
84 OLG Hamm NStZ 1988, 296 = StV 1989, 44 = ZfStrVo 1988, 316 = MDR 1988, 697.
85 Siehe zum Streitstand auf der Grundlage des § 82 Abs. 2 StVollzG AK-Feest/Lesting-Feest/Köhne, § 82 Rn 10.
86 Schwind/Böhm/Jehle/Laubenthal-Ullenbruch, § 82 Rn 5.
87 AK-Feest/Lesting-Feest/Köhne, § 82 Rn 9.
88 OLG Frankfurt ZfStrVo 1987, 251; Schwind/Böhm/Jehle/Laubenthal-Ullenbruch, § 82 Rn 5.

5. Pflegliche Behandlung des Haftraums und von Anstaltssachen

55 Die Gefangenen haben ihren Haftraum und die ihnen **überlassenen Gegenstände in Ordnung zu halten** und schonend zu behandeln.[89] Gegenstand dieser Vorschrift ist der Schutz des Anstaltseigentums – des Haftraumes selbst sowie der überlassenen Sachen – vor Sachbeschädigungen und unnötiger Abnutzung. Die Pflicht, seinen Haftraum in Ordnung zu halten, ist keine Rechtsgrundlage, um von den Gefangenen eine militärähnliche Spindordnung zu verlangen. Allein ein unaufgeräumter Zustand des Haftraumes begründet keine Verletzung dieser Verhaltenspflicht – vielmehr geht es hier um den Schutz vor Sachbeschädigungen, also um Substanzbeschädigungen oder nur mit Aufwand zu behebende Verschandelungen. Eine unaufgeräumte Zelle kann nur dann eine Gefahr für die Anstaltssicherheit oder Anstaltsordnung sein, wenn bspw der Besitz unerlaubter Gegenstände kaschiert werden könnte oder – durch Ausrutschen oder Stolpern – Verletzungsgefahr besteht. Der Haftraum ist der privateste Lebensraum, der den Gefangenen in der Anstalt verbleibt. Daher ist ihm grundsätzlich eine individuelle Ausgestaltung des Haftraums zu ermöglichen (vgl § 3 Rn 21).

6. Meldepflicht

56 Umstände, die eine Gefahr für das Leben oder eine erhebliche Gefahr für die Gesundheit einer Person bedeuten, **müssen die Gefangenen unverzüglich melden**[90]. Die vollzugsrechtliche Meldepflicht geht über die Melde- und Beistandspflichten des allgemeinen Rechts hinaus (§§ 138 [Nichtanzeige einer geplanten Straftat], 323 c [Unterlassene Hilfeleistung] StGB).[91] Es muss stets eine konkrete Gefahrenlage vorliegen. Eine HIV-Infektion eines Mitgefangenen ist nur zu melden, wenn von diesem aufgrund besonderer Umstände eine konkrete Gefährdung anderer ausgeht.[92]

57 Die Meldepflicht bezieht sich nur auf **Umstände, die die genannten Gefahren begründen**. Eine geplante oder bevorstehende einfache Flucht löst deshalb keine Meldepflicht aus;[93] auch nicht jede Art von drohender Körperverletzung, da bezüglich der Gefahren für die Gesundheit eine qualitativ gesteigerte Gefahr verlangt wird: Eine erhebliche Gefahr für die Gesundheit ist gegeben, wenn aufgrund konkreter Umstände eine alsbaldige, außergewöhnlich schwerwiegende Gesundheitsschädigung zu befürchten ist.

Die Meldung muss **unverzüglich** erfolgen, dh ohne schuldhaftes Zögern, also bei der nächsten sich bietenden Gelegenheit.

Hessen verlangt über die Meldung der genannten konkreten Gefahren die Meldung „erheblicher Störungen der Sicherheit oder Ordnung der Anstalt". Diese Forderung ist zu weitgehend und auch wegen der Unbestimmtheit kaum zu realisieren.[94]

---

[89] § 63 Abs. 4 BE, HB, MV, SH, SL; § 85 Abs. 3 BB; § 58 Abs. 3 BW; Art. 88 Abs. 3 BY; § 68 Abs. 2 Nr. 5 HH; § 44 Abs. 5 HE; § 75 Abs. 3 NI; § 72 Abs. 3 NW; § 83 Abs. 3 RP; § 64 Abs. 3 SN; § 84 Abs. 3 ST, TH.
[90] § 63 Abs. 5 BE, HB, MV, SH, SL; § 85 Abs. 4 BB; § 58 Abs. 4 BW; Art. 88 Abs. 4 BY; § 68 Abs. 2 Nr. 6 HH; § 44 Abs. 6 HE; § 75 Abs. 4 NI; § 72 Abs. 4 NW; § 83 Abs. 4 RP; § 64 Abs. 4 SN; § 84 Abs. 4 ST, TH.
[91] Schwind/Böhm/Jehle/Laubenthal-Ullenbruch, § 82 Rn 7; AK-Feest/Lesting-Feest/Köhne, § 82 Rn 4; Hadeler in: Ostendorf, Untersuchungshaft und Abschiebehaft, § 7 Rn 26.
[92] AK-Feest/Lesting-Feest/Köhne, § 82 Rn 12.
[93] AK-Feest/Lesting-Feest/Köhne, § 82 Rn 12.
[94] Laubenthal/Nester/Neubacher/Verrel-Verrel, Abschn. M Rn 17.

Liegt eine Gefahr für das Leben oder eine erhebliche Gefahr für die Gesundheit vor, die nicht gemeldet wurde, kann dies **disziplinarrechtlich geahndet** werden. Entgegen *Ullenbruch*[95] können drohende Repressalien durch Mitgefangene einer disziplinarrechtlichen Sanktionierung nach Notstandsgrundsätzen (§§ 34, 35 StGB) entgegenstehen.

V. Absuchung, Durchsuchung

1. Begriff und Bedeutung

Wie § 84 StVollzG wird in den JStVollzGen die **Durchsuchung des Gefangenen, seiner Sachen und seines Haftraumes** erlaubt.[96] Entsprechend der Schwere des Eingriffs in die Privat- und Intimsphäre unterscheidet die Vorschrift zwischen Durchsuchungen, die nicht mit einer Entkleidung verbunden sind, sowie dem Absonden (Abs. 1), und solchen, die mit einer Entkleidung verbunden sind (Abs. 2 und 3).

Die Vorschrift der Neuner-Entwürfe ist mit § 84 StVollzG identisch, der aber keine Regelung zur Absuchung mit technischen Mitteln enthält. Die allgemeine Anordnung von Entkleidungsdurchsuchungen (Abs. 3) ist etwas abweichend geregelt.

„**Durchsuchung**" entspricht der Begrifflichkeit des Polizei- und Strafprozessrechts. Es besteht demnach im Suchen nach Sachen oder Spuren in oder unter der Kleidung sowie auf der Körperoberfläche und in Körperhöhlen und Körperöffnungen, die ohne Entkleidung oder Eingriff mit medizinischen Hilfsmitteln einzusehen sind.[97]

Neben der Durchsuchung erlaubt § 64 Abs. 1 auch das „Absuchen" mit technischen Mitteln. Gemeint ist das sog. „**Absonden**" nach Metallgegenständen mithilfe eines Detektorrahmens oder eines Handdetektors.[98] Das Absuchen ist der entkleidungslosen Durchsuchung gleichgestellt.

Absuchung und Durchsuchung dienen dazu, das **Einbringen und den Besitz verbotener Gegenstände zu verhindern**. Namentlich geht es um die Suche nach Drogen, Alkohol, Mobiltelefonen, Waffen und gefährlichen Werkzeugen, Ausbruchswerkzeugen, Kassiber usw. Stets muss die Maßnahme darauf gerichtet sein, Gefahren für die Sicherheit oder Ordnung der Anstalt abzuwenden. Von vornherein unzulässig sind daher Durchsuchungen, wenn diese als Disziplinierungsinstrument eingesetzt werden.[99] Durchsuchungen, die allein dem Auffinden von Beweismaterial für einen Strafprozess dienen, können nicht auf die vollzugliche Durchsuchungsregelung gestützt werden, sondern müssen sich nach den Vorschriften der StPO richten.[100] Der **räumliche Anwendungsbereich** der vollzuglichen Durchsuchungsregelung ist auf das Anstaltsgelände begrenzt – ein auf dem Parkplatz der JVA abgestellter PKW eines Gefangenen

---

95 In Schwind/Böhm/Jehle/Laubenthal-Ullenbruch, § 82 Rn 7.
96 § 64 BE, HB, MV, NW, SH, SL; § 86 BB; § 60 Abs. 1–3 BW; Art. 91 BY; § 45 HE; § 70 HH; § 77 NI; § 84 RP; § 65 SN; § 85 ST, TH.
97 Siehe bspw die Begründung zu § 64 MV, LT-Drucks. 5/807, 97; AK-Feest/Lesting-Feest/Köhne, § 84 Rn 2; Laubenthal/Nestler/Naubacher/Verrel-Verrel, Abschn. M Rn 38; s. Meyer-Goßner § 102 Rn 9.
98 Siehe die Begründung zu § 64 (etwa Landtag MV, Drucks. 5/807, 97).
99 Zweifelhaft ist deshalb, wenn alle zu spät kommenden Gefangenen einer Durchsuchung, die mit Entkleidung verbunden ist, unterzogen werden sollen, s. HansOLG NStZ 1985, 143.
100 AK-Feest/Lesting-Feest/Köhne, § 84 Rn 2.

kann daher durchsucht werden, nicht aber, wenn er auf öffentlichen Straßen oder Plätzen abgestellt ist.[101]

63 Durchsuchungen sind **intensive Eingriffe in die** durch das Persönlichkeitsrecht (Art. 2 Abs. 1 iVm Art. 1 Abs. 1 GG) geschützte **Privat- und Intimsphäre des Gefangenen**. Sie sind mit einem hohen Demütigungspotenzial verbunden und offenbaren augenfällig das Ausgeliefertsein des Gefangenen. Daher kommt dem Gebot, das Schamgefühl zu schonen, eine hohe Bedeutung zu. An ihre Rechtfertigung sind umso größere Anforderungen zu stellen, je tiefer der Eingriff in die Privat- und Intimsphäre des Gefangenen eindringt. Ähnlich der Wohnung ist der Haftraum zum engeren Bereich der Intimsphäre zu zählen. Zwar wird dem Haftraum nicht der Grundrechtsschutz der Wohnung nach Art. 13 GG zuteil, die Anforderungen an eine Durchsuchung des Haftraums sind jedoch unter dem Gesichtspunkt der Verhältnismäßigkeit gegenüber sonstigen Durchsuchungen (ohne Entkleidung) erhöht.[102]

64 Während eine Durchsuchung ohne Entkleidung an keine besonderen Voraussetzungen geknüpft wird und damit jederzeit und ohne besondere Verdachtsmomente möglich ist (zu beachten bleibt aber der Grundsatz der Verhältnismäßigkeit, s.u.), sind **Durchsuchungen mit Entkleidung** an bestimmte Voraussetzungen geknüpft. Sie dürfen grundsätzlich nur auf Anordnung im Einzelfall erfolgen (Abs. 2). Nur für die gesetzlich genannten Situationen darf eine allgemeine Anordnung getroffen werden (Abs. 3).

2. Durchsuchung ohne Anlass

65 Die Regelung erlaubt Durchsuchungen **ohne konkrete Voraussetzungen** (etwa bestimmte Anlässe oder individuelle Verdachtsmomente) hierfür zu formulieren. Dennoch dürfen die Durch- oder Absuchungen nicht grundlos erfolgen. Der Vollzugsbehörde wird ein Ermessensspielraum eingeräumt, bei dessen Ausübung sie die allgemeinen Vollzugsgrundsätze, das Verhältnismäßigkeitsprinzip und die Grundrechte der Gefangenen zu beachten hat.[103] Zu differenzieren sind daher folgende Konstellationen:

- vom Einzelfall unabhängige situationsgebundene Durchsuchungen: Zulässig sind Durchsuchungsanordnungen für Situationen, die typischerweise mit einer Gefährdung der Sicherheit oder Ordnung verbunden sind, bspw wenn Gefangene aus Lockerungen oder von Besuchen zurückkehren, den Werkstattbereich betreten oder verlassen, von einer weniger sicheren in eine sicherere Abteilung verlegt werden. Diese Durchsuchungen finden ihre Rechtfertigung in dem abstrakten Gefahrenpotenzial der umschriebenen Situationen.

- stichprobenartige Untersuchungen: Es ist (eingeschränkt) zulässig, situationsungebundene, unregelmäßige, unangekündigte und von individuellen Verdachtsmomenten unabhängige Kontrollen durchzuführen.[104] Allerdings ist hier zu fordern, dass diese auf der Grundlage eines Sicherheitskonzeptes stattfinden, welches Art

---

101 Laubenthal/Nester/Neubacher/Verrel-Verrel, Abschn. M Rn 40.
102 Vgl Hadeler in: Ostendorf, Untersuchungshaft und Abschiebehaft, § 7 Rn 30.
103 AK-Feest/Lesting-Feest/Köhne, § 84 Rn 2.
104 AK-Feest/Lesting-Feest/Köhne, § 84 Rn 2; Calliess/Müller-Dietz, § 84 Rn 3.

und Ablauf, Intensität und Häufigkeit derartiger Untersuchungen festlegt und dass sich diese Merkmale an dem tatsächlichen Sicherheitsbedürfnis der jeweiligen Abteilung oder Anstalt orientiert. An Einrichtungen des offenen Vollzugs oder gelockerte Abteilungen sind daher andere Anforderungen zu stellen, als an geschlossene Abteilungen mit höherem Sicherheitsgrad. Eine Praxis völlig ungeregelter, ständiger anlassunabhängiger Durchsuchungen, insbesondere der Haftträume, ist unzulässig.[105]

- Durchsuchungen im Einzelfall: Diese müssen stets auf einem konkreten Anlass beruhen, der es plausibel macht, dass eine konkrete Gefahr für die Sicherheit oder Ordnung vorliegt und die Durchsuchung diese abwenden kann. In der Regel wird es Verdachtsmomente dafür geben müssen, dass in der Person des Betroffenen eine Gefährdung vorliegt. Ausreichen kann aber auch ein Gefahrenverdacht, der eine nach abstrakten Kriterien umschriebene Gruppe von Gefangenen umfasst.[106]

Anders als bei besonderen Sicherungsmaßnahmen muss der Eingriffsgrund **nicht von demjenigen ausgehen, gegen den sich der Eingriff richtet**.[107] Gleichwohl darf die Durchsuchung nicht willkürlich sein. Das ist aber der Fall, wenn ein Gefangener durchsucht wird, von dem offenkundig keine Gefährdung ausgeht, etwa wenn er nach einem Besuch durchsucht wird, der unter Verwendung einer Trennscheibe abgewickelt wurde.[108]

Das **Verhältnismäßigkeitsprinzip** verlangt, dass die Durchsuchung unterbleibt, wenn deren Ziel durch ein milderes Mittel erreicht werden kann. Ist bspw ein Gefangener verdächtig, einen bestimmten Gegenstand in seinem Gewahrsam zu haben, ist der Gefangene daher zunächst aufzufordern, diesen Gegenstand selbst herauszugeben.[109] Nach Nr. 1 VVStVollzG zu § 84 sollen Durchsuchungen besonders sorgfältig bei suizidgefährdeten, gefährlichen und fluchtverdächtigen Gefangenen vorgenommen werden.

Die Durchsuchungshandlungen selbst darf **bei Männern nur von Männern, bei Frauen nur von Frauen** durchgeführt werden. Im Gegensatz zu einer Durchsuchung, die mit einer Entkleidung verbunden ist, dürfen jedoch Bedienstete des anderen Geschlechts und andere Gefangene anwesend sein. Für die Absuchung mit technischen Mitteln ergibt sich aus den Regelungen – bis auf HH und SN -, dass diese auch von Bediensteten des anderen Geschlechts vorgenommen werden dürfen.[110] Werden bei einer Durchsuchung rechtswidrig Gegenstände des Gefangenen zerstört, steht diesem ein Schadensersatzanspruch zu.[111]

---

105 AK-Feest/Lesting-Feest/Köhne, § 84 Rn 2; Calliess/Müller-Dietz, § 84 Rn 3.
106 AK-Feest/Lesting-FeestKöhne, § 84 Rn 2. Schwind/Böhm/Jehle-Ullenbruch, § 84 Rn 3.
107 Hadeler, Besondere Sicherungsmaßnahmen im Strafvollzug, 2004, S. 137; OLG Karlsruhe, 16.11.1982, 3 Ws 225/82, NStZ 1983, 191; AK-Feest/Lesting-Feest/Köhne, § 84 Rn 2.
108 OLG Karlsruhe StV 1984, 214; AK-Feest/Lesting-Brühl/Feest, § 84 Rn 2.
109 AK-Feest/Lesting-Feest/Köhne, § 84 Rn 3.
110 Siehe die Begründung des Regierungsentwurfs bspw Landtag MV, Drucks. 5/807, 97. Laubenthal/Nester/Neubacher/Verrel-Verrel, Abschn. M Rn 39.
111 LG Krefeld StV 1991, 31; AK-Feest/Lesting-Feest/Köhne, § 84 Rn 3.

Beispiele aus der Rechtsprechung: Zu den Sachen des Gefangenen kann auch ein vor der JVA abgestellter PKW gehören;[112] die vollzugliche Ermächtigung zur Durchsuchung des Haftraumes erstreckt sich nicht auf dessen Wohnung.[113]

3. Durchsuchungen des Haftraums

69 Die Durchsuchung von Haftraumen betrifft insbesondere den vom Gefangenen bewohnten Haftraum, aber auch die anderen von Gefangenen, Bediensteten oder Besuchern benutzten Räume der JVA. Die Wohnung und andere Räumlichkeiten des Gefangenen außerhalb der Anstalt sind vom Anwendungsbereich der vollzuglichen Durchsuchungsermächtigung nicht umfasst.[114]

Der von dem Gefangenen bewohnte Haftraum ist nach hM keine Wohnung im Sinne von Art. 13 GG und unterliegt daher auch nicht dessen besonders hohen Schutzanforderungen.[115] Gleichwohl ist der Haftraum die Örtlichkeit, in der der Gefangene seine Intimsphäre zumindest rudimentär entfalten können muss. Er ist daher durch das **Persönlichkeitsrecht in Form des Anspruchs auf Achtung der Intimsphäre** umfasst.[116] Nicht zutreffend ist daher die Ansicht,[117] das BVerfG sehe in einem Betreten des Haftraumes keinen Grundrechtseingriff. Dies trifft nur auf das Grundrecht nach Art. 13 GG zu. Auch kann das „Hausrecht" gegenüber anderen Gefangenen sowie Besuchern ausgeübt werden. Ob, wann und wie oft Haftraume durchsucht werden, steht im Ermessen der Vollzugsbehörde. Sie hat aber die Grundrechte der Gefangenen, das Übermaß- und Willkürverbot sowie die allgemeinen Vollzugsgrundsätze zu beachten.[118]

70 Der Gefangene hat grundsätzlich ein **Recht auf Anwesenheit bei der Durchsuchung** seines Haftraums.[119] Dies folgt aus dem Verhältnismäßigkeitsprinzip, da ihm so ermöglicht wird wahrzunehmen, welche Gegenstände kontrolliert und entfernt werden. Eine Durchsuchung in Abwesenheit ist ein intensiverer Eingriff in die Intimsphäre als eine Durchsuchung in Gegenwart des Gefangenen und ist im jeweiligen Einzelfall durch besondere Gründe zu rechtfertigen, die eine Anwesenheit des Gefangenen ausschließen. Die Begründung unterliegt einer rechtlichen Kontrolle durch die Gerichte. Ein bloßer Hinweis auf die Praktikabilität genügt dem nicht.

Die obergerichtliche Rechtsprechung[120] und die ihr folgende Kommentarliteratur,[121] die ein Anwesenheitsrecht ablehnt, weil der Schutzbereich des Art. 13 GG nicht ein-

---

112 OLG Hamm NStZ 1996, 359; Schwind/Böhm/Jehle/Laubenthal-Ullenbruch, § 84 Rn 3.
113 LG Koblenz NStZ 2004, 231.
114 Laubenthal/Nester/Neubacher/Verrel-Verrel, Abschn. M Rn 41.
115 RGSt 28, 192; BVerfG NJW 1996, 2643; aM NK-Ostendorf § 123 Rn 21; ebenso Bernsmann und Mitsch in: Schwind-FS, 2006, S. 515 ff bzw S. 612 ff.
116 BVerfG NJW 1996, 2643 = NStZ 1996, 511; KG Berlin, 12.5.2003, 5 Ws 166/05 Vollz.
117 So Schwind/Böhm/Jehle/Laubenthal-Ullenbruch, § 84 Rn 3.
118 KG Berlin NStZ-RR 2005, 281 f mwN.
119 Siehe Empfehlung Nr. 54.8 des Europarates (Europäische Vollzugsgrundsätze); aA OLG Hamm, FS 2011, 53; KG Berlin, 5.9.2008, 2 Ws 408/08 m.w.N; AK-Feest/Lesting-Feest/Köhne, § 84 Rn 3; Schwind/Böhm/Jehle/Laubenthal-Ullenbruch, § 84 Rn 3; Laubenthal/Nester/Neubacher/Verrel-Verrel, Abschn. M Rn 43; Hadeler in: Ostendorf, Untersuchungshaft und Abschiebehaft, § 7 Rn 39.
120 OLG Hamm, FS 2011, 53; KG Berlin, 5.9.2008, 2 Ws 408/08 mwN; Sächs VerfGH NJW 1995, 2980; OLG Frankfurt aM ZfStrVo 1982, 191; OLG Dresden BlStV 4/5/1995, 10; OLG Stuttgart NStZ 1984, 574.
121 AK-Feest/Lesting-Feest/Köhne, § 84 Rn 3; Schwind/Böhm/Jehle/Laubenthal-Ullenbruch, § 84 Rn 3.

schlägig und auch das Anwesenheitsrecht aus § 106 StPO nicht anwendbar sei,[122] argumentiert zu schematisch. Dass die genannten Vorschriften keine unmittelbare Anwendung finden, schließt das zum verfassungsrechtlichen Persönlichkeitsrecht gehörende Gebot der Achtung der Privatsphäre nicht aus. Auch dass die Anstalt weiterhin das Hausrecht über die Crafträume ausübt, besagt nichts über den grundrechtlichen Schutz der Privatsphäre. Damit liegt bei einem Betreten eines Haftraums ohne oder entgegen den Willen des Gefangenen grundsätzlich ein Grundrechtseingriff vor,[123] der nur aufgrund einer gesetzlichen Ermächtigung und unter Beachtung des Grundsatzes der Verhältnismäßigkeit zulässig ist.

Aus dem Übermaß- und Willkürverbot, das strikt zu beachten ist, folgt, dass bei der Durchsuchung ein **möglichst schonendes Vorgehen** geboten ist. Der Haftraum und der Besitz des Gefangenen dürfen nicht über Gebühr in Unordnung gebracht werden.[124] Seine Sachen sind schonend zu behandeln, Beschädigungen sind zu vermeiden. Bevor Bilder oder Poster eigenhändig durch Bedienstete entfernt werden (wobei sie beschädigt werden könnten), ist der Gefangene aufzufordern, dies selbst zu tun.[125] Die Ermächtigung zur Haftraumdurchsuchung ist keine Erlaubnis, diesen eigenmächtig zu „entmüllen".[126] Es dürfen Gegenstände aus dem Haftraum mitgenommen werden, um zu überprüfen, ob der Besitz dem Gefangenen erlaubt war,[127] oder wenn eine Kontrolle der Gegenstände im Haftraum bspw aus technischen Gründen nur mit unverhältnismäßig großem Aufwand durchgeführt werden kann – formelhafte Gründe der Zweckmäßigkeit genügen dem jedoch nicht.[128] Werden Gegenstände aus dem Haftraum entfernt, ist dies dem Gefangenen mitzuteilen.[129] Die Sachen sind zu seiner Habe zu nehmen.[130] Bestehen Zweifel an den Eigentumsverhältnissen, muss der Sachverhalt ermittelt werden. Eine Weitergabe an einen anderen Gefangenen (bspw den vermuteten Eigentümer einer mutmaßlich gestohlenen Sache) darf nur im Einverständnis mit dem durchsuchten Gefangenen oder nach einer Entscheidung der Vollstreckungsbehörde erfolgen.[131]

Schriftgut, das der Postkontrolle entzogen ist[132] (u.a. Verteidigerpost, Abgeordnetenpost und Unterlagen für ein Wiederaufnahmeverfahren) unterliegen auch bei Haft-

---

122 KG Berlin, 23.5.2003, 5 Ws 99/03; Sächs VerfGH NJW 1995, 2980; OLG Frankfurt aM ZfStrVo 1982, 191; OLG Dresden BlStV 4/5/1995, 10; OLG Stuttgart NStZ 1984, 574.
123 KG Berlin, 23.5.2003, 5 Ws 99/03.
124 Schwind/Böhm/Jehle/Laubenthal-Ullenbruch, § 84 Rn 4.
125 KG Berlin NStZ-RR 2005, 281 f.
126 KG Berlin NStZ-RR 2005, 281 f.
127 KG Berlin NStZ-RR 2005, 281 f.
128 KG Berlin, 23.5.2003, 5 Ws 99/03.
129 Nach OLG Hamm Forum Strafvollzug 2011, 53 besteht kein Anspruch auf eine „Quittung" der in seiner Abwesenheit mitgenommenen Gegenstände, da diese ohnehin mangels Überprüfbarkeit keine Beweisfunktion habe. Wie auch immer der Begriff der Quittung einzuordnen ist, ist die Anstalt in jedem Fall verpflichtet, dem Gefangenen mitzuteilen, welche Gegenstände aus seinem Haftraum entfernt worden sind (KG Berlin, 5.9.2008, 2 Ws 408/08; KG Berlin, 16.7.2007, 2 Ws 390/07; OLG Zweibrücken, NStZ 1990, 512). Im Übrigen spricht die Problematik sehr dafür, Durchsuchungen und die Entfernung von Gegenständen aus dem Haftraum in Anwesenheit des Gefangenen durchzuführen. KG Berlin, 5.9.2008, 2 Ws 408/08, lehnt auch den Anspruch auf Ausstellung einer „Negativbescheinigung" bei einer erfolglosen Durchsuchung ab.
130 Schwind/Böhm/Jehle/Laubenthal-Ullenbruch, § 84 Rn 4.
131 Schwind/Böhm/Jehle/Laubenthal-Ullenbruch, § 84 Rn 4.
132 § 52 BE, HB, MV, SH, SL; § 42 BB; § 27 BW; Art. 32 iVm Art. 144 Abs. 1 BY; § 32 Abs. 4 und 4 HE; § 30 HH; § 30 NI; § 35 NW; § 41 RP; § 55 SN; § 41 ST, § 42 TH.

raumdurchsuchungen einem besonderen Schutz: Es darf zwar im Rahmen einer Sichtkontrolle durch sog. „Anlesen" überprüft werden, ob es sich tatsächlich um derart geschütztes Schriftgut handelt und darin keine Kassiber, verbotenen Gegenstände etc. versteckt werden. Die Kontrolle hat jedoch in Anwesenheit des Gefangenen zu erfolgen; entsprechend beschriftete Ordner dürfen nicht mitgenommen werden, um sie in Abwesenheit des Gefangenen zu untersuchen.[133]

73 Der Schutz der Intimsphäre gebietet es regelmäßig, den Gefangenen **vor Betreten des Haftraumes zu warnen**, entweder durch ein Anklopfen an der Tür oder wenigstens durch „Schließgeräusche". Das BVerfG weist ausdrücklich darauf hin, dass ein Anklopfen oder ein vergleichbares Signal erforderlich ist, wenn der Schließmechanismus so leise funktioniert, dass von ihm keine Warngeräusche ausgehen.[134] Eine überfallartige Durchsuchung des Haftraumes kann demnach dann zulässig sein, wenn aufgrund besonderer Verdachtsmomente gerade die Ausnutzung des Überraschungsmomentes notwendig erscheint.

74 **Beispiele aus der Rechtsprechung:** Durchsuchung mit Drogenhunden;[135] Zulässigkeit eines „Refa-Haftraumkontrollsystems";[136] Hinzuziehung von Polizeibeamten als Sachverständige;[137] Ermächtigung zur Durchsuchung des Haftraum erlaubt keine Durchsuchung der Wohnung.[138]

4. Durchsuchung mit Entkleidung im Einzelfall

75 Durchsuchungen, die mit einer Entkleidung des Gefangenen verbunden sind, sind **ein besonders schwerer Eingriff in die Intimsphäre** des Gefangenen und stellen einen schwerwiegenden Eingriff in das allgemeine Persönlichkeitsrecht dar.[139] Eine Entkleidungsdurchsuchung liegt vor, wenn sich der Gefangene in Anwesenheit von Bediensteten entkleiden muss, auch wenn Gegenstand der eigentlichen Durchsuchung die von ihm zuvor getragene Bekleidung ist.[140]

76 Für ihre Anordnung und Durchführung gelten daher erhöhte Anforderungen. So muss – als strukturelle Vorkehrung gegen Missbrauch – der Anstaltsleiter die **Anordnung** treffen. Nur bei Gefahr im Verzuge, darf sie von einem Bediensteten getroffen werden. Gefahr im Verzuge liegt vor, wenn die Einschaltung des Anstaltsleiters wegen der damit einhergehenden Zeitverzögerung den Zweck der Untersuchung gefährden würde.

77 Entkleidungsdurchsuchungen dürfen – abgesehen von den für die Allgemeinanordnung abschließend gesetzlich normierten Anlässen (s.u. Rn 82) – **nur im Einzelfall an-**

---

133 KG Berlin, 23.5.2003, 5 Ws 99/03.
134 BVerfG NJW 1996, 2643 = NStZ 1996, 511; aA Laubenthal/Nester/Neubacher/Verrel-Verrel, Abschn. M Rn 43; Verfehlt ist insofern die Interpretation von Ullenbruch (Schwind/Böhm/Jehle/Laubenthal-Ullenbruch, § 84 Rn 3) das BVerfG sehe in einem Betreten des Haftraums keinen Eingriff in Grundrechte.
135 OLG Nürnberg, bei Kotz/Rahlf NStZ-RR 1999, 76, ZfStrVo 1998, 53.
136 OLG Zweibrücken, ZfStrVo 2001, 308.
137 OLG Karlsruhe ZfStrVo 1986, 128 (LS).
138 LG Koblenz NStZ 2004, 231.
139 BVerfG Beschl. v. 5.3.2013 – 2 BcR 746/13; StV 2013, 352 = NJW 2013, 3291; StV 2009, 253 = NJ 2009, 215; NJW 2004, 1728 = NStZ 2004, 227 = StV 2004, 145 = ZfStrVo 2004, 185; OLG Koblenz StraFo 2005, 263; Hadeler in: Ostendorf, Untersuchungshaft und Abschiebehaft, § 7 Rn 41.
140 AK-Feest/Köhne, § 84 Rn 5; aA Arloth § 84 Rn 4; nach BVerfG, Beschl. v. 5.3.2015 – 2 BvR 764/13 ist eine Entkleidungsdurchsuchung jedenfalls dann gegeben, wenn der nackte Körper visuell kontrolliert wird oder der Gefangene die Genitalien entblößen muss.

geordnet werden.¹⁴¹ Die Einzelfallanordnung setzt voraus, dass eine auf Tatsachen basierende Annahme für eine Gefährdung der Sicherheit oder Ordnung der Anstalt vorliegt und diese durch die Durchsuchung abgewendet werden kann.¹⁴² Dabei müssen nicht notwendigerweise Verdachtsmomente gegen den Betroffenen selbst vorliegen. Zulässig ist unter diesen Voraussetzungen auch eine stichprobenartige Durchsuchung, wenn Anhaltspunkte für die Annahme vorliegen, dass gefährliche Gefangene Durchsuchungen dadurch umgehen könnten, dass sie andere Mitgefangene unter Druck setzen und für Schmuggeldienste einspannen.¹⁴³ Die Anordnung kann auch eine Mehrzahl von Gefangenen betreffen, die nicht namentlich bezeichnet, sondern nach Zeit, Ort und Anlass etc. abstrakt beschrieben werden.¹⁴⁴

Die Einzelfallanordnung darf aber **nicht zu einer regelhaften Praxis** führen, die einer allgemeinen Anordnung nahe oder gleich käme. Unzulässig ist bspw eine Anordnung, dass alle oder fast alle Gefangenen regelmäßig in einer bestimmten Situation mit Entkleidung zu durchsuchen sind, wenn diese Situation nicht den Voraussetzungen einer Allgemeinanordnung entspricht.¹⁴⁵ Ob eine **Anordnung „im Einzelfall"** vorliegt oder die Anordnung und Durchsuchungspraxis bereits als allgemeine Anordnung anzusehen ist, hat das für den gerichtlichen Rechtsschutz berufene Fachgericht vollinhaltlich tatsächlich und rechtlich zu überprüfen. Der Anstalt steht insofern kein überprüfungsfreier Beurteilungsspielraum zu.¹⁴⁶ 78

Derartige Durchsuchungen dürfen nur in Gegenwart von Bediensteten gleichen Geschlechts durchgeführt werden.¹⁴⁷ Sie müssen in einem geschlossenen Raum stattfinden. Gefangene dürfen nicht anwesend sein. „In einem geschlossenen Raum" bedeutet nicht notwendig, in einem abgetrennten Extra-Raum. Es reicht, wenn die Durchsuchung in einem Gebäude stattfindet und die Entkleidung durch ausreichenden Sichtschutz vor den Einblicken anderer geschützt wird.¹⁴⁸ 79

Die Entkleidung und Durchsuchung **in Anwesenheit anderer Gefangener** hat diskriminierenden Charakter und verletzt das Persönlichkeitsrecht.¹⁴⁹ Sie ist grundsätzlich verboten. An die „Gegenwart" von Bediensteten des anderen Geschlechts und die „Anwesenheit" von anderen Gefangenen sind unterschiedliche Maßstäbe anzulegen. Während es hinnehmbar erscheint, dass sich Bedienstete des anderen Geschlechts außerhalb eines Sichtschutzes im gleichen Raum aufhalten, muss an die Anwesenheit von anderen Gefangenen ein strengerer Maßstab angelegt werden: Nicht gefolgt werden kann dem OLG Celle, das keine „Anwesenheit" annimmt, wenn die Durchsu- 80

---

141 BVerfG NJW 2004, 1728 = NStZ 2004, 227 = StV 2004, 145 = ZfStrVo 2004, 185 mwN.
142 EGMR v. 27.11.2012 – 17892/03 (Savics vs Lettland) Rn 133; v.
143 BVerfG NJW 2004, 1728 = NStZ 2004, 227 = StV 2004, 145 = ZfStrVo 2004, 185 mwN; OLG Koblenz NStZ 2006, 22 mwN; Hadeler in: Ostendorf, Untersuchungshaft und Abschiebehaft, § 7 Rn 41.
144 OLG Celle NStZ 2005, 587 f = StV 2006, 153 = ZfStrVo 2005, 186 mwN; OLG Nürnberg, 20.8.1982, WS 530/82; OLG Bremen NStZ 85, 143 f; Hadeler in: Ostendorf, Untersuchungshaft und Abschiebehaft, § 7 Rn 42.
145 BVerfG NJW 2004, 1728 = NStZ 2004, 227 = StV 2004, 145 = ZfStrVo 2004, 185; OLG Koblenz StraFo 2005, 263, NStZ 2006, 22; Laubenthal/Nester/Neubacher/Verrel-Verrel, Abschn. M Rn 44.
146 BVerfG NJW 2004, 1728 = NStZ 2004, 227 = StV 2004, 145 = ZfStrVo 2004, 185; OLG Koblenz NStZ 2006, 22.
147 EGMR v. 24.7.2001 – 44558/98 (Valasinas vs. Lithauen) Rn 117.
148 OLG Celle, NStZ 2005, 587 = StV 2006, 153 = ZfStrVo 2005, 186.
149 OLG Celle, NStZ 2005, 587 = StV 2006, 153 = ZfStrVo 2005, 186.

chung hinter einem Sichtschutz stattfindet, so dass sich andere Gefangene außerhalb des Sichtschutzes im gleichen Raum aufhalten können.[150] Entscheidend ist vielmehr, dass die Untersuchung visuell wie akustisch so abgeschirmt ist, dass andere Gefangene sie nicht mitverfolgen können.

81 Auch bei der Durchführung der Durchsuchung ist das Schamgefühl so weit wie möglich zu schonen. Nach der Entkleidung ist ein Körperkontakt zwischen Untersuchendem und Gefangenen zu vermeiden.[151] Das Betasten der Köperöffnungen ist dem Arzt vorbehalten,[152] auch die Untersuchung der intimen Körperöffnungen (After, Scheide).[153] Die Ermächtigung zur Durchsuchung umfasst keine Eingriffe in den Körper bspw um verschluckte Gegenstände im Körperinneren (Magen, Darm) zu finden. Rektoskopische Untersuchungen oder Röntgenaufnahmen sind daher unzulässig.[154]

5. Allgemeine Anordnungen von Entkleidungsdurchsuchungen

82 Der Anstaltsleiter darf für die gesetzlich abschließend benannten Situationen Entkleidungsdurchsuchungen **allgemein anordnen**. Anknüpfend an § 84 Abs. 3 StVollzG sehen die Regelungen in BB, BE, BW, BY, HH, NI und NW die Möglichkeit von Allgemeinverfügungen vor

- bei der Aufnahme
- nach Besuchskontakten
- nach jeder Abwesenheit von der Anstalt.[155]

Darüber hinaus haben HB, HE, MV, RP, SH, SL, SN, ST und TH diese Möglichkeit erweitert auf Durchsuchungen *vor* einem Besuchskontakt und *vor* dem Verlassen der Anstalt.[156]

Andere Anlässe für eine allgemeine Anordnung von Entkleidungsdurchsuchungen als die gesetzlich festgelegten scheiden aus.[157]

83 Der Anstaltsleiter wird hiermit für die genannten Anlässe ermächtigt, nach **pflichtgemäßem Ermessen** eine allgemeine Anordnung zu treffen. Dieses Ermessen muss er ausüben, dh er muss auch für die genannten Konstellationen – differenziert nach Anstalts- und Abteilungstypen, Gefangenengruppen usw – begründen, warum und in welchem Umfang eine allgemeine Anordnung zur Aufrechterhaltung von der Sicherheit oder Ordnung der Anstalt erforderlich ist.[158]

---

150 ZfStrVo NStZ 2005, 587 = StV 2006, 153 = ZfStrVo 2005, 186; so auch Schwind/Böhm/Jehle/Laubenthal-Ullenbruch, § 84 Rn 7; Hadeler in: Ostendorf, Untersuchungshaft und Abschiebehaft, § 7 Rn 43; wie hier AK-Feest/Köhne, § 84 Rn 7.
151 Schwind/Böhm/Jehle/Laubenthal-Ullenbruch, § 84 Rn 7.
152 Siehe Nr. 54.6 der Europäische Strafvollzugsgrundsätze; Schwind/Böhm/Jehle/Laubenthal-Ullenbruch, § 84 Rn 7.
153 Siehe Nr. 54.7 der Europäischen Strafvollzugsgrundsätze.
154 Schwind/Böhm/Jehle/Laubenthal-Ullenbruch, § 84 Rn 7 mwN; AK-Feest/Köhne, § 84 Rn 8 mwN.
155 § 86 Abs. 3 BB; § 64 Abs. 3 BE; § 60 Abs. 3 BW; Art. 91 Abs. 3 BY; § 70 Abs. 3 HH; § 77 Abs. 3 NI; § 74 Abs. 3 NW.
156 § 64 Abs. 3 HB, MV, SH, SL; § 45 Abs. 3 HE; § 84 Abs. 3 RP; § 65 Abs. 3 SN; § 85 Abs. 3 ST, TH.
157 AK-Feest/Köhne, § 84 Rn 9; OLG Koblenz StraFo 2005, 263 = NStZ 2006, 22 und OLG Karlsruhe FS 2014, 65: unzulässig ist auf der Grundlage von § 84 Abs. 2 und § StVollzG die Anordnung, alle Gefangene regelmäßig *vor* einem Besuchskontakt mit Entkleidung zu durchsuchen, da dies eine allgemeine Anordnung darstellt, die nach § 84 Abs. 3 StVollzG nur *nach* Besuchskontakten zulässig ist.
158 AK-Feest/Köhne, § 84 Rn 9.

Wie stets ist zu prüfen, ob der Zweck der Allgemeinanordnung auch **mit milderen** **84**
Mitteln zu erreichen ist, etwa durch Einzeldurchsuchungen oder durch Umkleidung in zuvor durchsuchte Kleidung.[159] Insgesamt sollte die Anstaltsleitung von allgemeinen Anordnungen nur zurückhaltenden Gebrauch machen.[160] Auch wenn eine rechtmäßig getroffene Allgemeinanordnung vorliegt, darf diese **nicht schematisch ausgeführt** werden, unabhängig von den Verdachtsmomenten des Einzelfalles: liegt in der individuellen Fallgestaltung – bspw bei einer Ausführung unter permanenter, enger Überwachung oder bei einer für den Betroffenen völlig überraschenden Festnahme – die Möglichkeit fern, dass sich die Gefahr des Ein- oder Ausschmuggeln verbotener Gegenstände realisiert, ist im Einzelfall von der Entkleidungsdurchsuchung und der Inspektion der Körperhöhlen abzusehen.[161]

Auch soweit *vor* dem Besuchskontakt oder *vor* dem Verlassen der Anstalt allgemein **85**
durchsucht werden soll, muss plausibel gemacht werden, inwiefern die Sicherheit *in* der Anstalt durch herausgeschmuggelte Gegenstände gefährdet wird. Dies kann etwa der Fall sein, wenn unerlaubte Nachrichten im Rahmen einer wechselseitigen Kommunikation von „drinnen" an Personen „draußen" überbracht oder im Rahmen von Geschäften eingeschmuggelte Gegenstände bezahlt werden sollen. Daher sind derartige Durchsuchungen beim Verlassen der Anstalt oder vor Besuchskontakten als Maßnahme insb. gegen subkulturelle Strukturen sinnvoll und zulässig, wenn es eine entsprechende Gefahrenlage konkret erforderlich macht.

Der Anstaltsleiter kann seine **Anordnungsbefugnis** im Rahmen seiner Delegationsbe- **86**
fugnis[162] auf einzelne andere Bedienstete **übertragen**.

VI. Sichere Unterbringung

Durch eine Sicherheitsverlegung („Sichere Unterbringung")[163] können Gefangene au- **87**
ßerhalb des Vollstreckungsplans aus Sicherheitsgründen **in eine andere Anstalt verlegt** werden. Voraussetzung ist, dass Zustand oder Verhalten des Gefangenen dazu Anlass geben, weil eine erhöhte Fluchtgefahr oder eine Gefahr für die Sicherheit oder Ordnung der Anstalt besteht. Die Regelungen entsprechen § 85 StVollzG und knüpfen an die Regelungen zur Erreichung des Vollzugsziels oder aus vollzugsorganisatorischen Gründen an. Diesen geht die Sicherheitsverlegung als speziellere Vorschrift vor.[164]

Jede Verlegung in eine andere Anstalt greift in das **allgemeine Persönlichkeitsrecht** **88**
nach Art. 2 Abs. 1 GG ein.[165] Sie kann für den Gefangenen mit schwerwiegenden Beeinträchtigungen verbunden sein, da seine gesamten in einer Anstalt aufgebauten sozialen Beziehungen abgebrochen werden und er sich erneut in die informelle wie for-

---

159 Vgl Hadeler in: Ostendorf, Untersuchungshaft und Abschiebehaft, § 7 Rn 44.
160 AK-Feest/Köhne, § 84 Rn 9.
161 BVerfG Beschl. v. 5.3.2015 – 2 BvR 746/13; StV 2014, 352 = NJW 2013, 3291 mwN; EGMR v. 27.11.2012 – 17982/03, Rn 133 mwN; So jetzt auch § 45 Abs. 3 HE.
162 Vgl Walter, § 13 Rn 13.
163 § 65 BE, HB, MV, SH, SL; § 61 BW; Art. 92 BY; § 75 NW; § 85 RP; § 66 SN; § 86 ST, TH; HE, HH, NI regeln auch die Sicherheitsverlegung im Rahmen der allgemeinen Verlegungsbestimmung, § 11 Abs. 1 Nr. 3 H, § 9 Abs. 2 HH, § 10 Abs. 1 Nr. 3 NI.
164 AK-Feest/Köhne, § 85 Rn 1.
165 OLG Karlsruhe StraFo 2010, 218.

melle Sozialordnung der neuen Anstalt einfügen muss.¹⁶⁶ Eine Verlegung kann auch die Bedingungen der Resozialisierung beeinträchtigen und berührt damit auch seinen durch Art. 2 Abs. 1 iVm Art. 1 Abs. 1 GG vermittelten Anspruch auf einen an der Resozialisierung ausgerichtete Vollzugsgestaltung.¹⁶⁷ Erschwerend kann hinzu kommen, dass mit der Verlegung ein Verlust des Arbeits- oder Ausbildungsplatzes einhergeht und dass es dem Gefangenen wegen der größeren Entfernung zum Heimatort erschwert wird, Besuche zu bekommen und persönliche Bindungen aufrechtzuerhalten.

89 **„Verlegung"** ist die auf Dauer angelegte Überführung eines Gefangenen von einer Vollzugsanstalt in eine andere.¹⁶⁸ Nicht ausdrücklich geregelt sind demnach nur kurzfristige Überstellungen, etwa um eine angespannte Situation zu entschärfen. Sie ist aber als gleichgelagerte, weniger eingriffsintensive Maßnahme von § 65 mitumfasst und zulässig, wenn dessen Voraussetzungen gegeben sind.¹⁶⁹ Die Verlegung in einen anderen Bereich innerhalb der gleichen Anstalt fällt nicht unter die Verlegungsregelung und ist nach pflichtgemäßem Ermessen zulässig.¹⁷⁰ Dem OLG Celle ist jedoch zu folgen, dass eine Verlegung „in eine andere Anstalt" dann vorliegt und die gesetzliche Verlegungsbestimmung anzuwenden ist, wenn in eine weit entfernte Zweigstelle der Anstalt verlegt werden soll.¹⁷¹ In der Entscheidung ging es um eine Entfernung von mehr als 200 km; die Voraussetzungen sind jedoch schon bei einer deutlich geringeren Entfernung (spätestens ab 50 km) als erfüllt anzusehen. Es kommt also letztendlich nicht alleine auf die organisatorische Trennung beider Anstalten an. Entscheidend ist vielmehr die Qualität der Veränderung.

90 Eine Verlegung wegen einer Gefahr für die Sicherheit oder Ordnung der Anstalt setzt eine konkrete, **in einem Verhalten oder dem Zustand des Gefangenen begründete Gefahr** voraus.¹⁷² Eine Verlegung, um den Gefangenen vor drohenden Übergriffen anderer Gefangener zu schützen, ist rechtswidrig, wenn dieser keinen entsprechenden Anlass gegeben hat. Es verletzt die Grundsätze rechtsstaatlicher Zurechnung, wenn eine gefahrenabwehrrechtliche Maßnahme gegenüber dem potenziellen Opfer einer drohenden Gewalttätigkeit und nicht gegenüber demjenigen ergriffen wird, von dem die Gefahr ausgeht.¹⁷³ Eine Verlegung, um Gefahren für die Sicherheit oder Ordnung der Anstalt abzuwenden, die aus einem (Fehl-)Verhalten der Bediensteten resultiert, wird

---

166 BVerfG NJW 2006, 2683 ff = NStZ 2007, 170 ff = StraFo 2006, 363 ff mwN; StV 2006, 146 f; OLG Karlsruhe StraFo 2010, 128.
167 BVerfGE 116, 69, 86 ff mwN; BVerfG NJW 2006, 2683 ff = NStZ 2007, 170 ff = StraFo 2006, 363 ff mwN; StV 2006, 146 f; OLG Karlsruhe StraFo 2010, 128.
168 AK-Feest/Köhne, § 85 Rn 2.
169 AK-Feest/Köhne, § 85 Rn 2.
170 OLG Celle, NStZ-RR 2007, 192 mwN; KG NStZ 1998, 399; Schwind/Böhm/Jehle/Laubenthal-Ullenbruch § 85 Rn 2.
171 OLG Celle NStZ-RR 2007, 192.
172 BVerfG StV 2006, 146 f; NJW 2006, 2683 ff = NStZ 2007, 170 ff = StraFo 2006, 363 ff OLG Karlsruhe StraFo 2010, 128 (ernstzunehmende Bedrohung eines Bediensteten); AK-Feest/Köhne, § 85 Rn 5; aA Schwind/Böhm/Jehle/Laubenthal-Ullenbruch, § 85 Rn 2.
173 BVerfG NJW 2006, 2683 ff = NStZ 2007, 170 ff = StraFo 2006, 363 ff.

von § 65 nicht gerechtfertigt.[174] Auch eine Suizidgefahr kann eine Verlegung rechtfertigen, wenn der Gefangene in der anderen Anstalt besser betreut werden kann.[175]

Erhöhte Fluchtgefahr liegt vor, wenn tatsächliche Anhaltspunkte die konkrete Gefahr begründen, dass eine Entweichung des Gefangenen bevorsteht oder akut vorbereitet wird. Es muss also eine über die allgemein anzunehmende Fluchtneigung hinausgehende Fluchtgefahr bestehen.[176] Dazu gehören nicht nur konkretisierte Absichten, sondern auch das intellektuelle, psychische und organisatorische Vermögen, eine Flucht zu planen, vorzubereiten und schließlich in die Tat umzusetzen.[177] Keine erhöhte Fluchtgefahr liegt daher bei einem Gefangenem vor, der lediglich eine sich unvorhergesehen bietende Gelegenheit spontan genutzt hat.[178] 91

Die **Zielanstalt** muss für die sichere Unterbringung entsprechend besser geeignet sein. Dies setzt nicht notwendig ein höheres Sicherungsniveau in der Zielanstalt voraus.[179] Der Sicherheitsgewinn kann auch darin liegen, dass der Gefangene aus seinen subkulturellen Beziehungen herausgenommen wird und seine Kenntnisse über Arbeitsabläufe, Sicherheitseinrichtungen und Schwachstellen der gegenwärtigen Anstalt durch die Verlegung verliert.[180] Deshalb ist auch die Verlegung in eine Anstalt mit gleichem oder sogar geringerem Sicherheitsstandard möglich.[181] 92

Wegen des Verhältnismäßigkeitsprinzips darf es zu einer Verlegung gegen den Willen des Gefangenen nur kommen, wenn die Gefahr nicht mit einem eingriffsmilderen Mittel abgewendet werden kann.[182] **Mildere Maßnahmen** können insbesondere die besonderen Sicherungsmaßnahmen sein,[183] wie die Einschränkung der gemeinschaftlichen Unterbringung während der Arbeitszeit oder Freizeit,[184] aber bspw auch die Verlegung in eine andere Abteilung in derselben Anstalt. Ob es tatsächlich Alternativen zu einer Verlegung gibt, ist von den Fachgerichten zu überprüfen.[185] 93

Die gesetzlichen Voraussetzungen für eine Verlegung (erhöhte Fluchtgefahr, Gefahr für die Sicherheit oder Ordnung der Anstalt durch ein Verhalten des Gefangenen oder aufgrund seines Zustandes) sind **unbestimmte Rechtsbegriffe** und unterliegen der gerichtlichen Kontrolle.[186] Erst wenn diese Voraussetzungen vorliegen, eröffnet sich für die Anstaltsleitung ein Ermessensspielraum darüber, ob eine Verlegung vor- 94

---

[174] BVerfG StV 2006, 146 f. Eine Verlegung wäre dann auch rechtswidrig, wenn die angenommene Gefahr bspw durch eine Anweisung an die Bediensteten, Ordnungsverstöße des Gefangenen nicht mehr durchgehen zu lassen, erreicht werden könnte.
[175] Schwind/Böhm/Jehle/Laubenthal-Ullenbruch, § 85 Rn 2.
[176] Arloth, § 85 Rn 2.
[177] AK-Feest/Lesting-Feest/Köhne, § 85 Rn 5.
[178] AK-Feest/Lesting-Feest/Köhne, § 85 Rn 5.
[179] AK-Feest/Lesting-Feest/Köhne, § 85 Rn 2; Schwind/Böhm/Jehle/Laubenthal-Ullenbruch, § 85 Rn 2; aA Calliess/Müller-Dietz, § 85 Rn 1.
[180] BVerfG, 8.5.2006, 2 BvR 860/06; OLG Karlsruhe StraFo 2010, 128; Schwind/Böhm/Jehle/Laubenthal-Ullenbruch, § 85 Rn 2; AK-Feest/Lesting-Feest/Köhne, § 85 Rn 2; Arloth, § 85 Rn 1.
[181] OLG Celle, NStZ-RR 2007, 192.
[182] BVerfG NJW 2006, 2683 ff = NStZ 2007, 170 ff = StraFo 2006, 363 ff mwN; StV 2006, 146 f; OLG Karlsruhe, StraFo 2010, 128.
[183] BVerfG, 8.5.2006, 2 BvR 860/06; KG Berlin, 27.8.2007, 2/5 Ws 376/06 Vollz.
[184] Entspricht § 17 Abs. 3 StVollzG.
[185] BVerfG NJW 2006, 2683 ff = NStZ 2007, 170 ff = StraFo 2006, 363 ff; BVerfG, 8.5.2006, 2 BvR 860/06.
[186] BVerfG NJW 2006, 2683 ff = NStZ 2007, 170 ff = StraFo 2006, 363 ff mwN; StV 2006, 146 f; AK-Feest/Lesting-Feest/Köhne, § 85 Rn 7; aA Arloth, § 85 Rn 2.

zunehmen ist.[187] Ob die Zielanstalt eine bessere, dh sichere Unterbringung des Gefangenen gewährleisten kann, ist wiederum Gegenstand gerichtlicher Überprüfung.[188]

95 § 65 Abs. 2 verweist auf § 12 Abs. 2 und 3. Demnach müssen der Vollstreckungsleiter und das Jugendamt, bei minderjährigen Gefangenen auch die Personensorgeberechtigten unverzüglich **unterrichtet werden** (Abs. 2). Die Aufsichtsbehörde kann sich vorbehalten, derartige Verlegungen aus Gründen der Sicherheit oder Ordnung von ihrer Zustimmung abhängig zu machen (Abs. 3).

VII. Erkennungsdienstliche Maßnahmen

1. Die Ermächtigungsnorm

96 Erlaubt wird die **eigenständige Durchführung erkennungsdienstlicher Maßnahmen** für Zwecke des Vollzuges durch die Vollzugsbehörde.[189] Die Vorschrift ist nach ihrem Charakter eine bereichsspezifische Ermächtigung zur Erhebung, Nutzung und Verarbeitung personenbezogener Daten. Geregelt wird die Erhebung spezifischer personenbezogener Daten durch erkennungsdienstliche Maßnahmen (Abs. 1) sowie deren Verarbeitung (Speicherung, Veränderung, Übermittlung, Sperrung und Löschung; Abs. 2 und 3). Nach den Grundsätzen des Datenschutzrechtes erlaubt sie auch eine den Erhebungszwecken entsprechende Nutzung der Daten[190] durch die erhebende Stelle (die Anstalt). Die Erhebung und jeder Akt der Verwendung personenbezogener Daten berührt das aus dem Allgemeinen Persönlichkeitsrecht abgeleitete **Recht auf informationelle Selbstbestimmung**[191] und muss daher entweder von der Zustimmung des Betroffenen oder einer gesetzlichen Ermächtigungsgrundlage gedeckt sein.

97 Die Regelung geht den allgemeinen Datenschutzvorschriften und den Landesdatenschutzgesetzen als **lex specialis** vor und wird durch diese ergänzt, wo er keine (abschließende) Regelung trifft. Es gelten die allgemeinen Grundsätze des Datenschutzrechtes, insbesondere der Grundsatz der Zweckbindung und der Datensparsamkeit sowie das datenschutzrechtliche Bestimmtheitsgebot (siehe im Einzelnen hierzu § 12 Rn 39). Nach dem Grundsatz der Zweckbindung dürfen die Daten nur für den Zweck genutzt und verarbeitet werden, für den sie erhoben worden sind. Eine darüber hinausgehende Verwendung, insbesondere auch Weitergabe an andere Stellen, ohne Zustimmung des Betroffenen bedarf einer ausdrücklichen gesetzlichen Ermächtigung.[192] Nach dem Grundsatz der Datensparsamkeit hat sich die erhebende Stelle auf das zur Erreichung des Zweckes erforderlich Minimum zu beschränken: Es dürfen nicht mehr Daten erhoben und verwendet werden, als für die Erreichung des Zweckes wirklich notwendig ist. Eine Erhebung und Speicherung von Daten auf Vorrat für unbestimmte oder noch nicht bestimmbare Zwecke ist unzulässig.[193] Die ku-

---

187 AK-Feest/Lesting-Feest/Köhne, § 85 Rn 6; Schwind/Böhm/Jehle/Laubenthal-Ullenbruch, § 85 Rn 2; Arloth, § 85 Rn 2.
188 Schwind/Böhm/Jehle/Laubenthal-Ullenbruch, § 85 Rn 2.
189 § 66 HB, MV, SH, SL; § 17 JVollzDSG BE; § 31 Abs. 1 S. 2 JVollzGB I B-W; Art. 93 BY; § 71 HH; § 58 HE; § 78 NI, § 76 NW; § 17 JVollzDSG RP; § 67 SN; § 140 ST; § 124 TH.
190 Nutzung ist jede Verwendung, die keine Verarbeitung darstellt. vgl § 12 Datenschutz, Rn 13.
191 BVerfGE 65, 1, 41 ff.
192 BVerfGE 65, 1, 45 ff.
193 BVerfGE 65, 1, 45 ff.

mulative Durchführung mehrerer oder gar aller möglichen ED-Maßnahmen ist daher nur mit erhöhtem Begründungsaufwand zu rechtfertigen.

2. Erhebungszwecke

Zulässig soll die Durchführung der abschließend enumerativ **aufgezählten erkennungsdienstlichen Maßnahmen** zur Sicherung des Vollzuges, zur Aufrechterhaltung der Sicherheit und Ordnung sowie zur Identitätsfeststellung sein. 98

„Zur Sicherung des Vollzuges" erlaubt die Erhebung und Nutzung der Daten zur Sicherung bzw. Wiederherstellung des vollzuglichen Gewahrsams an einem Gefangenen. Verhindert werden soll, dass der Gefangene die Anstalt unerlaubt verlässt. Ist er entwichen oder nicht wieder in die Anstalt zurückgekehrt, so dass er sich unerlaubt außerhalb der Anstalt aufhält, dienen die Daten zur Fahndung nach dem Gefangenen und seiner Identifizierung, wenn er ergriffen wird. Die Vorschrift erlaubt zu diesem Zweck die Datenerhebung durch eine erkennungsdienstliche Maßnahme, um die gewonnenen Daten für einen Abgleich vorrätig zu haben. Sie erlaubt darüber hinaus die Überprüfung des Gefangenen in den entsprechenden Situationen (Verlassen der Anstalt, Wiederaufgreifen). 99

Während die Datenerhebungsbefugnisse nach § 86 StVollzG allein auf die Fluchtsicherung beschränkt sind,[194] erlauben die Regelungen der JStVollzGe auch die Durchführung erkennungsdienstlicher Maßnahmen auch **zur Aufrechterhaltung der Sicherheit oder Ordnung** der Anstalt sowie zur Identitätsfeststellung. Beide Erhebungszwecke sind wegen ihrer Unbestimmtheit bedenklich. 100

„Zur Aufrechterhaltung der Sicherheit oder der Ordnung der Anstalt" umfasst neben der äußeren Sicherheit, die bereits mit der „Sicherung des Vollzuges" abgedeckt ist, die innere Sicherheit, also die Verhinderung von Übergriffen auf Gefangene und Bedienstete sowie von Sachbeschädigungen, zudem die Anstaltsordnung. Inwieweit diese Rechtsgüter durch erkennungsdienstliche Maßnahmen geschützt werden können und mithin zu welchen konkreten Zwecken und aus welchen Anlässen die Vollzugsbehörde über die Fluchtsicherung hinaus erkennungsdienstliche Maßnahmen durchführen darf, wird aus der Vorschrift nicht ersichtlich. Theoretisch lässt sich ein Bedürfnis an erkennungsdienstlichen Maßnahmen unter zwei Gesichtspunkten denken: 101

- zur Erleichterung der Durchsetzung der Pflicht, einen zugewiesenen Bereich nicht zu verlassen (s.o. Rn 51, in Verbindung mit der Pflicht einen Lichtbildausweis zu tragen). Wie stets muss die Durchführung der konkreten erkennungsdienstlichen Maßnahmen auch hierfür erforderlich sein. In der Regel wird die Aufenthaltspflicht durch den persönlichen Überblick der Bediensteten durchgesetzt werden können.

- zur Aufklärung (schwerwiegender) Pflichtverletzungen, Straftaten und Ordnungswidrigkeiten. Insofern kommt aber nur die Aufnahme von Finger- und Handabdrücken und Lichtbildern infrage, weil mit diesen Daten Spuren (Fingerabdrücke) verglichen und Gefangene durch Zeugen identifiziert werden können. Dies ist

---

194 OVG Sachsen-Anhalt, 30.1.2006, 2 O 198/05; Schwind/Böhm/Jehle/Laubenthal-Ullenbruch, § 86 Rn 2.

aber offensichtlich nicht gemeint, da die Verarbeitung zur Strafverfolgung und Verfolgung von Ordnungswidrigkeiten, die eine Gefahr für die Sicherheit und Ordnung darstellen, in Abs. 2 S. 3 gesonderte Erwähnung findet.

102 Nach dem **Bestimmtheitsgebot** muss eine datenschutzrechtliche Ermächtigungsnorm Anlass, Zweck und Umfang der Datenerhebung und -verwendung bereichsspezifisch hinreichend klar erkennen lassen.[195] Ein Zwang zur Abgabe personenbezogener Daten setzt voraus, dass der Verwendungszweck präzise bestimmt und dass die Angaben für diesen Zweck geeignet und erforderlich sind.[196] Das Bestimmtheitsgebot hat die Funktion, einerseits der Behörde eine klare Richtschnur für Inhalt und Grenzen ihres mit Grundrechtseingriffen verbundenen Handelns zu geben und andererseits den Gerichten eine Kontrolle der Verwaltung durch eindeutige Rechtsmaßstäbe zu ermöglichen.[197]

Zwar ist der **Bezug auf unbestimmte Rechtsbegriffe** – hier: die „Sicherheit oder Ordnung" – in Eingriffstatbeständen nicht immer ein Verstoß gegen das Bestimmtheitsgebot. Wenn die Verwendung derartiger Begriffe wegen der Komplexität des zu regelnden Sachverhalts erforderlich ist, muss sich jedoch zumindest mithilfe der juristischen Auslegungstechniken bestimmen lassen, wo die Grenzen der Eingriffsermächtigung verlaufen. Verbleibende Ungewissheiten dürfen nicht so weit gehen, dass Vorhersehbarkeit und Justiziabilität des Verhaltens staatlicher Stellen, zu dem die zugrundeliegende Norm diese ermächtigt, gefährdet wäre.[198]

103 Diesen Anforderungen wird der Verwendungszweck „Zur Aufrechterhaltung der Sicherheit oder Ordnung" nicht gerecht, weil er nicht mehr erkennen lässt, zu welchen konkreten Zwecken die Daten erhoben und für welche Situationen und Ziele die so gewonnenen Daten genutzt werden sollen. Es ist bereits zweifelhaft, ob die Benutzung der unbestimmten Rechtsbegriffe hier regelungstechnisch erforderlich ist. In jedem Fall lässt sich der Norm durch Auslegung nicht entnehmen, welche über die Fluchtsicherung hinausgehenden Aspekte der „Aufrechterhaltung von Sicherheit und Ordnung" die Durchführung der ED-Maßnahmen und die Nutzung der dabei gewonnenen Daten rechtfertigen soll.

104 „**Zur Identitätsfeststellung**" ist eine erkennungsdienstliche Behandlung zulässig, wenn die Identität des Gefangenen mit bereits vorhandenen Daten überprüft werden soll. Problematisch ist dieses Merkmal, weil es selbst keinen Endzweck im Sinne der Aufrechterhaltung von Sicherheit oder Ordnung der Anstalt darstellt, sondern allenfalls einen „Zwischenzweck" markiert: Denn die Feststellung der Identität eines Gefangenen ist kein legitimer Zweck an sich, sondern kann ihrerseits nur zulässig sein, wenn sie zur Aufrechterhaltung der Sicherheit oder Ordnung erforderlich ist. Auch insofern stellen sich daher Probleme mit dem verfassungsrechtlichen Gebot der Bestimmtheit und Klarheit der Norm. Gemeint ist offensichtlich die Überprüfung der Identität bei der Aufnahme in den Vollzug, um sicherzustellen, dass der Verurteilte und keine andere Person aufgenommen wird.

---

195 BVerfGE 65, 1, 45 f; BVerfG NJW 2007, 2464, 2466 f mwN.
196 BVerfGE 65, 1, 45 f.
197 BVerfG NJW 2007, 2464, 2466 f.
198 BVerfG NJW 2007, 2464, 2467 mwN.

3. Maßnahmen der Datenerhebung

Die Regelung erlaubt die Gewinnung von personenbezogenen Daten durch fünf abschließend aufgezählte erkennungsdienstliche Maßnahmen.

Nr. 1: Die Abnahme von **Finger- und Handflächenabdrücken** ist nach *Ullenbruch*[199] heute nicht mehr üblich und wegen ihres besonders stigmatisierenden Charakters möglichst zu vermeiden. Jedenfalls ist sie zu vermeiden, wenn der Zweck auch mit anderen Daten (Gesichtsbild) erreicht werden kann.

Nr. 2: Gewöhnlich werden **Brustbilder** aufgenommen, die also Kopf und Gesicht des Gefangenen vollständig abbilden. Er ist in der Regel in Zivilkleidung aufzunehmen. Die Aufnahme von Ganzkörperbildern, insbesondere solche des unbekleideten Gefangenen, muss durch besondere Gründe gerechtfertigt werden, die die Notwendigkeit einer solchen Aufnahme plausibel machen.[200] Liegen keine weiteren Gründe vor, sollte ein Brustbild nicht bei Gefangenen mit einer Vollzugsdauer von weniger als einem Jahr aufgenommen werden (§ 23 VGO).[201] Kommt es auf die Abbildung besonderer Körpermerkmale an, stellt idR die isolierte Aufnahme dieser Merkmale das mildere Mittel gegenüber einer Ganzkörperaufnahme dar.

Nr. 3: Die **Feststellung äußerlicher körperlicher Merkmale** umfasst das Feststellen des Vorhandenseins eines bestimmten körperlichen Merkmals und seine Beschreibung, bspw die Notierung von Haar- und Augenfarbe. Die körperlichen Merkmale müssen auf der Körperoberfläche vorhanden und ohne weitere technische Hilfsmittel erkennbar sein. Gemeint sind insb. Merkmale, die außergewöhnlich oder markant sind (Narben, auch Tätowierungen).[202] Auch hier gilt, dass Art und Umfang der Feststellung verhältnismäßig, insbesondere notwendig sein müssen. Trägt ein Gefangener bspw mehrere Narben oder Tätowierungen, so wird es in der Regel nicht erforderlich sein, alle zu notieren, wenn es zur Identifizierung ausreicht, eine leicht erkennbare zu beschreiben.

Nr. 4: Die Formulierung „**elektronische Erfassung biometrischer Merkmale**" ist verunglückt und zudem zu unbestimmt. Gemeint ist die elektronische Erfassung biometrischer Daten von körperlichen Merkmalen. Biometrie ist die Wissenschaft von der (Ver-)Messung des Körpers und seiner Einzelteile am Lebewesen.[203] „Biometrische (Körper-)Merkmale" gibt es nicht, es kann nur Daten als das Ergebnis einer biometrischen Erfassung geben. Die Definition beschreibt vielmehr die Methode der Köperbeschreibung durch (Ver-)Messungen, die der Unterscheidung eines Menschen von anderen Menschen dient und damit Verifikation und Identifikation ermöglichen. Auch die ED-Maßnahmen nach Nrn. 1–3 und 5 basieren auf biometrischen Verfahren, hier geht es aber um die elektronische Erfassung, durch die bestimmte Körpermerkmale

---

199 Schwind/Böhm/Jehle/Laubenthal-Ullenbruch, § 86 Rn 2.
200 OLG Nürnberg StR 2007, 156 f.
201 AK-Feest/Lesting-Feest/Köhne, § 86 Rn 3.
202 Schwind/Böhm/Jehle/Laubenthal-Ullenbruch, § 86 Rn 2; Hadeler in: Ostendorf, Untersuchungshaft und Abschiebehaft, § 7 Rn 59; aA AK-Feest/Lesting-Feest/Köhne, § 86 Rn 2, die eine Tätowierung nicht als „körperliches Merkmal" iS der Vorschrift ansehen.
203 Siehe Bundesbeauftragter für den Datenschutz und die Informationsfreiheit: „Biometrie und Datenschutz", www.bfdi.bund.de → Startseite Datenschutz → Themen → Technische Anwendungen → Biometrie und Datenschutz (letzter Zugriff am 9.2.2016); Wikipedia: Biometrie, https://de.wikipedia.org/wiki/Biometrie (letzter Zugriff am 9.2.2016).

optisch erfasst und mittels eines Algorithmus in einen Datensatz umgewandelt und als digitalisierte Daten gespeichert werden.

109 Da § 66 Abs. 1 Nr. 4 insofern keine nähere Spezifikation enthält, könnte theoretisch die biometrische Vermessung jedes äußerlichen Körpermerkmals in Betracht kommen. Diese **Unbestimmtheit der Norm** steht im Widerspruch zum datenschutzrechtlichen Bestimmtheitsgebot. Üblicherweise werden als biometrische Verfahren die Gesichtserkennung, die Aufnahme des Fingerabdrucks und der Handgeometrie sowie die Iriserkennung durchgeführt.[204] Die zulässigen Verfahren sind genau zu bestimmen (wie dies bspw in § 4 Abs. 3 und 4 PassG erfolgt ist).[205]

110 Der Vorteil, aber auch die Gefahr elektronischer Biometrieverfahren liegt in der Möglichkeit, körperliche Merkmale in digitalisierten Daten zu beschreiben, die einfach gespeichert (bspw in Chips auf Ausweisen, auf Computer-Festplatten) und ebenso einfach ohne Qualitätsverluste vervielfacht und weitergegeben werden können. Die damit verbundene erhebliche **Gefahr des** (auch unbeabsichtigten) **Missbrauchs** ist bei der Prüfung, ob die Anwendung dieser Verfahren erforderlich und verhältnismäßig ist, stets zu berücksichtigen. Im Übrigen ist eine besondere Sorgfalt im internen Umgang mit diesen Daten zwingend, die besondere organisatorische Vorkehrungen erforderlich machen.[206]

111 Elektronische Biometrieverfahren können zur **Verifizierung und Identifizierung** genutzt werden. Eine Verifizierung ist die Feststellung, ob eine bestimmte Person mit der Person identisch ist, deren körperliche Merkmale erfasst worden sind. Bspw indem mit einem Augenscanner die Iris einer Person mit den auf einem Chip ihres Ausweises gespeicherten Daten abgeglichen werden. So kann festgestellt werden, dass die Person, die den Ausweis vorlegt, auch diejenige ist, auf den dieser ausgestellt worden ist (1:1 Vergleich). Mit der Identifikation wird die Identität einer Person geklärt, indem ihre körperlichen Merkmale mit den in einer Mehrzahl an Datensätzen gespeicherten Beschreibungen verglichen werden. Ergibt sich eine Übereinstimmung mit einem dieser Referenzdatensätze, kann die Person als diejenige identifiziert werden, von welcher der Referenzdatensatz stammt.

Die Erhebung biometrischer Daten kommt im Vollzug vor allem in Zusammenhang mit der (automatisierten) Verifikation innerhalb der Anstalt in Betracht, aber auch zur Erleichterung der Verifikation bei entwichenen Gefangenen, die außerhalb der Anstalt aufgegriffen wurden.

112 Nr. 5: Auch **Messungen**, wie die Feststellungen der Körpergröße oder des Gewichtes, beziehen sich auf äußerliche Merkmale des Körpers.

---

[204] S. Bundesbeauftragter für den Datenschutz und die Informationsfreiheit: „Biometrie und Datenschutz", www.bfdi.bund.de Datenschutz → Themen → Technische Anwendungen → Biometrie und Datenschutz (letzter Zugriff am 30.4.2015).
[205] Klarer deshalb auch § 31 Abs. 1 JVollzGB I B-W, Art. 9 Abs. 1 BY und § 78 Abs. 1 NI.
[206] Im Einzelnen: Bundesbeauftragter für den Datenschutz und die Informationsfreiheit: „Biometrie und Datenschutz", www.bfdi.bund.de → Startseite Datenschutz → Themen → Technische Anwendungen → Biometrie und Datenschutz (letzter Zugriff am 9.2.2016).

4. Kenntnis des Gefangenen, Ermessen, Verhältnismäßigkeit der Datenerhebung

Erlaubt ist nur die Datenerhebung **mit Kenntnis des Gefangenen**. Dies gilt für alle Arten der zu erhebenden Daten. Der Gefangene ist damit nicht nur über den Vorgang der Datenerhebung als solchen, sondern auch über den Zweck der erkennungsdienstlichen Maßnahmen zu informieren. Nicht erlaubt sind heimliche Fotografien oder die Verwendung von Fotografien, deren Anfertigung für den Gefangenen zwar erkennbar war, aber in einen ganz anderen sozialen Sinnzusammenhang eingeordnet wurde (zB als Erinnerungsfoto verstanden wurde). 113

Die Vorschrift räumt der Anstalt ein **Ermessen** („... sind ... zulässig.") bei der Entscheidung ein, ob und wenn ja bei wem welche erkennungsdienstlichen Maßnahmen vollzogen werden. Die Anstalt ist also nicht per se verpflichtet, erkennungsdienstliche Maßnahmen durchzuführen.[207] Sie muss ihr Ermessen unter Beachtung des Verhältnismäßigkeitsgrundsatzes, unter besonderer Berücksichtigung des Grundsatzes der Datensparsamkeit ausüben, dh abwägen und begründen, warum welche ED-Maßnahmen erforderlich sind. Für Standardmaßnahmen – etwa die Anfertigung eines Brust-Lichtbildes – kann eine generalisierende Ermessensausübung ausreichend sein, nach der bei bestimmten Gruppen von Gefangenen bestimmte ED-Maßnahmen vorzunehmen sind.[208] Dabei kann sich die Anstalt an einer mutmaßlich erhöhten Fluchtgefahr aufgrund vorheriger Fluchtversuche oder wegen der Zugehörigkeit zu einer kriminellen Vereinigung (wobei dies im Jugendstrafvollzug eine absolute Ausnahme darstellen wird), aber auch an der voraussichtlichen Vollzugsdauer orientieren.[209] Nach Nr. 23 VGO soll bei Gefangenen mit einer Vollzugsdauer unter einem Jahr nur eine Personenbeschreibung angefertigt werden, während nur bei Gefangenen mit einer Vollzugsdauer von mind. einem Jahr ein Lichtbild angefertigt und zu den Vollzugsakten genommen wird.[210] Es gibt keinen Anlass, hiervon im Jugendstrafvollzug zuungunsten der Gefangenen abzuweichen. Insgesamt ist bei der Durchführung der erkennungsdienstlichen Maßnahmen der Tatsache Rechnung zu tragen, dass Entweichungen aus dem Jugendstrafvollzug deutlich seltener, weniger gefahrvoll und in der Regel wesentlich weniger durchdacht sind, als dies im Vollzug der Freiheitsstrafe der Fall ist. 114

Kommt die Anstalt zu dem Ergebnis, dass für bestimmte Gruppen von Gefangenen oder für einzelne Gefangene die Erhebung der bezeichneten personenbezogenen Daten erforderlich ist, unterliegt auch die **Art der Durchführung und der Umfang der Datenerhebung** dem Grundsatz der Verhältnismäßigkeit. Ungewöhnliche Maßnahmen – bspw die Anfertigung eines Ganzkörperbildes – sind individuell zu begründen.[211] Aus dem Grundsatz der Datensparsamkeit folgt, dass die Erhebung der Daten auf das erforderliche Maß zu beschränken ist. 115

---

207 Schwind/Böhm/Jehle/Laubenthal-Ullenbruch, § 86 Rn 2.
208 Schwind/Böhm/Jehle/Laubenthal-Ullenbruch, § 86 Rn 2; aA AK-Feest/Lesting-Feest/Köhne, § 86 Rn 4.
209 OLG Frankfurt aM NStZ-RR 2000, 29; Schwind/Böhm/Jehle/Laubenthal-Ullenbruch, § 86 Rn 2; kritisch AK-Feest/Lesting-Feest/Köhne, § 86 Rn 3.
210 Kritisch hierzu AK-Feest/Lesting-Feest/Köhne, § 86 Rn 3.
211 OLG Nürnberg StRR 2007.

§ 8 Sicherheit und Ordnung

5. Speicherung und Verarbeitung

116 Die Regelung erlaubt es, die gewonnenen Unterlagen oder Daten **zu den Gefangenenpersonalakten zu nehmen oder in personenbezogenen Dateien zu speichern.**

117 „Dateien" sind alle Sammlungen personenbezogener Daten, die gleichartig aufgebaut und nach bestimmten Merkmalen zugänglich sind. (s. § 3 Abs. 2 S. 2 BDSG). Es handelt sich also nicht nur um elektronisch gespeicherte Dateien (automatisierte Dateien), vielmehr gehört zum Datei-Begriff bspw auch eine Karteikartensammlung, deren Datenblätter nach einem einheitlichen Muster aufgebaut sind, jeweils entsprechende Daten enthalten und die über zwei oder mehr Zugangswege erschlossen werden können.

118 Andererseits können auch die Akten in elektronische Form geführt werden.[212] Abs. 2 S. 1 erlaubt daher ebenso das Abheften in Gefangenenpersonalakten aus Papier, wie das Speichern in elektronischen Gefangenenpersonalakten sowie in sonstigen personenbezogenen Dateien.

119 Die gewonnenen Daten dürfen für die genannten Zwecke sowie im Rahmen des Festnahmerechts (s.u. Rn 135) und zur Verhinderung und Verfolgung von Straftaten und solchen Ordnungswidrigkeiten, durch die die Sicherheit oder Ordnung der Anstalt gefährdet werden verarbeitet werden. **Verarbeiten** ist das Speichern, Verändern, Übermitteln, Sperren oder Löschen der Daten (siehe § 12 Datenschutz Rn 13). Diese Befugnis erlaubt nur die entsprechenden Verarbeitungen bereits vorhandener Daten und nicht die neue Erhebung eigens zu Zwecken, die über die in Abs. 1 genannten hinausgehen.

6. Löschungsregelung

120 Die in Dateien gespeicherten personenbezogenen Daten sind **spätestens zwei Jahre nach Beendigung des vollzuglichen Gewahrsams**[213] durch Entlassung oder Verlegung zu löschen. Diese Vorschrift geht damit als die speziellere den allgemeinen Löschungsregelungen vor. Sie bezieht sich nicht auf die in den Gefangenenpersonalakten (ob elektronisch oder aus Papier) enthaltenen Daten. Für diese gelten die allgemeinen Aufbewahrungs- und Löschungsvorschriften (s.u. § 12 Datenschutz Rn 93 ff).

VIII. Lichtbildausweise

121 Die § 180 Abs. 1 S. 2 StVollzG entsprechende Regelung[214] berechtigt die Anstalt, die Gefangenen zum **Tragen von Lichtbildausweisen** innerhalb der Anstalt zu verpflich-

---

[212] Schwind/Böhm/Jehle/Laubenthal-Ullenbruch, § 86 Rn 3; Arloth, § 86 Rn 3; die noch auf der Fassung des BDSG bis 2001 basierende Beschlüsse des OLG Hamm, 30.1.2001, 1 Vollz (Ws) 131/00 und des OLG Celle NStZ 2003, 54, sind inzwischen überholt, Tolzmann, NStZ 2003, 56.
[213] Keine spezielle Löschungsregelungen gibt es in Baden-Württemberg, Bayern, Hessen und Niedersachsen; in Hamburg beträgt die Frist fünf Jahre ab Entlassung (§ 72 Abs. 3 HmbStVollzG), in Berlin und Sachsen sind die Unterlagen und Daten zu löschen, sobald die Vollstreckung abgeschlossen ist (§ 66 Abs. 3 JStVollzG Bln, § 67 Abs. 3 SN) und in Nordrhein-Westfalen hat der Gefangenen einen Anspruch auf Löschung, sobald die Vollstreckung abgeschlossen ist (§ 76 Abs. 4 NW).
[214] § 67 HB, MV, SH, SL; § 132 Abs. 2 BB; § 26 JVollzDSG BE; § 34 Abs. 3 und 5 JVollzGB I B-W; Art. 197 Abs. 1 S. 2 BY; § 116 Abs. 1 S. 2 HH; § 58 Abs. 2 HE; § 99 Abs. 1 S. 2 NW; § 79 NI; § 25 JVollzDSG RP; § 68 SN; § 162 ST.

ten.²¹⁵ Die Maßnahme kann der Fluchtverhinderung dienen sowie der Durchsetzung der Pflicht des Gefangenen, sich in einem zugewiesenen Bereich aufzuhalten. Die Vorschrift ermächtigt die Anstalt jedoch nicht dazu, die Gefangenen auch zum Tragen von Ausweisen zu verpflichten, auf denen in elektronischer Form biometrische Daten gespeichert sind.

Wie stets ist die Erforderlichkeit zu prüfen. Diese wird sich leichter begründen lassen, wenn die Gefangenen nicht zum Tragen von Anstaltskleidung verpflichtet sind. Sind sie das, ist darzulegen, warum dies nicht ausreichend ist, um einem unerlaubten Entweichen vorzubeugen. Geht es um die Pflicht, einen zugewiesenen Bereich nicht zu verlassen, ist ebenfalls darzulegen, warum es zu dessen Durchsetzung des Tragens von Ausweisen bedarf. Üblicherweise werden der persönliche Kontakt und der Überblick der Bediensteten ausreichend sein, so dass besondere Gründe gegeben sein müssen.

IX. Maßnahmen zur Feststellung des Suchtmittelkonsums

1. Die Ermächtigungsnorm

Anders als im StVollzG werden in den JStVollzGen ausdrücklich **Kontrollen zur Feststellung des Suchtmittelkonsums** aus Gründen der Sicherheit und Ordnung der Anstalt geregelt.²¹⁶ Das StVollzG enthält keine derartige Ermächtigung. Während das StVollzG die Drogenproblematik als Problem der Gesundheitsfürsorge wahrgenommen und normiert hat (wobei in der Praxis durchaus die Perspektive von Sicherheit und Ordnung vorherrscht), schlägt sich in der Ausgestaltung des Neuner-Entwurfs das starke Bedürfnis der Praxis nieder, Drogenkontrollen vor allem auch als Maßnahme zur Aufrechterhaltung von Sicherheit und Ordnung der Anstalt durchführen zu können. In dieser Vorschrift manifestiert sich die restriktive Linie im Umgang mit der vollzuglichen Drogenproblematik.

122

Die Drogensituation in den Strafanstalten ist eines der permanent drängendsten, zugleich aber auch **komplexesten Probleme des Strafvollzugs**. Die Problematik umfasst – je nach Drogenart – die Gefahr der Abhängigkeit und die von einer Suchtmittelabhängigkeit ausgehenden Gesundheitsgefahren, die akuten Rauschzustände mit den entsprechenden Verhaltensauffälligkeiten bis hin zu den mit der Beschaffung einhergehenden Auseinandersetzungen, die Entstehung von Abhängigkeitsverhältnissen und subkulturellen Strukturen. Drogen kursieren vermutlich in allen deutschen Justizvollzugsanstalten und sind auch im Jugendstrafvollzug schon immer weit verbreitet. Dies wird einerseits durch die persönlichen Dispositionen des in den Strafanstalten konzentrierten Klientels begünstigt, das zu einem deutlich über dem Bevölkerungsdurchschnitt liegenden Maße aus Personen mit einer Drogensucht oder Suchtgefährdung besteht.²¹⁷ Erhebliche Wirkungen entfalten aber auch die durch den Vollzug selbst

123

---

215 Str. ist, ob die Gefangenen auch verpflichtet werden können, den Ausweis *offen* zu tragen: ablehnend AK-Feest/Lesting-Goerdeler/Weichert, § 180 Rn 22; Laubenthal/Nestler/Neubacher/Verrel-Koranyi, Abschn. O Rn 53; befürwortend Schwind/Böhm/Jehle/Laubenthal-Schmid, § 180 Rn 10; Arloth, § 180 Rn 3; iE Hadeler in: Ostendorf, Untersuchungshaft und Abschiebehaft, § 7 Rn 66.
216 § 68 BE, HB, MV, SH, SL; § 88 BB; § 60 Abs. 4 BW; Art. 94 BY; § 72 HH; § 46 HE; § 77 NW; § 86 RP; § 69 SN; § 87 ST, TH; keine Regelung: NI.
217 Siehe o. Wirth, BewHi 2002, 108; Gericke, StV 2003, 305.

Goerdeler

geschaffenen Faktoren. So verstärken das Eingesperrtsein, die vielen Zeiten des Leerlaufs, die permanente Fremdbestimmung und das allgegenwärtige Klima der Angst den Drang, sich zur Bewältigung bzw Verdrängung dieser Lebenssituation in den Drogenrausch zu flüchten oder mithilfe von Drogen Entspannung oder Selbstbewusstsein „zu tanken". Auch üben die Zwangsgemeinschaften, denen man sich nicht entziehen kann, häufig sozialen Druck zum Mitkonsumieren aus.

124 Von Drogen können **schwere Gefahren** für die Anstaltsordnung und auch für die Sicherheit des Vollzuges ausgehen.[218] Die – nicht nur rechtliche – Komplexität des Problems liegt in der sehr engen Verbindung zum bzw Überschneidung mit dem Bereich der Gesundheitsfürsorge und der medizinischen Behandlung, da der regelmäßige Konsum vieler Drogen Gesundheitsschädigungen der Konsumenten nachsichzieht. Suchtmittelabhängigkeit selbst ist als Krankheit anerkannt. Gesundheitsfürsorge, medizinische Behandlung und der Versuch mittels Kontrollen und anderer repressiver Maßnahmen, Drogen aus der Anstalt fernzuhalten und ihren Konsum zu sanktionieren, sind jedoch Bereiche die unterschiedlichen, mitunter gegensätzlichen Funktionsweisen und rechtlichen Rahmenbedingungen unterliegen.

125 Einerseits erfordern die von Drogen ausgehenden Gefahren, diese aus der Anstalt möglichst umfassend fernzuhalten. Es gehört zu den **Aufgaben der Vollzugsanstalten,**[219] diese möglichst frei von (insbesondere illegalen) Drogen zu halten und zu diesem Zweck insbesondere **effektive Kontrollen** des Besuchs sowie der Gefangenen durchzuführen (s.o. zur Absuchung und Durchsuchung). Darüber hinaus ist auch nach anderen Wegen zu suchen, um den Drogenmissbrauch in den Anstalten möglichst weitgehend zu reduzieren. Insbesondere sind entsprechende Beratungen sowie Entzugs- und Behandlungsmaßnahmen in ausreichendem Umfang anzubieten. Die hier geregelten Maßnahmen zur Feststellung des Suchtmittelkonsums sind ebenfalls Instrumente zur Reduzierung des Drogenumfangs und -konsums innerhalb der Anstalt, wegen ihrer Nähe zu medizinischen Untersuchungen jedoch mit einer eigenen Problematik. Gleichzeitig ist gut zu überlegen, wie sich der von Kontrollen ausgehende Druck sowie die durch die Verknappung entstehenden Unruhen und verschärfende Konkurrenz auf das Vollzugsklima auswirkt, und welche anderen Möglichkeiten der Anstalt – kumulativ oder alternativ – zu Gebote stehen, um das Einbringen und den Konsum von Drogen sowie die damit einhergehenden Gesundheitsgefahren möglichst gering zu halten.

126 Für die Vollzugsbehörde ist die Kenntnis des individuellen Drogenkonsums **von vielfältigem Interesse.** Die Ergebnisse von Drogenscreenings sind u.a. relevant für folgende Entscheidungen:

---

[218] BVerfG, 6.11.2007, 2 BvR 1136/07 für die U-Haft; OLG Rostock ZfStrVo 2005, 115 für den Jugendstrafvollzug; OLG Oldenburg StV 2007, 88 mit krit. Anm. Pollähne; OLG Hamm, 3.4.2007, 1 Vollz (Ws) 113/07; KG Berlin StraFo 2006, 345; HansOLG HH, 2.3.2004, 3 Vollz (Ws) 128/03; OLG Hamm ZfStrVo 1995, 248 = NStZ 1995, 55; OLG Koblenz ZfStrVo 1990, 51.

[219] BVerfG, 6.11.2007, 2 BvR 1136/07 für die U-Haft; OLG Rostock ZfStrVo 2005, 115 für den Jugendstrafvollzug; OLG Oldenburg StV 2007, 88 mit krit. Anm. Pollähne; OLG Hamm, 3.4.2007, 1 Vollz (Ws) 113/07; KG Berlin StraFo 2006, 345; HansOLG HH, 2.3.2004, 3 Vollz (Ws) 128/03; OLG Hamm ZfStrVo 1995, 248 = NStZ 1995, 55; OLG Koblenz ZfStrVo 1990, 51.

- Beurteilung, ob die Einschätzungen des Vollzugsplans (noch) richtig und die daran geknüpften Schlussfolgerungen angebracht sind;
- Zuordnung des Gefangenen zu bestimmten Vollzugs- und Behandlungsgruppen;
- Feststellung medizinischer oder drogentherapeutischer Behandlungsbedürftigkeit und Zuordnung zu konkreten Behandlungsangeboten;
- Zuweisung von Arbeitsplätzen (insb. wenn es um vertrauensgetragene Stellungen geht);
- Entscheidungen über die Gewährung von Vollzugslockerungen;
- als Ausgangspunkt weiterer Sicherungsmaßnahmen insb. gegen den Besitz verbotener Drogen;
- unzulässig ist dagegen die Verwertung positiver Ergebnisse unfreiwilliger Drogenscreenings im Rahmen disziplinarrechtlicher Ahndung wegen eines Verstoßes gegen ein Verbot des Drogenkonsums (s.u. Rn 153).
- auch im Rahmen des Vollstreckungsverfahrens können die Erkenntnisse von Bedeutung sein, insb. im Rahmen von Entscheidungen über die Aussetzung des Strafrestes zur Bewährung, in extremen Fällen auch, wenn über die Anordnung einer nachträglichen Sicherungsverwahrung zu entscheiden ist.

2. Begrifflichkeiten

Begrifflich ist die Vorschrift nicht geglückt: Ausgangspunkt ist der **Begriff des „Suchtmittels"**, dessen Konsum bzw. Missbrauch festgestellt werden soll. Der Begriff des „Suchtmittels" ist in der medizinischen und deutschen Rechtssprache aber unüblich. So wird im Betäubungsmittelgesetz der Begriff des „Betäubungsmittels" verwendet. Er wird allerdings nicht abstrakt definiert, sondern erfährt seinen konkreten Inhalt durch die abschließende Aufführung der in den Anhängen I bis III zum BtMG aufgeführten Stoffe. Auch die Medizin vermeidet den Begriff der „Sucht" und spricht stattdessen – inhaltlich allerdings synonym – von „Abhängigkeit".[220] So enthält eine Klassifikation nach ICD-10 verschiedene Abhängigkeitssyndrome (F10.2 – F 19.2) infolge des Missbrauchs von psychoaktiven Substanzen.[221] Ungeachtet des in der Medizin heute sehr weiten Verständnisses dessen, was Gegenstand einer Sucht oder Abhängigkeit sein kann – zu erwähnen sind insbesondere auch Verhaltenssüchte wie Spielsucht, Internetsucht, Sexsucht etc. –, muss die Verwendung des Begriffs des „Suchtmittels" zu einer eingrenzenden Auslegung dahingehend führen, dass „Sucht" im Sinne von substanzbezogener Abhängigkeit zu verstehen ist. „Suchtmittel" sind also Substanzen, die über ein besonderes Suchtpotenzial verfügen.

127

Allerdings lässt sich auch damit noch **keine trennscharfe Abgrenzung** gewinnen, da hierzu – der ICD-10-Klassifikation folgend – nicht nur die nach dem BtMG in den Anhängen I bis III aufgeführten „verbotenen" Substanzen zu zählen sind, sondern

---

220 www.medizinfo.de/sucht/sucht/abhaengigkeit.shtml (letzter Zugriff am 9.2.2016).
221 Englische Originalversion: http://apps.who.int/classifications/icd10/browse/2016/en#/ (letzter Zugriff am 9.2.2016); deutsche Version: http://www.dimdi.de/static/de/klassi/icd-10-who/kodesuche/onlinefassungen/htmlamtl2016/index.htm (letzter Zugriff am 9.2.2016).

ebenso sozialakzeptierte Stoffe wie Koffein, Alkohol oder Tabak (Nikotin).[222] Andererseits würde eine Orientierung allein an den BtMG-Anhängen insbesondere Alkohol herausfallen lassen. Sachgerecht ist daher zunächst eine Orientierung anhand der ICD-10-Klassifikation, verbunden mit einem zwingenden zweiten Schritt, der die Anwendung der Kontrollmaßnahmen auf solche Substanzen beschränkt, die typischerweise mit Gefahren für die Sicherheit oder Ordnung in der Anstalt verbunden sein können. Tabak oder Stimulanzien wie Koffein gehören sicher nicht dazu, wohl aber Alkohol und Lösungsmittel sowie die sonstigen auch durch das BtMG verbotenen Drogen.[223]

128 Unpräzise ist die Vorschrift auch insofern, als sie in der Überschrift von der Feststellung des „Suchtmittel-Konsums" spricht, während es nach der Formulierung in Abs. 1 S. 1 um die Feststellung des „Missbrauchs" geht. Maßgeblich ist insofern der Wortlaut der Vorschrift (S. 1),[224] wobei jedoch aus der Überschrift die Zielrichtung der Maßnahmen deutlich wird: Es geht um eine Ermächtigung für Maßnahmen, durch die ein missbräuchlicher Konsum festgestellt werden kann.[225] Im medizinischen Bereich werden als Substanzmissbrauch bzw „Schädlicher Gebrauch" (ICD-10, F1 x.1) Formen des (gesteigerten) Konsums verstanden, die mit der konkreten, nicht bloß abstrakten Gefahr gesundheitlicher Schäden für den Konsumenten verbunden sind. Darüber hinaus wird hier ein „Missbrauch" allgemein als pflichtwidriger Konsum – entgegen individueller Weisung oder Hausordnung – zu verstehen sein.

129 Hingegen kann der Begriff der infrage kommenden **„Maßnahmen"** grundsätzlich weit verstanden werden. Es können alle Verfahren sein, soweit diese nicht mit körperlichen Eingriffen verbunden sind und Konsum/Missbrauch „feststellen" können. Sie müssen zuverlässige Ergebnisse und nicht nur Hinweise liefern. Die in der Praxis häufig verwendeten Immunassays sind jedoch bloß Hinweis gebende Verfahren und produzieren keine belastbaren Ergebnisse. Belastende Maßnahme können daher nicht alleine auf Ergebnisse von Immunassays gestützt werden, sondern machen die Analyse der Probe in einem zuverlässigen Verfahren (etwa gaschromatografische Analyse) erforderlich.[226] Möglich ist daher ein zweistufiges Vorgehen, in dem zunächst mit Hinweis gebenden Verfahren die unproblematischen Fälle aussortiert werden und bei entsprechenden vorläufig-positiven Ergebnissen eine Zweitanalyse durch ein zuverlässiges Verfahren vorgenommen wird.

Liegen die Voraussetzungen für eine rechtmäßige Anordnung vor (s.u.), ist die Mitwirkung an der Untersuchung für den Gefangenen im Rahmen seiner Gehorsamspflicht verpflichtend.[227] Die Verweigerung der Mitwirkung kann eine Disziplinar-

---

222 S. ICD-10 F10.2 (Abhängigkeitssyndrom Alkohol), F15.2 (Abhängigkeitssyndrom durch andere Stimulanzien, einschließlich Koffein), F17.2 (Abhängigkeitssyndrom durch Tabak).
223 Hadeler in: Ostendorf, Untersuchungshaft und Abschiebehaft, § 7 Rn 79.
224 Zur parallelen Problematik im Rahmen der UVollzG: Hadeler in: Ostendorf, Untersuchungshaft und Abschiebehaft, § 7 Rn 78 f.
225 Dagegen versteht Hadeler unter Missbrauch auch einen nicht konsumbezogenen rechtswidrigen Umgang mit Suchtmitteln, Hadeler in: Ostendorf, Untersuchungshaft und Abschiebehaft, § 7 Rn 78.
226 OLG Frankfurt aM NStZ 2006, 21.
227 Der Nemo-tenetur-Grundsatz steht dem nicht entgegen, BVerfG Forum Strafvollzug 2011, 192; 2008, 292; Hadeler in: Ostendorf, Untersuchungshaft und Abschiebehaft, § 7 Rn 84.

maßnahme nachsichziehen.²²⁸ Dabei zutage tretende positive Testergebnisse dürfen allerdings nur eingeschränkt verwendet werden: Sie können für Vollzugsentscheidungen herangezogen werden, die keinen Sanktionscharakter haben,²²⁹ etwa um den Vollzugsplan anzupassen, Behandlungsmaßnahmen vorzusehen bzw um deren Erfolg oder Erfolglosigkeit zu beurteilen, um über die Zuteilung von Arbeitsplätzen und die Gewährung von Vollzugslockerungen zu entscheiden. Hingegen hindert die verfassungsrechtlich garantierte Selbstbelastungsfreiheit in Straf- und strafrechtsähnlichen Verfahren (Nemo-tenetur-se-ipse-accusare-Grundsatz)²³⁰ die Verwendung der Testergebnisse zu disziplinarischen Zwecken. Dass es sich bei vollzuglichen Disziplinarverfahren um ein derartiges Verfahren mit strafähnlichen Sanktionen handelt, erkennt auch das BVerfG an.²³¹ Der teilweise obergerichtlich vertretenen Ansicht, dass im Strafvollstreckungsrecht die Individualrechte des Gefangenen weitergehenden Beschränkungen unterlägen als im Strafverfahren, weil aus der Unschuldsvermutung abgeleitete Schranken für staatliche Grundrechtseingriffe größtenteils entfallen oder stark herabgesetzt seien, so dass von dem Gefangenen eine aktive Mitwirkung an Drogenkontrollen zur Verwendung in nachfolgenden Disziplinarverfahren gefordert werden könne,²³² kann nicht gefolgt werden.²³³ Offensichtlich schwingt hier noch die Denkweise des „Besonderen Gewaltverhältnisses"²³⁴ mit, dessen Gültigkeit für den Strafvollzug vom Bundesverfassungsgericht jedoch längst beendet und durch die Prämisse ersetzt wurde, dass auch Strafgefangene im vollem Umfang Grundrechtsträger sind, Eingriffe in ihre Grundrechte daher einer gesetzlichen Grundlage bedürfen und inhaltlich an den Grundrechten der Gefangenen zu messen sind.²³⁵ Das Verbot des Selbstbelastungszwangs erstreckt sich nicht nur auf verbale Aussagen, sondern insgesamt auf aktive Mitwirkungshandlungen.²³⁶ Demnach ist der Nemo-tenetur-Grundsatz auch auf Urinkontrollen zur Feststellung des Drogenkonsums voll umfänglich und ohne Abwägung gegen widerstreitende Interessen²³⁷ anwendbar.

Zur Sanktionierung der Nicht-Mitwirkung und nach positiven Befunden s. auch § 10.

3. Voraussetzungen und Durchführung von Drogenscreenings

Die Regelungen erlaubt Maßnahmen, mit denen der Konsum von Suchtmitteln nachgewiesen wird, auf Grundlage einer Einzelfallentscheidung oder einer allgemeinen Anordnung. Auch nach dieser Vorschrift dürfen Drogenkontrollen nicht willkürlich

---

228 BVerfG Forum Strafvollzug 2011, 192; Hadeler in: Ostendorf, Untersuchungshaft und Abschiebehaft, § 7 Rn 84.
229 OLG Dresden NStZ 2005, 588, 590; Gericke, StV 2003, 306; auch das BVerfG scheint von dieser Prämisse auszugehen, da es lediglich die Verwertung im Rahmen eines Strafverfahrens sowie des vollzuglichen Disziplinarverfahrens problematisiert, BVerfG, FS 2008, 292; aA Pollähne, StV 2007, 88, 91.
230 BVerGE 55, 144, 150; 56, 37, 41 f BVerfG Forum Strafvollzug 2008, 292.
231 BVerfG, 6.11.2007, 2 BvR 1136/07, Abs. Nr. 21.
232 KG Berlin StraFo 2006, 345 f; OLG Rostock ZfStrVo 2005, 115, 116; OLG Koblenz ZfStrVo 1990, 51, 53 f.
233 So auch OLG Dresden NStZ 2005, 588, 590; Pollähne, StV 2007, 88, 91; Gericke, StV 2003, 305, 306; LG Hamburg, 23.5.2007, 613 Vollz 9/07.
234 So ausdrücklich OLG Koblenz, ZfStrVo 1990, 51, 54.
235 BVerfGE 33, 1, 9 f; 58, 358, 367; 116, 69, 80 f.
236 Gericke, StV 2003, 305, 306; Meyer-Goßner, Einl. Rn 29a mwN.
237 Pollähne, StV 2007, 88, 91; so aber HansOLG HH, 2.3.2004, 3 Vollz (Ws) 128/03.

angeordnet werden. Eine **Allgemeine Anordnung** liegt vor, wenn wiederkehrende Situationen, in denen Kontrollen stattfinden sollen, von dieser umfasst werden. Eine allgemeine Anordnung muss die Kontrollen an hinreichend konkrete Aussagen binden, welcher Adressatenkreis aus welchem Anlass unter welchen Voraussetzungen zu kontrollieren ist. Unzulässig sind Anordnungen die voraussetzungslos alle Gefangenen einer jederzeitigen Kontrollmöglichkeit unterwerfen.

131 Handelt es sich um eine **Anordnung im Einzelfall** – die ebenfalls vom Anstaltsleiter zu treffen ist – müssen tatsächliche Anhaltspunkte vorliegen, die den Verdacht des rechts- bzw pflichtwidrigen Betäubungsmittelkonsums rechtfertigen.[238] Dazu ist der Sachverhalt zunächst aufzuklären.[239] Reine Vermutungen, die nicht auf Tatsachenfeststellungen gestützt sind, genügen dem nicht.[240]

132 Sowohl die Anordnung einer Untersuchung im Einzelfall wie auch die allgemeine Anordnung darüber, in welchen Situationen bei wem Kontrollmaßnahmen vorzunehmen sind, sind **dem Anstaltsleiter vorbehalten**. Er kann seine Anordnungsbefugnis im Rahmen seiner Delegationskompetenz (vgl § 13 Rn 13) auf einzelne Bedienstete übertragen.

133 Die Durchführung der Urinabgabe muss **Sicherheit vor Manipulationen** gewähren. Insbesondere muss hinreichend sichergestellt werden, dass der Gefangene nicht eine falsche, nicht von ihm stammende Probe abgibt. Eine angemessene ärztliche Überwachung stellt daher keine unangebrachte Herabwürdigung oder gar Verletzung der Menschenwürde dar.[241] Allerdings unterliegen auch Art und Weise der Durchführung dem Verhältnismäßigkeitsprinzip. Unnötige Beeinträchtigungen der Gefangenen oder Bloßstellungen müssen vermieden werden. Eine solche liegt bspw vor, wenn der Gefangene sich entkleiden und die Urinprobe in einem ansonsten leeren Duschraum unter Aufsicht eines Bediensteten abgeben soll. Denn die Abgabe unter der unmittelbaren Aufsicht eines Bediensteten ist ein erheblicher Eingriff in die Privatsphäre, der – entgegen KG Berlin und OLG Hamm[242] – nicht gerechtfertigt ist, weil schon dadurch, dass der Gefangene sich entkleidet und sich allein in einen Duschraum oder eine Duschkabine begibt, die Gefahr von Manipulationen ausgeschlossen werden kann.[243] Hessen sieht ausdrücklich eine Kontrolluntersuchung durch externe Fachlabore vor, wenn Gefangene bei einem positiven Befund den Konsum oder bei Manipulationsverdacht die Manipulation bestreiten; bestätigt sich der Verdacht, sind ihnen die Kosten aufzuerlegen (§ 46 Abs. 4 HE).

---

238 Siehe für die Untersuchungshaft zu § 119 Abs. 3 StPO: BVerfG, 6.11.2007, 2 BvR 1136/07, Abs. Nr. 26 f; zu § 56 Abs. 2 StVollzG: KG Berlin ZfStrVo 2006, 374 = StraFo 2006, 345 f; OLG Rostock ZfStrVo 2005, 115; OLG Dresden NStZ 2005, 588 f; aA OLG Hamm, 3.4.2007, 1 Vollz (Ws) 113/07.
239 So für Drogenkontrollen auf der Grundlage des § 56 Abs. 2 StVollzG: KG Berlin ZfStrVo 2006, 374 = StraFo 2006, 345 f; OLG Oldenburg NStZ-RR 2006, 28 f; OLG Koblenz NStZ 1999, 446; OLG Rostock ZfStrVo 2005, 116; OLG Frankfurt aM NStZ-RR 2005, 188.
240 KG Berlin ZfStrVo 2006, 374 = StraFo 2006, 345 f; OLG Dresden NStZ 2005, 588 f.
241 BVerfG, 17.2.2006, 2 BvR 204/06, Abs. Nr. 10; BVerfG NJW 1993, 3315 f.
242 OLG Hamm, 3.4.2007, 1 Vollz (Ws) 113/07; KG Berlin ZfStrVo 2006, 374 = StraFo 2006, 345 f.
243 So auch OLG Dresden NStZ 2005, 588, 590.

4. Auferlegung der Kosten

Dem Gefangenen können die **Kosten** auferlegt werden, wenn Suchtmittelmissbrauch 134
festgestellt wird. Ob hiervon Gebrauch gemacht wird, liegt im Ermessen der Vollzugsbehörde. Sie sollte angesichts der zumeist ohnehin prekären finanziellen Situation der Betroffenen diese Möglichkeit äußerst zurückhaltend anwenden.

X. Festnahmerecht

Entweicht ein Gefangener aus der Anstalt oder hält sich ohne Erlaubnis außerhalb 135
dieser auf, ist die Anstalt berechtigt, **diesen selbst festzunehmen und zurückzuführen**
oder seine Festnahme und Zurückführung zu veranlassen.[244] Sie darf zu diesem
Zweck die erforderlichen Daten an die Vollstreckungs- und Strafverfolgungsbehörden weitergeben.

Die Vorschrift ist inhaltlich mit § 87 StVollzG identisch. Sie sichert der Anstalt das 136
Recht, mit eigenem Personal außerhalb der Anstalt zur Wahrung des vollzuglichen
Gewahrsams tätig zu werden bzw direkt die Polizei mit der Verfolgung zu beauftragen, ohne dass der Erlass eines Vollstreckungshaftbefehls nach § 457 StPO erwirkt
und abgewartet werden muss. So soll – auch durch die Nutzung der spezifischen
Kenntnisse über den Gefangenen und ggf der persönlichen Beziehungen zu diesem –
eine möglichst schnelle und unkomplizierte Wiederergreifung erreicht werden.[245]

Entwichen ist ein Gefangener, der sich dem unmittelbaren vollzuglichen Gewahrsam 137
unerlaubt entzogen hat, insbesondere indem er die Anstalt ohne Erlaubnis verlassen
hat (auch: bei Ausführung, Außenarbeit, Vorführung).[246]

Ein Gefangener **hält sich unerlaubt außerhalb der Anstalt auf,** wenn seine Erlaubnis, 138
sich außerhalb der Anstalt aufzuhalten, erloschen ist und er nicht in diese zurückgekehrt ist. Ein erlaubter Aufenthalt außerhalb der Anstalt kann sich durch Urlaub,
Freigang oder Ausgang, aber auch durch eine Vollstreckungsunterbrechung ergeben.
Die Erlaubnis erlischt durch zeitlichen Ablauf ihrer Befristung oder durch Widerruf.[247]

Die Verfolgungs- und Festnahmerechte der Anstalt einschließlich der unmittelbaren 139
Beauftragung der Polizei bestehen nur in einem **unmittelbaren zeitlichen Zusammenhang** mit der Flucht als Recht zur Nacheile.[248] Diese Begrenzung ist aus rechtsstaatlichen Gründen geboten, weil sie eine Ausnahme zu den sonst üblichen Zuständigkeiten und Verfahren begründet. Die Ausnahme ist aber sachlich in dem noch gelockerten Fortbestehen des vollzuglichen Gewahrsams begründet. Nimmt die Anstalt nicht
unverzüglich die Verfolgung auf oder kann sich der Gefangene dennoch über eine
längere Zeit entziehen (nach *Brühl/Feest*[249] nach einer Woche, nach *Ullenbruch* nach

---

244 § 69 BE, HB, MV, SH, SL; § 89 BB; § 62 BW; Art. 95 BY; § 73 HH; § 48 HE; § 80 NI; § 78 NW; § 87 RP;
§ 70 SN; § 88 ST, TH.
245 Schwind/Böhm/Jehle/Laubenthal-Ullenbruch, § 87 Rn 1; AK-Feest/Lesting-Feest/Köhne, § 87 Rn 1.
246 Schwind/Böhm/Jehle/Laubenthal-Ullenbruch, § 87 Rn 3; AK-Feest/Lesting-Feest/Köhne, § 87 Rn 1.
247 AK-Feest/Lesting-Feest/Köhne, § 87 Rn 1.
248 AK-Feest/Lesting-Feest/Köhne, § 87 Rn 1; Hadeler in: Ostendorf, Untersuchungshaft und Abschiebehaft,
§ 7 Rn 97.
249 AK-Feest/Lesting-Feest/Köhne, § 87 Rn 3.

zwei Wochen),²⁵⁰ erlöschen diese Rechte und die Anstalt muss sich auf dem formell vorgesehen Weg der Hilfe von Strafvollstreckungs- und Strafverfolgungsbehörden bedienen, indem sie bei der StA den Erlass eines Vollstreckungshaftbefehls nach § 457 StPO erwirkt, der von der Polizei durchzusetzen ist.²⁵¹

140 Die Ausübung des Festnahmerechts ist eine **Ermessensentscheidung der Anstalt**. Diese hat einzuschätzen, wie groß die Wahrscheinlichkeit ist, den flüchtigen Gefangenen unmittelbar ergreifen zu können, ob dieser – nach der Persönlichkeitseinschätzung der Anstalt – wahrscheinlich von sich aus oder nach Zureden seiner Bezugspersonen zurückkehren wird und wie hoch seine Gefährlichkeit für die Allgemeinheit einzuschätzen ist. Eine Verpflichtung zur Nacheile im Sinne einer Ermessensreduzierung auf Null kann sich für die Anstalt allenfalls dann ergeben, wenn die Nacheile die deutlich schnellste, unkomplizierteste und erfolgversprechendste Weise ist, des Gefangenen wieder habhaft zu werden und dieser als gefährlich einzuschätzen ist.²⁵² Im Übrigen hat die Anstalt auf der Grundlage ihrer Einschätzung den sachgerechtesten und angemessensten Weg zu wählen. Dieser kann insbesondere auch darin bestehen, Kontakt zu Angehörigen oder sonstigen für den Gefangenen wichtigen Bezugspersonen aufzunehmen, um seinen Aufenthalt zu ermitteln und ihn zu bewegen, sich freiwillig wieder den Vollzugsbehörden zu stellen.²⁵³ In der Regel wird es nahe liegen, parallel zu eigenen Bemühungen bereits die Polizei zu beauftragen. Der Polizei sind in diesem Fall Personenbeschreibung und nach Möglichkeit ein Lichtbild zu übermitteln.

141 Die Bediensteten haben **außerhalb der Anstalt gegenüber Dritten keine hoheitlichen Befugnisse** (etwa zu Durchsuchungen, Festnahmen etc.).²⁵⁴ Nur wenn sie eine Befreiung des (wieder) in ihrem unmittelbaren Gewahrsam befindlichen Gefangenen abwehren, sind sie auch gegenüber Dritten zur Anwendung unmittelbaren Zwangs befugt (s.u. § 9 Rn 21).

XI. Besondere Sicherungsmaßnahmen

1. Rechtsnatur

142 Die besonderen Sicherungsmaßnahmen stellen die **schärfsten und eingriffsintensivsten Maßnahmen** des Strafvollzugsrechts zur Abwendung von Gefahren für die Sicherheit oder Ordnung der Anstalt dar. Als besondere Sicherungsmaßnahmen werden abschließend aufgezählt:²⁵⁵

1. Entzug und Vorenthaltung von Gegenständen,
2. Beobachtung des Gefangenen,

---

250 Schwind/Böhm/Jehle/Laubenthal-Ullenbruch, § 87 Rn 3, der sich die Einschätzung von Grunau/Tiesler, § 87 Rn 1 zu eigen macht.
251 AK-Feest/Lesting-Feest/Köhne, § 87 Rn 4.
252 So auch AK-Feest/Lesting-Feest/Köhne, § 87 Rn 2; aA Schwind/Böhm/Jehle/Laubenthal-Ullenbruch, § 87 Rn 3, der von einer Verpflichtung zur Nacheile ausgeht, so lange diese bei einer Entweichung Erfolg verspricht.
253 AK-Feest/Lesting-Feest/Köhne, § 87 Rn 2.
254 Schwind/Böhm/Jehle/Laubenthal-Ullenbruch, § 87 Rn 2.
255 § 70 Abs. 2 BE; HB, MV, SH, SL; § 90 Abs. 2 BB; § 63 Abs. 2 BW; Art. 96 Abs. 2 BY; § 74 Abs. 2 HH; § 49 Abs. 2 HE; § 81 Abs. 2 NI; § 79 Abs. 2 NW; § 88 Abs. 2 RP; § 71 Abs. 2 SN; § 89 Abs. 2 ST, TH.

3. Absonderung,
4. Entzug oder Beschränkung des Aufenthalts im Freien,
5. Unterbringung in einem besonders gesicherten Haftraum sowie
6. Fesselung.

Auch wenn es in ihrer äußeren Erscheinungsweise Ähnlichkeiten mit den Disziplinarmaßnahmen gibt (bspw bei Entzug und Vorenthaltung von Gegenständen oder Isolierung durch Arrest bzw Absonderung), sind beide Handlungsformen scharf voneinander zu trennen. **Besondere Sicherungsmaßnahmen dienen alleine der Gefahrenabwehr**, nicht der Disziplinierung der Gefangenen.[256] Sie müssen daher sofort beendet werden, wenn die Gefahr, die Anlass zu ihrer Anordnung war, nicht mehr besteht und sind daraufhin auch regelmäßig zu überprüfen.[257] Andererseits erfordern sie – im Gegensatz zu den Disziplinarmaßnahmen – keinen schuldhaften Pflichtverstoß.[258]

143

Während die allgemeinen Sicherungsmaßnahmen gerade auch dazu bestimmt sind, typischen Gefahrenlagen bzw latenten Gefahren zu entgegnen,[259] geht es bei den besonderen Sicherungsmaßnahmen um **Reaktionen auf individuelle Situationen**, die mit einer schwerwiegenden und akuten Bedrohung für die Sicherheit oder Ordnung verbunden sind. Sie sind mit tiefgreifenden Eingriffen in die Grundrechte der Gefangenen und insb. mit massiven Einschränkungen ihrer physischen Bewegungsfreiheit, der sozialen Kontakte, der Privatsphäre verbunden. Wegen der Schwere der Einschränkungen, die sie für den Gefangenen bedeuten, kommen sie nur als ultima ratio in Betracht, wenn die Gefahr nicht durch andere Maßnahmen abgewendet werden kann.[260] Sie sind sofort zu beenden, wenn die Anlass gebende Gefahrensituation nicht mehr besteht;[261] aber auch, wenn die Einschränkungen den Betroffenen unverhältnismäßig zu belasten beginnen. Hier ist zu beachten, dass jugendliche, aber auch junge volljährige Gefangene verletzlicher sind als ältere, gefestigte Gefangene und daher durch einschneidende Maßnahmen vergleichsweise stärker belastet werden.

144

Grundsätzlich ist die Anordnung besonderer Sicherungsmaßnahmen nur gegenüber denjenigen Gefangenen zulässig, die durch ihr Verhalten oder aufgrund ihres psychischen Zustandes Auslöser der Gefahrensituation sind.[262] Nur in besonderen Ausnahmefällen können diese Beschränkungen auch Gefangenen abverlangt werden, die nicht selbst unmittelbarer Auslöser für die Gefahren sind.[263]

---

256 Laubenthal/Nestler/Neubacher/Verrel-Verrel, Abschn. M Rn 79; AK-Feest/Lesting-Feest/Köhne, § 88 Rn 1.
257 LNNV-Verrel Abschn. M Rn 79; AK-Feest/Lesting-Feest/Köhne, § 88 Rn 9; Schwind/Böhm/Jehle/Laubenthal-Schwind, § 88 Rn 1.
258 AK-Feest/Lesting-Feest/Köhne, § 88 Rn 1.
259 Hadeler, Besondere Sicherungsmaßnahmen im Strafvollzug, 2004, S. 136.
260 KG Berlin StV 2005, 669 = StraFo 2005, 435.
261 BVerfG StV 1999, 551 ff = NStZ 1999, 428 f; AK-Feest/Lesting-Feest/Köhne, § 88 Rn 9.
262 § 70 Abs. 1 BE; HB, MV, SH, SL; § 90 Abs. 1 BB; § 63 Abs. 1 BW; Art. 96 Abs. 1 BY; § 74 Abs. 1 HH; § 49 Abs. 1 HE; § 81 Abs. 1 NI; § 79 Abs. 1 NW; § 88 Abs. 1 RP; § 71 Abs. 1 SN; § 89 Abs. 1 ST, TH.
263 § 70 Abs. 3 BE; HB, MV, SH, SL; § 90 Abs. 3 BB; § 63 Abs. 3 BW; Art. 96 Abs. 3 BY; § 74 Abs. 3 HH; § 49 Abs. 3 HE; § 81 Abs. 3 NI; § 79 Abs. 3 NW; § 88 Abs. 3 RP; § 71 Abs. 3 SN; § 89 Abs. 3 ST, TH.

2. Gefahrentatbestände
a) Von dem Gefangenen ausgehende Gefahren

145 Es gibt **drei Gefahrentatbestände**, die Anlass zur Anordnung einer besonderen Sicherungsmaßnahme geben können: eine erhöhte Fluchtgefahr, die Gefahr von Gewalttätigkeiten gegen andere Personen oder Sachen sowie die Gefahr von Selbsttötung oder Selbstverletzung. Stets muss es sich dabei um erhebliche und akute Gefahren handeln, dh der Eintritt eines erheblichen Schadensereignisses muss unmittelbar drohen.[264] Die Gefahr muss „in erhöhtem Maße" bestehen, also im konkreten Einzelfall über die für den Vollzug typische Wahrscheinlichkeit von spontanen Fluchtversuchen, Sachbeschädigungen, tätlichen Übergriffen oder selbstschädigenden Handlungen hinausgehen.[265] Für die Einschätzung müssen substanzielle konkrete Anhaltspunkte (Tatsachen) vorliegen. Bloße Befürchtungen oder ein unsubstantiierter Verdacht genügen dem nicht.[266] Heikel ist der Umgang mit vertraulichen oder anonymen Informationen, sei es von anderen Gefangenen, sei es seitens anderer Behörden:[267] Sie können zwar zur Lageeinschätzung herangezogen werden – ohne dass die Anstalt die Urheber offenlegen muss[268] – und ggf sofortige Maßnahmen rechtfertigen, müssen jedoch baldmöglichst verifiziert werden und eignen sich nicht dazu, die Aufrechterhaltung von besonderen Sicherungsmaßnahmen über den Tag hinaus zu rechtfertigen.[269]

146 Ausgangspunkt dieser Gefahren muss entweder **das Verhalten des Gefangenen oder sein seelischer Zustand** sein. Beide Merkmale beziehen sich jeweils auf die aktuelle Verfassung des Gefangenen – von seinem gegenwärtigen Zustand bzw seinem aktuellen Verhalten muss eine der genannten Gefahren ausgehen.[270] Allein frühere Erfahrungen können keine besonderen Sicherungsmaßnahmen rechtfertigen.[271] Deswegen ist es zur Begründung eines entsprechenden seelischen Zustandes nicht ausreichend, sich allein auf frühere Prozessgutachten zu beziehen ohne ausreichende Sachverhaltsermittlungen und Einschätzungen zur gegenwärtigen Verfassung des Gefangenen einzuholen.[272] Sein früheres Verhalten oder Erkenntnisse über frühere seelische Zustände können jedoch zur Beurteilung der Lage herangezogen werden.[273]

---

264 OLG Saarbrücken ZfStrVo 1985, 58; OLG Celle NStZ 1985, 480; OLG Nürnberg MDR 1982, 952; Hadeler, Besondere Sicherungsmaßnahmen im Strafvollzug, 2004, S. 23; Schwind/Böhm/Jehle/Laubenthal-Schwind, § 88 Rn 6, AK-Feest/Lesting-Feest/Köhne, § 88 Rn 5.
265 Laubenthal/Nestler/Neubacher/Verrel-Verrel Abschn. M Rn 81; AK-Feest/Lesting-Feest/Köhne, § 88 Rn 5; die Diskussion, ob sich der Terminus „in erhöhtem Maße" (im insoweit identisch formulierten § 88 Abs. 1 StVollzG) nur auf die Fluchtgefahr oder auch auf die Gefahr von Sachbeschädigungen oder tätlichen Übergriffen und von Selbstverletzungen und –tötungen bezieht (siehe dazu Hadeler, Besondere Sicherungsmaßnahmen im Strafvollzug, 2004 S. 28 ff), ist einigermaßen akademisch, da in jedem Fall konkrete Hinweise auf eine bevorstehende Realisierung der Gefahr erforderlich sind, so dass die Wahrscheinlichkeit des Schadenseintritts damit ohnehin über das für den Strafvollzug typische Maß hinausgeht.
266 OLG Karlsruhe ZfStrVo 1994, 177; OLG Celle NStZ 1989, 144; OLG Nürnberg NStZ 1982, 438; Hadeler, Besondere Sicherungsmaßnahmen im Strafvollzug, 2004, S. 24; Schwind/Böhm/Jehle/Laubenthal-Schwind, § 88 Rn 6; AK-Feest/Lesting-Feest/Köhne, § 88 Rn 5.
267 Vertrauliche Hinweise vom LKA: OLG Frankfurt aM NStZ 1994, 256.
268 OLG Nürnberg NStZ 1982, 438; Schwind/Böhm/Jehle/Laubenthal-Schwind § 88 Rn 7.
269 OLG Frankfurt aM NStZ 1994, 256; Schwind/Böhm/Jehle/Laubenthal-Schwind, § 88 Rn 7.
270 AK-Feest/Lesting-Feest/Köhne, § 88 Rn 4; Hadeler, Besondere Sicherungsmaßnahmen im Strafvollzug, 2004, S. 20.
271 Calliess/Müller-Dietz, § 88 Rn 2; Hadeler, Besondere Sicherungsmaßnahmen im Strafvollzug, 2004, S. 20.
272 AK-Feest/Lesting-Feest/Köhne, § 88 Rn 4.
273 Hadeler, Besondere Sicherungsmaßnahmen im Strafvollzug, 2004, S. 20 f.

XI. Besondere Sicherungsmaßnahmen 8

Während das gegenwärtige Verhalten meist offensichtlich zutage tritt und deswegen einfacher eingeschätzt werden kann, ob einer der genannten Gefahrentatbestände erfüllt wird, ist die Beurteilung des **seelischen Zustand** und die Einschätzung, ob er eine akute Gefahr begründet, wesentlich schwieriger. Daher ist eine vorherige Beurteilung durch einen Arzt oder Psychologen vorgeschrieben; nur bei Gefahr im Verzuge kann die Begutachtung nachgeholt werden.[274] Zu den relevanten seelischen Zuständen können schwere Depressionen (mit der Gefahr der Selbsttötung oder –verletzung), hochgradige Erregungszustände, sog. Haftkoller,[275] etc. gehören. Ursächlich können sowohl Gegebenheiten des Vollzugs (bspw beim Haftkoller; auch Übergriffe durch andere Gefangene, als belastend empfundene vollzugliche Entscheidungen etc.), aber auch Vorkommnisse außerhalb des Vollzuges sein (Tod naher Angehöriger, Trennung von Partnerin/Partner).[276] 147

Eine „**Fluchtgefahr in erhöhtem Maße**" liegt vor, wenn die Wahrscheinlichkeit eines Fluchtversuchs über das normale, typischerweise von allen Gefangenen zu erwartende Maß der Fluchtbereitschaft hinausgeht. Sie muss über das Maß hinausgehen, welches zur Ablehnung der Verlegung in den offenen Vollzug oder der Gewährung von Vollzugslockerungen oder Urlaub herangezogen wird.[277] Es müssen individuell konkrete tatsächliche Anhaltspunkte für die erhöhte Fluchtgefahr gegeben sein,[278] etwa konkrete Fluchtvorbereitungen (Verabredungen mit anderen Gefangenen, konkrete Pläne, Besitz oder Herstellung von Fluchtwerkzeugen). Allein die Tatsache, dass ein Gefangener in der Vergangenheit Fluchtversuche unternommen hat, wird in der Regel nicht ausreichen, um eine aktuell erhöhte Fluchtgefahr zu begründen.[279] 148

Zu berücksichtigen ist auch, ob die Aspekte, die eine erhöhte Fluchtgefahr begründen sollen, in der Vergangenheit zur Auslösung von Fluchtversuchen geführt haben oder nicht.[280] Je nach Ursache der befürchteten erhöhten Fluchtgefahr kann deren Abwendung oder Verminderung auch durch die Gewährung von Vollzugslockerungen erreicht werden (bspw indem so ermöglicht wird, an wichtigen Familienfeiern teilzunehmen, die Auslöser für die Fluchtüberlegungen ist).[281]

Eine **erhöhte Gefahr von Gewalttätigkeiten** gegen Personen oder Sachen liegt vor, wenn Gewaltakte in massiver Art und Weise durch das Verhalten oder den Zustand (Haftkoller, Tobsuchtsanfall) des Gefangenen drohen.[282] 149

Die **Gefahr der Selbsttötung oder –verletzung** setzt voraus, dass ein auffälliges Verhalten des Gefangenen oder Zustände starker Erregung selbstverletzende bzw suizi-

---

274 § 73 Abs. 2 BE, HB, MV, SH, SL; § 91 Abs. 2 BB; § 66 Abs. 2 BW; Art. 99 Abs. 2 BY; 3 76 Abs. 1 HH; § 50 Abs. 2 HE; § 84 Abs. 2 NI; § 82 Abs. 2 NW; § 89 Abs. 2 RP; § 74 Abs. 2 SN; § 82 Abs. 2 ST; § 90 Abs. 2 TH.
275 Wird vor allem nach längerer Einzelhaft beobachtet, wenn Versagungserlebnisse hinzutreten (Bewährungswiderruf, Partnertrennung), Konrad, S. 327.
276 Schwind/Böhm/Jehle/Laubenthal-Schwind/Grote, § 88 Rn 7.
277 OLG Karlsruhe, NStZ-RR 2014, 31; OLG Hamm, 16.6.2011, III-1 Vollz (Ws) 216/11 mwN; AK-Feest/Lesting-Feest/Köhne, § 88 Rn 6; Laubenthal/Nestler/Neubacher/Verrel-Verrel Abschn. M Rn 81.
278 OLG Karlsruhe, NStZ-RR 2014, 31; OLG Hamm, NStZ-RR 2011, 291; Laubenthal/Nestler/Neubacher/Verrel-Verrel Abschn. M Rn 82.
279 OLG Karlsruhe, NStZ-RR 2014, 31 mwN; Hadeler in: Ostendorf, Untersuchungshaft und Abschiebehaft, § 7 Rn 111; ders. Besondere Sicherungsmaßnahmen im Strafvollzug, S. 26-28.
280 OLG Saarbrücken ZfStrVo 1985, 58; AK-Feest/Lesting-Feest/Köhne, § 88 Rn 6.
281 AK-Feest/Lesting-Feest/Köhne, § 88 Rn 6.
282 KG Berlin StV 2005, 669 = StraFo 2005, 435; AK-Feest/Lesting-Feest/Köhne, § 88 Rn 7.

dale Handlungen des Gefangenen unmittelbar befürchten lassen.[283] Selbsttötungsversuche sind meist Ausdruck von Hilflosigkeit und Verzweiflung. Besondere Sicherungsmaßnahmen können allenfalls zu einer ersten Abwendung der akut gewordenen Gefahr dienen, aber nicht eine notwendige Behandlung und Betreuung des Gefangenen ersetzen.[284] Zeichnen sich Selbsttötungsversuche oder Selbstverletzungen ab, ist zu prüfen, ob diese auch durch eine intensivere Betreuung, durch Gespräche mit Angehörigen, anderen Bezugspersonen, Geistlichen, Ärzten oder Psychologen oder durch Vollzugslockerungen aufgefangen werden kann.

Bei den Begriffen „Fluchtgefahr", „Gefahr der Gewalttätigkeit gegen andere oder Sachen" sowie der „Gefahr der Selbsttötung oder -verletzung" handelt es sich um **unbestimmte Rechtsbegriffe**, deren Anwendung durch die Vollzugsanstalt in eingeschränktem Umfang gerichtlicher Überprüfung unterliegt.[285]

b) Gefahren, die nicht von dem Gefangenen selbst ausgehen

150 Nur in besonderen Ausnahmesituationen, die nicht anders beherrscht werden können, kann es Gefangenen zugemutet werden, zur Abwendung von **Gefahren, die nicht unmittelbar in ihrer Person begründet sind**, die mit der Verhängung besonderer Sicherungsmaßnahmen einhergehenden Beschränkungen ertragen zu müssen. Die Maßnahmen dürfen nur in akuten Gefahrensituation angeordnet werden.[286] Die vorgesehene Möglichkeit, den Entzug oder die Vorenthaltung von Gegenständen, die (einfache) Absonderung oder die Unterbringung in einem besonders gesicherten Haftraum abweichend von den vom Störer ausgehenden vorgesehenen Gefahrentatbeständen anzuordnen, ist daher als Ausnahmeregelungen eng auszulegen.[287] Für die anderen besonderen Sicherungsmaßnahmen (Beobachtung, Beschränkung des Aufenthalts im Freien, Fesselung) ist diese Möglichkeit ausgeschlossen.

151 Die Anordnung der genannten besonderen Sicherungsmaßnahmen ist zulässig, wenn die **Gefahr einer Gefangenenbefreiung oder eine andere erhebliche Störung der Anstaltsordnung**[288] nicht anders vermieden oder behoben werden kann. Die Gefahr der Befreiung liegt vor, wenn aufgrund konkreter tatsächlicher Anhaltspunkte eine Gefangenenbefreiung unmittelbar bevorzustehen scheint.[289] Der Tatbestand der Störung der Ordnung ist eng auszulegen und muss von im Einzelfall ähnliches Gewicht aufweisen wie ein Befreiungsversuch.[290] Die Gefahr muss demnach nicht von dem be-

---

283 AK-Feest/Lesting-Feest/Köhne, § 88 Rn 8.
284 AK-Feest/Lesting-Feest/Köhne, § 88 Rn 8, Hadeler in: Ostendorf, Untersuchungshaft und Abschiebehaft, § 7 Rn 113.
285 OLG Karlsruhe, NStZ-RR 2014, 31, Rn 5 f; Laubenthal/Nestler/Neubacher/Verrel-Verrel Abschn. M Rn 81; Schwind/Böhm/Jehle/Laubenthal-Schwind/Grote, § 88 Rn 7; Arloth, § 88 Rn 1.
286 Laubenthal/Nestler/Neubacher/Verrel-Verrel Abschn. M Rn 83.
287 AK-Feest/Lesting-Feest/Köhn,e § 88 Rn 17.
288 Die JStVollzGe der Neuner-Gruppe sowie das SN verwenden hier den Terminus „Hausordnung", während die übrigen Landesgesetze (Hamburg, Niedersachsen, Nordrhein-Westfalen, Hessen, Baden-Württemberg) in Übereinstimmung mit § 88 Abs. 3 StVollzG von „Anstaltsordnung" sprechen. Eine andere inhaltliche Bestimmung scheint mit der veränderten Begrifflichkeit nicht verfolgt worden zu sein.
289 AK-Feest/Lesting-Feest/Köhne, § 88 Rn 17.
290 AK-Feest/Lesting-Feest/Köhne, § 88 Rn 17; Laubenthal/Nestler/Neubacher/Verrel-Verrel Abschn. M Rn 84; Hadeler in: Ostendorf, Untersuchungshaft und Abschiebehaft, § 7 Rn 114.

troffenen Gefangenen, sondern kann von anderen Gefangenen oder auch von außerhalb des Vollzuges ausgehen.[291]

Hessen hat in seiner letzten Anpassung (Gesetz v. 30.11.2015) vorgesehen, dass die Vorenthaltung von Gegenständen, die Absonderung und die Beschränkung des Aufenthalts im Freien auch angeordnet werden können, „wenn Gefangene auf eine extremistische Verhaltensweise hinwirken." (§ 49 Abs. 3 S. 2 nF). Dies wirft einerseits Bestimmtheitsprobleme hinsichtlich der „extremistischen Verhaltensweisen" auf, andererseits kann die Anordnung dieser Maßnahmen nur gegenüber den Personen gerechtfertigt sein, von denen die Beeinflussung ausgeht.

Darüber hinaus ist die **Fesselung bei Ausführungen, Vorführungen oder beim Transport** erlaubt.[292] Voraussetzung ist, dass „Fluchtgefahr" besteht – die Schwelle wurde hier sprachlich gegenüber der nach § 88 Abs. 4 StVollzG erforderlichen „Fluchtgefahr in erhöhtem Maße" herabgesenkt. Während die sonst für die Verhängung von besonderen Sicherungsmaßnahmen erforderliche erhöhte Fluchtgefahr deutlich über dem Maß liegen muss, dass die Versagung von Lockerungen, Urlaub etc. rechtfertigt, reicht für die Fesselung während der Ausführung, Vorführung und dem Transport eben dieses Maß der Fluchtwahrscheinlichkeit. Es handelt sich hier um diejenigen typischen Situationen, in denen der Gewahrsam am Gefangenen Risiken ausgesetzt ist, weil er nicht mehr durch die Geschlossenheit der Anstalt gesichert wird.

152

Hinreichend ist, dass der Gefangene **Widerstand geleistet oder in ähnlichen Situationen bereits Fluchtversuche unternommen** hat, wenn nicht Anhaltspunkte für eine veränderte Haltung vorliegen. Im Übrigen handelt es sich auch bei der Fesselungsanordnung bei Ausführung, Vorführung oder Transport um eine für den Einzelfall zu treffende Ermessensentscheidung, die ebenso wie alle anderen Sicherungsmaßnahmen dem Verhältnismäßigkeitsprinzip unterliegt. In die Abwägung einzubeziehen ist auch die Wirkung, die eine Fesselung in der jeweiligen sozialen Situation außerhalb der Anstalt hat: bspw bei Vorstellungsgesprächen für eine Arbeitsstelle oder eine Wohnung wird eine erkennbare Fesselung die Chancen des Gefangenen leicht auf Null reduzieren, weil sie eine untragbare Gefährlichkeit suggeriert – ganz abgesehen davon, dass eine sichtbare Fesselung in der Öffentlichkeit eine deutliche Stigmatisierung darstellt.

153

3. Ermessensausübung, Verhältnismäßigkeit

Wird eine qualifizierte Gefahr von der Anstalt zutreffend angenommen, muss sie **nach pflichtgemäßem Ermessen** unter Berücksichtigung und Abwägung aller Umstände des Einzelfalls entscheiden, ob und welche besondere Sicherungsmaßnahme sie ergreifen will. Sie muss in jedem Einzelfall die Geeignetheit der besonderen Sicherungsmaßnahme, ihre Erforderlichkeit gegenüber anderen, weniger belastenden Maßnahmen sowie ihre Angemessenheit (Verhältnismäßigkeit im engeren Sinne) im Verhält-

154

---

291 AK-Feest/Lesting-Feest/Köhne, § 88 Rn 17.
292 § 70 Abs. 4 BE; HB, MV, SH, SL; § 90 Abs. 6 BB; § 63 Abs. 4 BW; Art. 96 Abs. 4 BY; § 74 Abs. 5 HH; § 81 Abs. 4 NI; § 79 Abs. 4 NW; § 88 Abs. 6 RP; § 71 Abs. 6 SN; § 89 Abs. 7 ST; § 89 Abs. 6 TH;
§ 49 Abs. 4 HE definiert nun drei Regelbeispiele für Situationen, in denen alleine die Bewachung nicht ausreicht, um die Gefahr der Entweichung oder des Angriffs auf Personen zu beseitigen.

nis zu der Bedeutung der drohenden Gefahr abwägen.[293] Wird die besondere Sicherungsmaßnahme bspw aufgrund von Bestimmungen der Hausordnung oder anderer allgemeiner Anordnungen schematisch ohne Abwägung im Einzelfall verhängt (bspw als „Rote Karte" bezeichnet, die eine standardisierte Reaktionsform darstellen soll), liegt darin ein rechtsfehlerhafter Nichtgebrauch des Ermessens.[294]

155 Die besonderen Sicherungsmaßnahmen unterliegen dem **Verhältnismäßigkeitsprinzip** (wie alle belastenden Vollzugsmaßnahmen). Neben der Überprüfung ihrer Geeignetheit, Erforderlichkeit und Angemessenheit gehört dazu insbesondere, dass sie strikt auf die notwendige Dauer zu beschränken sind, um die Anlass gebende Gefahr abzuwenden.[295] Sie sind daher in regelmäßigen und angemessenen Abständen daraufhin zu überprüfen, ob die Gefahr als solche sowie die sonstigen Voraussetzungen ihrer Anordnung noch vorliegen.[296] Zu berücksichtigen ist dabei insbesondere, dass die Begründungsanforderungen mit zunehmender Dauer der Maßnahme steigen, da auch die Zumutung an den Gefangenen mit der Zeit zunimmt. Dies kann dazu führen, dass Maßnahmen, die anfänglich rechtmäßig angeordnet worden waren, alleine durch ihre Dauer unzulässig werden.[297] Entsprechend wird mit Art. 19 Abs. 4 GG garantiert, durch die zuständigen Fachgerichte überprüfen zu lassen, ob die den Maßnahmen zugrunde liegenden Annahmen und Prognosen diese noch zu rechtfertigen vermögen.[298]

156 Bei der Abwägung der Verhältnismäßigkeit und der Bestimmung der Sicherungsmaßnahme sowie ihres Umfangs ist der zum Teil **wesentlich ausgeprägten Belastungsempfindlichkeit junger Gefangener** Rechnung zu tragen.[299] Aufgrund ihrer altersbedingten psychisch-seelischen Verfassung (anderes Zeitempfinden, starke Abhängigkeit von Bezugspersonen, geringere psychische Widerstandsfähigkeit) können die mit den besonderen Sicherungsmaßnahmen einhergehenden Beschränkungen insbesondere für Jugendliche, aber auch noch für junge Erwachsene, eine wesentlich stärkere Belastungen darstellen als bei Erwachsenen, so dass der Maßstab dafür, was eine noch angemessene Maßnahme ist, sich teilweise grundsätzlich anders darstellt als im Strafvollzug der Freiheitsstrafe. Des Weiteren sind auch die Nebenfolgen zu berücksichtigen (bspw nicht der Arbeitspflicht nachkommen zu können und der dadurch bedingte drohende Verlust des Arbeitsplatzes).[300]

157 Besonders hohe Anforderungen sind an die **kumulative Anordnung mehrerer Sicherungsmaßnahmen** zu stellen – sie ist nur unter Anlegung eines „äußerst strengen Maßstabs" anhand der im Einzelnen darzulegenden Umstände des Einzelfalles zulässig. Diese Einschätzung macht eine umfassende Sachverhaltsermittlung erforder-

---

293 OLG Karlsruhe StV 2007, 313 = ZfStrVo 2006, 117; KG Berlin StV 2005, 669 = StraFo 2005, 435; AK-Feest/Lesting-Feest/Köhne, § 88 Rn 9.
294 OLG Karlsruhe StV 2007, 313 = ZfStrVo 2006, 117.
295 BVerfG StV 1999, 551 ff = NStZ 1999, 428 f.
296 OLG Karlsruhe ZfStrVo 2004, 186 (LS).
297 BVerfG StV 1999, 551 ff = NStZ 1999, 428 f; Laubenthal/Nestler/Neubacher/Verrel-Verrel Abschn. M Rn 86.
298 BVerfG StV 1999, 551 ff = NStZ 1999, 428 f.
299 BVerfGE 116, 69, 85 = ZJJ 2006, 193, 196 = NJW 2006, 2093, 2095.
300 OLG Karlsruhe ZfStrVo 2005, 375, 377 = StV 2006, 598, 599 = NStZ 2006, 63, 64.

lich.[301] Dabei ist regelmäßig zu prüfen, ob der Zweck nicht auch durch Einzelmaßnahmen zu erreichen wäre; jede einzelne der in Betracht kommenden Maßnahmen ist auf ihre Erforderlichkeit in Hinblick auf die anderen Maßnahmen zu überprüfen.[302]

4. Anordnung und Verfahren

Die Anordnung besonderer Sicherungsmaßnahmen ist **dem Anstaltsleiter vorbehalten**.[303] Er kann diese Kompetenz Im Rahmen seiner Delegationskompetenz auf bestimmte Bedienstete übertragen (s.u. § 13 Rn 13). Damit soll sichergestellt werden, dass die eingreifenden Maßnahmen nicht in einer hitzigen und emotional aufgeladenen Situation durch einen der selbst betroffenen Bediensteten verhängt werden, sondern von einem nicht unmittelbar involvierten übergeordneten Entscheidungsträger.[304] 158

Darüber hinaus dürfen besondere Sicherungsmaßnahmen von anderen Bediensteten angeordnet werden, wenn „**Gefahr im Verzug**" vorliegt. „Andere Bedienstete" im Sinne dieser Vorschrift sind solche, die grundsätzlich auch befugt sind, dienstliche Weisungen zu erteilen, nicht einfache Mitarbeiter des Vollzugsdienstes.[305] Die Anordnung hat dann jedoch nur vorläufigen Charakter und die Entscheidung des Anstaltsleiters muss unverzüglich eingeholt werden. „Gefahr im Verzug" ist ein eng auszulegender Rechtsbegriff, der auf die Tatsachen des Einzelfalls abstellen muss.[306] Alltagstheorien und bloße hypothetische Erwägungen genügen nicht.[307] „Gefahr im Verzug" liegt vor, wenn der befürchtete Schadenseintritt, der durch die Sicherungsmaßnahme abgewendet werden soll, bei ungehindertem Lauf der Dinge eintreten wird, bevor die Entscheidung des eigentlich vorgesehenen Entscheidungsträgers eingeholt werden kann oder wenn eine bereits eingetretene Störung mit nachteiligen Folgen fortdauern würde.[308] 159

Die – vorherige wie nachträgliche – Entscheidung des Anstaltsleiters oder des sonst befugten Bediensteten ist **auch außerhalb der Dienststunden** einzuholen. Die Formulierung, dass die nachträgliche Entscheidung „unverzüglich" einzuholen ist („ohne schuldhaftes Verzögern", § 121 Abs. 1 BGB), macht deutlich, dass dies auch außerhalb der Dienstzeiten und auch an Sonn- und Feiertagen zu erfolgen hat und nicht erst der Dienstbeginn des Entscheidungsträgers abzuwarten ist.[309] Die Anstalt hat da- 160

---

301 OLG Frankfurt aM, 14.2.2002, 3 Ws 132/02 (Vollz); Laubenthal/Nestler/Neubacher/Verrel-Verrel Abschn. M Rn 86.
302 OLG Karlsruhe StV 2007, 313 = ZfStrVo 2006, 117f.
303 § 73 Abs. 1 BE, HB, MV, SH, SL; § 91 Abs. 1 BB; § 66 Abs. 1 BW; § 99 Abs. 1 BY; § 84 Abs. 1 NI; § 82 Abs. 1 NW; § 89 Abs. 1 RP; § 74 Abs. 1 SN; § 90 Abs. 1 ST, TH. HH und HE ermächtigen hingegen die „Anstaltsleitung" zur Anordnung besonderer Sicherungsmaßnahmen und erweitern so den Kreis der Anordnungsberechtigten Personen, § 75 Abs. 1 HH; § 50 Abs. 1 HE.
304 KG Berlin StV 2005, 669 = StraFo 2005, 435; Laubenthal/Nestler/Neubacher/Verrel-Verrel Abschn. M Rn 98.
305 OLG Frankfurt aM, 8.12.2009, 3 Ws 239/09 (StVollz); Arloth, § 91 Rn 1.
306 BVerfG NJW 2001, 1121; KG Berlin StV 2005, 669 = StraFo 2005, 435; Laubenthal/Nestler/Neubacher/Verrel-Verrel Abschn. M Rn 98.
307 BVerfG NJW 2001, 1121.
308 KG Berlin StV 2005, 669 = StraFo 2005, 435; Arloth, § 91 Rn 1; Hadeler in: Ostendorf, Untersuchungshaft und Abschiebehaft, § 7 Rn 137.
309 Schwind/Böhm/Jehle/Laubenthal-Schwind, § 91 Rn 3; Laubenthal/Nestler/Neubacher/Verrel-Verrel Abschn. M Rn 98; aA Arloth, § 91 Rn 1.

zu auch die erforderlichen organisatorischen Maßnahmen zu treffen, um die Erreichbarkeit der hierzu befugten Entscheidungsträger sicherzustellen.

161 Vor der Anordnung einer besonderen Sicherungsmaßnahme ist stets die **Stellungnahme eines Arztes** einzuholen, wenn sich der Gefangene in ärztlicher Behandlung oder unter ärztlicher Beobachtung befindet oder wenn die Anlass gebende Gefahr in dem seelischen Zustand des Gefangenen begründet ist.[310] Der Grund der ärztlichen Behandlung oder Beobachtung muss in keinem erkennbaren Zusammenhang mit der befürchteten Gefahr stehen. Sinn der Vorschrift ist es auch sicherzustellen, dass besondere gesundheitliche Beeinträchtigungen des betroffenen Gefangenen berücksichtigt werden können. Diese können es erforderlich machen, die Maßnahme zeitlich stärker zu begrenzen, nur zusammen mit geeigneten Betreuungs- oder Behandlungsmaßnahmen oder in einer weniger belastenden Form anzuordnen. Stets anzuhören ist der Arzt auch, wenn die Gefahr nicht unmittelbar in einem aktuellen Verhalten des Gefangenen, sondern in seinem seelischen Zustand begründet ist, da hier für die Diagnose und Gefährlichkeitsprognose medizinische, insb. psychologische Fachkunde erforderlich ist.

162 Über die verpflichtenden Situationen hinaus sollte der Anstaltsleiter oder der von ihm ermächtigte Bedienstete immer den **Arzt anhören**, wenn bestimmte Anhaltspunkte dies als sinnvoll oder erforderlich erscheinen lässt.[311] Kann die ärztliche Stellungnahme wegen Gefahr im Verzug (zum Begriff s.o.) nicht vor der Anordnung der Maßnahme eingeholt werden, muss diese unverzüglich nachgeholt werden. Bei einer Fesselung oder Unterbringung in einem besonders gesicherten Haftraum ist darüber hinaus eine ärztliche Begleitung vorgeschrieben.[312]

163 Die Entscheidung ist dem Gefangenen **durch den Anstaltsleiter mündlich mitzuteilen** und hiernach mit einer kurzen Begründung schriftlich abzufassen.[313] Dieses Vorgehen dient mit der mündlichen Eröffnung der Anordnung einerseits dazu, den regelmäßig unter Zeitdruck stehenden Vollzug der Maßnahme nicht durch bürokratische Vorgänge aufzuhalten. Andererseits muss schon vor Beginn des Vollzuges der Maßnahme gegenüber dem Gefangenen (und den beteiligten Bediensteten) Klarheit darüber bestehen, was Sache ist und was nun passieren soll. Es ist für alle Beteiligten von elementarer Wichtigkeit, eine klare Vorstellung von den bevorstehenden Maßnahmen vermittelt zu bekommen. Die schriftliche Abfassung mit Begründung dient dazu, die Anordnung aktenkundig zu machen.

164 Der Anstaltsleiter muss die angeordnete Maßnahme dem Gefangenen **unmittelbar persönlich mitteilen**, bevor die Maßnahme vollzogen wird. Er darf sich nicht einer anderen Person zur Übermittlung der Entscheidung bedienen. Die mündliche Mitteilung muss nicht nur die angeordnete Sicherungsmaßnahme aufzählen, sondern muss auch die Dauer ihrer Vollziehung und alle weiteren wesentlichen Umstände des Voll-

---

310 § 73 Abs. 2 BE, HB, MV, SH, SL; § 91 Abs. 2 BB; § 66 Abs. 2 BW; Art. 99 Abs. 2 BY; 3 76 Abs. 1 HH; § 50 Abs. 2 HE; § 84 Abs. 2 NI; § 82 Abs. 2 NW; § 89 Abs. 2 RP; § 74 Abs. 2 SN; § 90 Abs. 2 ST, TH.
311 Schwind/Böhm/Jehle-Schwind, § 91 Rn 4; Laubenthal/Nestler/Neubacher/Verrel-Verrel Abschn. M Rn 99.
312 § 74 BE, HB, MV, SH, SL; § 92 BB; § 67 BW; Art. 100 BY; § 76 HH; § 50 Abs. 3 HE; § 85 NI; § 83 NW; § 90 RP; § 75 SN; § 91 ST, TH.
313 § 73 Abs. 3 BE, HB, MV, SH, SL; § 91 Abs. 3 BB; § 75 Abs. 2 HH; § 89 Abs. 3 RP; § 74 Abs. 3 SN (außer bei Fesselung); § 90 Abs. 3 ST, TH; Nur Erläuterung: § 50 Abs. 4 HE; nicht geregelt: BW, BY, NI, NW.

zugs enthalten. Darüber hinaus ist schon in der mündlichen Mitteilung gegenüber dem Gefangenen eine Begründung bzw Erläuterung („Vollzugsmaßnahmen sollen den Gefangenen erläutert werden", s. zur Stellung des Gefangenen § 1 Rn 42.) zu geben. Mit dieser mündlichen Eröffnung kann der Vollzug der Maßnahme beginnen.

Unmittelbar danach hat der Anstaltsleiter die Anordnung schriftlich zu dokumentieren. Auch hier muss die **schriftliche Abfassung** alle wesentlichen Elemente der Anordnung, also die Art der Sicherungsmaßnahme, ihre Dauer, die weiteren Umstände des Vollzuges und die begleitenden Maßnahmen sowie die Intervalle ihrer Überprüfung enthalten. Die schriftliche Abfassung ist zu den Akten zu nehmen.[314] Eine Abschrift ist **dem Gefangenen auszuhändigen**, auch um ihn in den Stand zu versetzen, gegen diese gerichtlichen Rechtsschutz zu ersuchen. | 165

Ist die Anordnung von einem anderen Bediensteten (vorläufig) getroffen worden, sei es im Wege der Delegation, sei es aufgrund von Gefahr im Verzug, gilt dieses Vorgehen für diesen genauso. Es sind die **persönlichen Pflichten** dessen, der die Anordnung getroffen hat. Sinngemäß gilt dieses Vorgehen auch für die nachgeholte Entscheidung des Anstaltsleiters bzw des durch Delegation zur Anordnung legitimierten Bediensteten, wenn eine vorläufige Anordnung aufgrund von Gefahr im Verzug erfolgt ist. | 166

In angemessenen Abständen ist zu **überprüfen, ob die Voraussetzungen der besonderen Sicherungsmaßnahme noch vorliegen** und ob sie aufgehoben oder abgemildert werden kann.[315] Was ein angemessener Zeitraum für die Überprüfung ist, bestimmt sich maßgeblich nach der Schwere der mit der Sicherungsmaßnahme einhergehenden Belastung. Bei Fesselungen und der Unterbringung in einem besonders gesicherten Haftraum ist eine Überprüfung in nach Stunden bemessenen Abständen, also mehrmals am Tag notwendig. Das gilt auch für die Nachtzeit sowie an Sonn- und Feiertagen. Allgemein gilt: je länger die Maßnahme dauert, desto höher sind die Anforderungen an ihre Fortsetzung.[316] | 167

Für bestimmte besondere Sicherungsmaßnahmen ist eine **Beteiligung der Aufsichtsbehörde** in Form von Mitteilungspflichten und Zustimmungserfordernis gesetzlich vorgeschrieben. **Mitteilungspflichten** bestehen in den meisten Gesetzen, wenn eine Unterbringung im besonders gesicherten Haftraum oder eine Fesselung über drei Tage hinaus fortgesetzt werden soll, in den neueren Gesetzen auch bei einer Absonderung.[317] In allen Gesetzen besteht ein Zustimmungserfordernis der Aufsichtsbehörde, wenn Einzelhaft über einen bestimmten Zeitrahmen hinaus fortgesetzt werden soll (s. hierzu Rn 186). Zu dieser Mitteilung gehören in jedem Fall die Übermittlung der Anordnung und die Ergebnisse der Überprüfung sowie eine Begründung für die Aufrechterhaltung der Maßnahme. Drei Tage bedeutet 72 Stunden. Ist absehbar, dass diese | 168

---

314 Laubenthal/Nestler/Neubacher-Verrel-Verrel Abschn. M Rn 104.
315 § 73 Abs. 4 BE, HB, MV, SH, SL; § 91 Abs. 4 BB; § 75 Abs. 3 HH; § 89 Abs. 4 RP; § 74 Abs. 4 SN; § 90 Abs. 4 ST, TH; keine gesetzliche Regelung: BW, BY, HE, NI, NW.
316 Laubenthal/Nestler/Neubacher-Verrel-Verrel Abschn. M Rn 86.
317 Bei Fesselung und Unterbringung im besonders gesicherten Haftraum über 3 Tage: § 73 Abs. 3 BE, HB, MV, SH; § 75 Abs. 5 HH; § 50 Abs. 5 HE; § 79 Abs. 6 NW; § 73 Abs. 5 SL (außer bei Fesselungen bei Aus- und Vorführungen); bei Absonderung, Fesselung und Unterbringung im besonders gesicherten Haftraum über 2 Tage: § 91 Abs. 5 BB; bei Fesselung und Unterbringung im besonders gesicherten Haftraum über 3 Tage: § 89 Abs. 5 RP; § 74 Abs. 5 SN; § 90 Abs. 5 ST, TH; keine gesetzlichen Mitteilungspflichten: BW, BY, NI.

Dauer außerhalb der Dienstzeiten der Aufsichtsbehörde überschritten wird, ist die Aufsichtsbehörde bereits vor Fristablauf zu informieren, spätestens sofort zu Dienstbeginn muss die Mitteilung vorliegen.

Die Regelungen zu den Mitteilungspflichten gehen auf VV Nr. 3 zu § 88 StVollzG zurück, der für die Unterbringung im bgH und eine Fesselung von mehr als drei Tagen die Benachrichtigung der Aufsichtsbehörde verlangt. Die meisten JStVollzGe haben diese Regelung ohne Anpassungen übernommen. Sie sind, gerade aus der Sicht des Jugendvollzuges, in mehrfacher Hinsicht kritisierbar: Nicht nachzuvollziehen ist, warum zwar über Fesselung und die Unterbringung im bgH zu berichten ist, nicht aber über Absonderungen. Erst wenn die Grenze für die Zustimmungspflicht erreicht wird, kommt die Aufsichtsbehörde ins Spiel. Zudem sind die zeitlichen Grenzen, die aus dem Erwachsenenvollzug übernommen worden sind, für den Jugendvollzug deutlich zu lang. Richtig ist es zudem, wie dies RP, SN und TH nun vorgesehen haben, auf Verlangen des Gefangenen auch die Verteidigung und den Beistand gem. § 69 JGG zu informieren.

169 Maßnahmen der Unterbringung in einem besonders gesicherten Haftraum sowie der Fesselung (außer bei Aus- und Vorführung sowie Transport) müssen **ärztlich überwacht** werden.[318] Der Gefangene hat bei diesen besonderen Sicherungsmaßnahmen einen Rechtsanspruch auf besondere ärztliche Betreuung.[319]

170 Der **Arzt soll den** von der Maßnahme betroffenen **Gefangenen alsbald aufsuchen**, dh möglichst zügig nachdem mit dem Vollzug der Maßnahme begonnen wurde. Seine Überwachung dient einerseits dazu, den Gesundheitszustand des Gefangenen zu überprüfen und den Gefangenen ärztlich zu betreuen. Die aufmerksame Überwachung des Gesundheitszustandes ist auch deshalb wichtig, weil sich dieser auch infolge der isolierenden Maßnahme verschlechtern kann. Außerdem dient sie der Überprüfung, ob die Vollziehung der Maßnahme weiterhin erforderlich ist, insbesondere wenn der Anlass der Anordnung in einem seelischen Zustand des Gefangenen begründet war.[320] Damit der Arzt seine Betreuung baldmöglichst aufnehmen kann, muss er – soweit er nicht bereits vor der Anordnung angehört worden ist – unverzüglich von der Anordnung der Maßnahme unterrichtet werden.[321]

5. Die Maßnahmen im Einzelnen

a) Entzug oder Vorenthaltung von Gegenständen

171 Dem Gefangenen können solche **Gegenstände** entzogen oder vorenthalten werden, **die die Wahrscheinlichkeit der Gefahrenverwirklichung erhöhen** oder den befürchteten Schaden vergrößern können, also bei Fluchtgefahr insbesondere Gegenstände, die zur Flucht dienlich sein können, bei Gefahr der Köperverletzung oder Selbstschädigung solche, mit denen der Gefangene anderen oder sich selbst Verletzungen zufügen

---

318 § 74 BE, HB, MV, SH, SL; § 92 BB; § 67 BW; Art. 100 BY; § 76 HH; § 50 Abs. 4 HE; § 85 NI; § 83 NW; § 90 RP; § 75 SN; § 91 ST, TH.
319 AK-Feest/Lesting-Feest/Köhne, § 92 Rn 6; Schwind/Böhm/Jehle/Laubenthal-Riekenbrauck/Keppler, § 92 Rn 3.
320 Schwind/Böhm/Jehle/Laubenthal-Riekenbrauck/Keppler, § 92 Rn 3; Hadeler in: Ostendorf, Untersuchungshaft und Abschiebehaft, § 7 Rn 142.
321 Schwind/Böhm/Jehle/Laubenthal-Riekenbrauck/Keppler, § 92 Rn 1.

könnte (Messer, Gabel, Rasierklingen, Spiegel und Flaschen wegen der Scherben, Hosengürtel bei Suizidgefahr).[322] Gegebenenfalls muss zur Wahrung der Menschenwürde für andersartigen Ersatz gesorgt werden.[323] Der vollständige Entzug der Kleidung stellt auch bei einer Unterbringung im bgH eine unmenschliche und erniedrigende Behandlung dar.[324]

Entzug ist die Wegnahme der Gegenstände aus dem Zugriffsbereichs des Gefangenen, insbesondere aus seinem Haftraum. **Vorenthalten** werden Gegenstände, die für den Gefangenen bestimmt sind, ihm aber nicht ausgehändigt werden. 172

Sachen eines Mitgefangenen dürfen aufgrund dieser besonderen Sicherheitsmaßnahme nicht aus dem gemeinsamen Haftraum entfernt werden (etwa wenn der Gefangene aufgrund von Suizidgefahr gemeinschaftlich untergebracht wird, s.o. § 3 Rn 13), da sich die Sicherungsmaßnahme nur gegen den Gefangenen richtet, von dem die Gefahr ausgeht. Nur wenn die Verlegung in einen Einzelhaftraum ausgeschlossen und auch eine Verlegung in die medizinische Abteilung nicht möglich ist, so dass die bestehende Gefahr nicht durch andere Maßnahmen abgewendet werden kann, dürfen auch Gegenstände eines Mitgefangenen entzogen werden. 173

b) Beobachtung der Gefangenen

Eine **Beobachtung des Gefangenen** meint seine Kontrolle im Haftraum, insbesondere durch unregelmäßige Einsichtnahme, klassischerweise durch den Türspion oder eine Kommunikationsklappe. Sie kommt vor allem bei Suizid- und Selbstverletzungsgefahr in Betracht.[325] Während nach dem StVollzG die Beobachtung auf die Nachtzeit beschränkt ist (§ 88 Abs. 2 Nr. 2), erlauben die meisten JStVollzGe die Beobachtung ohne zeitliche Begrenzung, also auch während der Tageszeit.[326] Eine Einsichtnahme in den Haftraum greift in die nach Art. 2 Abs. 1 iVm Art. 1 Abs. 1 GG geschützte Intimsphäre des Gegangenen ein[327] und belastet den Gefangenen daher nicht nur geringfügig. Das Bewusstsein, jederzeit der Beobachtung ausgesetzt zu sein, kann eine starke seelische Belastung darstellen.[328] Sie bedarf daher stets der Anordnung als besondere Sicherungsmaßnahme und damit auch eine Entscheidung im jeweiligen Einzelfall.[329] Auch bei der Beobachtung durch Türspion oder Kommunikationsklappe handelt es sich – im Gegensatz zur teilweise früher vertretenen Auffassung – um eine besondere Sicherungsmaßnahme, deren Voraussetzungen im Einzelfall vorliegen müssen.[330] Die Handhabung der Beobachtung ist so schonend wie möglich auszugestalten: Sie darf nicht zu unnötigen Beeinträchtigungen des Schlafens führen (abgedun- 174

---

322 Schwind/Böhm/Jehle/Laubenthal-Schwind, § 88 Rn 11; AK-Feest/Lesting-Feest/Köhne, § 88 Rn 11.
323 Bspw wenn Hosengürtel entzogen werden durch Hosen mit Gummizug; Schwind/Böhm/Jehle/Laubenthal-Schwind, § 88 Rn 11; AK-Feest/Lesting-Feest/Köhne, § 88 Rn 11.
324 BVerfG, Beschl. v. 18.3.2015 – 2 BvR 1111/13 Rn 30 ff.
325 Schwind/Böhm/Jehle/Laubenthal-Schwind, § 88 Rn 12; Hadeler in: Ostendorf, Untersuchungshaft und Abschiebehaft, § 7 Rn 119.
326 § 70 Abs. 2 Nr. 2 BE, HB, MV, SH, SL; § 90 Abs. 2 Nr. 2 BB; Art. 96 Abs. 2 Nr. 2 BY; § 74 Abs. 2 Nr. 2 HH; § 49 Abs. 2 Nr. 2 HE; § 79 Abs. 2 Nr. 2 NW; § 88 Abs. 2 Nr. 2 RP; § 71 Abs. 2 Nr. 2 SN; § 89 Abs. 2 Nr. 2 ST, TH. Nur Nachtzeit: § 63 Abs. 2 Nr. 2 BW; § 81 Abs. 2 Nr. 2 NI.
327 OLG Hamm, Beschl. v. 27.1.2015 – 1 Vollz (Ws) 664/15, 1 Vollz (Ws) 665/14.
328 BGH JZ 1991, 1146 = NJW 1991, 2652 = StV 1991, 569 f = NStZ 1991, 452.
329 BGH JZ 1991, 1146 = NJW 1991, 2652 = StV 1991, 569 f = NStZ 1991, 452; Werthebach et.al., 1. TB, S. 19.
330 BGH JZ 1991, 1146 = NJW 1991, 2652 = StV 1991, 569 f = NStZ 1991, 452.

keltes Licht).³³¹ Vor der Einblicknahme soll sich der Bedienstete – wie beim Betreten des Haftraumes – durch Klopfen o. ä. bemerkbar machen soll, soweit der Gefangene nicht schläft oder dies im Einzelfall dem Zweck der Beobachtung zuwider laufen würde.³³² Zur Schonung des Schamgefühls gehört es auch, dass Bedienstete desselben Geschlechts die Einsicht vornehmen, insbesondere wenn diese unangekündigt erfolgen muss.

175 Die Beobachtung **außerhalb der Nachtzeit** kann nur infrage kommen, wenn der Gefangene aus anderen Gründen – sei es auf eigenen Wunsch, sei es während einer Absonderung oder eines Arrestes – einzeln untergebracht wird, da er sich ansonsten während der Tageszeit in Gemeinschaft aufhält.

176 Erlaubt wird außerdem die Beobachtung **mit technischen Hilfsmitteln**. Dabei wird regelmäßig nur der Einsatz von Kameras geeignet und erforderlich sein. Wegen des damit verbundenen durchgehenden Eingriffs in die Privatsphäre des Haftraums, der sich nicht nur auf bestimmte Augenblicke beschränkt, sondern zumindest auf den betroffenen Gefangenen den Eindruck eines permanenten Überwachungszustandes macht, ist eine Beobachtung mit technischen Mitteln eingriffsintensiver als die normale „manuelle" Beobachtung durch Sichtspion oder Türklappe³³³ und gesondert rechtfertigungsbedürftig. Auf den Einsatz technischer Mittel sollte am besten ganz verzichtet werden. Insbesondere darf die Beobachtung mit technischen Mitteln bei einer Fesselung oder Unterbringung in einem besonders gesicherten Haftraum nicht ein regelmäßiges Aufsuchen und die notwendige persönliche Betreuung des Gefangenen ersetzen.³³⁴

Auch bei einer Beobachtung muss den Gefangenen ein Zugang zu Sanitäreinrichtungen möglich sein, der die Intimsphäre schützt (Nr. 19.3 der Europäischen Strafvollzugsgrundsätze). Dies kann u.a. durch die elektronische Verpixelung bestimmter Bereiche erreicht werden.³³⁵

c) Absonderung von anderen Gefangenen, Einzelhaft

177 **Absonderung** ist die durchgehende oder auf bestimmte Zeiten beschränkte Isolierung des Gefangenen in normal ausgestatteten Haftträumen.³³⁶ Die ununterbrochene Trennung des betroffenen Gefangenen von anderen Gefangenen für mehr als 24 Stunden wird als **Einzelhaft** bezeichnet,³³⁷ die eine strenge Form der Absonderung darstellt.³³⁸ Die Isolierung erfolgt dann auch während der Arbeits-, Ausbildungs- und Freizeit. Zu

---

331 Ausdrücklich: § 49 Abs. 6 S. 3; AK-Feest/Lesting-Feest/Köhne, § 88 Rn 12; Schwind/Böhm/Jehle/Laubenthal-Schwind, § 88 Rn 11; Laubenthal/Nestler/Neubacher/Verrel-Verrel Abschn. M Rn 88.
332 OLG Hamm, Beschl. v. 27.1.2015 – 1 Vollz (Ws) 664/15, 1 Vollz (Ws) 665/14, Rn 10.
333 Goerdeler StV 2014, 316.
334 Ebenso Hadeler in: Ostendorf, Untersuchungshaft und Abschiebehaft, § 7 Rn 119.
335 Nationale Stelle, Jahresbericht 2013, S. 27.
336 § 70 Abs. 2 Nr. 3 BE, HB, MV, SH, SL; § 90 Abs. 2 Nr. 3 BB; § 63 Abs. 2 Nr. 3 BW; Art. 96 Abs. 2 Nr. 3 BY; § 74 Abs. 2 Nr. 3 HH; § 49 Abs. 2 Nr. 3 HE; § 81 Abs. 2 Nr. 3 NI; § 79 Abs. 2 Nr. 3 NW; § 88 Abs. 2 Nr. 3 RP; § 71 Abs. 2 Nr. 3 SN; § 89 Abs. 2 Nr. 3 ST, TH.
337 HM, Schwind/Böhm/Jehle/Laubenthal-Schwind, § 88 Rn 13; Laubenthal/Nestler/Neubacher/Verrel-Verrel Abschn. M Rn 89; aA AK-Feest/Lesting-Feest/Köhne, § 88 Rn 13. Die neueren, auf dem ME StVollzG beruhenden Gesetze, knüpfen auch nicht mehr an den Begriff „Einzelhaft" an, sondern an „Absonderung von mehr als 24 Stunden", vgl § 90 Abs. 4 BB; § 88 Abs. 4 RP; § 71 Abs. 4 SN; § 89 Abs. 4 TH, ebenso § 49 Abs. 7 HE.
338 OLG Hamm ZfStrVo 2000, 179 f.

unterscheiden von der Absonderung ist die Unterbringung in einem besonders gesicherten Haftraum ohne gefährdende Gegenstände (s.u.). Nur die einfache Absonderung ist auch zulässig, wenn die Gefahr nicht von dem Gefangenen selbst ausgeht, nicht aber Einzelhaft über 24 Stunden.[339]

Die Isolierung des Gefangenen über einen längeren Zeitraum stellt eine **extrem belastende Maßnahme** und einen schweren Eingriff in die Grund- und Menschenrechte dar. Sie hat in den 70er- und 80er-Jahren große Diskussion im Rahmen der Terroristenverfolgung ausgelöst („Isolationsfolter"). Jedenfalls die vollständige Abschirmung des Gefangenen im Sinne einer „totalen Isolation" über Monate hinweg ist wegen der damit verbundenen psychischen Auswirkungen (sensorische Deprivation) als unmenschliche Behandlung zu werten, die jedoch im Jugendstrafvollzug (so gut wie) gar nicht vorkommen dürfte. | 178

Isolierende Einzelhaft ist nach den **Regeln der Vereinten Nationen zum Schutz jugendlicher Inhaftierter** (Rule Nr. 67) bei minderjährigen Gefangenen unzulässig.[340] Die Jugendstrafvollzugsgesetze sind an dieser Stelle nachbesserungsbedürftig und sollten den Anwendungsbereich in Übereinstimmung mit den UN-Regelungen auf volljährige Gefangene einschränken. Dessen ungeachtet müssen die UN-Regelungen in der Praxis beachtet werden. Auf die Anwendung von Einzelhaft bei Minderjährigen sollte grundsätzlich verzichtet werden. | 179

Die Absonderung kann sich auf **Arbeits- und Ausbildungszeit, Freizeit und Ruhezeit** erstrecken.[341] Sie stellt damit eine Ausnahme von der gemeinschaftlichen Unterbringung während der Arbeits-, Ausbildungs- und Freizeit dar. Sie kann unausgesetzt, also durchgehend, oder beschränkt für einzelne Zeiten (bspw während der Arbeits- oder Freizeit) angeordnet werden,[342] so dass der Gefangene bspw am gemeinsamen Fernsehabend teilnehmen kann oder lediglich während der Arbeitszeit isoliert wird. Darf der Gefangene aus Gründen der Sicherheit oder Ordnung nicht an der gemeinschaftlichen Arbeit oder Ausbildung teilnehmen, sind ihm Ersatzangebote zu machen, die er alleine ausführen kann.[343] | 180

Als **typische Anwendungsfälle** werden genannt: Flucht bzw Fluchtversuch, Drogenhandel oder -besitz,[344] kurzfristige Krisenintervention, insbesondere bei gewalttätigen Gefangenen,[345] während zur Beruhigung bei hocherregten Tobsuchtsanfällen oder Suizidgefahr eher die Unterbringung in einer reizarm ausgestatteten Beruhigungszelle infrage kommt.[346] Die bloße Verlegung innerhalb der gleichen Anstalt in einen besser gesicherten Bereich ist keine Absonderung und keine Verlegung. Sie ist nach pflichtgemäßem Ermessen der Anstalt zulässig.[347] | 181

---

339   Laubenthal/Nestler/Neubacher/Verrel-Verrel Abschn. M Rn 96.
340   Dünkel, Stellungnahme zum RegE MV v. 7.10.2007.
341   Schwind/Böhm/Jehle/Laubenthal-Schwind, § 88 Rn 13.
342   OLG Koblenz NStZ 89, 342 m Anm. Rotthaus; AK-Feest/Lesting-Feest/Köhne, § 88 Rn 13.
343   OLG Koblenz NStZ 89, 342.
344   AK-Feest/Lesting-Feest/Köhne, § 88 Rn 13; Hadeler in: Ostendorf, Untersuchungshaft und Abschiebehaft, § 7 Rn 120.
345   Schwind/Böhm/Jehle/Laubenthal-Schwind, § 88 Rn 13.
346   Schwind/Böhm/Jehle/Laubenthal-Schwind, § 88 Rn 13.
347   Schwind/Böhm/Jehle/Laubenthal-Schwind, § 88 Rn 13.

182 Eine über 24 Stunden hinausgehende **Einzelhaft** ist nur aus in der Person des Gefangenen liegenden Gründen zulässig (neuerdings außer HE).[348] Das sind vor allem die bereits oben dargestellten Gefahrtatbestände, die die Anordnung besonderer Sicherungsmaßnahmen rechtfertigen können (Rn 124), darüber hinausgehend kann aber auch eine ansteckende Krankheit die Maßnahme rechtfertigen, soweit eine Verlegung in ein Krankenhaus oder die Krankenabteilung des Vollzuges noch nicht erfolgen konnte.[349] Die Isolierung muss zur Verhinderung der Gefahren „**unerlässlich**" sein und ist damit das letzte infrage kommende Mittel. Unerlässlich ist die Maßnahme nur, wenn keine anderen Mittel infrage kommen, insbesondere ärztliche oder psychologische Behandlung, psychiatrische Maßnahmen, Betreuung durch Sozialarbeit, Verlegung in eine besser geeignete andere Anstalt und der Strafvollzug als Institution ohne diese Maßnahme nicht mehr funktionieren würde oder sein Zweck ernsthaft gefährdet wäre.[350] Die Anstalt hat alle ihre zu Gebote stehenden geeigneten Mittel einzusetzen, um Einzelhaft abzuwenden. In regelmäßigen Abständen hat sie zu überprüfen, ob die Maßnahme noch unerlässlich ist oder sich zwischenzeitlich andere Mittel anbieten, so dass die Maßnahme auf den kürzestmöglichen Zeitraum begrenzt wird[351] (s. auch CPT-Standards, Nr. 35). Hessen hat die ununterbrochene Durchführung der Einzelhaft nun auf maximal eine Woche begrenzt (§ 49 Abs. 7 HE).

183 Während des Vollzuges der Einzelhaft sind die Gefangenen **besonders intensiv zu betreuen**. Ziel der Einzelhaft ist die Trennung von anderen Gefangenen, nicht die totale Isolation. Kontakte zu Bediensteten müssen weiterhin ermöglicht werden. Je umfassender die Isolierung ist, desto besser muss die Betreuung sein. Insbesondere der Zugang zu Sozialarbeitern und Seelsorgern muss gewährleistet sein.[352] Auch eine ausreichende ärztliche und psychologische Betreuung[353] sowie ausreichende Bewegung und mindestens eine Stunde Bewegung an der frischen Luft (CPT-Standards Nr. 35) müssen gewährleistet werden.[354]

184 Ebenso stellt die Anordnung der Einzelhaft bzw Absonderung **keine Suspendierung des Besuchsrechtes** dar.[355] Im Gegenteil: Gerade während einer Zeit der Isolierung können Besuche von nahestehenden Bezugspersonen für den Gefangenen besonders wichtig sein. Auch bleiben die Rechte des Gefangenen zur Ausstattung seines Haftraumes unberührt und dürfen nur durch eine ausdrückliche Anordnung (als Entzug/Vorenthaltung von Gegenständen) unter den jeweiligen Voraussetzungen beschränkt werden.[356]

185 Bei allen Maßnahmen der Absonderung, insbesondere der Einzelhaft, ist **im Rahmen der Ermessensausübung** über Art, Umfang und Dauer der Maßnahme die besonders

---

348 § 71 BE, HB, MV, SH, SL; § 90 Abs. 4 BB; § 64 Abs. 1 BW; Art. 97 Abs. 1 BY; § 74 Abs. 3 HH; § 82 Abs. 1 NI; § 80 S. 1 NW; § 88 Abs. 4 RP; § 71 Abs. 4 SN; § 89 Abs. 5 ST; § 89 Abs. 4 TH;
§ 49 Abs. 7 HE erlaubt seit der Änderung vom 30.11.2015 auch eine über 24 Stunden hinausgehende Absonderung einer anderen Personen, also nicht die der Gefahr ausgeht, wenn dies unerlässlich ist.
349 AK-Feest/Lesting-Feest/Köhne, § 89 Rn 3; Schwind/Böhm/Jehle/Laubenthal-Schwind, § 89 Rn 2.
350 AK-Feest/Lesting-Feest/Köhne, § 89 Rn 3; Schwind/Böhm/Jehle/Laubenthal-Schwind, § 89 Rn 2.
351 BVerfG StV 1999, 552 = NStZ 1999, 429; OLG Karlsruhe ZfStrVo 2004, 186.
352 Schwind/Böhm/Jehle/Laubenthal-Schwind, § 89 Rn 1.
353 AK-Feest/Lesting-Feest/Köhne, § 89 Rn 3.
354 Europarat 2011, AbsNr. 86 und Antwort der Bundesregierung, Europarat 2012, S. 41.
355 Schwind/Böhm/Jehle/Laubenthal-Schwind, § 89 Rn 1.
356 Schwind/Böhm/Jehle/Laubenthal-Schwind, § 89 Rn 1.

einschneidende Wirkung auf junge Gefangene zu berücksichtigen. Je länger die Maßnahme andauert, desto größer ist die Belastung für den Betroffenen und desto höher sind die Anforderungen an ihre Fortsetzung.[357] Wenn in der Literatur zum StVollzG davon ausgegangen wird, dass wegen der Schwere des Eingriffs im Erwachsenenvollzug eine Dauer von vier Wochen und mehr kaum mehr gerechtfertigt werden kann,[358] muss die Grenze für den Jugendstrafvollzug noch deutlich darunter liegen (eine Woche bei Jugendlichen, zwei Wochen bei Heranwachsenden). Im Übrigen ist den Gefangenen auch während der Absonderung/Einzelhaft ausreichend Bewegung und mindestens eine Stunde Bewegung an der frischen Luft zu ermöglichen.[359]

Bei einer **kumulativen Anordnung** der Einzelhaft und weiterer besonderer Sicherungsmaßnahmen ist die Notwendigkeit jeder Einzelmaßnahme gesondert zu begründen, wobei ein äußerst strenger Maßstab angelegt werden muss.[360]

Längere Einzelhaft, die über zwei Monate Gesamtdauer im Jahr[361] hinausgeht, bedarf der **Zustimmung der Aufsichtsbehörde**. Dies setzt voraus, dass die Einzelhaft rechtzeitig vor Erreichen der Zwei-Monats-Grenze der Vollzugsbehörde mitgeteilt wird.[362]

186

d) Entzug oder Beschränkung des Aufenthalts im Freien

Ein Entzug des Aufenthalts im Freien ist gegeben, wenn der Gefangene nicht die ihm sonst garantierte Möglichkeit erhält, sich mindestens eine Stunde am Tag im Freien aufzuhalten, s. Nr. 27.1 der Europäischen Strafvollzugsgrundsätze. Das Recht auf „Freistunde" ist im Sinne eines gemeinschaftlichen Aufenthalts im Freien mit anderen Gefangenen zu verstehen.[363] Eine Beschränkung liegt daher nicht nur bei einer zeitlichen Reduzierung des Aufenthalts im Freien vor, sondern auch schon dann, wenn der Gefangene seinen Hofgang alleine absolvieren muss.[364] Bevor die Stunde im Freien ganz entzogen wird, ist zu prüfen, ob sie in der Form durchgeführt werden kann, dass der betroffene Gefangene sich – räumlich oder zeitlich – getrennt von anderen Gefangenen im Freien aufhält.[365]

187

Der CPT hat sich bei seinen Besuchen in Deutschland verschiedentlich für eine ersatzlose Abschaffung des Entzugs des Aufenthaltes im Freien als besondere Sicherungsmaßahme eingesetzt, unter Hinweis darauf, dass der in Nr. 27.1 der Europäischen Strafvollzugsgrundsätze garantierte Aufenthalt an der frischen Luft uneingeschränkt gelte, auch bei Disziplinar- und Sicherungsmaßnahmen.[366] Bislang haben nur BB,

---

357 BVerfG StV 1999, 552 = NStZ 1999, 429; AK-Feest/Lesting-Feest/Köhne, § 89 Rn 4.
358 AK-Feest/Lesting-Feest/Köhne, § 89 Rn 5; Schwind/Böhm/Jehle/Laubenthal-Schwind, § 89 Rn 3.
359 CPT-Standards Nr. 31 und 35; Europarat 2011, AbsNr. 86.
360 OLG Frankfurt NStZ-RR 2002, 157; AK-Feest/Lesting-Feest/Köhne, § 89 Rn 3.
361 Sehr zu begrüßen sind § 64 Abs. 2 BW und § 71 S. 2 JStVollzG Bln, nach denen bereits nach einer bzw zwei Woche/n Gesamtdauer im Jahr die Zustimmung der Aufsichtsbehörde einzuholen ist; nach § 49 Abs. 7 HE, § 71 LJStVollzG RP bereits nach einem Monat; nach § 74 Abs. 4 HH erst nach zwei Monaten und gemäß Art. 97 Abs. 2 BY und § 82 NI erst nach drei Monaten.
362 AK-Feest/Lesting-Feest/Köhne, § 89 Rn 5.
363 Calliess/Müller-Dietz, § 88 Rn 5; Schwind/Böhm/Jehle/Laubenthal-Schwind, § 88 Rn 13.
364 Schwind/Böhm/Jehle/Laubenthal-Schwind, § 88 Rn 13; Hadeler in: Ostendorf, Untersuchungshaft und Abschiebehaft, § 7 Rn 121.
365 AK-Feest/Lesting-Feest/Köhne, § 88 Rn 14.
366 CPT-Standards, CPT/Inf/E (2002) 1 – Rev. 2013, S. 18; CPT Bericht 2013 CPT/Inf (2014) 23, Rn 40. CPT Bericht 2010 CPT/Inf (2012) 6 Rn 86; CPT-Bericht 2005 CPT (2006) 36, Rn 89 & 146.

MV und SN diese Forderung insofern aufgegriffen, als nur noch eine Beschränkung des Aufenthaltes im Freien vorgesehen wird.[367] In jedem Fall ist ein sehr zurückhaltender Umgang mit dieser Sicherungsmaßnahme geboten.[368]

e) Besonders gesicherter Haftraum ohne gefährdende Gegenstände

188 Die Unterbringung in einem **besonders gesicherten Haftraum ohne gefährdende Gegenstände** meint die Beruhigungszelle, „Time-Out-Raum" oder „Gummizelle", der meist nur mit einer Matratze und einer Abort-Vorrichtung ausgestattet, ansonsten aber kahl und reizarm gestaltet ist. Die Unterbringung ist nur während eines „akuten Zustandes" zu rechtfertigen.[369] Zeichnet sich keine alsbaldige Besserung ab oder dauert die Unterbringung länger als einen Tag an, sollte unverzüglich die Verlegung in eine psychiatrische Einrichtung, eine medizinische Abteilung im Vollzug oder in ein Krankenhaus veranlasst werden. Die ärztliche Betreuung während der Zeit der Unterbringung ist sicherzustellen. Die unbekleidete Unterbringung des Gefangenen stellt eine unmenschliche und erniedrigende Behandlung und einen Verstoß gegen Art. 3 EMRK dar,[370] auch die teilweise geübte Praxis, den im bgH unterzubringenden Gefangenen nur Papierunterwäsche zu lassen, ist bedenklich.[371] Geht die Maßnahme über drei Tage hinaus, ist dies der Aufsichtsbehörde unverzüglich mitzuteilen. Die Fesselung oder Fixierung des Gefangenen während seiner Unterbringung im bgH ist eine darüber hinausgehende, zusätzlich Maßnahme, die nur in Betracht gezogen werden darf, wenn alleine die Unterbringung im bgH nicht ausreicht, um der Gefahr einer Selbstverletzung zu begegnen.

f) Fesselung

189 Die **Fesselung** ist die besondere Sicherungsmaßnahme, die die Bewegungsfreiheit des Gefangenen am stärksten einschränkt und unter der der betroffene Gefangene am stärksten leidet. Auch die Fixierung während der Unterbringung in einem bgH ist eine Fesselung und ist über die Unterbringung im bgH hinaus besonders rechtfertigungsbedürftig. Die Gefahr ist groß, dass Situationen entstehen, die die Grenze zu einer erniedrigenden oder unmenschlichen Behandlung überschreiten. Sie zwingt den Gefangenen in eine Lage totaler Ohnmacht und kann dadurch komplementär latente Übergriffsneigungen der dann umso machtvolleren Bediensteten wachrufen.[372] Für die mit der Fesselung beauftragten Bediensteten kann zudem ein ernsthafter **Rollenkonflikt** für ihre an der Resozialisierung ausgerichtete Arbeit entstehen.[373] Sie ist noch mit der Menschenwürde vereinbar, soweit sie auf das Unerlässliche beschränkt wird.[374]

---

367 Vgl Stellungnahmen der Bundesregierung zum CPT-Bericht 2013, CPT/Inf (2014) 24, S. 27 – 32, zum CPT-Bericht 2010, CPT/Inf (2012) 24, S. 41 f und zum CPT-Bericht 2005, S. 45 f.
368 Laubenthal/Nestler/Neubacher/Verrel-Verrel Abschn. M Rn 90.
369 AK-Feest/Lesting-Feest/Köhne, § 88 Rn 15; Schwind/Böhm/Jehle/Laubenthal-Schwind, § 88 Rn 14.
370 BVerfG Beschl. v. 18.3.2015, 2 BvR 1111/13, AbsNr. 30 ff; EGMR NJW 2012, 2157, Abs.Nr. 57; Laubenthal/Nestler/Neubacher/Verrel-Verrel Abschn. M Rn 91; s. hierzu Pohlreich JZ 2011, 1058.
371 Europarat 2011, AbsNr. 87.
372 AK-Feest/Lesting-Feest/Köhne, § 88 Rn 16.
373 AK-Feest/Lesting-Feest/Köhne, § 88 Rn 16.
374 Schwind/Böhm/Jehle/Laubenthal-Schwind, § 88 Rn 15; AK-Feest/Lesting-Feest/Köhne, § 88 Rn 16.

XI. Besondere Sicherungsmaßnahmen 8

Abgesehen von den Gefahrtatbeständen, die allgemein die Anordnung besonderer Sicherungsmaßnahmen rechtfertigen können, ist die Fesselung **auch zulässig bei Ausführung, Vorführung oder während eines Transportes**, wenn (einfache) Fluchtgefahr besteht.[375] Wie stets bei besonderen Sicherungsmaßnahmen handelt es sich um eine Ermessensentscheidung im Einzelfall. Wegen der Schwere des Eingriffs kommt sie zur Abwehr der o.g. Gefahren faktisch nur in Betracht, wenn sie unerlässlich ist, also die Gefahr mit keiner anderen Maßnahme abgewehrt werden kann. Sie muss in regelmäßigen, hier besonders kurzen Zeitabständen (spätestens alle zwei Stunden) daraufhin überprüft werden, ob sie noch erforderlich ist. Schon für den Erwachsenenstrafvollzug wird eine Aufrechterhaltung von bis zu drei Tagen als kaum noch zu rechtfertigen angesehen[376] – entsprechend reduziert sich die Dauer bei jungen Gefangenen. Die Anordnung der Fesselung auf einem Transportschein durch die JVA ist keine „Empfehlung" gegenüber den den Transport durchführenden Beamten, sondern eine verbindliche und gerichtlich anfechtbare Maßnahme der JVA.[377] 190

Die Fesselung darf **nur an den Händen oder Füßen** angebracht werden. Üblich ist die Fesselung mit Handschellen („Acht") vorne oder auf dem Rücken, mit einer Knebelkette, einer Sprungkette oder die sog. „Hamburger Fesselung", bei der eine 1,20 lange Kette von einem Handgelenk durch ein Loch in der Hose zum gegenüberliegenden Fußgelenk geführt wird, so dass der Gefesselte nur kleine Schritte machen kann.[378] Es ist stets die für den jeweiligen Zweck geeignete Form der Fesselung zu wählen, die die geringste Beeinträchtigung verursacht. 191

Darüber hinausgehend sind **andere Arten der Fesselung** nur „im Interesse des Gefangenen" zulässig.[379] „Im Interesse des Gefangenen" meint, dass dies zur Abwendung erheblicher Selbstschädigung unerlässlich, also auch mit den beschrieben Formen der Fesselung nicht abzuwenden ist.[380] Insbesondere wenn der Gefangene zur Vermeidung von Selbstverletzungen im bgH untergebracht und fixiert werden muss, soll die Fixierung auf einem Bett oder einer Liege mit Gurten und nicht mittels Metallketten oder Handschelle erfolgen.[381] Je umfassender die damit verbundene Einschränkung der Bewegungsfreiheit ist, desto höher sind die Anforderungen im Rahmen der Verhältnismäßigkeitsprüfung.[382] Während der gesamten Zeit der Fixierung ist eine Sitzwache unmittelbar im selben Raum einzurichten; die Überwachung mittels Video- oder Tontechnik kann dies nicht ersetzen.[383] Die Fixierung ist umfassend zu doku- 192

---

375 § 70 Abs. 4 BE, HB, MV, SH, SL; § 90 Abs. 6 BB; § 63 Abs. 4 BW; Art. 96 Abs. 4 BY; § 74 Abs. 5 HH; § 49 Abs. 4 HE; § 81 Abs. 4 NI; § 79 Abs. 4 NW; § 88 Abs. 6 RP; § 71 Abs. 6 SN, § 89 Abs. 7 ST; § 89 Abs. 6 TH.
376 AK-Feest/Lesting-Feest/Köhne, § 88 Rn 16.
377 LG Gießen, Beschl. v. 17.2.2012, 2 StVK–Vollz 789/11.
378 Schwind/Böhm/Jehle/Laubenthal-Schwind, § 88 Rn 15; AK-Feest/Lesting-Feest/Köhne, § 90 Rn 2.
379 Vgl OLG Hamm, 16.6.2011, III-1 Vollz (WS) 216/11: Fixierung auf einer Liege während eines Krankentransportes.
380 AK-Feest/Lesting-Feest/Köhne, § 90 Rn 3; Schwind/Böhm/Jehle/Laubenthal-Schwind, § 90 Rn 2; Laubenthal/Nestler/Neubacher/Verrel-Verrel Abschn. M Rn 53.
381 Europarat 2011 AbsNr. 93 sowie Antwort der Bundesregierung, Europarat 2012, S 42; AK-Feest/Lesting-Feest/Köhne, § 90 Rn 3.
382 Schwind/Böhm/Jehle/Laubenthal-Schwind, § 90 Rn 2.
383 Europarat 2011 AbsNr. 93. So nun auch § 49 Abs. 3 HE.

mentieren; Beginn und Ende, Anordnungsgrund, die anordnenden und sonst beteiligten Personen und erlittene Verletzungen sind festzuhalten.[384]

193 Die Fesselung ist insgesamt auf das absolute Minimum zu begrenzen. Bei Transporten, Ausführungen und Vorführungen sind die Fesseln abzunehmen, sobald der Gefangene anders gesichert ist, bspw in einer Zelle des Transportfahrzeuges. Die Fesselung ist **zeitweise zu lockern**. Sie muss gelockert werden, wenn dies aus gesundheitlichen Gründen oder zur Nahrungsaufnahme, der Verrichtung der Notdurft, zum Waschen oder aus anderen Gründen notwendig ist. Darüber hinaus sollte die Fesselung immer gelockert werden, wenn dies möglich ist und bei Klagen des Gefangenen überprüft werden.[385]

Bei einer Fesselung zur Abwendung einer der o.g. Gefahren ist stets eine **ärztliche Überwachung** erforderlich, (s.o. Rn 170). Der Aufsichtsbehörde muss unverzüglich mitgeteilt werden, wenn die Maßnahme über drei Tage hinaus aufrechterhalten werden soll (s.o. Rn 168).

XII. Ersatz von Aufwendungen

194 Kranke oder verletzte Gefangene werden in der Anstalt kostenlos medizinisch versorgt. Im Unterschied zum medizinischen Versorgungs- und Versicherungssystem in Freiheit nimmt die Anstalt jedoch nicht an einem gesetzlichen Forderungsübergang bei schuldhafter (vorsätzlicher oder grob fahrlässiger) Selbst- oder Fremdverletzung teil. Sie könnte daher keinen Ersatz für ihre durch die Verletzungen entstandenen Aufwendungen verlangen. Entsprechend § 93 StVollzG wird daher geregelt, dass Gefangene der Anstalt zum **Ersatz ihrer Aufwendungen** verpflichtet sind, die ihr aufgrund der vorsätzlichen oder grob fahrlässigen Selbstverletzung oder Verletzung anderer Gefangener entstehen.[386] Die Haftung für leichte oder normale Fahrlässigkeit ist ausgeschlossen. Da die Regelung auch die Gleichstellung mit Nichtgefangenen bezweckt, die im Falle vorsätzlicher oder grob fahrlässiger Selbstschädigung die Behandlungskosten selbst tragen müssen, entsteht ein Erstattungsanspruch nur dann, wenn in einer vergleichbaren Situation eine in Freiheit befindliche Person eine medizinische Behandlung erfahren würde.[387]

Diese Ansprüche sind zivilrechtlicher Natur. Sie sind daher vor den Zivilgerichten geltend zu machen.[388] Voraussetzung ist, dass der Gefangene die Verletzungen rechtswidrig und **grob fahrlässig oder vorsätzlich** verursacht hat. Die Verantwortlichkeit kann bei Verletzungen anderer insbesondere in sich aufschaukelnden Eskalationen fraglich sein, ebenso wenn der Gefangene auf einen Angriff oder eine massive Provokation reagiert hat. Zu berücksichtigen sind im Jugendstrafvollzug die alterstypisch

---

384 Europarat 2011 AbsNr. 93.
385 AK-Feest/Lesting-Feest/Köhne, § 90 Rn 5.
386 § 75 BE, HB, MV, SH, SL; § 74 Abs. 3 BB; § 68 BW; Art. 89 BY; § 77 HH; § 51 HE; § 86 NI; § 48 NW, § 72 Abs. 3 RP; § 34 Abs. 5 SN; § 73 Abs. 3 ST, TH.
387 OLG Jena NStZ 2011, 224 = Forum Strafvollzug 2010, 131 zu einer Drogenuntersuchung („B-Probe"), deren Kosten im Jugendstrafvollzug aber nach der Regelung für den Suchtmittelkonsum bei positivem Ergebnis in Rechnung gestellt werden kann.
388 Schwind/Böhm/Jehle/Laubenthal-Böhm, § 93 Rn 1.

hohe Impulsivität sowie oftmals das beschränkte Vermögen, die Folgen einer Handlung vorauszusehen.

Auch bei **Selbstverletzungen** kann nicht immer selbstverständlich von einer entsprechenden Verantwortlichkeit ausgegangen werden. Insgesamt ist die Erhebung von Schadensersatzforderungen im Zusammenhang mit suizidalen oder bewusst selbstschädigenden Handlungen problematisch, da diese grundsätzlich nicht rechtswidrig sind und fast immer durch die Rahmenbedingungen des Vollzuges mitverursacht werden. Eine Erstattungspflicht für Aufwendungen lässt sich daher nicht durch den Gedanken der unerlaubten Handlung, die auf die Rechtswidrigkeit rekurriert, sondern nur durch ein Handeln im Auftrag des Betroffenen rechtfertigen. Die Behandlung muss also dem (tatsächlichen oder mutmaßlichen) Willen des Gefangenen entsprechen. Wird eine akute medizinische Behandlung durch die Einnahme von Drogen (selbstgebrauter Alkohol, eingeschmuggelte Drogen usw) oder von Medikamenten notwendig, so setzt die Annahme der Verantwortlichkeit voraus, dass der Gefangene insb. aufgrund vorangegangener Erfahrungen nach seinem subjektiven Kenntnisstand mit dem Eintritt derartiger Folgen für seine Gesundheit rechnen musste. Gerade bei jungen und mit Drogen noch (relativ) unerfahrenen Gefangenen kann jedoch häufig nicht davon ausgegangen werden, dass sie die Folgen voraussehen (können). Der „normale" Drogenkonsum stellt schon keine Selbstverletzung im Sinne dieser Vorschrift dar.[389]

195

Erstattet werden nur die **tatsächlichen zusätzlichen Aufwendungen** (bspw Verbandsmaterial, Arzneimittel, Transportkosten, Hinzuziehung eines externen Arztes usw), nicht jedoch der Gehaltsanteil der Bediensteten einschl. des medizinischen Personals, die mit der Behandlung befasst sind, oder der durch den Arbeitsausfall des verletzten Gefangenen entstandene Verdienstausfall.[390]

196

Neben den hiermit begründeten Ansprüchen kann die Anstalt aufgrund anderer Rechtsgrundlagen **weitere Schadensersatzansprüche** gegen den Gefangenen haben, so bspw Schadensersatzansprüche wegen Sachbeschädigung am Anstaltsmobiliar aus unerlaubter Handlung (§ 823 BGB) oder wegen Verletzung von Bediensteten, wenn deren Forderungen gegen den Schädiger auf den Dienstherren übergehen.[391] Diese Ansprüche werden von dem hier geschaffenen gesetzlichen Erstattungsanspruch nicht berührt und können gesondert verfolgt werden.

197

Die Anstalt muss vor der Geltendmachung ihrer Ansprüche jedoch prüfen, ob deren Durchsetzung **Erziehung und Förderung der Gefangenen oder ihre Eingliederung behindern würden**. Eindeutig wird der Erziehung und Förderung des Gefangenen und seiner Wiedereingliederung ein höherer Stellenwert beigemessen, als der Durchsetzung von Erstattungsansprüchen der Anstalt. Fraglich ist ohnehin, ob angesichts der regelmäßig dürftigen wirtschaftlichen Lage der meisten Gefangenen der mit der Rechtsverfolgung verbundene Aufwand für die Anstalt nicht höher ist als der Ertrag. Auf die Aufrechnung der Forderungen mit den Einkünften des Gefangenen während

198

---

389 OLG Jena NStZ 2011, 224 = Forum Strafvollzug 2010, 181.
390 Schwind/Böhm/Jehle/Laubenthal-Böhm, § 93 Rn 3.
391 Schwind/Böhm/Jehle/Laubenthal-Böhm, § 93 Rn 2.

des Vollzuges oder der Vollstreckung in sein sonstiges Vermögen ist daher zu verzichten, wenn dieses das Erreichen des Vollzugszieles gefährden würde. Dies wäre insbesondere der Fall, wenn die finanziellen Mittel, auf die der Gefangene in der Zeit nach der Entlassung angewiesen ist, nachhaltig aufgezehrt würden.[392]

XIII. Rechtsschutz[393]

199 Gegen allgemeine oder besondere Sicherungsmaßnahmen kann sich der – selbst betroffene – Gefangene stets nach § 92 Abs. 1 JGG an die Gerichte wenden. Zuständig ist nach § 92 Abs. 2 JGG die **Jugendkammer**, in deren Bezirk die Vollzugsbehörde, idR also die Anstalt, ihren Sitz hat. Für das Verfahren gelten im Wesentlichen die §§ 109 und 111-120 StVollzG (§ 92 Abs. 1 S. 2 JGG). Antragsberechtigt sind nicht nur die Gefangenen selbst, sondern bei Minderjährigen auch deren Erziehungsberechtigte (§ 92 Abs. 1 S. 2 iVm § 67 Abs. 1 JGG).

200 Nicht unmittelbar angreifbar sind gesetzliche Regelungen oder Regelungen in der Hausordnung, die bspw die Verhaltenspflichten konkretisieren.[394] Hingegen kann sich der Gefangene stets gegen **konkrete Maßnahmen** wenden, die gesetzliche oder Regelungen der Anstaltsordnung umsetzen wollen. Dies gilt für Anordnungen, die Einzelfälle regeln (auch wenn sie mehrere nach abstrakten Kriterien umschriebene Gefangene betreffen) sowie für Allgemeinverfügungen (bspw die allgemeine Anordnung des Anstaltsleiters bzgl Durchsuchungen vor oder nach Besuchskontakten).[395]

201 Gegen eine noch andauernde Sicherungsmaßnahme kommt ein **Anfechtungsantrag** in Betracht. Ist die Maßnahme erledigt, ist der Antrag auf **Feststellung der Rechtswidrigkeit** zu richten. Bei überraschenden, sofort vollzogenen Maßnahmen ist die Erlangung gerichtlichen Rechtsschutzes schwierig, da diese fast nie durch vorläufigen Rechtsschutz abgewendet werden können. Dieser entfaltet keine aufschiebende Wirkung. Daher kommt es darauf an, dass trotz Erledigung der Maßnahme eine **Feststellungsinteresse** des Betroffenen besteht. Dieses ist u.a. dann anzunehmen, wenn der Gefangene die Wiederholung gleichgearteter Maßnahmen befürchten muss, wenn die Maßnahme mit einem hohen Diskriminierungspotenzial verbunden war und insofern ein Rehabilitationsinteresse fortbesteht[396] oder wenn die Entscheidung in Hinblick auf prognostische Einschätzungen der Anstalt wichtig ist.[397] Beim **nachträglichen Wegfall der Voraussetzungen** kommt ein Verpflichtungsantrag auf Aufhebung der Maßnahme in Betracht.[398] Gegen unzulässige Datenerhebungen (bspw ED-Maßnahmen) kann der Gefangene Anfechtungsantrag und Antrag auf Folgenbeseitigung (Löschung bzw Vernichtung der Daten, bspw Bilder) stellen.[399] Gegen eine unmittelbar drohende[400] oder noch andauernde Sicherungsmaßnahme (bspw Verlegung, Vorent-

---

392 Schwind/Böhm/Jehle/Laubenthal-Böhm, § 93 Rn 7.
393 Siehe auch § 11.
394 AK-Feest/Lesting-Feest/Köhne, § 83 Rn 13.
395 Str., AK-Feest/Lesting-Feest/Köhne, § 83 Rn 13.
396 OLG Koblenz StraFo 2005, 263; AK-Feest/Lesting-Feest/Köhne, § 85 Rn 10.
397 AK-Feest/Lesting-Feest/Köhne, § 88 Rn 20.
398 OLG Frankfurt aM NStZ-RR 2002, 155 f; AK-Feest/Lesting-Feest/Köhne, § 88 Rn 20.
399 AK-Feest/Lesting-Feest/Köhne, § 86 Rn 7.
400 LG Heilbronn ZfStrVo 1988, 368; mit zu strengen Voraussetzungen: OLG Karlsruhe ZfStrVo 1993, 120; AK-Feest/Lesting-Feest/Köhne, § 88 Rn 20.

haltung von Gegenständen, Einzelhaft usw) ist auch **vorläufiger Rechtsschutz** durch Antrag auf den Erlass einer einstweiligen Anordnung zulässig.

§ 9 Unmittelbarer Zwang

Spezielle Literatur: *Apel, E.*, Die Gaspistole – eine Schusswaffe?, in: GewArch 1985, S. 295–297; *Arloth, F.*, Statement (zur Zwangsbehandlung im Strafvollzug), in: T. Hillenkamp/B. Tag (Hrsg.), Intramurale Medizin – Gesundheitsfürsorge zwischen Heilauftrag und Strafvollzug, Berlin u.a. 2005, S. 239–246; *Enzmann, D./Greve, W.*, Soziale und individuelle Bedingungen von Delinquenz und Sanktionierung, in: M. Bereswill/W. Greve (Hrsg.), Forschungsthema Strafvollzug, Baden-Baden 2001, S. 109–145; *Gerhold, S./El-Ghazi, M.*, Reizstoffe sind Waffen! Eine Kritik der Neuregelungen zum Begriff der Hilfsmittel körperlicher Gewalt in diversen Landesvollzugsgesetzen, in: NK 2015, S. 97-109; *Gröschner, R.*, Die Gaspistole – eine Schusswaffe?, in: GewArch 1984, S. 372–376; *Gramm, C.*, Schranken der Personalprivatisierung bei der inneren Sicherheit, in: VerwArch 1999, S. 329–360; *Grommek, S.*, Unmittelbarer Zwang im Strafvollzug, Köln u.a. 1982; *Hillenkamp, T.*, Der Arzt im Strafvollzug – Rechtliche Stellung und medizinischer Auftrag, in: T. Hillenkamp/B. Tag (Hrsg.), Intramurale Medizin – Gesundheitsfürsorge zwischen Heilauftrag und Strafvollzug, Berlin u.a. 2005, S. 11–30; *Hillgruber, C.*, Der Schutz des Menschen vor sich selbst, München 1992; *Koch, R.*, Zur Ausübung von Notwehrrechten im Rahmen der Anwendung unmittelbaren Zwangs gemäß §§ 94 ff. StVollzG, in: ZfStrVo 1995, S. 27–32; *Koranyi, J.*, Gesetzliche Kodifizierung einer (vermeintlich) überwundenen Eingriffsbefugnis: Anmerkungen zur Zwangsernährung im Strafvollzug, in: StV 2015, S. 257-260; *Laubenthal, K.*, Sucht- und Infektionsgefahren im Strafvollzug, in: T. Hillenkamp/B. Tag (Hrsg.), Intramurale Medizin – Gesundheitsfürsorge zwischen Heilauftrag und Strafvollzug, Berlin u.a. 2005, S. 195–212; *Laue, C.*, Zwangsbehandlung im Strafvollzug, in: T. Hillenkamp/B. Tag (Hrsg.), Intramurale Medizin – Gesundheitsfürsorge zwischen Heilauftrag und Strafvollzug, Berlin u.a. 2005, S. 217–238; *Ostendorf, H.*, Das Verbot einer strafrechtlichen und disziplinarischen Ahndung der Gefangenenbefreiung, in: NStZ 2007, S. 313–317; *Ostendorf, H.*, Wie viel Privatisierung verträgt die Strafjustiz, Zeitschrift für soziale Strafrechtspflege (Nr. 43) 2007, S. 4–6; *Ostendorf, H.*, Das Recht zum Hungerstreik, in: GA 1984, S. 308–329; *Ostendorf, H.*, Das Recht zum Hungerstreik: Verfassungsmäßige Absicherung und strafrechtliche Konsequenzen, Frankfurt aM 1983; *Ostendorf, H.*, Die strafrechtliche Rechtmäßigkeit rechtswidrigen hoheitlichen Handelns, in: JZ 1981, S. 165–175; *Radtke, H./Bitz, G.*, Zur Anwendbarkeit unmittelbaren Zwangs durch Vollzugsbeamte zur Vorbereitung der Entnahme einer Speichelprobe im Rahmen von § 2 DNA-Identitätsfeststellungsgesetz, in: ZfStrVo 2001, S. 134–138; *Riekenbrauck, W.*, Statement (zu: Der Arzt im Strafvollzug – Rechtliche Stellung und medizinischer Auftrag), in: T. Hillenkamp/B. Tag (Hrsg.), Intramurale Medizin – Gesundheitsfürsorge zwischen Heilauftrag und Strafvollzug, Berlin u.a. 2005, S. 31–34; *Schriever, W.*, Ist es zulässig, einen Strafgefangenen zwangsweise zur Teilnahme an einer gegen ihn gerichteten Disziplinarverhandlung vorzuführen?, in: NStZ 1993, S. 103–104

I. Vorbemerkungen

1. Rechtswirkung

1 Gegen Jugendstrafgefangene und andere Personen kann unter bestimmten Voraussetzungen unmittelbarer Zwang angewendet werden. Er bedeutet „die Einwirkung auf Personen oder Sachen durch körperliche Gewalt, ihre Hilfsmittel und durch Waffen". Diese Legaldefinition ist in allen Jugendstrafvollzugsgesetzen gleich; zur Legaldefinition nebst ihrer Subdefinitionen ausführlich Rn 4–19. Alle Gesetze widmen dem unmittelbaren Zwang einen eigenen Abschnitt bzw Teil oder ein eigenes Kapitel.[1] Darin

---

[1] Abschnitt 10 JStVollzG Berlin(geplant im Abschnitt 14)/Bremen/Mecklenburg-Vorpommern/Saarland/Sachsen-Anhalt/Schleswig-Holstein; Abschnitt 14 JVollzG Brandenburg, LJVollzG Rheinland-Pfalz, JVollzGB Thüringen; Abschnitt 11 JVollzGB IV B-W/JStVollzG Hamburg/Hessen/Nordrhein-Westfalen; Abschnitt 13 BayStVollzG; Teil 10 SächsJStVollzG; Kapitel 13 NJVollzG.

wird explizit auf die Beachtung der Menschenwürde (Art. 1 Abs. 1 GG) hingewiesen.² Im Gesetzeszusammenhang ist der ausdrückliche Hinweis auf die Menschenwürde einmalig, erfolgt ausschließlich an dieser Gesetzesstelle. Hieraus wird deutlich, dass bei Anwendung unmittelbaren Zwangs immer und unmittelbar in Grund- und Gefangenenrechte eingewirkt wird. Von allen Vollzugsakten hat unmittelbarer Zwang die **nachhaltigste Rechtswirkung**.³

2. Zielsetzung

Mit dem unmittelbaren Zwang sollen die Regeln des Anstaltslebens durchgesetzt, Sicherheit und Ordnung gewährleistet werden.⁴ Schutzgut ist der störungsfreie Vollzugsverlauf.⁵ Mit Zwangsmaßnahmen sollen die dafür notwendigen Maßnahmen hier und jetzt erzwungen werden.⁶ Unmittelbarer Zwang ist hierbei nur Mittel zum Zweck, **niemals Selbstzweck**. Die Normen zum unmittelbaren Zwang bergen **keine eigene Rechtsgrundlage** für Eingriffe in Rechte der Gefangenen oder Dritter. Sie regeln nur das „Wie" des Eingriffs, das heißt die Voraussetzungen, Mittel und Grenzen für eine zwangsweise Durchsetzung vollzuglicher Maßnahmen.⁷ „Ob" die Maßnahmen rechtmäßig sind, ergibt sich immer aus anderen Vorschriften.

3. Normgenese

Die neuen Vorschriften aller Jugendstrafgesetze zum unmittelbaren Zwang lehnen sich in weiten Teilen an diejenigen Paragrafen des Erwachsenen-Strafvollzugsgesetzes an (§§ 94–101 StVollzG). Ein Grund kann darin gesehen werden, dass diese Regelungen schon nach altem Recht gemäß § 178 Abs. 1 StVollzG für die Jugendstrafe als Freiheitsstrafe des Jugendrechts und damit für den Jugendstrafvollzug galten. Das bedeutet, dass der – einfach- und verfassungsgerichtlich konkretisierte – Regelungsgehalt sowie die dazu bestehenden Kommentierungen auch für die neue Rechtslage von Relevanz sind. Jedoch wird gerade in diesem Themenbereich die Andersartigkeit von Jugend- und Erwachsenenvollzug in besonderem Maße zu beachten sein, auf die sich die Urteilsforderung des BVerfG nach einem eigenständigen, auf junge Gefangene ausgerichteten Gesetz stützt.⁸

II. Begriffsbestimmungen

Alle Jugendstrafvollzugsgesetze enthalten Begriffsbestimmungen darüber, was unter „unmittelbarem Zwang" nebst seiner drei Anwendungsformen „körperliche Gewalt", „Hilfsmittel der körperlichen Gewalt" und „Waffen" zu verstehen ist. Weitere bzw andere Formen unmittelbaren Zwangs sind gesetzlich nicht vorgesehen und da-

---

2 Siehe § 72 Abs. 1 JVollzGB IV B-W; Art. 104 Abs. 1 BayStVollzG; § 79 Abs. 1 JStVollzG Berlin/Bremen/Mecklenburg-Vorpommern/Saarland/Sachsen/Schleswig-Holstein; § 81 Abs. 1 HmbJVollzG; § 52 Abs. 4 S. 1 HessJStVollzG; § 89 Abs. 1 NJVollzG; § 87 Abs. 1 JStVollzG NRW; § 88 Abs. 1 JStVollzG LSA. Nicht mehr geregelt im Brandenburgischen JVollzG, LJVollzG Rheinland-Pfalz und im Thüringer JVollzGB im Hinblick auf § 36 Beamtenstatusgesetz.
3 Im Ergebnis ebenso Laubenthal, Strafvollzug, Rn 722.
4 Ostendorf NStZ 2007, 316.
5 Schwind/Böhm/Jehle-Koepsel § 94 Rn 13.
6 Wie hier Böhm, Strafvollzug, Rn 349.
7 Kaiser/Schöch, Strafvollzug, § 8 Rn 13; Calliess/Müller-Dietz § 94 Rn 2; Arloth § 94 Rn 2.
8 Entscheidung des BVerfG vom 31.5.2006 (NJW 2006, 2093); dazu ausführlich § 1 Rn 1.

§ 9 Unmittelbarer Zwang

mit nicht statthaft, wobei allerdings die Hilfsmittel körperlicher Gewalt nicht abschließend definiert sind.

1. Unmittelbarer Zwang

5 „Unmittelbarer Zwang" wird in allen Gesetzen als **„Einwirkung auf Personen oder Sachen"** definiert, und zwar **durch bestimmte Mittel.** Auch soweit auf Sachen eingewirkt wird, muss das Ziel sein, auf Personen, nämlich Gefangene oder Fremde, Einfluss zu nehmen.

2. Körperliche Gewalt

6 „Körperliche Gewalt" als Mittel des unmittelbaren Zwangs ist die **„unmittelbare körperliche Einwirkung auf Personen oder Sachen"**, mit anderen Worten **Zwangseinwirkung von Körper zu Körper ohne Zuhilfenahme von Gegenständen.**

Beispiele[9] körperlicher Gewalt gegenüber Personen sind Schieben, Ziehen, Drücken, Abdrängen, Festhalten, Treten, Boxen, Beinstellen, Schubsen, Anwendung von Griffen und Tritten aller Kampfsportarten, Polizeigriff. Beispiele körperlicher Gewalt gegenüber Sachen sind deren Wegnahme, Beschädigung, Zerstörung oder Veränderung allein durch Körpereinsatz.

Die Anwendung dieser „einfachen"[10] körperlichen Gewalt ist im Vollzugsalltag die gebräuchlichste.[11]

Beispiel: Ein Gefangener mit einem Haftkoller wird mit geübten Handgriffen in die „Beruhigungszelle" verbracht, die Zellentüre wird gegen den Widerstand des Gefangenen verschlossen.

3. Hilfsmittel körperlicher Gewalt

7 Die Vollzugsbediensteten können sich gewisser **„Hilfsmittel körperlicher Gewalt"** bedienen. Gemeinsamkeit aller Jugendstrafvollzugsgesetze ist, dass sie dafür ein oder mehrere Mittel ausdrücklich benennen. Die **Aufzählung** der Hilfsmittel erfolgt in den Gesetzen nicht abschließend, sondern nur **beispielhaft.** Das folgt aus der Formulierung „namentlich" bzw „insbesondere".

8 „Fesseln" können als hauptsächliches Hilfsmittel körperlicher Gewalt angesehen werden, weil sie von allen Landesgesetzen genannt werden. Mit Fesseln sind Hand- und Fußfesseln aus Metall gemeint, aber auch Plastikfesseln, die zumeist als Einmalfesseln verwendet werden. Neuerdings sind auch so genannte „cuffbags" (Fesseltaschen) in Gebrauch. Sie sind mit Fäustlingen vergleichbar und verhindern, dass der Gefangene seine Finger und Hände in irgendeiner Form benutzen und beispielsweise am Verschluss der Handschelle hantieren kann.

---

9 Siehe auch die Beispiele bei Arloth § 95 Rn 2; AK-Feest/Lesting-Walter § 95 Rn 3.
10 So AK-Feest/Lesting-Walter § 95 Rn 3.
11 Schwind/Böhm/Jehle/Laubenthal-Koepsel § 95 Rn 3.

Neben den Fesseln sind in acht Landesgesetzen[12] ausdrücklich „**Reizstoffe**" als Hilfsmittel körperlicher Gewalt genannt.[13] In sechs Bundesländern[14] werden diese dagegen systematisch den „Waffen" zugeordnet. In Brandenburg und Sachsen gibt es insoweit keine ausdrückliche Regelung (s. hierzu Rn 15). Reizstoffe sind „Stoffe, die bei ihrer bestimmungsgemäßen Anwendung auf den Menschen eine belästigende Wirkung durch Haut- und Schleimhautreizung, insbesondere durch einen Augenreiz ausüben und resorptiv nicht giftig wirken" (Nr. 5 der Anlage 1 zum Waffengesetz). Das sind vor allem Tränengas, CS-/CN-Gas und Pfefferspray.[15] In der Praxis werden Tränengaspatronen und Tränengaswurfkörper am meisten verwendet.[16] Pfefferspray ist jedoch wegen der geringeren Nebenwirkungen und der zuverlässigeren Wirkung Vorzug einzuräumen.[17]

Allein das niedersächsische Justizvollzugsgesetz (§ 88 Abs. 3) erweitert die Hilfsmittel-Beispiele körperlicher Gewalt explizit um „Diensthunde" und „Betäubungsstoffe".

Der Einsatz von „**Diensthunden**" wird für den Bereich des Erwachsenenstrafvollzugs überwiegend für unproblematisch gehalten.[18] Zumindest für den Jugendstrafvollzug bestehen erhebliche Einwände. Der Einsatz von Diensthunden verschlechtert maßgeblich das Anstaltsklima, kann darüber hinaus zur Konflikteskalation beitragen, da ein Hund außer Kontrolle des Hundeführers geraten kann und gerade auf Seiten junger Gefangener unbedachte Reaktionen möglich sind. Der Einsatz von Diensthunden wird Konfliktsituationen anheizen, zumal mit dem lauten Gebell des Hundes eine verbale Deeskalation verhindert wird. Auf der anderen Seite entwickeln gerade auch junge Menschen nicht selten eine ausgesprochene Angst vor Hunden, was zu einem Einschüchterungsklima führen kann.

Zu „**Betäubungsstoffen**" zählen KO-Gas, einschläfernde Mittel, Narkosemittel und Elektroschocker.[19] Der Einsatz von Schlaf-, Beruhigungs- und Narkosestoffen ist nur aus medizinischen Gründen durch einen Arzt zur heiltherapeutischen Behandlung vertretbar (siehe unten Rn 73). Ihr Einsatz aus reinen Sicherheitsgründen durch den allgemeinen Vollzugsdienst verstößt gegen das Übermaßverbot (Art. 20 Abs. 3 GG), zumal damit unkontrollierbare gesundheitliche Gefahren und Nebenwirkungen (Herzstillstand, Atemlähmung) für die Gefangenen verbunden sein können.[20] Elektroschockgeräte, die hauptsächlich bei der Massentierhaltung und Schlachtung Verwendung finden, sind Hilfsmittel, die gegen die Menschenwürde aus Art. 1 Abs. 1 GG verstoßen.

---

12 Berlin, Bremen, Mecklenburg-Vorpommern, Niedersachsen, Rheinland-Pfalz, Saarland, Sachsen-Anhalt, Schleswig-Holstein.
13 Zur Kritik an dieser Einordnung siehe Gerhold/El-Ghazi NK 2015, 97 ff, insbesondere weil Hilfsmittel körperlicher Gewalt nicht von der Aufsichtsbehörde zugelassen werden müssen; siehe hierzu aber Rn 14.
14 Baden-Württemberg, Bayern, Hamburg, Hessen, Nordrhein-Westfalen, Thüringen.
15 Siehe auch Arloth § 95 Rn 2; AK-Feest/Lesting-Walter § 95 Rn 8.
16 Schwind/Böhm/Jehle/Laubenthal-Koepsel § 95 Rn 7.
17 Ebenso Arloth § 95 Rn 2.
18 Arloth § 95 Rn 2; Schwind/Böhm/Jehle/Laubenthal-Koepsel § 95 Rn 11; Zweifel nur bei AK-Feest/Lesting-Walter § 95 Rn 5.
19 Siehe auch AK-Feest/Lesting-Walter § 95 Rn 8.
20 Ähnlich Calliess/Müller-Dietz § 95 Rn 2; AK-Feest/Lesting-Walter § 95 Rn 5 und § 101 Rn 33.

11 Alle Landesgesetzgeber haben offen gelassen, welche anderen Hilfsmittel körperlicher Gewalt verwendet werden können („namentlich"/„insbesondere"). Da die technische Entwicklung von Hilfsmitteln nicht vorherzusehen ist, sollen neue Hilfsmittel nicht von vornherein ausgeschlossen werden. Auch sollen situationsbedingt improvisierte Hilfsmittel körperlicher Gewalt zulässig sein.[21] Hierzu gehören zB das Werfen von Erde, Sand, Steinen, Wasser oder Netzen, das Sprühen von Schaum aus einem Feuerlöscher, das Errichten von Sperren, der Einsatz von Schall-, Rauch- oder Nebelerzeugern oder von Klebeband und Kabelbindern zum Fesseln.[22] Hilfsmittel, deren Einsatz die Menschenwürde (Art. 1 Abs. 1 GG) verletzt, wie zB Peitschen, sind unzulässig.

4. Waffen

12 Im Gegensatz zu den sonstigen „Hilfsmitteln körperlicher Gewalt" ist bei den Waffen die **Aufzählung abschließend**. Zulässig sind also nur solche Waffenarten, die das jeweilige Landesgesetz nennt. Sie **müssen** zudem immer **dienstlich zugelassen sein**. „Dienstlich zugelassen" meint nicht die Zulassung durch den Anstaltsleiter, sondern durch die Aufsichtsbehörde bzw Landesjustizverwaltung.[23]

13 „Hiebwaffen" sind nach allen Jugendstrafvollzugsgesetzen zulässig. Hiebwaffen sind herkömmlicher Weise Schlagstöcke aus Holz, Hartgummi („Gummiknüppel") oder aus vergleichbarem Material.

14 Sechs Landesgesetze nennen als weitere Waffengattung die „**Reizstoffe**" (zu Definition und Beispielen s. Rn 9). Für diese Landesgesetze sagt bereits der Gesetzeswortlaut, dass die Reizstoffe dienstlich zugelassen sein müssen. Acht Landesgesetze subsumieren die Reizstoffe ausdrücklich unter die Hilfsmittel körperlicher Gewalt. Bei Letzteren besteht kein Erfordernis der dienstlichen Zulassung,[24] weil gerade auch situationsbedingt improvisierte Hilfsmittel von dem Anwendungsbereich umfasst werden sollen. Jedoch ergibt sich aus dem **Sinnzusammenhang**, dass auch in diesen Bundesländern die verwendeten Reizstoffe dienstlich zugelassen sein müssen. Denn ähnlich wie Hieb- und Schusswaffen können sie einem Menschen jedenfalls bei unfachmännischer Verwendung erheblichen gesundheitlichen Schaden zufügen, beispielsweise den Verlust des Augenlichts.[25] Darüber hinaus zeigt sich die Nähe der Reizstoffe zu den Waffen darin, dass sie in der Anlage des Waffengesetzes definiert werden.[26] Damit ist festzuhalten, dass die Anstalten gleich welchen Bundeslandes nicht jede „chemische Keule" verwenden können, die auf dem Markt angeboten wird. Reizstoffe müssen immer dienstlich zugelassen sein.

15 Das Gros der Ländergesetze führt auch „**Schusswaffen**" an. Schusswaffen sind „Gegenstände, die zum Angriff oder zur Verteidigung (...) bestimmt sind und bei denen Geschosse durch einen Lauf getrieben werden" (Nr. 1.1 der Anlage 1 zum Waffengesetz). Dazu zählen insbesondere Pistolen, Revolver, Gewehre und Maschinenpistolen.

---

21 Arloth § 95 Rn 2.
22 Weitere Beispiele bei Arloth § 95 Rn 2 und AK-Feest/Lesting-Walter § 95 Rn 5.
23 Arloth § 95 Rn 2.
24 Mit Ausnahme von § 93 Abs. 4 BbgJVollzG.
25 Siehe hierzu Gerhold/El-Ghazi NK 2015, 101 unter Hinweis auf Feststellungen des Wissenschaftlichen Dienstes des Bundestages 2010, 1 ff.
26 Nr. 5 der Anlage 1 zum Waffengesetz, s. Rn 12.

Auf keinen Fall gehören zu den Schusswaffen im Sinne der Jugendstrafvollzugsgesetze solche aus der Kriegswaffenliste,[27] wie Maschinengewehre, Panzerfäuste, Granatwerfer, Handgranaten oder vergleichbare Sprengmittel.

Für den Jugendstrafvollzug problematisch ist die **Einordnung von Gaspistolen**. Je nach Betonung dieses zusammengesetzten Begriffs sind sie entweder bei den Reizmitteln („Gas") oder bei den Schusswaffen („Pistole") einzugruppieren. Gaspistolen werden im Strafrecht nach Rechtsprechung und Lehre zu den Schusswaffen gerechnet, wenn die Gase wie üblich nach vorne austreten.[28] Im Erwachsenenvollzug werden sie dagegen bei den Reizmitteln eingruppiert mit dem Argument, dass das StVollzG (§ 95 Abs. 4) zwischen klassischen Schusswaffen und Reizstoffen unterscheide.[29] Damit gelten nicht die besonderen Voraussetzungen für den Einsatz von Schusswaffen. Diesen Weg sind die Bundesländer Baden-Württemberg, Bayern, Hamburg, Hessen, Nordrhein-Westfalen und Thüringen auch im Jugendstrafvollzug gegangen. In den anderen Bundesländern mit Ausnahme Brandenburg und Sachsens werden Reizstoffe als Hilfsmittel körperlicher Gewalt definiert. Auch hieraus folgt, dass nicht die Regeln für den Schusswaffeneinsatz gelten. Das muss auch für Sachsen gelten, das den Schusswaffeneinsatz nicht zulässt, woraus aber nicht geschlossen werden kann, dass auch der Einsatz von Gaspistolen untersagt werden soll.

III. Voraussetzungen

Die Anwendung unmittelbaren Zwangs unterliegt (gesetzlich) bestimmten **allgemeinen Voraussetzungen**. Sie variieren je nachdem, ob es sich bei der betroffenen Zielgruppe um Gefangene oder um andere Personen handelt. Besondere zusätzliche Voraussetzungen stellen die Landesgesetze für den Gebrauch von Schusswaffen und für Zwangsmaßnahmen auf dem Gebiet der Gesundheitsfürsorge auf. Immer ist der **Verhältnismäßigkeitsgrundsatz** zu beachten. Grundsätzlich hat eine vorherige **Androhung** zu erfolgen. 16

1. Allgemeine Voraussetzungen

Formell berechtigt, unmittelbaren Zwang gegen Gefangene oder andere Personen anzuwenden, sind ausschließlich die Vollzugsbediensteten der Anstalt. Die **Befugnisübertragung** an vertraglich gebundene Private oder beliehene Unternehmer ist im Hinblick auf Art. 33 Abs. 4 GG **ausgeschlossen**.[30] Sie können nicht der verlängerte Arm der Vollzugsbediensteten sein, weil Zwangsmaßnahmen immer Grund- und Gefangenenrechte berühren, mithin zum **Kernbereich** staatlicher Maßnahmen in einer Jugendstrafanstalt zählen. 17

---

27 BGBl. I, 2506.
28 Siehe Fischer § 244 Rn 4 mwN; für das Zivilrecht s. BGHZ, VersR 1990, 1289; rechtsgebietsübergreifende Betrachtung bei Gröschner GewArch 1984, 372 ff und Apel GewArch 1985, 295 ff.
29 Höflich/Schriever/Bartmeier, Grundriss Vollzugsrecht, Ziff. 17.5.
30 Instruktiv Gramm, Privatisierung und notwendige Staatsaufgaben, 2001, ders. VerwArch 1999, 329 ff; s. auch AK-Feest/Lesting-Walter § 94 Rn 3; Arloth § 94 Rn 3. Das OLG Schleswig hat ausdrücklich hinsichtlich der Zulässigkeit einer Privatisierung des Maßregelvollzugs darauf abgestellt, dass die Ausübung unmittelbaren Zwangs nur von Vollzugsbeamten ausgeübt wird, NK 2006, 38 mit kritischer Anm. von Ostendorf; s. auch Ostendorf Zeitschrift für soziale Strafrechtspflege 2007, 4 ff.

§ 9 Unmittelbarer Zwang

a) Unmittelbarer Zwang gegen Gefangene

18 Adressaten des unmittelbaren Zwangs sind primär die Jugendstrafgefangenen.

aa) Vollzugs- oder Sicherungsmaßnahme

19 Gegen Gefangene muss es um die Durchsetzung von Vollzugsmaßnahmen oder Sicherungsmaßnahmen gehen. Die Abgrenzung zwischen Vollzugs- und Sicherungsmaßnahme lässt sich vom Begriff der **Sicherungsmaßnahme** her vornehmen. Dazu zählen alle allgemeinen und besonderen Sicherungsmaßnahmen, sprich Maßnahmen mit Präventivcharakter. Vollzugsmaßnahmen sind demgegenüber alle Maßnahmen zur Aufrechterhaltung eines geordneten Anstaltslebens, Organisationsmaßnahmen inklusive.[31] Erzieherische Maßnahmen und Disziplinarmaßnahmen zählen wegen ihres repressiven Charakters (Ahndung von Pflichtverstößen) zu den Vollzugsmaßnahmen.

Keine Vollzugs- oder Sicherungsmaßnahmen sind prozessuale Maßnahmen, etwa die zwangsweise Durchsetzung einer Ladung zu einem Gerichtstermin[32] oder das Entnehmen einer Haar- oder Speichelprobe zur Durchführung einer DNA-Analyse im Strafverfahren.[33]

bb) Akzessorietät

20 Die Gesetzestexte stellen schwerpunktmäßig entweder auf die rechtmäßige Durchführung unmittelbaren Zwangs ab oder auf die Durchführung einer rechtmäßigen Vollzugs- oder Sicherungsmaßnahme.[34] Alle Gesetze sind aber im Sinne einer „**doppelten Rechtmäßigkeit**" zu lesen, also so, dass auch die zugrunde liegende vollzugliche Maßnahme rechtmäßig sein – insbesondere auf einer Ermächtigungsgrundlage beruhen – muss, damit unmittelbarer Zwang rechtmäßig angewendet werden kann. Man spricht hier von der „**Akzessorietät**" des unmittelbaren Zwangs.[35] Negativ ausgedrückt zieht die Rechtswidrigkeit der zugrunde liegenden Vollzugs- oder Sicherungsmaßnahme automatisch die Rechtswidrigkeit unmittelbaren Zwangs nach sich.[36] Diese Akzessorietät funktioniert nicht in umgekehrter Richtung. Das heißt, auch wenn die durchzusetzende Maßnahme rechtmäßig ist, kann unmittelbarer Zwang gleichwohl rechtswidrig sein. Unmittelbarer Zwang unterliegt also einer zweistufigen Rechtmäßigkeitskontrolle.

cc) Subsidiarität

21 Der Zweck der durchzusetzenden Vollzugs- oder Sicherungsmaßnahme darf **auf keine andere Weise** als durch Zwang zu erreichen sein. Das stellt die „**Subsidiarität**"[37] unmittelbaren Zwangs klar. Seine Anwendung muss immer **letztes Mittel** sein (s. auch Rn 25). Alternativ erfolgversprechende Lösungswege haben Vorrang und machen

---

31 AK-Feest/Lesting-Walter § 94 Rn 4: „Oberbegriff".
32 Ausführlich Böhm, Strafvollzug, Rn 349.
33 AK-Feest/Lesting-Walter § 94 Rn 6; s. dazu auch Radtke/Bitz ZfStrVo 2001, 134 ff.
34 Letzteres gilt gem. § 87 Abs. 1 NJVollzG, § 78 Abs. 1 S. 1 SächsJStVollzG, § 94 Abs. 1 Brandenburgisches JVollzG, § 92 LJVollzG Rheinland-Pfalz, § 93 Abs. 1 Thüringer JVollzGB; in § 88 Abs. 1 JStVollzG LSA fehlt das Kriterium der Rechtmäßigkeit völlig. Zur Problematik rechtmäßiger, aber unsinniger Anordnungen Schwind/Böhm/Jehle/Laubenthal-Koepsel § 94 Rn 7.
35 Zur Akzessorietät als materielle Voraussetzung unmittelbaren Zwangs Laubenthal, Strafvollzug, 2011, Rn 721 f; s. auch Arloth § 94 Rn 2; Kaiser/Schöch, Strafvollzug, § 8 Rn 73.
36 Ebenso Höflich/Schriever/Bartmeier, Grundriss Vollzugsrecht, Ziff. 17.1.
37 Dazu auch Laubenthal, Strafvollzug, Rn 722.

Zwangsmaßnahmen rechtswidrig, weil sie eine gesetzliche Tatbestandsvoraussetzung entfallen lassen. Denkbare Alternativen sind je nach Sachlage „gutes Zureden", also Beruhigung und Überzeugung im Gespräch, Herbeiholen einer Vertrauensperson, auch die Drohung mit Disziplinarmaßnahmen, aber auch schlichtes Weggehen, wenn sich die Emotionen aufschaukeln und gegen einen bestimmten Bediensteten richten.[38]

b) Unmittelbarer Zwang gegen andere Personen

Gegen andere Personen als Gefangene darf unmittelbarer Zwang nur angewendet werden,

- wenn sie es unternehmen, Gefangene zu befreien,
- wenn sie es unternehmen, in den Anstaltsbereich widerrechtlich einzudringen oder
- wenn sie sich unbefugt im Anstaltsbereich aufhalten.

22

Die gesetzlich umschriebenen Verhaltensweisen knüpfen an Straftatbestände an: Gefangenenbefreiung an § 120 StGB und widerrechtliches Eindringen oder unbefugtes Sichaufhalten im Anstaltsbereich an § 123 StGB.

„Unternehmen" ist daher nach dem Grundsatz der Einheitlichkeit der Rechtsordnung entsprechend der Definition in § 11 Abs. 1 Nr. 6 StGB[39] auszulegen: Gefangenenbefreiung oder widerrechtliches Eindringen müssen versucht oder vollendet werden.[40] Das heißt, es muss mindestens unmittelbar angesetzt, die Schwelle zum „Jetzt-geht's-los" überschritten sein. Vorbereitungshandlungen genügen nicht.[41]

Zum „Anstaltsbereich" gehören alle Einrichtungen des offenen und geschlossenen Vollzugs sowie die für Dritte erkennbar gesperrten Außenflächen der Anstalt.[42]

„Unbefugt" halten sich Fremde im Anstaltsbereich auf, wenn die Erlaubnis der Anstalt fehlt oder die Erlaubnis die Aktivitäten während des Aufenthalts nicht deckt. Beispiel: Ist die Besuchszeit abgelaufen, kann ein Besucher mit unmittelbarem Zwang aus der Anstalt entfernt werden, wenn er sich weigert zu gehen. Entsprechendes gilt, wenn der Besucher einem Gefangenen mitgebrachte Gegenstände übergeben will. Demgegenüber ist unmittelbarer Zwang im Sinne der Vorschriften der Jugendstrafvollzugsgesetze nicht möglich, wenn Fremde Drogen oder andere Gegenstände über die Anstaltsmauer werfen.

2. Verhältnismäßigkeitsgrundsatz

Bei der Anwendung unmittelbaren Zwangs muss immer der **Verhältnismäßigkeitsgrundsatz** beachtet werden. Dies wird in den Gesetzen mit Ausnahme Sachsens ausdrücklich betont. Die Beachtung des Verhältnismäßigkeitsgrundsatzes folgt darüber hinaus aus dem Rechtsstaatsprinzip des Art. 20 Abs. 3 GG[43] und gilt dementspre-

23

---

38 Zum Ganzen AK-Feest/Lesting-Walter § 94 Rn 7.
39 § 11 Abs. 1 Nr. 6 StGB: „Im Sinne dieses Gesetzes ist Unternehmen einer Tat deren Versuch und deren Vollendung.".
40 Wie hier AK-Feest/Lesting-Walter § 94 Rn 8; Arloth § 94 Rn 4; Schwind/Böhm/Jehle/Laubenthal-Koepsel § 94 Rn 8.
41 AA unzutr. Calliess/Müller-Dietz § 94 Rn 3: „konkret vorbereitet oder versucht".
42 Siehe auch AK-Feest/Lesting-Walter § 94 Rn 8; Arloth § 94 Rn 4.
43 BVerfGE 23, 127, 133; 86, 288, 347; 90, 145, 173; ausführlich Sachs in: Sachs, GG, Art. 20 Rn 146.

chend auch für den Vollzug in Sachsen und Niedersachsen. Hierbei sind die Geeignetheit, die Erforderlichkeit und die Angemessenheit des unmittelbaren Zwangs zu prüfen.[44]

a) Geeignetheit

24 Die beabsichtigte Zwangsmaßnahme muss nach den Jugendstrafvollzugsgesetzen zur Durchsetzung von Vollzugs- und Sicherungsmaßnahmen **geeignet und möglich** sein. Das ist dann der Fall, **wenn** das Zwangsmittel **wirksam** ist, **wenn sich die durchzusetzende Maßnahme mit Zwang realisieren lässt**. Wird sie mit Zwang genauso wenig erreicht wie ohne, hat unmittelbarer Zwang zu unterbleiben.[45] Beispiel: Will ein Gefangener nicht zum Anstaltsleiter oder zu einem Anti-Aggressionskurs gehen, sondern lieber in seiner Zelle bleiben, so ist die Anwendung unmittelbaren Zwangs nicht zulässig. Denn der Zwang würde zu keiner vernünftigen Aussprache und damit zu keinem sachdienlichen Ergebnis führen. Er wäre unverhältnismäßig, weil ungeeignet.[46]

Die Frage der Geeignetheit ist situationsgemäß zu beantworten. Beispielsweise eignet sich ein Schlagstock zum Zurückschlagen eines tätlichen Angriffs von einem körperlich überlegenen Gefangenen oder zum Zurückdrängen einer größeren Menschenmenge. Dagegen ist sein Einsatz ungeeignet, um einen tobenden Gefangenen dazu zu bewegen, freiwillig die Beruhigungszelle aufzusuchen. Hier wäre er keine Waffe zur unmittelbaren Einwirkung auf eine Person, sondern ein Prügelinstrument zur mittelbaren Einwirkung auf den Willen.[47]

Aus dem Erfordernis der Geeignetheit folgt auch, dass Zwangsmaßnahmen einzustellen sind, sobald sich zeigt, dass der angestrebte Zweck nicht erreicht werden kann. Erweist sich eine Maßnahme als nicht mehr geeignet, dann kann sie nicht als rechtmäßige Durchführung unmittelbaren Zwangs fortgesetzt werden.[48] Ebenso ist eine Zwangsmaßnahme sofort einzustellen, sobald der Zweck erreicht ist. Das folgt aus dem **Übermaßverbot** (Art. 20 Abs. 3 GG). Jedes Weiterhandeln oder Andauernlassen wäre verbotener **Missbrauch** von Zwangsmaßnahmen. Der unmittelbare Zwang darf nicht zu einer auf die Tat folgenden Strafe verfälscht werden.[49]

b) Erforderlichkeit

25 Die Zwangsmaßnahme muss **erforderlich** sein. Das ist dann der Fall, **wenn** es – einschließlich erfolgversprechender Sicherungs- oder Disziplinarmaßnahmen – **kein milderes**, weniger einschneidendes **Mittel** gibt. Dementsprechend ist unter mehreren möglichen und geeigneten Zwangsmaßnahmen nach den Jugendstrafvollzugsgesetzen immer diejenige zu wählen, die den Betroffenen am wenigsten beeinträchtigt. Unter diesem Gesichtspunkt gelten der Vorrang der Einwirkung auf Sachen vor der Einwir-

---

44 Zum Prüfungsaufbau Voßkuhle JuS 2007, 429 ff; Ipsen, Staatsrecht II, 2010, Rn 672 ff; Maurer, Staatsrecht I, 2010, § 8 Rn 257; Sachs in: Sachs, GG, Art. 20 Rn 149 ff.
45 Siehe auch Schwind/Böhm/Jehle/Laubenthal-Koepsel § 94 Rn 5.
46 Wie hier Böhm, Strafvollzug, Rn 349; Schriever NStZ 1993, 103 f; im Ergebnis auch Calliess/Müller-Dietz § 94 Rn 2 und Schwind/Böhm/Jehle/Laubenthal-Koepsel § 96 Rn 2; unentschieden Kaiser/Schöch, Strafvollzug, 2002, § 8 Rn 12; aA unzutr. OLG Hamm NStZ 1991, 509 f (Vorführung zum Anstaltsleiter) OLG Frankfurt NStZ-RR 1997, 152 f (Durchsetzung der Teilnahme an Beschäftigungstherapie).
47 So auch Schwind/Böhm/Jehle/Laubenthal-Koepsel § 96 Rn 3; ähnlich AK-Feest/Lesting-Walter § 96 Rn 1.
48 Ebenso Schwind/Böhm/Jehle/Laubenthal-Koepsel § 96 Rn 5.
49 Böhm, Strafvollzug, Rn 349.

kung auf Personen sowie der Vorrang einfacher körperlicher Gewalt vor dem Einsatz von Hilfsmitteln und Waffen. Gleichzeitig sind die Risiken für den eingreifenden Vollzugsbeamten mitzuberücksichtigen. Ist ein körperlicher Widerstand im Hinblick auf frühere Vorfälle von Seiten des Gefangenen zu erwarten, darf unter dem Gesichtspunkt der Erforderlichkeit der Schlagstock in die Hand genommen werden, um sich gegebenenfalls rechtzeitig zu schützen. Es ist aber nicht erlaubt, immer die Maßnahme zu wählen, die für den eingreifenden Beamten das geringste Risiko mit sich bringt.

c) Angemessenheit

Die Zwangsmaßnahme muss **angemessen** sein. Das ist dann der Fall, **wenn Zweck und Mittel in einem vernünftigen Verhältnis stehen.** Dementsprechend hat nach den Jugendstrafvollzugsgesetzen unmittelbarer Zwang zu unterbleiben, wenn der durch ihn zu erwartende Schaden erkennbar außer Verhältnis zu dem angestrebten Erfolg steht. Der „zu erwartende Schaden" kann bei dem betroffenen oder bei einem unbeteiligten Gefangenen eintreten, zum Beispiel ein gesundheitlicher, seelischer oder sozialer Schaden, besonders im Hinblick auf die (Re-)Sozialisierung.[50] Gleichsam kann er bei den handelnden Bediensteten eintreten. Bei unangemessener Anwendung von Zwangsmaßnahmen kann auch der Institution des Gefängnisses Schaden drohen (Ablehnung, Auflehnung, Solidarisierung der Gefangenen untereinander).

26

3. Androhung

a) Androhungsgrundsatz

Die Anwendung unmittelbaren Zwangs ist nach dem **Grundsatz** aller Jugendstrafvollzugsgesetze vorher anzudrohen. Die **Androhung** wird praktisch stets mündlich ergehen. Deshalb ist hier besonders auf eine klare und bestimmte Äußerung zu achten. Das Prinzip, dass unmittelbarer Zwang vor seiner Anwendung anzudrohen ist, ist ein überaus wichtiges **Instrument zur Konfliktentschärfung** speziell im Jugendstrafvollzug. Gerade junge Menschen denken im Vergleich zu Erwachsenen nicht so reflektiert über die Folgen ihres Tuns nach. Sie handeln oft spontan und unüberlegt. Bei den besonders jungen Gefangenen ist darüber hinaus deren Hafterfahrenheit zu berücksichtigen. Das gilt auch dann, wenn sie im Sinne der typisch jugendstrafrechtlichen „Sanktionsspirale" schon im „Jugendarrest" gewesen sind.[51] Beiden Seiten, also den Gefangenen und den Bediensteten, gibt der Androhungsgrundsatz einen Moment des Überdenkens.[52] Dem Gefangenen werden noch einmal die Folgen vor Augen geführt;[53] gegebenenfalls kann er auch Rechtsschutz beantragen.[54] Die Bediensteten wiederum haben die Möglichkeit, den Konflikt zu lenken und zurückzustufen. Die Androhung **ermöglicht** mithin eine gewaltlose, eine **„zwanglose" Konfliktlösung.**

27

---

50 Siehe auch AK-Feest/Lesting-Walter § 96 Rn 2.
51 Jugendarrest ist ein Zuchtmittel des JGG ohne die Rechtswirkung einer Kriminalstrafe. Er bedeutet Freiheitsentzug von maximal vier Wochen in besonderen Jugendarrestanstalten, s. §§ 13 Abs. 2 Nr. 3, 16 JGG.
52 Höflich/Schriever/Bartmeier, Grundriss Vollzugsrecht, Ziff. 17.1: „Denkpause".
53 Calliess/Müller-Dietz § 98.
54 Dazu AK-Feest/Lesting-Walter § 98 Rn 1.

§ 9 Unmittelbarer Zwang

b) Ausnahmesituationen

28 Alle Jugendstrafvollzugsgesetze ermächtigen die Vollzugsbediensteten, von der Androhung unmittelbaren Zwangs in bestimmten Situationen abzusehen. Zu beachten ist, dass die Androhung unterbleiben „darf", aber nicht muss. Es gibt drei **Ausnahmesituationen zum Androhungsgrundsatz**:

- **die Umstände lassen es nicht zu** (Beispiel: Der Bedienstete kann sich gegenüber lautem Grölen der Gefangenen nicht hörbar machen),
- **eine Straftat muss verhindert werden** (Beispiel: Körperverletzung, Gefangenenmeuterei, Gefangenenbefreiung, Geiselnahme) oder/und
- **eine gegenwärtige Gefahr muss abgewendet werden** (Beispiel: Der Gefangene will sich selbst töten oder verletzen).

Die Ausnahmesituationen sind nicht scharf voneinander abzugrenzen, sondern können kumulativ vorliegen. Nach dem Gesetzeswortlaut sind sie **abschließend** aufgezählt. Andere Fälle, die eine vorherige Androhung entbehrlich machen könnten, gibt es nicht. Allein § 52 Abs. 5 HessJStVollzG ist offener formuliert („insbesondere"). Aber auch hier gilt der Obersatz, dass die Umstände eine Androhung „nicht zulassen".

IV. Handeln auf Anordnung

29 Im **Normalfall** wenden die Vollzugsbediensteten unmittelbaren Zwang in **Eigeninitiative** an. Liegen die Voraussetzungen zur Anwendung unmittelbaren Zwangs vor, was die Vollzugsbediensteten selbst prüfen, treffen sie eine eigene **Ermessensentscheidung** dahingehend, ob sie von der Befugnis Gebrauch machen oder nicht.

Liegt aber die **Anordnung** von unmittelbarem Zwang **durch einen Vorgesetzen** vor, dann müssen ihn die untergebenen Vollzugsbediensteten grundsätzlich ausführen. Für sie besteht **Gehorsamspflicht**. Die Gehorsamspflicht endet dort,

- wo die Menschenwürde verletzt wird (Beispiel: Folter), Art. 3 EMRK, (s. auch Rn 10, 11),
- wo die Anordnung nicht zu dienstlichen Zwecken erteilt ist (Beispiel: Rache) oder
- wo mit der Anwendung unmittelbaren Zwangs eine Straftat begangen würde (Beispiel: Verprügeln).

In allen drei Fällen besteht aus Gründen der (Menschen-)Rechtswahrung für die untergebenen Vollzugsbediensteten eine **Weigerungspflicht**, eine Pflicht, die Anordnung nicht auszuführen, also unmittelbaren Zwang zu unterlassen.[55]

Bedenken gegen die Rechtmäßigkeit der Anordnung muss der Vollzugsbeamte nach den Jugendstrafvollzugsgesetzen bzw gem. § 36 Beamtenstatusgesetz dem Anordnenden gegenüber, wenn irgend möglich, vorbringen. Damit ist klargestellt, dass die untergebenen Vollzugsbediensteten auch bei Existenz einer Anordnung das Vorliegen

---

[55] AA (hM) unzutr., wobei nach Widerstandsrecht (Fälle 1 und 2) und Widerstandspflicht (Fall 3) differenziert wird, s. Schwind/Böhm/Jehle/Laubenthal-Koepsel § 96 Rn 3; AK-Feest/Lesting-Walter § 97 Rn 2; Höflich/Schriever/Bartmeier, Grundriss Vollzugsrecht, Ziff. 17.5.

der Anwendungsvoraussetzungen unmittelbaren Zwangs selbst prüfen müssen. Sie dürfen der Anordnung eines Vorgesetzten nicht blindlings vertrauen, denn die Rechtsordnung kennt keinen Rechtfertigungsgrund „Handeln auf Anordnung".[56]

Einige Jugendstrafvollzugsgesetze regeln auch die strafrechtliche Untergebenenverantwortlichkeit, wenn die Bediensteten unmittelbaren Zwang aufgrund einer nicht rechtmäßigen Anordnung ausführen. Diese Haftungsvorschriften stellen keine eigenen Voraussetzungen für die Strafbarkeit der Bediensteten auf, sondern umschreiben nur die allgemeinen strafrechtlichen Grundsätze zum **Verbotsirrtum**, s. § 17 StGB,[57] zumal die Landesgesetzgeber nicht hierfür zuständig sind (Art. 74 Abs. 1 Nr. 1 GG). 30

V. Unmittelbarer Zwang aufgrund anderer Regelungen

Die Jugendstrafvollzugsgesetze sagen unter den „Allgemeinen Voraussetzungen", dass das Recht zur Anwendung unmittelbaren Zwangs aufgrund anderer Regelungen unberührt bleibt. 31

Das hat zunächst Bedeutung für den Einsatz von **Polizei**kräften innerhalb einer Anstalt.[58] Diese wenden – im Wege der Amtshilfe – unmittelbaren Zwang nicht nach den Regeln der Jugendstrafvollzugsgesetze, sondern nach den für sie geltenden Polizeigesetzen an.

Darüber hinaus scheint die Aussage klarzustellen, dass für die Vollzugsbediensteten auch die sogenannten „**Notrechte**", insbesondere die gesetzlichen Regelungen zur Notwehr (§ 32 StGB), zum Notstand (§ 34 StGB) und zum Festnahmerecht (§ 127 Abs. 1 StPO), weiter bestehen. Das sind „Jedermanns-Rechte", die auch Vollzugsbediensteten zustehen. Jedoch ist zu beachten, dass das Notrecht des Vollzugsbediensteten ein persönliches ist; es kann nur da eingreifen, wo er unabhängig vom hoheitlichen Auftrag selbst bedroht ist.[59] Es reicht auch nur so weit, bis die gegenwärtig drohende Gefahr abgewendet ist.[60] Mit den Notrechten kann unmittelbarer Zwang zur Durchsetzung einer Vollzugs- oder Sicherungsmaßnahme, die nach den Jugendstrafvollzugsgesetzen nicht rechtmäßig wäre, also nicht gerechtfertigt oder entschuldigt werden.[61] 32

In den typischen Situationen des vollzugsrechtlichen unmittelbaren Zwangs – insbesondere bei der Durchsetzung von Vollzugs- und Sicherungsmaßnahmen – sind die von den Jugendstrafvollzugsgesetzen getroffenen Regelungen „leges speciales" (Spezialgesetze), gehen also den allgemeinen Notrechten vor.[62] Nur in den Jugendstrafvoll-

---

56 Siehe Ostendorf JZ 1981, 173; s. auch Fischer Vor § 32 Rn 8 und 16.
57 § 17 S. 1 StGB: „Fehlt dem Täter bei Begehung der Tat die Einsicht, Unrecht zu tun, so handelt er ohne Schuld, wenn er diesen Irrtum nicht vermeiden konnte.".
58 Dazu Arloth § 94 Rn 5; Calliess/Müller-Dietz § 94 Rn 1.
59 Koch ZfStrVo 1995, 27; AK-Feest/Lesting-Walter § 94 Rn 9; Höflich/Schriever/Bartmeier, Grundriss Vollzugsrecht, Ziff. 17.2.
60 AK-Feest/Lesting-Walter § 94 Rn 9.
61 Instruktiv Ostendorf JZ 1981, 172; Höflich/Schriever/Bartmeier, Grundriss Vollzugsrecht, Ziff. 17.2; Grommek, Unmittelbarer Zwang im Strafvollzug, S. 39; Koch ZfStrVo 1995, 27: „keine Ermächtigungsgrundlage zur Durchsetzung hoheitlicher Maßnahmen".
62 Siehe auch Schwind/Böhm/Jehle/Laubenthal-Koepsel § 94 Rn 14; AK-Feest/Lesting-Walter § 94 Rn 9; Arloth § 94 Rn 5.

zugsgesetzen wird der besonderen Situation der Gefangenen sowie der Notwendigkeit der Anstaltsordnung Rechnung getragen.

VI. Schusswaffengebrauch

33 Der Schusswaffengebrauch durch Vollzugsbedienstete ist die gefährlichste Form der Anwendung unmittelbaren Zwangs. Die Jugendstrafvollzugsgesetze regeln diesen separat und differenziert, im Gesamtvergleich aber sehr unterschiedlich. Zu differenzieren ist zwischen Schusswaffengebrauch gegen Jugendstrafgefangene und gegen andere Personen.

1. Schusswaffengebrauch durch Vollzugsbedienstete gegen Jugendstrafgefangene
a) Die Regelungen im Ländervergleich

34 In **Baden-Württemberg, Bayern, Nordrhein-Westfalen, Saarland** und **Schleswig-Holstein** ist der Schusswaffengebrauch innerhalb wie außerhalb der Anstalt gegen Jugendstrafgefangene aller Altersklassen erlaubt, und zwar wegen Nichtablegens einer Waffe oder eines gefährlichen Werkzeugs, wegen Meuterei, zur Fluchtvereitelung aus dem geschlossenen Vollzug und zur Wiederergreifung. Der Schusswaffengebrauch zur Fluchtvereitelung aus dem offenen Vollzug ist untersagt. In Baden-Württemberg ist die Fluchtvereitelung mittels Schusswaffen aus dem geschlossenen Vollzug nur dann nicht erlaubt, wenn dort „überwiegend Jugendliche" – also 14- bis 17-jährige Jugendstrafgefangene – untergebracht sind.[63]

In **Hamburg** ist der Schusswaffengebrauch innerhalb wie außerhalb der Anstalt gegen Jugendstrafgefangene aller Altersklassen erlaubt, jedoch nur wegen Nichtablegens einer Waffe oder eines gefährlichen Werkzeugs und Meuterei.

In **Niedersachsen** ist der Schusswaffengebrauch innerhalb wie außerhalb der Anstalt gegen Jugendstrafgefangene aller Altersklassen nur wegen Nichtablegens einer Waffe oder eines gefährlichen Werkzeugs erlaubt, wenn zusätzlich „durch die Benutzung der Waffe oder des gefährlichen Werkzeugs eine gegenwärtige Gefahr für Leben oder Gesundheit verursacht" wird.[64]

In **Berlin**, ist der Schusswaffengebrauch durch Vollzugsbedienstete gegen Jugendstrafgefangene innerhalb der Anstalt verboten. Jedoch ist er außerhalb der Anstalt gegen Jugendstrafgefangene aller Altersklassen erlaubt, und zwar wegen Nichtablegens einer Waffe oder eines gefährlichen Werkzeugs, wegen Meuterei, zur Fluchtvereitelung sowohl aus dem geschlossenen, als auch dem offenen Vollzug und zur Wiederergreifung.[65]

In **Brandenburg, Bremen, Mecklenburg-Vorpommern, Rheinland-Pfalz, Thüringen** und **Sachsen-Anhalt** ist der Schusswaffengebrauch innerhalb der Anstalt verboten. Außerhalb der Anstalt kann von Schusswaffen gegenüber Jugendstrafgefangenen aller Altersklassen Gebrauch gemacht werden im Fall des Nichtablegens einer Waffe oder eines gefährlichen Werkzeugs. Bei Meuterei, Fluchtvereitelung aus dem ge-

---

[63] § 75 Abs. 1 Nr. 3 Alt. 1 iVm § 75 Abs. 2 Alt. 1 JVollzGB IV B-W.
[64] §§ 91, 92 Abs. 1 Nr. 1 iVm § 129 NJVollzG.
[65] Eine Einschränkung für minderjährige Jugendstrafgefangene ist gem. § 95 Abs. 5 S. 2 geplant.

schlossenen und offenen Vollzug sowie Wiederergreifung wird differenziert zwischen minderjährigen – also 14- bis 17-jährigen – und erwachsenen – also über 18-jährigen – Jugendstrafgefangenen. In diesen Fällen darf nur auf erwachsene Jugendstrafgefangene geschossen werden, nicht auf Jugendliche und zwar nur außerhalb der Anstalt. In Brandenburg, Rheinland-Pfalz, Sachsen-Anhalt und Thüringen darf außerhalb der Anstalt zur Fluchtvereitelung und Wiederergreifung bei Gefangenen, die im offenen Vollzug untergebracht sind, sowohl bei Minderjährigen als auch bei Volljährigen nicht geschossen werden.

In **Hessen** dürfen die Vollzugsbediensteten Schusswaffen gegen Jugendstrafgefangene aller Altersklassen „nur zur Abwehr eines gegenwärtigen rechtswidrigen Angriffs auf Leib oder Leben" gebrauchen.[66]

Allein in **Sachsen** ist den Vollzugsbediensteten der Schusswaffengebrauch gegen Jugendstrafgefangene insgesamt innerhalb wie außerhalb der Anstalt in jedem Fall untersagt.[67]

b) Zielsetzung

Nach allen Jugendstrafvollzugsgesetzen, die einen Schusswaffengebrauch zulassen, dürfen Schusswaffen nur angewendet werden, **„um angriffs- oder fluchtunfähig zu machen".**[68] Die Zielsetzung darf ausschließlich darin bestehen. Daraus folgt, dass nicht auf Personen geschossen werden darf, von denen kein Angriff auf Menschen ausgeht und die auch nicht im Begriff sind zu fliehen, also nicht auf jemanden, der zB stiehlt, die Zelle zertrümmert oder einen Diensthund erschlägt. 35

c) Spezialregelung des Verhältnismäßigkeitsgrundsatzes

Alle Jugendstrafvollzugsgesetze, die einen Schusswaffengebrauch zulassen, enthalten besondere Ausprägungen des Verhältnismäßigkeitsgrundsatzes:[69] 36

Bevor Schusswaffen eingesetzt werden können, müssen andere Maßnahmen des unmittelbaren Zwangs – also einfache körperliche Gewalt und deren Hilfsmittel sowie auch andere Waffen – bereits erfolglos gewesen sein oder dürfen von vornherein keinen Erfolg versprechen.

Ferner ist der Einsatz von Schusswaffen gegen Personen nur zulässig, wenn der Zweck nicht durch Waffenwirkung gegen Sachen erreicht wird.

Aufgrund der Konkretisierung des Verhältnismäßigkeitsgrundsatzes, dass unter mehreren geeigneten Zwangsmaßnahmen diejenige zu wählen ist, die den Betroffenen am wenigsten beeinträchtigt (siehe oben Rn 25), und wegen des hohen Stellenwerts eines

---

66 § 53 Abs. 1 S. 1 HessJStVollzG.
67 § 77 Abs. 4 SächsJStVollzG.
68 § 74 Abs. 2 S. 1 JVollzGB IV B-W; Art. 106 Abs. 2 S. 1 BayStVollzG; § 81 Abs. 3 S. 1 JStVollzG Berlin/Bremen/Mecklenburg-Vorpommern; § 81 Abs. 2 S. 1 JStVollzG Saarland/Schleswig-Holstein; § 97 Abs. 3 S. 1 Brandenburgisches JVollzG; § 95 Abs. 3 S. 1 LJVollzG Rheinland-Pfalz; § 96 Abs. 3 S. 1 Thüringer JVollzG und JVollzGB Sachsen-Anhalt; § 83 Abs. 2 S. 1 HmbJStVollzG; § 53 Abs. 1 S. 2 HessJStVollzG (nur „angriffsunfähig"); § 91 Abs. 2 S. 1 NJVollzG; § 89 Abs. 2 S. 1 JStVollzG NRW.
69 Zu den Ausprägungen s. § 74 JVollzGB IV B-W; Art. 106 BayStVollzG; § 81 JStVollzG Berlin/Bremen/Mecklenburg-Vorpommern/Saarland/Schleswig-Holstein; § 97 Brandenburgisches JVollzG; § 95 LJVollzG Rheinland-Pfalz; § 96 Thüringer JVollzGB; § 94 JVollzGB Sachsen-Anhalt; § 83 HmbJStVollzG; § 53 HessJStVollzG; § 91 NJVollzG; § 89 JStVollzG NRW.

Menschenlebens (Art. 2 Abs. 2 S. 1 GG), hat der Schusswaffengebrauch im Zweifelsfall zu unterbleiben. Das gilt nach den Landesgesetzen ausdrücklich dann, wenn durch den Schusswaffengebrauch erkennbar Unbeteiligte mit hoher Wahrscheinlichkeit gefährdet würden. „**Unbeteiligte**" sind Anstaltsbedienstete, anstaltsfremde Personen und andere Gefangene.[70]

Daraus folgt, dass Vollzugsbedienstete **nicht** zur Abgabe des im Polizeirecht wurzelnden „**finalen Todesschusses**"[71] und **nicht** zu einem „**gezielten Befreiungsschuss**" (bei Geiselnahmen) befugt sind,[72] zumal die Vollzugsbediensteten für einen derartig gefährlichen Einsatz nicht ausgebildet sind.

d) Spezialregelung der Androhung

37 Alle Jugendstrafvollzugsgesetze, die einen Schusswaffengebrauch zulassen, enthalten eine **Spezialregelung für die Androhung des Schusswaffengebrauchs**. In dieser Eigenschaft („lex specialis") geht sie den allgemeinen Regeln zur Androhung unmittelbaren Zwangs vor, weshalb die allgemeinen Ausnahmesituationen keine Anwendung finden (siehe oben Rn 28).

Schusswaffengebrauch ist – wie jede Anwendung unmittelbaren Zwangs – grundsätzlich vorher anzudrohen. Die Androhung kann in spezieller Form ergehen, mittels **Warnschuss**.

Der Schusswaffengebrauch ohne vorherige Androhung ist an wesentlich engere Voraussetzungen geknüpft, als dies für die Anwendung der anderen Zwangsmittel geregelt ist: Die Androhung darf nur unterbleiben, wenn der Schusswaffengebrauch **erforderlich** ist, um eine gegenwärtige **Gefahr für Leib oder Leben** abzuwenden. Das heißt, Menschen müssen konkret gefährdet sein;[73] die Gefährdung von Sachen reicht nie aus.

e) Potenzielle Anwendungsfälle

38 Jedes Jugendstrafvollzugsgesetz, das den Schusswaffengebrauch durch Vollzugsbedienstete erlaubt, regelt die zulässigen Anwendungsfälle für sich **abschließend**. Das heißt, nur die in dem jeweiligen Gesetz vorgesehenen sind zulässig. Die nachfolgenden Fallkonstellationen sind aus der Gesamtschau aller 16 Landesgesetze zusammengestellt. Das bedeutet, es ist immer ein Abgleich dahingehend vorzunehmen, ob das entsprechende Gesetz den Anwendungsfall tatsächlich umfasst.

aa) Nichtablegen einer Waffe oder eines anderen gefährlichen Werkzeugs

39 **Gefährliches Werkzeug** ist der **Oberbegriff** und meint Gegenstände, die nach ihrer objektiven Beschaffenheit und der Art ihrer Benutzung im konkreten Fall geeignet

---

[70] Siehe Calliess/Müller-Dietz § 99 Rn 2; AK-Feest/Lesting-Walter § 99 Rn 4; Arloth § 99 Rn 3.
[71] Der finale Todesschuss ist menschenrechtlich problematisch, wird aber gemäß Art. 2 Abs. 2 EMRK nicht als Verletzung der Konvention erachtet.
[72] Bzgl des „finalen Todesschusses" ebenso Calliess/Müller-Dietz § 99 Rn 2 (mit ausführlicher Begründung); ebenso Schwind/Böhm/Jehle/Laubenthal-Koepsel § 99 Rn 4; AK-Feest/Lesting-Walter § 99 Rn 6; Arloth § 99 Rn 3; Höflich/Schriever/Bartmeier, Grundriss Vollzugsrecht, Ziff. 17.4; bzgl des „gezielten Befreiungsschusses" ebenso AK-Feest/Lesting-Walter § 99 Rn 6; Kaiser/Schöch, Strafvollzug, § 8 Rn 14; aA Schwind/Böhm/Jehle/Laubenthal-Koepsel § 99 Rn 7.
[73] Schwind/Böhm/Jehle/Laubenthal-Koepsel § 99 Rn 6.

sind, erhebliche Verletzungen herbeizuführen; also neben Schusswaffen, s. dazu Rn 15, (Spring-, Klapp-, Butterfly-, Rasier-)Messer, Gabel, Hammer, Säge, Axt, Salzsäure, etc.

Das gefährliche Werkzeug oder die Waffe muss **trotz wiederholter Aufforderung nicht abgelegt** worden sein. Die mehrfache Aufforderung ist eine besondere Form der Androhung des Schusswaffengebrauchs.[74] Deshalb kann sie gegebenenfalls durch mehrere Warnschüsse erfolgen und zur Abwehr einer gegenwärtigen Gefahr für Leib oder Leben sogar unterbleiben.

bb) Unternehmen einer Meuterei

Eine **Meuterei** liegt gemäß § 121 StGB vor, wenn sich Gefangene zusammenrotten und mit vereinten Kräften einen Anstaltsbeamten, einen anderen Amtsträger oder einen mit ihrer Beaufsichtigung, Betreuung oder Untersuchung Beauftragten nötigen oder tätlich angreifen, gewaltsam ausbrechen oder gewaltsam einem von ihnen oder einem anderen Gefangenen zum Ausbruch verhelfen. **40**

Zwei Gefangene sollen ausreichen.[75] Das **Unternehmen** beginnt mit dem Versuch, s. Rn 22.

Die Gefangenschaft muss zur Tatzeit der Meuterei bestehen;[76] sie endet faktisch durch Haftbruch.[77] Deshalb fällt bei einer Meuterei in der Jugendstrafanstalt der Schusswaffengebrauch bei den zwei letzten Tatvarianten (gewaltsamer Ausbruch/gewaltsame Ausbruchhilfe) denknotwendig in denjenigen Jugendstrafvollzugsgesetzen weg, die diesen nur **außerhalb der Anstalt** erlauben. Ansonsten müssten sich die Vollzugsbediensteten zunächst nach draußen begeben und von dort aus in die Anstalt hineinschießen. Das kann von den Landesgesetzgebern nicht gewollt sein.

Nach denjenigen Jugendstrafvollzugsgesetzen, die den Schusswaffengebrauch nicht gegen meuternde „minderjährige" Jugendstrafgefangene, sondern allein gegen meuternde erwachsene Jugendstrafgefangene zulassen, hat in dem Fall, dass sich beide **Altersgruppen** zusammenrotten, der Schusswaffengebrauch wegen der Spezialregelung zum Verhältnismäßigkeitsgrundsatz zu unterbleiben. Im Sinne dieser Spezialregelung sind die meuternden minderjährigen Jugendstrafgefangenen nämlich „erkennbar Unbeteiligte" (s. Rn 36), die auch mit hoher Wahrscheinlichkeit gefährdet würden. Selbst wenn sie aufgrund der Gemengelage oder ihres Körperbaus nicht als unter 18-jährige erkennbar sind, darf nicht geschossen werden. Anderenfalls würde das gesetzliche Schussverbot auf minderjährige Jugendstrafgefangene unterlaufen.

cc) Fluchtvereitelung und Wiederergreifung

Bei Anwendung der Jugendstrafvollzugsgesetze, die einen Schusswaffengebrauch zur Fluchtvereitelung verbieten, aber zur Wiederergreifung erlauben, muss ein paradoxer Zustand vermieden werden. Denn es kann nicht der Wille des Gesetzgebers sein, dass zur Fluchtvereitelung nicht geschossen werden darf, wohl aber innerhalb einer „juris- **41**

---

74 Schwind/Böhm/Jehle/Laubenthal-Koepsel § 100 Rn 2; AK-Feest/Lesting-Walter § 100 Rn 2.
75 BGHSt 20, 305; aA aber NK-StGB-Ostendorf, § 121 StGB Rn 8.
76 Fischer § 121 StGB Rn 3.
77 Fischer § 120 StGB Rn 4.

tischen Sekunde" zur Wiederergreifung. Demnach ist zu verlangen, dass zwischen Flucht und Wiederergreifung Zeit verstrichen ist und dass der geflohene Gefangene zwischenzeitlich aus den Augen verloren wurde.

2. Schusswaffengebrauch durch Vollzugsbedienstete gegen andere Personen

42 Der unmittelbare Zwang durch Schusswaffengebrauch gegen andere Personen als Gefangene ist im Vergleich zu den sonstigen Hilfsmitteln eingeengt, s. Rn 22). Die Einschränkung liegt darin, dass – in allen Jugendstrafvollzugsgesetzen, die den Schusswaffengebrauch durch Vollzugsbedienstete zulassen – nur das gewaltsame Unternehmen einer Gefangenenbefreiung, sowie – in denjenigen Jugendstrafvollzugsgesetzen, die den Schusswaffengebrauch auch innerhalb der Anstalt zulassen – das gewaltsame Eindringen in die Anstalt einen Schusswaffengebrauch rechtfertigt. Der unbefugte Aufenthalt in einer Jugendstrafanstalt, der die Anwendung unmittelbaren Zwangs ermöglicht, kann also nie mithilfe von Schusswaffen beendet werden.

3. Rechtsstaatliche Erwägungen

43 Der **Schusswaffengebrauch im Jugendstrafvollzug ist abzulehnen**. Schon die Bereitstellung von Schusswaffen ist nicht ohne **Probleme**. Dafür spricht allein das Selbstschutzbedürfnis der Bediensteten, etwa wenn ein Beamter nachts alleine den Rundgang macht. Demgegenüber ist die Gefahr gegeben, dass Gefangene an Schusswaffen gelangen, etwa durch Überfall auf den bewaffneten Beamten, durch Ausnützen von Nachlässigkeit oder mittels Nachschlüssel zum Waffenschrank. Ferner beeinträchtigen Schusswaffen das Anstaltsklima und die Kommunikation.

Nach der alten (Bundes-)Rechtslage war der Schusswaffengebrauch gegen Jugendstrafgefangene gemäß § 17 Abs. 1 JGG iVm § 178 Abs. 1 StVollzG iVm §§ 99, 100 StVollzG in den oben genannten Extremsituationen erlaubt. Nach § 100 Abs. 1 S. 2 StVollzG war der Schusswaffengebrauch zur Fluchtvereitelung aus einer offenen Anstalt verboten, was nach dem Gesetzeswortlaut in den Bundesländern jetzt erlaubt wird, die den Schusswaffeneinsatz außerhalb der Anstalt genehmigen.

Diese Rechtslage ist auch nach der **Föderalismusreform** in der Mehrzahl der Landesgesetze gleichgeblieben, obwohl der Bundesgesetzgeber die Problematik von Schusswaffen im Jugendstrafvollzug erkannt und den Ländern den rechtlichen Hinweis erteilt hatte, dass das Landesrecht beim Vollzug der Jugendstrafe weitere Einschränkungen des Rechts zum Schusswaffengebrauch vorsehen kann (§ 178 Abs. 4 StVollzG).

44 Einschränkungen nach der Örtlichkeit, nach dem Sicherheitsgrad der Anstalt oder nach Alterskategorien sind keine hinreichenden Lösungen.

Alterskategorien stellen zuvörderst die Vollzugspraktiker vor nicht lösbare Probleme: Sie müssen das Alter jedes Jugendstrafgefangenen kennen. So darf nach § 75 Abs. 2 JVollzGB IV B-W zur Fluchtvereitelung aus dem geschlossenen Vollzug dann nicht geschossen werden, wenn dort überwiegend Jugendliche (14- bis 17-Jährige) untergebracht sind. Die Vollzugsbediensteten müssen sich also immer über die Belegungsverteilung vergewissern, die durch Neuzugänge und Entlassungen ständig variieren kann. Auch ist fraglich, wann ein Überwiegen vorliegt und wer das bestimmt (Aufsichtsbehörde, Anstaltsleiter, der schussbereite Beamte?).

Der Schusswaffengebrauch durch Vollzugsbedienstete gegen Jugendstrafgefangene ist nach dem **Verhältnismäßigkeitsgrundsatz** (Art. 20 Abs. 3 GG) **unverhältnismäßig**: 45

Er ist **ungeeignet**, weil die Vollzugsbeamten ganz überwiegend nicht intensiv an Schusswaffen ausgebildet sind.[78] Das führt zur Ungeeignetheit des Schusswaffeneinsatzes **in den Fällen der Fluchtvereitelung und Wiederergreifung**. Die Vollzugsbediensteten sind nicht so ausgebildet, dass sie mit einem gezielten Schuss einen flüchtenden Gefangenen nur flucht- oder angriffsunfähig machen und nicht schwer oder tödlich verletzen. Gegenüber Angriffen können sie andere Hilfsmittel unmittelbaren Zwangs wesentlich effektiver einsetzen (zum Beispiel Reizstoffe), was folglich immer ein milderes Mittel darstellt. Bezogen auf die Fluchtvereitelung und Wiederergreifung erscheint es auch **unangemessen**, auf einen jungen Menschen zu schießen. Mittel und Zweck stehen in keinem vernünftigen Verhältnis, (auch) weil die Selbstbefreiung keine Straftat ist.[79] Sie ist straflos[80] wegen des natürlichen Freiheitsdrangs des Menschen.[81]

Auch **in allen anderen** von den Landesgesetzen genannten **Extremsituationen** sind die speziell trainierten **Sondereinsatzkommandos** der Polizei zur Beendigung besser geeignet. Ihr Einsatz ist mithin ein **milderes Mittel**, zur Einsatzmöglichkeit im Wege der Amtshilfe s. oben Rn 39.

Letztlich ist aus dem letzten Jahrzehnt kein Fall bekannt, wo Schusswaffen gegen Jugendstrafgefangene erforderlich waren.

Der **Schusswaffengebrauch durch Vollzugsbedienstete gegen Jugendstrafgefangene unterschreitet und widerspricht** völkerrechtlichen Vorgaben im Sinne **internationaler Standards** mit Menschenrechtsbezug. Das deutet auf die Nichtbeachtung verfassungsrechtlicher Vorgaben hin:[82] Nach den **Regeln der Vereinten Nationen zum Schutz von Jugendlichen unter Freiheitsentzug** ist „in freiheitsentziehenden Einrichtungen für Jugendliche (…) das Tragen und der Gebrauch von Waffen zu verbieten" (Nr. 65).[83] 46

VII. Zwangsmaßnahmen auf dem Gebiet der Gesundheitsfürsorge

1. Spezialfall des unmittelbaren Zwangs

Alle Jugendstrafvollzugsgesetze regeln die Frage, unter welchen Voraussetzungen „Zwangsmaßnahmen auf dem Gebiet der Gesundheitsfürsorge" zulässig sind, in einer speziellen Norm. Gesetzessystematisch findet sich diese entweder in dem Ab- 47

---

78 Darauf weisen Schwind/Böhm/Jehle/Laubenthal-Koepsel § 99 Rn 2 und Böhm, Strafvollzug, Rn 351 hin.
79 Ausführlich Ostendorf NStZ 2007, 313 ff.
80 Ausnahme: § 121 Nr. 2 StGB.
81 Nähere Begründung bei NK-StGB-Ostendorf, § 120 StGB Rn 1.
82 Dazu BVerfG NJW 2006, 2093, 2097.
83 Wie hier Kühl, Die gesetzliche Reform des Jugendstrafvollzugs in Deutschland im Licht der European Rules for Juvenile Offenders Subject to Sanctions or Measures (ERJOSSM), 2012, S. 306, 307; s. auch Vorbem. Rn 11; aA Schwirzer, Jugendstrafvollzug für das 21. Jahrhundert, 2008, S. 252, der eine Verletzung der UN-Regel 65 für „bedauerlich" hält, Schusswaffengebrauch gegen Jugendliche wegen Praxisbedürfnissen aber als „probates letztes Vorratsmittel" ansieht. In diesem Sinne auch Tierel, Vergleichende Studie zur Normierung des Jugendstrafvollzugs, 2008, S. 243.

schnitt „Unmittelbarer Zwang"[84], im Abschnitt „Gesundheitsfürsorge"[85] oder in dem Abschnitt „Unterbringung und Versorgung"[86]. Auch bei letzterer Einordnung handelt es sich bei den ärztlichen Zwangsmaßnahmen nicht etwa um einen Spezialfall der Versorgung des Gefangenen, sondern um einen **Spezialfall des unmittelbaren Zwangs**. Die Versorgung der Gefangenen folgt aus der Fürsorgepflicht des Staates (der Jugendstrafvollzugsanstalt). Diese Fürsorgepflicht korrespondiert mit einem Leistungsanspruch der Gefangenen. Hieraus kann aber keine Duldungspflicht erwachsen und der Anstalt können keine Eingriffsbefugnisse verliehen werden.[87] Konsequenz daraus ist, **dass** nach allen Jugendstrafvollzugsgesetzen **die spezifischen Regeln zum unmittelbaren Zwang** auch bei Zwangsmaßnahmen auf dem Gebiet der Gesundheitsfürsorge **zu beachten sind**, etwa der Grundsatz vorheriger Androhung.

2. Begriffsbestimmung

48 **Maßnahmen auf dem Gebiet der Gesundheitsfürsorge** durch einen Arzt sind („einfache") körperliche Untersuchung, medizinische Untersuchung, Behandlung und Ernährung.

Eine derartige ärztliche Maßnahme **erfolgt zwangsweise, wenn sie mit den Anwendungsformen des unmittelbaren Zwangs** (s. Rn 5) **gegen den ausdrücklich erklärten oder den konkludent durch Gegenwehr geäußerten Willen des Gefangenen durchgeführt wird**.[88]

Beispiele: Auf die Waage stellen mittels Armhebelgriff (zwangsweise körperliche Untersuchung), Magen-/Darmspiegelung während Fixierung durch Bedienstete (zwangsweise medizinische Untersuchung); Vernähen aufgeschnittener Pulsadern während Fixierung durch Bedienstete (Zwangsbehandlung) oder Zwangsernährung mittels Magensonde nach Fesselung.

3. Zielsetzung

49 Die ärztlichen Zwangsmaßnahmen erfolgen nach allen Gesetzen entweder zum Gesundheitsschutz und zur Hygiene oder zur Abwendung einer für den betroffenen Gefangenen selbst bestehenden Lebens- oder schwerwiegenden Gesundheitsgefahr oder zur Abwendung einer für andere Personen bestehenden, von dem betroffenen Gefangenen ausgehenden Gesundheitsgefahr. Verglichen mit dem Zweck unmittelbaren Zwangs auf anderen Gebieten (s. Rn 2) liegt damit eine gesetzlich vorgegebene, spezielle und abschließende Zielsetzung für Zwangsmaßnahmen auf dem Gebiet der Gesundheitsfürsorge vor. Sie ist abschließend, weil medizinische Zwangsmaßnahmen in besonderem Maße die Menschenwürde (Art. 1 Abs. 1 GG) und Entscheidungsfreiheit des Gefangenen (Art. 2 Abs. 1 GG) sowie eventuell weltanschauliche oder religiöse Überzeugungen (Art. 4 Abs. 1 GG) tangieren können. Auch können mit derartigen

---

[84] Abschnitt 10 JStVollzG LSA; Abschnitt 11 JVollzGB IV B-W/JStVollzG Hamburg/Nordrhein-Westfalen; Abschnitt 13 BayStVollzG; Kapitel 13 NJVollzG.
[85] Abschnitt 11 Brandenburgisches JVollzG, LJVollzG Rheinland-Pfalz, JVollzGB Sachsen-Anhalt, Thüringer JVollzG.
[86] Abschnitt 3 JStVollzG Berlin/Bremen/Mecklenburg-Vorpommern/Saarland/Schleswig-Holstein; Abschnitt 4 HessJStVollzG; Teil 3 SächsJStVollzG.
[87] Im Ergebnis ebenso AK-Feest/Lesting-Walter § 101 Rn 19 mwN; Laue in: Intramurale Medizin, hrsg. von Hillenkamp/Tag, S. 234; s. auch Ostendorf, Das Recht zum Hungerstreik. S. 167 ff; aA Laubenthal, Strafvollzug, Rn 724; Schwind/Böhm/Jehle/Laubenthal-Riekenbrauck/Keppler § 101 Rn 31.
[88] Siehe Calliess/Müller-Dietz § 101 Rn 1; Arloth § 101 Rn 4; Laubenthal, Strafvollzug, Rn 724.

VII. Zwangsmaßnahmen auf dem Gebiet der Gesundheitsfürsorge

Zwangsmaßnahmen zum Gesundheitsschutz selbst wiederum Gefährdungen für die Gesundheit verbunden sein. Folglich können weitergehenden Zweckbestimmungen – etwa der Schutz staatlicher Autorität oder der Schutz des Strafvollzuges vor Diskreditierung und Erpressung – nicht in das Gesetz hineingelesen werden.[89] Auch aus der Pflicht zum Gesundheitsschutz kann keine Ermächtigung für Zwangsmaßnahmen auf dem Gebiet der Gesundheitsfürsorge abgeleitet werden. Ermächtigungsgrundlagen müssen eindeutig hinsichtlich Form und Inhalt bestimmt sein.

4. Voraussetzungen

Es ist zwischen Maßnahmen ohne körperlichen Eingriff und Maßnahmen mit körperlichem Eingriff zu unterscheiden. Das folgt für jedes Jugendstrafvollzugsgesetz aus einem Umkehrschluss zu den jeweiligen Absätzen 1 und 2, die unterschiedliche Voraussetzungen aufstellen.

a) Maßnahmen ohne körperlichen Eingriff

Maßnahmen ohne körperlichen Eingriff sind in Form der zwangsweisen körperlichen Untersuchung zulässig, und zwar zum Gesundheitsschutz (des Gefangenen, von Mitgefangenen oder Dritten) und zur Hygiene. Weitere Voraussetzungen sind Verhältnismäßigkeit und vorherige Androhung.

Beispiel: Die Aufnahmeuntersuchung kann zwangsweise durchgesetzt werden; der Gefangene kann zwangsweise entkleidet, gewogen und gemessen werden, wenn das für den Gesundheitsschutz und zur Hygiene erforderlich ist.

b) Maßnahmen mit körperlichem Eingriff

Maßnahmen mit körperlichem Eingriff sind nach allen Jugendstrafvollzugsgesetzen die **medizinische Zwangsuntersuchung, Zwangsbehandlung** und **Zwangsernährung.** Sie sind nur zulässig:

- bei Lebensgefahr oder schwerwiegender Gefahr für die Gesundheit des Gefangenen[90] oder
- bei Gefahr für die Gesundheit anderer Personen,
- wenn die Maßnahmen für die Beteiligten zumutbar sind und
- wenn die Maßnahmen nicht mit erheblicher Gefahr für Leben oder Gesundheit des Gefangenen verbunden sind.

Die **Voraussetzungen** bedeuten im Einzelnen:

aa) Lebensgefahr oder schwerwiegende Gesundheitsgefahr des Gefangenen

Die Lebensgefahr oder schwerwiegende Gesundheitsgefahr muss dem Gefangenen selbst drohen.[91] **Lebensgefahr** setzt die Feststellung voraus, dass der Tod unmittelbar bevorsteht. Eine **schwerwiegende Gesundheitsgefahr** liegt vor, wenn gravierende gesundheitliche Folgen drohen, also wichtige Körperfunktionen von einer dauerhaften Schädigung bedroht sind.

---

[89] So aber Kaiser/Schöch, Strafvollzug, 2002, § 8 Rn 18, die das selbst als „weite Ausdehnung" bezeichnen und Arloth § 101 Rn 1.
[90] So auch die Rspr des EGMR, s. Pohlreich NStZ 2011, 563 mit Nachweisen in Fn 44.
[91] Dazu und zu den Definitionen Calliess/Müller-Dietz § 101 Rn 7.

bb) Alternativ: Gesundheitsgefahr für andere Personen

54 Diese **Alternative** bezieht sich insbesondere auf Seuchen- und Infektionskrankheiten, die eine Ansteckungsgefahr für andere Personen begründen.[92] Überwiegend wird vertreten, dass hierbei „jegliche" „einfache", also „abstrakte" Gesundheitsgefahr anderer Personen ausreiche.[93] Nach dem Verhältnismäßigkeitsgrundsatz und im Hinblick auf die mit den Zwangsmaßnahmen verbundenen Eingriffe in die Grundrechte des betroffenen Gefangenen kann es jedoch nur um die Abwehr solcher Infektionskrankheiten gehen, die eine gewisse **Erheblichkeitsschwelle** überschreiten, sprich das Leben oder die Gesundheit anderer Menschen erheblich gefährden. Ein Schnupfen reicht also trotz abstrakter Ansteckungsgefahr nicht aus.

cc) Zumutbarkeit für alle Beteiligten

55 Nach allen Jugendstrafvollzugsgesetzen muss die medizinische Zwangsmaßnahme **für alle Beteiligten zumutbar** sein. Beteiligte sind der betroffene Gefangene selbst, der Arzt und sein medizinisches Hilfspersonal sowie die Anstaltsbediensteten.[94] Die Zumutbarkeit ist für jeden Beteiligten einzeln zu beantworten. Von vornherein unzumutbar sind Zwangsmaßnahmen, die gegen die Menschenwürde verstoßen (Art. 1 Abs. 1 GG). Für Ärzte unzumutbar sind Maßnahmen, die gegen den hippokratischen Eid verstoßen. Für Gefangene können unter dem Blickwinkel des Art. 4 Abs. 1 GG auch religiöse oder weltanschauliche Gründe die Unzumutbarkeit begründen; zum Schutzbereich der Religionsfreiheit s. § 6 Rn 7 ff.

dd) Keine erhebliche Gefahr für den Gefangenen

56 Weitere Voraussetzung aller Jugendstrafvollzugsgesetze ist, dass die medizinischen Zwangsmaßnahmen nicht mit einer erheblichen Gefahr für Leben oder Gesundheit des betroffenen Gefangenen verbunden sind. Das ist eine **Konkretisierung des Verhältnismäßigkeitsgrundsatzes**. Damit wird festgelegt, welche Eingriffe dem Gefangenen trotz Vorliegen der vorstehenden Voraussetzungen nicht zugemutet werden können. Nicht zumutbar sind beispielsweise Operationen, die nach derzeitigem medizinischem Kenntnisstand nicht risikofrei sind.[95]

ee) Verhältnismäßigkeit

57 Daneben müssen die allgemeinen, zum Verhältnismäßigkeitsgrundsatz aufgestellten Konkretisierungen zur Anwendung unmittelbaren Zwangs beachtet werden: Der Zweck darf auf keine andere Weise erreicht werden können (s. Rn 21), das am wenigsten beeinträchtigende Mittel muss gewählt werden (s. Rn 25) und medizinische Zwangsmaßnahmen müssen unterbleiben, wenn der durch sie zu erwartende Schaden erkennbar außer Verhältnis zu dem angestrebten Erfolg steht (s. Rn 26).

---

[92] Ausführlich zu Infektionsgefahren Laubenthal in: Intramurale Medizin, hrsg. von Hillenkamp/Tag, S. 195 ff.
[93] Calliess/Müller-Dietz § 101 Rn 7 („jegliche"); Schwind/Böhm/Jehle/Laubenthal- Riekenbrauck/Keppler § 101 Rn 10 („einfache"); Arloth § 101 Rn 4 („abstrakte").
[94] Calliess/Müller-Dietz § 101 Rn 10; Schwind/Böhm/Jehle/Laubenthal-Riekenbrauck/Keppler § 101 Rn 12; Arloth § 101 Rn 4.
[95] Wie hier AK-Feest/Lesting-Walter § 101 Rn 15; enger Böhm, Strafvollzug, Rn 352.

VII. Zwangsmaßnahmen auf dem Gebiet der Gesundheitsfürsorge

5. Recht und Pflicht zur Vornahme medizinischer Zwangsmaßnahmen

Nach allen Gesetzen ist die **Jugendstrafanstalt** zur Durchführung ärztlicher Zwangsmaßnahmen **nicht verpflichtet, solange** von einer freien **Willensbestimmung des Gefangenen** ausgegangen werden kann. Im **Umkehrschluss** folgt daraus eine **Pflicht** der Anstalt zur Durchführung von Zwangsmaßnahmen auf dem Gebiet der Gesundheitsfürsorge, **wenn die freie Willensbestimmung fehlt.** Hier ist es die fehlende freie Willensbestimmung, die die Eingriffsverpflichtung begründet. Bei minderjährigen Gefangenen sind die Eltern einzuschalten (s. auch § 1 Rn 42).

58

Die wohl herrschende Meinung geht noch weiter und leitet daraus das prinzipielle **Recht** der Anstalt ab, auch solche Gefangene zwangszubehandeln, die zur freien Willensbestimmung fähig sind:[96] Aus Gründen der sozialstaatlichen Fürsorgepflicht könne sich die Anstalt über den entgegenstehenden freien Willen des Gefangenen hinwegsetzen.[97] Weil die Fürsorgepflicht aber keine Duldungspflichten auferlegen kann (s. Rn 47), muss hier jedoch **differenziert** werden.[98] Eine Zwangsbehandlung ist nur zulässig, wenn entweder die freie Willensbestimmung zum Zeitpunkt der zu ergreifenden Maßnahme nicht mehr vorliegt (s. Rn 60) oder wenn eine Gesundheitsgefahr für andere Personen gegeben ist. Dagegen ist die Maßnahme unter dem Blickwinkel des Verfassungsrechts nicht haltbar, wenn sie ausschließlich dem Eigenschutz des Gefangenen dienen soll, der die Eigengefährdung aus freien Stücken in Kauf nehmen will. Nach dem Bundesverfassungsgericht steht es jedermann frei, Hilfe zurückzuweisen, sofern dadurch den Rechtsgütern anderer oder der Allgemeinheit keine Nachteile entstehen.[99]

59

Daraus folgt, dass „der Schutz des Menschen vor sich selbst"[100] **durch staatliche Eingriffe in seine Grundrechte nicht legitimierbar** ist. Eine andere Beurteilung ergibt sich auch nicht aus dem Schutzgut des unmittelbaren Zwangs, dem störungsfreien Vollzugsverlauf.[101] Damit soll die Vollstreckung der Jugendstrafe sichergestellt werden. Der Gefangene muss sich aber für die Vollstreckung des Strafurteils nicht gesunderhalten. Damit kann der Staat auch im Strafvollzug Grundrechtsgüter gegen den Willen ihres Trägers nicht um jeden Preis schützen.

6. Einzelfälle

a) Zwangsernährung bei Hungerstreik

Der **Hungerstreik**, mit dem ein Gefangener ein „**Forderungsverhalten**" zum Ausdruck bringt, ist über Art. 2 Abs. 1 GG (allgemeine Handlungsfreiheit, freie Bestimmung über Leben und Gesundheit) und Art. 5 Abs. 1 GG (freie Meinungsäußerung) **grund-**

60

---

96 Calliess/Müller-Dietz § 101 Rn 3; Schwind/Böhm/Jehle/Laubenthal-Riekenbrauck/Keppler § 101 Rn 20; Arloth § 101 Rn 4; s. auch § 101 StVollzG, ebenso § 67 Musterentwurf vom 23.8.2011; dementsprechend § 67 StVollzG Mecklenburg-Vorpommern und Saarländisches StVollzG, § 79 Brandenburgisches JVollzG; aber § 93 Abs. 2 Niedersächsisches JVollzG, § 77 Abs. 2 LJVollzG Rheinland-Pfalz, § 78 Abs. 2 JVollzGB Sachsen-Anhalt und § 78 Abs. 1, 3 Thüringer JVollzGB, die auch für den Jugendstrafvollzug gelten, sowie § 84 Abs. 1 S. 1 Hamburgisches JVollzG und § 25 Abs. 1 S. 3 Hessisches JVollzG.
97 Laubenthal, Strafvollzug, Rn 726; Calliess/Müller-Dietz § 101 Rn 3.
98 Ebenso AK-Feest/Lesting-Walter § 101 Rn 18 ff.
99 BVerfGE 58, 208, 225.
100 Grundlegend Hillgruber, Der Schutz des Menschen vor sich selbst, 1992.
101 In diesem Sinne aber Arloth in: Intramurale Medizin, hrsg. von Hillenkamp/Tag, S. 239 ff.

rechtlich geschützt.[102] Zwangsernährung kommt beim Hungerstreik nur in Betracht, wenn der freie Wille des Gefangenen fehlt. Medizinisch wird das ab dem Stadium der Somnolenz angenommen.[103] Hat der Gefangene davor lebenserhaltende Maßnahmen ausdrücklich abgelehnt, ist sein Wille zu respektieren.

b) Suizidprophylaxe

61 Gleiches gilt im Grundsatz auch für **Selbstmord**, der von der allgemeinen Handlungsfreiheit (Art. 2 Abs. 1 GG) umfasst wird.[104] Davon unberührt bleiben Maßnahmen zur Suizidvorbeugung – durch Gesprächsvermittlung an Psychologen und Seelsorger, durch gemeinschaftliche Unterbringung,[105] auch durch besondere Sicherungsmaßnahmen. Das Problem besteht beim Selbstmord darin, dass sich nach einem Suizidversuch nicht feststellen lässt, ob dieser auf freiem und damit zu respektierendem Willensentschluss fußt oder nicht. Damit sind medizinische Zwangsmaßnahmen einzuleiten, weil nicht auszuschließen ist, dass der Gefangene sich für das Leben entscheiden würde. Hierbei ist auch die besondere psychische Belastung gerade durch den Strafvollzug zu berücksichtigen. Zur „knastbedingten" Suizidanfälligkeit s. Vorbem. Rn 25.

c) Aids-Test

62 Speziell bei Angehörigen von **Risikogruppen** (Fixer, Prostituierte, Tätowierte) interessiert den Vollzug die Frage, ob der betreffende Gefangene mit HIV infiziert ist. Für die zwangsweise Durchführung von Aids-Tests bieten die Zwangsmaßnahmen auf dem Gebiet der Gesundheitsfürsorge jedoch **keine Rechtsgrundlage**.[106] Aids-Tests sind bis dato nur mittels Blutentnahme, mithin eines körperlichen Eingriffs möglich. Es fehlt aber eine konkrete Lebensgefahr bzw schwerwiegende Gefahr für die Gesundheit des Betroffenen oder anderer Personen angesichts der nach heutigem Kenntnisstand eingeschränkten Möglichkeiten einer Infizierung mit Aids-Viren.[107] Überdies würde es sich bei der Zwangsuntersuchung um einen **unerlaubten Gefahrerforschungseingriff** handeln, weil damit erst die Tatbestandsvoraussetzung des Vorliegens einer Gesundheitsgefahr ermittelt werden soll.

d) Beruhigungsmittel/Psychopharmaka

63 Die zwangsweise Verabreichung von Beruhigungsmitteln oder Psychopharmaka **durch Ärzte** setzt eine **medizinische Notwendigkeit** voraus. Darüber hinaus kann sie nur zulässig sein, wenn von dem betroffenen Gefangenen eine erhebliche Gefahr für das Leben oder die Gesundheit anderer Personen ausgeht sowie bei Ausschluss der

---

102 Instruktiv Ostendorf, Das Recht zum Hungerstreik; Ostendorf GA 1984, 308 ff. Wie hier Koranyi StV 2015, 257 ff. Siehe auch die zT neue Gesetzeslage gem. Fn 100.
103 AK-Feest/Lesting-Walter § 101 Rn 22; Schwind/Böhm/Jehle/Laubenthal-Riekenbrauck/Keppler § 101 Rn 28.
104 BVerfGE 32, 110; 45, 187, 227 f (keine Sittenwidrigkeit des Selbstmords).
105 Zum Einsatz von Mitgefangenen im Listener-Projekt in der JVA München Pecher Forum Strafvollzug 2014, 285 ff.
106 Schwind/Böhm/Jehle/Laubenthal-Riekenbrauck/Keppler § 101 Rn 23; AK-Feest/Lesting-Walter § 101 Rn 35; Laubenthal, Strafvollzug, 2011, Rn 727, jeweils mit ausführlicher Begründung; s. auch Calliess/Müller-Dietz § 101 Rn 7.
107 OLG Koblenz ZfStrVo 1989, 182.

VII. Zwangsmaßnahmen auf dem Gebiet der Gesundheitsfürsorge

freien Willensbestimmung auch bei Lebensgefahr oder schwerwiegender gesundheitlicher Gefahr für ihn selbst.

e) Urintest/Rektoskopie

Für die zwangsweise Urinentnahme durch Katheter zur Kontrolle von Drogenkonsum bieten die Zwangsmaßnahmen auf dem Gebiet der Gesundheitsfürsorge **keine Rechtsgrundlage.** Das Katheterlegen ist ein körperlicher Eingriff, wobei weder Lebens- oder schwerwiegende Gesundheitsgefahr für den Gefangenen noch Gefahr für die Gesundheit anderer Personen besteht. Nur im Rahmen einer ärztlichen Behandlung mit Ersatzdrogen[108] wird der Gefangene zur Urinkontrolle verpflichtet, dh er verpflichtet sich selbst, sonst wird die Behandlung abgebrochen (s. hierzu auch § 8 Rn 152 sowie § 3 Rn 70). Darüber hinaus können bei Verdacht eines illegalen Drogenkonsums aus Gründen der Gesundheitsfürsorge Urinproben angeordnet werden. Die Rechtsprechung geht insoweit sehr weit, indem sie Urinproben auch ohne aktuellen Anlass erlaubt.[109] Weiterhin können Urinproben auch aus Gründen der Sicherheit und Ordnung angeordnet werden.[110]

Eine zwangsweise Untersuchung des Afters (Rektoskopie) zum Auffinden darin vermuteter Drogen oder Sägeblätter ist nur bei medizinischer Notwendigkeit, also zur Abwendung von Lebens- oder schwerer Gesundheitsgefahr für den betroffenen Gefangenen denkbar.[111]

7. Leitungs- und Anordnungskompetenz

Die Jugendstrafvollzugsgesetze regeln übereinstimmend, dass die **Leitungskompetenz** – das „Wie" der Durchführung ärztlicher Zwangsmaßnahmen – immer beim Arzt liegt.[112]

Das „Ob" der Durchführung, also die **Anordnungskompetenz** ärztlicher Zwangsmaßnahmen, liegt in den meisten Jugendstrafvollzugsgesetzen ebenfalls beim Arzt; teilweise hat die Anordnung im Einvernehmen mit dem Anstaltsleiter zu erfolgen. Allein § 25 Abs. 3 HessJStVollzG gibt die Anordnungskompetenz der Anstaltsleitung. Letzteres dürfte dann problematisch sein, wenn der Anstaltsleiter selbst kein Arzt ist, weil sich die Voraussetzungen für Zwangsmaßnahmen auf dem Gebiet der Gesundheitsfürsorge (Indikation, Gefahrengrad, Zumutbarkeit, – fehlender – freier Wille) nach medizinischen Gesichtspunkten beurteilen. Unabhängig davon ist nach dem Sinn und Zweck dieser Maßnahmen die **Anwesenheit des Arztes bei Anordnung und Durchführung zwingend.**[113]

---

108 Zu den Voraussetzungen einer Substitutionsbehandlung s. OLG München Forum Strafvollzug 2012, 234.
109 OLG Frankfurt NStZ-RR 2009, 295; KG Berlin Forum Strafvollzug 2012, 182; zur Problematik von Disziplinarmaßnahmen s. § 10 Rn 70.
110 OLG München Forum Strafvollzug 2012, 178; s. auch § 8 Rn 154.
111 Siehe OLG Stuttgart ZfStrVo 1991, 308; Böhm, Strafvollzug, Rn 352; Schwind/Böhm/Jehle/Laubenthal-Riekenbrauck/Keppler § 101 Rn 11.
112 Zur rechtlichen Stellung und zum medizinischen Auftrag des Arztes s. Hillenkamp in: Intramurale Medizin, hrsg. von Hillenkamp/Tag, S. 11 ff sowie Riekenbrauck in: Intramurale Medizin, hrsg. von Hillenkamp/Tag, S. 31 ff.
113 Wie hier Schwind/Böhm/Jehle/Laubenthal-Riekenbrauck/Keppler § 101 Rn 32 ff; AK-Feest/Lesting-Walter § 101 Rn 32; umfassend mwN zum Streitstand Arloth § 101 Rn 7.

Ostendorf

§ 10 Erzieherische Maßnahmen, Disziplinarmaßnahmen

Erster Teil: Erzieherische Maßnahmen

Spezielle Literatur: *Dünkel, F.*, Die Reform des Jugendstrafvollzugs in Deutschland, in: T. Feltes/C. Pfeiffer/M. Steinhilper (Hrsg.), Kriminalpolitik und ihre wissenschaftlichen Grundlagen, Festschrift für Hans-Dieter Schwind, Heidelberg 2006, S. 549–570; *Neubacher, F.*, Jugendkriminalität und Jugendstrafvollzug in den neuen Bundesländern, in: Sander, Müller, Válková (Hrsg.), Festschrift für Eisenberg, München 2009, S. 139 ff.; *Ostendorf, H.*, Jugendstrafvollzugsgesetz: Neue Gesetze – neue Perspektiven?, in: ZRP 2008, S. 14–18; *Walter, J.*, „Apokryphe" Disziplinarmaßnahmen im Strafvollzug, in: NK 2005, S. 130–134

I. Regelungsinhalt

1 Regelungen zu **erzieherischen Maßnahmen** finden sich heute[1] – mit den nachfolgend genannten Unterschieden – in allen Ländergesetzen.

1. Länder mit gesonderten Jugendstrafvollzugsgesetzen

2 In den Ländern mit gesonderten Jugendstrafvollzugsgesetzen finden sich folgende Regelungen zu erzieherischen Maßnahmen:

- § 82 JStVollzG Bln,
- § 82 BremJStVollzG,
- § 82 JStVollzG M-V,
- § 81 SJStVollzG,
- § 82 JStVollzG S-H.

Bei den genannten Ländern handelt es sich um die bei Spezialgesetzen verbliebenen Mitglieder der sog. **Neuner-Gruppe** (siehe hierzu § 1 Rn 3), so dass die Gesetzestexte und die Begründungen ganz überwiegend übereinstimmen.[2] Gleiches gilt ohne eine Zugehörigkeit zur Neuner-Gruppe für § 81 SächsJStVollzG. Nach der Ablösung des Hamburgischen Strafvollzugsgesetzes vom 14.12.2007 für den Bereich des Jugendvollzuges durch das Gesetz über den Vollzug der Jugendstrafe (HmbJStVollzG) vom 14.7.2009 verfügt auch Hamburg über ein gesondertes Jugendstrafvollzugsgesetz. Hier sind in § 85 die erzieherischen Maßnahmen geregelt.

Hinzuweisen ist auf die folgenden Spezifika:

§ 54 HessJStVollzG – hier wird auch eine **Konflikt**regelung vorgesehen, aber anders als in Baden-Württemberg nicht als Teil der erzieherischen Maßnahmen beschrieben.

In § 92 JStVollzG NRW wiederum werden als Teil der **Konflikt**regelung erzieherische Maßnahmen vorgesehen.

---

[1] Zu der vor den Gesetzen bestehende Regelung nach § 86 Nr. 1 VVJug über Maßnahmen bei Pflichtverstößen von Gefangenen und dem Gesetzentwurf der Bundesregierung zum Jugendstrafvollzug s. 2. Aufl., § 10 Rn 5 und 6.

[2] Unterschiede finden sich lediglich aufgrund eines abweichenden Aufbaus des jeweiligen Landesgesetzes in der Nummerierung der Regelungen. Zum Wechsel von Ländern zu Kombi-Gesetzen sogleich Rn 3.

2. Länder mit kombinierten Gesetzen für Jugend- und Erwachsenenvollzug

- § 77 Abs. 1 JVollzG IV B-W: Die Vorschrift regelt die erzieherischen Maßnahmen mit der Besonderheit gegenüber der Neuner-Gruppe, dass als erzieherische Maßnahme neben dem erzieherischen Gespräch und sanktionierenden Maßnahmen auch die **Konflikt***schlichtung* genannt wird.

- Art. 155 BayStVollzG: Die Vorschrift definiert die Voraussetzungen für die Verhängung von Erzieherischen Maßnahmen und definiert als solche alle Maßnahmen, die geeignet sind den Gefangenen ihr Fehlverhalten bewusst zu machen.

- § 98 BbgJVollzG: In Brandenburg wurde am 24.4.2013 das Gesetz über den Vollzug der Freiheitsstrafe, der Jugendstrafe und der Untersuchungshaft (BbgJVollzG) erlassen. In diesem nunmehr kombinierten Gesetz regelt § 98 die erzieherischen Maßnahmen.

- § 130 NJVollzG: Nach der Begründung (der Vorgängernorm § 127) verzichtet dieses Gesetz – entgegen den Forderungen von DGB und DVJJ in der Verbandsanhörung – bewusst darauf, eine Möglichkeit der Konfliktschlichtung aufzunehmen. Eine solche sei, so die Begründung, ohnehin möglich, einer expliziten gesetzlichen Normierung bedürfe es nicht.

- § 96 LJVollzG RP: In Rheinland-Pfalz wurde mit dem Landesjustizvollzugsgesetz vom 8.10.2013 anders als bisher ein Kombi-Gesetz geschaffen, das in § 96 die erzieherischen Maßnahmen enthält.

- § 97 JVollzGB LSA: Sachsen-Anhalt hat durch das Justizvollzugsgesetzbuch vom 18.12.2015 statt eines eigenen Jugendstrafvollzugsgesetzes nun auch ein Kombinationsgesetz eingeführt, das in § 97 erzieherische Maßnahmen für „junge Gefangene" regelt. Dies sind nach der Legaldefinition des § 1 Abs. 9 Jugendstrafgefangene und junge Untersuchungsgefangene, letztere sind solche Untersuchungsgefangene, die zur Tatzeit das 21. Lebensjahr noch nicht vollendet hatten und das 24. Lebensjahr noch nicht vollendet haben.

- § 97 ThürJVollzGB: Durch das Thüringer Justizvollzugsgesetzbuch vom 27.2.2014 wurde in diesem Land anders als bisher in Kombi-Gesetz verabschiedet, das in § 97 die erzieherischen Maßnahmen normiert.

3. StVollzG

Für den Bereich des Erwachsenenvollzuges sehen das Strafvollzugsgesetz des Bundes und die Ländergesetze keine erzieherischen Maßnahmen, sondern lediglich sanktionierende Maßnahmen in Form von Disziplinarmaßnahmen vor.[3]

II. Zielsetzung

Die aktuellen Gesetze legen als Reaktion auf Pflichtverstöße der Gefangenen zumeist (zu alternativen Regelungen sogleich Rn 6) ein **3-Stufen-Modell** zugrunde:

---

3 Siehe nur *Laubenthal*, Strafvollzug, 7. A., Rn 728 ff.

Vom erzieherischen Gespräch im Rahmen einer einvernehmlichen Regelung über erzieherische Maßnahmen bis zu Disziplinarmaßnahmen.[4]

Nach dem Willen der Gesetzgeber sollen erzieherische Maßnahmen eingesetzt werden, wenn das zuvor geführte erzieherische Gespräch nicht ausreicht. Diese können neben dem obligatorischen erzieherischen Gespräch eingesetzt werden. Weitere konsensuale Regelungen außer dem erzieherischen Gespräch seien denkbar, bedürften indessen keiner ausdrücklichen gesetzlichen Normierung[5]. Möglichst dieselben Bediensteten, die das Gespräch mit dem Gefangenen führten, sollen in Form erzieherischer Maßnahmen derartige Maßnahmen anordnen, die geeignet sind, den Gefangenen ihr Fehlverhalten bewusst zu machen. Da den erzieherischen Maßnahmen anders als den Disziplinarmaßnahmen kein förmliches Verfahren vorauszugehen habe, wird ihnen der Vorteil zugeschrieben, dass die Bediensteten auf die Verfehlung zeitnah und flexibel reagieren können. Erzieherische Maßnahmen werden als Reaktion auf leichtere Pflichtverletzungen vorgesehen und haben nach der Einschätzung der Gesetzgeber grundsätzlich eine geringere Eingriffsintensität als Disziplinarmaßnahmen.[6]

6 Anders als in dem genannten 3-Stufen-Modell wird im Rahmen von **abweichenden gesetzlichen Modellen** einerseits sowohl das erzieherische Gespräch als auch die Konfliktschlichtung als erzieherische Maßnahme angesehen,[7] andererseits werden unterhalb der Disziplinarmaßnahmen das erzieherische Gespräch und die Konfliktregelung – in Form ausgleichender Maßnahmen oder erzieherischer Maßnahmen – angesiedelt.[8] Schließlich werden zum Teil nur erzieherische Maßnahmen in das Gesetz aufgenommen, eine vorhergehende Maßnahme der Konfliktschlichtung wird aber nicht als ausgeschlossen, sondern lediglich als nicht normierungsbedürftig angesehen.[9]

Neben der positiven Hervorhebung der Möglichkeit einer zeitnahen und flexiblen Handhabung der erzieherischen Maßnahmen unter Verzicht auf ein formelles Anordnungsverfahren wird in der Gesetzesbegründung zum Teil das Problem angesprochen, dass die erzieherischen Maßnahmen nicht den Umfang von Disziplinarmaßnahmen erreichen und nicht dazu dienen dürfen, die förmlichen Voraussetzungen des

---

4 Siehe exemplarisch die Begründung zu § 82 JStVollzG Bln. In das Gesetz selbst ist eingeflossen oder soll einfließen das Stufenverhältnis bei neueren Gesetzesvorhaben: Nach § 97 Abs. 2 S. 1 JVollzGB LSA sind erzieherische Maßnahmen im Falle einer erfolgreichen Vereinbarung über die einvernehmliche Streitbeilegung ausgeschlossen, nach § 98 Abs. 2 des Gesetzes sind Disziplinarmaßnahmen ausgeschlossen, wenn eine erfolgreiche einvernehmliche Streitbeilegung sie sperrt oder Erzieherische Maßnahmen ausreichend sind. Nach dem zur Zeit beratenden Entwurf eines Gesetzes zur Weiterentwicklung des Berliner Justizvollzuges vom 8.9.2015 gehen laut Art. 2 §§ 96, 97 des Entwurfs im Jugendstrafvollzug einvernehmliche Konfliktregelungen einvernehmlichen Maßnahmen vor und Disziplinarmaßnahmen dürfen nur dann angeordnet werden, wenn die vorgenannten Reaktionen nicht ausreichen, um den Jugendstrafgefangenen das Unrecht der Tat zu verdeutlichen. Zum Stufenverhältnis und insbesondere der Subsidiarität von Disziplinarmaßnahmen Laubenthal, Strafvollzug, 7. A., Rn 742–744.
5 Aus Gründen der Klarstellung und als Anregung für den Gesetzesanwender zu begrüßen ist die neue gesetzliche Regelung in § 97 Abs. 2 S. 2 JVollzGB LSA, nach der Vereinbarungen im Wege einvernehmlicher Streitbeilegung getroffen werden können und als Beispiele die Schadenswiedergutmachung, die Entschuldigung, die Erbringung von Leistungen für die Gemeinschaft und schließlich der vorübergehende Verbleib im Haftraum genannt werden. Bei der letztgenannten Maßnahme ist jedoch der pädagogische Nutzen fraglich, auch wenn der Verbleib einvernehmlich mit dem Gefangenen geschieht.
6 Siehe zur Zielsetzung und Einschätzung der erzieherischen Maßnahmen etwa die Gesetzesbegründung zu § 82 Abs. 1 S. 2 JStVollzG S-H.
7 So § 77 Abs. 1 JVollzGB IV B-W.
8 So § 92 JStVollzG NRW, jetzt auch § 97 Abs. 2 JVollzGB LSA.
9 So § 127 NJVollzG aF, jetzt § 130 Abs. 1 mit Begründung.

Disziplinarverfahrens zu umgehen.¹⁰ An anderer Stelle wird der Kritik im Rahmen der Verbandsanhörung, vorgesehene erzieherische Maßnahmen seien „verkappte" Disziplinarmaßnahmen, dadurch begegnet, dass als erzieherische Maßnahmen lediglich die Erteilung von Weisungen und Auflagen zugelassen werden.¹¹

In den kombinierten Jugend- und Erwachsenenstrafgesetzen werden die erzieherischen Maßnahmen als spezielle Reaktionsmöglichkeiten bei Pflichtverstößen im Jugendstrafvollzug normiert.¹² Sie werden auch hier für erforderlich gehalten als Mittel einer zeitnahen Reaktion auf kleinere und mittlere Verstöße der jungen Gefangenen, die bei der Verhängung von Disziplinarmaßnahmen aufgrund des hierbei einzuhaltenden Verfahrens nicht möglich wäre. Zudem lasse sich ein für die Gefangenen belastendes Disziplinarverfahren vermeiden.¹³

Zusammenfassend lässt sich festhalten, dass nach den Zielvorgaben der Ländergesetze mit den erzieherischen Maßnahmen

- **speziell** für den **Jugendstrafvollzug** ein
- gegenüber den Disziplinarmaßnahmen **entformalisiertes** und damit
- **zeitnah und flexibel** einsetzbares Reaktionsinstrument geschaffen werden soll,
- dessen **Eingriffsintensität unterhalb der Disziplinarmaßnahmen** liegt.

Allen Gesetzen ist gemein, dass sie **sanktionierende**, also in den Schutzbereich der Grundrechte der Gefangenen eingreifende, **Maßnahmen** beinhalten. Damit weichen die Regelungen von § 33 E-BMJ ab, der als Reaktionen lediglich ein erzieherisches Gespräch und eine ausgleichende Konfliktregelung mit den Maßnahmen Entschuldigung, Schadensbeseitigung oder -wiedergutmachung vorsah.

Bereits bei der Betrachtung der Zielsetzung wird deutlich, dass die erzieherischen Maßnahmen in einem **Spannungsfeld** zu sehen sind zwischen dem praktischen Bedürfnis eines flexiblen Reaktionsinstruments für die Vollzugspraxis einerseits und dem Schutz der Gefangenen vor Grundrechtseingriffen durch ein formalisiertes Verfahren andererseits.

III. Rechtstatsachen

Zur Anwendung der in den Ländergesetzen zum Jugendstrafvollzug neu eingeführten erzieherischen Maßnahmen liegen bislang nur wenige und zudem nicht empirisch valide Informationen vor. Der Austausch zwischen Vollzugspraktikern anlässlich einer Tagung in Münster 2012¹⁴ ergab, dass vergleichbare Pflichtverstöße in einer Anstalt mit einem erzieherischen Gespräch, in einer anderen mit Disziplinarmaßnahme geahndet werden und zudem teilweise Maßnahmen des Disziplinarmaßnahmenkatalogs

---

10 So die Begründung zu § 54 HessJStVollzG.
11 Siehe die Begründung zu § 127 NJVollzG aF. Die Norm enthielt (und § 130 nF enthält) indessen entgegen der Begründung zum einen keine abschließende Aufzählung („namentlich"), zum anderen waren neben Weisungen und Auflagen auch Eingriffe bei der Freizeitgestaltung und bei Unterhaltungselektronik vorgesehen. Dies ist in der aktuellen Gesetzesfassung gestrichen worden.
12 Siehe Art. 155 BayStVollzG.
13 So die Begründung zu Art. 155 BayStVollzG.
14 Siehe den Tagungsbericht von Knorr ZJJ 2012, 322 (324).

im Gewande der erzieherisches Maßnahmen praktiziert werden. Die Anforderungen an ein erzieherisches Gespräch waren nicht in allen Anstalten klar.

Im Schrifttum[15] wird jedoch aus der Zeit vor Einführung der Jugendstrafvollzugsgesetze davon berichtet, dass neben den gesetzlich geregelten Disziplinarmaßnahmen nach den §§ 102 ff. StVollzG eine informelle Disziplinierung erfolgte und es zu apokryphen Disziplinarmaßnahmen kam.

Hierbei wird unter **informeller Disziplinierung** ein Handeln verstanden, welches
- nicht als Disziplinarmaßnahme bezeichnet wird,
- nicht primär eine Disziplinierung bezweckt, sondern andere Hauptziele hat,
- aber sekundär – und nicht unerwünscht – disziplinierende Wirkung entfaltet.

Beispiel: Die Absonderung oder Fesselung zur Gewährleistung der Sicherheit wird vom Gefangenen als „Strafe" empfunden.

Unter **apokryphe Disziplinarmaßnahmen** werden Maßnahmen gezählt,
- die bewusst und zweckgerichtet als strafende Sanktion eingesetzt werden,
- ohne dass die Voraussetzungen für die Verhängung von Disziplinarmaßnahmen gegeben sind oder bei Vorliegen der Voraussetzungen eine Rechtsfolge gewählt wird, die als disziplinarische Sanktion nicht vorgesehen ist, und
- die ohne Durchführung des formellen Verfahrens zur Verhängung einer Disziplinarmaßnahme erfolgen.

Beispiel: Der Gefangene grüßt den für ihn zuständigen AVD-Mitarbeiter nicht (kein Disziplinarverstoß), deshalb wird der Gefangene von der Teilnahme an der Bewegung im Freien ausgeschlossen (keine zulässige disziplinarische Sanktion).[16]

Während bei der informellen Sanktionierung der strafende Charakter als lediglich unvermeidbarer Reflex der primären anderweitigen Hauptzielrichtung hingenommen werden muss, stellen die apokryphen Disziplinarmaßnahmen eine bewusste Umgehung der gesetzlichen Voraussetzungen der Disziplinarmaßnahmen dar und sind damit rechtswidrig. Rechtstatsächlich macht die Schilderung beider Phänomene aus der bisherigen Praxis zum einen deutlich, dass in der Vollzugswirklichkeit Möglichkeiten gesucht und gefunden werden, die Anordnungsvoraussetzungen und gesetzlich enumerativ begrenzten Einwirkungsmöglichkeiten der Disziplinarmaßnahmen zu umgehen. Zum anderen ist mit derartigen sanktionierenden Maßnahmen verbunden, dass der mit den gesetzlichen Voraussetzungen und Rechtsfolgen bezweckte rechtsstaatliche Schutz der Gefangenen unterlaufen wird.

IV. Rechtliche Charakterisierung

9   Wie sich aus den gesetzlichen Definitionen der erzieherischen Maßnahmen ergibt, handelt es sich **materiell** um Maßnahmen mit **sanktionierendem Charakter**.

---

15 Walter, NK 2005, 128 ff.
16 Nach Eisenberg § 92 JGG Rn 69, kommt der Gewährung von – insbesondere außergerichteten – Lockerungen die Funktion eines zentralen Disziplinierungsmittels für anstaltskonformes Verhalten zu. Eine solche rein extrinsische – statt einer intrinsischen – Motivation birgt die Gefahr von Manipulation und Scheinadaption der Gefangenen (Eisenberg, aaO, Rn 77 a). Richtigerweise sollte eine Erwartungsverletzung erneuten Lockerungsversuchen nicht entgegenstehen (Eisenberg, aaO, Rn 75).

IV. Rechtliche Charakterisierung

In den Gesetzen werden die erzieherischen Maßnahmen als solche Maßnahmen definiert, die geeignet sind, den Gefangenen ihr Fehlverhalten bewusst zu machen.[17] Der Eingriffscharakter wird auch an den Beispielen für erzieherische Maßnahmen deutlich, die in den Gesetzen gegeben werden, so etwa Weisungen, Auflagen, Beschränkung oder Entzug einzelner Gegenstände für die Freizeitbeschäftigung und der Ausschluss von gemeinsamer Freizeit oder von einzelnen Freizeitveranstaltungen bis zu einer Woche.[18] Hieraus wird deutlich, dass erzieherische Maßnahmen in die Grundrechte der Gefangenen über den ohnehin im Strafvollzug stattfindenden Freiheitsentzug hinaus eingreifen.

Anhand des 3-Stufen-Modells, das insbesondere die Neuner-Gruppe ihren Gesetzen zugrunde legte, wird deutlich, dass mit den erzieherischen Maßnahmen der Bereich der konsensualen Konfliktbewältigung verlassen wird:

Das auf einer ersten Stufe angesiedelte erzieherische Gespräch hat die Reaktion auf einen Pflichtverstoß des Jugendlichen in Form der mündlichen Erörterung durch den Jugendlichen und einen Mitarbeiter der Jugendstrafanstalt zum Gegenstand. Hierbei wird auf die Einsicht des Jugendlichen gebaut und Ziel ist die Erarbeitung einer einvernehmlichen Lösung.

Demgegenüber wird mit der erzieherischen Maßnahme nicht gemeinsam mit dem Jugendlichen eine Lösung erarbeitet, sondern die erzieherische Maßnahme wird gegen den Jugendlichen verhängt, um diesem sein Fehlverhalten bewusst zu machen.

Während auf der ersten Stufe das Ziel des erzieherischen Gesprächs darin liegt, den Jugendlichen durch eine positive Beeinflussung zu einem zukünftigen normgemäßen Verhalten zu motivieren[19], liegt der erzieherischen Maßnahme der Gedanke zugrunde, dass der Jugendliche allein durch ein Gespräch nicht positiv motiviert werden kann, sondern vielmehr neben dem Gespräch oder statt des Gesprächs durch Verhängung einer Sanktion das Unrecht des Pflichtverstoßes gegenüber dem Jugendlichen deutlich gemacht werden muss.

Außer durch die genannte inhaltliche Qualität werden erzieherische Maßnahmen in den Ländergesetzen **formell** von den Disziplinarmaßnahmen abgegrenzt:

Ihnen geht anders als den Disziplinarmaßnahmen kein förmliches Verfahren voraus.

Insgesamt lässt sich somit festhalten:

Die auf der zweiten Stufe angesiedelten erzieherischen Maßnahmen haben nach dem Gesagten mit den konsensualen Reaktionsmöglichkeiten der ersten Stufe gemein, dass beide formlos angewendet werden können. Sie unterscheiden sich aber durch den sanktionierenden Charakter. Mit den Disziplinarmaßnahmen auf der dritten Stufe haben erzieherische Maßnahmen den sanktionierenden Charakter gemein, sie unterscheiden sich aber durch das formlose Verfahren.

---

17 Siehe etwa aus der Neuner Gruppe § 82 Abs. 1 S. 2 JStVollzG Bln, von den anderen Gesetzen etwa Art. 155 BayStVollzG.
18 So § 82 Abs. 1 S. 3 JStVollzG S-H.
19 Gleiches gilt für Maßnahmen im Rahmen einer einvernehmlichen Streitbeilegung, etwa nach § 97 Abs. 2 JVollzGB LSA.

V. Anordnungsvoraussetzungen
1. Formell-gesetzliche Zuständigkeit und Verfahrensstandards

12 Das Verfahren der Anordnung von erzieherischen Maßnahmen ist wie oben beschrieben nach den Ländergesetzen **weitgehend entformalisiert**. Die meisten Ländergesetze sehen lediglich vor, dass diese erzieherischen Maßnahmen nur von **bestimmten Bediensteten** angeordnet werden dürfen. Als solche werden überwiegend Vollzugsmitarbeiter bestimmt, die vom Anstaltsleiter hierzu ermächtigt sind. Diese Ermächtigung kann für einen bestimmten Personenkreis generell oder aber für einzelne Personen erteilt werden, etwa solche die eine bestimmte Veranstaltung beaufsichtigen.[20] In einzelnen Gesetzen ist die Anordnungskompetenz dem Anstaltsleiter oder den von diesem beauftragten Vollzugs- oder Wohngruppenleitern zugeschrieben.[21] Teilweise finden sich aber auch keine speziellen Zuständigkeitsvorschriften für die Anordnung von erzieherischen Maßnahmen.[22]

Da erzieherische Maßnahmen in die Grundrechte der Gefangenen eingreifen, erscheint es **sinnvoll**, den Kreis der anordnungsbefugten Vollzugsmitarbeiter zu **begrenzen** auf ausreichend erfahrene und erzieherisch geeignete Personen.

Soweit die Gesetze eine solche Beschränkung beinhalten, kann indessen – jedenfalls dem Gesetzeswortlaut nach – jeder Mitarbeiter der Anstalt von der Anstaltsleitung ermächtigt werden, erzieherische Maßnahmen zu verhängen. Demgegenüber dürfen Disziplinarmaßnahmen lediglich von der Anstaltsleitung selbst verhängt werden. Dies erscheint für den Bereich einer Überschneidung der schwersten erzieherischen Maßnahmen und der leichtesten Disziplinarmaßnahmen nicht stringent und in der Praxis problematisch.

In den Gesetzesbegründungen wird als **Kriterium**, nach welchem die Anstaltsleitung die Bediensteten auszuwählen hat, die erzieherische Maßnahmen verhängen dürfen, genannt, dass es sich möglichst um dieselben Bediensteten handeln soll, die das erzieherische Gespräch mit dem Gefangenen geführt haben.[23]

Dem liegt der zutreffende Gedanke zugrunde, dass diese Person den Sachverhalt bereits kennt und deshalb auch schnell (weitergehend) reagieren kann. Allerdings erscheint diese Eigenschaft als Auswahlkriterium allein nicht ausreichend zu sein, zudem ist es kein maßgebliches Kriterium. Sachgerecht dürfte es vielmehr insoweit sein, im Vollzug erfahrene und zudem mit dem konkreten Gefangenen seit längerer Zeit vertraute Mitarbeiter der Anstalt auszuwählen. Ist die Befugnis zur Verhängung von erzieherischen Maßnahmen einem Mitarbeiter übertragen worden, der den Gefangenen nicht oder erst kurz kennt, so ist es erforderlich, dass der Anordnungsberechtigte sich mit anderen Vollzugsmitarbeitern bespricht, die an der Erziehung des Gefangenen mitwirken. Nur auf diesem Weg können sachgerechte Entscheidungen sichergestellt werden und entsprechend ist dies für Disziplinarmaßnahmen auch in einzelnen Ländergesetzen ausdrücklich geregelt (dazu näher Rn 57).

---

[20] Siehe § 82 Abs. 2 JStVollzG S-H samt Gesetzesbegründung S. 160.
[21] So in § 88 Abs. 1 HmbJStVollzG.
[22] In § 54 HessJStVollzG fehlt eine Zuständigkeitsregelung, in § 56 dieses Gesetzes wird nur die Zuständigkeit für die Anordnung von Disziplinarmaßnahmen geregelt. Ebenso § 130 Abs. 1 NJVollzG.
[23] So die Begründung zu § 82 JStVollzG S-H.

Hält man – wie die Gesetzgeber – eine weitgehende Entformalisierung zur Ermöglichung einer flexiblen Reaktion für geboten, so dass die Formalien des Disziplinarverfahrens nicht gelten, so bestehen gleichwohl **verfahrensrechtliche Mindeststandards.** 13

Unverzichtbar ist es, dass vor Verhängung der erzieherischen Maßnahme der Sachverhalt geklärt wurde und der Gefangene die Möglichkeit hatte, seine Sicht der Dinge vorzutragen. Diese Rechtsgrundsätze gelten – da es sich bei erzieherischen Maßnahmen ebenso wie bei Disziplinarmaßnahmen um sanktionierende Reaktionen handelt – auch für erzieherische Maßnahmen – ohne dass es einer expliziten gesetzlichen Normierung bedürfte.

2. Materiell

Nach dem **Wortlaut** der Ländergesetze besteht die einzige Voraussetzung für die Verhängung einer erzieherischen Maßnahme darin, dass ein Gefangener **gegen Pflichten verstößt, die ihm durch oder aufgrund des jeweiligen Vollzugsgesetzes auferlegt sind.** 14

Soweit damit an der in den Vollzugsgesetzen konstituierten Mitwirkungspflicht der Gefangenen angeknüpft wird, bestehen die gegen diese Mitwirkungspflicht bereits dargelegten (§ 1 Rn 28 ff; s. auch zu den an Verstößen gegen die Mitwirkungspflicht anknüpfende Disziplinarmaßnahmen Rn. 64) Einwände ebenso gegen die auf einen Verstoß gegen sie gestützten Erziehungsmaßnahmen.

Aus den **Gesetzesbegründungen** folgt darüber hinaus, dass erzieherische Maßnahmen nur dann angeordnet werden dürfen, wenn das erzieherische Gespräch allein nicht ausreicht.[24] Dies entspricht dem bereits erwähnten Stufenmodell der Gesetze, die **Subsidiarität** der erzieherischen Maßnahmen gegenüber dem erzieherischen Gespräch und anderen konsensualen Reaktionsmitteln gilt indessen unabhängig von dem Text der Gesetzesbegründung bereits aufgrund des Verhältnismäßigkeitsprinzips.

Problematisch erscheint es, dass (auch) sanktionierende erzieherische Maßnahmen nach dem Gesetzeswortlaut bei jedem Verstoß gegen das jeweilige Vollzugsgesetz und darüber hinaus auch bei jedem Verstoß gegen Regelungen ergehen können, die aufgrund des Vollzugsgesetzes erlassen wurden, etwa der Anstaltsordnung. Damit kann ein sehr weites Spektrum an Pflichtverstößen Grundlage für eine erzieherische Maßnahme sein, was wiederum bedingt, dass es für die Gefangenen kaum absehbar ist, welcher Verstoß die Ahndung durch eine erzieherische Maßnahme nach sich ziehen wird.

Die Weite der Norm auf der Tatbestandsseite muss bei der Auswahl der Rechtsfolge berücksichtigt werden: Je schwerer die verhängte erzieherische Maßnahme ist, desto schwerer muss auch der zugrunde liegende Verstoß sein, damit die erzieherische Maßnahme nicht unverhältnismäßig ist.

---

24 Siehe die Begründung zu § 82 JStVollzG S-H. Nach § 97 Abs. 2 S. 2 JVollzGB LSA ist eine erzieherische Maßnahme ausgeschlossen, wenn der junge Gefangene eine Vereinbarung zur gütlichen Streitbeilegung erfüllt.

VI. Anwendungsfolgen

1. Beispielskataloge

15 Nach den gesetzlichen Definitionen sind erzieherische Maßnahmen solche Maßnahmen, die geeignet sind, dem Gefangenen sein Fehlverhalten bewusst zu machen.[25] In den meisten Ländern werden mit teilweiser Abweichung in den Details als Beispiele für erzieherische Maßnahmen genannt:

- die Erteilung von Weisungen,
- die Erteilung von Auflagen und
- die Beschränkung oder der Entzug einzelner Gegenstände für die Freizeitbeschäftigung sowie
- der Ausschluss von der gemeinsamen Freizeit oder einzelnen Freizeitveranstaltungen bis zu einer Woche Dauer[26].

Das **baden-württembergische** Gesetz kombiniert die Regelung der erzieherischen Maßnahme mit derjenigen einer Konfliktregelung und nennt namentlich einerseits das erzieherische Gespräch und die Konfliktschlichtung, andererseits die Verwarnung und die Erteilung von Weisungen oder Auflagen sowie beschränkende Anordnungen in Bezug auf die Freizeitgestaltung bis zu einer Woche Dauer.[27] Ähnlich ist die Regelung in Berlin[28] und Hessen[29] und Nordrhein-Westfalen[30].

Im **bayerischen**[31] Gesetz werden als Beispiele nur Weisungen, Auflagen sowie beschränkende Anordnungen in Bezug auf die Freizeit bis zur Dauer von einer Woche genannt. Das **niedersächsische** Gesetz nennt nur Weisungen und Auflagen.[32] Ebenfalls abweichend ist die duale Struktur von Maßnahmen der Konfliktregelung – insbesondere Entschuldigung, Schadensbeseitigung oder Schadenswiedergutmachung – und erzieherischen Maßnahmen im **hessischen** Gesetz. Als erzieherische Maßnahmen werden hier insbesondere Handlungsanweisungen und Verpflichtungen angesehen, die geeignet sind, die Einsicht in das Fehlverhalten und die Notwendigkeit einer Verhaltensänderung zu wecken und zu stärken.[33]

---

25 Siehe § 82 Abs. 1 JStVollzG S-H.
26 So in Brandenburg, Bremen, Mecklenburg-Vorpommern, Rheinland-Pfalz, Saarland, Schleswig-Holstein und Thüringen; ebenso Hamburg und Sachsen mit dem Verbot des Entzugs von Lesestoff. Während nach § 92 Abs. 1 JStVollzG LSA die Beschränkung auf eine Woche nur für den Entzug von Freizeitgegenständen und den Ausschluss von der gemeinsamen Freizeit oder einzelnen Freizeitveranstaltungen galt, enthält § 97 Abs. 1 JVollzGB LSA nun für alle dort genannten Maßnahmen die Begrenzung auf eine Woche.
27 § 77 Abs. 1 JVollzGB IV B-W.
28 § 82 Abs. 1 JStVollzGBln.
29 § 54 Abs. 1 HessJStVollzG.
30 § 92 JStVollzG NRW. Skeptisch gegenüber der „Realitätsnähe" einer „Phantasie des alles befriedenden Schlichters" wegen der notwendigen Akzeptanz seitens der Gefangenen Schneider, Strafvollzug und Jugendstrafvollzug, S. 276 in Fn 1491.
31 Art. 155 BayStVollzG. Sußner, Jugendstrafvollzug, S. 248 kritisiert an dieser Regelung, dass Aspekte der Entschuldigung, Schadensbeseitigung oder – Wiedergutmachung – anders als etwa in § 54 HessJStVollzG – nicht genannt werden, vielmehr nur in den Art. 154, 89 BayStVollzG ein Anspruch auf Aufwendungsersatz gegen den Gefangenen konzipiert wurde.
32 § 130 Abs. 1 NJVollzG.
33 § 54 HessJStVollzG.

2. Konnex zwischen Pflichtverstoß und erzieherischer Maßnahme – „Spiegelung"

In einem Teil der Gesetze wird postuliert, es sollten solche erzieherischen Maßnahmen angeordnet werden, die mit der Verfehlung in Zusammenhang stehen. Als Grund hierfür wird angegeben, durch den Zusammenhang werde den Gefangenen eher erkennbar, warum ihnen die beschränkende Maßnahme auferlegt werde, idealerweise würden sie zum Nachdenken und zur Abkehr von ihrem Fehlverhalten veranlasst.[34]

Andere Gesetze verzichten zwar auf das gesetzliche Postulat eines Konnexes, in der Begründung wird aber ausgeführt, es sei vorzuziehen, wenn die erzieherische Maßnahme in einem logischen Zusammenhang mit der Verfehlung stehe. Letzteres sei aber nicht zwingend. Es sei immer auch zu beachten, dass die Sanktion den jungen Gefangenen auch wirklich zum Nachdenken und zur Abkehr von ihrem gezeigten Verhalten veranlasse.[35]

Wiederum andere Gesetze erwähnen den Konnex nicht und die Gesetzesbegründung erläutert dies nicht.[36]

Schließlich verzichten andere Gesetze – nach der Gesetzesbegründung bewusst – auf das Postulat eines Konnexes unter Hinweis darauf, es gebe nur einen reduzierten Katalog der erzieherischen Maßnahmen, so dass der Konnex gar nicht immer herzustellen sei.[37]

Nach Nr. 86 Abs. 1 VVJug konnte auf Pflichtverstöße eines Gefangenen mit einer Maßnahme reagiert werden, „die geeignet ist, ihm sein Fehlverhalten bewusst zu machen", es wurde also kein Konnex verlangt. Gleichwohl leuchtet es pädagogisch ein, dass eine sanktionierende erzieherische Maßnahme insbesondere dann geeignet ist, einen Reflektionsprozess beim jugendlichen Gefangenen in Gang zu setzen, wenn sie nicht nur **zeitnah** zur Pflichtverletzung verhängt wird, sondern auch in einem **logischen Zusammenhang zu der Pflichtverletzung** steht. So erscheint es sinnvoll, einem Gefangenen, der die Küche in seiner Wohngruppe benutzt und verschmutzt zurücklässt, die Reinigung dieser Küche aufzutragen. Nicht sinnvoll ist es hingegen etwa, wenn ein Gefangener bei der Arbeit aufgrund von Trödelei unpünktlich erscheint, diesem dann die Reinigung der Küche in der Wohngruppe aufzuerlegen.

Fehlt der Konnex und wird die Verhängung einer bestimmten erzieherischen Maßnahme auch nicht jedenfalls verbal begründet – die Erklärung sollte eine Selbstverständlichkeit sein – können erzieherische Maßnahmen vom jugendlichen Gefangenen leicht als Schikane empfunden werden und im Extremfall eine (innere) Abwehrhaltung bei diesem erzeugen. Es ist somit zu begrüßen, wenn in den Ländergesetzen ein Konnex gefordert wird. Zu beachten ist jedoch einerseits, dass dieser Konnex nur vorhanden sein soll, aber nicht muss. Auf ihn kann im Einzelfall dann verzichtet werden, wenn die erzieherische Maßnahme auch ohne ihn zur positiven Verhaltensänderung beim Gefangenen geeignet ist. Auch ist denkbar, dass im konkreten Einzelfall

---

34 So etwa § 82 Abs. 3 JStVollzG Bln samt Begründung.
35 So Art. 155 BayStVollzG samt Begründung.
36 So etwa § 92 JStVollzG NRW.
37 So die Begründung zu § 127 aF, nun § 130 Abs. 1, NJVollzG samt Begründung.

gar keine im Konnex zur Verfehlung stehende Maßnahme zeitnah zur Verfügung steht, so dass auf den Konnex aus praktischen Gründen verzichtet werden muss.

Andererseits ist die Eignung der erzieherischen Maßnahme zur Verhaltensänderung beim Gefangenen auch bei den Gesetzen zu beachten, die den Konnex nicht explizit im Gesetz erwähnen. Fehlt der Konnex, ist auch bei diesen Gesetzen besonders sorgfältig die Eignung der Maßnahme zu prüfen, im Zweifel hat die Anordnung zu unterbleiben.

3. Eingriffsintensität

18 Wie sich aus den Gesetzesbegründungen ergibt, sollen die Erzieherischen Maßnahmen Reaktionen auf **leichtere Pflichtverletzungen** sein und „grundsätzlich" eine geringere Eingriffsqualität haben. Zur Begründung wird auf die gesetzlichen Beispielslisten verwiesen.[38] Diese Begründung ist indessen nicht zwingend, da die Listen – wie die Begriffe „namentlich" und „insbesondere" zeigen – nicht abschließend sind. Es könnten also durchaus auch schwerere erzieherische Maßnahmen als die in den Listen genannten verhängt werden. Ferner ist zu beachten, dass es eine Überschneidung zwischen den schwereren erzieherischen Maßnahmen und den leichteren Disziplinarmaßnahmen geben kann (zum Problem der Umgehung der Formalien des Disziplinarverfahrens s. Rn 23). So kann nach zahlreichen Gesetzen etwa der Entzug einzelner Gegenstände für die Freizeitbeschäftigung bis zur Dauer von einer Woche als erzieherische Maßnahme angeordnet werden, die gleiche Reaktion kann als Disziplinarmaßnahme verhängt werden. Ein Unterschied hinsichtlich der Eingriffsintensität besteht lediglich zeitlich darin, dass die erzieherischen Maßnahmen stets auf eine Woche begrenzt sind, die Disziplinarmaßnahmen außer dem Arrest hingegen bis zu zwei Monaten angeordnet werden können.

VII. Vollzug der Maßnahme

19 Zum Vollzug der erzieherischen Maßnahmen findet sich in den Gesetzen zwar keine Regelung. Da diese nach den Gesetzesbegründungen jedoch als Mittel zur schnellen, formlosen Reaktion auf Pflichtverstöße vorgesehen sind und größtenteils im Kontext zum erzieherischen Gespräch normiert werden – das unverzüglich nach Begehung des Pflichtverstoßes zu führen ist[39] – haben die erzieherischen Maßnahmen den Charakter eines **unverzüglichen Interventionsmittels**. Eine **Aussetzung zur Bewährung** kommt damit – anders als bei Disziplinarmaßnahmen – **nicht** in Betracht. Vielmehr werden erzieherische Maßnahmen sofort vollstreckt. Hält ein Bediensteter die längerfristige Einwirkung auf einen Gefangenen durch Anordnung einer Sanktion bei gleichzeitiger Aussetzung zur Bewährung für erforderlich, so scheidet die Verhängung einer erzieherischen Maßnahme aus. Vielmehr ist zu prüfen, ob eine Disziplinarmaßnahme erforderlich ist. Falls dies der Fall ist, muss das formelle Verfahren durchlaufen werden, welches im Gesetz für Disziplinarmaßnahmen vorgesehen ist.

---

38 Siehe § 82 JStVollzG Bln samt Begründung.
39 Siehe § 82 Abs. 1 S. 1 und 2 JStVollzG S-H.

VIII. Grundlegende Bedenken gegen die Einführung von erzieherischen Maßnahmen

Die Betrachtung der vorstehend dargestellten Zielsetzung, der Voraussetzungen und Rechtsfolgen von erzieherischen Maßnahmen führen zu der Einschätzung, dass gegen dieses im Anschluss an Nr. 86 VVJug nunmehr gesetzlich normierte Instrument grundlegende Bedenken bestehen.[40]

Fraglich ist zunächst, ob unterhalb der Disziplinarmaßnahmen eine **weitere**[41] **Kategorie von Maßnahmen systemkonform und sinnvoll** ist, welche vom Gesetzgeber als sanktionierende Reaktion auf einen Pflichtverstoß konzipiert sind und demgemäß vom Gefangenen als negative Reaktion auf sein Fehlverhalten empfunden werden.

Hiergegen spricht, dass im Jugendstrafvollzug die positive Motivation der Gefangenen im Vordergrund steht und ein dazu subsidiäres sanktionierendes Instrumentarium bereits in Form von Disziplinarmaßnahmen zur Verfügung steht. Es wurde weder von den Gesetzgebern dargelegt, noch ist es sonst ersichtlich, geschweige denn empirisch belegt, dass inhaltlich ein **Bedarf** für die Einführung einer dritten Reaktionsform besteht, die quasi zwischen den bereits bekannten Reaktionsformen – positive Motivation und Disziplinarmaßnahmen – angesiedelt ist. Es mag praktisch zwar durchaus eine Erleichterung sein, wenn ein nicht an Anordnungsformalien gebundenes Sanktionsinstrument vorhanden ist, diese begründet aber noch keinen zwingenden Bedarf an einem solchen Instrument. Dieser Bedarf müsste aber nachgewiesen sein, wenn man die Formalien des Disziplinarverfahrens aufgeben möchte.

Problematisch erscheint ferner die kaum erfolgte **Konturierung** des Inhalts der erzieherischen Maßnahmen durch die Legaldefinitionen.

Das Kriterium der Eignung, dem Gefangenen sein Fehlverhalten bewusst zu machen, hat normativen Charakter, dürfte also von einzelnen Normanwendern im Jugendvollzug unterschiedlich ausgelegt werden. Auch durch die neben den Legaldefinitionen vorhandenen Beispielskataloge für erzieherische Maßnahmen wird eine hinreichend einheitliche Anwendung dieser Reaktionsform nicht sichergestellt werden können. Die Kataloge haben keinen abschließenden Charakter und decken ein sehr weites Spektrum ab, beginnend bei der Erteilung von Weisungen und Auflagen jeder Art bis hin zum Ausschluss von der gemeinsamen Freizeit bis zur Dauer von einer Woche. Für eine heterogene Anwendung der erzieherischen Maßnahmen auf der Grundlage der unbestimmten gesetzlichen Regelungen sprechen die vorliegenden kriminologischen Erkenntnisse zur Anwendung von Disziplinarmaßnahmen (siehe dazu Rn 29 ff).

Jedenfalls in Teilbereichen droht durch die Einführung der erzieherischen Maßnahmen eine **Umgehung** des für Disziplinarmaßnahmen vorgesehenen formellen und damit die Gefangenen insoweit schützenden Anordnungsverfahrens.[42] Festzustellen ist,

---

[40] Siehe hierzu auch Ostendorf ZRP 2008, 14, 17; kritisch auch Schwirzer, Jugendstrafvollzug für das 21. Jahrhundert?, S. 257 f ebenfalls Eisenberg § 92 JGG Rn 137 a, auch wenn er die erzieherischen Maßnahmen grds. als folgerichtig und dem gesetzlichen Erziehungsauftrag entsprechend einordnet.
[41] Eisenberg § 92 JGG Rn 137 a weist zutreffend auf die Gefahr des „net widening" hin.
[42] Die Gefahr einer solchen Umgehung wird zutreffend angesprochen in der Begründung zu § 55 HessJStVollzG und von Schwirzer, Jugendstrafvollzug für das 21. Jahrhundert?, S. 257 f, ähnlich Eisenberg § 92 JGG Rn 137c: Verzicht auf ein förmliches Verfahren kann einen Verlust an Schutz mitsichbringen.

dass sich die schwersten erzieherischen Maßnahmen – soweit sie sich aus den gesetzlichen Beispielskatalogen ergeben – überschneiden mit den leichtesten Disziplinarmaßnahmen.[43] Bei letzteren besteht indessen ein formelles Anordnungsverfahren, bei ersteren hingegen nicht. Durch Anordnung unter dem „Label" erzieherische Maßnahmen kann die Stellung des Adressaten der Maßnahme vom Normanwender damit verschlechtert werden, obwohl es sich inhaltlich um die gleiche Maßnahme wie einer Disziplinarmaßnahme handelt. Erst recht problematisch erscheint es, wenn in der Begründung der gesetzlichen Einführung von erzieherischen Maßnahmen ausgeführt wird, das nicht formale Anordnungsverfahren sei für den jugendlichen Gefangenen weniger belastend als das formale Disziplinarverfahren.[44] Der formale Charakter im Disziplinarverfahren ist – auch wenn er zunächst wegen der Gefahr einer Stigmatisierung belastender wirken kann – im Ergebnis gerade ein präventiv wirkender Schutz für den Gefangenen. Da jedenfalls die Hürde der Formalität vor der Anordnung entfällt und die Maßnahmen damit schlicht leichter angeordnet werden können – und dann auch regelmäßig sofort vollstreckt werden -, erscheint das Argument auf die Vorzüge einer flexiblen Reaktion, das Vertrauen in die Handhabung durch die Vollzugsmitarbeiter und die Möglichkeit der Überprüfung durch Anstaltsleiter und Gericht[45] nicht überzeugend.

24 Schließlich spricht auch ein **Vergleich mit dem Erwachsenenvollzug** gegen die Einführung erzieherische Maßnahmen. Bei erwachsenen Gefangenen gibt es als sanktionierende Reaktion auf Pflichtverstöße nur Disziplinarmaßnahmen. Die zusätzliche Einführung von erzieherischen Maßnahmen stellt eine **Schlechterstellung** der jugendlichen Gefangenen dar, die mit der Notwendigkeit der erzieherischen Einwirkung auf die jugendlichen Gefangenen begründet wird. Der Erziehungsgedanke allein ist indessen kein taugliches sachliches Kriterium für eine Schlechterstellung der Jugendlichen.[46]

25 **Zusammenfassend** lässt sich festhalten, dass die Einführung einer neuen „dritten Spur" zwischen positiv ausgerichteter Erziehung und negativ-sanktionierender Verhängung von Disziplinarmaßnahmen aus den genannten Gründen erheblichen Bedenken begegnet.[47]

Richtigerweise sollte es bei der Verpflichtung des Jugendvollzuges bleiben, soweit möglich auftretende Konflikte unter Gefangenen und zwischen Gefangenen und Bediensteten erzieherisch, ohne Verhängung einer Sanktion zu lösen.[48] Für das Absehen von einer Strafe im pädagogischen Sinne spricht auch die typische Sozialisation der

---

43 Eisenberg § 92 JGG Rn 137 c: Maßnahmen, die in ihrer Art eher Disziplinarmaßnahmen entsprechen bzw solche sind.
44 So die Begründung zu § 95 JStVollzG B-W (der als § 77 JVollzGB IV B-W unverändert übernommen wurde) sowie zu Art. 155 BayStVollzG.
45 Schneider, Strafvollzug und Jugendstrafvollzug, S. 279.
46 Zum Jugendstrafrecht als Erziehungsstrafrecht im Allgemeinen und zur Begründung einer Schlechterstellung von Jugendlichen gegenüber Erwachsenen mithilfe des Erziehungsgedankens s. Ostendorf, Jugendstrafrecht, Rn 49 mwN.
47 Ebenso DVJJ-Mindeststandards, Nr. 18; DJGT 2007, Ergebnisse des Arbeitskreises 1, Nr. 21.
48 Für den Vorrang informeller und restorativer Reaktionen gegenüber Disziplinarmaßnahmen bereits Dünkel in: FS für Schwind, hrsg. von Feltes/Pfeiffer/Steinhilper, 2006, S. 564; für die Aufarbeitung von Pflichtverstößen grds. im erzieherischen Gespräch, bei schwerwiegenden oder wiederholten Verstößen durch Konfliktregelung, hierbei auch Entschuldigung und Schadensbeseitigung Thierel, Jugendstrafvollzug, S. 244. Sinnvoll

VIII. Grundlegende Bedenken gegen die Einführung von erzieherischen Maßnahmen

Gefangenen: Diese haben zu Beginn des Jugendstrafvollzugs in der Regel bereits eine solche Vielzahl von Belehrungen, Ermahnungen und Übelszufügungen erfahren, dass sie nur noch mit einer Ablehnung reagieren können. Insofern ist es mit hoher Wahrscheinlichkeit erfolgreicher, konstruktiv an – ggf bislang verdeckten – Befähigungen im Sinne einer positiven Verstärkung anzuknüpfen.[49]

Dies wird am ehesten dann gelingen, wenn die Gefangenen in Wohngruppen untergebracht sind und in den Wohngruppen ständig zugeordnete, einschlägig geeignete sowie aus- und weitergebildete Mitarbeiter in angemessener Zahl und nach den Bedürfnissen der Wohngruppenmitglieder tätig sind.[50] Nimmt ein jugendlicher Gefangener ein Angebot, etwa auf Ausbildung, nicht an, sollte zudem statt einer Bestrafung im pädagogischen Sinne zunächst geprüft werden, ob nicht die Voraussetzungen des Angebots aus erzieherischer Sicht ungeeignet waren.[51]

Für eine primär konsensuale Lösung bieten einzelne Gesetze jedenfalls insoweit zustimmenswerte Regelungen[52] – sehen dann als erzieherische Maßnahmen aber auch sanktionierende Maßnahmen vor. Dieser konsensuale Weg ist zunächst zu beschreiten.

Nur wenn dies ausnahmsweise nicht möglich oder erfolglos ist und ein Verstoß gegen eine derartige Verhaltensregel vorliegt, die für das geordnete Zusammenleben im Vollzug unerlässlich ist, kommt die Verhängung einer ahndenden Sanktion in Form einer Disziplinarmaßnahme in dem dafür vorgesehenen formellen Verfahren in Betracht.[53]

Abschließend sei noch darauf hingewiesen, dass das BVerfG in seiner Grundsatzentscheidung vom 31.5.2006[54] ausgeführt hat, die Möglichkeit, auf Pflichtverstöße von Gefangenen mit disziplinarischen Maßnahmen zu antworten, sei unerlässlich. Es sollte zwar im Strafvollzug und besonders im Jugendstrafvollzug nach Möglichkeit die positiv motivierende Einwirkung auf den Gefangenen im Vordergrund stehen, die für einen geordneten Betrieb notwendigen Verhaltensregeln bedürften aber auch der Flankierung durch Sanktionen, welche die Anstalt selbst verhängen könne. Dem ist uneingeschränkt zuzustimmen und diesem Anspruch wird ein 2-stufiges Modell aus konsensualer Regelung und Disziplinarmaßnahmen gerecht. Auch wenn das BVerfG erzieherische Maßnahmen nicht explizit ausgeschlossen hat – es hat sie auch nicht erwähnt oder gar gefordert, obwohl den erkennenden Richtern Nr. 86 der früheren

---

erscheint für die Sozialisation der Gefangenen auch die Beteiligung der Öffentlichkeit in Form von Einrichtungsbeiräten oder von Gleichaltrigengruppen der Gefangenen, weniger hingegen – aufgrund der vollzugsinternen Konkurrenzsituation – der anderen Gefangenen, vgl Eisenberg § 92 JGG Rn 39-40 a.

49 Eisenberg § 92 JGG Rn 34.
50 Zu dieser Forderung Eisenberg § 92 JGG Rn 29 a.
51 Vgl Eisenberg § 92 JGG Rn 120.
52 Früher § 95 JStVollzG B-W, nun § 77 JVollzGB IV B-W – als erzieherische Maßnahme werden neben dem erzieherischen Gespräch und sanktionierenden Maßnahmen auch die Konfliktschlichtung genannt und § 54 HessJStVollzG – hier wird auch eine Konfliktregelung vorgesehen, aber anders als in Baden-Württemberg nicht als Teil der erzieherischen Maßnahmen beschrieben; in § 92 JVollzGB NRW wiederum werden als Teil der Konfliktregelung erzieherische Maßnahmen vorgesehen. Positiv zu bewerten ist hier die Gesagten die neue gesetzliche Regelung der vorrangigen einvernehmlichen Streitbeilegung in § 97 Abs. 2 JVollzGB LSA
53 Eisenberg § 92 JGG Rn 137: Disziplinarmaßnahmen als subsidiäre „Notlösung" gegenüber Gesprächen, Beruhigungschancen ua.
54 NJW 2006, 2093, 2098.

bundeseinheitlichen Verwaltungsvorschriften zum Jugendstrafvollzug (VVJug) bekannt war.

Die Vollzugspraxis wird auf der nunmehr vorhandenen gesetzlichen Grundlage zeigen, ob in den Anstalten das Bedürfnis nach einem sanktionierenden Reaktionsinstrument unterhalb der Disziplinarmaßnahmen besteht. Sollte dies – wie vom Gesetzgeber angenommenen – der Fall sein, weil im Jugendvollzug aufgrund der dort bestehenden Besonderheiten eine gegenüber dem Erwachsenenvollzug gesteigerte Flexibilität bei der Verhängung von sanktionierenden Reaktionen notwendig erscheint und bei erzieherischen Maßnahmen das formelle Anordnungsverfahren der Disziplinarmaßnahmen entbehrlich ist, so müsste der Gesetzgeber jedenfalls den Katalog der möglichen erzieherischen Maßnahmen derart bestimmt festlegen, dass eine Überschneidung mit den leichtesten Disziplinarmaßnahmen ausgeschlossen ist und somit keine Umgehung des formellen Anordnungsverfahrens der Disziplinarmaßnahmen erfolgen kann.

IX. Rechtsmittel

26 Erzieherische Maßnahmen können nach dem Willen der Gesetzgeber vor ihrer Verhängung nicht rechtlich angegriffen werden, etwa indem die Unzuständigkeit des anordnenden Beamten gerügt wird. Insbesondere sollen Gefangene keinen Suspensiveffekt durch Einlegung eines Rechtsmittels herbeiführen können. Nach Erlass soll die erzieherische Maßnahme mit der Dienstaufsichtsbeschwerde oder mit einem Antrag auf gerichtliche Entscheidung angefochten werden können.[55]

Diese Ausführungen in den Gesetzesbegründungen sind missverständlich. Gemäß § 92 Abs. 1 JGG gilt § 114 StVollzG entsprechend. Damit findet zwar nach § 114 Abs. 1 StVollzG die Grundregel Anwendung, dass ein Antrag auf gerichtliche Entscheidung keine aufschiebende Wirkung hat. Der Gefangene kann jedoch nach § 114 Abs. 2 StVollzG die Außervollzugsetzung der angefochtenen Maßnahme durch das Gericht erreichen, wenn die Gefahr besteht, dass die Verwirklichung eines Rechtes des Antragstellers vereitelt oder wesentlich erschwert wird und ein höher zu bewertendes Interesse an dem sofortigen Vollzug nicht entgegensteht. Bei dieser Regelung handelt es sich um eine Ausprägung des Grundrechts auf effektiven Rechtsschutz nach Art. 19 Abs. 4 GG.[56] Es ist nicht ersichtlich, weshalb dieses Recht des Gefangenen bei erzieherischen Maßnahmen aus **rechtlichen Gründen** nicht gelten sollte.

Unter **praktischen Gesichtspunkten** – und dies könnte in den Gesetzesbegründungen gemeint sein – wird die Durchführung eines Verfahrens nach § 114 Abs. 2 StVollzG aber vor dem Vollzug der Maßnahme oft nicht möglich sein, da die erzieherischen Maßnahmen in der Regel sofort vollzogen werden.

Neben dem formlosen Anordnungsverfahren ist in diesen Fällen ein weiteres Charakteristikum der erzieherischen Maßnahmen somit die vor Verhängung der Maßnahme jedenfalls praktisch ausgeschlossene Anfechtbarkeit. Die Verhinderung eines Suspen-

---

55 Siehe die Begründung zu Art. 155 BayStVollzG sowie zu § 95 JStVollzG B-W, nun § 77 JVollzGB IV B-W.
56 Siehe BVerfG NStZ 1999, 532; StV 2000, 215, 216.

siveffektes mag im Sinne einer zeitnahen Reaktion konsequent sein, im Bereich der Kongruenz schwerster erzieherischer Maßnahmen und leichter Disziplinarmaßnahmen ist dies wegen Eröffnung einer Umgehungsmöglichkeit indessen besonders problematisch.

Zweiter Teil: Disziplinarmaßnahmen

Spezielle Literatur: *Bachmann, M. / Ernst, A.*, Disziplinarmaßnahmen im Jugendstrafvollzug, MSchrKrim 2015, 1-15; *Ostendorf, H.*, Das Verbot einer strafrechtlichen und disziplinarischen Ahndung der Gefangenenbefreiung, in: NStZ 2007, S. 313–317; Roxin, C., Strafrecht Allgemeiner Teil, Band I, 4. A., München 2006; *Sußner, Ch.*, Jugendstrafvollzug und Gesetzgebung, Hamburg 2009 (zitiert: Sußner, Jugendstrafvollzug); *Thierel, St.*, Vergleichende Studie zur Normierung des Jugendstrafvollzugs, Berlin, 2008 (zitiert: Thierel, Jugendstrafvollzug); *Tondorf, G./Tondorf, B.*, Plädoyer für einen modernen Jugendstrafvollzug, in: ZJJ 2006, S. 241–248; *Walkenhorst, P.*, Sicherheit, Ordnung und Disziplin im Jugendstrafvollzug – einige pädagogische Überlegungen, in: DVJJ-Journal 1999, S. 247–260; *Walter, J.*, „Apokryphe" Disziplinarmaßnahmen im Strafvollzug, in: NK 2005, S. 130–134; Wessels, J./Beulke, W., Strafrecht Allgemeiner Teil, 40. A., Heidelberg (2010)

I. Regelungsinhalt

Das **BVerfG** machte in seiner Entscheidung vom 31.5.2006[57] deutlich, dass es für die Aufrechterhaltung eines geordneten, zur Erfüllung seiner verfassungsrechtlichen Aufgaben fähigen Jugendvollzuges unerlässlich ist, dass die Möglichkeit besteht, auf Pflichtverstöße der Gefangenen mit disziplinarischen Mitteln zu antworten. Zwar sollte im Strafvollzug – und besonders im Jugendvollzug – nach Möglichkeit eine positiv motivierende Wirkung im Vordergrund stehen, unbeschadet dessen bedürfen die für einen geordneten Anstaltsbetrieb notwendigen Verhaltensregeln aber der Flankierung durch Sanktionen, welche die Anstalt selbst verhängen kann.

27

Im **Schrifttum** wird demgegenüber auf die negativen Einwirkungen von förmlichen Disziplinarmaßnahmen auf jugendliche Gefangene hingewiesen und verlangt, auf diese zu verzichten, stattdessen einen Ombudsmann als Konfliktschlichter einzusetzen und es im Übrigen dabei zu belassen, dass in ernsten Fällen das Strafrecht als ultima ratio eingreift.[58]

Diese kritische Sichtweise gegenüber Disziplinarmaßnahmen finden sich in einigen **nicht verabschiedeten Gesetzentwürfen** wieder.

Nach einem in mehreren Gesetzentwürfen[59] vorgeschlagenen Modell sind Pflichtverstöße von Gefangenen binnen einer Woche grundsätzlich in einem erzieherischen Gespräch aufzuarbeiten. Verbleibende schwerwiegende oder wiederholte Pflichtverstöße sind im Wege einer ausgleichenden Konfliktregelung durch eine unabhängige Vertrauensperson oder eine Schlichtungskommission aufzuarbeiten. Damit wird auf

---

57 NJW 2006, 2093, 2098.
58 Tondorf/Tondorf ZJJ 2006, 241, 246 f; kritisch dazu Schwirzer, Jugendstrafvollzug für das 21. Jahrhundert?, S. 268 f.
59 Gesetzentwurf der Linksfraktion PDS im Sächsischen Landtag, Drucks. 4/8622, §§ 44 und 45; Gesetzentwurf der Fraktion Die Linke im Landtag Brandenburg, Drucks. 4/5059, §§ 44 und 45.

förmliche Disziplinarmaßnahmen vollständig verzichtet. Sie sollen durch die Einschaltung des Ombudsmannes entbehrlich gemacht werden.[60]
In einem anderen Gesetzentwurf[61] wird eine Kombination aus einem Konfliktregelungsverfahren und einem Ordnungsverfahren vorgesehen. Nach diesem Ansatz erfolgt bei einem Pflichtverstoß zunächst eine Ansprache des Gefangenen und im Falle der Feststellung eines Pflichtverstoßes eine Ermahnung. Reicht dies nicht aus oder liegen schwerwiegende oder beharrliche Pflichtverstöße vor, wird die Konfliktregelung einer Schlichtungsperson übertragen. Ist das Konfliktregelungsverfahren als Reaktion auf schwerwiegende oder beharrliche Pflichtverstöße nicht geeignet, kann die Anstaltsleitung ein förmliches Ordnungsverfahren durchführen. Dieses weicht von einem Disziplinarverfahren insbesondere durch die eingeschränkten Sanktionsmöglichkeiten und seine Subsidiarität ab: Zum einen kommen als Rechtsfolgen nur der Verweis, der Ausschluss von Freizeitveranstaltungen oder die Beschränkung des Hausgeldes in Betracht – insbesondere ist damit kein Arrest möglich. Zum anderen ist ausschließlich ein Verweis und keine schwerere Maßnahme möglich, falls wegen des gleichen Pflichtverstoßes Sicherungsmaßnahmen angeordnet werden oder Strafanzeige erstattet wird.

Sämtliche Ländergesetze haben – trotz der geäußerten Kritik an Disziplinarmaßnahmen – den vom BVerfG aufgezeigten Rahmen genutzt, indem in allen Ländergesetzen zum Jugendvollzug bzw bei kombinierten Gesetzen für Erwachsenen- und Jugendvollzug in speziellen Gesetzesteilen die Voraussetzungen einer Verhängung von Disziplinarmaßnahmen, die zulässigen Sanktionen und das hierbei zu beachtende Verfahren geregelt wurden: §§ 77-82 JVollzGB IV B-W, Art. 156 (Spezialnorm für Jugendvollzug) iVm Art. 109–114 (Normen für Erwachsenenvollzug) BayStVollzG, §§ 83–86 JStVollzG Bln, §§ 100-103 BbgJStVollzG, §§ 83–86 BremJStVollzG, §§ 86-90 HmbJStVollzG, §§ 55–56 HessJStVollzG, §§ 83–86 JStVollzG M-V, § 130 Abs. 2 (Regelung für Jugendvollzug) iVm §§ 95 Abs. 1 Nr. 1-6 sowie 8 (Regelungen für den Erwachsenenvollzug) NJVollzG, §§ 93–96 JStVollzG NRW, §§ 83–86 LJVollzG-RP, §§ 83–86 SJStVollzG, 82–85 SächsJStVollzG, §§ 98-101 JVollzGB LSA (gemeinsame Regelung für Strafgefangene, Jugendstrafgefangene und Untersuchungsgefangene mit Modifikationen für Jugendstrafgefangene), §§ 83–86 JStVollzG S-H, §§ 98–101 ThürJStVollzG).

Die Regelungen der Disziplinarmaßnahmen in den Ländergesetzen entsprechen weitgehend der Regelung in den §§ 102-107 StVollzG[62], insbesondere das – formell ausgestaltete – Anordnungsverfahren wurde weitgehend übereinstimmend nach diesem Vorbild normiert.

Ein wesentlicher Unterschied zwischen den Ländergesetzen besteht zum einen auf Tatbestandsseite darin, dass teilweise jeder schuldhafte Verstoß gegen Pflichten des

---

60 Siehe jeweils die Gesetzesbegründung zu § 45 in dem Gesetzentwurf der Linksfraktion PDS im Sächsischen Landtag, Drucks. 4/8622 und dem Gesetzentwurf der Fraktion Die Linke im Landtag Brandenburg, Drucks. 4/5059.
61 Gesetzentwurf der Fraktion BÜNDNIS 90/Die Grünen im Sächsischen Landtag, Drucks. 4/8870, §§ 71 und 72.
62 Eisenberg § 92 Rn 138.

Gesetzes oder aufgrund des Gesetzes zur Annahme eines Disziplinarverstoßes ausreicht, teilweise enumerative Kataloge oder jedenfalls Tatbestandskataloge mit einer Öffnungsklausel bestehen (näher unten Rn 60 ff). Zum anderen unterscheiden sich auf Rechtsfolgenseite die zulässigen Arten der Disziplinarmaßnahmen in den einzelnen Gesetzen (näher unten Rn 69 ff).

II. Zielsetzung

Auch die Zielsetzung folgt unmittelbar aus der Grundsatzentscheidung des BVerfG vom 31.5.2006:[63]   28

Disziplinarmaßnahmen sind das

- für die **Aufrechterhaltung eines geordneten**, zur Erfüllung seiner verfassungsrechtlichen Aufgaben fähigen **Vollzuges unerlässliche Mittel**
- zur Reaktion auf solche **Pflichtverstöße** der Gefangenen, welche **allein mit konsensualen Mitteln** – zu ergänzen ist nach der Ausgestaltung der Ländergesetze: **oder mit erzieherischen Maßnahmen** – **nicht ausreichend** beantwortet werden können.

Bei den von Disziplinarmaßnahmen erfassten Pflichtverstößen muss es sich um für einen geordneten Anstaltsbetrieb notwendige Verhaltensregeln handeln. Durch die Disziplinarmaßnahmen soll verhindert werden, dass Gefangene in Fällen wie dem körperlichen Angriff auf einen Mitgefangenen damit rechnen, dass eine angemessene Reaktion ausbleibt. Denn dann wären Mitgefangene und andere potenziell Betroffene nicht in der grundrechtlich gebotenen Weise geschützt.

III. Kriminologische Erkenntnisse

Ein möglicher Anlass für die Verhängung von Disziplinarmaßnahmen ist die Anwendung von **Gewalt durch Gefangene**. Hierzu liegen aus jüngerer Zeit je eine Untersuchung aus Nordrhein-Westfalen sowie aus Sachsen vor.   29

1. Untersuchung in Nordrhein-Westfalen

Der kriminologische Dienst des Landes Nordrhein-Westfalen hat im Jahr 2006 eine empirische Studie über Gewalt unter Gefangenen im Strafvollzug des Landes Nordrhein-Westfalen vorgelegt, welche sich auch mit der Verhängung von Disziplinarmaßnahmen in diesem Kontext beschäftigt.[64] Da sich aus der Studie Erkenntnisse für die Verhängung von Disziplinarmaßnahmen insgesamt ziehen lassen, soll auf sie hier näher eingegangen werden.   30

Im Rahmen der Untersuchung wurden sämtliche 681 Fälle von Gefangenen im Strafvollzug des Landes Nordrhein-Westfalen ausgewertet, die im Jahr 2005 mit Gewaltakten gegen Mitgefangene auffällig wurden. Nach einer Überprüfung der von den Vollzugsanstalten übersandten Akten blieben zum gesetzten Stichtag 638 Personalak-

---

63 NJW 2006, 2093, 2098.
64 Gewalt unter Gefangenen. Kernbefunde einer empirischen Studie im Strafvollzug des Landes Nordrhein-Westfalen, hrsg. vom kriminologischen Dienst des Landes Nordrhein-Westfalen, abrufbar unter: www.justiz.nrw.de/JM/justizpolitik/schwerpunkte/vollzug/studie_gewalt_gefangene.pdf (letzter Zugriff: 27.5.2015).

ten übrig, die analysiert wurden (95,5 % der Grundgesamtheit). Ziel der Studie war es, Antworten auf die bislang von der Kriminologie nicht hinreichend beantworteten Fragen zu finden, welche und wie viele Gewalttaten im Strafvollzug von Gefangenen an Gefangenen begangen werden, wer die Täter sind, wie, wann und wo die Gewalttaten stattfinden und schließlich **welche Folgen** sie haben.

Vor der eigentlichen Analyse wurde der in die Grundgesamtheit übernommene Aktenbestand dahin überprüft, ob überhaupt Fälle von Gewalt vorlagen. Bereits bei dieser Prüfung zeigte sich, dass **anstaltsspezifische Unterschiede** bezüglich der **Meldung, Sanktionierung und Dokumentation** relevanter Fälle bestehen. So hatten einzelne Anstalten Vorkommnisse in den Disziplinarbüchern notiert, bei denen laut Personalakte kein Disziplinarverfahren eingeleitet, sondern „nur" ein Verfahren nach Nr. 86 Abs. 1 VVJug durchgeführt oder eine besondere Sicherungsmaßnahmen angeordnet worden war, die zudem gelegentlich ohne Angabe von Gründen wieder aufgehoben wurde. In anderen Fällen wurden zwar Disziplinarverfahren eingeleitet, die aber nicht zu einer Disziplinarmaßnahme führten oder deren Abschluss und Sanktionsfolgen nicht dokumentiert waren. In wieder anderen Fällen war von der Anstalt keine Meldung von Gewalttaten erfolgt, Akten enthielten gleichwohl Anhaltspunkte für die Begehung von derartigen Taten.

Bezüglich der **Verhängung von Disziplinarmaßnahmen** ergab die Studie zunächst, dass die einzelnen **Anstalten** in **unterschiedlicher** Weise auf Gewaltdelikte reagieren.

In den weitaus meisten Fällen werden bei der Begehung von Gewalttaten Disziplinarmaßnahmen verhängt (90,9 %). Über die Hälfte der Täter (53 %), gegen die nun disziplinarisch vorgegangen wurde, waren bereits zuvor mit Disziplinarmaßnahmen belegt worden, und hierbei bei rund $^1/_5$ der Fälle (22,2 %) wegen einer früheren Gewalttat.

Als **Sanktion** wurde von den Anstalten am häufigsten die Beschränkung oder das Verbot der Teilnahme an gemeinschaftlichen Veranstaltungen, die getrennte Unterbringung während der Freizeit und der Arrest gewählt (jeweils ca. 30 %, Mehrfachnennungen möglich). Bei der Verhängung der Sanktionen bestehen **Unterschiede zwischen Erwachsenenstrafvollzug und Jugendvollzug:** Die getrennte Unterbringung während der Freizeit wurde vergleichsweise häufiger im Jugendvollzug als im Erwachsenenstrafvollzug angeordnet, der Arrest umgekehrt signifikant häufiger im Vollzug der Freiheitsstrafe (42,2 %) als beim Vollzug der Jugendstrafe (12,4 %).

Das neben dem Disziplinarrecht noch zu Verfügung stehende Instrumentarium des **Strafrechts** wird bei Gewalttaten im Strafvollzug grundsätzlich **wenig genutzt.** Strafanzeigen werden lediglich in etwa einem Drittel der Fälle gestellt (29,7 %), und zwar im Erwachsenenvollzug bei etwa jedem dritten Erwachsenentäter, im Jugendvollzug hingegen lediglich in jedem vierten Fall. Die **Häufigkeit** von Strafanzeigen **korreliert** mit dem beim Opfer eingetretenen **Folgen** in dem Sinne, dass bei schwerwiegenden Folgen für das Opfer fast vollständig Strafanzeigen erstattet werden, bei Sachverhalten mit geringeren Nachteilen für das Opfer (Raufereien und Schlägereien) in den Anstalten liegt die Quote der Erstattung von Strafanzeigen hingegen lediglich bei 13%. Die **erzieherischen Rückwirkungen** der durchgeführten **Strafverfahren** auf dem

Vollzug dürften – jedenfalls nach der durchgeführten Aktenanalyse – **eher als gering** einzuschätzen sein, da es bei insgesamt 154 Strafanzeigen zu 32 Verfahrenseinstellungen, 33 Anklageerhebungen und nur zu 19 Verurteilungen kam. Aufgrund der Länge der Strafverfahren erreichten deren Folgen die Täter in der Regel nicht mehr im Vollzug.

Der **Kriminologische Dienst des Landes Nordrhein-Westfalen** zog aus seiner Analyse die **Schlussfolgerung,** dass lange Bearbeitungszeiträume der Strafanzeigen ebenso wie eine **uneinheitliche Handhabung von Disziplinarmaßnahmen** keine **spezialpräventive Wirkung** dieser Instrumente gegen Gewalttaten im Vollzug **entfalten** können. Dies stehe in Übereinstimmung mit kriminologischen Erkenntnissen aus den USA,[65] nach denen vermutlich weniger als $1/3$ der im Vollzug begangenen Straftaten angezeigt und strafrechtlich verfolgt werde. Zwar könne es keine standardisierte Reaktion auf Gewalttaten – insbesondere im Jugendstrafvollzug – geben, die Unterschiede in der Reaktion auf Gewalt gegen Gefangene seien aber ebenso wenig hilfreich und sollten deshalb im Rahmen der anstehenden **Gesetzgebungsverfahren für den Jugendvollzug** durch geeignete **klare Regelungen** reduziert werden. Als Ergebnis der Studie wird neben wirkungsvollen Strategien zur Prävention von Gewalt im Vollzug gefordert, dass klare Vorgaben für die behördliche Reaktion auf Gewalt entwickelt werden. Neben Fördermaßnahmen sei es auch und gerade im Strafvollzug notwendig, Gewaltdelikte strikt zu ächten sowie einer ebenso konsequenten Ahndung zuzuführen, mit denen die Täter sicher rechnen müssen und auf die sich auch Opfer und kooperationsbereite Gefangene sicher verlassen können. Dies setze einen klar definierten Sanktionskatalog und verbindliche Vorgaben zu seiner Anwendung in der neu zu schaffenden Strafvollzugsgesetzgebung voraus. Erforderlich seien sensible Vollzugbedienstete, die bei potenziellen Opfern und Augenzeugen unter den Gefangenen als ansprechbare Vertrauenspersonen bekannt sind, gleichzeitig aber auch für potenzielle Täter als konsequente Anzeiger und Verfolger von Gewalttaten gelten. Hierzu erforderlich sei, dass die Bediensteten möglichst dauerhaft und nicht rotierend in Abteilungen eingesetzt werden, um etwa Cliquenbildung und Gewaltrisiken schon im Vorfeld beziehungsweise erfolgte Gewalttaten rechtzeitig oder zumindest im Nachhinein erkennen und melden zu können. Spezielle Unterrichtsinhalte in der Ausbildung der Beamten des allgemeinen Vollzugsdienstes und geeignete Fortbildungsmaßnahmen könnten hilfreich sein.

2. Untersuchung in Sachsen

In Anlehnung an die soeben dargestellte Untersuchung in Nordrhein-Westfalen wurden im Jahr 2010 die Ergebnisse einer Untersuchung der Jugendgewalt im Sächsischen Strafvollzug vorgelegt.[66] Hierbei wurden alle zwischen Oktober 2007 und Juni 2009 bekannt gewordenen 94 Gewalttaten im sächsischen Jugendstrafvollzug ausgewertet. Als wesentliches Ergebnis ergab sich, dass die Taten sowohl im Ausbildungs- als auch im Wohnbereich etwa gleich verteilt begangen wurden, bei den Opfern meist

---

65 Unter Hinweis auf Eichenthal and Blatchford, Prison Crime in New York State, in: The Prison Journal, 77, 4, 456 f (1997).
66 Hinz/Hartenstein ZJJ 2010, 176 ff.

bereits zuvor Mobbingtaten zu deren Nachteil geschehen waren, die Wahrscheinlichkeit Opfer zu werden zu Vollzugsbeginn (erste drei Monate) am höchsten ist und dass sich bei den Tätern – allerdings auch den Opfern – bereits vor der Tat Hinweise auf aggressives Verhalten fanden, wobei die Täter- und Opferrolle wechselte. Bei der Verteilung der Taten innerhalb der Tätergruppe fiel auf, dass es – wie außerhalb des Vollzuges – einzelne Intensivtäter mit besonders vielen Taten gab. Die Verfasser der Studie erkennen statistisch keine hinreichenden Mittel zur Vorhersage, welcher Gefangene Täter oder Opfer wird. Eine besonders hohe Wahrscheinlichkeit der Tatbegehung besteht indessen nach der Aufnahmephase bei der Eingliederung in die Zielwohngruppe. Als eine Folgerung verlangen die Verfasser der Studie wirkungsvolle Alternativen zur Gewalt anzubieten, etwa die Methoden der resorative-justice, nach der – weil Konflikte Menschen „beschädigen" - die Wiederherstellung des friedlichen und vertrauensvollen Miteinanders erforderlich ist, nicht aber lediglich die Ruhigstellung eines ungelösten Problems.

Diesem plausiblen Ansatz ist im vorliegenden Kontext der Disziplinarmaßnahmen dadurch Rechnung zu tragen, dass im Vollzugsalltag bereits niederschwellig – etwa bei ersten Mobbinganzeichen – nicht mit Disziplinarmaßnahmen, sondern mit einer intensiven gesprächsweisen Aufarbeitung und der Erlernung von Konfliktlösungstechniken ohne Gewalt reagiert wird. Dieser Weg erscheint nach den Ergebnissen der Studie allein präventiv Erfolg zu versprechen.

Diese Forderungen sind zu unterstützen. In den Jugendstrafvollzugsgesetzen wurden sie indessen – wie noch zu zeigen sein wird – nicht ausreichend umgesetzt.

IV. Rechtstatsachen

1. Konstanz der bundesweiten Gesamtzahl der Disziplinarmaßnahmen

32 Betrachtet man die vorliegenden Zahlen für den Erwachsenenvollzug, so ergibt sich:

Die absolute Zahl der insgesamt bundesweit in Vollzugsanstalten verhängten Disziplinarmaßnahmen ist – betrachtet über einen längeren Zeitraum – konstant geblieben. Bezogen auf eine Gruppe von 100 Gefangenen wurden in den erhobenen Zeiträumen 1987 bis 1995 jährlich jeweils etwa 50 Disziplinarmaßnahmen verhängt, mithin gegen etwa 50% der Gefangenen. Der Arrest als schwerste Disziplinarmaßnahme wurde – ebenfalls bundesweit betrachtet auch den gesamten Beobachtungszeitraum – gegen etwa 10% der Gefangenen verhängt.[67]

2. Varianz der Disziplinarmaßnahmen nach Bundesländern, Anstalten und Jahreslängsschnitt

33 Der Konstanz der bundesweiten Gesamtzahlen der Disziplinarmaßnahmen für den Vollzug der Freiheitsstrafe steht eine signifikante Varianz bei einem Vergleich nach Bundesländern, nach einzelnen Anstalten und sogar bezüglich der gleichen Anstalt im langjährigen Längsschnitt gegenüber.

---

[67] Siehe AK-Feest/Lesting-Walter Vor § 102 Rn 1.

Innerhalb des Ländervergleichs fällt auf, dass in einzelnen Bundesländern fast drei- 34
mal so viele Disziplinarmaßnahmen verhängt werden wie in anderen (Beispiel für
1995 – Maßnahmen gegen je 100 Gefangene: Disziplinarmaßnahmen Bremen 30,3;
Hamburg 85,2; Arreste Bremen 0, Hamburg 23,2).[68]

Auch zwischen den einzelnen Anstalten wurden unterschiedliche Handhabungen bei 35
der Verhängung von Disziplinarmaßnahmen festgestellt. Betrachtet man verschiedene
Anstalten in demselben Bundesland, so kann die Verhängung von Disziplinarmaßnahmen um das Doppelte oder sogar das Dreifache auseinanderliegen.[69] Innerhalb
einer Anstalt wurden bei Wechsel des Anstaltsleiters erhebliche Schwankungen beobachtet.[70] Als mögliche Ursachen für die Varianz werden unterschiedliche Vollzugsstile
und Konfliktbewältigungen durch die Bediensteten der Jugendanstalten genannt.[71]

Schließlich wurden einzelne Erwachsenenanstalten im langjährigen Längsschnitt un- 36
tersucht und hierbei fand man heraus, dass sich erhebliche Schwankungen ergeben
und in manchen Jahren die Zahl der pro 100 Gefangene verhängten Disziplinarmaßnahmen doppelt, dreifach, vierfach und sogar fünffach so hoch ist wie in anderen
Jahren. Selbst im Verlauf eines einzigen Jahres zeigten sich innerhalb einer Anstalt
noch erhebliche Schwankungen.[72] Als Ursache wird hierbei die zeitweise sehr schwache Besetzung von Dienstposten vermutet. In Zeiten besonders angespannter Personalsituation, insbesondere wenn infolge von Haupturlaubszeiten Dienstposten nicht
oder nur unzureichend besetzt werden können, ist die Wahrscheinlichkeit für einen
Gefangenen, diszipliniert zu werden, nach den Untersuchungen oft mehr als doppelt
so hoch wie in Zeiten normaler Besetzung der Dienstposten. Untersuchungen bezüglich des Arrestes ergaben, dass dieser in einigen Anstalten überhaupt nicht, in anderen dagegen sehr häufig angewendet wird.[73]

Aus den Ergebnissen, dass die Anwendung von Disziplinarmaßnahmen insgesamt 37
und die Verhängung der stärksten Form, nämlich des Arrestes, nach Häufigkeit von
Bundesland zu Bundesland, von Anstalt zu Anstalt und sogar innerhalb einer Anstalt
im Verlauf eines Jahres in beachtlichem Umfang schwanken, wird die Schlussfolgerung gezogen, dass **entscheidende Ursache** für die Verhängung der Maßnahmen unterschiedliche Sanktionsstile beziehungsweise Strafmentalitäten sind, dass hingegen
verhaltensbezogene Aspekte auf Seiten des Gefangenen eine eher untergeordnete Rolle spielen. Die festgestellten Ergebnisse werden ferner dahingehend interpretiert, dass
die Sanktionshäufigkeit und die Sanktionsschwere weniger vom individuellen Verhalten des Gefangenen als vielmehr vom anstaltsüblichen Sanktionsstil abhängig ist,
hierbei wird wiederum die Person des Anstaltsleiters als wesentlich angesehen.[74]

---

68 AK-Feest/Lesting-Walter Vor § 102 Rn 2.
69 AK-Feest/Lesting-Walter Vor § 102 Rn 2.
70 Thierel, Jugendstrafvollzug, S. 246 mwN.
71 Walkenhorst DVJJ-Journal 1999, 254; Ostendorf, JGG, Grdl. zu §§ 91–92 Rn 6; Thierel, Jugendstrafvoll-
    zug, S. 245: landes- und anstaltsüblicher Sanktionierungsstil.
72 AK-Feest/Lesting-Walter Vor § 102 Rn 2.
73 AK-Feest/Lesting-Walter Vor § 102 Rn 2.
74 AK-Feest/Lesting-Walter Vor § 102 Rn 3; Dünkel, Freiheitsentzug für junge Rechtsbrecher, S. 263.

Rose

3. Unterschiedliche Anwendung von Disziplinarmaßnahmen gegen Jugendliche und Erwachsene

38 Schließlich wurde eine weitere, für den vorliegenden Zusammenhang relevante Rechtstatsache bezüglich des Jugendstrafvollzuges herausgefunden:

Die Verhängung von Disziplinarmaßnahmen insgesamt sowie die Verhängung des Arrestes gegen Gefangene von Jugendanstalten ist etwa dreimal so häufig wie diejenige gegen Gefangene von Erwachsenenstrafanstalten.[75]

Bis zum Jahr 1996 wurden in der Statistik des Bundesjustizministeriums für den Erwachsenenvollzug und den Jugendvollzug getrennt die jeweils pro 100 Gefangene der Jahresdurchschnittspopulation verhängten Disziplinarmaßnahmen erhoben und angegeben. Für das Jahr 1996 standen dabei 139,5 Disziplinarmaßnahmen für den Jugendstrafvollzug lediglich 47,6 im Erwachsenenvollzug gegenüber. Betrachtet man die einschneidendste Disziplinarmaßnahme, fällt der Unterschied noch größer aus: Im Erwachsenenvollzug wurden für den genannten Erhebungszeitraum 8,8 Arreste verhängt, im Jugendvollzug 31,3 also 3,5-mal so viele. Betrachtet man zum Vergleich die Anzahl der Übergriffe gegen Vollzugsbedienstete, so ergeben sich für den Erhebungszeitraum 1996 bei den Erwachsenen 0,5, bei den Jugendlichen hingegen 1,0 Übergriffe pro 100 Gefangene.[76]

Neben der Anwendung der explizit geregelten Disziplinarmaßnahmen werden in der Vollzugswirklichkeit die informelle Disziplinierung und apokryphe Disziplinarmaßnahmen beobachtet.[77]

39 Als **Erklärung** für die unterschiedliche Anwendung der Maßnahmen im Erwachsenenvollzug und im Jugendvollzug werden ein erhöhtes Konfliktpotenzial, aber auch unterschiedliches Definitionsverhalten der Vollzugsbediensteten[78] sowie eine fehlende Vollzugserfahrung der Gefangenen mit fehlender Kenntnis formeller und informeller Regeln genannt.[79] Nach anderer Meinung sind junge Gefangene aufgrund der Entwicklung im Schnitt wesentlich impulsiver und unüberlegter als erwachsene, neigen wesentlich eher zu Kurzschlussreaktionen und Regelüberschreitungen, werden darum häufiger disziplinarisch auffällig und durch Disziplinarmaßnahmen geahndet.[80]

---

[75] Innerhalb des Jugendvollzuges scheinen wiederum jüngere Gefangene vergleichsweise stark betroffen zu sein. Die Häufigkeit von Disziplinarmaßnahmen ist im halboffenen Vollzug geringer als im geschlossenen Eisenberg § 92 JGG Rn 141 mwN.
[76] Quelle: Unveröffentlichte Statistik St 8 des BMJ, zitiert nach Ostendorf, JGG, Grdl. zu §§ 91–92 Rn 6; s. zum Problem Schwirzer, Jugendstrafvollzug für das 21. Jahrhundert?, S. 259 f. Eisenberg, § 92 JGG, Rn 136 weist darauf hin, dass die Strafvollzugsstatistik für jugendliche Gefangene gegenüber Erwachsenen überdurchschnittlich viele *erfasste* Tätlichkeiten gegenüber Vollzugsbeamten widerspiegele, was auf eine erhöhte Konfliktsituation hindeute, die auf einer Überforderung der Aufsichtsbeamten im Hinblick auf ihren Ausbildungsstand beruhen könnte. Diese Erklärung ist mangels kriminologischer Absicherung nur zu vermuten. Die unterschiedlichen Zahlen können bereits auf einem unterschiedlich großen Hellfeld im Erwachsenen- und Jugendvollzug beruhen. Sinnvoll ist indessen – unabhängig von einem genauen Nachweis der Ursache – im Rahmen der Ausbildung der AVD-Mitarbeiter eine Reflektion über Sanktionsstile, um einem rein repressiven Verständnis des Erziehungsgedankens – wie ihn Dünkel (Freiheitsentzug für junge Rechtsbrecher, S. 216) beschreibt – entgegenzuwirken. Auch nach Thierel, Jugendstrafvollzug, S. 244, besteht die Vermutung, dass bei den Vollzugsmitarbeitern in Teilbereichen der Erziehungsgedanke als repressive Ahndung abweichenden Verhaltens wahrgenommen wird.
[77] Hierzu eingehend Walter NK 2005, 130 f.
[78] Oder der Aufsichtsbehörden, Eisenberg § 92 JGG Rn 141 a.
[79] Dünkel, Freiheitsentzug für junge Rechtsbrecher, S. 215–216.
[80] Schneider, Strafvollzug und Jugendstrafvollzug, S. 273.

Mag man eine etwas höhere Sanktionierungsquote im Jugendstrafvollzug in der Tat dadurch erklären können, dass aufgrund der in der Entwicklung befindlichen jungen Gefangenen die Konfliktbelastung unter den Gefangenen und zwischen Gefangenen und Bediensteten etwas höher als im Erwachsenenstrafvollzug ist, kann dieser Unterschied jedoch nicht als vollständige Erklärung für den erheblich abweichenden Sanktionierungsanteil herangezogen werden. Als Erklärung auch dieses Befundes – ebenso wie bei der geschilderten Varianz der Verhängung von Disziplinarmaßnahmen überhaupt – werden unterschiedliche Sanktionsstile diskutiert. Der Erziehungsgedanke werde auf der Seite des Vollzugspersonals zumindest in Teilbereichen auch als Auftrag im Sinne einer traditionellen, eher repressiven Ahndung abweichenden Verhaltens verstanden.[81] Zutreffender Weise darf die höhere Quote der gegenüber jungen Gefangenen verhängten Disziplinarmaßnahmen nicht mit einem Hinweis auf die höhere Impulsivität als unverrückbar eingeordnet oder eine Hinterfragung dieses Phänomens gar als „Skepsis... an dem Vollzug und der Freiheitsentziehung insgesamt"[82] abgetan werden. Vielmehr sind bei der Frage einer Verhängung von Disziplinarmaßnahmen gegen junge Gefangene die allgemein höhere Strafempfindlichkeit, das ausgeprägtere Zeitdauer-Empfinden sowie Reifverzögerungen[83] als Korrektiv zu berücksichtigen. Konstellationen, in denen häufig Disziplinarmaßnahmen verhängt werden, sind Indikatoren für Probleme, die vorrangig in der Gruppe oder im Einzelgespräch aufgearbeitet werden sollten.[84] Bereits die Jugendstrafvollzugskommission hatte darauf hingewiesen, dass Konflikte nicht unterdrückt werden sollten, deren Bewältigung Relevanz für eine straffreie Lebensführung nach der Entlassung haben. Vielmehr seien den jungen Gefangenen Konfliktlösungstechniken zu vermitteln, Disziplinarmaßnahmen könnten insoweit nur die Ausnahme sein und dürften das Erlernen der Lösungstechniken nicht behindern.[85] Statt mithilfe repressiver Maßnahmen eine (häufig: Schein-)Anpassung zu erzwingen, sollte den jungen Gefangenen bereits im Vollzug unter Beachtung der in Freiheit geltenden Regeln eine Konfliktlösungskompetenz vermittelt werden.[86] Die Stufe hin zu Disziplinarmaßnahmen darf nicht etwa beschritten werden, weil eine Reaktion auf unteren Stufen von den Mitgefangenen „als Schwäche interpretiert wird",[87] da ansonsten die – auch außerhalb des Vollzuges nicht zutreffende – Leitlinie handlungsleitend würde, dass sich der Stärkere stets durchsetze. Entscheidend ist vielmehr, ob der Anlass so gravierend ist, dass mit einer Disziplinarmaßnahme reagiert werden muss.[88]

---

81 Dünkel, Freiheitsentzug für junge Rechtsbrecher, S. 216.
82 So Schneider, Strafvollzug und Jugendstrafvollzug, S. 272 in Fn 1453, der jedoch, aaO, S. 273-274 einräumt, dass weichere Maßnahmen den „echten" Disziplinarmaßnahmen vorgeschaltet werden müssten und einen erzieherischen Effekt für möglich hält, wenn der Vollzug vormache, dass auf einen Konflikt anders als durch Repression sinnvoll reagiert werden könne.
83 Vgl zu den Besonderheiten im Jugendstrafvollzug Eisenberg § 92 JGG Rn 138 a.
84 Eisenberg § 92 JGG Rn 140.
85 Näher Thierel, Jugendstrafvollzug, S. 243.
86 Vgl Thierel, Jugendstrafvollzug, S. 245.
87 So aber Schneider, Strafvollzug und Jugendstrafvollzug, S. 274.
88 Insoweit zutr. Schneider, Strafvollzug und Jugendstrafvollzug, S. 274.

Rose

4. Neuere Forschung speziell zum Jugendstrafvollzug

39a Die Ergebnisse einer im März 2014 durchgeführten Anfrage bei den Bundesländern und des im April 2013 abgeschlossenen DFG-Projektes „Gewalt und Suizid im (männlichen) Jugendstrafvollzug" bestätigen die vorgenannten Forschungsergebnisse,[89] insbesondere dass große Unterschiede bei der Verhängung von Disziplinarmaßnahmen zwischen den Bundesländern bestehen, selbst bei denselben landesgesetzlichen Anordnungsvoraussetzungen und Sanktionskatalogen, und dass die Entwicklung in den Ländern sehr unterschiedlich verläuft.[90] Ferner zeigte sich, dass die Normierung von erzieherischen Maßnahmen keinen signifikanten Einfluss auf die Verhängung von Disziplinarmaßnahmen hat,[91] ebenso fehlt es nach den Studien an einem statistisch signifikanten Zusammenhang zwischen Anordnung von Disziplinarmaßnahmen und erneuter Gewaltdelinquenz.[92] Zuzustimmen ist der Forderung,[93] dass empirische Untersuchungen notwendig sind, inwieweit einzelne Disziplinarmaßnahmen, erzieherische Maßnahmen und das erzieherische Gespräch geeignet sind, positive – oder auch negative – Verhaltensänderungen herbeizuführen – nur so kann insbesondere die Verfassungsmäßigkeit der Disziplinarmaßnahmen, vor allem des Arrestes, geprüft werden.

5. Geringe Rechtsmittelquote

40 Im Rahmen der insgesamt hohen Anzahl von Disziplinarmaßnahmen legen nur wenige Jugendliche Rechtsmittel gegen diese ein – nach *Böhm* gab es 1980 bis 1985 lediglich 15 bis 20 Entscheidungen nach § 23 EGGVG.[94] Die damit nicht oder in nur geringem Maße stattfindende Kontrolle der Vollzugsmaßnahmen im Jugendstrafvollzug wird zu Recht kritisch betrachtet.[95]

V. Verfassungsrechtliche Grundlegung

1. Originäre Aussagen des BVerfG für den Jugendvollzug

41 Den verfassungsrechtlichen Rahmen für die einfachgesetzliche Ausgestaltung von Disziplinarmaßnahmen im Jugendstrafvollzug steckte das BVerfG in seiner Entscheidung vom 31.5.2006[96] insbesondere durch nachfolgende vier Parameter ab:

Danach ist es für die Aufrechterhaltung eines geordneten, zur Erfüllung seiner verfassungsrechtlichen Aufgaben fähigen Vollzuges unerlässlich, dass die **Möglichkeit** besteht, auf Pflichtverstöße der Gefangenen mit disziplinarischen Mitteln zu antworten. Zwar **sollte** in Strafvollzug – und besonders im Jugendvollzug – nach Möglichkeit eine **positiv motivierende Wirkung im Vordergrund** stehen, unbeschadet dessen bedürfen die für einen geordneten Anstaltsbetrieb **notwendigen Verhaltensregeln** aber der Flankierung durch Sanktionen, welche die Anstalt selbst verhängen kann. Fehlen

---

89 Zu beidem Bachmann/Ernst, MSchrKrim 2015, 1-15.
90 Bachmann/Ernst, MSchrKrim 2015, 1, 5-6.
91 Bachmann/Ernst, MSchrKrim 2015, 1, 8.
92 Bachmann/Ernst, MSchrKrim 2015, 1, 14.
93 Bachmann/Ernst, MSchrKrim 2015, 1, 14.
94 Siehe Ostendorf, JGG, Grdl. z. §§ 91–92 Rn 6.
95 Stellungnahme der DVJJ zum Arbeitsentwurf eines Jugendstrafvollzugsgesetzes, 1985, S. 18.
96 BVerfG NJW 2006, 2093.

Disziplinarmaßnahmen mangels gesetzlicher Grundlage und dürfen Gefangene in Fällen wie dem körperlichen Angriff auf einen Mitgefangenen damit rechnen, dass eine angemessene Reaktion ausbleibt, wären Mitgefangene und andere potenziell Betroffene nicht in der grundrechtlich gebotenen Weise geschützt. Schließlich spricht das BVerfG von besonderen Umständen, deretwegen im konkreten Fall von einer disziplinarischen Antwort **abgesehen werden muss**.[97]

2. Auf den Jugendvollzug übertragbare Grundsätze des BVerfG für den Erwachsenenvollzug

a) Verstoß gegen essenzielle Verhaltensregeln

Nach der Rechtsprechung des BVerfG zum Erwachsenenstrafvollzug wird durch Disziplinarmaßnahmen der schuldhafte Verstoß gegen solche Verhaltensvorschriften geahndet, die für ein geordnetes Zusammenleben in der Anstalt unerlässlich sind.[98] In der Beschränkung des Anwendungsbereichs von Disziplinarmaßnahmen auf Verstöße gegen essenzielle Verhaltensregeln besteht somit Kongruenz zwischen den Aussagen des BVerfG zum Erwachsenen- und Jugendvollzug. Dem ist beizupflichten, da ein über die generelle Freiheitsbeschränkung im Vollzug hinausgehender Eingriff in die Grundrechte des Gefangenen im Lichte des Verhältnismäßigkeitsgrundsatzes zu begrenzen ist. Eben diese Grenze hat das BVerfG einheitlich für Jugend- und Erwachsenenvollzug gezogen. Von besonderer Bedeutung für den Jugendvollzug ist die Feststellung, dass sich die Begrenzung von Disziplinarmaßnahmen auf für das Zusammenleben in der Vollzugsanstalt unerlässliche Verhaltensnormen aus dem verfassungsrechtlichen Grundsatz der Verhältnismäßigkeit ergibt. Eine Begründung der Verhängung von Disziplinarmaßnahmen bei leichteren Verstößen gegen nicht für das vollzugliche Zusammenleben unerlässliche Normen kann damit bei Jugendlichen nicht etwa mit dem Erziehungsgedanken (siehe hierzu § 1 Rn 23 ff) gerechtfertigt werden.

b) Strafähnliche Sanktion

Das BVerfG hat weiterhin für den Erwachsenenvollzug verdeutlicht, dass es sich bei Disziplinarmaßnahmen um strafähnliche Sanktionen handelt.[99] Bei der Bestimmung der konkreten Disziplinarmaßnahme gelten die Grundsätze der Strafzumessung im engeren Sinne.[100] Zu prüfen ist unter Berücksichtigung aller Umstände des Einzelfalles, **ob** und gegebenenfalls **welche** Disziplinarmaßnahme als Reaktion auf das Fehlverhalten insgesamt schuldangemessen und verhältnismäßig ist.[101]

Diese Charakterisierung hat das BVerfG in seiner Leitentscheidung für den Jugendstrafvollzug vom 31.5.2006 nicht explizit zum Ausdruck gebracht. Fraglich ist somit, ob auch Disziplinarmaßnahmen im Jugendstrafvollzug strafähnlichen Charakter haben.

---

97 BVerfG NJW 2006, 2093, 2098.
98 BVerfG NStZ 1994, 300, 301 f; 1994, 357. Sußner, Jugendstrafvollzug, S. 251, weist auf die Notwendigkeit eines – neben dem „Bestrafungssystem" der Disziplinarmaßnahmen bestehenden – Belohnungssystems in Form von vollzugsöffnenden (zB Urlaub) und informellen Maßnahmen hin.
99 BVerfG NStZ 1994, 357.
100 BVerfG NStZ 1993, 605; NStZ 1994, 300, 302.
101 BVerfG NStZ 1993, 605; NStZ 1994, 357, 358.

Hierbei ist für die Beurteilung der „Ähnlichkeit" von Strafe und Disziplinarmaßnahme nach folgenden Vergleichskriterien zu differenzieren:

aa) Aufgabe

44 Betrachtet man zunächst die jeweilige Aufgabe, so ist für das **Strafrecht** nach hM kennzeichnend, dass es als **subsidiärer Rechtsgüterschutz** verstanden wird.[102] Als Rechtsgut kann hierbei abstrakt verstanden werden jede Gegebenheit oder Zwecksetzung, die dem einzelnen und seiner freien Entfaltung im Rahmen eines auf dieser Zielvorstellung aufbauenden sozialen Gesamtsystems oder dem Funktionieren des Systems selbst nützlich sind.[103]

Mit dem Strafrecht sollen mithin die von der Rechtsgemeinschaft als besonders sozialschädlich erkannten Verhaltensweisen gegen Bürger und Staat dann strafrechtlich unterbunden werden, wenn andere Abwehrsysteme hierzu nicht ausreichen.

Die Aufgabe von **Disziplinarmaßnahmen** hingegen besteht darin, das Funktionieren bestimmter besonders wichtiger staatlicher Organisationen und Berufsstände aufrechtzuerhalten.[104]

Während also das **Strafrecht** dem Funktionieren des gesellschaftlichen **Gesamtsystems** dient, schützen **Disziplinarmaßnahmen** das Funktionieren bestimmter gesellschaftlicher **Subsysteme**, wie hier dem Strafvollzug. Diese Aufgabe gilt, da es sich im Erwachsenen- und Jugendvollzug um durch Disziplinarmaßnahmen geschützte gesellschaftliche Teilsysteme handelt, in beiden Fällen.

bb) Zweck

45 Der Zweck der **Strafe** wird nach den heute herrschenden Vereinigungstheorien ausgehend von der Schuld als limitierendem Bemessungsfaktor für die Strafe – insoweit werden Elemente der absoluten Straftheorien aufgegriffen – in der künftigen Verbrechensverhütung gesehen, dergestalt, dass durch die Bestrafung das Rechtsbewusstsein und das Vertrauen in die Rechtsordnung der Bevölkerung gestärkt (positive Generalprävention), andere Tatgeneigte abgeschreckt (negative Generalprävention), der konkrete Täter gebessert (positive Spezialprävention) und schließlich die Gesellschaft vor dem konkreten Täter durch dessen Einschließung geschützt werden soll (negative Spezialprävention).[105]

Der Zweck von **Disziplinarmaßnahmen** folgt aus ihrem Charakter als Reaktion auf Verstöße gegen grundlegende Regeln des Gemeinschaftslebens im Vollzug. Die Schwere des Verstoßes limitiert die zulässige Schwere des Eingriffs durch die Disziplinarmaßnahme. Damit kann man zunächst festhalten, dass Disziplinarmaßnahmen repressiv wirken und durch das Schuldprinzip[106] bestimmt werden. Die Reaktion auf Verstöße gegen fundamentale Gemeinschaftsregeln erfolgt indessen nicht zum Zweck des reinen Schuldausgleichs im Sinne einer absoluten Straftheorie, sondern zur Ge-

---

102 Siehe statt aller Roxin, Strafrecht AT-I, 2006 § 2 Rn 1 mit dem Nachweis abweichender Meinungen unter § 2 Rn 97.
103 So die Definition bei Roxin, Strafrecht AT-I, 2006, § 2 R 9.
104 Roxin, Strafrecht AT-I, 2006, § 2 Rn 53.
105 Siehe dazu Krey/Esser, Strafrecht-AT, 5. A., Rn146.
106 Hierzu BVerfG NStZ 1993, 605; NStZ 1994, 357, 358.

währleistung, dass unter den Gefangenen und zwischen Gefangenen und Bediensteten jedenfalls die Regeln eingehalten werden, die für das Zusammenleben unerlässlich sind. Die Verhängung von Disziplinarmaßnahmen im Rahmen des schuldangemessenen Bereichs hat damit den eigentlichen Zweck, die Voraussetzung eines Vollzuges zu sichern, der auf das Erreichen des Vollzugszieles ausgerichtet ist.[107]

Disziplinarmaßnahmen müssen damit kumulativ zum Schuldausgleich, zur spezialpräventiven Einwirkung auf den Gefangenen und unter generalpräventiven Gesichtspunkten geeignet und erforderlich sein.[108] Die Schwere des Verstoßes begrenzt die Schwere der zulässigen Disziplinarmaßnahme. Nicht etwa darf im Jugendvollzug eine der Schuld des Verstoßes nicht angemessene, schwerere Disziplinarmaßnahme mit der Begründung verhängt werden, eben diese Maßnahme sei zur Einwirkung auf den Gefangenen aus erzieherischen Gründen geboten. Unter diesen engen Voraussetzungen sind die Disziplinarmaßnahmen indessen – trotz aller Kritik bei ihrer Anwendung (siehe oben Rn 32 ff.) – als ultima ratio unverzichtbar.[109]

cc) Anknüpfungspunkt
(1) Qualifizierung

Eine Ähnlichkeit besteht zwischen Strafe und Disziplinarmaßnahme hinsichtlich des Anknüpfungspunktes dergestalt, dass beide die Reaktion auf ein Fehlverhalten darstellen.

46

Die Abgrenzung zwischen beiden erfolgt nach der Art des Fehlverhaltens:

Bis zu einer bestimmten Schwere des Verstoßes innerhalb einer Organisation reicht es aus, auf diesen mit Disziplinarmaßnahmen zu reagieren, oberhalb dieser Schwelle wird die Allgemeinheit so sehr berührt, dass eine Kriminalstrafe verhängt werden muss.[110] Strafen sind insoweit subsidiär zu Disziplinarmaßnahmen. Da nach der Tragweite des Verstoßes abgegrenzt wird, gilt dies für Jugend- und Erwachsenenvollzug gleichermaßen.

Ein Verhalten kann damit zum einen, da seine Ahndung zur Aufrechterhaltung des Subsystems erforderlich ist, die Ahndung als Disziplinarmaßnahme erforderlich machen, ohne dass es eine strafrechtliche Ahndung notwendig ist.

Aufgrund der unterschiedlichen Anknüpfungspunkte kann sich im Einzelfall zum anderen auch die Frage stellen, ob ein Verhalten, das als nicht strafbar angesehen wird, zB das vorsätzliche Entweichen eines Gefangenen aus dem Strafvollzug ohne irgendwelche Folgen für Dritte oder ein Zusammenwirken mit anderen, disziplinarisch geahndet werden darf, um das Subsystem Strafvollzug aufrechtzuerhalten. Dies ist für den Erwachsenenstrafvollzug umstritten und wird von einzelnen Landesgesetzen zum Jugendstrafvollzug nun bejaht. Aufgrund der unterschiedlichen Anknüpfungspunkte von Strafe und Disziplinarmaßnahme ist es nicht zwingend, dass jedes straflose Verhalten auch einer Ahndung durch eine Disziplinarmaßnahme verschlossen bleibt. Eine einheitliche Verneinung von Strafbarkeit und disziplinarischer Ahndungsmög-

---

107 BVerfG NStZ 1994, 300, 302; NStZ 1994, 357, 358.
108 BVerfG NStZ 1993, 605; NStZ 1994, 300, 302.
109 Ebenso Thierel, Jugendstrafvollzug, S. 245.
110 Roxin, Strafrecht AT-I, 2006, § 2 Rn 54.

lichkeit kann aber daraus folgen, dass in beiden Fällen der Ahndung ein einheitliches Prinzip – etwa das Selbstbegünstigungsprinzip – entgegensteht (näher dazu unter Rn 64).

(2) Bestimmtheit

47 Im Schrifttum wird die Auffassung vertreten, da Disziplinarmaßnahmen nicht so einschneidende Folgen vorsehen, müssten sie aus verfassungsrechtlichen Gründen nicht den strengen Bestimmtheitserfordernissen des Art. 103 Abs. 2 GG genügen.[111] Dies könnte aufgrund ihres strafähnlichen Charakters bereits zweifelhaft sein. Für den hier relevanten Bereich von Disziplinarmaßnahmen im Jugendvollzug verbleibt es jedenfalls nicht bei dieser Aussage, da für inhaftierte Jugendliche Nr. 68 der Regeln der Vereinten Nationen zum Schutz von Jugendlichen unter Freiheitsentzug zu beachten ist (zu dieser Rechtsquelle des Soft Law s. Vorbem. Rn 11). Danach muss der Gesetzgeber unter voller Rücksichtnahme auf die grundlegenden Besonderheiten, Bedürfnisse und Rechte Jugendlicher Rechtsnormen erlassen, die eine Definition des Verhaltens beinhalten, das einen Disziplinarverstoß darstellt. Dies erscheint zutreffend, da man gegenüber noch in der Entwicklung befindlichen Jugendlichen nur dann eine Disziplinarmaßnahme rechtfertigen kann, wenn man Ihnen vorher genau den Bereich des Erlaubten und Nichterlaubten aufgezeigt hat. Im Jugendstrafvollzug sind aufgrund der jugendtypischen Besonderheiten damit andere, nämlich höhere, Anforderungen an die Bestimmtheit der Definition der Disziplinarmaßnahmen zu stellen als etwa bei erwachsenen Beamten.

c) Zwischenergebnis

48 Als Zwischenergebnis ist festzuhalten, dass Disziplinarmaßnahmen im Jugend- wie im Erwachsenenvollzug strafähnlichen Charakter haben. Damit sind die vom BVerfG für den Erwachsenenvollzug entwickelten Grundsätze auf den Jugendvollzug übertragbar, dass bei der Bestimmung der konkreten Disziplinarmaßnahme die Grundsätze der Strafzumessung im engeren Sinne gelten und bei der Auswahl der Disziplinarmaßnahme die Schuldangemessenheit und Verhältnismäßigkeit zu wahren sind. Dies macht deutlich, dass die Grenze für die Auswahl der Disziplinarmaßnahme die verwirklichte Schuld ist. Diese Grenze darf im Jugendvollzug nicht etwa aus erzieherischen Gründen überschritten werden.

Auf einer gedachten Skala der Eingriffsschwere folgen oberhalb der Disziplinarmaßnahmen Kriminalstrafen, unterhalb sind – jedenfalls nach den Modellen der Landesgesetzgeber – die erzieherischen Maßnahmen angesiedelt. Die Zweifel an dieser Regelungstechnik wurden bereits dargelegt (siehe Rn 20 ff). Mangels Eingriffscharakter jedenfalls unterhalb der Disziplinarmaßnahmen angesiedelt sind konsensuale Lösungen des durch einen Pflichtverstoß ausgelösten Konfliktes. Diese sind bei der Frage, ob eine Disziplinarmaßnahme verhängt werden darf, als mögliche Alternative stets miteinzubeziehen.

---

111 Roxin, Strafrecht AT-I, 2006, § 2 Rn 55.

3. Konturierung von Disziplinarmaßnahmen im Jugendvollzug durch internationale Abkommen[112]

Weitere Anhaltspunkte für Zulässigkeit und Grenzen von Disziplinarmaßnahmen im Jugendvollzug ergeben sich aus den **Regeln der Vereinten Nationen zum Schutz von Jugendlichen unter Freiheitsentzug** (dazu bereits Vorbem. Rn 11). Neben einer negativen Abgrenzung in Form der Darstellung von verbotenen Disziplinarmaßnahmen (Nr. 67 UN-Rules) findet sich für die positive Bestimmung des Bereichs zulässiger Disziplinarmaßnahmen eine grundlegende Aussage in dem ersten Satz des einschlägigen Kapitels L der UN-Rules, der den **Zweck** von Disziplinarmaßnahmen definiert. Danach dienen Disziplinarmaßnahmen und das dazugehörige Verfahren den Zwecken der **Sicherheit** und eines **geordneten Gemeinschaftslebens**. Sie müssen in Einklang stehen mit der Würde des Jugendlichen und mit dem aus Sicht der UN-Rules wichtigsten Behandlungsziel – der Vermittlung eines Gefühls für Gerechtigkeit, Selbstachtung und Rücksicht auf die Grundrechte eines jeden. 49

Durch die UN-Rules wird danach der Anwendungsbereich von Disziplinarmaßnahmen ebenso wie durch die bereits dargestellte verfassungsrechtlichen Ausgangsparameter – in Form der Leitentscheidung des BVerfG zum Jugendstrafvollzug vom 31.5.2006[113] sowie der aus dem Erwachsenenvollzug übertragbaren Leitlinien – dahin konkretisiert, dass Disziplinarmaßnahmen Sanktionen bei Verstößen gegen die **essenziellen Verhaltensregeln** sein sollen, welche für einen geordneten Anstaltsbetrieb unerlässlich sind. Ferner wird in Nr. 68 UN-Rules eine **Pflicht der nationalen Gesetzgeber zur Regelung von vier essenziellen Punkten** aufgestellt:

- Definition des Verhaltens, das einen Disziplinarverstoß darstellt,
- Art und Dauer der zulässigen Disziplinarmaßnahmen,
- zuständige Stelle zur Verhängung der Disziplinarmaßnahmen,
- für die Entscheidung über Rechtsmittel zuständige Stelle.

VI. Anordnungsvoraussetzungen

1. Formell

a) Zuständigkeit

Die Anordnung von Disziplinarmaßnahmen ist im Jugendvollzug – wie im Erwachsenenvollzug, vgl § 105 Abs. 1 S. 1 StVollzG[114] – **funktionell** der Anstaltsleitung vorbe- 50

---

112 Zu den internationalen und europäischen Vorgaben s. Vorbem. Rn 9 ff.
113 BVerfG NJW 2006, 2093.
114 Diese darf im Erwachsenenvollzug indessen nach § 156 Abs. 3 StVollzG mit Zustimmung der Aufsichtsbehörde übertragen werden, etwa auf den Leiter einer Teilanstalt. Im Jugendvollzug fehlt eine entsprechende Delegationsbefugnis.

halten.[115] Entsprechend dem Erwachsenenvollzug[116] ist für die Verhängung der Disziplinarmaßnahme **örtlich** der Anstaltsleiter zuständig, in dessen Anstalt der Gefangene die Verfehlung beging, für die nachfolgenden Entscheidungen der Leiter der Anstalt, in welcher sich der Gefangene dann aufhält.[117]

Durch die Zuständigkeit der Anstaltsleitung wird zum einen die herausgehobene Bedeutung der Verhängung einer Disziplinarmaßnahme deutlich gemacht. Zum anderen wird die örtliche Nähe und idealerweise auch die unmittelbare Kenntnis der Anstaltsleitung vom konkreten Gefangenen und ihr persönlicher Eindruck bereits vor dem Disziplinarverfahren für die Entscheidung genutzt. Letzteres ist deshalb von besonderer Bedeutung, weil die Entscheidung über eine Disziplinarmaßnahme neben der Subsumtion auch den nicht – etwa bei einer Aufsichtsbehörde – reproduzierbaren persönlichen Eindruck der Anstaltsleitung vom Gefangenen zur Grundlage hat. Diesen hat sich der Anstaltsleiter im Disziplinarverfahren nach dem Gesetz durch eine Anhörung zu verschaffen (siehe dazu Rn 52), idealerweise kennt der Anstaltsleiter den Gefangenen aber bereits vorher. In die Entscheidung des Anstaltsleiters fließen wertende und pädagogische Aspekte ein.[118] Schließlich hat der Anstaltsleiter, da alle Disziplinarmaßnahmen von ihm zu verhängen sind, den Gesamtüberblick hinsichtlich der Disziplinarmaßnahmen in der Anstalt. Er kann somit bemerken, wenn gegen einzelne Gefangene oder in einzelnen Abteilungen eine Häufung der Maßnahmen auftritt und entsprechende Analysen und Reaktionen veranlassen. Aus diesen Gründen besteht im Normalfall sachlich zu Recht die Zuständigkeit des Leiters der Anstalt, in der die Verfehlung begangen wurde.

Richtet sich das zu ahndende Verhalten allerdings gegen die an sich entscheidungsbefugte Anstaltsleitung, ist deren Aufsichtsbehörde für die Entscheidung über die Disziplinarmaßnahme zuständig.[119] Hiermit wird bereits dem Anschein entgegengetreten, der Anstaltsleiter könne in eigener Sache entscheiden und deshalb befangen sein.[120] Die Erreichung dieses Zieles rechtfertigt es, mit der Aufsichtsbehörde ausnahmsweise eine sachfernere Institution mit der Entscheidung zu betrauen.

---

115 Siehe § 85 Abs. 1 JStVollzG S-H, Art. 156 BayStVollzG. Die Zuständigkeit des Anstaltsleiters ist, da die Disziplinarmaßnahmen idR sofort vollzogen werden (dazu unten Rn 80 ff) im Lichte des Art. 19 Abs. 4 GG nicht unproblematisch, da vor der Maßnahme kein richterliches Gehör gewährt wird und diese nach Anordnung und regelmäßigem sofortigen Vollzug nicht mehr rückgängig gemacht werden kann. Nach der Rspr des BVerfG ist eine solche Kompetenzverteilung aber in Fällen des übergeordneten rechtlichen Interesses am sofortigen Vollzug ausnahmsweise zulässig, Petersen in: Ostendorf, Untersuchungshaft und Abschiebehaft, § 9 Rn 28 mwN.
Ob ein Anstaltsleiter, der bei der Prüfung einer Disziplinarverfehlung eine Straftat feststellt, Strafanzeige erstatten muss, ist (str.), siehe Rn 63. Ein Sonderproblem ergibt sich beim Vollzug in freien Formen in Baden-Württemberg: Dort steht dem Leiter der Einrichtung nach einer Verwaltungsvorschrift die Disziplinarbefugnis zu. Das ist nach Schneider, Strafvollzug und Jugendstrafvollzug, S. 288, abzulehnen, da der freie Träger keine hoheitlichen Befugnisse wahrnehmen darf.
116 VV zu § 105 StVollzG.
117 Darüber hinaus gibt es in den Ländergesetzen zum Jugendvollzug Regelungen für spezielle Fragen der örtlichen Zuständigkeit, etwa bei Verfehlungen während einer Verlegung oder der Untersuchungshaft, s. etwa § 85 Abs. 1 S. 2, Abs. 3 JStVollzG Bln.
118 AK-Feest/Lesting-Walter § 105 Rn 3.
119 Siehe etwa § 85 Abs. 2 JStVollzG Bln.
120 Siehe KG NStZ 2000, 111, 112.

VI. Anordnungsvoraussetzungen 10

b) Verfahren
aa) Allgemeine Verfahrensregeln

Der schuldhafte Pflichtverstoß muss dem Inhaftierten in einem rechtsstaatlichen Verfahren nachgewiesen werden.[121] Um dies sicherzustellen, haben die Ländergesetzgeber für den Jugendvollzug Verfahrensstandards kodifiziert und dabei das Verfahren nach § 106 StVollzG im Erwachsenenvollzug ganz überwiegend übernommen.[122] 51

Nach den Ländergesetzen besteht das **Verfahren vor Entscheidung** über die Verhängung einer Disziplinarmaßnahme aus den Elementen: 52

- Aufklärung des Sachverhalts von Amts wegen unter Einschluss der Anhörung des betroffenen Gefangenen verbunden mit dem Hinweis auf deren Aussagefreiheit;
- Vermerk des Ermittlungsergebnisses und der – etwaigen – Einlassung der Gefangenen in einer Niederschrift.

Mit der Tatsachenfeststellung wird die Grundlage für die Entscheidung der Anstaltsleitung geschaffen, ob eine Disziplinarmaßnahme verhängt werden darf und muss. Hierbei ist der Sachverhalt umfassend zu ermitteln. Insbesondere sind neben belastenden auch entlastende Tatsachen zusammenzutragen.[123] Es gilt der Amtsermittlungsgrundsatz. Dem Gefangenen ist kein formelles Beweisantragsrecht – wie dem Angeklagten nach § 244 Abs. 3–4 in der strafprozessualen Hauptverhandlung – eingeräumt, seine Beweisbegehren stellen jedoch Beweisanregungen dar. Mangels formellen Beweisantragsrechts ist eine Beweisantizipation wie bei § 244 Abs. 2 StPO[124] zulässig.

Im Rahmen der von den Ländergesetzen vorgesehenen Anhörungen der Gefangenen ist diesen zunächst **bekanntzugeben, was ihnen vorgeworfen** wird. Dies ist die Basis für eine autonome Entscheidung des Gefangenen, ob er zur Sache aussagen oder von seinem Schweigerecht Gebrauch machen will.[125] 53

Auf das Recht der **Aussagefreiheit** ist der Gefangene, wie nun in den Ländergesetzen normiert, von der Anstalt **hinzuweisen**. Diese Belehrung ist – auch wenn der Wortlaut der Ländergesetze insoweit unklar ist – **in die Niederschrift aufzunehmen**. Es ist begrüßenswert, dass die Gesetzgeber die Pflicht zur Belehrung über die Aussagefreiheit nunmehr zum einen explizit in das Gesetz aufgenommen haben und zum anderen diese Freiheit umfassend gewähren, unabhängig davon, ob der dem Gefangenen zum Vorwurf gemachte Verstoß zugleich ein mit Strafe bedrohtes Verhalten betrifft.[126]

Folge eines Verstoßes gegen die Belehrungspflicht ist wegen des strafähnlichen Charakters der Disziplinarmaßnahme entsprechend den §§ 163 a Abs. 4 S. 2, 136 Abs. 1

---

121 Laubenthal, Strafvollzug, Rn 735.
122 Siehe etwa § 86 Abs. 1 JStVollzG Bln sowie Art. 156 Abs. 4, 113 BayStVollzG.
123 So explizit § 56 Abs. 2 S. 1 HessJStVollzG und jetzt neu ebenfalls § 101 Abs. 1 S. 1 JVollzGB LSA.
124 Siehe hierzu *Meyer-Goßner*/Schmitt, 58. A., § 244 StPO Rn 12, 46.
125 Für das Strafverfahren ist dies in § 136 Abs. 1 S. 1 StPO explizit geregelt.
126 Der BGH hatte für den Erwachsenenvollzug, der keine positiv-gesetzlich angeordnete Belehrungspflicht in § 106 StVollzG kennt, jedenfalls dann eine Belehrungspflicht postuliert, wenn eine Straftat in Betracht kommt BGH NStZ 1997, 614 m.Anm. Müller-Dietz. Im Schrifttum war auch für den Erwachsenenvollzug eine weitergehende Belehrungspflicht verlangt worden, nämlich auch dann, wenn „nur" ein Disziplinarverstoß und keine Straftat in Betracht kommt Laubenthal, Strafvollzug, 2011, Rn 736 mwN.

Rose

S. 2 StPO die Unverwertbarkeit der Aussage des Gefangenen im Disziplinarverfahren und auch in einem etwaigen Strafverfahren.[127] Dies gilt allerdings – ebenfalls im Anschluss an das Strafverfahren – dann nicht, wenn feststeht, dass der Gefangene sein Recht zu schweigen ohne Belehrung kannte.[128] Ob auch die sogenannte Widerspruchslösung des BGH – der verteidigte Angeklagte muss der Verwertung in der Hauptverhandlung widersprechen, um ein Verwertungsverbot auszulösen – im Rahmen eines der Disziplinarmaßnahme folgenden Rechtsmittelverfahrens gilt, hängt von der Ausgestaltung dieses Verfahrens ab. Da beim Antrag auf gerichtliche Entscheidung nach § 92 JGG eine mündliche Verhandlung nur fakultativ ist und das Verfahren durch einen Beschluss beendet wird (näher unter § 11 Rn 10), besteht keine dem Strafprozess mit seiner obligatorischen, den Streitgegenstand konzentrierenden und mündlich verhandelnden Hauptverhandlung vergleichbare Situation, so dass vom verteidigten Antragsteller kein Widerspruch verlangt werden kann.[129]

Fraglich ist, welche Auswirkung es hat, wenn die Niederlegung der Belehrung im Protokoll über die Anhörung des Gefangenen fehlt. Um das Schweigerecht nicht leer laufen zu lassen, muss wie im Strafverfahren davon ausgegangen werden, dass dann, wenn sich nicht klären lässt, ob die Belehrung erfolgt ist und der Gefangene seine Aussagefreiheit nicht kannte, ein Verwertungsverbot vorliegt.[130] Ob ein Verwertungsverbot vorliegt, ist von einem Gericht im Freibeweisverfahren zu klären.[131]

54 Nicht genutzt haben die Landesgesetzgeber die Möglichkeit, die bislang – auch im Erwachsenenvollzug – nicht positiv-gesetzlich geregelte Frage zu beantworten, ob sich der Gefangene im Disziplinarverfahren eines **Verteidigers** bedienen darf und ob er vor seiner Anhörung über das Recht der Verteidigerkonsultation zu belehren ist.

Die Frage der Hinzuziehung eines Verteidigers ist – wiederum wegen des strafähnlichen Charakters der Disziplinarmaßnahmen – dahingehend zu beantworten, dass dem Gefangenen das Recht des Verteidigerbeistands eingeräumt werden muss. Dies ist letztlich ein Gebot des Rechtsstaatsprinzips. Dieses Recht hat im Jugendstrafvollzug eine besondere Bedeutung, da die jugendlichen Gefangenen den Gang des Disziplinarverfahrens regelmäßig ohne rechtlichen Beistand nur schwer nachvollziehen können. Allerdings ist zu berücksichtigen, dass die Anwendung des Disziplinarrechts nur dann sinnvoll erfolgen kann, wenn die Sanktion im engen zeitlichen Kontext mit der Verfehlung verhängt wird.

Ähnlich wie im strafrechtlichen Ermittlungsverfahren wird man unter Berücksichtigung dieses Aspektes nicht annehmen können, dass dem Verteidiger ein Anwesenheitsrecht bei der Anhörung des Betroffenen gewährt wird. Wohl hat der Gefangene das Recht, vor seiner Anhörung – insbesondere auch zur Vorbereitung der Entscheidung über das Schweigen oder Aussagen – im Rahmen eines Besuchs des Verteidigers

---

[127] So für den Strafprozess die Rechtsprechung seit BGHSt 38, 214 im Anschluss an die bereits vorher bestehende hL, s. Meyer-Goßner/*Schmitt*, 58. A., § 136 StPO Rn 20 mwN.
[128] So zu Recht die hM, s. Meyer-Goßner/*Schmitt*, 58. A., § 136 StPO Rn 20 mwN.
[129] Ob die Widerspruchslösung im Bußgeldverfahren gilt, ist umstritten, s. Meyer-Goßner/*Schmitt*, 58. A., § 136 StPO Rn 20 mwN.
[130] Zutreffend BGH JR 2007, 125 gegen BGHSt 38, 214, 224, näher Meyer-Goßner/*Schmitt*, 58. A., § 136 StPO Rn 20 mwN.
[131] BGH NStZ 1997, 609, 610.

VI. Anordnungsvoraussetzungen   10

in der Anstalt oder telefonisch mit einem Rechtsanwalt seiner Wahl die Sach- und Rechtslage zu erörtern.[132] Nur auf dieser Grundlage kann der Gefangene autonom entscheiden, ob er von seinem Schweigerecht Gebrauch machen will.

Ebenfalls parallel wie im strafrechtlichen Ermittlungsverfahren kann ein Gefangener die Teilnahme des Verteidigers bei der Anhörung indirekt dadurch „erzwingen", dass er eine Äußerung in Abwesenheit des Verteidigers ablehnt. Dies gilt jedenfalls dann, wenn es im Rahmen der konkreten Beweissituation auf die Aussage des Gefangenen ankommt – ansonsten wird die Anstalt auf die Anhörung schlicht verzichten.

Auch wenn in den Ländergesetzen keine explizite Pflicht vorgegeben ist, dass der Gefangene über das Recht zur Verteidigerkonsultation zu belehren sei, ist eine solche Pflicht aufgrund des strafähnlichen Charakters der Disziplinarmaßnahmen anzunehmen. Nur durch eine solche Belehrung kann der Gefangene sein Recht der Aussagefreiheit effektiv nutzen.

Die Pflicht zur Belehrung über das Recht der Verteidigerkonsultation folgt jedenfalls für Disziplinarmaßnahmen mit hoher Eingriffsintensität auch aus Art. 6 Abs. 3 c EMRK. Diese Norm gilt über den Wortlaut hinaus nicht nur in straf- und zivilgerichtlichen Verfahren, vielmehr ist anerkannt, dass sie abhängig von der Sanktionsintensität auch im Disziplinarverfahren gelten kann.[133] Demgemäß ist jedenfalls bei der schwersten Form der Disziplinarmaßnahme – dem Arrest – nicht nur eine Belehrungspflicht, sondern – wie im Strafverfahren – im Falle eines Verstoßes gegen diese auch ein Verwertungsverbot anzunehmen.[134]

Ebenso wenig wie der Gefangene etwas zur Sache aussagen muss, besteht richtigerweise auch **keine** (wiederum disziplinarisch zu ahndende) **Pflicht**, dass er zu einem vom Anstaltsleiter anberaumten **Anhörungstermin erscheint**. Zu Recht lehnt die hM im Erwachsenenvollzugsrecht eine derartige Erscheinenspflicht ab.[135] Anders als in der strafprozessualen Hauptverhandlung sind im Gesetz weder eine explizite Anwesenheitspflicht noch Zwangsmittel vorgesehen, das Erscheinen des Gefangenen als „Angeklagten" zu erzwingen. Es wäre indessen ohne eine solche spezielle Rechtsgrundlage nicht gerechtfertigt, den zur Aussageverweigerung berechtigen Gefangenen zum Erscheinen zu zwingen. Folge des Fernbleibens kann zwar sein, dass der Gefangene sich selbst Nachteile zufügt, indem er seine Chance auf rechtliches Gehör nicht nutzt. Dies obliegt jedoch allein seiner Dispositionsbefugnis – eine disziplinarisch zu ahndende Pflichtverletzung liegt im Falle des Nichterscheinens gleichwohl nicht vor.   55

bb) Besondere Verfahrensregeln
Besonderheiten können sich nach den Gesetzen durch die Schwere der Verfehlung und aufgrund medizinischer Erfordernisse ergeben.   56

---

132 Zum Erwachsenenvollzug s. OLG Karlsruhe NStZ-RR 2002, 29 f.
133 Siehe EGMR NJW 1982, 2714 zu Art. 6 Abs. 1 EMRK im Disziplinarverfahren gegen Ärzte, ebenso EGMR NJW 1984, 548 – Frage offen gelassen; und BVerfG NJW 1983, 531 – Disziplinarverfahren gegen einen Beamten, näher Meyer-Goßner/*Schmitt*, 58. A., Art. 6 EMRK Rn 1.
134 Siehe zum Strafprozess BGHSt 47, 172; Meyer-Goßner/*Schmitt*, 58. A., § 136 StPO Rn 21.
135 OLG Frankfurt NStZ-RR 1997, 152 f; Laubenthal, Strafvollzug, Rn 740; aA Böhm, Strafvollzug, Rn 357 unter Verweis auf Böhm in: FS für Hanack, hrsg. von Ebert, 1999, S. 468 ff – Betonung der Relevanz einer persönlichen Begegnung.

(1) Verbreiterte Erkenntnisgrundlage bei schweren Pflichtverstößen

57 Während der Anstaltsleiter nach den Ländergesetzen grundsätzlich allein aufgrund eigener Erkenntnisse über die Verhängung einer Disziplinarmaßnahme entscheiden darf, sehen die Gesetze bei schweren Verfehlungen vor, dass er mit weiteren Beteiligten zur Entscheidungsvorbereitung sprechen soll. Nach einem Teil der Ländergesetze soll sich der Anstaltsleiter bei schweren Verfehlungen mit Personen besprechen, die an der Erziehung des Gefangenen mitwirken.[136] In anderen Gesetzen wird darüber hinaus angeordnet, dass die Besprechung mit anderen Personen in einer Konferenz erfolgen[137] oder die Vollzugskonferenz beteiligt werden soll.[138]

Nicht überzeugend ist es, dass eine Besprechung der Anstaltsleitung mit Personen, welche an der Erziehung des Gefangenen unmittelbar mitwirken, in den Gesetzen nur bei schweren Verfehlungen vorgesehen und wegen der Formulierung als Soll-Vorschriften für den Anstaltsleiter nicht verpflichtend ist. Eine derartige **Konsultation** erscheint bei jeder Prüfung einer Disziplinarmaßnahme selbstverständlich, will man eine valide Entscheidungsbasis gewinnen. Jedenfalls besser als gar keine gesetzliche Regelung ist es, dass nach dem am 1.1.2016 in Kraft getretenen § 101 Abs. 4 S. 1 JVollzGB LSA eine solche Konsultation jedenfalls stattfinden soll – besser wäre noch: muss. Zudem ist es für die praktische Anwendung nachteilig, dass der normative Begriff der „schweren Verfehlung" in keiner Weise konkretisiert wird.

Allein zutreffend ist es, bereits aus der Pflicht zur Sachverhaltsaufklärung die Notwendigkeit abzuleiten, an der Erziehung des Gefangenen unmittelbar mitwirkende Personen jedenfalls anzuhören.[139] Dies mag im Einzelfall ausnahmsweise schriftlich erfolgen, ist der Sache nach aber unabhängig von der Schwere des Falles unabdingbar. Nur auf diese Weise kann sichergestellt werden, dass vermeintlich „leichte" Verfehlungen richtig eingeordnet werden und auf jede Pflichtverletzung sowohl disziplinarisch als auch insgesamt erzieherisch adäquat reagiert werden kann. Von der Konsultation anderer Vollzugsmitarbeiter darf der Anstaltsleiter nur dann absehen, wenn er – ausnahmsweise – selbst über eine ausreichende Sach- und Fachkenntnis verfügt.

Nach dem bloßen Wortlaut der Gesetze ist nur eine Beteiligung von an der Erziehung des Gefangenen beteiligten Personen innerhalb der Anstalt notwendig. Jedenfalls bei schwereren Verstößen ist jedoch eine Beteiligung der erziehungsberechtigten **Eltern** notwendig.

Zum einen hat das BVerfG deutlich gemacht, dass durch das Jugendstrafrecht zwar in das Elternrecht nach Art. 6 Abs. 1 GG eingriffen werden könne, der das Jugendstrafrecht prägende Erziehungsgedanke indessen nicht dieses Elternrecht suspendiere.[140] Entsprechend sind die Verfahrensvorschriften bei der Prüfung von Disziplinarmaßnahmen verfassungskonform auszulegen. Jedenfalls bei Verstößen in einer

---

136 S. etwa § 86 Abs. 2 JStVollzG Bln.
137 Siehe zu den leicht unterschiedlichen Formulierungen für die Auswahl der zu beteiligenden Personen: Art. 113 Abs. 2, 156 Abs. 4 BayStVollzG (Mitwirkung bei Behandlung), § 81 Abs. 2 JVollzGB IV B-W (Mitwirkung bei Erziehung).
138 § 56 Abs. 2 S. 5 HessJStVollzG verweist auf die Konferenz nach § 71 Abs. 3 HessJStVollzG.
139 Dies sieht jedenfalls als Soll-Vorschrift der zur Zeit beratenen Entwurf eines Gesetzes zur Weiterentwicklung des Berliner Justizvollzuges vom 8.9.2015 in Art. 2 § 100 Abs. 3 S. 1 vor.
140 BVerfGE 107, 104, 119.

Schwere, die über das im Jugendstrafvollzug „alltägliche" Maß hinausgehen und damit auch einschneidendere Disziplinarmaßnahmen gegen den Gefangenen im Raum stehen, sind die Eltern des Gefangenen zur Wahrung ihrer Rechte – mindestens schriftlich – anzuhören.

Zum anderen ist aus der jugendstrafrechtlichen Praxis bekannt, dass gerade Eltern über exklusive Kenntnisse besonderer Umstände, etwa aus der frühen Kindheit des Gefangenen, verfügen. Nur durch die Beteiligung der Eltern können diese nutzbar gemacht werden und dies ist wiederum vor allem bei schwereren Verstößen zur umfassenden Sachverhaltsklärung unerlässlich.

Über das beschriebene rechtliche Minimum einer reinen Konsultation anderer sach- und fachkundiger Vollzugsangehöriger hinaus zustimmenswert sind die gesetzlichen Regelungen, dass bei schwereren Verstößen der Pflichtverstoß und eine mögliche Ahndung durch eine Disziplinarmaßnahme in einer **Konferenz** erörtert werden sollen. Durch die gleichzeitige Anwesenheit der mit dem Sachverhalt vertrauten und erzieherisch kompetenten Mitarbeiter wird neben dem reinen Informationsfluss die Grundlage für eine fachliche Diskussion gelegt und die Entscheidung erhält eine gesteigerte Gewähr der Richtigkeit. Dieser Aufwand sollte aber aufgrund der begrenzten Ressourcen in der Praxis in der Tat schwereren Verstößen vorbehalten sein.

(2) Konsultation eines Arztes
Nach den meisten Ländergesetzen ist bei in ärztlicher Behandlung befindlichen Gefangenen, Schwangeren oder stillenden Müttern vor der Anordnung von Disziplinarmaßnahmen stets ein Arzt zu hören.[141] Damit soll eine ärztliche Überprüfung etwaiger Nachteile dieser besonders gefährdeten Personengruppen sichergestellt werden.

Vor dem Beginn der Vollstreckung eines Arrestes sehen die Gesetze die Anhörung eines Arztes, während der Vollstreckung die ärztliche Aufsicht und bei einer Gesundheitsgefährdung des Gefangenen die Unterbrechung oder den Abbruch der Vollstreckung vor.[142] Hiermit soll eine medizinische Überprüfung der Anordnung und Durchführung der schwersten Art der Disziplinarmaßnahme für alle Gefangenen sichergestellt werden.

In beiden Fällen erscheint die Konsultation eines Arztes bzw seine überwachende Tätigkeit sinnvoll und geboten, um gesundheitliche Nachteile des Gefangenen zu verhindern.

cc) Eröffnung der Entscheidung
Nach Abschluss des Erkenntnisprozesses eröffnet die Anstaltsleitung die Entscheidung dem Gefangenen mündlich. Daneben verlangen die Ländergesetze die schriftliche Abfassung mit einer „kurzen Begründung".[143] Diese schriftliche und mündliche Begründungspflicht hat einen doppelten Grund: Zum einen soll dem Gefangenen durch die mündliche Erläuterung im persönlichen Gespräch mit dem Anstaltsleiter

---

141 Siehe etwa § 86 Abs. 4 JStVollzG Bln, § 82 JVollzG IV B-W (vor Arrestvollzug bei allen Gefangenen ärztliche Stellungnahme, während des Arrestes ärztliche Aufsicht).
142 Siehe § 86 Abs. 5 JStVollzG Bln.
143 Siehe Art. 113 Abs. 3, 156 Abs. 4 BayStVollzG.

die Erwägung zur Verhängung der Maßnahme jedenfalls dargestellt und im günstigsten Fall seine Einsicht in das Fehlverhalten erreicht werden. Zum anderen wird durch die schriftliche Dokumentation eine Grundlage für die rechtliche nachträgliche Überprüfung gelegt.

2. Materiell
a) Regelungstechnik

60 Hinsichtlich der Normierung der tatbestandlichen Voraussetzungen für die Anordnung von Disziplinarmaßnahmen können innerhalb der Ländergesetze **zwei Regelungsmodelle** unterschieden werden:

- **Generalklausel:** Übernahme der Regelungstechnik aus dem Erwachsenenvollzug nach § 102 Abs. 1 StVollzG, mithin Möglichkeit von Disziplinarmaßnahmen bei jedem rechtswidrigen und schuldhaften Verstoß gegen Pflichten – auferlegt durch das Landesvollzugsgesetz oder aufgrund dieses Gesetzes (§ 77 JVollzG IV B-W, Art. 155 BayStVollzG, § 92 JStVollzG B-W, § 94 NJVollzG).

- **Enumerativer Katalog:** Abschließende Kataloge von Tatbeständen, jedoch – meist am Schluss – eine Öffnungsklausel, nach der Disziplinarmaßnahmen auch angeordnet werden können bei wiederholten oder schwerwiegenden Verstößen gegen die Hausordnung oder das Zusammenleben in der Anstalt (§ 83 JStVollzG Bln, § 100 BbgJVollzG, § 83 BremJStVollzG, § 86 HmbJStVollzG, § 55 HessJStVollzG, § 83 JStVollzG M-V, § 97 LJVollzG RP, § 83 SJStVollzG, § 82 SächsJStVollzG, § 98 Abs. 1 JVollzGB LSA, § 83 JStVollzG S-H, § 98 ThürJStVollzG).

Gegen die Regelungstechnik der Generalklausel (Modell 1) bestehen insbesondere im Jugendstrafvollzug erhebliche Bedenken.[144]

Wie bereits dargestellt wird zwar in der Literatur angenommen, dass für Disziplinarmaßnahmen nicht das für Strafnormen begründete Bestimmtheitsgebot gelte, es folgt aber aus verfassungsrechtlichen Gründen sowie aus internationalen Verpflichtungen, dass im Jugendvollzug das disziplinarwürdige Verhalten möglichst konkret zu bestimmen ist.

In **verfassungsrechtlicher** Hinsicht bedarf jeder über die Freiheitsentziehung an sich hinausgehende Eingriff in Grundrechte des Gefangenen einer eigenen, hinreichend bestimmten gesetzlichen Grundlage. Da nicht alle Situationen vorhergesehen werden können, in denen ein Grundrechtseingriff gegenüber den Gefangenen erforderlich ist, erscheinen Öffnungsklauseln zulässig – die wesentlichen Entscheidungen müssen aber vom Gesetzgeber selbst getroffen werden. Auf eine Generalermächtigung darf nur

---

[144] Für einen enumerativen Tatbestandskatalog der Arten disziplinarisch zu ahndender Pflichtverstöße bereits Dünkel in: FS für Schwind, hrsg. von Feltes/Pfeiffer/Steinhilper, 2006, S. 564; Thierel, Jugendstrafvollzug, S. 248; Eisenberg § 92 JGG Rn 138 a hält die Regelungstechnik mittels Generalklausel für nicht mit den Vorgaben aus BVerfG NJW 2006, 2097 an eine den grundrechtlichen Anforderungen entsprechenden Normierung für vereinbar; Sußner, Jugendstrafvollzug, S. 249: Verstoß gegen das verfassungsrechtliche Bestimmtheitsgebot. AA Schneider, Strafvollzug und Jugendstrafvollzug, S. 280-281, der unter Hinweis auf die fehlende Verbindlichkeit der völkerrechtlichen Vorgaben und den Umstand, dass „die jungen Gefangenen aus den Vorschriften über den Jugendstrafvollzug ablesen können, was von ihnen erwartet wird", Tatbestandskataloge für entbehrlich hält. Dies ist insbesondere deshalb in keiner Weise überzeugend, weil nicht jede Vorschrift des Jugendstrafvollzuges mit Disziplinarmaßnahmen geahndet werden soll und darf und es gerade um die Vorhersehbarkeit dieser Ahndung infolge eines besonders schweren Verstoßes geht.

ausnahmsweise zurückgegriffen werden (hierzu bereits oben § 1 Rn 38). Diese verfassungsrechtliche Grundlage im Zusammenhang mit der jugendtypischen Besonderheit, dass für die jungen Gefangenen eine disziplinarische Ahndung vorhersehbar sein muss, bedingt, dass in den Ländergesetzen die disziplinarwürdigen Verhaltensweisen jedenfalls soweit möglich beschrieben werden müssen und nicht etwa – wie in dem obigen Regelungsmodell 1 – völlig im Allgemeinen verbleiben dürfen.

Entsprechend der bereits zuvor im Schrifttum geäußerten Kritik hat das BVerfG inzwischen für den Erwachsenenvollzug klargestellt, dass Disziplinarmaßnahmen dem strengen Gesetzesvorbehalt unterliegen und nur auf der Grundlage einer gesetzlichen Regelung verhängt werden dürfen, die das disziplinarisch zu ahndende Verhalten für den Normadressaten in vorhersehbarer Weise vorab bestimmt.[145]

Darüber hinaus wird in **Nr. 68 UN-Rules** eine Pflicht der nationalen Gesetzgeber zur Regelung von vier essenziellen Punkten aufgestellt, darunter die Definition des Verhaltens, das einen Disziplinarverstoß darstellt. Zwar stellen auch die Generalklauseln in den genannten Gesetzen methodisch eine Definition des disziplinarwürdigen Verhaltens dar, sie erfüllen jedoch nicht den Sinn der Anforderung in Nr. 68 UN-Rules. Aus dem Wortlaut des Art. 66 UN-Rules wird nämlich deutlich, dass Disziplinarmaßnahmen dem Ziel dienen müssen, einem jeden ein Gefühl für Gerechtigkeit zu vermitteln. Dies setzt jedoch voraus, dass soweit im Voraus möglich klar bestimmt ist, bei welchen devianten Verhaltensweisen eine Ahndung durch Disziplinarmaßnahmen erfolgt. Dies leisten die Generalklauseln nicht, weil die von ihnen miterfassten leichten und leichtesten Verstöße aus Verhältnismäßigkeitsgesichtspunkten nicht disziplinarisch geahndet werden dürfen. Diese Anforderungen an die Bestimmtheit aus **Art. 68 UN-Rules** werden in der Gesetzesbegründung für eine abschließende Normierung der Disziplinarverstöße auch ausdrücklich aufgegriffen.[146]

Aus diesem Grund und wegen der größeren Anwendungssicherheit und Einheitlichkeit der Anwendung sind die geschaffenen, grundsätzlich abschließenden Regelungen in den Ländergesetzen zu begrüßen, die – wie sich aus den Begründungen ergibt – bewusst für diese Regelungstechnik entschieden haben, um den Jugendlichen den nicht tolerierten und deshalb mit Disziplinarmaßnahmen belegten Bereich devianten Verhaltens zu verdeutlichen.[147] Insbesondere im Jugendstrafvollzug ist es für Gefangene und Bedienstete von hoher Bedeutung vorhersehen zu können, bei welchen Verstößen eine Disziplinarmaßnahme erfolgen kann. Durch die Normierung der durch Disziplinarmaßnahmen geschützten Verhaltensweisen macht der Gesetzgeber gegenüber den Jugendlichen[148] und den Bediensteten deutlich, welche Verhaltensweisen er für das vollzugliche Zusammenleben als essenziell ansieht.

Der grundsätzlich abschließende Charakter der aufgezählten Tatbestände wird im Widerspruch zu der beschriebenen, in den Gesetzesbegründungen genannten Ver-

---

145 BVerfG, 22.3.2011, 2 BvR 983/09, juris, Rn 11, zu Art. 88 BayStVollzG, s. hierzu auch Petersen in: Ostendorf, Untersuchungshaft und Abschiebehaft, § 9 Rn 14.
146 So in der Begründung zu § 55 Abs. 2 HessJStVollzG; dort wird zudem auf den Grundsatz „nullum crimen sine lege" verwiesen.
147 Siehe etwa die Begründung zu § 83 JStVollzG Bln.
148 Zu eng die Begründung in den Gesetzen des beschriebenen Regelungsmodells 3, s. etwa diejenige zu § 83 JStVollzG S-H, S. 161, welche nur auf die Verdeutlichung gegenüber dem Gefangenen abstellt.

deutlichungsfunktion indessen dadurch wieder relativiert, dass die Kataloge eine Öffnungsklausel enthalten. Als Regelungstechnik ist jedenfalls ein abschließender Katalog zu fordern. Nur soweit praktisch unabdingbar sind diese um Öffnungsklauseln zu ergänzen.

Abschließend ist darauf hinzuweisen, dass nach allen Gesetzen trotz Vorliegen der tatbestandlichen Voraussetzungen zum einen das Eingreifen von Rechtfertigungs- oder Entschuldigungsgründen dazu führt, dass überhaupt keine Disziplinarmaßnahme verhängt werden darf.[149] Zum anderen muss auch im Falle der tatbestandlichen, rechtwidrigen und schuldhaften Verwirklichung einer der gesetzlichen Tatbestände nicht zwingend eine Disziplinarmaßnahme verhängt werden, vielmehr besteht insoweit ein Ermessen des Anstaltsleiters auf der Rechtsfolgenseite der Norm. Begrüßenswert ist die am 1.1.2016 in Kraft getretene Regelung des § 101 Abs. 2 JVollzGB LSA, nach der zur Abwendung von Disziplinarmaßnahmen im Wege einvernehmlicher Streitbeilegung Vereinbarungen getroffen werden können und bei deren Erfüllung Disziplinarmaßnahmen ausgeschlossen sind.

b) Inhalt
aa) Überblick

61 Bei dem obigen Regelungsmodell 2 (Kataloge mit konkreten Disziplinartatbeständen) sind, wie etwa in § 83 Abs. 2 JStVollzG Bln, regelmäßig im Katalog der Disziplinarverfehlungen enthalten:

1. Begehung einer Straftat oder Ordnungswidrigkeit
2. verbaler oder tätlicher Angriff auf eine andere Person
3. Beschädigung oder Zerstörung von Lebensmitteln oder fremden Eigentums
4. sich zugewiesenen Aufgaben entziehen
5. verbotene Gegenstände in die Anstalt verbringen
6. sich am Einschmuggeln verbotener Gegenstände beteiligen oder sie besitzen
7. entweichen oder zu entweichen versuchen
8. in sonstiger Weise wiederholt oder schwerwiegend gegen die Hausordnung verstoßen oder das Zusammenleben in der Anstalt stören.

Teilweise, wie in § 55 Abs. 2 HessJStVollzG, sind die Kataloge zwar kleiner (nur 1., 4. aber nur bei Verstoß gegen Förderplan, 5., 7., 8.), werden aber ergänzt um weitere Fälle (unerlaubt BtM oder andere Rauschmittel konsumieren, so die alte Fassung, seit Ende 2015 daneben auch herstellen, sowie einen Drogentest verweigern oder manipulieren[150]) und vor allem um eine Öffnungsklausel (wiederholte oder schwerwiegende Verstöße gegen sonstigen Pflichten durch das Gesetz oder aufgrund des Gesetzes)[151].

---

149 Laubenthal, Strafvollzug, Rn 734: Allgemeine strafrechtliche Grundsätze gelten.
150 § 55 HessJStVollzG wurde zuletzt geändert durch Gesetz v. 30.11.2015 (GVBl 2015, 498), in Kraft getreten am 10.12.2015.
151 Eine erhebliche Erweiterung, dabei zum Teil in problematischer Weise, hat der Katalog in Sachsen-Anhalt ab dem 1.1.2016 durch § 98 Abs. 1 JVollzGB LSA erfahren, insbesondere werden entgegen den Vorgaben des BVerfG (dazu oben Rn. 42) nicht nur Verstöße gegen essentielle Verhaltensregeln als Disziplinarverstoß

bb) Einzelprobleme der Kataloge[152]

Betrachtet man die Kataloge der durch Disziplinarmaßnahmen zu ahndenden Verhaltensweisen, so fallen insbesondere die nachfolgenden Fälle als problematisch auf: 62

(1) Akzessorietät zwischen Disziplinartatbestand und Straftaten bzw Ordnungswidrigkeiten

In den Ländergesetzen mit Disziplinarkatalogen wird geregelt, dass immer dann ein Disziplinartatbestand erfüllt ist, wenn ein Gefangener – zu ergänzen wäre: irgendeine – Straftat oder Ordnungswidrigkeit begeht. 63

Dies erscheint in dieser Form zu weitgehend, wenn man sich vor Augen führt, dass der Sinn des Disziplinarverfahrens darin besteht, solche Verhaltensregeln zu schützen, die für ein geordnetes Zusammenleben unabdingbar sind (siehe Rn 28). Die Begehung von Straftaten und Ordnungswidrigkeiten sollte also nur dann als Disziplinartatbestand angesehen werden, wenn in ihnen zugleich ein Verstoß gegen eine fundamentale vollzugliche Verhaltensregel liegt. Dies kann etwa der Fall sein, wenn eine Körperverletzung nach § 223 StGB zum Nachteil eines Mitgefangenen begangen wird oder eine Beleidigung nach § 185 StGB zum Nachteil eines AVD-Mitarbeiters.[153] Handelt es sich dagegen etwa um Straftaten, die sich gegen Opfer außerhalb des Vollzuges richten, einen persönlichen Hintergrund des Gefangenen haben und im unteren Schwerebereich liegen – etwa ein Gefangener beleidigt aufgrund einer Beziehungskrise in einem Brief seine Freundin – so wird man nicht annehmen können, dass hierdurch eine für das Zusammenleben unabdingbare Verhaltensregel verletzt wird, obgleich der Tatbestand des § 185 StGB gegeben ist. Derartige Straftaten oder Ordnungswidrigkeiten sollten durch eine teleologische Reduktion bereits aus dem Tatbestand der durch Disziplinarmaßnahmen zu ahndenden Verhaltensweisen ausgeschieden werden, so dass sich eine Berücksichtigung im Rahmen des Ermessens, ob eine Disziplinarmaßnahme verhängt wird, erübrigt.

Dass auch die Gesetzgeber bei Disziplinarverfehlungen nur bestimmte, den vollzuglichen Ablauf intensiv berührende und praktisch immer wieder auftretende Verhaltensweisen im Blick hatten, wird daran erkennbar, dass derartige Verhaltensweisen neben der Erfassung als Straftat oder Ordnungswidrigkeit gesondert in den Katalog der Disziplinarverfehlungen aufgenommen wurden. Hierzu zählt der verbale oder tätliche Angriff auf andere Personen (regelmäßig strafbar nach §§ 185 ff. StGB und §§ 223 ff. StGB) und die Zerstörung sowie Beschädigung von Lebensmitteln oder fremden Eigentums (regelmäßig strafbar nach den §§ 242 ff. StGB und § 303 StGB). Da die genannten Verhaltensweisen in der Tat erhebliche Grenzüberschreitungen darstellen und zudem die Missachtung fundamentaler, auf dem Respekt vor anderen Individuen aufbauenden Normen beinhalten, ist bei ihnen die Annahme einer Disziplinarverfehlung zutreffend. Ebenfalls konsequent ist es, wenn die Gesetzgeber auch solche Verhaltensweisen als Disziplinarverfehlung ansehen, die keine Straftat oder Ordnungswidrigkeit darstellen, aber das Zusammenleben in der Anstalt grundlegend beein-

---

sanktioniert, sondern bereits, wenn ein Jugendgefangener „sich zugewiesenen Aufgaben und Bereichen entzieht" (Nr. 13) oder „Anordnungen von Bediensteten nicht folgt" (Nr. 9).
152 Siehe zum weiteren Problem der „roten Karte" im Jugendvollzug 2. Auflage, Rn 73 ff.
153 Einschränkend für § 102 Abs. 1 StVollzG ebenso Laubenthal, Strafvollzug, Rn 732-733.

Rose

trächtigen. Dies ist der Fall, wenn ein Gefangener sich als Täter oder Teilnehmer daran beteiligt, dass Gegenstände in die Anstalt geschmuggelt werden. Handelt es sich bei diesen Gegenständen um Betäubungsmittel, wird regelmäßig eine Strafbarkeit nach dem BtMG bestehen, handelt es sich aber etwa schlicht um Geld oder ein Mobiltelefon, so wird deutlich, dass trotz der fehlenden Strafbarkeit dieser Verhaltensweisen das Zusammenleben von Bediensteten und Gefangenen erheblich tangiert wird, da der Besitz von Geld in der Anstalt die Ausübung von Macht unter den Gefangenen ermöglicht.

Ob ein Anstaltsleiter, der bei der Prüfung einer Disziplinarverfügung eine Straftat feststellt, bei einem Strafverfolgungsorgan Strafanzeige erstatten muss, ist im Einzelnen äußerst umstritten.[154] Der BGH hat ausgeführt, aus der Sachnähe von Strafverfolgung und Strafvollzug ergebe sich keine allgemeine Anzeigepflicht von Strafvollzugsbeamten, ob eine Garantenpflicht aus Verwaltungsvorschriften folge, lies er offen.[155] Im Sinne der Dogmatik der §§ 258, 13 StGB zutreffend und die Vollzugsrealität[156] berücksichtigend erscheint es, dem Anstaltsleiter ein weites Ermessen einzuräumen, ob er Strafanzeige erstattet. Sinnvoll für eine Vorhersehbarkeit im Vollzug durch Gefangene und AVD-Mitarbeiter, aber auch zur Vermeidung von Strafbarkeitsrisiken für den Anstaltsleiter erscheint ein durch die Landesjustizverwaltungen erlassener Straftatenkatalog, der anzuzeigende Straftaten abschließend aufführt.[157] Wird Strafanzeige erstattet, sollte eine Disziplinarmaßnahme nur dann zusätzlich verhängt werden, wenn eine unmittelbare Reaktion zur Wahrung elementarer Gemeinschaftswerte in der Anstalt notwendig ist.[158]

(2) Entweichen als disziplinarisch relevanter Verstoß

64 Gesonderter Betrachtung bedarf es, dass es die Ländergesetze mit Disziplinarkatalog als disziplinarisch relevanten Verstoß ansehen, wenn ein Gefangener entweicht oder zu entweichen versucht.

Im Rahmen der Begründung[159] dieser Regelung wird zunächst ausgeführt, dass das Entweichen nicht den Tatbestand eines Strafgesetzes erfüllt und es wird dargestellt, dass das Wesen einer Straftat in der Verletzung eines von der Rechtsordnung allgemein geschützten Rechtsgutes liegt, dasjenige eines Disziplinarverstoßes hingegen in der Störung einer besonderen, einem bestimmten Kreis von Bürgern auferlegten Ordnung. Da die Disziplinarmaßnahme auch Erziehungsmittel sei und den geordneten Anstaltsbetrieb aufrechterhalten solle, so wird geschlussfolgert, sei das Entweichen aus der Anstalt disziplinarwürdig, denn den Gefangenen sei – insbesondere in Vollzugsbereichen ohne oder mit geringen Sicherheitsvorkehrungen – auferlegt, den Freiheitsentzug zu dulden.

---

154 Ausführlich dazu Thierel, Jugendstrafvollzug, S. 248-250.
155 BGHSt 43, 82 (85, 87), andere Obergerichte sehen eine Anzeigepflicht bei schweren Taten, vgl OLG Hamburg, NStZ 1996, 102.
156 Die Untersuchung des Kriminologischen Dienstes des Landes NRW aus dem Jahr 2006 ergab nur geringe erzieherische Rückwirkungen für den Vollzug nach Erstattung einer Strafanzeige, dazu oben Rn 30.
157 Für eine gesetzliche Definition anzeigepflichtiger Straftaten, Thierel, Jugendstrafvollzug, S. 249. Im Bereich der Bundeswehr bestehen hingegen entsprechende Kataloge in Form von Verwaltungsvorschriften.
158 Thierel, Jugendstrafvollzug, S. 247.
159 Siehe die Begründung zu § 82 Abs. 2 Nr. 7 JStVollzG S-H.

VI. Anordnungsvoraussetzungen 10

Die Frage der Disziplinarwürdigkeit des Entweichens ist im Bereich des **Erwachsenenvollzuges** umstritten.[160] Nach einer Auffassung stellt die Flucht ohne Fremdschädigung einen **Pflichtverstoß** nach § 102 StVollzG dar.[161] Zur Begründung wird zum einen ausgeführt, die durch die Flucht verletzte Pflicht ergebe sich daraus, dass ein Behandlungsvollzug die soziale Inpflichtnahme zur Duldung des Freiheitsentzuges voraussetze – und gegen ebendiese Pflicht werde durch die Flucht verstoßen.[162] Als Grundlage der Pflicht wird im Erwachsenenvollzug § 4 Abs. 1 StVollzG herangezogen.

Ferner wird für eine Disziplinarverfehlung angeführt, wenn zahlreiche Einzelpflichten, die sich aus dem Freiheitsentzug ergeben, im Falle ihrer Verletzung mit Disziplinarmaßnahmen geahndet werden können, so müsse dies erst Recht für die Aufhebung aller Pflichten durch Flucht gelten. Aus der Straflosigkeit der Selbstbefreiung könne für das Disziplinarrecht nichts abgeleitet werden, da eine Strafbarkeit nicht Voraussetzung der disziplinarischen Ahndung sei.[163]

Weiterhin wird für eine Disziplinarverfehlung auf § 82 Abs. 2 S. 2 StVollzG verwiesen, nach dem der Gefangene einen ihm zugewiesenen Bereich der Anstalt nicht ohne Erlaubnis verlassen darf.[164]

Schließlich wird für eine Disziplinarverfehlung eine Schlüssigkeitserwägung in dem Sinne angestellt, dass es zur Vermeidung von Widersprüchen eine Bleibeverpflichtung geben müsse, die im Einklang mit dem Recht zur Verhinderung einer Flucht durch unmittelbaren Zwang nach § 100 Abs. 1 Nr. 3 StVollzG sowie dem Recht und der Pflicht der Anstalt nach § 87 StVollzG und der Vollstreckungsbehörde nach § 457 Abs. 2 StPO auf Rückholung eines geflohenen Gefangenen stehe.

Den genannten Argumenten hält die **Gegenmeinung** für den Erwachsenenvollzug[165] als zentrales Argument entgegen, nach dem strafrechtlichen Selbstbegünstigungsprinzip bleibe ein derartiges Verhalten nach den §§ 120, 258 Abs. 5 StGB straflos, solange es nicht mit Gewalttätigkeiten nach § 121 StGB verbunden sei.[166]

Darüber hinaus regele das StVollzG in mehreren Vorschriften des 11. Titels die Verhinderung der Flucht, jedenfalls für eine präventiv wirkende Abschreckung seien Disziplinarmaßnahmen deshalb entbehrlich.[167]

Im Rahmen des geschlossenen Vollzuges bestehe nach § 141 Abs. 2 StVollzG die Pflicht der Anstalt, den Gefangenen sicher unterzubringen, nicht aber eine Pflicht des Gefangenen, dort zu verbleiben.[168]

---

160 Siehe dazu Ostendorf, NStZ 2007, 313 ff mwN.
161 OLG Hamm NStZ 1988, 296; OLG München ZfStrVo 1979, 63; LG Braunschweig ZfStrVO 1986, 187; AK-Feest/Lesting-Walter § 102 Rn 8; Arloth § 102 Rn 6; unklar Schwirzer, Jugendstrafvollzug für das 21. Jahrhundert?, S. 261.
162 OLG München ZfStrVo 1979, 63.
163 AK-Feest/Lesting-Walter § 102 Rn 8.
164 OLG Hamm NStZ 1988, 296.
165 Laubenthal, Strafvollzug, 7. A., Rn 731; OLG Celle NStZ 1983, 288; OLG Frankfurt NStZ-RR 1997, 152, 153.
166 Ausführlich Ostendorf NStZ 2007, 315 f.
167 Ostendorf NStZ 2007, 315.
168 Ostendorf NStZ 2007, 315.

Eine allgemeine Pflichtenstellung des Gefangenen gebe es nach Abschaffung des besonderen Gewaltverhältnisses nicht mehr,[169] es fehle an einer im StVollzG enthaltenen expliziten Verpflichtung des Gefangenen, in der Anstalt zu verbleiben.

Teilweise[170] unterscheidet man bei der Frage einer Disziplinarverfehlung im Erwachsenenvollzug nach geschlossenem und offenen Vollzug: Im geschlossenen Vollzug sei danach die Pflicht des Gefangenen, in der Anstalt zu verbleiben, auf Null reduziert. Eine gesetzlich begründete, disziplinarrechtlich zu ahndende Pflicht, im Vollzug zu verbleiben, bestehe hier nicht. Stimme der Gefangene hingegen einer Unterbringung im offenen Vollzug zu, der keine oder nur verminderte Vorkehrungen gegen Entweichungen vorsieht, so entstehe ein durch das Gesetz begründetes Pflichtenverhältnis, in der Anstalt zu verbleiben. Im geschlossenen Vollzug trete das Prinzip Vertrauen (Pflicht) hinter das Prinzip Misstrauen (Sicherung) zurück.

Für den Bereich des Erwachsenenvollzuges dürfte der massivste Einwand gegen die Postulation einer Disziplinarverfehlung durch bloße Flucht darin liegen, dass im StVollzG keine explizite Pflicht zum Verbleiben in der Anstalt normiert wird. Die Befürworter der Annahme eines Disziplinarverstoßes begründen dies mit der Selbstverständlichkeit dieser grundlegenden Pflicht, welche eine gesonderte Erwähnung im Gesetz entbehrlich mache. Gleichwohl fehlt eine positiv-gesetzliche explizite Bleibeverpflichtung für den Gefangenen.

Für den Bereich des **Jugendvollzuges** könnte die Lage anders sein. Hier ist ein Hinweis auf die Normen in den Ländergesetzen möglich, welche eine Mitwirkungspflicht der jugendlichen Gefangenen an der Erreichung des Vollzugszieles normieren[171] und es könnte argumentiert werden, die grundlegendste Art und Weise der Mitwirkung an der Erreichung des Vollzugszieles sei es, dass der Jugendliche in der Anstalt verbleibe. Ferner wird darauf verwiesen, dass das Disziplinarrecht eine andere Zielrichtung habe als das Strafrecht.[172]

Neben dem Einwand gegen ein derartiges Verständnis der Mitwirkungspflicht, dass durch eine solche Auslegung die Subjektstellung des Gefangenen missachtet und im Ergebnis die Duldung einer Zwangserziehung verlangt werde,[173] steht im Jugendvollzug wie im Erwachsenenvollzug der Annahme eines Disziplinarverstoßes das im gesamten Strafverfahren geltende Selbstbegünstigungsprinzip entgegen.[174] Nach diesem aus dem allgemeinen Persönlichkeitsrecht folgenden Prinzip gilt, dass aus dem Bestreben des Menschen, Strafleid von sich abzuwehren, nicht die staatliche Reaktion folgen darf, neues Strafleid oder sonstige Nachteile zu verhängen.[175] Damit verbietet es sich, auf die Flucht aus dem geschlossenen Vollzug mit der strafähnlichen Sanktion des Disziplinarrechts zu reagieren. Anders ist die Situation im offenen Vollzug, denn

---

169 Ostendorf NStZ 2007, 315.
170 Callies/Müller-Dietz § 102 Rn 9, 11.
171 Siehe etwa § 5 JStVollzG S-H.
172 Schneider, Strafvollzug und Jugendstrafvollzug, S. 282 in Fn 1531.
173 Dahingehend Ostendorf NStZ 2007, 314.
174 Dazu Ostendorf NStZ 2007, 315 f.
175 Ostendorf NStZ 2007, 316. Gegen die Annahme eine Disziplinarverstoßes beim Entweichen aus dem geschlossenen Vollzug auch Dünkel in: FS für Schwind, hrsg. von Feltes/Pfeiffer/Steinhilper, 2006, S. 567.

dort übernimmt der Gefangene eine Rückkehr- und Bleibeverpflichtung, um im Gegenzug den Vorteil der offenen Vollzugsgestaltung zu erlangen.[176] Eine derartige differenzierende Ansicht erscheint auch deshalb sachlich angemessen, da allein sie berücksichtigt, dass Disziplinarmaßnahmen eine Situation voraussetzen, in welcher der Gefangene im Sinne einer Schuld in Form des Anders-Handeln-Könnens vor Handlungsalternativen steht. Dies soll nach dem gesetzlichen Modell bezüglich des Entweichens aus dem geschlossenen Vollzug gerade nicht der Fall sein – hier wird das Entweichen durch physische Vorrichtungen verhindert. Im offenen Vollzug übernimmt der Gefangene hingegen bewusst die Pflicht, auf die Handlungsalternative des Sich-Entfernens aus dem Vollzug zu verzichten. Somit erscheint es im offenen Vollzug auch gerechtfertigt, im Falle der Nutzung der verbotenen Handlungsalternative mit dem Disziplinarrecht zu reagieren.

Den genannten Streit im StVollzG haben die Gesetzgeber der Ländergesetze mit Disziplinarkatalogen durch die explizite gesetzliche Normierung als Disziplinarverstoß zwar entgegen der hier vertretenen Meinung geregelt. Diese Regelung dürfte jedoch wegen des dargelegten Verstoßes gegen das allgemeine Persönlichkeitsrecht einer verfassungsrechtlichen Prüfung nicht standhalten. Bis zur gerichtlichen Feststellung der Verfassungswidrigkeit bleibt dem Normanwender bei der Ahndung einer Flucht aus dem geschlossenen Vollzug lediglich die Rechtsfolgenseite einer disziplinarischen Ahndung: Im Rahmen des Ermessens sollte von einer Ahndung abgesehen werden.

(3) Disziplinarmaßnahmen bei Verweigerung einer Urinkontrolle

Bereits bislang wurde es jedenfalls bei einem hinreichend konkreten Verdacht auf BtM-Missbrauch, etwa nachgewiesenem vorausgegangenem Konsum, als zulässig angesehen, eine Urinkontrolle anzuordnen.[177] Die Verweigerung einer solchen Urinkontrolle konnte bereits dann als Disziplinarverstoß des Gefangenen angesehen werden. Nach der neuesten Fassung von § 55 HessJStVollzG ist es nach dessen Abs. 2 Nr. 5 eine Disziplinarverfehlung, wenn ein Drogentest verweigert oder manipuliert wird, eine ähnliche Regelung enthält nun § 98 Abs. 1 Nr. 10 JVollzGB LSA.[178] Für eine solche Regelung könnte man anführen, dass derartige Urinkontrollen zur Aufrechterhaltung der Sicherheit und Ordnung in der Anstalt erforderlich sind. Gegen eine Ahndung der Nichtabgabe durch eine Disziplinarmaßnahme spricht aber, dass der Gefangene hiermit gezwungen würde, sich selbst zu belasten – was er indessen nicht muss.[179] In der Vollzugspraxis wird die Weigerung der Abgabe dem Gefangenen gleichwohl wenig nutzen, da in diesem Fall regelmäßig Vollzugslockerungen versagt werden.[180] Darum werden die Gefangenen die Urinproben regelmäßig „freiwillig" abgeben.

---

176 Gleiches gilt nach dem Gesagten für die ab 1.1.2016 in Sachsen-Anhalt nach § 98 Abs. 1 Nr. 7 JVollzGB LSA geltende Regelung, nach der ein Disziplinarverstoß dann vorliegt, wenn der Gefangene „gegen Weisungen im Zusammenhang mit der Gewährung von Lockerungen verstößt, insbesondere sich während der Lockerungen dem Vollzug der Freiheitsstrafe oder Jugendstrafe entzieht oder dies versucht".
177 Näher Eisenberg § 92 JGG Rn 107 mwN auch zur Gegenmeinung, die auch Zufallsstichproben ohne einen konkreten Verdacht für zulässig hält.
178 § 55 HessJStVollzG wurde zuletzt geändert durch Gesetz v. 30.11.2015, in Kraft getreten am 10.12.2015, § 98 JVollzGB LSA durch Gesetz v. 18.12.2015, in Kraft getreten am 1.1.2016.
179 Vgl Eisenberg § 92 JGG Rn 107.
180 Vgl OLG Frankfurt NStZ 1993, 539.

(4) Kleine Generalklausel

66 Bei dem obigen Regelungsmodell 3 ist zwar der Verzicht auf eine § 102 StVollzG entsprechende große Generalklausel positiv, problematisch ist indessen die Öffnung dadurch, dass es als disziplinarisch zu ahndendes Verhalten angesehen wird, wenn Jugendliche „in sonstiger Weise wiederholt oder schwerwiegend gegen die Hausordnung verstoßen oder das Zusammenleben der Anstalt stören". Wie aus den Gesetzesbegründungen zu entnehmen ist, soll durch die Voraussetzung „wiederholt oder schwerwiegend" sichergestellt werden, dass eine Disziplinarmaßnahme nur im Falle einer qualifizierten Pflichtverletzung verhängt wird.[181]

Der nach der Begründung gewollte subsidiäre Charakter und die Beschränkung auf den Bereich schwerer Pflichtverletzungen sind nicht mit dem Gesetzeswortlaut kongruent. Nach diesem könnte etwa bereits beim **wiederholten** Nichtaufräumen der Küche in einer Wohngruppe mit einer Disziplinarmaßnahme reagiert werden. Dies erscheint kaum verhältnismäßig. Hingegen erscheint es sachangemessen, bei **schwerwiegenden** Verstößen gegen die Hausordnung eine disziplinarische Ahndung zu ermöglichen. Was schwerwiegend ist, hat der Normanwender im Einzelfall unter Berücksichtigung des subsidiären Charakters des Disziplinarrechts gegenüber der Erziehung durch positive Beeinflussung zu bestimmen. Ist für die Jugendlichen und die Bediensteten bei Verstößen gegen die Hausordnung jedenfalls durch die jeweilige Hausordnung trotz der Blankett-Technik der Ländergesetze klar, was verboten ist, erscheint es bedenklich, wenn die **Störung des Zusammenlebens in der Anstalt** als ausreichend für die Verhängung einer Disziplinarmaßnahme angesehen wird. Auf dem Weg über diesen normativen Begriff wird letztendlich doch wieder eine „kleine" Generalklausel eingeführt, welche gerade in Widerspruch zu dem abschließenden Charakter des Kataloges in den Ländergesetzen steht. Zudem können weder Jugendliche noch Bedienstete ihr Handeln anhand des Disziplinartatbestandes planen, da dieser zu unbestimmt ist. Die kleine Generalklausel wird nicht den Anforderungen der bereits erwähnten Nr. 68 UN-Rules gerecht.

(5) Heterogener Schweregrad der Verstöße

67 Bei der Betrachtung der konkret in den Katalogen der Ländergesetze formulierten[182] Disziplinarverstöße wird deutlich, dass es sich um Verfehlungen mit einem extrem heterogenen Schweregrad handelt. Das Intervall wird nach oben begrenzt durch Straftaten im schwersten Bereich, etwa Tötungs- oder Körperverletzungsdelikten, beginnt aber im Bereich der kleinen Generalklausel bereits bei qualifizierten Verstößen gegen die Hausordnung und der Katalog umfasst etwa auch, dass der Gefangene sich zugewiesenen Aufgaben entzieht. Auch wenn man den Wortlaut der Kataloge restriktiv in dem Sinne auslegt, dass ein bloßes einmaliges Nicht-Wahrnehmen der zugewie-

---

[181] Siehe etwa S. 162 der Gesetzesbegründung JStVollzG S-H.
[182] Nach dem zur Zeit beratenen Entwurf eines Gesetzes zur Weiterentwicklung des Berliner Justizvollzuges vom 8.9.2015 soll es nach Art. 2 § 97 Abs. 2 Nr. 4 sogar eine Disziplinarverfehlung darstellen, wenn Gefangene „Lebensmittel, Verpackungen sowie andere Gegenstände unsachgemäß entgegen der Hausordnung entsorgen". Hier ist nicht ersichtlich, warum dieses Fehlverhalten gerade eine Reaktion durch das Disziplinarrecht bedarf und zudem erscheint eine Reaktion durch dieses Mittel statt einer erzieherischen Aufarbeitung – wenn es sich nicht um extreme Fälle mit massiver Wiederholung handelt, die aber als Verstoß gegen die Hausordnung erfasst würden – unverhältnismäßig.

senen Aufgaben nicht ausreicht, sondern wegen des Wortes „entziehen" ein beharrliches und längeres Nichterfüllen der Aufgaben zu fordern ist, reicht dies zur Annahme einer Disziplinarverfehlung nicht aus. Nach der ratio des Disziplinarrechts ist es erforderlich, dass durch den Verstoß für das Zusammenleben grundlegende Regeln missachtet werden (hierzu Rn 28). Hierbei wird es darauf ankommen, gegen welche Regel der Hausordnung qualifiziert verstoßen wird und welcher zugewiesenen Aufgabe sich der Gefangene entzieht. Die Katalogverhaltensweisen sind in diesem Sinne teleologisch zu reduzieren.

Im Übrigen kann und muss – im Lichte des Verhältnismäßigkeitsprinzips – der Schwere des Verstoßes bei der Ausübung des Ermessens Rechnung getragen werden, ob überhaupt eine Disziplinarmaßnahme zu verhängen ist und wenn ja, um welche es sich hierbei handeln soll.

Auf das gesonderte Problem, dass es eine Schnittmenge zwischen schwersten, eine erzieherische Maßnahme auslösenden Verhaltensweisen und leichtesten Disziplinarverfehlungen gibt, erzieherische Maßnahmen aber anders als Disziplinarmaßnahmen ohne formales Anordnungsverfahren verhängt werden können, wurde bereits hingewiesen (hierzu bereits Rn 23).

VII. Anwendungsfolgen

1. Opportunitätsprinzip

Durch die Formulierungen in den Ländergesetzen – wie in § 102 Abs. 1 StVollzG –, dass bei Vorliegen der tatbestandlichen Voraussetzungen Disziplinarmaßnahmen angeordnet werden können, wird zum Ausdruck gebracht, dass das Opportunitätsprinzip gilt. Die Anordnung von Disziplinarmaßnahmen steht im pflichtgemäßen Ermessen des Anstaltsleiters. Dieser hat sich bei der Ausübung seines Ermessens an den Zwecken zu orientieren, die mit dem Disziplinarrecht verfolgt werden.[183] Nach den allgemeinen Grundsätzen des JGG sind allein schuldvergeltende oder rein generalpräventive Disziplinarmaßnahmen unzulässig. Das Verhältnismäßigkeitsprinzip ist zu beachten.[184] Dies wurde in zahlreichen Landesgesetzen für den Fall konkretisiert, dass besondere Sicherungsmaßnahmen aus demselben Anlass angeordnet wurden: Dieser Umstand ist bei der Verhältnismäßigkeitsprüfung zu berücksichtigen.[185]

68

Nicht zuletzt aufgrund des Vorrangs des Kindeswohls (Art. 3 UN-KRK) und des Ultima-ratio-Grundsatzes (Art. 37 UN-KRK) besteht ein Primat der erzieherischen Maßnahmen gegenüber Disziplinarmaßnahmen, auch wenn – entgegen den Forderungen im Schrifttum – eine gesetzliche Subsidiaritätsregel fehlt.[186]

---

183 Siehe Laubenthal, Strafvollzug, 7. A., Rn 742.
184 Eisenberg § 92 JGG Rn 139 a; Laubenthal, Strafvollzug, Rn 895.
185 Siehe etwa § 83 Abs. 1 S. 2 JStVollzG S-H, näher mit weiteren Nachweisen Schneider, Strafvollzug und Jugendstrafvollzug, S. 287.
186 Thierel, Jugendstrafvollzug, S. 247.

2. Arten der Disziplinarmaßnahmen
a) Überblick

69 Sämtliche Ländergesetze sehen einen abschließenden Katalog der im Rahmen des Ermessens zu verhängenden zulässigen Disziplinarmaßnahmen vor, der sich teilweise unterscheidet. Es können hier aus Raumgründen nicht alle Details dargestellt werden, findet sich aber häufig[187] ein gesetzlicher Katalog bestehend aus Maßnahmen in vier Bereichen:

- **Medienkonsum**: Beschränkung oder Entzug des Rundfunkempfangs bis zu zwei Monaten,
- **Freizeitgestaltung**: Beschränkung oder Entzug der Gegenstände für die Freizeitbeschäftigung oder Ausschluss von gemeinsamer Freizeit oder von einzelnen Freizeitveranstaltungen bis zu zwei Monaten[188]
- **Einkauf**: Beschränkung des Einkaufs bis zu zwei Monaten,[189]
- **Arrest**: bis zu zwei Wochen.

Abweichungen in einzelnen Ländern gibt zum einen in Form der **Ergänzung um weitere Maßnahmen**, etwa im Bereich:

- **rein mündliche Missbilligung**: Verweis (s. etwa § 55 Abs. 3 Nr. 1 HessJStVollzG),
- **Schule und Beruf**: Entzug der zugewiesenen Arbeit bis zu 4 Wochen (§ 98 Abs. 2 Nr. 8, gültig ab 1.1.2016), die umfassendere Regelung (Ausschluss von Unterricht, Berufsbildung, beruflicher Fort- und Weiterbildung, Umschulung oder der zugewiesenen Arbeit oder sonstigen Beschäftigung bis zu vier Wochen § 93 Abs. 3 Nr. 4 JStVollzG LSA) wurde damit eingeschränkt,
- **Hausgeld**: Beschränkung der Verfügung bis zu zwei Monaten (s. § 78 Abs. 1 Nr. 1 JVollzG IV B-W),
- **Arbeit und Beschäftigung**: Entzug bis zu vier Wochen unter Wegfall der Bezüge (s. Art. 156 Abs. 3 Nr. 5 BayStVollzG),
- **Verkehr mit Personen außerhalb der Anstalt**: Beschränkung auf dringende Fälle bis zu drei Monaten (s. § 78 Abs. 1 Nr. 6 JVollzG IV B-W).
- **Mitarbeitsbereitschaft an der Erreichung des Vollzugsziels**: Widerruf einer Belohnung oder Anerkennung für Mitwirkung des Gefangenen am Vollzugsziel(s. § 55 Abs. 3 Nr. 2 HessJStVollzG),
- zum anderen wird die **Dauer** unterschiedlich bestimmt, etwa nach Art. 156 BayStVollzG durch die Möglichkeit einer Beschränkung des Medienkonsums bis zu drei Monaten.

---

187 So etwa § 83 Abs. 3 JStVollzG Bln, § 83 Abs. 3 JStVollzG S-H.
188 Nach dem ab 1.1.2016 geltenden § 98 Abs. 3 JVollzGB LSA können zahlreiche Disziplinarmaßnahmen, u.a. die Beschränkung oder der Entzug von Gegenständen für die Freizeitgestaltung, sogar bis zu drei Monaten erteilt werden. Dies erscheint entschieden zu lang, insbesondere da nach drei Monaten der erzieherische Bezug zur Verfehlung zu sehr verblasst ist.
189 In Sachsen (§ 82 Abs. 3 Nr. 4) jetzt auch der Entzug der Verfügung über das Hausgeld bis zu zwei Monaten.

VII. Anwendungsfolgen

Entsprechend der Einteilung im Erwachsenenvollzug lassen sich allgemein **drei Arten von Disziplinarmaßnahmen** unterscheiden,[190] nämlich

- **allgemeine**, zur Ahndung sämtlicher Arten von Verstößen: Verweis und Beschränkung von Hausgeld und Einkauf;
- **spezielle**, zur spezifischen Reaktion auf bestimmte Verstöße in einer Art „Spiegelung": etwa Beschränkung oder Entzug von Lesestoff, Hörfunk und Fernsehempfang oder von Gegenständen für die Freizeitbeschäftigung und schließlich
- **qualifizierte**, nur zur Ahndung wiederholter oder besonders schwerer Verfehlungen vorgesehene: der Arrest.

Die Kataloge in den Ländergesetzen sind zum Teil[191] hinsichtlich des **Umfangs** gegenüber § 103 StVollzG erheblich kürzer, was die flexible Handhabung in der Praxis auch unter Berücksichtigung der Kombinationsmöglichkeit von Maßnahmen erschwert. Im Lichte des subsidiären Charakters der Disziplinarmaßnahmen ist ein eng umgrenzter Katalog aber konsequent und wegen der Vorhersehbarkeit der drohenden Maßnahmen für die Gefangenen begrüßenswert.

b) Bewertung einzelner Disziplinarmaßnahmen

Im Folgenden sollen einzelne, in den Katalogen der Ländergesetze genannte Disziplinarmaßnahmen **inhaltlich** näher auf ihre Funktion im Jugendvollzug untersucht werden. 70

aa) Medienkonsum, Freizeitgestaltung in der Anstalt und Einkauf

Die Verhängung der Maßnahmen aus diesen Bereichen im Rahmen des oben dargestellten Grundkatalogs dürfte junge Gefangene empfindlich treffen, da der Fernsehkonsum, der Besitz einzelner Gegenstände für die Freizeitbeschäftigung (wie etwa MP3-Player) oder der Erwerb von Waren beim Einkauf, vor allem Kaffee und Zigaretten, für Jugendliche allgemein und besonders in der Situation der Inhaftierung einen hohen Stellenwert hat. Um den Gefangenen nach einer Disziplinarverfehlung jedoch nicht in eine resignative Grundhaltung zu bringen, bedarf es bei der Verhängung dieser Maßnahmen eines sehr großen „Fingerspitzengefühls". Wird dies beachtet, kann und sollte auf die Möglichkeit der Verhängung dieser Maßnahmen für den Fall des Scheiterns einer konsensualen Lösung nicht verzichtet werden.[192] 71

bb) Verweis

In einigen Ländergesetzen zum Jugendvollzug ist die auch im Erwachsenenvollzug (s. § 103 Abs. 1 Nr. 1 StVollzG) anzutreffende Disziplinarmaßnahme des Verweises aufgeführt. In wiederum einzelnen Gesetzesbegründungen wird gesehen, dass ein Verweis nicht immer allein ausreichend sein wird, so dass er nach diesen Gesetzen mit 72

---

190 Nach Callies/Müller-Dietz § 103 Rn 2 ff.
191 Siehe etwa Berlin und Schleswig-Holstein: vier Arten von Disziplinarmaßnahmen.
192 Sußner, Jugendstrafvollzug, S. 250, weist jedoch zutreffend darauf hin, dass der vollständige Entzug des Hausgelds die Entstehung subkultureller Abhängigkeit fördern kann, ähnlich Thierel, Jugendstrafvollzug, S. 247. Für gezielte Kontrollen und Überwachung sowie „eher seltene" Anwendung bei innerhalb der Hierachie schwächeren Gefangenen Schneider, Strafvollzug und Jugendvollzug, S. 285.

Rose

der Pflicht zur Erbringung von gemeinnützigen Arbeitsleistungen verbunden werden kann.[193]

Da nach den Vorgaben des BVerfG Disziplinarmaßnahmen lediglich bei fundamentalen Verstößen gegen grundlegende Regeln des vollzuglichen Zusammenlebens angewendet werden sollen, wird der Verweis als verbale Missbilligung eines Verhaltens als sanktionierende Reaktion unzureichend sein. Da auch dem Verweis nach den in den Ländergesetzen vorgesehenen Normen ein förmliches Disziplinarverfahren vorherzugehen hat, wird der Vollzug zudem mit einem Aufwand belastet, welcher der Eingriffsschwere nicht entspricht.

Soweit in Ländergesetzen auf den Verweis als Disziplinarmaßnahme verzichtet wird, findet sich in diesen Gesetzesbegründungen der Hinweis auf die Substitution durch die neu eingeführte erzieherische Maßnahme.[194] Dies ist zutreffend, wenn man – abweichend vom hier vertretenen Standpunkt (siehe Rn 20 ff) – die erzieherische Maßnahme als gesetzliches Institut für sinnvoll erachtet. Aber auch wenn man erzieherische Maßnahmen ablehnt, sollte auf den Verweis als Disziplinarmaßnahme verzichtet werden, da die Kundgabe der Missbilligung eines Verhaltens in einem erzieherischen Gespräch außerhalb eines Disziplinarverfahrens geschehen kann.

cc) Hausgeld

73 Nicht nur die Beschränkung des Einkaufs, sondern auch den Entzug der Verfügungsgewalt über das Hausgeld sehen einzelne Ländergesetze vor.

Hier besteht jedenfalls bei einer Ausdehnung der Maßnahme auf den gesamten angesparten Betrag die Gefahr der Demotivation der Gefangenen, da sie das Gefühl erlangen können, ihnen werde es verwehrt, die durch Sparen erworbenen Früchte auch ernten zu dürfen. Hält man neben dem Einkauf auch das Hausgeld als Ziel von Disziplinarmaßnahmen für notwendig, so sollte man – wie es ein Teil der Landesgesetze tut – jedenfalls einen bestimmten Sockelbetrag in der Verfügung der Gefangenen lassen.

dd) Schule und Beruf

74 Als Ziel des Jugendvollzuges hat das BVerfG formuliert, dem Inhaftierten künftig ein straffreies Leben in Freiheit zu ermöglichen.[195]

Dem lief es zunächst zuwider, wenn § 92 Abs. 3 Nr. 4 JStVollzG LSA[196] als Disziplinarmaßnahme den Ausschluss von Unterricht, Berufsbildung, beruflicher Fort- und Weiterbildung, Umschulung oder der zugewiesenen Arbeit oder sonstigen Beschäftigung vorsah.[197]

---

193 Siehe § 55 HessJStVollzG samt Begründung.
194 Siehe etwa Begründung zu § 83 Abs. 3 JStVollzG Bln.
195 NJW 2006, 2093, 2095.
196 Ähnlich der zur Zeit beratene Entwurf eines Gesetzes zur Weiterentwicklung des Berliner Justizvollzuges vom 8.9.2015 in Art. 2 §§ 97 Abs. 3 Nr. 7.
197 Gegen derartige Disziplinarmaßnahmen: Leitlinien der NRV zum Jugendstrafvollzug (Stand 2.3.2007), Nr. 6. Ablehnend auch Sußner, Jugendstrafvollzug, S. 249. Hingegen sieht Schneider, Strafvollzug und Jugendstrafvollzug, S. 285, in derartigen Maßnahmen „Sanktionen, die den Gefangenen wirklich treffen und ihn zu einem Umdenken bewegen", es müsse aber berücksichtigt werden, ob andere Erziehungsmaßnahmen angeordnet werden könnten. Nach § 98 Abs. 2 Nr. 8 JVollzGB LSA ist „nur" noch der Entzug zuge-

In der Gesetzesbegründung heißt es hierzu, diese befristete Maßnahme solle Störungen bei Unterricht und Arbeit unterbinden, denen nicht mehr durch erzieherische Maßnahmen begegnet werden könne, die aber keinen endgültigen Ausschluss von der Maßnahme oder eine Kündigung rechtfertigen. Zuvor heißt es in der Begründung des gleichen Gesetzes, der Entzug der Arbeit sei als Disziplinarmaßnahme bewusst nicht aufgenommen worden, da er kontraproduktiv zur Erreichung des Vollzugszieles der Resozialisierung sei.[198]

Die Befürwortung der einen unter Ablehnung der anderen Maßnahme vermag nicht zu überzeugen. Ausbildung und Arbeit sind Grundbereiche, deren erfolgreiche Absolvierung im Vollzug erlernt werden müssen, um außerhalb des Vollzuges straffrei leben zu können. Hierzu muss den Gefangenen vermittelt werden, dass sie auch dann „bei der Stange zu bleiben" haben, wenn es bei der Ausbildung oder dem Beruf Schwierigkeiten gibt. Werden sie hingegen bei einem Fehlverhalten ausgeschlossen, mag dies zwar die anderen Teilnehmer der Maßnahme schützen und deren Arbeit sowie Ausbildung erleichtern, es ist aber ein falsches Signal an den „störenden" Gefangenen. Bereits außerhalb des Vollzuges haben die Gefangenen in der Schule, bei der Ausbildung oder bei Jugendhilfemaßnahmen häufig erlebt, dass sie durch ein „Stören" das damit von ihnen intendierte Ziel erreichen, von der Maßnahme abgelöst zu werden. Dieses Muster sollte im Vollzug nicht fortgesetzt werden. Auf Störungen sollte vielmehr sozialpädagogisch oder psychologisch reagiert werden – eine Ablösung des Gefangenen, auch nur auf Zeit, sollte hingegen unterbleiben.

Den gleichen Bedenken begegnet es, wenn einzelne Ländergesetze den zeitlichen Entzug von Arbeit und Beschäftigung unter Wegfall der Bezüge vorsehen.

Soweit dies unabhängig von Störungen im Rahmen der Arbeitsstelle als Zufügung eines „Strafübels" eingesetzt werden soll, liegt dem die Erwägung zugrunde, dass der Erhalt des Arbeitsentgeltes den Gefangenen den Erwerb von für sie wichtigen Gegenständen ermöglicht und letztendlich den Status innerhalb der Gruppe der Gefangenen hebt. Damit ist der Entzug der Arbeit ein sehr effizientes Mittel, den Gefangenen zu „treffen" und ihm das Unrecht seines Fehlverhaltens vor Augen zu führen. Gleichwohl sollte dieser Weg nicht genutzt werden, da durch eine, insbesondere mehrfache, Verhängung dieser Maßnahme die Gewöhnung des Gefangenen an den Arbeitsprozess verhindert wird. Diese Gewöhnung fehlt insbesondere bei Jugendlichen noch häufig. Damit läuft die Disziplinarmaßnahme dem Vollzugsziel eines straffreien Lebens mit einer regelmäßigen Arbeit nach Ende der Jugendstrafe zuwider.

ee) Aufenthalt während der Freizeit

Soweit einzelne Landesgesetze als Disziplinarmaßnahme die getrennte Unterbringung während der Freizeit vorsehen, handelt es sich um die Übernahme aus dem Erwachsenenvollzug. Hier sieht diese Maßnahme § 103 Abs. 1 Nr. 5 StVollzG vor. Allerdings wird dort – anders als in den Jugendvollzugsgesetzen – in § 103 Abs. 4 StVollzG ge-

---

wiesener Arbeit bis zu vier Wochen möglich. Damit wird jedenfalls der so wichtige Ausbildungsbereich ausgeklammert.
198 Jeweils Begründung zu § 93 JStVollzG LSA aF.

fordert, es solle in der Regel ein Konnex zwischen der Maßnahme und der Verfehlung bestehen.

Im Rahmen des Transfers der Maßnahme vom Erwachsenenvollzug in den Jugendvollzug wird in den Gesetzesbegründungen lediglich ausgeführt, die Berücksichtigung einer besonderen Strafempfindlichkeit der jugendlichen Gefangenen solle dem Anstaltsleiter im Rahmen seiner Ermessensentscheidung überlassen bleiben.[199]

Die getrennte Unterbringung während der Freizeit hat eine Isolierung des Gefangenen für den Teil des Tages zur Folge, an dem nicht gearbeitet wird. Der Gefangene wird zu dieser Zeit an Werktagen und am Wochenende ganztags allein in seinem Haftraum sein. Dies macht deutlich, dass für den Freizeitbereich eine von der Eingriffstiefe dem Arrest ähnliche Sanktion verhängt wird. Dies sollte aber dem Arrest vorbehalten werden, der für extrem schwere Verstöße zur Verfügung steht und vor dessen Anordnung besondere Prüfungspunkte zu durchlaufen sind, etwa die Konsultation eines Arztes. Die Freizeit gemeinsam mit anderen Gefangenen dient auch der Einübung des gemeinsamen sozialen Umgangs, was für junge Gefangene besonders wichtig ist.[200] Zur Reaktion auf Verfehlungen im Freizeitbereich – für welche im Erwachsenenvollzug die getrennte Unterbringung während der Freizeit vorgesehen ist – können im Jugendvollzug durchaus Maßnahmen ohne unmittelbaren Konnex ausgewählt werden, die den Gefangenen zwar auch hart, aber nicht isolierend und aus der Gruppe ausschließend treffen, etwa die Beschränkung des Medienkonsums.

ff) Verkehr mit Personen außerhalb der Anstalt

76   Ebenfalls aus einer Regelung für den Erwachsenenvollzug[201] übernommen ist die in einigen Ländergesetzen vorzufindende Disziplinarmaßnahme der Beschränkung des Verkehrs mit Personen außerhalb der Anstalt auf dringende Fälle.

Diese Sanktion ist abzulehnen,[202] da sie für die Normanwender und die Gefangenen als Normadressaten unklar lässt, was dringende Fälle sind, in denen die Beschränkung unzulässig ist, und weil die Beschränkung des Kontakts der Gefangenen nach außen dem Vollzugsziel, dem Inhaftierten künftig ein straffreies Leben in Freiheit zu ermöglichen,[203] zuwiderläuft.

Das BVerfG hat zu Recht betont, dass bei jugendlichen Gefangenen die Familienbeziehungen und die Möglichkeit, sie auch aus der Haft heraus zu pflegen, altersbedingt besonders wichtig und bei minderjährigen Gefangenen zudem die nach Art. 6

---

199   So die Begründung zu Art. 156 BayStVollzG.
200   Deshalb für einen „sparsamen Gebrauch" dieser Disziplinarmaßnahme Sußner, Jugendstrafvollzug, S. 250. Als in der Praxis bewährte und im Jugendstrafvollzug wirksame Maßnahme sieht sie hingegen: Schneider, Strafvollzug und Jugendstrafvollzug, S. 286.
201   § 103 Abs. 1 Nr. 8 StVollzG.
202   Dagegen auch Leitlinien der NRV zum Jugendstrafvollzug (Stand 2.3.2007), Nr. 6, ferner Pollähne, in: Jugendstrafvollzug in Deutschland, hrsg. von Goerdeler/Pollähne, S. 145, unter Verweis auf die CPT-Standards. Sußner, Jugendstrafvollzug, S. 249: Besserung der Gefangenen für die Anstalt wird auf Kosten der Resozialisierung und Wiedereingliederung in die Gesellschaft erkauft. Hingegen sieht Schneider, Strafvollzug und Jugendstrafvollzug, S. 285, in derartigen Maßnahmen „Sanktionen, die den Gefangenen wirklich treffen und ihn zu einem Umdenken bewegen", es müsse aber berücksichtigt werden, ob andere Erziehungsmaßnahmen angeordnet werden könnten.
203   BVerfG NJW 2006, 2093, 2095.

GG geschützte Position der erziehungsberechtigten Eltern berührt ist.²⁰⁴ Aber auch über die Familie hinaus sind Außenkontakte während des laufenden Vollzuges wichtig, um in Kontakt mit dem Leben außerhalb der „künstlichen" Welt innerhalb der Anstalt zu bleiben, auch um Sachverhalte mit Nicht-Inhaftierten zu besprechen und sich beraten zu lassen. Zudem können Kontakte zu Vertrauenspersonen außerhalb der Anstalt in einer kritischen Phase nach einer Disziplinarverfehlung besonders wichtig und stabilisierend sein. Schließlich droht gerade in der Phase unmittelbar nach der Haftentlassung dann die Begehung neuer Straftaten, wenn der Gefangene nicht an seinem Wohnort von einem sozialen Umfeld mit positiver Einwirkung auf ihn empfangen wird. Voraussetzung hierfür ist indessen, dass während des Vollzuges Außenkontakte gepflegt werden.

Über diese inhaltlichen Einwände hinaus steht die Beschränkung der Außenkontakte im Widerspruch zu Art. 61 des Internationalen Paktes über bürgerliche und politische Rechte aus dem Jahr 1966 (hierzu bereits Vorbem. Rn 10). Nach dieser völkerrechtlichen Vorgabe – und solche sind nach der Leitentscheidung des BVerfG ausdrücklich im deutschen Jugendvollzug zu beachten²⁰⁵ – hat jeder Jugendliche das Recht, mindestens zweimal pro Woche mit einer Person seiner Wahl in briefliche oder fernmündliche Verbindung zu treten, sofern keine gesetzlichen Einschränkungen gelten. Ferner hat jeder Jugendliche das Recht auf Postempfang. Diese Vorschrift macht die besondere Bedeutung der Außenkontakte deutlich. Zwar kann das Recht auf Außenkontakte nach Art. 61 durch Gesetz eingeschränkt werden, es widerspricht aber der hohen Bedeutung dieses Rechts, die Einschränkung in Form einer gesetzlichen Disziplinarmaßnahme und mithin einer Art Übelszufügung vorzusehen.

Eine Beschränkung von Außenkontakten wurde somit von den meisten Verfassern der Ländergesetze – wie sich aus den Begründungen ergibt: bewusst – nicht als Disziplinarmaßnahme vorgesehen.²⁰⁶

gg) Streichung von Belohnung oder Anerkennung bei fehlender Mitarbeitsbereitschaft an der Erreichung des Vollzugszieles

In § 55 Abs. 3 Nr. 2 HessJStVollzG²⁰⁷ ist als Disziplinarmaßnahme der Widerruf einer Belohnung oder Anerkennung bei fehlender Mitwirkung des Gefangenen am Vollzugsziel vorgesehen. Dem liegt die Normierung einer Pflicht der Gefangenen zugrunde, am Erziehungsziel mitzuwirken, die durch Maßnahmen der Belohnung und Anerkennung gefördert werden kann.²⁰⁸

77

---

204 BVerfG 2006, 2093, 2096. Zu der unter Zugrundelegung des besonderen Gewaltverhältnisses vertretenen und damit heute überholten Auffassung des KG (NJW 1966, 1088), jeder Kontakt mit dem Gefangenen sei naturgemäß nur nach dem Ermessen und durch die Vermittlung des Gewalthabers denkbar, s. bereits Vorbem. Rn 7.
205 NJW 2006, 2093, 2097.
206 Zutr. s. etwa die Begründung zu § 83 JStVollzG Bln.
207 Diese Regelung blieb von der Änderung des HessJStVollzG durch Gesetz vom 30.11.2015 (GVBl 2015, 498) unberührt.
208 So § 4 HessJStVollzG.

Wie bereits im Rahmen der Grundlagen[209] dargestellt und auch von einem anderen Teil der Literatur[210] angenommen, bestehen gegen die Konstituierung einer Mitwirkungspflicht der Gefangenen erhebliche pädagogische und rechtliche Einwände:

- Kann bereits die Formulierung einer Mitwirkungspflicht in der Situation des Vollzuges bei jungen Gefangenen zu einer Verweigerungshaltung[211] oder einer Scheinadaption[212] führen, so erscheint es pädagogisch ebenso wenig sinnvoll, auf eine fehlende Mitwirkung mit der Sanktion des Entzuges von zuvor gewährten Vergünstigungen zu reagieren. Die zwangsweise Verpflichtung samt Disziplinarmaßnahme bei Nichtbefolgung widerspricht der pädagogischen Erkenntnis der Nachhaltigkeit der allein freiwilligen Mitwirkung.[213]

- Die disziplinarisch sanktionierte Mitwirkungspflicht ist allgemein formuliert und damit zu unbestimmt, um bei deren Verletzung Disziplinarmaßnahmen anzuordnen.[214]

- Schließlich besteht gegen die Mitwirkungspflicht – und erst Recht gegen ihre disziplinarrechtliche Ahndung – der fundamentale Einwand, dass der Gefangene damit gezwungen wird, an seiner eigenen Bestrafung mitzuwirken – ein Verstoß gegen Art. 1 Abs. 1 GG.[215] Es besteht die Gefahr, dass die Gefangenen zum Objekt ihrer Bestrafung gemacht werden, zudem werden die Gefangenen des Jugendstrafvollzugs – da es nur hier eine Mitwirkungspflicht gibt – gegenüber dem Erwachsenenvollzug schlechter gestellt.[216] Diese Einwände wiegen besonders schwer, wenn an die Verletzung der Mitwirkungspflicht durch Jugendstrafgefangene Disziplinarmaßnahmen geknüpft werden. Die Mitwirkungspflicht droht in diesem Fall zum Einfallstor für eine repressive Vollzugspraxis – oder gar von Willkür – zu werden, die im Gegensatz zum Erziehungsauftrag steht, sie kann zur Begründung einer Selektion, etwa beim Zugang zu Fördermaßnahmen herangezogen werden, ebenso zur Kaschierung mangelnder Kapazitäten für Fördermaßnahmen.[217]

---

209 § 1 Rn 28 ff; ablehnend gegenüber einer allgemeinen Mitarbeitspflicht im Hinblick auf drohende Disziplinarmaßnahmen auch Ergebnisse des DJGT 2007, AK 1, Nr. 12, abrufbar unter www.dvjj.de, letzter Zugriff: 1.6.2015.
210 Zusammenfassend und mwN, auch zur Gegenmeinung, Eisenberg § 92 JGG Rn 44-45.
211 Laubenthal, Strafvollzug, Rn 869: Motivation der Jugendlichen durch die Mitwirkungspflicht ist zweifelhaft.
212 Dazu Laubenthal/Baier/Nestler, Jugendstrafrecht, Rn 933.
213 § 1 Rn 28, ebenso Neubacher, FS-Eisenberg, S. 139 (147): Die Statuierung der Mitwirkungspflicht lenkt von der Pflicht der Bediensteten zur Motivation ab und wird zudem negative, behandlungswidrige Konsequenzen nachsichzeihen.
214 § 1 Rn 30, ebenso Eisenberg § 92 JGG Rn 44 und Laubenthal, Strafvollzug, 7. A., Rn 869. Soweit in einzelnen Ländergesetzen (s. zB § 63 Abs. 1 JStVollzG Bln) die Pflicht der Gefangenen vorgesehen wird, diese müssten zum Anstaltsleben beitragen, ist das nur wenig konkreter und den gleichen Einwänden ausgesetzt wie die allgemeine Mitwirkungspflicht. Schneider, Strafvollzug und Jugendstrafvollzug, S. 282, meint, die Kritik könne nur die Disziplinierung eines Verstoßes gegen die abstrakte Mitwirkungspflicht treffen, nicht aber den Verstoß gegen ein konkretes Mitwirkungsgebot. Dies verkennt, dass auch hier die Gegenargumente der Scheinadaption und des Zwanges an der Mitwirkung an der eigenen Bestrafung entgegenstehen.
215 § 1 Rn 31, verfassungsrechtlich ebenfalls ablehnend Laubenthal/Baier/Nestler, Jugendstrafrecht, 2010, Rn 933.
216 Eisenberg § 92 JGG Rn 44.
217 Eisenberg § 92 JGG Rn 45.

hh) Arrest

Als schwerste Disziplinarmaßnahme sehen die Ländergesetze zum Jugendstrafvollzug 78
wie bereits das StVollzG für den Erwachsenenvollzug den Arrest vor.
Hierbei handelt es sich um eine besonders einschneidende, weil die freie Wahl des Aufenthaltsortes über den Zwang zum Aufenthalt in der Vollzugsanstalt hinaus erheblich weiter einschränkende Maßnahme.

Der in den Ländergesetzen auf vier Wochen[218] zeitlich begrenzte Arrest ist als ultima ratio **verfassungsrechtlich**[219] auch im **Jugendvollzug zulässig**. Nach den Aussagen des BVerfG in seiner Grundlagenentscheidung vom 31.5.2006 ist es für die Aufrechterhaltung eines geordneten, zur Erfüllung seiner verfassungsrechtlichen Aufgaben fähigen Vollzuges unerlässlich, dass die Möglichkeit besteht, auf Pflichtverstöße der Gefangenen mit disziplinarischen Mitteln zu antworten. Zwar sollte im Strafvollzug – und besonders im Jugendvollzug – nach Möglichkeit eine positiv motivierende Wirkung im Vordergrund stehen, unbeschadet dessen bedürften die für einen geordneten Anstaltsbetrieb notwendigen Verhaltensregeln aber der Flankierung durch Sanktionen, welche die Anstalt selbst verhängen kann. Fehlten Disziplinarmaßnahmen mangels gesetzlicher Grundlage und dürften Gefangene in Fällen wie dem körperlichen Angriff auf einen Mitgefangenen damit rechnen, dass eine angemessene Reaktion ausbleibt, wären Mitgefangene und andere potenziell Betroffene nicht in der grundrechtlich gebotenen Weise geschützt.[220]

Ob dieser verfassungsrechtlich gegebene Raum für die einfachgesetzliche Etablierung einer Disziplinarmaßnahme des Arrestes als ultima ratio genutzt werden sollte, ist – insbesondere zwischen Vollzugspraxis und Schrifttum – umstritten.

Erwähnenswert erscheint es zunächst, dass der Referentenentwurf des BMJ, Stand 28.4.2004, auf das Disziplinarmittel des Arrestes bewusst, und zwar gegen den Widerstand der Anstaltsleiter verzichtete.[221] Aber auch von Verbandsseite wird die Auffassung vertreten, die Praxis zeige, dass der Jugendvollzug auch ohne den Arrest auskommen könne.[222] In der Literatur reichen die Forderungen von einer strikteren Begrenzung[223] bis hin zur vollständigen Abschaffung des Arrestes[224] mit Ersatz durch

---

218 Die meisten Ländergesetze sehen einen Arrest bis zu zwei Wochen vor, bis zu vier Wochen ist er möglich in Niedersachsen, Rheinland-Pflalz und Thüringen, sowie ab 1.1.2016 auch in Sachsen-Anhalt (dort vorher bis zu zwei Wochen). Brandenburg und Sachsen verzichten ganz auf den Arrest als Disziplinarmaßnahme.
219 Steht nach Eisenberg § 92 JGG Rn 138 b aber jedenfalls „in Konflikt" mit Nr. 67 der UN-Regeln zum Schutz von Jugendlichen unter Freiheitsentzug. AA Schneider, Strafvollzug und Jugendstrafvollzug, S. 283-284: Arrest ist als ultima ratio konform mit Nr. 60.5 der Europäischen Vollzugsgrundsätze und Nr. 67 der UN-Regeln.
220 NJW 2006, 2093, 2098.
221 Siehe dazu Ostendorf NK 2006, 92.
222 DVJJ Mindeststandards für den Jugendvollzug, Nr. 18.
223 Dünkel, Freiheitsentzug für junge Rechtsbrecher, S. 218. Sußner, Jugendstrafvollzug, S. 250 weist darauf hin, dass einzelne Anstalten ohne Arrest auskommen und fordert jedenfalls seine Anwendung als ultima ratio in den von BVerfG NJW 1994, 1339 f genannten engen Fällen, etwa der Gefährung der inneren oder äußeren Sicherheit der Anstalt durch Gewalt. Die Jugendstrafvollzugskommission hatte gefordert, Arrest nur noch bei einer mit Freiheitsstrafe bedrohten Handlung zu verhängen, näher Thierel, Jugendstrafvollzug, S. 244; Laubenthal, Strafvollzug, 2011 Rn 895: Arrest nur in Ausnahmefällen.
224 Dünkel in: FS für Schwind, hrsg. von Feltes/Pfeiffer/Steinhilper, 2006, S. 564; Schwirzer, Jugendstrafvollzug für das 21. Jahrhundert?, S. 264 f.

andere Maßnahmen wie Verlegung innerhalb der Wohngruppe oder Reaktionen innerhalb eines Bonussystems.[225]

Sowohl für eine Befürwortung als auch für eine Ablehnung des Instruments des Arrestes lassen sich nachvollziehbare Argumente anführen:

Aus der Perspektive des Vollzuges einerseits zutreffend ist sicherlich, dass sich in der Vollzugswirklichkeit teilweise besonders gravierende Verstöße und besonders sanktionsunempfindliche Gefangene finden, die nicht nur mit konsensualen Maßnahmen nicht erreicht werden können, sondern die auch leichtere Disziplinarmaßnahmen selbst nach mehrfacher Verhängung nicht zur Verhaltensänderung bewegen. Um auch in diesen – wenigen – Fällen den genannten Vorgaben des BVerfG gerecht zu werden und insbesondere andere Gefangene und Bedienstete vor weiteren Übergriffen durch eine Einwirkung auf den devianten Gefangenen schützen zu können, bedarf es, so lässt sich vortragen, auf einer höchsten Eingriffsstufe des Arrestes.[226]

Aus der Sicht des Gefangenen andererseits ist die besondere Empfindlichkeit des jungen Gefangenen für den Arrest zu bedenken und die Gefahr, dass statt niedrigschwelligerer Maßnahmen, insbesondere konsensualer Art, wenn vom Gesetzgeber angeboten, dann von der Praxis unmittelbar auf den Arrest zurückgegriffen wird.

Die Gesetzgeber der Jugendvollzugsgesetze haben den Streit zwar meist in dem Sinne gelöst, dass sie den Arrest vorgesehen haben. Für eine grundlegende Klärung ist es jedoch dringend erforderlich, dass Zahlen zur Wirklichkeit des Arrestes erhoben werden. Dies ist trotz Kritik in der Literatur[227] bislang bei den Disziplinarmaßnahmen nicht der Fall – eine kriminologische Grundlage ist aber Basis für die verlässliche Beantwortung der Frage, ob es des Arrestes im Jugendvollzug tatsächlich bedarf.[228]

Wichtig ist es bei der heutigen Gesetzeslage, den Arrest nicht nur als Sühnemaßnahme zu verstehen, sondern auch hier Mindeststandards der menschenwürdigen Behandlung zu beachten und ihn als Chance pädagogisch zu nutzen. Dies wird zu Recht in den Ländergesetzen normiert.[229]

VIII. Vollstreckung und Vollzug

79 Die Ländergesetze enthalten für den Bereich des Vollzuges und der Vollstreckung von Disziplinarmaßnahmen insbesondere drei Regelungen:
- die sofortige Vollstreckung als Regelfall,
- die Möglichkeit der Aussetzung zur Bewährung und

---

225 Dazu Thierel, Jugendstrafvollzug, S. 247 mwN.
226 Für die Erforderlichkeit des Arrestes in diesen schwersten Fällen Schneider, Strafvollzug und Jugendstrafvollzug, S. 284: „Völlig unbelehrbaren jungen Menschen und notorischen Störenfrieden" dürfte nicht gestattet werden, „die Motivation der anderen jungen Gefangenen, am Erziehungsauftrag mitzuwirken, zu zerstören".
227 Siehe hierzu abtuell oben Rn. 39 a und Walter NK 2005, 130
228 Der Appell von Schneider, Strafvollzug und Jugendstrafvollzug, S. 284 mit Fn 1550, dass man den Arrest aus erzieherischer Sicht nicht zu negativ sehen darf und der Verf. habe bei Besuchen im Vollzug keine Arrestanten getroffen, die „mit der Maßnahme nicht zurecht gekommen wären" ersetzt eine empirische Untersuchung gerade nicht.
229 S. etwa § 84 Abs. 3 S. 2 JStVollzG Bln.

- die genaue Ausgestaltung des Arrestes als schwerster möglicher Disziplinarmaßnahme.

Die Regelungen orientieren sich im Wesentlichen an § 104 StVollzG.

1. Regelfall der sofortigen Vollstreckung

Die **sofortige Vollstreckung als Grundfall** entspricht der Erfahrung, dass eine Sanktion in der Regel dann besonders wirkungsvoll ist, wenn sie einer gerade begangenen Disziplinarverfehlung zeitlich unmittelbar nachfolgt und dieser damit ohne Weiteres vom jugendlichen Gefangenen zugeordnet werden kann. Die **Aussetzung zur Bewährung** hingegen beruht auf dem Gedanken, dass der Jugendliche sich die verhängte, aber nicht vollstreckte Disziplinarmaßnahme bereits zur Warnung dienen lässt und in Zukunft keinen derartigen Disziplinarverstoß mehr begeht.[230] Gerade bei Ausschöpfung der Bewährungszeit von sechs Monaten dürfte zweifelhaft sein, ob der Jugendliche sich nach so langer Zeit noch an die für ihn nicht wahrnehmbare zur Bewährung ausgesetzte Disziplinarmaßnahme erinnern und den Zusammenhang zwischen Verfehlung und Sanktion herstellen kann. Soweit gesetzlich vorgesehen ist, diesen Nachteil der Bewährungsentscheidung entsprechend den strafrechtlichen Regelungen[231] durch Verhängung von Auflagen oder Weisungen zu vermeiden, stellt sich die Frage, ob dann nicht besser per se eine andere, weniger einschneidende, aber sofort vollstreckte Disziplinarmaßnahme statt des Arrestes gewählt werden sollte. Ferner ist, da Disziplinarmaßnahmen subsidiären Charakter haben, bei der Erwägung einer zur Bewährung ausgesetzten Disziplinarmaßnahme besonders sorgfältig zu prüfen, ob nicht gänzlich auf eine Disziplinarmaßnahme verzichtet und stattdessen das deviante Verhalten positiv erzieherisch aufgearbeitet werden kann. Es bleibt in diesem Fall unbenommen, bei einer erneuten Verfehlung wiederum die Verhängung einer Disziplinarmaßnahme zu prüfen.[232]

80

2. Regelungen zur Vollstreckung des Arrestes

Bezüglich der Regelungen zur Vollstreckung des Arrestes ist es begrüßenswert, dass nach den Ländergesetzen der Arrest erzieherisch ausgestaltet werden soll. Nach den Gesetzesbegründungen soll der Gefangene insbesondere zu einer Reflektion über Ursachen und Wirkungen des Verstoßes angeleitet werden.[233] Fraglich ist allerdings, wie dies praktisch von den Mitarbeitern der Jugendanstalt – ohne personelle Verstärkung neben ihren Aufgaben bezüglich der nicht arrestierten Jugendlichen – mit dem in dem Arresthaftraum befindlichen Jugendlichen umgesetzt werden soll. Soll der Arrest nicht allein als „Übelszufügung" angewendet, sondern auch in der Praxis erzieherisch als Chance genutzt werden, bedarf es intensiver Gespräche der Vollzugsmitar-

81

---

230 Siehe zu diesem Gedanken für das Erwachsenenstrafrecht § 57 StGB, für das Jugendstrafrecht § 21 JGG.
231 § 56b und § 56c StGB sowie § 23 JGG.
232 Positiver zum Anwendungsbereich von zur Bewährung ausgesetzten Disziplinarmaßnahmen Petersen in: Ostendorf, Untersuchungshaft und Abschiebehaft, § 9 Rn 35 mit dem Beispiel, dass der Gefangene schon der Sanktion selbst als Warnung auffasst oder – bei schwererer Verstößen – die Aussetzung nach einer „Anvollstreckung" erfolgt. Auch in diesen Fällen stellt sich mE die Frage, ob eine Disziplinarmaßnahme dann wirklich die erzieherisch sinnvolle Reaktion ist.
233 Siehe die Begründung zu § 84 JStVollzG Bln.

beiter mit dem Gefangenen. Dies setzt eine besondere Berücksichtigung beim Personalschlüssel voraus.

82 Problematisch erscheint es, dass – jedenfalls nach dem Regelfall in den Landesgesetzen – die **im Vollzug bestehenden Rechte** des Jugendlichen **im Arrest sehr weitgehend eingeschränkt** werden. So wird dem arrestierten Jugendlichen die Ausstattung des Haftraumes mit eigenen Sachen, das Tragen eigener Kleidung, der Einkauf, die Teilnahme am Unterricht oder die Vornahme von Zellenarbeit, der Zeitungsbezug, der Rundfunkempfang und der Besitz von Gegenständen für die Freizeitbeschäftigung verboten.[234] Sollten diese Nachteile den Jugendlichen über die gesamte Arrestdauer von zwei Wochen treffen, läge ein äußerst intensiver Eingriff in die Grundrechte des Jugendlichen vor. Dieser könnte allein dadurch gerechtfertigt werden, dass er zur Erreichung des mit den Disziplinarmaßnahmen verfolgten Zwecks verhältnismäßig ist. Verfassungsrechtlich allein zulässiges Ziel der Disziplinarmaßnahmen ist es nach der Grundsatzentscheidung des BVerfG,[235] einen geordneten, zur Erfüllung seiner verfassungsrechtlichen Aufgaben fähigen Vollzug aufrechtzuerhalten. Nach den Ländergesetzen haben Disziplinarmaßnahmen hierbei die Funktion, den Gefangenen das Unrecht ihres Tuns vor Augen zu führen, soweit dies nicht im konsensualen Wege oder durch erzieherische Maßnahmen möglich ist. Die Vollstreckung des Arrestes ist damit daran zu messen, ob sie in ihrer konkreten Form ein geeignetes, erforderliches und angemessenes Mittel ist, eine Verhaltensänderung des Gefangenen herbeizuführen.

Dies ist bei dem Verbot, eigene Kleidung zu tragen, nicht ersichtlich. Hier ist nicht erkennbar, wie der Gefangene zu einer Verhaltensänderung bewogen werden kann.

Zulässig erscheinen nach dem genannten Maßstab die Beschränkungen, welche zu einem Konsumverzicht des Jugendlichen führen und damit eine Konzentration auf die Reflektion über den Verstoß zu fördern geeignet sind. Hierzu zählen der Entzug eigener Sachen, soweit sie im Zusammenhang mit Konsum stehen, und Gegenstände für die Freizeitbeschäftigung sowie der Einkauf.

Nicht zulässig nach dem genannten Maßstab erscheinen hingegen, da sie erzieherisch kontraproduktiv wirken dürften, der Entzug der Möglichkeit auf Unterricht oder Zellenarbeit, der Zeitungsbezug und der Rundfunkempfang. Hinzu kommt, dass auch während des Arrestes eine Behandlung des Gefangenen erforderlich ist, die zur Erreichung des Vollzugszieles – der Ermöglichung eines straffreien Lebens in Freiheit – geeignet erscheint. Der Entzug von Unterricht oder Zellenarbeit steht der Erreichung des Vollzugszieles gerade entgegen. Auch Zeitungserhalt und Rundfunkempfang sind Minima der politischen und kulturellen Teilnahme am sozialen Leben, die zur Vorbereitung des Lebens in Freiheit auch während des Arrestes notwendig sind.

Neben den rechtlichen Bedenken dürfte es ferner zum einen kaum möglich sein, einen durch die genannten Maßnahmen in eine Außenseiterposition gedrängten Jugendlichen erzieherisch zu erreichen, zum anderen kann sich in kurzer Zeit eine hoch explosive Stimmung zwischen Jugendlichen und Mitarbeitern des Vollzuges aufbauen. Aus den genannten Gründen sollte bis auf die dargestellten erzieherisch sinnvollen

---

234 Siehe exemplarisch § 84 Abs. 3 S. 3 JStVollzG Bln.
235 BVerfG NJW 2006, 2093, 2098.

Maßnahmen regelmäßig von der Anordnung Gebrauch gemacht werden, dass die einzelnen Rechte erhalten bleiben – auch wenn dies das vom Gesetzgeber vorgelegte Grundfall-Ausnahme-Schema ins Gegenteil verkehrt.

IX. Rechtsmittel

In § 92 Abs. 1 JGG werden die §§ 109 und 111 bis 120 StVollzG im Bereich des Jugendvollzuges für entsprechend anwendbar erklärt. Da es sich bei Disziplinarmaßnahmen um Maßnahmen zur Regelung einzelner Angelegenheiten auf dem Gebiet des Strafvollzuges handelt, kann nach § 92 Abs. 1 S. 1 JGG, § 109 Abs. 1 S. 1 StVollzG vom betroffenen Gefangenen ein **Antrag auf gerichtliche Entscheidung** gestellt werden. Auf die Einzelheiten des Antrags auf gerichtliche Entscheidung wird zwar bei der allgemeinen Erläuterung dieses Rechtsbehelfes eingegangen (siehe § 11 Rn 4 ff), besondere Bedeutung hat jedoch im Bereich der Disziplinarmaßnahmen die Frage, ob deren sofortige Vollstreckung vor Entscheidung eines Gerichts vom Gefangenen verhindert werden kann. Hierzu folgt aus § 92 Abs. 1 S. 1 JGG, § 114 StVollzG, dass der Antrag auf gerichtliche Entscheidung nach § 114 Abs. 1 S. 1 StVollzG grundsätzlich keine aufschiebende Wirkung hat, das Gericht den Vollzug der angefochtenen Maßnahme jedoch nach § 114 Abs. 1 S. 2 StVollzG aussetzen kann, wenn die Gefahr besteht, dass die Verwirklichung des Rechts des Antragstellers vereitelt oder wesentlich erschwert wird und ein höher zu bewertendes Interesse an der sofortigen Vollziehung nicht entgegensteht. Wie ausgeführt ist die sofortige Vollziehung bei Disziplinarmaßnahmen der Regelfall und dies ist auch sinnvoll, da so ein enger zeitlicher Zusammenhang zwischen Tat und Ahndung besteht, der erzieherisch geboten erscheint. Der Gefangene kann gleichwohl – insbesondere bei schwereren Disziplinarmaßnahmen – die für ihn einschneidende Vollstreckung verhindern, indem er einen Antrag nach § 92 Abs. 1 S. 1 JGG, § 114 Abs. 1 S. 2 StVollzG stellt und damit im Erfolgsfalle einer Aussetzung der Maßnahme bis zur gerichtlichen Entscheidung über seinen Antrag erreichen. Sehr begrüßenswert ist die ab dem 1.1.2016 in Sachsen-Anhalt geltende Regelung des § 99 Abs. 1 S. 2 JVollzGB LSA, nach der die Vollstreckung des Arrestes auszusetzen ist, soweit es zur Gewährung eines effektiven Rechtsschutzes erforderlich ist.

83

§ 11 Rechtsmittel

Spezielle Literatur: *Dünkel, F.*, Die Reform des Jugendstrafvollzugs in Deutschland, in: T. Feltes/C. Pfeiffer/M. Steinhilper (Hrsg.), Kriminalpolitik und ihre wissenschaftlichen Grundlagen, Festschrift für Hans-Dieter Schwind, Heidelberg 2006, S. 549–570; *Kamann, U.*, Vollstreckung und Vollzug der Jugendstrafe – Verteidigung und Rechtsschutz, Münster 2009 (zitiert: Kamann, Verteidigung); *Kaspar, J.*, Mediation und konsensuale Konfliktlösung im Strafrecht, NJW 2015, 1642-1647; *Köhne, M.*, Das Ende des „gesetzlosen" Jugendstrafvollzuges, in: ZRP 2007, S. 109–112; *Lübbe-Wolff, G./Lindemann, M.*, Neuere Rechtsprechung des BVerfG zum Vollzug von Straf- und Untersuchungshaft und zum Maßregelvollzug, in: NStZ 2007, S. 450–461; Rose, in: Ostendorf (Hrsg.), JGG, 10. A.; *Sußner, Ch.*, Jugendstrafvollzug und Gesetzgebung, Hamburg, 2009 (zitiert: Sußner, Jugendstrafvollzug); *Thierel, St.*, Vergleichende Studie zur Normierung des Jugendstrafvollzugs, (2008), (zitiert: Thierel, Jugendstrafvollzug); *Tondorf, G./Tondorf, B.*, Plädoyer für einen modernen Jugendstrafvollzug, in: ZJJ 2006, S. 241–248

I. Vorbemerkung: Rechtsschutz und Rechtsmittel

Will sich ein im Jugendstrafvollzug[1] seine Strafe verbüßender Inhaftierter gegen eine vollzugliche[2] Gestaltungsentscheidung oder das Unterlassen einer Maßnahme wenden,[3] stehen ihm im Rahmen des Rechtsschutzspektrums[4] zum einen vollzugsinterne Überprüfungsmöglichkeiten zur Verfügung.[5] Diese sind als Beschwerderecht beim Anstaltsleiter,[6] darüber hinaus als Eingabe an einen die Anstalt besuchenden Vertreter der Aufsichtsbehörde[7] ausgestaltet. Daneben besteht die Möglichkeit der Dienstaufsichtsbeschwerde,[8] des Gnadengesuchs[9] und der Petition.[10] Zum anderen kann der Inhaftierte gerichtlichen Rechtsschutz in Anspruch nehmen. Die nachfolgende Darstellung widmet sich ausschließlich diesem gerichtlichen Kontrollverfahren im Jugendstrafvollzug.[11]

---

1 Zum Rechtsschutz beim Vollzug der Maßregel der Sicherungsverwahrung gegen Jugendliche siehe Ostendorf-Rose § 92 JGG Rn 31.
2 Die Rechtsmittel gegen Entscheidungen des Jugendrichters oder der Strafvollstreckungskammer bei der **Vollstreckung** der Jugendstrafe werden hier nicht behandelt, dazu eingehend Ostendorf-Rose § 83 Rn 3 sowie Kamann, Verteidigung, S. 77 ff.
3 § 92 JGG schließt andere Rechtsschutzwege zur Erreichung anderer Rechtsschutzziele nicht aus. Zur Erlangung von Schadensersatz nach einer Amtshaftpflichtverletzung steht etwa der Rechtsweg zu den Zivilgerichten nach Art. 34 GG, § 839 BGB offen. Zur Rechtsprechung wegen einer menschenrechtswidrigen Unterbringung in Hafträumen siehe Ostendorf-Rose § 92 JGG Rn 1 Fn 2. Handelt es sich nicht um eine Streitigkeit nach § 92 Abs. 1 S. 2 JGG und greift kein besonderer Rechtsweg ein, steht der subsidiäre Rechtsweg nach den §§ 23 ff EGGVG offen, näher Laubenthal/Baier/Nestler Rn 971.
4 Kamann, Verteidigung, S. 83 ff weist zu Recht darauf hin, dass der verurteilte Jugendliche und sein Verteidiger – nicht zuletzt aufgrund der geringen Erfolgsquote des gerichtlichen Rechtsschutzes – sich um eine informelle Konfliktlösung bemühen sollten, insbesondere durch ein persönliches Gespräch mit dem Vollzugsabteilungsleiter.
5 Siehe den Überblick jeweils bei Eisenberg § 92 JGG Rn 165 und Laubenthal, Strafvollzug Rn 755.
6 Siehe etwa § 87 JstVollzG S-H, weitere Nachweise bei Laubenthal, Strafvollzug, Rn 756, näher zu diesem, § 108 Abs. 1 S. 2 StVollzG nachgebildeten und im Erwachsenenstrafvollzug rege genutzten, Verfahren Kamann, Verteidigung, S. 86 ff.
7 Siehe etwa § 102 Abs. 2 JStVollzGRP.
8 Hierzu ausführlich Kamann, Verteidigung, S. 73 ff.
9 Näher Kamann, Verteidigung, S. 74 ff.
10 Näher Kamann, Verteidigung, S. 76.
11 Zu den Besonderheiten des Rechtsschutzes bei Herausnahme aus dem Jugendstrafvollzug nach § 91 JGG aF, jetzt § 89 b JGG, und Verbüßung in einer JVA für den Vollzug von Freiheitsstrafe siehe Ostendorf-Rose § 89b JGG Rn 1 und § 85 JGG Rn 7-8.

II. Regelungsinhalt

Durch Art. 1 Nr. 6 des Gesetzes zur Änderung des Jugendgerichtsgesetzes und anderer Gesetze vom 9.11.2007 wurde **§ 92 JGG** neu gefasst. Diese für den Rechtsschutz im Jugendstrafvollzug zentrale Norm enthält für den Vollzug von Jugendstrafe[12] im Wesentlichen folgende[13] Regelungen: 1

- Für den **Antrag auf gerichtliche Entscheidung** im Jugendvollzug gelten die §§ 109 und 111-120 StVollzG sowie § 67 Abs. 1–3 und 5 JGG entsprechend, allerdings kann das Landesrecht vorsehen, dass der Antrag auf gerichtliche Entscheidung erst nach einem Verfahren zur gütlichen Streitbeilegung zulässig ist.
- Örtlich und funktionell zuständig für die Entscheidung über den Antrag ist grundsätzlich die **Jugendkammer**, in deren Bezirk die beteiligte Vollzugsbehörde ihren Sitz hat.
- Das gerichtliche Verfahren ist dadurch gekennzeichnet, dass die Entscheidung durch **Beschluss** ergeht. Eine mündliche Verhandlung geht der Entscheidung (nur) dann voraus, wenn dies nach dem Ermessen der Jugendkammer von Amts wegen für erforderlich gehalten wird, eine Anhörung des Gefangenen in der Jugendanstalt erfolgt (nur) auf dessen Antrag.
- Im Grundfall entscheidet die Jugendkammer durch eines ihrer Mitglieder als **Einzelrichter**. Dieser legt die Sache bei besonderen Schwierigkeiten rechtlicher Art oder bei besonderer Bedeutung der Sache der Kammer zur Entscheidung über die Übernahme vor. Liegt eine der Voraussetzungen vor, übernimmt die Kammer den Antrag und stellt dies durch Beschluss fest. Eine Rückübertragung auf den Einzelrichter ist dann ausgeschlossen.
- Für die **Kosten** gilt im Grundsatz § 121 StVollzG, allerdings kann die Kammer entsprechend § 74 JGG davon absehen, dem Antragsteller Kosten und Auflagen aufzuerlegen.

III. Zielsetzung

Das BVerfG hat in seiner Entscheidung vom 31.5.2006[14] einen **besonderen Regelungsbedarf** für die Ausgestaltung des gerichtlichen[15] Rechtsschutzes im Jugendstrafvollzug angenommen.[16] 2

---

12 Die Vorschrift bezieht sich auf alle Jugendstrafgefangenen: Nach dem Wortlaut auf Jugendliche, nach § 110 Abs. 1 JGG auf Heranwachsende und als arg. e § 92 Abs. 6 JGG auch auf Jungerwachsene, s. Sußner, Jugendstrafvollzug, S. 262.
13 Durch § 92 JGG wird der gerichtliche Rechtsschutz der Gefangenen gegen sie belastende Maßnahmen geregelt. Hierzu zählt – mE insbesondere aus Sicht der Gefangenen als Träger subjektiver Rechte selbstverständlich – auch die Versagung begünstigender Maßnahmen gegenüber Gefangenen – dies sei wegen des Einwandes der Missverständlichkeit durch HK-JGG-Wulf § 92 Rn 20 klargestellt.
14 BVerfG NJW 2006, 2093, 2096; dazu verfassungsrechtlich Lübbe-Wolff/Lindemann NStZ 2007, 450, 453.
15 Im Schrifttum wird zu Recht darauf hingewiesen, dass – als von den justiziellen Rechtsschutzmöglichkeiten unabhängiger Beschwerdeinstanz – der Einrichtung eines Bundesbeauftragten für den Strafvollzug Bedeutung zukommt. Bedingungen für dessen Einwirkungsmöglichkeiten wären indessen eine zureichende Ausstattung sowie die funktionale Unabhängigkeit sowohl des Beauftragten selbst als auch von dessen Personal (Eisenberg § 92 JGG Rn 3 c). Zum Ombudsman in NRW siehe unten Rn 8.
16 Siehe zur Forderung nach einem effektiven Rechtsschutz auch DVJJ, Mindeststandards für den Jugendstrafvollzug, Nr. 20 sowie Eckpunkt 7 der Resolution des 31. Strafverteidigertages zum Jugendstrafvollzug (AG 6), Köhne, ZRP 2007, 109, 112, sowie zum effektiven Rechtsschutz speziell gegen Disziplinarmaßnahmen

Rose

§ 11 Rechtsmittel

Es hielt folgende **Kernpunkte** bezüglich der jetzigen und der zukünftig unter verfassungsrechtlichen Gesichtspunkten erforderlichen Regelung fest:

- Die gegenwärtige Ausgestaltung des gerichtlichen Rechtsschutzes im Jugendvollzug in Form des Rechtsweges zum Oberlandesgericht gemäß den §§ 23 ff EGGVG genüge nicht den Anforderungen an einen effektiven Rechtsschutz im Sinne des Art. 19 Abs. 4 GG.

- Es gelte die elementare Regel, dass der Rechtsstaat auch die Rechte derjenigen nicht verletzen dürfe, die das Recht gebrochen haben. Es bestehe die Notwendigkeit einer Ausgestaltung des Rechtsschutzes in der Form, dass die Wirksamkeit dieser Regel auch für den Strafvollzug gewährleistet sei. Die gesetzliche Ausgestaltung des Rechtsschutzes dürfte den Zugang zum Gericht nicht in unverhältnismäßiger, durch sachliche Gründe nicht gerechtfertigte, Weise erschweren.

- Die gesetzliche Regelung müsse auf die typische Situation und die davon abhängigen Möglichkeiten der Rechtsschutzsuchenden Rücksicht nehmen. Die Situation der Gefangenen sei dadurch gekennzeichnet, dass sie besonderen Gefährdungen unterliegen und eng beschränkt sind in der Möglichkeit, sich der Hilfe Dritter zu bedienen. Die Gefangenen im Jugendstrafvollzug seien zudem typischerweise besonders ungeübt im Umgang mit Institutionen und der Schriftsprache; zu einem geeigneten schriftlichen Ausdruck seien die Gefangenen hier häufig überhaupt nicht fähig. Die Verweisung der jungen Gefangenen auf ein regelmäßig ortsfernes, erst- und letztinstanzlich entscheidendes Obergericht, ohne besondere Vorkehrungen für die Möglichkeit mündlicher Kommunikation werde diesen Anforderungen auch im Vergleich mit dem für Gefangene im Erwachsenenvollzug vorgesehenen Rechtsschutz nicht gerecht.

Wie bereits dargelegt (siehe § 1 Rn 2) wurde im Rahmen der sogenannten Föderalismusreform mit Wirkung vom 1.9.2006 die Gesetzgebungskompetenz für den Strafvollzug und damit auch für den Jugendstrafvollzug vom Bund abgegeben und auf die Länder übertragen. Im Rahmen des Gesetzgebungsprozesses durchgesetzt hat sich jedoch die Auffassung, dass es bei der Zuständigkeit des Bundes für die Gerichtsverfassung und damit für den gerichtlichen Rechtsschutz der Gefangenen verbleibt. Eine zwischenzeitlich diskutierte[17] und auch von einem Landesgesetzgeber[18] angenommene Annexkompetenz der Länder dürfte nach der vom Bund genutzten originären Gesetzgebungskompetenz nicht mehr vertreten werden.

Unter Nutzung seiner Gesetzgebungskompetenz und in Kenntnis der dargestellten Anforderungen des **BVerfG** hat der Bund die Rechtsbehelfe im Vollzug des Jugendar-

---

Leitlinien der NRV zum Jugendstrafvollzug (Stand 2.3.2007), Nr. 6. Thierel, Jugendstrafvollzug, S. 261 weist zu Recht darauf hin, dass die Einstellung des Gefangenen zur Rechtsordnung bei negativen Rechtserlebnissen im Vollzug ablehnend bleiben muss.

[17] Die Stellungnahme des Schleswig-Holsteinischen Verbandes für soziale Strafrechtspflege e.V. zum Entwurf eines Jugendstrafvollzugsgesetzes für das Land Schleswig-Holstein nahm eine Gesetzgebungskompetenz der Länder für den Rechtsschutz im Bereich des Jugendstrafvollzugsgesetzes an.

[18] Das JStVollzG B-W vom 27.6.2007 enthielt in den §§ 102 ff eine eigenständige Landesregelung für den Antrag auf gerichtliche Entscheidung. Dies ist nun nicht mehr der Fall. Vielmehr verweist § 86 Abs. 4 JVollzGB IV B-W nun auf § 92 JGG.

restes, der Jugendstrafe, der Unterbringung in einem psychiatrischen Krankenhaus einer Entziehungsanstalt und in der Sicherungsverwahrung in § 92 JGG neu geregelt.

IV. Kriminologische Erkenntnisse

Nach den – wenigen – vorliegenden Erkenntnissen über die Nutzung von Rechtsbehelfen im Jugendstrafvollzug muss davon ausgegangen werden, dass die jungen Gefangenen jedenfalls in der Vergangenheit nur in äußerst geringem Umfang den Rechtsweg beschritten haben. Nach einer Untersuchung von *Böhm* für den Beobachtungszeitraum 1980-1985 ergingen bei den Oberlandesgerichten bundesweit nur etwa 15-20 Entscheidungen nach den §§ 23 ff EGGVG.[19]   3

V. Entsprechende Geltung von Normen des StVollzG

In § 92 Abs. 1 JGG werden zunächst §§ 109 und 111-120 Abs. 1 StVollzG für entsprechend anwendbar erklärt. Folgende dieser, dem Verwaltungsgerichtsprozess nachgebildeten[20] Regelungen sind besonders[21] hervorzuheben:[22]   4

1. Rechtswegeröffnung

Gegenstand des Antrags auf gerichtliche Entscheidung kann nur eine Maßnahme zur Regelung einzelner Angelegenheiten auf dem Gebiete des Strafvollzuges oder die Verpflichtung zum Erlass einer abgelehnten oder unterlassenen Maßnahme sein, § 109 Abs. 1 StVollzG. Hierunter ist jedes Handeln der Vollzugsbehörde zu verstehen, das im Einzelfall auf die Gestaltung vollzuglicher Lebensverhältnisse gerichtet ist.[23]

Beispiele: Mit dem Antrag auf gerichtliche Entscheidung kann vom Gefangenen etwa die Art der Essensausgabe, die Gestaltung des Einkaufs, die Art und Weise der Zellenkontrolle **angegriffen** werden. In all diesen Fällen liegt ein hoheitliches Handeln zur Regelung eines Einzelfalles mit unmittelbaren Rechtswirkungen für Dritte vor.[24]

Auch die Ablehnung der Verlegung in eine andere JVA wird als angreifbar angesehen, die Verlegung innerhalb einer Anstalt hingegen wird von den Gerichten **zum Teil** als nicht nach § 109 StVollzG angreifbare innerorganisatorische Maßnahme bewertet, zum Teil wegen der gestaltenden Einwirkung auf die Lebensverhältnisse der Gefangenen hingegen als angreifbare Maßnahme.[25]

Nicht angreifbar ist etwa die Ankündigung von Disziplinarmaßnahmen für ein bestimmtes Verhalten in allgemeiner Form.[26]

---

19 Näher Ostendorf, JGG, Grdl. zu §§ 89 b und 92 Rn 5 mwN und Schwirzer, Jugendstrafvollzug für das 21. Jahrhundert?, 2008, S. 272. Interessanter Weise wurden im Zeitraum 5/2004 bis 12/2006 aus dem Jugendvollzug nur die Verfassungsbeschwerden eingelegt, die dann zu der Grundsatzentscheidung des BVerfG zum Jugendvollzug vom 31.5.2006 führten, s. Lübbe-Wolff/Lindemann NStZ 2007, 450.
20 Callies/Müller-Dietz § 109 Rn 3.
21 Neben den hier erwähnten Regelungen enthalten die §§ 111 bis 120 StVollzG Normen über die Beteiligten (§ 111), Antragsfrist und Wiedereinsetzung (§ 112), Besondere Voraussetzungen eines Vornahmeantrags (§ 113). Auf diese wird mangels einer besonderen Relevanz für den Jugendstrafvollzug hier nicht näher eingegangen.
22 Siehe das Prüfschema bei Laubenthal/Baier/Nestler, Jugendstrafrecht, 2010, Rn 974.
23 Kamann, Verteidigung, S. 101 mwN.
24 Siehe Callies/Müller-Dietz § 109 Rn 11 mwN.
25 Siehe Callies/Müller-Dietz § 109 Rn 12 mwN.
26 Siehe Callies/Müller-Dietz § 109 Rn 13 mwN.

2. Antragsart

Die im Jugendstrafvollzug statthaften Antragsarten sind im Gesetz nicht abschließend aufgezählt. Es gilt jedoch nichts anderes als im Erwachsenenvollzug. Im Hauptsacheverfahren sind damit statthaft:[27]

- Anfechtungsantrag, ggf entsprechend § 115 Abs. 2 S. 2 StVollzG mit einem Folgenbeseitigungsantrag als Annex
- Verpflichtungsantrag
- Vornahmeantrag
- Unterlassungsantrag
- Feststellungsantrag, in den Grenzen des § 115 Abs. 3 StVollzG auch als Fortsetzungsfeststellungsantrag,
- Vorbeugender Unterlassungsantrag.

3. Antragsbefugnis

Der Antragsteller muss geltend machen, durch die Maßnahme oder ihre Ablehnung oder Unterlassung in eigenen Rechten verletzt zu sein, § 109 Abs. 2 StVollzG.

4. Verwaltungsvorverfahren als besondere Zulässigkeitsvoraussetzung

Das Landesrecht kann vorsehen, dass der Antrag auf gerichtliche Entscheidung erst nach einem vorausgegangenen Verwaltungsvorverfahren gestellt werden kann, § 109 Abs. 3 StVollZG.

Es wird zu erörtern sein, wie sich die in § 109 Abs. 3 StVollzG erwähnte Voraussetzung des Verwaltungsvorverfahrens zu einem nach § 92 Abs. 1 JGG nunmehr auch möglichen Verfahren zur gütlichen Streitbeilegung verhält (dazu Rn 8).

5. Zuständigkeit des angerufenen Gerichts

Abweichend von § 110 Abs. 1 StVollzG ist für den Antrag auf gerichtliche Entscheidung nach § 92 JGG nicht die Strafvollstreckungskammer, sondern nach § 92 Abs. 2 S. 1 JGG die Jugendkammer zuständig. Darauf wird sogleich unter V. (Rn 9)näher einzugehen sein.

6. Form

Der Antrag muss schriftlich oder zur Niederschrift des Gerichts gestellt werden, § 112 Abs. 1 S. 1 StVollzG.[28] Auf die fakultative mündliche Verhandlung wird sogleich unter V. (Rn 10) einzugehen sein.

---

27 Laubenthal/Baier/Nestler, Jugendstrafrecht, 2010, Rn 972; Kamann, Verteidigung, S. 103 ff.
28 Kamann, Verteidigung, S. 96 postuliert zu Recht, dass aufgrund der eingeschränkten Rechtskompetenz vieler Gefangener keine besonderen Formerfordernisse gestellt werden sollten und ordnet deshalb ebenfalls zutreffend § 101 Abs. 3 JstVollzGB B-W (jetzt: § 86 Abs. 3 S. 2 JVollzG IV B-W, ebenso zum Beschwerderecht AV Nr. 2 Abs. 1 zu § 87 Abs. 1 JstVollzG Bln) als zu weitgehend ein, nach dem eine Nichtbescheidung gerechtfertigt ist, wenn der Antrag nach Form und Inhalt nicht den im Verkehr mit Behörden üblichen Anforderungen entspricht. Formelle Mängel können häufig durch Nachfragen des Gerichts geheilt werden.

7. Frist

- bei Anfechtungs- und Verpflichtungsantrag: zwei Wochen nach Zustellung oder schriftlicher Bekanntgabe der Maßnahme oder ihrer Ablehnung bzw zwei Wochen nach Zustellung oder Bekanntgabe des Widerspruchsbescheids,[29] § 112 Abs. 1 StVollzG.[30]
- bei Vornahmeantrag: drei Monate nach vergeblichem Antrag an die Behörde, § 113 Abs. 1 StVollzG.

8. Beteiligtenfähigkeit

Diese haben nach § 111 Abs. 1 Nr. 1 und 2 einerseits der Antragsteller, andererseits die Vollzugsbehörde, welche die streitgegenständliche Maßnahme erlassen oder unterlassen hat.

9. Einstweiliger Rechtsschutz

Der Antrag auf gerichtliche Entscheidung hat grundsätzlich keine aufschiebende Wirkung; in dem von § 92 JGG in Bezug genommenen § 114 StVollzG ist jedoch der vorläufige Rechtsschutz geregelt.[31] Nach dem Rechtsschutzziel sind zwei Formen zu unterscheiden:

- Gegen eine Maßnahme, durch die der junge Gefangene sich zu unrecht belastet fühlt, steht als Eilrechtsschutz der Antrag auf Außervollzugsetzung zur Verfügung.
- Will der junge Gefangene hingegen die Anstalt im Wege des Eilrechtsschutzes zu einem Handeln bewegen, kann er einen Antrag auf Erlass einer einstweiligen Anordnung stellen, wobei § 123 Abs. 1 VwGO entsprechend anzuwenden ist.

Die Entscheidungen über den Suspensiveffekt sind nicht anfechtbar und können vom Gericht jederzeit geändert oder aufgehoben werden, § 114 Abs. 2 StVollzG. Der Antrag auf Anordnung der aufschiebenden Wirkung kann schon vor Stellung des Antrags auf gerichtliche Entscheidung gestellt werden, § 114 Abs. 3 StVollzG.

Die Frage des Suspensiveffektes kann im Jugendstrafvollzug insbesondere im Zusammenhang mit erzieherischen Maßnahmen und mit Disziplinarmaßnahmen[32] Relevanz erlangen. Aus erzieherischen Gründen ist der Vollzug dieser Maßnahmen zwar möglichst zeitnah nach der Tat durchzuführen, im Einzelfall können dem aber vom Gefangenen vorgebrachte Bedenken und rechtliche Einwände entgegenstehen. Diese können einen Antrag des Gefangenen nach § 114 Abs. 2 StVollzG zum Erfolg verhelfen. Die Jugendkammer wird jeweils abzuwägen haben, ob der sofortigen Vollstre-

---

29 Da in diesem keine Rechtsmittelbelehrung enthalten sein muss (OLG Schleswig, NStZ 1989, 144), kann auf deren Fehlen auch kein Wiederaufnahmeantrag gestützt werden, Kamann, Verteidigung, S. 100.
30 Die Zweiwochenfrist gilt ausnahmsweise dann nicht, wenn Untätigkeits- oder Feststellungsklage nicht den Zweck haben, Klarheit über den Bestand eines Vollzugsverwaltungsaktes zu schaffen. Hier gilt vielmehr eine Jahresfrist, vgl. Kamann, Verteidigung, S. 98.
31 Ausführlich hierzu Kamann, Verteidigung, S. 108 ff, dort auch zu den Voraussetzungen der Anträge.
32 Zum Eilrechtsschutz in Disziplinarsachen allgemein verfassungsrechtlich Lübbe-Wolff/Lindemann NStZ 2007, 450, 457 und dem – zutreffenden – Hinweis, dass das Gericht idR unverzüglich tätig zu werden hat, damit der Eilrechtsschutz effektiv gewährt werden kann. Dünkel in: FS für Schwind, hrsg. von Feltes/Pfeiffer/Steinhilper, 2006, S. 564 fordert eine grundsätzlich aufschiebende Wirkung bei Arrest o.Ä.

ckung der Maßnahme insbesondere aus erzieherischen Gründen der Vorzug zu geben ist oder aber zur Klärung der vom Gefangenen vorgebrachten Punkte mit der Vollstreckung zugewartet werden muss.

10. Verfahren des Gerichts
a) Verfahrensart
In § 115 StVollzG ist geregelt, dass das Gericht ohne mündliche Verhandlung durch Beschluss entscheiden kann und welche Anforderungen an den Inhalt des Beschlusses zu stellen sind. Die Ausgestaltung als rein schriftliches Verfahren wird durch § 92 Abs. 3 JGG durchbrochen.

b) Verfahrensgrundsätze
Durch den Verweis in § 92 Abs. 1 S. 2 JGG auf die Rechtsschutzvorschriften des StVollzG gelten auch der dort anwendbare Verfügungsgrundsatz, der Untersuchungsgrundsatz und das Freibeweisverfahren.[33] Durch das Zusammenspiel der genannten Grundsätze ergibt sich, dass der Antragsteller über den Antragsgegenstand im gesamten Verfahren mit Bindungswirkung für das Gericht **verfügungsbefugt** bleibt, seinen Antrag etwa jederzeit zurücknehmen kann, das Gericht jedoch vom Amts wegen des Sachverhalt **untersuchen** muss. Dies kann indessen ohne Bindung an die Strengbeweisregeln des Strafprozesses **frei** durch alle Beweismittel geschehen, etwa auch durch Telefonanrufe des Richters.

11. Rechtsmittel gegen die erstinstanzliche Entscheidung
Die §§ 116-119 StVollzG sehen als Rechtsmittel gegen die Entscheidung des Landgerichts die Rechtsbeschwerde zum Oberlandesgericht vor, die allerdings nur dann zulässig ist, wenn es geboten erscheint, die Nachprüfung zur Fortbildung des Rechts oder zur Sicherung einer einheitlichen Rechtsprechung zu ermöglichen. Die Rechtsbeschwerde kann nur darauf gestützt werden, dass die Entscheidung auf einer Verletzung des Gesetzes beruhe. Der Antragsteller als Beschwerdeführer kann die Begründung der Rechtsbeschwerde nur in einer von einem Rechtsanwalt unterzeichneten Schrift oder zur Niederschrift der Geschäftsstelle vornehmen. Schließlich entscheidet auch der Strafsenat des Oberlandesgerichts ohne mündliche Verhandlung durch Beschluss.

VI. Abweichungen bei Rechtsbehelfen im Vollzug der Jugendstrafe
5   In § 92 Abs. 1–4 JGG werden die grundsätzlich entsprechend anwendbaren §§ 109 und 111-121 StVollzG in den nachfolgend im Einzelnen genannten Bereichen modifiziert. Hierdurch trägt der Gesetzgeber der vom **BVerfG** in seiner Entscheidung vom 31.5.2006 aufgestellten Forderung nach einer **jugendgerechten Ausgestaltung** des gerichtlichen Rechtsschutzes Rechnung.[34]

---

33 Näher Kamann, Verteidigung, S. 94.
34 Gesetzesbegründung S. 7. Laubenthal, Strafvollzug, 5. A., Rn 974, sieht aufgrund der Verweisung auf die Rechtsschutznormen des Erwachsenenstrafvollzuges die Schlechterstellung der im Schriftverkehr mit Behörden besonders ungeübten Jugendstrafgefangenen nicht beseitigt und Art. 19 Abs. 4 GG nicht als erfüllt an.

VI. Abweichungen bei Rechtsbehelfen im Vollzug der Jugendstrafe 11

1. Stellung des Erziehungsberechtigten und des gesetzlichen Vertreters

Nach § 92 Abs. 1 JGG gilt § 67 Abs. 1–3 und Abs. 5 JGG entsprechend. Hierdurch werden die Rechte der Eltern des minderjährigen Gefangenen berücksichtigt.[35] Dies entspricht der verfassungsrechtlich durch Art. 6 Abs. 1 GG gesicherten Position der Eltern, die Verantwortung für den Schutz der Rechte ihrer Kinder tragen und darüber hinaus das eigene Recht haben, im Rahmen des Vollzuges von Jugendstrafe die eigenen Erziehungsvorstellungen geltend zu machen.[36] Wie das **BVerfG** klar stellte, kann zwar in das **Elternrecht** gemäß **Art. 6 Abs. 1 GG** durch das Jugendstrafrecht eingegriffen werden, jedoch suspendiert der das Jugendstrafrecht prägende Erziehungsgedanke nicht dieses Recht.[37]

6

Durch die Verweisung in § 92 Abs. 1 JGG auf § 67 Abs. 1–3 und Abs. 5 JGG werden den Erziehungsberechtigten und dem gesetzlichen Vertreter im einzelnen folgende Rechte im Rahmen des Antrags auf gerichtliche Entscheidung im Vollzug der Jugendstrafe eingeräumt:

- Soweit der Gefangene ein Recht darauf hat, gehört zu werden, Fragen und Anträge zu stellen oder bei Untersuchungshandlungen anwesend zu sein, steht dieses Recht auch dem Erziehungsberechtigten und dem gesetzlichen Vertreter zu, s. § 67 Abs. 1 JGG.
- Ist eine Mitteilung an den Gefangenen vorgeschrieben, so soll die ergehende Mitteilung an den Erziehungsberechtigten und den gesetzlichen Vertreter gerichtet werden, s. § 67 Abs. 2 JGG.
- Die Rechte des gesetzlichen Vertreters zur Wahl eines Verteidigers und zur Einlegung von Rechtsbehelfen stehen auch dem Erziehungsberechtigten zu, s. § 67 Abs. 3 JGG.
- Sind mehrere Personen erziehungsberechtigt – das ist insbesondere nach § 1626 BGB bei beiden verheirateten Eltern der Fall –, so kann jeder von ihnen die in dem Verfahren auf gerichtliche Entscheidung im Vollzug der Jugendstrafe bestimmten Rechte des Erziehungsberechtigten ausüben. In einer Verhandlung vor dem Richter wird der abwesende Erziehungsberechtigte als durch den Anwesenden vertreten angesehen. Sind Mitteilungen oder Ladungen vorgeschrieben, so genügt es, wenn sie an einen Erziehungsberechtigten gerichtet werden, s. § 67 Abs. 5 JGG.
- Da für die Einlegung von Rechtsmitteln durch die Erziehungsberechtigten gemäß § 298 StPO hier § 120 Abs. 1 StVollzG entsprechend gilt und auch die gerichtliche Überprüfung vollzuglicher Maßnahmen umfasst, bedurfte es insoweit keiner gesonderten Regelung.[38]

Die durch die Verweisung in § 92 Abs. 1 JGG vorgenommene Stärkung, insbesondere der Elternrechte, trägt in effektiver Weise dem Umstand Rechnung, dass nach der

7

---

35 Vgl Eisenberg § 92 JGG Rn 173.
36 Gesetzesbegründung S. 7. Im Rahmen der Gestaltung des Vollzuges werden die Rechte der Personensorgeberechtigten in den einzelnen Landesgesetzen unterschiedlich verstanden, siehe näher oben § 1 Rn 42.
37 BVerfGE 107, 104, 119.
38 Eisenberg § 92 Rn 164.

dargestellten Rechtsprechung des BVerfG auch im Jugendvollzug den Eltern sowohl die Wahrnehmung der Rechte ihres minderjährigen Kindes als auch ihrer originären Rechte als Eltern ermöglicht werden muss. Zwar wird durch die im Gesetz ausgestaltete Beteiligung der Eltern am gerichtlichen Verfahren der Aufwand, etwa bei Ladungen und in der Verhandlung, geringfügig erhöht. Dies ist jedoch nicht nur wegen der verfassungsrechtlichen Situation geboten, sondern kann im Einzelfall – wie die Praxis der Jugendgerichte zeigt – auch dazu führen, dass durch die Beteiligung der Eltern für das Verfahren insbesondere erzieherisch relevante Informationen eingeführt werden, über die der Jugendliche selbst nicht verfügt oder die er nicht preisgegeben hätte. Insgesamt ist es deshalb sehr begrüßenswert, dass die Stärkung der Elternrechte in der erfolgten Form durchgeführt wurde.

2. Verfahren zur gütlichen Streitbeilegung vor dem Antrag auf gerichtliche Entscheidung

8   Eine Abweichung hinsichtlich der Zulässigkeitsvoraussetzungen für einen Antrag auf gerichtliche Entscheidung im Jugendvollzug besteht gegenüber dem Erwachsenenvollzug nunmehr darin, dass nach § 92 Abs. 1 JGG das Landesrecht vorsehen kann, dass der Antrag erst nach einem Verfahren zur gütlichen Streitbeilegung gestellt werden kann.

Wie sich aus der Gesetzesbegründung[39] ergibt, soll mit dieser Regelung im Jugendgerichtsgesetz den Landesgesetzgebern die Möglichkeit eröffnet werden, **anstelle** eines Verwaltungsvorverfahrens die Durchführung eines Schlichtungsverfahrens mit dem Ziel einer gütlichen Streitbeilegung vorzusehen.

Eine ähnliche bundesrechtliche Regelung ist aus dem Zivilprozessrecht bekannt. Die Inanspruchnahme des Gerichts kann dort durch Landesrecht davon abhängig gemacht werden, dass vom Kläger zunächst eine durch das Land eingerichtete oder anerkannte Gütestelle eingeschaltet wurde mit dem Ziel, die Streitigkeit einvernehmlich beizulegen. 1999 wurde den Ländern mit § 15 a ZPO der Erlass von Gesetzen erlaubt, nach denen die Zulässigkeit der Zivilklage für bestimmte Streitigkeiten – insbesondere bei wertmäßig geringen Klagforderungen sowie bei Nachbarschaftsstreitigkeiten – von einem zuvor erfolglos durchgeführten Schlichtungsversuch bei einer Gütestelle abhängig ist.

Ein struktureller dogmatischer Unterschied besteht darin, dass sich im kontradiktorisch geprägten Zivilprozess zwei Parteien gegenüberstehen und das Dispositionsprinzip gilt, im Verfahren des Antrags auf gerichtliche Entscheidung im Jugendvollzug hingegen geprüft wird, ob der Staat, vertreten durch die Jugendanstalt, bei der Durchsetzung des Strafanspruches rechtswidrig handelte und Rechte des Gefangenen verletzte, wobei im gerichtlichen Verfahren wie im Verwaltungsprozess der **Amtsermittlungsgrundsatz** gilt.

Trotz dieser grundlegenden Unterschiede erscheint die Einführung eines vorgerichtlichen Schlichtungsverfahrens im Bereich des Rechtsschutzes im Jugendstrafvollzug

---

[39] Dort S. 7.

VI. Abweichungen bei Rechtsbehelfen im Vollzug der Jugendstrafe 11

sinnvoll.⁴⁰ Denn auch beim Verfahren im Zusammenhang mit einem Antrag auf gerichtliche Entscheidung wird durch das dem gerichtlichen Verfahren vorgeschaltete Verfahren zur Schlichtung zwischen dem Gefangenen und der Vollzugsanstalt die Möglichkeit einer konsensualen Lösung außerhalb des Gerichts eröffnet, die es bei einer professionellen Moderation im Idealfall ermöglicht, auch die hinter der rein rechtlichen Fragestellung liegende Problematik zu erkennen und aufzuarbeiten.⁴¹ Zudem kann das Schlichtungsverfahren dazu führen, die Jugendkammern der Landgerichte durch erfolgreiche Schlichtungsverfahren von Anträgen auf gerichtliche Entscheidung zu entlasten. Nicht zu hoch sollte jedoch die Möglichkeit eingeschätzt werden, durch das vorgeschaltete Schlichtungsverfahren die – wenigen – querulatorischen Antragsteller von gerichtlichen Verfahren fernzuhalten. Die Praxis im Zivilprozess zeigt, dass derartige Personen das Schlichtungsverfahren nur als notwendige Zwischenstation zum ohnehin ins Auge gefassten Gerichtsverfahren ansehen und sich durch dieses nicht von der Anrufung des Gerichts abhalten lassen.

Jedenfalls bei alleiniger Betrachtung des Wortlauts bleibt unklar, in welchem Verhältnis ein auf der Grundlage des § 92 Abs. 1 JGG durch Landesrecht eingeführtes Verfahren zur gütlichen Streitbeilegung zu einem auf der Grundlage des § 109 Abs. 3 StVollzG nach Landesrecht eingeführten Verwaltungsvorverfahren steht.⁴² Nach dem Gesetzeswortlaut ist es nicht ausgeschlossen, dass ein Landesgesetzgeber sowohl ein Verfahren zur gütlichen Streitbeilegung als auch ein Verwaltungsvorverfahren einführt. In diesem Fall wäre fraglich, ob das Durchlaufen des Schlichtungsverfahrens gleichzeitig die Zulässigkeitsvoraussetzung des Verwaltungsvorverfahrens ersetzen würde.

Die Gesetzesbegründung gibt jedoch insofern Aufschluss, als dass der Bundesgesetzgeber davon ausgeht, ein Landesgesetzgeber werde entweder ein Schlichtungsverfahren oder aber ein Verwaltungsvorverfahren etablieren. So ist es in dem einzigen auf Landesebene etablierten Güteverfahren auch geschehen:

Von der Möglichkeit des dem gerichtlichen Verfahren explizit vorgeschalteten Güteverfahrens nach § 92 Abs. 1 JGG hat von allen 16 Bundesländern nur das **Saarland** Gebrauch gemacht.⁴³ Nach § 87 Abs. 4 SJStVollzG kann ein Antrag auf gerichtliche Entscheidung erst nach einem Verfahren zur gütlichen Streitbeilegung gestellt werden. Dieses Schlichtungsverfahren wird vom Vollstreckungsleiter⁴⁴ durchgeführt.

---

40 Dafür sprechen auch empirisch die ersten Ergebnisse eines im Erwachsenenstrafvollzug von der JVA Berlin/Tegel und dem LG Berlin durchgeführten Projekts der Mediation bei Konflikten zwischen Gefangenen und JVA, dazu Kaspar, NJW 2015, 1642, 1646 mwN.
41 Zutr. Eisenberg § 92 JGG Rn 164: Es kommt beim Schlichtungsverfahren auf die Absicherung einer einverständlichen – nicht abgenötigten – Lösung an.
42 Zweifelnd auch Stellungnahme der DVJJ vom 20.5.2007 zum Gesetz zur Änderung des JGG, S. 6.
43 Hierzu Kamann, Verteidigung, S. 90 ff.
44 Ist Jugendstrafe zu vollstrecken, so geht gemäß § 85 Abs. 2 S. 1 JGG nach der Aufnahme des Verurteilten in die Jugendstrafanstalt die Vollstreckung auf den Jugendrichter des Amtsgerichts über, in dessen Bezirk die Jugendstrafanstalt liegt. Sieht also der Landesgesetzgeber ein Schlichtungsverfahren vor, so wächst dieses als neuer Aufgabenbereich dem Jugendrichter des Amtsgerichts am Sitz der Jugendanstalt zu – was pensenmäßig (pebs§) zu berücksichtigen ist.

Rose

§ 11 Rechtsmittel

Nach der Gesetzesbegründung[45] wurde der Vollstreckungsleiter als Schlichtungsperson gewählt, da dieser als ortsnahe Institution eine zeitnahe Einigung ermöglicht. Im JStVollzG NRW behandelt § 97, nachdem in Abs. 1 das Beschwerderecht der Gefangenen normiert wird, in Abs. 2 dieser Norm die „Ombudsperson für den Strafvollzug". Die Regelung[46] lautet:

„Die Möglichkeit, sich in allen vollzuglichen Angelegenheiten an die Ombudsperson für den Strafvollzug des Landes Nordrhein-Westfalen zu wenden, bleibt unberührt. Die Ombudsperson kann Gefangene in ihren Räumen aufsuchen. Die Aussprache wird nicht überwacht. Für die Überwachung des Schriftverkehrs mit der Ombudsperson gilt § 35 Abs. 1 und 3 entsprechend".

Wie sich aus dem Wortlaut ergibt, soll die Anrufung der Ombudsperson das zuvor geregelte Beschwerderecht – und damit offenbar auch nicht den Antrag auf gerichtliche Entscheidung – nicht einschränken, sondern den Gefangenen ein zusätzliches Mittel in die Hand geben, ein konkretes vollzugliches Problem vorzutragen. Mit Wirkung vom 1.1.2011 wurde die Institution des unabhängigen Justizvollzugsbeauftragten des Landes Nordrhein-Westfalen geschaffen, welcher die Funktion der Ombudsperson für den Justizvollzug übernimmt.[47]

Bedauerlich ist es, dass die Landesgesetze lediglich in dem beschriebenen äußerst geringen Umfang den auch im Schrifttum[48] unterstützten Appell in Nr. 77 der UN-Regeln zum Schutz von Jugendlichen unter Freiheitsentzug aufgegriffen haben. Danach ist anzustreben, ein unabhängiges Amt (**Ombudsmann**) zu schaffen, das Beschwerden von Jugendlichen unter Freiheitsentzug entgegennimmt, überprüft und dazu beiträgt, sie befriedigenden Lösungen zuzuführen. Dass dem in den verabschiedeten Gesetzen nicht viel umfassender Rechnung getragen wurde, ist umso weniger verständlich, als in den Gesetzgebungsverfahren in mehreren Gesetzentwürfen[49] durchaus vorgeschlagen wurde, unabhängige Vertrauenspersonen einzusetzen. Es dürfte sich bei einem derartigen System des Ombudsmanns um ein sehr effektives und damit nicht zuletzt auch für die Länder kostengünstiges System handeln, da die Anliegen der Gefangenen vor Ort aufgearbeitet und damit Gerichtsverfahren vermieden werden können. Eine nachträgliche weitere Einführung bleibt jedenfalls wünschenswert. Ein weiterer Vorteil folgt aus der Unabhängigkeit des Ombudsmannes vom Vollzugsgeschehen: Durch sie kann ausgeschlossen werden, dass ein Scheinkompromiss geschlossen wird, um die Beschreitung des Rechtsweges zu vermeiden.[50]

---

45 S. 124 der Gesetzesbegründung, abrufbar unter http://www.saarland.de/dokumente/thema_justiz/mijugs_Begruendung_des_JStVollzG_Stand_Ministerratsvorlage.pdf letzter Zugriff: 29.12.2015.
46 Hierzu ausführlich Kamann, Verteidigung, S. 89ff. Von Mai 2007 bis Februar 2008 gab es danach 794 Eingaben, von denen 524 erledigt wurden, davon 48 mitteils positiven Bescheid.
47 AV Nr. 48 des JM vom 13.12.2010 (JMBl NRW 2011, S. 3-5), siehe hierzu auch Willsch in: Ostendorf, Untersuchungshaft und Abschiebehaft, § 10 Rn 31.
48 Tondorf/Tondorf ZJJ 2006, 246, für das Institut des Ombudsmanns auch Schwirzer, Jugendstrafvollzug für das 21. Jahrhundert?, S. 279.
49 Gesetzentwurf der Linksfraktion PDS im Sächsischen Landtag, Drucks. 4/8762, § 45: Unabhängige Vertrauensperson – Schlichtungskommission; ebenso Gesetzentwurf der Fraktion DIE LINKE im Landtag Brandenburg, Drucks. 4/5059, § 45.
50 Thierel, Jugendstrafvollzug, S. 263 weist auf diese Kompromisse zwischen Vollzugsmitarbeitern in dem Sinne von „Risiken und unerwünschten Nebenwirkungen" für den Gefangenen im Falle eines Rechtsmittels hin.

VI. Abweichungen bei Rechtsbehelfen im Vollzug der Jugendstrafe

Alle anderen Ländergesetze zum Jugendstrafvollzug außer dem saarländischen – dieses zusätzlich zum Schlichtungsverfahren – sowie das Gesetz des Landes Nordrhein-Westfalens sehen neben oder vor dem Antrag auf gerichtliche Entscheidung allein die Möglichkeit vor, dass die Gefangenen Gelegenheit erhalten, sich mit Wünschen, Anregungen und Beschwerden in Angelegenheiten, die sie selbst betreffen, an die Anstaltsleitung zu wenden. Ferner ist den Gefangenen bei einer Besichtigung der Anstalt durch Vertreter der Aufsichtsbehörde Gelegenheit zu geben, sich in eigenen Angelegenheiten an diese zu wenden. Wie sich aus den Gesetzesbegründungen der Ländergesetze[51] ergibt, handelt es sich bei dem **Beschwerderecht** nicht um einen förmlichen Rechtsbehelf im Sinne einer Beschwerde, sondern um die rechtlich garantierte Möglichkeit der Gefangenen, im Gespräch mit der Anstaltsleitung Problem- und Konfliktlösungen zu erreichen. Das Beschwerderecht dient dem Ziel, eine gerichtliche Auseinandersetzung zu vermeiden. Insoweit besteht also eine Parallele zum Güteverfahren nach § 92 Abs. 1 JGG. Ein wesentlicher Unterschied gegenüber dem Schlichtungsverfahren nach § 92 Abs. 1 JGG in Verbindung mit dem Landesrecht besteht jedoch darin, dass auf die Beschwerde des Gefangenen hin allein ein bilaterales Gespräch zwischen dem Anstaltsleiter und dem Gefangenen stattfindet. Bei einem Verfahren zur gütlichen Streitbeilegung tritt hingegen zum Anstaltsleiter und dem Gefangenen eine dritte Person hinzu, nämlich der Vollstreckungsleiter, der an dem zu lösenden Konflikt nicht beteiligt ist. Gerade dies ermöglicht es, dass der Vollstreckungsleiter eine moderierende Rolle übernimmt und hierdurch steigen wiederum die Einigungschancen.

Insgesamt ist es sehr begrüßenswert, dass für die Landesgesetzgeber nunmehr der Weg eines dem gerichtlichen Rechtsschutz vorgeschalteten Güteverfahrens besteht. Mit ihm wird die Möglichkeit geschaffen, dass im Konfliktfall der Gefangene und die Jugendanstalt zur konsensualen und konstruktiven Aufarbeitung der Problematik gelangen, ohne dass eine gerichtliche Entscheidung ergeht. Auf die Landesgesetzgeber kommen durch das zusätzliche Verfahren zwar zunächst weitere Kosten zu, nämlich für die Tätigkeit des Moderators, etwa in Form des Vollstreckungsleiters, ferner Verwaltungskosten. Dies dürfte auch der Grund dafür sein, warum nur ein Land ein Güteverfahren eingeführt und ein weiteres jedenfalls eine Ombudsperson für den Strafvollzug vorgesehen hat. Bei einem professionell durchgeführten Schlichtungsverfahren dürfte dieses in der Mehrzahl der Fälle jedoch derart erfolgreich sein, dass viele Gerichtsverfahren vermieden werden. Hierdurch dürften sich die zunächst investierten Zusatzkosten mehr als auszahlen.

3. Zuständigkeit der Jugendkammer

Während im Bereich des Erwachsenenvollzuges für den Antrag auf gerichtliche Entscheidung gemäß § 110 StVollzG die Strafvollstreckungskammer zuständig ist, in deren Bezirk die beteiligte Vollzugsbehörde ihren Sitz hat, bestimmt § 92 Abs. 2 S. 1 JGG, dass über den Antrag auf gerichtliche Entscheidung die Jugendkammer entscheidet, in deren Bezirk die beteiligte Vollzugsbehörde ihren Sitz hat.

---

51 Siehe § 87 JStVollzG Bln.

Die Zuständigkeit der Jugendkammer steht im Einklang mit dem Vorschlag der Jugendstrafvollzugskommission. Ihr liegt nach der Gesetzesbegründung[52] der Gedanke zugrunde, dass die Jugendkammer aufgrund ihrer Tätigkeit als erkennendes Gericht über vielfältige Erfahrungen mit straffälligen Jugendlichen und Heranwachsenden verfügt und hier Richter tätig sind, die nach § 37 JGG ausgewählt wurden und mithin erzieherisch befähigt und in der Jugenderziehung erfahren sind. Bei der Auslegung der für den Jugendstrafvollzug geltenden Vorschriften – hier sei der für den Jugendstrafvollzug maßgebliche Gedanke der Förderung zu berücksichtigen – sei dies von großem Vorteil.

Auch im Hinblick auf die Gerichtsorganisation wurde die Zuständigkeit der Jugendkammer gewählt. Eine Jugendkammer bestehe nämlich bei jedem Landgericht. Nicht sichergestellt wäre jedoch gewesen, dass in jedem für die Einrichtungen des Vollzuges der Jugendstrafe zuständigen Landgerichtsbezirk eine Strafvollstreckungskammer eingerichtet ist.[53]

Als Alternative zur Jugendkammer wäre die Zuständigkeit des Jugendrichters als Vollstreckungsleiter in Betracht gekomen. Hierfür hätte gesprochen, dass dieser auf dem Gebiet des Jugendstrafvollzuges im besonderen Maße sachverständig ist.[54] Im Anschluss an den 1988 von den Leitern der Jugendstrafanstalten vorgelegten Gesetzentwurf sieht der Gesetzgeber es heute jedoch als problematisch an, dass der Jugendrichter als Vollstreckungsleiter außerordentlich vollzugsnah (siehe § 85 Abs. 2 S. 1 JGG) ist und dies – zumindest aus der Sicht der Gefangenen – in größerem Maße die Gefahr der Befangenheit mit sich bringt.

Die Normierung der Zuständigkeit der Jugendkammer erscheint jedenfalls gut vertretbar.[55] Auch wenn in der Justizpraxis § 37 JGG nicht zwingend in der Art angewendet wird, dass die Richter bei den Jugendgerichten danach ausgewählt werden, ob sie erzieherisch befähigt und in der Jugenderziehung erfahren sind, sondern häufig vakante Stellen zügig besetzt werden müssen und hierbei auf die genannten Kriterien nicht immer Rücksicht genommen werden kann,[56] so ist jedenfalls zutreffend, dass sich im Rahmen der Bearbeitung des richterlichen Dezernats einer Jugendkammer Erfahrungen ansammeln, die auch für die Entscheidung über den Antrag auf gerichtliche Entscheidung im Jugendvollzug bedeutsam sind. Dies wäre bei der Zuständigkeit einer Strafvollstreckungskammer in erheblich geringerem Umfang der Fall gewesen, da dort keine jugendtypischen Erfahrungen vorgelegen hätten.

---

[52] S. 8.
[53] Die frühere Zuständigkeit des OLG-Senats nach den §§ 23 ff GVG benachteiligte die jungen Gefangenen gegenüber erwachsenen Gefangenen auch dadurch, dass keine zweite Instanz mehr bestand, Eisenberg § 92 JGG Rn 161. Ob die von der Neuregelung des Rechtsschutzes gewollte Erleichterung des Rechtsschutzes gelungen ist, darf nach einer – wenn auch nicht repräsentativen – im Juni 2011 erfolgten Anfrage beim LG Flensburg bezweifelt werden: Bei der dortigen, für Anträge gemäß § 92 JGG aus der Jugendanstalt Schleswig zuständigen Jugendkammer, ist seit dem Inkrafttreten der Norm kein einziger Antrag eingegangen.
[54] Dies hebt Thierel, Jugendstrafvollzug, S. 262, hervor.
[55] Sußner, Jugendstrafvollzug, S. 261: sachgerechte und sinnvolle Lösung.
[56] Nach der letzten bundesweiten Erhebung (2003) hatten 38,8 % der befragten Jugendrichter und 25 % der Jugendstaatsanwälte nicht die vom Gesetzgeber im Rahmen der Soll-Vorschrift des § 37 JGG geforderten besonderen Kenntnisse; näher Ostendorf, Jugendstrafrecht Rn 74 mwN.

4. Entscheidung durch Beschluss nach beantragter Anhörung oder fakultativer mündlicher Verhandlung von Amts wegen

Gemäß § 92 Abs. 3 S. 1 JGG entscheidet die Jugendkammer durch Beschluss. Die Wahl dieser Form der gerichtlichen Entscheidung ergibt sich daraus, dass nach § 92 Abs. 3 S. 2 JGG eine mündliche Verhandlung nur nach dem Ermessen der Jugendkammer von Amts wegen erfolgt. Dies bedeutet, dass auch eine Entscheidung im schriftlichen Verfahren erfolgen kann. Damit schied die Entscheidungsform des Urteils – das eine vorhergehende mündliche Verhandlung voraussetzt – aus.

Der Entscheidung der Jugendkammer **kann** wie dargestellt eine in das Ermessen des Gerichts gestellte mündliche Verhandlung vorhergehen. Das Gericht wird nach der Einschätzung des Gesetzgebers[57] immer dann eine mündliche Verhandlung anberaumen, wenn es nach Auswertung der schriftlichen Akte weiteren Aufklärungsbedarf sieht, der nach seiner Einschätzung auf schriftlichem Wege nicht zu decken ist. Es werde – so die Auffassung des Gesetzgebers weiter – durch die in das Ermessen des Gerichts gestellte mündliche Verhandlung den verfassungsrechtlichen Anforderungen ausreichend Rechnung getragen, die das **BVerfG** in seiner Entscheidung vom 31.5.2006[58] für einen effektiven Rechtsschutz im Jugendstrafvollzug aufgestellt habe. Es werde damit dem Umstand Rechnung getragen, dass die im Jugendstrafvollzug Inhaftierten typischerweise besonders ungeübt im Umgang mit Institutionen und der Schriftsprache sowie zum geeigneten schriftlichen Ausdruck häufig überhaupt nicht fähig seien.

Der Gefangene **kann** durch einen Antrag seine Anhörung in der Vollzugseinrichtung vor der Entscheidung herbeiführen. Auf seinen Antrag hin muss er angehört werden. Es besteht insoweit kein Ermessen des Gerichts. Aufgrund der Rechtsunerfahrenheit der jugendlichen Gefangenen ist der – im Rahmen des Gesetzgebungsverfahrens noch eingefügte[59] – § 92 Abs. 3 S. 4 JGG von hoher Bedeutung, nach dem der Gefangene über sein Antragsrecht zu belehren ist.

Das **BVerfG** hat in seiner Entscheidung vom 31.5.2006 ausgeführt, der Rechtsschutz im Jugendstrafvollzug sei so auszugestalten, dass der Zugang zum Gericht nicht in unverhältnismäßiger, durch Sachgründe nicht gerechtfertigte Weise erschwert werde.[60] Wie die Gesetzesbegründung zu Recht darlegt, stellt es für viele jugendliche Gefangene eine nicht überwindbare Hürde dar, den zugrunde liegenden Sachverhalt ausreichend klar und verständlich darzustellen sowie auf ein Schriftstück der Jugendanstalt schriftlich zu antworten.[61] Aus diesem Grund ist es für einen effektiven Rechtsschutz **prozessual**[62] grundlegend, dass dieser mündliche Elemente beinhaltet. Diese

---

57 S. 8 der Gesetzesbegründung. Nach Eisenberg, § 92 JGG, Rn 170 a ist mangels Effektivität des grundsätzlich schriftlichen Verfahrens bei jungen Gefangenen zweifelhaft, ob dieser den Vorgaben des BVerfG nach einem effektiven Rechtsschutz entspricht.
58 BVerfG NJW 2006, 2093, 2096.
59 Hierzu Sußner, Jugendstrafvollzug, S. 262.
60 BVerfG NJW 2006, 2093, 2096.
61 Ebenso Eisenberg, § 92 JGG, Rn 162 a: mangelnde Konfliktbewältigungsfähigkeit und -technik der jungen Gefangenen, ähnlich Rn 155: es mangelt bei vielen jungen Gefangenen an der Befähigung und dem Mut zur schriftlichen Antragstellung.
62 Eisenberg, § 92 JGG, Rn 162, weist zu Recht darauf hin, dass materiell Voraussetzung für einen effektiven Rechtsschutz im Jugendstrafvollzug ist, dass möglichst viele Regelungen gebunden und nicht mit Ermessen ausgestaltet würden.

Rose

Elemente können entweder in Form der Anhörung des Gefangenen durch die Jugendkammer oder aber einer mündliche Verhandlung mit allen Beteiligten bestehen.

Der **Gefangene** kann nach der **Formulierung** des § 92 Abs. 3 S. 2 JGG bereits dadurch seine Anhörung durch die Jugendkammer erzwingen, dass er gegenüber dem Gericht den Satz formuliert „**Ich beantrage meine Anhörung**". Unter dem Gesichtspunkt des fair trail wird man verlangen müssen, dass die Jugendkammer nach Eingang eines Antrags auf gerichtliche Entscheidung den rechtlich unerfahrenen Gefangenen[63] über das Recht auf persönliche Anhörung belehrt. Unter diesen Voraussetzungen erscheint der Rechtsschutz für die regelmäßig schriftlich nicht versierten jungen Gefangenen ausreichend effektiv.[64] Sollte die Anwendung des Gesetzes jedoch zeigen, dass das Antragserfordernis eine zu hohe Hürde zur Sicherstellung einer mündlichen Kommunikationsmöglichkeit des Gefangenen ist, so dass ein schriftliches Verfahren der Regelfall der Praxis wird, wäre über eine obligatorische, antragsunabhängige Anhörung des Gefangenen de lege ferenda nachzudenken.[65]

Die Durchführung einer mündlichen Verhandlung vor der Entscheidung wird in der Praxis die Fälle betreffen, in denen die Jugendkammer den Akteninhalt als Entscheidungsgrundlage nicht für ausreichend hält und ferner eine etwaige auf Antrag des Gefangenen durchgeführte Anhörung ebenfalls nicht ausreicht. Zu denken ist etwa an den Fall, dass die Kammer mit dem Gefangenen und der Jugendanstalt im Gerichtssaal die Sach- und Rechtslage erörtern möchte und hierzu Zeugen oder Sachverständige zu vernehmen sind. Eine mündliche Verhandlung wird umso näher liegen, je gravierender das zu verhandelnde Anliegen des Gefangenen und je schwieriger die Sach- und Rechtslage sind.

Wie häufig die Jugendkammern derartige Verhandlungen anberaumen werden, wird auch davon abhängen, wie diese pensenmäßig von den Justizverwaltungen bewertet werden.

5. Einzelrichter

11 Gemäß § 92 Abs. 4 JGG ist innerhalb der Jugendkammer grundsätzlich der Einzelrichter zuständig. Hierbei darf ein Richter auf Probe nur dann Einzelrichter sein, wenn ihm bereits über einen Zeitraum von einem Jahr Rechtsprechungsaufgaben im Strafverfahren übertragen wurden. Ausnahmsweise, nämlich dann, wenn die Sache besondere Schwierigkeiten rechtlicher Art aufweist oder ihr grundsätzliche Bedeutung zukommt, legt der Einzelrichter die Sache der Jugendkammer zur Entscheidung über eine Übernahme vor. Die Kammer entscheidet über den Antrag durch Beschluss. Übernimmt sie die Sache, so ist die Rückübertragung auf den Einzelrichter ausgeschlossen.

---

63 Kamann, Verteidigung, S. 93 empfiehlt Gefangenen und Verteidigern grds. eine Anhörung durch den Richter der Jugendkammer zu beantragen, da so auf jeden Fall der Sachverhalt besser dargestellt werden könne als auf schriftlichem Wege.
64 Weitergehend Stellungnahme der DVJJ vom 20.5.2007 zum Gesetz zur Änderung des JGG, S. 7: im Regelfall sollen mündliche Elemente – Anhörung oder Verhandlung – zur Anwendung kommen; eine obligatorische mündliche Verhandlung fordern auch Dünkel in: FS für Schwind, 2006, S. 564 und Goerdeler/Pollähne, Jugendstrafvollzug in Deutschland, S. 65.
65 So bereits heute die Forderung der DVJJ, aaO.

VI. Abweichungen bei Rechtsbehelfen im Vollzug der Jugendstrafe   11

Mit dieser, an § 348 ZPO angelehnten, Regelung beabsichtigt der Gesetzgeber die Entlastung der Rechtspflege.[66] Sie stellt einen gut vertretbaren Kompromiss zwischen einer gründlichen Prüfung des Antrags auf gerichtliche Entscheidung und den effektiven Einsatz richterlicher Ressourcen dar. Positiv ist zunächst, dass sogenannte – bezüglich der strafrechtlichen richterlichen Tätigkeit – „unterjährige Assessoren" in der Jugendkammer nicht als Einzelrichter über Anträge auf gerichtliche Entscheidung im Jugendvollzug entscheiden dürfen. Dies stellt für den Antragsteller sicher, dass über den Antrag nur ein ausreichend erfahrener Richter entscheidet und verhindert für den jungen Proberichter, dass dieser das Vorlageverfahren zur Kammer beschreiten muss, um dort eine Übernahme zu erwirken. Der Proberichter könnte vom Vorlageverfahren deshalb absehen, weil er fürchtet, dass der Kammervorsitzende – der die dienstliche Beurteilung des Proberichters verfasst – die Vorlage als ungerechtfertigt ansieht. Das Entstehen dieser „Drucksituation" für den jungen Proberichter wird durch die gesetzliche Unzuständigkeitsregelung von vornherein verhindert. Folge der Regelung für die Belastungssituation der Jugendkammer kann es sein, dass diese, wenn eines ihrer Mitglieder bezüglich der Strafsachen noch sog. „unterjähriger Assessor" ist, mehr Einzelrichtersachen bei den anderen Kammermitgliedern oder aber mehr Kammersachen hat. Dem kann das Gerichtspräsidium jedoch im Rahmen der Geschäftsverteilung Rechnung tragen.

Wie Erfahrungen in der Zivilgerichtsbarkeit zeigen, dürfte wie dort auch im Bereich des § 92 JGG die Zuständigkeit des Einzelrichters die weit überwiegende Anzahl der Fälle ausmachen. Dies ist nicht zu beanstanden, da durch die effektive Abarbeitung der Masse der Fälle durch den Einzelrichter genau die Freiräume geschaffen werden, die für eine Kammerentscheidung in schwierigen oder grundsätzlich bedeutenden Fällen genutzt werden können.

6. Kosten

Gemäß § 92 Abs. 5 JGG gilt § 121 StVollzG mit der Maßgabe, dass entsprechend   12
§ 74 JGG davon abgesehen werden kann, dem Gefangenen Kosten und Auslagen aufzuerlegen.

Das Grundprinzip der Kostentragung bei einem Antrag auf gerichtliche Entscheidung folgt aus § 121 Abs. 2 S. 1 StVollzG, wonach der Antragsteller die Kosten des Verfahrens und die notwendigen Auslagen soweit trägt, wie er unterliegt oder seinen Antrag zurücknimmt. Dies entspricht § 465 Abs. 1 StPO.[67]

Diese Kostentragungspflicht des Verurteilten modifiziert § 74 JGG in dem Sinne, dass im Jugendstrafverfahren davon abgesehen werden kann, dem Angeklagten Kosten und Auslagen aufzuerlegen. Diese, für Jugendliche originäre und für Heranwachsende gemäß § 109 Abs. 2 S. 1 StVollzG entsprechend anwendbare, Norm wird in der Justizpraxis bei Jugendlichen fast flächendeckend angewendet. Tragende Erwägung ist hierbei, dass diese regelmäßig über kein oder nur ein geringes Einkommen verfü-

---

66 So S. 9 der Gesetzesbegründung; s. speziell zur grundsätzlichen Einzelrichterzuständigkeit bei der Strafvollstreckungskammer § 78 b Abs. 1 Nr. 2 GVG. Die faktische (Gesamt-)Belastung der (Jugend-)Kammern relativiert zu Unrecht Schwirzer, Jugendstrafvollzug für das 21. Jahrhundert?, 2008, S. 277.
67 Siehe Callies/Müller-Dietz, § 121 Rn 2.

gen, so dass die Auferlegung der Verfahrenskosten erzieherisch kontraproduktiv wäre.

Fraglich und von besonderer praktischer Relevanz ist, wie sich die Anwendung des § 74 JGG im Verfahren nach Antrag auf gerichtliche Entscheidung auf die **Verteidigerkosten** auswirkt.

Zum einen kommt in Betracht, dass dem Gefangenen **vom Staat** ein Verteidiger zur Seite **gestellt** wird. Nach § 92 Abs. 1 S. 2 JGG iVm 120 Abs. 1 StVollzG kann ein Rechtsanwalt beigeordnet werden. Für die Frage der Beiordnung ist nach § 140 Abs. 2 StPO die – aus der Sicht eines Jugendlichen zu beurteilende - Schwierigkeit der Sach- und Rechtslage entscheidend.[68]

Im Falle der Beiordnung tritt der Staat für die Rechtsanwaltskosten ein. Im Falle der Beiordnung eines Pflichtverteidigers sind dessen Kosten Auslagen der Staatskasse und damit nach § 464a Abs. 1 S. 1 StPO Verfahrenskosten, von deren Auferlegung nach § 74 JGG abgesehen werden kann.[69]

Anders sieht die Kostensituation dann aus, wenn der Gefangene einen **Wahlverteidiger** beauftragt. Nach § 464a Abs. 2 StPO fallen unter die Auslagen die Kosten der sonstigen Verfahrensbeteiligten und damit nach hM auch die des Angeklagten. Gleichwohl sieht es die hM, insbesondere die höchstrichterliche Rechtsprechung, nicht als möglich an, die dem verurteilten Angeklagten entstandenen Auslagen nach § 74 JGG der Staatskasse aufzuerlegen. Hierfür wird angeführt, weder die StPO kenne eine Norm, nach der es gestattet wäre, den Angeklagten im Falle einer Verurteilung von der Tragung seiner notwendigen Auslagen zu befreien – abgesehen vom Sonderfall des § 465 Abs. 2 StPO –, noch sehe § 74 JGG die Transponierung der Kostentragungspflicht vom verurteilten Angeklagten auf eine andere Person vor. Eine andere Kostenverteilung sei nur durch eine Gesetzesänderung möglich.[70] Im Schrifttum wird für die Anwendbarkeit des § 74 JGG hingegen auf Wortlaut und Systematik verwiesen – fallen die Kosten des Angeklagten nach hM unter den Begriff der Auslagen nach § 464a Abs. 2 StPO, so müssen sie auch von § 74 JGG erfasst werden.[71]

Festzuhalten bleibt, dass die Kosten für einen Wahlverteidiger nach der für die Praxis des Vollzuges relevanten höchstrichterlichen Rechtsprechung auch nicht bei Anwendung des § 74 JGG erstattungsfähig sind und de lege ferenda eine entsprechende Gesetzesänderung aufgrund der damit verbundenen Mehrkosten für die Länder kaum vorgenommen werden dürfte.

Bei einem erfolglosen Antrag auf gerichtliche Entscheidung wird nach der Auffassung des Gesetzgebers insbesondere dann von der Auferlegung der Kosten und Auslagen abzusehen sein, wenn die Kostenbelastung dem Vollzugsziel widersprechen und die

---

[68] Hierauf weist Arloth Forum Strafvollzug 2009, 103 zu Recht hin. Nach der Gesetzesbegründung (BT-Drucks. 16/6978, S. 6) wollte der Gesetzgeber bewusst nicht die Erfolgsaussichten des Rechtsverfolgung nach den §§ 114 ff ZPO für maßgebend ansehen, sondern die „jugendmäßig" zu beurteilende Schwierigkeit der Sach- und Rechtslage nach § 140 Abs. 2 StPO.
[69] Siehe Ostendorf, JGG, § 74 Rn 9.
[70] Grundlegend BGHSt 36, 27, 28 f.
[71] Ostendorf, JGG, § 74 Rn 10 mwN.

VI. Abweichungen bei Rechtsbehelfen im Vollzug der Jugendstrafe

Eingliederung der Gefangenen behindern würde.[72] Gemäß § 2 Abs. 1 JGG besteht das Vollzugsziel vor allem in der Entgegenwirkung erneuter Straftaten des Jugendlichen oder Heranwachsenden. Da die im Jugendvollzug befindlichen Gefangenen in der Regel nicht nur keine Ersparnisse haben, sondern im Gegenteil zu Beginn des Vollzuges oftmals von der Schuldnerberatung ein Schuldenbereinigungsplan aufgestellt werden muss, dürfte eine Belastung mit den Verfahrenskosten nach einem erfolglosen Antrag auf gerichtliche Entscheidung fast immer kontraproduktiv sein. Von der nun entsprechend anwendbaren, zu begrüßenden Ausnahmeregelung des § 74 JGG sollten die Jugendkammern deshalb umfassend Gebrauch machen, auch wenn dies die Landeskassen belastet.

7. Rechtsbeschwerde

Gemäß § 92 JGG gelten die §§ 116 ff. StVollzG für den Antrag auf gerichtliche Entscheidung im Jugendvollzug entsprechend, so dass analog § 116 StVollzG gegen die gerichtliche Entscheidung der Jugendkammer die **Rechtsbeschwerde zulässig** ist, wenn es geboten erscheint, die Nachprüfung zur Fortbildung des Rechts oder zur Sicherung einer einheitlichen Rechtsprechung zu ermöglichen.[73]

Die Rechtsbeschwerde kann nur darauf gestützt werden, dass die Entscheidung **auf einer Verletzung des Gesetzes beruhe**. Das Gesetz ist verletzt, wenn eine Rechtsnorm nicht oder nicht richtig angewendet wurde.

Die Rechtsbeschwerde hat keine aufschiebende Wirkung.[74]

Zuständig für die Entscheidung über die Rechtsbeschwerde ist entsprechend § 117 StVollzG ein **Strafsenat des Oberlandesgerichts**, in dessen Bezirk die Jugendkammer ihren Sitz hat.

Hinsichtlich der **formellen Voraussetzungen** ist hervorzuheben, dass entsprechend § 118 StVollzG die Rechtsbeschwerde binnen eines Monats nach Zustellung der angefochtenen gerichtlichen Entscheidung eingelegt werden muss. Ferner ist innerhalb der gleichen Frist zu erklären, inwieweit die Entscheidung angefochten und ihre Aufhebung beantragt wird – die Anträge sind begründungspflichtig.

Der Antragsteller als Beschwerdeführer kann dies nur in einer von einem Rechtsanwalt unterzeichneten Schrift oder zur Niederschrift der Geschäftsstelle tun. Durch die Beauftragung eines Rechtsanwalts entstehen für den Gefangenen erhebliche Kosten, dieser kann aber (dazu Rn 12) einen Antrag auf Verteidigerbeiordnung nach § 92 Abs. 1 S. 2 JGG, § 120 Abs. 1 StVollzG, § 140 Abs. 2 StPO stellen. Die jugendgemäß zu beurteilende Schwierigkeit der Sach- und Rechtslage wird wegen der hohen rechtlichen Anforderungen an die Rechtsbeschwerde hier häufig zu bejahen sein.

An die zweite Möglichkeit, die Einlegung zu Protokoll der Geschäftsstelle, stellt die Rechtsprechung sehr hohe Anforderungen, insbesondere darf der zuständige Rechts-

---

72 Gesetzesbegründung S. 9 ebenso Eisenberg § 92 JGG Rn 181.
73 Näher zu den einzelnen Zulässigkeitsvoraussetzungen Kamann, Verteidigung, S. 110 ff.
74 Da § 116 Abs. 3 S. 2 StVollzG indessen auf § 114 Abs. 2 StVollzG verweist, kann die Anstalt nach einer Entscheidung der Jugendkammer Aussetzung des Vollzuges beim OLG beantragen. Ein bei der Jugendkammer unterlegener Gefangener kann ebenfalls beim Senat einstweiligen Rechtsschutz beantragen, siehe im einzelnen Kamann, Verteidigung, S. 114 ff.

pfleger den Vortrag des Gefangenen nur dann zugrunde legen, wenn er „für den Inhalt und die Form auch die Verantwortung übernehmen kann".[75]

Die **Entscheidung des Strafsenates des Oberlandesgerichts ist nach § 119 Abs. 5 StVollzG unanfechtbar.**[76] Das Entscheidungsverfahren ist entsprechend § 119 Abs. 3 StVollzG insoweit erleichtert, als der Beschluss, durch den die Beschwerde verworfen wird, dann keiner Begründung bedarf, wenn der Senat die Beschwerde einstimmig für unzulässig oder offensichtlich unbegründet erachtet.

Das Verfahren der Rechtsbeschwerde ist damit an die Vorschriften der Revision in Strafsachen nach den §§ 333 ff StPO angelehnt. Wie sich aus dem entsprechend anwendbaren § 116 Abs. 2 StVollzG ergibt, hat die Rechtsbeschwerde allein den Sinn, Gesetzesverletzungen geltend zu machen, nicht aber eine erneute tatsächliche Nachprüfung zu ermöglichen. Aus der Sicht des Gefangenen im Jugendvollzug sind bereits die Anforderungen an die Zulässigkeit als sehr hoch einzuschätzen, so dass die Rechtsbeschwerde praktisch nur eine geringe Rolle einnehmen wird.[77] Dies erscheint dann akzeptabel, wenn das Verfahren der Tatsacheninstanz den Jugendlichen im Vollzug effektiv ermöglicht, den Sachverhalt tatsächlich und rechtlich vom Gericht überprüfen zu lassen. Ob die Elemente der mündlichen Kommunikation zwischen Gefangenem und Tatsachengericht ausreichen, muss die Praxis zeigen, jedenfalls haben solche Elemente nur vor dem Tatgericht, nicht aber vor dem Rechtsbeschwerdegericht ihren Platz.

8. Vollstreckung der gerichtlichen Entscheidungen

14 Es gab bislang keine Regelungen zur Vollstreckung der gerichtlichen Entscheidungen. Falls die Anstaltsleitung sich nicht an deren Inhalt hielt,[78] konnte der Gefangene nur die informellen Rechtsbehelfe der Dienstaufsichtsbeschwerde oder der Petition an eine Volksvertretung nutzen.[79] Dies hat sich durch das Gesetz zur bundesrechtlichen Umsetzung des Abstandsgebots im Recht der Sicherungsverwahrung vom 5.12.2012 dahingehend geändert, dass – der von § 92 Abs. 1 S. 1 in Bezug genommene – § 120 Abs. 1 StVollzG dahin neu gefasst wurde, dass § 172 VwGO anwendbar ist.[80]

Nach der Gesetzesbegründung[81] soll diese Änderung in Umsetzung des Rechtsschutz- und Unterstützungsgebots des BVerfG die Durchsetzung von Ansprüchen des Antragstellers effektiver machen, indem die in gerichtlichen Beschlüssen nach den §§ 109 ff. StVollzG enthaltene vollzugsbehördliche Verpflichtungen künftig auch vollstreckt

---

75 Callies/Müller-Dietz § 118 Rn 8.
76 Bei abweichenden Meinungen mehrerer OLGs ist auch in Vollzugsachen die Divergenzvorlage an den BGH durch den Senat vorzunehmen, Kamann, Verteidigung, S. 118. Da es jedoch – s. nächste Fußnote – bereits an Rechtsbeschwerden mangelt, dürfte dies eine eher theoretische Möglichkeit sein.
77 Dies bestätigt eine – wenn auch nicht bundesweit aussagekräftige – vom Verf. im Juni 2011 bei den für das Land Schleswig-Holstein zuständigen Strafsenaten des OLG Schleswig vorgenommene Abfage: Dort war seit Änderung des § 92 JGG durch Gesetz vom 9.1.2007 keine einzige Rechtsbeschwerde eingegangen.
78 Sogenannte „Renitenz", dazu Eisenberg, § 92 Rn 167.
79 Sußner Jugendstrafvollzug S. 262.
80 Nach Art. 4 des Gesetzes vom 5.12.2012 (BGBl. I 2425) erhielt § 120 Abs. 1 S. 1 StVollzG folgende Fassung: „Kommt die Behörde in den Fällen des § 114 Abs. 2 S. 2 sowie des § 115 Abs. 2 S. 2 und 4 der ihr in der einstweiligen Anordnung oder im Beschluss auferlegten Verpflichtung nicht nach, gilt § 172 VwGO entsprechend".
81 BR-Drucks. 173/12, S. 42.

VI. Abweichungen bei Rechtsbehelfen im Vollzug der Jugendstrafe 11

werden können. Da das Rechtsschutzsystem des Strafvollzugsgesetzes im Wesentlichen an das verwaltungsgerichtliche Verfahren angelehnt sei, verweise das Strafvollzugsgesetz hierfür zukünftig auf § 172 VwGO. Dieser sieht als entsprechende Vorschrift über die Vollstreckung verwaltungsgerichtlicher Urteile erforderlichenfalls die Androhung und Festsetzung eines Zwangsgeldes bis zu einer Höhe von 10.000 EUR gegen eine Behörde vor. Dies gelte auch und gerade für einen durch den Gefangenen oder den Sicherungsverwahrten selbst gerichtlich gegenüber der Vollzugsbehörde durchzusetzenden Therapieanspruch. § 120 Absatz 1 Satz 1 StVollzG gelte dabei für den Straf- und Maßregelvollzug insgesamt. Die Gesetzesänderung ist zu begrüßen, auch wenn die gerichtlichen Entscheidungen wie in der Gesetzesbegründung angenommen nur in wenigen Fällen nicht umgesetzt wurden. Allein die gesetzliche Möglichkeit einer Zwangsgeldandrohung und -festsetzung wird künftig für eine strikte Befolgung der gerichtlichen Entscheidungen sorgen, da ansonsten im Verfahren über Androhung und Festsetzung des Zwangsgeldes Verstöße gegen die Gesetzmäßigkeit der Verwaltung offenbar und dokumentiert würden.

§ 12 Datenschutz und kriminologische Forschung

	Land	Vom	In Kraft	Fundstelle	Letzte Änderung
BB	BbgJVollzG Abschnitt 22, §§ 121-140	24.4.2013	1.6.2013	GVBl. I 2013, Nr. 14	10.7.2014 (GVBl. I Nr. 34)
BE	JVollzDSG Bln	21.6.2011	1.7.2011	GVBl. 2011, 287	
BW	JVollzGB I B-W Abschnitt 5, 7, §§ 22-23, 27-55	10.11.2009	1.1.2010	GBl. 2009, 545	1.12.2015 (GBl. S. 1047)
BY	BayStVollzG Teil 6, Abschn. 2 & 3	10.12.2007	1.1.2008	GVBl 2007, 866	22.7.2014 (GVBl. S. 286)
HB	BremJStVollzG	23.7.2007	1.1.2008	Brem.GBl. 2007, 233	
HE	HessJStVollzG	19.11.2007	1.1.2008	GVBl. I 2007, 758	5.3.2013 (GVBl. S. 46)
HH	HmbJStVollzG	14.7.2009	1.9.2009	HmbGVBl. 2009, 257, 280	21.5.2013 (HmbGVBl. S. 211, 238)
MV	JStVollzG M-V	14.12.2007	1.1.2008	GVOBl. M-V 2007, 427	
NI	NJVollzG	ngf: 8.4.2014		Nds. GVBl. 2014, 106	
NW	JStVollzG NRW	20.11.2007	1.1.2008	GV. NRW. 2007, 539	13.1.2015 (GV. NRW. S. 76)
	JVollzSVG NRW (Gesetz zur Verbesserung der Sicherheit in Justizvollzugsanstalten des Landes Nordrhein-Westfalen	27.10.2009	13.11.2009	GV. NRW. 2009, 540	2.10.2014 (GV. NRW. S. 646)
RP	LJVollzDSG RP	8.5.2013	1.6.2013	GVBl. 2013, 79	6.10.2015 (GVBl. S. 354)
SH	JStVollzG S-H	19.12.2007	1.1.2008	GVOBl. 2007, 563	15.5.2013, GVOBl. S. 169
SL	SJStVollzG	30.10.2007	1.1.2008	Amtsblatt 2007, 2370	24.4.2013 (Amtsbl. I S. 116)
SN	SächsJStVollzG	12.12.2007	1.1.2008	SächsGVBl. 2007, 558	16.5.2013 (SächsGVBl. S. 250, 274)
ST	JStVollzG LSA	7.12.2007	1.1.2008	GVBl. LSA 2007, 368	
TH	ThürJVollzGB	27.2.2014	7.3.2014	GVBl. 2014, 13	

Spezielle Literatur: *Baier, D./Bergmann, M.C.*, Gewalt im Strafvollzug – Ergebnisse einer Befragung aus fünf Bundesländern, FS 2013, S. 76-83; *Baier, D./Pfeiffer, C./Bergmann, M.C.*, Beeinflussen Merkmale von Justizvollzugsanstalten das Gewaltverhalten der Gefangenen? in: Neubacher, F./Kubink, M.: Festschrift für Michael Walter, Berlin 2014, S. 473-490; *Bast, M.*, Die Schweigepflicht der Ärzte, Psychologen und Sozialarbeiter im Strafvollzug – Eine Untersuchung der innerbehördlichen Schweigepflicht nach §§ 182 StVollzG, 203 StGB, Hamburg 2003; *Böllinger, L.*, Ein Schlag gegen das Resozialisierungsprinzip. Offenbarungspflicht der Therapeuten im Strafvollzug, in: ZfSexualforschung 1999, S. 140-159; *Boxberg, V./Wolter, D./Neubacher, F.*, Gewalt und Suizid im Jugendstrafvollzug – Erste Ergebnisse einer Längsschnittstudie, in: Dessecker, A.(Hrsg), Justizvollzug in Bewegung, Wiesbaden, 2013, S. 87 – 125; *Busch, R.*, Die Schweigepflicht des Anstaltsarztes gegenüber dem Anstaltsleiter und der Aufsichtsbehörde, in: ZfStrVo 2000, S. 344-351; *Däubler, W./Klebe, T./Wedde, P./Weichert, T.*, Bundesdatenschutzgesetz, Basiskommentar, 4. Aufl., Köln 2014; *Dölling, D./Kerner H.-J.*, Jugendstrafvollzug in freien Formen: Das baden-württembergische Jugendprojekt Chance, in: Neubacher, F., Kubink, M. (Hrsg.): Gedächtnisschrift für Michael Walter, Berlin 2014, S. 525-542. *Duttke, G.*, Anmerkung zu BGH, Urteil vom 24.7.1998 – 3 StR 78/98 – Einsatz technischer Mittel zum Abhören und Aufzeichnen des nichtöffentlich gesprochenen Wortes im Besuchsraum einer Untersuchungshaftanstalt, in: JZ 1999, S. 261-263; *Endres, J./ Breuer, M./Buch, L./Handtke, O.*, Der Behandlungsbedarf bei jungen Straftätern: Erste Erkenntnisse zur Reliabilität eines neuen Erhebungsinstruments für den Jugendstrafvollzug, Forensische Psychiatrie, Psychologie, Kriminologie, 2014, S. 116-127; *Europarat* (Hrsg.), Bericht an die Deutsche Regierung über den Besuch des Europäischen Ausschusses zur Verhütung von Folter und unmenschlicher oder erniedrigender Behandlung oder Strafe in Deutschland vom 25. November bis 7. Dezember 2010, Strasbourg 2011, www.cpt.coe.int/en/states/deu.htm [7.7.2015]; *Goerdeler, J.*, Das Recht auf Akteneinsicht zur Prävention von menschenrechtswidriger Behandlung in der Inhaftierung, in: KritV 2013, S. 387-413. *ders.*, Datenschutz im Maßregelvollzug, in: R&P 2014, S. 129-141; *ders.* Anmerkung zu OLG Celle, Beschl. v. 23.4.2013 – 1 Ws 115/13, in: StV 2014, S. 356-359; *Gola, P./ Schomerus, R.*, BDSG – Kommentar, 12. Aufl., München 2015; *Graalmann-Scheerer, K.*, Zur Zulässigkeit der Einwilligung in die Entnahme von Körperzellen (§§ 81 g Abs. 3, 81 a Abs. 2 StPO, § 2 DNA-Identitätsfeststellungsgesetz) und in die molekulargenetische Untersuchung (§§ 81 g Abs. 3, 81 f Abs. 1 StPO, § 2 DNA-Identitätsfeststellungsgesetz), in: JR 1999, S. 453-456; *Häufle, J./Schmidt, H./Neubacher. F.*, Gewaltopfer im Jugendstrafvollzug – Zur Viktimisierungs- und Tätererfahrung junger Strafgefangener, BewHi 2013, S. 20-38; *Hinz, S./ Hartenstein, S.*, Jugendgewalt im Strafvollzug. ZJJ 2010, S. 176 – 182; *Hartenstein, S./Hinz, S.*, Evaluation des Jugendstrafvollzuges in Sachsen – Erste Ergebnisse einer Befragung von Inhaftierten, FS 2012, 124-127; *Heinrich, W.*, Gewalt im Gefängnis – eine Untersuchung der Entwicklung von Gewalt im hessischen Justizvollzug (1989–1998), in: BewHi 2002, S. 369-383; *Hildebrandt, J.*, Schweigepflicht im Behandlungsvollzug – Zur Neuregelung des § 182 Abs. 2 StVollzG, Frankfurt aM 2004; *Heintzen, M./Lilie, H.*, Patientenakten und Rechnungshofkontrolle, in: NJW 1997, S. 1601-1604; *Kerner, H.-J.*, Forschung im Jugendstrafvollzug –Notwendigkeit, Dimensionen, Möglichkeiten und Grenzen, in: Marcel Schweder (Hrsg.): Handbuch Jugendstrafvollzug. Weinheim: Beltz Juventa 2015, S. 798-818; *Linkhorst, A.*, Das Akteneinsichtsrecht des Strafgefangenen nach § 185 StVollzG, Aachen 2005; *Lobitz, R./Giebel, S./Suhling, S.*, Strukturelle Merkmale des Jugendstrafvollzuges in Deutschland – erste Ergebnisse einer länderübergreifenden Bestandsaufnahme durch die kriminologischen Dienste, FS 2013, S. 340-344; *Neubacher, F.*, Aktuelle empirische Befunde der deutschen Kriminologie zur Gewalt unter Gefangenen, in: Baier, D./Mößle, T.: Festschrift für Christian Pfeiffer, Baden-Baden 2014, S. 485-501; *ders.*, Gewalt im Jugendstrafvollzug – Ein Überblick über Ergebnisse des Kölner Forschungsprojekte, FS 2014, 320-326; *Neubacher, F./Oelsner, J./Schmidt, H.*, Gewalt und Suizid im Jugendstrafvollzug – Ein Zwischenbericht, in: Dölling, D./ Jehle, J.-M. (Hrsg): Täter – Taten – Opfer, Grundlagenfragen und aktuelle Probleme der Kriminalität und ihrer Kontrolle, Mönchengladbach 2013, S. 672-690; *Pollähne, H.*, Schweigepflicht und Datenschutz: Neue kriminalpolitische Herausforderungen – alte Antworten?, in: Pollähne/Rode (Hrsg.), Schweigepflicht und Datenschutz, Neue kriminalpolitische Herausforderungen – alte Antworten?, Berlin 2010, S. 5 ff; *Pollähne, H./Schäfer-Eikermann, R.*, Soll man denn zu Verbrechen schweigen? Die Schweigepflicht im Maßregelvollzug im Verhältnis zu Strafverfolgungsinteressen, in: R&P 1988, S. 2-8; *Preusker, H./Rosemeier, D.*, Umfang und Grenzen der Schweigepflicht von Psychotherapeuten im Justizvollzug nach dem vierten Gesetz zur Änderung des Strafvollzugsgesetzes, in: ZfStrVo 1998, S. 329-38; *Rixen, S.*, Neues Datenschutzrecht für den Strafvollzug, in: DuD 2000, S. 640-645; *Schöch, H.*, Zur Offenbarungspflicht der Therapeuten im Justizvollzug gemäß § 182 II StVollzG, in: ZfStrVo 1999, S. 259 – 266, in: R. Egg (Hrsg.), Behandlung von Sexualstraftätern im Justizvollzug: Folgerungen aus den Gesetzesänderungen, Wiesbaden 2000, S. 271-292; *Schwill, F./Schreiber, H.-L.*, Das Akteneinsichtsrecht der Aufsichtsbehörden im Maßregelvollzug, in: RuP 2004, S. 151-159; *Simitis, S.*, Bundesdatenschutzgesetz, Kommentar, 7. Aufl., Baden-Baden 2011; *Stellmacher, J./Wagner, U./Issmer, Ch./Kerner, H.-J./Coester, M.*; Bewertung von Behandlungsmaßnahmen durch Inhaftierte im Hessischen Jugendstrafvollzug -Ergebnisse einer qualitativen Studie. Bewährungshilfe 2012, S. 148-162; *Stelly, W./Thomas, J.*, Strukturevaluation des baden-württembergischen Jugendstrafvollzuges, FS 2013, S. 344-348; *Weichert, T.*, Informelle Selbstbestimmung und strafrechtliche Ermittlung, Pfaffenweiler 1990; *Weichert, T.*,

§ 12 Datenschutz und kriminologische Forschung

Datenschutz behindert Forschung, in: DANA 4/1997, S. 4; *Weichert, T.*, Akteneinsicht im Strafvollzug, in: ZfStrVo 2000, S. 88-89; *Weichert, T.*, PatientInnen-Datenschutz, in: DANA 1/2003, S. 5; *Weichert, T.*, Von der Datenschutzauskunft zum Akteneinsichtsrecht im Strafvollzug, in: S. U. Burkhardt/C. Graebsch/H. Pollähne (Hrsg.), Korrespondenzen – in Sachen: Strafvollzug, Rechtskulturen, Kriminalpolitik, Menschenrechte, Münster 2005, S. 117–124 (zitiert als: Weichert in: Korrespondenzen); *Witos, G./ Staiger, I./ Neubacher, F.*, Videoüberwachung im Strafvollzug, in: NK 2014, S. 359-379; *Wirth, W.*, Gewalt unter Gefangenen. Kernbefunde einer empirischen Studie im Strafvollzug des Landes Nordrhein-Westfalen, Kriminologischer Dienst des Landes Nordrhein-Westfalen (Hrsg.), Düsseldorf 2006; *ders.*, Die Evaluation des Jugendstrafvollzuges in Nordrhein-Westfalen: Bedarfsanalysen und Erfolgskontrollen im Fokus, FS 2013, S. 349-353; *Wollweber, H.*, Datenschutz in der Untersuchungshaft, in: ZRP 1999, S. 405-408

I. Vorbemerkung

1. Das Recht auf informationelle Selbstbestimmung im Jugendstrafvollzug

1 Rechtlicher Ausgangspunkt des Datenschutzes ist insbesondere das vom BVerfG aus dem Allgemeinen Persönlichkeitsrecht (Art. 2 Abs. 1 iVm Art. 1 Abs. 1 GG) abgeleitete grundrechtsgleiche „**Recht auf informationelle Selbstbestimmung**" (RiS).[1] Es gewährleistet die Befugnis des Einzelnen, grundsätzlich selbst über die Preisgabe und Verwendung seiner persönlichen Daten zu bestimmen. Einschränkungen dieses Rechts sind nur im überwiegenden Allgemeininteresse zulässig. Sie bedürfen – wie alle im Rahmen des Strafvollzuges über den bloßen Entzug der Freiheit hinausgehenden Eingriffe in Grundrechte – einer verfassungsmäßigen gesetzlichen Grundlage, die dem rechtsstaatlichen Gebot der Normenklarheit entspricht. Das BVerfG hat verschiedentlich klargestellt, dass in sensiblen Verwaltungsbereichen – wie dem des Strafvollzugs – spezifische Datenschutzregelungen getroffen werden müssen.[2] Diese bereichsspezifischen Regelungen sind mit den vollzuglichen Datenschutzvorschriften geschaffen worden.

2 Häufig werden bei der Verwendung personenbezogener Daten auch **weitere Grundrechte** mit berührt. Diese sind bei der rechtlichen Beurteilung jeweils mit zu berücksichtigen. Beispielhaft zu nennen sind die Meinungsäußerungsfreiheit nach Art. 5 GG, der Schutz der Familie nach Art. 6 Abs. 1 GG im Rahmen der Kontaktkontrolle mit Familienangehörigen[3] und das Brief- und das Telekommunikationsgeheimnis nach Art. 10 GG bei der Kommunikationsüberwachung.[4]

3 Bei der Verwendung personenbezogener Daten im Strafvollzug handelt es sich regelmäßig um Situationen und Daten von **hoher Sensibilität**. Erfasst werden bspw strafrechtlich und sicherheitsrechtlich relevante Sachverhalte sowie auch Daten von sehr intimer Art. Deren Erhebung erfolgt praktisch durchgängig im Rahmen einer Zwangssituation. Ähnlich wie in anderen Bereichen (zB Ausländerverwaltung, strafrechtliche Ermittlung) werden in großem Umfang Negativdaten zur Person verarbei-

---

[1] BVerfGE 65, 1 ff = NJW 1984, 419 ff.
[2] Bast, Die Schweigepflicht der Ärzte, Psychologen und Sozialarbeiter im Strafvollzug, S. 69 ff; Hildebrandt, Schweigepflicht im Behandlungsvollzug, S. 24 f.
[3] Duttke JZ 1999, 263; BVerfG NJW 1995, 1015, ohne direkten Verweis auf Art. 6 GG.
[4] Weichert in: Computerrechts-Handbuch, hrsg. von Kilian/Heussen, Kap. 130 Rn 20 ff.

tet; positive Angaben werden seltener erhoben, so dass ein verzerrtes Bild vom einzelnen Gefangenen entstehen kann.[5]

Das Recht auf informationelle Selbstbestimmung hat für den Gefangenen **nicht nur eine abwehrende Funktion.** Vielmehr ist dem Gefangenen die Möglichkeit zu eröffnen, durch eigene Informationsbeiträge die Informationsgestaltung über sich selbst mitzugestalten. Er hat einen Anspruch darauf zu erfahren, welche Informationen bei der Anstalt oder Aufsichtsbehörde von ihm vorhanden sind. Er kann ggf die Richtigstellung oder Löschung von Informationen verlangen. Weiterhin gehört hierzu auch die Information des Gefangenen über seine Rechte, u.a. über seine datenschutzrechtlichen Betroffenenrechte.[6] 4

Das **aktive Informationsbedürfnis** muss angemessen frühzeitig und in einer der Verständniswelt des Betroffenen gerecht werdenden Form gestillt werden. Darauf ist gerade bei jungen Gefangenen zu achten, die erst über eine begrenzte Lebenserfahrung verfügen, meist wenig klare Vorstellungen vom Ablauf und Funktionieren von Verwaltungsgeschäften haben und noch wenig einschätzen können, welche Wirkungen von der Erhebung, Speicherung und Weitergabe bestimmter personenbezogener Daten zu erwarten sind. Eine fremdsprachige Aufklärung kann notwendig sein, ebenso erläuternde Hinweis- und Merkblätter oder gar der Einsatz elektronischer oder audiovisueller Medien. Keinesfalls genügt ein vielleicht juristisch korrekter, aber für den Adressaten nicht nachvollziehbarer Verweis auf gesetzliche Regelungen.

Soweit nicht ohnehin einheitliche Regelungen mit dem Vollzug insb. der Freiheitsstrafe gelten, orientieren sich die Datenschutzregelungen zum Jugendstrafvollzug regelmäßig an den Vorschriften des StVollzG.[7] Bei ihrer Anwendung im Kontext des Jugendstrafvollzuges sind die spezifischen Besonderheiten zu berücksichtigen (bspw die Rolle der Erziehungsberechtigten sowie anderer Institutionen wie der Schule und des Jugendamtes, die geringe Lebenserfahrung in Datenschutzangelegenheiten, das eingeschränktes Einschätzungsvermögen über die Bedeutung und Tragweite datenschutzrechtlicher Entscheidungen usw). Es ist stets darauf zu achten, dass die Reintegrationschancen nicht dadurch vermindert werden, dass die Tatsache der Inhaftierung in außervollzuglichen sozialen Kontexten bekannt wird. Noch mehr als im Vollzug der Freiheitsstrafe ist daher stets kritisch zu hinterfragen, ob die Erhebung, Speicherung und Weitergabe personenbezogener Daten tatsächlich erforderlich ist. 5

2. Regelungssystematik und Begriffe

Der Umgang mit den beim Vollzug der Jugendstrafe verwendeten personenbezogenen Daten der Gefangenen und anderer Personen wird 6

- in HB, HE, HH, MV, NW, SN, SH in eigenen Abschnitten der Jugendstrafvollzugsgesetze,

---

5 Walter, Strafvollzug, 1999, Rn 298.
6 Rotthaus ZfStrVo 1996, 357 ff; Dalitz ZfStrVo 1997, 150 f.
7 Zur Gesetzgebungsgeschichte der Datenschutzvorschriften im StVollzG AK-Feest/Lesting-Weichert (5. Aufl.), Vor § 179 StVollzG Rn 7 f.

Goerdeler

- in BB, BW, BY, NI, ST, TH in einem auch für den Vollzug der Jugendstrafe geltenden Abschnitt des Strafvollzugs- bzw Justizvollzugsgesetzes und
- in BE und RP in Justizvollzugsdatenschutzgesetzen (JVollzDSG), die für alle Arten des Justizvollzuges (insb. Freiheitsstrafe, Jugendstrafe, U-Haft) gelten,

geregelt.

Die überwiegende Anzahl der geltenden vollzuglichen Datenschutzabschnitte ist in Aufbau und Inhalt sehr an den §§ 179 bis 187 StVollzG orientiert, allerdings mit teilweise nicht ganz unbedeutenden Abweichungen in Details. Erhebliche Unterschiede ergeben sich insbesondere in den Regelungen in BE, BW, RP.

7 Jenseits dieser spezifischen Datenschutzabschnitte bzw -gesetze ist der Umgang mit personenbezogenen Daten auch Gegenstand weiterer Regelungen in anderen Abschnitten der JStVollzGe (zB im Rahmen der Vorschriften über Besuchsüberwachung, über die ED-Behandlung oder über das Tragen von Lichtbildausweisen soweit diese im Abschnitt „Sicherheit und Ordnung" geregelt sind).

Nach dem Grundsatz der Spezialität **gehen die vollzuglichen Datenschutzregelungen den Landesdatenschutzgesetzen** und anderen Datenschutzregelungen vor. In den von ihnen geregelten Materien, insbesondere der Zulässigkeit der einzelnen Verwendungsschritte, sind sie auch abschließend und lassen einen Rückgriff auf die LDSGe nicht zu, soweit nicht ausdrücklich etwas anderes bestimmt wird. Im Übrigen wird für nicht geregelte Bereiche ergänzend auf die LDSGe zurückgegriffen (s. hierzu Rn 115 ff). Andererseits sind die vollzuglichen Datenschutzbestimmungen nicht die einzigen, die die Vollzugsbehörden zu beachten haben: Ihre Regelungsmaterie ist der Umgang mit personenbezogenen Daten für den Vollzug der Jugendstrafe – für andere Rechtsverhältnisse sind die jeweils spezifischen Datenschutzbestimmungen aus den einschlägigen Gesetzen zu berücksichtigen.

- Im **Innenverhältnis von Vollzugsbehörde zu ihren Bediensteten** sind die jeweiligen beamtenrechtlichen bzw arbeitsrechtlichen Normen anzuwenden.
- Im Rahmen **gerichtlicher Rechtsschutzverfahren** sind die jeweiligen Verfahrensordnungen maßgebend: Ficht ein Gefangener etwa eine Vollzugsmaßahme gem. § 92 JGG, §§ 109 ff. StVollzG an, so richtet sich sein Anspruch auf Akteneinsicht nach § 147 StPO iVm §§ 120 Abs. 1 StVollzG, 92 JGG.
- Die innerstaatliche Rechtsgrundlage für die Übermittlung personenbezogener Daten an das **European Committee for the Prevention of Torture** (CPT, Ausschuss des Europarates zur Verhütung von Folter), das **UN-Subcommittee against Torture** (SPT, Unterausschuss der Vereinten Nationen gegen Folter) sowie die **Nationale Stelle zur Verhütung von Folter** ergeben sich aus den deutschen Ratifizierungsgesetzen zu den Anti-Folter-Konventionen des Europarates und dem Zusatzprotokoll zur Anti-Folter-Konvention der Vereinten Nationen (OPCAT) sowie dem Staatsvertrag zwischen den Bundesländern zur Schaffung des nationalen Präventionsmechanismus.[8] Diese umfassen (auch für das CPT) ein eigenständiges

---

8 Ratifizierungsgesetz zum Europäischen Übereinkommen zur Verhütung von Folter und unmenschlicher und erniedrigender Behandlung oder Strafe vom 26.11.1987, BGBl. II v. 7.12.1989, S. 946 und Ratifizierungsge-

Akteneinsichtsrecht in die Gefangenenpersonalakten und Gesundheitsakten unabhängig von einer Einwilligung der betroffenen Gefangenen.[9]

- Weitere Rechtsgrundlage für die Verarbeitung, insbesondere Übermittlung, personenbezogener Daten können sich aus dem Landesverfassungsrecht für das **parlamentarische Kontrollrecht** ergeben. Das Landesverfassungsrecht geht den einfachen Bundes- oder Landesgesetzen vor.[10]

Unmittelbarer Regelungsadressat der vollzuglichen Datenschutzregelungen sind die **Vollzugsbehörden** (Vollzugsanstalten, Aufsichtsbehörden). Bedient sich die Anstalt zur Erfüllung ihrer Aufgaben externer Personen oder Einrichtungen, muss sie diese zur Einhaltung entsprechender Datenschutzstandards – auch gegenüber den Gefangenen – vertraglich verpflichten. Zudem ist zu klären, wer im Außenverhältnis – auch gegenüber den betroffenen Gefangenen – die datenschutzrechtlich verantwortliche Stelle ist:[11] Bedient sich die Anstalt bspw einer externen Suchthilfeeinrichtung für freiwillige Drogenberatungsangebote in der Anstalt, die in eigenem Namen auftritt und in fachlicher Selbständigkeit agiert, spricht dies dafür, dass diese Einrichtung „eigene" Daten erhebt und weiter verarbeitet, die nicht der Anstalt „gehören". Dh einerseits, dass die Einrichtung eine eigene Rechtsgrundlage für die Verarbeitung der Daten benötigt. Diese wird sich vor allem aus der Einwilligung des Gefangenen ergeben, die deshalb ausdrücklich vereinbart und dokumentiert werden muss. Andererseits bedeutet dies, dass die Weitergabe von Informationen aus dem Beratungsangebot ein Übermittlungs-/ Erhebungs-Vorgang ist (und keine Nutzung), dessen rechtliche Voraussetzungen eingehalten werden müssen. 8

Werden hingegen von einem von der Anstalt beauftragten Telefondienstleister personenbezogene Daten der Gefangenen für die Nutzung und Abrechnung der Telefonanlage verarbeitet, so handelt es sich regelmäßig um sog. Auftragsdatenverarbeitung: der Telefondienstleister wird nämlich in erster Linie von der Anstalt beauftragt, um originär ihr obliegende Aufgaben zu erfüllen (insbesondere durch die Sicherheitsfunktionen). Er agiert ausschließlich nach Weisung der Anstalt. Rechtsansprüche der Gefangenen, bspw auf Auskunft über die über sie gespeicherten Daten, richten sich daher weiterhin unmittelbar gegen die Anstalt. Die Anstalt muss im Rahmen der Beauftragung sicherstellen, dass sie diese Ansprüche erfüllen kann.

Entsprechend der **Regelungssystematik des StVollzG** werden in den meisten Gesetzen zunächst die Voraussetzungen der Datenerhebung[12] und daran anschließend die Zulässigkeit der weiteren Verarbeitung und Nutzung einschließlich der Zweckbindung, 9

---

setz zum Fakultativprotokoll vom 18.12.2002 zum VN-Übereinkommen gegen Folter und andere grausame, unmenschliche oder erniedrigende Behandlung oder Strafe, BGBl. II 2008, S. 854.
Die Nationale Stelle besteht aus einer Bundesstelle, die durch Organisationserlass des Bundesjustizministeriums vom 20.11.2008 (Bundesanzeiger Nr. 182 S. 4277) geschaffen worden ist, sowie einer Länderkommission, die durch den Staatsvertrag über die Einrichtung eines nationalen Präventionsmechanismus in den Ländern v. 1.12.2009 entstanden ist. Dieser zwischen den Ländern abgeschlossene Staatsvertrag wurde in jedem Bundesland ebenfalls durch ein Ratifizierungsgesetz in Landesrecht überführt.

9 Goerdeler KritV 2013, 387 ff AA waren die Bundesregierung und die Länder bei dem 2010 erfolgten Besuch des CPT in Deutschland, vgl Europarat 2010, Rn 6-8. S. zum CPT auch Schwind/Böhm/Jehle/Laubenthal-Schmid § 180 StVollzG Rn 34.
10 Schwind/Böhm/Jehle/Laubenthal-Schmid § 180 StVollzG Rn 34.
11 Vgl 31. TB LfD BW, S. 71.
12 § 88 HB, MV, SL, SH; §§ 122-126 BB; §§ 31-33 JVollzGB I B-W.

des Umgangs mit besonders schutzbedürftigen Daten sowie des Schutzes von Daten in Akten und Dateien[13] geregelt. Es schließen sich Vorschriften über die Berichtigung, Löschung und Sperrung[14] sowie über die Auskunftsrechte der Betroffenen an.[15] Schließlich wird die subsidiäre Anwendung des jeweiligen Landesdatenschutzgesetzes geregelt.[16]

Im Übrigen bestehen **folgende Abweichungen von der skizzierten Regelungssystematik:**

- Inzwischen recht vielfältig ist die **Gestaltung der datenschutzrechtlichen Generalklausel**, auf deren Grundlage die standardmäßige Verarbeitung personenbezogener Daten zum Zwecke des Vollzuges der Jugendstrafe erfolgt (s.u. Rn 18).

- Die Datenerhebung durch **erkennungsdienstliche Maßnahmen** wird in BB, BE, BW, BY, HH, NW, RP, ST, TH in den Datenschutz-Vorschriften geregelt,[17] in den anderen Bundesländern im Kapitel Sicherheit und Ordnung[18] (s. Rn 12 ff in § 8 Sicherheit und Ordnung).

- Die Verpflichtung zum **Tragen eines Lichtbildausweises** wird in BB, BE, BW, BY, HH, NW, RP, ST im Rahmen der Datenschutzvorschriften geregelt,[19] ansonsten ebenfalls im Abschnitt Sicherheit und Ordnung[20] (keine Regelung in TH) (s. Rn 121 in § 8 Sicherheit und Ordnung).

- Die meisten, aber noch nicht alle Landesgesetze weisen inzwischen Regelungen zur **Videoüberwachung** auf (teilweise im Abschnitt Sicherheit und Ordnung, teilweise bei den Datenschutzregelungen).[21]

- Als einziges Land erlaubt darüber hinaus Baden-Württemberg den **Einsatz von RFID-Transpondern** zur Überwachung des Aufenthaltsortes oder „aus Gründen der Sicherheit oder Ordnung" der Anstalt.[22]

- Eine recht neue Regelung, die in einigen Gesetzen hinzugekommen ist, ist das **Auslesen von Datenspeichern**.[23]

---

[13] §§ 89-93 JStVollzG HB, MV, SL; §§ 127-132 BB; §§ 34-47 JVollzGB I B-W; Art. 197-201 BY; § 7 Abs. 1-4 JVollzDSG BE; §§ 116-120 HH; §§ 191-196 NI; §§ 99-103 NW; §§ 88, 90-92 SN; §§ 131-139, 149-158 ST; §§ 125-132 TH.
[14] § 94 JStVollzG HB, MV, SL, SH; §§ 137-140 BB; § 48 JVollzGB I B-W; Art. 202 BY; § 121 HH; § 65 HE; § 197 NI; § 104 NW; § 93 SN; § 162 ST; §§ 137-140 TH.
[15] § 95 JStVollzG HB, MV, SL, SH; §§ 135-136 BB; § 49 JVollzGB I B-W; Art. 203 BY; § 122 HH; § 64 HE; § 198 NI; § 105 NW; § 94 SN; § 159-161 ST; §§ 135-135 TH.
[16] § 96 JStVollzG HB, MV, SL, SN, NW; § 121 BB; § 55 JVollzGB I BW; Art. 205 BY; § 124 HH ; § 200 Abs. 2 NI; § 107 NW; § 163 ST; § 119 TH.
[17] § 126 Abs. 1 BB, § 17 JVollzDSG BE, § 31 Abs. 1 S. 2 JVollzGB I BW; § 58 Abs. 2 HE, § 17 LJVollzG RP, § 140 ST, § 124 Abs. 1 TH.
[18] § 66 JStVollzG HB, MV, SL, SH; Art. 93 BY; § 71 HH; § 78 NI; § 76 NW; § 67 SN.
[19] § 132 Abs. 2 BB; § 26 JVollzDSG BE; § 34 Abs. 3 JVollzGB I B-W; Art. 197 Abs. 1 S. 2 BY; § 116 Abs. 1 S. 2 HH; § 99 Abs. 1 S. 2 NW, § 25 LJVollzDSG RP; § 148 ST.
[20] § 67 JStVollzG HB, MV, SL; § 47 HE; § 79 NI; § 68 SN; § 66 SH.
[21] So § 126 Abs. 2 BB, §§ 18–23 JVollzDSG BE, § 32 JVollzGB I B-W, §§ 33 Abs. 5 (Besuch), 44 Abs. 2, 58 Abs. 6 (Außenbereiche), 65 Abs. 2 HE, § 117 HH, § 2 JVollzSVG NW, §§ 18-22 LJVollzDSG RP, § 67 SH, § 94b SL, § 86a SN, §§ 141-145 ST; § 124 Abs. 2 TH. Keine Regelungen sind in den Gesetzen von BY, HB, MV, ST, NI (wobei teilweise vielleicht auf das LDSG zurückgegriffen werden kann).
[22] § 33 JVollzGB I B-W.
[23] § 126 Abs. 1 BB; § 23 JVollzDSG BE; § 23 LJVollzDSG RP; § 94a SL; § 69a SN; § 146 ST; § 124 Abs. 4 TH. Keine Regelung: BW; BY; HB; HH; HE; MV; NI; NW; SH.

I. Vorbemerkung

Die vollzuglichen Datenschutzvorschriften enthalten keine **Definitionen der grundlegenden datenschutzrechtlichen Begriffe**, sondern setzen vielmehr die allgemeinen datenschutzrechtlichen Definitionen voraus. Die Legaldefinitionen der datenschutzrechtlichen Grundbegriffe ergeben sich aus den anzuwendenden Landesdatenschutzgesetzen.

„**Personenbezogene Daten**" sind demnach alle Einzelangaben über persönliche oder sachliche Verhältnisse einer bestimmten oder bestimmbaren Person.[24] Einzelangaben sind Informationen, die eine bestimmte Person kennzeichnen oder geeignet sind, einen Bezug zu ihr herzustellen. Keine personenbezogenen Daten stellen Informationen über Personengruppen dar, wenn kein Bezug zu einer individuellen Person hergestellt werden kann; auch zusammengefasste, aggregierte Daten oder anonyme bzw anonymisierte Angaben sind keine personenbezogenen Daten. Unerheblich ist, aus welcher Lebenssphäre das Datum stammt, ob es einen privaten, ja intimen Bezug hat oder aus der öffentlichen Lebenssphäre stammt.[25] Auch die Form des Datums ist unerheblich: Aufzeichnungen über Messungen (Körpergröße, Gewicht), Ergebnisse chemischer Analysen (bspw.: BAK) stellen ebenso personenbezogene Daten dar wie Fotografien, Fingerabdrücke oder Röntgenaufnahmen.

„**Betroffener**" ist derjenige, dessen personenbezogene Daten erhoben, genutzt oder verarbeitet werden (vgl § 3 Abs. 1 BDSG). Das wird zumeist der Gefangene sein, es kann aber auch eine andere Person sein, deren Daten aus vollzuglichen Gründen verwendet werden.

„**Verarbeiten**" ist – nach der Begriffssystematik der LDSGe – das Erheben, Speichern, Verändern, Übermitteln, Sperren, Löschen sowie Nutzen personenbezogener Daten (bspw § 4 Abs. 2 BlnDSG). Diese Begrifflichkeit weicht insofern von der des *Bundes*-DSG ab, als dieses die Erhebung und Nutzung personenbezogener Daten nicht zur Verarbeitung rechnet.[26]

Die im Weiteren verwendete Begrifflichkeit orientiert sich an der der Landesdatenschutzgesetze. Soweit – der Struktur des StVollzGs und der meisten (Jugend-)Strafvollzugsgesetze der Länder folgend – zwischen Erhebung und den weiteren Verarbeitungsmodalitäten unterschieden werden soll, wird insofern von „weiterer Verarbeitung" gesprochen. Gleichwohl beziehen sich gesetzliche Hinweise der Einfachheit halber zumeist auf das BDSG, obschon das Landesdatenschutzgesetz anzuwenden ist.

„**Erheben**" ist das zielgerichtete Beschaffen von Daten über den Betroffenen (vgl § 3 Abs. 3 BDSG). Unaufgefordert zugehende Daten werden nicht erhoben.[27] Die gezielte Entnahme von Daten aus allgemein zugänglichen Quellen, also zB den Medien, ist ein Erheben.[28] Eine wichtige Bedeutung kommt dem Erhebungszweck zu, da die wei-

---

24 § 3 Abs. 1 BDSG; Däubler/Klebe/Wedde/Weichert-Weichert § 3 BDSG Rn 12 f; Schwind/Böhm/Jehle/Laubenthal-Schmid § 187 StVollzG Rn 7.
25 Däubler/Klebe/Wedde/Weichert-Weichert § 3 BDSG Rn 19.
26 § 3 Abs. 3 BDSG; Däubler/Klebe/Wedde/Weichert-Weichert § 3 BDSG Rn 28.
27 Däubler/Klebe/Wedde/Weichert-Weichert § 3 BDSG Rn 30.
28 AK-Feest/Lesting-Goerdeler/Weichert § 179 StVollzG Rn 2; aA Schwind/Böhm/Jehle/Laubenthal-Schmid § 179 StVollzG Rn 6; Arloth § 179 Rn 3.

tere Nutzung der gewonnenen Daten an diesen gebunden ist (Grundsatz der Zweckbindung).

15 „**Übermittlung**" ist das Bekanntgeben personenbezogener Daten an einen Dritten (Empfänger), sei es, dass die Daten durch die speichernde Stelle an den Empfänger weitergegeben werden oder dass der Empfänger die zur Einsicht oder zum Abruf bereitgehaltenen Daten einsieht oder abruft (§ 3 Abs. 4 Nr. 3 BDSG; § 4 Abs. 2 Nr. 4 BlnDSG). Auch das Bekanntmachen gegenüber einer unbestimmten Vielzahl von Personen ist eine Übermittlung.[29] „**Dritter**" ist jede Person oder Stelle außerhalb der verantwortlichen Stelle, abgesehen von dem Betroffenen selbst (§ 3 Abs. 8 BDSG). Demnach ist die Weitergabe der Daten an den Betroffenen selbst oder innerhalb der verantwortlichen Stelle keine Übermittlung. Die Informationsweitergabe an andere JVAen oder die Aufsichtsbehörde stellt hingegen eine Übermittlung dar.[30]

16 „**Speichern**" ist das Erfassen, Aufnehmen oder Aufbewahren personenbezogener Daten auf einen Datenträger zum Zweck ihrer weiteren Verarbeitung oder Nutzung (vgl § 3 Abs. 4 Nr. 1 BDSG). Datenträger können bspw das beschriftete Papier, eine Fotografie oder ein digitales Speichermedium sein.

„**Verändern**" ist das inhaltliche Umgestalten gespeicherter personenbezogener Daten (vgl § 3 Abs. 4 Nr. 2 BDSG).

„**Sperren**" bedeutet das Kennzeichnen gespeicherter personenbezogener Daten, um eine weitere Verarbeitung oder Nutzung einzuschränken (vgl § 3 Abs. 4 Nr. 4 BDSG) bzw das Verhindern der weiteren Verarbeitung und Nutzung gespeicherter Daten (bspw § 4 Abs. 2 Nr. 4 LDSG Berlin), ohne dass die Daten gelöscht werden; die Daten bleiben der datenführenden Stelle erhalten, lediglich die Verarbeitung und Nutzung wird beschränkt.

Als „**Löschen**" wird nach § 3 Abs. 4 Nr. 5 BDSG das Unkenntlichmachen gespeicherter personenbezogener Daten verstanden (nach § 4 Abs. 2 Nr. 7 LDSG Berlin das Beseitigen gespeicherter Daten). Letztlich ist darunter ein tatsächlicher Vorgang zu verstehen, der auf einen dauerhaften Verlust der gespeicherten Daten für die datenführende Stelle abzielt und diesen zur Folge hat.

„**Nutzung**" ist jede Verwendung personenbezogener Daten, die keiner anderen Art der Verarbeitung unterfällt. Solange sich die Nutzung im Rahmen des Erhebungszweckes bewegt, konstituiert sie keinen eigenständigen Grundrechtseingriff (und bedarf daher keiner weiteren Rechtsgrundlage).

17 Das Erheben, Speichern, Verändern, Übermitteln, Sperren, Löschen personenbezogener Daten stellen jeweils **eigenständige Eingriffe** in das Recht auf informationelle Selbstbestimmung dar und bedürfen daher jeweils einer eigenen rechtlichen Ermächtigung. Nach dem Grundsatz der Zweckbindung konstituiert die Nutzung keinen neuen Grundrechtseingriff, solange sie sich im Rahmen des Erhebungszweckes bewegt. Ist eine rechtliche Ermächtigung erforderlich, kann sich diese einerseits aus

---

29 BVerfG NVwZ 1990, 1162; Däubler/Klebe/Wedde/Weichert-Weichert § 3 BDSG Rn 36 f; Schwind/Böhm/Jehle/Laubenthal-Schmid § 180 StVollzG Rn 7; aA: Arloth § 180 StVollzG Rn 2: Nutzen.
30 AK-Feest/Lesting-Goerdeler/Weichert § 180 StVollzG Rn 13.

einer wirksamen Einwilligung des Betroffenen ergeben, andererseits aus einer gesetzlichen Ermächtigungsnorm.

Das Datenschutzrecht wird von einigen Grundsätzen bestimmt, die sich aus dem verfassungsrechtlichen Verhältnismäßigkeitsgrundsatz ableiten lassen und das Gebot zu einem möglichst eingriffsmilden Vorgehen konkretisieren. Teilweise finden sie sich in den konkreten Regelungen wieder, aber auch unabhängig davon Geltung beanspruchen:

- **Grundsatz der Zweckbindung:** Die Legitimation der Datenerhebung und weiteren Verarbeitung ergibt sich stets aus einem bestimmten Zweck, für den diese Verarbeitung erfolgt. An diesen Zweck ist die verantwortliche Stelle auch zukünftig gebunden – die bei ihr vorhandenen personenbezogenen Daten stehen ihr nicht „zur freien Verfügung". Sollen die (rechtmäßig erhobenen) Daten für einen anderen Zweck verarbeitet werden, liegt darin ein eigenständiger Grundrechtseingriff, so dass der Verarbeitungsakt auf einer eigenen Rechtsgrundlage bedarf.

- **Grundsatz der Datensparsamkeit:** Die datenverarbeitenden Stellen sind gehalten, so wenig Daten wie möglich und nur solche Daten zu verarbeiten, die sie tatsächlich benötigt. Vermieden werden soll eine Erhebung und Speicherung von Daten „auf Vorrat", unabhängig davon, dass diese für eine konkrete Aufgabe benötigt werden. Der Grundsatz impliziert auch, dass die Stelle so bald wie möglich die Daten löscht, die sie nicht mehr benötigt.

- **Grundsatz der offen Verarbeitung/Transparenz:** Aus verfassungsrechtlicher Sicht ist es eingriffsmilder, wenn der Betroffene mitbekommt, dass seine Daten verarbeitet werden, als wenn dies heimlich geschieht. Eine Datenerhebung sollte möglichst direkt bei dem Betroffenen und nicht über Dritte erfolgen (Grundsatz der Direkterhebung). Auf Kameras soll hingewiesen werden und es soll erkennbar sein, wenn diese in Betrieb sind. Ist ein offenes Agieren nicht möglich, weil dies bspw den Zweck der Datenverarbeitung gefährden würde, sollte eine nachträgliche Information erfolgen.

II. Allgemeine Ermächtigung zur Datenverarbeitung
1. Generalklausel

Die „standardmäßige" Verarbeitung personenbezogener Daten für den Vollzug der Jugendstrafe wird den Vollzugsbehörden regelmäßig durch **Generalklauseln** erlaubt. Die Gestaltung der Generalklauseln ist inzwischen recht unterschiedlich. Ihre Erscheinungsformen lassen sich grob in drei Varianten unterteilen: Die noch stark dem StVollzG folgenden, älteren Gesetze haben zwei Generalklauseln, für die Erhebung der Daten sowie für deren weitere Verarbeitung und Nutzung.[31] Andere Gesetze folgen der typischen landesdatenschutzrechtlichen Systematik und haben eine Generalklausel für alle Arten der Verarbeitung (einschließlich der Erhebung).[32] Eine dritte

---

31 Art. 196 Abs. 1, 197 Abs. 1 BY; §§ 88 Abs. 1, 89 Abs. 1 HB; §§ 114 Abs. 1, 116 Abs. 1 HH; §§ 98 Abs. 1, 99 Abs. 1 NW; §§ 88 Abs. 1, 89 Abs. 1 SH; §§ 88 Abs. 1, 89 Abs. 1 SL.
32 § 122 Abs. 1 BB; § 58 Abs. 1 HE; § 88 Abs. 1 SN; § 120 Abs. 1 TH.

Gruppe hat für die unterschiedlichen Verarbeitungsstufen differenzierte Generalklauseln.[33]

Da die Verwendung von Generalklauseln in einem Spannungsverhältnis zum verfassungsrechtlichen Grundsatz vom Vorbehalt des Gesetzes und zum Bestimmtheitsgebot steht, **unterliegt ihr Anwendungsbereich Beschränkungen:**[34]

- Die datenschutzrechtlichen Generalklauseln erlauben die **Standard-Verarbeitung** personenbezogener Daten für vollzugliche Zwecke. Besondere, insbesondere eingriffsschwerere Formen der Verarbeitung personenbezogener Daten bedürfen hingegen einer eigenen, spezifischen Rechtsgrundlage, die die jeweiligen Voraussetzungen und Befugnisse klar benennt.

- Auf Generalklauseln kann **nicht zurückgegriffen werden, um Restriktionen zu umgehen**, die in speziellen Ermächtigungsnormen enthalten sind.[35]

- Auf Generalklauseln darf insbesondere dort nicht zurückgegriffen werden, wo der Gesetzgeber **abschließende Regelungen** geschaffen hat, das Fehlen einer Eingriffsermächtigung also auf den Willen des Gesetzgebers zurückzuführen ist, keine zu schaffen.

- Im Übrigen können Generalklauseln der Verwaltung erlauben, auf atypische, neue, nicht vorhersehbare Situationen mit adäquaten Mitteln zu reagieren. Für einen Übergangszeitraum können dann durchaus auch eingriffsintensive Maßnahmen auf Generalklauseln gestützt werden. Der Gesetzgeber muss aber für spezielle Rechtsgrundlagen sorgen, wenn sich derartige Maßnahmen als Standardmaßnahmen etablieren. Dies gilt im vollzuglichen Kontext bspw für den Einsatz der Videoüberwachung.[36]

19 Aufgrund der Generalklausel ist die Erhebung und weitere Verarbeitung personenbezogener Daten zulässig, wenn dies **für den Vollzug der Jugendstrafe erforderlich** ist. Für den Vollzug erforderlich sind solche personenbezogenen Daten, die benötigt werden um das Vollzugsziel, die Sicherungsaufgabe sowie die weiteren konkret benannten Aufgaben des Vollzugs sachgerecht (rechtmäßig, vollständig und in angemessener Zeit)[37] erfüllen zu können.

Das Berliner JustizVollzDSG definiert in § 6 als Vollzugszwecke folgende Aufgaben:

- die Gefangenen zu befähigen, künftig in sozialer Verantwortung ein Leben ohne Straftaten zu führen,

- die Allgemeinheit vor weiteren Straftaten der Gefangenen zu schützen,

---

[33] BW: §§ 31 Abs. 1 S. 1 (Erhebung); 34 (übermitteln, nutzen, verändern und speichern) JVollzGB I; BE: § 7 Abs. 1 (Erhebung), 7 Abs. 2 (Nutzung, Speicherung, Veränderung, Sperrung, Löschung) JVollzDSG; MV: § 88 Abs. 1 (Erhebung); § 89 Abs. 1(Speichern, Übermitteln, Nutzen); NI: §§ 190 Abs. 1 (Erhebung), 191 Abs. 1 (Speicherung, Veränderung, Nutzung); 192 Abs. 1 (Übermittlung); RP: §§ 6 Abs. 1 (Erhebung); 9 Abs. 1 (Speicherung und Nutzung), 10 Abs. 1 (Übermittlung) LJVollzDSG; ST: §§ 127 Abs. 1 S. (Erhebung), 131 Abs. 1 (Speicherung und Nutzung), 132 Abs. 1 (Übermittlung).
[34] Goerdeler R&P 2014, 129, 131 und StV 2014, 356, 357 f.
[35] AK-Feest/Lesting-Goerdeler/Weichert § 179 StVollzG Rn 1 und § 180 StVollzG Rn 3.
[36] Goerdeler StV 2014, 356, 357 f.
[37] AK-Feest/Lesting-Goerdeler/Weichert § 179 StVollzG Rn 4; Frahm in: Ostendorf, Untersuchungshaft und Abschiebehaft, § 12 Rn 12.

- Leib, Leben, Freiheit und Vermögen der Bediensteten und der Gefangenen sowie das Vermögen des Landes durch die Aufrechterhaltung der Sicherheit und Ordnung innerhalb der Anstalten zu schützen,
- Entweichung und Befreiung von Gefangenen zu verhindern,
- Nichtrückkehr und Missbrauch von Lockerungen zu vermeiden sowie
- die Mitwirkung des Justizvollzuges an den ihm durch Gesetz übertragenen sonstigen Aufgaben, insbesondere an Gefangene betreffenden Entscheidungen der Strafvollstreckungskammern durch vorbereitende Stellungnahmen.

Es genügt nicht, dass die Daten nur praktisch und nützlich sind.[38] An der Erforderlichkeit mangelt es, wenn noch nicht abzusehen ist, dass bzw wofür die Daten benötigt werden.[39] Teil des Erforderlichkeitsgrundsatzes ist die **Prüfung eingriffsmilderer Alternativen**: diese können bspw in der Beschränkung des Zugriffs auf gespeicherte Daten, in der Reduzierung des Umfangs der übermittelten Daten, in ihrer Anonymisierung oder Pseudonymisierung liegen.

2. Einwilligung

Außer auf eine gesetzliche Ermächtigungsgrundlage kann die Verarbeitung personenbezogener Daten auch auf die **wirksame Einwilligung des Betroffenen** gestützt werden (die verfassungsrechtlich als Grundrechtsverzicht zu werten ist). Der Einwilligung kann unter den Bedingungen des Strafvollzugs jedoch nur eine geringe Bedeutung zukommen. Die Anforderungen an diese ergeben sich idR aus den § 4 a BDSG entsprechenden Vorschriften der LDSGe. Wirksam ist nur die vorab eingeholte, informierte und in ihrer Formulierung hinreichend bestimmte, freiwillig gegebene, persönliche Einwilligung des Betroffenen.[40] Dies setzt die **Einwilligungsfähigkeit** des Betroffenen voraus. Maßgeblich ist, ob der Betroffene die Tragweite seiner Erklärung einschätzen kann, insbesondere die Folgen der Erhebung und Verarbeitung seiner personenbezogenen Daten in Hinblick auf sein Recht auf informationelle Selbstbestimmung abschätzen, ob er Alternativen erkennen und die Vor- und Nachteile der Verweigerung seiner Einwilligung beurteilen kann.[41] Auf die zivilrechtlichen Regelungen zur Geschäftsfähigkeit kommt es nicht an.[42] Die Einwilligung ist nur wirksam, wenn sie auf der freien Entscheidung des Betroffenen beruht (**Freiwilligkeit**)[43] – diese ist angesichts des umfassenden Autonomieverlustes der Gefangenen und des Machtgefälles zwischen Institution und Gefangenen besonders vorsichtig zu prüfen. Hat die Datenverarbeitung, in die eingewilligt wird, absehbar Nachteile für den Gefangenen zur

20

---

[38] Frahm in: Ostendorf, Untersuchungshaft und Abschiebehaft, § 12 Rn 13; SächsGM RuP 1999, 99.
[39] AK-Feest/Lesting-Goerdeler/Weichert § 179 StVollzG Rn 4.
[40] Däubler/Klebe/Wedde/Weichert-Däubler § 4 a BDSG Rn 23 ff, auch zu den Anforderungen an die Freiwilligkeit in sozialen Abhängigkeitsverhältnissen; Weichert, Informationelle Selbstbestimmung und strafrechtliche Ermittlung, S. 110 ff.
[41] Däubler/Klebe/Wedde/Weichert-Däubler § 4 a BDSG Rn 5; Frahm in: Ostendorf, Untersuchungshaft und Abschiebehaft, § 12 Rn 10.
[42] Däubler/Klebe/Wedde/Weichert-Däubler § 4 a BDSG Rn 5; Frahm in: Ostendorf, Untersuchungshaft und Abschiebehaft, § 12 Rn 10.
[43] OLG Frankfurt/aM 28.4.2011, 3 Ws 24/11; Gola/Schomerus § 4 a BDSG Rn 19 f;. Zu den Anforderungen an die Freiwilligkeit in sozialen Abhängigkeitsverhältnissen siehe Däubler/Klebe/Wedde/Weichert-Däubler § 4 a BDSG Rn 23 ff.

Folge, so spricht dies gegen die Freiwilligkeit.[44] So ist zB die Erhebung von Speichelproben von Gefangenen zur Gewinnung von DNA-Profilen grds. nicht freiwillig.[45] Ist eine spezielle Form der hoheitlichen Datenverarbeitung eindeutig geregelt, so ist besonders zu prüfen, ob nicht mit der Einwilligung die (uU strengen) Regelungen umgangen werden sollen.[46] Hat die Einwilligung für den Gefangenen eingriffsmildernde Wirkung und besteht zwischen dieser Wirkung und der Datenverarbeitung ein legitimer Zweckzusammenhang, so spricht dies für die Wirksamkeit.[47] Datenschutzrechtliche Einwilligungen sind mit Wirkung auf die Zukunft widerrufbar.[48] Der Betroffene muss über den Zweck der Erhebung, Nutzung oder Verarbeitung aufgeklärt werden. Die Erklärung muss bzgl des Inhalts (dh der Daten bzw den Datensätzen) und der verarbeitenden Stellen (inkl. Empfänger) hinreichend bestimmt sein.[49] **Konkludente Einwilligungen** dürften im Vollzug praktisch ausgeschlossen sein.[50] Da die Gefangenen regelmäßig gefragt werden können, ist für mutmaßliche Einwilligungen in der Praxis kein Raum. Wird die Einwilligung ausnahmsweise **mündlich** eingeholt und damit von der vorgesehenen Schriftform abgewichen, so sind die Gründe hierfür aufzuzeichnen.[51]

Die Einwilligung bedarf in der Regel der **Schriftform**.

III. Datenerhebung – Grundsätze und weitere Regelungen

1. Der Grundsatz der Direkterhebung und Ausnahmen davon

21 Grundsätzlich gilt der **Vorrang der offenen Datenerhebung beim Betroffenen** (Direkterhebung).[52] Wegen der Eigenart der jeweiligen Vollzugsaufgaben kann es jedoch erforderlich sein, in bestimmten Sachlagen Informationen ohne Mitwirkung des Betroffenen oder bei anderen Personen oder Stellen zu erheben. Hierzu gehören zB Auskünfte von Bezugspersonen über die sozialen Verhältnisse des Gefangenen. Zum Begriff des Betroffenen s.o. Rn 12.

22 Eine **Verpflichtung zur Mitwirkung** an der Datenerhebung kann sich für den Gefangenen nur aus speziellen Regelungen des (Jugend-)Strafvollzugsrechts ergeben. Keine Pflicht zur Mitwirkung besteht im Rahmen des Aufnahmeverfahrens und der Behandlungsuntersuchung, die der Gefangene allerdings über sich ergehen lassen muss.[53] Der Gefangene hat es selbst in der Hand, zB einen Lebenslauf niederzuschrei-

---

44 OLG Frankfurt/aM, 28.4.2011, 3 Ws 24/11; dass. NStZ-RR 2003, 221 = StV 2005, 231; s. AK-Feest/Lesting-Goerdeler/Weichert, § 179 Rn 8 und § 182 Rn 30; Schwind/Böhm/Jehle/Laubenthal-Schmid § 187 Rn 11.
45 ULD SH TB 2001 Kap. 4.3.3; 8. TB DSB Sachsen 2000, 86 f; 16. TB LfD Nordrhein-Westfalen 2003, 163 f; Kamann StV 1999, 10; allgemein Graalmann-Scheerer JR 1999, 454; relativierend Sprenger/Fischer NJW 1999, 1833 f.
46 AK-Feest/Lesting-Goerdeler/Weichert § 179 StVollzG Rn 7; aA Schwind/Böhm/Jehle/Laubenthal-Schmid § 187 StVollzG Rn 10.
47 Amelung ZStW 1983, 15 ff.
48 Däubler/Klebe/Wedde/Weichert-Däubler § 4 a BDSG Rn 35.
49 AK-Feest/Lesting-Goerdeler/Weichert § 179 StVollzG Rn 7.
50 Schwind/Böhm/Jehle/Laubenthal-Schmid § 187 StVollzG Rn 13; Arloth Vor § 179 StVollzG Rn 3.
51 AK-Feest/Lesting-Goerdeler/Weichert § 179 StVollzG Rn 7; SächsGM RuP 1999, 99.
52 § 88 Abs. 2 S. 1 JStVollzG HB, MV, SL, SH;§ 31 Abs. 2 S. 1 JVollzGB I B-W; Art. 196 Abs. 2 S. 1 BY; § 14 JVollzDSG BE; § 114 Abs. 2 S. 1 HH; § 59 Abs. 1 S. 1 HE; § 190 Abs. 2 S. 1 NI; § 98 Abs. 2 S. 1 NW; § 6 Abs. 1 LJVollzDSG RP; § 128 ST. Dieser Grundsatz ergibt sich aus § 123 BB und § 121 TH nur ex negativo.
53 Arloth Vor § 179 StVollzG Rn 3.

III. Datenerhebung – Grundsätze und weitere Regelungen

ben oder einen Fragebogen über die persönlichen Verhältnisse auszufüllen. Die allgemeine Mitwirkungspflicht an der Erreichung des Vollzugsziels (§ 4) begründet keine sanktionierbare Verpflichtung selbst aktiv an der Erhebung von Daten mitzuwirken – derartige Pflichten müssen sich aus konkreten Verpflichtungsnormen ergeben bzw aus Rechtsgrundlagen für die Erhebung der entsprechenden Daten durch die Anstalt.[54] Zur Mitwirkungspflicht an Drogenscreenings siehe § 8 Rn 129.

Eine **Datenerhebung ohne Mitwirkung des Betroffenen, insbesondere bei Dritten**, können die Vollzugsbehörden unter weiteren, abschließend aufgezählten Voraussetzungen durchführen.[55] Eine Erhebung ohne Mitwirkung des Betroffenen ist gegeben, wenn die Daten über den Betroffenen heimlich oder bei dritten Personen erhoben werden.

Die **Datenerhebung ohne Kenntnis des Betroffenen** ist zulässig, wenn dies eine Rechtsvorschrift anordnet oder voraussetzt, bspw in Ausnahmefällen die Durchsuchung des Haftraums ohne Anwesenheit des Betroffenen.[56]

Eine **Erhebung bei anderen Personen oder Stellen** ist zulässig, wenn die zu erfüllende Vollzugsaufgabe dies erforderlich macht, also wenn der Gefangene die benötigte Informationen nicht kennt, nicht mitzuteilen bereit ist, oder wenn Zweifel an der Richtigkeit seiner Angaben bestehen[57] (bspw: Informationen über laufende Ermittlungsverfahren zur Entscheidung über Vollzugslockerungen).[58] Schließlich ist eine Erhebung bei Dritten zulässig, wenn die Erhebung bei dem Betroffenen einen unverhältnismäßigen Aufwand erfordern würde und keine schutzwürdigen Interessen seinerseits entgegenstehen. Hier hat eine Abwägung zu erfolgen, wobei ein erheblicher Mehraufwand (Kosten, Arbeits- und Zeitaufwand) erforderlich ist, um überhaupt in die Abwägung eintreten zu können.[59] Die Notwendigkeit, einen Dolmetscher in den üblichen Sprachen hinzuziehen, begründet regelmäßig *keine* Legitimation, von der Direkterhebung abzusehen.

Die **Jugendämter** sind auf Anfrage der Vollzugsanstalt nach § 68 Abs. 1 SGB X verpflichtet, Name, Adresse, Aufenthalt, Arbeitgeber mitzuteilen. Nach § 64 Abs. 1 SGB VIII ist weiterhin die Übermittlung von solchen Daten zulässig, die das Jugendamt (oder der von diesem beauftragte freie Träger) zur Erfüllung der Mitwirkung im Jugendstrafverfahren (§ 52 SGB VIII) erhoben hat. Insofern ist eine Zweckidentität anzunehmen. Darüber hinausgehende Angaben (die bspw bei der Durchführung von Jugendhilfeleistungen angefallen sind) dürfen von dem jeweiligen Jugendhilfeträger nur auf der Grundlage einer Einwilligung des Betroffenen eingeholt werden.

---

54 Vgl Ostendorf § 1 Rn 26 ff; AK-Feest/Lesting-Goerdeler/Weichert § 179 StVollzG Rn 13.
55 § 88 Abs. 2 S. 2 JStVollzG HB, MV, SL, SH; § § 123 BB; § 31 Abs. 2, 3 JVollzGB I B-W; Art. 196 Abs. 2 S. 2 BY; § 15 JVollzDSG BE; § 114 Abs. 2 S. 2 HH; § 59 Abs. 1 S. 2 HE; § 190 Abs. 2 S. 2-5 NI; § 98 Abs. 2 S. 1 NW; § 7 LJVollzDSG RP; § 89 Abs. 1 S. 2 SN; § 129 ST; § 121 TH.
56 Vgl § 8 Rn 70; Regelungen mit Ermittlungsbefugnissen in der StPO begründen keine Erhebungsbefugnisse der Vollzugsanstalt, Schwind/Böhm/Jehle/Laubenthal-Schmid § 179 StVollzG Rn 10, insofern missverständlich Arloth § 179 StVollzG Rn 6; zur Telefonüberwachung im Strafvollstreckungsverfahren OLG Zweibrücken DuD 2001, 424.
57 AbghsDrs.16/677 v. 26.6.2007, S. 154; Schwind/Böhm/Jehle/Laubenthal-Schmid § 179 StVollzG Rn 11.
58 LG HB 3.5.1999, I. Kl. StVK 61/99 u. 63/99 VZ.
59 Däubler/Klebe/Wedde/Weichert-Weichert § 4 BDSG Rn 9.

Goerdeler

Erfolgt eine Erhebung bei einer **nichtöffentlichen Stelle**, ist diese auf die Vorschrift hinzuweisen, aus der sich die Verpflichtung zur Auskunft ergibt. Existiert eine derartige gesetzliche Verpflichtung nicht, ist sie auf die Freiwilligkeit der Auskunft hinzuweisen.

2. Belehrung und Aufklärung

25 Im Rahmen der Erhebung ist der Betroffene umfassend über die **Identität der erhebenden Stelle, die verfolgten Zwecke und die Empfänger zu unterrichten**.[60] Der Betroffene ist darauf hinzuweisen, ob er zur Mitwirkung verpflichtet ist (und woraus sich diese Pflicht ergibt) oder ob seine Angaben freiwillig sind. Ebenso ist er darauf hinzuweisen, wenn die Gewährung bestimmter Vorteile von der Mitwirkung bei der Datenerhebung abhängt. Im Übrigen ist er auf die Freiwilligkeit seiner Mitwirkung hinzuweisen. Die Mitteilung des Erhebungszweckes wird nicht durch den bloßen Verweis auf eine Rechtsnorm erfüllt.[61] Unterbleibt eine solche Belehrung, kann dies zur Unzulässigkeit der Nutzung und sonstigen Verarbeitung der Daten führen.[62] Geht es um die Erhebung besonders sensibler Daten („Besondere Arten personenbezogener Daten" iSv § 3 Abs. 9 BDSG: rassische und ethnische Herkunft, politische Meinungen, religiöse oder philosophische Überzeugungen, Gewerkschaftszugehörigkeit, Gesundheit, Sexualleben) muss bei Einwilligung auf diese direkt Bezug genommen werden (s. § 4 a Abs. 3 BDSG). Schon zu Dokumentationszwecken sollte die Belehrung regelmäßig schriftlich erfolgen.[63]

3. Daten von Nichtgefangenen

26 Die Erhebung personenbezogener **Daten von Nichtgefangenen**[64] ohne ihre Mitwirkung ist weiter eingeschränkt: sie darf nur erfolgen, wenn sie für die Behandlung der Gefangenen, die Sicherheit der Anstalt oder die Sicherung des Vollzugs einer Freiheitsstrafe *unerlässlich* sind und die Art der Erhebung schutzwürdige Interessen der Betroffenen nicht beeinträchtigt. Der Begriff „unerlässlich" ist enger als „erforderlich" auszulegen. Die Erhebung muss ultima ratio, dh letztes Mittel sein, um den Zweck zu erreichen.[65] Überwiegende schutzwürdige Interessen werden bspw bei Datenerhebungen im persönlichen Umfeld beeinträchtigt (bspw Rufschädigung, berufliche Nachteile, Stigmatisierung, Auslösen eines belastenden behördlichen Verfahrens bspw bei Ausländerbehörde oder Polizei).[66] Eine Überprüfung von Urlaubsanschriften oder von sonstigen Kontakten im Rahmen von Vollzugslockerungen und die Überprüfung von Besuchern darf nicht pauschal, sondern nur aufgrund besonderer

---

60 Laubenthal, Strafvollzug, Rn 986; Schwind/Böhm/Jehle/Laubenthal-Schmid § 179 StVollzG Rn 15, Texte für eine Aufklärung und Belehrung sind abgedruckt bei Schwind/Böhm/Jehle/Laubenthal-Schmid § 179 StVollzG Rn 15.
61 Schwind/Böhm/Jehle/Laubenthal-Schmid § 179 StVollzG Rn 15; Däubler/Klebe/Wedde/Weichert-Weichert § 4 BDSG Rn 12.
62 Däubler/Klebe/Wedde/Weichert-Weichert § 4 BDSG Rn 19.
63 Däubler/Klebe/Wedde/Weichert-Weichert § 4 BDSG Rn 11.
64 § 88 Abs. 4 JStVollzG HB, MV, SL, SH; § 124 BB („über andere Personen"); § 31 Abs. 4 JVollzGB I B-W; Art. 196 Abs. 3 BY; § 16 JVollzDSG BE; § 114 Abs. 4 HH; § 59 Abs. 2 HE; § 190 Abs. 3 NI; § 98 Abs. 3 NW; § 8 LJVollzDSG RP; § 89 Abs. 2 SN (spricht insofern von „Dritten"); § 130 ST; § 122 TH („über andere Personen").
65 Frahm in: Ostendorf, Untersuchungshaft und Abschiebehaft, § 12 Rn 18.
66 Weiter Arloth § 179 StVollzG Rn 9: das Drohen schwerer beruflicher Nachteile oder Rufschädigungen.

Umstände im Einzelfall erfolgen, die darauf hinweisen, dass der Kontakt missbraucht werden könnte. Um die schutzwürdigen Interessen berücksichtigen zu können, sind die Betroffenen über den Umstand wie über die Art der Überprüfung zu unterrichten (am besten durch Hinweis- und Merkblatt).[67] Bei der Überprüfung ist für eine über das unbedingt Erforderliche hinausgehende Datenerhebung auf der Basis von Einwilligungen kein Raum.[68]

4. Unterrichtungspflicht über Datenerhebung

Bei Datenerhebungen ohne Mitwirkung des Betroffenen erfordert der Schutz des Einzelnen vor Eingriffen in sein Persönlichkeitsrecht eine **anschließende Unterrichtung**, die nur dann unterbleibt, wenn durch sie der Erhebungszweck gefährdet würde. So verbietet sich eine Unterrichtung, wenn bei einer verdeckten Haftraumkontrolle ein Kassiber gefunden wird, der Angaben über eine geplante Drogenübergabe bei einer anvisierten Besuch enthält.[69]

27

IV. Grundsätze und Regelungen zur weiteren Datenverarbeitung

1. Allgemeines

Voraussetzung jeder rechtmäßigen weiteren Datenverarbeitung ist die **rechtmäßige Datenerhebung**.[70] Umgekehrt macht eine solche jedoch nicht zwangsläufig das Speichern der erhobenen Daten und deren weitere Verarbeitung zulässig. Voraussetzung ist – wie stets – die Beachtung der Datensparsamkeit und die Erforderlichkeit der jeweiligen Nutzung und Verarbeitung. Zu gleichen Zwecken dürfen **nicht doppelte** bzw **mehrfache Datenbestände** geführt werden.[71]

28

In der **Gefangenenpersonalakte**[72] (Speicherung) dürfen nur solche Unterlagen aufgenommen werden, die mit der Erreichung des Vollzugsziels oder der Gewährleistung der Sicherheit in einem unmittelbaren Zusammenhang stehen, jedoch keine Banalitäten des Alltags (zB dienstliche Meldungen über zerbrochenes Geschirr). Je nach Zweckbestimmung und betroffener Organisationseinheit ist festzulegen, wo bestimmte Informationen gespeichert werden (Vormelder, mit denen um einen Arztbesuch gebeten wird, gehören nicht in die Gefangenenpersonalakte, sondern in die Krankenakte).[73] Die Speicherung von **besonderen personengebundenen Hinweisen** wie besondere Gefährlichkeit, Gewalttätigkeit, Suizidgefahr, denen zugleich ein hohes Diskriminierungsrisiko zukommt, muss durch konkrete Anhaltspunkte begründet sein.[74]

29

---

67 9. TB Hamburger DSB 1990, 82 f.
68 20. TB Bayerischer LfD 2002, 77; 19. TB Bayerischer LfD 2000, 86 f; AK-Feest/Lesting-Goerdeler/Weichert § 179 StVollzG Rn 29.
69 Schwind/Böhm/Jehle/Laubenthal-Schmid § 179 StVollzG Rn 22.
70 OLG Koblenz ZfStrVo 1989, 183 f; Frahm in: Ostendorf, Untersuchungshaft und Abschiebehaft, § 12 Rn 18.
71 JB Berliner DSB 1995, 35 f.
72 Linkhorst, Das Akteneinsichtsrecht des Strafgefangenen nach § 185 StVollzG, S. 14 ff.
73 JB Berliner DSB 1995, 36.
74 13. TB Bayerischer LfD 1991, 37; zu medizinischen Sichtvermerken AK-Feest/Lesting-Goerdeler/Weichert § 182 StVollzG Rn 70 und § 183 StVollzG Rn 9.

2. Verarbeitung zu vollzugsähnlichen Zwecken – Fiktion der Zweckidentität

30 Die auf vollzugliche Zwecke abstellende Generalklausel wird erweitert durch eine Ermächtigung zur weiteren Verarbeitung personenbezogener Daten für den gerichtlichen Rechtsschutz, zur Wahrnehmung von Kontroll- und Aufsichtsbefugnissen sowie für Ausbildungs- und Prüfungszwecke.[75] Diese Zwecke sind keine vollzuglichen Zwecke im engeren Sinne, stehen mit diesen aber in einem engen Zusammenhang, so dass eine **gesetzliche Fiktion der Zweckidentität** konstituiert wird. Zu vollzuglichen Zwecken erhobene Daten dürfen daher auch zu den hier genannten Zwecken genutzt werden.

31 Der **gerichtliche Rechtsschutz** bezieht sich auf das in § 92 JGG iVm §§ 109 ff. StVollzG geregelte gerichtliche Verfahren gegen Vollzugsmaßnahmen. Hiervon nicht gedeckt ist die Verwendung personenbezogener Daten in Rechtsschutzverfahren anderer Gefangener.[76] Dies gilt umso mehr für Informationen, die die Anstalt unter einer Zusage der Vertraulichkeit erlangt hat, da das Gericht den Prozessbeteiligten ohne Rücksicht auf die Vertraulichkeitszusage Akteneinsicht gewähren muss.[77]

32 Durch die Verweisung auf die entsprechenden Vorschriften der Landesdatenschutzgesetze wird außerdem eine Speicherung, Übermittlung und Nutzung für die **Wahrnehmung von Aufsichts- und Kontrollbefugnissen** durch vorgesetzte Dienststellen, zur Durchführung der Rechnungsprüfung oder von Organisationsuntersuchungen als zweckidentisch angesehen. Es spielt grds. keine Rolle, ob es sich hier um besonders geschützte Daten handelt oder nicht. Allerdings ist bei der Datenorganisation darauf zu achten, dass die Kontrolle mit möglichst wenigen, mit möglichst unsensiblen oder gar mit anonymisierten Daten erfolgen kann.[78] Die Verwendung personenbezogener Daten ist hierfür nur zulässig, soweit sie unerlässlich oder unvermeidbar ist.

33 Bei einer Verwendung der Daten zu **Ausbildungs- und Prüfungszwecke** ist zu prüfen, ob überwiegende schutzwürdige Belange des Betroffenen entgegenstehen.[79] Zumeist ist eine Nutzung in anonymisierter Form möglich, die dann auch erfolgen muss. Auch der Einsatz von Praktikanten dient Ausbildungszwecken und ist grundsätzlich zulässig. Im Übrigen ist die Sensibilität der Daten mit dem Ausbildungserfordernis abzuwägen.[80]

3. Weitere Verarbeitung zur Gefahrenabwehr, Strafverfolgung und Strafvollstreckung

34 Zulässig ist auch die weitere Verarbeitung personenbezogener Daten zu enumerativ und abschließend aufgezählten folgenden Zwecken:[81]

---

[75] § 89 Abs. 3 JStVollzG HB, MV, SL, SH; § 127 Abs. 1 BB (nur in Bezug auf gerichtlichen Rechtsschutz); § 35 JVollzGB I B-W; Art. 197 Abs. 3 BY; § 7 Abs. 3 JVollzDSG BE; § 116 Abs. 3 HH; § 191 Abs. 4-5 NI; § 99 Abs. 3 NW; § 9 Abs. 2 Nr. 2 LJVollzDSG RP; § 88 Abs. 3 SN; § 125 Abs. 1 TH (nur in Bezug auf gerichtlichen Rechtsschutz); als eigenständig zulässige Datenverarbeitung geregelt: § 131 Abs. 2 Nr. 2 ST.
[76] KG 8.7.2008, 2 Ws 145/08; JB BEBDI 2006, S. 89; AK-Feest/Lesting-Goerdeler/Weichert § 180 StVollzG Rn 32.
[77] KG aaO; Schwind/Böhm/Jehle/Laubenthal-Schmid § 180 StVollzG Rn 22.
[78] BVerfG NJW 1997, 1633; XIII. TB LfD Niedersachsen 1995/96, 119; kritisch Heintzen/Lilie, NJW 1997, 1601 ff.
[79] So § 14 Abs. 3 S. 2 BDSG; Schwind/Böhm/Jehle/Laubenthal-Schmid § 180 StVollzG Rn 23.
[80] 14. TB Hamburger DSB 1995, 102 f.
[81] Nach § 36 Abs. 1 Nr. 6 JVollzGB I B-W auch für ausländerrechtliche Maßnahmen.

IV. Grundsätze und Regelungen zur weiteren Datenverarbeitung   12

1. der Abwehr von **geheimdienstlichen oder staatsfeindlichen Bestrebungen** (angelehnt an § 18 Abs. 1 BVerfSchG).
2. zur Abwehr **erheblicher Nachteile für das Gemeinwohl oder einer Gefahr für die öffentliche Sicherheit** (siehe § 14 Abs. 2 Nr. 6 BDSG). Übermittlungsadressat können alle im Einzelfall zuständigen Gefahrenabwehrbehörden sein.
3. zur Abwehr einer **schwerwiegenden Beeinträchtigung der Rechte einer anderen Person**. Geschützt sind sämtliche per Gesetz eingeräumten subjektiven Rechte, insbesondere die Grundrechte. Übermittlungsempfänger: wie in Nr. 2.[82] Drohen muss eine Rechtsbeeinträchtigung – eine mögliche Belästigung genügt nicht.[83]
4. zur **Verhinderung oder Verfolgung von Straftaten und vollzugsrelevanten Ordnungswidrigkeiten**. Ohne ein Anzeigerecht der JVA würde § 115 OWiG kaum zur Anwendung kommen.[84] Ausgenommen sind Ordnungswidrigkeiten ohne Bezug zum Vollzug. Übermittlungsempfänger: Strafverfolgungsbehörden.
5. für **Maßnahmen der Strafvollstreckung oder für strafvollstreckungsrechtliche Entscheidungen**. Damit wird berücksichtigt, dass sowohl die Strafvollstreckungsbehörde als auch die zuständigen Gerichte auf übermittelte personenbezogene Daten zur sachgemäßen Aufgabenerfüllung und Entscheidung angewiesen sind.

Die Übermittlung ist nur zulässig, wenn im Einzelfall kein höherrangiges Interesse eines Betroffenen entgegensteht.

4. Übermittlungsbefugnis für die Erfüllung anderer öffentlicher Aufgaben

Mit weiteren Übermittlungsbefugnissen soll der Tatsache Rechnung getragen werden, dass häufig Informationen aus dem Vollzug zur **Erfüllung der Aufgaben anderer Behörden** benötigt werden. Schon bei der Neuaufnahme von Gefangenen sind regelmäßig andere Behörden zu unterrichten, damit diese ihren Aufgaben in Bezug auf den Gefangenen nachkommen können (bspw Einweisungsbehörde, Polizeibehörde, Jugendamt, Ausländerbehörde). Zulässig sind gemäß der enumerativen Aufzählung namentlich Übermittlungen 35

1. für **Maßnahmen der Jugendgerichtshilfe, Gerichtshilfe, Bewährungshilfe und Führungsaufsicht**;
2. in **Gnadensachen**,
3. für die gesetzlich angeordneten **Statistiken der Rechtspflege**,
4. an die **Sozialleistungsträger**, wenn der Gefangene für die Erlangung sozialrechtlicher Leistungen (zB Leistungen der Jugendhilfe nach SGB VIII, Arbeitsförderung nach SGB II oder Sozialhilfe nach SGB XII) oder aufgrund anderer sozialleistungsrechtlicher Vorschriften zu einer Mitteilung verpflichtet wäre (vorrangig ist aber die Mitteilung durch den Gefangenen selbst, die Anstalt soll daher von ihrer Befugnis nur subsidiär Gebrauch machen)[85],

---

82 Siehe BT-Drucks. 13/10245, 20.
83 AA wohl Arloth § 180 StVollzG Rn 4; Schwind/Böhm/Jehle/Laubenthal-Schmid § 180 StVollzG Rn 15.
84 BT-Drucks. 13/10245, 33.
85 X. TB LfD Niedersachsen 1989/90, 147; s. die Begründung zum 4. StVollzÄndG, BT-Drucks. 13/10245, 21.

Goerdeler 653

5. zur Mitteilung der **Hilfsbedürftigkeit von Angehörigen** eines Gefangenen an die für die Hilfe zuständigen Behörden (aber, wie Nr. 4 nur subsidiär gegenüber Mitteilungen des Gefangenen selbst),
6. an die **Bundeswehr**, wenn ein Soldat in die JVA aufgenommen oder aus dieser entlassen wird,
7. bei inhaftierten Ausländern an **Ausländerbehörden**[86]
8. zur Durchführung der **Besteuerung** an die dafür zuständigen Finanzämter.[87]
9. zu **Ausbildungs- und Prüfungszwecken** (nur an öffentliche Stellen).

5. Übermittlungsbefugnisse an Geschädigte, Gläubiger und sonstige Dritte

36 Dritten dürfen die Vollzugsbehörden **mitteilen, ob sich eine Person in Haft befindet**, sowie dessen voraussichtlicher Entlassungszeitpunkt, soweit dieser innerhalb des nächsten Jahres liegt.[88] Erforderlich ist ein schriftlicher Antrag. Einer Einwilligung des betroffenen Gefangenen bedarf es insofern nicht. Voraussetzung ist aber, dass entweder eine öffentliche Stelle diese Auskunft begehrt und die Information zur Erfüllung einer ihr obliegenden Aufgabe erforderlich ist oder dass eine nichtöffentliche Stelle (Privatperson, juristische Personen des Privatrechts usw.) ein berechtigtes Interesse an dieser Information glaubhaft machen kann und keine schutzwürdigen Interessen des Gefangenen entgegenstehen. Berechtigtes Interesse ist grds. jedes rechtlich erlaubte, ideelle oder wirtschaftliche Interesse; der verfolgte Zweck muss auf vernünftigen Überlegungen basieren und mit der Rechtsordnung in Einklang stehen.[89] Es muss eine Abwägung der beteiligten Interessen erfolgen. Gläubiger haben idR ein berechtigtes Interesse zu erfahren, ob ihr Schuldner in der Vollzugsanstalt einsitzt (Glaubhaftmachung durch Vollstreckungstitel).[90]

Zur Mitteilung, ob sich jemand in Haft befindet, gehört auch die Information, ob der Gefangene Vollzugslockerungen erhält.[91] Vor jeder Erteilung ist eindeutig festzustellen, ob die Person, über die Auskunft erteilt werden soll, mit der des Gefangenen übereinstimmt (**Identitätsüberprüfung**).

Dem Verletzten einer von dem Gefangenen begangenen Straftat darf darüber hinaus auch über **die Entlassungsadresse und die Vermögensverhältnisse** Auskunft erteilt werden.[92] Die Information muss zur Feststellung oder Durchsetzung von Rechtsansprüchen aufgrund der Straftat erforderlich sein. Versicherer und Erben des Geschädigten, die durch Abtretung oder Erbschaft Forderungsinhaber geworden sind, sind keine Verletzten; an sie darf die Vollzugsbehörde Entlassungsadresse und Vermögens-

---

86 BT-Drucks. 13/10245, 21.
87 19. TB BfD 2001-2002, 57.
88 § 89 Abs. 5 JStVollzG HB, MV; § 130 BB; § 39 Abs. 1 JVollzGB I B-W; §§ 42, 46 Abs. 1 JVollzDSG BE; § 60 Abs. 3 HE; § 192 Abs. 3 NI; § 14 LJVollzDSG RP; § 99 Abs. 6 NW; 136 ST; § 130 TH Art. 197 Abs. 5 BY und § 116 Abs. 5 HH erlauben auch die Mitteilung eines späteren Entlassungszeitpunktes sowie der Entlassungsadresse.
89 Däubler/Klebe/Wedde/Weichert-Wedde § 16 BDSG Rn 8.
90 OLG Hamm NStZ 1988, 381; OLG Celle NStZ 1984, 44; 10. TB LfD SL 1988, 19.
91 Arloth § 180 StVollzG Rn 7.
92 Art. 197 Abs. 5 BY und § 116 Abs. 5 HH erlauben die Mitteilung der Entlassungsadresse auch an Nicht-Geschädigte.

IV. Grundsätze und Regelungen zur weiteren Datenverarbeitung 12

verhältnisse nur mitteilen, wenn die jeweilige Landesregelung dies ausdrücklich zulässt.[93]

6. Aktenüberlassung

Eine zulässige Übermittlung personenbezogener Daten darf an andere öffentliche Stellen auch durch die **Übersendung von Akten** erfolgen.[94] Innerhalb der Strafjustiz und Polizeibehörden sowie der Aufsichtsbehörden ist dies ohne weitere Voraussetzungen zulässig, soweit nicht überwiegende berechtigte Interessen des Betroffenen oder von Dritten entgegenstehen. An andere öffentliche Stellen dürfen Akten überlassen werden, wenn die Erteilung der gewünschten Auskunft unverhältnismäßig aufwändig oder nicht ausreichend ist. Genügt die Überlassung von Teilakten oder Aktenteilen, so darf auch nur diese erfolgen (Datensparsamkeit).[95] Auch an sich nicht benötigte Daten des Betroffenen oder von anderen Personen (Dritten) dürfen übermittelt werden, wenn diese in den Akten **untrennbar mit den erforderlichen Daten** verbunden sind, soweit nicht offensichtlich überwiegende berechtigte Interessen des Betroffenen oder des Dritten entgegenstehen. Diese mitübermittelten Daten dürfen vom Empfänger nicht verarbeitet oder genutzt werden. An **Private** dürfen Akten nicht weitergegeben werden.[96]

37

7. Einschränkungen der Verarbeitung und Nutzung

Weiteren Verwendungsbeschränkungen unterliegen personenbezogene Daten, a) die bei der Überwachung von Besuchen, des Schriftwechsels oder bei der Paketkontrolle bekannt geworden sind,[97] b) von Nichtgefangenen,[98] c) die dem besonderen Schutz von Berufsgeheimnisträgern unterfallen, d) wegen Zeitablaufs gesperrt sind, unrichtig sind oder weiteren gesetzlichen Verwendungsregelungen unterfallen.[99]

38

8. Verantwortung für die Übermittlung, Zweckbindung

Verantwortlich für die Einhaltung der Übermittlungsvoraussetzungen nach den vorgenannten Punkten ist immer die übermittelnde Anstalt bzw Aufsichtsbehörde, außer wenn die Übermittlung auf Ersuchen einer anderen öffentlichen Stelle erfolgt. In diesem Fall muss die übermittelnde Vollzugsbehörde lediglich prüfen, ob das Übermitt-

39

---

93 LG Karlsruhe NStZ 2002, 532 = ZfStrVo 2001, 371 f; Arloth § 180 StVollzG Rn 7; AK-Feest/Goerdeler/Weichert § 180 StVollzG Rn 53; aA LG Karlsruhe NStZ 2003, 596; Schwind/Böhm/Jehle/Laubenthal-Schmid, § 180 StVollzG Rn 36 mwN; ausdrücklich erlauben § 39 Abs. 3 JVollzGB I B-W, § 46 Abs. 2 JVollzDSG BE, § 116 Abs. 5 HH und § 136 Abs. 2 ST die Mitteilung der Vermögensverhältnisse auch an „sonst aus einer Straftat Anspruchsberechtigte", „Rechtsnachfolger des Verletzten" bzw an Hinterbliebene und an „infolge eine Forderungsübergangs zuständige öffentliche Stellen".
94 § 89 Abs. 6 JStVollzG HB, MV, SL, SH; § 131 BB; § 43 JVollzGB I B-W; Art. 197 Abs. 6 BY; § 41 JVollzDSG BE; § 116 Abs. 6 HH; § 60 Abs. 4 HE; § 99 Abs. 7 NW; § 192 NI; § 15 LJVollzDSG RP; § 92 Abs. 5 SN; § 138 ST; § 131 TH.
95 AA wohl Schwind/Böhm/Jehle/Laubenthal-Schmid § 180 StVollzG Rn 40; Arloth § 180 StVollzG Rn 8.
96 16. TB BfD 1995-96, 43.
97 § 89 Abs. 8 JStVollzG HB, MV, SL, SH; § 129 BB; § 44 Abs. 1 JVollzGB I B-W; Art. 197 Abs. 8 BY; § 49 Abs. 1 JVollzDSG BE; § 116 Abs. 8 HH; § 60 Abs. 2 HE; § 99 Abs. 9 NW; § 29 LJVollzDSG RP; § 92 Abs. 6 SN; § 152 ST; § 128 TH.
98 § 89 Abs. 9 JStVollzG HB, MV, SL, SH; § 129 Abs. 5 BB; Art. 197 Abs. 9 BY; §§ 16 Abs. 3, 37 Abs. 2 JVollzDSG BE; § 116 Abs. 10 NW; § 9 Abs. 4 LJVollzDSG RP; § 131 Abs. 4 ST; § 128 Abs. 5 TH.
99 § 89 Abs. 10 JStVollzG HB, MV, SL, SH; § 139 BB; § 44 Abs. 2 JVollzGB I B-W; Art. 197 Abs. 10 BY; §§ 37 Abs. 2, §§ 51-56 JVollzDSG BE; § 116 Abs. 10 HH; § 60 Abs. 6 HE; § 99 Abs. 11 NW; § 39 LJVollzDSG RP; § 92 Abs. 7 SN; § 99 Abs. 10 ST; § 139 TH.

lungsersuchen im Aufgabenbereich der anfordernden Stelle liegt und ob die besonderen Übermittlungsbeschränkungen nicht entgegenstehen.[100] Soll die Übermittlung an eine nichtöffentliche Stelle erfolgen, muss die Anstalt sich also zuvor in tatsächlicher und rechtlicher Hinsicht selbst vergewissern, dass der Empfänger zur Verarbeitung der Daten berechtigt ist.

Für den Empfänger personenbezogener Daten, die ihm von der Anstalt oder Aufsichtsbehörde übermittelt wurden, gilt die **Bindung an den Übermittlungszweck**.[101] Für andere Zwecke darf er diese Daten nicht verarbeiten, es sei denn, die konkreten Daten hätten ihm auch für den anderen Zweck übermittelt werden dürfen. Bei nichtöffentlichen Stellen ist in jedem Fall die Zustimmung der übermittelnden Anstalt oder Aufsichtsbehörde einzuholen, bevor die Daten zu anderen Zwecken genutzt oder verarbeitet werden. Die übermittelnde Vollzugsbehörde muss nichtöffentliche Stellen auf die Zweckbindung der Daten und die Erforderlichkeit ihrer Zustimmung für zweckändernde Nutzungen oder Verarbeitungen hinweisen. Dies trägt dem Umstand Rechnung, dass Privatpersonen mit datenschutzrechtlichen Erfordernissen weniger vertraut sind als Behörden oder sonstige öffentliche Stellen.[102]

9. Allgemeine Kenntlichmachung

40 Eine **allgemeine Kenntlichmachung** ist gegeben, wenn personenbezogene Daten so offenbart werden, dass sie von einer unbestimmten Vielzahl von Personen wahrgenommen werden kann. Dies kann durch die Haftraumbeschilderung, durch Aushänge oder Durchsagen sowie durch das offene Tragen eines Ausweises oder anderer an der Kleidung angebrachten Hinweise erfolgen. Über die allgemeinen Übermittlungsvoraussetzungen hinaus müssen folgende besonderen Voraussetzungen vorliegen:[103]

- Die allgemeine Kenntlichmachung muss **für ein geordnetes Zusammenleben in der Anstalt erforderlich** sein. Die Erforderlichkeit für die Aufgabenerfüllung allgemein ist nicht ausreichend, um eine allgemeine Kenntlichmachung zu rechtfertigen.

- Im Interesse des Schutzes der **negativen Bekenntnisfreiheit** (Art. 4 Abs. 1, 140 GG iVm Art. 136 Abs. 3 Weimarer Verfassung) darf das religiöse oder weltanschauliche Bekenntnis eines Gefangenen in der Anstalt nicht allgemein kenntlich gemacht werden.

- Entsprechendes gilt mit Rücksicht auf das ärztliche Vertrauensverhältnis für Daten, die anlässlich **ärztlicher Untersuchungen** erhoben worden sind.

---

100 § 89 Abs. 11 JStVollzG HB, MV, SL, SH; § 14 Abs. 3 DSG BB iVm § 121 BB; § 44 Abs. 3 JVollzGB I B-W; Art. 197 Abs. 11 BY; § 37 JVollzDSG BE; § 116 Abs. 11 HH; § 58 Abs. 1 S. 2 HE, § 14 DSG Hessen §; 192 Abs. 7 NI; § 99 Abs. 12 NW; § 88 Abs. 8 SN; § 162 Abs. 4-6 ST; § 21 Abs. 2 DSG TH iVm § 119 Abs. 1 TH.
101 § 91 HB, MV, SL, SH; §§ 14 Abs. 3, 16 Abs. 3 DSG BB iVm § 121 BB; § 45 JVollzGB I B-W; Art. 199 BY; § 38 JVollzDSG BE; § 118 HH; § 194 NI; § 26 LJVollzDSG RP; § 101 NW; § 149 ST § 127 TH.
102 § 194 Abs. 2 NI macht die Übermittlung grundsätzlich davon abhängig, dass bei Stellen, die nicht dem Anwendungsbereich dieses Gesetzes unterliegen, ein vergleichbarer Schutz gewährleistet ist.
103 § 92 Abs. 1 JStVollzG HB, MV, SL, SH; § 132 Abs. 1 BB; § 47 Abs. 1 JVollzGB I B-W; Art. 200 Abs. 1 BY;§ 50 JVollzDSG BE; § 119 Abs. 1 HH; § 61 Abs. 1 HE, § 14 DSG Hessen §; 195 Abs. 1 NI; § 102 Abs. 1 NW; § 28 LJVollzDSG RP; § 90 Abs. 1 SN; § 151 ST; § 132 TH.

Es widerspräche dem Zweck der Regelung, wenn eine allgemeine Kenntlichmachung bzgl Umständen erlaubt würde, die in direktem Zusammenhang mit der Religionszugehörigkeit oder dem Gesundheitszustand stehen (Zulassung zum Gottesdienst, medizinisch oder religiöse bezeichnete Austauschkost).[104] Generell gilt, dass bei Kenntlichmachungen keine herabsetzenden Bezeichnungen, Symbole, Codes oder Kürzel verwendet werden dürfen.[105]

In der **Haftraumbeschilderung** liegt eine allgemeine Kenntlichmachung und damit eine Datenübermittlung, da so Mitgefangene und Besuchergruppen von personenbezogenen Daten (Inhaftierung, Religionszugehörigkeit, Disziplinarmaßnahme usw) Kenntnis erlangen können. Die Kennzeichnung mit dem Namen wird idR für ein geordnetes Leben in der Anstalt erforderlich sein.[106] Bei darüber hinausgehende Angaben, zB Haftdauer, Straftat, der Vollzug einer Disziplinarmaßnahmen, die Zugehörigkeit zu einem Betriebsteil, besondere Arbeit oder Arbeitslosigkeit, die Konfession, eine besondere Kostform, die Teilnahme an bestimmten Kursen ist zweifelhaft und im Einzelfall zu begründen, ob sie als erforderlich anerkannt werden können.[107] Als geringerer Eingriff kann mithilfe von Kodierungen (Farben, Kürzel) gearbeitet werden. Sollten Führungen von externen Personen erfolgen, kann durch ein Abdecken der personenbezogenen Beschilderung dem Persönlichkeitsschutz genügt werden. Bei **Anstaltsführungen** ist darauf zu achten, dass die Besuchergruppen keine Kenntnis von personenbezogenen Daten und die Gefangenen Gelegenheit zum Rückzug erhalten.[108] 41

V. Videoüberwachung, Auslesen von Datenspeichern

Der fortschreitende Stand der Informationstechnologie hat in der gesamten Gesellschaft geradezu zu einer **Omnipräsenz von Überwachungskameras** geführt. Diese Entwicklung hat auch nicht vor den Mauern der Vollzugsanstalten halt gemacht: heutzutage sind Überwachungskameras aus den Anstalten des Justiz- und Maßregelvollzuges nicht mehr wegzudenken. Auch die seit der Föderalismusreform 2006 zuständigen Landesgesetzgeber haben inzwischen diese Entwicklung nachvollzogen. So enthalten inzwischen auch die meisten (Jugend-)Strafvollzugsgesetze Rechtsgrundlagen für den Einsatz von Video-Technologie.[109] Dies ist jedoch noch eine neuere Entwicklung,[110] und da es an einem einheitlichen Regelungs-Vorbild im StVollzG mangelt, sind die Bestimmungen zur Videoüberwachung teilweise sehr unterschiedlich. 42

---

104 Frahm in: Ostendorf, Untersuchungshaft und Abschiebehaft, § 12 Rn 32; aA Schwind/Böhm/Jehle/Laubenthal-Schmid § 182 StVollzG Rn 3; Arloth § 182 StVollzG Rn 2 mwN.
105 Arloth § 182 StVollzG Rn 3 mwN.
106 Zu undifferenziert BVerfG NStZ-RR 1996, 318 = ZfStrVo 1997, 111; Arloth Vor § 179 StVollzG Rn 1; OLG Frankfurt/aM NStZ 1995, 207; OLG Koblenz ZfStrVo 1989, 58 f.
107 AA Busch, S. 17 f; Schwind/Böhm/Jehle/Laubenthal-Schmid § 182 StVollzG Rn 5.
108 17. TB BayLfD 1996, 78; Busch, S. 23; weniger streng Arloth Vor § 179 StVollzG Rn 1; Haftraumbesichtigung: 23. TB LfD Bay 2007/2008, S. 67.
109 So § 126 Abs. 2 BB, §§ 18-23 JVollzDSG BE, § 32 JVollzGB I B-W, §§ 33 Abs. 5 (Besuch), 44 Abs. 2, 58 Abs. 6 (Außenbereiche), 65 Abs. 2 (Verarbeitung) HE, § 117 HH, § 2 JVollzSVG NW, §§ 18-22 LJVollzDSG RP, § 67 SH, § 94 b SL, § 86 a SN, §§ 141-145 ST, § 124 Abs. 2 TH. Keine Regelungen sind in den Gesetzen von BY, HB, MV, NI (wobei teilweise auf das LDSG zurückgegriffen werden kann).
110 Vgl Witos/Staiger/Neubacher NK 2014, 359; Goerdeler R&P 2014, 129, 134.

Eine Beobachtung mittels Video-Anlagen ist u.a. wegen der Intransparenz für den Betroffenen, der gesteigerten Abbildungsgenauigkeit und -weite, einem von der Anlage ausgehenden Beobachtungsdruck[111] sowie der Möglichkeit zur Aufzeichnung mit einer **erhöhten Eingriffsschwere** verbunden,[112] insbesondere wenn diese anlasslos, also ohne ein konkret verdächtiges Verhalten des Betroffenen erfolgt.[113]

43 Sowohl der die Erhebung mittels Video-Technologie als auch die Speicherung der so gewonnenen Bilder **bedürfen einer eigenen, bestimmten und normenklarer Rechtsgrundlage**.[114] Weder die datenschutzrechtliche(n) Generalklausel(n) noch die die gefahrenabwehrrechtliche Generalklausel, die sog. „Angstklausel", stellen hierfür ausreichende Rechtsgrundlagen dar:[115] Der Anwendungsbereich der datenschutzrechtlichen Generalklausel(n) ist wegen der erhöhten Eingriffsschwere nicht eröffnet; die der Angstklausel deswegen nicht (mehr), weil es sich bei der Video-Überwachung inzwischen um etablierte Standardmaßnahmen handelt und die Gesetzgeber längst Gelegenheit hatten, die hierfür erforderlichen Bestimmungen zu erlassen. Noch vertretbar ist es, wenn eine Video-Überwachung ohne Aufzeichnung – quasi als verlängertes Auge – auf besondere Überwachungsregelungen, wie bspw die Ermächtigung zur optischen Besuchsüberwachung, gestützt wird.

44 Die bei der gesetzlichen Ausgestaltung wie auch dem konkreten Einsatz zu berücksichtigenden **verfassungsrechtlichen Rechtfertigungsanforderungen** für die Legitimation von Video-Überwachungsmaßnahmen werden umso größer, je stärker sie in die Privatsphäre der Betroffenen eindringt und je sensibler die von ihr überwachte soziale Situation ist.[116] Das BVerfG strukturiert diese Verhältnismäßigkeitsanforderungen mit Hilfe seiner Sphärentheorie:[117] Zu unterscheiden sind demnach eine Sozialsphäre, in der sich der Einzelne offen in der Gesellschaft bewegt;[118] die Privatsphäre, in der der Einzelne – dem Einblick der Öffentlichkeit entzogen – sich gehen lassen und er selbst sein kann,[119] sowie die Intimsphäre als unantastbarer Kernbereich privater Lebensgestaltung, die dem hoheitlichen Zugriff schlechterdings entzogen sein muss.[120] Im Rahmen der Verhältnismäßigkeitsprüfung ist auch zu berücksichtigen, ob neben dem Allgemeinen Persönlichkeitsrecht bzw dem Recht auf Informationelle Selbstbestimmung weitere Grundrechte betroffen sind, wie bspw der Schutz von Ehe und Familie gem. Art. 6 Abs. 1 GG, oder die Religionsfreiheit, wenn Überwachungsmaßnahme während Kulthandlungen stattfinden sollen.

---

111 In Bezug auf den Sichtspion in der Haftraumtür erkennt der BGH an, dass eine konstante Beobachtungsmöglichkeit für den Betroffenen eine „starke seelische Belastung" darstellen kann, BGHSt 37, 380 (383) = StV 1991, 569. Hingegen erkennt das LG Potsdam (R&P 2003, 104 [106]) in einer im Unterbringungsraum angebrachten, aber nicht betriebenen Kamera kein Problem; hiergegen Anm. Pollähne 108 mwN.
112 Goerdeler R&P 2014, 129, 134 f; ders. StV 2014, 356 f.
113 BVerfG 23.7.2007, 1 BvR 2368/06, Rn 51 [juris] mwN.
114 Goerdeler R&P 2014, 129, 135.
115 Hinsichtlich der Speicherung rechtmäßig erhobener Aufnahmen aA: OLG Celle NStZ 2011, 349; StV 2014, 355 f mit abl. Anm. Goerdeler StV 2014, 356 ff.
116 BVerfG R&P 2002, 120 = StV 2001, 658; Pollähne, Anm. zu OLG Koblenz 31.3.2002 – 5 U 1648/01, R&P 2003, 104, 106.
117 Epping/Hillgruber-Lang, Beck'scher Online-Kommentar GG, Art. 2 GG Rn 35 ff mwN.
118 Epping/Hillgruber-Lang, Beck'scher Online-Kommentar GG Art. 2 GG Rn 43 f mwN.
119 Epping/Hillgruber-Lang, Beck'scher Online-Kommentar GG Art. 2 GG Rn 41 f mwN.
120 BVerfGE 109, 279, 313 = NJW 2004, 999, 1002; Epping/Hillgruber-Lang Beck'scher OnlineKommentar GG Art. 2 GG Rn 39 f mwN.

V. Videoüberwachung, Auslesen von Datenspeichern

Die Überwachung muss grundsätzlich **offen erfolgen** – das ist der datenschutzrechtliche Grundsatz der offenen Direkterhebung.[121] Auf sie ist in geeigneter und verständlicher Form hinzuweisen.[122] Es sollte auch erkennbar sein, ob eine Kamera betrieben wird oder nicht (etwa durch eine leuchtende LED). Nur in konkret begründeten Einzelfällen, wenn das Ziel der Überwachung auf offene Art und Weise nicht erreicht werden kann, kann eine zeitlich eng befristete verdeckte Überwachung zulässig sein.[123] Von Kameras, die nicht in Betrieb, defekt oder Attrappen sind, geht zwar mangels Datenerhebung kein Eingriff in das Grundrecht auf informationelle Selbstbestimmung aus, wegen des von ihr ausgehenden Beobachtungsdruckes und der verhaltensbeeinflussenden Wirkung liegt jedoch ein Eingriff in das Allgemeine Persönlichkeitsrecht vor.[124] Mangels ausreichender Rechtfertigung sind derartige Kameraattrappen rechtswidrig.[125]

45

Hieraus ergeben sich für den Einsatz von Video-Überwachungseinrichtungen im Justizvollzug folgende Abstufungen:

1. Außen-Sicherheitsanlagen

Unproblematisch ist eine **Überwachung der Sicherungsanlage** der Einrichtung, wobei aber auch hier gilt, dass auf die Überwachung hinzuweisen ist.[126] Die Überwachung sollte öffentliche Verkehrsflächen außerhalb der Einrichtung nicht erfassen, insbesondere wenn von der Überwachung regelmäßig Dritte ohne jeden Bezug zur Einrichtung betroffen werden (bspw wenn Bürgersteige, Bushaltestellen usw erfasst werden). In jedem Fall auszuschließen ist, dass die Kameras in fremde Wohnungen etc. Einblick nehmen.[127] Kann dies nicht durch die Ausrichtung und den Blickwinkel der Kamera vermieden werden, muss durch eine Verpixelung sichergestellt, dass diese Bereiche am Monitor nicht eingesehen werde können.

46

2. Verkehrsflächen und Gemeinschaftsräume

Innerhalb der Einrichtung sind die Anforderungen an die Legitimation von optisch-elektronischen Überwachungsanlagen am geringsten bei den **Verkehrsflächen wie Fluren, Höfen, Werkstätten** usw. Soweit eine entsprechende Rechtsgrundlage vorhanden

47

---

121 AK-Feest/Lesting-Goerdeler/Weichert § 179 StVollzG Rn 23.
122 LfD LSA, 10. TB 2009-2011, LTDrucks. 6/398, S. 190. Am besten durch international verständliche Piktogramme, ansonsten in den von den Patienten der Einrichtung regelmäßig benutzten Sprachen, UDZ Saarl. 24. TB 2011/2012, Saarbrücken 2013, S. 31; AK-Feest/Lesting-Goerdeler/Weichert § 179 StVollzG Rn 23.
123 AK-Feest/Lesting-Goerdeler/Weichert § 179 StVollzG Rn 25.
124 Pollähne, Anmerkung zu LG Potsdam 19.6.2001 – 5 U 1648/81, R & P 2003, 106, 108; hingegen sah das LG Potsdam in einer im Patientenzimmer angebrachten, aber nicht betriebenen Kamera kein Problem, R & P 2003, 104, 106.
125 LfD Nds, 20. TB 2009/2010, Hannover 2011, S. 112 f.
126 § 126 Abs. 2 BB, § 19 JVollzDSG BE, § 23 JVollzGB I B-W, § 115 Abs. 2 HH, § 58 Abs. 6 HE, § 19 LJVollzDSG RP, § 67 Abs. 1 SH, § 94 b Abs. 1 S. 2 SL, § 68 a Abs. 1 SN, § 142 ST, § 124 Abs. 2 TH.
§ 2 Abs. 2 JVollzSVG NW erlaubt nur die Überwachung „des Geländes" von Strafvollzugs- und Jugendstrafvollzugsanstalten – unklar bleibt dabei, ob dieses auch die Außenanlagen umfasst oder nur den Innenbereich.
127 LfD BY, 26. TB 2013/2014, S. 113. LfD Rlp, 22. TB 2008/2009, Mainz 2010, S. 88.

ist, genügt es, wenn der Einsatz aus Gründen der Sicherheit und Ordnung der Anstalt gerechtfertigt werden kann.[128]

Etwas anderes ist es jedoch, wenn **Gemeinschafts-, Behandlungs- und Gruppenräume** einbezogen werden. Hier wird es im Einzelfall darauf ankommen, welches Maß an Privatsphäre und Kommunikation ihnen zugeordnet wird, wie weit die sich darin aufhaltenden Betroffenen offenbaren (sollen) und wie intim die dort offenbarten Lebenssachverhalte sein werden. Dies kann jedenfalls im Rahmen der Verhältnismäßigkeit zu berücksichtigen sein, auch wenn allgemeine Rechtsgrundlagen vorliegen.

3. Besuchsüberwachung

48 Bei der vollzuglichen **Besuchsüberwachung** ist zu berücksichtigen, dass die unmittelbare Pflege persönlicher Beziehungen ein menschliches Grundbedürfnis betrifft; der Gefangene kann sich in der Haft dieser Überwachung nicht entziehen, wenn er dieses Grundbedürfnis befriedigen will. So ist bei der Besuchsüberwachung im Vollzug nicht nur die Sozialsphäre berührt, sondern regelmäßig private Lebensbereiche. Handelt es sich um Besuche von Familienangehörigen oder Ehepartner, wird durch eine Besuchsüberwachung zugleich in den Schutzbereich von Art. 6 Abs. 1 GG eingegriffen.

Vor diesem Hintergrund sind allgemeine Bestimmungen, nach denen das Innere der Anstalt bzw Anstaltsgebäude[129] oder „Räume und Freiflächen innerhalb von Vollzugsanstalten"[130] videotechnisch überwacht werden dürfen, in Bezug auf die Besuchsüberwachung unzulänglich. Nur Hessen hat eine ausdrückliche Regelung geschaffen.[131] Nach wohl überwiegender Meinung ist jedoch der Einsatz von Videokameras zur Besuchsüberwachung aufgrund der Regelung über die (optische) Besuchsüberwachung zulässig, auch wenn diese den Einsatz technischer Mittel nicht ausdrücklich regelt. Die Kamera wird als das „verlängerte Auge" des überwachenden Bediensteten aufgefasst.[132] **Eine Aufzeichnung ist** auf der Grundlage derartige Rechtsgrundlagen **nicht zulässig**,[133] auch nicht unter Heranziehung einer Generalklausel für die Verarbeitung von Daten.[134]

4. Überwachung von Haft- und Beobachtungsräumen

49 Besonders sensibel ist die **Überwachung von Gefangenen in ihren Hafträumen**. Zwar unterfallen diese nicht dem grundrechtlichen Schutz der Wohnung gem. Art. 13 Abs. 1 GG.[135] Dennoch ist auch die Privat- und Intimsphäre der Gefangenen als Aus-

---

[128] § 126 Abs. 2 BB, § 20 JVollzDSG BE, § 23 JVollzGB I B-W, § 44 Abs. 2 S. 2 HE, § 115 Abs. 2 HH, § 2 Abs. 1 JVollzSVG NW, § 20 LJVollzDSG RP, § 67 Abs. 1 SH, § 94 b Abs. 1 SL, § 68 a Abs. 1 SN, § 143 ST, § 124 Abs. 2 TH.
[129] § 126 Abs. 2 BB, § 23 JVollzGB I B-W, § 115 Abs. 2 HH, § 2 Abs. 1 JVollzSVG NW, § 67 Abs. 1 SH, § 94 b Abs. 1 SL, § 68 a Abs. 1 SN, § 124 Abs. 2 TH.
[130] § 20 JVollzDSG BE, § 20 LJVollzDSG RP, § 143 ST.
[131] § 33 Abs. 5 HE.
[132] UDZ Saarl., 24. TB 2011/2012, Saarbrücken 2013, S. 31, 33; AK-Feest/Lesting-Goerdeler/Weichert (Fn 4), § 179 Rn 23 mwN.
[133] LfD Rlp, 22. TB 2008/2009, Mainz 2010, S. 88; AK-Goerdeler/Weichert (Fn 4), § 179 Rn 23 mwN.
[134] Goerdeler StV 2014, 356, 357f; aA OLG Celle NStZ 2011, 349, StV 2014, 355.
[135] BVerfG NJW 1996, 2643 mit Hinweis auf das fortbestehende Hausrecht der Anstalt, das ein jederzeitiges Betreten des Haftraumes erlaube; auch für die Unterbringung in der Sicherungsverwahrung: LG Aachen 29.8.2013, 33i StVK 513/13.

druck des allgemeinen Persönlichkeitsrechts (Art. 1 Abs. 1 iVm Art. 2 Abs. 1 GG) zu wahren.[136] Die Hafträume sollen den Gefangenen auch als Rückzugsbereich dienen und manifestieren den Schutz der Privatsphäre in räumlicher Hinsicht.[137] In diesem Raum durch Bedienstete, technische Anlagen oder sonstige Einblicke einzudringen, stellt daher einen **Eingriff in den Privatbereich** dar. Das gilt für Kameras wie für sog. Türspione: Auch letztere dürfen nicht einfach „im Rahmen von Sicherheit oder Ordnung" genutzt werden. Materiell handelt es sich um die besondere Sicherungsmaßnahme der Beobachtung. Entsprechend dürfen Türspione auch nur im Einzelfall unter hierfür geltenden Voraussetzungen genutzt werden.[138]

Der **Einbau von Kameras und Türspionen in „normale" Hafträume** ist daher aus schon verfassungsrechtlichen Gründen unzulässig.[139][140]

Unter hohen Anforderungen, namentlich bei Zuständen akuter Selbstgefährdung, kann die Unterbringung des Patienten in einem **Beobachtungsraum** zulässig sein, in dem er durchgehend überwacht werden kann.[141] Die Unterbringung (und damit: Beobachtung) darf nicht länger andauern als unbedingt notwendig. Um auch in solchen Situationen die Eingriffstiefe so gering wie möglich zu halten, sollte hier auf den Einsatz von Videotechnologie verzichtet werden und eher eine Beobachtung durch präsente Bedienstete (Sitzwache) erfolgen. Wie bei einer unmittelbaren Beobachtung ist auch im Falle eines Einsatzes von Videotechnik sicherzustellen, dass nur Bedienstete desselben Geschlechts wie der Untergebrachte Einblick auf den Bildschirm haben.[142] Die Aufzeichnung dieser Beobachtung wird regelmäßig nicht erforderlich und damit rechtswidrig sein. 50

Umstritten ist, ob auch bei einer solchen Unterbringung wegen akuter Suizidgefahr der Schutz der Menschenwürde es gebietet, dass die **Nutzung des Sanitärbereichs** nicht unmittelbar einsehbar ist.[143] So werden im Justizvollzug in Niedersachsen nun die Übertragungsbilder in den entsprechenden Bereichen derart verpixelt, dass Details nicht mehr erkennbar sind.[144] 51

Der Einsatz von Videoüberwachung, insbesondere wenn auch die Sanitärbereiche eingesehen werden sollen, bedarf einer **eigenen Anordnung und Begründung**, wenn eine Beobachtung oder Unterbringung in einem besonders gesicherten Haftraum angeordnet wird.[145]

---

136 BVerfG NJW 1996, 2643.
137 Witos/Staiger/Neubacher NK 2014, 359, 366 ff.
138 BGHSt 37, 380, 383.
139 Nationale Stelle, TB 2013, 27; LfD LSA, 10. TB 2009-2011, LTDrucks. 6/398, S. 82; ULD SH, 32. TB 2009, (LTDrucks. 17/ 210) Kiel 2010.
140 Die Überwachung von Hafträumen wird ausdrücklich, außer bei einer Beobachtung, ausgeschlossen durch § 21 JVollzDSG BE; § 126 Abs. 2 S. 4 BB; § 115 Abs. 3 HH; § 21 LJVollzDSG RP, § 94 b Abs. 1 S. 3 SL, § 144 ST, 124 Abs. 2 S. 3 TH; keine Ausnahme sehen § 67 Abs. 1 S. 2 SH, § 68 a Abs. 1 S. 2 SN vor (Videoüberwachung in Hafträume ist grundsätzlich unzulässig). § 2 Abs. 2 JVollzSVG NW erlaubt eine Überwachung von „normalen" Hafträumen im Einzelfall.
141 LfD LSA, 10. TB 2009-2011, LTDrucks. 6/398, S. 82 (Strafvollzug).
142 LfD Nds, 20. TB 2009/2010, Hannover 2011, S. 108 f; LfD LSA; 10. TB 2009-2011, LTDrucks. 6/398, S. 190 (Strafvollzug).
143 Nationale Stelle, TB 2013, S. 27.
144 LfD Nds, 20. TB 2009/2010, Hannover 2011, S. 108 f; im Einzelfall zulässig: LfD LSA, 10. TB 2009-2011, LTDrucks. 6/398, S. 190 (Strafvollzug).
145 Nationale Stelle, TB 2013, S. 27 f.

Goerdeler

Private – also Mitarbeiter, die nicht selbst Beamte oder Beliehene sind – dürfen an der Überwachung nicht beteiligt sein.[146]

VI. Automatisierte Übermittlungs- und Abrufverfahren

52 Anders als das StVollzG konnten und mussten die Landes-(Jugend-)Strafvollzugsgesetze die in der Vergangenheit auch im Vollzugsbereich **unaufhaltsam fortgeschrittene Automation der Datenverarbeitung**, insbesondere die Erhebung durch neue digitale Verfahren sowie die elektronische Datenverarbeitung, berücksichtigen. Durch die Einrichtung einer **zentrale Datei** soll es mehreren (Vollzugs-)Behörden informationstechnisch ermöglicht werden, Daten in einer gemeinsamen Datei zu speichern und auf die dort gespeicherten Daten zuzugreifen. Mit der Ermächtigung zur Speicherung personenbezogener Daten in einer zentralen Datei wird den Vollzugsbehörden auch gestattet, von ihr erhobene Daten auf einem externen Server im Rahmen der Auftragsdatenverarbeitung[147] speichern zu lassen. Zugleich sehen die Regelungen die **Einrichtung eines automatisierten Abrufverfahrens** vor, mit dem es den zum Datenverbund gehörenden Behörden ermöglicht wird, auf die in der zentralen Datei gespeicherten Daten zuzugreifen. Allerdings werden durch die Einrichtung der zentralen Datei und die automatisierten Zugriffsverfahren rechtlich keine neuen Befugnisse zur Datenübermittlung und Datenerhebung geschaffen: Ruft eine Vollzugsbehörde Daten auf, die in der zentralen Datei gespeichert sind, handelt es sich hierbei um einen Akt der Datenerhebung, der – in Gestalt der Bereitstellung zum Abruf – ein Akt der Datenübermittlung vorangeht. Im Ergebnis muss daher durch die organisatorische und technische Ausgestaltung des Abrufverfahrens sichergestellt werden, dass in jedem Einzelfall des Zugriffs die Voraussetzungen der Übermittlung und Erhebung der betroffenen personenbezogenen Daten sichergestellt wird. Die Vorschrift zur Einrichtung einer zentralen Datei und automatisierter Abrufverfahren gestattet die Einrichtung automatisierter Abrufverfahren für die Zwecke der Gefahrenabwehr, der Strafverfolgung und Strafvollstreckung sowie für die Erfüllung weiterer öffentlicher Aufgaben, für die auch konventionelle Übermittlungen zulässig sind. Dabei ist jeweils zu klären, ob die automatisierte Datenübermittlung oder der automatisierte Datenabruf in Hinblick auf die schutzwürdigen Interessen des Betroffenen im Verhältnis zu dem Zweck der Übermittlung angemessen ist.

53 Angesichts der heutigen technischen Möglichkeiten und der geringen Kosten des Speicherplatzes sind die Vorschriften insofern unzureichend, als sie eine **Protokollierung und Überprüfung** der Übermittlungs- und Abrufvorgänge lediglich stichprobenartig vorschreiben. Eine Vollprotokollierung ist hier vorzugswürdig.

54 Durch Rechtsverordnung sollen **die näheren Einzelheiten des Abrufverfahrens** bestimmt werden. Im Rahmen einer solchen Verordnung werden zulässige Zwecke,

---

[146] LfD LSA, 10. TB 2009-2011, LTDrucks. 6/398, S. 190 (Strafvollzug).
[147] Soweit sonst nicht die Vorschriften der LDSG zur Auftragsdatenverarbeitung in Bezug genommen werden, ist eine solche Auftragsdatenverarbeitung und die Speicherung auf externen Servern unzulässig, 32. TB LfD SH 2009, S. 49; 31. TB LfD SH 2008, S. 42.

Umfang, Zugriffsberechtigungen konkret zu regeln sein.[148] In einem detaillierten Konzept muss festgelegt werden, wer welche Rollen ausübt und über welche Zugriffsrechte verfügt.[149] So muss sichergestellt werden, dass nur inhaltlich dazu berechtigten Bediensteten ein Zugriff ermöglicht wird. Jeder (Schreib- oder Lese-)Zugriff sollte protokolliert werden, damit nachvollzogen werden kann, wer von den Daten zu welchen Zwecken Kenntnis genommen hat und ggf wohin sie weitergelangt sind und auf welche Art sie weiterverarbeitet worden sind.[150] Zu vermeiden ist, dass Administratoren die Datensätze einsehen können.[151]

VII. Schutz besonderer Daten

1. Regelungssystematik

Bestimmte zwischenmenschliche Beziehungen und bestimmte Arten von Informationen sind **für den Einzelnen und seine gesellschaftliche Anerkennung von besonderer Bedeutung und Sensibilität**. So werden durch die Datenschutzgesetze explizit „besondere Daten" (Angaben über die rassische und ethnische Herkunft, politische Meinungen, religiöse oder philosophische Überzeugungen, Gewerkschaftszugehörigkeit, Gesundheit oder Sexualleben, § 3 Abs. 9 BDSG) einem herausgehobenem Schutzregime unterstellt.[152] Auch die (Jugend-)Strafvollzugsgesetze regeln bereichsspezifisch den erhöhten Schutz **besonders sensibler Daten**.[153] Neben dem Schutz solcher Daten vor einer allgemeinen Kenntlichmachung (s.o. Rn 40) ist die Ausgestaltung der beruflichen **Verschwiegenheitspflicht von anstaltsangehörigen Ärzten, Psychologen und Sozialarbeitern** bzw **Sozialpädagogen** Gegenstand der Regelungen. Die berufliche Schweigepflicht ist von zentraler Bedeutung für die Ausübung dieser auf Vertrauensbeziehungen aufbauenden Berufsrollen innerhalb des Systems Strafvollzug. Statuiert wird zunächst eine grundlegende Schweigepflicht auch gegenüber der Anstalt und der Aufsichtsbehörde, die allerdings ihre Ausnahme in Offenbarungspflichten oder -befugnissen findet. Der Schutz von offenbarten Daten wird auf weitere Nutzungen und Verarbeitungen erstreckt. Außerdem wird die Befugnis externer Ärzte und Psychologen zur Offenbarung der ihnen bekannt gewordenen Daten geregelt.

55

2. Berufliche Schweigepflicht

Die Regelungen zur beruflichen Schweigepflicht beziehen sich auf die personenbezogenen Sachverhalte, die **Ärzten, Psychologen und Sozialarbeitern** (sog. Berufshelfern) anvertraut oder sonst in Ausübung ihrer Berufsrolle bekannt werden. Es geht um Berufsangehörige, die als Bedienstete oder Beauftragte der Vollzugsanstalt oder der Aufsichtsbehörde derart zuzurechnen sind, dass sie gegenüber der Leitung in einem Wei-

56

---

148 Ohne entsprechende normative Grundlage verfassungswidrig: 19. DSB LDI NRW 2007/08, S. 81; 22. TB LfDI Saar 2007/08, S. 17; 13. TB SächsDSB 2005/06, S. 128.
149 15. TB LDA Bbg 2008/2009, S. 101.
150 22. TB LfD Bay 2005/2006, S. 59.
151 9. TB LfD LSA 2007/09, S. 195.
152 Vgl Däubler/Klebe/Wedde/Weichert-Weichert § 3 BDSG Rn 65; Frahm in: Ostendorf, Untersuchungshaft und Abschiebehaft, § 12 Rn 31.
153 § 92 JStVollzG HB, MV, SL, SH; § 133 BB; § 47 JVollzGB I B-W; Art. 200 BY; §§ 50-57 JVollzDSG BE (zu Seelsorgern: §§ 58-60 JVollzDSG BE); § 119 HH; § 61 HE; § 195 NI; § 102 NW; §§ 33-55 LJVollzDSG RP; § 90 SN; § 133 TH.

sungs- und sonstigen Informationsverhältnis stehen, das zur Offenbarung entsprechenden Wissens verpflichten kann.

57 Gegenüber **externen Berufshelfern**, die zwar im Vollzug tätig werden, aber nicht in einem Weisungs- und Offenbarungsverhältnis stehen, bleiben die jeweiligen berufsspezifischen Datenschutzregime in vollem Umfang gültig (bspw für die Jugendhilfe nach §§ 61 ff SGB VIII und §§ 67 ff SGB X). Auch § 203 StGB gilt für vollzugsexterne Berufshelfer gegenüber den Vollzugsbehörden in vollem Umfang.

58 Die berufliche Schweigepflicht ist eine **persönliche Pflicht des Arztes, Psychologen und Sozialarbeiters**, nicht eine Pflicht der datenverarbeitenden Stelle.[154] Diese bleibt verpflichtet, die **technischen und organisatorischen Vorkehrungen** zur treffen, dass die Geheimnisträger ihre Geheimnisse nicht offenbaren müssen (zB durch Bereitstellung separater, abschließbarer Aktenschränke, bauliche Maßnahmen, Einsatz von EDV mit speziellem Zugriffsschutz). Die berufliche Schweigepflicht wird ergänzt von der **amtlichen Verschwiegenheitspflicht**[155] von Beamten[156] bzw öffentlichen Angestellten. Sie ist aber hiervon unabhängig.[157]

59 Auch für die **Hilfspersonen** der schweigeverpflichteten Berufshelfer (Sanitäter, Arzthelfer, Schreibkräfte, auch mit entsprechenden Aufgaben betraute Bedienstete des AvD[158]) besteht eine Schweigepflicht, die sich von der der Berufshelfer ableitet, denen sie zugeordnet sind: Sie nehmen an deren Verschwiegenheitsverpflichtung und Schweigerecht teil und unterliegen deren Weisungen.

60 Im Gesetz nicht genannt sind die **Anstaltsseelsorger**. Das seelsorgerische Gespräch unterliegt jedoch einem besonderen verfassungsrechtlichen Vertraulichkeitsschutz. Das BVerfG rechnet das seelsorgerische Gespräch, insbesondere die Beichte, zum Kernbereich privater Lebensgestaltung, der dem staatlichen Zugriff schlechthin entzogen ist (Art. 2 Abs. 1 iVm Art. 1 Abs. 1 GG).[159] Dieser Schutz bezieht sich nicht nur auf geweihte Priester, sondern auf jeden hauptamtlich nach Kirchenrecht Beauftragten.[160] Erfasst werden aber nur solche Kommunikationsinhalte, die ihrem Charakter nach dem seelsorgerischen Gespräch zuzurechnen sind – andere Kommunikationsinhalte nehmen an diesem Schutz nicht teil und können Gegenstand einer prozessualen Aussageverpflichtung des Seelsorgers sein.[161]

61 Es ist unerheblich, ob die Kenntniserlangung im Rahmen eines Hilfeersuchens des Gefangenen erfolgte oder bei einer mehr oder weniger **zwangsweisen Untersuchung** bzw Begutachtung, zB im Rahmen des Aufnahmeverfahrens. Die Geheimnispflicht er-

---

154 AK-Feest/Lesting-Goerdeler/Weichert § 182 StVollzG Rn 26.
155 Siehe § 203 Abs. 2 StGB, sowie die entsprechenden Vorschriften der LDSGe (vgl § 5 BDSG, Nr. 5 DSVollz).
156 Siehe § 61 BBG, § 39 BRRG.
157 Zum Verhältnis der beiden Regelungen Polähne, Schweigepflicht und Datenschutz: Neue kriminalpolitische Herausforderungen – alte Antworten?, in: Polähne/Rode (Hrsg.), Schweigepflicht und Datenschutz, Neue kriminalpolitische Herausforderungen – alte Antworten?, Berlin 2010, S. 5 ff; Bast, Die Schweigepflicht der Ärzte, Psychologen und Sozialarbeiter im Strafvollzug, 2003, S. 75 ff; Hildebrandt, Schweigepflicht im Behandlungsvollzug, 2004, S. 20 ff.
158 Marx GA 1983, 175 f.
159 BVerfG 25.1.2007, 2 BvR 26/07, AbsNr. 18 [www.bverfg.de] mwN siehe auch Busch, S. 21; Busch, S. 21; Arloth § 182 StVollzG Rn 4 und § 157 Rn 15; Frahm in: Ostendorf, Untersuchungshaft und Abschiebehaft, § 12 Rn 34.
160 BVerfG 25.1.2007, 2 BvR 26/07, AbsNr. 12 [www.bverfg.de] mwN.
161 BVerfG 25.1.2007, 2 BvR 26/07, AbsNr. 18 [www.bverfg.de] mwN.

streckt sich sowohl auf objektive personenbezogene Angaben (Tatsachen) wie auch auf **Werturteile** bzw **Beurteilungen**.[162] Erfasst sind auch Einschätzungen über die Eignung eines Gefangenen für Lockerungen.[163] (Vgl aber die Einschränkung der Schweigepflicht durch die Offenbarungspflichten, unten Rn 66)

Das Vertrauensverhältnis zu beruflichen Geheimnisträgern erfasst auch schon die **Vorbereitung der Hilfeleistung**. So dürfen Gefangene nicht gezwungen werden, im Rahmen eines Antrags auf Arztbesuch Angaben zu seinen Beschwerden zu machen.[164] „Vormelder" können von den Gefangenen im verschlossenen Umschlag an den medizinischen Dienst weitergeleitet werden, so dass die Kenntnisnahme durch den allgemeinen Vollzugsdienst ausgeschlossen ist. Schon der **Umstand der Inanspruchnahme** von Hilfe ist grds. geheimhaltungsbedürftig (keine Ausrufung).[165] 62

Die berufliche Schweigepflicht gilt auch **gegenüber anderen Berufsgeheimnisträgern**.[166] Der Austausch über Einzelfälle im Rahmen der Supervision oder der kollegialen Beratung darf nur nach ausreichender Anonymisierung oder nach erfolgter wirksamer Einwilligung erfolgen.[167] Die Verschwiegenheitspflicht besteht grds. gegenüber Fachberatenden sowie den die **Fachaufsicht** wahrnehmenden Behörden und Ministerien.[168] 63

Ein Offenbaren liegt vor, wenn das Geheimnis Personen bekannt gegeben wird, die nicht dem jeweiligen Vertraulichkeitsbereich zuzurechnen sind, bspw wenn ein Vollzugssozialarbeiter ein ihm anvertrautes Geheimnis einem anderen Bediensteten oder der Anstaltsleitung mitteilt. Keine Offenbarung liegt hingegen vor, wenn die Bekanntgabe gegenüber Personen erfolgt, die dem gleichen Vertraulichkeitsbereich angehören, bspw wenn sich Ärzte mit demselben Zuständigkeitsbereich fachlich austauschen oder wenn Mitarbeiter oder Hilfspersonen im Rahmen ihrer Tätigkeit derartige Informationen erfahren.[169] 64

Kein Geheimnis ist es, wenn Angaben bereits einer unbestimmten Zahl von Menschen bekannt sind. Ist das Geheimnis dem Empfänger schon **auf andere Weise bekannt geworden**, liegt in der Mitteilung (zB gegenüber den Mitgliedern der Anstaltskonferenz) keine Offenbarung.[170] Wohl aber, wenn der Bestätigung oder Bekräftigung eines bekannt gewordenen Geheimnisses für die Erklärungsempfänger ein neuer eigenständiger Informationsgehalt zukommt (bspw wenn sich damit ein Gerücht bestätigt, ein Verdacht erhärtet, aus einer noch unbestimmten Information nun eine konkrete wird usw). 65

---

162 Bast, 2003, S. 91; Böllinger ZfSexualforschung 1999, 146 f; Frahm in: Ostendorf, Untersuchungshaft und Abschiebehaft, § 12 Rn 26; aA Wulf ZfStrVo 1998, 189, 191; Arloth § 182 StVollzG Rn 4; Schwind/Böhm/Jehle/Laubenthal-Schmid § 182 StVollzG Rn 7.
163 AK-Feest/Lesting-Goerdeler/Weichert § 182 StVollzG Rn 25.
164 OLG Frankfurt/aM 28.4.2011, 3 Ws 24/11 (StVollz).
165 Europarat 2011 AbsNr. 78; AK-Feest/Lesting-Goerdeler/Weichert § 182 StVollzG Rn 24.
166 BayObLG RuP 1995, 40; zu Konsilien und Fachkonferenzen: Marx GA 1983, 174.
167 Wulf R&P 1998, 189, 191 mit Verweis auf Nr. 8 der bad.-württembg. Allgemeinverfügung v. 13.2.1998 über Supervision im Justizvollzug, Die Justiz 1998, 111 ff; Thorwart RuP 1999, 13 f.
168 BAG RDV 1987, 136; Schwill/Schreiber RuP 2004, 153 ff; falsch Ministerium der Justiz RP v. 8.2.1999, JBl., 43.
169 Frahm in: Ostendorf, Untersuchungshaft und Abschiebehaft, § 12 Rn 37.
170 HK-GS/Tag § 203 StGB Rn 34 mwN; Wulf RuP 1998, 189.

3. Einschränkung der beruflichen Schweigepflicht – Offenbarungspflicht
a) Einschränkung der Schweigepflicht durch eine Offenbarungspflicht

66 Zum Schutz höherwertiger Rechtsgüter und zur Erfüllung der der Vollzugsbehörde vorgegebenen Aufgaben wird die **Schweigepflicht** der vollzuglichen Berufshelfer **durch eine Offenbarungspflicht eingeschränkt**, da befürchtet wird, es bestünde ansonsten die Gefahr, dass der Schutz höherwertiger Rechtsgüter und die Erfüllung der den Vollzugsbehörden gesetzlich vorgegebenen Aufgaben zu stark beeinträchtigt werde. So haben die genannten Berufshelfer dem Anstaltsleiter gegenüber ihr Wissen zu offenbaren, „soweit dies zur Aufgabenerfüllung der Anstalt oder der Aufsichtsbehörde oder zur Abwendung von erheblichen Gefahren für Leib oder Leben von Gefangenen oder Dritten erforderlich ist" (s.u. Rn 66).[171] Diese Offenbarungspflicht bezieht sich insb. auf Angaben, die die Berufshelfer im Rahmen ihrer Mitwirkung an vollzuglichen Aufgaben der Anstalt erfahren haben.

Einen stärkeren Schutz genießen **Ärzte** bzgl derjenigen Geheimnisse, die sie **im Rahmen der allgemeinen Gesundheitsfürsorge** erfahren haben: Diese müssen sie nur offenbaren, wenn dies zur Aufgabenerfüllung der Anstalt oder der Aufsichtsbehörde *unerlässlich* oder zur Abwendung von erheblichen Gefahren für Leib oder Leben von Gefangenen oder Dritten erforderlich ist (Abs. 2 S. 3).[172] Gegenüber dem StVollzG (§ 182 Abs. 2) ist das Schutzniveau noch vermindert worden, weil die Ärzte nun nicht nur zur Offenbarung *befugt*, sondern sogar *verpflichtet* sind.

b) Offenbarungspflicht zum Schutz höherrangiger Rechtsgüter

67 Die Berufshelfer sind zur Offenbarung verpflichtet, wenn dies **zur Abwehr von erheblichen Gefahren für Leib oder Leben von Gefangenen oder Dritten** erforderlich ist; dies wegen des überragenden Stellenwertes des Rechtsgutes Leben und des gegenüber dem Recht auf informationelle Selbstbestimmungsrecht höher einzustufenden Rechtsgutes der körperlichen Unversehrtheit. Die Gefahr muss konkret sein. Derartiges

---

171 § 92 Abs. 2 S. 2 JStVollzG HB, MV, SL, SH; § 133 Abs. 2 BB; Art. 200 Abs. 2 S. 2 BY; § 195 Abs. 2 S. 2 NI; § 102 Abs. 2 S. 2 NW; § 119 Abs. 2 S. 2 HH; § 31 Abs. 2 LJVollzDSG RP; § 154 ST; § 133 Abs. 2 TH.
Nach § 90 Abs. 2 S. 2 SN „sollen" sich die Berufshelfer unter den genannten Voraussetzungen offenbaren.
Nach § 61 HE besteht eine Offenbarungspflicht „soweit dies für die Sicherheit der Anstalt oder zur Abwehr von erheblichen Gefahren für Leben oder Gesundheit von Gefangenen oder Dritten unerlässlich ist."
Am restriktivsten ist § 92 Abs. 2 SH, der eine Offenbarung nur zulässt, „soweit dies zur Abwehr von erheblichen Gefahren für Leib oder Leben von Dritten unerlässlich ist.
§ 52 JVollzDSG BE differenziert zwischen Berufsgeheimnisträgern allgemein (Ärzte, Zahnärzte, Apotheker, Psychotherapeuten, Psychologen und Sozialarbeitern, § 51 Abs. 1) und speziell Sozialarbeitern: allgemein sind Berufshelfer zu Offenbarung verpflichtet „a.) zur Abwehr einer Gefahr für das Leben eines Menschen, insbesondere zur Verhütung von Suiziden, b.) zur Abwehr einer Gefahr auch für Körper oder Gesundheit eines Menschen, c.) zur Abwehr einer Gefahr auch im Einzelfall schwerwiegender Straftaten, insbesondere infolge Befreiung, Entweichung oder Nichtrückkehr von Gefangenen" (§ 52 Abs. 1 JVollzDSG BE). Sozialarbeiter müssen sich darüber hinaus offenbaren, soweit die Offenbarung zu vollzuglichen Zwecken erforderlich ist, § 52 Abs. 2 JVollzDSG BE.
Das geringste Schutzniveau für die Vertraulichkeit zu den Berufshelfer statuiert § 47 Abs. 2 S. 2 JVollzGB I BW, nach dem eine Offenbarungspflicht besteht, soweit dies „zur Abwehr von Gefahren für die Sicherheit der Anstalt oder für Leib oder Leben der Gefangenen oder Dritter erforderlich ist oder die Tatsachen sonst für die Aufgabenerfüllung der Justizvollzugsbehörde erforderlich sind." Andere Bedienstete haben sich zu offenbaren, soweit dies für den Vollzug der Freiheitsentziehung „dienlich" ist. Eine Privilegierung im Rahmen der allgemeinen Gesundheitsfürsorge erfolgt nicht.
172 Nach Art. 200 Abs. 2 BY, § 119 Abs. 2 HH, § 195 Abs. 2 NI, § 102 Abs. 2 NW, § 90 Abs. 2 SN bleiben die Ärzte in der beschriebenen Situation dazu „befugt" sich zu offenbaren. § 61 HE und § 92 SH konstituieren ein einheitliches Schutzniveau für alle genannten Berufsgruppen, unabhängig davon, ob ihnen die Daten im Rahmen der allgemeinen Gesundheitsfürsorge oder sonstiger Vollzugsaufgaben bekannt geworden sind.

kann bei bekannt aggressiven Gefangenen gegeben sein,[173] es genügt aber nicht die allgemeine, nicht auf bestimmte Personen und Modalitäten präzisierte Befürchtung, ein infizierter Gefangener könne eine andere Person anstecken. Besteht eine Gefahr nur für den Gefangenen selbst, so ist die Schwelle zur Durchbrechung der beruflichen Schweigepflicht höher, weil dem Gefangenen die Entscheidung über die Inanspruchnahme von Hilfe grds. selbst überlassen bleibt.[174] Um eine **erhebliche Gefahr** festzustellen, bedarf es einer Abwägung zwischen dem Geheimhaltungsinteresse von Geheimnisträger und Gefangenen einerseits und dem Schutzinteresse an Leib und Leben andererseits. Eine erhebliche Gefahr kann in einer **drohenden schweren Infektion** von Mitgefangenen und Bediensteten (zB HIV) liegen.[175] Eine relevante Gefahr liegt vor, wenn festgestellt wird, dass der Gefangene Verletzungen aufweist, die den **Verdacht körperlichen Übergriffe durch Mitgefangene** begründen, denen durch eine Trennung im Rahmen der Unterbringung begegnet werden kann.

c) Offenbarungspflicht aus vollzuglichen Gründen

Weiterhin sind die Berufshelfer verpflichtet, ihnen anvertraute oder bekannt gewordene Geheimnisse zu offenbaren, wenn dies **zur Erfüllung der Aufgaben der Anstalt oder der Aufsichtsbehörde** erforderlich ist.[176] Angesichts der Vielzahl der denkbaren Anwendungsfälle ist die Formulierung **zu unbestimmt**.[177] Denn hält man sich alleine an den Wortlaut der Vorschrift und vergegenwärtigt sich die Vielzahl an Aufgaben, an denen die genannten Berufshelfer mitwirken und die Entscheidungsabläufe, in die sie eingebunden sind, so wäre damit de facto überhaupt kein erhöhtes Schutzniveau verbunden. 68

Zur Vermeidung ansonsten verfassungswidrigen Vorgehens ist die Regelung **eng auszulegen**: nicht jede Aufgabe kann die Offenbarung der hier erlangten Geheimnisse rechtfertigen. Dass hier eine gehobene Eingriffsschwelle geboten ist, zeigt auch das zweite eine Offenbarung rechtfertigende Kriterium („zur Abwendung einer erheblichen Gefahr für Leib und Leben"). Es kann hier im konkreten Einzelfall also nur um Aufgaben gehen, deren Erfüllung eine ähnliche Gewichtigkeit wie die Abwendung einer erheblichen Gefahr für Leib und Leben zukommt. Zur Eingrenzung der Formulierung „Aufgabenerfüllung der Vollzugsbehörde" wird vorgeschlagen, die Offenbarung nur als zulässig anzusehen, wenn sich eine Notwendigkeit zur sofortigen **Änderung des Vollzugsplans** ergibt.[178] Noch weiter geht der Vorschlag von *Bast*, unter Heranziehung der Figur der „Wahrnehmung berechtigter Interessen" die Offenbarung zuzulassen, wenn diese nicht zu einer erheblichen Wertdifferenz gegenüber dem 69

---

173 Busch, S. 19; s. Rn 55.
174 10. TB Hamburger DSB 1991, 139.
175 Busch ZfStrVo 2000, 347; Bast, S. 143 ff; Dargel ZfStrVo 1987, 158; Hildebrandt, S. 32 ff; 10. TB BfD 1987, 23; Arloth § 182 StVollzG Rn 6; kritisch 10. JB LfD HB 1987/88, 33; 5. TB Hamburger DSB 1996, 92 f; 8. TB Hamburger DSB 1989, 111; 10. TB LfD SH 1987, 36 f.
176 Nicht vorgesehen in § 92 SH.
177 AK-Feest/Lesting-Goerdeler/Weichert § 182 StVollzG Rn 40; Frahm in: Ostendorf, Untersuchungshaft und Abschiebehaft, § 12 Rn 281; JB Berliner DSB 1991, 101; Böllinger ZfSexualforschung 1999, 142 f empfiehlt daher einen systematischen Rekurs auf die §§ 34, 138 StGB.
178 Schöch ZfStrVo 1999, 263; Rotthaus ZfStrVo 2003, 69; AK-Feest/Lesting-Goerdeler/Weichert § 182 StVollzG Rn 41; kritisch Schwind/Böhm/Jehle/Laubenthal-Schmid § 182 StVollzG Rn 12: Vollzugsplanorientierung ist zu stark auf Gefangenen bezogen.

Geheimhaltungsziel steht.[179] Vollzugliche und therapeutische Interessen können und müssen nicht in jedem Fall in Übereinstimmung gebracht werden.[180] Vielmehr hat die Therapie bei der Beurteilung des Geheimnisträgers Vorrang, solange keine konkreten Gefahren bestehen.[181] Bei dieser Beurteilung kann die Vollzugsplanrelevanz eine Rolle spielen. Nur über eine solche enge Auslegung kann ein Wertungswiderspruch zu der anderen Offenbarungsalternative (Gefahr für Leib und Leben) ausgeschlossen werden.

70 Ein zentraler Anwendungsfall der Offenbarungsbefugnis und -pflicht aus vollzuglichen Gründen ist die Aufdeckung von **Flucht- oder generell sog. Missbrauchsgefahren**. Erfährt der Geheimnisträger von konkreten Flucht- oder Ausbruchsvorbereitungen, so darf und muss er hierüber berichten. Weitere Beispiele sind: vorzeitige Entlassung eines Sexualstraftäters, bei dem sich aus einer Psychotherapie eine nicht bekannte Rückfallgefahr ergeben hat, geplantes Einbringen von Drogen oder verbotenen Gegenständen, bevorstehende Übergriffe auf Mitarbeiter des Vollzugs oder Mitgefangene, Suizidalität des Gefangenen oder Dritter.[182]

d) Erforderlichkeit der Offenbarung

71 Voraussetzung jeder Offenbarung ist, dass sie für die Erreichung des angestrebten konkreten Zweckes **erforderlich** ist. Kann der Geheimnisträger die Gefahr selbst durch ein Gespräch mit dem Gefangenen beseitigen oder in dem er dem Anstaltsleiter die Erstellung eines externen Gutachtens nahelegt, ist die Offenbarung unzulässig.[183] Eine mildere Maßnahme ist auch die Offenbarung auf der Grundlage der Einwilligung des Betroffenen.

72 Die Geheimnisträger haben bei der von ihnen vorzunehmenden Einschätzung über das Vorliegen der Voraussetzungen einer Offenbarungspflicht eine Einschätzungsprärogative, aber **keinen Ermessensspielraum**.[184] Dies bedeutet konkret: Sie müssen zunächst beurteilen, ob entweder eine erhebliche Gefahr für Leib oder Leben vorliegt oder ob eine Vollzugsaufgabe von ähnlicher Gewichtigkeit zu erfüllen ist. Insofern kommt es auf *ihre* Einschätzung und Gewichtung an. Liegen diese Voraussetzungen vor, müssen sie die Information dem Anstaltsleiter gegenüber offenbaren. Eine anhand sachlicher Praktikabilitätsgesichtspunkte oder dem Verhältnis von Offenbarungs- und Geheimhaltungsinteresse vorgenommene Ermessensentscheidung ist ihm jedoch verwehrt. Eine **dienstliche Weisung** kann ebenso wie eine untergesetzliche

---

[179] Bast, S. 125; dagegen Schwill/Schreiber R&P 2004, 154.
[180] Zur psychologisch-wissenschaftlichen Kritik an der Vollzugsplanorientierung der Offenbarungspflichten ausführlich und überzeugend Hartmann ZfStrVo 2000, 207 ff.
[181] Frahm in: Ostendorf, Untersuchungshaft und Abschiebehaft, § 12 Rn 41; Schwill/Schreiber RuP 2004, 156.
[182] Wulf R&P 1998, 189 f.
[183] BayObLG RuP 1995, 41; Busch ZfStrVo 2000, 346; AK-Feest/Lesting-Weichter/Goerdeler § 182 Rn 47 ff.
[184] Rosenau StV 1999, 397; Preusker/Rosemeier ZfStrVo 1998, 324; ähnlich Schöch ZfStrVo 1999, 262 f; Bast, S. 166: Einschätzungsprärogative; Frahm in: Ostendorf, Untersuchungshaft und Abschiebehaft, § 12 Rn 39; aA BT-Drucks. 13/10245, 25 u. 13/11016, 27; dem folgend Schwind/Böhm/Jehle/Laubenthal-Schmid § 182 StVollzG Rn 10; Arloth § 182 StVollzG Rn 7. Nach § 90 Abs. 2 SN „sollen" sie sich offenbaren, dh in der Regel müssen sie, können in besonders begründeten Ausnahmefällen jedoch hiervor absehen.

Dienstvorschrift[185] den Geheimnisträger nicht davon entbinden, Umfang und Grenzen seiner Schweigepflicht in eigener Verantwortung zu prüfen.[186]

e) Offenbarungsadressat

Empfangsberechtigter **Adressat der Offenbarung ist der Anstaltsleiter**. Aufgrund seiner gesamtverantwortlichen Stellung kann er am besten die organisatorischen Bedingungen und die jeweils möglichen und erforderlichen Maßnahmen überblicken, um bestimmten Gefahren entgegenzuwirken.[187] Eine direkte Übermittlung von Berufsgeheimnisträgern an die **Aufsichtsbehörden** ist in den meisten Gesetzen nicht vorgesehen und daher unzulässig.[188] 73

f) Eingeschränkte Offenbarungspflicht der Ärzte

Hinsichtlich der Offenbarungspflicht von **Ärzten** über Daten, die **im Rahmen der allgemeinen Gesundheitsfürsorge** anfallen, wird darauf abgestellt, dass diese für die Aufgabenerfüllung **unerlässlich** sein müssen. Hierbei soll es sich um eine gesteigerte Form der Erforderlichkeit handeln. Kleinere und mittlere Störungen der Vollzugsverwaltung können eine Offenbarung demnach nicht rechtfertigen. Der Vollzugsbehörde wird zugemutet, im Zweifel auf die (vermeintlich) gute, sichere und umfassende Erkenntnisquelle des Schweigepflichtigen zu verzichten. Die Geheimnisoffenbarung ist nur als letztes Mittel zulässig, wenn die Aufrechterhaltung zentraler Funktionszusammenhänge der Anstalt bzw des Strafvollzugs auf dem Spiel stehen. Anders als bei der Erforderlichkeit verpflichtet die Unerlässlichkeit, dem verfassungsrechtlich begründeten Geheimhaltungsinteresse ein besonderes Gewicht beizumessen.[189] 74

Anders als nach dem StVollzG ist der Arzt nach den auf dem ME basierenden JStVollzGen nicht nur befugt, sondern stets **verpflichtet**, bei Vorliegen der Voraussetzungen das Geheimnis zu offenbar.[190] Wie bei der allgemeinen Offenbarungspflicht nach S. 2, steht dem Arzt lediglich eine Einschätzungsprärogative über das Vorliegen der Voraussetzungen, aber kein Entscheidungsspielraum im Rahmen einer Ermessensentscheidung zu. 75

g) Unterschiedliche Schutzniveaus in den Landesgesetzen

Das Schutzniveau ist bei den beruflichen Verschwiegenheitsverpflichtungen in einzelnen Bundesländern sehr unterschiedlich ausgeprägt: **Schleswig-Holstein** etabliert ein bemerkenswert hohes Schutzniveau, nachdem sich Berufshelfer ausschließlich in Fällen erheblicher Gefahren für Leib oder Leben zu offenbaren haben. Die Erfüllung von anderen Aufgaben der Vollzugsbehörden als die Abwendung derartiger Gefahren, berechtigt nicht zu einer Offenbarung der Geheimnisse. Das gilt nicht nur für Informa- 76

---

185 Dazu Schöch ZfStrVo 1999, 263.
186 Frahm in: Ostendorf, Untersuchungshaft und Abschiebehaft, § 12 Rn 39; Polähne/Schäfer-Eickermann R&P 1988, 3, 6 f; Hildebrandt, S. 19 ff; aA Rixen DuD 2000, 643; Bast, S. 149.
187 Bast, S. 138; Busch ZfStrVo 2000, 347.
188 Busch ZfStrVo 2000, 346 f; vgl 20. TB BayLfD 2002, 78, der uU aber die §§ 180 Abs. 1 u. 3 iVm 182 Abs. 2 StVollzG anwenden möchte; aA Bast, S. 197 ff; § 193 StGB.
189 Preusker/Rosemeier ZfStrVo 1998, 325; Volckart RuP 1998, 193; kritisch zur Trennung von Gesundheitsfürsorge und Zwangsbehandlung Hildebrandt, S. 148.
190 Zu den abweichenden Regelungen in Bayern, Berlin, Hamburg, Niedersachsen, Nordrhein-Westfalen und Sachsen siehe Fußnote 156.

tionen, die im Rahmen der allgemeinen Gesundheitsfürsorge bekannt geworden sind, sondern auch für diejenigen, die bei der Mitwirkung an sonstigen Vollzugsaufgaben bekannt geworden sind.

77 Hingegen erweitert **Baden-Württemberg**[191] die Offenbarungspflicht auch auf das Kriterium, dass dies zur Abwehr von Gefahren für die Sicherheit der Anstalt erforderlich ist und verlangt auch für die Gefahr für Leib oder Leben *keine erhebliche* Gefahr. Die Vertraulichkeit wird hier also schon für die Gefahr von Sachbeschädigungen etc. geopfert.

4. Verfassungsverträglichkeit

78 Die Regelungen zur vollzuglichen Offenbarungspflicht sind in mehrfacher Hinsicht **verfassungsrechtlich problematisch.**[192] So ist für die allgemeine Offenbarungspflicht der Berufshelfer im Rahmen ihrer Mitwirkung an vollzuglichen Aufgaben der Anstalt die Voraussetzung „zur Aufgabenerfüllung ... erforderlich" denkbar weit und unbestimmt gefasst, so dass diese Fassung nahe an einen Verstoß gegen das datenschutzrechtliche Bestimmtheitsgebot gerät. Soweit man die Regelung so verstehen wollte, dass jede Aufgabenerfüllung die Preisgabe hierfür erforderlicher Geheimnisse rechtfertigte (was der Wortlaut nicht ausschließt, ja sogar nahelegt), wäre das Schutzniveau zu niedrig angesetzt. Bei einem solchen Verständnis wäre nicht nur die Bedeutung einer vertrauensgeprägten Beziehung zu den Berufshelfern für deren Arbeit im Vollzug zu niedrig bewertet. Schließlich ist problematisch, dass Sozialarbeiter und insbesondere Psychologen von der Privilegierung der allgemeinen Gesundheitsfürsorge ausgeschlossen sind. Angesichts des Umstandes, dass auch die Angehörigen der genannten Berufsgruppen nicht nur im Rahmen anstaltlicher Entscheidungen, sondern aufgrund freiwilliger Hilfeersuchen der Gefangenen tätig werden, lässt sich die Privilegierung der Ärzte damit begründen, dass Psychologen usw nur vollzugliche Aufgaben wahrnähmen, bei der Gesundheitsfürsorge überwiege dagegen der rein medizinische Sachverstand.[193]

79 Hinsichtlich der Offenbarungspflicht von Psychologen, Sozialarbeitern und Sozialpädagogen im Rahmen der freiwilligen Beratung und Hilfeleistung „für die Aufgabenerfüllung der Vollzugsbehörde" wird aber schon **durch die Regelung selbst** eine Bedingung geschaffen, die den Aufbau eines vertrauensbasierten Beratungs- bzw Behandlungsverhältnisses verhindert.[194] Diese gesetzliche Beeinträchtigung ist unverhältnismäßig. Die Aufgabenerfüllung der Vollzugsbehörde kann es nicht rechtfertigen, dass Gefangenen eine vertrauliche soziale und psychologische Hilfe vollständig vorenthalten wird. Die Vertrauensbeziehung ist konstitutive Voraussetzung jeder Behandlung. Durch deren Verlust wird zudem das Resozialisierungsprinzip konterkariert. Die gesetzliche Offenbarungspflicht von beruflichen Geheimnisträgern ist daher auch **wegen eines Verstoßes gegen Art. 2 Abs. 1 iVm 1 Abs. 1, 12 und 20 Abs. 1 GG**

---

191 § 47 JVollzGB I BW.
192 AK-Feest/Lesting-Goerdeler/Weichert § 182 StVollzG Rn 61 f.
193 So Wulf R&P 1998, 187.
194 Böllinger ZfSexualforschung 1999, 145 ff.

verfassungswidrig.¹⁹⁵ Bzgl. psychisch bedingter Leiden kann man zudem im individuellen Vorenthalten einer adäquaten vertraulichen Hilfe eine unverhältnismäßige Verletzung der in **Art. 2 Abs. 2 GG** garantierten körperlichen Unversehrtheit sehen.¹⁹⁶

5. Sonstige Offenbarungsbefugnisse, Unterrichtungspflicht

Da es das für eine erfolgversprechende ärztliche, psychologische oder soziale Betreuung und Behandlung erforderliche Vertrauensverhältnis unter den Beteiligten in erheblicher Weise belasten würde, wenn ein Gefangener über die Möglichkeit einer späteren eventuellen Weitergabe seiner Angaben im Unklaren gelassen würde, muss der Gefangene über die bestehenden Offenbarungsverpflichtungen unterrichtet werden. Diese **Unterrichtungspflicht** ergänzt die allgemein bei der Datenerhebung bestehende Hinweis- und Aufklärungspflicht (s.o, Rn 35). Die Belehrung vor der Datenerhebung kann mündlich, sollte aber besser zusätzlich schriftlich mit einem Formular, zB während des Aufnahmeverfahrens, erfolgen.¹⁹⁷ 80

Sonstige gesetzliche Offenbarungsbefugnisse, die sich aus anderen Vorschriften ergeben, werden von den geschilderten Offenbarungspflichten nicht berührt. So besteht eine strafrechtlich sanktionierte Pflicht zur Anzeige der in § 138 StGB aufgezählten geplanten Verbrechen.¹⁹⁸ Anders als im Zivilverfahren (§ 383 Abs. 1 Nr. 6 ZPO) steht Anstaltspsychologen im Strafverfahren ein Zeugnisverweigerungsrecht nur zu, wenn er über eine Zulassung als psychologischer Psychotherapeut oder Kinder- und Jugendtherapeut verfügt. Sozialpädagogen haben kein strafprozessuales Zeugnisverweigerungsrecht (§ 53 Abs. 1 Nr. 3 StPO). Die Ableitung eines Zeugnisverweigerungsrechts unmittelbar aus Art. 2 Abs. 1 iVm Art. 1 Abs. 1 GG ist nur ausnahmsweise unter Berücksichtigung der Interessen der Strafrechtspflege und aller Umstände im Einzelfall (Art und Schwere der Straftat, Höhe der Straferwartung, andere Aufklärungsmöglichkeiten, Bedeutung des Beweisthemas, Intensität des Eingriffs) möglich.¹⁹⁹ Weitere Offenbarungspflichten ergeben sich zB nach dem Infektionsschutzgesetz, nach §§ 17, 34 Personenstandsgesetz oder nach dem Arbeitssicherheitsgesetz. 81

Fraglich ist, ob neben Leibes- und Lebensgefahren, die in S. 2 genannt sind, Gefahren für sonstige bedeutende Rechtsgüter eine **Offenbarung wegen Notstandes (§ 34 StGB)** rechtfertigen können.²⁰⁰ Es spricht Vieles dafür, dass eine abschließende Eingriffsregelung getroffen wurde.²⁰¹ Nicht ausgeschlossen ist jedoch die Berufung auf § 34 StGB im Rahmen eines Strafverfahrens zur Rechtfertigung gegenüber einem individuellen Straftatvorwurf. 82

---

195 AK-Feest/Lesting-Goerdeler/Weichert § 182 StVollzG Rn 61 f mwN; Böllinger ZfSexualforschung 1999, 146 ff.
196 Böllinger ZfSexualforschung 1999, 143, 145.
197 Schöch ZfStrVo 1999, 261; Kaiser/Schöch, Rn 231; Bast, S. 166 ff; kritisch Hartmann ZfStrVo 2000, 208.
198 Bast, S. 181 ff.
199 BVerfG NJW 1977, 1489 ff.
200 So wohl Preusker/Rosemeier ZfStrVo 1998, 326; Arloth § 182 StVollzG Rn 8; Busch ZfStrVo 2000, 349; Schwind/Böhm/Jehle/Laubenthal-Schmid § 182 StVollzG Rn 17.
201 Bast, S. 194 f.

6. Zweckbindung beim Empfänger

83 An den Anstaltsleiter offenbarte Angaben sollen weiterhin als Geheimnis nach § 203 StGB geschützt bleiben. Daher wird die **weitere Verwendung** der nach Abs. 2 gegenüber dem Anstaltsleiter offenbarten Daten in der Form geregelt, als wäre dieser selbst beruflicher Geheimnisträger. Angesichts der besonderen Sensibilität dürfen diese Daten nur für den Zweck, für den sie offenbart worden sind, oder – aus Gründen der Praktikabilität und um eine ansonsten mehrfach erforderliche Offenbarung zu vermeiden – für den eine Offenbarung zulässig gewesen wäre, genutzt werden. Weitere Voraussetzung für die Nutzung ist, dass der rechtliche Rahmen, dem die beruflichen Geheimnisträger unterliegen, vom Anstaltsleiter beachtet wird. Durch eine ausdrückliche Anordnung kann der Anstaltsleiter auch eine unmittelbare **Offenbarung gegenüber bestimmten Anstaltsbediensteten** allgemein zulassen.[202] Dies kann in Betracht kommen, wenn bestimmte Aufgabenbereiche durch den Anstaltsleiter der Verantwortung anderer Vollzugsbediensteter übertragen werden.

7. Externe Schweigepflichtige

84 Für **vollzugsexterne Ärzte und Psychologe**, die mit der Untersuchung oder Behandlung beauftragt worden sind,[203] besteht eine Offenbarungsbefugnis gegenüber dem Anstaltsarzt bzw dem Anstaltspsychologen. Externe Ärzte und Psychologen sind eine selbstverantwortliche Stelle und datenschutzrechtlich keine Auftragsdatenverarbeiter.[204] Eine Offenbarungspflicht wird mit Abs. 4 nicht begründet.[205]

VIII. Daten in Akten und Dateien

1. Kenntnis der Bediensteten von personenbezogenen Daten

85 Die Bediensteten dürfen sich **nur in dem für ihre Aufgabenerfüllung erforderlichen Umfang von personenbezogenen Daten der Gefangenen Kenntnis verschaffen**.[206] Dies ist eine spezielle Regelung für die anstaltsinterne Weitergabe bzw Kenntnisnahme von personenbezogenen Daten. Bei der internen Kenntnisnahme ist auf die dem einzelnen Vollzugsbediensteten obliegende Aufgabe abzustellen, wobei zu berücksichtigen ist, dass diese nicht isoliert voneinander arbeiten. Aus der Verpflichtung zur Zusammenarbeit kann sich ergeben, dass eine Kenntnisnahme von Daten über die eigene, eng begrenzte Zuständigkeit hinaus nötig ist. Dies gilt zB bei der Aufstellung und Überprüfung des Vollzugsplanes oder für die Erörterung und Vorbereitung wichtiger Entscheidungen in Konferenzen der Anstalt, bei der Bedienstete aus unterschiedlichen Bereichen beteiligt sind.

---

202 Bast, S. 170.
203 Siehe die Zahlen bei Bast, S. 36 ff.
204 Siehe § 11 BDSG; aA Schwind/Böhm/Jehle/Laubenthal-Schmid § 182 StVollzG Rn 23; Schöch ZfStrVo 1999, 261.
205 Laubenthal, Strafvollzug, 2011, Rn 974; aA Schwind/Böhm/Jehle/Laubenthal-Schmid § 182 StVollzG Rn 23; Bast, S. 173; Arloth § 182 StVollzG Rn 11, der zwischen Behandlern und Gutachtern unterscheidet.
206 § 93 Abs. 1 JStVollzG HB, MV, SL, SH; § 134 Abs. 1 BB; § 46 Abs. 1, 2 JVollzGB I B-W; Art. 201 Abs. 1 BY; § 11 JVollzDSG BE; § 120 Abs. 1 HH; § 58 Abs. 4 HE; § 196 Abs. 1 NI; § 103 Abs. 1 NW; § 27 Abs. 2 LJVollzDSG RP; § 126 ST; § 124 Abs. 1 TH. Im SächsJStVollzG fehlt es an einer besonderen Regelung, es ist jedoch inhaltlich mit demselben Ergebnis § 6 Abs. 1 SächsDSG iVm § 96 SN anzuwenden.

2. Technisch-organisatorischer Schutz von Akten und Dateien

a) Technisch-organisatorische Schutzmaßnahmen

Akten und Dateien mit personenbezogenen Daten sind durch **technisch-organisatorische Schutzmaßnahmen** gegen unbefugten Zugang und unbefugten Gebrauch zu schützen.[207] Ausdrücklich schreiben die Gesetze vor, dass Gesundheitsakten und Krankenblätter getrennt von anderen Unterlagen zu führen und besonders zu sichern sind. Die Vorschriften der (J-)StVollzGe entsprechen insofern dem Wortlaut des § 9 BDSG bzw den parallelen Vorschriften der LandesDSGe. Teilweise wird auf die § 9 BDSG entsprechenden Vorschriften der Landesdatenschutzgesetze und die dazugehörige Anlage verwiesen; soweit an dieser Stelle entsprechende Verweise fehlen, ergibt sich deren Geltung gleichwohl aus der allgemeinen subsidiären Anwendung des LandesDSG. Da hinsichtlich der Art und des Umfangs der Schutzvorkehrungen auch keine bereichsspezifischen Besonderheiten im Strafvollzug bestehen, sind die aufgrund der LandesDSGe bestehenden Standards vollinhaltlich anzuwenden.

b) Schutz personenbezogener Daten vor unbefugten Zugriffen

Die in Akten und Dateien enthaltenen personenbezogenen Daten sind **vor unbefugten Zugriffen zu schützen**. Die Vollzugsbehörde muss dazu die erforderlichen technischen und organisatorischen Maßnahmen treffen. Die Anlage zu § 9 BDSG definiert die „acht Gebote des Datenschutzes" wie folgt:

„Werden personenbezogene Daten automatisiert verarbeitet oder genutzt, ist die innerbehördliche oder innerbetriebliche Organisation so zu gestalten, dass sie den besonderen Anforderungen des Datenschutzes gerecht wird. Dabei sind insbesondere Maßnahmen zu treffen, die je nach Art der zu schützenden personenbezogenen Daten oder Datenkategorien geeignet sind,

1. Unbefugten den Zutritt zu Datenverarbeitungsanlagen, mit denen personenbezogene Daten verarbeitet oder genutzt werden, zu verwehren (Zutrittskontrolle),
2. zu verhindern, dass Datenverarbeitungssysteme von Unbefugten genutzt werden können (Zugangskontrolle),
3. zu gewährleisten, dass die zur Benutzung eines Datenverarbeitungssystems Berechtigten ausschließlich auf die ihrer Zugriffsberechtigung unterliegenden Daten zugreifen können, und dass personenbezogene Daten bei der Verarbeitung, Nutzung und nach der Speicherung nicht unbefugt gelesen, kopiert, verändert oder entfernt werden können (Zugriffskontrolle),
4. zu gewährleisten, dass personenbezogene Daten bei der elektronischen Übertragung oder während ihres Transports oder ihrer Speicherung auf Datenträger nicht unbefugt gelesen, kopiert, verändert oder entfernt werden können, und dass überprüft und festgestellt werden kann, an welche Stellen eine Übermittlung perso-

---

207 § 93 Abs. 2 JStVollzG HB, MV, SL, SH; § 134 Abs. 2 BB; § 46 Abs. 3, 4 JVollzGB I BW; Art. 201 Abs. 2 BY; § 13 JVollzDSG BE; § 120 Abs. 2 HH; § 63 HE Hessen; § 196 Abs. 2 NI; § 103 Abs. 2 NW; § 27 Abs. 1 LJVollzDSG RP; § 150 ST; § 134 Abs. 2 TH.
Das Gebot zur getrennten Führung der Gesundheits- und Therapieakten ergibt sich in Sachsen aus § 92 Abs. 4, die Verpflichtung, personenbezogene Daten durch technische und organisatorische Maßnahmen vor Missbrauch zu schützen aus § 9 SächsDSG iVm § 96 JStVollzG.

nenbezogener Daten durch Einrichtungen zur Datenübertragung vorgesehen ist (Weitergabekontrolle),
5. zu gewährleisten, dass nachträglich überprüft und festgestellt werden kann, ob und von wem personenbezogene Daten in Datenverarbeitungssysteme eingegeben, verändert oder entfernt worden sind (Eingabekontrolle),
6. zu gewährleisten, dass personenbezogene Daten, die im Auftrag verarbeitet werden, nur entsprechend den Weisungen des Auftraggebers verarbeitet werden können (Auftragskontrolle),
7. zu gewährleisten, dass personenbezogene Daten gegen zufällige Zerstörung oder Verlust geschützt sind (Verfügbarkeitskontrolle),
8. zu gewährleisten, dass zu unterschiedlichen Zwecken erhobene Daten getrennt verarbeitet werden können."

Die Justizverwaltung kann ihrer Fürsorgepflicht beim Datenschutz nur dadurch nachkommen, dass sie die zu treffenden Maßnahmen zur Datensicherheit und die Vorgehensweise der JVA-Bediensteten bei der Datenverarbeitung in einer **Dienstanweisung** regelt.[208]

c) Organisatorische und bauliche Schutzmaßnahmen

88   Durch bauliche Maßnahmen ist sicherzustellen, dass zB bei der Besucherabfertigung, bei der Durchführung von Besuchen oder bei der Beratung und Behandlung durch Sozialarbeiter, Psychologen und Ärzte Wartende nicht unnötig die Daten von Dritten mithören können.[209] Das anstaltsöffentliche Ausrufen mit Nennung des Anlasses hat grds. zu unterbleiben, da dadurch Mitgefangenen unbefugt Kenntnis über Angaben zu Mitgefangenen erlangen.[210] Um den Gefangenen in den Haftzellen mit mehreren Insassen zu ermöglichen, private Dinge wie zB persönliche Unterlagen, Briefe, Verteidigerpost, Gerichtsakten vor dem Zugriff Dritter zu bewahren, muss die JVA die Räume mit abschließbaren Schränken oder verschließbaren Behältnissen ausstatten.[211] Beim anstaltsinternen Funkverkehr sind Vorkehrungen gegen das unbefugte Mithören zu ergreifen. Bei Telefongesprächen von und mit **beruflichen Geheimnisträgern** ist zu gewährleisten, dass diese Gespräche nicht von der allgemeinen Anstaltsverwaltung mitgehört werden können. Da auch der Umstand des Kontakts als Geheimnis anzusehen ist, dürfen auch die Telefonverbindungsdaten nicht so gespeichert werden, dass sie vom allgemeinen Vollzugsdienst zur Kenntnis genommen werden können.[212] Durch entsprechende Anordnungen ist dafür zu sorgen, dass schriftliche Kontakte der Gefangenen zu beruflichen Geheimnisträgern, aber auch zB zu Datenschutzbeauftragten, Abgeordneten oder Anwälten, nicht in sog. Briefdateien gespeichert werden.[213]

---

[208] Busch, S. 6; relativierend Arloth § 183 StVollzG Rn 5; Schwind/Böhm/Jehle-Schmid § 183 StVollzG Rn 12.
[209] AK-Feest/Lesting-Goerdeler/Weichert § 183 StVollzG Rn 14.
[210] 15. TB LfD Rheinland-Pfalz 1993-95, 42; s. § 92 Abs. 1 JStVollzG.
[211] 19. TB LfD SL 2001/2002, 73; 14. TB LfD SH 1991/92, 48 f.
[212] XI. TB LfD Niedersachsen 1991/92, 211 f.
[213] XII. TB LfD Niedersachsen 1991/92, 226.

d) Aktenorganisation

Die Gefangenenpersonalakten und sonstige **personenbezogene Unterlagen** sind so abzulegen, dass nur diejenigen Bediensteten (keine Gefangenen)[214] darauf Zugriff haben, die diese für ihre Aufgabenerfüllung benötigen,[215] u.a. durch verschließbare Räume, Schränke,[216] abschließbare Postfächer[217] etc. Bei der anstaltsinternen Datenweitergabe ist darauf zu achten, dass Unbefugten (insb. Gefangene) keine Kenntnis nehmen können, bspw durch Verwendung verschlossener Briefumschläge. Bei der Versendung offizieller dienstlicher Schreiben an Gefangene sind ebenso verschlossene Umschläge zu verwenden wie bei sonstigen etwas sensibleren Daten, zB **Kontoauszügen**.[218] Bei Reinigungs-, Aufräum- oder Umzugsarbeiten durch Gefangene in Räumen mit personenbezogenen Daten ist eine lückenlose Beaufsichtigung zu gewährleisten.

89

Gefangenenpersonalakten sollten in zwei oder sogar mehrere Teile aufgeteilt werden, wobei der eine Teil besonders sensible Informationen enthält, die nicht im laufenden Betrieb benötigt werden (zB Strafurteil, Lebenslauf).[219] Eine solche **Aktentrennung** (zB durch verschlossenen Umschlag) ist rechtlich geboten, wenn im sensiblen Teil für den Vollzug nicht relevante Daten Dritter enthalten sind (bspw bei angehaltenen Schreiben[220] oder bei Opferdaten in Urteilen).[221] Teilakten sollten auch für besondere Einzelaufgaben angelegt werden. Beim **Transport von Gefangenenpersonalakten** sind diese äußerlich eindeutig als solche zu kennzeichnen. Die Versendung, die Übergabe und der Empfang sind zu quittieren, um den Verbleib einer Akte jederzeit nachvollziehen zu können.[222] Zugriffe auf Daten und deren Veränderungen sind zu dokumentieren.[223]

Bei der Anfertigung von Kopien des sog. A-Bogens für die jeweiligen Vollzugsbereiche sollten Kopiermasken verwendet werden, um die Mitteilung nicht benötigter Angaben auszuschließen.[224] Der **Zugriff von Spezialdiensten** (zB Lehrkräfte, Werkdienstleitung) auf sämtliche Daten in der Gefangenenpersonalakte ist nicht erforderlich.[225]

90

Spezialdienste, wie zB Sozialarbeiter, Psychologen, Lehrer oder Geistliche, führen eigene Akten oder sog. Wahrnehmungsbögen, auf denen aus dem jeweiligen Bereich er-

91

---

214 3. TB LfD Brandenburg 1994, 96; 16. JB LfD HB 1993/94, 53 ff; kritisch Arloth § 183 StVollzG Rn 3.
215 23. TB LfD Baden-Württemberg 2002, 30.
216 X. TB LfD Niedersachsen 1989/90, 146; LT-Drucks. Nds 11/4587.
217 24. TB LfD Baden-Württemberg 2003, 33; 23. TB LfD Baden-Württemberg 2002, 29 f.
218 17. TB LDI NRW 2005, 95; Laubenthal, Strafvollzug Rn 975; LG Trier, 17.4. 2003, 57 StVK 645/02; LG Karlsruhe ZfStrVo 2002, 187 f = DANA 2/2002, 42 = NStZ 2003, 596; enger Busch, S. 18: Verdecken der Daten genügt; abwägend OLG Hamburg ZfStrVo 2003, 310 = NStZ 2003, 613 = NStZ 2005, 54 f; OLG Karlsruhe ZfStrVo 2003, 301 f = NStZ-RR 2004, 349 = ZfStrVo 2004, 314; aA Arloth § 183 StVollzG Rn 3; Schwind/Böhm/Jehle/Laubenthal-Schmid § 183 StVollzG Rn 9; OLG Karlsruhe NStZ-RR 2004, 349; OLG Saarbrücken ZfStrVo 2004, 367.
219 13. TB Hamburger DSB 1994, 143; 15. TB LfD SL 1993/94, 49; 14. TB LfD SH 1991/92, 47.
220 5. TB TLfD 2002/2003, 122 f.
221 XII. TB LfD Niedersachsen 1993/94, 227; 11. TB LfD Nordrhein-Westfalen 1991/92, 36; 16. TB LfD SH 1993/94, 47 schlägt alternativ die Schwärzung sensibler Angaben Dritter vor; aA Arloth § 183 StVollzG Rn 3.
222 21. TB Bayerischer LfD 2003/2004, 74.
223 Busch, S. 13; 18. aA Arloth § 182 StVollzG Rn 3, Schwind/Böhm/Jehle/Laubenthal-Schmid § 183 StVollzG Rn 9: „überzogen".
224 24. TB Hessischer DSB 1995, 25; 15. TB LfD SL 1993/94, 45 f; 14. TB LfD SH 1991/92, 45.
225 14. TB Bayerischer LfD 1992, 48 f; 15. TB LfD SL 1993/94, 48 f.

langte Erkenntnisse über den Gefangenen niedergelegt sind.²²⁶ Diese Trennung ist rechtlich geboten, soweit die Spezialdienste der Schweigepflicht unterliegen.²²⁷ Diese Akten dürfen anderen Bediensteten nicht zugänglich sein. Auch innerhalb der Anstalt darf die Datenweitergabe erfolgen soweit im Einzelfall erforderlich und erlaubt.

92 Vorgeschrieben wird eine Trennung der **Gesundheitsakten und Krankenblätter** von den übrigen Gefangenenpersonalakten. Zugang zu diesen Unterlagen darf nur das medizinische Personal erhalten. Auch nach der Entlassung sind die Gesundheitsakten von den Gefangenenpersonalakten getrennt zu halten. Die Übermittlung der medizinischen Unterlagen stellt eine Offenbarung besonders geschützter Daten dar und ist daher nur mit der Einwilligung des Betroffenen oder unter den engen Voraussetzungen des § 92 Abs. 2 und 3 Neuner-Entwurf zulässig (s.o. Rn 70 ff). Aus den medizinischen Unterlagen hat eindeutig hervorzugehen, welche Angaben aus der allgemeinen Gesundheitsfürsorge stammen, da diese Daten besonderen Offenbarungserfordernissen unterliegen (s.o. Rn 90 ff). Diskriminierungen und Stigmatisierungen durch auffällige Aktenkennzeichnungen sind zu vermeiden (kein roter Punkt auf Krankenakten von HIV-Infizierten).²²⁸

IX. Benachrichtigung, Löschung und Sperrung
1. Löschung und Sperrung nach Fristablauf

93 Durch **spezifische Löschungsfristen** für den Strafvollzug soll sichergestellt werden, dass es in dem besonders stigmatisierungsgefährdeten Bereich des Strafvollzugs ein organisiertes, für die Eingliederung in die Gesellschaft grundlegendes Vergessen gibt.²²⁹ Dabei handelt es sich um maximale Zeiträume, die idR nicht über-, wohl aber unterschritten werden dürfen.²³⁰ Die Regelungen²³¹ gehen von einer unterschiedlichen Behandlung von personenbezogenen Daten in Dateien und Akten aus: während die dateimäßig gespeicherten Daten – bis auf Stammdaten wie Familiennamen, Vorname, Geburtsname, Geburtstag, Geburtsort, Eintritts- und Austrittsdatum des Gefangenen – nach fünf Jahren zu löschen sind (Abs. 1), müssen die in Akten gespeicherten Daten lediglich gesperrt, dh einer Nutzung und Übermittlung entzogen werden (Abs. 2). Sie müssen spätestens vernichtet werden, wenn die Fristen zur Aktenaufbewahrung abgelaufen sind (Abs. 3).

Für **personenbezogene Daten in Akten** ist nach dem Ablauf von fünf Jahren seit der Entlassung die weitere Übermittlung und Nutzung im Regelfall ausgeschlossen (**Nutzungsverbot, Sperrung**).²³² Ausnahmsweise ist eine Nutzung einzelner Daten zulässig,

---

226 JB Berliner DSB 1992, 105; 3. TB LfD Brandenburg 1994, 95; XI. TB LfD Niedersachsen 1991/92, 208 f.
227 ZB auch Psychologen, staatl. anerkannte Sozialarbeiter und -pädagogen; s. Busch, S. 13, 21; aA Schwind/Böhm/Jehle/Laubenthal-Schmid § 183 StVollzG Rn 10; Arloth § 183 StVollzG Rn 4.
228 JB Berliner DSB 1998, 90; ebenso Stempelaufdruck „Vorsicht Blutkontakt".
229 BVerfGE 35, 202 ff = NJW 1973, 1223 ff.
230 Busch, S. 16.
231 § 94 JStVollzG Brandenburg, HB, MV, Rheinland-Pfalz, SL, SH, Thüringen; § 48 JVollzGB I B-W; Art. 202 BY; §§ 61-64 JVollzDSG BE; § 121 HH; § 65 HE; § 197 NI; § 104 NW; § 93 SN; § 103 Abs. 4 ST.
232 Nach § 197 NI und § 93 SN bereits nach zwei Jahren.

wenn dies für bestimmte Zwecke (Strafverfolgung, wissenschaftliche Forschung, Behebung einer Beweisnot, Realisierung von Rechtsansprüchen)[233] unerlässlich ist.[234]

Bei Gefangenen mit langjährigen Jugendstrafen ist auch schon vor Fristablauf bzw noch während der Inhaftierung in regelmäßigen Abständen zu prüfen, welche Unterlagen nicht mehr benötigt werden und deshalb vernichtet werden können. Umgehend sind nach der Entlassung die Daten zu löschen, die nur für den Vollzugsablauf erforderlich waren. Ein Beispiel hierfür sind die Listen mit den Personalien der Besucher des Gefangenen.[235] Wird ein Gefangener einige Jahre nach seiner Entlassung wieder inhaftiert, so dürfen die zwischenzeitlich gesperrten Akten und Daten wieder genutzt werden, soweit diese weiterhin erforderlich sind.[236] 94

Soweit in den Gesetzen eine Datenerhebung durch **Videoüberwachung** erlaubt wird, gelten für die hierbei aufgezeichneten Bilder und Tonaufnahmen für die Löschung Fristen zwischen drei Tagen (Hessen) und einem Monat (Hamburg).[237] 95

Für die Aufbewahrung der Akten, die gesperrte Daten enthalten, werden **maximale Speicherfristen** festgelegt: für Gefangenenpersonalakten, Gesundheitsakten und Krankenblätter 20 Jahre und für Gefangenenbücher 30 Jahre.[238] 96

Damit die Löschungsregelung im Einzelfall nicht zu nachteiligen Folgen führt, ist eine ausnahmsweise **Verlängerung der Fristen** möglich, wenn anzunehmen ist, dass die Aufbewahrung für die genannten Zwecke weiterhin erforderlich ist (§ 94 Abs. 3 S. 2 Neuner-Entwurf). Dies kann zB der Fall sein, wenn die Vollzugsbehörde Kenntnis von laufenden, aber noch nicht abgeschlossenen strafrechtlichen oder zivilrechtlichen Verfahren oder von Forschungsaufgaben hat.

2. Nachberichtspflicht, allgemeine Grundsätze der Datenkorrektur

Hat sich nach einer Übermittlung herausgestellt, dass die übermittelten Daten Fehler enthalten und dadurch unrichtig sind, ist dies allen Empfängern mitzuteilen. Dort sind sie zu berichten. Die **Nachberichtspflicht** soll aber nur bestehen, wenn dies zur Wahrung schutzwürdiger Betroffeneninteressen erforderlich ist. Davon ist prinzipiell auszugehen, soweit es sich nicht um Schreibfehler und andere unerhebliche Korrekturen handelt.[239] Daneben gelten die Regelungen der Landesdatenschutzgesetze bzgl Daten, die bestritten werden und deren Speicherung unzulässig war und deshalb gelöscht oder gesperrt werden müssen. Mit der Nachberichtspflicht wird das Interesse der Folgenbeseitigung falscher bzw unzulässiger Datenverarbeitung verfolgt. 97

---

233 Nach § 197 NI auch zur Abwehr einer Gefahr für die Sicherheit einer Anstalt.
234 S. § 20 Abs. 7 Nr. 1 BDSG.
235 19. TB LfD HB 1996, 35 f.
236 Laubenthal, Strafvollzug Rn 979.
237 § 121 HmbStVollzG und § 94 Abs. 2 ThürJStvollzG: ein Monat; § 65 Abs. 2 HE: 72 Stunden; § 145 Abs. 1 ST: 48 Stunden.
238 Nach § 104 Abs. 5 NW für Gefangenenpersonalakten und Gefangenenbücher 10 Jahre, für Gesundheitsakten und Krankenblätter 20 Jahre. § 93 Abs. 3 SN sieht eine einheitliche Maximalfrist von 30 Jahren vor; § 162 Abs. 8 ST: maximal 10 Jahre für Gefangenenpersonalakten, Gesundheitsakten, Krankenblätter und Therapieakten, 30 Jahre für Gefangenenbücher.
239 Däubler/Klebe/Wedde/Weichert-Weichert § 20 BDSG Rn 28.

§ 12 Datenschutz und kriminologische Forschung

X. Auskunft an den Betroffenen, Akteneinsicht

1. Allgemeines

98 Das dem Gefangenen zustehende **unentgeltliche Auskunftsrecht** ist die „*Magna Charta*" für die Wahrnehmung des Rechts auf informationelle Selbstbestimmung und zugleich Voraussetzung für die Erlangung umfassenden Rechtsschutzes.[240] Der **Gefangene ist Subjekt** im Strafvollzug und hat Anspruch auf aktive Teilnahme am Behandlungsvollzug. Ohne Kenntnis der eigenen Daten kann diese Position nicht behauptet werden. Die Transparenz der gespeicherten Daten baut auch Misstrauen gegenüber der Vollzugsverwaltung ab. Kennt der Gefangene die über ihn gespeicherten Fakten und Bewertungen nicht, so hat er keine Möglichkeit, unrichtige, ehrverletzende, nicht mehr erforderliche oder aus anderen Gründen unzulässig gespeicherte Daten löschen, sperren oder berichtigen zu lassen. Auch das Recht auf Schadensersatz oder auf sonstige Folgenbeseitigung könnten ihm durch eine Verweigerung faktisch vorenthalten werden. Die Kenntnis der eigenen Daten ist unabdingbare Voraussetzung zur Wahrnehmung sämtlicher sonstiger Datenschutzrechte und trägt damit auch der Gewährleistung eines effektiven Rechtsschutzes gem. Art. 19 Abs. 4 GG Rechnung.[241]

99 Das vollzugliche Auskunfts- und Akteneinsichtsrecht ist **lex specialis** für alle personenbezogenen Daten, die von Vollzugsbehörden zu Vollzugszwecken gespeichert werden und schließt damit andere Regelungen zur Gewährung von Auskunft oder Akteneinsicht aus. Die § 29 VwVfG, § 810 BGB bzw § 120 iVm § 147 StPO sind lediglich im Rahmen des jeweiligen Geltungsbereiches ergänzend anwendbar. Die Auskunfts- und Akteneinsichtsansprüche der **Informationsfreiheitsgesetze der Länder** sind anwendbar, soweit ihre Anwendbarkeit nicht gesetzlich ausgeschlossen ist, etwa wenn fachgesetzliche Auskunfts- oder Akteneinsichtsansprüche bestehen.[242] Jedoch ist zu prüfen, welche Daten unter den IFG-Auskunftsanspruch fallen (ausgeschlossene bspw personenbezogene Daten über andere Gefangene). Auskunfts- und Akteneinsichtsansprüche **gegenüber anderen Stellen** als der Vollzugsbehörde richten sich nach dem jeweils für die Stelle geltenden Recht (insb. dem allgemeinen Datenschutzrecht).[243]

100 Die eine Hälfte der Bundesländer ist im Wesentlichen der **Regelungssystematik** des § 185 StVollzG gefolgt und sieht – nach Maßgabe der Regelungen der LandesDSGe – ein unbedingtes Auskunftsrecht des Betroffenen vor sowie ein Recht auf Akteneinsicht, soweit eine bloße Auskunft für die Verfolgung seiner rechtlichen Interessen nicht ausreicht.[244] Die übrigen Bundesländer haben hingegen von einer Verweisung Abstand genommen und haben Auskunfts- und Akteneinsichtsrecht vollständig im

---

[240] BVerfGE 120, 351 Rn 58 ff = NJW 2008, 2099; BVerfG NStZ 2000, 55 = ZfStrVo 1999, 374; s. Art. 6 EMRK, dazu EGMR NStZ 1998, 429; Schwind/Böhm/Jehle/Laubenthal-Schmid § 185 StVollzG Rn 1; kritisch zu § 185 StVollzG generell Weichert in: Korrespondenzen, S. 117.
[241] BVerfGE 120, 351 Rn 62 = NJW 2008, 2099; Däubler/Klebe/Wedde/Weichert-Wedde § 19 BDSG Rn 1; Frahm in: Ostendorf, Untersuchungshaft und Abschiebehaft, § 12 Rn 62.
[242] Schwind/Böhm/Jehle/Laubenthal-Schmid § 185 StVollzG Rn 2; für Berlin: JB BEBDI 2007, S. 108; aA KG, 5.9.2007, 2/5 Ws 5741/06; Arloth § 185 StVollzG Rn 1.
[243] Schwind/Böhm/Jehle/Laubenthal-Schmid § 185 StVollzG Rn 2.
[244] § 40 JVollzGB I B-W; Art. 203 BY; § 95 HB; § 122 HH; § 64 HE; § 198 NI; § 105 NW; § 94 SN; die Regelungen der LDSG entsprechen im Wesentlichen § 19 BDSG.

Rahmen des Vollzugsgesetzes geregelt.[245] Letzteres Vorgehen ist angesichts der größeren Normenklarheit und der einfacheren Handhabung vorzugswürdig.

2. Inhalt und Umfang des Auskunftsanspruchs

Der Betroffene hat einen **an keine weiteren inhaltlichen Voraussetzungen geknüpften Anspruch auf Auskunft** darüber, welche personenbezogenen Daten über ihn gespeichert werden, wo diese herrühren, an wen sie weitergegeben wurden und zu welchem Zweck sie gespeichert werden. Der Anspruch ist ein höchstpersönlicher Anspruch; er kann aber auch vom bevollmächtigten Verteidiger geltend gemacht werden.[246] Soweit der Betroffene zur Wahrnehmung seiner rechtlichen Interessen über die Auskunftserteilung hinaus auf die Einsichtnahme in Akten angewiesen ist, steht ihm auch ein **Akteneinsichtsrecht** zu (s.u. Rn 133 ff). Sowohl die Auskunftserteilung wie auch die Gewährung der Akteneinsicht sind **rechtlich gebundene Entscheidungen**, bei denen der Vollzugsbehörde kein Ermessensspielraum eröffnet ist.[247]

101

Inhaber des Auskunftsanspruch ist der Betroffene, dessen personenbezogenen Daten im Zusammenhang mit dem Vollzug einer Jugend- oder Freiheitsstrafe verarbeitet werden, idR der Gefangene, aber auch Angehörige, Besucher oder sonstige Personen. Dritte haben keinen solchen Anspruch.[248] Der Anspruch setzt einen **Antrag** voraus. Der Antrag kann **formlos** gestellt werden,[249] auch durch einen Bevollmächtigten (insb. Verteidiger, aber auch Mitgefangene, soweit nicht gegen das Rechtsdienstleistungsgesetz verstoßen wird).[250] In dem Antrag sind die Daten, zu denen Auskunft begehrt wird, näher zu bezeichnen, um ihr Auffinden zu erleichtern und den Auskunftsumfang einzugrenzen (Aktenzeichen, Namen, Zeitraum der Inhaftierung pp). Der Umstand, dass ein Betroffener **umfassend zu einer Akte** Auskunft oder Einsicht verlangt, ist kein ausreichender Grund für die Verweigerung.

102

Der Auskunftsanspruch besteht hinsichtlich **sämtlicher vollzuglicher Akten und Dateien** unabhängig, ob diese vom allgemeinen Vollzugsdienst oder bei besonderen Fachdiensten geführt werden,[251] auch soweit es sich um Unterlagen aus gerichtlichen Verfahren nach den § 92 JGG iVm §§ 109 ff. StVollG handelt.[252] Der Auskunfts- wie auch der Anspruch auf Akteneinsicht umfasst auch die Gesundheitsakten und die schriftlich fixierten persönlichen Eindrücke und Wertungen.[253] Er umfasst jedoch nicht interne Entwürfe oder nur der Vorbereitung dienende Unterlagen, wenn und soweit diese nicht Bestandteil der Akte sind.[254]

103

---

245 § 95 MV, SL, SH; § 135 BB; §§ 28-33 JVollzDSG BE; §§ 36-38 LJVollzDSG RP; §§ 159-161 ST; § 135 TH.
246 Weichert ZfStrVo 2000, 100.
247 VerfGH RP DÖV 1999, 252; OLG Dresden ZfStrVo 2000, 98 = NStZ 2000, 392 = NStZ 2000, 468; im Ergebnis ebenso OLG Koblenz ZfStrVo 1996, 122; OLG Celle NStZ 1986, 285.
248 OLG Naumburg NStZ 2004, 613, Schwind/Böhm/Jehle/Laubenthal-Schmid § 185 StVollzG Rn 3.
249 Däubler/Klebe/Wedde/Weichert-Wedde § 19 BDSG Rn 5.
250 Arloth § 185 StVollzG Rn 2; Schwind/Böhm/Jehle/Laubenthal-Schmid § 185 StVollzG Rn 6; AK-Feest/Lesting-Goerdeler/Weichert § 185 StVollzG Rn 6.
251 Schwind/Böhm/Jehle/Laubenthal-Schmid § 185 StVollzG Rn 4; Weichert in: Korrespondenzen, S. 122.
252 Schwind/Böhm/Jehle/Laubenthal-Schmid § 185 StVollzG Rn 10.
253 BVerfG JZ 2007, 91, 91 f; Scheiwe KritV 1998, 317; Weichert DANA 1/2003, 10; Schwind/Böhm/Jehle/Laubenthal-Schmid § 185 StVollzG Rn 11; AK-Feest/Lesting-Goerdeler/Weichert § 185 StVollzG Rn 9; Frahm in: Ostendorf, Untersuchungshaft und Abschiebehaft, § 12 Rn 68; mit Einschränkungen Arloth § 185 Rn 6.
254 KG, 9.9.2010, 2 Ws 390/10 Vollz; AK-Feest/Lesting-Goerdeler/Weichert § 185 StVollzG Rn 9.

104 Der Auskunftsanspruch umfasst neben der Auskunft über die bei der Vollzugsbehörde gespeicherten Daten auch die **Auskunft über deren Herkunft**, über etwaige **Empfänger** und über den **Zweck der Speicherung**. Bei Bedarf hat der Betroffene auch Anspruch auf erläuternde Auskünfte, insb. wenn die gespeicherten Inhalte aus sich selbst heraus nicht zu verstehen sind. (Zu etwaigen Rechten Dritter oder entgegenstehenden Bedenken s.u. Rn 111).

105 Dem Antragsteller ist **stets ein Bescheid zu erteilen**. Ein schriftlicher Antrag ist schriftlich zu bescheiden. In einem ablehnenden Bescheid sind die tatsächlichen und rechtlichen Gründe anzugeben, ansonsten ist er fehlerhaft.[255] Wird der Antrag abgelehnt, kann der Betroffene den **Landesbeauftragte für Datenschutz** mit dem Fall befassen. Der LfD wirkt auf Abhilfe hin, wenn ein datenschutzrechtlicher Verstoß vorliegt; gegenüber dem Betroffenen darf er das Ergebnis seiner Prüfung nur in einer allgemeinen Form darstellen, die keine Rückschlüsse auf die Kenntnisse der Vollzugsbehörde zulässt.[256]

106 **Hinsichtlich des Verfahrens und der Art der Auskunft** bzw der Akteneinsicht kommt der Vollzugsbehörde Ermessen zu.[257] Sie kann (nach sicherer Feststellung der Identität des Betroffenen) die Auskunft schriftlich, (fern-)mündlich, elektronisch oder durch Gewährung von Akteneinsicht erteilen. Die Wünsche des Betroffenen, insb. auf schriftliche Auskunft, sind zu berücksichtigen.[258] Sinnvoll ist idR das Zurverfügungstellen von Kopien als eine Art der Akteneinsichtsgewährung. Ein Anspruch auf Fertigung von Kopien kann bestehen, wenn sich die Unterlagen inhaltlich beim einmaligen Lesen bzw Vorlesen nicht hinreichend erschließen: bei Urteilen, psychiatrischen oder psychologischen Gutachten oder Stellungnahmen kommt es auf den exakten Wortlaut an, weshalb ein Anspruch auf Kopien begründet ist.[259] Angesichts der heutigen technischen Möglichkeiten kann der damit verbundene Aufwand idR kein Grund sein, diese dem Gefangenen zu verweigern.[260] Wurde zunächst eine mündliche Auskunft erteilt, so kann mit Verweis hierauf eine weitergehende Akteneinsicht in die Gefangenenpersonalakte nicht verweigert werden.[261]

107 Die Auskunft ist **unverzüglich**, dh ohne schuldhafte Verzögerung zu erteilen. In der Regel ist eine Frist von längstens zwei Wochen einzuhalten.[262] Wurde eine Auskunft schon gewährt und hat sich seither der Datenbestand nicht geändert, so genügt regelmäßig ein Verweis auf die erteilte Auskunft.[263] Die Auskunft ist **kostenlos**.

---

255 OLG Koblenz ZfStrVo 1996, 121; Seebode NJW 1997, 1756.
256 Däubler/Klebe/Wedde/Weichert-Wedde § 19 BDSG Rn 34.
257 OLG Frankfurt/aM NStZ-RR 2004, 317; Schwind/Böhm/Jehle/Laubenthal-Schmid § 185 StVollzG Rn 7.
258 AK-Feest/Lesting-Goerdeler/Weichert § 185 StVollzG Rn 13; Linkhorst, S. 304.
259 KG StV 2008, 93 = StraFo 2007, 173 = RuP 2007, 92; OLG Koblenz ZfStrVo 2003, 310 = ZfStrVo 2003, 374 = NStZ 2004, 613; LG Freiburg ZfStrVo 1996, 122; AK-Feest/Lesting-Goerdeler/Weichert, § 185 StVollzG Rn 22; Frahm in: Ostendorf, Untersuchungshaft und Abschiebehaft, § 12 Rn 67.
260 Bung StV 2009, 201, 203; AK-Feest/Lesting-Goerdeler/Weichert § 185 StVollzG Rn 22; aA OLG München StV 2009, 200, 201.
261 OLG Nürnberg ZfStrVo 2004, 312.
262 Däubler/Klebe/Wedde/Weichert-Wedde § 19 BDSG Rn 12 mwN.
263 Schwind/Böhm/Jehle/Laubenthal-Schmid § 185 StVollzG Rn 7.

3. Recht auf Akteneinsicht

Die weitestgehende Form des Auskunftsanspruchs ist das **Recht auf Akteneinsicht**. Nach dem Wortlaut der meisten Gesetze wird das Akteneinsichtsrecht davon abhängig gemacht, dass die Einsicht für die **Wahrnehmung eines rechtlichen Interesses** erforderlich und die Erteilung einer Auskunft nicht ausreichend ist. Umstritten ist, welche Anforderungen an das geltend zu machende rechtliche Interesse zu stellen sind. Die hRspr verlangt, dass der Betroffene ein konkret verfolgtes rechtliches Interesse benennt, das über die Ausübung des Rechts auf informationelle Selbstbestimmung hinausgeht.[264] Ein solches rechtliches Interesse kann auch darin liegen, Ansprüche auf Löschung, Berichtigung, Sperrung oder Schadensersatz zu verfolgen oder die Rechtmäßigkeit einer Datenerhebung gerichtlich überprüfen zu lassen, wobei das Vorliegen konkreter Anhaltspunkte verlangt wird, aus denen sich ein derartiger Anspruch ergeben könnte.[265] Angesichts der Bedeutung, die die in den Vollzugsakten niedergelegten Wahrnehmung und Beurteilungen auf das Leben des Gefangenen im Vollzug hat, wird richtigerweise auch die Ausübung des Rechtes auf informationelle Selbstbestimmung als legitimes Interesse anzusehen sein.[266] Grundsätzlich sind die Anforderungen an die Transparenz umso weitergehender, je nachhaltiger der Betroffene von hoheitlichen Entscheidungen betroffen ist. Hiervon ausgehend ist unter den Bedingungen des Strafvollzuges das Merkmal des legitimen rechtlichen Interesses weit auszulegen, während an die Erforderlichkeit der Einsichtnahme keine hohen Anforderungen zu stellen sind. Das Merkmal der Wahrnehmung rechtlicher Interessen erfüllt insbesondere die Funktion, querulatorische Begehren abzuwehren. Ein berechtigtes Interesse an der Akteneinsicht wird idR dort bestehen, wo an Beurteilungen und Einstufungen für das Vollzugsleben weitgehende Folgen geknüpft werden,[267] wo es um komplexe Sachverhalte oder um entscheidende Details geht (insb. Einsichtnahme in den **Vollzugsplan**)[268] oder wo Sachverhalte eine besondere Nähe zum Kernbereich der Persönlichkeit aufweisen (bspw Unterlagen der Gesundheitsfürsorge).

4. Ausnahmen der Auskunfts- und Akteneinsichtserteilung

Die Erteilung der Auskunft kann versagt werden, wenn die betroffenen Daten nicht EDV-mäßig erfasst sind und der für die Erteilung der Auskunft erforderliche Aufwand im Verhältnis zu dem geltend gemachten Informationsinteresse unvertretbar

---

264 Zuletzt KG HRRS 2010 Nr. 370 m. abl. Anm. Bung; KG, 5.9.2007, 2/5 Ws 700/2006; KG R&P 2007, 92 = StV 2008, 93 = StraFo 2007, 173; OLG Hamm, 1.6.2005, 1 Vollz (Ws) 75/05; kritisch zur Rspr Weichert in: Korrespondenzen, S. 121; der Rspr folgend Schwind/Böhm/Jehle/Laubenthal-Schmid § 185 StVollzG Rn 8; Arloth § 185 StVollzG Rn 4; Laubenthal, Strafvollzug Rn 982.
265 Arloth § 185 StVollzG Rn 4; Schwind/Böhm/Jehle/Laubenthal-Schmid § 185 StVollzG Rn 8 f.
266 Bung HRRS 2010, 252; Weichert ZfStrVo 2000, 100; ders. 2005, 121; wohl auch Heischel StV 2003, 409; AK-Feest/Lesting-Goerdeler/Weichert § 185 StVollzG Rn 15; Frahm in: Ostendorf, Untersuchungshaft und Abschiebehaft, § 12 Rn 67; unklar OLG Dresden ZfStrVo 2000, 97 = NStZ 2000, 392 = NStZ 2000, 468; Marberth-Kubicki StraFo 2003, 367.
267 Bspw. Einstufung als „gewaltbereit"; dagegen unverständlich restriktiv: OLG Hamm, 1.6.2005, 1 Vollz (Ws) 75/05.
268 Bspw. kriminologisch-prognostisches Gutachten KG R&P 2007, 92 = StV 2007, 173 = StraFo 2007, 173; Vollzugsplan: BVerfG NStZ 2003, 620 f = NStZ-RR 2004, 101 = StV 2003, 408 f = ZfStrVo 2003, 183 f; Lübbe-Wolff/Geisler NStZ 2004, 484 f; Heischel StV 2003, 409 f; Linkhorst, S. 166 ff.

Goerdeler

hoch wäre. Dies wird jedoch nur in Ausnahmefällen anzunehmen sein, die Anforderungen hieran sind hoch.[269]

Kein Auskunftsanspruch besteht hinsichtlich „inaktiver Daten", die nur noch deshalb gespeichert sind, weil sie (noch) nicht gelöscht werden dürfen oder aus Gründen der Datensicherung oder der Datenschutzkontrolle gespeichert sind (Sicherungsdateien, Logfiles usw), die also nicht mehr für den Vollzug genutzt werden, wenn die Auskunftserteilung einen unverhältnismäßigen Aufwand erfordern würde. Der Tatbestand ist restriktiv auszulegen, da er zu einem vollständigen Entfall des Auskunftsanspruches führt.[270]

110 Die Mitteilung des Umstandes, dass Daten des Betroffenen **an die Staatsanwalt, die Polizeidienststellen, die Nachrichtendienste oder andere zum Bundesministerium der Verteidigung gehörende Behörden übermittelt** worden sind, darf nur mit Zustimmung dieser Behörden erfolgen. Wird die Zustimmung verweigert, ist die Tatsache der Übermittlung nicht mitzuteilen, im Übrigen bleibt der Auskunftsanspruch bestehen.[271] Unverständlich und bedenklich ist die in den Landes- (Jugend-)Strafvollzugsgesetzen vorgenommene Erweiterung der zustimmungspflichtigen Behörden gegenüber § 185 StVollzG iVm § 19 Abs. 3 BDSG auf die Staatsanwaltschaft und Polizeidienststellen: Der Anwendungsbereich der Vorschrift weitet sich dadurch ganz erheblich aus. Bei den Übermittlungen an Polizei und StA ist idR keine besondere Geheimhaltung im Interesse der Landesverteidigung erforderlich, vielmehr handelt es sich regelmäßig um Mitteilungen im Rahmen justizförmiger Verfahren oder Fahndungsmaßnahmen bzgl derer der Betroffene ein berechtigtes Informationsinteresse hat.

111 Schließlich unterbleibt die Auskunft, **wenn die ordnungsgemäße Erfüllung von Vollzugsaufgaben oder die öffentliche Sicherheit oder Ordnung gefährdet** würde, sonst dem Wohle des Bundes oder eines Landes Nachteile bereitet werden würde und soweit die Daten oder die Tatsache ihrer Speicherung nach einer Rechtsvorschrift (nicht: Grundsatz der Amtsverschwiegenheit)[272] oder wegen der überwiegenden berechtigten Interessen Dritter geheim gehalten werden müssen. Insofern besteht kein Ermessensspielraum: Liegen die Voraussetzungen vor, muss die Auskunft unterbleiben, anderenfalls ist sie zu erteilen.[273] Soweit die Bedenken durch Teilauskünfte oder eine dem Verteidiger zu gewährende Akteneinsicht ausgeräumt werden können, ist so zu verfahren.[274]

112 Die Anstalt wird – nach Maßgabe der Interessenabwägung – die Auskunft verweigern müssen, wenn unmittelbar durch den Inhalt der Auskunft[275] die Resozialisierung eines Gefangenen konkret gefährdet wird (bspw: zu erwartende Konflikte bei nicht abgeschlossene Behandlungsuntersuchung, Beeinträchtigungen einer psychiatri-

---

[269] Däubler/Klebe/Wedde/Weichert-Wedde § 19 BDSG Rn 9.
[270] Däubler/Klebe/Wedde/Weichert-Wedde § 19 BDSG Rn 13.
[271] Däubler/Klebe/Wedde/Weichert-Wedde § 19 BDSG Rn 18.
[272] Schwind/Böhm/Jehle/Laubenthal-Schmid § 185 StVollzG Rn 22; AK-Feest/Lesting-Goerdeler/Weichert § 185 StVollzG Rn 29.
[273] Däubler/Klebe/Wedde/Weichert-Wedde § 19 BDSG Rn 22.
[274] AK-Feest/Lesting-Goerdeler/Weichert § 185 StVollzG Rn 21.
[275] Däubler/Klebe/Wedde/Weichert-Wedde § 19 BDSG Rn 23.

sche Behandlung).²⁷⁶ Allerdings sind bestehende therapeutische Bedenken (zB Suizidgefahr) nach Art und Richtung genau zu bezeichnen,²⁷⁷ ggf ist ihnen durch eine ärztlich begleitete Akteneinsicht oder Auskunftserteilung zu begegnen.²⁷⁸

Die **Ablehnung ist zu begründen**; hiervon kann abgesehen werden, wenn ansonsten der Zweck, aus dessen Gründen die Auskunftserteilung abgelehnt wurde, nicht erreicht werden könnte. Der ablehnende Bescheid ist fehlerhaft, wenn er die Gründe der Verweigerung nicht offenlegt.²⁷⁹ Im Fall der Ablehnung kann sich der Betroffene an den jeweils Landesbeauftragten für den Datenschutz wenden. 113

5. Akteneinsichtsrechte des Rechtsanwaltes

Neben dem Auskunfts- und Akteneinsichtsrecht des Betroffenen, das in dessen Namen auch durch den Rechtsanwalt geltend gemacht werden kann, steht das eigenständige Recht des Verteidigers auf Akteneinsicht. Dieses leitet sich aus dem verfassungsrechtlich garantierten Anspruch auf rechtliches Gehör, Art. 103 Abs. 1 GG, ab. Für das Vollstreckungsverfahren ergibt sich das Einsichtsrecht des Verteidigers aus § 2 Abs. 2 JGG iVm § 147 StPO, für das gerichtliche Verfahren in Vollzugssachen aus § 92 Abs. 1 JGG iVm §§ 120 Abs. 1 StVollzG, 147 StPO.²⁸⁰ Die Akteneinsicht gegenüber dem Anwalt im vollzugsgesetzlich nicht geregelten Verwaltungsverfahren ist zu gewähren, soweit dies **zur Rechtsverfolgung** erforderlich ist. Dieses Recht des Verteidigers ist dessen originäres Recht, um seinen Mandanten ordnungsgemäß beraten zu können.²⁸¹ Es genügt, dass der Anwalt die Erfolgsaussichten eines gerichtlichen Vorgehens prüfen will.²⁸² Evtl. einsichtsausschließende Erwägungen hinsichtlich des Gefangenen müssen für den Anwalt im Rahmen der Rechtsdurchsetzung für den Gefangenen nicht gelten.²⁸³ 114

XI. Anwendung der Landesdatenschutzgesetze

1. Allgemeines

Ergänzend bzw subsidiär zu den Datenschutzvorschriften der (J-)StVollzGe sind die jeweiligen Landesdatenschutzgesetze heranzuziehen. Hierbei gibt es zwei Regelungsansätze: zum einen werden – § 187 StVollzG folgend – die Bereiche abschließend benannt, in denen die entsprechenden Vorschriften der Landesdatenschutzgesetze heranzuziehen sind.²⁸⁴ Dies hat zur Folge, dass Ermächtigungsnormen, die einem nicht in Bezug genommenen Regelungsbereich der LDSGe zuzuordnen sind, nicht als Befugnisnorm zugunsten der Vollzugsbehörde herangezogen werden können (bspw bei der Auftragsdatenverarbeitung). Das andere Regelungsmodell sieht ohne nähere Spe- 115

---

276 OLG Karlsruhe NStZ-RR 2002, 285.
277 BVerfG JZ 2007, 91, 95.
278 AK-Feest/Lesting-Goerdeler/Weichert § 185 StVollzG Rn 26; aA Schwind/Böhm/Jehle/Laubenthal-Schmid § 185 StVollzG Rn 20; Arloth § 185 StVollzG Rn 3.
279 OLG Koblenz ZfStrVo 1996, 121; Seebode NJW 1997, 1756; s. aber § 19 Abs. 5 BDSG.
280 Nach aA analog § 100 VwGO, LG Braunschweig StV 1981, 80; Joester, StV 1981, 81.
281 OLG Dresden ZfStrVo 2000, 97 = NStZ 2000, 392; LG Meiningen StraFo 2000, 251; aA LG Leipzig StraFo 2000, 250.
282 OLG Koblenz ZfStrVo 1981, 61.
283 OLG Celle NStZ 1986, 284; aA Müller-Dietz NStZ 1986, 286; Schwind/Böhm/Jehle/Laubenthal-Schmid § 185 StVollzG Rn 13; Arloth § 185 StVollzG Rn 6.
284 § 96 JStVollzG MV, SL; §§ 28, 50, 55 JVollzGB I B-W, Art. 205 BY; § 124 HH, § 107 NW, § 163 ST.

zifizierung die subsidiäre Anwendung des jeweiligen LDSG vor.[285] Hier ist im Einzelnen durch Auslegung zu prüfen, ob die Vorschriften des (J-)StVollzG abschließend sind oder durch Regelungen des LDSG ergänzt werden sollen.
Soweit sich die Regelung an § 187 StVollzG orientieren, werden insb. die Vorschriften über (1.) die datenschutztypischen Begriffsbestimmungen, (2.) die Vorgaben zur Einwilligung des Betroffenen, (3.) das Datengeheimnis, (4.) die unabdingbaren Rechte des Betroffenen, (5.) die Durchführung des Datenschutzes (Verzeichnis der Datenverarbeitungsanlagen), (6.) die Vorschriften über Schadensersatzansprüche, (7.) die Straf- und Bußgeldvorschriften sowie (8.) die Vorschriften über die Kontrolle durch den LfD in Bezug genommen.[286] Zu den **datenschutzrechtlichen Begriffen** siehe Rn 10 ff. Zur **Einwilligung** siehe Rn 20.

116 Die datenschutzrechtliche Reglung zum **Datengeheimnis** (entsprechend § 5 BDSG) untersagt allen Mitarbeitern der verantwortlichen Stelle, unbefugt personenbezogene Daten zu erheben, zu nutzen oder sonst weiterzuverarbeiten. Dies betrifft alle Mitarbeiter mit einem potenziellen Zugang zu personenbezogenen Daten, unabhängig von ihrer dienstrechtlichen Berechtigung und ihrem Beschäftigungsstatus, also neben den beamteten oder tariflich angestellten Bediensteten auch Praktikanten, Reinigungskräfte usw.[287] Die Vollzugsbehörde muss sicherstellen, dass die Mitarbeiter ihrer externen Auftragnehmer durch diese entsprechend verpflichtet werden.[288] Teilweise ergibt sich aus den LDSGen, dass die Mitarbeiter bei Aufnahme ihrer Tätigkeit förmlich auf die Einhaltung des Datengeheimnisses zu verpflichten sind.[289] Soweit das jeweilige LDSG keine derartige Verpflichtung verlangt, muss jedoch eine arbeitsplatzbezogene Belehrung über die datenschutzrechtlichen Anforderungen stattfinden. Vertraglich verpflichtete Mitarbeiter sind auf der Grundlage des Verpflichtungsgesetzes zu verpflichten.[290] Der Verstoß gegen das Datengeheimnis kann disziplinar- oder strafrechtliche Konsequenzen oder Schadensersatzverpflichtungen nachsichziehen.

117 Zu den **unabdingbaren Rechten des Betroffenen** gehören seine Rechte auf Auskunft und auf Berichtigung, Löschung und Sperrung nach den Maßgaben des Landesdatenschutzrechtes. Unabdingbarkeit bedeutet, dass diese Betroffenenrechte nicht durch Rechtsgeschäft beschränkt oder ausgeschlossen werden können.

118 Unter dem Topos „**Durchführung des Datenschutzes**" werden die Vollzugsbehörden verpflichtet, ein Verzeichnis der eingesetzten Datenverarbeitungsanlagen zu führen.

---

285 § 96 JStVollzG, HB, SN, SH; § 121 BB; § 3 JVollzDSG BE; § 200 NI; § 1 Abs. 1 LJVollzDSG RP; § 119 TH.
286 Im JVollzGB I BW werden Einwilligung und Datengeheimnis in §§ 30, 46 JVollzGB I B-W geregelt.
Über die genannten Regelungen hinausgehend erfolgen die folgenden Bezugnahmen: Art. 205 StVollzG Bayern: Videoüberwachung (Art. 21 LDSG Bayern); § 96 JStVollzG M-V: allgemeine Maßnahmen des Datensicherheit (§ 21 LDSG MV); § 96 LJVollzG Rheinland-Pfalz: automatisiertes Abrufverfahren, technische und organisatorische Maßnahmen (§§ 7, 9 LDSG Rheinland-Pfalz); § 96 SJStVollzG: Verfahrensbeschreibung, technische und organisatorische Maßnahmen (§§ 9, 11 LDSG SL); § 96 ThürJStVollzG: Überwachung des Datenschutzes bei öffentlichen Stellen, technische und organisatorische Maßnahmen (§§ 9, 34 LDSG Thüringen).
287 Däubler/Klebe/Wedde/Weichert-Klebe § 5 BDSG Rn 4; Schwind/Böhm/Jehle/Laubenthal-Schmid § 187 StVollzG Rn 17.
288 Däubler/Klebe/Wedde/Weichert-Klebe § 5 BDSG Rn 6; Schwind/Böhm/Jehle/Laubenthal-Schmid § 187 StVollzG Rn 17.
289 Bspw. § 8 Abs. 2 LDSG Berlin.
290 Verpflichtungsgesetz vom 2.3.1974 (BGBl. I S. 469, 547), geändert am 15.8.1974 (BGBl. I S. 1942); Schwind/Böhm/Jehle/Laubenthal-Schmid § 187 StVollzG Rn 18.

XI. Anwendung der Landesdatenschutzgesetze

Für eine automatisierte Datenverarbeitung haben die Vollzugsbehörden jeweils schriftlich folgende Punkte sowie die Rechtsgrundlage der automatisierten Datenverarbeitung festzuhalten:

1. Name oder Firma der verantwortlichen Stelle,
2. Inhaber, Vorstände, Geschäftsführer oder sonstige gesetzliche oder nach der Verfassung des Unternehmens berufene Leiter und die mit der Leitung der Datenverarbeitung beauftragten Personen,
3. Anschrift der verantwortlichen Stelle,
4. Zweckbestimmungen der Datenerhebung, -verarbeitung oder -nutzung,
5. eine Beschreibung der betroffenen Personengruppen und der diesbezüglichen Daten oder Datenkategorien,
6. Empfänger oder Kategorien von Empfängern, denen die Daten mitgeteilt werden können,
7. Regelfristen für die Löschung der Daten,
8. eine geplante Datenübermittlung in Drittstaaten,
9. eine allgemeine Beschreibung, die es ermöglicht, vorläufig zu beurteilen, ob die Maßnahmen iSv § 9 BDSG zur Gewährleistung der Sicherheit der Verarbeitung angemessen sind.

Durch die Verweisung sind die **Straf- und Bußgeldtatbestände** der LDSGe sowie deren Regelungen über die **Schadensersatzansprüche** anwendbar. Finanzielle Schäden können zusätzlich nach sonstigen Anspruchsgrundlagen (insbesondere nach den §§ 823 ff BGB, Art. 34 GG iVm § 839 BGB) geltend gemacht werden.[291] Deren Geltendmachung erfolgt vor den ordentlichen (Zivil-)Gerichten (Art. 34 S. 3 GG). Gemäß § 71 Abs. 2 Nr. 2 GVG sind ohne Rücksicht auf die Höhe des Streitwertes die Landgerichte in erster Instanz zuständig. 119

2. Datenschutzkontrolle

Die Kontrolle des Datenschutzes bei den Vollzugsbehörden erfolgt durch die **Landesbeauftragten für den Datenschutz (LfD)**. Die für diese geltenden Regelungen nach dem Landesdatenschutzrecht sind umfassend anwendbar. Die **Adressen der LfD** finden sich auf der Homepage der Bundesbeauftragten für den Datenschutz und die Informationsfreiheit (bfdi.bund.de/DE/Infothek/Anschriften_Links/anschriften_links-node.html [letzter Zugriff: 3.7.2015]. Die Tätigkeitsberichte der Landesbeauftragten sind über deren Websites sowie über Website des Zentralarchiv für Tätigkeitsberichte (ZAfTDa; www.thm.de/zaftda/tb-bundeslaender [letzter Zugriff: 3.7.2015]) abrufbar. 120

Gefangene haben **das Recht, sich an den zuständigen LfD** bzw an den BfD **zu wenden.** Für die Wahrnehmung dieses Petitionsrechts dürfen sie nicht gemaßregelt oder zB bei Entscheidungen über Vollzugslockerungen, die Aussetzung des Strafrestes zur 121

---

[291] Teschner SchlHA 1999, 65 ff; Weichert in: Computerrechts-Handbuch, hrsg. von Kilian/Heussen, 2002, Kap. 133 Rn 38 ff.

Bewährung oder Gnadenerweise benachteiligt werden.[292] Der Schriftverkehr unterliegt nicht der Postüberwachung.[293] Petenten haben einen Anspruch auf Tätigwerden des LfD in angemessener Frist und auf Bescheidung, nicht aber auf einen konkreten inhaltlichen Bescheid.[294]

122 Petitionen bzw Eingaben sind auch durch die Insassenvertretung zulässig, durch Gruppen von Gefangenen, durch in der JVA ehrenamtlich Tätige oder durch Dritte. Auch Bedienstete der JVA können sich direkt an den zuständigen Landesbeauftragten für den Datenschutz (LfD) wenden, ohne den Dienstweg einhalten zu müssen. Die Einschaltung des LfD auch durch Dritte darf nicht zur Grundlage für **Benachteiligungen**, zB bzgl Kontakten zu Gefangenen, genommen werden.

123 Wurde die JVA von einem LfD zu einer **Stellungnahme** aufgefordert, so muss diese umfassend und unverzüglich abgegeben werden. In der Regel hat eine Antwort innerhalb von einem Monat zu erfolgen, es sei denn, es werden für die Verzögerung triftige Gründe vorgetragen. Die nicht rechtzeitige Beantwortung von Anfragen kann wegen Verstoß gegen die Unterstützungspflicht vom LfD beanstandet werden.[295]

124 Ungeklärt bleibt die Frage, inwieweit die Vollzugsbehörde verpflichtet ist, einen **behördlichen Datenschutzbeauftragten** einzurichten. Eine solche Institution ist gesetzlich in den LDSGen, zumeist verpflichtend, teilweise auch nur fakultativ (zB § 10 LDSG SH) vorgesehen. Der behördliche Datenschutzbeauftragte wirkt als Instanz der Selbstkontrolle, die der Anstaltsleitung direkt zugeordnet und bei der Aufgabenwahrnehmung unabhängig ist. Er sollte bei allen Datenschutzfragen der Vollzugsbehörde beteiligt werden. Er kann den Anfragen von Betroffenen durch Kontrollen nachgehen.[296]

XII. Kriminologische Forschung
1. Verpflichtung zur kriminologischen Forschung

125 Das **Bundesverfassungsgericht** hat dem Gesetzgeber in seinem Urteil zum Jugendstrafvollzug aufgegeben, sich bei seiner konzeptionellen gesetzlichen Ausgestaltung an der empirischen Wirksamkeit in Bezug auf die Verwirklichung des Vollzugsziels zu orientieren. Die gesetzlichen Vorgaben müssen auf „sorgfältig ermittelten Annahmen und Prognosen über die Wirksamkeit unterschiedlicher Vollzugsgestaltungen und Behandlungsmaßnahmen beruhen".[297] Der Gesetzgeber müsse vorhandene Erkenntnisquellen ausschöpfen. Zu diesen gehöre auch das Erfahrungswissen der im Vollzug Tätigen.[298] Diese Verpflichtung gelte nicht nur für das – zum Zeitpunkt des Urteils noch – anstehende Gesetzgebungsverfahren, sondern wirke auch in die Zukunft: Der Gesetzgeber – bzw die Länder, als Träger des Strafvollzuges – habe/n eine **fortlaufen-**

---

292 Wollweber ZRP 1999, 405 f.
293 24. TB LfD Baden-Württemberg 2003, 34 f; 32. TB Hessischer DSB 2003, 24 f; 9. TB DSB Sachsen 2001, 101 f.
294 Weichert in: Computerrechts-Handbuch, hrsg. von Kilian/Heussen, 2002, Kap. 133 Rn 44-46.
295 23. TB LfD Baden-Württemberg 2002, 28 f.
296 Weichert in: Computerrechts-Handbuch, hrsg. von Kilian/Heussen, 2002, Kap. 134 Rn 51-59; zur Praxis in Bbg TB 2002 LDA Bbg, 375.
297 BVerfGE 116, 69, 90 = ZJJ 2006, 193, 197.
298 Ebenda.

de **Überprüfungs- und Beobachtungspflicht**, ggf sogar auch eine **Nachbesserungspflicht**.[299] Er müsse also auch nach Inkrafttreten des Gesetzes weiter dessen Auswirkungen in Hinblick auf das Vermögen, die Gefangenen nach Verbüßung der Strafe wieder sozial zu integrieren und sie zu einem straftatenfreien Leben zu befähigen, überprüfen. Dieses wiederum verpflichtet den Staat, aktiv empirische Erkenntnisse über die Wirkungen des Strafvollzuges zu generieren. In diesem Zusammenhang kommt es dem Gericht auf die Erhebung „aussagefähiger, auf Vergleichbarkeit angelegter Daten" an, „die bis hinunter auf die Ebene der einzelnen Anstalten eine Feststellung und Bewertung der Erfolge und Misserfolge des Vollzuges – insbesondere der Rückfallhäufigkeiten – sowie die gezielte Erforschung der hierfür verantwortlichen Faktoren ermöglicht."[300] Dem BVerfG war bei seinen Ausführungen auch bewusst, dass Wirksamkeit immer nur relativ ist, also aussagekräftige Ergebnisse nur in Bezug auf andere Maßnahmen, Programme, Sanktionen, Teilnehmergruppen usw gemacht werden können. Der Gesetzgeber selbst sowie die Vollzugsbehörden sollten daher „aus den Erfahrungen mit der jeweiligen gesetzlichen Ausgestaltung des Vollzuges und der Art und Weise, in der die gesetzlichen Vorgaben angewendet werden, und dem Vergleich mit entsprechenden Erfahrungen außerhalb des eigenen räumlichen Kompetenzbereiches" lernen.[301]

Die Regelungen der Landes-(Jugend-)Strafvollzugsgesetze zur kriminologischen Forschung[302] betreffen im Groben zunächst zwei Regelungsbereiche: einerseits wird der **Auftrag zur Forschung und Weiterentwicklung des Vollzuges** umrissen, zum anderen die **Befugnis zur Datenverarbeitung zu wissenschaftlichen Zwecken** normiert. Beide Aspekte werden überwiegend in einer Norm,[303] teilweise aber auch an unterschiedlichen Stellen geregelt.[304]

Insbesondere die Gesetze der Neuner-Gruppe sehen zunächst vor, dass die **Behandlungsprogramme** auf der Grundlage wissenschaftlicher Erkenntnisse **zu konzipieren, zu standardisieren und zu evaluieren** sind (Abs. 1, Fortentwicklungsauftrag). Darüber hinaus ist der Vollzug insgesamt, „insbesondere seine Aufgabenerfüllung und Gestaltung, die Umsetzung seiner Leitlinien sowie die Behandlungsprogramme und Wirkungen auf das Vollzugziel", durch den kriminologischen Dienst, eine externe Hochschule oder eine andere geeignete Stelle zu begleiten und zu erforschen (Forschungsauftrag).[305] Für den dafür notwendigen Datenaustausch verweisen die meisten Regelungen auf § 476 StPO.

Aussagekräftiger ist insbesondere die Regelung von **Niedersachsen**,[306] die die Vollzugsbehörden und das Fachministerium auch verpflichtet, „auf Grundlage der ge-

---

299 BVerfGE 116, 69, 91= ZJJ 2006, 193, 197.
300 Ebenda.
301 Ebenda.
302 § 97 JStVollzG HB, MV, SL, SH, SN; § 40 JVollzGB I, § 87 JVollzGB IV B-W; Art. 189, 204 BY; §§ 109, 123 HH; § 66 HE; §§ 189, 199 NI; §§ 106, 108 NW; § 104 ST.
303 § 97 BE, HB, MV, SH, SL, SN, § 66 HE, § 109 NH.
304 §§ 106, 136 BB, § 87 BW und §§ 35 Abs. 2, 40 JVollzGB I B-W, Art. 189, 204 BY, §§ 189, 199 NI, §§ 106, 108 NW; § 103 RP, §§ 104, 139 ST; §§ 104, 136 TH.
305 Gleichlautende Ausgestaltungen des Fortentwicklungs- und Forschungsauftrag enthalten auch § 87 Abs. 1 und 2 BW und § 66 Abs. 1 und 2 HE.
306 § 189 NI.

wonnenen Erkenntnisse Konzepte für den Einsatz vollzuglicher Maßnahmen zu entwickeln und fortzuschreiben" sowie sonst „die Erfahrungen mit der Ausgestaltung des Vollzuges durch [das Justizvollzugsgesetz] sowie der Art und Weise der Anwendung der Vorschriften dieses Gesetzes zu überprüfen". Zu diesen Zwecken sind landesweit von den einzelnen Vollzugsbehörden aussagefähige und auf Vergleichbarkeit angelegte Daten zu erheben, die eine Feststellung und Bewertung der Erfolge und Misserfolge des Vollzuges, insbesondere im Hinblick auf Rückfallhäufigkeiten, sowie die gezielte Erforschung der hierfür verantwortlichen Faktoren ermöglichen. Entsprechende Daten für Bereiche außerhalb des räumlichen Geltungsbereiches dieses Gesetzes sind einzubeziehen und zu vergleichen, soweit solche Daten für das Fachministerium zugänglich sind.

127 Hingegen ist **Bayern**[307] unambitionierter was die Konkretisierung des Forschungsauftrages angeht und begnügt sich insofern mit dem nicht näher spezifizierten Auftrag, den Vollzug, insbesondere die Behandlungsmethoden, wissenschaftlich fortzuentwickeln und die Ergebnisse für die Zwecke der Strafrechtpflege nutzbar zu machen. Auch die nordrhein-westfälische Fassung des Fortentwicklungsauftrages könnte prägnanter ausfallen.[308]

2. Kriminologischer Dienst und kriminologische Forschung

128 Träger des Forschungsauftrages sind die Landesjustizverwaltungen. Der **Kriminologische Dienst**, dessen Existenz die Gesetze ebenso wie das StVollzG voraussetzen, ist das zentrale Instrument zur Umsetzung des Forschungsauftrages. Dessen Ausgestaltung hat in den Ländern sehr unterschiedliche Formen angenommen, teilweise als eigenständige Einrichtung der Landesjustizverwaltung mit eigenen hauptamtlichen Mitarbeitern, teilweise durch kriminologische Referenten in den Anstalten oder Aufsichtsbehörden oder angegliedert an eine Fachhochschule für öffentliche Verwaltung.[309] Obwohl die Länder keine Angaben über die Stellenausstattung veröffentlichen, ist davon auszugehen, dass bei der personellen und sachlichen Ausstattung noch „Luft nach oben" besteht. Interessanter- und bedauerlicherweise ist noch kein gemeinsamer, von mehreren Ländern geschaffener KrimD geschaffen worden, obwohl die Aufgabe als solche trotz der unterschiedlichen Vollzugsstrukturen in den Ländern hierzu grundsätzlich geeignet erscheint und eine gemeinsame Organisation es erlauben würde, die Kräfte zu bündeln.

Adresse und Ansprechpartner finden sich auf der Website www.kriminologische-dienste.de (letzter Zugriff: 4.7.2015).[310]

---

307 Art. 189 BY.
308 § 108 NW formuliert hierzu: „Im Interesse einer Erfolgskontrolle und wissenschaftlichen Fortentwicklung..." ließen die Vollzugsbehörden den Jugendstrafvollzug wissenschaftlich begleiten, erforschen und bewerten.
309 Vgl die Darstellung über einige Organisationsformen bei Laubenthal/Nestler/Neubacher/Verrel-Laubenthal, Abschn. N Rn 72.
310 Mit der Bezeichnung „Kriminologische Dienste" firmieren dort BB, BE, BW, BY, HB, MV, ND, NW, SN, ST und TH. Auch HE verfügt über einen KrimD.

XII. Kriminologische Forschung

Aufgaben der KrimD ist zur Fortentwicklung des (Jugend-) Strafvollzuges durch die Generierung, Analyse und Bewertung empirischer Erkenntnisse über den Vollzug und seine Wirkungen beizutragen. Zu den Aufgaben gehört insbesondere: 129

- Die Durchführung **eigener kriminologischer Forschungen** zu Problemen und Fragestellungen aus der Vollzugspraxis.[311] Aus dem engen Austausch mit der Vollzugspraxis können sich wichtige Fragestellungen und ein Erkenntnisbedarf der Praxis ergeben. Dies bedeutet andererseits nicht, dass die KrimD nur bei Aufträgen aus der Praxis tätig werden, vielmehr sollen sie auch eigeninitiativ für die Vollzugsgestaltung bedeutsame Fragestellungen identifizieren und ihnen nachgehen. Auch wenn die KrimD in Auftragsforschungen die Vollzugspraxis untersuchen, sind einer wissenschaftlichen, theoriefundierten und methodenbewussten und insofern kritischen Arbeitsweise verpflichtet (und nicht einer affirmativen Bestätigung der vorgefundenen Praxisgestaltung).

- Wo die eigenen Möglichkeiten nicht hinreichen (oder die strukturelle Einbettung in die Landesjustizverwaltung hinderlich ist), gehört es auch zur Aufgaben der kriminologischen Dienste, auch bei externen Einrichtungen (insbesondere bei Hochschulen, aber auch andere geeignete Forschungseirichtungen) **Forschungsvorhaben anzuregen und Forschungsaufträge zu vergeben**.[312]

- Regelmäßig liegt es auch bei den KrimD **externe Forschungsvorhaben zu bewerten**, die von anderen Einrichtungen an die vollzugliche Praxis herangetragen werden (oftmals im Rahmen von universitären Dissertations- oder anderen Prüfungsprojekten). Es ist geübte Praxis der Landesjustizverwaltungen, derartige externe Forschungsvorhaben vor ihrer Durchführung erst einer Genehmigung zu unterziehen. Dabei obliegt es den Diensten auch das vollzugliche Interesse an etwaigen Forschungserkenntnissen, die methodische Validität sowie den für die Anstalten und ihre Mitarbeiter damit verbundene Arbeitsaufwand zu bewerten. Die Herausforderung liegt jedoch darin, neben den vollzuglichen Eigeninteressen auch das gesamtgesellschaftliche Erkenntnisinteresse unter Berücksichtigung der grundrechtlich geschützten Forschungsfreiheit angemessen zu würdigen: Auch Vorhaben, deren antizipierten Ergebnisse möglicherweise für die Wahrnehmung der Institutionen des Justizvollzuges abträglich sein könnten, können ein berechtigtes Forschungsanliegen darstellen. Den KrimD kommt hier auch eine Vermittlungsrolle zwischen den Anstalten und den externen Forschern zu. Grundsätzlich sollten sie mit einer **forschungsfreundlichen Grundhaltung** derartige Vorhaben unterstützend begleiten und dort, wo überwindbare Hindernisse einer Genehmigung noch entgegenstehen, die Antragsteller so beraten, dass das Vorhaben genehmigt werden kann.[313]

- Neben der Beteiligung an der Gewinnung neuer Erkenntnisse liegt eine wichtige Aufgabe in der **Analyse und Bewertung von Forschungserkenntnissen**, egal ob diese unter eigener Beteiligung gewonnen worden sind oder aus fremden Quellen stammen. Dies betrifft auch Erkenntnisse aus den anderen Bundesländern oder

---

311 Schwind/Böhm/Jehle/Laubenthal-Laubenthal § 166 StVollzG Rn 8.
312 Schwind/Böhm/Jehle/Laubenthal-Laubenthal § 166 StVollzG Rn 9.

§ 12 Datenschutz und kriminologische Forschung

aus dem Ausland. Ein wichtiger Beitrag der KrimD liegt hierbei in der Interpretation derartiger Erkenntnisse in Hinblick auf die Relevanz und Übertragbarkeit für die heimischen Vollzugsstrukturen. Dem KrimD kann dabei die Rolle einer Art Übersetzer zukommen, der die häufig abstrakt formulierten Forschungsberichte in konkrete Schlussfolgerungen für den Vollzug überführt. Vorbildlich in diese Richtung arbeitet der KrimD Sachsen mit seiner Veröffentlichungsreihe „Daten & Dialog".[314]

- Schließlich sollte der KrimD auch **konzeptionell an der Fortentwicklung** des (Jugend-)Strafvollzuges mitwirken, sei es durch die (Beteiligung an der) Erarbeitung von Handlungsempfehlungen, der Konzipierung von Modellprojekten oder Beratung bei strukturellen Entscheidungen über die Ausrichtung des Vollzuges.[315] Die Beratungsleistung muss sich dabei nicht auf die Justizverwaltung beschränken, sondern kann auch der Landesregierung oder dem Gesetzgeber zugute kommen. Interessant ist die in den SN und ST vorgesehene Berichtspflicht der Landesregierung, alle zwei Jahre dem Landtag über die Entwicklung des Jugendstrafvollzuges Bericht zu erstatten (die sich nicht unmittelbar an den KrimD richtet, vermutlich aber maßgeblich auf dessen Zulieferung beruht).[316]

130 Das noch in der letzten Auflage bemängelte **Forschungsdefizit**[317] zum Jugendstrafvollzug dürfte sich seither verkleinert haben, da die KrimD und andere Forschungseinrichtungen im Jugendvollzug einige Betriebsamkeit entwickelt haben. Vor allem folgende Forschungsschwerpunkte lassen sich ausmachen:

131 Nach einem entsprechenden Auftrag des Strafvollzugsausschusses der Justizministerkonferenz verfolgen dreizehn Bundesländer ein gemeinsames Projekt zur **Strukturdatenanalyse** des Jugendstrafvollzuges. Das Ziel liegt darin, länderübergreifend vergleichbare, stichtagsbezogene Daten über die Struktur des Jugendstrafvollzugs zusammenzutragen. Die Daten bilden demografische und kriminologische Eigenschaften der Gefangenen, die sächliche und personelle Ausstattung der Anstalten sowie die vorhandenen Beschäftigungs-, Behandlungs- und Förderangebote ab.[318] Auch Bayern[319] und Baden-Württemberg[320] führen vergleichbare Projekte zur Evaluation des Jugendstrafvollzugs durch.

Zeitlich etwas versetzt läuft seit Anfang 2010 eine ebenfalls länderübergreifende **Falldatenanalyse** einiger kriminologischer Dienste, bei der der Vollzugs- und Behandlungsverlauf, die Entwicklung der Gefangenen während des Vollzuges und ihre Entlassungssituation dargestellt werden sollen.

---

313 Schwind/Böhm/Jehle/Laubenthal-Laubenthal § 166 StVollzG Rn 10.
314 www.justiz.sachsen.de/kd -> Veröffentlichungen -> Daten & Dialog (letzter Zugriff: 7.7.2015). Leider lassen sich auf der Website die Inhalte der Publikationsreihe ohne Password nicht einsehen.
315 Schwind/Böhm/Jehle/Laubenthal-Laubenthal § 166 StVollzG Rn 11.
316 § 114 SN, § 123 ST. Für SN liegen bisher zwei Berichte vor (LT-Drs. 5/2023 und 5/9730;.
317 Rn 157.
318 Lobitz/Giebel/Suhling, FS 2013, 340-344; Wirth, FS 2013, 349-353.
319 http://www.justizvollzug-bayern.de/JV/KrimDi/AktuellesKD/EvaluationJugendstrafvollzug [letzter Zugriff: 4.7.2015]; Endres/Breuer/Buch/Handtke, Forensische Psychiatrie, Psychologie, Kriminologie, 2014, S. 116-127.
320 Stelly/Thomas, FS 2013, S. 344-348; dies. Evaluation des Jugendstrafvollzugs in Baden-Württemberg, Bericht 2013/2014, http://www.kriminologischer-dienst-bw.de/pb/,Lde/Daten+und+Fakten [letzter Zugriff: 4.7.2015].

XII. Kriminologische Forschung

Ein weiterer Forschungsschwerpunkt bildet die Auseinandersetzung mit dem Thema **Gewalt im (Jugend-)Strafvollzug.** Nach den Aktenauswertungen von *Heinrich* über die Entwicklung der von Gefangenen ausgehenden Gewalt im hessischen Justizvollzug in der Dekade von 1989 bis 1998,[321] von *Wirth* über den Strafvollzug in Nordrhein-Westfalen[322] und von *Hinz & Hartenstein* im sächsischen Jugendstrafvollzug[323] haben sich zwei groß angelegte, länderübergreifende Untersuchungen des Kriminologischen Forschungsinstitutes Niedersachsens[324] und des Instituts für Kriminologie der Universität Köln ab 2011 dem Thema gewidmet.[325] Kern beider Studien sind Befragungen der Gefangenen, so dass damit auch das Dunkelfeld des Gewaltverhaltens abgebildet wird, dass sich nur teilweise in den Akten der Anstalten niederschlägt. Für die KfN-Studie wurden insgesamt 6.384 Gefangene aus dem Jugend- und Erwachsenenstrafvollzug der Bundesländer Brandenburg, Bremen, Niedersachsen, Sachsen und Thüringen befragt. Die von der DfG geförderte Kölner Studie „Hell- und Dunkelfelder der Gewalt im Justizvollzug" konzentriert sich auf den geschlossenen Jugendstrafvollzug in Thüringen und Nordrhein-Westfalen und kombiniert eine Aktenauswertung mit mehreren zeitlich versetzten Befragungen von bis zu 500 Gefangenen und zusätzlich einigen problemzentrierten Interviews mit Gefangenen. Neben der Ausleuchtung des Dunkelfeldes kann die Untersuchung damit auch ein Längsschnittdesign vorweisen. Zudem wird ein Kontrollgruppenansatz durch eine Vergleichsbefragung von rund 200 unter Bewährung stehenden Jugendlichen und Heranwachsenden gewählt.

Neben der Durchführung von empirischen Forschungsprojekten ist die fortlaufende bundeseinheitliche Erhebung von Statistiken eine weitere und wichtige Grundlage um die Entwicklung des Jugendstrafvollzuges darstellen zu können – worauf auch das BVerfG in der eingangs zitierten Passage hingewiesen hat. Wichtig hierfür sind Statistiken über Eigenschaften der Gefangenenpopulation, wie sie derzeit bereits in der Strafvollzugsstatistik geführt werden (Anzahl insgesamt; Alter; Geschlecht; Nationalität; Delikt, das der Verurteilung zugrunde liegt; Strafmaß im Urteil; Vollzugsdauer usw), aber auch über die vollzuglichen Rahmenbedingungen (u.a. Anzahl der Bediensteten insgesamt und nach Berufsgruppen und Vollzugsarten) und über vollzugsrelevante Ereignisse, bspw über gemeldete Gewaltvorfälle, weitere besondere Vorkommnisse, insb. Selbstverletzungen und Suizide (dabei wäre es für eine Einschätzung des Vollzugsklimas auch relevant, nicht nur die Selbstverletzungen und Suizide der Gefangenen, sondern auch unter den Bediensteten zu erfassen) ebenso über die durchgeführten Sicherungsmaßnahmen (soweit sie erfassungsfähig sind), insbesondere besondere Sicherungsmaßnahmen, und die durchgeführten Disziplinarverfahren, die verhängten und vollzogen Disziplinarmaßnahmen sowie die erstatteten Strafan-

---

321 Heinrich BewHi 2002, 369-383.
322 Wirth, Gewalt unter Gefangenen, 2006 und BewHi 2007, 185-206.
323 Hinz/Hartenstein, ZJJ 2010, 176-182.
324 Baier/Bergmann, FS 2013, 76-83; Bieneck/Pfeiffer, Viktimisierungserfahrung im Justizvollzug, 2012; Baier/Pfeiffer/Bergmann, FS Pfeiffer, S. 76-83.
325 Neubacher, FS 2014, 320-326; Boxberg/Wolter/Neubacher, Gewalt und Suizid im Jugendstrafvollzug, in: Justizvollzug in Bewegung, 2013, 87 – 125; Häufle/Schmidt/Neubacher, BewHi 2013, 20-78.

zeigen.³²⁶ Bedauerlich ist insofern, dass bspw die bundeseinheitliche Erhebung der verhängten Disziplinarmaßnahmen seit 1997 nach einem entsprechenden Beschluss des Strafvollzugsausschusses nicht mehr durchgeführt wird.³²⁷

3. Übermittlung personenbezogener Daten zu wissenschaftlichen Zwecken
a) Voraussetzungen der Übermittlungsbefugnis

134 Sowohl die **Freiheit der Forschung** (Art. 5 Abs. 3 S. 1 GG) wie auch das Recht auf informationelle Selbstbestimmung (Art. 2 Abs. 1 iVm Art. 1 Abs. 1 GG) haben Verfassungsrang. Mit der Regelung über die Datenübermittlung zu wissenschaftlichen Zwecken soll ein Ausgleich zwischen den beiden Rechtsgütern und den widerstreitenden Interessen geschaffen werden,³²⁸ indem den Vollzugsbehörden die Befugnis erteilt wird, auch ohne eine Einwilligung der Betroffenen unter den im folgenden skizzierten Voraussetzungen personenbezogene Daten zum Zwecke wissenschaftlicher Forschung an Forschungseinrichtungen zu übermitteln. § 476 Abs. 1 S. 1 StPO spricht von „**Informationen**". Gemeint sind damit personenbezogene Daten – handelt es sich um vollständig anonymisierte Daten, liegt in deren Übermittlung kein rechtfertigungsbedürftiger Grundrechtseingriff, so dass eine Übermittlung auch ohne besondere Ermächtigung zulässig ist.³²⁹ Dabei geht § 476 StPO davon aus, dass diese Daten in Akten gespeichert sind. Die Landes-(Jugend-)Strafvollzugsgesetze haben den Anwendungsbereich des § 476 Abs. 1 StPO daher explizit auch Daten, die elektronisch bzw in Dateien gespeichert sind, erweitert.³³⁰ Die Regelung ist gegenüber den Vorschriften zum Schutz besonderer Informationen (s.o. Rn 55) die speziellere und geht dieser daher vor. Daher dürfen – unter besonderer Berücksichtigung der schutzwürdigen Interessen des Betroffenen – auch solche Daten übermittelt werden, die der beruflichen Schweigepflicht unterliegen.³³¹ In diesen Fällen sind aber besondere Sicherungen für die sensiblen Daten vorzusehen.

Nach der Rspr des BVerfG ist **wissenschaftliche Forschung** ein auf wissenschaftlicher Eigengesetzlichkeit (Methodik, Systematik, Beweisbedürftigkeit, Nachprüfbarkeit, Kritikoffenheit, Revisionsbereitschaft) beruhender Prozess zum Auffinden von Erkenntnissen, ihrer Deutung und ihrer Weitergabe.³³² Sie ist „alles, was nach Inhalt und Form als ernsthafter, planmäßiger Versuch zur Ermittlung der Wahrheit anzusehen ist".³³³ Forschung ist nicht dadurch ausgeschlossen, dass das Vorhaben auch Ausbildungs- und Prüfungszwecken dient. Dissertations- und Habilitationsvorhaben sind regelmäßig als Forschungsvorhaben anzusehen, nicht aber eine vorrangig der

---

326 Kritisch zu einer zu umfangreichen Datenerfassung auf Vorrat Schwind/Böhm/Jehle/Laubenthal-Jehle § 166 StVollzG Rn 13.
327 Kritisch hierzu: Bachmann/Ernst MSchrKrim 2015, 1, 4; hier: Rose, § 9 Rn 8; AK-Feest/Lesting-Walter, Vor § 102 StVollzG Rn 1.
328 Weichert DANA 1997, 4 ff.
329 AK-Feest/Lesting-Goerdeler/Weichert § 186 StVollzG Rn 10.
330 § 97 Abs. 2 S. 2 JStVollzG HB, MV, SL, SH, SN; § 136 BB; § 34 JVollzDSG BE; § 109 Abs. 2 S. 2 HH; § 66 Abs. 5 HE; § 106 Abs. 1 NW; § 16 Abs. 1 LJVollzDSG RP; § 139 Abs. 1 ST; § 136 TH. Hingegen verweisen § 40 JVollzGB I B-W, Art. 204 BY und § 199 NI ohne eine Erweiterung auf elektronisch gespeicherte Daten auf § 476 StPO.
331 AK-Feest/Lesting-Goerdeler/Weichert § 186 StVollzG Rn 3.
332 BVerfG 35, 112 = NJW 1978, 1176; zum Erfordernis der Staatsferne Weichert, Informationelle Selbstbestimmung und strafrechtliche Ermittlung, 1990, 231 f.
333 BVerfGE 35, 112 f = NJW 1978, 1176.

Ausbildung dienende Studienarbeit. Keine Forschung sind Untersuchungen, die Aufsichts-, Organisations- und Kontrollzwecken dienen.

Gestattet wird der Vollzugsbehörde, **bereits vorhandene** (also idR zu Vollzugszwecken erhobene) Daten zu übermitteln. Die Regelung ermächtigt daher weder die Vollzugsbehörden noch andere Einrichtungen, personenbezogene Daten im Rahmen des Vollzuges der Jugendstrafe zu Forschungszwecken zu erheben.[334] Sollen personenbezogene Daten nur zu Forschungszwecken erhoben werden, kann dies nur mit der Einwilligung der Betroffenen (s. hierzu Rn 20) geschehen. Wird auf dieser Grundlage eine Datenerhebung durch die Forschungsstelle vorgenommen, so muss gewährleistet sein, dass Vollzugsbedienstete von diesen Daten keine Kenntnis erhalten.[335] Um zu vermeiden, dass im Rahmen eines Forschungsprojektes erhobene Daten in die **Vollzugsarbeit** mit einfließen,[336] sollten Vollzugsbedienstete auch bei der Datenerhebung selbst nicht beteiligt werden.[337]

Die Regelung erfasst sowohl **Eigen- und Auftragsforschung** wie auch die Durchführung eines Forschungsvorhabens durch eine unabhängige dritte Stelle.

Adressaten der Übermittlungen dürfen nur Hochschulen, andere Einrichtungen, die wissenschaftliche Forschung betreiben, und öffentliche Stellen sein. Zu den Hochschulen gehören sowohl Universitäten wie auch Fachhochschulen.[338] Darüber hinaus dürfen die Daten nur an solche Mitarbeiter des Adressaten übermittelt werden, die Amtsträger oder für den öffentlichen Dienst besonders Verpflichtete sind oder die zur Geheimhaltung verpflichtet worden sind (§ 476 Abs. 3 StPO).

Die Übermittlung personenbezogener Daten ist **nur zulässig, soweit die Nutzung anonymisierter Daten nicht möglich ist** oder die Anonymisierung mit einem unverhältnismäßigen Aufwand verbunden ist. Die um die Übermittlung ersuchende Einrichtung hat begründet darzulegen, warum nicht-anonymisierte Daten erforderlich sind.[339] Hierzu gehören Angaben über das Thema des Forschungsprojektes, die Konkretisierung der benötigten Informationen sowie Mitteilungen zu dem Personenkreis, der im Rahmen des Projektes Zugang zu Daten haben soll.[340] Kann zu einem späteren Zeitpunkt auf den Personenbezug verzichtet werden, so hat die forschende Stelle die Daten zu diesem Zeitpunkt anonymisiert oder pseudonymisiert zu speichern.[341]

Schließlich muss im Rahmen einer **Abwägung** das öffentliche Interesse an der Forschungsarbeit das schutzwürdige Interesse des Betroffenen an dem Ausschluss der Übermittlung erheblich überwiegen. Dabei ist bei der Bestimmung des öffentlichen Interesses insbesondere das wissenschaftliche Interesse an der Forschungsarbeit zu berücksichtigen. Ein wissenschaftliches und öffentliches Interesse besteht grundsätz-

---

334 AK-Feest/Lesting-Goerdeler/Weichert § 186 StVollzG Rn 5.
335 10. TB LfD Nordrhein-Westfalen 1989/90, 63; 12. TB Datenschutzkommission Rheinland-Pfalz 1987-89, 35.
336 Weichert, Informationelle Selbstbestimmung und strafrechtliche Ermittlung, 1990, S. 228 ff.
337 14. TB LfD Rheinland-Pfalz 1991-93, 52 f; Arloth § 186 StVollzG Rn 3; Schwind/Böhm/Jehle/Laubenthal-Schmid § 186 StVollzG Rn 9, 10.
338 Arloth § 186 StVollzG Rn 2; Schwind/Böhm/Jehle/Laubenthal-Schmid § 186 StVollzG Rn 4.
339 Schwind/Böhm/Jehle/Laubenthal-Schmid § 186 StVollzG Rn 4.
340 Schwind/Böhm/Jehle/Laubenthal-Schmid § 186 StVollzG Rn 4.
341 AK-Feest/Lesting-Goerdeler/Weichert § 186 StVollzG Rn 10.

lich nicht an Arbeiten, die methodisch unzulänglich sind.³⁴² Der Umstand, dass eine Fragestellung nicht im Interesse der Vollzugsanstalt liegt, spricht nicht gegen ein öffentliches Interesse, ebenso wenig vollzugliche Unannehmlichkeiten oder Arbeitsaufwand. Sind die im Projektdesign vorgesehenen technisch-organisatorischen Maßnahmen der Datensicherheit unzulänglich, so werden die schutzwürdigen Interessen des Betroffenen überwiegen. Kein öffentliches Interesse besteht auch, wenn das Projekt primär wirtschaftliche Interessen verfolgt (zB Marktforschung). Bei **Daten, die einer beruflichen Schweigepflicht unterliegen** besteht grds. ein besonders hohes schutzwürdiges Betroffeneninteresse. Der Verzicht auf die Einholung der Einwilligung der Betroffenen, zB bei der Nutzung medizinischer Daten, bedarf daher einer besonderen Rechtfertigung bzw einer besonders vertrauenswürdigen Durchführung des Projektes.³⁴³

139 Die forschende Stelle hat die **Darlegungspflicht**, dass das öffentliche Interesse an der Forschungsarbeit das schutzwürdige Interesse des Betroffenen am Ausschluss der Akteneinsicht bzw Datennutzung überwiegt.

Die Entscheidung über die Datenweitergabe trifft die speichernde Stelle. Ihr steht hierbei ein **Ermessensspielraum** zu. Sie kann daher, ohne dass es hierfür einer besonderen gesetzlichen Regelung bedürfte, die Erlaubnis mit Auflagen verbinden, die der Konkretisierung einer datenschutzgerechten Durchführung des Vorhabens dienen. Bestehen Meinungsunterschiede zwischen Justizverwaltung und Forscher bzgl der Abwägung, so kann der zuständige LfD eingeschaltet werden. Regelmäßig ist es möglich, datenschutzrechtliche Bedenken durch eine Modifikation des Projektdesigns auszuräumen.

b) Übermittlungsmodalitäten

140 Die Datenübermittlung für Forschungszwecke soll gemäß § 46 Abs. 2 S. 1 StPO **vorrangig durch die Erteilung von Einzelauskünften** erfolgen. Nur wenn damit die Durchführung der Forschungsarbeit nicht möglich ist bzw wenn damit ein unverhältnismäßiger Aufwand verursacht würde, darf nach Satz 2 ausnahmsweise auch Akteneinsicht gewährt werden. Grundsätzlich ist die Akteneinsicht in den Räumen der Aktenführung zu gewähren. Dadurch kann leichter über technisch-organisatorische Maßnahmen (vgl § 9 BDSG) sichergestellt werden, dass kein Missbrauch mit den Akten erfolgt. Ist die Akteneinsicht vor Ort den Forschenden nicht zuzumuten, so erlaubt S. 3 die Übersendung der Akten zur Einsichtnahme.³⁴⁴ Hierbei handelt es sich um eine Ermessenentscheidung, in die das Forschungsinteresse und die schutzwürdigen Betroffeneninteressen einfließen müssen.

---

342 AK-Feest/Lesting-Goerdeler/Weichert, § 186 StVollzG Rn 12.
343 ZB ärztliche Leitung, Re-Identifizierung der Daten erfolgt über eine Treuhandstelle, Begutachtung durch eine ärztliche Ethikkommission; zur med. Forschung allgemein Lippert/Strobel VersR 1996, 427 ff; Weichert NdsVBl. 1998, 36 ff; ders. MedR 1996, 258 ff.
344 Kritisch IV. TB LfD Sachsen-Anhalt 1997-99, 124, der nur eine ausnahmsweise Aktenübersendung für zulässig ansieht, „wenn anderweitig der Forschungszweck nicht zu erfüllen wäre".

4. Umgang mit den Forschungsdaten (§ 476 Abs. 4-7 StPO)

§ 476 Abs. 4 StPO, der § 40 Abs. 1 BDSG entspricht, enthält eine relatives und ein absolutes **Zweckänderungsverbot**. Die Daten dürfen nur für das jeweilige Forschungsvorhaben verwendet werden. Liegen die Voraussetzungen der Absätze 1 bis 3 von § 476 StPO vor, so dürfen die Daten ausnahmsweise **auch für ein anderes Forschungsprojekt** genutzt werden, wenn die die Übermittlung anordnende Stelle dem zustimmt. Damit soll verhindert werden, dass die uU umständliche Erhebung und Erfassung doppelt durchgeführt werden muss. Ob die Voraussetzungen vorliegen, wird im Rahmen der Zustimmung geprüft. Voraussetzung einer Nutzung für ein anderes Forschungsprojekt ist u.a. eine erneute Abwägung nach Abs. 1, wobei auch zu prüfen ist, ob nicht eine neue Direkterfassung einen geringeren Grundrechtseingriff darstellt als die Zweckänderung für das neue Projekt. Voraussetzung der Datennutzung ist, dass die **Forschungsarbeit hinreichend bestimmt** festgelegt ist. Klar sein muss die wissenschaftliche Fragestellung, die Methode der Datenerhebung und -nutzung, der zeitliche Umfang sowie die Verantwortlichkeit für das Projekt. Ein auf unbestimmte Zeit angelegtes Vorhaben ist unzulässig.[345] Werden Folgevorhaben durchgeführt, so handelt es sich um eine andere Forschungsarbeit, für die der Datenzugang in Abs. 4 normiert ist.

Eine Nutzung der Forschungsdaten für **andere als Forschungszwecke** ist absolut verboten. Abs. 4 enthält eine besondere Verwendungsbeschränkung, auf die in anderen Regelungen verwiesen wird (zB § 180 Abs. 10). Dieses absolute Zweckänderungsverbot kann als „Forschungsgeheimnis" angesehen werden.[346] Würden die Forschungsdaten für andere Zwecke (zB für Geschäfts- oder Verwaltungsaufgaben) genutzt, so kämen sie unberechtigt in den Genuss der mit Art. 5 Abs. 3 GG begründeten Forschungsprivilegierung.

Mit der Verpflichtung zum Schutz vor unbefugter Kenntnisnahme (§ 476 Abs. 5 StPO) ist eine Selbstverständlichkeit normiert. Der Schutz erfolgt vorrangig durch **technische und organisatorische Maßnahmen der Datensicherheit** (vgl § 9 BDSG und Anhang hierzu). Ist eine teilweise Anonymisierung oder eine Pseudonymisierung möglich, so ist diese durchzuführen. Durch eine Trennung der identifizierenden von den forschungsrelevanten Daten (sog. File-Trennung) soll sichergestellt werden, dass Auswertungen möglichst nur mit nicht-personenbezogenen Datenbeständen erfolgen.

Als forschungsspezifische Sicherheitsmaßnahme wird die **räumliche und organisatorische Trennung** der Forschenden von der Wahrnehmung sonstiger Aufgaben (der Verwaltung, geschäftliche Zwecke) gefordert. Damit soll das absolute Zweckänderungsverbot des Abs. 4 sichergestellt werden.

Auch wenn das Projekt auf anonyme Erkenntnisse abzielt, so kann es im Laufe des Forschungsvorhabens notwendig sein, Datensätze von einzelnen Probanden einander zuzuordnen. Um dies zu ermöglichen, aber dennoch größtmögliche Anonymität bei der Datennutzung sicherzustellen, fordert S. 2 **gesonderte Aufbewahrung der identifizierenden Angaben** von den ergebnisrelevanten Daten. Dieser Trennung entspricht

---

345 JB Berliner DSB 1991, 119.
346 Siehe hierzu die Kontroverse zwischen Weichert MedR 1996, 258 ff und Bochnik MedR 1996, 262 ff.

im Statistikrecht die Unterscheidung zwischen Hilfs- und Erhebungsmerkmalen (vgl § 10 BStatG).

145 Die **Veröffentlichung** von Daten ist deren Übermittlung an einen unbestimmten Empfängerkreis. Eine Veröffentlichung ist eine besonders intensive Form der Datenübermittlung an einen unbestimmten Empfängerkreis.[347] Die damit verbundene gravierende Persönlichkeitsbeeinträchtigung ist nach § 476 Abs. 7 StPO nur in besonderen Ausnahmefällen erlaubt, wenn sie aus Gründen der **Darstellung von Forschungsergebnissen über Ereignisse der Zeitgeschichte** unerlässlich ist. Es wird zwischen „absoluten" und „relativen" Personen der Zeitgeschichte unterschieden. Straftäter, die allein durch ihre Straftat in der Öffentlichkeit in Erscheinung treten, sind regelmäßig lediglich relative Personen der Zeitgeschichte. Relevant ist bei der Feststellung nicht nur die objektive Bedeutung der Person, sondern auch, welchen Anteil die Person durch eigenes Handeln für ihre Bedeutung hat. „Opfer" sind schutzwürdiger als „Täter".[348] Der Umstand, dass eine Information schon einmal veröffentlicht worden ist, legitimiert grds. nicht die Veröffentlichung im Rahmen der Forschungsarbeit. Daneben ist eine Veröffentlichung zulässig, wenn der Betroffenen einwilligt (§ 4 a Abs. 1 BDSG, Abs. 2 ist hier wegen der Intensität des Eingriffs nicht anwendbar). Abs. 7 entspricht damit § 40 Abs. 3 BDSG. Die Veröffentlichung von anonymisierten Angaben (vgl § 3 Abs. 6 BDSG) unterliegt keinen Restriktionen.

146 Zusätzlich zu den sonstigen Anforderungen für personenbezogene Veröffentlichungen fordert Abs. 7 S. 2 die **Zustimmung** der Stelle, die diese Informationen übermittelt hat. Damit soll verhindert werden, dass über den Umweg einer Forschungsveröffentlichung Daten allgemein bekannt werden, die von der Vollzugsbehörde geheim gehalten werden sollen.

5. Datenschutzkontrolle bei privaten Empfängern (§ 476 Abs. 8 StPO)

147 Die **Kontrolle des Datenschutzes** bei nicht-öffentlichen Stellen durch die Datenschutz-Aufsichtsbehörden (nicht identisch mit den Aufsichtsbehörden nach § 151) ist grds. nach § 38 BDSG darauf beschränkt, dass ein Dateibezug vorliegt (§ 27 iVm § 3 Abs. 2 BDSG) und dass Anhaltspunkte für eine Rechtsverletzung vorliegen müssen. Diese Einschränkungen gelten nicht für die Datenschutzkontrolle öffentlicher Stellen. Um zu vermeiden, dass der Datenschutzstandard durch Übermittlung von Daten an private Forscher verschlechtert wird, hebt Abs. 8 hier die allgemeinen Einschränkungen bei der Datenschutzkontrolle im nicht-öffentlichen Bereich wieder auf.

XIII. Rechtsschutz

148 Gegen die aus seiner Sicht rechtswidrige Verarbeitung seiner personenbezogenen Daten kann sich der Gefangene (und andere Betroffene) bei dem Anstaltsleiter beschweren, sich an den Landesbeauftragten für Datenschutz wenden. Darüber hinaus kann er gemäß § 92 Abs. 1 JGG iVm §§ 109 ff. StVollzG eine gerichtliche Überprüfung betreiben. Die Verarbeitung (Erhebung, Nutzung und weitere Verarbeitung) personen-

---

[347] BVerfG NVwZ 1990, 1162.
[348] Bizer, S. 272.

bezogener Daten im Strafvollzug stellt grundsätzlich eine „Maßnahme[n] zur Regelung einzelner Angelegenheiten auf dem Gebiet des Jugendstrafvollzugs" dar, so dass gegen diese der Rechtsweg über § 92 JGG eröffnet ist. Informationelle Maßnahmen von beruflich Schweigepflichtigen, auch die Datenweitergabe innerhalb der Vollzugsanstalt, werden als Vollzugsmaßnahmen der Vollzugsbehörde zugeschrieben, auch wenn der Arzt, Psychologe oder Sozialpädagoge insofern eigenverantwortlich gehandelt hat und dem Anstaltsleiter nicht weisungsunterworfen ist. Sie können mit einem **Antrag nach § 92 Abs. 1 JGG** iVm §§ 109 und 111-120 Abs. 1 StVollzG angegriffen werden.

Antragsberechtigt sind nicht nur die Gefangenen selbst, sondern bei Minderjährigen auch deren Erziehungsberechtigte (§ 92 Abs. 1 S. 2 iVm § 67 Abs. 1 JGG), siehe hierzu § 11 Rn 6, im Übrigen aber auch Nichtgefangene, die durch eine rechtswidrige Verarbeitung ihrer Daten betroffen sind.

149

Zuständig ist nach § 92 Abs. 2 JGG die **Jugendkammer**, in deren Bezirk die Vollzugsbehörde, idR also die Anstalt, ihren Sitz hat. Für das Verfahren gelten im Wesentlichen die §§ 109 und 111-120 StVollzG (§ 92 Abs. 1 S. 2 JGG); siehe hierzu im Einzelnen § 11 Rn 9ff. Es spielt für die Klagebefugnis nach § 109 keine Rolle, dass sich der Gefangene nicht mehr in Strafhaft befindet.³⁴⁹

Schweigepflichtige nach § 203 Abs. 1 StGB können **gegen Weisungen** bzw Anordnungen zur Offenbarung vor dem Verwaltungsgericht Rechtsschutz erhalten, da es sich bei solchen Anordnungen nicht nur um eine fachliche, sondern auch um eine dienstrechtlich relevante persönliche Weisung handelt, die den Bediensteten als selbstständige Rechtsperson trifft.³⁵⁰

150

Die Entscheidungen über eine Löschung, Sperrung und Berichtigung sowie über einen Antrag auf Auskunft oder Akteneinsicht haben **Regelungscharakter** und sind nach § 92 Abs. 1 JGG gerichtlich angreifbar. Der Anspruch auf Löschung, Sperrung und Berichtigung ist eine datenschutzrechtliche Konkretisierung des allgemeinen Folgenbeseitigungsanspruchs. Solange datenschutzrechtliche Ansprüche außergerichtlich oder gerichtlich geltend gemacht werden, ist die Löschung der streitbefangenen Daten unzulässig, da dadurch uU entscheidungsrelevante Beweismittel vernichtet würden.³⁵¹ Fordert zB ein Gefangener Akteneinsicht, weil er vermutet, dass in der Gefangenenpersonalakte nicht zutreffende Vermerke enthalten sind, die für ihn zu Nachteilen geführt haben, so dürfen diese uU falschen Inhalte erst dann gelöscht werden, nachdem dem Einsichtsgesuch entsprochen worden ist. Bei Untätigkeit auf einen Antrag nach § 92 Abs. 1 JGG kann Untätigkeitsklage erhoben werden.

151

---

349 OVG RP NStZ 1986, 333.
350 Schöch ZfStrVo 1999, 263.
351 § 20 Abs. 3 Nr. 2 BDSG; Weichert in: Computerrechts-Handbuch, hrsg. von Kilian/Heussen, 2002, Kap. 132 Rn 109.

§ 13 Organisation

Spezielle Literatur: *Baulig, W.*, Das Neue Steuerungsmodell, in: KrimPäd 1997, S. 27–29; *Cottonaro, S./Suhlig, S.*, Weichenstellungen im Betreuungskontinuum: Diagnose, Prognose, Indikation und Vollzugsplanung, in: J. Goerdeler/P. Walkenhorst (Hrsg.), Jugendstrafvollzug in Deutschland. Neue Gesetze, neue Strukturen, neue Praxis?, Mönchengladbach 2007, S. 222–237; *Dessecker, A.* (Hrsg.): Privatisierung in der Strafrechtspflege, Schriftenreihe der kriminologischen Zentralstelle e.V. Bd. 56, Wiesbaden 2008; *Dünkel, F./Geng, B.*, Aktuelle rechtstatsächliche Befunde zum Jugendstrafvollzug in Deutschland, in: ZJJ 2007, S. 143–152; *Dünkel, F./Geng, B.*, Jugendstrafvollzug in Deutschland – aktuelle rechtstatsächliche Befunde, in: J. Goerdeler/P. Walkenhorst (Hrsg.), Jugendstrafvollzug in Deutschland. Neue Gesetze, neue Strukturen, neue Praxis?, Mönchengladbach 2007, S. 15–54 (zitiert Dünkel/Geng in: Jugendstrafvollzug); *Dünkel, F./Pörksen, A.*, Stand der Gesetzgebung zum Jugendstrafvollzug und erste Einschätzungen, in: NK 2007, S. 55–67; *Fleck, V.*, Neue Verwaltungssteuerung und gesetzliche Regelung des Jugendstrafvollzuges, Mönchengladbach 2004; *Flügge C./Maelicke, B./Preusker, H.* (Hrsg.), Das Gefängnis als lernende Institution, Baden-Baden 2001; *Jansen, I.*, Gender Mainstreaming im Jugendstrafvollzug, in: J. Goerdeler/P. Walkenhorst (Hrsg.), Jugendstrafvollzug in Deutschland. Neue Gesetze, neue Strukturen, neue Praxis?, Mönchengladbach 2007, S. 238–253; *Kallabis, O.*, Organisationskultur, Die Haltung und Gestaltung macht's – nicht einzig die Formalstruktur, in: KrimPäd 2000, S. 16–25; *Kretschmer, J.*, Das Phänomen des Tätowierens im Strafvollzug, in: T. Feltes/C. Pfeiffer/G. Steinhilper (Hrsg.), Festschrift für Hans-Dieter Schwind, Heidelberg 2006, S. 579–592; *Malik, F.*, Führen, Leisten, Leben: Wirksames Management für eine neue Zeit, Frankfurt aM 2006; *Mentz, M.*, Die JVA Rockenberg im Umbruch – Eine Jugendstrafanstalt auf dem Weg zur Lebensschule, in: J. Goerdeler/P. Walkenhorst (Hrsg.), Jugendstrafvollzug in Deutschland. Neue Gesetze, neue Strukturen, neue Praxis?, Mönchengladbach 2007, S. 413–435; *Ohle, K.-H.*, Grundgedanken des Neuen Steuerungsmodells: Überlegungen zur Praxis im Strafvollzug, in: G. Rehn (Hrsg.), Behandlung gefährlicher Straftäter. Grundlagen, Konzepte, Ergebnisse, Herbolzheim 2001, S. 276–293 (zitiert Ohle in: Behandlung); *Ostendorf, H.*, Jugendstrafvollzugsgesetz: Neue Gesetze – neue Perspektiven?, in: ZRP 2008, S. 14–18; *Preusker, H./Maelicke, B./Flügge, C.* (Hrsg.), Das Gefängnis als Risikounternehmen, Baden-Baden 2010; *Rusche, G./Kirchheimer, O.*, Sozialstruktur und Strafvollzug, Frankfurt aM 1981; *Steinhilper, M.*, Controlling im niedersächsischen Strafvollzug, in: ZfStrVo 2003, S. 143–145; *Walkenhorst, P.*, Jugendstrafvollzug und Nachhaltigkeit, in: J. Goerdeler/P. Walkenhorst (Hrsg.), Jugendstrafvollzug in Deutschland. Neue Gesetze, neue Strukturen, neue Praxis?, Mönchengladbach 2007, S. 353–395; *Walter, J.*, Bedingungen bestmöglicher Förderung im Jugendstrafvollzug, in: J. Goerdeler/P. Walkenhorst (Hrsg.), Jugendstrafvollzug in Deutschland. Neue Gesetze, neue Strukturen, neue Praxis?, Mönchengladbach 2007, S. 184–221 (zitiert Walter in: Bedingungen); *Walter, M.*, Tätigkeitsbericht des Justizvollzugsbeauftragten des Landes Nordrhein-Westfalen 2011 und 2012, www.justizvollzugsbeauftragter.nrw.de; *Wulff, K.*, Die Gefängnisse der Justizverwaltung in Preußen, ihre Einrichtung und Verwaltung. Ein Handbuch für den praktischen Gebrauch, Hamburg 1890

I. Organisation und Vollzugsziel

1 Ziel des Jugendstrafvollzuges ist es, die Gefangenen zu befähigen, zukünftig ein **straffreies Leben** führen zu können, siehe § 1 Rn 18. Die gesetzlichen Regeln über die Organisation einer Jugendstrafvollzugsanstalt, über ihren inneren Aufbau und die Aufsicht über sie sollen die Erreichung dieses Ziels unterstützen. Sie sind nicht Selbstzweck, sondern haben eine **dienende Funktion** zur Erreichung des Vollzugsziels. Das setzt voraus, dass die zur Zielerreichung erforderlichen personellen und sachlichen Mittel zur Verfügung gestellt werden. Dies hat das BVerfG in seinen Entscheidungen

zum Strafvollzug immer wieder hervorgehoben. Der Staat muss den Strafvollzug so ausstatten, wie es zur Erreichung des Vollzugsziels erforderlich ist.[1] Er hat durch gesetzliche Festlegung hinreichend konkretisierter Vorgaben Sorge dafür zu tragen, dass für allgemein als erfolgsnotwendig anerkannte Vollzugsbedingungen und Maßnahmen die erforderliche Ausstattung mit personellen und finanziellen Mitteln kontinuierlich gesichert ist.[2]

Diese Grundsätze haben die neuen Jugendstrafvollzugsgesetze der Länder aufgegriffen. Beispielhaft seien hier zwei gesetzliche Regelungen genannt.

§ 102 S. 1 der Gesetze der Länder BE, HB, MV, SL, SH:

„Die Anstalt wird mit dem für das Erreichen des Vollzugsziels erforderlichen Personal ausgestattet."

§ 67 HessJStVollzG:

„Die bauliche Gestaltung und Organisation der Anstalten, ihre personelle Ausstattung und die Zuweisung sachlicher Mittel sind am Erziehungsziel, den besonderen Bedürfnissen der Gefangenen und den Sicherheitsbedürfnissen auszurichten."

Zum einen wollen die Landesgesetzgeber damit der Rechtsprechung des BVerfG Rechnung tragen. Sie weisen in den Erläuterungen zu dieser Vorschrift auch ausdrücklich darauf hin.[3]

Zum anderen macht insbesondere die hessische Vorschrift deutlich, dass die Gesamtheit der Rahmenbedingungen sich an den vollzuglichen Zielen auszurichten hat; und sie erwähnt dabei ausdrücklich auch die Organisation einer Jugendstrafanstalt. Das Ausrichten an Zielen ist ein **zentraler Grundsatz** der „Neuen" Verwaltungssteuerung. Verwaltung ist nicht mehr nur „eingerichtet", sondern sie hat Ziele anzustreben. Das Führen mit Zielen und eine zielorientierte Arbeit der Verwaltung sind Kernelemente eines neuen Verständnisses von Verwaltung. Daher ist die Aufnahme der zitierten Vorschriften in das Jugendstrafvollzugsrecht konsequent.

II. Die Eigenständigkeit des Jugendstrafvollzuges

Nur knapp 10 % der Gefangenen in einem Bundesland sind Jugendstrafgefangene. So haben es die Vertreter des Jugendvollzugs häufig nicht leicht, sich in der Diskussion ausreichend Gehör gegenüber der großen Gruppe von Anstaltsleitern und Mitarbeitern der Anstalten für Erwachsene zu verschaffen.

Das Bestreben der Aufsichtsbehörden ist häufig, Regeln und Verfahren für die vollzugliche Organisation möglichst einheitlich für alle Vollzugsanstalten festzusetzen. Dies kann höchst problematisch sein, da der Jugendstrafvollzug unbestritten ein **Aliud** gegenüber dem Vollzug an Erwachsenen ist. Es gilt zB darauf zu achten, dass nicht die Sicherheitsstandards, die für den Vollzug an Erwachsenen ihre Berechtigung haben mögen, umstandslos auf den Jugendvollzug übertragen werden. Ein Sicherheitskon-

---

1 BVerfG 35, 202 ff.
2 BVerfG NJW 2093, 2096.
3 Erläuterungen zu § 102 Abs. 1 JVollzG Bln sowie zu § 67 Abs. 2 HessJStVollzG.

zept für den erziehungsorientierten Jugendstrafvollzug muss andere Schwerpunkte setzen.

So mag es im Erwachsenenvollzug in einzelnen Anstalten sinnvoll sein, dass Bedienstete ihren Arbeitsplatz häufiger wechseln („job rotation"), um nicht in eine zu große Nähe zu bestimmten Gefangenen zu kommen. Für den Jugendstrafvollzug als Erziehungsvollzug hat jedoch die Beziehungskontinuität Vorrang, zumal die durchschnittliche Verweildauer der Jugendstrafgefangenen ohnehin nur bei knapp einem Jahr liegt. Oder es ergeben sich ungünstigere Beförderungsmöglichkeiten für Bedienstete des Jugendvollzugs, wenn in Richtlinien für Beförderungen die Größe einer Abteilung zum Richtmaß genommen wird. Denn Wohngruppen im Jugendstrafvollzug sind definitionsgemäß kleine Einheiten, Abteilungen in Erwachsenenanstalten sind dagegen oft sehr groß.

Diese Beispiele zeigen, dass allgemeine Regelungen für alle Justizvollzugsanstalten die Besonderheiten des Jugendvollzuges häufig nicht berücksichtigen. Die für den Jugendvollzug Verantwortlichen fühlen sich dann in eine Rolle gedrängt, als wollten sie gegenüber dem Erwachsenenvollzug immer etwas Besonderes für ihren Bereich.. Dies ist psychologisch gesehen keine angenehme Situation in den Diskussionen mit den Vertretern des Erwachsenenvollzuges. Es ist daher von Vorteil, wenn die Besonderheit des Jugendvollzugs im Einzelfall nicht immer erkämpft werden muss, sondern das Aliud von vorneherein gesetzlich festgeschrieben ist. Das wird am besten mit einem eigenständigen Jugendstrafvollzugsgesetz erreicht.

III. Die Organisation der Jugendstrafanstalt
1. Organisatorische Selbstständigkeit

4   Der Grundsatz, dass Jugendstrafvollzugsanstalten selbstständig, vor allem unabhängig von Vollzugsanstalten für Erwachsene sein sollten, ist unbestritten. Die Selbstständigkeit einer Jugendstrafanstalt ermöglicht die gebotene **Trennung** der jungen von erwachsenen Gefangenen. Vor allem schafft sie den Raum für die notwendige spezifische Ausgestaltung des Jugendstrafvollzugs. Die Frage ist, inwieweit von diesem Grundsatz Ausnahmen zugelassen werden können.

Die gesetzlichen **Ausnahmen** zu diesen Regeln:

Länder	Gesetzliche Organisationsregelungen, die Einschränkungen bzgl der Unterbringung in einer selbstständigen Jugendstrafvollzugsanstalt vorsehen
Baden-Württemberg	Teilanstalten, Abteilungen oder Außenstellen einer Justizvollzugsanstalt können aus besonderen Gründen zu Jugendstrafanstalten bestimmt werden. (§ 3 Abs. 1 JVollzGB I B-W)
	Im Jugendstrafvollzug sollen Jugendliche, heranwachsende und junge Erwachsene (junge Gefangene) getrennt untergebracht und altersgemäß erzogen werden. (§ 4 Abs. 4 Satz 1 JVollzGB I B-W)
	Die Unterbringung von jungen weiblichen Gefangenen erfolgt in getrennten Abteilungen einer Justizvollzugsanstalt für Frauen oder einer

III. Die Organisation der Jugendstrafanstalt

Länder	Gesetzliche Organisationsregelungen, die Einschränkungen bzgl der Unterbringung in einer selbstständigen Jugendstrafvollzugsanstalt vorsehen
	Jugendstrafanstalt für junge männliche Gefangene. (§ 4 Abs. 4 Satz 4 JVollzGB I B-W)
Bayern	Weibliche junge Gefangene können in getrennten Abteilungen des Strafvollzugs für erwachsene Frauen untergebracht werden. (Art. 139 Abs. 2 S. 1)
Berlin	Gefangene können in einer getrennten Abteilung einer Justizvollzugsanstalt für nach allgemeinem Strafrecht Verurteilte untergebracht werden, wenn dies aufgrund der geringen Anzahl von Gefangenen organisatorisch unumgänglich ist. (§ 98 Abs. 1 S. 2)
Bremen	Die Jugendstrafe wird in Teilanstalten oder in getrennten Abteilungen einer Anstalt des Erwachsenenvollzugs (Anstalt) vollzogen. Lässt die geringe Zahl der Gefangenen eine getrennte Unterbringung organisatorisch nicht zu, so können die Gefangenen ausnahmsweise gemeinsam mit nach allgemeinem Strafrecht Verurteilten untergebracht werden, sofern dadurch nicht das Vollzugsziel gefährdet wird. (§ 98 Abs. 1 S. 2)
Hamburg	Freiheitsstrafe und Jugendstrafe werden in getrennten Anstalten vollzogen. (§ 93 Abs. 2).
	Weibliche und männliche Gefangene werden in der Regel in getrennten Anstalten oder Abteilungen untergebracht. Von der getrennten Unterbringung darf abgewichen werden, um die Teilnahme an Behandlungsmaßnahmen in einer anderen Anstalt oder in einer anderen Abteilung zu ermöglichen. (§ 93 Abs. 3, 4).
	Es sind Haftplätze in verschiedenen Anstalten oder Abteilungen vorzusehen, die den Sicherheitserfordernissen Rechnung tragen, die besonderen Förderungsbedarfe der Gefangenen berücksichtigen und eine auf die Bedürfnisse der Einzelnen abgestellte Erziehung gewährleisten. (§ 94 Abs. 1)
Hessen	Die Jugendstrafe wird in Jugendstrafvollzugsanstalten oder getrennten Abteilungen einer Anstalt des Erwachsenenvollzugs (Anstalten) vollzogen. (§ 68 Abs. 1)
Mecklenburg-Vorpommern	Die Jugendstrafe wird in Jugendstrafvollzugsanstalten oder Teilanstalten (Anstalt) vollzogen. (§ 98)
Niedersachsen	Für die einzelnen Vollzugsarten (Freiheitsstrafe, Unterbringung in der Sicherungsverwahrung, Jugendstrafe, Untersuchungshaft an jungen Gefangenen und Untersuchungshaft an sonstigen Untersuchungsgefangenen) für den Vollzug an Frauen und Männern sowie für den Vollzug der Freiheitsstrafe an jungen Verurteilten sind jeweils gesonderte Anstalten oder Abteilungen einzurichten. (§ 170 Abs. 2)
	Die einzelnen Vollzugsarten werden jeweils in den dafür bestimmten gesonderten Anstalten oder Abteilungen vollzogen. Abweichend von Satz 1 kann der Vollzug an einer oder einem jungen Gefangenen auch in einer Jugendarrestanstalt erfolgen. (so § 171 Abs. 2 Ziff. 1)
Nordrhein-Westfalen	Weibliche Gefangene können in getrennten Abteilungen des Strafvollzugs für erwachsene Frauen untergebracht werden; einer Unterbringung in getrennten Abteilungen bedarf es nicht, wenn es sich um eine Einrichtung des offenen Frauenvollzuges handelt. (§ 112 Abs. 1 S. 2)
Saarland	Keine Ausnahme vom Grundsatz.
Sachsen	Die Jugendstrafe wird in Jugendstrafvollzugsanstalten, Teilanstalten oder in getrennten Abteilungen einer Anstalt des Erwachsenenvollzugs (Anstalt) vollzogen. Lässt die geringe Anzahl der Gefangenen eine getrennte Unterbringung organisatorisch nicht zu, können Gefangene aus-

Walter

Länder	Gesetzliche Organisationsregelungen, die Einschränkungen bzgl der Unterbringung in einer selbstständigen Jugendstrafvollzugsanstalt vorsehen
	nahmsweise gemeinsam mit nach allgemeinem Strafrecht Verurteilten untergebracht werden. (§ 98 Abs. 1 S. 1 und 2)
Sachsen-Anhalt	Für die einzelnen Vollzugsarten sind jeweils gesonderte Anstalten oder Abteilungen einzurichten, die den unterschiedlichen vollzuglichen Anforderungen Rechnung tragen. Für den Vollzug der Freiheitsstrafe oder der Jugendstrafe sind insbesondere sozialtherapeutische Abteilungen einzurichten. (§ 105 Abs. 2)
Schleswig-Holstein	Die Jugendstrafe wird in Jugendstrafvollzugsanstalten, Teilanstalten oder in getrennten Abteilungen einer Anstalt des Erwachsenenvollzugs (Anstalt) vollzogen. (§ 98 Abs. 1 S. 1)
	Weibliche Gefangene sind in einer eigenen Anstalt oder im Frauenvollzug unterzubringen. (§ 98 Abs. 4)
Thüringen Rheinland-Pfalz Brandenburg	Es werden Anstalten und Abteilungen eingerichtet, die den unterschiedlichen vollzuglichen Anforderungen Rechnung tragen.[2] Für den Vollzug der Freiheits- und Jugendstrafe sind insbesondere sozialtherapeutische Abteilungen vorzusehen. . (§ 105 Abs. 1)
	wortgleich Rheinland-Pfalz (§ 104 Abs. 1), ähnlich Brandenburg (§ 107 Abs. 1)

5   Fast alle Gesetze lassen es zu, dass Jugendliche ausnahmsweise auch in getrennten Abteilungen in Erwachsenenanstalten untergebracht werden können. Strenger regeln dies lediglich die Gesetze von Mecklenburg-Vorpommern und dem Saarland. Bei genauerem Hinsehen hat jedoch nur Mecklenburg-Vorpommern das Prinzip der vollständigen Eigenständigkeit des Jugendstrafvollzuges gewahrt, da man hier den mutigen Schritt gegangen ist, die jungen weiblichen Gefangenen im Rahmen eines koedukativen Konzeptes in die Jugendstrafanstalt für männliche Jugendstrafgefangene in Neustrelitz zu integrieren. Das Jugendstrafvollzugsgesetz des Saarlandes kennt zwar ebenfalls keine Ausnahme vom Grundsatz der vollkommenen Eigenständigkeit des Jugendstrafvollzuges – alle männlichen Jugendstrafgefangenen sind in der JVA Ottweiler untergebracht – allerdings werden die jungen weiblichen Gefangenen im Rahmen eines Abkommens mit dem Bundesland Rheinland-Pfalz in der Frauenanstalt Zweibrücken untergebracht. Da es nirgendwo eigenständige Jugendstrafanstalten für weibliche Jugendstrafgefangene gibt, haben fast alle Bundesländer schon deswegen vorgesehen, dass Jugendstrafgefangene auch in **getrennten Abteilungen** untergebracht werden können (s. Tabelle).[4]

Diese Ausnahmeregelungen müssen als **problematisch** angesehen werden. Die Organisation und insbesondere das Klima einer Anstalt wird in solchen Fällen durch den größeren Teil, den Bereich des Erwachsenenvollzugs, bestimmt. Eine eigenständige und notwendig spezifische Entwicklung des Jugendstrafvollzugs wird erschwert. In kleineren Abteilungen wird darüber hinaus meistens nicht das für Jugendliche notwendige differenzierte Betreuungsangebot, insbesondere im schulischen und beruflichen Bereich, zur Verfügung gestellt werden können.

---

4 Siehe Ostendorf, ZRP 2008, 15.

Weitergehend sind Regelungen, wonach Jugendstrafgefangene gemeinsam mit Erwachsenen untergebracht werden können, wenn wegen ihrer geringen Anzahl aus organisatorischen Gründen eine gemeinsame Unterbringung geboten ist (Bremen, Sachsen und Schleswig-Holstein).[5] In diesen Fällen ist nach den gesetzlichen Vorgaben besonders darauf zu achten, dass kein schädlicher Einfluss gegeben ist und somit keine Gefährdung des Vollzugsziels zu befürchten ist.

In letzterem Fall können sich verfassungsrechtliche Bedenken ergeben. Der Verfassungsgerichtshof **Thüringen** hatte sich mit dem Fall eines Jugendlichen zu befassen, der im Maßregelvollzug mit Erwachsenen gemeinsam untergebracht war. Letztlich war zwar in diesem Fall nicht darüber zu entscheiden, ob die landesgesetzlichen Vorschriften des thüringischen PsychKG den Anforderungen der Landesverfassung entsprachen – es war noch abzuklären, ob der Beschwerdeführer in einer Einrichtung eines anderen Bundeslandes hätte untergebracht werden können –, dennoch hat der Verfassungsgerichtshof Bedenken angemeldet, weil das Land Thüringen nach über acht Jahren nach Inkrafttreten des PsychKG weder über geeignete Therapieplätze zur Unterbringung jugendlicher und heranwachsender Straftäter in landeseigenen Einrichtungen verfügte, noch durch entsprechende Vereinbarungen sichergestellt hatte, solche Therapieplätze in Einrichtungen anderer Bundesländer in ausreichender Zahl belegen zu können. Hierin kann ein Verstoß gegen das Grundrecht der freien Entfaltung der Persönlichkeit gesehen werden.[6] Die Entscheidung macht deutlich, dass insbesondere die geringe Anzahl der Betroffenen kein Argument ist, Jugendliche und Erwachsene gemeinsam unterzubringen. Dies ist bei der Ausgestaltung des Jugendstrafvollzuges an weiblichen Gefangenen zu berücksichtigen, siehe Rn 62, 63.

Der **Entwurf der Bundesregierung** hält den Grundsatz der Eigenständigkeit des Jugendstrafvollzugs, allerdings auch mit einer Ausnahmeregelung für junge weibliche Gefangene, konsequent aufrecht.[7] Die zugelassene Einschränkung für eine Unterbringung im offenen Vollzug gemeinsam mit Erwachsenen ist als eine Regelung zur Förderung des zu Jugendstrafe Verurteilten zu bewerten, die, wenn die Zahl gering gehalten wird, weniger bedenklich erscheint. Gleiches gilt für das Bundesland Nordrhein-Westfalen, das im offenen Vollzug eine gemischt-geschlechtliche Unterbringung zulässt.[8] Insgesamt wirkt sich für Nordrhein-Westfalen die Größe des Bundeslandes und die damit gegebene größere Anzahl von Gefangenen positiv aus.

6

Im **Eckpunktepapier der DVJJ** wird vorgeschlagen, für die Umsetzung des Prinzips der Eigenständigkeit eine Übergangsvorschrift vorzusehen, die eine Umsetzung innerhalb von zehn Jahren als angemessen betrachtet.[9]

Einen problematischen Schritt geht das **JStVollzGB I B-W.** In § 3 Abs. 3 wird geregelt, dass Teilanstalten, Abteilungen oder Außenstellen einer Vollzugsanstalt aus besonderen Gründen zu Jugendstrafanstalten bestimmt werden können. Damit wird aber keineswegs „der eigenständige Charakter des Jugendstrafvollzuges hervorgehoben", wie

7

---

5 Jeweils § 98 Abs. 1 S. 2 bzw § 98 Abs. 4 JStVollzG S-H.
6 Beschl. des ThürVerfGH 11/02 vom 23.10.2002, S. 14.
7 § 40 Abs. 1 S. 3 des Entwurfs eines Jugendstrafvollzugsgesetzes der Bundesregierung 2006.
8 § 112 Abs. 1 S. 2 JStVollzG NRW.
9 Eckpunktepapier 6 S. 3.

§ 13 Organisation

die Gesetzesbegründung behauptet. Vielmehr wird es so ermöglicht, dass die Außenstelle einer Erwachsenenanstalt für die Vollstreckung von Jugendstrafe zuständig ist, wie das Beispiel der Außenstelle Pforzheim der JVA Heimsheim zeigt: In der vergleichsweise kleinen Außenstelle wird Jugendstrafe vollzogen, in der viel größeren Hauptanstalt aber Freiheitsstrafe. Aufgrund ähnlicher Überlegungen hat das Land Hessen die offene Einrichtung für Jugendliche in Gießen, die baulich einer Erwachsenenanstalt angegliedert ist, als Abteilung der Jugendstrafanstalt Rockenberg zugeordnet. Durch die Erklärung der Eigenständigkeit bzw der Zuordnung der Abteilung einer Erwachsenenanstalt zu einer Jugendstrafanstalt werden die dort tätigen Mitarbeiter zwar Bedienstete einer Jugendstrafanstalt und haben Jugendstrafvollzugsrecht anzuwenden. Dies gilt freilich nicht ohne Weiteres für die Mitarbeiter der Hauptanstalt, die gleichwohl indirekt, beispielsweise in der Verwaltung, für die Jugendstrafanstalt tätig werden.

2. Größe einer Jugendstrafvollzugsanstalt

8   Die Limitierung der Größe einer Anstalt ist ein Strukturelement, um qualifizierte vollzugliche Arbeit zu ermöglichen. Denn je größer eine Anstalt ist, umso mehr ist sie erfahrungsgemäß auch mit den Problemen der eigenen Institution belastet. Scherzhaft formulieren Vollzugspraktiker: „Wir haben so viel mit uns selbst zu tun, dass wir eigentlich keine Gefangenen mehr brauchen". Hinzu kommt die erhöhte Subkulturproblematik bei besonders großen und unübersichtlichen Anstalten.

Eine Jugendanstalt sollte **höchstens 240 Haftplätze** aufweisen.[10] Das ist im Grundsatz unbestritten. Bereits die von der Bundesregierung eingesetzte Kommission zur Erarbeitung eines Jugendstrafvollzugsgesetzes hat im Jahre 1976 diese Empfehlung ausgesprochen. Faktisch wird diese Größe aber von einigen Jugendstrafanstalten immer noch überschritten. Erheblich kleinere, aber dezentrale Jugendstrafanstalten hätten demgegenüber den Vorteil der Heimatnähe, wären vermutlich resistenter gegen subkulturelle Entwicklungen und könnten am Ort vorhandene Einrichtungen des Schul- und Ausbildungswesens nutzen. Unter dieser Voraussetzung würden sie wohl auch keine höheren Kosten verursachen, sondern womöglich solche einsparen. Allerdings wäre ressortübergreifende Zusammenarbeit zwischen der Justiz, den Sozialbehörden und den Kommunen zwingende Voraussetzung, außerdem eine gewisse Öffnung des Jugendstrafvollzugs.[11]

3. Bauliche Gestaltung und äußere Umgebung

9   Ein auf Förderung des Einzelnen in seiner Entwicklung ausgerichteter Erziehungsvollzug setzt nicht nur Angebote für schulische Ausbildung in beruflichen Ausbildungsbetrieben oder in verschiedenen Trainings- und Therapiegruppen voraus. Benötigt wird in der Anstalt auch ein baulich gestaltetes Umfeld, das Stress eher abbaut als aufbaut, ein **gedeihliches, wohltuendes Anstaltsklima**, das durch gelungene Gestal-

---

10   § 40 Abs. 3 des Entwurfs eines Jugendstrafvollzugsgesetzes der Bundesregierung 2006; ebenso Eckpunktepapier der DVJJ 6.
11   Zur Forderung nach Einrichtung kleiner dezentraler Vollzugseinheiten s. Ostendorf, JGG, 7. Aufl., §§ 91–92 Rn 5.

tung von Wohngruppen und Hafträumen geprägt wird (siehe § 3 Rn 40 ff). Das gilt ebenso für das Anstaltsgelände. Neuerdings wird zu Recht außerdem betont, dass die Belange von Gefangenen mit Migrationshintergrund zu berücksichtigen sind.[12] Beispielhaft zu nennen wäre hier die Zugänglichkeit zu Gebetsräumen. Bauliche Gestaltung und äußere Umgebung sowie die Gestaltung der Räumlichkeiten im Inneren müssen im Einklang mit dem Vollzugsziel stehen (so § 40 Abs. 2 des Entwurfs der Bundesregierung und zB auch § 67 HessJStVollzG).

4. Belegungsfähigkeit und Verbot der Überbelegung

Überbelegung ist eine Notsituation für eine Vollzugsanstalt. Die Folgen sind, dass u.a. Vollzugspläne nicht mehr zeitnah und mit der erforderlichen Qualität erarbeitet werden können. Die Zugangsgefangenen werden dann nicht zügig genug in ihre zuständige Abteilung verlegt, weil es dort an Platz fehlt. Ebenso mangelt es an Arbeits- und Ausbildungsplätzen. Mitarbeiter sind durch hohe Arbeitsbelastung überfordert. Unter Umständen geraten ganze Funktionsbereiche wie Kammer oder Küche an oder über ihre Leistungsgrenze. Die Anzahl der besonderen Vorkommnisse steigt. Das Klima in der Anstalt ist gereizt. Krisenmanagement tritt an die Stelle kontinuierlicher, strukturierter Arbeit.[13] Es ist daher zwingend geboten, dass die Belegungsfähigkeit einer Anstalt festgeschrieben wird und gleichzeitig ein **Verbot der Überbelegung** besteht.

10

Diese Grundsätze sollen garantieren, dass die für die Anstalt bemessenen Mittel auch in dem Verhältnis zur Zahl der Gefangenen zur Verfügung stehen. Dadurch soll die Qualität der Behandlungsarbeit gewährleistet werden. Die Gesetze der Bundesländer haben die Regelung des Strafvollzugsgesetzes (§ 146) im Wesentlichen übernommen. Danach wird die Belegungsfähigkeit durch die Aufsichtsbehörde festgesetzt. Hafträume dürfen nicht mit mehr Personen als zugelassen belegt werden. Ausnahmen sind nur vorübergehend und nur mit Zustimmung der Aufsichtsbehörde zulässig.[14] Wegen dieses Ausnahmecharakters wären Vorgaben der Aufsichtsbehörde rechtswidrig, die generell eine Überbelegung zulassen. Die ausnahmsweise Erlaubnis darf vielmehr nur aufgrund einer konkreten Einzelsituation erteilt werden.

Teilweise wird in den Gesetzen darauf hingewiesen, dass bei der Festsetzung der Belegungsfähigkeit das in der Anstalt vorhandene Angebot an Arbeit, Ausbildung und Weiterbildung sowie von Räumen für Besuche, therapeutische Maßnahmen, Freizeit, Sport und Seelsorge berücksichtigt werden muss.[15]

Die Mehrheit der Bundesländer hebt die Bereitstellung der erforderlichen Einrichtungen zur schulischen und beruflichen Bildung und arbeitstherapeutischen Beschäftigung sowie anderer Arbeitsbetriebe durch eine besondere gesetzliche Regelung hervor.[16] Die hessische Vorschrift sieht vor, dass für 75 % der Gefangenen schulische, be-

---

12 Vgl. § 6 Abs. 2 JVollzGB I B-W, neu eingefügt durch Gesetz zur Verbesserung von Chancengerechtigkeit und Teilhabe in Baden-Württemberg vom 1.12.2015.
13 Zu den Folgen der Überbelegung vgl Walter, DVJJ-Journal 2/2002, S. 127–143.
14 ZB § 99 JVollzG Bln.
15 So § 114 JStVollzG NRW und § 103 HmbJStVollzG.
16 ZB § 100 Abs. 1 BE., MV, SL, SH, SN.

rufliche und arbeitstherapeutische Arbeitsplätze bereitzuhalten sind.[17] Damit geht diese Regelung über die im Entwurf der Bundesregierung festgesetzte Quote von zwei Dritteln hinaus.[18] Die baden-württembergische Vorschrift (§ 40 Abs. 1 JStVollzGB IV B-W) ist insofern vorbildlich, als sie den jungen Gefangenen ein Recht auf schulische und berufliche Ausbildung garantiert.

11 Für die **Anstalten** ist trotz dieser gesetzlichen Regelungen häufig früher, als dies die Zahlen anzuzeigen scheinen, eine Überbelegung gegeben. Denn es ist allgemein anerkannt, dass eine Anstalt bereits **voll belegt** ist, wenn sie **zu 90 % ausgelastet** ist. Dennoch erwecken die durch die Landesregierungen veröffentlichten Belegungsstatistiken bei einem unbefangenen Leser den Eindruck, dass die Anstalt noch Kapazitäten habe, wenn nicht alle Plätze belegt sind. Manchmal wird die Belegungsfähigkeit einer Anstalt von der Aufsichtsbehörde nach oben gesetzt, um nach außen den Eindruck vermitteln zu können, dass keine Überbelegung bestehe. Die deutschen Jugendanstalten haben in den letzten Jahrzehnten immer wieder mit teilweise starker Überbelegung zu kämpfen gehabt, siehe Vorbem. Rn 19. Es ist an der Zeit, zu einer soliden Planung über die benötigten Haftraumkapazitäten zu kommen.

IV. Die innere Struktur
1. Entwicklung aus militärischen Strukturen

12 Die in den heutigen Vollzugsanstalten vorhandene Organisationsform hat sich aus militärischen Strukturen entwickelt. Die in den Vollzugsanstalten Beschäftigten kamen regelmäßig aus dem Militär. Im Handbuch über „Die Gefängnisse der Justizverwaltung in Preußen" von *C. Wulff* aus dem Jahre 1900 heißt es:

„Die Stellen in der Gefängnisverwaltung sind, soweit sie nicht wie diejenigen der Geistlichen, Ärzte, Lehrer, technischen Beamten, eine wissenschaftliche Vorbildung voraussetzen, den Militäranwärtern vorbehalten und dürfen mit anderen Personen nicht besetzt werden, solange sich Militäranwärter finden, die zu deren Übernahme befähigt und bereit sind."[19]

Auch heute werden wir bei genauerem Hinsehen häufig noch Reste dieser alten Kultur in unseren Anstalten finden, worauf militärische Relikte wie die Uniform des Aufsichtsdienstes und zahlreiche Begrifflichkeiten wie Abrücken, Wecksignal etc. hindeuten.

2. Die Gesamtverantwortung der Anstaltsleitung

13 Gesetzliche Regelungen der Länder

Länder	Anstaltsleitung
Baden-Württemberg	Für jede Justizvollzugsanstalt bestellt die Aufsichtsbehörde eine Beamtin oder einem Beamten des höheren Dienstes zur hauptamtlichen Anstaltsleiterin oder zum hauptamtlichen Anstaltsleiter.

---

17 § 69 Abs. 1 HessJStVollzG.
18 § 40 Abs. 7 des Entwurfs eines Jugendstrafvollzugsgesetzes der Bundesregierung 2006.
19 Wulff, S. 12.

IV. Die innere Struktur

Länder	Anstaltsleitung
	(§ 13 Abs. 1 JVollzGB I)
	Die Anstaltsleiterin oder der Anstaltsleiter vertritt die Anstalt nach außen und trägt die Verantwortung für den gesamten Vollzug. (§ 13 Abs. 2)
Bayern	Für jede Justizvollzugsanstalt ist ein Beamter oder eine Beamtin des höheren Dienstes hauptamtlich mit der Leitung zu beauftragen (Anstaltsleiter oder Anstaltsleiterin). Aus besonderen Gründen kann eine Anstalt auch von einem Beamten oder einer Beamtin des gehobenen Dienstes geleitet werden. (Art. 177 Abs. 1)
	Der Anstaltsleiter oder die Anstaltsleiterin vertritt die Anstalt nach außen. Er oder sie trägt die Verantwortung für den gesamten Vollzug, soweit nicht besondere Aufgabenbereiche der Verantwortung anderer Vollzugsbediensteter oder ihrer gemeinsamen Verantwortung übertragen sind. (Art. 177 Abs. 2)
Berlin Mecklenburg-Vorpommern Schleswig-Holstein ähnlich Brandenburg (§ 109), Rheinland-Pfalz (§ 106), Thüringen (§ 107)	Die Anstaltsleiterin oder der Anstaltsleiter (andere Formulierung Anstaltsleiter oder Anstaltsleitung) trägt die Verantwortung für den gesamten Vollzug und vertritt die Anstalt nach außen. Sie oder er (er, der Anstaltsleiter oder sie, die Anstaltsleitung) kann einzelne Aufgabenbereiche auf andere Bedienstete übertragen. Die Aufsichtsbehörde kann sich die Zustimmung zur Übertragung vorbehalten. (§ 101 Abs. 1)
	Für jede Anstalt ist eine Beamtin oder ein Beamter (Beamter) des höheren Dienstes zur (zum) hauptamtlichen Anstaltsleiterin oder zum hauptamtlichen Anstaltsleiter (Anstaltsleiter) zu bestellen. Aus besonderen Gründen kann eine Anstalt auch von einer Beamtin oder einem Beamten (Beamten) des gehobenen Dienstes geleitet werden. (§ 101 Abs. 2)
Abweichend Sachsen-Anhalt	Der Anstaltsleiter trägt die Verantwortung für den gesamten Vollzug, vertritt die Anstalt in den ihr als Vollzugsbehörde obliegenden Angelegenheiten nach außen und regelt die Geschäftsverteilung innerhalb der Anstalt, soweit nicht bestimmte Aufgabenbereiche der Verantwortung anderer Justizvollzugsbediensteter oder ihrer gemeinsamen Verantwortung übertragen sind.
	Die Befugnis, eine mit einer Entkleidung verbundene körperliche Durchsuchung, besondere Sicherungsmaßnahmen und Disziplinarmaßnahmen anzuordnen, darf nur mit Zustimmung der Aufsichtsbehörde anderen Justizvollzugsbediensteten übertragen werden.
	Der Anstaltsleiter und seine Vertreter müssen hauptamtlich tätig sein und in einem öffentlich-rechtlichen Dienst- und Treueverhältnis zum Land stehen. Sie werden von der Aufsichtsbehörde bestellt. Der Anstaltsleiter ist ein Beamter der Laufbahngruppe 2, zweites Einstiegsamt.
	(§ 107 Abs. 1–3)
Sachsen	(§ 101 Abs. 1 und 2)
Sprachlich abweichend Saarland	Die Anstaltsleiterin bzw der Anstaltsleiter trägt die Verantwortung für den gesamten Vollzug und vertritt die Anstalt nach außen. Sie bzw er kann einzelne Aufgabenbereiche auf andere Bedienstete übertragen. Die Aufsichtsbehörde kann sich die Zustimmung zur Übertragung vorbehalten. (§ 101 Abs. 1)
	Für die Anstalt ist eine Beamtin oder ein Beamter des höheren Dienstes zur hauptamtlichen Leiterin oder zum hauptamtlichen Leiter zu bestellen. Aus besonderen Gründen kann die Anstalt auch von einer Beamtin oder einem Beamten des gehobenen Dienstes geleitet werden. (§ 101 Abs. 2)

§ 13 Organisation

Länder	Anstaltsleitung
Bremen	Der Anstaltsleiter des Jugendvollzuges trägt die fachliche Verantwortung für den Vollzug und vertritt die Anstalt nach außen. Er kann einzelne Aufgabenbereiche auf andere Bedienstete übertragen. Die Aufsichtsbehörde kann sich die Zustimmung zur Übertragung vorbehalten. (§ 101 Abs. 1)
	Für jede Anstalt ist ein Beamter des höheren Dienstes zum hauptamtlichen Leiter zu bestellen. Aus besonderen Gründen kann eine Anstalt auch von einem Beamten des gehobenen Dienstes gleitet werden. (§ 101 Abs. 2)
Hamburg	Die Aufsichtsbehörde bestellt für jede Anstalt eine Beamtin oder einen Beamten des höheren Dienstes zur hauptamtlichen Leiterin oder zum hauptamtlichen Leiter. Aus besonderen Gründen kann eine Anstalt auch von einer Beamtin oder einem Beamten des gehobenen Dienstes geleitet werden. (§ 100 Abs. 1)
	Die Anstaltsleiterin oder der Anstaltsleiter trägt die Verantwortung für den gesamten Vollzug, soweit nicht bestimmte Aufgabenbereiche der Verantwortung anderer Bediensteter oder ihrer gemeinsamen Verantwortung übertragen sind, und vertritt die Anstalt nach außen. (§ 100 Abs. 2)
	Die Befugnis, Durchsuchungen nach § 70 Absatz 2, besondere Sicherungsmaßnahmen nach § 74 und Disziplinarmaßnahmen nach § 86 anzuordnen, darf nur mit Zustimmung der Aufsichtsbehörde übertragen werden. (§ 100 Abs. 3)
	Die Aufsichtsbehörde bestimmt die stellvertretende Anstaltsleiterin oder den stellvertretenden Anstaltsleiter. (§ 100 Abs. 4)
Hessen	Die Anstaltsleitung (Anstaltsleiterin oder Anstaltsleiter) vertritt die Anstalt nach außen und trägt die Verantwortung für den gesamten Vollzug. Sie kann bestimmte Entscheidungsbefugnisse auf andere Vollzugsbedienstete übertragen. Die Aufsichtsbehörde kann sich die Zustimmung zur Übertragung vorbehalten. (§ 71 Abs. 1)
	Für jede Anstalt ist eine Beamtin oder ein Beamter des höheren Dienstes zur hauptamtlichen Leitung zu bestellen. (§ 71 Abs. 2)
Niedersachsen	Die Anstaltsleiterin oder der Anstaltsleiter trägt die Verantwortung für den gesamten Vollzug in der Anstalt, vertritt die Anstalt in den ihr als Vollzugsbehörde obliegenden Angelegenheiten nach außen und regelt die Geschäftsverteilung innerhalb der Anstalt. Die Befugnis eine mit einer Entkleidung verbundene körperliche Durchsuchung, besondere Sicherungsmaßnahmen und Disziplinarmaßnahmen anzuordnen, darf sie oder er nur mit Zustimmung des Fachministeriums anderen Justizvollzugsbediensteten übertragen.(§ 176 Abs. 1)
	Die Anstaltsleiterin oder der Anstaltsleiter und ihr oder seine Vertreterinnen oder Vertreter müssen hauptamtlich tätig sein und in einem öffentlich-rechtlichen Dienst- und Treueverhältnis zum Land stehen. Sie werden vom Fachministerium bestellt. (§ 176 Abs. 2)
Nordrhein-Westfalen	Die Anstaltsleiterin oder der Anstaltsleiter vertritt die Anstalt nach außen und trägt die Verantwortung für den gesamten Vollzug. Die Anstaltsleiterin oder der Anstaltsleiter kann die Verantwortung für bestimmte Aufgabenbereiche auf andere Vollzugsbedienstete übertragen. (§ 118 Abs. 1)
	Für jede Anstalt ist eine Beamtin oder ein Beamter des höheren Dienstes zur hauptamtlichen Leiterin oder zum hauptamtlichen Leiter zu bestellen. (§ 118 Abs. 2)

Der Anstaltsleiter bzw. die Anstaltsleiterin **vertritt die Anstalt nach außen** und trägt die **Verantwortung für den gesamten Vollzug.** Diese Regelungen finden wir in allen Gesetzen. Eine entsprechende Formulierung enthält das StVollzG in § 156 Abs. 2 StVollzG. Intern ist jedoch eine Verantwortungsdelegation möglich; gegebenenfalls mit Zustimmung der Aufsichtsbehörde. In Baden-Württemberg ist im Gegensatz zu anderen Länderregelungen eine Verantwortungsdelegation nicht mehr ausdrücklich vorgesehen, was diese jedoch keineswegs völlig ausschließt. Die ausgesprochen paternalistische Begründung dafür lautet: „Die Übertragung bestimmter Aufgabenbereiche in die Verantwortung anderer Vollzugsbediensteter oder ihrer gemeinsamen Verantwortung wird den Erfordernissen des Jugendstrafvollzuges nicht gerecht. Die jungen Gefangenen brauchen und wollen klare Führungsstrukturen".[20]

Die Verantwortlichkeit des Anstaltsleiters knüpft zum einen an die juristische Zurechenbarkeit des Handelns und der Entscheidungen an, zum andern an die inhaltliche Ausgestaltung und die Organisation der Anstalt. Die Gesetze benennen in diesem Zusammenhang beispielhaft Organisation, Führung der Bediensteten, Aufsicht und Controlling, insbesondere die konzeptionelle Ausrichtung und die Fortentwicklung der Anstalt.[21] Diese genannten Aufgaben stehen danach im Zentrum der Verantwortlichkeit des Anstaltsleiters. Auch die Begründung zu § 118 des Gesetzes von Nordrhein-Westfalen betont, dass dem Anstaltsleiter eine Steuerungs- und Führungsverantwortung zukomme, „mithin unter anderem die Verantwortung für notwendige Veränderungs- und Modernisierungsprozesse."[22]

3. Die Leitungsprinzipien

Mit diesen – freilich gerade nicht gesetzlich ausformulierten! – **Anforderungen** an die Anstaltsleitung ändert sich zwangsläufig auch das Verständnis dessen, **wofür** Verantwortung zu tragen ist. Im Mittelpunkt stand früher die Frage, **wer** die Verantwortung für eine Entscheidung trägt. Solches traditionelles, an Anordnung, Weisung und Verfügung anknüpfende Denken sucht den Fehler beim Entscheidungsträger.

Immerhin schaffte das überkommene hierarchische Grundprinzip in der Verwaltung relativ klare Verantwortlichkeiten. Allerdings ließ die erste Vorgabe aus der Spitze der Hierarchie meist noch Gestaltungsspielräume offen. Je weiter die Anweisung in der Kette ihren Weg nach unten nahm, desto enger und verbindlicher wurde sie. Bei Fehlschlägen konnte genau nachverfolgt werden, wo der „Fehler" gemacht wurde. Oft genug war es das letzte Glied der Kette, das dann zur Rechenschaft gezogen wurde, denn die Vorgesetzten hatten sich abgesichert. Dort, wo dann zum Schluss tatsächlich gehandelt werden musste, passten häufig Lebensrealität und Vorgabe nicht mehr zueinander. Dieses System produziert ein unübersichtliches Regelungswerk an Vorschriften und Vorgaben, weil der einzelne Mitarbeiter nicht in die Verantwortung gezogen werden will, wenn es zu einem Fehlschlag kommt. Eine erfolgreiche Kommunikation und Zusammenarbeit wird damit nicht gefördert.

---

20 Landtag B-W, Drucks. 14/1240, 66.
21 Siehe Begründung zu § 101 JVollzG Bln.
22 Siehe Begründung zu § 118 Abs. 2 JStVollzG NRW.

16 Große Teile der Praxis befinden sich daher zurzeit im **Umbruch**, weg von hierarchischen Strukturen und hin zu einer „**neuen Verwaltungssteuerung**", die sich ergebnisorientiert versteht. Ob bereits ein Wechsel im Denken erfolgt ist mit einem neuen Verständnis von Verantwortung, lässt sich an einem Beispiel verdeutlichen: Sucht die Anstaltsleitung nach der Flucht eines Gefangenen vorrangig nach „dem Schuldigen" unter den Mitarbeitern, den man für die Flucht zur Verantwortung ziehen kann, ist sie gedanklich im alten hierarchischen System verhaftet. Sieht sie dagegen die Flucht als Herausforderung an, das Sicherheitskonzept zu optimieren, denkt sie ergebnisorientiert. Auch der Mitarbeiter des Allgemeinen Vollzugsdienstes, der seine Loyalität gegenüber dem Anstaltsleiter mit den Worten „Ich mache meinen Dienst dort, wo Sie mich hinstellen" deutlich macht, lässt erkennen, dass für ihn der Schwerpunkt seines Arbeitsverständnisses nicht auf aktivem Handeln und der Übernahme eigener Verantwortung liegt. Manche Mitarbeiter meinen ja auch, sie müssten alles „schriftlich haben", bevor sie handeln. Dies sind Belege für persistierendes traditionelles Denken.

4. Führen mit Zielen

17 Ist bei der Anstaltsleitung die Bereitschaft vorhanden, sich der Ergebnisverantwortung der eigenen Arbeit zu stellen, setzt dies voraus, dass klare Ziele gesetzt – oder besser – vereinbart sind. Dabei besteht die besondere Herausforderung darin, dass sowohl Ziele im Bereich der **Behandlung der Gefangenen** als auch der **Sicherheit** erreicht werden sollen. Das ist deshalb problematisch, weil hier schwer aufzulösende **Zielkonflikte** bestehen. Gelingt es zB nicht, die Subkultur zu kontrollieren, laufen viele Fördermaßnahmen ins Leere. Kennen wir den Gefangenen genau (Diagnostik) und binden wir ihn erfolgreich in unsere Förderkonzepte ein, erreichen wir dadurch auch ein hohes Maß an Sicherheit. Es wird daher zu Recht von jedem Mitarbeiter gefordert, dass er sich sowohl für Behandlung als auch für Sicherheit in der Verantwortung sieht, auch wenn sein spezielles Arbeitsfeld andere Schwerpunkte hat. Durch die Bereitschaft, für beide Zielbereiche einzustehen, wird im Übrigen auch der notwendige Respekt vor der Arbeit des Kollegen demonstriert. Es kann hilfreich sein, diesen Grundsatz in das Leitbild einer Anstalt aufzunehmen.

18 Neben den inhaltlichen Zielen im Behandlungs- und Sicherheitsbereich muss die Anstaltsleitung Ziele auf der **Mitarbeiterebene** (zB Personalführung) und auf der **Ebene der Finanzen** (optimaler Mitteleinsatz) mit bedenken. Sie muss diese verschiedenen Zielbereiche in den Entscheidungen und Entwicklungsprozessen zusammenführen, siehe Rn 20.

5. Werkzeuge

19 Es gibt Methoden, die unterschiedlichen Ziele, die im Jugendstrafvollzug anzustreben sind, systematisch darzustellen. Wichtig ist, dass neben der Benennung der Ziele auch die Maßnahmen aufgeführt werden, die zur Zielerreichung eingesetzt werden sollen sowie die Messindikatoren bestimmt werden, die anzeigen sollen, ob die Ziele erreicht wurden.[23] Ein dafür geeignetes Werkzeug ist die sogenannte „Balanced-Score-Card".

Einige Bundesländer haben die Balanced-Score-Card inzwischen eingeführt. Das Anfang der 90er-Jahre von den Wirtschaftswissenschaftlern *Kaplan* und *Norton* entwickelte Instrument betont die Wechselbezüglichkeit verschiedener Zielbereiche und geht davon aus, dass die angestrebten, oft durchaus widersprüchlichen Ziele nur erreicht werden können, wenn die notwendige Balance zwischen ihnen gewährleistet wird. Damit werden die wesentlichen Wirkungszusammenhänge und Interdependenzen der verschiedenen Zielbereiche deutlich. So hat beispielsweise fehlende Motivation im Personal Auswirkungen auf den Krankenstand, somit auf die Finanzen und ebenso auch auf die Umsetzung der vorgegebenen inhaltlichen Ziele. Zu niedrig bemessene Finanz- und Personalressourcen können sich ungünstig auf die Mitarbeitermotivation und somit wieder auf die inhaltlichen Ziele auswirken. Falsch gesetzte inhaltliche Ziele führen zu finanziellen Verlusten und zur Demotivierung der Mitarbeiter. 20

Im Mittelpunkt der „Balanced-Score-Card" stehen **Kennzahlen**, die für verschiedene Bereiche der Anstalt zu erheben sind. Dies können die Krankentage des Personals sein, die Zahl der Fluchtfälle und Entweichungsversuche, die gewährten Vollzugslockerungen bezogen auf die Anzahl der Gefangenen oder die erwirtschafteten Einnahmen pro Arbeitsplatz. Kennzahlen werden als Indikatoren dafür, ob Ziele erreicht wurden, erstellt für inhaltliche Ziele, Ziele auf der Mitarbeiterebene und für Ziele des Finanzbereichs. 21

Welche Qualitäten muss ein soziales Training, welche Qualitäten muss ein Anti-Gewalt-Training aufweisen, um diesen Namen zu Recht zu führen? Welche Qualitäten muss Wohngruppenvollzug haben, um als solcher bezeichnet zu werden? 22

Qualitätsmanagement ist zunächst als ein Prozess zu begreifen. Er beginnt mit der Prozessplanung und geht weiter zur Prozessentwicklung und Prozesslenkung. Die erreichten Qualitäten gilt es dann zu sichern und kontinuierlich zu verbessern.[24]

Ob Qualitätsmanagement erfolgreich durchgeführt wird, wird anhand der Kriterien Führung und Strategie sowie Kunden- und Mitarbeiterzufriedenheit beurteilt.[25] Es haben letztlich die gleichen Grundsätze Bedeutung, wie sie bei der „Balanced-Score-Card" beschrieben worden sind. Ein besonderer Akzent liegt hier jedoch darauf, die Entwicklung als kontinuierlichen Prozess der Verbesserung zu verstehen. Weiterhin wird in diesem Prozess besonderer Wert darauf gelegt, dass Partner gewonnen werden und das Entstehen von Netzwerken gefördert wird. Auch der Selbstreport und die Selbstbewertung spielen im Qualitätsentwicklungsprozess eine wichtige Rolle. Da die hierzu entwickelten Modelle ursprünglich aus dem Bereich der Wirtschaft kommen, wird das Qualitätsmanagement im Vollzug besonders im vollzuglichen Arbeitswesen praktiziert. So haben zahlreichen Justizvollzugsanstalten die Ausbildungs- und 23

---

23 Siehe auch Walter in: Bedingungen, S. 213.
24 Siehe hierzu die grundlegenden Arbeiten von in dem von Flügge/Maelicke/Preusker herausgegebenen Band: Das Gefängnis als lernende Institution, 2001.
25 Zum Kundenbegriff siehe unten Rn 35, 40.

Arbeitsbetriebe, dann oft auch die Anstaltsschule einem Qualitätsentwicklungsprozess unterzogen, der mit einer **Zertifizierung** abschloss.

6. Controlling

24 Eine Justizvollzugsanstalt hat Anspruch auf ein gutes Controlling. Controlling (aus dem Englischen to control – steuern, regeln) ist ein **Steuerungs- und Koordinationskonzept zur Unterstützung der Leitung.** Der Begriff wird sowohl für eine Tätigkeit oder einen Prozess als auch für eine funktionale Stelle, zB eine Stabsstelle innerhalb der Führungsorganisation („Controller"), verwendet.

In jedem Fall soll eine ergebnisorientierte Planung und Umsetzung unterstützt und begleitet werden. Es geht darum, wichtige Daten systematisch zu erfassen, sie aufzubereiten, um damit zielsetzungsgerechte Entscheidungen der Leitung zu ermöglichen. Das Verhältnis des Controllings zu der anstaltsbezogenen kriminologischen Forschung, die ebenfalls die Entwicklung des Jugendstrafvollzugs zu begleiten und zu evaluieren hat, ist noch nicht genau geklärt. In einer ersten Annäherung wird man sagen können, dass Controlling nur die bestehende Vollzugsorganisation auf der gegebenen normativen Ebene, kriminologische Forschung dagegen tendenziell die ganze Gesellschaft in den Blick nimmt.

Im Bereich der Planung wirkt der Controller mit, das Zielsystem zu gestalten. Dabei ist die inhaltliche Ausrichtung Angelegenheit der Leitung, die Koordination der Planungen Sache des Controllers. Er kümmert sich darum, dass die notwendigen Berichte erstellt werden und Kennzahlen der Führung zur Verfügung gestellt werden. Zum Controlling gehört es, Vergleiche durchzuführen, Abweichungen zu analysieren, um dann der Anstaltsleitung Vorschläge zu unterbreiten. Einige Bundesländer haben ein Finanzcontrolling zur Unterstützung der Anstalten eingerichtet. Es hilft der Anstaltsleitung, die Ausgaben und das zugewiesene Budget sach- und zielgerecht zu verwalten. Gleichzeitig wird hierdurch auch die Aufstellung des nächsten Jahresbudgets unterstützt. Soweit die Leistungen im Justizvollzug in den Bundesländern und in ihren Vollzugsanstalten gleichermaßen zu erbringen sind, eignen sich solche Kennzahlen auch, Anstalts- und Ländervergleiche durchzuführen (**Benchmarking**). Dabei ist es wichtig sicherzustellen, dass die Kennzahlen unter gleichen Bedingungen erhoben werden. Einzelne Bundesländer (zB Hessen, Baden-Württemberg und Niedersachsen) haben mit einem Austausch von Daten begonnen.

7. Die Kosten-Leistungsrechnung

25 Um gesetzte Finanzziele – in der Praxis leider oft nur Einsparungen – erreichen zu können, reichen die üblichen Erhebungen, die für einen klassischen Finanzhaushalt gemacht werden, nicht aus. Einige Bundesländer sind daher dazu übergegangen, die in der Betriebswirtschaftslehre entwickelte Kosten-Leistungsrechnung einzuführen.[26] Durch sie wird ein höheres Maß an **Kostentransparenz** erreicht. Es werden bestimmte Leistungen oder Leistungsbereiche als Kostenträger bestimmt, um dann über regel-

---

[26] Langjährige Erfahrung mit der Anwendung der Kosten-Leistungsrechnung im Strafvollzug ist im Bundesland Hamburg vorhanden. Siehe hierzu Ohle in: Behandlung, S. 276 ff.

mäßige Zeiterfassungen feststellen zu können, wie hoch die Kosten für diese Leistungen sind (Kostenträgerrechnung). Beispielsweise erfasst der Mitarbeiter täglich auf einem Formular, welche Zeitanteile er für welche Leistungen benötigt hat. Auch wenn für diese Erfassung täglich nur einige Minuten benötigt würden, geht diese Zeit doch für die Betreuungsarbeit an den Gefangenen verloren.

Kosten (vorrangig Personalkosten) fallen nicht nur für Leistungen an, die gegenüber den Gefangenen erbracht werden. Als solche Leistungen werden verstanden die Zellenkontrolle, die Beaufsichtigung der Gefangenen, die Durchführung eines Trainings oder die Ausbildung im Werkbetrieben oder der Schule. Auch Verwaltung produziert Kosten: Ihre Mitarbeiter planen, bestellen, rechnen ab., Diese Kosten für Leistungen, die sich nicht direkt an den Gefangenen oder an Bedienstete richten (indirekte Leistungen), sind beträchtlich. Hinzukommen schließlich noch Kosten für Heizung, Strom, Wasser usw. (Gemeinkosten). 26

Eine besondere Form der Kosten-Leistungsrechnung ist die **Prozesskostenrechnung**. Ihr Ziel ist, zu einer gerechten Zuordnung der Kosten auf die Kostenstellen zu kommen. Sie analysiert daher insbesondere den Ablauf von Arbeitsvorgängen und versucht, diese Abläufe zu optimieren und kostengünstig zu organisieren. Sie kann Hinweise geben, welche Kosten zur Verbesserung der eigentlichen Leistung nichts Entscheidendes beitragen. 27

8. Das Budget der Anstalt

Von der Finanzausstattung, aber auch von der Verwendung der Mittel hängt es ab, ob eine Vollzugsanstalt eine **effektive**, also das gesetzte Ziel erreichende und eine **effiziente**, also wirtschaftlich günstige und nachhaltige Arbeit leisten kann. Dabei ist es von Vorteil, wenn die Anstalt ein hohes Maß an Eigenständigkeit und damit Flexibilität besitzt, um den **Mittel- und Ressourceneinsatz zu steuern**. Dies soll durch die Budgetierung der Anstalten erreicht werden. 28

Die Praxis in den einzelnen Bundesländern ist hier sehr unterschiedlich. Abweichungen ergeben sich unter anderem, weil die Bundesländer die Grundsätze der sog. „Neuen Verwaltungssteuerung" unterschiedlich umgesetzt haben. Weiterhin wird kontrovers diskutiert, ob Budgetierung oder herkömmliche Mittelzuweisung der richtige Weg ist, zumal das bisherige System ebenso „funktioniert".

a) Die Bedeutung der handelnden Personen

Auch wenn viele Vorteile der dezentralen Budgetverantwortung inzwischen kaum noch bestritten werden, ist das Engagement der handelnden Personen zumindest von gleicher Bedeutung wie das System selbst, mit dem gearbeitet wird. Ein **guter, engagierter Verwaltungsfachmann**, der nach tradiertem, kameralistischem Haushaltsrecht seine Mittel korrekt, transparent und vertrauensvoll in Abstimmung mit der Anstaltsleitung und der Aufsichtsbehörde verwaltet, kann vorzügliche Ergebnisse erreichen. Dies ist dann gegeben, wenn man in der Anstalt den Eindruck hat, man wird gut versorgt und erhält das Benötigte auf schnellem Wege. Fehlt es an persönlichen und fachlichen Qualitäten bei den Verantwortlichen für den Haushaltsvollzug, wird auch eine dezentrale Budgetverantwortung zum Problem werden. Ebenso problematisch ist 29 es, wenn mit der Übertragung der Budgetverantwortung auf die Anstalt lediglich Einsparungsziele verfolgt werden.

b) Probleme des alten Haushaltsrechts

30 Für die Aufstellung des Haushaltes werden die Mitarbeiter aufgefordert, ihren Bedarf gegenüber der Verwaltung zu benennen. Ob überhaupt, in welcher Höhe und mit welcher Dringlichkeit die Anmeldungen aufgenommen werden, entscheiden die verantwortlichen Bediensteten der Verwaltung in Abstimmung mit dem Anstaltsleiter.

Die der Aufsichtsbehörde vorgelegte Aufstellung des Bedarfs war nach dem alten, kameralistischen Haushaltsystem häufig von taktischen Überlegungen bestimmt. Man versuchte in der Regel, für das kommende Jahr Mittel zumindest in gleicher Höhe wie im vergangenen Haushaltsjahr zu bekommen. Es dauert dann häufig fast ein Jahr, bis die Haushaltsmittel vom Ministerium freigegeben wurden. So wurde gegebenenfalls zu Beginn des Haushaltsjahres dem Mitarbeiter eröffnet, man müsse zunächst die allgemeine Ausgabenentwicklung abwarten, um zu sehen, ob die von ihm gewünschte Anschaffung realisiert werden kann. Manchmal wurde ihm auch erklärt, dass gegen Ende des Haushaltsjahres vielleicht noch eine Chance bestehe. Es kam immer wieder vor, dass Anmeldungen über Jahre wiederholt werden mussten, bis die Anschaffung erfolgen konnte. Der Mitarbeiter war dann häufig überrascht, die Dinge irgendwann doch noch zu erhalten. Ob er sie dann noch brauchte, steht auf einem anderen Blatt.

Damit erwies sich das alte Haushaltsrecht für eine effektive Versorgung der Anstalten als wenig zielorientiert, unflexibel und ineffektiv. Ebenso bedenklich war, dass bei diesem Verfahren hierarchische Strukturen gestärkt wurden und bei den Mitarbeitern ein Gefühl der Hilflosigkeit und Machtlosigkeit gegenüber der Verwaltung entstand.

c) Die Budgetvereinbarung

31 In letzter Zeit hat man in vielen Bundesländern damit begonnen, mit den Vollzugsanstalten **Jahresbudgets** zu vereinbaren. Ziel ist es, die Flexibilität der Anstalt bei der Verwendung der Gelder zu erhöhen und die Eigenverantwortlichkeit der Mitarbeiter zu stärken. Dieser Umstrukturierungsprozess kann dann positiv verlaufen, wenn nicht Einsparungen und Mittelkürzungen das Hauptmotiv darstellen.

Wenig hilfreich für die Umsetzung der gesetzten Ziele ist es, wenn die Spielräume der Anstalten bei der Verwendung des Budgets durch Verwaltungsvorschriften wieder eingeschränkt werden. Dies gilt vor allem für Regelungen, welche die gegenseitige Deckungsfähigkeit bei bestimmten Haushaltstiteln ausschließen. So sind Personalmittel und Sachmittel häufig nicht gegenseitig deckungsfähig. Wenn aber die Sachmittel sehr knapp bemessen sind oder diesbezüglich Vorgaben zur Einsparung gemacht werden, ist eine echte Steuerung der Entwicklung einer Anstalt nicht mehr möglich. Demotivierend für die Mitarbeiter ist es auch, wenn erwirtschaftete Einsparungen ganz oder teilweise am Ende des Haushaltsjahres zurückgegeben werden müssen.

Der erstrebte Wechsel zu einer neuen Verwaltungssteuerung verlangt gerade auch eine Änderung im Rollenverständnis der Aufsichtsbehörden. Ein erster wichtiger Schritt ist hier der Abschluss einer verbindlichen Vereinbarung zwischen Aufsichtsbehörde und Anstalt – anstelle der hoheitlichen Zuweisung eines Budgets. Es sollte also ein Vertrag und nicht eine Vorgabe sein. Durch den erwähnten Ausschluss gegenseitiger Deckungsfähigkeit verschiedener Titel und der damit verbundenen Einschränkung der Steuerungsmöglichkeiten der Anstalt wird aber aus der Vereinbarung leicht wieder eine Vorgabe.

d) Delegation von Budgetverantwortung innerhalb der Anstalt

Ein wichtiger Schritt im Prozess der Budgetierung ist von der Anstalt selbst zu vollziehen. Sie muss das zugewiesene Budget anteilsmäßig auf die Abteilungen „herunterbrechen" und somit den Mitarbeitern die Möglichkeit geben, die Mittel optimal für ihre Arbeit einzusetzen. Auch hier ist der Kontrakt – nun zwischen Anstaltsleitung und Abteilung – die Grundlage der Zusammenarbeit. Die notwendigen Veränderungen im Verständnis der Zusammenarbeit zwischen Anstalt und Aufsichtsbehörde, die oben angesprochen wurden, gelten entsprechend für die Zusammenarbeit zwischen Anstaltsleitung und Abteilung. Daher sind die Budgetvereinbarungen auf Anstaltsebene so zu gestalten, dass **für die Abteilungen** auch eine **echte Steuerungsmöglichkeit** entsteht. Dies ist beispielsweise möglich bei den Mitteln, die für die Instandhaltung von Mobiliar für Wohngruppen, Freizeiträume, Wohnküchen und Haftträume, für die Anschaffung und Reparatur von Waschmaschinen, Fernsehgeräten sowie Spiel-, Sport und Bastelgeräten, aber auch für Reinigungsmittel vorgesehen sind. Weitergehend können auch Energie- und Wasserkosten, das Essen und die Kleidung der Gefangenen in die Überlegungen einbezogen werden. Wo nur eine geringe oder gar keine Steuerungsmöglichkeit für die Abteilung besteht, zB bei Personalkosten, ist es ratsam, mittels der Kosten- und Leistungsrechnung wenigstens Kostentransparenz und Kostenbewusstsein zu schaffen. Hilfreich sind hier auch regelmäßige Konferenzen der Anstaltsleitung mit den Abteilungsleitern unter Offenlegung der Entwicklung des Budgets – dies können gleichzeitig Sitzungen eines Budgetrates sein.

e) Kostenverantwortung auch für Gefangene

Nach der Übernahme der Eigenverantwortlichkeit bzgl der Verwendung der Mittel durch die Mitarbeiter ist zu prüfen, inwieweit auch Gefangene an der Verwendung der Mittel beteiligt werden können. Hier ist an eine in Teilbereichen mögliche Selbstverwaltung der Gefangenen zu denken.

Warum sollte nicht nach Einsparungen, die von Gefangenen erbracht werden – sorgsamer Umgang mit den verschiedensten Verbrauchsmaterialien in der Wohngruppe –, ihnen die **Möglichkeit** eingeräumt werden, hiervon **besondere Anschaffungen** zu machen – eine zusätzliche Waschmaschine, ein Fußballkicker oder andere Gegenstände, die sie sich für die Wohngruppe wünschen? Es ist sinnvoll, wenn Gefangene lernen, wie teuer Einrichtungsgegenstände sind, was eine Kilowattstunde ist und wie viel sie kostet oder wie teuer das Wasser ist. Dazu gehören Gruppengespräche, in denen man über die Ausgabenentwicklung in der Wohngruppe spricht und in denen in einem demokratischen Willensbildungsprozess verhandelt wird, was angeschafft werden soll und wo in der Wohngruppe gespart werden kann. Damit eröffnen sich neue Möglichkeiten, um den Bereich der Versorgung des Gefangenen pädagogisch auszugestalten.

9. Kritik der „Neuen Verwaltungssteuerung"
a) Geschichte und Idee

34 Die sogenannte „Neue Verwaltungssteuerung" wurde ursprünglich für den kommunalen Bereich, zuerst in der holländischen Stadt Tilburg, entwickelt („Tilburger Modell"). Anfangs vorwiegend in internationalen Großkonzernen, sodann weltweit verbreitete Wirtschafts- und Verwaltungsstrategien, die auf dem sogenannten „Managerialismus" basieren, werden für die öffentliche Verwaltung zum Vorbild genommen. Die Vertreter dieser Theorie sind von der Existenz allgemeingültiger Managemententwürfe überzeugt, die nicht nur in der Privatwirtschaft, sondern ebenso im öffentlichen Sektor Geltung haben und Anwendung finden können. Schon hieran müssen Zweifel angemeldet werden. Staat und Verwaltung als das administrative System auf der einen Seite, der Markt als das ökonomische System auf der anderen Seite können nicht ohne Weiteres gleichgesetzt werden. Denn im ökonomischen System stehen Individualinteressen im Vordergrund. Im staatlich-administrativen System dagegen müssen die Interessen der Allgemeinheit, das Gemeinwohl, Vorrang haben.

35 Diese Gegensätzlichkeit in der Zweckbestimmung zeigt sich schon an der für staatliche Einrichtungen zumindest ungewöhnlichen, wenn nicht unpassenden Terminologie der neuen Verwaltungssteuerung, nämlich den zentralen Begriffen des **„Produkts"** und des **„Kunden"**. Es können und sollten aber Handlungsergebnisse der Verwaltung nicht mit demselben Begriff „Produkt" belegt werden wie die Ergebnisse von Produktionsprozessen in der Wirtschaft, mit denen sie schwerlich vergleichbar sind. Der Staat, jedenfalls aber eine Jugendstrafanstalt, können nicht als **Anbieter** von Produkten angesehen werden, die der Gefangene als Kunde nach freiem Belieben annehmen oder eben nicht annehmen kann; Letzteres ist gewiss ein zentraler Gehalt des Begriffs „Kunde". Schon von vornherein handelt es sich im Strafvollzug nicht um ein wirtschaftliches Austauschverhältnis gleichberechtigter Partner.

36 Als wichtige **Instrumente** der neuen Verwaltungssteuerung gelten, wie oben ausführlich dargestellt, Organisationsentwicklung, Kosten-Leistungsrechnung, Controlling, Berichtswesen, Zielvereinbarungen, Qualitätsmanagement, Leitbilder, Kontraktmanagement, virtueller Wettbewerb (Benchmarking) und Produkte.

b) Vielfalt und Konkurrenz der Ziele

37 Die neue Verwaltungssteuerung hat schon von ihrer Entstehungsgeschichte her, aber auch im Hinblick auf die von ihr eingesetzten Instrumente eine starke Tendenz dazu, überwiegend quantitativ und monetär zu steuern. Es bedürfte deshalb zumindest eines qualitativen Korrektivs, um ein vertretbares Verhältnis zwischen dem vorrangigen gesetzlichen (und rein qualitativen) Ziel des Jugendstrafvollzugs, nämlich Förderung des Gefangenen in seiner Entwicklung mittels Erziehung, und den nachrangigen ökonomischen und Verwaltungszielen zu erreichen. Ein auf die Besonderheiten des Jugendstrafvollzuges ausgerichtetes Qualitätsmanagement müsste deshalb „eine Dominanz der Verwaltungskompetenz über die [pädagogische, Anm. d. Verf.] Kernkompetenz verhindern". [27] Als das dafür geeignete Mittel wird meistens die sog. **Balan-**

---

[27] So Fleck, S. 103.

ced-Score-Card (BSC) angesehen. Welche (mutmaßlichen) Steuerungswirkungen erreicht werden, wenn man, wie in der BSC vorgesehen, die vier in ihr vereinigten gleichberechtigten Zieldimensionen der Finanzperspektive, der gesellschaftspolitischen Perspektive, der Mitarbeiterperspektive und der auf den Gefangenen gerichteten Kundenperspektive miteinander zum Ausgleich bringt, wird davon abhängen, was überhaupt als ausgewogenes Gleichgewicht angesehen wird, auf welche Weise die Balance zwischen diesen Zieldimensionen herbeigeführt wird und welcher dieser Dimensionen es im Ergebnis gelingt, das Übergewicht zu erreichen.

c) Gefahren

Unter der in den letzten Jahren immer dominanter gewordenen **Finanzperspektive** kann die Gefahr nicht übersehen werden, dass das pädagogische Angebot nur noch für ausgesuchte und als förderungswürdig erachtete Insassen bereitgehalten wird, wie dies im niedersächsischen Vollzugskonzept, dort „Chancenvollzug" genannt, bereits ausdrücklich vorgesehen ist.[28] „Ausgehend von dem Ansatz des Versuchscharakters der Erziehung sind [...] Überlegungen, aus Gründen der Prozessoptimierung pädagogische Angebote ausschließlich für geeignete jugendliche Inhaftierte zu machen, mit den Prinzipien des Jugendstrafvollzugs nicht zu vereinbaren".[29] 38

Unter den Zielsetzungen der **gesellschaftspolitischen Perspektive** ist zu befürchten, dass allgemeine politische Vorgaben dazu führen könnten, dass die ohne Rücksicht auf die Besonderheiten des Jugendstrafvollzugs zu erbringenden Produkte zulasten der Erziehung und zugunsten der technischen und administrativen Sicherheit gewichtet werden, dass also die für den Erwachsenenvollzug gültigen Sicherheitsstandards auch für den Jugendstrafvollzug Geltung erhalten. Hinzu kommt, dass für die Produkte „Sicherheit" und „Ordnung" die Kosten bedeutend leichter bestimmbar sind als für das Produkt „Erziehung". 39

Unter den Zielsetzungen der **Kundenperspektive** ist darauf hinzuweisen, dass die für die Privatwirtschaft Gültigkeit besitzende Beschreibung der Kundenperspektive allenfalls modifiziert auf die öffentliche Verwaltung, auf den Strafvollzug als eine genuin unfreiwillige Veranstaltung jedoch überhaupt nicht übertragbar ist. Mehr noch als der Begriff des Produkts, der leichter abstrahierend gedacht werden kann, hat der Begriff des Kunden in der bisherigen Debatte deshalb eigentlich nur Verwirrung erzeugt: Behaupten die einen, Kunden des Strafvollzugs seien allein die Inhaftierten,[30] so meinen die anderen, die Kunden seien die Bürger allgemein.[31] 40

Eine weitere Gefahr droht von der auch mit der neuen Verwaltungssteuerung verbundenen Zentralisierung, die insbesondere mit dem Instrument des Controllings die unterschiedlichen Vollzugsarten gleichzuschalten droht und damit die Eigenständigkeit des Jugendstrafvollzuges, basierend auf seinem Erziehungsauftrag, infrage stellt. Aufgrund bereits gemachter Erfahrungen ist ganz konkret zu befürchten, dass der sog. 41

---

28 Vgl Steinhilper, ZfStrVo 2003, S. 143; kritisch Schneider, ZfStrVo 2004, S. 139; Köhne, ZRP 2003, S. 107.
29 Fleck, S. 129.
30 Fleck, S. 157.
31 Wulf, Strafvollzug in Baden-Württemberg: Bürger schützen, Menschenrechte achten, Unternehmen führen, in: Strafrecht und Kriminalität. Entwicklungen in Mittel und Osteuropa, Kury (Hrsg.), Bochum 2004, S. 275, 290.

„Behördencontroller" im Konflikt zwischen Pädagogik und Ökonomie wegen seines auf der Basis finanzwirtschaftlicher Auswertungen scheinbar unumstößlichen Datenmaterials einen enormen Einfluss auf die Entscheidungen gewinnt. Jedenfalls im Jugendstrafvollzug könnte die neue Verwaltungssteuerung einen **Paradigmenwechsel** in dem Sinne darstellen, dass wirtschaftliche Rationalität zunehmend Vorrang vor dem gesetzlichen Vollzugsziel und rechtsstaatlicher Rationalität beansprucht.

d) Mangelnde gesetzliche Fundierung

42 Gesetzliche Vorschriften über die Einführung der neuen Verwaltungssteuerung finden sich in keinem der Jugendstrafvollzugsgesetze. Sie wurde bisher ausschließlich auf rein administrativem Wege, allenfalls durch Verwaltungsvorschriften, eingeführt. Die ansonsten durchaus präzise juristische Begrifflichkeit des Vollzugsrechts wird mittels der ungenauen Terminologie der neuen Verwaltungssteuerung verwässert mit der Folge, dass Anstaltsleitungen gegebenenfalls nicht mehr zuverlässig unterscheiden können, wonach sie sich zu richten haben. Dies kann dazu führen, dass „weichgezeichnete politische Führungsfloskeln in die Vollzugsgestaltung eingebracht werden, die weder der Gesetzgeber des StVollzG noch der des JGG als Ziele anerkannt haben".[32] Unterzieht man einzelne Komponenten der Neuen Verwaltungssteuerung einer Strukturanalyse unter rechtlichen Gesichtspunkten, so zeigt sich, dass etwa den sog. Zielvereinbarungen keine rechtliche Verbindlichkeit zukommt, so dass sie – beispielsweise im Gegensatz zu gesetzlichen Vorschriften über die Höchstbelegung von Anstalten oder Hafträumen oder Schlüsselzahlen für die Personalausstattung – für den Jugendstrafvollzug keine zuverlässige qualitative Absicherung darstellen können.

e) Mangelnde Evaluation

43 Unabhängige wissenschaftliche Evaluation der Ergebnisse der neuen Verwaltungssteuerung liegen, soweit ersichtlich, bisher kaum vor. Zu evaluieren wäre insbesondere, ob die neuen Steuerungsmodelle das halten, was sie versprechen, nämlich Effektivität und Effizienz des Strafvollzuges zu optimieren. Für die Beantwortung dieser Frage ist allerdings entscheidend, woran dies gemessen wird. Es kann nur die gesetzliche Zielsetzung aller Jugendstrafvollzugsgesetze der Länder sein, nämlich die Insassen des Jugendstrafvollzugs mit erzieherischen Mitteln in ihrer Entwicklung in Richtung auf ein Leben ohne Straftaten und in sozialer Verantwortung zu fördern.

V. Vollzugsbedienstete

1. Gesetzliche Regelungen

44 Die Bundesländer haben hierzu folgende gesetzliche Regelungen verabschiedet:

Länder	Gesetzliche Regelung
Baden-Württemberg	Die Aufgaben in den Justizvollzugsanstalten werden grundsätzlich von beamteten Bediensteten des Landes wahrgenommen. Sie können andere Bedienstete sowie nebenamtlichen oder vertraglich verpflichteten Personen übertragen werden. (§ 12 Abs. 1 JVollzGB I B-W)

---

32 Fleck, S. 208.

V. Vollzugsbedienstete 13

Länder	Gesetzliche Regelung
	Die Erledigung von nicht hoheitlichen Aufgaben kann freien Trägern und privaten Dienstleistern übertragen werden. (§ 12 Abs. 2)
	Mit der Erziehung junger Gefangener soll nur betraut werden, wer für die Erziehungsaufgabe des Jugendstrafvollzuges geeignet und ausgebildet ist. (§ 12 Abs. 3)
	Für jede Justizvollzugsanstalt ist entsprechend ihrer Aufgabe die erforderliche Anzahl von Bediensteten, namentlich des allgemeinen Vollzugsdienstes, des Verwaltungsdienstes und des Werkdienstes sowie von Personen der verschiedenen Berufsgruppen, insbesondere der Seelsorger, Ärzte, Pädagogen, Psychologen und Sozialarbeiter, vorzusehen (§ 12 Abs. 4).
	Fortbildungsmaßnahmen für die in den Justizvollzugsanstalten tätigen Personen werden regelmäßig durchgeführt. (§ 12 Abs. 5)
Bayern	Die Bediensteten müssen für die Erfüllung des Erziehungsauftrags geeignet und ausgebildet sein. (Art. 157)
	Die Aufgaben der Justizvollzugsanstalten werden von Vollzugsbeamten wahrgenommen. Aus besonderen Gründen können sie auch anderen Bediensteten der Justizvollzugsanstalten sowie nebenamtlichen oder vertraglich verpflichteten Personen übertragen werden. (Art. 176 Abs. 1)
	Für jede Anstalt ist entsprechend ihrer Aufgabe die erforderliche Anzahl von Bediensteten der verschiedenen Berufsgruppen, insbesondere des allgemeinen Vollzugsdienstes, des Werkdienstes, des Krankenpflegedienstes und des Verwaltungsdienstes, sowie von Seelsorgern, Ärzten, Pädagogen, Psychologen und Sozialarbeitern vorzusehen. (Art. 176 Abs. 2)
Berlin	Die Anstalt wird mit dem für das Erreichen des Vollzugsziels erforderlichen Personal ausgestattet. Es muss für die erzieherische Gestaltung des Vollzugs geeignet und qualifiziert sein. Fortbildung sowie Praxisberatung und -begleitung für die Bediensteten sind zu gewährleisten.
Bremen	(§ 102)
Mecklenburg-Vorpommern	
Saarland	
Schleswig-Holstein	
Ähnlich	
Brandenburg	(§ 110)
Rheinland-Pfalz	(§ 107)
Thüringen	(§ 108)
Hamburg	(§ 101)
Hessen	Die Aufgaben der Anstalt werden von Vollzugsbeamtinnen und Vollzugsbeamten wahrgenommen. Aus besonderen Gründen können sie auch anderen Bediensteten sowie nebenamtlichen oder vertraglich verpflichteten Personen übertragen werden. Nicht hoheitliche Aufgaben können vertraglich verpflichteten Personen übertragen werden. (§ 72 Abs. 1)
	Für jede Anstalt ist die erforderliche Anzahl von Bediensteten, insbesondere des sozialen, pädagogischen und psychologischen Dienstes, des

Länder	Gesetzliche Regelung
	allgemeinen Vollzugsdienstes, des Werkdienstes, des medizinischen Dienstes sowie der Verwaltung vorzusehen. (§ 72 Abs. 2)
	Das Personal muss für die erzieherische Gestaltung des Jugendstrafvollzugs persönlich geeignet und fachlich qualifiziert sein. Fortbildungen sowie Praxisberatung und Praxisbegleitung für die Bediensteten werden regelmäßig durchgeführt. (§ 72 Abs. 3)
	Die Bediensteten werden den Abteilungen und Wohngruppen sowie den Ausbildungs- und Arbeitsstätten zugeordnet. Eine erzieherische Betreuung in den Wohngruppen ist auch in der ausbildungs- und arbeitsfreien Zeit der Gefangenen, insbesondere am Wochenende in dem erforderlichen Umfang zu gewährleisten. (§ 72 Abs. 4)
Niedersachsen	Die Wahrnehmung der Aufgaben der Vollzugsbehörden wird Justizvollzugsbeamtinnen und Justizvollzugsbeamten übertragen. Aus besonderen Gründen kann die Wahrnehmung der Aufgaben auch anderen Beamtinnen und Beamten, sonstigen Justizvollzugsbediensteten oder nebenamtlich in einer Anstalt beschäftigten Personen übertragen werden. (§ 177 Abs. 1)
	Im Jugendstrafvollzug und im Untersuchungshaftvollzug an jungen Gefangenen sollen Justizvollzugsbedienstete eingesetzt werden, die für den Umgang mit jungen Menschen besonders geeignet sind. Die Eignung ist durch entsprechende Fortbildungen zu fördern. (§ 177 Abs. 2)
	Fachlich geeignete und zuverlässige natürliche Personen, juristische Personen des öffentlichen oder privaten Rechts oder sonstige Stellen können beauftragt werden, Aufgaben für die Vollzugsbehörden wahrzunehmen, soweit dabei keine Entscheidungen oder sonstige in die Rechte der Gefangenen, Sicherungsverwahrten oder anderer Personen eingreifende Maßnahmen zu treffen sind. Eine Übertragung von vollzuglichen Aufgaben zur eigenverantwortlichen Wahrnehmung ist ausgeschlossen. (§ 178)
Nordrhein-Westfalen	Den Anstalten werden für die Erfüllung ihrer Aufgaben in dem erforderlichen Umfang geeignete Bedienstete zur Verfügung gestellt. Die Bediensteten sollen mit der Behandlung von jungen Gefangenen nur betraut werden, wenn sie für den Umgang mit jungen Menschen besonders geeignet sind und über pädagogische Kenntnisse für die Arbeit im Jugendstrafvollzug verfügen. Gezielte Fortbildung sowie Praxisberatung und Praxisbegleitung für die Bediensteten sind zu gewährleisten. (§ 119 Abs. 1)
	Die Aufgaben der Anstalten werden von Vollzugsbeamtinnen und Vollzugsbeamten wahrgenommen. Aus besonderen Gründen können sie auch anderen Anstaltsbediensteten sowie nebenamtlich oder vertraglich verpflichteten Personen übertragen werden. (§ 119 Abs. 2)
	Die Bediensteten sollen den einzelnen Abteilungen und Wohngruppen, der Schulabteilung und den Arbeits- und Ausbildungsstätten fest zugeordnet werden. Sie sollen dort alle dem jeweiligen Aufgabenbereich obliegenden Vollzugsaufgaben eigenverantwortlich wahrnehmen und ihre Diensteinteilung möglichst selbstständig regeln. (§ 119 Abs. 3)
	Bei der Diensteinteilung im Übrigen hat die Anstalt auch darauf zu achten, dass eine Beeinträchtigung der in § 40 Abs. 2 genannten Maßnahmen und Tätigkeiten durch zeitliche Überschneidungen mit anderen Maßnahmen nach Möglichkeit vermieden wird. (§ 119 Abs. 4)
	Es soll vermieden werden, dass schulische oder berufliche Bildung unterbrochen wird. Dies macht erforderlich, dass Mitarbeiter des Sozialdienstes und des psychologischen Dienstes auch zu arbeitsfreien Zeiten anwesend sind. (§ 119 Abs. 4)

Länder	Gesetzliche Regelung
Sachsen	Die Aufgaben der Anstalten werden von Beamten wahrgenommen. Aus besonderen Gründen können sie auch anderen Bediensteten der Anstalten sowie nebenamtlichen oder vertraglich verpflichteten Personen übertragen werden. (§ 102 Abs. 1)
	Die Anstalten werden mit dem für das Erreichen des Vollzugsziels erforderlichen Personal unter anderem Sozialarbeitern, Psychologen und Pädagogen ausgestattet. Es muss für die erzieherische Gestaltung des Vollzugs geeignet und qualifiziert sein. Fortbildung sowie Praxisberatung und -begleitung für die Bediensteten sind zu gewährleisten. (§ 102 Abs. 2)
Sachsen-Anhalt	Die Aufgaben in den Anstalten werden von Justizvollzugsbeamten wahrgenommen. Aus besonderen Gründen kann die Wahrnehmung der Aufgaben auch anderen Bediensteten der Anstalten sowie nebenamtlichen oder vertraglich verpflichteten Personen übertragen werden.
	Die im Vollzug der Jugendstrafe und der Untersuchungshaft an jungen Untersuchungsgefangenen tätigen Bediensteten müssen für die erzieherische Gestaltung geeignet und qualifiziert sein. Für die Betreuung von Strafgefangenen mit angeordneter oder vorbehaltener Sicherungsverwahrung oder von Jugendstrafgefangenen mit vorbehaltener Sicherungsverwahrung ist besonders qualifiziertes Personal vorzusehen und eine fachübergreifende Zusammenarbeit zu gewährleisten. Soweit erforderlich, sind externe Fachkräfte einzubeziehen. Die Eignung ist durch entsprechende Fortbildungen sowie Praxisberatungen und Praxisbegleitungen zu gewährleisten und zu fördern. (§ 108)

2. Das erforderliche Personal

Der **Grundsatz**, dass die Jugendstrafanstalten mit dem **erforderlichen Personal** zur Erreichung des Vollzugsziels auszustatten sind, ist unbestritten.[33] Schwierig ist jedoch zu konkretisieren, was als erforderlich anzusehen ist. In den Erläuterungen zu § 102 des Berliner Gesetzes wird – durchaus affirmativ – ausgeführt, dass allgemein gültige Festlegungen hierzu nicht möglich seien.[34]

Die Ausstattung der Jugendstrafanstalten mit Personal hat sich in den einzelnen Bundesländern höchst **unterschiedlich entwickelt** (siehe Vorbem. Rn 26). Deutliche Differenzen gibt es insbesondere im Bereich des psychologischen Dienstes und des Sozialdienstes. So kommen in einigen Anstalten mehr als doppelt soviele Gefangene auf einen Psychologen als in anderen.[35] Nicht anders ist das Bild bei Sozialarbeitern. Einen Versuch zu konkretisieren, was unter erforderlich zu verstehen ist, unternimmt der Entwurf der Bundesregierung, wenn er in § 41 Abs. 1 S. 1 festlegt, dass die Ausstattung nach anerkannten Kriterien zu bemessen und auch die Anzahl der Fachkräfte für eine nachgehende Betreuung zu gewährleisten sei. Einen vergleichbaren Weg ist Hessen gegangen, indem es verpflichtend regelt, dass eine erzieherische Betreuung in den Wohngruppen auch in der ausbildungs- und arbeitsfreien Zeit, insbesondere an

---

33 So zB § 102. JVollzG Bln.
34 Erläuterungen zu § 102 Abs. 2. JVollzG Bln.
35 Siehe Dünkel/Geng, ZJJ 2007, 143 f sowie Dünkel/Geng in: Jugendstrafvollzug, S. 35 ff sowie Walter in: Jugendstrafvollzug, S. 200.

den Wochenenden, zu gewährleisten ist.[36] Das hat dann auch zu einem beträchtlichen Ausbau der Fachdienste im hessischen Jugendstrafvollzug geführt.

In seinem grundlegenden Urteil vom 31.5.2006 hat das BVerfG[37] zur Personalausstattung des Jugendstrafvollzugs ausgeführt, dass „der Staat durch gesetzliche Festlegung hinreichend konkretisierter Vorgaben Sorge dafür zu tragen hat, dass die erforderliche Ausstattung mit den personellen und finanziellen Mitteln kontinuierlich gesichert ist." Dies würde zweifellos am besten durch die – turnusmäßig anzupassende – **Festsetzung verbindlicher Schlüsselzahlen** für die Mitarbeiter in den verschiedenen Diensten erreicht, die sich aus der Aufgabenstellung und Struktur der Anstalt sowie ihrer Belegungsfähigkeit ergeben. Aufgrund naheliegender finanzieller Vorbehalte hat sich dazu bisher leider kein Land bereitgefunden.

3. Eignung sowie Aus- und Fortbildung des Personals

46 Bereits im § 91 JGG aF war festgelegt, dass die Beamten für die Erziehungsaufgabe **geeignet und ausgebildet** sein müssen. Dieser Grundsatz ist auch in den gesetzlichen Regelungen der Bundesländer verankert worden, oft allerdings dadurch etwas aufgeweicht, dass viele Gesetze statt Ausbildung nur Qualifizierung verlangen. Die meisten Länder haben zusätzlich aufgenommen, dass den Bediensteten auch Praxisberatung und Praxisbegleitung (bzw Praxisanleitung) zu gewähren ist.[38]

Allein der Entwurf der Bundesregierung unternimmt noch weitergehende Konkretisierungen, indem er bestimmt, dass nur Bedienstete, die eine zusätzliche sechsmonatige pädagogische Ausbildung für die Arbeit mit Kindern und Jugendlichen absolviert haben oder mindestens zwei Jahre im Jugendstrafvollzug beschäftigt waren, mit der Förderung des Gefangenen betraut werden.[39] Bemerkenswert ist außerdem, dass die Bundesregierung eine besondere Eignung für die Arbeit mit jungen Frauen verlangt, die mit einer entsprechenden Qualifikation nachgewiesen werden muss.[40]

Eine sehr spezielle Konkretisierung des Fortbildungsauftrags hatte das frühere Jugendstrafvollzugsgesetz des Landes Baden-Württemberg festgeschrieben. Danach waren die Bediensteten regelmäßig fortzubilden, um sie zu befähigen, die Entwicklung subkultureller Strukturen zu erkennen und zu bekämpfen.[41] Im neuen JVollzGB B-W findet sich diese bemerkenswerte Engführung nicht mehr.

4. Die tägliche Arbeit – Anspruch und Wirklichkeit

47 In den meisten Jugendanstalten sind ca. 50 % des Personals oder mehr dem **Allgemeinen Vollzugsdienst** zuzurechnen. Ca. 20–30 % aus dieser Personalgruppe sind mit Aufgaben betraut, bei denen überwiegend oder ausschließlich Organisations- und Sicherheitsleistungen erbracht werden. Hierzu rechnen insbesondere: Außenpforte, Dienstplanung, Dienstaufsicht, Nachtdienst, Kammer oder vergleichbare Dienste. Selbst den Mitarbeitern in den Abteilungen (Unterkunftshäuser der Gefangenen)

---

36 § 72 Abs. 4 S. 2 HessJStVollzG.
37 BVerfG NStZ 2007, 41.
38 So zB § 102 S. 3. JVollzG Bln.
39 § 41 Abs. 3 Entwurf Bundesregierung 2006.
40 § 41 Abs. 3 Entwurf Bundesregierung 2006.
41 § 11 Abs. 5 JStVollzG BW aF.

bleibt relativ wenig Zeit, um ihrem Förderauftrag gegenüber den Gefangenen gerecht zu werden.

Die Gefangenen einer Jugendanstalt sollten an jedem Werktag zur Ausbildung, Schule oder Arbeit gehen. In dieser Zeit sind sie auf der Station bzw in der Wohngruppe nicht anwesend. Im Tagesablauf sind von den Mitarbeitern des Allgemeinen Vollzugsdienstes Auf- und Umschlüsse, die Essensausgaben, Freistunde und vorgeschriebene Sicherheitsaufgaben zu erbringen. Letztlich bleibt nur die Freizeit der Gefangenen, während der Bedienstete des Allgemeinen Vollzugsdienstes Betreuungsleistungen erbringen können. Aber selbst dieser zeitliche Rahmen ist eingeschränkt: Gefangene wollen ihre Freizeit nutzen, um persönliche Angelegenheiten zu erledigen, um mit Sozialarbeitern zu sprechen, um Sportangebote wahrzunehmen oder einfach um zum Duschen zu gehen.

Die Zeit in den Abendstunden nutzen die Mitarbeiter des Allgemeinen Vollzugsdienstes häufig, um Organisations- und Beaufsichtigungsfunktionen wahrzunehmen. Sie sind in der Aufsichtskabine anzutreffen und nicht bei den Gefangenen. Dies zeigt, dass auch die Bediensteten des Allgemeinen Vollzugsdienstes einer Abteilung oder einer Wohngruppe oft wenig in die Betreuungsaufgaben eingebunden sind.

Dem wird gerne entgegengehalten, Betreuungsarbeit werde vom Allgemeinen Vollzugsdienst überall geleistet, wo er mit dem Gefangenen in Kontakt tritt, so beim Aufschluss, den Umschlüssen, der Essensausgabe und in der Freizeit der Gefangenen. Dies verstellt aber den Blick auf die Realität. Die Ansprache an den Gefangenen: „He, beeil dich, es ist Freistunde!"[42] hat mit erzieherischer oder betreuender Leistung nichts zu tun. Dabei soll nicht bestritten werden, dass es in spezialisierten, therapeutisch ausgerichteten Wohngruppen besser aussieht und dass es auch ansonsten sehr engagierte Mitarbeiter gibt, die sich in größerem Umfang in die Betreuungsarbeit einbringen. Gleichwohl trifft die oben geschilderte Sicht auf große Bereiche des Vollzugsalltags zu.

Auch hinsichtlich des Arbeitsalltags der Sozialarbeiter zeigt sich in der Praxis, dass der Zeitrahmen für echte erzieherische Arbeit am einzelnen Gefangenen oder in der Gruppe meist nicht ausreicht. Während der täglichen Arbeit hat der Sozialarbeiter ohnehin nur eingeschränkte Möglichkeiten, weil sich der Gefangene bei der Arbeit, in der Schule oder Ausbildung befindet. Hinzu kommen Aufgaben wie Berichte und Konferenzen, die von ihm zu erledigen sind.

In der Ausbildung, der Schule und am Arbeitsplatz liegen daher die größten Chancen des Jugendvollzuges, Betreuungsleistungen erfolgreich zu erbringen. Befragt man Gefangene am Ende ihrer Haftzeit, was für sie das Beste gewesen sei, so werden mit Abstand am häufigsten abgeschlossene, handwerkliche Ausbildungsgänge sowie Schulabschlüsse genannt. Gleichzeitig genießen die Werkmeister eine besonders hohe Wertschätzung bei den Gefangenen, weil sie mit ihren handwerklichen Fertigkeiten Vorbildfunktion besitzen.

---

42 Zum „Duzen" s. Vorbem. Rn 27.

49 Neben der Vermehrung der Stellen für die Sonderdienste – Sozialarbeiter, Pädagogen, Psychologen – gilt es, die Arbeit des Allgemeinen Vollzugsdienstes so zu verändern, dass sie als echte pädagogische Leistung gewertet werden kann.

So sollte an die Stelle der Beaufsichtigung der Freizeit die **Gestaltung der Freizeit** treten. Jeder Mitarbeiter kann dabei eigene Interessen und Fähigkeiten einbringen. Diese können handwerklicher, musischer oder sportlicher Art sein. Es gilt also, die vielfältigen Kompetenzen der Mitarbeiter zu nutzen.

Beispiel: In der Justizvollzugsanstalt **Wiesbaden** wurde die Vorgabe gemacht, dass jeder Mitarbeiter des Allgemeinen Vollzugsdienstes täglich während seines Dienstes in der Spätschicht zumindest einen Beitrag zur Freizeitgestaltung einzubringen habe. Die Abteilung hatte regelmäßig über die durchgeführten Aktivitäten zu berichten. Dabei konnte es genügen, dass man gemeinsam mit den Gefangenen einen Film anschaute und im Anschluss darüber sprach. Es wurde nicht erwartet, dass Freizeitpläne erstellt werden, die ohnehin selten funktionieren. Das Angebot war allein an die Anwesenheit des Bediensteten geknüpft. Maßgeblich war das, was dieser Mitarbeiter aus eigenem Interesse einbringen wollte und konnte. Innerhalb kurzer Zeit entstand eine Vielfalt unterschiedlichster Angebote. Zum Beispiel führte eine Mitarbeiterin Erste-Hilfe-Kurse durch. Sie besaß die Qualifikation, um diesen Kurs mit den Gefangenen mit einer Prüfung abzuschließen. Ein Kollege brachte verschiedene Tiere (zB kleine Hunde und ein Frettchen) von zu Hause mit. Zwei Kollegen erarbeiteten mit Gefangenen ein Musical und führten es in der Sporthalle vor Mitgefangenen auf. Gleichzeitig erstellten sie gemeinsam hierzu eine CD. Es ist jedoch zu betonen, dass die Erwartung an die Bediensteten, bewusst niedrig angesetzt war. Dabei war es überraschend zu beobachten, wofür sich Gefangene interessieren, wenn ein Angebot von einem Mitarbeiter kommt, den man sonst in einer ganz anderen Rolle erlebt. Es wurde auch generell die Möglichkeit eingeräumt, dass der Bedienstete zur Unterstützung ehrenamtliche Mitarbeiter in seine Arbeit einbeziehen konnte.

Mitarbeiter des Allgemeinen Vollzugsdienstes können eine **Patenfunktion** für einzelne Gefangene übernehmen.[43] Sie können in **Projekte** eingebunden werden, die Selbstverwaltung organisieren. Man kann sie qualifizieren, um **Unterstützungsarbeiten** für den Sozialdienst zu leisten.

50 Mit der Übertragung spezieller Behandlungsaufgaben an den Allgemeinen Vollzugsdienst wird die Förderungsaufgabe wahrgenommen und die Personalentwicklung – Qualifikation von Mitarbeitern, verstärkte Übernahme von eigenverantwortlicher Tätigkeit und damit verbundene Stärkung der Motivation der Mitarbeiter – nachdrücklich unterstützt.

5. Unterstützende Strukturen

a) Feste Zuordnung und dezentrale Dienstplangestaltung

51 Pädagogisch ausgerichtetes Arbeiten setzt eine **Beziehungskontinuität** voraus. Dies bedeutet, dass ein Bediensteter einem Wohngruppenteam oder einer Abteilung fest zuzuordnen ist. Dieser Grundsatz war in der Vergangenheit nicht unumstritten. Mit dem Hinweis, dass aufgrund zu großer Nähe zu einzelnen Gefangenen Sicherheitsrisiken entstehen könnten – Nachlässigkeiten schleifen sich ein, die Durchsetzungsfähigkeit gegenüber den Gefangenen geht möglicherweise verloren bis hin zu Abhängigkeiten –, wird manchmal auch der Jugendvollzug mit der Forderung nach Personalrotation konfrontiert. In den meisten Jugendstrafanstalten ist die feste Zuordnung des

---

[43] Siehe hierzu § 2 Rn 34 und Mentz in: Jugendstrafvollzug, S. 427 f.

Personals zu Abteilungen und Wohngruppen jedoch langjährig bewährte Praxis. Sie ist ebenso wichtig für Schulabteilungen und für die Arbeits- und Ausbildungsbetriebe.[44]

Das Argument, dass bei einer festen Zuordnung des Personals eine verlässliche Dienstplangestaltung nicht möglich sei, ist durch langjährige praktische Erfahrung widerlegt. Mit der Möglichkeit, über entsprechende Computerprogramme relativ einfach Dienstpläne zu gestalten, sind jedoch zentrale Dienstplangestaltungen wieder ins Gespräch gebracht worden, ebenso mit den Argumenten der Dienstplangerechtigkeit und der Berechenbarkeit des Diensteinsatzes auch für längere Zeiträume. Zwar muss den Bediensteten Planungssicherheit für ihre Freizeit gegeben werden. Aber das Ziel, den Mitarbeitern ein größeres Maß an Eigenverantwortlichkeit bei der Erfüllung ihrer Aufgaben zu ermöglichen, spricht ebenso für eine dezentrale Dienstplangestaltung wie das damit verbundene individualisierende Eingehen auf die Gefangenen der Wohngruppe.

b) Gesetzliche Regelungen

Teilweise haben die gesetzlichen Regelungen der Länder die angesprochenen Aspekte aufgegriffen. Baden-Württemberg hatte in der früheren Gesetzesfassung,[45] Nordrhein-Westfalen[46] hat aktuell die **feste Zuordnung der Bediensteten** zu Abteilungen und Wohngruppen ausdrücklich festgeschrieben. Auch der Entwurf der Bundesregierung sieht eine entsprechende Regelung vor.[47] Das Land Hessen hat zwar ebenfalls die Zuordnung zu Abteilungen und Wohngruppen als gesetzliche Regelung aufgenommen, verzichtet jedoch auf das Adjektiv „fest".[48]

52

Nordrhein-Westfalen bestimmt darüber hinaus, dass die Diensteinteilung von den Abteilungen möglichst selbstständig geregelt werden sollte. Unter Berücksichtigung des Umstandes, dass sich der Jugendvollzug immer auch gegenüber Regelungen des Erwachsenenvollzuges abgrenzen muss, ist die Aufnahme dieser Vorgaben in das Gesetz zu begrüßen. Gleiches gilt, wenn betont wird, dass die den Abteilungen obliegenden Vollzugsaufgaben eigenverantwortlich wahrgenommen werden sollen. Dies unterstreicht, dass ein Bediensteter nicht einfach zu einer Schicht (Früh- oder Spätschicht) eingeteilt ist, sondern, dass er eigenverantwortlich **Aufgaben** wahrzunehmen hat.[49]

c) Konferenzen

Konferenzen dienen im Vollzug der **Vorbereitung von Entscheidungen**, insbesondere im Zusammenhang mit der Erstellung des Vollzugsplanes (§ 159 StVollzG Bund). Die meisten Bundesländer haben die Vorschrift des Strafvollzugsgesetzes übernommen und sprachlich aktualisiert.[50] Andere Bundesländer haben auf eine gesetzliche Regelung verzichtet. Das Gesetz zum Jugendstrafvollzug in Nordrhein-Westfalen setzt

53

---

44 § 119 Abs. 3 JStVollzG NRW, § 72 Abs. 4 HessJStVollzG, § 41 Abs. 4 Entwurf Bundesregierung.
45 § 11 Abs. 4 S. 1 JStVollzG BW aF.
46 § 119 Abs. 3 JStVollzG NRW.
47 § 41 Abs. 3 Entwurf Bundesregierung.
48 § 72 Abs. 4 HessJStVollzG.
49 § 119 Abs. 4 JStVollzG NRW; § 12 Abs. 4 JStVollzGB I BW; § 41 Abs. 4 Entwurf Bundesregierung.
50 So zB § 106 JStVollzG Berlin, Bremen, Mecklenburg-Vorpommern, Saarland, Schleswig-Holstein.

einen besonderen Akzent, wenn es vorgibt, dass auch die Entwicklung und Wahrung von Qualitätsstandards Aufgabe der Konferenzen ist.[51]

Darüber hinaus dienen Konferenzen dem **Informationsaustausch** unter den an der Behandlung Beteiligten. Auch als Instrument der Fortbildung, der Praxisbegleitung und Praxisberatung können die Konferenzen genutzt werden.

Alle Anstalten haben ein eigenständiges, zuweilen recht komplexes Konferenzsystem aufgebaut. Daher stellt sich die Frage, ob nicht zu viel konferiert wird. Wenn in einer Konferenz qualitativ bessere Entscheidungen getroffen werden, wenn Mitarbeiter die Notwendigkeit des mündlichen Austausches sehen, mag dies zur Begründung genügen. Wollen Mitarbeiter allerdings nur an Sitzungen teilnehmen, weil sie eine Berufsgruppe oder eine Organisationseinheit vertreten, obwohl ihr eigener Zuständigkeitsbereich nur peripher berührt ist, muss die Notwendigkeit überprüft werden. Die Kosten-Leistungsrechnung erinnert daran, wie teuer Konferenzminuten sind und zählt diese Kosten zu den Gemeinkosten (siehe Rn 26).

d) Die Abteilung als Strukturelement

54 Abteilungen sind ein notwendiges Strukturelement der Organisation einer Anstalt. Die Gliederung in Abteilungen unterstützt notwendige Differenzierungen innerhalb der Anstalt. Bei ihrer Einrichtung sollte darauf geachtet werden, dass sie eine ihrer Aufgabe entsprechende Größe haben. Einer Abteilung können und sollten Sachmittel und Personal fest zugewiesen werden, wodurch die Möglichkeit eröffnet wird, dass Aufgaben eigenverantwortlich wahrgenommen werden können (Delegation).

In den letzten Jahren haben sich in den Jugendstrafvollzugsanstalten ausgeprägte **Binnendifferenzierungskonzepte** entwickelt. Ausgangspunkt für eine interne Differenzierung können unterschiedliche Überlegungen sein. So kann es auch darum gehen, Organisationsabläufe zu optimieren. Der entscheidende Anknüpfungspunkt für eine Binnendifferenzierung sollte jedoch der jeweilige Förderbedarf der Gefangenen sein.[52] Behandlungs- und Erziehungskonzepte sollten schwerpunktmäßig an den unterschiedlichen Bedürfnissen der Gefangenen anknüpfen, also zukunftsorientiert sein – und nicht in erster Linie an zugeschriebenen Defiziten. Die Einrichtung von Schulabteilungen optimiert sowohl die Gestaltung pädagogischer Arbeit als auch die Organisationsabläufe und hebt damit die Förderung der Gefangenen als zentrale Aufgabe hervor. Sie wird daher zu Recht in einzelnen gesetzlichen Vorschriften ausdrücklich genannt.[53]

6. Der Grundsatz der Zusammenarbeit

55 Vollzugliche Arbeit kann nur erfolgreich sein, wenn zum einen die Mitarbeiter innerhalb der Anstalt gemeinsam zusammenwirken, und zum anderen, wenn eine vernetzte Zusammenarbeit mit Behörden, Einrichtungen und Trägern außerhalb des Vollzuges organisiert ist (siehe § 1 Rn 43). Beide Grundsätze sind bereits im Strafvollzugsgesetz in § 154 Abs. 1 und 2 festgehalten. Die Bundesländer haben diese Grundsätze an

---

51 § 122 Abs. 2 JStVollzG NRW.
52 Siehe BVerfG NJW 2006, 2095.
53 ZB § 119 Abs. 3 JStVollzG NRW; auch § 41 Abs. 4 Entwurf Bundesregierung.

verschiedenem Stellen ihrer Gesetze geregelt. So erwähnt bspw Hessen den Grundsatz der Zusammenarbeit der Mitarbeiter in § 72 Abs. 5 unter der Überschrift „Vollzugsbedienstete". Die Vernetzung nach außen wird jedoch im Abschnitt über die Grundsätze des Jugendstrafvollzuges unter der Überschrift „Einbeziehung Dritter" behandelt.[54] Die Gesetze anderer Länder fassen beide Grundsätze im Abschnitt „Allgemeine Bestimmungen" unter der Überschrift „Zusammenarbeit und Einbeziehung Dritter" zusammen.[55] Andere Länder sind bei der Systematik des Strafvollzugsgesetzes geblieben und haben ihre Regelungen in den Zusammenhang mit dem Aufbau einer Vollzugsanstalt gestellt.[56]

In den von vielen Vollzugsanstalten erarbeiteten Leitbildern wird regelmäßig die gemeinsame Verpflichtung, an der Erreichung des Vollzugsziels mitzuwirken, zum Ausdruck gebracht. Insoweit werden **Leitbilder**, welche die „corporate identity" betonen, zu einer Konkretisierung des Grundsatzes der Zusammenarbeit. Um die vielfachen Möglichkeiten der Zusammenarbeit mit Behörden, freien Trägern, Einrichtungen und Personen, die in den Bereichen der Entlassungsvorbereitung und Nachsorge tätig sind, nutzen können, ist der Aufbau eines qualifizierten **Übergangsmanagements** unverzichtbar geworden (siehe § 2 Rn 54, 55). Dieser Bereich ist inzwischen als eigenes Arbeitsfeld zu verstehen, mehr als dies der Grundsatz der Zusammenarbeit zum Ausdruck zu bringen vermag.

7. Übertragung von Aufgaben an Private

56 Die Aufgaben in den Jugendstrafanstalten werden grundsätzlich von beamteten Bediensteten wahrgenommen. Ebenso wie im Bereich des Vollzuges an Erwachsenen können jedoch Aufgaben, die nicht hoheitlicher Art sind, an Private nach deren vorheriger Verpflichtung übertragen werden.[57] Denn die **Ausübung hoheitlicher Befugnisse** darf als ständige Aufgabe nach Art. 33 Abs. 4 GG in der Regel nur Personen übertragen werden, die in einem öffentlich-rechtlichen Dienst- und Treueverhältnis stehen. Dies entspricht im Übrigen auch der Nr. 47 Abs. 3 der Standard Minimum Rules for the Treatment of Prisoners („Minima") der Vereinten Nationen von 1955. Auch nach Nr. 78 der European Prison Rules (EPR) haben die hauptamtlichen Mitarbeiter des Strafvollzugs die Rechtsstellung von Berufsbeamten. Ausdrückliche Regelungen, die in ihrer Aussage der Regelung des Strafvollzugsgesetzes entsprechen, sind in einigen der Ländergesetze zu finden.[58] Im Einzelnen ist es aber schwierig abzugren-

---

54 ZB Berlin, Bremen, Mecklenburg-Vorpommern, Schleswig-Holstein.
55 § 7. JStVollzG Berlin, Bremen, Mecklenburg-Vorpommern, Saarland, Schleswig-Holstein.
56 ZB § 174 NJVollzG.
57 Zu den verfassungsrechtlichen Grenzen s. Callies/Müller-Dietz Einl. Rn 45; Böhm Rn 87; Laubenthal, Strafvollzug, 2011, Rn 51; Kaiser/Schöch § 4 Rn 30 ff; Wagner, ZRP 2000, 172; Gusy/Lührmann, StV 2001, 47; Bonk, JZ 2000, 441; Di Fabio, JZ 1999, 591; Kruis, ZRP 2000, 2 ff; weitergehend Kulas, Privatisierung hoheitlicher Verwaltung 1996, S. 139: Privatisierung von etwa 15–20 % der insgesamt in der Bundesrepublik zur Verfügung stehenden Haftplätze erlaubt; ebenso Müther in: Privatisierung des Haftvollzugs und Kriminalpolitik in Europa, hrsg. von Herrfahrdt, 2005, S. 18; zur Privatisierung im Maßregelvollzug s. OLG Schleswig NK 2006, 38 mit abl. Anm. von Ostendorf.
58 ZB § 119 Abs. 2 JStVollzG NRW praktisch wortgleich mit § 155 Abs. 1 StVollzG.

zen, in welchem Umfang es rechtlich zulässig ist, vollzugliche Aufgaben auf private Dienstleister zu übertragen.[59]

Die ganz andere Frage, in welchem Umfang es – insbesondere aus ökonomischer Sicht – sinnvoll ist, die nicht hoheitlichen Aufgaben einer Vollzugsanstalt an Private zu übertragen, wird in der Praxis kontrovers beantwortet. Insgesamt besteht aber heute wohl eine größere Bereitschaft, das Angebot eines privaten Dienstleisters wahrzunehmen, als dies früher der Fall war.[60] In der Justizvollzugsanstalt Hünfeld in Hessen, einer Erwachsenenanstalt, ebenso in der baden-württembergischen Justizvollzugsanstalt Offenburg wurden, soweit rechtlich möglich, Aufgaben an private Dienstleistungsunternehmen übertragen. Mit welchem Gesamterfolg dies geschehen ist, kann noch nicht abschließend bewertet werden.[61] Naheliegender als die Möglichkeit, in Teilbereichen Private zur Aufgabenerledigung heranzuziehen, ist es, durch die Zulassung neuer Instrumente, insbesondere auch durch die Budgetierung, den Anstalten ein ähnliches **Maß an Flexibilität bei der Erledigung der Aufgaben** einzuräumen, wie dies bei den Privaten der Fall ist. Die Verfechter eines weitergehenden Outsourcings (Übertragung von Aufgaben nach außen) sind meist der Meinung, dass durch eine Übertragung der Aufgaben an Private diese billiger und besser erledigt werden könnten. Die erhofften Kosteneinsparungen sind in den beiden erwähnten teilprivatisierten Anstalten allerdings nach Einschätzung der Landesrechnungshöfe in Baden-Württemberg und Hessen nicht eingetreten. Das Land Baden-Württemberg hat deshalb entschieden, die Teilprivatisierung der JVA Offenburg rückgängig zu machen.

VI. Aufsichtsbehörde

57 Wie viele andere Gesetze bestimmt § 109 JStVollzG S-H: „Das für den Strafvollzug zuständige Ministerium führt die Aufsicht über die Anstalt (Aufsichtsbehörde)". In den Erläuterungen dazu heißt es, dass die Form der Aufsicht sich an Zielen, die im Vollzug erreicht werden sollen, und nicht an Einzelvorgängen in der Anstalt ausrichten solle.[62] Vergleicht man diese Regelung mit den Erläuterungen, die zur Führungsaufgabe des Anstaltsleiters in § 101 (Anstaltsleitung) gemacht wurden, fällt auf, dass zu dessen Führungsaufgabe deutlich differenzierter ausgeführt wird.[63] Dort werden als Aufgaben des Anstaltsleiters das Steuern durch Organisation, die Führung der Bediensteten, die Aufsicht und das Controlling genannt. Ebenso wird die Verantwortung für die konzeptionelle Ausrichtung erwähnt.

Mit Ausnahme der Bundesländer Hessen und Nordrhein-Westfalen bleiben die übrigen gesetzlichen Regelungen bei dieser eher knappen Aussage. Hessen und Niedersachsen nennen ausdrücklich die Qualitätssicherung als Aufgabe.[64] Der Prozess eines

---

59 Siehe hierzu auch die Beiträge in dem von Dessecker herausgegebenen Sammelband: Privatisierung in der Strafrechtspflege, Wiesbaden 2008.
60 Siehe § 12 Abs. 2 JStVollzGB I BW; hier wird die Übertragungsmöglichkeit deutlich hervorgehoben.
61 Ein erster Kostenvergleich der JVA Hünfeld mit der JVA Darmstadt hat keinerlei Einsparungserfolge ergeben (Süddeutsche Zeitung vom 31.3.2008). Auf Anregung des Landesrechnungshofs ist das Land Baden-Württemberg dabei, die Teilprivatisierung der JVA Offenburg zurückzubauen und die sie wieder vollständig in staatlicher Regie zu betreiben.
62 Siehe Walter in: Jugendstrafvollzug, S. 216.
63 Erläuterungen zu § 101 Abs. 1 JVollzG Bln.
64 § 124 Abs. 2 JStVollzG NRW und § 76 Abs. 2 HessJStVollzG; s. auch § 42 Abs. 2 Entwurf Bundesregierung.

Qualitätsmanagements ist danach sowohl von den Anstalten als auch von der Aufsichtsbehörde zu unterstützen. Zu Recht gibt daher der Entwurf der Bundesregierung vor: „Die Vollzugsbehörden sichern beständig die Qualität des Vollzuges".[65] Die Besuchsregelung für anstaltsfremde Personen und die Regelung des Verkehrs der jungen Gefangenen mit Medien haben sich die Aufsichtsbehörden wegen der vermuteten politische Brisanz in der Regel durch Verwaltungsvorschriften vorbehalten.

VII. Gefangenenmitverantwortung und Selbstverwaltung

Gefangene sollen die Möglichkeit haben, in regelmäßigen Gesprächen mit dem Anstaltsleiter oder einem von ihm beauftragten Mitarbeiter Probleme, die die Allgemeinheit der Gefangenen betreffen, vorzutragen und mit Verantwortlichen der Anstalt zu erörtern. Häufig geht es dabei um das Essen, den Einkauf der Gefangenen, die Zulassung einzelner Gegenstände im Haftraum oder in der Wohngruppe, den Organisationsablauf der Anstalt und Konflikte mit Bediensteten. Dabei fällt es insbesondere jüngeren Gefangenen nicht leicht, Belange der Allgemeinheit, die sie zu vertreten haben haben, von den persönlichen Fragen und Wünschen zu trennen, die sie selbst betreffen. 58

Sinnvoll sind regelmäßige Treffen der Gefangenenvertreter mit den Küchenbediensteten. Beteiligt werden sollten die Vertreter der Gefangenen auch bei der Auswahl des für den Anstaltseinkauf zuständigen Unternehmens.

Im Vergleich zum Erwachsenenvollzug ist die Praxis der Zusammenarbeit zwischen Anstaltsleitung und Gefangenenvertretung meist weniger formalisiert. Auch wenn man sagen kann, dass die Gefangenmitverantwortung eine gute und vernünftige Institution ist, besteht häufig der Eindruck, dass sie nicht richtig lebendig ist und bei den meisten Gefangenen auch auf kein großes Interesse stößt. Anders ist dies, wenn Elemente der Selbstverwaltung in den Vollzugsalltag eingebracht werden.

Selbstverwaltung kann in besonderem Maße eine Erziehung zu sozialem Verhalten stimulieren.[66] Praktiker des Jugendstrafvollzuges wissen, dass Gefangene immer wieder betonen, dass man sie nicht mehr erziehen könne und dass sie häufig eine tiefe Skepsis gegenüber „erzieherischen Maßnahmen" im Strafvollzug haben – bezeichnender- und bedauerlicherweise verwenden wir diese Begrifflichkeit auch im Zusammenhang mit negativen Sanktionen gegen Gefangene.[67] Wir finden aber eine deutliche Zustimmung und Motivation bei den Gefangenen, wenn wir ihnen erweiterte Spielräume zur Selbstverwaltung und Selbstversorgung überlassen. Ob es die eigenverantwortliche Ausgabe von Antragsformularen, die Verwaltung von Briefpapier, Reinigungsmitteln oder Müllsäcken ist oder die Reinigung der privaten Wäsche, es sind erste Schritte zu Autonomie und Eigenverantwortlichkeit. Wenn diese Entwicklung gestärkt werden soll, werden regelmäßige Gruppengespräche notwendig. Hier entsteht dann Raum, um gemeinsame Regeln auszuhandeln und die Selbstverwaltung Schritt für Schritt zu erweitern. 59

---

65 § 42 Abs. 2 Entwurf Bundesregierung.
66 Walkenhorst in: Jugendstrafvollzug, S. 381 f; s. auch Mentz in: Jugendstrafvollzug, S. 416.
67 „Erzieherische Maßnahmen", s. zB § 82 JVollzG Bln, ähnlich alle anderen Gesetze.

An dieser Stelle bietet es sich an, mit einem System von Anerkennung und Belohnung, also mit **positiven Sanktionen** zu arbeiten. Belohnungen können beispielsweise gewährt werden, wenn gute Leistungen in der Schule oder beruflicher Ausbildung gezeigt wurden oder Leistungen für die Gruppe erbracht wurden (zB Reinigungsarbeiten in der Wohngruppe) oder auch für einzelne Mitgefangene (zB Hilfe bei der Erledigung von Schulaufgaben oder Unterstützung eines Mitgefangenen in einer psychisch belastenden Situation).[68]

Diese Beispiele machen deutlich, dass bereits in der täglichen Versorgung der Gefangenen die Chance zu einem Mehr an Kommunikation und damit auch Zuwendung besteht. Der Praxis sollte Mut gemacht werden, Projekte in diesem Bereich zu fördern.[69]

VIII. Anstaltsbeirat

60   Die bereits mit dem Strafvollzugsgesetz geschaffenen Beiräte haben sich als Institution bewährt. Die von den Bundesländern erlassenen Vorschriften für den Jugendstrafvollzug sind in ihrem Regelungsgehalt vergleichbar mit denen der §§ 162–165 Strafvollzugsgesetz. Es gibt nur geringfügige Abweichungen. So ist es von Vorteil, wenn Beiratsmitglieder einer Jugendstrafanstalt in der Erziehung junger Menschen erfahren oder befähigt sind. Die Besonderheit des Jugendvollzugs wird durch die Aufnahme solcher Formulierungen in den Gesetzestext hervorgehoben.[70]

Die seit dem Inkrafttreten des Strafvollzugsgesetzes 1977 gemachten Erfahrungen haben gezeigt, dass sich in der Praxis meist eine **enge und vertrauensvolle Zusammenarbeit** zwischen Anstaltsleitung und den Anstaltsbeiräten entwickelt. Von Vorteil kann es sein, wenn einige der Mitglieder des Beirats dieses Ehrenamt über längere Zeit wahrgenommen haben und dadurch vertiefte Kenntnisse über die vollzugliche Arbeit gewinnen konnten. Hauptsächlich aber ist der unbefangene, kritische Blick der „normalen Bürger" auf den Jugendstrafvollzug unverzichtbar. In der Regel gelingt es den Beiratsmitgliedern auch, ein angemessenes Gleichgewicht zwischen der Prüfung von Einzelanliegen der Gefangenen und der Begleitung der konzeptionellen Entwicklung der Anstaltsarbeit zu finden.

Vielfach hören die Anstaltsbeiräte in regelmäßigen Abständen die gewählten Vertreter der Gefangenenmitverantwortung und die Vertreter des Personalrats an. Sie nehmen Einladungen zu ausgewählten Veranstaltungen wie Sportfesten oder Musikveranstaltungen wahr und unterstützen die Anstaltsleitung in der Entwicklung der konzeptionellen Arbeit.

Die Anstaltsleitung wiederum hat die Anstaltsbeiräte über besondere Vorkommnisse zu unterrichten und wesentliche Entwicklungen der vollzuglichen Arbeit in Sitzungen, die vom Beirat einberufen werden, zu erörtern. Manchmal werden auch Vertreter der Anstaltsbeiräte zu gemeinsamen Sitzungen mit der Aufsichtsbehörde eingeladen. Hier können sie bisweilen hilfreich für die Anstalt wirken, wenn sie deren be-

---

68   Siehe auch Eckpunktepapier der DVJJ zu einem Jugendstrafvollzugsgesetz 4.1.1.
69   Siehe Walter in: Jugendstrafvollzug, S. 213.
70   § 77 Abs. 1 S. 2 HessJStVollzG.

rechtigte Anliegen unterstützen. Es ist bedauerlich, dass die Einrichtung des Anstaltsbeirats in der Öffentlichkeit meist wenig bekannt ist, zumal Anstaltsbeiräte die Öffentlichkeit vertreten.

In letzter Zeit wurde immer wieder die **Schaffung eines unabhängigen Strafvollzugsbeauftragten** gefordert. Seine Aufgabe soll u.a. sein, sich dafür einzusetzen, dass internationale Standards eingehalten werden. Weiter soll er sich nach Art eines Ombudsmannes um einzelne Angelegenheiten von Gefangenen, Vollzugsbediensteten und Bürgern kümmern. Er muss freien Zugang zu allen Vollzugsanstalten haben; die Gefangenen müssen jederzeit die Möglichkeit haben, sich mit Beschwerden an ihn zu wenden.[71] Ein solcher Beauftragter hat sicherlich aufgrund seiner herausgehobenen Stellung ein hohes politisches Gewicht und kann mit entsprechendem Nachdruck dafür sorgen, dass festgestellte Probleme beseitigt werden. Bisher hat jedoch nur das Land Nordrhein-Westfalen das Amt eines solchen „Justizvollzugsbeauftragten" gesetzlich eingeführt, § 97 Abs. 2 JStVollzG NRW. Die für die Jahre 2011 und 2012 veröffentlichten, außerordentlich umfang- und materialreichen Tätigkeitsberichte des Justizvollzugsbeauftragten des Landes Nordrhein-Westfalen haben das Fundament für eine wissenschaftlich anspruchsvolle, aber gleichwohl praxisorientierte Bestandsaufnahme des nordrhein-westfälischen Justizvollzuges gelegt und auch – zum Beispiel bei der Erarbeitung eines Jugendarrestvollzugsgesetzes – wichtige Anregungen zu geben vermocht.

61

IX. Vollzug an weiblichen Jugendstrafgefangenen

Die Bedürfnisse und Probleme weiblicher Jugendstrafgefangener verdienen besondere Aufmerksamkeit. Ihnen darf keinesfalls weniger Betreuung, Schutz, Hilfe, Behandlung, Bildung und Ausbildung zuteil werden als männlichen Jugendstrafgefangenen. Ihre Gleichbehandlung ist zu gewährleisten; so auch Nr. 26.4 der Mindestgrundsätze für die Jugendgerichtsbarkeit der Vereinten Nationen (sog. **Beijing-Grundsätze**).

62

Im Hinblick darauf schenkt die aktuelle Gesetzgebung den zu Jugendstrafe verurteilten weiblichen Gefangenen viel zu wenig Aufmerksamkeit. Keines der Gesetze enthält hierzu einen eigenständigen Abschnitt. Lediglich in Zusammenhang mit den Gestaltungsgrundsätzen des Vollzuges wird ausgeführt, dass die unterschiedlichen Lebenslagen und Bedürfnisse von weiblichen und männlichen Gefangenen bei der Vollzugsgestaltung und bei Einzelmaßnahmen berücksichtigt werden.[72] Eine nähere Konkretisierung einzelner Förderangebote erfolgt jedoch nicht. Auch in der Praxis fristet der Vollzug an jugendlichen Frauen ein „Mauerblümchendasein".

Damit werden die Ergebnisse der modernen Gender-Forschung weitgehend außer Acht gelassen. Unter **Gender** versteht man das Geschlecht im sozialen Kontext. **Gender Mainstreaming** heißt, dass die Gleichstellung von Frauen und Männern auf allen Ebenen der Politik zu gewährleisten ist. Von der Planung bis zur Durchführung eines Programms sollen frauen- und gleichstellungspolitische Gesichtspunkte als Selbstver-

---

71 Eckpunktepapier der DVJJ 11 (Strafvollzugsbeauftragter).
72 § 3 Abs. 4 JVollzG Berlin, Bremen, Mecklenburg-Vorpommern, Saarland, Schleswig-Holstein und SächsJStVollzG; entsprechend § 2 Abs. 8 JVollzGB IV BW; § 3 Abs. 3 HessJStVollzG; § 3 Abs. 3 JStVollzG NRW.

ständlichkeit berücksichtigt und integriert werden. Diesem Konzept liegt die Erkenntnis zugrunde, dass es keine geschlechtsneutrale Politik gibt. Politik und Wirtschaft sollen dazu beitragen, Ungleichheiten und Ungerechtigkeiten zwischen Frauen und Männern zu beseitigen. Im Unterschied zur hergebrachten Frauenförderpolitik will Gender Mainstreaming die Chancengleichheit zur Grundlage der gesamten Politik und Aufgabe aller Verantwortlichen machen.[73]

Es wird daher darauf ankommen – wie *Jansen* ausführt[74] – „eine systematische Einbeziehung einer Genderperspektive zu gewährleisten und zwar in folgenden Bereichen:

- Gender als Verstehensfolie, um die Handlungsmuster der Klientel im Rahmen ihrer Lebenswirklichkeit zu erfassen,
- Gender als qualitatives Moment bei der Planung passgenauer Hilfe,
- Gender als Kategorie bei der Ausgestaltung organisatorischer Arrangements, um die Reproduktion und Aufrechterhaltung geschlechtstypischer Benachteiligung zu verhindern."

1. Ausbildungsmöglichkeiten

63 Die gesetzlichen Regelungen streben hinsichtlich der beruflichen, schulischen und Behandlungsmaßnahmen an, den weiblichen Jugendstrafgefangenen vergleichbare Ausbildungsmöglichkeiten zu geben wie den männlichen. Besonders allgemein, aber auch prägnant, formulieren dies Brandenburg, Rheinland-Pfalz, Sachsen-Anhalt und Thüringen: „Gemeinsame Maßnahmen, insbesondere zur schulischen und beruflichen Qualifizierung, sind zulässig" (jeweils § 17 Abs. 5).

Auch alle anderen Regelungen zum Jugendstrafvollzug sehen vor, dass weibliche Jugendstrafgefangene die Ausbildungsangebote gemeinsam mit jungen Männern nutzen können.[75]

Es ist freilich aus vollzugspraktischer Sicht nicht unbestritten, ob solche Möglichkeiten tatsächlich zum Wohl der jungen Frauen sind. Ein häufig konstatiertes Problem bei jungen weiblichen Gefangenen ist ihre Bereitschaft, sich in Abhängigkeit von Männern zu begeben. Im Rahmen einer gemeinsamen Ausbildung, die in der Regel in einer Jugendstrafanstalt für männliche Gefangene durchgeführt würde und in der die jungen Frauen deutlich in der Unterzahl wären, ergebe sich die Gefahr, so die Befürchtung, dass sie in dieser Minderheitensituation und mit der daraus resultierenden Rolle Schwierigkeiten haben könnten.

Anschaulich beschreibt *Jansen*[76] diese Situation: „... ist dies für die meisten weiblichen Jugendlichen eine sie **überfordernde Herausforderung**, da

---

73 Siehe Frauen in Bildung und Forschung BMBF Publik S. 6.
74 Jansen in: Jugendstrafvollzug, S. 239.
75 § 4 Abs. 4 JVollzGB I B-W, Abs. 6; BayStvollzG Art. 138 Abs. 1; Jugendstrafvollzugsgesetze Berlin, Bremen, Mecklenburg-Vorpommern, Saarland, Sachsen, und Schleswig-Holstein jeweils § 23; Hessen § 69 Abs. 3; Niedersachsen § 171 Abs. 3; Nordrhein-Westfalen § 25 Abs. 5.
76 Jansen in: Jugendstrafvollzug, S. 248.

- inhaftierte Mädchen dem Druck ihrer Sonderrolle in koedukativen Maßnahmen häufig nicht gewachsen sind. Dabei versuchen sie zB ihre Selbstzweifel durch sexualisierte Auffälligkeit in einem klischeehaft weiblichen Rollenmuster zu überspielen, während sie gleichzeitig ihr häufig überlegenes Leistungsvermögen zurückhalten, um die Quelle männlicher Anerkennung nicht zu gefährden.

- Sie verstricken sich entwicklungs-, aber auch biographisch bedingt, häufig intensiv in Beziehungen, von denen sie in der Folge mehr als ihre männlichen Mitschüler absorbiert werden.

- Die für schulische Maßnahmen selektierten männlichen Jugendlichen zeigen oft eine höhere Anpassungsbereitschaft als die Mädchen. Lehrkräfte sind daher, ohne ausgewiesene Fachkompetenz für diese besondere Klientel, überfordert mit den zum Teil provokanten Stilen und Verweigerungshaltungen der weiblichen Inhaftierten."

Trotz dieser beschriebenen Problemlage sollten Versuche eines koedukativen Vollzugs, wie sie das Land Mecklenburg-Vorpommern praktiziert, gewagt werden.[77] Die heutige vollzugliche Situation der jugendlichen Frauen ist in jedem Falle unbefriedigend.

2. Differenzierung nach besonderem Hilfebedarf

Einen besonderes Problem, bezogen auf die Straffälligkeit junger Frauen, stellt die verbreitete **Suchtmittelabhängigkeit** dar. Ferner gilt es, die zahlreichen weiblichen Jugendlichen zu fördern, denen es draußen nicht gelang, eine geregelte eigenverantwortliche Lebensgestaltung zu organisieren.

Angesichts der geringen Zahlen sollte überlegt werden, ob für die weiblichen Jugendstrafgefangenen leistungsfähigere länderübergreifende Gemeinschaftseinrichtungen geschaffen werden könnten. Unter dem Aspekt des geringeren Gewichts des Sicherheitsgedankens bei weiblichen Jugendlichen wäre an offene oder jedenfalls gering gesicherte Anstalten zu denken. Zu überlegen wäre auch, für weibliche Jugendstrafgefangene länderübergreifend Einrichtungen des Jugendstrafvollzugs in freier Form zu schaffen, ähnlich dem „Projekt Chance" in Baden-Württemberg. Darüber hinaus wäre an Einrichtungen zu denken, in denen im Besonderen der Übergang in eine Drogentherapie vorbereitet werden könnte.

Auch von der Kostenseite her gesehen, könnten dies Alternativen zum unbefriedigenden status quo sein. Gerade kleinere Gruppen, die im geschlossenen Vollzug untergebracht sind und bei denen nicht unerhebliche Kostenanteile auf den Bereich der Sicherheit entfallen, sind relativ teuer. Dies gilt für die heute zumeist für die Unterbringung weiblicher Jugendstrafgefangener genutzten Haftplätze im geschlossenen Frauenstrafvollzug.

Schon das StVollzG gibt vor, dass in Anstalten für Frauen Einrichtungen für Mütter und Kinder vorgesehen werden sollen. In vielen Bundesländern bestehen diese Einrichtungen bereits. Daher erwähnen einzelne Bundesländer in ihren gesetzlichen Re-

---

77 Zur Forderung nach einem koedukativen Vollzug s. Ostendorf, JGG, §§ 91–92 Rn 4 mwN.

gelungen diese Möglichkeit.[78] Teilweise wird dabei eine geschlechtsneutrale Formulierung gewählt, so dass neben Mutter-Kind-Abteilungen auch Väter-Kind-Abteilungen möglich wären.

---

[78] ZB § 70 HessJStVollzG oder § 117 JStVollzG NRW.

Stichwortverzeichnis

Fette Zahlen bezeichnen die Kapitel, magere die Randnummern.

Abitur 4 13
Absonderung 8 176 ff
Abweichung vom Strafvollstreckungsplan 2 4
Aids-Test 9 62
Akteneinsicht 12 101, 108
Aktenüberlassung 12 37
Analphabetenquote 7 18
Analphabetismus 4 12 f
Angehörige 7 6
Angehörigen-, Eltern- und Bezugspersonenarbeit 7 10, 36
– proaktive 7 22
Angehörigenprivileg 7 30
Angleichungsgrundsatz 1 35, 7 18, 46, 52, 56
Angstklausel 8 15
Anhörung 7 64
Anspruch auf Auskunft 12 98 ff, 102 ff
Anstaltsbeirat 13 60 f
Anstaltsgröße 13 8
Anstaltsklima Vorbem. 27, 8 11
Anstaltsleiter 8 156, 161, 12 73, 13 13 f
Anstaltssportverein 5 117
Antiaggressionstraining 2 39 f, 5 38
Arbeit 4 25 ff
Arbeitsentgelt 4 29 ff
Arbeitstherapeutische Beschäftigung 4 25 ff
Ärztliche Überwachung 8 167 f, 191
Ärztliche Untersuchung 2 7
Aufenthaltspflicht 8 49 ff
Aufnahme 2 5
Aufsichtsbehörde 13 56

Aufsichts- und Kontrollbefugnisse 12 32
Ausantwortung 2 43
Ausbildungsbeihilfe 4 29 ff
Ausbildungsplatz 4 18
Ausführung 2 43
Ausgang 2 43
Ausländeranteil Vorbem. 16
Ausschluss von Zeitungen/Zeitschriften 5 48 ff
Außenbeschäftigung 2 43
Aus- und Fortbildung 4 8 ff, 13 46
Ausweisung 1 11
Automatisierte Übermittlungs- und Abrufverfahren 12 52 ff
Autonomieprinzip 1 31
Begleitung 7 23, 32
Beistände nach § 69 JGG 7 6
Belehrung im Rahmen von Datenerhebung 12 25
Belohnungssystem 1 32, 33
Benutzung anderer Kommunikationsmittel 7 54
Beobachtung 8 172 ff
Beobachtungspflicht des Staates 12 125
Berufliche Bildungsmaßnahme 4 8 ff, 18
Berufsgeheimnisträger 12 88
Berufshelfer 12 56 ff
Berufsvorbereitende Maßnahmen 4 24
Beruhigungsmittel 9 63
Beschleunigungsprinzip 2 2
Beschwerde 7 64
Besitz von Gegenständen für die Freizeitbeschäftigung 5 85 ff

735

Stichwortverzeichnis

Besondere Daten   12 55 ff
Besonderer Behandlungsbedarf   4 12
Besonderes Gewaltverhältnis   1 13
Besondere Sicherungsmaßnahmen
   8 140 ff
Besuche
– am Wochenende   7 34
– Situation   7 32
– von Verteidigern, Rechtsanwälten und Notar   7 39
– Zeiten   7 30, 32, 34
Betriebskostenbeteiligung   5 63
Bezahlfernsehen   5 65
Bezugsgröße nach § 18 SGB IV   4 31
Bezugspersonen   7 4, 6, 8, 10, 11, 16, 19, 36, 44, 56, 60, 67
Bildungsstand   Vorbem. 22
Bindungsfähigkeit   7 8
Biometrische Merkmale   8 106 ff
Brustbilder   8 104
Budget   13 28 ff

CD-Player   3 28, 5 94 f
Computer   3 28, 5 74, 88, 94
Controlling   13 24

Dateien   12 85 ff
Datenerhebung   8 111 ff
Datengeheimnis   12 65, 116
Daten in Akten   12 85 ff
Datenkorrektur   12 97
Datenschutzbeauftragte des Bundes und der Länder   7 49
Datenschutzbeauftragter der Anstalt   12 124
Datenschutzkontrolle   12 120, 147
Datenschutz und Ausbildungszwecke   12 30
Datensparsamkeit   12 28
Daten von Nichtgefangenen   12 26
Demokratische Gemeinschaft   2 35

Deprivation   1 33, 2 42
Diagnoseverfahren   2 10 ff, 4 14
Dienstaufsichtsbeschwerde   7 65
Diensthunde   9 10
Dienstplangestaltung   13 51
Differenziertes Schulangebot   4 13
Direkterhebung von Daten   12 21
Disziplinarmaßnahmen
– allgemein   10 27 ff
– Anordnungsfolgen   10 68 ff
– Anordnungsvoraussetzungen   10 50 ff
– apokryphe   10 12
– Arrest   10 78
– Arten   10 69 ff
– Arzt (Konsultation vor Anordnung)   10 58
– Aufgabe   10 44
– Außenkontakte (Beschränkungen)   10 69, 76
– Entweichen (als Disziplinarverstoß)   10 64
– informelle   10 12
– internationale Abkommen   10 49
– kriminologische Erkenntnisse   10 29 ff
– Rechtsmittel   10 83
– Rechtstatsachen   10 32 ff
– religiöse Veranstaltungen   6 38
– verfassungsrechtliche Grundlegung   10 41 ff
– „verkappte"   10 10
– Verteidigerbeiziehung   10 54
– Vollstreckung und Vollzug   10 79 ff
– Zweck   10 45
Doppelbelegung   3 15
Drogen   Vorbem. 16, 24, 3 70, 8 122 ff
Drogenscreening   8 128 ff
Drogentätertherapie   2 38
Durchgängigkeit der Hilfen   7 39
Durchsuchung   8 57 ff

Stichwortverzeichnis

DVBT-Decoder 5 94 f
DVD 3 28, 5 94 f
Eckvergütung 4 31, 36, 38 f
Ehrenamtliche Betreuer 7 6
Eigengeld 4 40
Einkauf 3 34 ff
Einwilligung in die Datenerhebung 12 17, 20
Einzelhaft 8 176 ff
Einzelverpflichtungen 1 27
Elektronische Fußfessel 2 55
Elektronische Medien 5 9, 55, 63, 68, 72 ff, 88
Elektroschocker 9 10
Elternabend/Elternsprechstunden 7 10
Elternrechte 1 44, 2 11
Eltern- und Angehörigenarbeit
– proaktive 7 10
E-Mail 5 70, 73, 7 26, 46
Emotionale Bindung 7 32
Entfremdung 7 8, 19
Entkleidung 8 80 ff
Entlassung 2 50 ff
– auf Bewährung Vorbem. 21, 2 51
– Beihilfe 2 57
– Nachbetreuung 2 56
– Vorbereitung 2 54 f
Entwicklungsaufgabe 7 11 f, 12, 17, 67
Entwicklungsförderung 7 69
– Kontakte 7 6
Entzug von Gegenständen 8 169 ff
Erhebung von personenbezogenen Daten 12 14, 21 ff
Erkennungsdienstliche Maßnahmen 8 94 ff
Ersatz von Aufwendungen 8 192 ff
Erzieherische Maßnahmen
– allgemein 10 1 ff

– Anordnungsfolgen 10 19 ff
– Anordnungsvoraussetzungen 10 16 ff
– Bewertung (allgemein) 10 24 ff
– Drei-Stufen-Modell 10 9
– Rechtsvergleich 10 28 f
– „Spiegelung" 10 20
Erzieherisches Gespräch 10 9
Erziehungsziel 1 16, 23 ff, 5 4, 29
Europäischer Ausschuss zur Verhütung von Folter und unmenschlicher oder erniedrigender Behandlung oder Strafe 7 49
Europäischer Gerichtshof für Menschenrechte 7 49
Europäische Strafvollzugsgrundsätze 5 33, 7 30
Europäische Vorgaben Vorbem. 9 ff
Evaluation 12 120, 121
Extramurale Kontakte/Kontaktmöglichkeiten 7 7, 17, 69
Familiäres Umfeld 7 36
Familienbeziehungen 7 2, 15
Familientherapie 7 10, 22
Ferngespräche 7 52, 53
Fernsehen 5 54 ff, 58 ff
Fesseln/Fesselung 8 150 f, 187 ff, 9 8
Festnahmerecht 8 133 Ff
Finanzierung von Bildung und Ausbildung 4 27
Fingerabdrücke 8 103
Fluchtgefahr 8 89
Förderschule 4 13, 16
Förderung
– Förderungspflicht 7 3, 30, 44, 46
– proaktive 7 3
Forschungszwecke 12 134 ff, 140, 142
Fortführung von Maßnahmen nach der Entlassung 4 26
Frauenvollzug s. Junge Frauen

737

Freies Beschäftigungsverhältnis 4 22
Freigang 2 43
Freistellung von der Arbeit 4 29 ff, 32
Freizeit 5 1 ff, 23 ff
- Angebote 5 32, 38 ff
- Freizeit-Syndrom 5 26
- Gruppen 5 32, 37 f
Führungsaufsicht 2 52
Fürsorgepflicht 7 44

Gameboy 3 28, 5 94
Gaspistolen 9 15
Gefahrentatbestände 8 143 ff
Gefangene mit Migrationshintergrund 1 37, 3 49, 13 9
Gefangenenbücher 12 96
Gefangenenbücherei 5 33, 42
Gefangenenmitverantwortung 13 58
Gefangenenpersonalakte 12 29, 89
Gefangenenpresse 1 43, 5 38
Gefangenenzahlen Vorbem. 14 ff
Gefangenenzeitungen 1 43, 5 38
Gegensteuerungsgrundsatz 1 33
Gehorsamspflicht 8 45
Gemeinsame Arbeit 3 5
Gemeinsame Freizeit 3 6 ff, 5 24
Gemeinschaftsräume 3 20
Gemeinwesenarbeit
- vollzugliche 7 10
Generalklausel für die Datenerhebung 12 18
Generalprävention 1 19, 2 22
Geräte der Informations- und Unterhaltungselektronik 5 55, 63, 74 ff, 88
Gerichtlicher Rechtsschutz 12 6, 31
Geschichte des Jugendstrafvollzugs Vorbem. 1 ff
Geschlossener Vollzug Vorbem. 19, 2 16 ff

Gesellenprüfung 4 20
Gesetzgebungskompetenz 1 2
Gesundheitsakten 12 92
Gesundheitsfürsorge 12 74, 108
- Zwangsmaßnahmen 9 47 ff
Gewalttätertherapie 2 39 f
Gitarre 5 94
Gottesdienst 6 30
Grundsätze 1 32 ff

Haftkostenbeitrag 4 29 ff, 36
Haftraum 3 14 ff
Haftraummediensystem 5 42, 62
Hauptschulabschluss 4 12, 17
Hausgeld 4 29 ff, 39
Hausordnung 2 5
Heißer Stuhl 2 39
Helfendes Netz/Reintegration 7 9
Hilfsmittel körperlicher Gewalt 9 7 ff
Hörfunk 5 54 ff
Hospitalisation 1 35

Individuelle Freizeit 5 31, 36
Informationselektronik 5 55, 63, 74 ff, 88
Integrationsgrundsatz 1 22, 35
Internationale Vorgaben Vorbem. 9 ff
Internet 5 9, 68 ff, 82 ff
Intramurale Kontakte/Kontaktmöglichkeiten 7 7, 16

Jugendgerichtshilfe 7 6
Junge Frauen Vorbem. 33, 4 10, 5 43, 120, 13 62 ff
Justizvollzugseinrichtungen Vorbem. 33

Kartentelefone 7 25
Kinder 7 8, 13, 18 f, 32, 34
Kleidung 3 49 ff
Knast-Sprache Vorbem. 27

Stichwortverzeichnis

Kommunikation mit der Außenwelt 5 68 ff, 72, 82, 7 4
Konferenzen 13 53
Konfliktschlichtung 10 10
Konzept der sozialen Bindung 7 16
Kooperationsverpflichtung 1 43
Koran 6 22
Körperliche Gewalt 9 6
– Hilfsmittel 9 7 ff
Kosten
– Beteiligung an Stromkosten 5 63
– für die Freizeitgestaltung 5 36
– für die Gespräche 7 53
– Übernahme 7 44, 63
Kraftsport 5 36, 38, 113 f
Krankmeldung 3 68
Kriminologische Forschung 12 125
Kriminologischer Dienst 12 128

Landesbeauftragte für Datenschutz 12 113 f, 148
Landesdatenschutzgesetze 12 115
Langzeitbesuche 7 32, 33, 34
Laptop/Notebook 3 28, 5 94
Legalverhalten 1 18
Leitungsprinzipien 13 15 ff
Lese-Rechtschreib-Störung (LRS) 7 46
Lichtbildausweis 8 119
Löschung von Daten 12 93 ff

Maßregelvollzug 1 8
Medien 5 1 ff, 9, 44 ff, 54 ff
Medizinische Versorgung 3 65 ff
Meldepflicht 8 54 ff
Meuterei 9 34, 40
Migrationshintergrund 1 37, 3 49, 6 33, 13 9
Mindestbesuchszeit 7 30
Minimalisierungsprinzip 1 34
Mitbestrafte Dritte 7 18

Mitverantwortung 8 46 ff
Mitwirkungspflicht 1 26 ff
– an der Datenerhebung 12 22
Mitwirkungsrechte 1 42 ff
Mobiltelefon/Handy 7 21, 55 f
Modulsystem 4 17
Nachberichtspflicht zur Datenkorrektur 12 97
Nachgehende Maßnahmen 7 39
Nachhaltigkeit 7 15
Nachsorge 7 69
Nahrungs- und Genussmittel 7 59, 60, 61, 62
Neue Verwaltungssteuerung 13 15, 20 ff, 30 f
Neutralisierungstechniken 7 16, 44
Nichtöffentliche Stelle 12 36
Nichtraucherschutz 3 74
Nutzung von personenbezogenen Daten 12 14, 38 ff

Offenbaren von Geheimnissen 12 64
Offenbarungsbefugnis 12 80
Offenbarungspflicht 12 65
Offener Vollzug Vorbem. 18 f, 2 4, 16 ff
Öffnung der Anstalt 7 4
Opferbezogene Vollzugsgestaltung 2 40, 41
Ordnung 8 3
Organisation 13 1 ff

Pädagogischer Dienst 4 15
Pakete 7 59
Paketverkehr 7 62
Patenschaften
– durch Außenstehende 2 56
– durch Bedienstete 2 34
– mit Vereinen 5 117
Peer-Kontakte 7 18
Personalsituation Vorbem. 26

739

Personenbezogene Daten 12 11
Persönlicher Besitz 3 21 ff
Pfändungsschutz 4 35
Pfefferspray 9 9
Pflegliche Behandlung des Haftraumes 8 53
Pflichten des Gefangenen 1 16 ff, 4 10, 5 35
Playstation 5 82, 94
Prisonisierung 1 35
Privatisierung 13 56
Proaktive Begleitung 7 69
Profiling 4 14
Prüfungszwecke 12 33
Psychische Störungen Vorbem. 25
Psychologe 12 56 ff

Qualifizierungsangebote 4 23
Qualitätsmanagement 13 22

Rauchverbot 3 74
Recht auf Besuche 7 1, 68
Recht auf informationelle Selbstbestimmung 12 1
Rechtsgrundlage 12 17
Rechtsmittel 11 1 ff
– Abweichungen vom Erwachsenenvollzug 11 7 ff
– Anhörung 11 11
– Einzelrichter 11 12
– Erziehungsberechtigter 11 8
– gütliche Streitbeilegung 11 9
– Jugendkammer (Zuständigkeit) 11 10
– Kosten 11 13
– Kriminologie 11 5
– mündliche Verhandlung 11 11
– Rechtsbeschwerde 11 14
– verfassungsrechtliche Grundlegung 11 4
– Verweisung auf StVollzG 11 6
– Zuständigkeit (gerichtliche) 11 10
Rechtsschutz 8 197 ff, 12 148

Rechtsstellung des Gefangenen 1 40
Reintegration 7 8 f, 59 f
Reintegrationstypen 7 16, 24
Reizstoffe 9 9
Religionsausübung 6 1 ff
Religiöse Gebrauchsgegenstände 6 26 ff
Religiöse Schriften 6 21 ff, 23 ff
Religiöse Veranstaltungen 6 31 ff
Resozialisierung 1 18 ff
Rückfälligkeit Vorbem. 32, 2 30 f
Rückverlegung 2 25 f
Ruhezeit 3 10 ff
Rundfunk 5 54 ff

Schadensersatzansprüche 12 115
Schlagstock 9 13
Schriftverkehr 7 49
Schulabschlüsse Vorbem. 22
Schuldenregulierung 2 41
Schule 4 8 ff
Schusswaffengebrauch 9 33 ff
– Verhältnismäßigkeit 9 36
Schutzaufgabe 1 15
Schutz der Allgemeinheit 1 16, 21 ff
Schweigepflicht 12 56 ff, 138
– des Arztes 12 56 ff
Schwere der Schuld 1 19
Seelsorge 6 16 ff
Seelsorger 6 38 ff, 12 58
Selbstständige Anstalten 13 4 ff
Selbstverwaltung 13 59
Sepp-Herberger-Stiftung 5 119
Sex-Poster 3 30
Sexualtätertherapie 2 25, 27, 30, 37
Sexuelle Kontakte 7 19, 33
Sichere Unterbringung 8 85 ff
Sicherheit und Ordnung 7 36, 41, 52, 61, 62, 8 7
Sicherungsmaßnahmen 8 17 f, 34

Sicherungsverwahrung 1 8, 2 23a, 32
Sozialarbeiter 12 56 ff
Soziale Hilfen 2 41
Soziale Isolation 7 19
Soziale Netze 7 8
Soziale Sicherheit 8 9
Soziales Training 2 32 ff, 5 38
Soziale und personale Folgen der Haftsituation 7 14
Sozialkontakte 7 4, 16, 19
Sozialtherapie 2 23 ff
Sozialversicherung 4 42
Sozialversicherungsentgeltverordnung (SvEV) 4 36
Sozialversicherungs-Rechengrößenverordnung (SV-ReGrV) 4 31
Spätaussiedler Vorbem. 16
Speicherung von Daten 8 114 ff
– Speicherfristen 12 95
Sperrung von Daten 12 93 ff
Spezialdienste 12 90
Sport 5 1 ff, 8, 38, 118
– Anlagen 5 96 ff
– Feste 5 116
Sprechstunden 7 64
Stabilisierungshilfen 7 9
Statistiken 12 133
Störsender 7 55
Strafantritt 2 2
Stromkostenbeteiligung 5 63
Subkultur 8 1 ff
Subsidiarität 8 31 f
Substitutionsbehandlung 2 38
Suchtmittelkonsum s. Drogen
Sühne und Vergeltung 1 19, 2 22
Suizid
– Häufigkeit Vorbem. 25, 28
– Prophylaxe 9 61
– Suizidgefahr Vorbem. 28

Tageseinteilung 8 44

Taschengeld 4 29 ff, 38
Täter-Opfer-Ausgleich 2 39, 41
Tätowierungen 3 75
Technisch-organisatorische Maßnahmen der Datensicherheit 12 86 ff, 138, 140
Telefaxe 7 46
Telefongespräche 7 52
Telekommunikation
– Andere Formen 5 73
Therapeutische Gemeinschaft 2 36
Therapeutische Maßnahmen Vorbem. 26, 2 32 ff
Tiere 3 46, 5 38
Toiletten 3 17

Überbelegung Vorbem. 19, 13 10
Überbrückungsgeld 4 29 ff, 33
Übergabe von Gegenständen 7 42
Übergangsmanagement 1 45, 2 55
Übermittlung von Daten
– an Dritte 12 36
– personenbezogener Daten 12 11
– zu Forschungszwecken 12 140
Überwachung aus erzieherischen Gründen 7 41
Unbeschränktes Recht auf Schriftwechsel 7 44
Unmittelbarer Zwang 9 1 ff
– Verhältnismäßigkeit 9 23 ff
Unterbringung des Gefangenen 3 4
– in einem besonders gesicherten Haftraum 8 165 ff, 186 ff
Unterhaltungselektronik 5 55, 63, 74 ff, 88
Unternehmenspatenschaften 4 22
Urintest 9 64
Urlaub Vorbem. 20, 2 42 ff, 55
Verarbeitung personenbezogener Daten 12 13, 28 ff, 34 ff

741

Verfassungsrechtliche Vorgaben Vorbem. 13
Vergütungsstufen 4 41
Verhaltensvorschriften 8 36 ff
Verhältnismäßigkeit 8 19, 27 ff, 33 f, 152 ff
Verlegung 8 85 ff
Verpflegung 3 57 ff
Vertrauensschutz 2 48
Verwendungsbeschränkungen personenbezogener Daten 12 38
Verzeichnis der Datenverarbeitungsanlagen 12 115
Videoüberwachung 8 121, 12 95
Vollstreckungsleiter 1 9 f, 2 3, 18, 46
Vollverbüßer 2 52
Vollzug in freien Formen 2 18
Vollzugsaufgaben 1 15 ff
Vollzugsbedienstete 13 44 f
Vollzugslockerungen Vorbem. 20, 2 42 ff
Vollzugsplan 2 9 ff, 5 10 ff, 34, 107
Vollzugsplanung 2 1 ff
Vollzugsziele 1 15 ff, 5 4, 29

Vorführung 2 43
Vorrangsvollzug 2 20, 55
Vorsorgeuntersuchungen 3 71
Weibliche Gefangene s. Junge Frauen
Weiterleitung von Schreiben 7 45
Weltanschauungsgemeinschaften 6 48
Widerruf 2 48
Wiederergreifung nach der Flucht 9 41
Wohngruppe 3 39 ff
Zeitschriften 5 44 ff
Zeitungen 5 44 ff
Zugangsgespräch 2 5
Zugriffsberechtigung auf Daten 12 91
Zwangsernährung 9 60
Zwangsmaßnahmen zur Gesundheitsfürsorge 9 47 ff
Zweckänderung bei Daten 12 141
Zweckbindung bei Daten 12 83
Zweisprachigkeit 4 12